JN225670

『恋人たちは濡れた』撮影スナップ。
中川梨絵、大江徹、堀弘一

映画監督　神代辰巳

『宵待草』撮影スナップ。高岡健二、高橋洋子、奥に神代辰巳

『黒薔薇昇天』芹明香、谷本一、岸田森、谷ナオミ、高橋明、庄司三郎

映画監督神代辰巳

目次

神代辰巳全作品

噛む女

噛む女……455

棒の哀しみ……469

インモラル　淫らな関係……485

神代辰巳とは何か

未映画化シナリオ

追悼・神代辰巳

『宵待草』撮影スナップ。
神代辰巳、高岡健二、高橋洋子

映画監督　神代辰巳
神代辰巳

〝せつなく、やるせなく、つらく、しきりに、ねんごろに〟

神代辰巳

〝たかが映画〟じゃないか。そう言う問いかけをここ十何年ずっと自分に繰返して来た。大それたことをやってるわけじゃない。〝たかが映画〟をやってるだけ、しょせん映画は見せ物に過ぎないじゃないか、面白おかしい見せ物じゃないか、そう思いこみながら十何年、助監督と言う活動屋になってからはもう三十年近く、そう思いながら映画を作って来た。たかがと言うけど、〝だけど映画〟しきゃ私にはない。〝だけど〟と言うのはせつなさである。〝たかが映画〟そして、〝だけど映画〟そう思いつめて、十何年、私がかかわり続けて来たものは、〝だけど映画〟の方から〝たかが映画〟を繰返し見つめ直す作業のあくない連続であったような気がしているのである。

しょせん見せ物だけど、映画は作る側から一体、何なのだと、せつなく、やるせなく、つらく、しきりに、ねんごろに思いあぐね続けて来た十何年であったのである。

その、せつなさ、やるせなさ、ねんごろ、つらさを今ここでふり返って見るのも、私にとって意味のないことではないと、そう言う時期にいつのまにか立たされている自分に今更ながら気付くのである。十年一日のような、相も変らず、せつなく、やるせなく、ねんごろに、つらさを伴ってである。

私の最初の監督作品「かぶりつき人生」を、私は何ともキザな作品だったと思っている。

出来上ったシナリオを読んで戴いて、原作者の田中小実昌さんとお会いしたときのことである。

「原作と違って、このシナリオは芸術的ですね」

田中さんは一言、そう言ったのである。田中さんの口調に、そんなシナリオが出来上ったことに批難する感じは少しもなかった。むしろ、こんなつまらない原作から、よくこれだけ立派なものが書けましたね、と、そう言うほめ言葉として私は受け取ってしまっていた。内心、私は「ざまあ見ろ」と得意だったことを覚えている。芸術と言う言葉を私は好きでない。映画は見せ物である。見せ物の中にどれだけ自分の思うことを組みこむことができるか、そのあたりのきわきわで映画は作るものと、そう言うふうに私は思っていたのである。田中さんの小説を私なりに私の方法で処理することが出来たことを認めてもらったと、田中さんの言葉を受け取っていたのである。出来上った映画は不入りだった。

それよりも、私は試写室で自分の映画を見ながら何度も冷汗をかいた。はずかしくて、居ても立ってもいられなかった。映画は自分のものでなかった。芸術風な見せかけだけが一人歩きしていた。私はカッコよくあり過ぎたのである。作品は隅から隅まで自分のものでなくてはいけない。そして、その自分は隅から隅まで生身の自分じゃなくてはならない。

それから二年ばかり、私に映画を撮る機会はなかった。その間「日活」もさまがわりして、ロマン・ポルノ製作にふみきることになる。

◆

私もロマン・ポルノ第一作として「濡れた唇」を撮ることになる。

その時期、私は映画を撮ることは、自分をあらいざらいさらけ出して、そこを客に面白がってもらう、それが映画作りの基本だろうと思っていた。「濡れた唇」は70年代後半を私はこんなふうに生きたいと、そう言う思いで書いたシナリオであるが、この映画が面白くなければ自分の考えていることが面白くないのであって、映画監督としての存在価値も当然ない。そうなりゃ、自分の映画を作ることはもう止めればいいのである。いっちょうここは、自分の思ってることをどう受けとめてもらえるか、どう面白く受けとってもらえるか、自分のパロディを書いてみよう、そう言うシナリオを書いたつもりである。映画にするについては、そう言う意味でのキャスティングは、当時ポルノ映画と言う社会的な蔑視の中で、かなり困難なことであった。既成の俳優のイメージを借りたくなかったからである。私のパロディは既成の役者からは作り出しにくいと、かたくなに考えていた。

私は新人役者を探しはじめた。

今でもそうだが、当時、ポルノ役者になることは、特に女優さんにとって、娼婦になるのと同じぐらい汚れたイメージをかぶることだった。既成の劇団はポルノ映画に鼻もひっかけてくれない。そう言う中から、青年座だけは戸口を開いてくれた。

プロデューサーと二人で、私はキャスト探しをはじめる。青年座の養成所の若い生徒たちと連日会い続けた。

「私はただポルノのための映画を作るつもりはない。私の作ろうとしている映画は例えば男と女が愛し合う芝居がキスシーンで終るか、ベッドシーンで終るかと言う違いであって、キスで終るよりベッドで終るのが、男と女の愛をつきつめる場合、むしろ必然ではないか。そう言う映画を私は作るつもりでいる。フェリーニの映画をどう思うか。そこでは堂々と全裸のベッドシーンをやっている。勿論、『サテリコン』のような芸術映画を、今の日本映画で撮ることは可能でないかもしれないが、私は私に許される限り、それに近い映画を撮るつもりでいる。もし私の映画に参加しようと思う意志があるなら、シナリオを読んで申し出てほしい」

養成所の生徒たちの反応はまるで冷やかであった。ポルノはポルノと彼等の私を見る目は軽蔑しきっていた。そんな中で、自分の映画のプロパガンダをやること自体、馬鹿げてみじめだった。女衒が女郎も立派な商売だといくら説いてみたところで、軽蔑と冷笑しかかえって来ないのと同然の結果だった。

その帰路プロデューサーと酒を飲みながら、その酒のにがかったことをつくづく思い出す。浴びるほど飲んだ。ポルノ監督の屈辱を骨の髄まで味あわされた。

当時、各劇団で造反が繰返されていた。ある時、私は俳優小劇場の脱退組を知る機会を得た。絵沢萠子、粟津號、谷本一である。彼等は潔よくキャスティングに応じてくれた。私の監督生活を通じて、あの時ほど嬉しかったことはない。

だが、出来上ったこの映画を、私は習作だったと言う気がしてならない。私はこのシナリオで、70年代はじめの造反劇の上っ面をなぞっただけだったような気がしているからである。この後の作品「一条さゆり・濡れた欲情」の方が70年代はじめの状況をもっと自分の手の中に入れて、自分なりの処理の仕方が出来たのじゃないかと思っている。自分なりに、〝たかが映画〟に、「濡れた欲情」はなり得ていたのではないかと思っている。〝たかが映画〟とは、人物のキャラクターをどこまでも存在の側から描くことが肝要で、そう言う意味で、一条さゆりと言う実在のストリッパーの強烈な個性に触れることが出来たことが何よりの助けになっていると思う。多分、風俗の中に完全に自分を消してしまって、観念のかけらも感じさせないようになったとき〝たかが映画〟とそう言いきることが出来るのであろう。

そして、その反動と言うものがやって来る。〝だけど映画〟と言うせつなさが見舞って来る。せつないほど自分をしゃべりたくなって来るのである。自分の考えを作品の主潮にしたくなるのである。ロマン・ポルノ三作目の「恋人たちは濡れた」がそうであった。

自分の存在証明みたいなことをしたくなったのである。自分を故郷とか家とか両親とか兄弟から解き放って、そして、もっと拡げて、全く生身の人間としてどう生きられるかと言うことをやってみたかったのである。そこから多分ほんとの新しい人間関係が生まれるだろうと主人公は思うのだが、自分の過去をどう断ち切れるか、そして正真正銘の自分をどう確認できるか、そんな映画を作ってみたかった。結論から言うと、どうしようもなくそんなこと出来るわけがないと言うのがこの映画の結末なのだが、そのラストシーンを撮影中にこんなことがあった。

主人公が恋人とこれからの行先を思いあぐねて、自転車の二人乗りで、漁港の岸壁をくるくる廻っていると、見知らぬ男が(或いは主人公の過去につながりを持つ男が)主人公を刺す。主人公と恋人はそのまま自転車ごと岸壁から落ちる。このシーンはかなり危険なシーンであった。本番を撮影して無事に終った。恋人役をやっていた中川梨絵が海の中からずぶ濡れで上って来た。走って来て私に抱きついた。くしゃくしゃの顔をしていた。梨絵が言った。「うまく出来たわ! うまく、いったわ!」ぼろぼろ泣いていた。ひょっとしたらあやまって死ぬかもしれないと梨絵は思っていたのである。

「OKでしょう? うまくいったんでしょう」スタッフの目も気にせず、私に抱きついて泣き続けていた。何時の間にか、私も一緒になって泣いていた。

実は、私はこの映画の中で、こう言うことを言いたかったのである。人間の善意も悪意もとどかない向うに、実は本当の人間関係があるのではないか、それが人間の存在証明になるのではないか。ひょっとすると一緒になって泣いている今がそうかもしれない。

ロマン・ポルノの以上の三つの作品が、私の映画の原点になっている。

その後の私の作品はこの三つの作品のいずれかをよりどころにしていると私は思っている。そうしながら、〝たかが映画〟〝だけど映画〟をくりかえしながら、私はその後二十数本の映画を作って来たような気がしている。

(『神代辰巳オリジナルシナリオ集』あとがき/ダヴィッド社、一九八三年)

『恋人たちは濡れた』撮影スナップ。奥に中川梨絵、大江徹、堀弘一、手前に神代辰巳(後姿)

神代辰巳
自作を語る——『かぶりつき人生』から『宵待草』まで

聞き手＝白井佳夫

兵隊には行きたくない

——戸籍調べからはじまって細大もらさず伺います。生年月日は？

神代　昭和二年四月二十四日です。佐賀県佐賀市水ヶ江町です。おじいさんが薬屋をはじめてからずっと……。

——僕も、〝福岡キネ旬友の会〟のベスト・テン表彰式があったとき、ご一緒させていただきましたが、かなり大きな薬種問屋でいらっしゃいますね。おじいさんというのは何という方ですか。

神代　良太郎《りょうたろう》というんですけど……。ひいおじいさんが佐賀の乱でとっつかまって、死刑になるところをやっと助けてもらったみたいな人間です。

——侍で？

神代　ええ。

——ずっと医療に関係のあった家系ではないとすると、どういうふうに佐賀に来たとか、佐賀の前はわかりませんか。

神代　よくわからないですが、歴史みたいなのがあるんですけど……。鍋島龍造寺がありますね。こっち側が大友宗麟。佐賀と福岡の間に背振山脈があって、その山の中の、都合のいい方にくっついたり離れたりして生き残った、小名みたいな感じですね。正月、いまはそんなことないですが、んかは食わないですね。何でかというと、神代家の中興の祖みたいな人がいるんですよ。一月一日に、大友宗麟だったかどっちだったか忘れましたけど攻められて、やっつけられる寸前にそのお城の中の米を全部炊いて、お粥にしてすっからかんになって攻めていった、という話があるんです。それを僕のところは、ひいおじいさんの代から……。本家じゃないですけどね。

——神代（くましろ）姓はあのへんに多いんですか。ちょっと珍しい姓ですね。誰だってカミシロと読むでしょう。

神代　あのあたりでは少なくないですね。学校へ行っている頃、たいへん困ったですよ。ジンダイとか、コウジロとか、カミヨとか、ジンジロなんて（笑）言われましたね。だいたい学校の名簿でいきますと「ク」のところに入っていなくて「カ」のところに入ってるんですよ。

——おじいさん、お父さんと商売が大きく発展したわけで、僕が行ってみた感じでは、地元の名家というか、名士というか、薬屋さんの神代さんといったらあの辺では有名で……。息子さんが映画監督になったというのは、かなり放蕩をやって好きなことをしているというイメージだったけど（笑）。ご両親は何というお名前ですか。

神代　父は良孝《よしたか》、母はスガ。

——ご兄弟は何人ですか。

神代　五人います。妹と。男の兄弟は、僕を入れて四人ですけど、いま三人で薬屋をやっています。僕は長男です。

——妹さんは？

神代　結婚して東京にいます。

——そういう由緒ある薬種問屋の長男が家業を継がないというのは、かなり問題になったんじゃないですか。

神代　親父がわりと早く死んだんですよ。中学一年生だったかな、その頃死んだんで、かなり言われました、継げということを——。かなり泣かれたんですけど、自我を通した。

——学校は地元ですか。

神代 そうです。赤松小学校、佐賀中学校。

——その頃から映画をみていた、ということはないですか。

神代 ありました。かなり好きだったですね。

——どんなものを覚えていますか。

神代 小学校の頃はあまり覚えていませんが、中学に入ってから黒沢さんだとか——。「姿三四郎」がいちばん印象に残っています。

——その頃は、将来こういう世界の仕事をやるというようなことを考えてたんですか。

神代 何とはなしに小説を読むのが好きになったり、映画みるのが好きになったり、何となしにそんなことをしようかとは思っていたようですね。

——小説はどんなのが好きだったんですか。

神代 その頃はやっぱり芥川龍之介とか、徳冨蘆花とか、あのへんを読みました。

——佐賀は気風としてはどうですか。よく文人墨客が行って、いろいろ仕事をしたりするような土地柄ではあるようですね。

神代 中学校の校風でいえば、現実に僕なんか、なぐられましたけどね、陸士海兵を受けないといって。ですからそんな感じの方が強いんじゃないですかね。

——ことにあの頃は戦時下だし、映画なんぞを見にいくのは軟弱不良のなすことである、という感じだったですけどね。

神代 見てはいけなかったんですけど、友だちとよく見に行ってましたよ。ジャンパーを着たり、メガネをかけたりして(笑)。はじめはこわくて、休憩時間になると便所へ行ってね。

——まったく、当時はそういう軟弱なことをするとなぐられたからね。軍隊と同じですね。上級生が下級生をなぐってしつけていくという。だから強い上級生をうまくみつけて、庇護してもらわないと非常に危い。

神代 そうですね。でも、僕は、わりと、なぐられないですんだんです。中学をでて、それから、当時の名前でいえば、九州帝国大学付属医学専門部というところに、一年くらい行ってました。

——高校は抜きで、専門部は中学からすぐ?

神代 いまの高専みたいの、あれと同じ。軍医養成の。

——それはやっぱり家業の関係で?

神代 兵隊に行かなくてすむのは、そこだけしかなかったんですよ。あとはどこへ行っても……。そこなら確実に、行かなくてすんだ。

——そこへ入ったのは何年ですか。

神代 終戦の年です。

——入学して数カ月で終戦ということになるわけですね。

神代 そうですね。分かれ道みたいな、変な感じがあるんですけどね。九州にそういう学校が、長崎医大付属専門学校と、九大付属医学専門学校の両方あるんです。無試験だったです、僕らのときは。内申書だけだったんですよ。

——内申書だけでストレートに通ったなのなら、成績は優秀だった?

神代 いや、そうでもないですけどね。長崎の方がちょっとやさしくて、九大の方がちょっとむずかしかったんですけど……。おまえは長崎なら間違いないけど、九大はあぶないといわれて、この野郎と思って九大を受けたんですよ。受かりましたが、長崎へ行ったやつは全部、原爆で死にまして……、四、五人ですけど。変な気がするんです、ぼくも長崎へ行っていたら、と思うと。

神代四兄弟（一番左が辰巳）

受験に成功して東京へ

——終戦後は、どんな状態だったですか。自分の心の問題として、かなり混乱があったのではないですか。

神代　何か、ホッとした感じが強かったですね。そのへんのことで言いますと、いちばん気持ちに残っているのは、自分はどうしても兵隊になる気がしなかったということと、もう一方では予科練というのがあって、そこへ行った連中が特攻隊になって、死んでいくわけですね。それが帰ってくるんですよ、死ぬ一週間か一カ月くらい前に故郷に。みんなで血書なんかして、日の丸の旗に名前を書いて渡すんですけど、そういう確実に死んでいくやつが、片方にいるわけだし、てめえはなるべく兵隊にならないようにしていたし、そのへんから、いまみたいな人間になったんじゃないかなと思います。

——しかし当時は、青少年というものは国のために殉ずるんだ、というのがオーソドックスな考えでしたよね。

神代　どうなんでしょう。みんな内心では……。みんなということは、ちょっと違うかもわかりませんが。

——たてまえと本音は、かなりみんな違っていたという……。

神代　それはいまも同じような気がしますけど……。

——それで終戦になってホッとして……。

神代　もともと医者なんかやる気なかったし、現実に死体解剖というのが目の前に迫ってきて、どうにもイヤでやめました。

——中退しちゃったわけですか。

神代　中退といっても、基礎医学というんでしょうか、骨の名前だとか筋肉の名前だとか、いまの高校生にちょっと毛のはえたくらいのところで……。

——それは何月頃ですか、やめちゃったのは。

神代　……八月が終戦でしたっけ。十二月でした。どこかの文学部というところに行こうと思って——。でも病気になっちゃって。肋膜に——。それで一年くらい休んで……。あとは早稲田です。

——早稲田を選んだのは、どういうきっかけですか。

神代　落っこっちゃったんですよ、佐賀高校を。その頃、どうしても家を継げという問題があって、とにかく今回だけで、落っこちれば一応、家を継ぐということになっていたんですけど。受かっちゃって……。

——受かっちゃったんでしょうがない、ということになったんですか。当時は乗りものなんかでも、東京に受験に来るだけでも大変だったでしょう。

神代　大変だったですね、ほんとうに。弁当を四、五食持って行くんですよ。朝、昼、晩、朝、昼。汽車もすごく混んでました。五食も持って行くわけですから、東京までそのくらいかかったわけで（笑）。それと夏休みなんか、昼飯の最後の五食めは、もう臭かったですね。

——早稲田に入ったあたりは、どういう状態だったですか。

神代　遊んでばかりいて……。目白と板橋、その辺に下宿してました。

——目白へ下宿というのは？

神代　ちょうど日本女子大の裏で（笑）。寮と学校の裏門の、まん中あたりに。

——早稲田は？

神代　第二高等学院。

——要するに、数学のない方ですね（笑）。そうすると何歳ですか。二十歳になっていないわけだな……。

神代　二年遅れている勘定になりますから、卒業したのが幾つだっけな……。昭和二年生まれですから。とにかく普通より二年遅れて……。

——そうすると。やり直しということになるわけですね。どうだったですか、初めて出てきた東京は。

神代　わりと面白かったですね。出てきて「先生《シエンシエイ》」と言ったり「全然《ジエンジエン》」と言って笑われた。いやだったですね。直すのに、ひと苦労しましたよ。いまでも「し」の音が非常に意識しないと出せなくて、ＡＢＣの「Ｃ」と言っちゃいますね。酔っ払うと昔は歌を歌ってたんですけど、英語の「Ｃ」の出てくる歌だけは歌わなかったですね（笑）。

——当時は、古いフランス映画が再上映されたり、アメリカ映画が入ってきたりして、ほんと、そういう世代が接したはじめての文化、という感じで——。目白というと、どこで映画を見たんですか。

神代　入ってからはあまりみてないんですよ。見るときはだいたい、新宿だったですね。それから第二学院の二年で、新制に切り替わり。英文へいきました。

――何で英文科に？

神代　仏文をやりたかったんですけど、一から覚えるのがねえ。

――当時はそんなにこころして映画をみていたという感じでもないですか。

神代　こころして――という部分はあまりなかったように思います。小説でも書こうかなと、思っていたのかな。そっちの方が強かったのかもわかりません。

――小説を書こうかなというのは、具体的に目標があったんですか。何という作家が、たいへん好きでとか――。

神代　当時は太宰治だとか、坂口安吾だとか――。でもそれほど、確固たるものはなかったんですけど、何かやろうかなと思っているうちに、いつのまにか映画にいっちゃったという感じがするんですけどね。松竹の試験に受かっちゃったということが、決定的に映画をやるようになった、そんな感じですね。高校の英語の教師と両方うけたんです。教師になってから小説書こうかなと思ったり、それとも助監督になって月給もらった方が安全だろうか、どっちをやろうかということになって、月給もらう方がいいだろう、そんな感じだったです。

――早稲田に入った頃、ご両親は……。

神代　ええ、もうあきらめてました。弟とは年も二つくらいしか違わないし、実質的には、ぼくらのときは番頭さんといってたけどいまは専務だとか常務だとかいうそういう人が大勢いましたから――。休みにはだいたい、帰っていました、ひもじくって。家へ帰るのが楽しみだったですね。外食券食堂でパンとか……。

――アルバイトはやったんですか。

神代　いえ、やらなかったです。

――当時、薬屋さんといえば特権階級で。

神代　でも家の事情は悪くなっていきました。てめえだけ好きなことやって、いいのかなという気はしましたね。卒業してから、もちなおした感じがあるんですけど。

――そうすると弟さんたちは、ちゃんと家業にあった学校にすすんで……？

神代　ええ。薬学部が一人と、経済学部二人。

――ふるさと佐賀に対しては、郷愁があるとか、自分の血がそっちの方につながってるとか思ったことはないですか。

神代　最近は思いますね。〝葉隠〟とか何とかいうのは、かなり影響してるんだなと。

ひどいとこへ入っちゃった

――松竹の試験を受けたきっかけは？

神代　たまたま知っている人がいたので。公募しないで縁故募集みたいな感じでした。

――誘ってくれた人も、かねがねこの人は映画に関心があると思っていたから？

神代　いや、そうでなくて。受けたかったのは事実なんですよ。松竹ロビンスというのがありまして、そこの助監督をやっていた人の紹介でしたが……。松竹京都だけしか、僕が卒業のときは、やっていませんでした。それで卒業と同時に松竹京都へ――。映画全盛時代で、話によれば五百人に一人だと、そんな感じですよ。でも実質的には、ひどいめにあいましたよ。十二人採用しまして、一時採用ですかね、それで半年、現場につけられてあとの半年、二カ月くらいかな、シナリオを書かされて、それで六人落っことしたんですよ。シナリオを書くときは別として、現場に出た半年はつらかったですね。何でも「ハイ」「ハイ」と言って――。ひでえことしやがると思ってね。

上京前の大学生時代

――ことに京都はすごいからね。誰についたんですか。

神代　内出好吉さんが、いちばん多かったんですけど。時代劇、高田浩吉主演で。ほんと、つらかったですね。何言われても、「ハイ」。何か言うと落っことされると思って(笑)。

――当時、一緒だった人で、いま映画人はいますか。

神代　蔵原惟繕、松尾昭典。松竹に残ったのは長谷和夫。あとの二人は電通にいます。

――森崎東は、もっとあとですか。

神代　森崎さんは僕は、知りません。二年くらいあとで、僕が日活に入ってからじゃないですか。一年あとが「武士道残酷物語」の森川英太朗。

――あの人も電通へ行っちゃいましたね。それでシナリオを書いた結果は?

神代　はじめてシナリオを一生懸命書いて、よくわからないですけど、くっちゃくっちゃになったような気がするんですね。『宇治拾遺物語』の巫女の話なんですが。どうせ時代劇しか撮れないし――。はじめてシナリオを書いて、いや、もうわけがわからなかったですね(笑)。題は忘れましたが、会社側にはわりと、評判よかったみたいで……。ガリ版刷りがあったんですが、どっかへいっちゃいました。

――それがシナリオを書いた最初ですか。

神代　早稲田へ行ってる頃、書いたことがあるんです。当時、新藤兼人さんを尊敬してたのかな。それで住所をきいて――。うれしくてね、書きあげたときは。新藤さんの住んでいらした逗子に行って、たずねたずねて半日くらい。やっとたずねあてて、読んでくださいと、おいてきたんですよ。とにかく読みましょうということになって何月何日、二週間くらいしたら銀座にシナリオ会館というところがあるから取りにきてくれ、といわれたんですよ。行ったら自分の書いたシナリオの上に、新藤さんの自筆の封筒があるんですよ。どんなことが書いてあるかと思って、ほんとドキドキしたな。喫茶店へ入って読もうと思ったら、満員で入れなくて、服部時計店の前で封筒をそろそろあけて読んだら、原稿用紙が一枚、ありました。「これはシナリオになってません」と書いてありました。

――早稲田の何年のときの話ですか。

神代　三年生のときじゃないですかね。

――何を書きましたか。

神代　覚えてないんですよ、ほんとうに。「オーバー・ラップ」とか「フェード・アウト」とかいうのを知らないんですよ。シナリオを読むと、ケツのほうに書いてあるでしょう(笑)、「O・L」とか「F・O」とか。これ何だろうと思ってね。見ていると、シーンが変わるたびに書いてあるわけですね。書いておかなきゃいけないだろうと思って、やたらとシーンが変わるたびに、「F・O」と「O・L」の差がわからなくて、横文字を書けばいいだろうと思って書いていた(笑)。

――それで松竹でどうなりましたか。シナリオのうけがよくて。

神代　それで助監督部に採用になったんですけど。

――その頃、監督や助監督でどんな人がいましたか。

神代　酒井辰雄さん、大曾根辰保さん、内出好吉さん。僕らと同じ助監督であって、いま、監督で残っている人は、一つ上の市村泰一さんくらいじゃないでしょうか。ほんとにひどいところだと思いましたよ。何でこんなところに入ったんだろうと……。それでも京都に下宿して。給料は七、八千円で、生活ができなくて……。

――不足分はどうしたんですか。

神代　不足分は、つい最近までもらってました(笑)。

――実家はずいぶん投資しているわけだ、神代辰巳、今日になるまでは(笑)。そういう、ひどい封建的京都映画界でも、やめようという気にはならなかったですか。

神代　日活ができたときには直ちに、第一陣は蔵原さんですけど、クラさんにとにかく頼んで、二次ということになっていたんですよ。そしたらわりとかわいがってくれたチーフ助監督が一本撮ることになって、SPという中編を、竹内さんという人ですけど、いまはどうなったか知りませんけど。その人に一本だけつき合ってくれみたいな話になって、わりと弱いほうですからね。結局クラさんより一年くらい遅れたんですけどね。

清新な日活の雰囲気

——蔵原惟繕氏とは仲よかったんですか。

神代　ええ。蔵原とか、松尾昭典とかね。入ったのはみんなびっくりしたんじゃないですか。僕ら、いちばんまともというのかな、そんな感じだったですね。その六人揃って反抗したりしました。

——蔵原さんはよくいうんですが、自分は日本のベスト・テンに第一作から入っちゃう監督みたいに、由緒ある監督のチーフをやったとか、そういう歴史を持たない人間で、その後、自分の地位を築くために、ずいぶん苦しかったと。そういうことを思いますね。

神代　僕はあまり……。僕もそういう経験はないですけど、よくわからないですけどね。監督の出方はあるかもわかりませんね。助監督もみんな、いい出方をしたりというのはあるかもわかりません。そんなふうにあまり思わないですけどね。

——松竹京都では、助監督でいうと何ですか、セカンドとか、サードとか。

神代　カチンコを打ってました。フォース。それで日活へきたら、もういきなり三階級特進というか、セカンドを一本やって、二本目にチーフをやったんですよ。わけわからなかった、これまた(笑)。

——最初のセカンドは何ですか。

神代　名前は忘れましたけど、チャンバラ映画で、小林桂三郎さんの「三人吉三」の話なんですけど……。

——早稲田の先輩ですね。小林桂三郎は早稲田の映研なんですよ。映研は関係ないですか。

神代　全然、関係ないです。

——扇雀なんか出たやつと違いますか。お嬢吉三か何かで。

神代　「お嬢吉三」という名前かな……。(編集部註・五五年封切り「白浪若衆・江戸怪盗伝」、坂東鶴之助主演)。チーフを始めてから、滝沢(英輔)さんの「江戸一寸の虫」、三国連太郎と瑳峨三智子。

——当時の日活の空気を非常に知りたいんですが、まったく新しく撮影所ができたわけでしょう。松竹が主だけど、各社から集まってきた人たちで、新しい仕事が始まる。非常に清新の気があふれていたのじゃないかという気がするんですけどね。

神代　こんなこと言っていいのかな。松竹京都よりは、はるかにまともなことをやっているんだな、という感じはありましたね。

——ことに最初の数年は、やる気のある監督さんを連れてきて、意欲的な映画を、古い意味での意欲的な映画だけど、撮ってましたね。

神代　松竹にいてうらやましかったですよ。内田吐夢さんだとか、当時とすれば非常に画期的なものがボンボン、ボンボン出てきて、相変わらず高田浩吉なんかやっていて、ああ早く移ればよかったなあと思った。

——移籍はスムーズにいったんですか。

神代　いや、一年くらいすったもんだで。

——松竹が放さないんですか。

神代　いや、日活が取る分がだいたい終わったみたいな感じだったんですね。前のひっかかりがちょっとあったから、やっと入れてもらったという感じですね。

——そうすると助監督さんでも、おもしろい状態だったわけですね、日活は。

『おばこ船頭さん』(小林桂三郎監督、1957年)完成記念。二列目一番左に神代辰巳

神代　そうですね。再開後、一年半くらいだったですが……。

――鈴木清順さんが助監督をやっていたころですね。

神代　そうですね。僕が入ってすぐに監督になったんだな。

――それから誰についたんですか。

神代　滝沢英輔さんが一本。小林さんが「愛ちゃんはお嫁に」「おばこ船頭さん」。

――あの人は小唄映画ばっかりやっていた（笑）。映研の後輩として、わが先輩は何をやっているんだ、と思ったりもしましたね。小林桂三郎さんという人は、松竹大船時代の助監督としては理論派のバリバリで、リードしていたわけでしょう、助監督連中を。何となく、非常に意外だったですね。そういうのばかりやっているでしょう（笑）。

神代　あとは森永健次郎さんとか、春原政久さんとかをときどきやって、あとは全部、斎藤武市さんです。

――そうするとどっちかというと、当時の日活としては主流じゃないですね。

神代　……裕次郎が主流で、旭がどっちかというと傍流という意味でいえば、主流ではないですね。だけど、後半はかなり「渡り鳥」やなんか当たりましたから。

――斎藤武市さんはある時点から「渡り鳥」もので当てて。旭の「南国土佐を後にして」とか、その辺もやっているんですか。

神代　ええ、やっています。

――結婚なさったのは、助監督時代……。

神代　一年か二年たってからだったかな。

――島崎雪子さん、これはどういうことですか。この辺が聞きたいですけど。

神代　なれそめは松竹京都のとき。

――島崎さんが京都で仕事をしていたんですか。何を撮っていましたか。

神代　名前は忘れましたけど、岩間鶴夫さんの……。

――島崎雪子さんというのは、藤本真澄さんが発見した大スターですな。

神代　もうそのころは東宝をやめてましたから……。

――デビューのとき、藤本真澄さんがたくらんで、失踪事件か何かおこして、ジャーナルは大騒ぎ。あのころは、新聞も甘かったね（笑）。各紙が島崎雪子失踪というので大騒ぎになって、島崎雪子、一躍、大スターになっちゃったんだもの（笑）。新東宝の映画だ。たしか「夜の緋牡丹」だったかしら（笑）。

神代　これはまた因縁話じゃないんですけど、いちばん最初、新藤さんのところにシナリオを持っていって、シナリオの勉強をしたんですよ、「F・O」「O・L」と書いてあるやつを。わりと一生懸命勉強したのが「夜の緋牡丹」なんですよ。シナリオ・ライターとして、芸術的なやつでなくて、商業映画の標本みたいな形で。やっぱり勉強しなきゃいけないだろう、と思って、わりと一生懸命読んで……。

――活字になったやつを読んだんですか。何に載ったんだろう、当時。

神代　『映画評論』か、そんな感じでした。

――奇しき因縁ですな。それで助監督二年目くらいで結婚したんですか。

神代　二年目というより三年目くらいかな。

――食えましたか、助監督三年目で結婚して。もっとも彼女が……。

神代　ええ、まあヒモみたいな感じで（笑）。日活、破格だったんですよ、あのころは。松竹のときに七千円か八千円くらいだったんですよ。日活で三万円になっちゃったんですよ。びっくりしちゃって。すごく金持ちになったような気がしましたね。

――三万円ということは、当時のサラリーマンの常識からいって高いほうですね。

神代　破格だったですね。それ以来、全然上がらないですけど。十年くらい三万円だった（笑）。

――島崎さんはずっと女優さんとして活動していらっしゃったんでしょう。

神代　あまり仕事はなかったですね。ぼくの方はほとんど、斎藤武市さんについていました。

新婚時代の神代辰巳と島崎雪子

楽しかった〝渡り鳥〟

——斎藤さんが主流になったころからの日活は、最初、滝沢英輔さん、内田吐夢さん、田坂具隆さんが仕事をしていて芸術派が主流だったころ、それが裕ちゃんが出てきたあたりから変わってきて、新しい監督さんがどんどん一本立ちになって、いままでの日本映画の常識からいうと、ちょっと型破りな、むしろフランス映画やアメリカ映画に近いような、通俗的な素材で、はつらつたる映画表現をその中にぶちこんで、いままでの日本映画になかった裕次郎というヒーローが出てきて、という時代になってきたんだけれど。その中で斎藤さんはもう一つ違って、流行歌を主題歌にしたり、日本製ウエスタンが出てきたり、もっと通俗的な、泥くさいというか、映画のつくり方をしていたようなイメージが僕らにあるんですけどね。

神代　いまおっしゃったのは、たとえば中平康さんのイメージだと思いますけどね。それとはちょっとやっぱり違いますね、斎藤さんのは。斎藤さんのはどっちかというと、荒唐無稽なもので、最初の「渡り鳥」はそういう意味で、その荒唐無稽さを荒唐無稽に見せない、という苦労をかなりやりましたね。

——そのころからシナリオに参画したりということはあったんですか。

神代　参画するというほどの参画じゃないですけど。シナリオには町中でピストルをバンバン撃ち合うということが書いてあるんですけど、当時そういうことだといけないだろうというので、いろいろ工夫をしたことがあります。そのあとはだんだん平気になって、どこでも、バンバンやるようになったですけどね。

——いま渡辺武信氏が『キネ旬』でやっている連載を読んでも、当時の映画好きの大学生などの心情を、ものすごく惹きつける要素が日活映画にあって、イラストレーターの小林泰彦さんに聞くと、裕ちゃんの映画は毎週、絶対みた、というわけですよ、新宿日活で。彼が新宿でヒッピーみたいなことをやっていた頃は。三国連太郎がまた白い背広を着て出てきたとか、ジーンズの裾がどうなっていたとか、当時の若者の流行を左右していたようなことがあったらしいですね。

神代　「渡り鳥」の話は、タクシーの運転手さんがよく話していますね、いまちょうど四十歳くらいになっている人たちが。わかるんですね、何となしに、こういう格好をしていると。映画ですか、どこですか。日活です。というと、「渡り鳥」の話がいちばん多いですね。

——鈴木清順の一部のファンができてきたり、たいへんおもしろい時代ですね、日本映画にとっては。

神代　日活の中にいたからあまりわからないですけど。だけど、僕の自分の体験の中でいうと、「渡り鳥」の一作目は、エポックというい方も通俗的だけど、エポック的な作品だったんじゃないか、という気がしますけどね。

神代辰巳助監督作品リスト（日活入社以降のみ）

1955年	『白浪若衆　江戸怪盗伝』監督＝小林桂三郎　9月7日封切
	『江戸一寸の虫』監督＝滝沢英輔　10月25日封切
1956年	『愛情』監督＝堀池清　4月25日封切
	『燃ゆる黒帯　花の高校生』監督＝関喜誉仁 7月5日封切
	『青い怒涛』監督＝小林桂三郎 10月1日封切
	『月蝕』監督＝井上梅次 12月19日封切
1957年	『お転婆三人姉妹　踊る太陽』監督＝井上梅次　1月3日封切
	『愛ちゃんはお嫁に』監督＝小林桂三郎 4月10日封切
	『おばこ船頭さん』監督＝小林桂三郎　6月18日封切
	『高校四年』監督＝森永健次郎　10月8日封切
1958年	『白い悪魔』監督＝斎藤武市　1月22日封切
	『霧の中の男』監督＝蔵原惟繕　4月8日封切
	『知と愛の出発』監督＝斎藤武市　6月17日封切
	『これが最後だ』監督＝斎藤武市　10月1日封切
1959年	『名づけてサクラ』監督＝斎藤武市　3月3日封切
	『おヤエの身替り女中』監督＝春原政久　5月19日封切
	『おヤエのあんま天国』監督＝春原政久　6月16日封切
	『南国土佐を後にして』監督＝斎藤武市　8月4日封切
	『人形の歌』監督＝斎藤武市　9月8日封切
	『ギターを持った渡り鳥』監督＝斎藤武市　10月11日封切
	『波止場の無法者』監督＝斎藤武市　11月15日封切
1960年	『口笛が流れる港町』監督＝斎藤武市　1月3日封切
	『白銀城の対決』監督＝斎藤武市　3月6日封切
	『渡り鳥いつまた帰る』監督＝斎藤武市　4月23日封切
	『赤い夕陽の渡り鳥』監督＝斎藤武市　6月29日封切
	『東京の暴れん坊』監督＝斎藤武市　7月29日封切
	『大草原の渡り鳥』監督＝斎藤武市　10月12日封切
	『錆びた鎖』監督＝斎藤武市　11月12日封切
1961年	『波涛を越える渡り鳥』監督＝斎藤武市　1月3日封切
	『ろくでなし稼業』監督＝斎藤武市　3月12日封切
	『でかんしょ風来坊』監督＝斎藤武市　3月19日封切り
	『大海原を行く渡り鳥』監督＝斎藤武市　4月29日封切
	『助っ人稼業』監督＝斎藤武市　6月11日封切
1962年	『さすらい』監督＝斎藤武市　2月3日封切
	『ひとり旅』監督＝斎藤武市　6月24日封切
	『燃える南十字星』監督＝斎藤武市　7月29日封切
	『危険な商売　鉛をぶちこめ』監督＝斎藤武市　12月16日封切
1963年	『何か面白《おもろ》いことないか』監督＝蔵原惟繕　3月3日封切
1964年	『成熟する季節』監督＝斎藤武市　1月15日封切
	『執炎』監督＝蔵原惟繕　11月22日封切

――当時、誕生のいきさつはどういうことだったんですか。

神代　つまりヤクザ映画とウエスタンというか、西部劇とくっつけた話でいこうじゃないか、というような発想だったと思いますね。プロデューサーは児井（英生）さんでしたけど。まずそれに乗っかってやろうというのでホンができて、伊豆あたりにロケハンをしたんですよ。やっぱり西部劇にならないので、かなり会社に反逆して北海道へ行って、函館はバタくさいですからね、その中でやろうということになって。僕は非常に好きな映画なんですけど、「渡り鳥」の一作目は。かなり成功したんじゃないかと思いますね。撮っていて、なにしろ楽しかったですね。

――そういう、いい意味での映画的遊戯精神が、当時の日活にとてもあったですね。それまでの日本映画は、娯楽映画は下卑たもので、商売監督が安い予算で早く撮るものでみたいな、悪くいえば投げて、観客サービスのためにやる、みたいなことだったけど。あのころの日活の功績は、そういう大衆的な面白い映画を、青年監督たちが集まって、面白くしよう、面白くしよう、と思ってエネルギーを注入してやっていた、という感じがありましたね。

神代　そういう始まりが「南国土佐を後にして」だったと思いますが。

――「南国土佐を後にして」は、単なるプログラム・ピクチュアで、いままでのメロドラマの図式の中にあるんだけれど、あの歌が驚くべきヒットをして、あの映画はばか当たりしゃったわけでしょう。

神代　これは斎藤さんの功績だと思いますけど。いままでの歌謡曲映画から非常にスマートなものへ、バタくささを持ちこんだという。

――いままでの日本の通俗ドラマの主題歌ものというと、何か陰にこもって変な話になっちゃったんだけど、斎藤武市さんはそういう意味では特異な人ですね、日本の映画監督の中で。いままで斎藤武市研究をやった人もあまりいないし、論じられることもあまりなかった人だけど。

神代　あとがあまりよくなかったからいけないのじゃないですかね。僕は「南国土佐を後にして」「大草原の渡り鳥」「東京の暴れん坊」、あと……何とかシリーズといったんですけど、二谷英明と宍戸錠が組んだ「ろくでなし稼業」、あのへんはユニークなものができたんじゃないかと思います。

――それと日活は撮影所が新しいし、ほかの撮影所というと、何か暗い部分があって、革新的なことをやろうとすると、上からトンカチが落ちてくるみたいなところがあるけど、日活だけはそういうところがなかったですね。すみからすみまで明るくて、そういうところだからそういうものも生まれてきた、そういうことがあるんでしょうな。

神代　寄り合い所帯のよさと、上からの締めつけが、ぼくはあまりよく知りませんけど比較的なかったんじゃないか、という気がしますね。

――機材も最新のものがあった。斎藤さんとずっとやって……。

神代　「渡り鳥」を十本くらいやっていますし、途中で「ろくでなし」が入って……。斎藤さんのチーフをやめて、二年くらい何もしないでいましたね。

『波涛を越える渡り鳥』（1961）バンコックロケにて

驚嘆した蔵原さんのうまさ

――助監督時代、シナリオは名前を出して書いたということはないですか。

神代　あります。ありますけど、全然通らなかったですね。斎藤さんについてたときは斎藤さんが忙しくて、斎藤さんがホン（脚本）を書いている間、僕がロケハンしたりしていましたから。斎藤さんのホンはちゃんと丹野雄三が手伝っていました。

――斎藤武市から学んだものというのはありますか。

神代　影響はあるだろうと思いますけどね。映画は見りゃわかりますし、斎藤さんに限らず、ほかの監督でも、だいたいわかりますし。

——助監督のかたわら、ほかの日本映画や外国映画を見たということはありますか。

神代　よく見たつもりですけど。

——そういう意味じゃ当時の日活映画は、それまでの日本映画よりも、外国映画のほうが近かった感じもあったですね。

神代　そのへんのところでいくと、アンドレ・カイヤットなんか好きだったですね。「裁きは終りぬ」とか、「眼には眼を」とか。

——カイヤットというのは、一種の倫理映画作家というか——。それまでの映画は、ムード映画というのが多かったけど。体質的に近いものを感じたわけですか。

神代　どういうのかな……、きっとそうだろうと思いますね。

——提出シナリオはどんなものがありましたか。

神代　「泥の木がじゃあめいてるんだね」とか、だいたいあんな傾向のやつです。

——あれは当時『映画評論』に載ったんでしたね。あれで初めて活字化された「神代辰巳」という名前を見て、何て読むのだろう、クマシロとは驚いたと、当時、早稲田の映研の仲間と話をした覚えがある。あのシナリオが活字化されて、センショーションをまき起こしたですね。

神代　あれが処女作というわけじゃないですね。ええ。つまり活字化されたものの中では。

——前にシナリオはいろいろ書いているでしょう。

神代　ええ。だいたいああいう種類のものを書いてました。書いても全然、受けつけてくれませんでした。あれも受けつけてくれませんでしたね。

——会社の人たちはわからなかったでしょうね。いわゆるそれまでのシナリオ作法の起承転結と、まったく違った書き方だし。

神代　わからないというよりも、外国映画の中では、「俺たちに明日はない」とか、ああいう傾向のやつがどんどん出てきた時代でしたから、それのまねみたいな感じでやったんですけどね。そのへんはわかってくれるんじゃないかと書いてみたんですけど、やっぱりわかってもらえなくて。

——一見、日活あたりはそういうのをいちばん最初にやりそうな感じだったですけどね。それから「かぶりつき人生」までは、かなり長い時間があるんですか。

神代　いえ。一年か二年くらい。斎藤組をやめて、あと蔵原組を……。

——何をやったんですか。

神代　……忘れちゃったなあ。クラさんの名作をやっています。「何か面白《おもろ》いことないか」と、その前の……「執炎」。

——蔵原さんの一つのピークに達したころですね、ちょうど。

神代　「執炎」はうまいなあと思いましたね、一緒にやっていて。かなわないなと思いましたね。全体の分量でいいますと、五分の一くらいをB班で回したんですよ。クラさんが撮ったところと僕が撮ったところと違うんですよ。はるかに向こうがうまいんですよ。

——どういうところを撮りましたか。

神代　主に子供の部分ですね。回想部分。それからいまでも覚えていますけど、アクションがつながらなくて、ほんと困ったところがあるんですけどね。ルリ子が行方不明になる前、台所でみんな話しているとルリ子がいなくなって、お母さんが仏間に行くとルリ子の髪の毛が置いてあるとか、ラスト・シーンに近いところ。とにかく僕のシーンとくらべると、うまいなあ。クラさんのところと違うんだな。

——蔵原さんは映像派で、流麗なる映像を撮るから。

神代　そうなんですよ。全然違うんですよ。

——でも「執炎」は、ちょっと変な感じがしましたね。あれは古い監督が文芸派の

神代辰巳と蔵原惟繕（右）。
神代家所蔵のアルバムにこの形で貼られている

シナリオ・ライターを使って、古いスタイルの大スターを使って撮ったら、さぞかし存在感のあるすごい作品になったろうと思うけど。新しい日活であいうことをやられると、ちょっと裏切られたような感じがありましたね。新しい日活で、何でこんな昔の日本映画みたいなことを一生懸命やらなきゃならないのか。全部ムード映像になっちゃっていて、あそこに描かれている歴史とか、日本的であるものとかの根っこが、確かな手ごたえをもって出てこないのじゃないかという。

神代　それはいままでの話で出てきたことでいいますと、日活のバタくささ、そこに根っこみたいなものが出てこなくて、わりとバタくさい形で風土みたいなものが出てくる。それはその当時の風潮としてあったような気がするんですけどね。その土着だとか、根っことかいうのをやりたしたのは、そのあとのイマヘイさんの感じで。そういう日活の歴史でみると、バタくささの延長の中で日本の古風なものをやった、という意味があるんじゃないかという気がするんですね。

――今村昌平さんなんかにつながっていくわけですね、そういうものは。悪い言い方をすると「植民地ドラマ」ばかりやっていたから（笑）。このへんで少し実のあるものをやってみよう、ということがあるわけですかな。

神代　それでなおかつバタくささが残っているんじゃないですかね。かなわないですよ。絵のつかみ方がうまいんですね、クラさんは。俺が撮るとスカみたいで。クラさんが撮ったところはきちんとできていて、ラッシュを見るとわかるんですよ、ありありと。つらかったなあ。

――あれはシネスコ、黒白ですね。平家の落武者部落みたいなところへロケーションを敢行して。

神代　そうです。えんえん二カ月くらい。鳥取から始まりまして敦賀、福井県を経て、富山県、石川県へ行って。

――よく予算を会社が許しましたね。

神代　あれはもう日活の最後ですね。

――昔からの日本の年中行事みたいなものを、えんえんと撮ったですな。

神代　葬式みたいなやつですね。

「かぶりつき人生」

――そんなにたたない時期ですか、「かぶりつき人生」を撮ることになるのは。

神代　「何か面白いことないか」がそのあとですね、たぶん。やって半年か一年くらいだったと思います。

――どういうきっかけからですか。シナリオがおもしろいというので通ったんですか。

神代　経過でいいますと、「泥の木がじゃあめいてるんだね」というのはもうひと息だったんです、通るまでに。やっぱりこれじゃ通らないよ、と企画の連中にいわれて。イマヘイさんのエロもののまねでもしたら通るんじゃないか、みたいな言い方があって（笑）、そうか、じゃエロものだと。

――「盗まれた欲情」、あの手ね。それでシナリオを変えたら通ったんですか。

神代　ええ。

――神代さんが映画をつくる上で欠かせない部分である、姫田真左久撮影監督との結びつきは、ここで始まるんだけど、それ以前からあったんですか。あなたが一本になるときは俺がやるよ、みたいなことは。

神代　いや、全然ないですね。斎藤さんの作品では姫田さんとは一本しかやっていないですよ。

――偶然、会社からの順列組み合わせで組まれたコンビですか。

神代　いや、そうでなく

『かぶりつき人生』製作発表会見。
田中小実昌（原作）、殿岡ハツエ、丹羽志津、神代辰巳

て、姫田さんの浦公(浦山桐郎)のシャシンだとかが好きだったので、こちらからお願いしたことと、もう一つは製作者の大塚和さんとずっと一緒にやっていましたから。「かぶりつき人生」は、何かわけわからなかったですね、撮っていて。

——当時の日活としては革新的な映画で、スターらしいスターは出ていないし、大部屋の俳優さんが、すごく重要な役を演じているし、ほとんどロケでしょう。

神代 オール・ロケでした。

——登場人物もいままでの日本映画の常識からいうと、普通の日本映画だったらまったく描かない人物が、非常におもしろい形でしゃしゃり出てきたり、とにかく変わっていたな。

神代 白井さんの『キネマ旬報』の批評を熟読玩味したけど(笑)そのとおりだと思いましたよ、きざなことをやったなあと(笑)。

——当時、たいへんエキゾティックなセミ・ヌードダンサーだった殿岡ハツエが、お化粧を全部落として山出しの娘になって出てきたときには、ちょっと驚いたですね。違う人かと思ったものね。

神代 踊りのメーキャップは全然変わりますからね。

——ミュージック・ホールなんかでよく見ていたけど、タヒチの女みたいな、ものすごくエキゾティックな、およそ純日本的でないイメージの人が……。彼女はアメリカに行ったりしていたんじゃないですか、当時すでに。

神代 アメリカとかヨーロッパとか回って帰ってきて、あまり間がなかったんじゃないでしょうか。

——すごく抵抗があったんじゃないですか。のっけからノー・メーキャップみたいな、実に日本的な顔をして出てきちゃって。母親役が関西の寄席の人か何かですね。

神代 関西のOSミュージック・ホールのコメディエンヌの丹羽志津。

——予算や日数は制約をはめられた仕事だったんですか。

神代 ええ。いわゆる捨て番組みたいな感じが最初からありましたね。

——正直にいって、非常に不消化ではあったけれど、いまにして思うと、実に神代的な作品だったな。アントニオーニやフェリーニが、初期にルーティンになるべくあてはめようとして撮っているけど、いま見ると、明らかに彼らはのちのフェリーニやアントニオーニになるべくしてなった萌芽があったような気がすることがあるんだけど。そういう感じの神代作品だな、この映画は。

神代 何か見るにたえなくてね。あのとき『キネ旬』で討論会やってもらったでしょう。見ていていやだったなあ。見ていられなかったですよ。やっぱり自分できざだなと思って。かなりきざなんですよ。ゴダールのまねをしたりしているところが出てくるわけですよ。そんな感じで見ていた(笑)。あれ以来自分のシャシンは初号っきり見たことないんですよ。そのいやさを味わうのが……。初号もかなりいやですがね、あらばっかり目について。あのいやらしさが何とも身にこたえているから、初号以降は見たことないですね。

——会社の評判はどうだったですか、興行成績も含めて。

神代 日活開闢以来、入らなかったシャシンで。磯見(忠彦)ちゃんの「ネオン太平記」と二本立てで(笑)。あれ以来、ロマン・ポルノが始まるまで撮らしてもらえなかった。

——その間は何をやっていたんですか。

神代 テレビをやったり、ホンを書いたり。撮影の仕事は一年一本くらいの割合で、その一本というのもテレビで……

——日活からの給料的な生活保障はあったんですか。

神代 チーフ助監督のときの三万円が、ずうっと三万円だったですよ(笑)。撮影所には一年のうち二週間も行かなかったような感じでした。

——そのころ一度、どこかのテレビ局のロビーか何かで会って、ホンを持っているので見せてくれといったら、隠して見せてくれなかったことがある(笑)。テレビは何をやっていたんですか。

神代 TBSの『愛妻くん』。日活で下請けしていたやつを二本やって。NTVの『すばらしい世界旅行』の、コモドドラゴンというのがいるんですけど、それを撮りに行ったのと。クラさんと一緒にやった『火曜日の女』シリーズ一、二、三部で二本やりましたから五本ですね。「かぶりつき人生」を撮ってからロマン・ポルノまで四、五年ありますから一年に一本ずつやってお茶濁してた。

——その間に一本、神代さんから、このシナリオはプリントされたけど映画にはならない、読んでくれと渡されて、『キネ旬』に載せようかという話になったけど、泉

大八さんと痴漢もので多少ひっかかるかもしれないがという話がありましたね。

神代　「痴漢ブルース」というタイトルをつけていたんですけど。それが「濡れた唇」のもとですね。

——それで日活がだんだん会社として危機に瀕してきて、ロマン・ポルノを十日間、七百五十万円でやれ、という大方針が出て、はじまったわけですね。そのへんのことをもう少し……。

神代　会社の窮状はほとんど知らなくて、知らなくてというよりは二週間も行けばいい方でしたから、ホンを書いたり、読んだりしていたので、わりと日活とは没交渉できていたんですけど。ダイニチになったり、ロマン・ポルノになったり、ヘイヘイという感じで、わりと傍観していたというか、他人事みたいに見ていたんですけど。ロマン・ポルノが始まって、やらないかというから、「痴漢ブルース」以来、二つ三つあったものですから、これをやらしてくれるならということで始めたんですけど。

——しかし十日間、七百五十万円というのは、どうだったんですか。受けて立とうという……。

神代　もともとテレビやなんかの仕事のしかたからいくと、それほど……。そういうもののスケジュールでやるといけるだろう、という気はありましたね。

「濡れた唇」

——「濡れた唇」はロマン・ポルノが始まってから、どのくらいですか。初期ですね。

神代　半年もたっていないですかね。二、三カ月くらいですかね。

——当時の日活の動きとしてはどうだったんですか、ロマン・ポルノを撮るというのは。新監督連中がパッと出てやる、というケースが最初あったけど。やっぱりそれまでの監督さんたちは、ひるんだわけですか。

神代　それはつまりピンク映画をいまさらという、ピンク映画と同じに考えていたんだろうと思いますね。

——ロマン・ポルノは会社側がどうにもならなくて、十日間、七百五十万円でエロをやれ、ピンク映画からも女優を連れてきてやるのだ、という。もうとことんまでいっちゃって、見栄も外聞もなくという要素からはじまったことは事実だけど。それを受けて立った側は、むしろ、入口はかなり狭くなっているが、そこへ乗っかることによって、いままでの日本映画がやっていないことができるじゃないか、という形の挑戦が出てきて、それがものすごく新鮮だったですね、われわれ見ている側には。

神代　現実に「痴漢ブルース」とかそういうものが通る状況ができてきてたですね。もともとセックスを古典は書いているし、僕にとって全然、抵抗がなかったですね。逆に、ああこれでやっと撮れるんだ、という感激のほうが強かったですね。

『すばらしい世界旅行』撮影スナップ

——いままでタブーになってきたセックスのテーマに突っこんでいけるという強み。十日間だから、金もないんだから、いままでの日本映画の常識にあるような、セットを建てて、メリハリのある芝居をやることはできもしないし、撮り方もわれわれの自由にやらしてくれと……。そういう逆手にとった新しい映画づくりが始まった。一つのルネッサンスが始まった。考えてみれば日本映画のルネッサンスは、いつもそう

いうふうにはじまるので。資本家が全部お膳立てしてくれて、そこから新しいものが出てきたということはないので。締めつけを逆手にとって何かがはじまるわけだけど。それの典型的なものでしょうね、このはじまり方は。見る方として、だからといってロマン・ポルノの全部が全部、革新的で、よくて、すごかった、という気は毛頭ないので。それはATGでも同じことで、ATGの映画で年間一、二本しかいいのがないのと同じでロマン・ポルノにもやっぱりくだらない多数の作品と、それを逆手にとって闘って成果をあげた、すぐれた映画があった、ということにしかすぎないのだけど。とにかくそれが一つの風潮になって、日活映画に新しい運動が起こった、ということは事実でしょうね。

神代　……運動という形でのものはないような気がしますね。ただ、これでてめえのつくりたいものが、セックス・シーンさえやっていればいけるんだと。みんなそう思ったんじゃないですか。

――とにかく「濡れた唇」は、革新的日本映画でしたね。いわゆる起承転結の整った話はないし、いままでの日本映画の常識がかなり打ち破られて、作家が肉体的に自分のやりたい映像を撮っているという、そういう感じがものすごく強くあって、いままでの日本映画だったら終わりにならないだろうようなところで、突然に終わっちゃうし。

神代　たとえば「かぶりつき人生」と比較論になるかと思いますけど。どっかで、これから先はやっちゃいけないんじゃないか、というのがありますね。そういうものが比較的ないとはいいませんけど、あるつもりではいますけど、ロマン・ポルノに関して言っても。いまはややそうでもないんですけど、「濡れた唇」とか最初の二、三作目はわりと、とにかくどんな作品を撮っても、入りは同じだというわけです。とにかくやっていりゃいい。何でも言っていいと、非常に気楽に撮れたんですね。気楽に撮れた、というよりも言いたいことをわりと言えた、というのは決定的にありますね。

――シナリオの「神山清巳《こうやまきよみ》」というのは、ご自分のペンネームですか。

神代　山口(清一郎)君というのがいますけど、「かぶりつき人生」からずっと助監督をやってくれた。それと一緒に書いたんですよ。山口君と僕の名前と一つずつ取った。

――当時の宣伝プレスを見ると、カメラマンの名前が載ってませんね。

神代　そのころはありましたね。いまでもシナリオ・ライターが自分の名前をあかさないで覆面みたいな形で出すということと、音楽がいまでもそのままですね。山本直純は出してもらっては困る、という。山本直純は何とか、誰々は何とか、というふうになっていますね。音楽に関してはいまでもそうなっているんじゃないですか。

――「濡れた唇」は、その後の神代さんの作品の軌跡になった、いちばん基本的な形が全部この中にあるような気もするんですけどね。

神代　自分でもそう思っています。

――絵沢萠子さんは当時すでに何本かやっていたんですか。

神代　映画は、新藤兼人さんのプロダクションでは何本かやった人だったらしいです。

――要するに新劇の人として映画をやっていた感じだったでしょう、それまでは。ここで大胆に脱ぐまでは、彼女にためらいはなかったですか。

神代　かなりあったと思います。撮影中、ふるえてましたものね。やる方もふるえていたし、撮る方もふるえていましたからね(笑)。ドキドキしてやってましたからね。

――それがまた初期のロマン・ポルノのすごくいいところで。未開の分野に突っこんでいって、戦慄しながらやっている、という感じがあったものね。それがまたういういしい映像となった感じがあって。谷本一は実によかったですね。粟津號さんはもうかなりやっていたんですか。

神代　いや、やっぱり同じくらい。

――事実七百五十万円、十日間でやったんですか。

神代　ええ。十日だったか、十一日間だったか。かなり忙しかったですね。

――予算はまったく足出さないで?

神代　いや、どうかな、フィルムが出たくらいじゃなかったかなと思いますね。映倫はくしゃくしゃでした。

――ふるえながらやっていた、というのはいい話だな。確かにそうなんだろうな。見ている方もそう思ったもの。このときから神代さんの作品によくつく「濡れた」と

いうことばが初めてかぶさった意味でも、記念すべき映画で。

神代　しかし、最初はいやでしたね。全然関係ないんですよね、タイトルと中身と。何で「濡れた唇」かわからないんだけど。とにかくそうしてくれ、ということでしたね。

——**会社がつけた題名ですか。自分では何という題をつけたんですか。**

神代　「痴漢ブルース」ですね。

——**「痴漢ブルース」もかなり、わいせつないい題名なんだけど、何で「濡れた唇」になったんでしょうね。その他この作品についていま思うと何かありますか。**

神代　とにかくふるえっぱなしで撮っていた感じでしょ。女優さんの裸をまともに見ていられなくて、斜めから見る感じでやっていたんですけど(笑)。彼女なんか見ていて、やっぱり興奮していましたね。セットの二重があるでしょう。このくらいの高さのに組むわけですが、ここから落っこっちゃったですものね。

——**かなり決心が要ったでしょうね。初期のロマン・ポルノで、いままで新藤さんの映画に出てきて、とにかく裸でセックス場面を堂々とやるということにはね。しかもゼニカネでないことは、ロマン・ポルノはそんなにギャラはよくない、というのは初期から有名だったし。**

神代　みんなホン読んでくれて、何かいけるんじゃないか、と思って集まってくれた連中だったですね。

——**谷本さんはどういう人だったんですか。**

神代　みんな俳小(俳優小劇場)なんですよ。俳小がちょうど分裂した直後で。

——**村川透さんが「白い指の戯れ」をやったのはこれよりずっとあと、そんなあとじゃないでしょう。**

神代　村川がチーフをやってくれたのは、これだけですから……。

——**明らかに「白い指の戯れ」「濡れた唇」はきょうだい映画だ、という気が非常にするんですけど。つながっていますね。**

神代　ほとんど前後して書いたシナリオですから。

——**向こうも姫田さんですね、カメラマンは。「白い指の戯れ」の伊佐山ひろ子さん、あれは村川さんが発見してきた人ですか。**

神代　あれも俳小なんですよ。養成所の。

——**「白い指の戯れ」も、変な女優さんたちを連れてきた映画で。伊佐山さんとレズになっちゃうあの女の子も、実に奇妙きてれつなる女優さんだったし、あれはロマン・ポルノ以前に神代さんが書いていたシナリオを、村川さんが多少直して撮ったということですか。**

神代　普通作品のつもりで書いていましたから、二百枚くらいあったのを、ロマン・ポルノだと百～百二十枚くらいなんですよ、ベタで。ですから八十枚くらいのところを僕が切って、いちおうシナリオの形にしてあとは撮りやすいように直してくれ、と渡して……。

——**それは偶然のことですか。**

神代　白井さんがたまたま、きょうだいみたいだとおっしゃいましたけど、村川君が撮ることになって、じゃ書こうか、という話になったんですけど。同じようなことをもういっぺんやってもしょうがない、という気持ちが僕のほうではありましたし、自分のシナリオが人の手にかかるとどうなるか、ということもありましたし、テーマなんかまったく同じですし、そういう意味でもやってもらったんですけどね。やっぱり自分のイメージはきちんと、というか、あれも半年くらいパキ(藤田敏八)だとか、岡田(裕プロデューサー)とか一緒に書いたシナリオですから、わりとまともにできているような、人の

『濡れた唇』撮影スナップ。姫田真左久(撮影)、神代辰巳

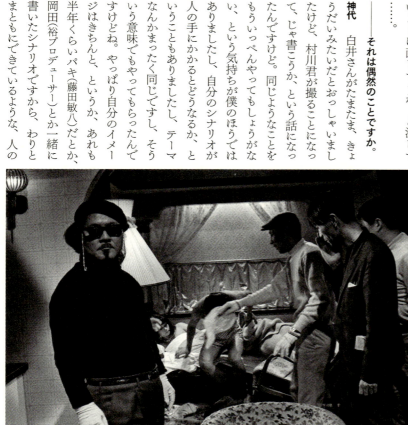

手にかかるとこうも違うのかなあ、という感じがしましたね。僕なんかよりすなおですね。

――それと、ものすごく起承転結ができちゃって、それは古い映画の起承転結とまた違うけど、ものすごくカッコいい映画になって。神代さんが撮ったら、もうちょっとズルズル、カッコ悪くなったのじゃないか、という気もしますね。

神代　そうですね。非常にスマートな映画になったなあ、という気がしましたね。

――入念なコンテを立ててやったんだろうから、よくできすぎて、感動はしましたよ。すごい映画だと思ったけど、これはほんとに日本映画かいな、日本の風土からこんな話がこんなにメリハリよく、きっちりとできあがってくるものかいなと、ちょっと懐疑心みたいなものもありました、正直言って。

神代　伊佐山にしても、いままでの日本の風土にいなかった女優さんですし、もう一人荒木一郎もどっちかというと……。

――これがまたカッコよすぎたね。でもカメラも、紀伊国屋のエスカレーターを上って店に入りこんだり、手持ちの撮影でどんどん地下鉄に乗りこんじゃったり、次の駅でおりるまでワン・ショットで撮っちゃったり。だからアメリカン・ニューシネマのいいものを見ているときみたいな、日本のことと思われぬ、という感じがしきりにしたことを覚えているな。うちの若い編集部の者が非常に興奮して、あの映画は見なさい、といわれて見たんだけど、何かできすぎているな、という感じがしたな。それがその後の村川さんの二本が、正直言ってガクガクッと悪いというあたりの、根本的な問題になっていると思うんだけど。ああうまくはいかないですね、二作、三作とね。ちょっと悲劇だな。処女作が脚本に恵まれて、姫田さんのカメラはいいし、村川さんは、演出造形能力をすごく持っているから。

神代　クラさんやなんかで、悪いところはぬけているところがあるんじゃないかな。そんな気がするな。

――舛田利雄の弟子だしね。何かバタくさい、昔の裕ちゃんの映画のころからの、バタくさいほうの系統を引いている感じはありますね。ああいうシンメトリカルな映画のつくり方というのは、ロマン・ポルノでは永続性はないでしょうね。非常にむずかしいでしょうね。

神代　村川とは別な形で田中(登)がやっていますね。

――もうちょっと日本的な、得体のしれないいぎたなさの中にいすわっちゃわないと、連投できないだろう、という気は非常にするね。

神代　やっぱりそうだろうと思いますね。少しずつ、出てくれる役者が、いままでの日本映画の役者と違うんですね。違うというよりも、存在感が違うんです。どうしようもなく。べべが出てくるとべべの映画になっちゃうし、梨絵が出てくると梨絵の映画になっちゃうし。逆にいえば日本的な風土は、イマヘイさんのああいうふうな世界に、かつてはたぶんあったろうと思いますね。それが、いまは梨絵だとか、僕の映画でいうと芹明香だとか、そういうところが風土というか、ロマン・ポルノ映画の基底を支えているのじゃないか、という気はしますけどね。

――そういう現実にいる人間に即して、そこから基本がはじまって映画が流れていくみたいな。いままでの日本映画は、まず作家側の強固なるパターンがあって、あらゆる俳優の演技はメリハリ正しく、そこへ組みこまれていく感じがあったけど。そういう俳優さんの存在感とか、ある町の中にこういう人間関係を置いたら、そこから何が動きだすかとかそういうことが、ナイーブにはまったあたりがロマン・ポルノの面白さで。

神代　そうですね。役者の個性が、功罪という意味でいえば、非常に功績になっているんじゃないですかね。

「一条さゆり・濡れた欲情」

――「一条さゆり・濡れた欲情」は、そういう意味では、ロマン・ポルノ規模では、ものすごくスケールの大きいことをやった映画だ、という感じがしますね。われわれが見ていると。

神代　それはやっぱり、一条さゆりの素材の問題があると思いますね、一条さん自体の。彼女は非常におもしろい人間だったですよ。どっちかというと、やや土着的な、べべなんかの持っているものと全然、別個の。これはいままでの人間的な土着性を持った人だった、という気がしますね。

――べべの、まったく新しい「風来日本人間」みたいなもの、それはまったく相入れないものだけど。シナリオを読んだとき、ちょっと悪いいい方をすると、神代さんは一条さゆりを利用して、べべ主演の映画を撮る気だなと。そういう魂胆はないですか。

神代　……魂胆といえばまさにそうなんですけどね。どっちかというと、若いほうの側から書いたつもりでいますけど。

――また一条さゆりさんの身元を調べて、ショーをやっているとき、どんな気持ち？　とやったら、イマヘイさんになっちゃうものね。それと、ヒモ連中の描き方がすごいですね。ある意味では、作家は男だから、あっちの方がいちばん描きたかったところじゃないか、という気もしたんだけど。

神代　ヒモはてめえが長いこと続けましたから（笑）。

――実践の裏付けがあるから、強いわけだ（笑）。それと、たいへん土俗的な日本の民謡猥歌が、ドンドコドンドコ、ドンドコドンドコひっからまってきて、野放図なエネルギーをうち出してくる、という手法は、意識的にこのへんからですか、非常に強くやりだしたのは。

神代　いえ。それはまるで創作的にというか、創作的にそういうことをやったんじゃなくて、必要でそうやった。というのは、音楽予算がないんです、ロマン・ポルノに。音楽家というのもいませんし。にもかかわらず音楽を入れなきゃいけないということですね。そうするといままでのロマン・ポルノは、旧作の音楽を引っ張り出して、いろいろ選んで入れていたわけですが、どうしても合わないんですよ、どんな音楽を持ってきても。まず最初に「かぶりつき人生」のときから、どれかあてはめてみようと思っても、全然あわないんですよ。それで結果的にああいう形になって。これは、いまでもそうですが、この前「青春の蹉跌」と、今度「宵待草」をやったんですけど、音楽家が音楽を入れていると、てめえがすっ裸でいて、向こうが着物を着せてくれるのを黙ってこう……、いやですね、着せられているみたいで。着せかえ人形みたいな気がしてね。ロマン・ポルノの音楽のほうが僕にはいいですね。

――一見、まったく反撥するみたいなものをつなげちゃって、そこから別種のエネルギーが出るみたいだね。確かにいままでの映画音楽的な音楽は、着せかえ人形みたいに重ねていく。「濡れた唇」ではまったくやっていなかったでしょう。

神代　あれでも猥歌は一生懸命、使いました。〽ひとつ……というのを歌ってました。

――ことに一条さゆりとべべみたいな、普通だったらまったく両立できないものが一緒にされている。そこからの亀裂みたいなものが逆に作品のスケールの大きさに、作家の居直りで組みかえられていたみたいな。

神代　それほど大きいとも思わないですけどね。

――ことにヒモ連中は圧巻だったな。またそういう役をやらせると、ロマン・ポルノ以前は大部屋さんであまりうだつのあがらなかった人たちが、実に生き生きと、しかも、いやないい方をすると、二流の顔といったら失礼だけど、しいたげられていた俳優さんの顔が生きてくる。

神代　それはありますね。つまりスターさんでない方が、こういういい方をしてはいけないけど、うっせきしたよさが画面に出てきましたね。スターというのは、どっか違うんですよ。存在感がないんですね。「青春の蹉跌」を撮っても、「宵待草」を撮っても、どっか違うんですよ、存在感がなくて。そういう意味ではロマン・ポルノは全然違いますね。そういうよさはスターにはないですね。スターです、とい

『一条さゆり　濡れた欲情』製作発表会見。
神代辰巳、一条さゆり、伊佐山ひろ子

うんでしょうか。撮っていて、嘘っぱちをやっぱり、俺もやっているなあ、という気がしましたね。いまでもしてますけど。

――さっきいわれたように、出ている人の存在感によってその流れが違ってくるような映画づくりは、存在感をぐんぐん押し出してくるような人と、スター面をする人が主演した場合とは、ガラッと変わってくるでしょうからね。

神代　一番そういうのがわかるのは、新劇のスターさんで、これはやっぱり違うなと思いますね。

「恋人たちは濡れた」

――森谷司郎が怒って言うんですよ。新劇新劇といばっているけど、あいつらは実際にものを食いながら芝居できないじゃないか。映画の役者はものを食いながら芝居するんだと。そういうことがあるんだな。〝濡れた〟シリーズ四十八年に入って「恋人たちは濡れた」になるんですが、これは非常にプレーンなシャシンだったというのか、非常に流れていた……。

神代　そういう意味でいいますと、いちばん自分の癖が出たシャシンじゃないかと思いますね。癖が出た、みたいな意味でいえば、「かぶりつき人生」もかなり癖が出たような気もしているんですけどね。それと同じような意味で癖が出た映画だと思っています。

――「濡れた唇」や「一条さゆり・濡れた欲情」は、作品の置かれた条件とか、会社から与えられたものとか、あるいは出ている俳優さんとか、いろいろなことでまだ、ぎくしゃくしたものがあって、逆にそれが作品の骨太さに監督の根性で組みかえられているところがあったけど。「恋人たちは濡れた」はそういう意味では、監督は自分のやりたいことのみを、自分の選んだロケ地で、自分の好きな俳優さんたちを連れてずうっとストレートにやってみせたみたいな。それだけに、流動する映像感覚があると同時に、非常にさわやかになりすぎて、抵抗がなくなったという感じもしましたね、見ている方からいうと。

神代　違ういい方をしますと、やっぱり肩入れをしますね、役者に。そうするとてめえにないものを役者に託す演出の仕方をするわけです。てめえのないものねだりを、役者に託す部分があるんですけど。それが「恋人たちは濡れた」では、ないものねだりをしてなかったものですからね。

――中川梨絵さんというのは、また面白い人ですね。ただ僕は最後の、砂丘で馬跳びをするでしょう、あれが要するにフィルムの被膜がひっかかれてなくて、出ている連中の陰毛が見えていたら、あの映画はすごかったろう、という気がするな。それまで非常にプレーンに流れてきていたものが、あそこでものすごい存在感を持ったんじゃないか、という気がしてね。だからこれは検閲によってかなり妨害されている作品だ、という気はするんだけど。この作品はそれをやっていたら、まさにそれを前提として撮ったらな、という気もするんですよ。それを考えると、あすこまでずうっとプレーンに流れてきて、カメラのほうを向いて馬跳びをやる。あすこで陰毛が見えて、おちんちんがブラブラしていたら、これはものすごいことになった、という気はするんだけど。

神代　それはいつかはやってみたいですね。やらなきゃいけないだろうと思っていますけどね。

――この作品の終わり方は、そういう意図はなかったですか、監督さんとしては。砂丘のシーンからラストにかけてのシーンは、それが出てくることによって、作品がものすごくぎくしゃくしてきて、面白い効果になるだろう、ということを。

『恋人たちは濡れた』撮影スナップ。
神代辰巳、中川梨絵、大江徹

神代　いや、それはなかったというよりもできないという条件がまず頭にありましたから。こうじゃなきゃいいなあと思いながら撮ってましたけど。

——日本がそういうことをまったく平気でやれる時代になったら、修正版でないやつを公開したらいい、という気はするんだけどね。

神代　あれはネガで画面修正をしたから……。姫田さんが怒ってましたよ。実際に一コマ一コマ消していくのはたいへんなんですよ。一コマ、たとえば五分くらいかかるとするでしょう。一フィート二十四コマですから、あっという間に何百コマでしょう。腹立つわけですよ。何でこんなことしなきゃいけないんだと。最初は楽しんでやっていたんですよ。最後になったら……。

——あれはスタッフがやったんですか。

神代　姫田さんがやったんですよ。

——梨絵さんはそれ以前にロマン・ポルノで何本かやっていたんですか。

神代　何本かやっていたはずです。パキのやつが、これの前ですよ。

——この映画の主人公をやった青年は、その後どうなったんですか。

神代　大江君はずいぶんうちの主役はやってました。

——これもいわゆる谷本一型の、非常に面白い人ですね。

神代　彼もやっぱり俳小。

——俳小は面白い人がいるんだな。

神代　やっぱり日活と同じような状況だったんですね。どうにもならないということと食えないということと。俳小の連中は日活と非常に重なり合っています。

——梨絵さんも俳小にいたことがあるんですか。

神代　彼女は東宝のニューフェースですよ。

——「恋人たちは濡れた」というのは、映画館が舞台になっている、というところがすごい話だね。助監督の鴨田(好史)さんはこのあたりからですか、名前が出てくるのは。

神代　つき合わしたのはこれが初めてだと思いますね。これ以後、村川のあとはずっとチーフとして一緒にやっています。

——絵沢さんは欠かせない人になってきましたね。彼女は幾つですか。

神代　正確に知らないですけど、三十一、二、三、四くらいまで……(笑)。

——若い女優さんと違って、ちょっと年くって、平気で裸になって演技するということの、一種の気恥ずかしさと居直りとが面白いバランスを保っている、たいへん面白い人だと思っていた。

神代　体のバランスが面白いですね。胴が短くて、変な格好していますよ。それで何となく好きなんだなあ。

——セックス・シーンをやるということに、俳優さんはやっぱりためらいがあるんですかね。

神代　みたいですね。いまのロマン・ポルノの女優さんはみんなかなり、これがなけりゃなと思っているんじゃないですか。

——みんな前張りをしているんでしょう。

神代　ええ。べべなんか「またやんのう」とか何とかいって。そう言うなよ、と(笑)。

「女地獄・森は濡れた」

——このへんから急激に本数がふえてきますね。「女地獄・森は濡れた」はどういうところから出てきたんですか。マルキ・ド・サドの『ジュスティーヌ』の、かなり忠実な映画化ですね。

神代　そっくりそのままです。シナリオを書くのにすごく楽でした(笑)。

——大正時代に興味があるんですか。

神代　それは初めてなんですけど。大正時代にもちろん興味はありますけど、明治に置きかえると、ちょっと金がかかるんですよ。大正のほうがまだ楽なので。

——これはたしか試写のとき、『キネ旬』でディスカッションをやって、封切られたらまた切られたんでしたね。

神代　ええ。三日くらいで。ほとんどサドの原作そっくり、変えないでやってみたんですけどね。白井さんにいろいろ相談して、九州に行くとき……。

——サドは前から興味ありましたか。

神代　すごく面白いですね。映倫にひっかかったせいもあるんですけど、いままでの作品でもう一度みたいと思うのは、これだけですね。てめえがそっくりサドにおんぶして、まったくサドそのままやっちゃったもんですから、その分、気が楽で、もういっぺん見てみたいな思うのかもわからないけど。

――サドを演出したみたいな気があるわけですな（笑）。日本の風土とのひっからまりで、違和感はなかったですか。

神代　違和感がなかった、というと嘘になりますけど。こういうことは日本ではあり得ないという前提はもちろんありますけど、それは承知の上でやったから……。

――これは邸宅のセットが組んであって、セットであることを逆用して、すごいショットを撮っていましたね。ありありと、セットであるという……。

神代　どうしようもなくて。

――しかし、これで乱交状態のクライマックスの修羅場あたりになってくると、監督さんも演出しながらそら恐ろしくなってくるのと違いますか。

神代　サドにおぶさっている部分が全部そうですからね。サドの気持ちになって、いい気持ちだったですね（笑）。

――ふざけて「サド情話」なんて僕がいって（笑）。このへんは、スタッフは「濡れた唇」から同じ人たちですか。

神代　いままでもそうなんですけど、照明と姫田さんと、それだけですね。ずっと一緒にやっているのは。

――それは何々組というものは組みたくない、という意思からですか。それとも会社側ローテーションがそういうふうだから……。

神代　ローテーションのまんま。

――この作品が封切り何日間かでズタズタにやられたわけですが、そういうことについてはどう思いますか、基本的に。

神代　かなり抵抗……というのか、やったんですけど……。やっぱり、いまの日活の状況の中でものを考えないと、どうしてもいけないんですよ、僕らは。つぶれちゃったら困るだろう、という気はありますね。そこがやっぱりいちばん自分でも腹立たしいし、そんな日活なんかどうでもいいじゃないかと思いながら、逆に、つぶれちゃうと、せっかくいい、映画をつくる場だと思っていますし。比較論ですけど。もっといい映画をつくる場を見つけなければいけないんでしょうけど、いまの四社の中でいうと、いちばんいいところであると思っていますから、これをつぶすのはちょっと抵抗がありますね。もっと外に向かって、闘う方と、その両方とがどっかでなれ合ってしまうんですね。自分でも腹立たしいですね。いまそういう心境ですね。そのときの状況でいいますと、やっぱりかなりせっぱつまっていました。これが三日でやられましたね。一、二回続いたんですよ。これが二回目か三回目。もう一ぺんやられると、クマさん、つぶれるからかんべんしてくれよ、という言い方になるわけです。しょうがないな、ということになっちゃいますね。腹立たしいけど。そういうところですね。

――これは確かにそうなんで。やっぱりわれわれが企業の中で、『キネマ旬報』という雑誌をつくっているのもまさにそうなんで。企業の中で物をつくっている者は、まさにそうなんで。企業の中で持続運動としてやっていることだから。ここで一発、非常にカッコいいことをいって、足蹴にして出て行って、声明でも発表すればカッコはいいけど、それでは終わりですからね、すべては。

神代　それと、そのへんから映倫の中で、やや味方ができてきた、というの

『女地獄　森は濡れた』撮影スナップ。
山谷初男、神代辰巳、中川梨絵

があるんですよ。

――むしろそういう当事者たちは一生懸命やっている、ということもあるわけですか。

神代　ええ。表面的にそう言っているのかどうかわかりませんけど。だけど、そういう企業の中で仕事をしている、ということからいえば、その方を味方に引き入れながら――なまぬるいですけど、そういうことじゃなきゃしょうがないかなと思っています。

――結局いまの世の中、正規の戦争はできない。ゲリラ戦で戦っていくよりしょうがないわけだから。ゲリラはそういうやり方ですね。だから、みんなカッコよくないんだよね。だから重要なことは、カッコよくても撮らないより、多少きたなくても、つけ入ることのできるうちは、つけ入ってやらなきゃいけないと思うんですよ、基本戦術としては。

神代　僕はもともと、いぎたないほうだから（笑）。

――そうすりゃ、まだまだ現場に行っちゃえば監督のものだ、ということ……。

神代　ええ。一〇〇取るか、六〇取るか、ということですね。やっぱり一〇〇は、いぎたないから取りきれないですね。

――また一〇〇取っちゃったら終わりで、もう未練はないから、次は撮らなくてもいいわけで。今度は六五くらいしかできないから次は七〇くらいにしてやろうと思うから、その次もやろうという気になってくるわけで。これは〝実録ヤクザ路線〟で「仁義なき戦い」をやっている深作さんにしても同じじゃないか、という気がしますね。

「やくざ観音・情女《いろ》仁義」

神代　「桜姫」をやろうかということが発想なんですけど。もともと歌舞伎の中で「桜姫」みたいなものと因縁ものの組み合わせは好きだったものですから、一度やってみようかなと思ってやったんですけど。

――このへんをみていると、ほんと南北の世界へ入ってきた、という感じがしますね、いよいよ。この安田のぞみという人もすごかったなあ。

神代　いい役者ですね。これは天象儀館に所属しているんです。そのあと、のぞみが主役になるようなホンを書いていないもので、とうとうそれ一本だったんですけど。もういっぺんやってみたいですね。いい役者だと思いますね。

――安田のぞみが最初、滝つぼの上に出てきて、蝶々みたいな衣装をまとって袖を広げるところは、背中がゾクゾクッとするようなすごさがあったね。途中で製作費が足りなくなって、同一シーンの循環出現がちょっとシラけたけど。

神代　初めてなんですよ、自分が書かなかったシナリオは。田中陽造君なんですよ。結果論ですけど、非常にむずかしかったですね。シナリオ・ライターが面白いと思っている部分がありますね。ここは面白いと。僕はちっとも面白くないわけですよ。そういうところがいちばん困りましたね。これを撮るときの態度ですが、シナリオ・ライターが面白いと思っていることは、面白いにちがいないと思わなきゃいけないわけですね。それをてめえの中で面白く思わせる操作みたいなことをしなきゃいけなかったことが、しんどかったですね。面白くしようとすると、その部分が変に意図的なものになってくるんですよ、結果的にみると。そのへんを失敗したんじゃないか、という気がしているんですけどね。それともう一つは、ややアクション仕立てでしょう。アク

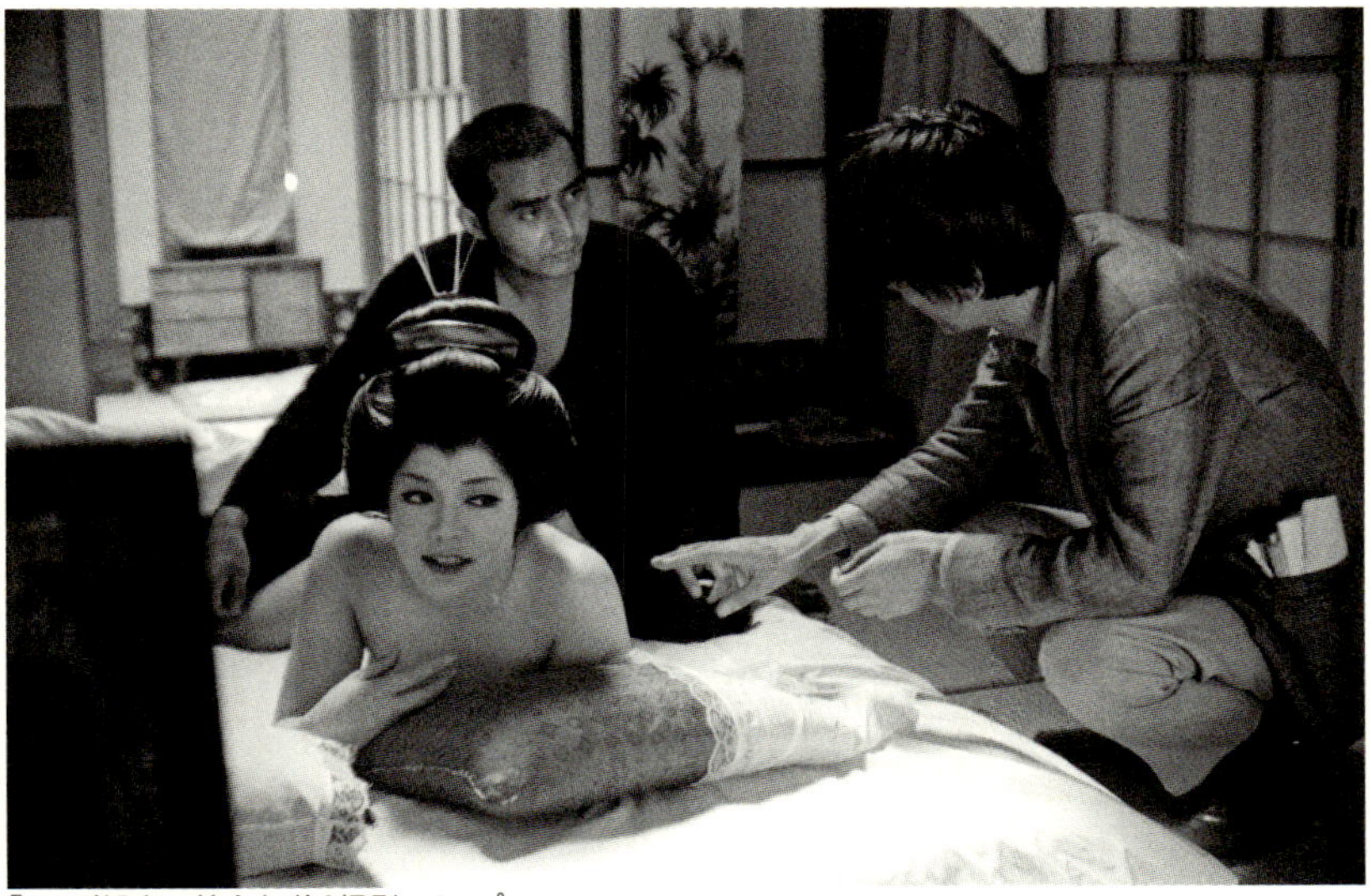

『やくざ観音　情女仁義』撮影スナップ。
丘奈保美、岡崎二朗、神代辰巳

ションものは金と時間を食うんですよ。撮影はしんどかったです。これ以降は、ほかのシナリオ・ライターに書いてもらっても、自分が面白くないものは撮らないことだと思いましたけどね。

――あれはどこへロケしたんですか、滝つぼがあって……。

神代　滝つぼは甲府の昇仙峡です。

――お寺はどこですか。

神代　箱根の明雄山最乗寺。箱根のちょっと下のほう。ロケはやっぱり二、三日で撮ったと思います。

――それを考えると驚異的なことですね。あれだけ長年月の話を……。あがた森魚の音楽は、そう印象にないんだけど。

神代　〈昭和四年は、という感じの。

――これは鴨田さんはついていないんですか。助監督は海野義幸さんですか。

神代　セカンドでやっていたと思います、そのときは。

「四畳半襖の裏張り」

――それで「四畳半襖の裏張り」になるわけですが。ここで一つのピークを迎える、という感じはしますね。見ている方は。

神代　そうですかね。「四畳半」はわりと遊んじゃったんですけどね。「サド」なんかわりとまじめに一生懸命やって、「一条さゆり」なんかも一生懸命やったんですけど。「四畳半」に関しては、わりと気楽に遊んじゃったんですけど。

――いままでいろいろな方向への大胆な実験があったけど、それが結実してところを得て、いちばん典型的な形でまとまって、しかもそのことによる強さがいちばん確固と出てきた作品、という感じがするんですけどね。

神代　それはありました。このへんまでやっていいんだと、手探りでやってきた部分がありますね。商業映画として、このへんまでやっていいのかな、これだけやるとわからないのかなと、いろいろあって、だいたいこのへんまでやっていいんだという目安みたいなものが。いま白井さんがおっしゃるとおりかもわかりません。それの、ある意味では寄せ集め、集大成というようなことになるのかな。それはあるかもわかりません。

――描かれている世界もそういう世界だけど、ある種、二流性を逆手にとって、そのことによって、達成できるものがほぼ完璧に出た、という感じがするんですね。

神代　二流性、それはそうだろうと思いますね。

――そういう意味では溝口健二の映画に学生時代、感激していて、そういうのがよみがえってきた、という感じだな。

神代　時間をかなりはずしたんですけどね。そういうものもいままでの経験で、ここまで商業映画というジャンルの中でやるんだなというのや、もう一つは、わりと一貫して抵抗映画をつくってきたつもりでいますけどそれもこのへんまでやっていいんだという目安が、いままでの中で出てきてたから、でしょうね、きっとね。

――いままでの作品でいろいろな部分で実験されてきた時代背景、花柳界、その中でのセックス、それがストレートに出るのじゃなくて、ひとつユーモアをひっからめて出てくるところ。いろいろなことが多層的に描かれていく描き方だとか、日本的な意地とかかけひきみたいなものが逆手に使われて、日本的な人間と性というものを突っこんで突いている。そうかといってバランスよくまとまってしまったということでは決してなくて、そのへんが二流性といういい方で、いい意味でいったんだけど。二流の花柳界の、二流の人間どもの話を撮る。だけどそれは一流の花柳界の、一流の人間たちのことを撮るのでは、とても出てこないだろう人間性が、より深く出てくる突っこみ方がある。しかもそれはロマン・ポルノの予算と日数の中で撮ることを逆手にとって、そういう作品の環境を、描いているものの性格が、より深く突き刺さる映画が撮れるはずだという。そういう計算とか居直りとか、一種のユーモア性が、総合的に非常にうまくいったという。

神代　そういう実験みたいないい方をしますと、前の「桜姫」は現代的にして失敗したと思っているわけです。「四畳半」に関しては、やっぱり大正ものにしたほうがやりやすいとか、それは一例ですが、そういうことがありますね。「二流性」という意味でいえば、てめえもひっくるめての話ですけど、だいたい二流、三流の人間しか扱ったことがないので、その点、自分なりの安定感があって、確信みたいなものがあるような気がしますね。

――人力車で追っかけをやるというのはすごいアイディアですね。あれはシナリオに書いておいて実現させたものですか。

神代　いやあ、アイディアは、カー・セックスをやろうと思ったんですね（笑）。

――それと何より驚いたのは、ロマン・ポルノはセックスを決め手につくっている、というのが大前提だけど、最初に神代さんがいわれたように、当初はみんなが初心をもっておどおどしながらやっていた。それが日本的なセックスを描いていてよかった。それが四十八手とはいうけれど、バリエーションが種切れになってきて、もうこのごろになるとある種のロマン・ポルノを見ていると、鉄棒の技は幾つしかなくて、どう組み合わせてもそれ以上やりようがないみたいな、ほんと機械体操を見ているような味気なさがあったんですよ。肉体を露出することも全然、刺激がなくなっちゃったし、陰毛とか本番セックス・シーンは隠蔽されることは、自明の理になっている。つくる側でもそういうニヒリズムがただよってきはじめていたし、かなり食傷していたわけですね。ここで日本の着物を着て四畳半でやる。しかも国家の権威が強くて、人間性が抑圧されていたころの人間たちの、しかもちっともお国の役に立っていない、二流の人間たちの演ずる色模様が、強烈なエロティシズムがあって、お腰をして、髷に結って布団の中でやるセックスの強烈なエロティシズム。それは粟津號の兵隊のエピソードに端的にあるように、やっぱり国家権力によって押さえられている、という大きな前提があるわけだから。そういうことが抵抗映画にもなっていたし、いままでいちばん肝心なところは見せないくせに、一見、すべてを見せられたようにつくられているロマン・ポルノに食傷していたわれわれを、そういう両面からものすごくうった、ということがありますね。

神代　セックス・シーンをやっぱり、持続……時間の中でつかまえてみようとはしました。いままで、はじまったら一分か、二分か、三分くらいで、必然的にそうなりますね、映画の長さの中で。これは嘘だろう。とにかくはじまってから終わるまで、三十分かかるか、一時間かかるのかがセックスだろうという、持続というか、時間の中でセックスをまとめてみようと、そういうねらいが一つあったんですけどね。

――ほかのエピソードがポカッポカッとはさまってきても、まだやっているという。そういう意味では『四畳半襖の下張』を「裏張り」と。これは映倫で変えられたんですか。

神代　ええ。映倫です。

――いまになってみると、変えてよかったという気がします。「襖の下張」というと荷風山人が書いたそれの映画化、ということになるけれど、まぎれもなく「裏張り」は神代のものである、という感じになって。

神代　これも原作にはかなり忠実です。ゴチャゴチャ入ってくるのは全然、別ですけど。芸者とあれは、だいたい忠実です。

――またロケも実にすごいところを見つけてやっていますね。

神代　千葉なんですけどね。いままで十二本ですか、撮っていますけど、そのうちの半分以上は千葉なんですよ。ときどき同じところが出てくる（笑）。

――それをまたファンは喜んだりしてね。

神代　金とのかね合いがいちばん多いんですけど千葉に日活の寮があるんです（笑）。

――千葉というところの風土がまた面白い。東京に近いわりに東京的じゃないし、さりとて山形に行ったり、秋田に行ったりというほどのローカルではないという。そのへんがまた神代映画の肌合いとあっているんじゃないですか、ある種、俗で（笑）。

神代　伊豆なんか使えないですからね。

――千葉とか川崎とか、あっちの

『四畳半襖の裏張り』撮影スナップ。神代辰巳、宮下順子

ほうの感じね。住んだことのない人にはちょっとわからないけど。

神代　千葉のロケーションで成功したと思っているのは、最後の池のところ。ほんとうにいい場所が見つかったと思っています。

――海で漁夫たちが網をやっている。あれをパンすると、こっちで宮下順子が歩いてきて、あのあたりもいいですね。とにかく人力車のシーンはすごいね。あのへんがまた姫田カメラのすごいところで。移動は実際にそんなに……、同一のところを回っているんでもないんですか。

神代　あれは撮影所のすぐ近くに団地があるんですけど、柳並木があって。そこを五十メートルくらい移動しています。ナイト・シーンですから、ごまかせるんですね。

「濡れた欲情・特出し21人」

――これはお正月企画としてエネルギッシュにやろうという気はありましたか。

神代　今度は正月映画という意識をわりとしたんですけど、このときはあまりしなかったですね。ロマン・ポルノに関していえば、撮影所サイドでもそれほど、正月だから入るとかいう期待感がなかったと思いますね。だいたいコンスタントに入ればいいという。

――「21人」というあたりにオールスターというニュアンスがあって。このころ日活でよくあったじゃないですか。白川和子の一代記をつくるとか、ロマン・ポルノで有名になったスターたちを顔見せ的に揃えて、にぎやかな映画をつくろうという。僕はこういう野放図な、たいへん健康なエロティシズムが好きなんですけどね。

『濡れた欲情　特出し21人』撮影スナップ。
庄司三郎（後姿）、東八千代、奥に神代辰巳、姫田真左久（撮影）

神代　一週間くらい取材しまして、いま流にいえば実録ものという。芹明香がまた体験者なものですから、面白かったですよ。

――芹明香はこれが最初ですか。

神代　「四畳半襖の裏張り」の……。

――ああ、厚塗りしていてわからなかった。おどおどして出てくる、女中ですか。なるほどね。芹明香は近来の逸物ですね。

神代　いいですね。しかし最近、変に芝居をする。どっちがいいんだろう。当人たちにとっては芝居を覚えることは必要でしょうけど、芝居を覚えてくると面白くないですね、こっちはね。

――ものおじしないのがすごいね。体を張ってやってる、という感じがする。

神代　これもべべや何かとまた違って、おもしろい素材ですね。黒ヘルあがりでね。

――映画史を調べると、昔はヤクザくずれと左翼くずれが映画をつくったというけど、日活ロマン・ポルノは、そういう要素がいまだに脈々と残っているんだな。片桐夕子もきれいな顔をして、平気で、ものおじなくやるところがいいんだけど。

神代　これはどっちかというと、女優さん女優さんした女優さんですね。

――この中に出てくる旅回りをやっている一座の座主のおばさんがいるでしょう。あれはほんものですか。

神代　あれはロック座の社長です。

――これはほんものだから強いね。

神代　脱がしてやらせるのにひと苦労しましたよ。

「四畳半襖の裏張り・しのび肌」

――これは会社から「四畳半襖の裏張り」が非常によかったので、あの一連でやってくれ、ということですか。

神代　そうです。続編みたいのでやってくれ、ということでやりました。少し余裕が出てきて、原作あさりをしだした初めがそれです、日活が。

――これは脚本、中島丈博だったですね。

神代　「やくざ観音・情女《いろ》仁義」とこの二本だけです、人の脚本でやったのは。これもさっきと同じような意味で苦労しました。違うのはやっぱりむずかしいですね。

――僕はかなりあとになって見たんだけど、人によっては本編の「四畳半襖の裏張り」より「しのび肌」のほうがいい、というけど僕が見たところ、やっぱり段違いに正編の方がいいですね。

神代　映画的なんですね、あっちのほうが。旧来の映画的なんじゃないですか、あとの方は。起承転結があって。

――ちょっとできすぎちゃっていますね、話が。シナリオがまた当時のフランス映画なんかボンボン出てきて、あんなことできるわけがないよね、あんなシナリオを書いたって。実際は「土と兵隊」を入れたんでしたか。効果が出てましたね。

神代　「土と兵隊」を二回くらい見ましたけど、映画は全然、変わっていないなと思いましたね。それで金かけて撮っているんだな。きちんと撮っていますね。それからみるといまの映画づくりは、どういうことになるんですかね。ほんと昔はきちんと撮っているなあ。

――きちんと撮ることでは定評のある監督が、その中でもきちんと撮っているわけだから。しかもたいへんドキュメンタリー調にやっていて、あざとい芝居はしていないし。しかし、あれが入ってきても、米騒動には及ばなかったな、「四畳半襖の裏張り」の。何種類かの映画を使えば、もっとよかった、という気もしたんですけどね。

神代　予算的なものと、裏話をすると、田坂具隆さんには「どうぞ」といってもらえましたけど、もう一本(内田吐夢さん)使おうと思ったんです。それは断られました。(吐夢さんは)もう亡くなっていましたけど、家族の方が、親父のあれをズタズタにするのはしのびないと。「土」です。

――それは面白かったと思うな。それと、これは何かに誰かが書いていたけど、あの少年が使えなかったのは痛いですね。

神代　シナリオではほんとうに少年でしたから。実際はやっぱり十八歳以上でなければ使えないという……。

――それは映倫ですか。

神代　それは決まりなんです。映倫なのかな、映倫でしょうね。

――こういう現代じゃなくて、大正とか昭和初期とかいうふうに、時代を前にとるのはどうなんでしょうか、つくる側としては。お金はかかっちゃうでしょう、現代ものよりも。

神代　かかるというより、やっぱり嘘っぱちができる、という利点がありますね。たとえば「しのび肌」を現代劇でやっていると、かなりなまなましいというか、どっかでカリカチュアライズしたりされたりするだろうと思いますけどね。それと、会社からの要請もあったんですよ、「四畳半襖の裏張り」と同じ時代にしてくれと。

「鍵」

――それでロマン・ポルノに余裕が出てきて、ついに谷崎潤一郎をやる、というところまでいくわけですな、日活としては。予算規模はど

『四畳半襖の裏張り　しのび肌』撮影スナップ。宮下順子、中澤洋、神代辰巳

うだったですか、「鍵」は。

神代　予算的には、当時七百万円とか八百万円とかいっていたのが、製作予算は、ほかのとほとんど同じなんですよ。変わらないで、キャスティング予算に、少し金が入るという。千二、三百万円だったんじゃないかと思いますね。

――自分で撮ってみた感じとしてはどうですか。

神代　主役のイメージが、ちょっと違い過ぎたと言われましたが、自分ではそれほどとは思っていません。瑳峨(三智子)さんの問題でもめてもめて、ああいうキャスティングになったんですけど。

――これは正直言うと、神代さんに裏切られた思いがあるな。二流に居直ってすごい映画をつくっていた人が、一流風になってくれていやだな、という感じがあるな。

神代　いきさつからいいますと、……思い出せないけど、永井荷風の原作をやろうとしたんです、松竹でやった「つゆのあとさき」。企画としてそうだったんですよ。ところが、日活ロマン・ポルノには原作を貸さない、という話がありまして、ゴールデン・ウイークと決まっていましたし、間に合わなくなってそれでは何をやるか、ということになって。僕はあまり好きじゃなかったですけどね。

――市川崑の「鍵」は意識しましたか。

神代　見てましたから。でも「鍵」について意識したのは、「ベニスに死す」。老人が死ぬ話をああいう形でなくて、「ベニスに死す」みたいにじゃなくて、もっと明るく死ぬ話を撮ってみたいなと。いちばん意識したのは「ベニスに死す」でした。

――荒砂ゆきさんも、ずいぶんがんばっていましたね。たとえば一億円くらいもらえて、好きなキャストを組んでよろしいと。そしたらそれはそれで別の意識でやってやろうという気はありますか。

神代　いや、ないですね。

――それで安心した。そうあってもらいたいです。

神代　谷崎ものでいうと、もっと初期の作品が好きなんです。「鍵」のあとの作品がおもしろかったですね。女の足型を取って墓にするという話。

――谷崎潤一郎は若いころ映画に関心があったり、おもしろい人なんですね。

神代　本牧のチャブ屋の話があるんですね。あのへんにおもしろいものがありますね。

「青春の蹉跌」

神代　石川達三をやれといわれて、びっくりしましてね。一年くらいつきあっていたんですよ、製作者の田中収と。断りきれなくて。

――しかし、石川さんの原作を、よくまあここまでこなごなに、めちゃめちゃにしましたね。『シナリオ』に載ったシナリオは、ほとんど原作通りに書いてありましたね。

神代　それでもかなり……。ゴジ(長谷川和彦)の功績でいえば、フットボール選手に持ちこんだり、学園の新左翼くずれにしたり、それはゴジのてめえの体験がそうさせたんじゃないですか。あれは現実にフットボールの選手ですし、東大の。だから楽だったですよ、フットボールの試合のところは。みんなあれにやらして、僕はこうやって、いいか？　はい、どうぞ、ヨーイ、ハイッ！　これでおしまいだった。

――ショーケンはどうでしたか、使ってみて。

神代　面白い役者ですね。非常に芝居っぽい芝居をするので、やっぱり、東宝向きじゃないかな。ロマン・ポルノ向きではないですね。

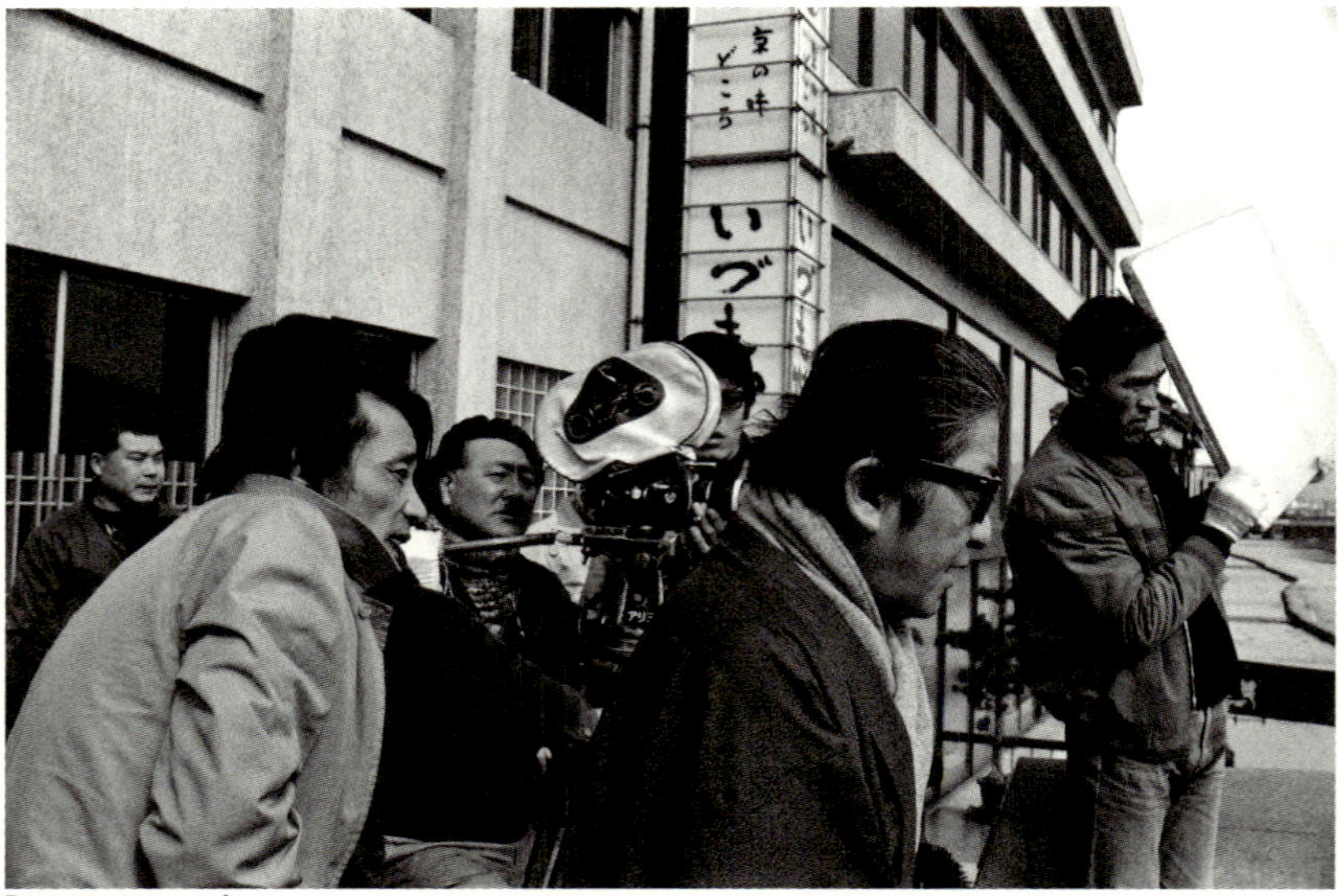

『鍵』撮影スナップ。
神代辰巳、姫田真左久（撮影）、観世栄夫

――一見、はみ出したような芝居をするように思えるけど。

神代　いや、芝居っぽい芝居ですよ。それでかなり考えてやる。よく映画をみていますよ。暇さえあれば映画をみているんじゃないですか。

――そういう点はすごいカンの持ち主らしいですね。次はこの監督だと思ったら、それで食いさがる、というスタイルらしいから。しかし、石川達三の一見、社会派風、実は起承転結のきっちりできた話を、メタメタにぶちこわし、東宝青春映画のイメージをメタメタにぶちこわしてくれたんだけれど。それはすごいと思うけど、ぶちこわし作業は、結局マイナスの作業で、前に進めるのとは姿勢がちょっと違うような気がするんですね。ぶちこわしは実によくやってくださったし、意表を突いているし、そういう点では神代さん的な作品だけど。やっぱりいぎたなく居直って、二流のところからズブズブ観客にねじこんでくるというエネルギーがかなり帳消しにされていて……。

神代　つまり一言でいいますと、メロドラマですね。力なんか全然なかったし、やっぱりメロドラマでしかなかったと思っています。

――製作予算とか製作期間は潤沢に用意できましたか。

神代　ええ、楽でした。セットや何かもかなり違いましたし、撮影は楽でしたね。

――ショーケンはかなり自由に動いているし、エンヤトットは出てくるし、たいへん神代的ではあるんだけど。ぶちこわしのためにすべてのエネルギーが使われている、という不満はありますね。

神代　しょせんはメロドラマだったと思っています。

――しかし、他社でやってみるという経験はどうですか。

神代　金の使い方だとか、ロケーションも金の使い方も一緒でしょうけど、それなりに面白かったですね。やっぱり金を使ってやると、日活でやっているよりもお祭りができるんだなと。関係ないことかもわからないけど、やる方としては面白いですね。

――しかし一方、大前提を強く押さえられての潤沢さだ、という思いはありましたか。

神代　どうひっくり返しても、どうやったってメロドラマにしかならない、というあきらめは最初から持ってましたから。

――それがこの作品全体にただよう何ともいえないアンニュイ……(笑)、何をやってもせんないことだという。それがまたシラケ世代の若者にうけちゃって、すごい映画だ、すごい映画だ、というんだけど、僕はそれには安易にくみせない気がするんだけど。そういう意味でショーケンも、桃井かおりも、檀ふみも、みんなでエンヤトット、エンヤトットで実にシラケているんだけど。

神代　日活のシラケっぷりとやっぱり違いますね。メロドラマでしかなかった……。

――日活のシラケは、もっと図太く、既成のものに対して突っこんでいく強さがあるんだけどね。こっちは鳥籠の中でシラケている、というのかな、(笑)、そういう気がしましたね。石川達三さんが怒って、次の作品までついえたというのは、まことに痛快な事件ではあるけれど。

神代　いやな感じだったたなあ。オール・ラッシュのときの感じってなかった。

――「モスクワわが愛」を目当てに来たお客が、こっちに満足して帰って、非常に興行がよかった、というのはいまや定評となったけど。他社の仕事はチャンスがあれば、なおやってみたい、という気持ちですか。

神代　文芸ものはあまりあれですが、「櫛の火」をやろ

『青春の蹉跌』撮影スナップ。神代辰巳、姫田真左久（撮影）、中島葵

うと思っているんですけど。そういうものは日活でできない素材ですから。

――自分の好きなものを、自分でシナリオを書いてやれる、という大前提の上に立つとまたかなり違ってくるでしょうね。

神代　シナリオは大野靖子さんに書いてもらっているんですけどね。

「赤線玉の井・ぬけられます」

――これは企画はどういうところから出たものですか。

神代　この前に白鳥(信一)がやった「赤線最後の日」は、ロマン・ポルノはじまって以来というくらい当たったんですよ。日活で「赤線もの」「トルコもの」「特出し、ストリップもの」は絶対コケない、当たるというのがあるんです。事実そうなんです。その路線にもっていこうという。

――それと「四畳半襖の裏張り」の残像があるんでしょうね。こういう企画が出てくるということはね。

神代　そうでしょうね。だんだんエネルギーがなくなってきて、ショボーンとした映画ができたんじゃないか、という気がします(笑)。

――滝田ゆうの絵を使ったのはおもしろいですね、枠組みとしてはね。あれは注文して書いてもらった絵ですか。

神代　いや、自由に何でもいいから書いてください、といったんです。何も注文はつけてません。

――ああいうふうにつなげて見ると、出てくる女の顔までが、何となく滝田ゆうの女の顔みたいに見えてきたりして、そのへんが面白かったけど。

神代　女郎が四人いるんですけど、てめえの限界がわかってきたから、もう一人、五人めの女を絵で加えてください、そういう頼み方をしているんです。

――いいですね。親父が飲んだくれて、小さい女の子が一緒に酒飲んでハアハアいっているというのは、かなり切実な話で。七四年はこれで五本ということになったんですが、これはやっぱり記録でしょうね。

神代　いけないと思っていますね。

――しかも、他社が一本入ったらたいへんでしょう。時間的にも、シナリオを書いたりする以外の面でも。

神代　わりと気が弱いもんですからね、断りきれなくてこんなになっちゃったんですけど。来年は東宝で「アフリカの光」をやらなきゃいけないんですけど、それがすんだらもう少し気強くやろうかと思っていますけど。ちょっといけないですね、とにかく。自分なりに弁解というのかな、一本一本習作していけばいいんじゃないか、というてめえなりの理屈をつけながら、次々やってみたんですけど、やっぱりそう言いきれないところがありますね。どうしても出てきますし。どんな習作にしても、たっぷりした習作をやらなきゃいけない、という気がしてきました。

――「赤線玉の井・ぬけられます」を見ると、ある意味で、神代さん的な面白い話がいっぱい詰まっているし、いいんだけど、まさに神代さんの世界だと思うけど。何かサラサラッと撮れちゃって、抵抗がない、という感じがしますね。

神代　それはいちばん反省している部分ですね。いけなかったと思っています。

――題名は「ぬけられます」となっているけど、ここからどこへ「抜ける」のか、というのが最大興味で(笑)。セックス・シーンが再び腰巻をまとっての感じでありながら、やや機械体操式になってきた感じもありますね。

神代　ちょっと慣れすぎちゃって……。

『赤線玉の井　ぬけられます』撮影スナップ。神代辰巳、吉野あい、滝田ゆう（絵）、中島葵、宮下順子、芹明香、丘奈保美

「宵待草」

——そうすると「宵待草」は、そこからどう抜けようとしたんです？　われわれはまだ見てないんだけど。

神代　何もないんですけど。お正月映画をつくったつもりでいるんですけど。

——これは予算や日数は、ロマン・ポルノでは破格の作品ですか。

神代　ええ。三千二、三百万円ですから、ロマン・ポルノ三本くらいをつくる感じなんですけど。

——再び大正時代ですね。

神代　ええ。

——ゴジさんというのは、どういう人ですか、神代さんから見ると。

神代　……何というかな、やっぱり激情家ですね。その部分が僕にないものですから、そういう組み合わせは、わりといくんじゃないかなという……。

——彼は「青春の蹉跌」があがって一本になってみたとき、何か言いましたか。

神代　いや、何とも言わないですね。

——彼が藤田敏八と組んで撮っているときロケを見に行って、どっちが監督かわからないと思ったけど（笑）。藤田敏八がいろいろなことをいうわけです。ああしようか、こうしようかと。彼は「この映画は、俺のいうことを聞いていりゃいいんだぞ、監督のいうことを聞いていりゃ、右へ行ったり左へ行ったりわけわからなくなっちゃうんだから。俺のいうことを聞いてりゃ、ちゃんと一本になるんだから」といっていたけど（笑）、この人もう一本撮っていい人でしょうね。

神代　いろいろ前にありまして……。

——専属の助監督じゃないんですってね。

神代　日活とは契約なんですね。それがいちばん大きな理由なんですけどね。

ポルノを撮りたい！

——今後、具体的に決まっているものは何ですか。

神代　古井由吉の「櫛の火」と丸山健二の「アフリカの光」。

——これは両方とも神代さん提出の企画ですか。

神代　正直言うと、あんなの通らないだろうと思っていたんですけど、通っちゃったんですよ（笑）、「櫛の火」は。「アフリカの光」はやってみたいと思っていました。

——両方とも東宝映画作品ですか。

神代　「櫛の火」はたぶん、まだ決定段階ではないですが、蔵原さんのやつとの併映。「アフリカの光」は日活のゴールデン・ウイークか七月か、まだはっきり決まっていないです。「櫛の火」は、製作は東京映画です。

——その間にまた日活が入るでしょう。

神代　それはないです。やっぱり弱小会社の悲哀があるんですよ。ショーケンを使うについて、日活の配給網じゃどうのこうのとかいろいろ……。カッカしてつらい思いもしているんですけどね。だいたいうまくいくんじゃないかと思っていますけどね。

——ロマン・ポルノ以外の路線の作品になるわけですか。

神代　「宵待草」とかの感じになるだろうと思いますね。

——田中登さんが「㊙色情めす市場」で張り切ったし。プライベートに不幸なことがあって、それを乗り切って。だから彼は、いままでのシュルレアリスム美学路線が、ひとつふっ切れた、という気がしますね、今度の場合は。芹明香が絶妙にいいですよ。

神代　今度「阿部定」をやっていますね。

——しかも、黒白、シネスコなんですね。これがまた意外とおもしろいですね。カラーだとつくり芝居になっちゃうことが、黒白でやるとまさにリアリズムになるみたいな奇妙なことがありますね。ひところ日本にも黒白のシネマスコープがずいぶんあったけど、このごろはやらない。あれは意外と面白い効果が出るもので。

神代　それは日活ロマン・ポルノの発想なんですよ。つまり、ピンクはパート・カラーですけど、こっちはオール・カラーです、という発想があって、監督と折りあいがつかないんですよ。

——いまや黒白をやる方がいろいろ障害があったりして……。黒白とカラーは、そんなに違いますか、お金の点では。

神代　フィルム代が、どうしても安上がりだと思うんですよ、会社側は……。

――観客のほうは、うつりはじめて色がついていないと、何だ、黒白か、損したと。

神代　会社的にいうと、ピンク映画と一線を画したつもりでいるんでしょうね。

――そういう意味では黒白、カラー混合、「㊙色情めす市場」もそうだけど、画調が変わってきて、意外と面白い効果が出るんじゃないですか。

神代　と思いますけど、営業サイドはそうじゃないんですね。田中登はいまいちばんいい仕事をやっているんじゃないですかね、日活で。

――そういう点で神代さんが考えてどうでしょう、今後、ロマン・ポルノは。

神代　つくりやすい場ということが絶対ありますから、やってみたいですね。「青春の蹉跌」をやって、特にあれはそうですが、観客を意識してつくると、俺が悪いのか、どこが悪いのか知りませんけどね、メロドラマにならざるを得ないですよ。面白くないですね、撮っていて。ポルノを撮っている方が面白いですね。

――姫田真左久さんとのコンビは、たまには違うカメラマンとやってみよう、という気は起こらないですか。

神代　時間の問題がありますからね。日数をかけられると、これは別問題ですけど、ロマン・ポルノは十日前後でしょう。大作にしたって二十日くらいしかないですし、まったく新しい人とやって、面倒をみきれないですよ。姫田さんの場合はカメラ・アングルなんか、何もいりませんし、サイズもまかせっきりなんで、そうすると芝居の演出に全部、力を向けられますね。理想的にいえば何から何まで一人でやるのが理想だと思っていますけどね。それはやっぱりできないし。というのは時間の問題とか、いろいろありますから。

――梨絵さんや片桐さん、要するにロマン・ポルノの女優さんたちを、しきりに外部の会社が使いたがったり、ATGが出るようにさかんに懇望したり。いろいろな意味で日活ロマン・ポルノは、一部良識者に差別の目をもって見られて、いやな思いをずいぶんしたわけだけど、とにかく一つの流れをつくって日本映画を変えて、それが着々と力を増してきて、ついにはほかの大手会社が、日活出の監督で映画を撮る形勢があるわけで。そういう意味では着実にロマン・ポルノはある時代をつくったし、その力は日本映画全体に浸透してきた、ということがあると思いますが、そのへんは当事者としてはどうですか。

神代　これからの問題だろうと思いますけど、わからないんですよ、正直のところ。ロマン・ポルノに関していえば、ある種、ピークみたいなところはあったような気がして。それからほんとうに抜けなきゃいけないのでその抜け方も、どう意図していいかわからないですね。つくる場としては、独立プロとかATGとかは別問題として、つまり、商業映画をつくる場としては、非常に恵まれた場ですからね。そこからもっと新しい何かができてこなきゃいけないと思っていますけどね。

（『世界の映画作家27　斉藤耕一　神代辰巳』キネマ旬報社、一九七五年）

『宵待草』撮影スナップ。神代辰巳、姫田真左久（撮影）、高橋洋子

神代監督についての考察ノート——インタビュー後記にかえて

白井佳夫

　神代辰巳監督とは、何となく人間的にウマが合うといった感じがとてもあって、特に日活ロマン・ポルノ第一作『濡れた唇』以後はその作品にのめりこんだ。一九七二(昭和四七)年のこの年には、私が編集長をしていた「キネマ旬報」の年間ベスト・テン選出で、彼がシナリオを書き(村川透と共作)、村川透が監督したロマン・ポルノ『白い指の戯れ』が、第一〇位で入選した。

　神代辰巳監督・シナリオの『濡れた唇』は、第一二位に入った。そして同じく彼の監督・シナリオの『一条さゆり　濡れた欲情』が、第八位に入っている。そのため、神代辰巳はこの年、「キネマ旬報個人賞」部門のシナリオ賞を、『一条さゆり　濡れた欲情』と『白い指の戯れ』で、もらっている。

　この年の女優賞を得たのが、『一条さゆり　濡れた欲情』と『白い指の戯れ』の、伊佐山ひろ子であった。

　そのシナリオ賞と女優賞が発表されてしばらくして、私はベスト・テン選考委員の一人から、電話をもらった。戦前から朝日新聞に「Q」というペンネームで、厳しい映画評を書くので有名だった、ヴェテラン映画評論家である、津村秀夫氏からのものであった。

　「ポルノ映画がベスト・テンに入ったり、ポルノ女優が女優賞をもらったりする『キネマ旬報ベスト・テン』の選考委員を辞退したい」という申し入れであった。私は「ああ、さようですか。ではその旨を次の号の『編集長後記』に記して、次のベスト・テン選考には、加わっていただかないようにいたします」と、お答えした。津村氏はちょっと、ひょうし抜けしたような返事をして、電話を切った。

　それから数年後に津村秀夫氏は、また電話をかけてきた。「ああ最近のキネマ旬報ベスト・テンはエヘン、だいぶよくなったようなので、ウン、私はまた選考に復帰してもいい」という、申し入れであった。私はまた「そうですか、では次の選考からまた、御加入ください」と、お受けしたのであった。

　大島渚監督がフランス人製作者によってフランス映画として撮影した映画『愛のコリーダ』が完成した時、私はちょうどパリにいて、その最初の試写を、見ることができた。フランスから持ちこんだフィルムで、日本を背景にしたセックス・シーンを日本で自由に撮り、それをフランスにそのまま持ち帰って自由に現像・編集する、という形で、「日本にロケしたフランス映画」であることを理由に、大胆不敵な性表現を実現させてしまった作品である。

　この年の一九七六(昭和五一)年、私は早大演劇科の後輩である、当時パリにいた映画評論家の西村雄一郎が企画した、「現代日本映画パリ・シンポジウム」に出席するため、パリに滞在していたのである。同行してくれた日本の映画監督たちの中には、神代辰巳監督がいた。従って彼もこの時、ノー・カット版の『愛のコリーダ』を、試写で見たのである。

　その後で、神代監督は、試写室の近くにあったパリの小さな公園の木の下のベンチに、うなだれて、うずくまってしまった。そして私が近づくと「大島渚監督にここまでやられてしまうと、私は日本に帰って日活ロマン・ポルノで、いったい何をすればいいんだろう！」と、声を落して言うのであった。

　その『愛のコリーダ』は、既に日本で二度公開されているが、セックス・シーンのボカシが、再公開版でやや少なくなっている程度で、まだノー・カット完全版の『愛のコリーダ』は、日本未公開である。私の「カラー・ワイド版日本映画ベスト・テン」の、第一位選出作品であるのに。この映画のノー・カット完全版が見たかったら、パリに行った時にDVDを買って、日本に持ち帰ることである。

　日本に帰国して、大島渚監督と会った時に、私はこの話を、彼にした。すると彼が言ったのは、こういうことであった。「白井さん、それはしかたのないことなんだよ。僕だって、初めて神代辰巳監督のロマン・ポルノを見た時は、うちのめされましたよ。『ここまで彼にやられてしまうと、次に私は何をやったらいいんだろう！』とね。それはいわば、あい身互いでね。しかたのないことなのさ」

　寺山修司監督と対談をやった時(「監督の椅子　10人の映画作家との対話」株式会社話の特集、一九八一(昭和五六)年)のことである。私は彼に最初、こういう質問をした。「寺山さんは、少年時代、映画館で育ったって伝説があるけれど」と。

　彼の答えはこうであった。「うちが映画館だったからね。(略)だから、あんまりそういう話、しなかったけれども。映画少年ではあったわけですよ。(略)映画の合い間にレコードかける仕事やったりね。それからかけもちでフィルムを運ぶ仕事ね。神代辰巳の映画でさ、主人公の青年が自転車でプリント運ぶ奴があった

でしょ。映画館の入口のところに「猫あげます」なんて張り紙があって、絵沢萠子が切符売場に坐ってる」

『恋人たちは濡れた』(一九七三〔昭和四八〕年)ね」と私が答えると、「そうそう、あれを見て俺のグラフィティっていうか、そういう感じがした」とのことであった。それから「あの頃の映画ノートが出てこないかと思ってるんだけれども(略)。そうですよ。だから、トーマス・マンの教養小説を読むように、映画から人生を学んでるわけだ」と言う。

それをきっかけに、映画の話がはずんで、やがて彼がシナリオ原案を書いた、東陽一監督の映画『サード』(一九七八〔昭和五三〕年)をめぐる、一大論争になっていくことになるのだけれども。神代辰巳監督の日活ロマン・ポルノの「濡れた」シリーズの一本が、寺山修司監督に映画の話をさせる、火つけ役になったというのは、考えてみれば、とても面白い。

神代辰巳監督の、日本の風土と人間をとらえる映像世界と、寺山修司監督が、その映画作品をふくめて、広範囲にわたるその作品世界で、日本の風土と人間をとらえる視点には、明らかに地続きな部分があるのである。

併せ鏡のように、対称的ではあるのだが、その本質はよく似ている、といったところが。生れ育ったローカルな風土とか、そこで育くまれた人間性とか、やがてそれが大都会に出て変化していくプロセスとか、その結果身につけていく特殊な個性とかいうものに。

今にして思えば、神代辰巳監督にも、「寺山修司監督の映画を見たことがあるか?」とか、「そこから学びとったものはあるのか?」とか、聞いておきたかったと思うのだが、それも無念な夢となってしまった。しかしだからこそなお、若い世代の研究者には、こうしたテーマを具体的な作品に即して腑分けできる、自由がたっぷりと、ありもするのである。そのための資料としても、私の記憶の中の、こうしたメモを、残しておきたい。

神代辰巳監督の『四畳半襖の裏張り』を、日本に来た時、フランスのフランソワ・トリュフォー監督は、見ている。「これは人間喜劇になっている、セックス・ドラマの傑作だ」とほめた、という話を、トリュフォーの親友である映画評論家の山田宏一さんから聞いた。

私は来日した時のフランソワ・トリュフォー監督に、私が司会した「キネマ旬報」の座談会で一度、それから何年かして、「週刊朝日」でやった対談で一度、計二回会っているのだが。そのどちらもの通訳をやってくれたのは、山田さんであった。

その話を神代辰巳監督に報告しながら、私は彼にこんなことを提案したことがあった。『四畳半襖の裏張り』は、裸の女優さんの性器の部分を、四角く黒い色で隠蔽するボカシが、かかっているのだけれど。やがて将来、これを取り除いた「完全ノーカット版」が公開できれば、面白いなあ、と。

しかし、監督の答えは、こうであった。「それが、ダメなんですよ。女優さんたちは、みんな〈前張り〉をして、出演しているんでね。それがまるまるうつったら、かえっておかしなことになってしまう」というのである。その、奇妙な光景を排除するために、全編に黒い四角いボカシをあえて入れたらしい、のである。なるほど、それが効果を発揮して、「発禁されたシーン」をそのまま見ているような、不思議なエロティシズムがかえって画面に生み出されている、というわけなのである。

(しらい よしお・映画評論家)

『かぶりつき人生』

神代辰巳全作品

【凡例】

⦿本章では神代辰巳の映画・テレビドラマ・CM作品についての評論・対談・インタビューなどを集めて収録する。各記事は基本的に掲載時のままだが、それぞれの筆者によって加筆・修正がなされたものがある。大幅な改稿はその旨末尾に明示した。映画題名や年代の表記は統一していない。

⦿各記事の末尾に初出媒体名と収録単行本名を記した。初出表記がないものは本書のための書き下ろしである。

⦿映画作品の扉では、公開情報・スタッフ・キャスト・物語を掲載した(執筆＝春田寿延／「神代辰巳　女たちの讃歌」パンフレット[ビターズ・エンド、一九九七年]収録文章を加筆・修正)。

⦿写真図版のキャプション(説明書き)での人物名は原則として左からの順番で記している。

⦿各作品紹介のあいだに神代辰巳のエッセイと発言を集めた〈神代辰巳エッセイコレクション〉と〈神代辰巳発言抄〉を掲載した。

⦿各作品紹介のあいだに神代組インタビューを掲載した(根岸吉太郎・長谷川和彦・宮下順子・田中收・荒井晴彦・桃井かおり・本調有香・酒井和歌子)。蔵原惟繕インタビューと絵沢萠子・伊佐山ひろ子・中川梨絵・芹明香・白鳥あかね座談会以外はすべて本書のためのインタビューである。〈萩原健一トークコレクション〉は萩原健一が出演した神代作品にまつわるインタビュー・座談会を集めた。

⦿シナリオ『一条さゆり　濡れた欲情』『濡れた欲情　特出し21人』『濡れた欲情　ひらけ!チューリップ』は『神代辰巳オリジナルシナリオ集』(ダヴィッド社、一九八三年)収録のものを底本とした。

『少女娼婦　けものみち』内田裕也、吉村彩子

01

かぶりつき人生

【公開】1968年4月13日封切
製作配給＝日活　モノクロ／ワイド／94分　併映＝『ネオン太平記』（監督＝磯見忠彦）

【スタッフ】
企画＝大塚和　原作＝田中小実昌『かぶりつき人生』　脚本＝神代辰巳　撮影＝姫田真左久　照明＝岩木保夫　録音＝太田六敏　美術＝大鶴泰弘　編集＝鈴木晄　音楽＝真鍋理一郎　助監督＝三浦朗　村川透　山口清一郎　スチール＝浅石靖　製作担当＝長谷川朝次郎

【キャスト】
洋子＝殿岡ハツエ　笑子＝丹羽志津　勝チン＝玉村駿太郎　坂本っちゃん＝中台祥浩　秋子＝花恵博子　恭やん＝名取幸政　倉さん＝長瀬正典　ふとん屋＝水木達夫　若いやくざ＝市村博　錦ちゃん＝吉田武史　少女＝新田紗千　支配人＝益田凡次　かみさん＝堺美紀子　客＝田中小実昌

【物語】

とある関西の田舎町に洋子がやって来た。ストリッパーの母、笑子が結婚するというので、戸籍謄本を届けに来たのだ。母の相手は土地のテキ屋で勝チン、実際はヒモ同然である。数日後、勝チンの女房だという秋子が現れ、ひと悶着起きるが、男に惚れてはこんな厄介事ばかりの笑子を、洋子は冷たい眼で見ていた。洋子は出奔して母と同じ稼業を始め、そんな娘を嘆く笑子も、足を洗えず、勝チンと離れられない。あるストリップ劇場、振付師の恭やんがコナをかけるが、洋子はすぐに紳士的な演出家の倉さんに乗りかえる。倉さんの後ろだてもあり、人気者になっていく洋子。一方、売れなくなってきた笑子は、ドサ廻りのお座敷ショウをやるまでに落ちぶれていた。ある日、笑子の相方の少女が洋子を訪ねて来るが、ふとした行き違いから、洋子を車道に突き飛ばして怪我をさせてしまう。入院した洋子のもとに、芸能記者の坂本が現れた。自分の初恋を語る洋子。その記事で売り込み、女優にしてやるという。誘われるままに上京し、坂本と結婚までしてしまう。ピンク映画界のスターとなる洋子、マネージャーは坂本である。件の少女と共演させられることになり、むしゃくしゃした洋子は知り合ったふとん屋の青年に、坂本殺しを持ちかける。が、実行には至らない。そんな頃、洋子の初恋の記事を読んだという男が、その相手は自分だと名乗り出てきた。冷たくあしらう洋子、逆上した男は洋子をドスで刺す。救急車で運ばれる洋子。刺した男は駆け付けた警官に撃たれ、洋子と同じ救急車に運ばれる。「あんた今度出て来たら、うちと一緒に商売やる気ないか……うち正直言うて、あんたを好きな時、あったけどな……」けたたましくサイレンを響かせ、街をゆく救急車、何事も無かったかのように、ゴーゴーを踊る若者たち……。

神代辰巳との出会い

三浦 朗

皆さんの中の大半の方は、ロマンポルノをご覧になっていないと思うけど、その中で私は神代辰巳、佐治乾、荒井晴彦という優秀な連中と出会えたわけです。僕が演出助手として最後の作品が、神代辰巳のデビュー作『かぶりつき人生』だったわけです。そのチーフ助監督をやりまして、その後の二年間、クマさん（神代辰巳）はホサれていたわけですね。ロマンポルノになって「クマさん、やろうよ。アンタは脚本を書けるんだ。自分で書いて撮れよ」と、神代辰巳をロマンポルノに巻き込んだ。山口清一郎、これはどちらかと言うと、心情左翼で東映の殴り込み映画が大好きだった男です。彼は神代作品の時のサードの助監督だったわけです。「お前、いま最高のチャンスだ。いま助監督部に在籍している奴は皆が撮れるんだ。一線に並んでる。やれ！」と。「分かりました。凄いチャンスだ」と、興奮するんです。翌日、撮影所で会うと、一〇〇メートルくらい先で僕に気がつくと、スーッと顔を背けて逃げて行くんです。と言うのは、反対している連中と喋って、日和ってるわけですね。そういう状況の中で、皆に作品を作らせていた。そして自分たちで作った物に、自分たちがびっくりして、こういうことが出来る、こういうことも出来るというのが最初の頃だった。

神代組のセカンド（助監督）が村川透ですよ。『白い指の戯れ』です。「クマさん、あんたの助監督をやったんだから、脚本をプレゼントしてくれ」と。

神代さんが最初ロマンポルノに書いた作品が、山口君の『恋の狩人／ラブハンター』。この脚本家の名前が、神代の神でこう、、山口の山でやま、清一郎の清できよ、、辰巳の巳でみ、こうやまきよみ。クマさんもペンネームでしか書けなかった。

神代さんは、殆ど首になりかかってた人なんです。「遅すぎた青春」なんて、評論家連中はからかったけど。有名な小林旭の『渡り鳥シリーズ』というのがあります。それのチーフ助監督を延々とやっていて、遂に演出の斎藤武市さんから演出家として推薦されなかった人なんです。彼は途中で斎藤組を下ろされて、クサッて仕事がなくて、そのホサレてる間に一生懸命書いていたんです。

出会いというのは、非常に偶然である。ただただ腕のいいチーフ助監督で、オールロケーションも一人で処理出来る助監督だということで、僕に声が掛かってきた。「オイ、やってくれんか。俺、今度ホン書いて監督がやれることになったんだけど」と。それで『かぶりつき人生』のホンを読んでびっくりしたわけです。これはゴダールの『女と男のいる舗道』を下敷きにした脚本だったわけです。凄い！と。感動したわけですよ。それが現在の僕のプロデューサーとしての感覚に繋がってるわけです。

神代さんのロマンポルノの一作目が、青年たちの共同体幻想を描いた『濡れた唇』、そして『一条さゆり・濡れた欲情』ですよ。この作品も当時、日活の企画部長だった黒澤満さんが「クマさん、いいよ。あんたはどうせ地味な作品しか書けないだろうし、作れないだろうから。赤字にならなければ結構だ」と。当時、地方ロケは止そうと言ってた時だったけど、これは大阪に行かなければ撮れない。取り合えず、駒田信二がほめあげたストリッパーに会ってみようじゃないかと、神代さんと行きました。真夏の暑い時だったと思います。一条さゆりさんに喫茶店で会ったんですけど、アッパッパーを着て、頭にはヘアカーラーを付けて、それをネッカチーフで覆った四〇絡みのオバサンが来たんです。仰天しましたよ。なんだ、これは！と。でも、色々

『かぶりつき人生』殿岡ハツエ（右）

『かぶりつき人生』撮影スナップ。殿岡ハツエ、丹羽志津、神代辰巳

話をしていると、これがとても面白かった。自分のことを色々と喋るんですよ。一種の女郎の身の上話ってものだったんですね。二日間取材したんだけど、初日より二日目の方がドラマとして艶があるんですよ。出来上がってる。それで、帰りの新幹線の中で「クマさん、どう思う。俺はノラン。あの女が主役では作れないと思う」って言ったんです。「いや、俺は書ける」というのが、クマさんの返事だったんですよ。俺、冗談じゃないと。あんな頭の悪そうなオバサンを前面に出して、それを主役として作ったら一時間一〇分もたないぜって話になったんです。新幹線の中、出来る、出来ないと言い合いをしながら帰ってきた。今でも覚えてます、静岡ですよ。静岡を通過する頃、「分かった、じゃあ一条さゆりの出番は三分の一にしてくれ。主役は別に出す、それで書けるか?」と。その決着がついたのが横浜だったですかね。「書く」と。それで出来てきたのが『一条さゆり・濡れた欲情』の脚本だった。神代さんの才能がワーッと出てきた時だから、非常に生き生きとした素晴らしい脚本だった。

主役の伊佐山ひろ子はこれ一本でブルーリボンをとっちゃった。大阪ロケに行く前「三浦さん、下着を買うお金がないから頂戴」と言うんですよね。新劇研究生落ちこぼれの女の子だったわけですよ。それはもう、どこの劇団に行っても、どこの女郎買いが来たみたいな顔をされたもんですよ。酷い映画を作ってるという軽蔑の目で見られたものです。

プロは誰も出てくれなかったから、俳優さん探しをせざるを得なかったんです。素人でも頭が良ければできる筈だと。僕らは俳優さんを説得する時に「君の親戚とかに顰蹙を買うのは間違いない。ただ、芝居を続けていきたい、そして俺たちの才能に賭けてくれるのなら、それだけの責任は全力をもってとります」という形で参加して貰った。強制的にとか、騙したりとかは一切無しだった。

だから、人の出会いというのは不思議なもので、逆に言えば僕が馬鹿みたいに反対しなければ、あれほどの傑作にはならなかったろうと、いまでも信じてます。

（静岡シナリオ教室・共通講義より／一九八九年十二月一日・於静岡労政会館）

（みうら あきら・プロデューサー／「映画芸術」一九九一年冬号）

性に映画に〃かぶりついた〃神代辰巳

加藤正人

男に引きずり回され、身を持ち崩すストリッパーの母……。主人公の娘は、そんな母と同じ人生はごめんだと思いながらも結局はストリッパーになってしまう。しかし、体を張って生きる道を選択したが、母のようなずぶずぶの人生ではなく、女を使いながらも、したたかに生きようというのだ。男の食い物になる母を軽蔑し、自分は男を食い、踏み台にして成り上がるつもりなのだ。その人生観は、母親の否定でありまた同時に復讐でもある。

一生場末のストリッパーで終わるのは敗北である。何としても、ここから這い出さなくてはならないのだ……。

そう決意する娘だったが、ともすれば男に身も心も許してしまいたいという誘惑が忍び寄る。

体は許しても男に気を許してはならない……。セックスをしても、大きな声でよがっては、淫乱な母と同じになってしまうではないか……。

男の喜びに溺れそうになる度に、娘は自分の体に流れている母の血を恨み、女であることを忌避しようとする。

そういう苦悩を乗り越え、順調に女優として成功をおさめたかに見えた時、弄んだ男の恨みをかって足を刺されてしまう。男は警官に撃たれ、皮肉にも主人公と同じ救急車に乗せられる。男は、「畜生！」と言い残して息絶え、女は、「けったいなぐあいやわ」と男を見る。男が死んだと知りながら、女は、出所したら一緒に商売でも始めようかと歯の浮くような甘言を並べる。いけしゃあしゃあとおためごかしの台詞を並べ、その言葉に酔ってみせるのだ。

　この瞬間、主人公は、肉体だけが頼りのただ逞しいだけの母を乗り越えた強靭さを獲得するのである……。

　神代辰巳監督のデビュー作『かぶりつき人生』は、ざっとこんな映画である。

　田中小実昌の原作で、脚本・監督が神代辰巳なのだから、面白くない訳がないのだが、期待に違わぬ秀作になっている。

　随分前に見たが、新人監督らしいパワフルな演出に圧倒された記憶がある。スクリーンからはみ出しそうなほど、精力旺盛に登場人物が動き回っていた。

　確か、この映画の助監督は三浦朗さんだったと思う。数年前に文芸坐で再び見ることができ、その頃一緒に仕事をしていた三浦朗プロデューサーとこの映画の話をしたことがあった。三浦プロデューサーは、それから何ヶ月もしないうちに逝かれてしまったのだが、新宿の喫茶店で『かぶりつき人生』のことを話し合ったことは良く覚えている。「傑作ですね」と言うと、三浦さんは目を細めて喜び、困難だった撮影の様子などを熱っぽく語ってくれた。三浦さんがこの作品に、特別な思いを抱いていると知り、何だか嬉しくなった。

　今回、この文章を書くにあたり、『映画芸術』の編集部にこの映画のシナリオを取り寄せてもらい、初めて読んでみた。シナリオも傑作だった。表紙には「ある試み」と題する神代監督の序文が寄せられていた。その文章には、監督としてデビューした当時の状況と映画人としての決意が述べられていた。短い文章なので、以下全文を転載することにする。

「戦後二十年、セックスは成長して来ました。日本の民主主義は成長して来ました。この二つのセンテンスは異質のものではないはずです。民主主義について言えば、そのいいところは何か、悪いところはどこかをもう一度考えてみる時期に来ていますし、それと同じように育って来たセックスについても、いい、悪いの判断を下していい時期です。そして、民主主義についても、性についても、理念や抽象的に批判するのではなく、即物的に批判しなければならないのです。わざわざ民主主義というものを例に出しました。そういう例を出さなければいけないほど、性は歪められて考えられているからです。このシナリオはその試みです」

　これが、デビュー時の神代監督の思いだ。〈批判〉を〈表現〉という言葉に置き換えてみればこうなる。

「……性についても、理念や抽象的に表現するのではなく、即物的に表現しなければならないのです……」

　おそらく、この姿勢は、最後まで変わらなかったと思う。この後、日活はロマンポルノ路線になり、格好の場を得て、神代監督は才気をいかんなく発揮し、数々の傑作を発表して日本映画の〈性〉を格段に進歩させるのだが、その原点は、デビュー作の『かぶりつき人生』だ。理念や抽象ではなく、人間の〈性〉を生理的にまるごと表現するという神代流が既にあったのだ。

　今にして思えば、デビュー作の〈かぶりつき〉という言葉は、神代監督にぴったりの形容詞だったような気がする。

『かぶりつき人生』名取幸政、殿岡ハツエ

　映画にかぶりついて撮り続け、命がけで映画と格闘し続けた監督だったと思う。

　神代監督の逝去で、日本映画界は、また薄くなってしまった……。そんな寂しさを覚える。

（かとう まさと・脚本家／「映画芸術」一九九五年夏号〈追悼　神代辰巳〉）

「眼」と「性器」のあいだに――『かぶりつき人生』

港 岳彦

映画を見ているとき、人は画面に映された人物の眼を基点として、その人の心理や、感情や、場の雰囲気を感じ取ろうとする。視界が映像全体の情報をくまなく取り入れているとしても、スクリーンの〝へそ〟となるのは登場人物の眼なのである。だから映画が「眼」をクローズアップで映し出すとき、人は映画の原理をなまなましく突きつけられたような気がして、固唾を飲んでしまう。

『かぶりつき人生』撮影スナップ。神代辰巳、殿岡ハツエ、丹羽志津

日活で長く助監督を務めてきた神代辰巳は、齢四十一、満を持して放つデビュー作を、男たちの眼のクローズアップからスタートさせた。覗き小屋か何かの女体を、食い入るように見つめる複数の眼のイラストである。自分のフィルモグラフィをそのように起動させたのは、映画とは何かを考え抜いてきた元映画青年の初々しい意気込みだろうし、「映画にかぶりついて舌舐めずりするように人間を描いてやる」という、新しい映画作家としての決意表明だったのかもしれない。同時に、本作のヒロイン、木村洋子の裸をかぶりつきで見ろというサジェスチョンとして受け取ることもできるだろう。

名古屋で働いていた洋子は、ストリッパーの母、笑子に呼ばれて彼女が暮らす町へやってくる。笑子が旅館を経営する男と結婚するというので越してきたのだ。結婚すれば洋子の苗字も変わるが、洋子は自分の戸籍謄本は持ってこなかったという。「その人の子になるかどうかはうちが決める」。母と娘の対立軸が開巻早々に提示されるわけだ。

母娘はその足で役所へ向かい、笑子は婚姻届を提出する。その帰途、職員の対応がぶっきらぼうなのが気に食わないと笑子が愚痴りだす。

「なんやあの男、もうちょっと愛想ようしたらええのにな。葬式やあらへんで、結婚やで」

効率的に物語を語るには、これといって必要ではないのだ、こんな会話は。だが合理的に物語を前に進めて、人に「スジ」を追わせることだけが映画の正義ではない。そこに映し出される人間の人間らしさをねちっこく描くこともまた映画のあり方だし、そのために役所の帰り道というロケ撮影をワンシーン増やし、笑子の愚痴を律儀に切り取るのが、この映画のルールなのだ。

笑子の夫、勝ちんはいい加減な男で、重婚というか妻妾同居というべきか、笑子と洋子は、妻と名乗る去来不明の女と共に暮らすことになる。夜な夜な女たちのあえぎ声が輪唱する暮らしに嫌気がさした洋子はついに家出、母と同じストリッパーの道を歩み始める。場末の小屋や鄙びた温泉宿で踊る笑子とは違い、洋子のステージは大劇場のフランス座。瞬く間に人気を博した洋子はピンク映画にも進出。文字通り裸一貫でこの業界なりの栄光を摑んでゆくのだ。

裸でめしを食う洋子の男遍歴は、マネージャー、トップ屋、ヤクザまがいのチンピラなど、職業に差異はあるが、当然のように女を食い物にする連中ばかり。彼女は彼らに運命を翻弄されはするものの、その浅ましくチンケな資本主義精神に抗いもする。その生き方には彼女なりの主体性とプライドが息づいており、彼女を演じる殿岡ハツエのきかんぼうな顔立ちも相まって、ひどく魅力的だ。加齢により踊る場所を失ってゆく笑子と、水を得た魚のように裸産業で生き生きとのし上がってゆく洋子。この母と娘の鮮やかなコントラストも緊張感を生んで、物語の前半にドライブをかけている。

ところが中盤以降、笑子はふっつり劇中から姿を消

『かぶりつき人生』花恵博子、玉村駿太郎、丹羽志津

してしまう。ひとり立ちした洋子の青春を追う展開になるため、笑子の放逐は当たり前といえば当たり前なのだが、「母と娘の葛藤」という明快な劇的対立から映画がそれてゆくことで、見る者が少々心もとない気分に陥るのは否めない。作品後半も、洋子に憧れる少女との屈折したドラマや、トップ屋との結婚生活など興味深いエピソードには事欠かないのだが、次第に生じる停滞感はいかんともしがたい。洋子が団地で知り合った布団屋の青年に夫殺しを持ちかけ、その場で企画倒れに終わるエピソードなどは、いくらスジだけが映画の正義でないとはいえ、不毛に過ぎて、客の集中力を削ぐ形になっている。

　この辺り、六三年に刊行された田中小実昌の原作ではどうなっているのかと言うと、そもそもが私小説ともエッセイともつかぬ読み物で、映画のストーリーとはほとんど関係がないのであった。映画に登場するのは、笑子と結婚するテキ屋の親分の勝ちんや男のヘソのゴマを取ろうとする女など、いくつかの要素のみ。大枠は神代のオリジナルなのだ。

　映画は多くの場合、第一幕で提示された主題を、第二幕で展開させ、第三幕で解決・回収することで成り立っている。神代は原作に着想を得てこのドラマを創造するとき、「母と娘の葛藤」という定型の物語をさしあたり設定してはみたものの、三幕目でそれが解決してしまう教科書的な構成に、あきたらないものを感じたのではなかろうか。笑子と洋子の和解なり決別なりをありがちに描いて幕を降ろすより、母から離れてよるべなき生を生きる少女の生の実感を、その刹那を、あてどなく綴りたかったのではないか。そうやって自分なりの映画を発見したかったのではなかろうか。

　神代組のスタッフ・キャストがしばしば述べるように、神代は芝居や画面に彩りを添えるアイデアを「何かないか」と絶えず探し求めたという。本作においても、病院のベッドに横たわり、長々と独白する洋子の手前に、何やら作業する看護師がチラチラと映り込むショットなどは、北野武『HANA-BI』(98)の病院の類似のショットを三十年も先取りしているし、ストリップ小屋の楽屋で笑子が男と話している隅で、別の踊り子が手乗り文鳥を遊ばせているショットも、顔すらろくに映してもらえない名無しの踊り子の侘しさや虚無感を感じさせてあまりある。やや即物的な言い方をすれば、セリフの多い場面にこうしたアイデアを活用した節がある。つまりそこが退屈なシーンになるのを避けるために必要だったのかもしれない。だが筆者はもう少し精神的な物言いをしてみたい。

　神代は物語がスムーズに語られようとしているとき、その効率性に疑いを抱き、あえて場に他者を放り込んで混沌を生み出した。そうすることによって、映画が創造主の主観に支配統一されることを阻止しようとしたのではないか。大げさにいうならば、神代は世界を多声的なものとしてとらえようとしているのだ、この現実世界と同じように。

　だから、映画は洋子が望むようには進まないし、観客が望むようにも進んではいかない。彼女がしばしば突発的に殺意を向けられ、死にかけるのは、そうした世界観の禍々しい表れなのかもしれない。考えてみれば神代映画がまっすぐの一本道を進んだためしなどない。まわり道により道、道草をだらしなく食みながら進む、あてどないぶらぶら旅である。本作はその記念すべき第一歩なのだ。

◆

　ピンク映画に出ることで女優としてのアイデンティティに目覚めた洋子は当初「うち、アノ時の演技やったらどんな女優にかて負けへんわ」とうそぶくが、のちには「うちな本物の映画に出とうなってきたわ」と言い始める。男が「出てるじゃないか」と言うと「エロ映画のこと言うてへん」「うちらほんまの芝居見せるつもり。でも、お客は裸見にきよる」と嘆く。

　芸術に開眼するも、身を置く場所が裸産業であるがゆえの鬱屈そして屈折は、神代映画を愛好する者なら誰もが『黒薔薇昇天』(75)の「今村昌平はんや大島渚はん」を尊敬しながらケチなブルーフィルム作りに勤しむ岸田森の姿を連想するだろう。そこは拭い難く社会の底辺であって、世間からつまはじきにされる場所である。そして本作は、「デビュー作にすべてがある」説そのままに、神代映画の典型的なモチーフが出揃っている。

洋子に憧れを抱きながら、その気持ちが拒まれたと知るや彼女を車道に突き飛ばす少女は、言わずもがな『一条さゆり　濡れた欲情』(72)の伊佐山ひろ子と一条さゆりの歪んだ関係を想起させるし、劇中劇のピンク映画は性転換ものであることからやすやすと『悶絶!!どんでん返し』(77)が思い浮かぶ。突発的な刃物の閃きと主人公への刺傷は『恋人たちは濡れた』(73)だし、同じくストリップを扱った『濡れた欲情　特出し21人』(74)が名作たりえたのは、神代が本作の制作を経験したからではないかと言ってみたくなる。洋子の「うちもうあかんと思うてたわ。ええ調子やわ。また運が向いてきよる」という最後のセリフは、最晩年の『棒の哀しみ』(94)を締めくくる奥田瑛二の「おれはついている」と直結する。神代映画のオプティミズムというか、明るいペシミズム。それは彼の人生の始まりと終わりを、「運が向く」「ついている」という前向きな言葉で、バッチリ円環を結ばせていたのだ。嗚呼、そのおおらかでざっくりした人生賛歌よ。

六七年六月号の「キネマ旬報」に掲載された本作のシナリオには、神代による創作メモが残されており、そこには「民主主義についても、性についても、理念や、抽象的に批判するのではなく、即物的に批判しなければならないのです」とある。それがどの程度作品に反映されたかは不明だが、こうした力み返った生硬な言葉は、今、なんともほろ苦く映る。神代が思いの丈をぶつけ、情熱を注ぎ込んだに違いないこのデビュー作は、日活映画史上に残る興行的惨敗を喫し、その報いとして神代は、四年後、『濡れた唇』(72)で復帰するまで監督業を干されることになる。なぜこの映画が神代の監督生命を断つほど惨敗したかの検証は筆者の手にあまるが、今となっては、『かぶりつき人生』がこの世に存在することのみ寿ぎたい。

ストリップ小屋の「かぶりつき」で女体に見入る男たち。彼らの必死の「眼」と、彼らの面前で拡げられたあたたかな性器。その間にキャメラを置くことが、神代辰巳の監督人生の始まりだった。それだけで十分だ。

（みなとたけひこ・脚本家）

蔵原惟繕　僕らの友情

インタビュアー＝田中千世子

彼とは松竹京都に入った時から自然に言葉を交わして互いに好感を持ちましたね。彼が持ってる空気のようなものがそうさせたんでしょうね。

松竹京都は時代劇の伝統が息づいていたところで独得のヒエラルキーがありました。いい意味でも悪い意味でも。我々はスッとその中に溶けこんだわけでもない。何かにつけ違和感はありました。我々助監督六人でシナリオ誌『蛙』を出しましたが、松竹京都ではあまりないことです。これは半年の見習い実習が終わってから提出したシナリオを集めたもので結局一号で終わるんですが……。

見習い中からよく下宿を訪ねたりしましたが、僕は放浪癖があるから下宿が落ちつかないんだけれども彼は南禅寺の静かな下宿屋の二階にいて、晩になるとおかみさんが夜食をつくってくれたり。京都には色街があって歴史のなまなましい部分を残している。島原なんかね。僕は嵐になると島原へよく行った。そういう日は気持が高まるし、客が少ないので安くなるから。「行こうよ」と誘っても彼は来ないんだよ。多分どっかで、やさしいところで男と女のまじわりがあったんでしょうね。恋愛というんじゃなくて。それの息づかいみたいなものがクマさんの作品に流れてるんだろうと思います。

クマさんには小説家志望というのがずっとあったみたいね。僕の方が映画に顔が向いていて、東宝争議にも学生の頃から行ったりしてた。彼とは映画界がこうあるべきだなんていう話はしなかったけれど、彼も僕ももともと集団は好きじゃないし、互いにギラギラなものを剝き出しにしなかった部分で友だちだった。二人ともお酒はあまり強くなかったし、松尾昭典も弱かったので、撮影所の中では何となく異質なグループでしたね。

蔵原惟繕、神代辰巳、松尾昭典。1950年代後半

僕は日活ができて半年後の昭和二九年に移籍した。学生時代に山本嘉次郎さんの書生だったこともあって山本先生に紹介状を書いてもらって。日活からもうひとり助監督いないかって言われてクマさんを絶対連れていこうと思った。でも彼は内出好吉さんに可愛いがられていたので来なかった。あの人は裏切れないんだね。それで僕は同じグループの松尾昭典を誘うんだけれども。それからは東京と京都に離れてしまい、いききはしなくなり、手紙もあまりなかったですね、お互い忙しくて。

僕は日活にきて二年ほどで監督になりましたが、初めてできた会社で、みんなそれぞれの映画づくりの場を捨ててきている連中だからスタートラインが同時だということは大きかった。僕ら学生時代はケルアックの『路上』だとかノーマン・メイラーだとかアメリカの若い作家やジャズのプレイヤーたちに注目していた。そういうものをつくれるチャンスをつかんでいこうと思っていた。周りにも大塚和さんのように今までと違う別枠のものをつくっていこうというプロデューサーがいて面白いんじゃないかと、そういうのをやったらね。あいかわらず僕は集団が嫌いだったけど、そういう共通項が日活にきた僕らの世代にはあった。僕は軍隊を半年見てるんですね。一億玉砕火の玉なんていうのから一夜あけたら一億総ざんげ。広島の原爆の時はたまたまそのうしろにいたり。それから東宝争議でしょ。どっかで虚無的でありながら激しいものに身を投じていく部分もある。まず個人でNO！と言わないと始まらない。日活映画はエンタテイメントの中に期せずして〝個人〟のものになっている不思議さがあるわけね。荒唐無稽と言われている〝渡り鳥〟なんかでも小林旭はいつもひとり。それでＮＯ！と言っちゃあ去っていく。

（――〝日活カラー〟ができた頃に一年遅れて神代は入ってくる）

辛いなっていうか、僕には遅いんだよという気持がいっぱいあったねえ。本人も感じてたかもしれないねえ。僕の方は監督になるならないでそっちの方にエネルギーとられちゃってたから。撮影所で会ってもクマさんは斎藤（武市）組でね。斎藤さんとの交流も独特のものがあったんでしょうね。田園調布の島崎雪子さんの豪邸には僕は一度しか行ってない。クマさんもそういうところじゃなくて二人だけで会おうという気持があったんでしょう。

クマさんが田園調布の僕の家にきたというのは、そこを借家にして僕は横浜に引っ越したからなんだけれど、そろそろ島崎さんとの別れが近づいてたんじゃないかな。それとやっぱり自分でそれまでの自分を総括したかったたんじゃないかと思います。それから彼はシナリオを書き始めていく。『泥の木がじゃあめいてるんだね』を読んでくれといって持ってきた。その前にも色々書いたと思いますよ。

それから〝自由が丘時代〟が始まるんですね。その頃は僕も主線を外れていて本数も多くつくってないのでパキさん（藤田敏八）なんかと飲んだあとよく集まったり。この時代が長かった。

クマさんは不遇時代にテレビ放映の日活の映画をテレビ時間の枠にはめる仕事を積極的にしたのね。助監督の仕事のあいまに。ある時クマさんが『俺は待ってるぜ』の時のあのカットはって具体的な話をしたんで驚いたんだけれどもムビオラで見たからっていうのね。その作業の中でクマさんはそれまでの文学的な思考から今度は具体っていうのを考え始めたんだと思う。もっと後になるんだけれども僕の『執炎』を手伝ってくれた時、編集って何だという話を僕もよくした。一コマがいかに大事か、手の中でフィルムが息づいてくることなんかをね。僕は滝沢英輔さんの助監督をしてて編集を習った。滝沢さんは自分で編集をする人なんですね。僕が監督になるんでクマさんを滝沢さんに紹介したんだけれども滝沢さんとはあまり合わなかったみたい。

『九月は幻の海』完成記念。後列左から三人目に神代辰巳

『執炎』はロケーションが多かった。宿屋で隣に寝ていると、僕は眠りながらコンテを呻吟している。クマさんは起きてて僕の顔を見て監督っていやな商売だなってつくづく思ったらしい。だけど監督はどこかでうならないとしょうがないな、と。

僕はある意味でクマさんにとって先へ飛び出したランナーだった。『かぶりつき人生』があいう形（不入り）になってクマさんは手足をもがれ、その頃から僕も変な喧嘩ばかりするから手足をもがれるわけで、同時にそうなった。僕も彼も映画が撮れない。その時〝火曜日の女〟シリーズを八本連続でやることになって、テレビはあんまりやりたくなかったんだけど彼も誘った。ホンを直しながら半分ずつやったんですね。『九月は幻の海』という、八戸のささやかな家庭から飛び出した、だんなをあやまって殺しちゃった女と昔の恋人の放浪を追っていく話なんだけど、その四話目か五話目で彼が撮ったあるシーンのラッシュを見た。男がどうしても釣りがしたいといって釣り堀をするひっそりしたワンシーンに僕は瞠目したね。それまでのクマさんの映像表現はそれほど買ってなかったんだけど。『かぶりつき人生』にしても姫田さんのカメラのリアリズムが勝ってた。独特のよさはあったけどシナリオの方がいいなと僕は思ったの。ところがその『九月は幻の海』でクマさんのスタイルとしての目が出たなって思った。その頃クマさんは九州へ帰ろうかなんて冗談を……。冗談でもないんだな。相当本気で言ってたけど、彼は九州帰って薬屋をやりながら小説でも書こうと思ってたのかもしれない。それをとめて『九月は幻の海』へ誘うわけだけど――。釣り堀のシーン見て「あなた、やるべきだ」と。クマさんてれてたけど。互いに(映画に)踏みとどまらせたとしたらそれが僕らの友情なんだと思う。ロマンポルノになってからクマさんはやっと〝先を走ってる男〟になった。

(くらはら これよし・映画監督、たなか ちせこ・映画評論家／「映画芸術」一九九五年夏号〈追悼　神代辰巳〉)

02

濡れた唇

【公開】1972年1月29日
製作配給＝日活　カラー／ワイド／75分　併映＝『性盗ねずみ小僧』（監督＝曾根中生）

【スタッフ】
企画＝三浦朗　脚本＝こうやまきよみ（神代辰巳＋山口清一郎）　撮影＝姫田真左久　照明＝松下文雄　録音＝福島信雅　美術＝徳田博　編集＝鈴木晄　記録＝新関良子　音楽＝世田のぼる（伊部晴美）　助監督＝高橋透（村川透）　鴨田好史　製作担当＝大内利男

【キャスト】
洋子＝絵沢萠子　久子＝相川圭子　幸子＝嵯峨正子（山科ゆり）　金男＝谷本一　清＝粟津號　勇＝足立義夫　田中＝木夏衛（榎木兵衛）　刑事＝木島一郎

⦿映画芸術ベストテン6位
同72年8月号・ロマンポルノベストテン3位

【物語】

「屈辱を受けました、腹でも切りますか」アベックたちがベンチに群れをなす、深夜の公園。そこには金男と幸子もいた。幸子に迫る金男だが、拒まれる。金男は幸子の父親が経営する材木屋の住み込み店員で、二人は婚約しているのだが、幸子は頑なに体を許そうとしないのだった。欲求不満の金男は、街で見掛けたチラシから、デートクラブに電話する。現れたのは、洋子という女だった。すっぽかされかけるが、なんとかホテルへ向かい、洋子に抱かれる金男。金男は初めてだった。その日から、金男は洋子を追いかけ始める。翌日、再びホテルで抱き合う二人。洋子は金男を冷たくあしらいながら、二人は魅かれあっていく。洋子は商売で外人に抱かれるが、その持ち金を盗んで逃げる。洋子のアパート、洋子と金男が戯れあっていると、彼女の泥棒を嗅ぎつけたヒモの勇がやってきた。金を払えば洋子をゆずるという勇。口論の果て、思わず勇の頭をコーラ瓶で殴りつける洋子、そのまま呆気なく勇は死んでしまう。二人は洋子の田舎に逃亡するが、刑事が追ってくる。窮地を救ったのは、洋子の幼馴染みの清と久子、四人の旅が始まった。やがて洋子と清、金男と久子が結ばれ、四人のあいだに奇妙な性のコミューンが成立する。コソ泥を繰り返しつつ、逃げ続ける四人。だが、ある街で、金男が職探しを始めたのがきっかけで、四人のあいだに微妙な距離が生じる。面接に出掛ける金男と再会を約し、別れる三人。またしても泥棒をする清、運悪く洋子だけが捕まってしまう。警察の取調室、洋子を絞るのは、あの追い払った刑事だった。「男の名前は、名字は、住所は？」「知らないわよ、知らなくてよかったのよ、知り合って一週間ぐらいしか経ってないのよ……」金男も洋子も、互いの素上など知らないままだった。署内を裸で引かれていく洋子。朝まで待ちぼうけの金男は、寒そうに肩をすぼめ、くしゃみをする。

『濡れた唇』

斎藤正治

『濡れた唇』には、神代辰巳がそのあとで撮る『四畳半襖の裏張り』(73)や『濡れた欲情・特出し21人』(74)にみるような時間と空間を無視した彼特有の〝不整序〟はみられない。

〝不整序〟作品に意表をつく傑作が多いのであるが、そういう分類でいえば神代のロマン・ポルノ第一作『濡れた唇』は、ごく普通の青春映画といっていい。

処女作『かぶりつき人生』(68)から丸四年、この作品をとるまで神代は満をじして待機していたのであろう。

脚本こうやまきよみ。神代と山口清一郎の二人が書いた。青春映画といえば言えるが日本の青春映画の〝正統派〟からすればあくまで異端だ。彼は異端視されながら、この映画からにっかつ、いやこの国の映画の頂点となる。彼のような映画づくりは誰もできない。

『濡れた唇』は性的描写がそれほど多かったというわけではない。にもかかわらず夜汽車のトイレでの長いショットをピークにして高揚は激しい。

それにしても神代にしろ藤田敏八にしろ、当時は男女二組四人組の共同体を考えていたということは興味深い。

この作品よりあとでつくられた『エロスは甘き香り』(73)で藤田は、密室で豚のように生きる四人組を描いた。彼らは性も食も共有しながら生活する。

神代はこの作品で四人組の共同体をすでに取上げている。しかしそれは逃亡する共同体だった。神代が外に向けて逃走する性を描いたので、藤田は逆に密室のそれにこだわったのかも知れない。あるいはこれまでさんざ逃亡共同体を描き自爆・自死させているので、藤田は定着した場を選んだのだろうか。

いずれにせよ日活を二分した監督が四人の共同体を描いたのは面白い。

ペッティングもダメという主家の娘にいらだち愛想をつかした男谷本一が主人公の『濡れた唇』。

西洋人相手のコール・ガール絵沢萠子にふと会い、ほれてしまう。絵沢のアパートに二人でいると、ヒモが来て、十万円で手を切ろうと言った。いさかいになって、主人公谷本がコーラビンでヒモを殺して、絵沢と二人の逃避行がはじまる。

谷本演じる金男という男、けっしてイキがったり、強がったりしない。『恋人たちは濡れた』(73)にひきつがれる主人公で、『恋人たちは濡れた』が「追われていると言えば追われているんですけどね」「このザマは涙ぐましくて」とモノローグすれば、『濡れた唇』の男は、やはり心象的には白っちゃけた無為感にどっぷりつかりながら「屈辱を受けました。腹でも切りますか」などという。

気張らず、したがってケンカは負けっぱなし、至極カッコ悪く生きているところ『恋人たちは濡れた』と双生児といえよう。そしてあるいは正露丸服用者かも知れない。

生甲斐にかかせない地域コンミューンの秩序から抜け出し、なるべく遠ざかったところで絵沢萠子・谷本一のカップルと相川圭子・粟津號のそれとが入れ替わる。二人だったらあやしまれるが、四人であれば逃げることが出来ると考えたのであろう。

ラストで強盗に入ったタバコ屋で谷本と女を入れ替えた男粟津號が逃げのびてコールガールの絵沢だけがつかまる。

しかしこの女は谷本一のことも粟津號のことも相川圭子のこともなにひとつ知らなかった。神代辰巳の作品はいつ、どこから、だれが、なにしにやってきた、という通常のドラマの完結調を無視している。藤田も同じだがこの偶然の出会いがドラマを支えているのだ。

（さいとう まさはる・映画評論家／『官能のプログラム・ピクチュア　ロマン・ポルノ1971－1982全映画』フィルムアート社、一九八三年）

意地になっているほどやさしい眼差し

加藤文彦

『美加マドカ・指を濡らす女』のロケハンで小劇場を探していた時のことである。結局、使いはしなかったのだが、池袋の文芸坐地下のル・ピリエの使用を支配人にお願いし、快諾していただいた。その時、支配人は神代さんのロマンポルノにはずいぶん御世話になったからとおっしゃっていた。その文芸坐で、僕は初めて神代さんの映画と出会った。上でヨーロッパの巨匠達やアメリカのニューシネマを観て、地下でロマンポルノの三本立てを観るというのが、邦画ぎらいを自認する生意気な大学生の映画鑑賞法だった。

『濡れた唇』はショックだった。

大感動したとかいうのとは違う、何か初めてみる等身大の映画、身ぢかでリアルな感覚、当時のはやり言葉で云えばフィーリングがあった。さしたる展望もなくロシア語を勉強し、留年というモラトリアムの中、宙ぶらりんの状態でいる自分、タダでやらせてもらえる女はいないのに性欲だけは一人前の小心者……。

僕にはこの映画を客観的に評価することなど出来そうにない。極言すればこの映画は僕の人生を変えた。

『濡れた唇』絵沢萠子、谷本一

いや、正確には人生の一部と云うべきか。もしこの映画を見なければ、日活撮影所に入社することもなかったろうし、『赫い髪の女』でカチンコをたたくこともなかったろう。六ヵ月の赤ん坊の長男が『〜指を濡らす女』に出演するのを、神代流の演出の中で文字通り翻弄されるのをハラハラしながら見守ることもなかったろう。つまり職業として映画を選ぶことはなかったろう。

先日、亀有名画座という初めてなのに懐かしい小屋で、およそ二〇年ぶりに『濡れた唇』と再会した。あわせて、神代さんの初期の作品も観た。僕が歳をとったように、映画もいくぶん色あせて見えた。同時に以前には気付かなかったデテイルがきわだって見える部分もあった。なにしろ、僕の人生の大切な一部なのだから。

『濡れた唇』は一九七二年に封切られた。横井庄一が二八年ぶりに帰国する一方、浅間山では連合赤軍が派手な撃ち合いを見せた年である。

六八年にデビュー作『かぶりつき人生』を撮って以来、四年ぶりの作品である。いわば干されたのだ。ロマンポルノという展開がなければ、次の映画を撮るのがむずかしかったのだ。

『かぶりつき人生』にこんなエピソードがある。〝高級〟ストリッパーであるヒロインは、〝裸を売り物にするような〟映画にも出演している。アフレコのシーンでは当然その映画の断片が映し出される。わざと稚拙に撮られた〝裸を売り物にするような〟映画の一シーン。あの時の声がウマイと云われるの、とヒロインのセリフ。

『かぶりつき人生』は決して〝裸を売り物にするような〟映画ではないのだ。四年後、神代辰巳は、正に〝裸を売り物にするような〟いやそれ以上、〝セックスを売り物にする〟映画をとることになる。

ガールフレンドにやらせてもらえない金男(谷本一)がコールガールの洋子(絵沢萠子)にのめり込んでゆく。女にはヒモがいて、まるで事故のようにヒモを殺してしまう二人。そこからの逃避行は『俺たちに明日はない』ふう。女の田舎で幼なじみのカップルと合流し、当時の惹句によれば〝突走る無軌道な若者たち／衝動のセックスに飽きた／彼らの行く道は愛か転落か？〟

ひらきなおりだろうか。意に染まぬものを作ったのだろうか？

映画冒頭の集団ペッティングシーンから、パロディーの域をこえて、とことんやってやるぞといった気概が見えて心地良い。谷本一の金男はストレートでユーモラスだ。助監督時代、神代さんに繰り返し云われたことを思いだす。「理屈を云うな！」「観念的になるな」等々。

『濡れた唇』には「リクツ」はカケラもない。「おねがい」や「云いわけ」、そして圧倒的な肉体。やがてロマンポルノの常套となる、裸で情景を異化する手法。ラストの警察の廊下での絵沢萠子の肉体の輝かしさ！

絵沢萠子は決して美人女優でもないし、お世辞にもプロポーションが良いとは云えない。なのに、その欠点を強調するような衣裳で登場する。とうの立ちかけたコールガール、およそ、それ以外の仕事が出来そうにはみえない女。ところが姫田真左久の撮る彼女のバストサイズはハッとするくらいチャーミングだ。ルイズ・ブルックスのルルに匹敵するくらい。

　七〇年代は「やさしさ」という言葉が超インフレ状態になった時代だったけれど、『濡れた唇』の神代辰巳の眼差しは、意地になっているほどやさしい。常軌を逸して、やさしい。

　金男とヒモが言い合いになり、つかみ合いになると、劣勢の金男を助けるため、洋子はコーラのびんでヒモの頭をガツン。倒れるヒモ。普通はここでシーンが変わるか、二人は逃げて行ってしまうのだが、金男は、大男のヒモをわざわざおんぶして女のアパートまで連れてゆく。ヒモの心臓はもう止まっているのに。

　神代さんはおんぶの好きな人だった。以降の作品の中には多くのおんぶが、それも特に気持の入っているシークエンスで繰り返される。

　神代組のテレフューチャーで駆け足の尾道ロケをしたときのことだ。僕はカチンコをたたいていたのだが、監督はかなりバテていた。ちょっとした坂なのだが、相当以前から肺は弱っていた。僕を呼んでおぶって登ってくれという。本気なのかジョークなのか、僕は一瞬判らなかった。神代さんが好きだったから照れくさくもあった。

　悔しく悲しいことに、僕はそのときの背中の監督の重さ、或いは軽さを思い出せない。


（かとう ふみひこ・映画監督／「映画芸術」一九九五年夏号〈追悼　神代辰巳〉）

絵沢萠子、ミューズの輝き

高木希世江

　初めて見た神代辰巳の作品は、テレビドラマ「傷だらけの天使」だった。一九七四年の初回放送当時、子どもだった私は監督の名前でドラマを選んで見たわけではなく、オープニングのショーケンと井上堯之バンドの音楽にすっかり心を奪われたわけだが、その昂る気持ちは本編を見ても裏切られることがなかった。くっきりと記憶に残る役名の木暮修、乾亨、綾部貴子、辰巳五郎たちが繰り広げる軽やかなアンダーグラウンドの匂いの虜になり、憧れとも親しみとも共感とももの悲しさともつかぬ複雑な感情に支配された。今考えると、ドラマに漂う時代の空気と、その時の自分の感覚がとてもしっくりしていたのだろう。見て、笑ったり泣いたりすることの他に作品から受けとるものがあることを初めて知ったのだった。そして、監督と脚本家の名前とBIGIのクレジットが脳裏に刻まれた。

美しい女の横顔

　『濡れた唇』（一九七二年）を見直してまず驚いたのは、夜汽車の中での金男（谷本一）と洋子（絵沢萠子）の濡れ場の、絵沢萠子の横顔の美しさだった。ジャン＝リュック・ゴダールの映画のアンナ・カリーナのように官能的な、美しい輪郭の横顔から目が離せない。このシーンは、ほとんど全裸になった絵沢萠子の肉体が強調されることなく、白い顔を、ひたすら美しく姫田真左久のカメラが吸いつくように長く捉えている。

『濡れた唇』谷本一、絵沢萠子

　私は、絵沢萠子が脇役を演じるロマンポルノを『濡れた唇』より先に多く見ていた。特異な女優だと思っていたが、美しいと感じたことはなかった。『恋人たちは濡れた』の映画館主の妻、『四畳半襖の裏張り』（共に七三年）の先輩芸者、『赫い髪の女』（七九年）の嫌な感じの親族、『嗚呼！おんなたち　猥歌』のぞんざいに扱われる妻など、やり手で豊満な厚化粧の年増という印象が強くあったのだ。和服でも洋服でも着崩れたような趣と、たっぷり脂肪が乗った肉体はミューズとはほど

遠く、だが、その自然体とユーモラスな存在感は、出演しているシーンが来るのが待ち遠しいような気持ちにもさせる。しかし、『濡れた唇』の絵沢萠子は美しい。全篇にミューズの輝きを放っている。

『濡れた唇』奥に絵沢萠子、粟津號、手前に谷本一、相川圭子

「私達って、いつもそんなところで生きていってるのよ」

洋子は約束を心待ちしていた金男にそう告げて一人で行ってしまう。どこで誰といようと自分を取り繕うことをせず、率直にふるまう洋子は清々しくさえ見える。この洋子のキャラクターは、『一条さゆり 濡れた欲情』のはるみ(伊佐山ひろ子)に継承、発展したのではないだろうか。常に男と対等以上の口ぶりながら、ふと見せるいじらしい様子や、刑事に痛めつけられても屈することなく悪態をつくエネルギー。走る肉体の生命力。洋子が絶妙な場面でクールに口ずさむ〽一つ一人でするのを 千ずり何とかと申します。お手が汚れます〽は、『一条さゆり 濡れた欲情』の忘れがたい春歌〽なかなかなんけ なかなんけ〜〽を彷彿させる。洋子から、洋子を内包するはるみへ——。ロマンポルノ、いや、日本映画においても稀有な、のびのびと屹立するヒロインを神代辰巳は造形したと思う。

「ほんとの新しい人間関係」あるいは青春の幕切れ

『濡れた唇』はまた、『恋人たちは濡れた』へと続く、一人の男の青春の終わりを描いた映画でもある。金男は洋子と出会い、日常を捨てて道行きが始まる。洋子の田舎にたどり着いた二人が男女四人となり、男が女をおぶって走る瑞々しいシーンは、『恋人たちは濡れた』の砂浜の馬跳びのシーンのようにせつなく、胸に迫る。神代辰巳が「オリジナルシナリオ集」(ダヴィッド社)のあとがきで『恋人たちは濡れた』について書いたように(本書一九頁)、『濡れた唇』も、「ほんとの新しい人間関係が生まれるだろうと主人公は思うのだが」、「どうしようもなくそんなこと出来るわけがない」現実と、出会いと別れの数日間が描かれている。結婚を決めた金男と幸子(山科ゆり)の場面で終わるシナリオと異なる映画のラストシーンは、金男の青春の終わりのような幕切れで、『恋人たちは濡れた』を想起させるあっけなさが逆に余韻を残す。

おそらく「傷だらけの天使」を見て子どもの私が感じた初めての感情は、やるせなさだったのだろう。それは、神代辰巳の映画の根底にある美徳であり、突出した作家性ではないかと思う。

二〇一二年、私は、日活創立一〇〇周年記念事業の担当として、〈蓮實重彦 山田宏一 山根貞男が選ぶ愛の革命 生きつづけるロマンポルノ〉と銘打った特集上映を渋谷ユーロスペースから始めた。リアルタイムでロマンポルノを見ていた人たちや当時のスタッフから、「作家性が強い映画はヒットしなかった」「玉石混交で〝石〟の方が圧倒的に多いのに芸術というな」「三本立てで見るものだ」「女が見るために作ったのではない」等の意見が寄せられた。しかし、ロマンポルノは製作から半世紀近くを経ても新しい観客を生んでいる。それは、芸術だと喧伝しているからではなく、普遍的な魅力を持つ映画だからだと思うのだ。神代辰巳の映画はまさにその筆頭であると思う。

(たかぎきよえ・日活株式会社)

（神代辰巳エッセイコレクション）フランス映画のいい女

「きのう」も含めた昔を常に反芻する習癖はないのだが、考えてみると私の日々の中で、一九五〇年から五九年までの一〇年間には、さまざまな出来事が詰め込まれているようだ。

一度思い出しはじめると連鎖反応が起こり、次々と記憶が甦ってくる。それでも、良かったことだけが浮かぶのなら楽しいが、ギャッと叫んでロクロッ首、という気分になるような恥しい出来事や、体が震え出す程の怒りにかられた事件などなども、もくりもくりと浮上してくるので始末に悪い。

もっとも、思い出全部いいことずくめというのも薄気味悪い人生なのかもしれないが。

私が松竹の「見習い助監督」になったのは一九五二年で、この年にはマルセル・カルネが三年三か月をかけて作った『天井棧敷の人々』が封切られている。

この映画の中で女主人公のガランスを演じたのは、アルレッティだった。見世物小屋で「樽の中の美女」になる女という役である。

アルレッティはまるで彫像のような顔立ちの美人女優だったが、当時の私は「外国の女」という受取り方でしか彼女を見ていなかった。

外国の女という見方の中には、高嶺の花のニュアンスが含まれていたようだ。子供の頃読んだ冒険譚の中に、「ただろうたけた姫」という形容があって私はずい分長い間、一体どういう女を指して言うのだろうと疑問に思っていた。前後の文章からすると、ともかく美しい女であるらしいのはわかったが、それ以上なにも具体的なイメージが浮かんで来ないのだ。「ただろうたけた」という字面をいくら眺めていても一向に埒があかない。発語してみると、「ただろう」で一息つき、

「たけた」とつづくのでどうも語感がよくない。ただろうという男名前の下に「たけた」という意味不明のおまけがくっついているとしか思えないのである。これでは美人の形容詞にはおよそふさわしくない。

その「ただろう、たけた」が実は「ただ﨟たけた」だとわかったのは、ずい分あとのことで、その時には何とはなしに﨟たけた姫とはどういう女なのかを想像できる年になっていた。だが、その上に「ただ」がつくと、おぼろげなイメージはたちまちの内にかき消えてゆくようで、どうもまとまりがつかない。

明けても暮れても一つのことを思いつめるというタイプではないので、いつの間にか、ただ﨟たけた姫について考えるのをやめてしまい、すっかり忘れていたのだが、アルレッティという女優を見たあと、それが思い浮かんで来た。

「ただろう、たけた」の、まったく訳のわからない時代から、「ただ﨟たけた」に変って、あやふやなイメージを描くことができるようになり、それが三度目にアレルッティのような女と、まあまあ具体的になって来た訳だが、皆無、あやふや、まあまあ、というのでは好き嫌いの対象として見ることなど出来る筈もない。従って「高嶺の花」乃至は「外国の女」という見方になってしまう訳だ。

私はアルレッティよりもむしろ座長の娘ナタリーを演じたマリア・カザレスの方を気に入っていた。

ただアルレッティのフランス語の発音はちょっと気に入り、意味はまるでわからないが耳に心地よかったことを記憶している。

その頃の私は志望して松竹に入ってはみたものの、鏡の前でカチンコの叩き方を練習する、という助監督につきまとう必要条件に適応できず、照れ臭くはあるし「屈辱的」というような言葉さえ頭の中をチラチラとかすめたりして、ともすれば欝屈しがちな気分を何とかなだめていたのだが、それと同時に映画作りのテニヲハを一つ一つ確かめながら知ってゆく作業には惹かれていたし、楽しくもあったので、時間はどんどん経って行き、頻繁に映画館に通う余裕はなかった。

そのせいで、五〇年代前半から中盤にかけてのフランス女優で好きだったのは、アルレッティ以外には、『情婦マノン』のセシル・オーブリー位のものだ。

アベ・プレヴォーの原作を大幅に変え、背景は一九四四年のパリになっていた。マノンはドイツ軍兵士と通じた疑いで丸坊主にされかかった娘という設定だ。

あどけない顔と成熟した体つきの中に、したたかな貪欲を潜めているセシル・オーブリーのマノンは、画面の向こうから女という生き物の気配を確かに伝えて来た。

皮膚の内側にびっしりと肉が詰まっているような姿態で、時々妙に幼ない、はにかんだ笑顔を見せたりするので、そんな表情になる時はふとドギマギしてしまい上眼使いになったりしながら私は観客席でこそばゆい気持になるのを感じていた。照れ臭かったのだ。

ちょっといい女だな、と思う反面、こういう女を引き受けてしまったら持ち重りしてシンドイだろうな、という気がする。

〈九四頁へ続く〉

03

一条さゆり　濡れた欲情

【公開】1972年10月7日
日活作品　カラー　ワイド　69分　併映『エロスの誘惑』（監督＝藤田敏八）

【スタッフ】
企画＝三浦朗　脚本＝神代辰巳　撮影＝姫田真左久　音楽＝世田ノボル　美術＝土屋伊豆夫　照明＝直井勝正　録音＝古山恒夫　スチール＝寺本正一　編集＝鈴木晄　助監督＝上垣保朗　鴨田好史　製作担当＝古川石也

【キャスト】
一条さゆり＝一条さゆり　はるみ＝伊佐山ひろ子　まり＝白川和子　大吉＝粟津號　勇＝高橋明　二郎＝小見山玉樹　酔っぱらい＝中平哲仟　ラーメン屋＝小沢昭一（友情出演）　婦警＝絵沢萠子　呼び込み＝中田カウス　中田ボタン　記者＝姫田真左久

⦿キネマ旬報ベストテン8位　同主演女優賞（伊佐山ひろ子）　同脚本賞（神代辰巳）
⦿映画芸術ベストテン2位

【物語】

大阪、阪神電車野田駅、ある夏の日、一組の風変わりな男女が降り立った。白いパラソルを差しているのは、ストリッパーのはるみ、バカでかいトランクを担いでいるのは、そのヒモである。今日は、前のヒモである大吉が三年ぶりにムショを出てくる日、なんとか三人で話を付けなくてはならない。だが、はるみが目を離した隙に、待ち合わせ場所の喫茶店からヒモは逃げてしまった。悔し泣きするはるみ、そこへ大吉が現れ、自分の出所を祝っての嬉し泣きと勘違いする。こうして、なんとなく、元のさやに納まってしまう二人。はるみの今度の仕事場は、吉野ミュージック、一条さゆり公演への出演である。はるみは、大スター一条さゆりに激しく嫉妬していた。セコい嫌がらせを繰り返し、レズ・ショウの相方まりの追及にも素っ惚け、本人の前でさゆりのライフストーリーをシャアシャアと我が物顔で騙ってみせたりもする。それでもさゆりには勝てない。ある日、サツに挙げられるはるみとまり、仮釈後、大吉や、まりのヒモの勇も交え、四人で口論となる。激昂し、勇を刺してしまった大吉は、そのままムショへ逆戻り、今度ははるみと勇がデキてしまった。一本立ちしたはるみは、勇を相手に、ローソクショウやオープンの特訓に明け暮れる。一条さゆり引退公演の日がやって来た。報道陣に囲まれ、現在の心境を語るさゆり。ところが、そこへまたしてもサツの介入である。さゆり含め一同が連行される中、トランクに隠れて難を逃れたはるみだが、堪らず漏らしたオシッコから、デカに見付かってしまう。坂道を転がり落ちた末、トラックと激突、逮捕されるはるみ。「刑事はん、何回挙げられたら、ムショへ行かんならんようになります？」釈放後、相変わらず懲りずに特出しに励むはるみであった。

伊佐山ひろ子がじんじんいい

田中小実昌

新宿・歌舞伎町の映画館で、日活ロマン・ポルノの『一条さゆり・濡れた欲情』を見た。映画館の名前はわからない。地下におりていく映画館で料金は六五〇円。(もちろん、大人料金)

六五〇円というのは、ぼくが払ったかぎりでは、最高の映画の入場料だろう。ほかに、やはり日活ロマンポルノが二本。

客席はいっぱいで、うしろで立って見る。こんだけ客がはいりゃ日活さんもたちなおってくるわけだ。土曜日のオールナイトのときなんか、かなり混んでいたそうだ。

混んでいたころの映画館が懐しい、とミチコさんは言う。客席のうしろにごちゃごちゃ立ってると、かならずだれかが、さわりにきたと……ミチコさんはおもいだし、うっとりする。ミチコさんは、ぼくの友達の女房だったが、さわられ魔なのだ。

しかし、この日活ロマン・ポルノ映画館は混んでいても、見わたしたところ、女の客はいなかった。いくらミチコさんでも、こう男ばかりでは、やはり恥ずかしくて、入りにくいかもしれない。

若い男がおおい。そして、なぜか肥りぎみの若い男ばかりだ。

はなしはちがうが、日活ロマン・ポルノなんて、日活宣伝部でつけた名前を、なにもぼくがつかうことはない、ただの映画でいいじゃないの、とふとおもったけど、やはり、これが日活ロマン・ポルノなんだな。

ロマンとかポルノとかいった言葉はカンケイない。しかし、なんだかうまく説明できないけど、監督さんはじめ、みんな、いっしょうけんめい、日活ロマン・ポルノをつくってるんだもの。これは、やはり、ただの映画ではなくて、日活ロマン・ポルノなのだ。

さて、この日活ロマン・ポルノ『一条さゆり・濡れた欲情』の監督は、神代辰巳さん。神代さんはくましろと読む。ぼくの原作ということになっている日活映画『かぶりつき人生』の監督もした。これが、第一回の監督作品だともきいた。

『かぶりつき人生』の主役は、れいの殿岡ハツエで、この映画で神代監督と知りあい、結婚した。

その結婚の披露パーティみたいなものが赤坂であったが、そのとき、神代さんは、とろとろにうれしそうな顔をしていて、こりゃ永続きはしないな、とおもってたら、あんのじょう、離婚した。あんなにとろとろでは、消耗度がはやい。

そんなことは、もちろんどうでもいいけど、『かぶりつき人生』もストリッパーをあつかった映画だったし、こんどの『一条さゆり・濡れた欲情』もストリッパーとそのヒモさんの映画だし、あれこれおもいだす。

ぼくは、この二本の映画を見くらべて、どちらがいい、なんて言う気はない。ものごとを、比較で見ることは、ほんとに見てない、と死んだおやじがよくしゃべってた。比較することは、差をつけることで、すべての差別はよくない。もっとも、この世は、すべて差別でできてるけどさ。

それはともかく、前の『かぶりつき人生』では、殿岡ハツエに関西弁をつかわせ、関西弁に慣れない殿岡ハツエは、やはり、セリフがヨワかった。

ところが、こんどの映画では、主演の伊佐山ひろ子は、関西訛みたいな、なんともごちゃまぜの、つまりストリッパー弁で、これはたいへんにツヨかった。

またおなじ主演の白川和子は、九州弁がはいった。これまたストリッパー弁、ストリッパーには、なぜか九州(それも北九州の出身)がおおく、九州弁が、ストリップの幕内訛りみたいになっていて、これまたけっこう。

それに、一条さゆりのセリフが、舞台では、やたら張りきった口調なのに、あとは、ややぐちっぽいような口調で(このひとも、九州弁だとか、いろいろ)ミックスしている楽屋のストリッパーたちをしっているぼくには、懐しかった。

関西弁とか、九州弁とか、東京弁とかの地域の言葉ではなく、ある種族のひとたちの言葉をしゃべらせたというのは、映画でもマレなことかもしれない。

このことだけでも、神代監督がストリップを研究したというよりそこにしずんでいって、これをつくったことがわかる。

一条さゆりが、あんがいと役者だし、白川和子も気分をだした声をだすし、ヒモさんになる高橋明、粟津號なんて、はじめて名前をしった俳優さんも(じつは、新宿花園あたりで、しょっちゅう顔をあわせて、飲んでる相手なのかもしれないが)ともかく、ちゃんとしたヒモ面で、これなら、たぶん、ほんとのヒモにもなれるだろう。

主役の伊佐山ひろ子は、じんじんいい。こんなコが、まだ、さがせばいるんだなあ。それとも、うまい監督は子役をつかうのがうまいように、神代さんの女のコのあつかいがじょうずなのか。(ケッコンしなさんなよ。おらがヒモになりたい)

それに、殿岡ハツエは日劇ミュージックや世界の舞台をまわったダンサーで、だから、つい本格的に踊っちまったけど、この映画では、一条さゆり以外は踊りはなくて、もっぱら特出《トクダシ》とレズで、もともと特出《トクダシ》映画なんだから、当然のことによかった。

伊佐山ひろ子がヒモの高橋明と遊園地の近くをあるいていて、「うち、かもうてほしゅうなった」とデチ棒のふくらみを、指でたたくところなど、ロマンポルノのきまりシーンかもしれない。

一条さゆりという生ものを、フィクションのなかに、生のままつっこんでいくというのも、今までにもあった試みかもしれないが、うまくいってる。

一条さゆりを、かわいい女、良い女にしてないのもいい。なんだか、やたらにほめちまった。

（たなか こみまさ・作家／「映画評論」一九七二年十二月号）

一条さゆりと「濡れた欲情」のこと

神代辰巳

大阪ロケがすんで、撮影も最初の段階が終った頃、東京でも、一条さゆりの記者会見が行われることになりました。私はハプニングをねらって、記者会見をそのまま撮影させてもらうことにしました。

一条さゆりは、「何故引退を決心したのか」と云う質問に答えて、「いろいろありますが、法律に逆らいたくないと云う気持がありますので」と答えました。私はひどくとまどいを覚えながらそのまま撮影しました。その夜、撮影が終って私達はキャメラの姫田真左久さん他のスタッフなどと六本木で飲みました。その時、一条さゆりは、「私は十何回も警察にあげられました」と、こともなげに云いましたが、その言葉は私に山のような重さを感じさせました。長い時は二週間近くも、留置場で暮したと言うことでした。その間、警察で言うに言われぬわいせつな屈辱を受けた話も聞きましたが、私は撮影の時、彼女が「法律に逆らいたくない」と云った時に感じたとまどいに思いあたりました。

『一条さゆり　濡れた欲情』伊佐山ひろ子

彼女自身について云えば、彼女は私がはじめに想像してた以上に、その辺のちゃちな名の売れたタレント以上に立派な芸人でした。踊りもローソクショウも特出しも立派な芸でした。撮影が進むにつれて、その芸は何よりも観客本位の観客サービスの上に組み立てられていると言うこともわかるようになりました。私だけでなくスタッフのみんなもそう思うようでした。

もう一度彼女自身について言えば、彼女は今進行中のわいせつ物陳列と言う罪名の裁判の被告なのですが、彼女の戦いのありようは「法律に逆らいたくない」と、「十何回もあげられた」そのくりかえしの屈辱と、立派な芸と、もう少しくわしく言えば、「法律に逆らいたくない」と言った時、彼女はその辺の常識的なおかみさんと同じように神妙でしたし、「十何回もあげられた」と云った時、私が予期していたふてぶてしさなどなく、逆にはずかしそうでしたし、つまり、彼女の戦いのありようは庶民的なナイーブさそのものでした。勿論、ゲリラのかっこよさもなく、筋の通った抵抗の論理もなく、法律と自分の身過ぎの芸の間で悩める芸人でした。

これ以上、私は彼女にふれることは止めにします。一つだけどうしても云っておきたいことがあるからです。前にもふれましたが、彼女の最終公判が九月下旬に行われる筈でした。が、それが延期になったと云うことについてです。理由は一条さゆりがこの映画に出たからと言う検察側の申し入れにあったと聞きました。

今は時間がなくて、その真偽を正確にたしかめることが出来ませんが、一条さゆりは、「法律に逆らいたくない」と云いながらその言葉とうらはらに、日活ポルノに出演している。そこには、もはや彼女に反省の色もなく情状酌量の余地がないと云うことを、検察側は最終公判の前に立証したがってのことだと聞きました。

　私は体がふるえる程怒りにかられています。もし、そのことが事実なら、この映画を見もしないで、この映画がどんなものか知ろうともしないで(この映画は現在ダビングが終ったばかりです)この映画をわいせつであるときめてかかっているのです。だから、一条さゆりに反省の色がないなどと云うあきれかえった短絡が出来るのです。

　もう一度云います。この映画を見もしないで、どうしてそんな判断が出来るのでしょうか。

　私はこの思いあがった権力に唾をはきかけようと思っています。

（「キネマ旬報」一九七二年十月下旬号）

異端

神代辰巳

「私は悪いことをしました。私は私の犯した罪を認めます。ですけど」

　大方この種の裁判はこのですけどと云うところで、検察側はすでに勝っていて、後はどう情状を酌量するかしないか、勝者の恩情と云うところで裁判は進行して行くらしいのである。

　私は一ヵ月ばかり前「一条さゆり、濡れた欲情」と云う映画を撮り終ったところである。撮影中、一条さゆりは「公然猥褻物陳列罪」の被告であったし、その時彼女はすでに引退していたのだが、依然として関西特出しストリッパーのスターであった。私自身について云えば、私も警視庁によって押収されたいわゆる日活ロマンポルノ「恋の狩人」のシナリオライターとして当時書類送検中だった。「同じ仲間同志、いっちょうヤリませんか」彼女の出演交渉にあたって私はいくらか酒の酔いも手伝ってそんなことを云ったことを覚えている。いっちょう一緒になって警察権力と闘ってみませんかと、そんなつもりだったのである。

　それより二ヵ月ぐらい前、私は警視庁公安の三畳敷きばかりの取調べ室に坐らせられていた。そこは桜田門の警視庁の四階か五階の息のつまりそうな小部屋だった。多分、朝の十時頃から夕方の五時近くまで、外はまだ早い春の陽ざしがおだやかに照っていて、私が密閉されてるその小部屋には長い一日の間、一度も陽がささなかった。冷たい色をしたコンクリートの壁にはめこまれた半間ばかりの窓ガラスから皇居の堀が見下ろされて、その堀沿いの道の国立劇場あたりが、その日は車の通りが奇妙にすくなく、何か東京の街が気味悪いぐらいのんびりしていた。今日は日曜ではないのにどうしてだろうと私は頭の中で何度もくりかえした。私を取り調べる男は私より四、五歳は、若そうだった。一見して区役所か何かの課長補佐と云ったような自分の受け持っている仕事では誰にも負けはしないと云うそんなかたくなさが、私に彼の前に坐るようにと始めて口を開いた時、それから出来るだけさり気ないふうを装いながらお茶をすすめる時にもありありと感じられた。その男はていねいな言葉づかいをしようと気をつかってるようだった。そしてそのていねいな言葉づかいの中から、私の同僚の監督とプロデューサーの名前をさんづけで呼んで「二人ともすごくものわかりの悪い人ですね」と突然何か私に同意を求めるように云ったのである。私は一瞬あっけにとられてその二人が何かとりかえしのつかないへまをやったのかと思った程で、私はわくわくしながら聞きかえした。「どうしてですか?」その男は実にさり気なく「彼等は自分達のやったことをちっとも悪いとは思ってないんですよ」と云ったのである。私は思わず「あっ」と驚き

『一条さゆり　濡れた欲情』一条さゆり

の声を出しそうになった。その二人とも私より前にこの男の取り調べをうけていたらしく、ものわかりが悪いとはこの男によるとポルノ映画を作ってるものは全て悪いことをしてると思いながら作っている筈であると云うことになるらしいのであった。私は煙草を取り出して火をつけた。彼はよく客に気を配っているその家の主のように直ちに自分の後の書棚から灰皿を私の前に置いてくれた。このようなことは私達が映画で刑事をえがく時よく使う方法だった。おだてたりすかしたり、私はそのようにおどされたりすかされたりされていた。十二時になると彼は官僚的律義さでこう云った。「本当はわざわざここまで来て頂いて、昼食はご馳走しなければいけないのですけど、それをやると贈賄みたいになりますから」

私はそのていねいさにもううんざりしていた。そこから見下ろす皇居の濠の水は春らしくきらめいているのに此の閉ざされた小部屋には一向に陽の当る気配はなかった。その日の朝ここへ呼ばれて来た時の緊張はもうあとかたもなく消えていた。時々、例によってなだめたりすかしたりがくりかえされて、

「あなたは街の中で、セックスをしますか？」

「街の中と云いますと？」

「街の中の人の見ている前で、貴方はセックスをしますか」

「しませんよ。わけもなくそんなことをするわけがありません」

「あんたらしてるじゃないか?!」

「何を?!」

「あんたら公衆の面前で、役者を使ってセックスをやらせてるじゃないか！」

「あれは撮影所で撮影したものです」

「それを映画館でまっぴるま公開してるじゃないか?!」

こんなことがくりかえされた。怒りと云うより私はもうすっかりだれてしまっていた。

裁かれると云うことはもともとこう云うふうに無惨なことなのであろう。密室の中でこの種のりくつにならないりくつに張り合うことはまさに無惨であった。もっとも裁判所ではこんなへりくつにもならない暴言を云ったりはしないにきまっている。大多数を守る秩序と云う名において、私達は良俗を破かいする異端としてさばかれるであろう。

一条さゆりもこうして裁かれているのである。ロケの撮影中にたまたま彼女のために記者会見が行われたことがあった。私はハプニングをねらって、そのままそれを撮影した。その時彼女は「何故引退したのですか」と云う質問に「法律に逆らいたくないと云う気持がありますから」と答えていた。彼女も又、自分を異端と認めさせられているのである。そして自分を異端と認めた上で支配者の情状酌量を願い出ているのである。その同じシーンの中で彼女はこう云っている。「お客さんは高い金を払って見に来てくれはります、だから毎回本気でやります」一条さゆりは全国に熱狂的なファンを持っていた。私はその秘密を彼女の献身的とまで云える観客サービスの故だと思っている。「それがわいせつですかね？　みんな喜んでくれはります。私を見に来たからと云って、悪いことをしたと云う人もいないのに」彼女は私にそう云ったこともある。私も彼女の被害者を知らない。要するに被害者はいないのである。彼女は異端として裁かれるのである。支配者が異端を放置すれば彼等の好む秩序にひびが入るから、かくて魔女は葬らねばならない。一条さゆりの裁判は魔女裁判なのである。

（「群像」一九七三年一月号）

ヒモも芸のうち――それは修業の賜物か

佐藤重臣

『一条さゆり――濡れた欲情』は、今年の日本映画では、一、二を争う作品である。全くもって期待をしてもいなかった、ポルノの中から、このような不思議な輝きを持った作品が出て来ただけでも、特筆されていいと思う。

この映画は、まず、構成がしっかりしている。神代辰巳は、前の『白い指の戯れ』や『濡れた唇』でも、並々ならぬ脚本を書いていたが、この映画では、一条さゆりの逮捕を軸にしていながら、もうひとり、一条さゆりを追い越すために一生懸命、努力している伊佐山ひろ子の、ストリッパーを主役にしている。物語は、こちらの方を中心に運んでゆくのだ。

夏の暑い日、日傘がゆく。それから五十メートルばかりあとを、ヒモが大きな金属製のトランクをかついで、伊佐山ひろ子を追ってゆく。この最初の出足からして出色だ。ヒモとは、何んと嶮しき道かな、と思わせる。実際にストリッパーが、あのような金属製のトランクを使っているかというと、とてもじゃないが、あんな不便なものは使っていないそうだ。ならば、あ

のトランクは神代辰巳自身が編み出したものでなくて、何んであろう。

　それから、ヒモが次々と入れ代り、ビッコタンの三代目のヒモが街の雑踏をピョコタンさせながら、なおも、あのトランクをかついでいるのを見た時、私はそこに、ヒモの思想が確かにあると思った。クーリーのような苦役に甘んじているヒモ。神代は、自分がヒモ的人間であることをよく知っている。いまや、映画を作るということは、まさにヒモ的屈辱をすべて堪えねばならないということなのだろう。ましてやポルノという社会的屈辱を背負って。

『一条さゆり　濡れた欲情』撮影スナップ。
神代辰巳、一人おいて姫田真左久（撮影）、粟津號、伊佐山ひろ子、一条さゆり、白川和子

　この映画で女同士の喧嘩から悪口を言われた伊佐山ひろ子に「貴方、くやしいから、やっつけて」と言われて、ヒモの方は暫らくチュウチョしてから、ヤッパをぬく。兄貴を刺したくないということと同時に、ヒモというのは自分から闘うという思想がないからだ。だから攻め込まれてもいないのに、自分から攻撃をしかけてゆくということはないのだと同様に。神代も、自分から闘うという姿勢は全然ない。たまたま、一条さゆりという自分とつながる、やさしい女が理不尽に逮捕されたばかりに、その権力の不当性を怒って映画にしたのだろう。それでも、この作品は「怒り」とは、ほど遠い作品だ。もっと作者は沈んでいる。むしろ、ヒモとストリッパーのつながりに、男と女の性の調和を見出そうとしているのだ。

　一条さゆりが現役時代、圧倒的に人気があったのは、そのやさしさだったという。この映画でダンプの運ちゃんが、一条さゆりのオサネを見ながら、懸命にマスをかいている。

　やがて「お兄ちゃん、うまく行った」と一条さゆりが言うと、ダンプの運ちゃんが感謝をこめて「ウン、ウン」と答える。この貧しき性のつながりが、一条さゆりのやさしさによって、ほんの少しだけ、ほのかに何にかが咲こうとするのである。権力はこんな貧しき性のつながりまで、奪おうとするのか。神代は、そんなことを声を大きくして言おうとしない。むしろ大声を出すのは、見物に来ていたマスコミジャーナリストの方である。この辺までが、何にかアイロニーとして書けているような気がするのである。

　神代辰巳をみていて、思い出すのは、今村昌平だ。イマヘイにも独自の性の思想があった。子宮の源流をたずねてゆくと、ポッカリ太平洋にたどりつくような、大きさが女にあった。神代の世界も、どちらかというと、男は皆、駄目である。前作の『濡れた唇』でもオンナにキンタマを蹴られてしまう、まるっきり意気地のない男が出て来たが、この映画の男共も、みなオンナにかしづいている。そして、自分がつくされることが当り前のように、伊佐山ひろ子は出来ている。そして、それを人生に感謝するように描くのだ。ヒモでどこが悪いとは言わせない。ヒモが、殊によったら、いちばんのパラダイスなのか知れんという言い方なのだ。

　何故、このような考え方が出て来たか。

　神代辰巳は島崎雪子に始まり殿岡ハツエと別れるまで、世が世ならヌーベルバーグ監督と同じように、ヒモ監督の美食が出来る筈だった。ところが、何故か、当人に陽が当ってゆかないのだ。それは当人が、男と女のいちばんの調和する世界を求めているからだと思う。『濡れた唇』で、二人の男女が逃避行してゆくうちに、性の共同体的スワップみたいな形に落ちこんでゆく。そのうち、ひとりの男が、働こうと就職口を探し始める。

　今迄、労働を拒否して、ピストンを全開していたものが、セックスのユートピアめがけて、働きに出ようとするとき、ユートピア幻想はプツンと切れる。神代はだから根っからのヒモ的調和に自分を見出そうとしているのだ。同じ開き直りでも、ヌーベルバーグの思想と根本的に違うのは、上昇思考ではないことである。〝世の中をよくする〟とか〝世の中を変える〟というテーマの押し出し方ではないのだ。元々、映画でもストリップでも、我々は大衆にエキスを与える仕事なのだ。ならば、なにも、我々はそんな世直しをする必要はない、と言った労働拒否の下降思考なのだ。そして、犯されて来た時だけ、ヤッパをぬ

く。ガツンとやる。あの金属製のトランクは、つまり、神代にとって、人生のガラクタをつめた十字架なのだ。それは貧困極まりない、今の日本映画のようでもあるし、神代自身の十字架でもあるようだ。何んとも重いのである。そして、あのトランクの重味が感じられればこそ、ヒモが決して人生の落伍者には映らないのだ。むしろ、男としての愛情ある闘いを、満面に感じさせるのである。神代辰巳は、ポルノというフリークな文明を逆手に、見事、花開いた。そして伊達酔狂に思える男女遍歴から、羨やむべき芸を生み出し得たことも私は始めて知った。我々も神代にならって、もう少し、しっかり女性修業をしなければと、つくづく思った次第である。

（さとう しげちか・映画評論家／「映画評論」一九七二年十二月号／『祭りよ、甦れ！』ワイズ出版、一九九七年所収）

禁を犯したい作家の映画・性・性表現

対談＝新藤兼人・神代辰巳

神代　昭和二十五、六年頃、新藤さんにお目にかかったことがあるんです。僕はまだ早稲田へ行っていましたが、シナリオを一本書き上げて逗子のお宅へ突然伺ったんです。夏でした。新藤さんは縁側で籐椅子にかけてらして。何日かあと、当時築地にあった作家協会へ取りに来いと言われて行きまして、批評の入っている封筒とシナリオをいただいて待ちきれなくて銀座四丁目のあたりで開いてみると、「これは全然シナリオになっていません」と書いてあった。それから松竹へ入って二十年になります。

新藤　山内久君と馬場当君の試験をしたのも二十二〜三年くらい前ですから、その年代の方々が現在第一線の中堅で活躍していられるわけですね。

この対談の企画があって『濡れた欲情』を追って新宿国際でみまして非常に爽やかな感動を覚えました。作者の青春がピチピチ躍動しているようで。続けてまたみたくなりまして恵比寿の地球座で『恋人たちは濡れた』を拝見しこれもなかなかおもしろかった。殊に『濡れた欲情』の方はここの場面がいいとかあそこがよく描かれているというよりも作者自身と作品が一体化していて、おそらく神代さんの代表作になるであろうと思われます。伊佐山ひろ子の大阪弁もよかった。

神代　あれで救われている面が大部あります。

新藤　松竹大船というのはむかしよくペーソスということをいいましたが非常にいい意味のペーソスがあって、音楽効果として河内音頭が使われているのもいい、神代さんの写真は人間に非常に接近しているようでありながら距離を置いてみている作者の眼が巧く入り混じっているんですね。人間が身近かにクローズ・アップされている。人間の懸命な生きている姿みたいなものを感じて気持良かったですね。

神代　僕はテメエをさらけ出すより仕方がない、人間にくっついた撮り方をしようと常々思って作っているんですけど。その比較からいうとあとの作品『恋人たちは濡れた』はちょっと気取ったかなという気がするんです。

新藤　とはいえあれも神代さんという作家の姿勢が良く出ていて、それに合わないものは作らないという態度は表われていますね。

新藤　僕らの年代ではメロドラマからどう脱出するかというのが大きな課題だったわけです。シナリオを書くにしてもお客を泣かせたり笑わせたりすることが前提にあって、そのための仕掛けをいかにしていくかというかたちがドラマ作りだと言われて来た。構成を巧く組立てるとか抜け目なく伏線を張りめぐらしていくとか近代劇の悪いかたちが出て結局人間が奥の方でかすんでしまう。神代さんなんかは最初からそんなのは抜けて何を描くかということから作り始められる世代ではないかと思うんですが。

神代　自分の体験や持っているものをみんなおっ展げて出していけばみんな面白がってくれるんじゃないかという気持なんです。

新藤　『恋人たちは濡れた』の方は、今日の野球〈10月11日の巨人阪神戦〉じゃないけど、双方のピッチャーもう投げる球がなくなって打つなら打てというふうにど真中へ投げたような凄まじい面がありましたね。

神代　『濡れた欲情』のすぐあとだったものでその反動みたいのがあって、自分なりの体験を生かしてみたいというのがちょっとあって理屈っぽい写真になったんです。

新藤　常設館の切符売場の場面で絵沢萠子が林芙美子みたいな恰好で誰もやってこない窓口に所在なさそうにいたり、物欲しそうな眼で男がパンツをぬぐのをみたり、やりたいことがいっぱいやらせてあって気持がよかった。あの女優さんは『強虫女と弱虫男』で知っているんですが変なエロキューションの効果があって、良かったですね。何ともいえないなまりでね。

神代　僕のヘタなシナリオのセリフをそのまま忠実に覚えてくれるんですよ、それであんなとぼけた感じがよく出て。

新藤　彼女の実在感というのが巧く出ている。田舎の退屈をもてあます日常の中で亭主が浮気をしていて良いことも悪いこともないという毎日、そこへ男が現われる……。神代さんの強味というのは、ドラマから突然かけ離れて本当らしい現実というのがチラリと顔をのぞかせる。観ていて楽しいです。映像のリアリティを感じます。突然人を引き込んで行くのは映像の力ですから。イメージの豊富なことも凄いです。『濡れた欲情』でトランクが道をコロコロ転げて行ったりするでしょ。

『一条さゆり　濡れた欲情』一条さゆり、中平哲仟、小沢昭一

神代　あれは助監督の思いつきなんです。

新藤　シナリオが良くて本人が乗っていると端からも正確なイメージが出易いんですよ。

神代　自分で仲々思いつかなくて、ラストシーンでもみんなで何かないかって話合っている時にカメラの姫田真左久さんが「警察に裸で入っていったらどうだ」「おうそれだ！」っていうんでやった。割とそういう部分が僕の作品には多いんです。

新藤　姫田さんのカメラは仲々素晴しいし、スタッフに恵まれたこともあるんでしょうが、監督というのは統率する幹になるイメージで、スタッフというのは枝葉というか参加するイメージでしょう、集団創造だといっていますが作業が集団なのであって監督はやはり頭領になるべきもんでしょう、すると映画というのは結局はたった一人のイメージのものだと思う。

　それから神代さんの作品は最初から走っていますね。止った所がない。一、二、三ではなくて、いきなり三からとびだしてうまくいっている、うまくスピードがかかって終りまで息がきれないという感じですね。

神代　せっかちなんですよ。

新藤　一条さゆりというのもいいですね。

神代　ストリッパーで実際裁判にかけられている人です。

新藤　記者会見のシーンなんかも頼りない風情でうまく出している。

神代　現実にそうなんですけど頼りないふうな存在感のある人で、それに子供なんですね、〝役者子供〟という言い方がありますけど、本当に〝特出しストリッパー子供〟という感じで。

新藤　あの人が飲み屋をやっていて、ラーメンを食いに行って釜ヶ崎の人がいんねんつけてからむ、あのさばきも感心しました。

神代　一条さゆりの企画が立って、ハンティングに行ったときに現実にあの場面に出食わしたんです。それで書けるなと思って。

新藤　まとまりがつかないのがいい。普通ならもっとどぎつく釜ヶ崎がからむとか板前とか客が割ってはいるとかひとおしもふたおしもおしのせめ方を設定する。ところがあそこでは力が入っているのかいないのか、まだ先があるのかないのか解らないような所で切ってしまう、その妙な頼りないところが本当らしくていいですね。

神代　現実にうやむやになっちゃうんですよ、それでこれなら何とか作れると思ってひき受けたんです。企画自体もキワモノで、行ってみると正にああいう場面に遭遇したんです。

新藤　日活のシャシン三十本ばかりみたんですが、全部が全部『濡れた欲情』のようにうまくいっているわけではないんですね。やりにくいことをやっていて肩に力が入りすぎたようなシャシンもありました。やはり何かをみせるということだけに終始した場合そういうことになるんで、一時間ないし一時間二十分のシャシンの中に何シーンかの見せ場の設定があって、それをつなぐためのストーリということになる。そういうのはドラマ自体が弾みが悪くて乗らなくてセックスの行為もぎこちないですね。

　男と女のセックスのかたちというのは一億人間が

いれば一億のかたちがあって千差万別で、それが人間のおもしろさなんだけれども、一定の決まった女優でくりかえしカメラがこれを捉えなければならないとなると苦しい、正面からもみ合うとか、後から乗っかるとか、上に乗せるとかパターン化してくる。どの写真もそういうことになってくると、これはロマンポルノがロマンポルノの尻尾を噛っているという結果になると思うんです。

神代　これはやっている人間が痛い程感じていることでドラマの宿命みたいなものなんですね。

新藤　新鮮な時期を過ぎて苦しい時期にさしかかっている感じですね。

神代　それをどうしようかなということに結局はなるんですが、難かしくて解らないんです。

新藤　昔から一本にいくつ濡れ場を作るとか、退屈しそうになればチラリ見せるとかよくいわれたものです。というのはシナリオ第一課の心得としてよくいわれたものです。それは男と女の色物の話に限らずシリアスな戦争ものでずらあるわけです。接吻ないしベッドシーンをチラリの精神でやるわけです。ベッドシーンを一分間撮ったとすると会社は一分半を要求する、足を出すぐらいじゃダメ股のぎりぎりまで出せないか……というのは性に対する冒瀆というか堕落というか……。事実僕なんか長い間やってきてそれが非常に気にかかってきたわけです。チラリではなく、人間に接近した角度から性を考えたい。みせるだけのものでは虚しい。性の解放が人間の解放だとか人間を描くに一番近い方法が性であるとか解ってくるにはしばらくかかりました。ところが会社が性を売り物にしようと考えている場合に性場面を過剰に要求してくるし、作家の側がそれに応えようとしたりするとみせることだけが露出した無理な結果がでてきますね。

あなたの『濡れた欲情』をみていると、刑務所から男が出て来て女が待っている。早くどっかへ行こうじゃないかと歩き出す、これはいい。人目もかまわず触ったり立ち止ってゴチャゴチャ言う、あせってる感じ、これもいい。誇張してあるが誇張というのはいいんだな。多少誇張をやらなければ表現にならないと思う。ひかえめにひかえめにやるというのは風俗主義に陥ってしまう。

それからホテルへ行ってベッドがぐるぐる回る、これがいい。男は長い間待っていて早くやりたい、女はもう一人のヒモのことが気にかかってのりきれない、ぐるぐるまわるベッドは女の単純な心の明暗を巧みに表わしていて、妙な現実感が出ている。また、のちに検挙される女が楽屋の隅でヒモと別れのしるしをすまそうと焦る、早くやらなきゃならないと思うとなかなかうまくいかない。外側には刑事がいて急きたてる、あのカットバックは迫力もあるし真実味がある。

ところが新しいヒモと一緒になってアパートでセックスしているシーンが出てくるんですが、こうなるとちょっとこしらえがめだちますね、なかなか難しいもんですね。ここは監督の方も分っていてテレながら撮っている。

むかし、性描写が今の限界の彼方にあったときは、その手前で踏みとどまらなけりゃならないんだということで逆に作家のイメージの貧困さを救っていた。それが今みたいに限界がひろがってくると、ずばり的確に秀れた描写が出てくるわけですね。たくさんみた他の作品のなかにはそういう点で破れていると思われる作品がありました。工夫がつかなくて、もういい、パターンでいこうというのがかなりあった気がします。

神代　最終的にどうなるかは別問題として僕は何処へ行くかなあというのがある。『四畳半襖の裏張り』を撮るときも『偽れる盛装』の表へ出さない色気……あれを何とか使えないかと思ったんですが。

新藤　『四畳半襖の裏張り』は原作を読んで知っているんですがこれもうまく脚色してあると思います。監督の腕次第というシナリオですよ。監督というのはいい時と悪い時があって、悪い作品も撮らないと良い作品は撮れない。

うまくいけば『四畳半襖の裏張り』はおもしろい作品になりそうですね。米騒動とかとざされた兵隊とかレーニンの十月革命などが噛み合わされて、袖子と信介のもつれ合う場面がモンタージュされる。神代さんは『濡れた欲情』でもカットバックの効用はかなりやっているわけですが、それが顕著になっていておもしろいものになるような気がする。

神代　事実原作のかかれた大正七年の世相をとおして、大正デモクラシーが昭和になって急速にぐっと下降していったあたりが理屈を言わずに出ればいいと思っています。

新藤　日活がつぶれかけてロマンポルノでいくんだという旗印をあげた。隣の大映などは永田雅一氏が投げ出して荒廃した状況になっている。それに比べれば日活は立派でずっといい。生きたい、生きるということは重要で、作ることはもちろん重要だけど生きなきゃ作れないわけだ。それはまあ置いておいて神代さんの性描写を恐れずにやる映画作りの考えを聞きたい。

神代　僕はノーマン・メイラーが大好きなんです。小説の世界やなにかで人間をいろいろに描写して来てこれから新しく描くとすれば残るのは性しかないだろうと彼は言っていますけど、僕も何かそんな気がするんです。

新藤　日活が意図したものではあるけれども神代さんがシリアスに捉えた性というものは質的に違ってきてるんじゃないのかな。

神代　一番利用し易い会社だと思っているんです日活は。

新藤　文化のふかさでは西欧にくらべて日本はとざされた時代がながかっただけに体質的に遅れている、性に対する考え方が特に遅れている。デンマークやスエーデンの性は人間の衰弱した姿だという人もいるが、解放の以前に、露出ということに嫌悪して叱言する倫理というのは儒教思想から明治大正を経てなお今日に続いている鎖国的思考ですよね。戦後民主主義の中でピンク映画という名で、みせてはならなかったものを突然あけっぴろげにみせた。ピンク映画というと眉をしかめるけれども、これが日本映画にあたえた影響は大きい。性の畑へとにかく鍬をうちこんだ、日活ロマンポルノの功績も同じところにある。物事は順序どおりにはなかなか進まないもので、一足飛びにある地点まで飛んで一つの段階を獲得してからその幅を歩み寄るというのも手段だから。今までびくびくと躊躇していた垣根を飛び越えたわけです。しかし次に来るのはドラマの宿命のマンネリとパターン化という停滞で、本当に何か出来るとしたらこれからだということになる。僕も今まで性について多少考えてきたが、日活映画をみてますます性を正面からみつめたいと思う。

神代　ロマンポルノを始めて二年になりますが、自分なりに必然だと思っています。ロマンチックなラヴシーンだけでは人間というのはどうしても表現出来ない。

新藤　そうだと思います。ドラマライターが目指しているのは人間の深奥の魂に向って一歩前進するか触れてみたいというわけですよね。人間の本能にふれることができれば或いは魂に接近は可能かも知れない。神代さんは性本能をとおして接近を試みている。僕などもそうです。しかし今までの映像では避けて通った、性表現というのは勇気もいるし、作者としては対決を迫られるわけです。にも関わらず人間というものの原点・原風景に近づこうとするには性と対決しなければならないことになる。

神代　作品をどんどん作っていると、今度はでは性は一対一ではないんだとか二対二ではどうだという外からの理論と、自分は実生活では一対一を守っているみたいなことがぶっつかってくるような気がするんです。

　面白く見せるということは別にしてフリーセックスとか自由な性とかを理屈では描いていて、じゃあ自分は何をやっているんだということになる、これからは自分の性とそうした風俗としての性との対決というのが始まりそうな気がするんです。

新藤　神代さんの『濡れた欲情』をみていると性が寂しくないんですね、なんかこうウキウキしている。こういうことを尋ねていいかどうか解らないけど神代さん自身実生活においてああしたウキウキした性を持っていらっしゃるんでしょうね。

神代　ええ割と……そうだと思います。

新藤　そういうものだと思うんです。その人の性が寂しい性であれば作品も寂しい性になる、そうならなきゃまたいけない。

神代　元来助兵衛なんです。体験上セックスし終ってつまらないことしたなんて感覚はないし。

新藤　それがよく写真に出ていますよ。羨しい。作家はこしらえごとをいくらうまくやってもバレてしまう。自分の本心を言うのがいい。ドラマというのは本心をどこまで貫くかということでしょうね。谷崎潤一郎の『讃歌』(＝春琴抄)でも夏目漱石の『心』(＝こころ)でも、作者が佐助自身の心境だったり、私という先生の分身だったりして実は己れを表現しようとするはらづもりです。自然主義作家のように日常的に生活の場に自分を出すかたちもあるし、前の二人のように観念の世界で己れを表す作家もいる。どちらにしても自分を描くわけだ。だからあなたも充分あなたの勃起した性を描いて欲しい。

　性を扱う場合には女優さんというのもかなり重要だと思いますが『濡れた欲情』の伊佐山ひろ子というひとはいいですね。顎も形よく張って助平たらしくはないけれどセックスが旺盛な感じで体もよく撓っている、いくらでも出来るという感じがして、適当に淫らで、健康的な性ですね。

神代　『濡れた欲情』に関しては一番キャスティングが巧くいったんじゃないかと思います。彼女と一条さゆりとの対比も理想的にいって。

新藤　映像というのは、観客の側への一番はじめの接点は画面からくる美的な感覚ですから、だぶついたおしりにニキビが出ていたりするとたんに浄化作用はダメになったりする、それが映像の宿命ですよね。また女優と監督に新鮮な交流がないともりあがらない。

神代　日活にはロマンポルノがはじまる前にいろんな女優さんがいましたが喋っていてもくそ面白くもないんです。ところがロマンポルノの女優さんたちはまるで違いますね、ギリギリテメエで生きている人たちが多くて凄く面白いんですよ。若い人たちが僕らが吃驚するような体験を持っている。

神代　性映画というのは性格を表現するのに割に楽だというのがあって例えばある優しそうな婦人がいて実

は陰険だったなんて時に、普通のドラマだとこういう状況があって彼女はこう振舞った、だから……というふうに説明しなきゃならない。ところが性描写である一場面で、ガタンと優しくなくなっても納得されるという強みがあります。

新藤　それが性の描写を主体とするドラマトゥルギーの有利な点です。『恋人たちは濡れた』で砂丘で女が裸になり男二人のうちの一人と性行為を行う、それをもう一人の男がそばでみている。異常なシチュエーションですね、不思議なことにはそれが異常でなくごく自然だ、それははじめから性があけっぴろげに出されているのでうまく馴らされてしまっている。裸の女が前を向いたりすれば、みえるのではないかというのでフィルムにひきつけられる。その世界にひきこまれてしまえば劣情のためじゃなくなりますね。監督はそういう観るものをうまくひきつける場面をもつことができれば舌足らずな効果でも作家が言いたい観念の世界をながすことができる。

　そういう意味では神代さんの仕掛けはいろいろあって過去のドラマを切っている。既成を切るというのは簡単そうにみえてなかなか出来ない。お金が沢山かかって監視人が沢山いる映画になると切らさない。シナリオ段階でこれはどうなっているんだ、解らないから解るようにしてくれとか、やる前によってたかって否応なくまるくされてしまう。

『一条さゆり　濡れた欲情』撮影スナップ。神代辰巳（後姿）、伊佐山ひろ子、高橋明

神代　あの映画には監視人は誰もいないんです。『濡れた欲情』が当ったのもあって。

新藤　日活の場合、性描写さえ抜目なくやっておれば監督の世界へは監視をあまりやらないということがあるんじゃないですか。

神代　それと、みんな辞めて行きまして残っているのが少人数で目が届かないというのもあって、僕らには有利なんです。

新藤　日活が裁判にかけられているわけだけれども、日活がかかえている問題は映画人は基より企業も含めた日本映画全体の問題だ。日本映画全体が法廷へひきずり出されているんだと思う。性描写というのは果して行き過ぎているのか、あるいはまだまだ行きたりないのか。

　だいたい映画に国家権力の検閲なんていうのはあってはいけない。性表現というのは犯罪にはならないし、犯罪の誘因になるかどうかということも主観の問題で『黒い雪』など今の段階では問題じゃなくなっている。そんなことを言えば暴力映画の方がより犯罪誘因になると思うし、とにかく映像は取り締まるものじゃなくて一律に解放しなきゃいけない。

神代　体制というのはそういうものだという気がします。性というのは体制をぶっ壊すことに一番繋がると思いますし。

新藤　古い既成の正体というのは戦後年を経るうちに姿を変えて捉えがたくなっている。その見分けにくくなったものを捉えるためには僕たちの核になっているもの即ち性に触れなけりゃいけない。人間共通の本能としても人間自身をつかんで離さない性を正確にとらえて、根元の問題としてとっ組んでいかないといけないと思う。

　日活の問題というのは対外的な倫理規定の面でも作家内部の問題としても、これからの日本映画を左右する問題を大きくはらんでいるので、日活の皆さんがんばって欲しい。

神代　みんな今は必死でやっています。

【十月十一日夕・赤坂シナリオ会館にて】

（しんどう かねと・脚本家／「シナリオ」一九七三年十二月号）

ウッ屈した日々、「今、いきます! 今いきます!」に出会った

丸山昇一

宮崎の片田舎で過ごした高校生時代、黒澤明監督の『赤ひげ』で映画の面白さにめざめ、新藤兼人氏の『鬼婆』の脚本を読んでシナリオライターになろうとした私は、昭和四二年日大の映画科に入学した。

が、学友の映画フリークたちが絶賛する大島渚、今村昌平、ゴダール、フェリーニ、アントニオーニといった監督たちの作品を見ても、殆ど理解できない。西村潔『死ぬにはまだ早い』、山田洋次『吹けば飛ぶよな男だが』、この二本の添え物B級作品には心底惚れこんだが、その話をしても誰も相手にしてくれなかった。

そのうち、アメリカ産のニューシネマと称する映画群が全盛を極め、私もすっかりハマってしまい、オレの書く脚本はこのセンだ! とばかり外ヅラのスタイルにこだわる習作を何本か書いたが、どうもしっくりしない。ニューシネマ風のスタイルで脚本を書いても、日本の人間は描けないのだ。どうすればいい? と悩んでる時に、藤田敏八『八月の濡れた砂』に出会う。ニューシネマ風の日本映画だって、ここまでやれば立派に通用するじゃないか。よーし、これからは日活(ダイニチ映画)にこだわるぞ、と決めた途端、製作中止。

その年、四六年。『八月〜』のあのなんともシラっ茶けた、それでも熱だけはあるラストシーンのままに、私も日大を卒業。どういう世界をどのスタイルで描けば自分の脚本はしっくりするのか、それより何より自分は将来プロとしてやってゆけるのかさっぱり手がかりがつかめぬまま、新聞の三行広告でみつけたオートスライドの製作会社に就職した。大手広告代理店の下請け、その下請けのまた孫請けみたいな会社で、従業員二名、残業手当ても何もつかない安給料の朝早くから夜遅くまでスポンサーからは人間とは思えない扱いを受けながら仕事する毎日が始まった。

暇をみつけて習作をつづけるなんてとんでもない。〝ウッ屈〟そのものの毎日。たまに土曜日早く仕事がおわると、ストリップや映画の最終回にかけつけるのが唯一の息抜きだった。

そして、出会ったのだ。神代辰巳。『一条さゆり・濡れた欲情』。

のっけから、この映画の大看板である一条さゆりを批難するヤクザが出てくる。

「ストリッパーがテレビなんか出やがって!」

え⁉ と思う間もなく、この映画は一条さゆりに憧れ、歯を剝き、乗り越えようとしても到底乗り越えられない狡猾《ズル》っこいストリッパー(伊佐山ひろ子)を、あっけらかんと、しかし執拗に追ってゆく。

のっけのヤクザのセリフは、神代辰巳の本音でもある。会社(にっかつ)がようやく口説きおとした大スターを、その芸は凄い! と称えながらも一方で堂々と生き方を批難する脚本と演出を用意した神代さんのマイナー根性も見上げたものだが、それを許容する会社も一条さゆりも見上げたものだ。当時、スポンサーからおりてきた専務の挨拶状のたった一字を印刷間違いしただけで六時間もたらいまわしで説教されることが日常茶飯事だった一観客の私は、これだけでも度肝ぬかれ、元気が出た。

二年後、私はこの零細会社を退め、喰えるアテがないまま本格的なシナリオ修業を始めるが、その年、東宝というメジャーに招かれた神代さんは『青春の蹉跌』を撮る。長谷川和彦氏の脚本も神代さんの演出も、原作・石川達三、東宝、萩原健一といったメジャーには何ら関係なく、「俺たちが見たい映画」を臆面もなく撮りきっていた。脚本家になりたいという夢だけで現実はボーフラのように漂っていた私に、この時ももの凄い勇気を与えてくれた。

話は、『〜濡れた欲情』に戻る。女とはこういう風に描くもんだ、と教えられるシーンがたくさんでてくる。中でも、伊佐山ひろ子とレズ・ショーを組んでいる白川和子が、検挙されて警察に連行される時、ストリップ小屋の部屋とも呼べない汚ない狭い一室で外に刑事を待たせておいて、ヒモとしばしの別れのセックスをする場面。ヒモがなかなかイカない、喘ぐ白川和子は切なく、「(外で戸を叩く刑事に)すんません! 二、三分待っとって下さい!」「今、いきます! 今、いきます!」……たまらん。ここには確かに女がいて、そして男がいた。切なくも、おかしい瞬間。

こういうシーン、こういうセリフ、こういう男と女を描きたい。

この映画には、そう思わせるだけのコクのあるシーンがたくさんつまっていた。神代辰巳という濃いダシでとったコクのある脚本、そして口当りはさっぱりと賞味させる演出の妙味。

いつかきっと、こういう脚本を書いて神代辰巳という監督に見せるぞ、としがないライターの卵は誓った。

五四年。なんとか脚本家になった私は、にっかつ撮

影所に出入りしている時、一冊の撮影台本に出会う。『赫い髪の女』。原作・中上健次、脚本・荒井晴彦。『〜濡れた欲情』にきわめて近いコクのある脚本だった。初めて聞く荒井晴彦という名前。知人にきくと、私と同じ世代の新人ライターだという。ショックだった。同世代の奴が、あの神代辰巳監督のもとでこんな堂々とした傑作を書いているのか……。

それから何ヵ月か経って、松田優作氏が中上健次原作の『荒神』をやりたいと言ってきた。

自信はないが、『〜濡れた欲情』や『赫い髪の女』に近いコクは出せるかもしれない。問題は、私という淡白な人間に果たしてちゃんとしたダシが詰まっているか、だ。

シナリオ『荒神』は、それから数年後、黒澤満プロデュース、神代辰巳監督で映画化に動き出した時がある。その時、にっかつ撮影所で、黒澤さんが神代さんの所に私をつれていってくれた。目の前に、神代さんが立って、微笑した。私は、感激のあまり何も言えなくなった。

「いい脚本《ホン》ですね。よろしく」

一期一会。御本人とはそれっきりだった。


（まるやま しょういち・脚本家／「映画芸術」一九九五年夏号〈追悼　神代辰巳〉）

女神・一条さゆり

笠原和夫

平成九年八月四日、新聞各紙はひとりの元女優の訃報を伝えた。

一条さゆり。享年六十歳。ストリップ・ショウのダンサーとして、いまは伝説となった「ローソク・ショウ」「特出し」の女王として一世を風靡した。しかしその生涯は、この泰平の世にあって、信じ難いほどの不幸と波乱に塗《まみ》れたものであった。

新潟県柏崎市の生れ。十二人兄姉の末ッ子で、三歳で母を喪い、五歳で父も亡くした。東京五反田の養護施設で中学を終え、デパートガールに就職したが、惚れて同棲した男が極道だった。幼な子を抱いて男から逃れてはまた摑まり、自殺まで図った末にストリップの舞台に上った。そこで思いもよらぬ大輪の花を咲かせたのだったが、成功とはうらはらの陥穽に嵌まった。「公然猥褻罪」で六ヵ月の懲役。出所後は舞台から降りたが、その憂《う》さを男から男への流転と酒で紛らせた。その末の自殺未遂。さらには同居の男からガソリンの火をかけられて大火傷。不自由になった躰を大阪釜ヶ崎（あいりん地区）の解放会館の一室に横たえ、生活保護を受けながら孤独な一生を閉じた。葬儀は同地区の自由労働者たち有志の手によって行なわれた、という。

わたしが一条さゆりの死に深い関心を寄せたのは、二十五年前、わたしの窮地を救ってくれた恩人の一人だったからである。といっても、個人的に面識があっての関係ではない。

その年（昭和四十七年）、わたしは会社（東映）から『仁義なき戦い』の脚本を委嘱された。飯干晃一氏の原作と、その基となった原手記者美能幸三氏にも取材して、材料は充分に整ったのだが、その料理法に行き詰まってしまった。エネルギッシュで生々しく、残酷でいてなにか浮き世ばなれしたようなズッコケたヤクザ・ワールドの人間葛藤図は、それまでの任侠映画のパターンは収まりきらず、といってほかにパラダイム（典範）として模すべき映画は思い当らなかった。そのころ話題を呼んだアメリカ映画の『ゴッドファーザー』や『バラキ』といったマフィアものも観たが、参考にはならなかった。『仁義なき戦い』は戦後日本の風土のなかで描いてこそ活きる素材だったからである。

八方塞がりのとき、たまたま入った映画館で観たのが、日活作品『一条さゆり・濡れた欲情』（神代辰巳監督）だった。一条さゆり、白川和子、伊佐山ひろ子の三女優の裸身が、文字通り組んずほぐれつ、剝き出しの性本能をぶつけ合う一時間余りの映像は、この上なく猥雑で、従って真実であり、固唾を呑む暇もないほど迫力があった。神代監督にその意図があったかどうかは不明だが、わたしはこれからの映画はこうでなければならないと信じ、また、この手法をもってすれば『仁義なき戦い』の材料は捌ける、と強い自信をも抱いた。

『仁義なき戦い』は成功し、シリーズ化されて、わたしもいくつかの賞をもらった。以来、一条さゆりはわたしを幸運に導いてくれた女神として、心の底に灼きつけられたのである。（後略）

（かさはら かずお・脚本家／『破滅の美学』〔幻冬舎アウトロー文庫、一九九七年〕まえがきより）

シナリオ

一条さゆり　濡れた欲情

脚本＝神代辰巳

1 タイトル

「此の映画はあくまでストリップの女王、一条さゆりにたくしたフィクションです」

2 大阪の西成のある下町

そこにささやかな一条というすし屋がある。その店からさゆりが出て来る。中年のあいそのいい平凡な女に見える。ならびのラーメン屋へ入って行く。

3 ラーメン屋

一条さゆりがラーメン屋の主人と何かしゃべっている。

と、客の一人が話しかける。はじめのうちあいそ笑いをしていたさゆりの顔が突如けわしくなる。キャメラ、店内に入って行く。

その客「そうかね、ストリッパーもラーメンを喰うのんか」

客は少し酔っている。

さゆり「ストリッパーがラーメン喰うたらあきまへんか。ストリップかて普通の人間ですよって、何でも食べます」

客「へっ、笑わしたらあかんで。普通の人間が何で偉そうな顔してテレビなんか出やならんねん？」

さゆり「テレビ局から出てくれ言われたからですわ。何もおかしなことありません。あんた、うちがストリップやから言うていんねんつけはりますのんか⁉」

客「わいはな、ストリップが偉そうな顔してんのが気にくわんのじゃ」

店の主人がさゆりに近づいて来てその耳許に、

主人「がまんしいや。あいつ、どこぞのやあさんやさかい。あとうるさいで」

さゆり「へえ」

と、主人に言ったものの、

さゆり「うちにいちゃもんあるんやったら表で聞きまひょう。店の迷惑になりまっさかいな」

さゆり、出て行く。

客「おう。わいかてそのつもりじゃい」

その男がぱっと立って、さゆりを追って行く。

4 タイトル

「一条さゆりは現在引退して、ささやかなすし屋を開きながら、わいせつぶつ陳列と言う罪名の被告として裁判を待っている」

（F・O）

5 メインタイトル

「一条さゆり　濡れた欲情」

6 大阪・野田阪神駅

うだる夏。

暑さを引きずって来る電車。

はるみ（二十四、五歳）と吾郎（はるみと同じ年ぐらい）が降りて来る。

吾郎がでっかい車輪つきの衣裳ケースを転がして行く。階段へ来てかつぐ。かなり重さがこたえる。

その前をはるみが颯爽と歩いて行く。

階段を降り終ると吾郎再び衣裳ケースを転がす。改札口を出る。

駅前。目のくらむような強烈な日ざし。

はるみ、日傘をかざす。その華やかな色彩。

吾郎、はるみの後を衣裳ケースを転がして行く。

吾郎「お前は一体どっちがええねん？　ええ、俺にどないしてほしいんや？」

はるみ「しやから言うてるやろ、あの人がむしょに入ってる間にあんたと出来てしもうたんや。勿論、あんたも好きやけど、むこうは言うたら先口やんか。男同志話つけてほしいわ。うちあの人がこない早う出て来るとは思わんかったしな」

吾郎「それや、わいがわからん言うてんのは。一体わいとその男と、どっちがええねん⁉」

はるみ「わからんお人やな。あんた等二人ならどっちもええねん。そやさかい二人で話つけて言うてるやろ」

とある喫茶店の前へ来る。

はるみ「ええな、ここで待ってこや。あの人はかあとなったら何するかわからん男やけど、ここなら人目があるし、めったなこと出来へん」

と、吾郎を店の中に押しこむようにして、

はるみ「うちはちょっと社長にあいさつして来るし」

日傘をさして、衣裳ケースを転がして行く。自分にも何かぷりぷり怒ってるようである。

7 ストリップ劇場・吉野ミュージック

はるみ来て、入って行く。

劇場の前の立看。顔写真入りの。

「ストリップの女王、一条さゆり、堂々来演」と、ある。

その入口の横の事務所へはるみ声をかける。

会長の島田がいる。

はるみ「お早うさんです。今つきました。また使うてもらうようになって、どんなに感謝してるかわかりません。ほんまにおおきに」

と非常にじょさいない。

はるみ、スーツケースを転がして行く。

その背景に、

「何や今度は一人だけか？」

と、社長の側にいた男が声をかける。

はるみ「いえ、実は前の亭主が今日むしょから出て来ますよって、ちょっとめんどうくさいことになってますねん。あの、荷物置かしてもろうて来ます」

細長い廊下を行く。

8 前の喫茶店

日傘をたたみながらはるみが入って来る。一わたり店内を見廻す、心細そうな顔になる。吾郎が見つからないのである。はるみ空いた席に坐る。もう一度見廻してるうち、「ひくっ」と喉をふるわす。みるみる涙が湧いてくる。

はるみ「あほらしい。逃げよったんか」

涙をふく。

ウェイトレスが側に来てじいっと見ているので、

はるみ「なにもあらしまへん。あの、コーヒー。アイスコーヒー」

ウェイトレス、行く。

はるみ「くくっ」と泣く。

はるみ「あほらし」

涙をこらえる。

と、男が一人入って来る。大吉である。はるみと同じ年ぐらい、大吉、はるみを見つけて近づいて来る。

はるみ、たまらず「くくっ」と泣き出す。
大吉は感激してはるみを見ながら近づいて来る。
はるみの前に坐る。

大吉「えらい久しぶりやったな」
はるみ、うなずく。

大吉「苦労かけたやろうな」
はるみ、泣きながらうなずく。

大吉「泣いてくれてるのんか、わいのために」

はるみ「出所、おめでとう」

大吉「おおきに……」
と、声をつまらせる。

大吉「そんなに喜んでくれるのか、おおきに」
と、男泣きに泣く。
はるみもわあっと泣く。

9 街

日傘の相合傘ではるみと大吉行く。大吉はしっかりはるみの手をにぎりしめている。

大吉「ええな。しゃばはええな」

10 吉野ミュージック

二人来る。裏口へ廻る。木戸を開くと裏庭になっている。二人、来る。その奥、階段が通じて二階は社長宅になっている。大吉はあたりを見廻しながらはるみを抱いてキスする。右手で感がい深げにスカートの下から手を入れて尻をなで、左手に襟もとから乳房をさぐる。

大吉「わいな三年間、こればっかし思うとったでえ」
目を閉じて、ふうっと長嘆息する。

大吉「ええな、しゃばはええな」

はるみ「やめて、もう」

大吉「ええわな、このにおいや。女のにおいや。夢見とるようや」

はるみ「やめて、くそ暑いのに。……人が来たらどないすんねん」
大吉をつき離す。

はるみ「な、社長にあいさつして来てや」
大吉、いささか怒った感じで、

大吉「わかっとるわいな、そんなもん」
階段を上って行く。
楽屋の入口からその様子を見ていた女がいる。まり。やはりはるみと同じ年ぐらいのストリッパーである。
はるみ、楽屋の方へ行ってばったりまりと会う。

はるみ「見てたん？」

まり「見えるがな、そら。せやけど、うまいぐあいに入れ替ったな」
と大吉の後姿へ。

はるみ「そらな」
と、いささか胸をはる。

はるみ「しかし男ちゅのん、どれもこれも同じやな」

まり「人殺しには見えんやんか」

はるみ「そらふだんはおとなしい人やねん」
と、二人で楽屋へ通じる廊下を行く。

まり「あのな」
と、まり、わけありげに足をとめる。あたりをはばかる様子を見せて、

まり「ちょっとおもしろいことが起ってんのやけどな。鏡のことやけど」
と、意味あり気である。

はるみ「鏡がどないしたん？」

まり「あんた、一度、劇場へ来て、それから出て行ったやろ？」

はるみ「そうや」

まり「その時鏡に何か書いたんと違う？」

はるみ「何やねん。うち何にもしてへん」
二人は楽屋へ来ている。
その鏡に口紅で
「一条さゆりに気を許すな。足元をすくわれる」
と、落書がしてある。

まり「これや」
二人はその鏡の前に坐っている。

はるみ「しょもない、うちが何でこんなことせんならん、そやけど、一条はんてほんまにこの落書の通りとちゃう？」

11 連れこみ宿

廻転ベッドに総鏡の豪華な一室。ベッドがくるくる廻っている。そのベッドに大吉とはるみが腰かけている。

大吉「むしょじゃな、お前のこと思い出して何百ぺん一人でやったかわからへんで」

はるみ「うん」
と、悲しそうにうなずく。

大吉「お前のこと思い出すとな、むしょの中の工場で働いとっても、たまらんようになって便所へ走って行くんや。そやけど、むしょの便所は外からまる見えや」

はるみ「なあ」
と、はるみはたまらないように話を中断させる。

はるみ「むしょの話はやめてえな、うちな……」
大吉ははるみの悲しそうな顔をやさしくかかえる。

大吉「どないしたん？」

はるみ「うちまだ誰にも話したことないんやけど。うちのお父ちゃん、ほんまは死刑囚やったん」

大吉「え、ほんまかい」

はるみ「そやさかい、むしょの話聞くとお父ちゃんのこと思い出してしまうねん」

12 はるみのイメージ

看守に腕をかかえられて、やっと立っているはるみの父。その首に絞首刑の黒い綱が巻かれる。がたんと絞首台が開く。はるみの父が綱の先にぶら下がっている。

13 もとの連れこみ宿

はるみ「かんにんしてや。悪いけど、うち、そのこと思い出すと出来んようになってしまうねん」

大吉「出来んて、何がや？」

はるみ「きまってんがな、あれ」
はるみはほっと肩をおとす。

大吉「おい、そら殺生やで、ここまで来て殺生やで」

はるみ「むしょの話するさかいや」

大吉「そやかて知らんがな。そんなこと初めて聞いた話やで」

はるみ「それと関係あるんやけど(と、ますます悲しそうになる)むしょのこと思い出したくないさかい、うち、男が出来てな。おこらんといてや、思い出すのかなわんやったさかいや。(と涙ぐんで来る)男言うたかて、あんたのかわりや。心の中ではその男、あんたのつもりやったんや」

大吉「あほんだら、お前！」
はるみは大吉にしっかり抱きつく。

はるみ「怒らんといて、な。何ぼでもあやまるさかい怒らんといて。あんたが出て来るときいてから、きっぱり別れたんやし」

大吉「あほんだら、そんなん許せるかいな！　お前ちゅう女は！」
はるみはますます大吉にしがみつく。

はるみ「な、どんなことでもするさかい、何でも

聞くさかい」

はるみは大吉の前をまさぐっている。

はるみ「うち、お父ちゃんのことがたまらんかったん。うちは死刑囚の娘や。うちの気持もわかってえな。な、な」

はるみはさかんに大吉をまさぐる。

大吉の怒りは何時の間にか、かっこうのつかないものになりはじめている。

はるみは大吉を口にふくんでやる。

大吉「ま、ええわい。今日のところはええわい」

と、興奮に身をまかせはじめる。

そして、猛々しくはるみを裸にする。

ゴリラもかくありなんと思うほどの荒々しいセックス。

はるみは声をあげてもだえる。

14 街

日傘をさして相合傘ではるみと大吉が行く。
大吉「せやけど、どんな男やった。そいつ？」
はるみ「もうええやろ。うちにはあんただけや」
はるみは女上位を取りもどしかけている。
はるみ「その話、もう絶対せんといてや」
今迄のはるみにもどって大股に歩いて行く。
はるみ「早《はよ》行かな。舞台におくれるわ」

15 吉野ミュージック

一条さゆりの舞台。一条さゆりの一人舞台である。さゆりは賭博場の手盆を演じている。

「よござんすか」

と、壺をふる。かつての藤純子演ずる緋牡丹お竜。それよりあでやかでさっそうとしている。

16 楽屋

はるみが洗濯物をまるめて出て行く。

17 舞台

一条さゆりが舞台の袖で一条さゆり独得の早替り。緋牡丹お竜は鳥追い姿になっている。と、突然、
さゆり「草り、ぞうりがない」
片方つっかけたきりである。

18 洗濯場

はるみが洗濯物の中からぞうりを一足つかみ出す。それをぽいと窓の外へ捨てて、何食わぬ顔で洗濯をはじめる。

19 舞台

一条さゆりがぞうりのないまま立ち廻りをしている。三味線が仕込みになっている。その刀でさっそうの舞台。

20 洗濯場

はるみが洗濯にせいを出している。

何か、気持よさそうに歌っている。ふき上げて来る笑いを押えきれないでにたにたする。

21 舞台

さゆりの舞台は例のローソク・ショウに替っている。その手のもえさかるローソク。そこからしたたり落ちるロウが肌をこがす。自らさいなみながらマゾヒスティックな恍惚にひたる。別の手は股間にあってあやしくうごめいている。波のようにはげしくうねり始める裸体。

観客の目はさゆりの指の動く一点に集中され、スポットに照し出されて、そこはきらっきらっとあやしく光る。

「くうっ」

と、さゆりの口からあえぎがもれはじめる。

22 洗濯場

はるみが洗濯物を干している。ついでに物干の下に転がったぞうりを蹴る。そこへ、まりが来る。
まり「なんや、やっぱしあんたやった？」
はるみ「何が？」
まり「おとぼけやな。今一騒動持ちあがったとこや」
はるみ「何かいな？」
まり「ええやないか。なんでうちにまでとぼけんならん？」
並んで洗濯物を干す。
はるみ「何のことやねん。うちにはさっぱりわからん」
はるみ行く。

23 長い廊下

はるみ、しきりに考えながら来る。

24 一条さゆりの楽屋

はるみが入って来る。
「お邪魔します」
一条さゆりはさっきのショウで体中にこびりついたローを落している。
はるみ「ローソクあつうおすやろな」
はるみ感にたえぬように口に出す。
はるみ「あの、手伝いましょうか」
さゆり「おおきに、でも、よろしいわ」
はるみ「すごい芸ですな」
はるみはこびるようにさゆりの側に坐る。
さゆりの着物をたたみはじめる。
はるみ「うち、おねえさんのこと書いてある小説読みました。うちもおねえさんと一緒ですねん。孤児院の出身です。小説の中で孤児院の近くに銭湯があって、親子連れが手を引いて風呂に行くのを、孤児院の垣根ごしにさびしそうにじいっと見てる言うとこありましたな。うちな身につまされました。あの、ひょっとしたら、その孤児院、埼玉県の大宮の近くにあったんと違いますやろか？」
さゆり「そうや、小説にも書いてあったやろ」
はるみ「いや、そうでした？　ひょっとしたらうちと同じ孤児院やないやろか思いまして。うちも同じ経験ありますよってに」

伊佐山ひろ子、一条さゆり

25 はるみのイメージ

孤児院の垣根。その前の道を風呂桶を抱えて行く親子連れ。それをさびしそうに見ている少女時代のはるみ。

26　もとのさゆりの楽屋

はるみは涙ぐんでいる。

はるみ「うちがいたのんは清風園言いましたけど、おねえさんのは違いますか？」

さゆり「そうや清風園や」

はるみ「そうですか、ほんまですか」

と、感激する。

はるみ「うちの大先輩になりますな。うちなおねえさんものすごく尊敬してますねん。あの、実はお話がありますけど……。うちがおねえさんに何かいじわるしていたずらしてるようなこと聞いてはりますやろうけど、うち絶対していません。ほんまです。うちおねえさん尊敬してんのです」

さゆり「うちはな、昔のこと言われるの好きやないねん。着るもん着がえる出てくれはる」

はるみ「あ、気いつかんとすみません」

冷たくあしらわれるがはるみは如才なく部屋を出る。

27　はるみ達の楽屋

はるみが戻って来る。大吉は一人がたがた貧乏ゆすりをしている。

はるみ「何しとんねん？」

大吉「三年ぶりのしゃばや。刺激が強すぎるんや」

はるみ「何がいな？」

見ると、同室の女達があられもない恰好で花札をひいている。そこからは女の全てが見える恰好である。

はるみ「阿呆かい」

と情けなさそうに。

はるみ「頭ひやしに行こうか」

と、怒ったように立ち上る。

はるみ「早う！」

28　ホテル

ベッドで二人はセックスしている。

はるみはもえない様子である。

はるみ「うちな、あんたにあの女一ぱつこましてもらいたいわ」

大吉「何や、誰のこっちゃ」

はるみ「一条さゆりや」

大吉は動きをやめる。

大吉「あほ、そんなこと出来るかいな」

はるみは考えこむふうである。

はるみ「さっきな、うち、ひどい目に会うたんや」

大吉「どないしたんや？」

はるみ「ものごつう軽蔑されたんや、あの女に」

大吉「けったいなとき、けったいな話せんとけや」

大吉話を打ち切って再び動き出すが、

大吉「やるって、お前、俺があの女とねてもやきもちやけへんのんか？」

はるみ「誰が、あんな女に。殺してたってええくらいや」

はるみ、涙ぐんでいる。

大吉はその涙を唇ですいとってやる。

大吉「泣きいな、な」

はるみ「ええ、もう、ええ」

と、促す。

大吉、動き出す。

はるみ「そやけど、いつか、あの女ほんまにやってや」

大吉「よし、やったる」

そのうち、だんだん動きが早くなる。

あえぎ出す二人。

はるみ「やってや、ほんまにやってや」

恍惚の声である。

はるみのぼりつめる。

29　吉野ミュージック

その入口。

一条さゆりの立看に、

「一条さゆり急病のため、本日休演」

とはり紙がしてある。

その舞台。はるみがまりとレズショウをやっている。

二人のまわりを観客が円陣になってのぞきこんでいる。

ショウはクライマックスに近く、はるみとまりはお互いを愛撫しながらもだえあっている。いろんなラーゲから、お互い股をすれ合わすポーズになって舞台は最高潮に達する。「ああっ」とお互いに体をふるわせ、弓なりにのけぞってアクメに達する。体を小きざみにふるわせて、二人はぐったり動かなくなる。レズショウは終る。

二人は起き上る。それぞれかぶりつきへ出てオープンをはじめる。

観客の頭がはるみの股の間にひしめく。

その客の一人。もぞもぞ動いている男がいる。

はるみはその男をじいっと見ている。

男の手はズボンのファスナーの下にある。男は顔を上げてはるみを見る。

はるみはうなずくように股をつきだしてやる。

男はうっとりと目をふせるが、ファスナーの下の手はさっきより激しく動き出して、突然とまる。「うっ」と男は一瞬息をつめる。

はるみ「終ったんか？」

はるみは声をかけてやる。男はふうっと息をついてはるみを見返す。

はるみ何となくやさしそうな顔で立ち上る。その時、その男の後で立ち上った男がいる。

はるみ、ふとそいつに気づいて不安そうに見る。

30　はるみ達の楽屋

その前の廊下。

はるみとまりが帰って来ると、さっきの男が待っている。

はるみ、近づいて来る。

はるみ「やっぱしそうか」

その男「察しがええな」

はるみ、一瞬、ぶるっとふるえる。

まりも、ぶるぶるふるえながら「うちなちょっと」とふとん部屋へ。

はるみ「畜生っ、やっぱしそうか」

部屋へ入って行く。

鏡の前に坐る。

と、体ごとがたがたふるえはじめる。

「どないしたん？」

大吉が声をかける。

それを目で押さえて、

はるみ「そやけどな刑事はん、何やおかしい気がしまへんか？」

と、部屋の入口を見る。

はるみ「刑事はん、聞いてはりますのんか」

と、大声でがなる。

はるみ「なんでうち等みたいなチンピラあげんならんのです？　もっと大もののスターさんあげはったらよろしいやおまへんか！」

口惜しそうにコールドクリームでメイクをおとしはじめる。

はるみ「聞いてはりますやろな、なんや、裏があるのと違いますやろな?!」

言ってるうちに高ぶって来る。

はるみ「こんな日に限って、一条はん、ちゃんと休んではる。病気なんかとちゃうと違いまっか⁉　裏があるのと違いまっか⁉」

「阿呆！　しょうもないことぬかすな‼」

刑事ががなる。

「ほな、いきまひょう！」

はるみ廊下を刑事と並んで行く。ある小部屋の前。

「行くで」

と声をかける。

その部屋の中、フトン部屋では、

まり「ええか、浮気したらあかんで」

まり「浮気したら、うち、ちょんぎるさかいな」

と、まりと勇がセックスをしている。

刑事「早うしい」

まり「ちょっと二三分待って下さい」

刑事「何しとんねん？」

まり「おまじないをちょっと」

刑事「早うし、しょうもない」

と、どなる廊下の刑事に、

まり「うち、これやらんとげんが悪いですねんやわ」

と言うと一緒に、「あゝ」と恍惚の声がもれて来る。

はるみ「公然わいせつ罪ですな。おまじない聞いていかはりますか？　うち、先に表で待ってます」

と一人行く。

31 街

はるみとまりが刑事に連行されて行く。うだる夏の街。

32 留置場

朝。留置場の夜が明ける。

はるみとまりが入れられている。

まり「あーん、何でこないなとこ入れられやならんねん。あんたがあんまり刑事さんにさからうさかいや。裏がある言うて、刑事さんの気持悪うしてしまうたやんか。言わんでもいいことがちゃがちゃ言うて何になるんや。警察でさからうたら損するにきまってるやんか」

はるみはだまって聞いている。

まり「うち等商売続けて行くんやったら警察ににらまれたらどもならん。そんなことぐらいわかってる筈やろ」

はるみ「何や、だまって聞いてればあんた、説教たれてんのんか？」

まり「一条はんかてそうや。あんた何であないにさからわんならんねん。それこそ何の得にもならんやんか」

婦警が来る。

「洗面」

二人、出て行く。腰なわを打たれて洗面所へ来る。

まり「あんたが何で一条さんにさからうのかほんまにわからへんわ」

まり一人顔を洗う。

婦警「あんたも早う洗うて」

はるみ「うち洗いまへん」

まりが口を出す。

まり「またさからう」

はるみ「うるさいな（と、どなりかえす）うちな、あんたと組むのもうやめたで」

まり「何言い出すねん、こんなところで。どっちがうるさい？　これ以上ややこしいことになんのやめてほしいわ！」

まりもどなる。そして婦警がどなる。

「阿呆くさ。何もめとるねん‼」

と婦警に促されて廊下をもどる。

33 警察の表

はるみと大吉、まりと勇、二組が離れ離れに出て来る。

はるみ「あほらし、三万円ぐらい罰金とられるらしいで！」

かっかと歩く。

はるみ「あ、あほらし！」

大吉が日傘を渡す。

はるみ、それを大吉からとりあげる。

はるみ「うち、レズビアンやめるで」

大吉「何やて？」

大吉は驚いて後のまり達をふりかえる。

大吉「やめてどないすんねん？」

はるみ「ローソクショウやるわ。一条さゆりにだけさせとくことあらへん」

と、後の勇が近づいて来る。

勇「どう言うつもりや、そんな。レズやめたらめしのくいあげになるのわからんかいな⁉」

はるみはけろっとしている。

はるみ「レズなんちゅうのは芸のないもんのやるこっちゃ。あんな、うちな、今迄だまってたけどな、女のにおいかぐともともとあげっぽくなるたちやねん。自分のでもいややのに、ひとのにおいかぐのどんだけかなわん。これから又、あのひとのにおいかぐんなら死んだ方がましや」

と、まりを見かえる。

まりがつかつか近づいて来る。

まり「何やて⁉　自分のは何や、うちかて、何度あげそうになったかしれんわ！　自分は棚にあげて、自分のかいでみい。何ぼかくさい！」

勇がいささか慌てて、今度はとりなすように、

勇「ま、そう言うなって。ま、二人でけんかしたらまとまるもんもまとまらんようになる。ここじゃどうもならん。な、話し合いしょうやないか。な、女なら、あんなもん誰かて一緒や。みんなそらにおうもんやて。な」

勇は大吉をひきとめる。

勇「お互い飯のくいあげになる。一時の感情に溺れちゃいかんて。な、お前も考えてえな」

大吉「そやけどな兄貴、あいつ言い出したら聞きよらん奴やねん」

勇「阿呆、そこを何とかすんのがお前の役目やないか」

大吉「兄貴、そやけどな、あいつ、こうなったてこでも動きよらへんで」

勇「よし、それ程言うんやったら、わいが協会へ手を廻して、お前等働けんようにするだけや」

はるみ「どうぞ！　あんじょうやって！」

はるみの日傘を中心に四人行く。夏の陽がかんかん照りつけている。

しばらく歩くうち、まりがどうにもこらえられなくなって、いきなりがなる。

まり「よう言うたな！　何やて、げろ出るやって！　ようそんな事が言えたもんや。はじめ、どうぞレズやって下さい言うて頼んだんはお前やないか。その恩も忘れて、ようまあ、（それから大吉に）お前かてそやで、お前が頼んださかい……」

と、後は言葉にならずぴしっとはるみをなぐる。

はるみ「あのな、人間って、少しずつ変って行くもんなんや」

とクールに言ってはるみ、まりをなぐりかえす。

勇「やめんかい！　もう」

勇が思わずはるみをなぐる。

はるみ「あんた！」
　と、はるみは大吉に向って。
はるみ「うちはなぐられたんやで。こんな男になぐられたんやで！　だまってみとらんと、あんた、どないしてくれるんや！」
　と、がなってる間も勇は、
勇「お前が悪いんや、お前が」
　となぐり続ける。
大吉「兄貴、そりゃないで。何も人の女に手を出すことはないやんけ」
　と、割って入るが、何しろ、大吉は勇の首程にもない小男なので、突き飛ばされて、どすんと尻もちをつく。「やったな！」と起き上ると、勇に突進して体当たりを喰わせる。が結果は同じである。が、三度目はちょっと違ったふうになる。大吉がドスを握っていたからである。大吉に本当りを喰らわされて、「うっ」と勇は棒立ちになると朽木の倒れるようにどさっと倒れる。相変らず真夏の目のくらむような太陽のてりつける午後の街の惨劇。

34 刑務所の灰色の塀

　はるみが刑務所から出て来る。

　タクシーが待っている。はるみはタクシーに乗り込む。

　車の中には勇が乗っている。

　車は走り出す。

　白い雲がぽっかり浮いている。

35 走る車の中

はるみ「あの人、兄貴にすまんことした。あやまってくれって」
勇「そうか」
はるみ「かあっとなると、ほんまに何するかわからん男やけど、そやけど、真直ないい男やった。あんたの体のこと心配して、くれぐれも面倒見てくれって」
勇「そうか」
はるみ「うちも責任あるし、ちゃんと見させてもらうって言うて来たわ」
勇「お前、わいと出来たこと言うたんと違うやろな」
はるみ「阿呆な、そんなこと言わへん。なんで言わならんのや」
　はるみはにたっと笑う。
　災天の下、車走って行く。
　そして、白い雲が一つ。

36 街

　車が止っている。その前の薬屋から勇が出て来て車に乗る。勇は相当なビッコを引いている。
　車走り出す。
勇「火傷の予防の薬やなんてそんなもんあらへんそうやで」
はるみ「そやけど、小さい頃ガマの油言うのあったの知らんか。あんなもんがある筈や」
勇「ないちゅうのに」
はるみ「お祭りの時ようやってたやんか。どっかにあるんとちゃうか」
　はるみはかたくなに言い張る。

37 はるみのイメージ

　その大時代の扮装をしたガマのあぶら売りの大道商人が焼け落ちるローを何か呪文を唱えながら腕の裏側にうけている。

　車の窓から、キャメラ、パンしながらそれを見せる。

38 あるホテル

　ベッドにはるみが全裸で横たわっている。その乳房のあたりにはるみはしきりに薬をぬりこんでいる。

　勇が束にした百匁ローソクを持っている。火がもえさかっている。

「やるで」

と勇。

「うん」

と、はるみ。

　勇、とけたローをたらす。

「うん！」

と、のけぞるはるみが、
はるみ「こんなん大したことあらへん。もっとやって、もっと、やり」

　勇、たらす。

　はるみの胸にローがにじける。

はるみ「もっと」

　勇、たらす。

　はるみはのけぞるが、
はるみ「あんな……あんな、何や、感じがおかしいねん」

　はるみは何かマゾヒスティックな恍惚を感じているようである。

はるみ「あんな、も、ちょっと、も、ちょっとひくーしてんか」

　と、あえぎながら言う。

　勇は興奮している。

勇「ええか」

　と、低い位置からローをたらす。

はるみ「ううっ！」

　はるみは動物のような声を出してもだえる。

はるみ「変やわ、何かおかしいわ」

　はるみの胸におびただしいローがはじく。

　はるみは体を波打たせて恍惚状態にある。

はるみ「な、もうええわ。な抱いて」

　勇はかぶさる。

　そのローにまみれるセックス。

39 大阪西成のある下町（トップシーンと同じ）

　トップシーンの続き。

男「おまんの言う通り出て来てやったで。さあどないすんねん？」

さゆり「あんたもしつこいお人ですな、たかがストリップいじめんと、自分の縄張りさっさと帰らはったらどうです」

　さゆりが走るように行く。

　その後を男がすごみながらついて行く。

　その一条ずしの中。

「うち、くやしいわ、もう！」

　一条さゆりが逃げるように入って来る。

　カウンターの中に一条さゆりの主人の二郎がいる。

二郎「何や、どないしたんや？」

さゆり「わけのわからんこというてからみよんねん」

　と、表へ目をやる。

二郎「まあ、ええ、そんなもん覚悟してた筈や。いろいろあるわいな。がまんしい」

　と、表のガラス戸が開いて、さっきの男が入って来る。

　カウンターに坐る。

男「酒や、一級や」

二郎「いらっしゃい、へい」

男「わいな、お宅のママが話があるっちうさかい来てやったんや。どないしてくれんねん」

　さゆりを目で追う。

二郎「あの、どないしましたん？」

　二郎は下手に出る。

男「あんなあんたの嫁はんが用があるそうやさ

かい来てやったんや」

さゆり「用なんかあらしまへん。どうせいんねんつけに来やはったんやろ」

男「ほう、表と大分風向きがちゃうやないか。あんな、わい釜ヶ崎へ帰りさらせって言われたんや。お前はストリップでわいは釜ヶ崎や。お前にこけにされることあらへん。帰ってもええわ。そのかわりわいが声かけたら、こんな店たたきつぶすぐらいの人数はわさっと集って来よるけどな」

と、すごむ。

さゆり「それがいんねんでっしゃろ、あんた、先にストリップがラーメン喰べたらあかん言わはったんやないか。何で、ストリップがラーメン喰べたらあきまへんの、そやさかい、うちもかあっとなってあんなこと言うたんやわ。な、そうでっしゃろ。先になんでストリップがラーメン喰べたらあかんのかそのわけ言うてほしいですわ」

男はテーブルをたたいてどなる。

男「何やて！　も一ぺんぬかしてみ！　わいはこの店へ来たらちゃんとした客やで。何や、その態度。この店じゃ、それが客に対する態度ちゅうのんか。ええ、客に向かって失礼やないか！　どやねん！　まだかい、酒は?!　酒一本、この店じゃ何時まで待たすんじゃい?!」

二郎「すんまへん、もうすぐ。ちょっと待ってもろて下さい」

二郎が怒りをおさえて静かに言う。

40 タイトル

八月九日、一条さゆりはわいせつ物陳列という罪名で、懲役六ヶ月の求刑をうけた。

（F・O）

41 テレビステイジ

司会者「甚だ残念だけど一条さゆり引退の決心はかわらない、そう言うことですね」

さゆり「はい」

司会者「一つお聞きしたいことがあります。普通はですな、そのはずかしいと思われるところをですな、お客に見せになりますな、その時の気持はどんなふうでっしゃろ」

さゆり「そらはずかしいですわ」

42 ある連れこみホテル

はるみが脱脂綿に牛乳をしませている。

はるみ「ええか、よう見てや」

はるみはそれを挿入して応接机の上にしゃがむ。かぶりつきでオープンをする恰好になる。

勇が客のかわり。

机の上ではるみはいきむ。

はるみ「どや?」

勇「あかん」

はるみ「全然か?」

勇「全然やな」

勇は馬鹿らしくなってひっくりかえって続きのマンガを読む。

はるみはいきむ。

はるみ「なあ」

勇「あほらし。よさんかい」

はるみ「なあ見てーな、出たような気がするねん」

勇、顔を上げて見る。

勇「あかん、よさんかい、みてられんわ」

はるみ「よう見てえな」

勇、いやいや起き上って見る。その顔おやと感心したようになって、

勇「お、もう一ぺんやってみい」

はるみ、いきむ。

勇「おい、うまいぐあいやで」

はるみ「そうか」

はるみ、喜んで、

はるみ「ええか」

と、いきむ。

勇ははるみの顔をつくづく見ている。

勇「そやけど、顔があかんな」

はるみ「何でや」

勇「そんな顔しかめていきんどったら、きたならしいわ」

はるみ「そうやな」

はるみはうっとりした顔で「うん」といきむ。

勇「もっとセクシーにならんかい」

はるみ「うん」

と、やる。

勇「顔は笑うてやな、うっとりしてやな」

はるみ「うるさいな」

はるみは突然怒る。

はるみ「そんなむずかしいことよう出来へん」

はるみは机から降りる。

鏡に向ってやる。

それを勇、じいっと見てるが、

勇「わいは好きや。お前のそんなとこ好きや」

勇、何か感激したようにじいっと見ている。

43 大阪・野田阪神駅

電車が来る。

はるみと勇が降りて来る。

勇がかつて大吉がしたように、車輌のついた衣裳ケースを転がしてさっそうと歩くはるみの後について来る。

階段へ来ると、勇はその大きな衣裳ケースを肩にかつぐ、かなりのびっこを引きながらはるみに後れないようについて行く。

44 野田阪神の街

はるみは今日もぱあっと日傘をさす、その派手な色彩が目を射る。

勇は忠実な召使いのように衣裳ケースを押しながらはるみの後をついて行く。

45 吉野ミュージック

「一条さゆり引退興行」とある麗々しい横幕。

吉野ミュージックの前は華々しく飾られている。

はるみと勇が来て入って行く。

46 一条さゆりの楽屋

はるみが入って来る。

さゆりが大勢の客に取り囲まれている。

はるみ「お早うさんです。うち引退興行出してもらうやなんてほんまに光栄やわ。そやけど、おねえさんはほんまにやめはるんですか。もったいないわ。ファンの方悲しいて泣かはるんと違いまっか。ほな取りこみのようですさかい又あいさつにこさしてもらいます」

と、一息にしかしあいそよくしゃべって引きあげようとするのへ、

さゆり「あの、今度は大事な興行ですさかい、いたずらせんようにな」

はるみは大そうに驚いてみせる。

はるみ「おねえさん、うち、そんなこと！　そんなこと思うてはりましたんでっか、そんなうち……」

さゆり「いえ、うちのごかいやったらかんべんしてくれはりますな」

はるみ「そうです、ごかいです。そな、又、あと

から」

はるみ出て行く。

さゆりの声が追いかける。

「それとなローソクショウはやらんといてや」

はるみ行く。

47 廊下

はるみが廊下を来る。

自分の楽屋をのぞく。

「なあ！」

殆んどどなるように声をかける。

はるみ「うち、いやや、もう！」

どなりっぱなして再び廊下を行く。

「なんやねんな」

と、びっこの勇が後を追う。

48 街

はるみが行く。
勇が並んで行く。
勇「どないしたん?!　このくそ暑いのに！」
はるみ「そや、このくそ暑いのに、汗いっぱいかいて、昨日うちを抱きよったんは誰や?!」
勇「おい、そら違うで。一体、何があったんや?」
はるみ「うるさいな。ついてこんといてもう。あつくるしいわ」
勇「この、偉そうに何を言いさらすのじゃ!?」
はるみどんどん行く。
勇、それでもびっこをひきひき一生懸命ついて行く。

49 吉野ミュージック

舞台。

一条さゆりの引退興行が行われている。

一条さゆりが舞台中央に坐って両手をついて口上をのべる。

さゆり「一条さゆりです。此度、引退させて戴くことになりました。私、かえりみますればつたない芸をもって……」

さゆりはその時すでに涙ぐんでいる。

声がつまる。

50 街

はるみが行く。

勇がついて行く。

はるみ「うちの言うたことはみんなうそやったんや。よう聞き。うち孤児院なんか行ってへんかったんや」

はるみ歩く。

51 吉野ミュージック

舞台。

客席にあゆみの箱が廻されている。

さゆりの口上。

「私皆様のごひいきにより、今迄無事、舞台を相つとめさせていただきましたにつきましては、それにしても、私より更に不幸な方方のために、皆様の御寄付を戴きたく、私、子供の頃、ある孤児院で暮しました……」

すでにぼうだと泣きながら話すさゆり。

52 街

はるみが歩いて行く。さきほどより、少しずつ、怒りは静まっているようである。

はるみ「お父ちゃんが死刑囚言うたんも嘘や」

しきりに汗をふく。

はるみ「うち、死にたいわ、もう」

裸になって淀川へとびこむ。

「もう死ぬ」

53 吉野ミュージック

一条さゆりの踊り。

はなやかに。あでやかに。

54 街・梅田の歩道橋

はるみが行く。

はるみ「このくそ暑いのに、あほらしなって来た」

はるみはさっきから、アイスキャンディをほおばりながら歩いている。

55 デパートの屋上

はるみと勇が来る。今度ははるみコーンアイスクリームをなめている。空いた手ではるみはちらっと勇のズボンの前にさわる。

はるみ「何や、かもてもらいとうなったん」

と、にやりとする。

伊佐山ひろ子

56 デパートの屋上

はるみと勇がミニカーに乗っている。

よく見ると、勇がはるみを後からかかえてセックスしている。

はるみの恍惚の顔。その口から。

はるみ「もう帰らな、いかんな」

ミニカーが走る。

はるみ「帰らな。舞台に穴あけたら大事や」

言いながらはるみは高まるようである。

はるみ「止めて。止めて」

だがミニカーはくるくる廻る。

「ああ」

と、はるみのあえぎ。

はるみ「穴あけたらあかん！」

57 吉野ミュージック

一条さゆりのオープンが続いている。

さゆりは中年のさびしそうな客を見つけてその前に行ってオープンする。

さゆりは話しかける。

「うち、さびそうな人見ると、なぐさめとうなる性分ですねん。小さい時、父が時々うちを孤児院に訪ねてくれましたけど帰る時、父はものすごうさびしそうな顔しますねんやわ。うち、さびしそうな人見ると、そのこと思い出してしまいます」

やさしくその男を抱えこむようにすると、そのさびしそうな男の隣りから一人の男が話しかける。

その男「おやじさんをなぐさめてるような気になるわけやな」

さゆり「そうかもしれまへん」

その男「おやじさんに見せてるような気になるわけや」

伊佐山ひろ子

さゆり「けったいなぐわいやけど、そないなりますか」

その男「ほんでこないに濡れてんのんか?」

さゆり「ほんま、けったいなりくつやけど、そうかもしれまへん」

その時、その男の後からキャメラマンのフラッシュがたかれる。さゆり、一瞬顔色が変るが、何事もなかったように、

さゆり「うちの父は惚れた女を自分で殺したんですねん。そいで、死刑になって……」

58 さゆりのイメージ

死刑台にぶら下がる父のイメージが一瞬さゆりの頭をよぎる。

59 もとの舞台

さゆり「何や知りまへんけど、それで濡れる言うことがありますやろか? そやけど、そんなもん、おかしいおますな」

さゆり、自分で笑う。

60 街

はるみと勇が一生懸命走って来る。

はるみ「大丈夫か、うち、先に行ってるで。舞台におくれたらあかん、あんたはええて。不自由な足して走らんかてええて」

はるみ、一生懸命走る。

日傘をさしてはあはあ走る。

61 吉野ミュージック

舞台。

はるみが歌いながら踊っている。

〽ボロは着てても
心は錦
どんな花より
きれいだぜ
若い時や二度ない、どんと行け
女なら

と、歌ってにっこり笑うはるみ。オープンに入る。その時どかどかと男が四、五人、舞台にあがりこんで来る。刑事達である。その中にさっき、一条さゆりと話していた男がいる。

はるみは「きゃあ」と大げさにもがきながら、袖にひったてられて行く。

はるみ「はなしてえな、いたいがな」

はるみ、掴まれた腕をふりほどく。

刑事が更につかもうとすると、

はるみ「助兵衛やな、裸の女捕まえてどないする言うねん。もう逃げもかくれもせえへん、服ぐらいきさしてーな」

刑事達は奥へ踏みこんで行く。

はるみはその後をついて行く。

楽屋の廊下へ来る。

勇が来る。

その時、一瞬二人だけになる。

「な!」

と、はるみ。はるみは廊下の角においてある自分の大きな衣裳ケースに目を走らす。

「な、早う」

はるみは衣裳ケースにもぐりこむ。その時、その前を一条さゆりが手錠をかけられて来る。

62 表へ通じる長い廊下

一条さゆりがひったてられて来る。

すでに客がその周りを取り囲んでいる。

「引退するもん、何で捕まえんならん!」

「どうかしてんのと違うか。やめるもん捕まえてどないする!」

「そうや警察は間違うとる。でったい間違うとる」

廊下は数十人の客で埋まっている。

「あほ、どかんかい」

「じゃまするんやない」

刑事達はしゃにむに進む。

「あほとは何じゃい。言うてもらおうか。お前達とどっちがあほか。言うてもらおうかい」

刑事につっかかって行く男がある。

「あほ、一条さゆりを置いて行け、おいていかんか!」

その中を一条さゆりがぼろぼろ泣きながら連れられて行く。

63 吉野ミュージック

一騒ぎ終って、吉野ミュージックはがらんとしている。

その正面横の事務所。

男が二人、刑事にからんでいる。

四、五人の男達がいる。

社長の島田が、

「こないに全部、あげられたらどもならんがな。明日からどないしまんねん。殺生やで。劇場しめんなりません。どないしてくれまんねん」

と、ぼやいている。

刑事「全部とちゃうやろ、一人、とんずらしたんちゃうか? その、何とかはるみ言うやっちゃ」

呼込み「そんなことこっちに言うてもろたかて知りまへんがな」

刑事「(側の勇に)うん、お前、逃がしたんとちゃうか」

「知りまへん」

と勇、立ち上がる。

64 衣裳ケースのある廊下

勇、来る。

衣裳ケースの前に立つ。

勇「おい、俺や」

返事がない。

勇「おい、俺や」

「な、まだあかんか、さっきから、おしっこがもれそうで死にそうや」

と、はるみの声がする。

勇「まだいよる。そんなの辛抱せんかい。生きるか死ぬか言う時やないけ。ほんならまた来るわ」

勇が去る。と、衣裳箱の底から、じわじわ水が溢れて来る。

「はあ」

と、はるみのせつなそうな声がして、その水はみるみる廊下に拡がる。

その中から一筋がつうと廊下を伝って小さな川のように流れる。

そこへ刑事が来る。

流れを伝って、衣裳ケースに達する。

と勇がケースの側で立小便している。

刑事「何しとんねん？　こんなとこで」

勇「むかっ腹立ちますさかいな」

勇は衣裳ケースをおして外へ向って歩き出す。

「おい！」

刑事が後を追いかける。

65　街

勇が衣裳ケースを押して走る。

「おい」

と刑事が追いかける。

「待て」

勇、気づかぬふうに行く。

「待て」

刑事走って来る。

勇、あきらめて立ち止るが、そこは坂道になっている。

衣裳ケースだけがころがって行く。

66　小さな通りから大通りへ

ころがる衣裳ケース。

車を縫って滑りおりる。

すごいスピード。

やがて何かにぶつかって無惨にひしゃげて止る。

が、はるみ、けろっとして、衣裳ケースから出てくる。

67　街

はるみ刑事にひかれて行く。

日傘をさしている。

はるみ「あの、何回あげられたら、むしょへ行かんならんようになります？」

刑事「一人むしょへ行った女がいるわ。ストリップの中ではそいつだけや。そいつ十四、五回あげられよった」

はるみ「さよか」

はるみふうっと安心したような顔になる。

刑事とはるみ行く。

（O・L深く）

68　ある劇場

はるみ相変らずオープンしている。

そのかぶりつき。

はるみがのぞきこんでいる男と話している。

はるみ「あんた一条さゆりさん、知ってはる」

男「知っとる」

はるみ「その人、見やはったことありますのん？」

男「あるわ」

はるみ「ほなみてや、うちと一条はんと、どっちがようけ出よる？」

はるみ、いきむ。にこやかに笑いながらいきむ。

男「うん、ごっついわ、あんたの方がごっついわ」

男、感激してじいっと見ている。

はるみ「そうか、そない言うてくれはったら嬉しいわ」

男「ものごっついで」

すっかり感激している。

はるみ、又、いきむ。

その時、

はるみ「あっ」

と、思わず声を立てる。

中のものがすぽんと飛び出したようである。

そのストップモーションで――。


（終）

〈神代辰巳エッセイコレクション〉フランス映画のいい女

〈七〇頁より続く〉
芝居がうまい女優ではなく、キャラクターというか存在感で印象を残した、と記憶している。

五六年になると、決してフランス映画ファンではなかった私の前に突然二人の女優が現われて、「おやっ、これは……」と思わせることになった。

一人は『ヘッドライト』のフランソワーズ・アルヌールで、もう一人は『居酒屋』のマリア・シェルである。

アルヌールの役は、トラックの運転手たちが顧客の食堂で働いている娘で、マリア・シェルが演じていたのは居酒屋の女主人だった。

後年のアルヌールは、今は死語に近い言葉になってしまったコケットリーという形容を見事に感じさせる女優になったが、『ヘッドライト』の画面の中では新鮮で純情な小娘の雰囲気があって、私の網膜にストンと飛び込んで来て、心地良さを感じさせた。

いい女優を見たり、また、出会ったりした時の手応えが充分にあり、私はかなり満足したように思う。体つきも柔軟でしなやかに弾むようだったし、何より眼がよかった。それと歯並び。

実際にはどうかわからないが近眼のように力を入れて相手を見る。その癖、視線がそれた時は眼の前にある、或いはいる対象を見てはいず、遠い所に想いが飛んでいるのを知らされる。それがとても良くて、こういう眼の女優に坂口安吾の『ジロリの女』をやらせたら面白いだろうな、と夢想していたのだ。

一方、マリア・シェルは外国の女優には珍しく泣き顔で、それが、放蕩者の夫を待ちつづける居酒屋の女将という役柄にふさわしく思われたものだ。泣き顔といってもシャーリー・マクレーンやジュリエッタ・マシーナのような、いかにもピエロのメイクアップが似合いそうな泣き顔ではなく、どこかに、しぶとい恨みの気配のようなものを漂わせる泣き顔で、その、ほんのかすかな翳りが背中にチリチリとした感触を生じさせた。

そのマリア・シェルに『女の一生』で再会した時、怨の閃めきは以前よりもわずかばかり濃くなっていて、それがまた良く、時折退屈してしまったこの映画を何とか持ち堪えたり支えたりしていた。怨と艶は違っているようで似てたり、似ているようで違ったりする。マリア・シェルは、その二つの要素を備え、薬味のような効果をもたらすことのできる女優だった。

アルヌールとマリア・シェルによって、フランス映画は存外いいものだなと考えはじめ、それから出会ったのがジャンヌ・モローである。

ジャン・ギャバンの『現金《げんなま》に手を出すな』を観た時はさほど印象に残らなかった彼女が鮮やかに時代を感じさせる女優になって現われた作品はルイ・マルの『死刑台のエレベーター』と題されていた。

この映画がデビューのルイ・マルは二五歳の〈映画監督〉で、三一歳の〈助監督〉だった私は、年の差や位置の違いを羨望するより先、その作品の手応えにうなってしまっていた。

ジャンヌ・モローの役は愛人を持つ社長夫人だった。その男が待合わせの場所に現われないので不安に襲われて夜のパリをさまよい、娼婦に間違えられて警察に留置され、鉄格子をつかんで宙の一点を見据えつづける場面で、私は彼女と睨めっこをしているような錯覚に襲われたのだった。

モラルを嘲笑してはばからない女優にはじめて出会ったような気がした。

アルレッティのような美人女優ではない、セシル・オーブリーのように幼なさと成熟とが同居したアンバランスな女を売り物にできる訳でもない。アルヌールの持つしなやかさはなく、マリア・シェルの怨も艶も閃めきにとどまるやさしさがあるのでもない。

だが「現在」という時制を間違いなく持った女優だった。ジャンヌ・モローの持つ現在性はそれまでのコンヴァーティブルな映画作品群を冷笑していた。

翌年再会した『恋人たち』の中で、初対面の日にもう男と寝て、その出来事を引受け平然としてそれまでの暮しを捨てることのできる女を演じたジャンヌ・モローは、私にヌーヴェル・ヴァーグを実感させたのだった。

ジャンヌ・モローと彼女に選ばれた考古学者を演じたジャン＝マルク・ボリーの数十分に及ぶラブシーンの、どぎもを抜かれる手法から私はさまざまなものを盗みとった。これだけの長丁場をジャンヌ・モローは観客に刃を突きつけるような表現力でなし遂げたのである。

その年、相変らず助監督だった私は、映画館の暗がりの中で、こん畜生！　こん畜生！　と呟きつづけていたような気がする。

（「別冊太陽 世界の女優・フランス女優」平凡社、一九八六年）
構成＝山田宏一・山根貞男

04

恋人たちは濡れた

【公開】1973年3月24日封切
製作配給＝日活　カラー／ワイド／75分　併映＝『エロスは甘き香り』(監督＝藤田 敏八)『職業別SEX攻略法』(監督＝林功)

【スタッフ】
企画＝三浦朗　脚本＝神代辰巳　鴨田好史　撮影＝姫田真左久　照明＝高島利雄　録音＝福島信雅　美術＝坂口武玄　編集＝井上治　記録＝白鳥あかね　音楽＝大江徹　スチール＝井本俊康　助監督＝海野義幸　鴨田好史　製作担当＝秋田一郎

【キャスト】
洋子＝中川梨絵　克＝大江徹　よしえ＝絵沢萠子　幸子＝薊千露　光夫＝堀弘一　三浦＝清水国雄　映画館主・庄三＝高橋明　映写技師＝庄司三郎　花江＝高山千草

⦿映画芸術ベストテン2位
⦿映画評論ベストテン5位

【物語】

千葉の漁港、寂れた映画館でフィルム運びをする流れ者の克(かつ)。克の周りをうろつくサングラスの黒服の男。克は誰かに追われているようでもあるし、ただそんな振りをしているようでもある。克を見かける度、誰かが必ず「お前、『中川の克』だろう」と聞く。あるコヤの映写技師や土地の青年三浦もそうである。どうやら、五年前東京へ出て行った『中川の克』という男と、克はそっくりであるらしい。しかし、本人はあくまで「俺は『中川の克』なんかじゃない」と言う。雨の日、三浦とは喧嘩になるが、殴られ蹴られても、克は認めない。映画館主の妻よしえは、そんな克に色目を遣い、その晩関係を結ぶ。館主の庄三は、克を怒るどころか、二人の関係をさらにけしかける始末。次の日、町外れの草むらで、克は洋子と光夫がセックスしている光景に出くわす。ぼんやりと二人の行為を眺め続ける克。それが三人の出会いだった。二人は克に幸子という女を紹介するが、彼女もまた、彼を『中川の克』だという。幸子は克の母親だという老女まで連れてくるが、親子の対面は、克の頑強な否認により肩透かしに終わる。苛立つ克は幸子を浜辺で犯す。今度は見物する側に回る洋子と光夫。克は町を出る決心をする。よしえは死に物狂いで克を追うが、取り残されてしまう。絶望して首を吊るが、自殺は未遂に終わる。砂丘で裸で戯れる三人、やがて、光夫が洋子を犯すが、克は何もしない。克が洋子に唐突な告白をする、「金貰って人を刺してきた」と。「本当はよ、俺だってあんたとしたいんだよ、だけどな……」その時、あの黒服の男が現れ、克を刺す。自転車に二人乗りのまま海に沈んでいく克と洋子、克は一体何処から来た誰だったのだろう……。

いいなア、ああいういい加減さ

松原信吾

神代辰巳は歌謡曲が好きだった。酒を飲むとレコードに合わせて大声で歌った。少し音程の外れたダミ声で歌うその歌は、時に都はるみであり、時に森進一だった。カラオケではなく、歌手の歌うレコードに合わせているにも拘わらず、しばしば本来の歌とは違う歌詞だった。間違えて、というのではない。自分の好みで勝手に作詞して歌うのである。それが実にクマさんらしく、ゲラゲラ笑いながらも俺はそれを聞くのが好きだった。例えば沢田研二の『時の過ぎゆくままに』のサビの部分を

〝時の過ぎゆくままに　この身をまかせ
男と女が漂いながら
堕ちてゆくのも　まァいいだろと……〟

とクマさんは歌った。本当は〝堕ちてゆくのも　しあわせだよと〟なのだが、〝まァいいだろと〟というのが何ともクマさんにフィットしていた。そして、その一種投げ遣りな、照れを含んだいい加減さこそが、俺の考える神代辰巳という監督の真骨頂であり、魅力なのである。だから神代作品の中で一番好きなのは、と問われれば、その特質が極めて良く出ている『恋人たちは濡れた』だと答えたくなるのである。

この写真には後の神代作品に見られるような、性の豊潤さや愉悦はない。描かれるのは、ただ生きているから、他にすることもないから、といった程度の甚だ貧しい性だけである。けれど至福のセックスなどというものは「性の天才」神代辰巳にとっては、易々と表現できるものであったような気がする。だから『四畳半襖の裏張り』二作などは、なるほどクマさんらしい卓抜した演出力とユーモア漂う傑作であるには違いないが、既に社会的に認知され始めたロマンポルノ路線というプログラムピクチャーの中で「ハイ、一丁上がり」という職人芸を見せた作品、という感じがどうしてもしてしまう。それに比べると、とりわけ『恋人たちは濡れた』には、長い不遇の期間を経て、ようやく『かぶりつき人生』でデビューしたにも拘わらず、余りの不入りと日活自体の経営不振のために再び雌伏せざるを得なかった神代の、只々映画を撮ることができたという歓びと、初々しさが溢れているようだ。

名も知れぬ海辺の町に流れてきた主人公の青年は、ただそこにいるだけ、といった風情で始まりから終わりまで画面の中にいる。意志的に振る舞うことといえば、周囲の人間たちが彼を「カッチャン」と呼び、あるいはかつての親友だと言いあるいは母親と称する女に無理矢理会わせようとすることに対して、自分はそんな人間じゃない、あんたなんか知らないと抗弁することだけである。何をしてきたんだ、助けてあげるから、という言葉にも只管拒絶を繰り返すばかりである。あたかも自分という存在を抹殺することが自分のアイデンティティであるかのごとく。アルバイト先の映画館の女主人との束の間のセックスも彼にとっては、ただそこに穴があるからといった程度の意味しかない。だから若い愛人の元に入り浸って家に帰ってこない夫に愛想をつかしたその女主人が自分を連れて逃げてくれ、といったところで、そんな事情やしがらみは彼にとって何の関係もないのだ。そして後年、親友と称する男(光男)と、その恋人(洋子)と三人で過ごす時間の中で主人公の心境が少しだけ変化する。彼に興味を持った洋子が彼に積極的に関わろうとするのに対して、金を貰って人を殺してきたのだと告白する。だが洋子は笑って信用しない様子だ。それに対して主人公は「本当はあんたと、したかったんだよ」といい、「だけどな……」とつづける。そして「だけど何よ？」と洋子が問い返した時、車から

『恋人たちは濡れた』中川梨絵、奥に薊千露、大江徹

降り立った男に背中を刺され、自転車もろとも海に没してゆく。そこには何の答えも解決もない。何という素ッ気なさ、何というサービス精神の無さ……。
　一九七三年の四月、この映画を渋谷の封切館で初めて観た時の気分を今でもハッキリと思い出すことができる。当時松竹でカチンコを叩いていた俺は、こんな映画を作っても良いのか、というカルチャーショックを受けて、そのまま喫茶店に入りコーヒーを飲みながら一時間ばかりボーッとして今観てきた映画を反芻していたのだった。一九七〇年に映画会社に入り、三年間現場にいる間、俺が教わったのは起承転結のあるドラマ作りだったし、人間の行動には理由がありその理由を判らせるようにドラマを組み立てなくてはいけない、ということばかりだった。しかし、この映画にはそんなものは何も無かった。むしろ逆にドラマが主人公の心理の方に入りかけると、その流れを断ち切るように唐突に歌謡曲や猥歌が流れだす。あるいは殆ど無意味と思える芝居の挿入。三波春夫の物真似をする主人公、男女三人の砂丘での馬跳び、これらがあたかも観客の感情移入を拒否し、はぐらかすかのように次々と繰り返される。そして、それらは主人公のキャラクターの輪郭をボカし不定形の人間像を造り出すことで結果的に生々しく実在感のある画面を生み出すことに成功しているのだった。言わば、観客はストーリーよりも作り手の生理に向き合わされるのだ。主人公が呟いた過去の殺人の話が本当のことなのか、女を口説く為のホラ話なのか、そんなことは知る術もない。判るのは誰かに殺されるほどの恨みを買う何かをしてきたらしいということだけである。そして実はそれすらもどちらでもいいことなのだ。作者としては当時の日本の、あるいは自分自身の置かれた情況に対する気分や感性だけを主人公に託して描きたかったのだし、それが見事なリアリティーを持っていたのだから。当時批評家たちはこの映画をニヒリズムに満ちた、とか愛に対する不信感とか評したのだが、俺が感じたのはただ一つ、こんないい加減な奴を主人公にして映画を作っても良いのか、ということだった。モラリッシュで明日に希望を持って生きてゆく主人公の登場する写真にばかり付き合わされていたあの当時の俺には、この主人公はたまらなく魅力的に見えて、「いいなァ、ああいういい加減さは……」と只管思ったのだった。

（まつばら しんご・映画監督／
「映画芸術」一九九五年夏号〈追悼　神代辰巳〉）

『恋人たちは濡れた』神代辰巳演出台本から
——克、よしえ、洋子の物語

川村健一郎

　『恋人たちは濡れた』(72)については、神代辰巳自身、特別な思い入れがあることをしばしば口にしている。晩年の『噛む女』(88)や『棒の哀しみ』(94)の中で改めて『恋人たちは濡れた』の一部を挿入しているのも、その現れだろう。『かぶりつき人生』(68)でデビュー以来、四作目にあたるこの作品は、確かに神代の処女作ではないが、自らの思想と青春を偽りなく投入した作品として、つねに参照すべき、彼の原点である。
　現在、我々に残された、この作品の演出台本は、神代作品中、最も書き込みが多いものの一つで、カット割り、セリフの置き換え、表情の指示に至るまで、演出方針が細かく記載されており、それは、そのまま彼がこの作品に賭けていたことを示しているようである。
　脚本は、セカンドの助監督を務めた鴨田好史と神代辰巳の共同で書かれた。鴨田が執筆に関わったきっかけは、彼が同じくセカンドの助監督を務めていた前作『一条さゆり・濡れた欲情』(72)にある。当時、そのシナリオに目を通した鴨田は、それが詩的で美しく、あまりに完成していることに驚いたという。しかし、同時にそれは言葉においてのことにすぎないとも感じた鴨田は、映画としておもしろいものになるかどうかは疑問だと神代に進言する。それを聞いた神代は、鴨田を挑発するように、それならお前も書いてみろとシナリオ執筆を促したのである。❖1
　『一条さゆり・濡れた欲情』のクライマックスの一つに、警察の手入れで、大きなトランクの中に隠れていたストリッパーはるみ(伊佐山ひろ子)がこらえきれずに失禁し、それに気付いた勇(高橋明)がトランクを持ち出すもののうっかり坂道で手を離してしまい、トランクが坂道を転がり落ちていく場面がある。鴨田が、このアイディアを提供し、神代はすぐにそれを採用した。『恋人たちは濡れた』のシナリオに鴨田が参加した背景には、こうして培われた神代からの信頼もあったにちがいない。

❖1…本稿中の『恋人たちは濡れた』の制作に関わる情報は、本稿執筆に先立って、演出台本を資料として行われた鴨田好史氏、白鳥あかね氏へのインタビュー（一九九七年八月）に基づく。

『恋人たちは濡れた』は、神代自身の書いたラフ稿があり（その内容は明らかでない）、それを基にして神代、鴨田両者がアイディアを積み上げていくというやり方で執筆された。一つの嘘からはじまる物語にしようと鴨田が提案し、そこから「克であることを拒否する克」のキャラクターが生まれ、これが物語の柱になった。

物語の詳細に入る前に、あらすじを記しておこう。ある港町に流れ着いた克は、うらぶれた場末の映画館で仕事をしている。彼は誰かに追われているような気配である。町で出会う人たちはみな彼に「お前、克だろ」と呼びかけるが、彼は頑なにそれを認めようとしない。

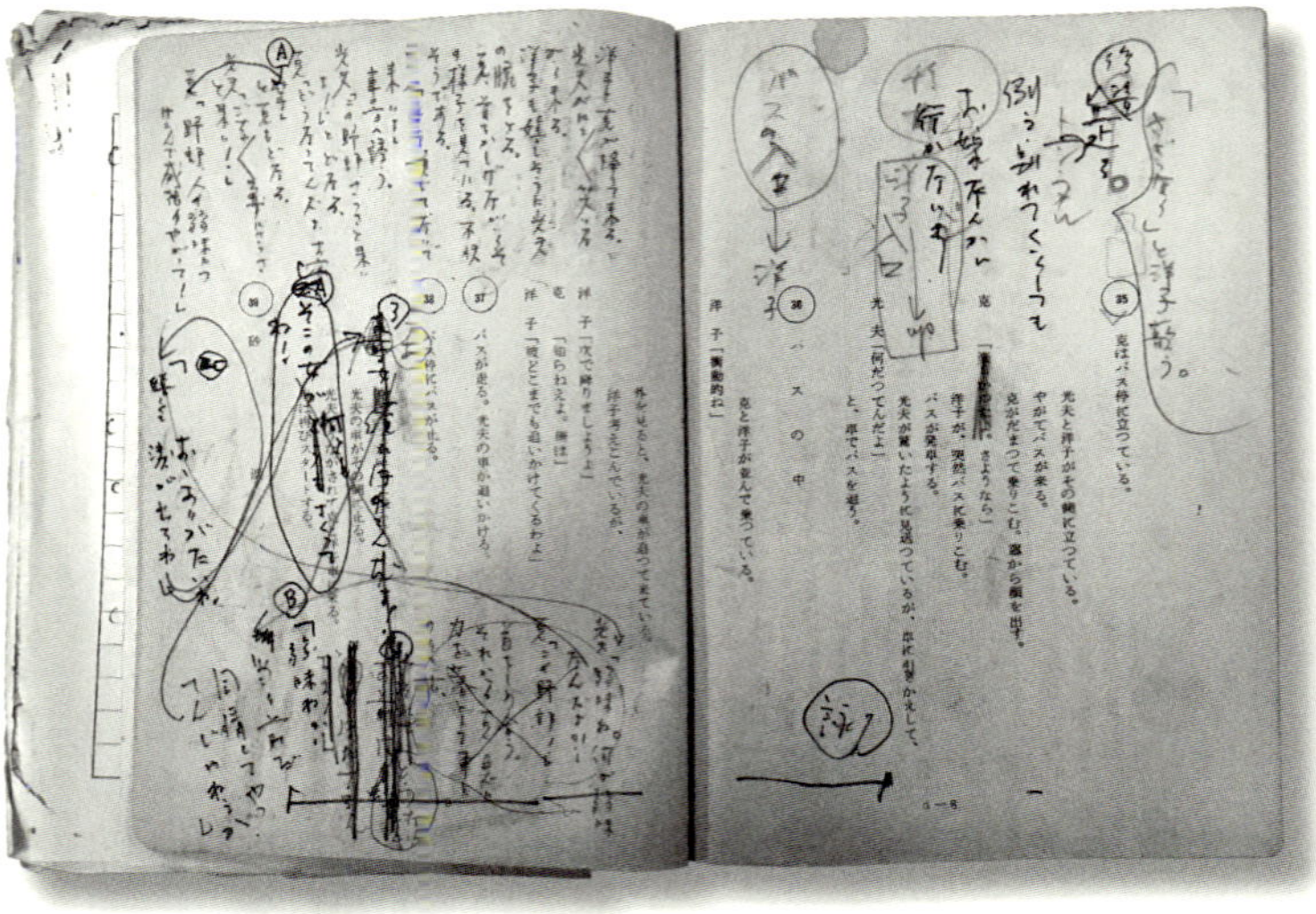

『恋人たちは濡れた』演出台本

一方、映画館の館主の妻よしえは、愛人のいる夫に疎まれ、寂しい日々を送っている。家に寄りつかない夫へのいらだちからか、彼女は素性を決して明かそうとしない克に次第に惹かれていく。ある夜、彼女は彼を誘いだし、海辺に浮かぶ船の中で、彼と寝る。翌日、克はある草原で白昼セックスをしている男女、光夫と洋子を見かける。じっと彼らの様子を覗き込む克に気付いた光夫は彼を罵倒し殴り倒す。その後、光夫は克を喫茶店に誘って、女を紹介するといいだし、幸子を引き合わせた。彼は「中川克さんでしょ」という幸子に苛立ち、幸子を犯そうとして、失敗する。幸子との関係を心配した光夫は改めて彼を呼び出すが、そこには幸子が連れてきた彼の母と思しき女花江が待っていた。彼は花江が母であることを否定する。幸子のやり方に憤りを爆発させた彼は、砂浜で彼女を無理矢理犯した。映画館に戻った克は、この町を出ていくことを決意し、そのことをよしえに告げる。よしえは追いすがるが、彼は遠く走り去ってしまった。絶望したよしえは、忠霊塔にはしごをかけ首を吊るが、思いを果たせなかった。彼は、光夫と洋子の見送りを受けてバスに乗る。すると、突然洋子が走り出しバスに同乗してしまう。慌てた光夫は二人の乗ったバスを追い、彼らは砂浜に辿り着く。砂浜で無意味な馬飛びをするうち、洋子が裸になる。光夫が洋子を犯す。洋子は克に助けを求めるが、彼はそれをただ見やるだけだった。海岸で、克は洋子と自転車に二人乗りしながら、金を貰って人を刺してきたことを彼女に告白し、「ほんとは、俺だって、あんたとしたいんだよ」とつぶやく。その瞬間、彼は男に背中を刺される。二人を乗せた自転車はそのまま静かに海へと入っていく。

克のアイデンティティ

アイディア段階では、物語は克の「嘘」から展開することになっていた。しかし、完成した映画では、克が「素性を明かさないこと」と「人を刺したことによって追われていること」には明確な関連づけがなされていない。そのため、「俺は克じゃない」という言葉が本当に「嘘」なのかどうかさえ曖昧となっていて、むしろ、その二つの柱は〈偶然的に〉克の肉体において共存しているといった感が強い。大江徹演ずる克のユーモラスなキャラクターは、二つの柱が共存するという〈偶然性〉をより強調することになった。❖2

決定稿には「嘘」というニュアンスがわずかに残っているが、映画化にともなって、それは「克のアイデンティティ」の問題に吸収されていったように思われる。たとえば、冒頭シーンは一部撮影されながら、実際は削除されたものだが、以下のようになっていた（文中先頭の数字はシーン番号、［　］は神代の手書き部分、

❖2…神代たちは克のキャスティングに苦労した。克には、追われる身でありながら、「追われているといえば追われてるんですけどね」といってのける悲壮感のなさが必要である。すでに出演の決まっていた絵沢萠子が、俳優小劇場の後輩大江徹を連れてきたとき、日活のキャスティング・マネージャーは「どこかクマさん的だね」と、大江を評したという。肉体を持て余しているかのような大江の長身の痩軀が克のキャラクターに合致した。大江徹はこの作品で音楽も担当している。詳細は省くが、神代は決定稿における説明的なシーンないしはセリフをできるだけ削除し、その代わりに、音楽を配置することによって、淀みない物語の流れを作ろうとしている。こうしたアイディアそのものは神代が提示した（台本にその指示が残されている）が、音像を具体化する上で大江徹が果たした貢献も大きかったと思われる。

原稿中、棒線等で消された部分、〈 〉は筆者の注釈、それ以外は決定稿のまま)。

1 **ある小さな駅。機関士から駅員へ通票が渡される。**

〔浪花〈地名〉〕

それを見ながら克が来る。列車が出て行く。もう乗れない。

2 **伝言板を見る克。**
克に誰かからの伝言等あるわけがない。

〔up
ナメ〕

3 **その街を克がぶらぶら歩く**

女の子が来る。克、目をつける。近づいて行く。

克、女の子の前にしゃがんで肩に手をかける。

〔女の子につける
克・inする
克まわりこむ
横位置〕

克「お前、鈴木君?」

女の子はまじまじと克を見ているが、

女の子「あんた、誘拐魔?」

克「違うよ。お前、鈴木んとこのガキだろう?」

女の子「私、鈴木なんかじゃないわよ。あんた誰?」

克「俺か」

〔克ふっとうつむく。
←
女の子にPan〕

克がふと考えるすきに女の子は逃げ出す。克は追いかける。

女の子「助けて!」

それでも克は追いかける。

〔C-2 克見ている。
「誘拐マとは」
立ち上がって追いかける
Pan つける
女の子近づく〕

女の子「誰かあ! 助けてえ!」

〔克 「おい、違うだろう」
立ち止る〕

女の子は必死に逃げる。克はだんだんスピードをゆるめる。追うのをやめる。

物見高い群衆にさらされてとぼとぼ歩き出す。

〔それを見廻しながら〕

克「さり気なく、さり気なく[3]」

と、歩く。

〔C-3 群衆からPan 克〕

このシーンは、克自身が女の子に対して名付けの行為を行うことで、克のその後を先取りしている。その意味で、このシーンは映画全体に対する説明的役割を果たしているが、ここが削除された原因は、それが説明的であることだけでなく、克が女の子に対して示す、この町を知っているかのような口ぶりにもあったと思われる。

ラスト近くの、洋子が仁義を切るシーンはもともと決定稿になく、記録を担当した白鳥あかねがメモで書き加えたものである(このメモは台本の該当個所に差し挟まれている)。しかし、そこには映画に使われた洋子の仁義だけでなく、光夫や克の仁義も含まれていた。当初は、砂浜のシーンの後、バンガローの中で克が犯罪を吐露する場面が設定されていたが、神代はセリフの一部だけを生かして、このシーンをすべて削除し、そのセリフはラストの自転車のシーンに使った。その代わりに、この「仁義」が挿入されることになったが、この場面は砂浜のシーンとラスト・シーンをつなぐブリッジの役割を果たしている。ここでは、克のものだけを引用しよう。

克「早速の」ご仁義「ありがとうさんにござんす」痛み入ります。

手前土足はきつけままでの仁義失礼さんにござんすが
旅先のことにござんすからなにとぞ御勘弁なすっておくんなんし。
ゆえあって生い立ち一切伏せさせていただきやすが
生れついての旅鴉人呼んでさすらいの克でござんす
人の血を引く兄弟よりも国のちぎりの義兄弟お二人さんのお志ありがとうさんにござんすが
「あっしは先を急ぎやす。ではごめんなすって」

❖3…決定稿に残されている「さり気なく、さり気なく」のセリフは、克のユーモアを示しており、克が何らかの理由で逆境にあるとき、これに類するセリフが全編を通じて挿入される。克の追っ手と思しき男(そのときはそうとわからないが)とぶつかりそうになって、運搬中のフィルムを落とし、映写に遅れそうになったために、技師に責め立てられ、「お前中川の克じゃねえか」と問いかけられた後、克が自転車を漕ぎながら「変ですね」とつぶやく。別のシーンで土砂降りの中を、自転車を漕ぐ克は「逆らって、逆らって」とつぶやく。その後、克は、「お前、克に違いないよ」と、おせっかいを焼く「親友」三浦に腹が立ち、彼を殴り飛ばそうとするが、逆に殴り倒されてしまう。「変ですね」「逆らって」は、アフレコのときに神代が思いついたセリフを生かしている。

『恋人たちは濡れた』大江徹、絵沢萠子

このセリフは、克があくまで克であって、単に素性を伏せているにすぎないことを明確に語っている。白鳥が撮影中に執筆したものであることを考え合わせれば、現場の意図としては、一貫して克が「嘘」を吐いているという判断だったことをこのセリフは示しているように思われる。しかし、このセリフも結果的にはカットされた。

重要なのは、彼の犯罪の吐露と克が克であるとの表明には大きな隔たりがあるということである。克が自分を克と名乗ることは一度もない。しかし、「人を刺してきた」こと、それによって「追われていること」は、独り言で(「追われてると言えば追われてるんですけどね」)、もしくは心を開いた洋子に対してだけ(「金貰って人を刺して来たんだよ」)語られる。

克が克であることを唯一ほのめかすシーンは、克が克の母と思しき初老の女花江と対面する、迫真の場面である。克に強姦されそうになった幸子が彼に報復するかのように花江を連れてくる。「貴方のお母さん連れて来てあげたわよ」という幸子に向かって、克は「よせやい。ひどい冗談だよ」ととまどいながら怒り、花江から目を逸らして「俺はそんな人知らないね」といい放つ。花江は複雑な表情を浮かべ、黙ったまま、その場を離れる。しかし、ここでもやはり「克は本当に克であるのか?」という問いは頑なに答えられないままである。神代は、あくまでこの物語を、克が何者かに「追われている」という客観性に還元しようとはしない。むしろ克は、単に罪を犯したことによって逃げているのではなく、克を克たらしめている「ふるさと」を欠いていることによって、流浪を運命づけられているのだ。この母との対面の場面がスリリングで生々しいのは、この物語の導線となっている克のアイデンティティという主題がここで一気に抜き差しならない形で浮上してくることによっている。

❖4……このあと、映画では克が水道の蛇口を足で閉める。克のユーモラスなキャラクターを示す場面だが、そうしたアイディアは神代の求めに従って、大江徹が出したものだという。

よしえとトンネル

克の物語はよしえと洋子という二人の女とのそれぞれの関わりから展開される。よしえと洋子はともに、克に定在を勧めるという意味で、根本的には同質の人間である。しかし、二人の克との関わりは対照的であり、たとえばよしえが克と直接肉体を通じて結びつくのに対し、洋子は素肌を晒しはするものの克と交わることはなく、克が自らよしえのもとを離れるのに対して、洋子については、克が刺し殺されることによって否応なく、その関係が断ち切られる。こうした表面的に対照化された図式が、互いに縺れ合い絡まり合って、克が心を開くそれぞれの女の像を形成していく。

以下は、掃除中、よしえが克にいろいろと詮索をする場面である。

10 館内

〔フカン〕

客席。小屋ははねている。そのガランとした館内をよしえと克が、克は馬穴からたたきに水をうち、よしえはちびたほうきで掃除している。

よしえ「あんた過激派かなんかじゃないわね」

克「ナゲキバ?」

よしえ「学生さんでしょ?」

克「冗談でしょう、そんなインテリじゃないですよ。みたらわかりそうなもんじゃないですか」

よしえ「えたいが知れないのよあんたって」

克「奥さん、何を疑ってるんですか?」

返事を待たずに克は空になった馬穴をさげていらだたしそうに行く。
｛それから首をかしげて何かを考えるふうに
up移動｝
「インテリね」と廊下を抜けて洗面所へ行く。そこの水道から水を汲む。馬穴は忽ち水が溢れるようになる。[4] 克はもうくったくなさそうに馬穴をかかえて再び客席へ戻る、水をまきはじめる。

克「旦那、おそいですね」

と、よしえの顔が突然ゆがむ。

よしえ「いいでしょう、おそかろうと早かろうとあんたに関係ないわよ！ 人のこととやかく言わないでよ！」

克「悪いこと言ったかな。だけど、奥さんも俺のこと根掘り葉掘り聞くからな」

｛悲しそうな顔から笑うこと｝

よしえ「あたり前じゃない、あんた傭人でしょ。いくら人手不足だからって、変な人傭えないからね」

克「だけど、傭人だって、ごちゃごちゃ言われちゃ同じだよ、いい気持しないもんだよ」

｛悲しそうな顔から笑うこと｝

よしえ「生意気言うね！」

｛**克**「いいえ」｝

それで、二人は黙々と掃除をする。

この中で、注目すべきことは、よしえに対してのみ、「悲しそうな顔から笑うこと」といった表情の指示がなされているということである。実際、こうした指示があるのは全編を通じてほとんどよしえに対してだけである。克が三波春夫の物真似をする場面では「あんた、ひょっとしたら役者さん？」というセリフに対し、「笑顔。てれくさく」。浮気な亭主がフィルムを映画館に運び込んだ途端再び出かけていくところで、「亭主だったの？」というセリフに対し、「ふんと悲しくともなく」。それ以外にも「わりと嬉しそうに悲しみをおさえないで」とか、「最初の間はせい一ぱい怒りをおさえること」とか、神代のよしえへの注文は他の登場人物に比べて細かく書き加えられており、克に対する振る舞いとは極めて対照的である。この注文の多さは、よしえの抱える複雑な感情を絵沢萠子が演じきれるとの信頼感、そしてよしえというキャラクターが、何より神代自身の「理想の女性像」であったことから生まれている。

よしえの登場場面で最も印象的なものは、町を出ていく克を、よしえが着物を振り乱しながら追いかけるところだろう。当初からこの場面はカット・バックが想定されていたが、手書き部分からうかがうことのできる神代の演出プランでは、以下の通りのカット割りとなっていた。

C-1 よしえ **C-2** 克後→走り出す **C-3** よしえ **C-4** 克表 **C-5** よしえナメ克 **C-6** よしえ **C-7** よしえナメ克 見失う **C-8** よしえ **C-9** 克いない **C-10** よしえ **C-11** 車追い越す。主カン **C-12** 車の走り

実際の映画においてはこうである。

C-1 克走り出す 追うよしえ キャメラがパンしてよしえナメ克 **C-2** よしえUP ひきつつパン 克後ろ姿 **C-3** よしえ表 **C-4** よしえ後 車（光夫のものとは別）とすれ違う 車の通過と同時に画面奥に克現れる **C-5** 克後 **C-6** よしえ表 光夫の車よしえ追い越す キャメラは光夫の車にパンしそのままよしえの主観ショットへ 車の奥に克後 **C-7** ひきはなされるよしえ ロング・ショット **C-8** バスト・ショット よしえ次第にUP 涙を流しながら力なく走り続ける 再びひき **C-9** 克いない

（筆者による採録）

このカット割りは、撮影を担当した姫田真左久のアイディアである。克、よしえの切り返しが反復された後に、光夫の車が追い越していくという元の構想より、

『恋人たちは濡れた』演出台本

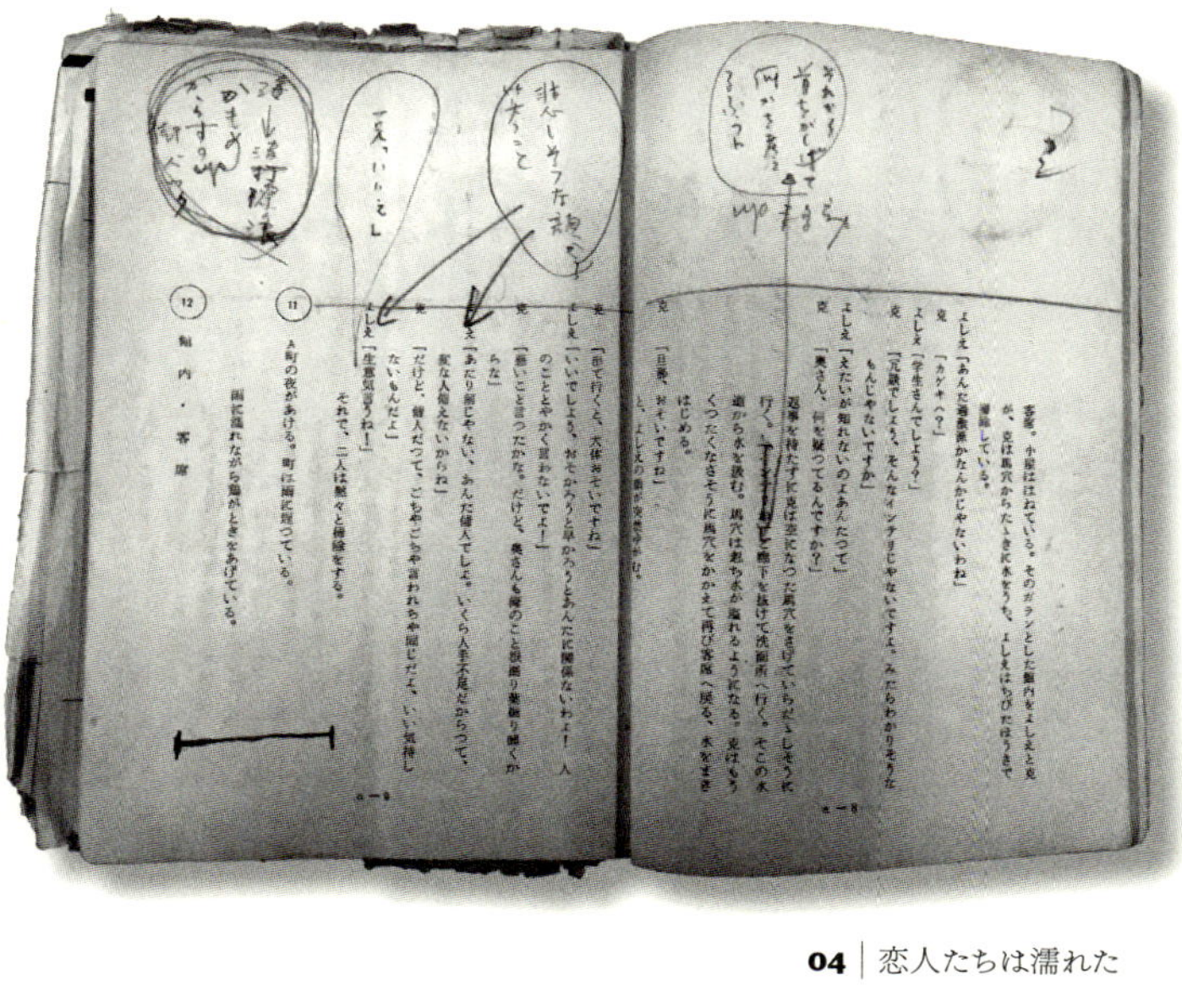

体が気持ちに追いついていかないよしえの焦慮と失望を、ショットを積み重ねながら、直線的に感じさせていく映画のカット割りの方がはるかにリズミカルに構成されていることがわかるだろう（映画には克の「表」を示すショットは現れない）。姫田の貢献は、特に砂浜の馬飛びのシーンでの手持ちキャメラに対して指摘されることが多いが、このシーンの流麗さも見逃すことはできない。この前場面に、よしえが、克が町を出ていくことに感づくところがある。洋子を後ろに乗せて、克の自転車が映画館の手前で止まる。洋子の姿はよしえからは見えない。克は洋子をそこでおろした後、「只今」といい、一人で自転車をひいて映画館に入ってくる。ここですでに窓口にいるよしえは何となく胸がざわめく。そこへ、克たちを追ってきた光夫の車がやってきて、映画館の前に止まる。窓口のガラスに、光夫の車が映る。光夫の方へ洋子が近づく。よしえの不安はますます高まり、克を問いつめるために、あわてて立ち上がる。劇場内での詰問の後、先のシーンに繋がっていく。ガラスに映る光夫の車と、ガラス越しのよしえの不安な表情を、一つのフレームにおさめるアイディアも姫田のものだった。

よしえは（同じく絵沢萠子が演じる『濡れた唇』の洋子も）、無定型で根無し草の若者を一方的に受け止める女でありながら、それと同時に、男を受け止めること自体が男への深い愛情になり、自己の存在理由になってしまう女である。彼女をいわば「聖母」として描くことを神代は求めた。克は、よしえとはじめて寝た翌日、裏山のトンネルをぶらぶらと歩きながら、「あったかい女なのだ。子宮のようにあったかい女なのだ」という。このトンネルは、よしえが自殺しに裏山へ向かう場面にも現れる。克とよしえが働く映画館といい、克とよしえが寝る船といい、これらが子宮のアレゴリーであることはいうを俟たない。

洋子と砂浜

よしえ、あるいはよしえとの関係に固着したイメージがトンネルだとするなら、洋子に纏わるイメージは砂浜である。克が最初に洋子と出会うのは、海の見える草原での、洋子と光夫のセックスを覗いたときであり（高天原での神々のセックスという神代のイメージから来ているそうである）、必ずしも洋子といえば砂浜というわけではない。にもかかわらず、洋子と砂浜が接合して記憶されるのは、砂浜での洋子、克、光夫の「馬飛び」がこの映画の中心であり、クライマックスだからである。

砂浜のシーンも、決定稿と映画ではかなり違いがある。

39 砂浜

克が体を折って馬になっている。洋子が走って来て飛び箱がわりに飛びこえる。その後を光夫が走って来て同じように飛びこえる。洋子は向うで馬になる。克がとびこえる。三人はかわりばんこに飛びながら海岸線をどこまでも行くようである。

それにしても、三人が三人ともつまらなそうな顔をしている。

その様子から三人ともすることがなくてこんなことを始めたのがわかる。

〔そのうち洋子するすると裸になる。

そして裸のとび箱を二人でとぶ。

洋子「して」（と一《（ママ）》云）

二人とぶ。

飛んでるうちに光男《（ママ）》が〕

そのうち、光夫が何か思いつめたようになって来る。洋子が馬になっている。光夫は今度は飛ばないで、洋子の後から抱きつく。スカートの下に手をつっこんで、洋子のパンティをはがす。

「いや！」

と、悲鳴をあげる洋子。光夫はかまわず洋子をおかしにかかる。

「何すんのよ⁉　いやよ！　いや！」

洋子は必死にあばれる。光夫は洋子をひっぱたいている。洋子はひるまない。

「克、克、助けて」

だが、克はだまって見てるともなく見てるだけである。

「克！」

克は答えない。

光夫は洋子をおしひろげる。

「何よ⁉　あんた達何よ⁉」

〔克、走る。

そしてもどって来る。

砂をたたく。〕

その時、洋子は抵抗をやめる。ぐったり力を抜いて、光夫におかされるままになる。

光夫はのぼりつめる。のぼりつめて達する。

克は見るともなく見ている。

洋子はみづくろいをする。

だまって海を見ている。

〔洋子から〕

克は立ち上る。立ち上って歩き出す。

洋子も立ち上って克について行く。

光夫、二人について行く。

洋子が歩きながら「わあ」っと泣き出す。泣きながら克の後をついて行く。

決定稿では、光夫は洋子を無理矢理犯すことになっているし、また洋子は激しく抵抗して、最後には泣き出しまでする。しかし、映画の中では、彼女はここまで感情を露わにすることはない。

ここにはメモが差し挟まれており、それは以下のようになっている。

C-1 longフカン
C-2 男二人にパン
「お前あいつ好きなのか」
「好きだよ」
「どうするつもりだ？」
「出て行くよ」
「だって、好きなんだろ」
「お前も好きだからな」
「つまんねえこと云うじゃねえか」
「そうだな。つまんねえこと云ってるよ」
「泣かせるね」
「そう。泣かせるね」
「好きなら行くことねえじゃねえか」
「いや、行くね」
C-3 洋子にパン
克に「つまんねえこと云ってるね」
光夫に「お前も、馬鹿だよ」
「まあな、あんまりこうじゃねえな」
克に「ね、私として」
克は答えない。
C-4 たて位置　二人とぶ
そのうち洋子脱ぎはじめる
C-5 そのきりかえし
C-6 洋子につけてパン
「ね、して」と克に
「ね、して」と光夫に
「ね、寒いじゃない」
と克に
「ね、寒いじゃない」
と光夫に
C-7 克と光夫
克「お前、やってやれ」
光夫「馬鹿、お前にそんなこと云われることねえよ」
克「馬鹿、わかんねえかな、彼女がかわいそうだよ、
ふるえてんじゃねえか」
C-8 洋子かなしそうに。
C-9 long
そのうち、光夫が洋子を倒す。
C-10 やってるうちに、洋子「いや」
以下題本(ママ)

『恋人たちは濡れた』大江徹、堀弘一、中川梨絵

この中で映画に使用されたのは、概ねC－6以降であるが、ここでは使用されなかったセリフのうち、特に克が発する「好き」という言葉に注目してみる。決定稿では、洋子が克に対して「好き」という言葉を何度か口にしている。基本的にはそのセリフは鴨田が書いたもの（中には神代が書き加えているものもある）で、たとえば、よしえと別れた後、克と洋子を乗せた光夫の車がドライブインに入っていくシーン（洋子が克によりそいながら、「どうしようもないのよ。すきだよ」とささやく）や、この砂浜の後、バンガローに入った洋子と克が心を打ち明け合うシーン（「私ね、ほんとにあなたのことを、好きに［なったの］［なりそうなの］」）に現れるが、そうしたセリフは、完全に削除されている。克にせよ、洋子にせよ、彼らの関係を、はっきりと言語化してしまうことに神代は抵抗があった。

二人の関係、それは結果的に光夫を加えた三人の関係なのだが、その曖昧さは、個の同一性が壊れ、個が互いに浸透しあう世界、つまり「克が克と名指されない」世界の反映なのである。無意味で気怠い砂浜の馬

跳びは、個の境界を戯れつつ乗り越えていく行為である。しかし、それは同時に彼らそれぞれが「個」を代弁する肉体をもっているということに改めて彼らを差し向けてしまう。だからこそ、克は光夫に裸の洋子を抱くことを勧め、光夫は洋子を押し倒して、恋人としての役割を果たそうとする。そして、この関係の中心にいる洋子は、光夫に抵抗し、克に助けを求めながら、同時に個の破壊が束の間であることに気付いて、役割を演じる光夫の力から逃れることをあきらめてしまうのである。

決定稿中の、「克、克、助けて」「克!」という洋子の激しい叫びは、映画の中では、洋子が悲しげな眼差しで克に向かって発する「克、助けて」というかぼそい言葉に変わっている。決定稿では、克に愛情を覚えている洋子が、克の目の前で光夫に犯されることへの抵抗と、それに応えない克への失望が強調されており(「何よ?! あんた達何よ?!」)、さらに、神代の書き込みによって、克がこの事態に動揺していることさえ示されている(砂をたたく)。しかし、映画では、そう名指された克は、自らも裸になって、座したまま一歩も動かず、彼を見つめる洋子に沈黙の眼差しを返すだけである。ここでは、洋子の眼差しが克を克に差し戻すのであり、そのとき、克は彼らのセックスを傍観することしかできないのだ。馬跳びからセックスへの移行は、「克が克と名指されない」世界の終わりを示す。その意味で、この「砂浜」という舞台は、克のアイデンティティという主題の行き着く先にふさわしい。

以上の解釈は、あくまで『恋人たちは濡れた』の物語に焦点を据え、それを登場人物に従って二、三の角度から眺めてみたにすぎず、いまだ演出台本についての中間報告の域を出るものではない。しかし、ここに改めて感じるのは、こうした演出台本を、あたかも小説家の自筆原稿のように、展示ケースに封じ込めておくには、その語るものがあまりにも豊穣であるということだ。単なる見開き二ページでは、その実質を何も見たことにはならない。演出台本こそ、映画が組織され、生成されていく運動自体のドキュメントに他ならないからである。

◉付記…一九九五年二月、川崎市市民ミュージアムでは、川崎市在住であった神代辰巳の一周忌(二月二四日)にあわせて、「エレジー/虚無とざわめき」と題して、特集上映を行なった。神代辰巳演出台本は、それを機に、昨年、ご遺族である神代靖子さんから川崎市市民ミュージアムに寄贈されたものである。神代靖子さんに、ここに改めて深い感謝の意を表します。

この原稿のために、お忙しい中、筆者の質問に快く応じて下さった鴨田好史さん、白鳥あかねさんに深く感謝いたします。

◉付記2…初出(『ユリイカ』一九九七年十月号)から、いくつかの誤りを正すなど、大幅な加筆修正を行った。再録にあたって、改めて、故・神代靖子さん、故・鴨田好史さん、白鳥あかねさんに謝意を表します。ありがとうございました。

(かわむらけんいちろう・立命館大学映像学部/
「ユリイカ」一九九七年十月号〈小特集=神代辰巳〉)

『恋人たちは濡れた』
カツじゃないかもしれないカツに憧れて。

城定秀夫

僕がロマンポルノと出会ったのは二十七年前、高校生の頃。

将来何になりたいか分からず、友達もおらず、男子校ゆえ恋人はおろか身近にいる女性は母親と事務のおばちゃんのみという灰色の青春の中、放課後に映画を見に行く事だけが楽しみだった。

学校は巣鴨にあり、当時はちょっと電車に乗れば千円程度で二、三本映画が見られる名画座が沢山あった。小遣いとバイト代はほぼすべて映画代に消えていた。

とはいえ映画好きの友達はおらず、いい映画を見てもただ一人感動を噛みしめるだけだったし、クソみたいな映画を見ても毒を吐きあう仲間もいなかった。そんなロンリーウルフ気取りで自意識だけは一人前の童貞高校生がロマンポルノに出会ってしまったのだからひとたまりもない。

その頃すでに日活ロマンポルノは終焉を迎え過去のものになっているという事実は雑誌や本から得た知識で知っていたし、ロマンポルノが単にエロいだけではなく映画として優れているという事も聞き及んでいた。これは映画通(自称)としては是が非でも見なくてはならない、きっとロマンポルノを見る事は大人になる通過儀礼だ、いや、オッパイが見たいとかそんな下劣な思いで見るわけではない、なにしろロマンポルノはゲイジツらしいからな、オッパイとか、そんな……

そう自分に言い聞かせ学校帰りの亀有駅のトイレで詰襟の制服を脱ぎ、朝から周到に親の目を盗んで鞄に忍ばせておいた私服に着替えた僕はロマンポルノ専門館・亀有名画座の受付にうわずった声で「大人一枚」と告げ、童貞喪失より早くロマンポルノ童貞を卒業したのだった。

　支配人が厳選していたであろう亀有名画座のプログラムは今思えばとにかく傑作揃いだった。はじめて見たのは何だったか？　田中か小沼、いや根岸か、はたまたいきなり神代だったか……なぜだか思い出せないが、想像以上の衝撃だった事は覚えている。社会からはぐれた大人たちが寒々しい風景の中でひりつくようなセックスを繰り広げるその世界はその頃の自分の隙間にガチッとはまった。どうしようもなくダメな男たちに憧れて、どうしようもなく悲しい女たちに惚れた。日本にはこんな映画があったんだ！　今自分が見るべき映画はコレだ！　これこそ映画だ！　と嬉しくなった。

　そうして亀有名画座に通うようになり、程なくして「こういう映画を作りたい」と思うようになった。僕の映画監督への道はロマンポルノから始まったのだ。

　そんな中出会ったのが神代辰巳監督の諸作品であり、大傑作『恋人たちは濡れた』なのである。

　さて、前置きが長くなったが、本音を言えば自分にはこの作品について論じる自信がない。

　『恋人たちは濡れた』は世間的にも名作とされているゆえ上映機会は他の作品と比べて多かったし、大好きな映画だから何度か見ているが、でもやっぱり僕はこの映画の本質を未だに掴めていないように思う。いつ見ても感動するし、カッコイイ映画だとは思うのだが、じゃあどこがそんなにイイのか問われるとうまく答えられない。そもそも物語すら理解出来ているのか怪しい。

　ストーリーは何とも他愛のないものだ。――寂れた海辺の町にやってきた謎の男は成人映画館に住み込みで働くことになる。男は会う人会う人に「おめー中川のカツだろ？」と言われ、その度に全力で否定して、時に否定しすぎて相手の機嫌を損ねボコボコにされたりする。そんな中、館主の奥さんの色気に負けてエロいことをしたり、なんだかんだ仲良くなった青姦アベックの謎のお節介でサセコを紹介してもらうがそのサセコにまで「あなたカツでしょ？」と言われ、逆ギレしてレイプ(未遂)してしまったりして、挙句、サセコのこれまた謎のお節介で無理やりカツの母親に会わされるがやっぱり自分がカツであることを頑なに否定する……。

　初めて見た時、僕はこの男はカツかもしれないしカツじゃないかもしれないし、映画はそれについて答えを出していない、例えば『去年マリエンバートで』的な要素を混ぜ込んでいる、そういう類の物語だと思った。ところが、日活のホームページで紹介されている粗筋を見ると「五年ぶりに故郷に戻って来た克は云々……」となっている。へえー、カツってこう書くんだぁ……て、あれぇ？　カツはやっぱり本当にカツだったの？　そりゃまあ、僕だって多分そうだとは思ってたけど、一〇〇％疑いなしにカツと言い切っていいのか？

　どうやらこの映画のストーリーはカツという男が別人を装って(名前を捨てて)一度は捨てた故郷で一週間いろいろエロエロやる……というのが正しい解釈らしい。公式がそういってるんだから間違いはないのだろう。しかしだ、と思う。本人はあれほどカツじゃないと言っているし、この男が本当はカツなのに嘘をついているという明確な描写は映画上にはないように思える。最後の最後で語られる、金のために人を殺したという過去もこの男がカツであるという根拠にはならないし、むしろサセコに言い放つ「どうして俺がその男か証拠を言ってみろよ！　当人がちゃんと違うって言ってんだから一番間違えないだろう！」という若干棒読みチックな台詞回しには、なぜだか知らない男に間違えられ続けている流れ者の困惑のニュアンスがあるようにも感じる。だから僕はカツはカツじゃないかもしれないし、あの海は男にとってかつての海かもしれないし新しい海かもしれない、という思いが捨てられない。なぜ曖昧にするのか理由がよくわからないこの余白もこの映画の魅力の一つだと思うからだ。

　とはいえ、カツがカツであろうがなかろうがやはり物語は変わらず浮遊し続けている。決して難解というわけではないが、僕が映画を見る時に、あるいは作り手となった現在、物語を作る時に自然と使っている作劇法からはそもそも根本から外れており、自分の知らない別の次元、別の概念で作劇が成立しているとしか思えず、どうすればかような物語が作れるのか皆目見当がつかない。それなのに、いや、それだからなのか、とんでもなく映画的で……〝映画的〟という曖昧な言葉しか出てこないのはもどかしいが、それ以上は何を言っても違う気がしてしまう。ヌーヴェルヴァーグ諸作品と比して論じる人も多く、確かに過去から逃げている男が海辺で呑気に女と戯れるというプロットや行動原理の読めないキャラクターなどは『気狂いピエロ』あたりを想起させるが、僕は破壊者である事に自覚的なゴダールよりも、天性のテロリストであろう神代の方が作家として格上じゃないかと思う。カツ(じゃないかもしれない男)が三波春夫の真似をして「お客様は神様です」などと言うメタっぽいシーンも皮肉ではなく本気でそう言っているような気がして肌が粟立つ。

なんだ、お前何も分かってないんだな、という声が聞こえて来そうだ。事実僕はこの映画について何も分かっていないのかもしれない。いつも何か分かろうとして見るが、結局は中川梨絵の悪魔的な可愛さと気だる

『恋人たちは濡れた』大江徹、絵沢萠子

い声、なぜだか憧れてしまう大江徹のダメさ加減、変にそそるサセコ（薊千露）の泥と草にまみれただらしないお尻、そしてこの機に乗じて告白するが個人的に中川梨絵よりも劣情を喚起させられる女優である絵沢萠子のオッパイ、惚れ惚れするほど奔放かつ緻密な姫田真左久のカメラワーク、突然挿入される歌謡曲や浪曲の数々、意味や物語が溶解するまで執拗に続く海辺の裸馬飛び……などに溺れているうちに何も考えられなくなり、気が付くと男と女を乗せた自転車が怖いほど美しい夕暮れの海辺でグルグルしていて、カツかもしれないしカツじゃないかもしれないアイツが唐突に登場したヤクザ（?）に刺され自転車もろとも海にダイブしてタイトル通り恋人たちが濡れて〝終〟マークとなる。

結局また何も分からなかった。でも確実に映画を見たという充実感だけは残る。「アイツにも続きがあったのかね？」という女の台詞が頭から離れない。

唐突に登場したと書いたが、あのヤクザは冒頭、自転車を漕ぐカツ（もう面倒くさいのでカツって事にしておきます）とぶつかりそうになったスーツの男だというのは初め気づかなかった。加えてこの原稿を書くにあたって見直した際、映画館の受付に途中から貼られる「猫売ります」の貼り紙は絵沢萠子が愛猫を手放しカツとこの町を去ろうとしている心情を示唆しているのではないかと思い至った。意味が意味をなさないようなこの映画では意味のあるものも意味がなく思えてしまうから他にも色々気づいていない事は多いと思うし、もはやこんな原稿も意味がないのではないか？

とまれ僕は無謀にも、いつかこんな映画が撮りたいという思いを胸に当時すでに衰退の一途を辿っていたピンク映画の世界に飛び込んだのである。ダメ助監督と罵られ泥水をすすり続ける日々だったが、いつもこの映画が心の底にあった。どうにかこうにか監督になった今も折に触れ思い出すし、切り返しを極端に嫌うカット割りや手持ちと横移動が好物なのも恐らくは神代映画の影響だ。しかしながら作劇だけは真似しようとも真似できない。そもそものメカニズムすら分かっていないのだから、もう諦めて我が道を進むしかないのだろう。

そういえばカツが35mmフィルムのロールを道にコロコロ転がしてしまい、巻きなおそうとしてコア（ロールの芯）を取り落としてしまうあの忘れがたいオープニング、現像所地下のカビ臭いモルグの様な編集室でフィルムと悪戦苦闘していた助監督時代に改めて見た時、「あーバカ！　こいつタケノコ（フィルムをロール中央からバラしてタケノコ状にしてしまう恐怖の大惨事）にしやがった！　俺もやらかした事あるけど戻すのに数時間かかるぞ！　てか、巻取り器なしじゃ復旧は絶望的だ！」などと心中叫んだものである。

その頃はなんだか少し憧れのカツに近づけている気分だった。

こんな自由な映画が撮りたい、そう願って今に至るが、願いは願いのままだ。

（じょうじょう ひでお・映画監督）

05

女地獄　森は濡れた

【公開】1973年5月23日
製作配給＝日活　カラー／ワイド／65分　併映＝『女高生《スケバン》 肉体暴力 』（監督＝近藤幸彦）『雨の夜の情事』（監督＝白鳥信一）

【スタッフ】
企画＝岡田裕　原作＝マルキ・ド・サド『新ジュスティーヌ』　脚本＝神代辰巳　撮影＝前田米造　照明＝川島晴雄　録音＝神保小四郎　美術＝柳生一夫　編集＝井上治　記録＝新関良子　音楽＝春野新一　助監督＝海野義幸　スチール＝井本俊康　製作担当＝服部紹男

【キャスト】
幸子＝伊佐山ひろ子　洋子＝中川梨絵　竜之助＝山谷初男　花＝山科ゆり　あい＝叶今日子　栄太郎＝堀弘一　次平＝高橋明　仲居＝絵沢萠子

【物語】

“女主人殺しの罪に問われて、幸子は三日も歩きづめだった。ここへ来て幸子ははじめて自由を得たような気がしてきた。あの街につきさえすればきっといい事がおきる。三日前の恐ろしい情景さえ忘れられそうな気がしていた”——大正のころ、いわれのない咎を受け、山野を放浪する幸子。あるトンネル、洋装の貴婦人洋子の自動車が通りかかり、幸子は拾われる。洋子は、山中に在るホテルを夫とともに経営しているという。洋子に導かれるまま、そのホテル〈白雲荘〉を訪れる幸子。〈白雲荘〉には、女中の花とあい、そして洋子の夫竜之助がいた。竜之助は幸子が指名手配されていることを知っていた。夫妻は幸子を脅し、ある仕事を強いる。泊まり客の狩人、栄太郎と次平の部屋へ赴き、二人の身に迫っている危険を警告せよ、というのだ。言われるがままの幸子、二人は幸子を凌辱するが、事態に気づいた時はもう遅かった。囚われの身になる二人。皆、幾重にも重なり、この世ならぬ乱交と嗜虐の宴が、いつ果てるともなく続く。饗宴は、二発の銃声により幕を閉じるのだった。栄太郎と次平の死体を肴にしての一同の晩餐。弁舌を振るう竜之助、「お前さん、この世の中に普遍的な正義があるとお思いかね。そりゃ全く絵空事だよ。お前さんが信じてるらしい道徳は実は権力者の都合によってしか作られていないんだよ……俺の理性に嫌悪の念を起させる法律に、何で俺が賛成しなきゃいけねえんだ」食後、洋子と竜之助は、またしても幸子をいたぶるのだった。翌朝、青空には雲一つない。「お前さん、すごくきれいだよ。いや、きれいになった。ずっとここにいてくれるだろうね」一転して、竜之助は慈愛に満ちている。幸子は、かすかに、かぶりを振るのだった。そのころ、また一組の親子が〈白雲荘〉に向かって山道を往く。

おだやかな笑顔と優しい声で『怖い映画』を

岡田 裕

以前、千葉の房総海岸に日活の健康保険組合の寮で「三門・日活荘」という古い屋敷がありました。組合の寮なんて言うと、何かプレハブの二階建てなんかを想像しがちですが、この「三門・日活荘」は鄙にはまれな豪壮な邸宅でした。日活の創始者である堀久作氏が別荘用に買ったものだと言う話ですが、庭も広く白い土壁に囲まれていて、近所はほとんど家もなく、岬の道には昔ながらの隧道があったりして中々のロケーションでした。

製作予算の少なかったロマンポルノでは、屡屡《しばしば》この屋敷を撮影に利用したものです。この寮にロケ隊が寝泊まりしながら、蒲団をかたづければその部屋が古風で荘重な和室になり、庭に出ればちょっとした小公園風にもセッティング出来、ほんの三〇分以内の外廻りには海岸や森や古い隧道なんかあるのですから撮影には極めて便利です。『女地獄・森は濡れた』はほとんど全編、この千葉の三門で撮影しました。俳優の芝居にはこだわるが映像のディテールには割と無頓着な神代さんは、何より利便さという点でこの「三門・日活荘」をえらく気に入っており、『〜森は濡れた』以外にも何回かここをロケ地にしていたようです。

この映画は企画から神代さん自身だったと思います。何せ『一条さゆり・濡れた欲情』や『濡れた唇』でロマンポルノの旗手としてもてはやされていた時の神代さんですから、会社は神代さんの「濡れた」シリーズに絶対の信頼をおいていました。今度はマルキ・ド・サドでいこうと神代さんが提案し、企画部は一も二もなく賛成しました。脚本は勿論神代さん自身。サドの『ジュスティーヌ』を題材にして、極めて短時間で書き上げたと記憶しています。そういう意味で、良きも悪しきも神代個人映画の色彩の濃い作品でした。それだけに過激です。

脚本ではメイン舞台となるホテルは〝山の中腹にある中世の砦のような〟となっています。どこで撮るつもりなのかなと思っていたら、神代さんは最初から「三門、三門」。中世の城のようなホテルが千葉の畑の中の和風の豪邸でOKなのだから段取る方は楽で結構です。登場人物も、エキストラの警官をいれても全部で一〇人位で金の掛からない設定になっていました。ただ一点、この映画の出だしでこの世界へ引き込む為の小道具としてクラシック・カーがどうしても必要で、黒の箱型のクラシック・カーを一台用意しました。黒ぬりの箱型セダンがライトをつけてトンネルから出てくる所からこの映画は始まります。それと古風な衣裳。落ちぶれたりとはいえ日活撮影所の衣裳部には古い衣裳は沢山あり、大正時代の警官の装束をそろえることなど簡単でした。クラッシック・カーと古い豪邸と衣裳、この三つで、神代作品には珍しい様式的な映画になっていたと思います。

芝居を撮る時は例によって長廻し。通常どんなシーンでもワンシーン・ワンカットで、この映画のシナリオは四〇シーンから成り立っていますから、この映画の全カット数も四〇内外ではないかと思います。この後一年程で『宵待草』という映画で又御一緒した時、アクション・シーンでもワンシーン・ワンカットで撮るので、「神《クマ》さん、どうしてそんなに長廻しばかりするの?」と聞いたところ、「カットを細かく割れば割る程作り物になるからさ。生身の人間そのものをじっと見つめる事が一番本当なんだと思うよ」という答えでした。アクション・シーンではドスで人を切ったり張ったりするわけですが、そのドスや刀は竹光ですし、ピストルで撃ってもどうせ作り物ですから弾が飛び出すわけでもありません。そういうシーンを長廻ししても

『女地獄　森は濡れた』高橋明、中川梨絵、伊佐山ひろ子、堀弘一、山科ゆり、山谷初男

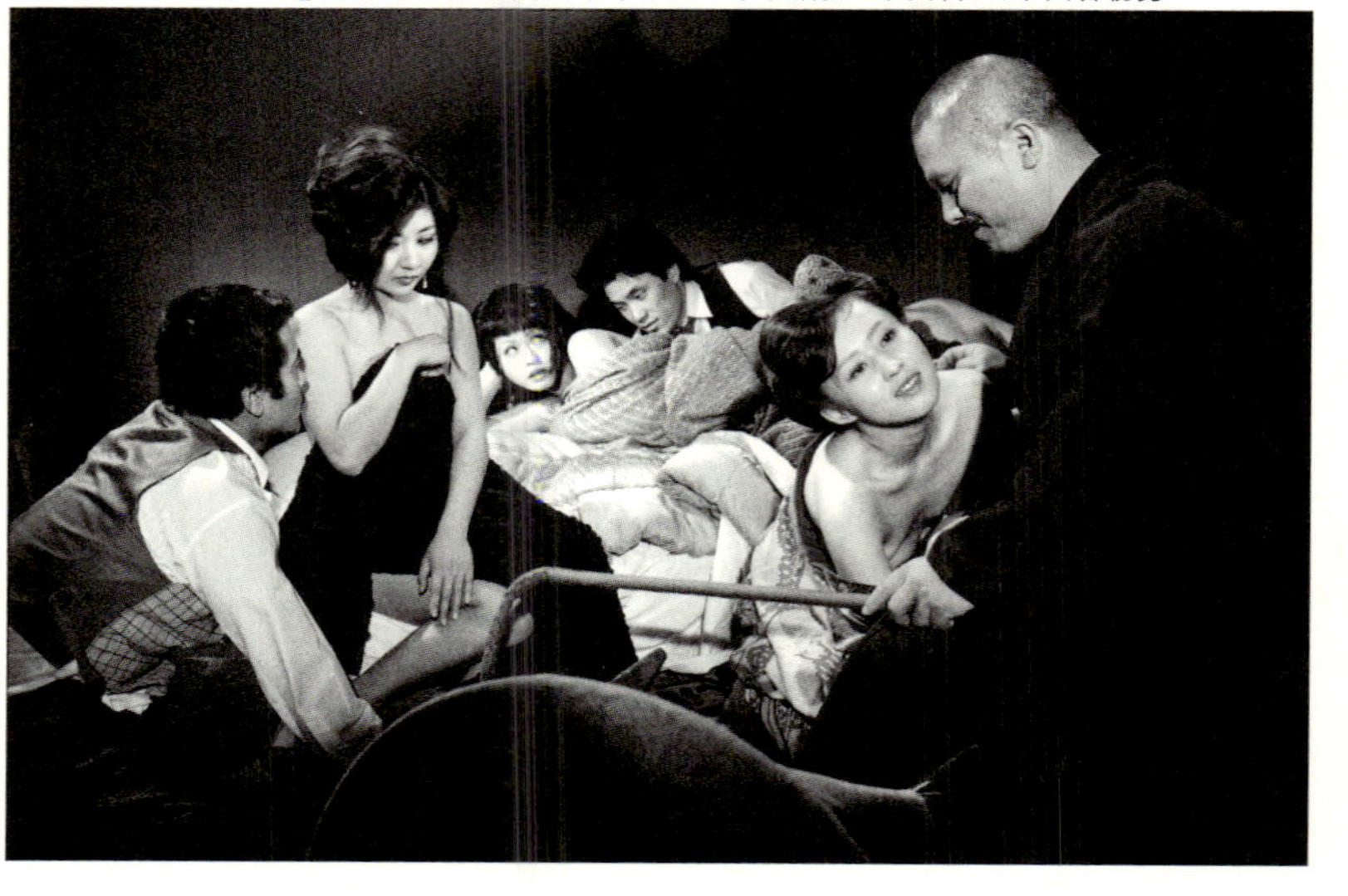

観客はちっともハラハラしたりしないんじゃないか、なんて思ったりしました。でも神代さんにとっては、火花の出る銃口のアップを撮ったり弾着の仕かけた自動車のフロント・ガラスを割ったり、偽の血をチューブで吹き出させたりというエンターテイメントには興味がなかったようです。

　さて『～森は濡れた』はかなりアナーキーな作品になりました。屍体を前にして可愛いジュスティーヌ（伊佐山ひろ子）にかしずかれて食事をしながら主人公の宿屋の主人（山谷初男）はこんな事を言うのです、「お前さん、この世の中に普遍的な正義があるとお思いなのかね。そいつは全く絵空事なんだよ。お前さんが信じてるらしい道徳は実は権力者の都合によってしか作られてないんだよ」。そして食事が終ると「さあ、やれ。お前さんの美徳で俺の悪徳に奉仕するんだよ」とか言いながらジュスティーヌを犯しにかかるのです。この作品の過激な表現に警視庁がこわばりましてね。ロマンポルノが初期に警視庁から摘発されて以来、映倫審査で通過して封切ってから後でも時々映倫に警察から警告がくるんですよ。そうすると日活の興行部が自粛してその作品を映画館から外すわけです。この『～森は濡れた』はそういうわけで警察から警告を受け、確か四・五日で興行を打ち切りました。だから見た人も少ないし、ほとんど批評も出なかったと思います。この映画の場合、警察の警告は猥褻性に対するより過激な反社会性に対してだったと思うんですよ。一旦封切った後で会社が自主的に打ち切ると、そういう問題はうやむやになってしまうんですよね。

　とにかく神代さんという人は、おだやかな笑顔と優しい声で怖い映画を撮る監督でした。

（おかだゆたか・プロデューサー／「映画芸術」一九九五年夏号〈追悼　神代辰巳〉）

神代辰巳監督との仕事は宇宙人との戦いでした
中川梨絵インタビュー

聞き手＝筒井武文

――『女地獄・森は濡れた』を22年ぶりにご覧になったわけですが、いかがでした。

中川　見終わった後、ひさびさに顔から手から血が騒ぐような経験でした。虚構と生なものが行ったり来たりする凄さね。昔撮影が終わってオールラッシュ見た時に、導入部はミロシュ・フォアマン監督の『カッコーの巣の上で』だと思ったの。真っ暗な森の中で小さなライトがスーと気づかないうちに大きくなってくる。あっ、でも逆だ。『カッコーの巣の上で』の方が後です。『カッコーの巣の上で』を見た時、『女地獄・森は濡れた』を思い出したというのが本当ですね。その当時はロマンポルノという台風の目の中にいるみたいで、何も判らなかった。出た映画にしても、あの横顔がいやとか、あのアップがきれいだとしか見てなかった。最近ヴィデオで昔の作品を見直してみると面白くて。田中登監督の『㊙女郎責め地獄』とか。映画自体として、すごくよくできている。田中登監督ならではだなあって。臆面もなく、普通の人なら照れるとこだけど、やってしまう。私も何も知らないから、恥ずかしがらずに堂々とね。人形浄瑠璃のスタイルの、すごくかわいい映画。自分でも不思議だと思うけど、死神おせんの役が型には決まってながら、それを突き抜けているものがある。『恋人たちは濡れた』も、いいけど今見ると、やっぱりロマンポルノだなって。海と人の溶け合って、普遍的なものがある。神代辰巳監督から、『ラスト・ショー』見たか、と言われた覚えがある。あの感じだって。

――ピーター・ボグダノヴィッチ監督の『ラスト・ショー』も『恋人たちは濡れた』同様うらぶれた映画館の閉館する話だから。中川さんって、『恋人たちは濡れた』のような体当たりの芝居と、様式的な演技と両面ありますよね。

中川　今でもそうですよ。『女地獄・森は濡れた』と『㊙女郎責め地獄』というのが虚構の中の様式的なもの。

――中川梨絵さんは東宝でデビューされてますが、日活に移籍してからのデビューは72年の藤井克彦監督『OL日記　牝猫の匂い』ですね。

中川　あの時はカットカットで芝居をする。東宝の時と同じよね。その次にやったのが田中登監督の『花弁のしずく』、カメラが山崎善弘さん。なんとなく画面の中の自分に目覚めた作品よね。海を見ているシーンでわたしの顔に妖気が漂ったの。それまでは普通の女の子の役だし、目覚めてないというか。それまではロマンポルノを踏み台にして、テレビのレギュラーをとっていけたらいいなあ、くらいにしか思ってなかったんです。

――田中登の初期で何ともエロチックなムードが充満してましたよね。

中川　田中監督の演出は事物に対して逃げないというか。割りと器用ね。対象に対する迫り方も照れないし。

加藤彰監督の『OL日記　牝猫の情事』も日常性を廃した画づくりでした。お話は、しのぶというOLが会社を休んでいるので、上司が訪ねてくる。しのぶはマンションの一室に上司を閉じ込めて心中しようとする。要するに、『コレクター』の女性版みたいな作品。密室の中で女の七変化というか、女のさまざまな業みたいなものが出てきて、しのぶがもうすぐ死ぬかもしれない。それは嘘かもしれないけど、そのすれすれのところで生きている。日常性を拒否して、絶対的な愛を求める女の子の役だったんです。加藤彰監督が私を描くとちょっと甘くて、他と違う。小沼勝監督とは仕事はしてないけど、監督として飄々とした魅力がある方でしたね。ニックネームをつけましたよ。博士って。これは「レインボー作戦」の頭にヘリコプターをつけて浮かんでる博士。大和屋竺監督の『愛欲の罠』は「デス・イズ・ザ・ペン」と言うだけの役。面白かったです。ワンカットか、ツーカットだと思ったけど、車の中で私が大幹部を迎えて、「アーイ、ダーリン」とか言って、私はなぜか英語の勉強をしている。それだけよく覚えてる。大和屋さんの演出方法ならミュージカルをお撮りになられたら面白かったと思う。当時の日活は良識の底からぬけだして、いろいろな監督が出られて、何かヌーヴェル・ヴァーグみたいでしたね。

――ヌーヴェル・ヴァーグともいえるし、何かアナーキーですよね。好きなことをやってるという感じで。それでいて技術の裏づけがあるでしょう。どれ見ても面白いし。特に70年代前半はね。

中川　『女地獄・森は濡れた』の私の役は恐怖よね。いまやると、私もっと違うと思うけど。あれ結構年とった役なんですよ。

――シナリオだと、30歳の設定になってますね。

中川　まだ24くらいだったかな。

――整ったすごいまでの美人だと書いてありますよ。

中川　そのとおりだったでしょう(笑)。でも、その後は、日活でも使いようがなかったんでしょう。でも、松竹での瀬川昌治監督の『喜劇・女の泣きどころ』はとってもいい映画でしたね。

――太地喜和子さんとの意地を張り合うコンビネーションが絶妙で、本当に泣ける傑作でした。

中川　とてもせつない映画でしたね。太地喜和子さんが溺れるシーンは私いじめられましたから、オーバーラップしてよく覚えている。後半、すごい花火散っていた。でも、私は本当にすごい監督たちにもまれてきたと思う。私はデビュー作が成瀬巳喜男先生の『乱れ雲』で、次が出目昌伸監督のデビュー作の『年ごろ』、それと若大将シリーズの一本くらいですね、東宝の頃は。当時、中川さかゆと言っていたのですが、「さかゆちゃんは成瀬さんが認めてたのに、お亡くなりになって残念だね」とか「あなたが成瀬さんが最後にかわいがっていた人ですか」とか回りの人に言われましたね。『乱れ雲』は高橋紀子さんの役だったんです。高橋さんは寺田農さんの奥さん。だから寺田さんに会うとよく言われます。わざわざ高橋さんを外して、私に回ってきた。もともとオーディションに行ったのは、浜美枝さんがやった役。成瀬先生は、あの子は面白いからって、オホホとお笑いになって、あの子を使いましょうね、って、それで役を変えてくださった。成瀬先生の『浮雲』や『女が階段を上る時』なんか、すごいなあと思っていたから、嬉しかったです。

――成瀬監督の遺作になった『乱れ雲』では加山雄三に惚れる青森の女事務員の役でしたね。すごくていねいにアクションをつけてたという印象があります。成瀬巳喜男監督と神代辰巳監督の女の描き方は通じるものがあると思うな。それで神代辰巳監督は組む前にはご存じだったのですか。

中川　うわさでね。すごい監督がいるみたいなね。だから、伊佐山さんのような会い方と私は違って。意識したのは『一条さゆり・濡れた欲情』のときで、あの併映が私の出た藤田敏八監督の『エロスの誘惑』。それで私、見に行って度肝を抜かれてしまった。

――当時は社内試写でご覧になったんではないのですか。

中川　試写ではめんどうくさいのであまり見ない。新宿の劇場によく行ってましたね。試写だと、気に食わない監督さんとも同席しますし(笑)。

――神代監督との現場はどうでした。

中川　私は考えて芝居してましたから。演出家からは嫌われるタイプだったので、ここまで(笑)。神代監督は最初『恋人たちは濡れた』で、その前の藤田敏八監督も気に食わなかった。いまは違いますよ。すっごくお変わりになった。でも本質は変わってないと思うけど。一言で言うと、藤田監督は〝夏の光と影〟といった原色の使い方が特徴的だと思うけど、淡いシャーベット・トーンを体自体がもたれるようになりましたね。最近は監督作品は撮っていらっしゃらないけど、パステル・カラーの使い方も覚えられて、ほのぼのした暖かさを感じさせます。ロマンポルノのとき、川村真樹さんの『八月はエロスの匂い』、それと桃井かおりと伊佐山ひろ子さんの『エロスは甘き香り』、私の出た『エロスの誘惑』とかね。

――藤田監督は原色だとすると、神代監督は何色ですか。

中川　原色というのは、いまパステル・カラーも使えるようになったということを言いたかっただけなので。藤田監督はいい意味でも甘さがあるんですね。それが魅力的なの。あの時代の青春を格好良く撮るでしょう。

私は違って、泣かない方の青春じゃない。だから、藤田監督の青春映画の良さは私はよく分からない。神代監督は別格ですよね。やっぱり私、別格だと思う。そういう意味では、一番神代監督らしい時代に生まれたと思うし、監督としての位置が、というより次元が、同じ地球に生きているけど、監督として次元が違ったんじゃないかという気がします。すべてが違う。要するに、どんな監督さんでも、観念とか人間とか、地球上の法則で動いている、その結果が映画のシーンよね。でも、神代監督は他の星から〝あ・た・し・は…う・ち・う・じ・ん・の…〟〝く・ま・し・ろ・だ〟〝こ・う・ふ・く・し・ろ〟みたいなさ(笑)。そういうところでお仕事された方じゃないですか。

——じゃあ、中川さんと宇宙人同士の戦いをやったんじゃないですか。

『女地獄　森は濡れた』中川梨絵

中川　あったかもしれない。〝このチンピラ女優、何するか〟と私言われたんだもの。だから、私〝チンピラ監督とは仕事したくない〟とかなんとか返したわ。今になってみれば、だいそれたと思うけど、仕事してるときは戦いですよね。画面に映った方が勝ちだというような。

——それは『森は濡れた』のときですか。

中川　そう。『恋人たちは濡れた』のときは、白鳥あかねさんに言わせれば、〝オイ、神代、出て来い！〟と夜な夜な叫んだという話だけど(笑)。で、白鳥さんが私をお蒲団で上からのしかかったと言うけど、分からない。『恋人たちは濡れた』は白鳥さんがスクリプターだけど、スクリプターというより神代監督の右腕で私を封じ込める役をやってたの。あのとき、何でかしらと思ったんですけど、この間「映画芸術」で対談して、思い出して、その後もそう言われたんで、私が夜な夜な暴れたと。映画見るとそれほどの演技はやってないし、さりげなくというか、その裏にどうするんだみたいな。そのときは『一条さゆり・濡れた欲情』の伊佐山さんの演技を意識していたし。何なんだろうと思っていましたから。『恋人たちは濡れた』は映画の主体が男の方の視線で撮られているから、つまり私は主役じゃないから、気に食わなかったのかなあというふうに思うんだけど、あのとき私はよく神代辰巳監督とディスカッションというわけでもないけど、お話しして、私の方から質問することが多かったんですよ。ちょうど赤軍派の事件があった時で、浅間山荘事件の次の年の秋だったと思うけど、私の年代が赤軍派の連中と同じ位だったので、ショックでね。あれについて、どう思うか尋ねたんですね。クランクイン前から撮影中まで。監督がどう考えているか探りたくてだと思うんですけど。そしたら、赤軍派を非常に肯定したんですよね。それが私、気に食わなかった。肯定というか、まあ好きだったと思いますよ。あの生き方のすさまじさがね。あれは梨絵には分からない、とね。あれは非常に良いことだと。それで私は違うと思ったんです。それが神代辰巳監督に対する見方の原点にあるんです。それで、その次が『女地獄・森は濡れた』でしょう。そして今日22年ぶりに見て、蘇りましたね、あの悪夢が(笑)。

——でも「神代辰巳シナリオ集」の後書きを読むと、神代監督、梨絵さんを絶賛しているじゃないですか。『恋人たちは濡れた』の自転車に二人乗りして海に突っ込むラストシーンのことが書いてある(本書二〇頁)。

中川　でも実際は全然違うんですよ。あれは男の子がだらしないのよ。私は神代監督に海に潜ったら出てくるなと言われたんです。できるだけ潜ってろと。私は泳ぎは好きだし、もう息が止まりそうになるまで潜ってたんです。出てきたら、克を演じた大江徹というのはとっくの昔に出てきてたんです。それを聞いて、頭にきたのね。

——じゃあ、潜ってた時間が無駄だった。

中川　そう。自転車にからまったりして。一発勝負だ

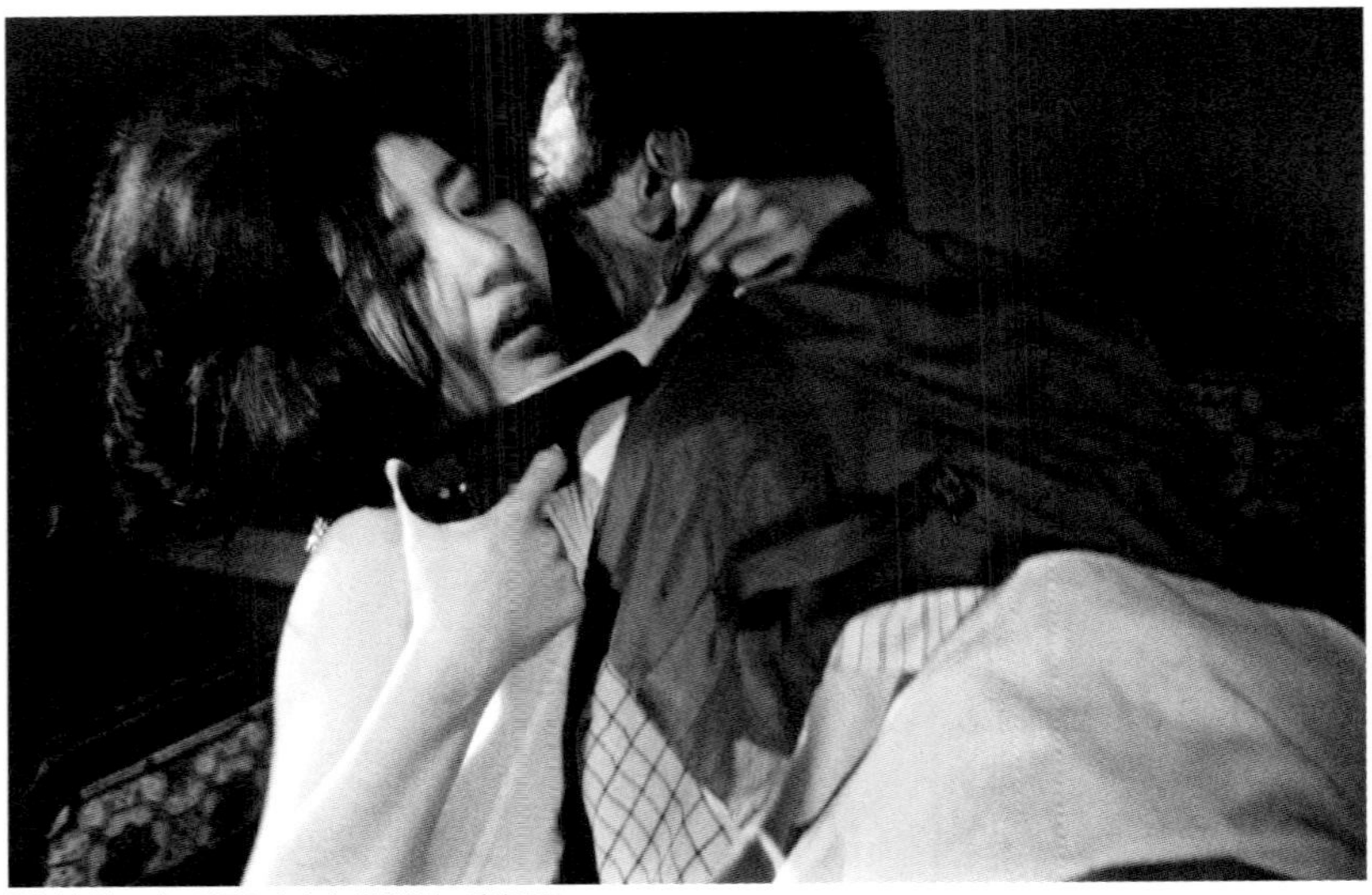

『女地獄　森は濡れた』中川梨絵、高橋明

から、できるだけ出てこないでくれと言われたから、二人が沈んでって誰もいなくなった海を延々と撮っていたいんだろうと思って、そんな簡単に頭とか出て[illegible]たらいけないと、よし海女さんに挑戦だと、ずっと出てこなかった。それでやっと出てきたら、みんな終わって遠くの方で着替えとかやっているのよ。何よって感じよ。映画見ると、克がすぐ頭を出すのよ。それで神代監督にかみついたのよ。

——神代監督は撮影前に映画の意図みたいなことはおっしゃるんですか。

中川　まったく覚えていない。

——じゃあ、演技指導みたいなことはありますか。

中川　体を動かすだけなんです。ひとつだけ覚えているのは、『女地獄・森は濡れた』のとき、伊佐山ひろ子さんを捕まえてきて、〝どっから来たの、何、あなたって、どういう人〟というのが、腕を待って、何ていうの。受けの反応で、〝突っ込め、突っ込め〟って。考えてみたら、『恋人たちは濡れた』の時の砂浜で克に〝あんた、どっから来た、どっから来たのよ、何とか……〟というのもそうですね。あれは自然に出たものだけど。

——神代監督も現場で動きなり、しゃべり方を発見していったのでしょうね。

中川　演技はその人の自発性でしょうね。覚えているのは、うらぶれたコートと、ただ笑った顔、どこを見てるのか判らないけど。ああ、そうだ、これは他の人には言ってないけど、お亡くなりになった時のお写真は、とってもきれいな、とってもすてきな写真でしたね。お亡くなりになった時の姿をテレビでちょっと見たんですよ。私はあの姿を最初から見ていたような気がする。だから『女地獄・森は濡れた』の時は、あれに負けまいみたいな。でも、見てね、ほんとに凄いし、凄い監督だったんだなと。まともに打ち合ったら、普通の神経じゃ、とってももたない。

——中川さんは最初からジュリエット（[illegible]）だったんですか。

中川　伊佐山さんは〝どっちがいいか聞かれた〟て言ってるけど。どうなんでしょう。

——でも、逆はちょっと想像できない。

中川　また私がやると違ったようになっていたかも。判らない。伊佐山さんだと、もっとひょうひょうとしたジュリエットだったかも。山谷さんと伊佐山さんの芝居の質は似ているし。雰囲気的にはとらえどころのない、何を考えているのか判らない、神代監督の海を体で泳げる人でしょうね。水着一枚で。私の場合はお舟がないと、神代辰巳監督の海は渡れないから（笑）。だから、それはそれでもよかったかもしれない。私は神代監督の時は、どういうお舟を作ろうかと。

——それが、あの台詞廻しのスタイルなんですね。

中川　そうですね。あのごてごてに作り上げた私の舟じゃないですか。私の星をかたどった、呼ばない限りは沈没しちゃう舟。どうせなら沈没しちゃう前に神代熊を乗せて（笑）。

——でも、神代監督は普通にやって欲しかったのでしょう。

中川　と思いますよ。アフレコの時、怒りましたから。当時の日活の映画は全部アフレコです。2日間でアフレコしてました。冒頭シーンから順に入っていったと思います。

——すると、現場ではあんな作ったしゃべり方じゃないんですか。

中川　全然違います。普通にしゃべっていました。

——アフレコの前に普通のしゃべりではもたないと考えたのですか。

中川　ラッシュを見た時です。これじゃ、とんでもないことになっちゃうぞうと。画面があいう蠟燭の光にして作ってるんだけど、作っているようで、神代監督の映画は作ってないんですよね。妙にリアリティを帯びてきてるんですね。その中にはまっちゃったら、何かねえ。あれは不思議だなあと思った。伊佐山さんは作ってないでしょう。まんまで、神代監督の世界で。それで画は作るんですよね。山谷さんもそのまんまの世界で出てきて、インパクトあるでしょう。私は、それじゃ、とてもじゃないけど……。

――中川さんが全体のトーンを統一するクッションになっているとでもいうか。

中川　よく判んないけど、必死に組み立てたんじゃないですか。

――アフレコは掛け合いながらやるでしょう。中川さんが監督ともめると全部作業が止まっちゃう？

中川　ワンロール終わって、駄目だって言って。でもね、私は変えるわけにはいかなかったから。何度やっても、同じようにしかやらなかった。

――根比べですね。

中川　そうですよね。でも負けないですよ。

――そういう時、神代監督は理屈で説明するのか、それでもとにかくこうやってくれと言うんですか。

中川　うん、違うだろう、みたいな感じよ。私はあのアフレコの調子で、〝どこが違うのかしらっ〟と言ったり、〝だって、わたくし、ふだんから、これなんですもの〟とか言って（笑）。この口調は自分で編み出したものです。加藤彰監督に言わせると、あれは舞台口調だと言うんだけど、まあ何でもいいやって。あれと同じ口調を神代監督はテレビで演出する時、女優さんにつけてましたね。名取裕子さんのテレビ映画で時計がいっぱい出てくるところで、ひとりで鏡の前でいっぱい、いろんな台詞を言うんです。『森は濡れた』と同じように、高い声にしたり、低い声にしたり、〝（低く）なんでわたしはこんなところに〟〝（高く）そんなこと〟〝（低く早く）でもだれかがおってくる〟〝（高く）わたしをつけてどうするのよ〟みたいに、そういう口調でずっといく。虚構的な画面の中でモノローグが続くの。私どこかで聞いたような台詞だと思って、テレビを見たら、おかしいなあ、私『森は濡れた』でこういうのやったよなあと思って、最後まで見ていたら、エンド・タイトルで監督神代辰巳と出るのね（笑）。

――ところで、サドとか読んでました？

中川　読んでましたよ、文学少女でしたから。「悪徳の栄え」とか。映画でもやってましたよね。ロジェ・ヴァディムのあのきれいなの。カトリーヌ・ドヌーブがいじめられるジュスチーヌをやる。

――神代版とはずいぶん違いますね。

中川　マルキ・ド・サドは喜ぶんじゃないですか、神代辰巳の方を。おう、これぞ、私の描いた世界だと（笑）。

――惜しむらくは、もっと延々とやって欲しかった。原作はだんだんと教育していくじゃない。神代版は一気に行っちゃうから。もちろんロマンポルノの限られた上映時間ではどうしようもないけど。

中川　でもあれ以上時間かけていたら観客も大変。観客も征服されちゃって、マインドコントロールを受けちゃうわよ。

――撮影期間は何日くらいでしたか。

中川　千葉の日活荘で撮っていたんですよ。『恋人たちは濡れた』も同じ場所で、10日間ぐらい合宿という形で撮ってました。『女地獄・森は濡れた』の場合は3泊4日くらい、そこで撮って、後はセットでしたね。

――和室のあたりはセットなんでしょうね。

中川　そういう大変な仕掛けのあのシーンは全部セットです。長い廊下はロケで撮ったと思うけど。虚構なんだか、わからない独特の世界ですね。

――前田米造さんの撮影も素晴らしいですね。前田さんの方から立ち位置の指示とかありましたか。

中川　指示するのは神代さんの方ですね。姫田先生よりは手作りという感じで。姫田先生の場合は動きがあると御自分で手持ちでもなんでもお撮りになるけど、前田さんはひとつひとつ神代さんの意を映像にしたと思いますよ。

――ロケとセットと別れている中では順撮りだったんですか。

中川　最後のシーンは初めに撮りましたが、他は順撮りですね。ああ、死体を埋める所は最初の方に撮りましたね。あそこは膨大な台詞があるでしょう。私は台詞覚えるの自信あったんですが、結局覚えてなくて、山谷さんも全然覚えてない。スクリプターの人が側で台詞言ってくれるのを繰り返していただけ。随所にぞくっとするシーンがありましたね。『女地獄・森は濡れた』ではクラシック・カーのおじさんが印象に残っている。クラシック・カーを3台もっているおじさんが、大事にしている車なので、絶対他人に運転させせない。それで持ち主本人が衣装を着て運転しているの。でこぼこ道でよく揺れたのを覚えている。この前、高橋明さんと話したら、俺どんな役だったっけ、と言うの。旅人の役で明さん死体でバナナ乗っけてるのようと。それだけはよく覚えている。あの時、明さんがバナナ乗っけているのは、本当に嬉しかったの。

――低予算の作品としては、素敵な衣装でしたが。

中川　あまり言いたくないけど、あれは『戦争と人間』で浅丘ルリ子さんが着ていた衣装なんです。人の借り物みたいですから。『戦争と人間』も昭和初期の話でしょう。

――神代監督とは『女地獄・森は濡れた』が最後ですが、何か予定はなかったのですか。

中川　嫌われたと思いますよ。あの後、一度もお目にかかってないんですよ。その後、日活もほとんど出てないじゃないかしら。音楽の入ってないオール・ラッ

『女地獄　森は濡れた』中央に山谷初男、手前に伊佐山ひろ子、山科ゆり

シュ試写を見たのが最後だったと思う。後で小沼勝監督に初号試写を見た監督同士の噂を聞いたわ。小沼勝さんや加藤彰さんは褒めてました。でも感性が違うし、他人の映画だ。狂宴が終わった朝のシーンで、どんな音楽がいいって、神代監督がみんなに聞いていたんです。新関さんはベートーヴェンの第9、それからステンカ・ラージンとか、いろんな意見があったんです。私が〝監督、この後はＮＨＫの朝のラジオ体操、息を吸って、イチ、ニッ、サン、あれしかないでしょ〟と言ったら、結局それをお使いになってた。小沼監督とかが、あれは誰のアイディアだと言った時、あれは梨絵だ、ゆがみが見える、とかおっしゃってたみたい。でもＮＨＫのラジオの放送は昭和になってからなんですってね、だから厳密に言えば、時代が合っていない。当時のロマンポルノの音楽は昔の日活映画で使っていた有りものをライブラリィから探してきて入れてましたね。音楽的な感性の鋭さでは田中登監督です。ぴったしの音楽を探してくる。よく曲を覚えてられるんです。神代辰巳監督は昔使った音楽は絶対使いたくないと思ってられたんでしょう。だから、肉声を響かせてと。『濡れた欲情』の〝ナカナカナンケ、ナカナンケ……〟、『恋人たちは濡れた』のチャーンという巡礼の音や『青春の蹉跌』のショーケンのずっと歌う民謡みたいなのにしても、今回の山谷さんの〝ドンジャカ足あげて〟、なんかはロマンポルノのけがの功名だと思う。ずいぶん好きなようにやっているのよ。あれ、わかんなかったかもしれないけれど、山谷さんがメイドの山科ゆりさんのスカートをめくりあげて、何かを持って来いと言って、次に奥さんの洋子のワンピースをずりあげて、向こうに行っちゃう時、私は変な格好のまま、秋田弁で〝わたぐじも喜んでますわ〟って(笑)。

――洋子は秋田出身なのですか。

中川　じゃなくて、山谷さんがそうなの。あそこはセットだから、私も判ってきて、変な格好で秋田訛りで、現場でやってるんですよ。その後、好きなようにやってるのは、山谷さんのドンジャカは監督の指示でやっているんだけど、私のドンジャカは自分でやり出したの。足を上げて、はあはあ喘ぎながら、ドンジャカ言うのは。山谷さんが側で教えてくれてたから。あれを私もそのまんまやりだしたのね。あれは神代監督の中になかったと思いますね。山谷さんは『㊙女郎責め地獄』をご覧になってて、私のことを買ってくれてたみたいね。山谷さんご覧になったら何て言うか楽しみだわ。いま秋田に山谷初男劇場作られて活動されている。いま思い出したけど、突拍子もないことがふたつあったんです。ひとつは秋田弁ですけど、もうひとつね。山谷さんが〝これから狂宴を始めるぞ〟と言ったから、私は洋服をたくしあげて〝ヨーイヤサー〟と言ったのよ。旅人を凌辱して狂宴が始まる前、山谷さんが〝このふたりを俺の前で犯してみろ〟と言ってるじゃない。〝そうすれば命を助けてあげるから〟って。で〝さあ洋子行け〟みたいな。〝奥さん、来てよ〟〝あぁ、こんにちわ〟と言って洋服を脱いで上半身裸になって、〝狂宴が始まる〟て言うから、私は〝ヨーイヤサアー〟って言ってから頭のてっぺんから出てくる。あれは松竹国際劇場のレビューの始まりなの。難しいギャグかしら。〝ヨーイヤサー〟昔で言う国際劇場の一番最初の舞台はあれで始まったの。私は浅草っ子だから、国際劇場いっぱい見て育ったから、まず松竹歌劇団の始まるっとか言って、みんなが〝ヨーイヤサアー〟って、踊りが始まる。

――浅草的教養がないと、この映画は分からない(笑)。

中川　でも、こんな醜い格好して〝あら、わたくしも待ってますのよ〟の方が面白かったかもしれないけど。ひねり過ぎたかもしれない。〝わだすも待ってますわあ〟より。

――でも、神代監督はどう思ってたんですか。

中川　私の演技の説明はしたと思うんですけどね。

――神代監督も喜んでたじゃないんですか。

中川　私よく判るんです、ああいやがってるなあって。

『女地獄　森は濡れた』中川梨絵、叶今日子、山谷初男、山科ゆり、伊佐山ひろ子

それと伊佐山さんのこと、〝あなたのこと、とっても好きだから〟と言いながら、それで素に返るとこがあるんですよ。作品見ててね。あれは、芝居をしながら、ちょっと伊佐山さんのレヴェルに合わせてるんですね。あれは私が非常に計算してやっていることなんですよ。〝(甘くささやきながら)私はあなたのこと大好きだから、ほんとに私はあなたのことを好きでしょうがないのよ。(突然きつく怒鳴るように)だから、私はほらいま、こういうふにして、こうやっているんだから、(転調して媚を売るように)でしょう〟みたいに(笑)。二転三転してるんです。こう思ってあの映画見てもらえば非常によく判る。一生懸命芝居してるんだから、お前も芝居しろよ、という感じ。だから、あそこは途中で、そういうところを出してるんです。じゃないと、伊佐山ひろ子の何もしないパワーに負けるなあと思った。あの虚構の中を探りながら、やってるんです。

――『女地獄・森は濡れた』を百倍面白く見る方法ですね。

中川　とにかく私は『恋人たちは濡れた』の時、伊佐山さんの『一条さゆり・濡れた欲情』の演技がこびりついて、街中歩いているだけであんなに凄いのだから、私はこんなところで馬跳びやったって、たかがしれてるよなあみたいなことを思いながらやっていた。そして『女地獄・森は濡れた』の撮影の前、伊佐山さんはキネマ旬報の主演女優賞をお取りになっていた。私から言わせると、その時代神代辰巳監督と伊佐山ひろ子さんはつるんでるんですよ。その人とやるんだから、この人はどこにどういう才能が眠っているんだろう、この人は凄いんだろう、と思って。彼女を屋敷に連れて来たところで、〝私は美徳のあれではございません〟それで私判ったんだけど、この人ただ地でやっていたんだって。それから、こっちの独壇場ですよ。一緒のレヴェルでやっちゃいけないって。それで『一条さゆり・濡れた欲情』の素晴らしさが納得いったんです。女優として、チンピラ女の役をあんなに凄くできるのが。じゃあ、私は考え抜いてやってやろうと。

――『一条さゆり・濡れた欲情』はまさにドキュメンタリーなんですね。

中川　私はあれ演技だと思っていたから。もちろん演技ではあるんですけど。それが素晴らしいんですね。だからあの時、伊佐山さんからも教わりましたね。

(なかがわりえ・女優　つついたけふみ・映画監督／『日本カルト映画全集6　女地獄　森は濡れた』筒井武文編、ワイズ出版、一九九五年)

『女地獄・森は濡れた』の復活

武藤康史

十月十二日から十四日まで、アテネ・フランセ文化センターで神代辰巳監督・脚本の『女地獄・森は濡れた』が上映された。《本作品は73年の公開数日にして、警視庁の摘発により、映倫の指示で上映中止になって以来、国内で一度も上映の機会がなかったものです。今回、「にっかつ」の御好意で、神代辰巳監督追悼の意を込め、公開が実現しました》とチラシにある。先に季刊「映画芸術」376号(95年夏)の神代辰巳追悼特集でこの映画のプロデューサーだった岡田裕が、

《映倫審査で通過して封切ってから後でも時々映倫に警察から警告がくるんですよ。そうすると日活の興行部が自粛してその作品を映画館から外すわけです。この『～森は濡れた』はそういうわけで警察から警告を受け、確か四・五日で興行を打ち切りました》

と回想していたが、当時の新聞を見ると七三年五月二十三日に封切られ、五月三十日限りで打ち切られた

ようだ。同時上映は白鳥信一監督・蘇武路夫脚本『雨の夜の情事』(宮下順子・絵沢萠子・続圭子ほか出演)と近藤幸彦監督・桂千穂脚本『女高生《スケバン》・肉体暴力』(山科ゆり・丘奈保美・潤ますみほか出演)だったが、《警視庁の見解によれば、3本とも全裸の男女の性行為場面にワイセツ性が強い》(「スポーツニッポン」)とのことで、《警視庁防犯部は二十九日夕、映倫の沢村浩事務局長を同庁に呼び、佐々木英文防犯部長から「再審査の必要があるのではないか」と、異例の〝アドバイス〟を行なった》(「東京」)、と柔らかい書き方もされているけれども、

《警視庁は昨年一月二十八日「ラブハンター・恋の狩人」など3本のロマン・ポルノを抜きうち摘発したのに続いて四月二十八日にも「愛のぬくもり」を摘発。再三再四にわたって日活ロマン・ポルノに挑戦してきた》

(「スポニチ」)

という経緯があり、匕首《あいくち》突きつけての「アドヴァイス」だった。そこで二十九日には宮沢俊義が『スケバン女高生《スケバン》・肉体暴力』と『雨の夜の情事』を見た。三十日には高橋誠一郎と有光次郎が『女地獄・森は濡れた』を見て、

《高橋誠一郎氏は「第1回の摘発のときはぬきうち捜査だったが、今回は管理委員会の見解も聞きたいということだ。実際見たところでは刑法175条にていしょくするとは思わないが、映倫規定で照らし合わせるといたらなかった点があると思われるので再審査することにした」と、説明。日活側も管理委員会の意見に従い三十日で上映中止、三十一日からは六月二日から上映予定の「恋の狩人・欲望」「不良少女・野良猫の性春」「リオの秘密」をくりあげ上映する》

(「スポニチ」)

ということになった。

《「女地獄――」を見た高橋委員長は、明確に問題になりそうな個所の指摘はしなかったが、関係者の話ではセックス・シーンそのものよりも、ファックの最中、女がピストルで相手の男性を撃ち、血まみれでセックスするその暴力シーンに、より強い拒否反応を示したという》

(「報知」)

とも書かれている。岡田裕の回想は、

《この映画の場合、警察の警告は猥褻性に対するより過激な反社会性に対してだったと思うんですよ》

と続いていたが、

《警視庁が今回捜査に踏み切った裏には①六月四日から始まる日活ロマン・ポルノ裁判に対する世論対策②日活が公判を前に昨年摘発された映画と同じタイトルの「恋の狩人」を製作、ポルノ取締官を手きびしく批判する映画を次週公開に決めていることに対するしっぺ返し――といった含みもあるのではとウワサされている》

(「スポニチ」)

という観察もあったので、スケープ・ゴートにされたとも考えられよう(以上、引用記事はいずれも73年5月31日朝刊)。

今回の再上映に合せて『日本カルト映画全集』(ワイズ出版)という、この五月以来『江戸川乱歩全集　恐怖奇形人間』『十七人の忍者』『夢野久作の少女地獄』『天使の欲望』『沓掛時次郎・遊侠一匹』についての本を矢継ぎ早に出している驚くべき叢書から『女地獄・森は濡れた』(筒井武文編)も出た。シナリオ、中川梨絵・前田米造(撮影)へのインタヴュー、同時代評、フィルモグラフィーのほか、神代辰巳と多くの仕事を共にしたスクリプター・白鳥あかねの寄稿がある。それによると復活上映の企画が持ち上がり、

《にっかつ本社に問い合わせると、「警視庁の摘発を受けた作品なので」と、渋る答が返って来た。「ロマンポルノ裁判は、一審も二審も無罪になった筈。よく調べて返事して下さい。」と、しつこく迫り、やっとOKの返事を貰う》

という風にしてこの上映会に漕ぎつけたらしい。私は十四日に馳せ参じた。ファースト・シーンの森のざわめきに圧倒された。森の中のホテルにおける山谷初男と中川梨絵の夫婦と、そこに迷い込んで来た伊佐山ひろ子との、食卓を囲んでの上品な会話の展開も面白い。性交描写は大したことはなく、むしろ山谷初男が歌い続ける春歌が魅力的だった。上映後、今もなおまばゆいばかりに美しい中川梨絵と伊佐山ひろ子、殺される役の高橋明、そして白鳥あかね・上野昂志・筒井武文が登場、愉快な座談会が花開いた。

アフレコのとき監督と喧嘩になったけど、自分の喋り方で通した、と中川梨絵が語った。あの血はね、チョコレートの味がするの、と伊佐山ひろ子が語った。性交の場面では大きな黒い四角形で隠されるところが多かったが、足のフルショットはダメ、などの規定があるのに撮っていたから、また神代辰巳がボカシを嫌ったから、と白鳥あかねが語った。この映画は『新ジュスティーヌ』を大正時代の日本に移植した作品だが、サド原作の映画では世界でいちばんいい、サドも喜んでいるでしょう、という点で白鳥あかねと筒井武文の意見が一致していた。そう言えば里見弴の大正時代の小説にもサディズムを描いたものがあったっけ、と私もふと思い出した。

(むとうやすし・評論家／「文學界」一九九五年十二月号／『文学鶴亀』、国書刊行会、二〇〇八年所収)

終わらない夜——『女地獄 森は濡れた』

阿部和重

風の吹き荒ぶ森を脱け出そうとする幸子(伊佐山ひろ子)の走る様を遠景で捉えたファースト・ショットの次に来るのが、トンネルの中を必死に駆けてゆく幸子(ときおり振り返る)を背後から追いかける、手持ちカメラによる移動ショットである。暗闇に覆われた画面の中央では、トンネルの先の景色が円く青白い光となって、下駄の音を響かせながら徐々に近づいてくる幸子を待ち受けている。

トンネルを出た後は、廃屋の脇でいったん休息を取ってから、幸子は右手に海を見下ろせる崖道を歩む。その後に幸子はまたしても、立て続けに二つのトンネルに入るのだが、一つ目のトンネルでまず、たまたま車でそこを通りかかった洋子(中川梨絵)に見つかり(車のヘッドライトが幸子の背中に当たる)座席から手鏡で姿を捕捉され、二つ目のトンネルを出たところで、車ですでに追い越していた洋子に捕まり優しく話しかけられた挙句に、行き先の途中までも送ってやるからと車内に招かれて後部座席に坐ってしまう。女主人殺しの罪を着せられて三日間ずっと逃げ回っていた幸子はこのとき、自分が、ひどく危険な誘いに乗ってしまったことにまだ気づいてはいない。

これが、『女地獄 森は濡れた』(マルキ・ド・サド「新ジュスティーヌ」のあまりにも見事な映画化作品である)の、極めて周到緻密に作り込まれた導入部の概略だ。作品は以後、夕暮れのショットを示してから夜の場面へと推移するのだが、幸子は誘われるままに、洋子とその主人である竜之助(山谷初男)が山の中腹で経営するホテルに連れてゆかれる。そこで幸子は、洋子と竜之助が企てる殺掠に嫌々ながら手を貸す羽目に陥り、淫欲と血に塗れた背徳の一夜を迎えることとなるわけだ。

導入部におけるトンネルのイメージは、三度にわたってくり返し描かれていることからも明らかな通り、重要なパーツとして作中に組み込まれている。逃亡者である幸子が三つのトンネルに出入りする過程において、カメラは彼女を前方と後方の二方向から捉えるが、前後どちらから撮られたショットであれ、そのとき決まって画面の奥に映し出されるのは暗がりの真ん中にぽっかり空いた穴のような円形の光にほかならない。トンネルの出入口とは、通行者の進路に応じて出口と入口の役割が絶えず交替しあう二重性(決定不能性)を帯びた設備であり、そこへ自ら三度も入り込む幸子が前と後ろのいずれを向いていようと(画面の手前と奥のいずれに向かって走ろうと)、覗き穴から射し込んでくるような光の情景が常に彼女の正面か背面に配置され、構図上の相違が際立たぬことにより、出入口(方向性)の意味は次第に無効化されてゆく。しかもどこまで行っても行く手はトンネルだらけであり、町に辿り着くどころか堂々巡りでもしているかのような幸子の逃走は、もはや前進しているのかすら怪しくなってきている。幸子としては、光の射す方角に逃げていたつもりなのだろうが、しかし実はそれこそが、大きな間違いのもとだったのだ。なぜなら光明は、『女地獄 森は濡れた』においては夢だの希望だのと同義のイメージを結ぶことは決してなく、ただ世界が悪の闇に覆われているのを表す指標以外の何ものでもなく、夜の道標として利用されるにすぎないのだから。トンネルの中にいて、洋子の手鏡に映し出された時点で、幸子の逃げ場はもうどこにも無くなっていたのだ。

『女地獄 森は濡れた』における光と闇の入念な演出は、間違いなく神代辰巳の最高の仕事の一つに値する。作品は冒頭と結末以外は一夜の場面が続くのだが、車

『女地獄　森は濡れた』伊佐山ひろ子

がヘッドライトを照らして夜道を走行するシーンであれ、幸子や洋子が蠟燭を持ってホテルの廊下を歩くシーンであれ(画面奥から手前、または手前から奥へと向かって登場人物らが移動するショットが多用される)、あるいは食事のシーンであれ、闇が大部分を占める画面の奥で何かが青白く(時には赤く)光っており、結局のところそれらは出入口の失効したトンネルのイメージと重なりあう。そして光は前述の通り、悪徳の支配を示唆する符牒となり、拳銃が火を吹く二度の殺人場面においてそのことはいっそう明白化する。

しかし本当に恐ろしいのは、過激な嗜虐行為の数々ではなく、トンネルの闇の中に永遠に閉じ込められてしまうことである。新たな犠牲者となるはずの三人家族が日中の山道に現われる結末部のショットは、全くトンネル的な構図(周囲が影で黒く潰されている)で撮られている。これはもちろん殺害予告であり、終わらない夜があることを告げる光の声なのだ。

(あべ　かずしげ・作家／「第14回　中世の里なみおか映画祭公式カタログ」二〇〇五年)

『女地獄　森は濡れた』中川梨絵、伊佐山ひろ子

06

やくざ観音・情女《いろ》仁義

【公開】1973年7月14日
製作配給＝日活　カラー／ワイド／ 84分　併映＝『真夜中の妖精』(監督＝田中登)『必殺色仕掛け』(監督＝藤井克彦)

【スタッフ】
プロデューサー＝三浦朗　脚本＝田中陽造　撮影＝安藤庄平　照明＝高島利隆　美術＝川原資三　録音＝高橋三郎　編集＝岡安肇　音楽＝あがた森魚　助監督＝海野義幸　伊藤秀裕　スチール＝目黒祐司　製作担当＝古川石也　刺青＝河野光揚　技斗＝田畑善彦

【キャスト】
阿弥陀清玄＝岡崎二朗　斉田美沙子＝安田のぞみ　雲水の嵐雪＝松山照夫　芸者＝丘奈保美　友子＝薊千露　多恵＝絵沢萠子　斉田清明＝坂本長利　藤原銀三＝高橋明　中谷＝永井鷹男

【物語】

昭和二十五年、雲水の嵐雪は、川で女の水死体を釣り上げる。女は孕んでおり、嵐雪は死人腹から、男の子をとり上げる羽目になる。嵐雪は赤子を清玄と名付け、阿弥陀寺に預ける。それから二十三年後。青年僧清玄は、阿弥陀寺一の秀才として名高かった。女も買わず、修業一途に励む清玄。「私は、仏に恋をしている。女の代わりに仏を抱いて寝ているだけだ」寺の阿闍梨は、「おまえの仏は美しすぎる。おまえの仏は人を殺す仏だ」と、清玄を戒めるのだった。裾野のS市では、土着の斉田清明一家と、新興の藤原銀三一家との対立が険悪化していた。寺に母の墓参に訪れた清明の一人娘美沙子を、銀三の一味が襲うが、清玄が救い出す。滝壺の上で契りを交わす清玄と美沙子。自分と美沙子が異母兄妹であることを知った清玄は、阿闍梨に別れを告げ、彼女を追い街へ下りる。美沙子は若衆頭の中谷とも通じている、淫蕩な女だった。美沙子もまた、清玄が自分の兄であることを知り、驚愕する。清明の子を身籠った女中を、美沙子の母が川へ突き落として殺したのだった。女犯にふけり、自ら菩薩の刺青を背負った清玄は血に飢えていた。銀三に請われるままに、清明を民謡酒場で射殺する清玄。斉田一家、そして口封じを狙う銀三一家、双方が清玄を追う。今や清玄は、美沙子のためなら人殺しも厭わなかった。清玄は美沙子を探しだし、再び抱き合う。二人で逃走の旅に出るが、美沙子は銀三一家にさらわれてしまう。数か月後、S市は銀三一家の手に帰し、美沙子はシャブ漬けにされ、銀三に囲われていた。美沙子と別れて自ら命を絶つよう諭す嵐雪と対決して、清玄は銀三のもとへ向かう。銀三、そして一家もろとも、皆殺しにする清玄。美沙子を取り戻すが、その美沙子に、清玄は亡き母の面影を見るのだった。錯乱する、瀕死の清玄。とどめを刺そうとする嵐雪、しかし、清玄は不死身であった……。

神代さんは他人のシナリオを撮るのが好きじゃなかったのではないか

桃井 章

この映画、何度も見た筈だった。

というのも、二二年前に自分が一人で初めて書いた映画がこの映画の併映作だったので、公開時に嬉しくて嬉しくて何度も映画館に足を運んだからだ。

でも、覚えがなかった。編集部に原稿を依頼されて「ああ、この映画なら見た」と引き受けたものの、辛うじて主演俳優の名前とお坊さんの話ということ位しか思い出せなかった。

仕方なくビデオで見直してみたのだけど、それでもどのシーンも初めて見る思いがした処をみると、あの頃、僕は映画館に行く度に自分の映画だけ見て出て来たのだろうか？

あるいは見たには見たけど、自分の映画のことだけしか頭になくて、この映画のことは上の空だったのかも知れない。

そう思ってもう一度ビデオを巻き戻して見直す内に、だんだんこの物語の構造だけは見覚えがある気がしてきた。それなのにまだ依然としてこの映画を見たという記憶は戻ってこなかった。これは一体どういうことなのだろう？

誤解を恐れずに言えば、この作品、映画を見ているというよりシナリオを読んでいる気にさせられるのだ。物語の構造だけが表に出て映画的な印象度が薄いのだ。

脚本はこの春、各種のシナリオ賞を総なめにした田中陽造さんである。

だからという訳ではないのだが、冒頭で旅の僧侶が川で女の水死体を釣りあげ、その死に腹から子供が産まれるというシーンから、その子供が成長して腹違いの妹と交わり、父親を殺すまでの輪廻転生が骨太な構成で描かれて行く。

でも、ロマンポルノにしては骨太すぎるような気がする。骨太すぎて俳優が役を追っ掛けるのに汲々としているのだ。

神代さんの映画の魅力は俳優にごく自然な演技をさせることだ。一般的には決して上手な俳優ではない芹明香にしても伊佐山ひろ子にしても神代さんの映画の中ではこんな巧い女優がいたのかとみんな驚いたものだ。

処が、この映画のヒロインである安田のぞみはしたたかでもなく、可憐でもなく、下手さだけが目立つ。けど、彼女はまだ裸を見せてくれるから救われる。

全編の主人公である岡崎二朗と来たら、ただただ深刻な顔して難しい台詞をそれらしく喋っているだけで、何の魅力もない。そりゃ死に腹から産まれて腹違いの妹と交わってしまった男だから明るい顔をしろと言っても無理だが、神代さんだったら、何か工夫があってしかるべきだと思ってしまう。

それが出来なかったのは何故だろうか？

岡崎二朗と云うロマンポルノにしてはネームバリューがある俳優が出たせいだろうか？

それもあると思う。きっと彼の演技が固まっていて、修正が効かなかったのかも知れない。

でも、『青春の蹉跌』では萩原健一をあんなに魅力的に演じさせることが出来たのだし、既成の俳優を使うことが神代さんは不得意だとは思えない。

スケジュールがなくて精神的な余裕がなかったのかも知れない。

この年、神代さんは三月に『恋人たちは濡れた』五月に『女地獄・森は濡れた』そして七月にこの『やくざ観音・情女《いろ》仁義』を挟んで一一月には『四畳半襖の裏張り』が、そして翌年の正月には『濡れた欲情・特出し21人』が公開されるという忙しさだ。

そしてこの映画以外は全部脚本を自分で(『恋人たち〜』と『濡れた欲情〜』は鴨田好史との共作)書いている。

製作時と公開時が繋がっているとは限らないので断定は出来ないが、約一年の間に五本の映画を監督し、四本のシナリオを書くというのは人間技とは思えない。

ひょっとするといくら神代さんでも疲れていたのではないかと想像してしまうが、他の作品が駄目かというと、『恋人たちは濡れた』や『濡れた欲情・特出し21人』では神代節が冴え渡っているのだ。

となると、後はやっぱりシナリオに問題があるんじゃないかなと思ってしまう。問題と言っても、さっきも言った様に骨太すぎて俳優と一緒に神代さんも付け込む隙がなかったのではないかということだ。

これはあくまで憶測でしかないが、神代さんは他人のシナリオを撮るのが好きじゃなかったのではないかとも思う。

勿論、このすぐ後の長谷川和彦や、しばらくして荒井晴彦や高田純のシナリオを映画化しているが、彼らとは(例え彼らの一人名前でも)いい意味での共作関係？だったろうし、他人のシナリオという気持ちはなかった筈だ。

それがこの時期、初めて他人のシナリオを映画化することになった。

多分、自信があったのだろう。自分のシナリオでなくても神代節を聞かせることが出来ると錯覚したのだと思う。そう思っても不思議ではない程、当時の神代さんの評判は高かった。

でも、やっぱりこの作品は神代さんにとっては失敗作だったように思う。

自分が書いたり、共作関係で係わったシナリオでは自分の愛すべき人間を作りあげ、あの親しみやすい笑顔で登場人物とお喋りしているのに、この映画では何だか敬語で登場人物と話している神代さんを見てしまうのだ。

見当違いなことを言っていたらごめんなさい。神代さん、ご冥福をお祈りします。


（ももい あきら・脚本家／「映画芸術」一九九五年夏号〈追悼　神代辰巳〉）

シナリオを書くと下痢をすると云うことについて

神代辰巳

『やくざ観音　情女仁義』宣伝用写真。岡崎二朗、安田のぞみ

シナリオを書いていてつまり始めると私は必ず下痢をする。もともと胃腸の強い方じゃないからそうなるのだろうけれど、最近は逆に下痢をしだすと、「そろそろシナリオがつまって来たのだな」と思ったりするほどその下痢とはなれっこになっている。ところが、撮影に入るとどんなに演出につまろうと下痢なんかしたことはない。このことをシナリオを書くことより監督をすることの方が私にあってるからとは思ってない。勿論、生理的に云えばシナリオを書くことはべったり机の前に坐りこむことであり、監督をすることはいわば歩き廻ることだから体にいいだろうと云うこともあるのだろうけれどそんなことより、私にとって、シナリオを書くことの方が監督することよりはるかに苦しいのである。具体的に云えばシナリオを書くと云うことはイメージをとりこむ仕事だろうと思っている。例えば、あることを書こうとする時、そのことを自分の手に自分流に完全にとりこむ作業をすることであり、そして、監督をすることとの比較から云えば、監督することはどっちかと云えば、私の場合は自分のシナリオしか映画化してないけど、出来上ったシナリオのイメージのマイナスをどう最少限度に喰いとめようとするかと云う仕事のように思われるのである。キャスティングをすると大体その俳優さんの演技なり個性は見当がつく。撮影のコンテも見当がついていると云った具合で、撮影の現場はその他のことも否応なしにフィルムに固定化して行かねばならない時間と金に追いかけられて、大体予想通りにいかにイメージのマイナスを少くするかで終ってしまうしろものである。だから胃なんかあんまり痛まないし下痢もしないと云うことになる。

シナリオを書くとき、私はこの予測と云うものとは一切無縁である。そんなことは当り前の話だろうけど自分をどう越えるか少くとも何か自分を越えるような作品を作りだしたくて、さっきイメージを取りこむ作業だと云ったが、何とかもうちょっともうちょっとよくならないかよくならないかと思って書いている。撮影の時みたいに相手がいないから、自分だけが相手だから文句のもって行きどころもなく、諦めのつけようもなく、自分と争うよりないからそのうちきりきりと胃が痛みだして下痢することになってしまうのである。

実は今まで書いてきたようなことを此の間ライターの田中陽造さんと一緒に酒を飲みながら話したことがある。

その時、田中さんはにやにや笑いながら「僕はライターですからね、書く度に下痢をしてたんじゃ、一生下痢のしっぱなしで、とても体がもたないってことになりますからね。下痢なんかしてられませんよ」と実にあいそよく云われてしまった。

考えてみればいや考えてみなくたって田中さんの云うことがまさに当り前の話であってシナリオを書く度に下痢をすると云っている私の方が何ともおかしいことになってしまうのである。

だがおかしいけど、私が必ず下痢するのも事実なので、その間のりくつをどうつけようが、私は専門のライターじゃないからと云うりくつしかないような気がしているうちに、更に私は田中さんに追い打ちをかけられた。

「貴方だって専門のライターになれば下痢しなくなりますよ」

今度私は私にとってはじめてのケースだが自分で書いたものでないシナリオで映画を作ることになっている。

田中さんにお願いして鶴屋南北の中から桜姫伝説のものをやることになっている。下痢をしないで映画を作ることもはじめてだしさっきの答えが何か出そうな気がして楽しみにしている。

（「シナリオ」一九七三年六月号）

異界のこちら側にとどまりつづける
——『やくざ観音・情女仁義』

高橋 洋

私は神代版『地獄』にすっかり魅了されていたので、田中陽造のシナリオが掲載されたキネ旬もしっかりコピーを持っていた。その記事中に、かつて田中は『やくざ観音・情女仁義』という映画で神代と組み、鶴屋南北の『桜姫東文章』をベースに死腹から生まれた男が異母妹と交わる話を書いていると短い記述があったのがこの映画を知った最初である。当時、というのは私の学生時代、映画青年の間で神代辰巳の人気と影響力は絶大で名画座でもしょっちゅう特集が組まれていたが、『やくざ観音』がかかることはなかったように思う。もっとも私は『地獄』好きと言っても神代の演出には まったく満足しておらず、田中陽造の世界に神代は合わないのだとタカをくくっていたから、『やくざ観音』も早稲田の演劇博物館で見つけた撮影台本を読んで興奮しただけで、映画の方はさして見たいとも思っていなかったようだ。

私が熱烈にファンだったのは大和屋竺で、大和屋の後輩で同じく鈴木清順の脚本グループ〝具流八郎〟の一員だった田中陽造の脚本は、『桜姫東文章』の因縁因果な世界を『殺しの烙印』や『荒野のダッチワイフ』（共に一九六七年）の系譜に連なる「殺し屋映画」の土壌に移植してみせた目眩《めくるめ》くものだった。死腹から生まれた僧侶、清玄が妹と知らず妖艶な美女と交わり、破戒僧となって悪行を繰り返す大時代な物語が殺し屋たちの寓意的な世界でこそ成立するという発見に自分は居ても立ってもいられぬ思いになったに違いない。フリッツ・ラングの『ドクトル・マブゼ』（二二年）をきっかけに「悪」を描くことに取り憑かれていたこの頃の私は、ラングの描いた「運命」が日本では「因縁因果」となってより濃密に「悪」と結びついていることに手がかりを見出そうとしていた。内田吐夢の『妖刀物語 花の吉原百人斬り』（六〇年）の、拾い上げた赤ん坊の顔にアッと醜い痣があると気づくなりウワーッと糸巻きの滑車が映し出されるオープニングや、宇野信夫の戯曲『不知火検校』の、旅先で盲を殺めた男が江戸に帰るなり生まれた子供が盲目だと告げられる展開、そして『地獄』の傘卒塔婆に取り付けられた金輪が、地獄に墜ちた者だけは逆さ回りを始めるという趣向、こうした場面場面に張り

『やくざ観音　情女仁義』岡崎二朗、安田のぞみ

ついた「因縁因果」や「悪」と「業」の感覚が私を映画づくりへと駆り立て、やがてこうした物語の原型が南北劇よりもっと以前、古くは中世の地獄観や『小栗判官』などの説経節に遡ると気づくに至るわけである。

　後年、マブゼ映画に始まるこれら探索の集大成として『ソドムの市』という映画を準備していた時、ふと思い出したのが結局見ていないままの『やくざ観音』だった。『ソドム』がパゾリーニの同名映画とはおよそ別物

『やくざ観音　情女仁義』撮影スナップ。安田のぞみ、岡崎二朗、神代辰巳

の、″ソドムの市″と名乗る按摩が悪逆非道を繰り返すという筋立てだったせいもあるが、私が最も気になったのは、大時代な物語を日活ロマンポルノの低予算ならではの戦略でどう撮っているかにあった。というのも、以前、佐々木浩久監督と『発狂する唇』（二〇〇一年）というグラン・ギニョールな映画を準備していた時、監督と私は神代の『女地獄 森は濡れた』を見に行き、その低予算を逆手に取った戦略に大いに勇気づけられたからである。

　かくして私はVHS版でやっと『やくざ観音』を見たわけだが、その印象は『地獄』の時とさして変わらぬものだった。思うにまかせぬ東映の大作とは打って変わった、ホームグラウンドならではの本領発揮のアプローチを多少は期待していたが、私は田中陽造の世界とはおよそ噛み合うことのない神代辰巳の資質を感じるばかりだった。むろん、その資質の優れた側面が発揮された瞬間は随所にある。たとえば雨中で傘を差したまま美沙子を抱いていた清玄が近づいた追っ手を瞬時に射ち倒す場面は、そこだけを切り取れば「殺し屋映画」の鮮烈なアクション空間が立ち現れていると言える。だが、考えねばならないのは、一体何が噛み合っていないのかという『地獄』にも通底する事態である。

　「殺し屋映画」の即物性や寓意性が合っていないのかと言えば、そんなことはない。神代は『森は濡れた』や『悶絶‼ どんでん返し』といった突き放したように物質的な優れた寓意劇を撮っている。学生時代、圧倒的な人気を誇った『赫い髪の女』にピンと来ていなかった頃の私は、神代は優れた叙情作家に留まるのではないかと思っていたが、そうした偏見は後にこれら寓意劇の傑作を見て吹き飛んでいたのである。

　では何なのか？ 田中と共有し得ないのは一言で言えば、「あの世」の感覚、もっと言えば、世界を二重化して見る感覚であり、神代はトコトン「あの世」に対して「こちら側」しか描こうとしない資質の持ち主ではないかと私は考える。これは「あの世」を信じるかどうかといった問題ではない。ここで「あの世」と呼んでいるのは来世とか浄土といった宗教的な概念ではなく、ここではない何処かが一つの場所に同時に立ち現れているという感覚なのである。その意味で、神代にとって「寓意」や「運命」はあくまで現世の人物たちの諸関係の中で生じる。ひょっとしたらこの感触は、神話がそのまま地上に舞い降りたような『奇跡の丘』（六四年）や『テオレマ』（六八年）のパゾリーニのリアリズムに近いのかも知れない。「因縁因果」が皮膜一枚隔てたあちら側から働きかけて人物を駆り立てるといった感覚を神代は持たないのである。

　そうなると、田中のような異界的なシナリオへのアプローチはただ書かれている字句を撮るだけになる。死腹から主人公の清玄を取り上げた旅の雲水が、清玄の破滅の道行の合間合間に歌い入れる地獄歌（御詠歌）の趣向は、大和屋脚本、渡辺護監督の傑作『おんな地獄唄 尺八弁天』（七〇年）の地獄歌とも深く響き合っているように思えるが、両作を見比べるとよく判るのが、『尺八弁天』の地獄歌があちら側から、あるいはあちら側との交感の中で歌われるのに比して『やくざ観音』の地獄歌はただ物語の解説として歌われるに過ぎないことである（もっとも大和屋と田中の世界観も異なり、大和屋はあちら側をひたすら希求する一方で、田中はあちら側が呼びかけて来る）。神代映画にとって歌やお囃子、口上の類いが重要な役割を果たしていることは誰もが知る通りだが、そうしたものに本来は備わっているはずの異界を呼び寄せる″巫女″的なパワーは神代映画では現出

することはなく、あくまで現在の画面を活気づける要素に留まるのである。『地獄』の、地獄から娘の名を呼びかける母の声もまた現在の画面において聞こえているに過ぎない。よって地獄からの呼びかけに突き動かされるヒロインの行動はシナリオ上に記された理屈をただ撮っただけのものになる。

こうした混乱は、何も神代一人に起こっていたことではない。かつてB級の怪談映画や怪奇映画が量産されていた時代に作り手たちが持っていた異界への感覚、世界を二重化されたものとして見る感覚（あえてホラー的感覚とは言わない、これはジャンルを超えた素養に属するものなので）は実はそうした映画を作り出すルーティンの数々によって初めて画面に定着され得た極めてデリケートなものであって、七〇年代に入って、『エクソシスト』（七三年）の大ヒットを受けて、当時の言い方で言えば〝オカルト映画〟のA級大作化が模索された時、たちまち判らなくなってしまったことなのである。東映で言えば、『エクソシスト』の成功を狙った伊藤俊也の『犬神の悪霊』（七七年）や『地獄』の失敗がこの間の事情を物語っており、テレビ界で言えば『恐怖劇場アンバランス』（七三年）にも、同じ円谷プロ制作の『怪奇大作戦』（六八～六九年）とは打って変わって、ただ怪奇な物語を撮っただけの作品が含まれる結果になってしまったわけである（神代の『死骸を呼ぶ女』［七三年］もそうしたものの一本）。『怪談蛇女』（六八年）の中川信夫、『怪談せむし男』（六五年）の佐藤肇のような怪奇映画を得意とした監督にとっては自明だっただけではなく、戦前からの巨匠たち（溝口や衣笠、内田、伊藤、成瀬、黒澤ら）もまた（どういうわけか）一様に備えていた異界的〝教養〟とも言うべきものが判らなくなってしまった混乱は現代に至るまで続いており、ジャンルとしてのホラー映画を一定の物量で作り続けてきたアメリカ映画の〝教養〟との落差を決定づけているのである。自分の仕事に引き寄せて言えば、いわゆる〝Jホラー〟とはこうした〝教養〟への〝復古運動〟であったと言える。

話を戻すと、神代に限って言えば、ことは〝教養〟云々の問題というよりは、あくまでも資質、題材の向き不向きであったと思う。清玄を破滅へと引き込む美女、美沙子を演じる安田のぞみには見えざる「因縁因果」の働きに感応する〝巫女〟的なオーラは期待すべくもない。が、それもまた役柄上の向き不向きの問題であって、ここで問われるべきは撮影所の〝教養〟であったのでないかと思う。神代は美沙子が〝巫女〟として現れ出ない危機に敏感に反応し、シナリオ上にはない趣向を付け加え、美沙子が大小二体（親子？）の藁人形に呪い釘を打ち込む場面をインサートしたり、シナリオでは敵の親分と情交中に殺されるはずだった美沙子を生かし、ラストの河原で清玄の子を抱いているように変更しているが、それは判らないものを何とか判るものにしようとする試みの域を出ていないと思う。もう一つ、シナリオにない趣向として、美沙子の父親（つまりは清玄の父）が障子の棘に突かれて片眼を失う場面があるが、これは実に唐突で解釈に苦しむアイデアである。

しかし、神代のこうした資質は、『地獄』にあっては、ただ撮られただけの物語の構造のみの力が地獄を現出させるという他に類を見ない奇形的な絵解きの映画を生み出したと言えるのかも知れない。地獄はどこか別次元の時空にあるのではなく地下十キロを掘り下げた〝地続き〟にあるという傘卒塔婆の金輪がもたらした感触や、終幕の地獄の責め苦が延々と続く無時間性、映画が捏造してみせた時間ではなく、地獄の〝無時間〟がそのままに現出したような驚きは、神代のトコトンこちら側だけの資質があってこそ、田中脚本と響き合ったものだったとも考えられる。二重化された、皮膜一枚隔てた向こうの異界とは宗教的な観念の産物ではなく、また文芸的な暗喩の類いでもなく、アーサー・マッケンが森の奥に見出した妖精の領域のように、物資的な〝地続き〟のものなのだ。私が『地獄』に魅了され続けるのは、そうしたことを描いてしまった映画だからなのである。

（たかはし ひろし・脚本家、映画監督）

07

四畳半襖の裏張り

【公開】1973年11月3日
製作配給＝日活　カラー／ワイド／72分　併映＝『女子大生　偽処女』（監督＝白井伸明）『セミドキュメント　続・変質者』（監督＝若林孟）

【スタッフ】
プロデューサー＝三浦朗　原作＝永井荷風『四畳半襖の下張』　脚本＝神代辰巳　撮影＝姫田真左久　照明＝直井勝正　録音＝高橋三郎　美術＝菊川芳江　編集＝鈴木晄　助監督＝鴨田好史　スチール＝井本俊康　製作担当＝秋田一郎　振付＝花柳幻舟

【キャスト】
袖子＝宮下順子　信介＝江角英明　ぴん助＝山谷初男　夕子＝丘奈保美　花枝＝絵沢萠子　花丸＝芹明香　菊子＝東まみ　幸一＝粟津號　染香＝吉野あい　浩一郎＝織田俊彦　梅々枝のおかみ＝堺美紀子　車夫＝山岡正義　料亭の客＝姫田真左久

⦿キネマ旬報ベストテン6位
　同読者選出ベストテン10位
⦿映画芸術ベストテン4位
⦿映画評論ベストテン1位

【物語】

大正七年、夏、夕刻。山の手のある花街。料亭〈梅々枝〉。人力車に乗って、芸者・袖子のお出ましである。待ちかねている客は、中年の遊び人、信介。通りでは号外の鈴の音が、近づいては去っていく。八月、富山を皮切りに各地に飛び火した米騒動は、首都東京にも勃発せんとしていた。「災いのかからぬうちに遊ぼうって了見の方だからこっちは」寝苦しい夜、絡み合う袖子と信介、練達の二人の長い長い交わりが始まる。信介には花枝というお抱えの芸者がいたが、その置屋〈花の家〉では、おかみである花枝がたった一人の新入りの半玉、花丸に滑稽な芸者指南を施していた。一方、梅々枝の別の座敷では、芸者の夕子が、馴染みで恋仲の二等兵幸一と暇のない慌ただしい情交にいそしんでいた。また別のお座敷では、幇間のぴん助が、旦那の浩一郎のご機嫌を伺っている。物語は、この四組の情景が相互いに交錯しつつ進んでいく。夜も更け、袖子と信介の床はますます激しさを増していった。信介に疎まれ、お茶っ挽きの毎日の花枝は欲求不満、おぼこの花丸に色目を遣っている。口は禍いのもと、ぴん助は旦那の為に首を吊る羽目になる。ロシアでは三月革命、朗々と“インターナショナル”が響き渡る。外も白み始め、信介と袖子はいよいよ佳境。袖子を気に入った信介は、花枝を捨て、袖子と所帯を持つ。嫉妬に狂う花枝は、人力車で信介を壮烈に追う。シベリア出兵を告げる号外。出征する幸一は、袖子の料亭〈粋月〉で夕子と別れの情事である。二人に当てられた袖子と信介もまた、帳場でせわしなく腰を使う。幸一と入れ代わりに、飛び込んで来る花丸。「私を水揚げして下さる方を探していただけませんでしょうか……姐さんが……」その頃、花枝は虚ろな眼で、蝿を追っていた……。

『四畳半襖の裏張り』大正の終末感
神代辰巳インタビュー

――この映画は日活ポルノでの傑作と皆いっておりますし、今年の日本映画の唯一といっていいほどの収穫と思いますが……もとになったのは「面白半分」にのったものを、あなたが……。

神代　「ええ、コッピーしたのを見せてもらって！……いや会社の企画なんです」

――主人公の男優、やさ男でなく、こういうことに手馴れているところが、何となく、エロチックでいいですね。

神代　「江角英明君、なんとなく写真の若いときの荷風に似ているんですよ。この〝四畳半……〟をやると決ったとき、荷風に似ている俳優さんを捜したんですけど……。彼、江角は、傾から見ると宇野重吉、横から見ると市川染五郎とも似てますよ。それに顔だけ荷風に似てるってんじゃなく、本人も、割合〝四畳半の……〟のあの男〝信介〟みたいな遊び人的なところがあるようですよ。撮影は、裸でカモイにブラ下って〝オレ、怠け者〟っていう絵沢萠子の花枝とからむシーンからスタートしたんです。〝怠け者〟てのは落語にあるとか……、よくは知らないんですがね。最初シナリオには、絵沢の花枝と信介との関係はなかったんですが、とにかく、このシーンからＩＮしたので、この演技をみてイケルと思い、スーッと入れまして、それからが、うまくいきました」

――宮下順子がいままでと見違えるほどのうまさだったのですが……

神代　「〝袖子〟の役は、なんとなくすぐ宮下順子だと思いましてね……彼女、実をいうと、日活に来たときから、一度使いたいと思ってたんです。というのも、昔、松竹京都撮影所にいたころ、よく通った馴じみの女郎さんに似ていたんでね。彼女には、今までの自分の演技のペースの半分くらいのテンポでやれ、のろく、のろくやれといいました。おかげで割合評判がいいようです」

――唄がまたコミックでいいですね。あなたは小林旭ものを手がけていたから……それから兵隊の話がとてもおかしかった。

神代　「唄はぼく好きですネェ。兵隊のエピソードなどは歌からの発想です。兵隊の設定そのものは、シベリア出兵にひっかけようとしてです。そして二等兵の厭戦気分は体験的にわかりますしね。

　二等兵の幸一を演っている粟津號（彼は最初のポルノ「濡れた唇」のときから使ってますが）は東北出身で〝ボンボエー〟という唄（ワイ歌）は彼から聞いて知りました。彼にはオーバーに演技しろといってやらせて、少しおさえたところを撮りました。

　訓練中の兵隊に、女のことを喋らせたりしたのは、僕の中学のときの教練の体験で、ああいうことが、唯一の抵抗のしかただったんです。貧富のＳＥＸの差というわけではない。

　ほとんど原作通りですが、この兵隊のは私の創作です。他に〝腕くらべ〟を参考にしました。例えば、絵沢の花枝が人力車で、さっぱり自分から遠き他の女と合乗なぞしている旦那の信介を追いかけるシーンに出るこの女も貧民屈出の女で、今や「女どれい」というところや〝くせ直し〟のシーン。

　この〝くせ直し〟というのは、ぼくも知らなかったんですがラスト近くの絵沢（花枝）がカワヤから出てきて、台所で、手をちょっと濡らし、着物のすそを開いて、股の間をその手でチョンチョンとやるところで、これは、何時御座敷に呼ばれるかわからないから、いつも毛をキレイに揃えておく、ということらしいんです。（その前に花枝は、花丸とレズッてますから、毛が乱れ、逆まいたりしているかもしれないし）

　〝花電車〟これも、実はよく知らないんですよ。ぼくは芸者買いなどしたことないし（注：へーホントかなー!?編集部）、いや、田舎の温泉町の芸者さんなどは知ってますがねェ……。

　花電車をやった芸者役のひとは、浅草ロック座でストリップをやっている東マミさんです。ここのトリックの撮し方を公開しますと、まず、前張付近に両面つきのガムテープをつける。畳の上の銭重ねはあらかじめ、バラバラにならないようにピッタリくっつけて重ねておくんです。そして両面つきのガムテープを付けたまま腰を落していく。銭コがくっついたところでスーッと引き上げ画面の外で、手に塗りつけておいた油をつけて、一枚、二枚……と落していく。と、畳の上に散った銭には、いかにも、あそこの中の湿った愛液がくっついて落ちてきたかのように見えるという次第。（そういえば、一枚だけペタッと畳にくっついて落ちた）

　唄はね、〝日本春歌考〟という新書で知ったものです。絵沢サンに歌ってもらった小唄と〝松島の……〟は、絵沢サンの知っている唯一のもの。俳優の研究所では、芸として、それぞれ一つづつだけ憶えさせるのだそう

『四畳半襖の裏張り』宮下順子、江角英明

で……」

——映倫で五、六分切られたというのが残念でしたが……

神代「バサバサとハサミを入れられましたねー。一時間十分のはずが、上映用フィルムでは一時間チョットになってますから七〜八分分はカットされました。最初は花枝の妹分の芸者花丸に、〝お前はキリョウが悪いんだから、せめて、あそこを強くしとかなきゃ〟とシマリをよくする訓練のシーン。花丸の股の間に差し込んだ紙笛が力を入れるとビーンと伸びてピーと音を出すところをカットしろといってきましたね。しかしあんなこと現実にできるわけないし、現実にあるわけないだろうということでOKでしたが……とにかく、いわゆる映画としての〝遊び〟の部分が全部カットですよ。文字タイトルにしても「はずれた」とか「毛が入った」とかは全部「××れたよ」ってなったけど、このシーンは切られた。どことして、部分的に従来の映倫に該当するシーンがないのですが、全体のフンイキがワイセツだといわれて……だから全体から少しづつ切っていった。原作には一行くらいしかない、海辺の松林のアオカンシーン、ここで舞妓姿の娘がのぞいているところは全部カット。ここでは〜恋はやさし……の大正後期の唄をいれ、信介が袖子を木に倚らせて、後どりをしながら、目は見ている女を追っている。男の気持を文字で出したりしましたが……」

——あのシーンは、わざと男が知っている娘に現場をみせようと、しめしあわせて袖子を海辺につれだしたようだった。あの娘、逃げたいような、みたいような格好をしていた。それにがらりとかわって、海辺、あのシーンはフェリーニの〝甘い生活〟のようでした。

神代「ハア、そういうつもりでもなかったのですが……もひとつ主だったカットは花枝と花丸のレズシーンでの「のっかり」がカット。花枝が信介の背で両足を組むようにしてのカラミシーンが墨入。映画の最初から中頃まで続く袖子と信介の絡みシーンは全て、短縮。

映倫管理委員が全員みることになり、いずれこのことはゆっくり論じるつもりです。しかし上映できないといけない、と事務局長など辞表をふところに……とか東映の岡田社長も、動いていただいたときいております」

——荷風については?

神代「シナリオを書く前、おもなものは全部よみました。演出の上でとっているところもあります。ちょっと、期待はずれでした。私のは距離をおいてつくったつもり」

——米騒動、戦争、そして大震災という背景、いまの終末感ムードをねらって、大正の終末感を描いたのはタイミングでしたね。

神代「イャー」(笑)

「四畳半……」をはじめとして、このところ日本映画では大正三年——十年ころの時代が背景になっている映画がつづいている。「しなの川」(野村芳太郎)「日本侠花伝」(加藤泰)もそうだし、今井正の「小林多喜二」も加えると、偶然とはいいながら、日本におけるロシア革命時代を素材にとりあげたということとともに、大震災の前の、いわば終末感に狙いがあるように思われる。

荷風が書いたといわれる「四畳半……」はいま、野坂裁判、模索舎裁判として、併行して行われている日活ポルノ裁判とともにいわゆる三つの「わいせつ」裁判として注目されているが、神代辰巳のつくった「四畳半襖の裏張り」は、間接的ではあるが、三つの裁判に対し、〝わいせつ〟の時代的なレゾン・デートルを主張した効用をもっている。

柘植光彦氏の研究(模索舎裁判資料1)によれば、「四畳半……」は「大正6年、荷風が満37才、前年春に慶大辞職とともに、「戯作者」として後半生を踏み出そうとし、個人雑誌「文明」を創刊、ここに「腕くらべ」を連載、新橋芸者米田みよを見受け5年9月から神楽坂で待合を経営させた。荷風は待合の亭主として経営の相談にあたる一方、のぞきの趣味をも満喫していた。〝四畳半〟の第一稿や〝腕くらべ〟私家版など大正6年の荷風のポルノは、こうした生活環境のもとに〝戯作〟として書かれたのである」としている。また同じころ「猥褻独問答」と題するポルノ論を書き出版者は「厳重注意」を警視庁からうけているが、その主旨は

❶ワイセツの定義は人によって異なる。これに準を設ける必要があろうか❷ワイセツを取締るのは人を危険に近づかせまいとすることに等しく、かえって害がある。風流人はセックスに溺れないが、野暮な人ほど溺れる❸外国で公然許される裸体画が日本では「春情を催す」ということで取締られる。日本人は世界一スケベエということになる。日本人の特長は「忠君愛国」なのか助兵衛なのか❹ワイセツほど万民に理解され、平民的で平等な興味が、ほかにあるだろうか、ワイセツは上下の別なくだれもが好み、行うものである等となっている。

映画について

神代の映画は原作にかなり忠実であるばかりか、原作が一行で書いたところをふくらませてコメディ・タッチの娯しい艶笑譚をつくりあげている。しかし、底にあるのは悲哀感である。性を強くしなくては生きてゆけないと訓練させられる芸者、五分しか恋人の芸者と逢う瀬のない二等兵、ロシア女と浮気しないでねというその相手、争乱と戦争が身に及ばないうちに遊んでおこうとする男たち。女は初会に「エクスタシー」の壁をまもろうとし、男は逆手をとって、甘いやさしい言葉で、女のエクスタシーの領域に入りこもうとする男と女の攻防戦である。練兵する二等兵はその攻防の娯しみは、苦しい息の中で口で喋りつづける空想でしかない。しかし、男が女を征服したあとの絶望感は、このような苦労をしても、なお女のエクスタシーを実感できないということである。次に首をくくってみてくれと、ホウカンに命令する成金がでてくるが、首くくる感じが、女の絶妙感だといわれたからだ。女のエクスタシーの前に立どまらざるをえない男性は、革命や戦争にたちむかってゆく。そして首くくられるシーンがでる。神代にとっては戦争も、革命も、女への闘いの勝利後にくる絶望感だという見方のようにみえる、だから、この映画は男にとって淋しいのである。女性は万歳！なのである。そこに野坂文学と通じるものがある。

（「映画芸術」一九七四年一月号）

戯作者宣言する神代辰巳

堀 英三

どの新聞だったか忘れてしまったが、『四畳半襖の裏張り』について、「全体におもしろからぬ映画だ」という主旨の映倫・高橋誠一郎委員長の談話を載せていた。私は驚ろいた。多分、高橋委員長がすでに余りにご老体であることについて、ないしは、映倫管理委員会そのものの体質機能について、私の認識が甘過ぎたのかも知れないが、正直に、素朴に、私はびっくりした。映倫の立場上どうだとか、多少不満な点があるとか、そういうのならわかるが、この映画が「全体におもしろからぬ映画」であるとは、私にはどうしても信じられなかった。

確か同じ新聞だったと思うが、神代辰巳監督の談話も載っていた。正確ではないが、「現状では完全なポルノ映画は無理だと思う。多少の妥協はしても映画は見てもらいたい」という主旨だった。神代先生、自信タップリだな、と思った。

公開された作品しか見れない観客には申訳ないが、私は新聞記者という職権を利して、以前にオール・ラッシュと、映倫審査前の完成品を見ていた。公開されてからは一週目の木曜と土曜の二度、新宿オデオン座で見た。それも悪くない。多分、ポルノ映画そのものとしては、日活ポルノ最初の傑作だと思う。しかし、やっぱり物足りなかった。理由はあとで書く。それはそれとして、私は新宿オデオン座で、二つの古典的、というか素朴というか、疑問を持った。どうもこの映画に関しては、私は素朴づいているらしい。多分、そうさせる力がこの映画にはあるのだ。

ここで、金を取って見せている映画は、やっぱり完成品ではない。とすれば、原因、理由がどうあろうとも、日活株式会社と神代辰巳は、観客を、一言の断わりもなしに裏切っているのだということ。

もう一つは、この映画に対する、感激的といってもよい観客の見事な反応であった。傲慢ないい方だと思うが、笑うべき所では実によく笑い、静まりかえるべきところでは見事に息をつめる。一体この中の、どの観客が、「よくない」鑑賞眼を持っているのであろうか。ことばでいってしまえば余りに当り前のことだが、検閲というものに対する怒りが腹の底から湧いた。誰が誰に対して、見せていい映画と見せて悪い映画を事前

『四畳半襖の裏張り』撮影スナップ。江角英明、神代辰巳、宮下順子

に判別し得るのか。権力の本性とか、表現の自由とか、ワイセツとは何かとか、難かしいことをいう気はしない。ただ、ただ、見る側、つまり大多数の人権だけの問題なのだ。これ程明からさまな人権無視を、この目でそこに見たショックが私にはあった。理くつだけでそのことをわかっていると思っていたとき、正直いうと私は、官憲と観客の板ばさみになって、映倫も気の毒だ位の甘い(少しは事情通のつもりで)認識を持っていた。しかし、私も、映倫も、映倫がいかに恐しいことをしているかを、本当には知らなかったのだ。リベラルの代名詞でさえあられる高橋誠一郎先生も、映倫の各審査員先生も、自分が原物を見て(当り前だが大多数の観客はそれを見れない)、自分がカットやボカシを指示した映画を、それしか見れない観客たちと一緒に、映画館で必ず見るべきだ。一回や二回じゃ気がつかなくとも、そのうちに、必ず自分のしていることの恐しさに気づかざるを得ないだろう。

いくら何でも立論が書生っぽ過ぎるかも知れない。それにしても、一連の日活ポルノ摘発以後、あらゆる映画関係者が予測していた通り、また映倫のあらゆる強弁にもかかわらず、映倫は警察の出先機関そのものと化してしまった。映倫は、審査基準を厳しくするたびに「警視庁とは無関係、現状に合わしたのだ」と強弁してきた。しかし、結果は、警視庁の摘発基準まで後退しただけだった。そして映倫のスポンサーたる大製作会社は、映倫をフィルターにして、警察となれ合っている。官憲の弾圧を防ぐ砦という映倫発足当初の美名はもちろんのこと、業界の自粛機関という看板も、映倫から今、完全に消えたと思う。今や、〝映倫廃止論〟が、どうしても表街道に出て来ざるを得ない時期になったのではないだろうか。多少危険でも、とりあえずは警察を、前面の敵として直接闘いの場に引出さざるを得ない時期になったのではないだろうか。もちろんこの闘いは、言うは易く、行うに難い。観客、作家、ジャーナリズム、そして興行者、大製作会社、配給業者を、ぜひとも味方の戦隊に組み入れざるを得ない闘いだろう。ジャーナリストの端くれとして、現に自分が何もし得ないでいる恥ずかしさを敢えて無視していうならば、刑法も出入国法も優性保護法も改悪されかかっているとき、つまり余りにも単純な反動化が、臆面もなく〝法〟化されようとしているとき、何となくずるずると悪くなっていくものに無感覚であることは、一番危険なのではないだろうか。映倫というフィルターを、現実的な必要悪と見る、一種の通念をどこかで断ち切らないならば、つくる側はともかく、見る側、つまり大多数の側の権利は、現在と比較できない形で無残な姿になり終るだけだろう。

こわい世の中になりましたと袖子(宮下順子)が、客の信介(江角英明)にいうシーンが初め方にある。『森は濡れた』の初めの方で、絵沢萠子がヒョコっと出て来て、「暗い世の中になりました」というシーンとそれは相似していた。妙に他人ごとめいて、妙に白けたいい方だ。その故にこそ、見る側はそのセリフにのちのちまでひっかかる。神代辰巳の至芸であろうと思う。神代に惚れてしまった弱みをあからさまにしていえば、神代の状況ないし人間世界そのものに対する認識と批評力は、常に鋭く深い。だが、神代は、それを直接的に表出するのを潔ぎよしとしない。宮下が、初見の客へのお愛想として、仕方なく「こわい世の中になりました」と世間話するように、また、絵沢が、何の脈絡もなく現われて「暗い世の中になりました」と棒読みするように、そのようにしか表出しない。

神代が、この映画の時代を、大正の中末期、つまり、恐慌の中で米騒動がひん発し、関東大震災の朝鮮人虐殺を起し、表面の華やかさの中で大正デモクラシーが自らの内に終末を内包しつつあったとき、そして軍国化、ファシズムへの駆け足前進を始める直前に設定していることからだけみても、彼が現代をどのように見ているかは多分明白だろう。だからこそ彼は、日活広報部の宣伝文句通り、正に「エロティシズムの原点に帰った本格的ポルノ映画作り」に本気で取組んだのではないか。彼は批評を、そのように表現する、いやそのようにしか表現しない作家なのだ。乱暴な類比だが、藤村や漱石の大作家然とした時代から、荷風の戯作者を気取る時代を私たちは迎えているのではないか。少くとも大島渚監督のいわば健康な批評精神の時代の次に(終ったという訳ではない)、戯作者たることを誇りとする神代辰巳を迎えた、ということは否定のしようがない事実だろう。

いわゆる戯作たる「本格的ポルノ」が、ロング・レンジにはともかく、ショート・レンジには、つまり今、〃モノの役に立つ〃のかどうか、私には解らない。少くともそれは大島渚作品がある時代持ち得た、また小川紳介作品が今持ち得ている衝撃力とちがうことは確かだと思う。しかし多分、それにもかかわらず、神代の『四畳半襖の裏張り』はどうしても今必要な映画なのだという気がする。しかし、こんなことを理屈で必要だ、必要じゃないと決めてみたところで、何の足しにもなりはしない。とにかくこの作品が今、おもしろいかおもしろくないかだけが、同時代人である私にできることだ。

『四畳半襖の裏張り』は、恐らく神代辰巳の最高の自信作ではあるまいか。もちろん惚れた側の勝手な臆測だが、『濡れた唇』以来の彼の全ポルノ作品を通じて、彼がこれ程覚悟を決め、これ程全力投球した作品はないのではあるまいか。彼が「多少妥協しても見てもらいたい」というとき、当然ながら映倫からのクレームを予見していただろうし、それ故逆に多少の改変位ではビクともしない作品を目ざしただろうと思われる。多分、神代自身から見ればどの作品もその程度の覚悟はしているだろうが、特にこの作品からはそれが感じられる。蛇足だが、私が特にこの作品について神代の覚悟というとき、単にそういう外的な意味の覚悟だけではなく、この作品が持つメッセージそのものが、神代がどうしてもいわずにはいられないという種類のものではなかったか、という意味も含めている。

語り口のうまさは当然のことだから後まわしにして、姫田真左久のカメラによる完璧といってよい画面構成に驚嘆する。多分、周辺を暗くボカす方法は、映倫との闘争に備えて編み出された苦肉の、しかし見事に成功した技法なのだろうが、映画のほとんど全篇を通じて、画面の中央に、すべての枢要な事物、動きが収斂し、凝縮している。まかり間違えば単調に陥いる危険を克服し得ているのは、各場面、各場面ごとの一枚の絵を見るような格調なのだと思う。そして突然開けた画面になるとき、そこは朝の海だ。地曳き網を引く漁師たち。腰巻き姿の女の、たくましさ。何とエロチックだろうと見ている間もなく、江角が「お前さん、変ったことがしたくなったよ」というタイミングの小気味よさ。そして再び絵の焦点は中央にすえられる。松林の坂道を登る二人。神代・姫田コンビの練りに練られた事前の工夫と、姫田の練達の腕だけがなし得た「芸」だろう。それに、宮下と江角が蚊帳の中で延々繰広げるベッドシーンについていえば照明(直井勝正)の苦労も並みたいていのことではなかったと思う。暗さを暗さともゴマカシとも見せず、逆手にとってリアルさをきわ立たせている。神代作品に必ず出てくる歌については、悲しいが私にはわからない。それでも、いつもながら見事なタイミングだと思う。(なおこれは語り口のうまさとも関連するが、神代における字幕の活用も、彼の方法論上絶対忘れてはならないことだろう)

『四畳半襖の裏張り』絵沢萠子、江角英明

戯作者あるいは物語りづくりの名人としての神代については、語れば歯が浮くだけかも知れない。江角と宮下のラブシーンをこれでもかこれでもか見せ続けながら、絵沢萠子や丘奈保美、芹明香、東まみ——それにしても彼女らは何とうまく、そして愛らしいのだろう——らが演ずる花街の女たちのたくましさ、哀しさが決して気張らずに語られてゆく。あるいはこの気張らなさは、神代映画のおもしろさの秘密を解く鍵、もっといえば、神代辰巳自身が絶対に譲るまいとして

持ち続けている〝粋〟の核心なのかも知れない。神代の語り口のうまさについて語ればキリがないが、一つだけ例をあげればラスト・シーンだろう。粟津號の二等兵と丘奈保美の芸者が道を駆けてゆく。芹明香の半玉が、絵沢萠子の執こさに恐れをなして、反対方向から走ってきてすれちがう。一方、座敷では宮下順子がコトの真最中だ。障子がガラリとあいて、走り込んできた芹が廊下にぺたんと坐り込んでいる。いい所で中断された宮下も息がぜいぜいしている。息をぜいぜいいわせながら向いあう二人のおかしさ、おもしろさ。そして絵沢が欲求不満に耐え兼ねてガラス製のハエ取り器で、エイっと天井のハエをとるストップ・シーン。「決マッテルー」と声をかけたくなるようなラストだ。もちろん、おもしろいかおもしろくないかは全く主観の問題だから仕方がないが、私ならこのラスト・シーンだけでもこの映画を買う。高橋誠一郎先生は一体どうして「全体におもしろから」なかったのだろう。あるいは、高橋先生は、神代がポルノに徹することによって、正に今こそ、傑作ポルノをつくるぜ（実際、宮下、江角によるベッド・シーンは事実以上にリアルであり、神代が正にそのベッド・シーンに第一の焦点を合せていることが、私が冒頭で、「ポルノそのものとしては、日活ポルノ最初の傑作だろう」といった意味でもある）という強い覚悟を示したこと、そこに神代のメッセージの核心があったことを見抜きでもしたのだろうか。まさかとは思うが。

　最後に、これだけベタぼめしながら、なおかつ映画館で公開された作品について、「ものたらなかった」という理由を簡単に示さなければならない。日活の広報部によれば、カットしたのは五、六分だという。目についた部分だけいえば、カットされたのは次のような部分。絵沢が小水をがまんして、腰をくねらせながら（このシーンは好演といえる）芹にお説教するシーン、芹がタマゴを股の間にはさんで階段の拭き掃除をするシーン、宮下と江角が松林の中で交合するシーン及びそれをのぞき見する芸者のシーン、宮下と江角のベッド・シーンや絵沢と芹の同性愛シーンも多少削られているのではないかと思う。話の大筋にはある意味で大した関係がないともいえるし、神代監督自身ある程度覚悟を決めていて余裕たっぷり手を加えているというふしはうかがえる。だが、この作品が戯作としてこそおもしろいとすれば、話の大筋には関係ないかも知れない細部のおもしろさは見かけ以上に重要なはずだ。特に絵沢が小水をがまんするシーンや松林での交合シーン、芹のタマゴのシーンなどは、全部カットされてしまっているわけではないが、カットされない前の微妙な〝くどさ〟が、ことばに表わせないおかしさ、満足感を与えたことは確かだ。新宿オデオン座で見た、映倫〝検閲〟後の映画では、ああもう一息で満足するのにという微妙なツボをすかされたみたいな、不満を感じた。

（ほりえいぞう・映画評論家／「映画評論」一九七四年一月号）

神代辰巳ふたたび――『四畳半襖の裏張り』再見

山田宏一

神代辰巳監督の死（一九九五年二月二十四日死去、享年六十七）を、一本の映画（『四畳半襖の裏張り』、一九七三）を見て心から追悼したいとおもう。

「全裸のセックスシーンが禁じられた」あとのロマンポルノ作品であった。そのうえ、「腰を動かしたり身体をよじらせたりするところを見せてはならない」ために、ほとんど画面の下半分が黒く塗りこめられてフレームがせせこましくなったところもある「検閲」後の『四畳半襖の裏張り』を、久しぶりにビデオ（にっかつビデオ、「ロマンシリーズ」）で見る。

　上のほうに女の顔だけが表情豊かに突き出ているだけで、首の下から画面全体が真っ黒というシーンもある。下が隠されて見えないために、かえって猥褻に感じられもするし、黒い画面にせばめられ、切り取られたような女の顔も、むしろD・W・グリフィス的なマスキングによるクローズアップの効果によって、美しくドラマチックに浮き上がってくるかのようでもある。いらいらするくらいアップの少ない神代辰巳作品の細部をささやかながらのぞきこんだような気分にもなる。

　夏の夜の四畳半の蚊帳のなかで、乱れに乱れた宮下順子の額や肌に汗が光る。

　神代辰巳監督は宮下順子に「手の動きひとつから「細かく動きをつけて」くれたそうである。

台本《ホン》に、ト書きにももちろんない部分に、すっごくいろんなおもしろい演技をつけてくれるの。女をよく知ってるっていう感じね。ときどきありますものね、演技をつけられて、あ、自分でもそういえばそういうときあったな、とか。全部ありそうなことをね、微に入り細に入りという感じで。

（杉浦冨美子・山田宏一・山根貞男編「水のように夢のように宮下順子」、講談社）

のちに神代辰巳監督がウィリアム・アイリッシュのミステリー小説「暗闇へのワルツ」を翻案したテレビ映画『仮面の花嫁　暗闇へのワルツ』（一九八一）を撮ったとき、ヒロインの悪女を演じた酒井和歌子に「ベッドシーンで、あたしの知らないポーズや演技をつけてる！」と宮下順子がくやしがっていたことを思いだす。

「十日間、七五〇万円で」というロマンポルノの厳しい撮影条件のなかで、「わりと気楽に遊んじゃった」（キネマ旬報別冊「世界の映画作家27」の白井佳夫氏によるインタビューより。以下の神代辰巳監督の言葉の引用も）という神代辰巳作品だけあって、どんな画面からも、ここはこうやったらおもしろいぞといったような作り手の即興に近い衝動的な意欲や歓びが伝わってくるかのようだ。長回しのキャメラによる持続した緊張感のなかで、シネマスコープの横長の画面の片隅に、泣くシーンなのにくすっと笑っている女優がいるといってフランソワ・トリュフォー監督が、一九七九年末に来日したときに見てもらったところ、ひどくおもしろがっていたものである。「早撮りでフィルムの無駄遣いもできなくて撮り直しがきかなかったのだろうが、じつはそのほうが画面にいきおいが出て、人物もいきいきとしている。ジャン・ルノワールの映画みたいだ」と。

そういえば、「ジャン・ルノワールの教訓」という言いかたをトリュフォーはよくしていたものだが、たとえばジャン・ルノワール監督が一九三四年に撮った『トニ』について、こんなふうに書いている。

> 俳優たちが演技の最中にこらえきれずに笑いだしてしまうとすれば、それは、とりもなおさず、ルノワールのキャメラの前で、みんながたのしんでやっていたからにほかならないのであり、事実、ルノワールは、たとえ深刻なムードで始まったシーンが逆にすっかり軽快で陽気なトーンで終わってしまいかねない場合でも、おそれることなく、とにかく現実の、生身の俳優たちの気分や動きを中心にしたあるがままの人生のほうを大事にしたのである。
>
> （「映画の夢　夢の批評」、山田宏一・蓮實重彦訳、たざわ書房）

トリュフォー監督自身の『突然炎のごとく』（一九六二）や、最近の例でいえばエリック・ロメール監督の『木と市長と文化会館』（一九九二）といった作品には、まさにそうした「ジャン・ルノワールの教訓」を感じることができるだろう。トリュフォーが遺作になった『日曜日が待ち遠しい！』（一九八三）で、ヌーヴェル・ヴァーグの初心にかえって、「アメリカのB級映画の息せききったリズムをだすために」、あえてB級映画なみの低予算と短期間の撮影条件を自らに課したことなどを思い合わせると、トリュフォーが神代辰巳作品にジャン・ルノワールを信奉するヌーヴェル・ヴァーグの精神と手法を共感とともに見出したとしても不思議ではないような気がする。

さらに、「男のエゴイズムと愚劣さに対して、女の寛容と美しさを描いた」神代辰巳作品にトリュフォーが「ジャン・ルノワールのように」という最高の讃辞を捧げていたことも付け加えておきたい。

『四畳半襖の裏張り』では何人かの女たちのエピソードがからみあって、それぞれおもしろく、すばらしいのだが、なかでも絵沢萠子の芸者が人力車にのって、自分の旦那を奪い取った女が「カー・セックス」の最中のもう一台の人力車を追いかける夜の並木道の恋の鞘当てのシーンは圧巻だ。「あれは撮影所のすぐ近くに団地があるんですけど、柳並木があって。そこを五〇メートルくらい移動しています。ナイト・シーンですから、ごまかせるんですね」と神代辰巳監督は言うのだが、姫田眞左久のキャメラによる移動撮影のすばらしさはビデオでも堪能できる。理論と実践が相伴わぬ御茶挽き芸者の絵沢萠子のセクシーなおかしさ。神代辰巳監督のもう一本のロマンポルノの傑作『濡れた唇』（一九七二）で絵沢萠子が全裸で、お尻まるだして、

『四畳半襖の裏張り』江角英明、宮下順子

道のまんなかを走り去って行った、その美しい快走ぶりが想起される。「体のバランスが面白いですね。胴が短くて、変な恰好していますよ。それで何となく好きなんだなあ」というのが絵沢萠子という女優についての神代辰巳監督の感慨（体感?）である。

　セックスの行為を「持続する時間の中で」とらえた江角英明の客と宮下順子の芸者の蚊帳のなかの秘事を軸に、陸軍の練兵場の点呼に間に合うように戻らなければならず「時間がない」陸軍二等兵の粟津號と売れっ子で「急がしい」芸者の丘奈保美の涙ながらのあわただしいセックスが対比的に寸描され、半玉の芹明香に絵沢萠子の芸者がまるで自分に言い聞かせるかのようにくだくだと諭すセックス談義やら、帮間の山谷初男の「口が災い」の首吊り騒動やら、東まみのエロティックな「封印切」のお座敷ストリップやらが不意にインサートされ、大正中期という時代の歴史ドキュメント、米騒動やロシアの三月革命やシベリア出兵の新聞記事、写真などが永井荷風の原作（「四畳半襖の下張」）からの引用と思しき字幕とともに、コラージュどころか、映画の流れを寸断したり、パラレルなバラバラのエピソードを間断なくつないだりするという構成である。そして、たとえば、「男の顔がいいのって真心《まこと》のないような気がして」という芸者の宮下順子のせりふをうけて「男は顔じゃない」という字幕がポンと入り、置屋で絵沢萠子が半玉の芹明香に三味線を教えている情景に移って、「男の顔はお金」という字幕をうけて「男に顔があるとしたら、お金だよ」という絵沢萠子のせりふになるとか、江角英明の客が宮下順子の芸者に「初回って気がしないね」というせりふをうけて「初回の客に気をやるな」という字幕が入り、その字幕をうけて置屋の絵沢萠子が化粧をしながら半玉の芹明香に「初めてのお客に気持ちを移しちゃいけないよ」と言うせりふにつづくといったぐあいの、いわば間髪を容れずといった感じの係り結びによるつなぎも、じつに小気味のいいテンポだ。

　神代映画の魅惑の結晶とも言うべき一篇なのである。

（やまだ　こういち・映画評論家／「映画芸術」一九九五年夏号〈追悼　神代辰巳〉／『日本映画について私が学んだ二、三の事柄II』ワイズ出版、二〇一五年所収）

「匂いを感じさせる映画《シャシン》にしたいね……」

菊川芳江

　神代組が編成された最初のスタッフ会議で、神代辰巳監督を囲み、三浦プロデューサー、姫田撮影監督達と（みなさん早々と逝かれてしまいました）この作品の狙いなどについて話を弾ませている時、「今度は匂いを感じさせる映画《シャシン》にしたいね」と誰かがふと口にしました。

　私達スタッフは思わずドキッとして、お互いの顔を見つめあいました。私が視線を監督にふと向けると、あの何時も絶やさぬ笑顔がニヤーとしました。

　映画は視覚と聴覚に訴えて表現するものですが、連想ではなく、鼻腔でもなしに、脳で匂いを感じさせることが出来るのか、当時若かった私は重い課題を背負わされ、「何としても匂いを感じさせる美術《セット》を作りだすぞ」と、高ぶる気持ちを押さえつつ、ファイト満々で立ち向かったものです。

　主なセットは置屋と待合などですが、特に梅ケ枝の一室は夜毎に繰り広げられる男と女の睦みごとの、汗と脂と溜め息に染められた襖や壁や障子、そしてその部屋にのべられた髪油や脂粉の匂いが染み込んだ夜具。装置、装飾……こういったものを緻密に、リアルに再現すれば匂いを感じさせることが出来るのだろうか?

　黴臭い小道具倉庫の中を夢中で、枕屏風や掛け軸、

『四畳半襖の裏張り』江角英明、宮下順子

艶めかしい蒲団などを探し回り、ようやく仕上げてクランクインを迎えましたが、結果として、意欲のみが空回りをして出来上がった観念的で姑息なセットが何とも不本意で、内心忸怩たる気持ちでカメラの脇で撮影を見守りました。

　永井荷風作と伝えられているこの原作の頭書に「大地震のてうど一年目に当らむとする日、金風山人あさぶの佳風書下に識るす」とあり、話の年代は大正中頃と思われますが、監督は低予算を逆手に取って記録写真などを使い、実に巧みに粟津號の兵隊、絵沢萠子の置屋の女将、たいこもちの山谷初男、芹明香の朋輩芸者等の芸達者のエピソード、宮下順子演ずるところの芸者袖子と江角英明の信介との濡れ場に、目まぐるしいばかりにカットバックさせ、見事に当時の世相を浮かび上がらせていました。

　経済不況の慢性化、排日運動の激化と外交的孤立……やがては昭和の大恐慌を経てアジア侵略戦争へと駆り立てられていく序曲の時代、近づく軍靴の響きを畏れ、漠然とした不安に脅え、逃げ場のない市民の無力感、閉塞感……日本全体が固い殻の中に閉じ込められた状況を、待合の四畳半というミクロコスモスに凝縮させ、追いつめられた男が、弱い女の深い淵に身を投げ、あえぎ溺れ刹那的に生きる証を必死に求める姿を、鬼気せまるばかりに妖艶な芸者袖子のエロチシズムで際立たせています。

　小部屋に充満し濃縮された哀しいまでの女の匂いが、撮影所の試写室のスクリーンから強烈に迫ってきます。普通のテクニックではどうしても出せない匂いを、神代映像マジックは観客を、その時代その場所に誘い込み、そっと覗き見させて見事に感じさせています。

　打ち合わせの時の監督のニヤーとしたあの笑顔が、初号試写でようやく理解出来たように思えました。

　匂いもない、物もない、そして形もないであろう雲の上で、神代さんや三浦さん、姫田さん、今ふたたびロマンポルノが見直されていることを、どんな想いで見ておられるでしょうか。そして今なにをお撮りになっておられますか？

（きくかわよしえ・美術監督／
「映画芸術」二〇〇一年夏号）

08

濡れた欲情　特出し21人

【公開】1974年1月3日
製作配給＝日活　カラー／ワイド／77分　併映＝『大奥秘話　晴姿姫ごと絵巻』（監督　＝林功）『ドキュメントポルノ　トルコテクニック大全集』（監督＝山本晋也）

【スタッフ】
プロデューナー＝三浦朗　企画＝栗林茂　脚本＝神代辰巳　鴨田好史　撮影＝姫田真左久　照明＝直井勝正　録音＝福島信雅　美術＝渡辺平八郎　編集＝鈴木晄　記録＝白鳥あかね　音楽＝世田ノボル（伊部晴美）　助監督＝鴨田好史　スチール＝井本俊康　製作担当＝栗原啓祐

【キャスト】
夕子＝片桐夕子　メイ子＝芹明香　まゆ＝絵沢萠子　芳介＝古川義範　英吉＝高橋明　修＝粟津號　さゆり＝吉野あい　久作＝庄司三郎　はみだし劇場＝外波山文明　内田栄一　京美＝東まみ　ジュン＝宝京子　東八千代（ママ）＝東八千代　踊り子たち＝宝由加里とその一座　支配人＝山岡正義　社長＝浜口竜哉　布団敷きの男＝姫田真左久

⦿映画芸術ベストテン8位

【物語】

全国を踊り回る宝とも子ストリップ一座。踊り子には東八千代、夕子、まゆらがいる。そして、はみだし劇場の外波山文明や内田栄一もまた大道で芝居をしながら旅に生きている。一方、大阪・釜ケ崎。そこで腐っていた芳介はある夕暮れ財布を拾う。六万円也。芳介は釜ケ崎を抜け出し、スケコマシの旅に出るのだった。「まだ開業早々やからな。それでも大体どんな女がコマセるか、わかるようになってきたな」海辺の食堂で出遭った文明に、スケコマシのウンチクを開陳する芳介。居合わせたメイ子を引っ掛けるが、メイ子は立ちんぼだった。そのまま、くっついてしまう二人。ある街、夕子は移動のバスの中から、道端の二人を目撃、追いかけるがすんでのところで逃げられる。芳介は、かつて夕子のヒモだったのだ。就寝、ストリッパーとそのヒモが精を出すなか、まゆのヒモの久作が夕子に手を出し、夕子は一座を抜けてしまう。久作は、お詫びにと指を詰め、一座を去りヤクザに落ちぶれていく。夕子は芳介とメイ子を見つけ、三人の道中が始まるのだった。夕子とメイ子は意気投合、二人でレズ・ショウのコンビを組むことになり、芳介は哀れ蚊帳の外。「大体気の強い女は誠実やで……反対にやさしい女はあかんな。浮気性やで。やさしいしよるから、こっちがその気になっていると、他の男にもやさしいしよるんやな、すぐ気うつしよる。女は気の強そうなのがええで」飲み屋で文明と再会し、我が身を愚痴る芳介。性懲りもなくさゆりという旅の女を追いかけて警察につかまった芳介は留置場で、みたび文明に出くわす。一座では、逆恨みに燃える久作がドスで殴り込み、大騒ぎになる。さゆりはこともあろうに夕子とメイ子に拾われて、ストリッパーになる。芳介の子供を妊娠したらしい夕子の代わりに、今度はメイ子とさゆりがコンビを組むのだった。こうして、今日も日本のどこかで、男も女も生きていく。

今号の問題作批評

地誌劇を演じる根なし草の芸人

斎藤正治

神代辰巳は密室に閉じ込めた性を、一転解きはなして、またしても彼独自の新らしい世界を描き出した。「四畳半襖の裏張り」では、日付けと時間を解体する方法で、密室から世界を透視した。あの長い情事に、歴史を対応させたのだった。私は性で歴史を取込んだと批評した。そこにはまぎれもなく神代の大正があったとほめた。

「濡れた欲情・特出し21人」は、時間とともに風景、あるいは地図までも恣意的に解体してしまっていた。こうして神代はこんどは自分の勝手な地誌を描いたといえる。

釜ヶ崎でスケコマシの若者が酔っぱらったところが写されると、つぎのシーンは京都のストリップ小屋（ヌード・ショウ劇場というより懐かしいストリップ劇場と呼んだ方がこの映画にはふさわしい）の情景になる。ストリッパーたちのマイクロバスの移動のつぎはスケコマシの財布を拾う場面だ。どこともわからぬ田舎の町で「はみだし劇場」が演じられると、スケコマシに捨てられた夕子が男を追っかける。浅草ロック座が写されると、突然信州の山々の遠景が浮かび上がる。

「それも今は昔の話」「今は昔」「今は今」のタイトルに分節された構成のなかで、風景と人とが飛びかうのである。この脈絡のない不連続が奔放にスクリーンに写し出されて、最後は主役夕子の生きざまに収斂していく。分節のタイトルからは編年記ものと錯覚されがちだが、それほど厳密な意味は持っていない。不思議な構造の作品である。「四畳半襖の裏張り」に続いて時間の秩序を失い、さらに空間的地図を無視したところで、神代は確固として自分の方法を確立した。

はみだし劇場の外波山文明が大きな役割で登場していることにも、この方法と深くかかわっている。新宿をはみ出して放浪するこのアングラ劇場は、軒下でも道路でも劇場にしてしまう。いわゆる街頭劇である。どこでも劇場にしてしまうということは、逆に既成の劇場を無視する思想である。演じた道路や商店の軒下が彼らの劇場だ。固定してそこにあり続ける例えば俳優座劇場や、新宿文化劇場には目もくれず、外波山らは、任意の土地に任意の劇場を〝構築〟する。いってみれば地誌的演劇を方法としているということになる。密室から一転して、「特出し21人」をつくった神代の方法も、映像秩序を無視して、自分の地図を描いている。はじめに神代は自分の地誌を編んだといったゆえんだ。

はみだし劇場の役割はそういう方法論で共通することにとどまってはいないと思われる。

自分を徹底した河原乞食に変身させて演じる大道芸のふてぶてしい即興性が（といっても戯曲は正確にあると思う）スケコマシを演じる男の厚顔さや、彼女たちのオープン（股開き）の演技と生き方に、強く通底するものを持っていて、神代はそれを見てとって、はみだし劇場を起用したのであろう。こうして「昔」から「今」へのキレギレに綴った断片が、トータルとして、特出し嬢とその周辺の世界をみごとに描き出すことになった。

ここに登場してくる人物たちの生理と感性だけで生きている、その圧倒的なみずみずしさには目をみはるのである。「一条さゆり・濡れた欲情」には、モデルに裁判がらみの悲壮感・使命感があって気になったが、この作品の人物は、伊佐山ひろ子や白川和子のような人たちばかりである。

純真さと無知と楽天性で、出世する幻想を抱いて、そのくせあっけらかんと生きていて、みじんも暗くない。その辺りの形象化は神代の喜劇的な演出と、はみだし劇場に仮託した土着的なバーバリズムが救済している。ストリッパーたちは日本中どこでも舞台にできる芸人、現

『濡れた欲情　特出し21人』芹明香、片桐夕子

代の巫女なのであった。神代は地誌劇を演じる根なし草の芸人を彼女たちにイメージしたのであろう。

　女たちを取巻く男たちの描き方も優れている。スケコマシの芳介は、落とすまでは情事の最中でも喋り通す若者であり、だめなヤクザの久作は、ちょっとしたミスで指を切り落したかと思うと、逆に恩義ある劇場夫婦を殺傷してしまう。そういう男が活写されている。挿入歌も例によって効果的だが、片桐夕子、芹明香の主役二人がなかなかだ。片桐の放尿シーンは映画史に残る場面だと思うが如何。


（「キネマ旬報」一九七四年二月下旬号）

今号の問題作批評

戯作に興じる風情が…

飯島哲夫

　気の強い女は誠実やで、浮気もせんとよう男に尽しよる、やさしい女はアカンなぁ。ほかの男にもやさししよるンやなぁ、女は気の強いのがええで――と、すけこまし、芳介の口から、しみじみ吐露される神代辰巳の女性観!?

　例えば「やくざ観音・情女仁義」(73)の谷川のたわむれ、あのスロー超ロングショットは、あまりにも美しすぎた。神代は、あくまでフルショットの作家である。「特出し21人」の茫洋として中心のない風景。

　「一条さゆり・濡れた欲情」(72)が、一条さゆりに託したフィクションなら、「濡れた欲情・特出し21人」(74)は、実在の名を借りたフィクションであるという。外波山文明・内田栄一はみだし劇場、宝姉妹や東興業のストリッパーたち、はたまた、三波春夫、都はるみ、北原ミレイの歌謡曲にサントリー純生のCMソングはおろか、浅草ロック座、船橋の淀君ミュージック、上山田温泉や北上川駅までが、まさに実名のまま登場するわけだ。

　花よ綺麗とおだてられ咲いてみせればすぐ散らされる……すけこまし芳介(古川義範)のテーマは、ごぞんじ〈怨み節〉。それをメイ子(芹明香)がかすめ取り、死んで花実が咲くじゃなし……と歌い返す。芳介にくどかれてストリッパーになり、レズショーを体験、やがて、女役から男役へ転身したメイ子の物語。

　曽根中生の映画からそのまま抜け出したような夕子(片桐夕子)の、大きな腹かかえた笑顔とは対照的に、男役・メイ子の表情は精悍そのものだ。

　ところで、二回のレズショー、夕子とメイ子のからみに流れる哀調のメロディは、確か、一条さゆりのテーマであった筈。ラストのメイ子とさゆり(吉野あい)の件り、はるみの生まれは九州の筑豊のボタ山穴ン中……言うまでもなく「一条さゆり・濡れた欲情」の節まわし。

　「特出し21人」は「一条さゆり・濡れた欲情」のパロディなのだ。高橋明うたうと伝えられる〈なかなかづくし〉や、回転ベッドのファック、ブタ箱でのけったいなふるまい、ろうそくショーのさわりも、ちゃんとあるのだから。

　そして、過去の神代作品のパロディでもある。芳介とさゆりの車内ファックは「濡れた唇」(72)、絵沢萠子がヒモを追いかける件りや、都はるみ、三波春夫の歌謡曲は「恋人たちは濡れた」(73)、ヒモ・粟津號のあわただしい幕間ファックは、むろん「四畳半襖の裏張り」(73)だし、小水シーンは神代の得意とするところ。

　かくて神代は「女地獄・森は濡れた」(73)、「やくざ観音・情女仁義」「四畳半襖の裏張り」と続いた、密室的完璧さを装う重苦しい映画世界から、さらりと身をかわしたのである。余裕しゃくしゃく戯作に興じる、と

『濡れた欲情　特出し21人』宝由加里とその一座

いった風情。安い指輪を贈られて花を一輪かざられて……まごうことなき悲劇歌謡〈ざんげの値打ちもない〉さえ、ハイッドゾーの絶妙な掛け声によって、あっさり軽みへと転化されてしまうのだ。

折から、田山花袋「蒲団」の映画化が報じられた。「特出し21人」では、いささかワルのりのきらいもあるが、醒めた視線、斜の構えからくる神代の戯作的方法は、自然主義への有効な武器にちがいない。

今は昔、テレビジョンに〈東京流れ者〉などの歌謡曲を流しまくったのが、ほかならぬ内田栄一。狙いは、再び、さすらいのパロディか。旅から旅へ、劇場《こや》から劇場《こや》へ渡り歩くストリップ一座と、外波山文明はみだし劇場の関係は、特出し・レズショーが劇場《こや》から路上へ進出しうる可能性を暗示した、かどうか。

（いいじまてつお・映画評論家／「キネマ旬報」一九七四年二月下旬号）

ストリッパーを追い続け……

片岡修二

夕子(片桐夕子)は居直ったように明るく、メイ子(芹明香)は面倒臭そうに気怠く、「ハイ、どうぞ」と、かぶりつきの男たちに御開帳していく。二〇年前に観たこの映画で、まず思い出すシーンだ。

公衆の面前で出せばワイセツ罪に問われるその箇所を特別に出す「特出し」ショーのストリッパーと、その箇所に熱い視線を送っても罪に問われないかぶりつきの男たち。視姦、医学的好奇心、胎内回帰願望と、男たちの心理は色々有るだろうが、引きで客観的に見せられると、女に平伏す男たちの図となる。

「ストリップは何んにもせんで、威張って見せてりゃ客は喜んでる。こんないい商売が他にあるか？」

夕子のヒモ、芳介(古川義範)が、田舎町でたらし込んだメイ子に言う。サイフを拾っただけで運命が開けたと大喜びする楽天家の単純な理屈だが、ストリッパーに対する敬意でもある。同時にそれは、デビュー作『かぶりつき人生』以来、ストリッパーにこだわり続けた作者、神代辰巳の思いでもあったはずだ。

セックスを商品化していても、ストリッパーは娼婦ではない。(生板ショー等、判然としないものもあるが)扇情的に女体を表現する芸人なのだ。だから彼女たちの性愛も堕天使的な虚無感はなく、庶民の生き様として生き生きと描かれている。

裸になることの差恥心も文明に作られたものとすれば、それがセックスに結びつく以上、女はそれをことさら大袈裟にして、男との打算の取引材料にしていったのかも知れない。だから成立つストリップは男と女の関係を如実に表しているとも言える。

「気の強い女は誠実や。浮気もせんで男に尽くすが、優しい女は浮気症や。こっちがいい気になってると、他の男にも優しくする。女は気の強い方がええで」

芳介が、旅先で知り合った「はみだし劇場」の外波山文明(本人)にしみじみと言う。スケコマシを自認しながら、いまひとつパッとしない芳介がやっと得た哲学だ。芳介は饒舌な男で、セックスの時も喋りまくる。気が散るから喋るなと言うメイ子に、

『濡れた欲情　特出し21人』内田栄一、外波山文明

なるようくどき続ける。男根神話の信奉者にとって性行為の最中こそ、自信がみなぎる時なのだ。

しかし、外波山はことごとく芳介のスケコマシの邪魔をする。内田栄一(本人)と共に街中のどこでも劇場と化してしまう外波山のアナーキズムも、こと女に関しては常識的で、紳士的だ。外波山は、芳介のスケコマシの邪魔することで、逆に警察に掴まってしまうのだが、その留置場で、安藤昇の『男が死んで行く時』を

歌い出し、留置場も劇場化して行く。

この放浪する「はみだし劇場」を絡ませて、旅する芸人としてのストリッパーの姿を描いていく、言わばロードムービーだが、旅はむしろ内面に向かっていく。芳介と出会い、ストリッパーになったメイ子は、夕子とのレズビアンショーで同性愛に目覚めてしまう。生殖を否定する同性愛にのめり込んでいくメイ子とは対照的に、夕子は、ラスト、芳介の子供を見籠もる。それは自ら、男の帰るべき駅となることで、そこまでの旅に一応の決着をつけたのだ。

『濡れた欲情　特出し21人』手前に絵沢萠子、奥に高橋明、東まみ

『一条さゆり・濡れた欲情』では、伊佐山ひろ子が、ストリップ界のスター、一条さゆりを目標に、したたかに生きていくヒロインを小悪魔的な魅力を発散させて演じていた。同時に、被害者なき犯罪、ワイセツ罪の確信犯的存在である一条さゆりを起用することによって、少なからず反権力志向も感じさせた。

しかし、ここでの主人公たちは『怨み節』や『ザングの値打ちもない』等の当時流行った怨歌を口ずさむものの、決して上手くなく、白けムードが漂う。まるで前作の反権力志向を帳消しにするかのようにも感じられる。当然、自作のパロディ的要素も有るだろうが、この似て非なる二作品を連作することで、女という存在、又はストリッパーという存在を立体的に表現しようとしたに違いない。ストリップという職場で、自分の位置を作ろうとする伊佐山と、子供を見籠もり家庭を目指す夕子が表裏で、メイ子の刹那的、快楽主義的なものが、その側面を担う。又、ストリッパーのヒモから、やくざに転身し、義理ある劇場主を殺してしまう短絡的な男、久作（庄司三郎）の情婦である絵沢萠子は、母親的な存在として描かれている。

「実在の名を借りたフィクションです」と冠されたこの映画は、例えば女の実在に限りなく迫ろうとする映画という表現が、実在の果てしなさに決して追いつくことなく、しかし、追い続けることが表現であると訴えかけている。それは、最後まで現場に居続けた神代辰巳の姿勢そのものだ。

そして、この『濡れた欲情・特出し21人』からちょうど一〇年後、四再度、ストリッパーをヒロインにした『美加マドカ・指を濡らす女』が作られる。新風営法施行の直後で、ストリップ自体も様変わりを余儀なくされた時代であり、又、齋藤博の脚本を得て、両『濡れた欲情』とは異質な世界が展開されていた。しかし、美加マドカが演じるストリッパーには子供が居て、それが夕子と芳介の子供だと、思い込めば、壮大な大河ドラマになる。

（かたおか しゅうじ・映画監督／「映画芸術」一九九五年夏号〈追悼　神代辰巳〉）

『濡れた欲情　特出し21人』

春田寿延

お正月興行を意識してか、〝特出し21人〟なる華やかなタイトルを冠する本作は、前作『四畳半襖の裏張り』に引き続き、神代の映画的時空間再編への実践が、遂に頂点へと到達した傑作である。端的に言って、本作の獲得したオリジナリティは、世界映画史上でも屈指のものであろう。

出演は、神代とは本作のみで、他に近藤幸彦『女高生レポート・夕子の白い胸』（七一）曽根中生『㊙女郎市場』（七二）『不良少女・野良猫の性春』（七三）等の主演作がある、片桐夕子。常連芹明香にとっても、代表作と言っていい快演である。ヒモの芳介役は、六月劇場出身の古川義範。〝はみだし劇場〟の外波山文明は、八〇年代以降はピンク映画の常連となり、『破廉恥舌戯テクニック』（九〇、別題『昭和群盗伝2　月の砂漠』）など瀬々敬久作品で印象深い。近年は一般の映画ＴＶ作品への出演も多く、主な作品に瀬々『ヘヴンズ ストーリー』（二〇一〇）、白石和彌『凶悪』（一三）など、声優としてはアニメ『こちら葛飾区亀有公園前派出所』など。

『濡れた欲情　特出し21人』撮影スナップ。神代辰巳、姫田真左久（撮影）、片桐夕子

内田栄一は、のち『赤い帽子の女』の脚本を書くことになる。浅草ロック座が全面協力し、本物の踊り子たちが、俳優たちに劣らぬ存在感でフィルムに焼き付けられている。

お馴染みの唄も、「ナカナカ尽し」「網走番外地」「ざんげの値打ちもない」「好きになった人」〝女囚さそり〟のテーマ「怨み節」等々、恐らく最多にして、多彩。当時大評判だったＴＶ『木枯し紋次郎』（中村敦夫主演・七二〜七三）のテーマ「だれかが風の中で」が、チンピラの庄司三郎の斬り込みに流れるくだりは、抱腹絶倒である。

〈浅草のロック座の支店が信州の上山田温泉にあるんですが、三浦朗（プロデューサー）も非常にかわいがられていましたので、ロック座のママさんが全面的にタイアップを引き受けてくれて……信州にロケに行って、またスタッフ共同生活です（白鳥あかね）〉（桂千穂『スクリプター　女たちの映画史』〔日本テレビ〕より）スタッフ・キャスト文字通り一体になっての撮影は、そのまま完成作の湧き立つような賑々しさへとつながった。奔放な語り口の本作だが、「それも、今は昔の話」「今は昔」といった字幕（「今は今」のみシナリオにはない）や、アドリブ的に撮られたような場面（はみだし劇場や、一座の日常スケッチ）等のほとんどのエピソードが、既にシナリオに存在している。自由な話法で知られ、しばしばシナリオにない枝葉が加わっている神代映画だが、当然のことだがそれは単なる思いつきではなく、脚本、撮影、仕上げ、それぞれの現場で柔軟に発想され、丹念に練り上げられたアイデアの成果なのである。

（はるた としのぶ・映画愛好家／
「神代辰巳　女たちの讃歌」パンフレット、ビターズ・エンド、一九九七年）

シナリオ

濡れた欲情　特出し21人

脚本＝神代辰巳・鴨田好史

1
タイトル

この映画は実在の名をかりたフィクションです。

映画の中の物語りは全て事実ではありません。

2
大阪釜ヶ崎の夕暮れ

一杯飲み屋でバクダンを一息に飲んだ芳介が指で鼻をつまんで一気に走り出す。芳介、二十二三才。半年ぐらいこの街に住みついている感じ。

暮れなずむ街を全力疾走する。

たちどころに酔がまわって、ばたんとひっくりかえる。

すでにもうろうと人通りを眺めて、よろよろ起き上る。

〜きすぐれ　きすぐれ　きすぐれて
どうせ　おいらの行先は
その名も網走番外地〜

と、唄って歩く。

「この野郎っ！」

と、酔いにまかせてあたり中にどなりちらす。

3
京都のあるストリップ小屋の東八千代の日舞の舞台

あでやかに。

4
再び、芳介が一ぱい飲屋でバクダンをぐいと一息にひっかけて、鼻をつまんで走り出す

よろけて、すっ転んで、

「野郎っ！」

と、どなるが、それはもう声にならないで、死んだように酔いつぶれてしまうようである。

5 京都のストリップ小屋

東八千代の踊り。

特出し。

まばらな客。

6 酔いつぶれた芳介の顔に冷たい雨が降っている

7 八千代のフィナーレ・舞台から楽屋へ

楽屋には支配人が待ちかまえていて、
支配人「もっと、オ×××出さんかい。入りが悪くて、どもならんやんか」
八千代「は？」
支配人「ぱっちり出さんかい！」
八千代「それ、私のオ×××のこと言ってるわけ？」
支配人「当り前や」
八千代「私のもの、私が出すのに、出せとはどう言うことかね。何だよ?! もっと、言いようがあるんじゃないかねえ！ お願いします。もっと出して下さいとお願いされりゃ、減るもんじゃなし、いくらでも出してやるよ。おい?! いやだね、出せとは何だよ。出せとは。冗談じゃねえよ。よう、みんな、こんな小屋、私達が踊るようなとこじゃないよ。荷物まとめな。出て行こうじゃないか」
七八人いた踊り子たちが荷物をまとめはじめる。
支配人「何だって?! このあま、ふざけやがって！ 契約が残っとろうが。契約が！ 出て行けるもんなら、出て行ってみい。この業界じゃ喰えんようにしてやる」
八千代「かまうことねえよ。みんな、さっさと出て行こうじゃねえか」

8 タイトル

それも、今は昔の話。

9 マイクロバスが走る。その胴体には染め抜きの幕が張ってある

「東京浅草ロック座。

宝とも子ストリップ一座」

座席に東八千代が乗っている。隣りの踊り子に話しかける。

八千代「時々勝負かけなきゃね。こっちは裸一貫あそこをおっぴろげるだけでここまでやって来たんだもんね。あれでよかったんだよ。あの後、あそこの社長からすっかり気に入ってもらったもんね」

すっかり落ちついた感じの八千代。

張り幕に風をはらんで走るマイクロバス。

10 踊り子が引っ込むと、舞台が暗転する

その薄ぐらい舞台にベッド引きのおじさんがフトンをかかえて出て来る。黙々とふとんを敷いて、黙々と袖へ引っこむ。と、音楽と共に再びライトが照らして、ジュンのベッドショウが始る。一分ぐらい。

クレジットタイトル。

11 大阪・心斎橋筋らしきところ

寒空に、ダボに腹巻きといったいでたちで芳介が肩をいからせて歩いている。足もとに落ちているサイフをぽんとける。もう一度蹴って、道の隅に寄せて拾う。それを腹巻きにおさめて肩をいからせてあたりを見廻す。

その先の交番を横目ににらんで横手へ入って行く。

12 その公衆便所

芳介来て、便所へ入って鍵をかける。サイフをしらべて見ると五六万の金が入っている。芳介、出て来る。

13 交番の前を「あゝあ、釜ヶ崎を抜け出せるわい」と交番へ向ってどなって行く

14 暗転した舞台に再びベッド引きのおじさんが、黙々とふとんをしいて袖へ行く

音楽と共に舞台が明るくなって、ベッドショウがはじまる。一分ぐらい。

メインタイトル。

15 海の見えるドライブインのラーメン屋で芳介が同じ年ぐらいの男と話をしている

お互い見ず知らずらしい。男、外波山文明。
芳介「よく出来たもんで、俺の運命は心斎橋で金拾うてから、ぱあっとひらけて来たんやからな」
外波山「開けたって、あんた、今、何やってるの？」
芳介「まあ、すけこましみたいなもんや」
外波山「そう。すけこましぐらいで道が開けたって言えるの？」
芳介「偉そうなこと言うやないか？ まあええやろ。要するに、俺にとっちゃ、とにかく道が開けたんやからな」
外波山「今迄、何人ぐらいこました？」
芳介「二人」
外波山「たった」
芳介「まだ開業早々だからな。そいでも、どんな女がこませるか大体わかるようになったな」
外波山「どんな」
芳介「体の線だな」
外波山「体の線って？」
芳介「素人にゃ言うてもわからん」
男はラーメンかなんか喰い終って、立ち上る。
外波山「じゃ」
それから、
外波山「日本中流してるの、あんた？」
芳介「そう」
外波山「そいじゃ、どっかで又、会えるかもわからんな」
芳介「そうやな」
外波山、出て行く。ガラス戸越しにその男が「はみ出し劇場」と幟を立てた軽トラに乗りこむのが見える。
そして、もう一人。店の出口近く、さっきから、芳介がひそかに目をつけている女がいる。
メイ子、二十才。
メイ子、店を出て行く。
芳介、ついて行く。

16 波止場

芳介が先廻りして待っていると、メイ子がその前を通って行く。

メイ子は防波堤の先へ歩いて行く。

芳介ついて行く。

メイ子、港の内側の船着場の石段を降りて腰を下す。

芳介が来て、石段の上に立っている。

メイ子、それを気にして、立ち上って石段を上って行く。芳介の前を通って防波堤をもとの方へ引き返して行く。

芳介ついて行く。

17 もとのドライブイン

メイ子入って来て席を取る。

芳介も入って来て、メイ子の前に坐る。

メイ子「さっきあんたと話してた人が、あんたすけこましやから気をつけろって、出て行く時、教えてくれたわ」

芳介「あの野郎っ。とんでもねえ冗談言いさらしおって」

メイ子「あんた、お金ある？」

芳介「何でや？」

メイ子「いくらぐらいある？」

芳介「おい、お前、まさか、パン助ちゃうやろな？」

メイ子「それ程でもないわ」

芳介「それ程でもないやて、けったいなこと言うやつやな」

メイ子「あるんなら、つきあってもええけど」

芳介「たんとはないで」

メイ子「ええわ」

と、立ち上って二人肩を並べるように出て行く。

18 二人、モーテルへ入って来て

メイ子「先にお金頂戴」

と、しぶってる芳介をうかがいながら、

メイ子「先にもらっとかんと、後じゃ、お前もいい目にあったんだから、金、まけろみたいなこと言われたら、うち、つい、そうかって、貰いづらくなるたちやから」

芳介「気のきいたこと言うやないか」

と、芳介、サイフから、四五枚の千円札を出すと、メイ子それをハンドバックにしまいながら、

メイ子「おおきに。あんた、何してる人？」

芳介「すけこましがだいなしや」

メイ子「ほんまのすけこまし？」

芳介「まあな」

と、二人は裸になってベッドにもぐりこむ。

芳介「おまはん、俺と、旅せんか？」

メイ子「へえ、やっぱし、ほんまのすけこましやな」

芳介「もうええ、そう、すけこまし、すけこまし言うなよ。どや、俺と旅しようや」

言いながら、メイ子をまさぐっていた芳介がメイ子にのっかる。

芳介「ええな」

と、腰を入れる。

芳介「あんまり急や思うやろけどな、俺、今日、此の町出んならんのや」

メイ子「あんたいやらしいな。してる時、もの言わんといて」

芳介「うん」

と、しばらく動いていて、

芳介「青森県行くんやけどな」

メイ子は「ううん」と眉をしかめているのを眺めながら、

芳介「行きっぱなしってわけでもない。一週間か二週間でええわ。遊びのつもりで、俺と青森までつきあえや」

メイ子はだんだんよくなる様子で、

メイ子「しゃべらんといてえ」

と、自分から動き出す。

芳介もそれに合わせる。

メイ子が乱れて来たところで、

芳介「ええな、一緒に行くな」

メイ子「あ、しゃべらんといて」

と、もだえる。

芳介「俺、おまはん好きになってしもうたんや、わかるな」

メイ子「ああ、うるさい言うたろ」

芳介はそんなメイ子の乱れにねらいをつけるように、

芳介「惚れたんやで、ほんまや」

メイ子「ああ」

芳介「一緒に行こうな」

そして、とうとう。

「行くっ！」

と、メイ子。

19 街

道端に四五人一列に並んで坐って、めしを喰っている一団がある。

外波山文明を座長とする東京新宿をはみだした『はみだし劇場』の一行である。彼等は通行人に一切かまわず、もくもくと飯を喰ってるだけである。

内田栄一の「混乱生血鬼、錯乱号」のうち、「旧の芝居、街頭レストラン」をやっているところである。

20 それがバスからの主観移動に変り、すこし行った先に、「はみだし劇場」の幟を立てた軽トラが置いてあり

そのバス「東京ロック座、宝とも子ストリップ一座」のマイクロバスである。

その中に、夕子が乗っている。

夕子、突然驚いたふうに、

「止めて、止めて、畜生っ！」

と、席を立って、運転席の方へ走り出す。

そのフロンドグラス越し、

芳介とメイ子が手を取り合って歩いているのである。

夕子「畜生、止めて！　あいつ、又病気出しやがって！　女、作りやがって！　畜生、止めて！」

芹明香、古川義範

車が止る。

夕子、降りて行く。

夕子「野郎っ、どこへ消えたかと思ってたら、畜生！」

と髪をふり乱して芳介とメイ子にせまるのへ、

驚いた芳介、メイ子の手を引っぱって、

芳介「すまん、走ってくれ！　すまん、走ってや！」

と、必死に走りこんだ先。

21 駅

改札口を抜けて一目散。

ちょうど発車間際の汽車に飛び乗る。

動き出す汽車。

ホームへ走りこんだ夕子は間にあわずと

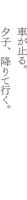

悟って、わあっと泣きふすのである。

22 汽車が走る

23 信州上山田温泉

千曲川のほとり。

24 ストリップ劇場・ミカド

25 夕子のベッドショウ

激しく、もの狂おしく。

終って暗転すると、

ベッド引きのおじさんが出て来て、無表情にふとんをかたづける。

再び明るくなる舞台。

〽あれは八月末のこと
丁度、十九となった日に
花を一輪かざられて〽

と、夕子テープに合わせて唄いながら、

「よお」

と、威勢よく、オープンして廻る。

夕子「あらよ」

客の鼻つらにぱあっと股を開く。

26 その雑魚寝の楽屋

薄くらがりでふとんがあやしく動いている。よく見ると、一組の男女がつるみあっているのがわかる。

その枕元の鳥籠の中の鳥が「きっき」と二人をはやしたてるようである。

その二人、修とジュンはかなりいいところまで行っている。

ジュンの押し殺したあえぎ声がもれる。と、その手前のふとんから、英吉が頭をもたげて声をかける。

英吉「大分よくなったらしいな」

「畜生」

と、修がすかさず答える。

修「やっぱし起きてやがったか」

英吉「遠慮すんな。派手に声出してやれや」

修「おおきによ」

と、動きを早める。

英吉「お、今押したな」

修「うるせえな」

英吉「今、引いたな」

修「そうだよ」

英吉はしゃべりながら、隣りに寝ている京美の体を撫で廻しはじめる。

京美「いやだよ」

と、京美は声を殺して、英吉の手を払ったりするが、ほんとはかなりその気になっているのである。

英吉「おい、今お前、手、どこに置いている?」

「うるさいわね」

と、ジュンが声をかける。

英吉「右手はおっぱいだな。もっと、もみもみせんかい」

修「ああ、ありがとう」

英吉「左手はあそこだな」

修「左手なんか使ってねえよ」

と、修、左手をふとんの上から宙にかかげて見せる。

英吉「馬鹿、さわってやれ」

「うるさい」

と、ジュン。

それでも、よくて、つい、ああと声をもらす。

英吉「さわってやったか、おい」

修「ああ、さわった」

「ああ」

と、ジュン。

そして、今は京美も、英吉の愛撫にすっかりきざしているようである。

「ああ」

と、京美。

今度は修が、

修「人のことはほっといて、早くやってやったらどうだ」

英吉「そうしますよ」

と、英吉、京美にのっかって動き出すと、京美は早くも乱れるようである。二組のよがりが暗闇を満して——。

その手前。

まゆと久作のふとん。

まゆは寝入っているようである。

久作がそっとふとんからはみ出すようにして、更に手前のふとんに手をのばしている。

そこに、夕子が寝ている。

さっきから、久作の手はしつっこく夕子を追いかけている感じである。

久作は自分のふとんからとうとう夕子のふとんにもぐりこんで来る。

夕子、それを押し出そうとするが、

久作は強引にもぐりこんで来て、

久作「静かにしろよ。いいじゃないか。俺、前から、あんた好きだったんだよ」

と、声を殺して、夕子を抱きすくめる。

夕子「やめて！ 声を出すわよ！」

久作「嘘じゃねえ。前から好きだったんだから」

夕子「いやよ。出て行ってったら！」

久作「あいつのことなんか忘れろよ。女作って逃げちまったんだろ」

夕子「放して！」

久作「そんな男に操立てることねえよ」

と、久作は強引に夕子に乗っかろうとする時、

「何してんだよ?!」

と、まゆが二人に気付いて気狂いのように騒ぎ立てる。

夕子の上から久作をひきはがして、夕子につかみかかる。

まゆ「男に逃げられて、今度は亭主に手出すのんか、この淫売！」

夕子「お姉さん、そりゃ言い過ぎよ。私、そんなこと……」

まゆ「あきれたね！」

と、まゆは夕子に平手を喰わせている。

まゆ「たった今、この私の目の前でやったんやないか！ ようまあ」

と、更にぶつ。

夕子「してないわ。ほんとお姉さん」

まゆ「まあ、ぬけぬけと、人の亭主、盗んどいて」

庄司三郎、絵沢萠子、片桐夕子

夕子「嘘だったら。私から手出したんじゃないったら！」

「わあっ」と側で子供が目を覚して泣き出すと、久作は、

「あ、よしよし」

と、子供を抱いて、

「泣くんじゃないよ。泣くんじゃないよ」

と、楽屋を出て行くのである。

そして、その時、部屋の一番向うのジュンは、

「ああ」

と、果てたようである。

27 久作、泣きやまない子供を背負って、「よしよし」と街を歩く

28 翌朝、夕子はミカドから逃げ出して一人旅に出る

29 千曲川の橋を夕子足早に渡る

30 子供を背負った久作が舞台の袖から現われる。蒼い顔である。張り出しを伝って

31 その切符売場の横の事務室

久作、蒼白な顔でママ（東八千代）の前にぴったりと坐ると、
久作「自分の不始末で、こちらさまの大事な踊り子さん一人ずらからせてしまって、申し訳ありません」

久作の後にその時まゆが来て、

「そうだよ、だらしない！」

と、どなる。

久作「何とお詫びいたしてよいやらわかりませんが、私も男です、お詫びのしるしに、これで許して戴けますものなら……」

と、いきなりふところから、ギラッとドスをとり出し、そいつを、ぐさっと畳につきさし、その下に指をそえて、

「ぎゃあ！」

と、指をつめる。

それから、自分でも驚いたふうで、血まみれの手を抱えて表へ向ってかけ出して行く。

「どこへ行くんだ？」

と、ママ。

久作「医者へ行って来ます！」

32 一目散に街を走る久作

33 東北のある駅に汽車がついて、夕子がしょんぼり降りて来る

34 その街のストリップ小屋

開演前のがらんとした客席にメイ子と芳介がいる。時々、舞台の袖から張り出しを通って子連れの踊り子が出入りするが、お互い大した関心は払わない。

芳介「な。よう聞け。ロックのママさんなんかあこ見せるだけでやで、何億って金貯めたんやで。今ややな、劇場も四つも持って、浅草のロック座、おまはん知ってる筈や、ロック座ちゅうたら、四十年も五十年も前からある軽演劇とストリップのメッカや、日本の名所やからな。それもやな、ママさんがストリップ始めてから十年ばかりしかたってへん。考えて見い。三十過ぎた女が、裸になって、あそこおっぴろげて見せて、ほんまに裸一貫、それだけで十年目には十何億や。わかるな。やりようによっちゃ、お前かてそうなるかもしれんちゅうのや。ほな、もう一ぺんやってみようか」

と、芳介、メイ子を舞台にひっぱりあげて、テープを廻す。音楽が流れて。

メイ子、いい加減に曲に合わせて踊りはじめる。

芳介「ええか、トルコやって一日中風呂入ってたら、体こわしてしまう。ホステスなんちゅうのは嫌な客の機嫌とらんならん。女郎なんてもん、あそこがくさっておかしゅうなってしまうやろ。ストリップは何もせんとあそこ見せるだけや。それもやな、いばって見せてりゃいい。いばって見せてりゃ、客は喜んどる。こんないい商売が他にあるか？ 言うたら、天国や」

「うるさいな」

と、メイ子がどなる。

メイ子「気が散って、うまいこと踊れへんやんか！」

メイ子、踊り続けるが、自分でもどうもうまくいかない感じ。

そこへ客席のドアが開いて、夕子が現われて、芳介の隣りの席へ坐る。

芳介一瞬慌てるが、
芳介「どうした？」

夕子「――」

芳介「元気か？」

夕子「――」

芳介「俺がここにいるの、ようわかったな」と
――、夕子は涙ぐんでいるのである。舞台のメイ子は踊りながらその様子を半分他人ごとのように眺めている。

「帰って来てよ」

と、涙声の夕子。

夕子「あんたに行かれてから、ひどい目に逢いどおしなのよ。久さんが私に手を出すし」

芳介「何やて?! 久の野郎がどうした言うんや？」

夕子「くやしくって。だから、私、飛び出して来たんじゃない」

芳介「あの野郎っ！ 兄貴、兄貴って言うからあんなにかわいがってやったんを忘れよって。義理も人情も知らへんのか」

そこへ、メイ子が来て、
メイ子「どないしたん？」

芳介は現実に呼びもどされるようである。慌てて、
芳介「ま、出ような。ここじゃ、ゆっくり話も出来へん。わいの嫁さんが追いかけて来よったんや」

と、メイ子の肩を抱いて外へ連れ出すのである。夕子もついて行く。

35 ある駅のホーム

夕子が駅弁を買っている。発車を知らせるベル。

夕子、走って汽車に乗る。

36 走る汽車の中

夕子とメイ子と芳介と三人。だまって駅弁を食べているが、
芳介「な、わいがどっちと一緒になると言うても、お前さん達のどっちかが傷つかんならん。そやろ」

と、芳介はここは何とかうまく立ち廻るつもりである。

芳介「お前ら二人で、よう話し合うて、どうとでもきめてくれへんか。わいはそれに文句ははさまん。お前らのきめた通りにする」

「偉そうに言うわ」

と、メイ子がにがい顔で言う。

芳介「せやけど、それが一番ええ方法やないか」

汽車は走る。

37 上山田の町

「はみだし劇場」が軒下劇場をやっている。
内田栄一の「混乱出血鬼」から、「四の芝居」軒下劇場。外波山文明が番傘をもち、着物の着流し。ある店先で、仁義を切るかたち。

出血鬼「おたの、申します。おたの、申します。ご当地親分さんのお宅はこちらでござんすか。手前、生国と発しまするは関東です。関東関東と申しましてもいささか広うござんす。花のお江戸は隅田川、川のほとりは浅草の、五社の氏子のその中でも、気っぷのよさと度胸のよさ、観音様の裏通りの生れ。手前スネに傷もつ身でありますが」

多分、軒下を借りられたその店の人達はとまどい驚くだろうが、かまわず外波山の仁義は進む。

38 ある旅館の一室

ふとんが三つ敷いてある。
芳介達三人がいる。

芳介「さっきも言うたように二人で結論出してくれよ。俺はその通りにするさかい。それとも、このまま、ずっと三人一緒でもええんやけどな」

そのことが芳介の本音らしい。

芳介「そうなっても俺はいっこうかまへんで。二人でレズショウやってもらってもええしな。その方がまあ金にもなるし」

39 軒下劇場の続き

「手前、男、浅草六区の健と、銀座沖縄北海道、四国九州三里塚、ご当地お宅と両隣り、おむかいさん三軒をのぞいては、全国的にその名、鳴りひびいておりますケチな野郎でござんす。泊まるベッドは山谷のなかの、いつか世のため人のため、お宅のようにご立派に更生立ち直り、一人前の社会人を夜毎夜毎にくりかえし夢見たこともあるものでござんす。ところがどっこい番外地、命かけての出入りのために――」

と仁義は続く。
パトカーのお巡りが来る。
車から降りて、どうしようか止めさせようか、二人のお巡りが相談している。

40 前の旅館の一室の芳介達三人

「あんたが出て行ってくれる?!」

と、夕子が芳介に気の毒そうに言う。

「え、何だって」

と、芳介、驚いている。

夕子「私達、女同志でなんとかやってみるわ」

芳介、がっくりしている。

夕子「あんたが言ったように、二人でやればお金にもなるし、だから、これで、私達とわかれてくれる?」

芳介「――おい」

夕子「今晩かぎりにしてね。今夜はここで泊って行ってもいいわ」

芳介目の先が真黒になってどなる。

芳介「馬鹿野郎！ そらないで！ 冗談やないで！ お前等の言いなりにされてたまるかよ！」

夕子「あんた、たった今、私達のきめた通りにするって言ったじゃない」

芳介「言うたかも知れんけど、馬鹿もん！ 俺に出て行けやと?! そんなことが聞けてけえ！」

と、女二人をはり倒す。

41 軒下劇場の続き

「今、こうやって、手前、ご当地親分さんの軒下三寸借り受けまして、一宿一飯、タバコ銭でもニギリメシでもお願いするようなケチな野郎、不調法のろくでなしになっちまったのでござんす。命かけての出入りのために、くらった刑期が重ねて五年、赤い花でも、ハマナスはいつもさみしく咲いていて、流れ流れの上山田。親分さん、親分さん、ご当地親分さん親分さん、ご厄介になりとうござんす」

出血鬼は更に二歩三歩店の中へ踏みこんで行って、

出血鬼「お控えなすって、親分さんには恨みつらみはございませんが、お聞き入れなければ」

更にただならぬ勢いで店の内へ踏みこんで、

出血鬼「お聞き入れ願えねばいたし方ございません！」

お巡りが外波山文明のすぐ後まで来て「おい、やめろ」と声をかけるが、かまわず続ける。

出血鬼「渡世の義理、つとめの義理、向こう三軒両隣り、ご近所さんのつきあいの義理によって、ご当家、親分さんのお命頂だいいたします！ ごめん！」

と、立ち上って、店の中へがあっと突っこんで行こうとするところを、
もう一人、傘を持った役者がいきなり走って来て、出血鬼を刺す。出血鬼は道端に倒れて、赤い血を流して。
もう一人の役者は、

「塩はございませんか？」
「塩はございませんか？」
「清めの塩はございませんか」

と、見物人達に聞いて廻っている。
お巡りが倒れている外波山にところへ来て、

「おい、起きろ、おい」

と、起こす。
外波山は起きあがって、

「どうも皆様、ありがとうございました。ありがとうございました」

と、去って行く。
その先「はみだし劇場」の軽トラにのりこむ。
軽トラが走る。

42 舞台。

踊り子達総出のフィナーレ。
はなやかに。ずらり、パチンコ。

43 そして今はがらんとした客席。その舞台の袖の幕に京美がしっかりつかまっている

「あんた、早く」

と、京美の恍惚の顔。それでも、時々あたりに目を走らす。
英吉が京美の前にしゃがんでしきりにヘラチオをやっている。

京美「もういい、早く」

英吉「慌てるな、皆、寝てるって」

京美はくらくらしながらあたり見廻す目をやめない。

京美「あんた」

と、京美、英吉をひっぱりあげる。

英吉「慌てんな」

と、二人、立ちやりをやる。

「ああ」

と、京美。そして、

京美「早く、世帯持ちたいわ。ああ」

京美「アパート一間でいい、ああ」

京美「ほんまに、焼鳥屋、やろうな」
英吉「ああ」
京美「どうなの、あんた？　ああ」
英吉「ああ」
京美「どう、あんた、どう？」
英吉「やろう。焼鳥屋やろう」
京美「そうこよ、そうこの、ああ、こうよ」
と、のぼりつめて行くようである。
廊下をばたばたと子供が来て、
そして、くるっと向きをかえて元へ戻って行く。

44 タイトル

今は昔。

45 ある駅のプラットホーム

アナウンスが踏切事故があって、列車の到着が一時間近く後れると伝えている。ホームに東八千代のチームがいる。

八千代「勿体ないね。何もすることがないから、練習やろうよ。ゆかり踊ってみな」

ゆかりがしぶって周囲の人達を見廻していると、
八千代「ぼけっと一時間も待ってちゃ勿体ねえだろう。さっさとやろうや」

そして、

〽さようなら　さようなら　元気でいてね〜

と、唄う。

八千代「ほれ」

と、都はるみを続ける。

ゆかり心をきめて踊りはじめる。

ぞろぞろ乗客が集って来る。

46 ミカドの暗転した舞台、ベッド引きがふとんを抱えて出て来る。ふとんを敷く。袖に引きこむ

舞台が明るくなると、夕子とメイ子が出て来る。ふとんにねて、二人のレズショウが始まる。夕子が男役である。夕子がメイ子の体をなで廻すと、メイ子は本当に感ずるようである。

そのうち器具を使って責めると、メイ子は真実本ものの声を出すようになる。

体をしなわせてあえぎ、
ますますあえぎ、恍惚に達するようである。

ベッドショウが終ると、
メイ子はふらふらになって立ち上る。

袖へ消える。

と、舞台は再び暗転する。

袖へ引きあげて、「あ、いや」と、メイ子ふうっとため息をつく。

ベッド引きのおじさんが出て来て、ふとんをかたづけて袖へ引き込む。

そして、再びライトがつく。

夕子とメイ子が出て来て、オープンをはじめる。

メイ子はぐったりしている。

夕子が一人、

「はあい。はあい」

と掛声をかけてオープンをする。

47 楽屋の裏から階段を上って行くと、そこはミカドの経営する喫茶店になっている

夕子とメイ子、服を羽織って来る。
メイ子「私、もうあかん。死んじまう」
二人、カウンターに坐る。
メイ子「どないしても感じてしまうもん。あんなもん、一日四回、十日もやられたら、ほんまに体もたん。うち、やめさせてもらうわ」
二人の後をついて来ていた芳介が側に来て坐る。
芳介「そんな、お前、一々感じる馬鹿がどこにいる。適当にやらんかい」
メイ子「うちはあかんて。敏感なんよ。どないしても、そうなるって！」
芳介「阿呆！　そうやって威張ってたら世話いらんわ」
メイ子「だから、あれ、やめさせてぇ」
芳介「そんなこと出来るかい?!　十日間は契約したろうが」
メイ子「あんたに話してへん」
そして、夕子に、
メイ子「何とかして姉さん、頼まれて」
夕子「しようがないわね。器具使わないでやってみようか」
メイ子「どないすんの？」
夕子「指で真似だけ」
メイ子、ほうっとコーヒーをすする。
メイ子「うち、どっちか言うと、溺れるたちやし、ほんまもんになったら困るし」
夕子「ほんまもんて？」
メイ子「ほんまのレズになってしもうたら、お姉さんとややこしいことになる」
芳介「阿呆、何ぬかしとる。こっちは商売やっとるんやで」
メイ子「わかってるけど、うち、姉さん好きやしな、やっぱし、やめないかんとちゃうやろか」
夕子「そんなに言うんだったらいい。だけど、契約残ってるから、そう簡単にやめていいもんじゃないの。私の女役に廻るわ。そんならいいでしょう」
と、夕子、立ち上る。

片桐夕子、芹明香

メイ子「怒ってるの？」
夕子「怒ってないよ。さっきからオシッコこらえてたの」
と、行く。
芳介がついて行く。
そのトイレ。
夕子が入って行くと、
すかさず芳介が一緒に入って来る。
夕子「何よ？」
芳介「ええやろ？」
夕子「何よ?!」
芳介「な、あれっきり、やらしてくれへんやんけ」
夕子「当り前じゃない。出て行けと言ったのに、あんた、勝手にくっついて来てるだけだもん」
芳介「後悔しとるんやで、俺。俺、今度と言う今度はお前はんに惚れとるのがわかったんだ

から」

夕子「ほんと」

芳介「ほんまや。もう言わすなよ」

　と、夕子に抱きつく。

　実は夕子もそう言われてまんざらでもないのである。

夕子「ほんとね、ほんとに後悔してるのね」

芳介「そうや。もう言わすなって」

　くるっと、夕子を背中向きにさせて、後取りの態勢。

　夕子は「いや」とあらがって見せるが、それはおもてむきだけ。

　芳介、ドアの鍵をかけて、二人、はじめる。

　久しぶりで、夕子はすごくいいのである。

48 浅草・ロック座

　フランス女のヌードショウ。

　裏の炊事場でママがスープを作っていて。

「スープ。スープ」

　と、ママ、それを持って、フランス女達の楽屋へ入って行く。

49 一杯のみ屋

　芳介が昔、釜ヶ崎でやったように、ぐいっとコップ酒をひっかけて、鼻をつまんでいきなり走り出す。
　街を一廻りして、再びその飲屋へ帰って来る。かなり酔っている。
　おやじに。
芳介「もう一杯。そやけど、不思議やな。気の強い女は大体誠実やで。浮気せんと、よう男につくす。反対にやさしい女はあかんな。大てい浮気症やで」
　最後は隣りの男に話しかける。隣りに外波山がいる。
芳介「やさしいから、こっちがいい気になっていると、他の男にもやさしいんやな、すぐ気うつしよる。女は気の強いのがええで」
　言いながらカウンターの隅を見ると、若い女が一人、酒を飲んでいる。さゆりである。
　芳介の目がさゆりに吸いつく。
　外波山がそれに気付く。
外波山「あんた、俺と逢ったの、覚えてるか」
　芳介、はじめて気付いて。
芳介「ほうか××の港の、ラーメン屋で。そやな」
外波山「あの時の女はどうした?」
芳介「何や邪魔してくれたようやったけど、あんじょういったわ」
外波山「大したもんだな。今度はあの女か?」
芳介「あれは間違いない」
外波山「そうかね」

50 ミカドの事務所に久作がやって来る

　ダボを着こんで、一見して、ヤクザとわかる。
「ごぶさたいたしています」
　と、くそていねいに頭を下げる。
社長「何だ、あれっきりどうした? 鉄砲みたいに出て行ったまんま」
久作「実はあるお方に拾われまして、組に入りました」
社長「組? ヤーさんか?」
久作「まあ、そうです。それで、御あいさつに参りました。実は手前のかわいがって戴いております兄貴に不意の用が持ちあがりまして、ちょいと遠出をせねばなりません。あいにく、車が故障いたしまして、それで、突然ではありますが、お宅様のお車を借して戴きたくて伺いました」
　と、深々と頭を下げるのである。
久作「おたの申します」
　その時、まゆが後に来ていて、
まゆ「何言うてんの?! 自分勝手に出て行きよって、今頃、のこのこ、おたの申しますもあらへん! そんなことどうでもええ。一体うちはどないしてくれる?!」
久作「あんさんはいずれ引き取りに参ります」
　と、久作は慌てない。
久作「社長、たってのお願いでございます、車お借り出来ますでしょうか?」
社長「よせよ、いきなり来て、そんなことをきけるわけねえだろう」
久作「私のいたらぬところは重々お詫び致します。この通りです。まげてお借し願います」
社長「駄目だね」
久作「これ程お願いしても」
社長「それより、ヤーさんなんかやめて、早くまゆのとこ戻って来てやれよ」
　その言葉を背中に受けて、久作、しょんぼり帰って行く。
まゆ「あんた」
　それから。
まゆ「何やねん、しまらん。あんた、うちをどないしよう言うの?」
　と、子供を抱いて追いかけて行く。

51 外波山文明と芳介がさっき飲屋で見かけたさゆりの後をついて行く

　上山田の繁華街の夜。
外波山「どこまでつけて行くんだよ」
芳介「うるさいな。慌てたらどうもならんわ」
外波山「そうかい。そのうち家へ帰っちまったらどうする? どうもならんか」
芳介「そうなったら、あの女の居場所がわかっただけでもめっけもんやないか」
外波山「ほう」
芳介「おまはん、又、邪魔しようと思うてついて来よんのかいな」
外波山「まあな」
芳介「一つ教えてやるわ。おまはん、さっき、あの女家へ入ったらどうもならん言うたけど」
外波山「――」
芳介「あいつはこの土地のもんやないわ。これから、どこへ行こうか思案中やな」
外波山「そうかい」
芳介「みとってみい。俺の言うことに間違いないわ」
外波山「そんなもんかね」
　と、外波山が一人足を早めて、さゆりに近づいて行く。
　さゆりを追い越す。追い越して十米も先でふりかえって仁義を切る形になるのである。
外波山「突然の仁義恐れ入ります。私、あやしいものではございません。御当地に御厄介になっております役者稼業。東京は新宿はみだし劇場の外波山文明と申しますしがねえ役者です。折入って、あんさんにお話したいことがあります。とりあえず申し上げます。あんさんを今、すけこましの野郎がねらっております」
　と、さゆりに近づいて行くと、
　さゆりは逃げ出し、
　外波山は追いかけて、
「嘘じゃないよ。そう。だけど、あんたにとって、こうやって逃げるのはいいことだ。しばらく一緒に走ろうじゃない。あんな野郎につかまんなよ」
さゆり「あんたがすけこましでしょう?!」
外波山「冗談じゃねえ。が、まあいい。とにかくあいつから逃げるのが先決だから」
　外波山にとって、今晩一晩ぐらいつきあってくれたらと、下心がないわけではない。

と、向うからお巡りが来て、

「助けてぇ!」

と、さゆり。

外波山は忽ち捕ってしまう。

52 留置場の外波山

安藤昇の「男が死んで行く時」を唄う外波山。
〽敷島の大和男子の行く道は
赤き着物か　白き着物か〽

53 プラットホーム

外波山の唄が流れて、
さゆりがいる。
汽車が来る。
さゆり、汽車に乗る。
さゆりをつけていたらしく、芳介も乗る。

54 留置場の外波山唄い続ける

〽お世話下さいましたみなさん。
どうやら、今日明日でつきるようです。
最後の最後までお見捨てにならず、
お世話下さいましたことを感謝致します〽

55 汽車の中

外波山の唄が流れて——。

座席に坐っていたさゆりが立って行くので、
芳介がついて行く。

さゆりがトイレへ入る。

芳介、素早く飛びこむ。

うむを言わせず犯そうとする。

「いやよ」

と、さゆり。

「乱暴しないでよ」

と、にらんだまま言う。

「けがすんのいやだから」

と、あきらめたように自分からパンツをとられて、
芳介「悪かったよ」

と、芳介も慌てないで言ってみせるのである。

「ふらふらしてしまうて。悪かったよ」

と、せいぜい後悔して見せて外へ出る。ドアをしめて、さゆりの出て来るのを待っている。

突然ドアが開いて、さゆりが首を出す。

さゆり「あっち、行って!」

芳介、二三歩行く。

ドアがしまる。

芳介、待っている。

外波山の唄が流れて、

56 留置場の外波山

〽お言葉通りバカでした。おそ過ぎるとお笑いになりませぬように。せめて、それに気付いたことをほめてやって下さい〽

57 雨の降る夜

ミカドの裏階段を男が二人身をひそめるようにして上って行く。

久作である。

軒下に身をよせてドアに手をかける。

ドアが開く。

薄くらがりの廊下の先。そのドアを開いて入って行く。

そこはママの部屋である。

奥の部屋に、ママが睡っている。

久作はそのまくらもとに立って、ふところからドスを取り出す。

ママがふっと目をさます。慌てて起き上る。

ママ「何してんだよ、お前」

久作、ギラッとドスを抜く。

ママ「待ちなよ、どうしてだよ?」

久作、つくかまえになる。

ママ「何故だよ、わけを言ってみろよ?!」

久作「車を断わられたから」

ママ「そんなことで、私を殺そうって言うのか?!」

久作「俺、立つ瀬がねえからよ」

久作、飛びかかって斬る。

切られたママの肩口。

更に斬る。

反対の腕の傷口。

ママ「馬鹿もん! そんなことで、私を斬るのか?! 馬鹿々々しい、そんな馬鹿なことで?!」

ママ、転げ廻る。

ママ「話にもならねえや、そんな馬鹿なことで!」

更に久作が突こうとする時、足音。

若い衆が二三人飛びこんで来る。

久作、ドスをふり廻して逃げる。

廊下を伝って、
再び雨の降る夜の街へ。

58 楽屋

「しっかりしてや! がんばるんやで! がんばるんやで!」

メイ子が夕子の両手をつかんで必死にはげましている。

そのまわり、五六人の踊り子が、

「しっかり!」

「がんばって!」

「もうすぐや!」

と、声をかける。

メイ子のうめき声はそれにまして大きい。

必死に歯を喰いしばっていきむ。

助産婦が、

「そうや。いきまにゃ。しっかりいきまにゃ! あんた、おかあさんになるんだよ!」

メイ子、必死にいきむ。

「おぎゃ」とやがて、赤ン坊が生まれるであろう。

メイ子が泣き出しそうにはげます。

メイ子「いい子、生みや。働けん間、うちが働いたるさかい!」

「ううん!」と夕子がいきむ。


(終)

四畳半襖の裏張り　しのび肌

【公開】1974年2月16日封切
製作配給＝日活　カラー／ワイド／81分　併映＝『続ためいき』（監督＝曾根中生）

【スタッフ】
プロデューサー＝三浦朗　企画＝栗林茂　原作＝「高」資料より　脚本＝中島丈博　撮影＝姫田真左久　照明＝直井勝正　録音＝古山恒夫　美術＝土屋伊豆夫　編集＝鈴木晄　記録＝白鳥あかね　助監督＝鴨田好史　スチール＝浅石靖　製作担当＝栗原啓祐

【キャスト】
花清＝宮下順子　小宮山＝江角英明　島村美也子＝丘奈保美　染八＝絵沢萠子　小ふく＝芹明香　小八重＝吉野あい　正太郎＝中澤洋　横井＝高橋明　島村俊介＝花上晃　映画館の受付嬢＝小森道子　車夫＝山岡正義　鳥打帽の男＝姫田真左久

⦿映画芸術ベストテン1位

【物語】

大正十二年。芸者花清は、旦那の横井に捨てられる。彼女に子供が出来なかったからである。横井が選んだのは、男の子を産んだ同業の染八。運命の九月一日。染八の家に乗り込んだ花清は、その赤子をあやすうち、情が移って咄嗟に盗んでしまう。逃げる花清、追う染八。折しも正午、東京は突然の烈震に見舞われる。関東大震災である。時は流れ昭和十年代、日本が中国で戦端を開いたころ、花清は今の旦那、小宮山の世話で置屋〈尾花家〉のおかみに収まっていた。その息子として育った正太郎だったが、早熟で、夜毎、半玉の小ふくや小八重と戯れている。困り果てる花清と小宮山。結局、小宮山の経営する映画館〈勝陽館〉の住み込み映写技師、島村夫婦に正太郎を預けることにする。お稚児さん趣味があるらしい島村はその晩早速、正太郎から丁重な“あんま”を施される。やがて、島村夫婦は、正太郎に導かれるまま、三人で重なるようになる。一方〈尾花家〉、小宮山は小ふくを水揚げして、花清から乗り換える算段らしい。絶望して首を吊るが、死にきれない花清。母の苦境を知ってか知らずか、幇間の修業に精を出す正太郎。小ふく、そして島村の妻美也子が妊娠するが、二人ともどうやら正太郎の子種らしい。いつのまにか、正太郎も男になっていたのだ。小ふくが揚げられて、花清は事実上捨てられてしまった。実の母の染八が現れ、花清と口論になるが、正太郎、まるで他人事といった風情である。挙げ句、甘えしなだれかかるうちに、育ての母の花清まで押し倒してしまうのだった。花清も、また妊娠。世間では、中国戦線がいよいよ拡大していた。正太郎も幇間として満州に行くという。自分の子種で腹ボテになった女たちに見送られ、旅立つ正太郎。「男と女にゃアレしかないよ」小ふくのバンザイが虚ろに響いた……。

男とおんなにゃアレしかないよ

桂 千穂

「男とおんなにゃアレしかないよ」

と、大きな腹を抱えてバンザイする芹明香の姿に感動したのは、ついこの間だとばかり思っていたのに、あれは一九七四年のことだったのか！

〽ドロンドンドンドン、ドロンドンドンドンドンドンドン、手などさわるはよけれども、乳房さわってたもるなや、ドロンドンドンドン、乳房さわるはよけれども……。

　科白をつけながら人気のない渡り廊下で、幇間の修業に励む正太郎少年(中澤洋)を延えんと捕えた長丁場。これが涙が出るほど新鮮で、映画の演出って何でもアリなんだな、と改めて感嘆したのも、ほんのこの間のように感じていたのだが、あれから四半世紀も経ってしまっていたのだ。

　とにかく正太郎少年の生きざまは、呼吸をもつかせぬ面白さで、私などただあれよあれよと見ていた。彼こそ、まさしく昭和前期の好色一代ボーイ。

　関東大震災の激震の最中、乳呑み児正太郎は生みの母(絵沢萠子)の手から恋敵の芸妓花清(宮下順子)にさらわれる。色街で彼女に溺愛されて育てられた上、そこで生きる男女の情事とごく身近に成長したため、性的に成熟しないうちから、愛撫と性交にかけては完熟するというアンファン・テリブルとなっていく。若い下地っ娘と言わず、映画館の館主と言わず、彼の天賦のセックスにかかると、年齢や男女を問わずエクスタシィに身を焦がしてしまう。当時、日中戦争は熾烈をきわめていた。そして、正太郎は生みの母に発見され、実の母とばかり思っていた育ての母を抱く。もう、愛する母親と一緒にいることはできない。正太郎は前線慰問の幇間として、生還を期しがたい中国の戦線へと旅立っていく。花清心づくしの千人針を身に着けて。ちなみに千人針とは、千人の女が一針ずつ縫った腹巻を着ければ敵弾に当たることがないという、いわばお守りだ。

　正太郎少年は、スクリーンに現われたキャラクターとして空前絶後のユニークさを持っていた。だがシナリオを書いた中島丈博氏は、それでもまだ不満だったようである。もっと若い本当の子供に演じさせなければ脚本の狙いは生きないと、雑誌に所感を述べていたように記憶する。

　でも、私は中澤洋少年でも充分満足できたのだった。

　この作品に先立つ六年前、あのピエロ・パオロ・パゾリーニ監督は『テオレマ』(68)を作り世界に衝撃を与えた。シルヴァーナ・マンガーノのブルジョア一家にふらりとはいりこんだテレンス・スタンプ青年が、シルヴァーナをはじめその娘、一家の女中はもとより、夫のマッシモ・ジロッティに息子と、全員とセックスして家庭を崩壊に導く。

　その三年後の七一年には、もっと目立たない形でイギリス映画『水滴』(アレステア・レイド監督)が公開された。これもまた、虫も殺さない顔でダイアナ・ドースの屋敷に現れた少女リンダ・ヘイドンが家族のすべてを肉体の罠に陥れる話で、細部は忘れたがアグレッシブな面白さがあった。

　二作とも、すばらしいセックスの持ち主に侵入された家族が、てもなく崩壊させられてしまうお話で、当時、ここまで極端ではないがよく似た筋立てを持つ映画は、かなり多かったように思う。どの作者もセックスを梃子にして、人間の虚飾をはぎ取ったり、秩序を解体しては快哉を叫んでいるようにみえた。

　ところが、神代監督だけは一八〇度ちがっていた。パゾリーニやレイドみたいに、コワモテで性に対面しなかった。神代氏はセックスする男女にこよなく優しい眼差しをそそいだ。それは氏が性行為を、まるで水を飲んだり、鼻をかんだりするような、ごくアタリマエの自然な営みとして捉えていたからだろう。だから正太郎少年は、数々のファックシーンで、明日の命もおぼつかない戦時中の庶民たちに快楽を配達する無垢な天使のように、描かれていたのだ。

　中盤以降は、正太郎の性童ぶりとかつての日活映画『土と兵隊』がカットバックして展開される。当時のロマン・ポルノは直接費七〇〇万ぐらいのロウ・バジェットで作られていたが、予算の締めつけをこんなにみごとに逆手に取った例を私は知らない。中国の前線では駆り出された兵士たちが生命がけの死闘を展開しているのに、銃後の正太郎の周辺ではセックスにいのちを燃やす――この絶妙な対比はすごい。しかも、結局そんな戦線へ飛び込んでいく正太郎の末路を暗示するための、周到な伏線にもなっているのだ。

　それでも、神代はエンドマークの後のバンザイのショットでセックスを謳歌して、言いたいことを言い切るのを忘れなかった。

　神代辰巳は希有の天才だったんだなぁと今にして思う。彼はこのクラスの出来ばえのロマン・ポルノを何本も撮りまくった。いろいろな問題や妨害はあったかもしれない。しかし、とにもかくにもにっかつの撮影所は神代さんの才能をバックアップし、絢爛と華ひらかせる助けになった。

七〇年代は日本映画にとって、まだまだ至福の時代だったのだ。

（かつらちほ・脚本家／「映画芸術」一九九五年夏号〈追悼　神代辰巳〉）

作者ノート〈母ものポルノ〉

中島丈博

三崎書房から出ている『高資料』という本があります。昭和の初め、好事家のインテリたちが蒐集したセックス実録集。それをちょっぴり読みもの風にまとめた八篇ばかりの中の一篇に『この小さな悪魔』というのがあって、それは花柳界育ちの少年に、ある夫婦が徹底的にリードされてセックスを娯しむという話なのです。

ぼくはその話の奇天烈な面白さに飛び上って嬉し

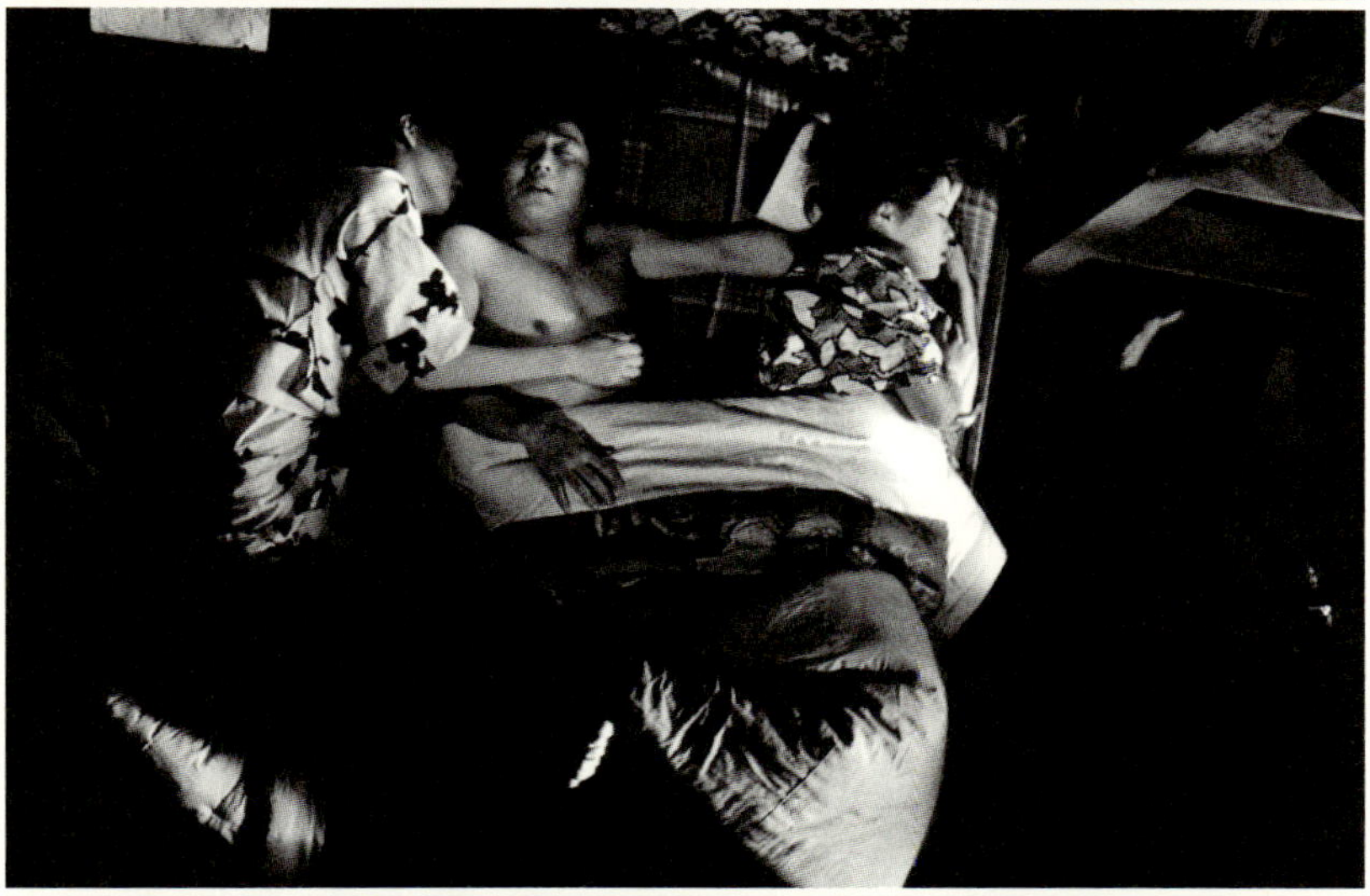

『四畳半襖の裏張り　しのび肌』
[上] 吉野あい、芹明香、中澤洋
[中] 中澤洋、花上晃、丘奈保美
[下] 中澤洋、宮下順子

がったのですが、何しろ話が話だけ映画化はムリじゃないかと思っていたのです。だから、『四畳半……』の続編を書くということになった時も、もっぱら荷風的世界を渉漁していました。けれども、どうしても前作との類似が気にかかって筆がすすまず、『特出し21人』の撮影で大忙しの神代氏と慌しく話し合いをした時、それとなく『この小さな悪魔』を持ち出すと、氏は大ノリにノって来て、即座にこの話を下敷きに四畳半ふうにいこうと決まってしまったわけなのです。

そして、ぼくが何となく考え始めたのは、母ものポルノということでした。

昔、田舎の映画館でみた大映の母もの映画。『母紅梅』『母三人』などという映画に、女々しく涙しながら、オッパイとザーメンの匂いを同時に嗅いだ記憶。アレでいこうと思いました。しかも、原案の持つ奇妙な面白さを、出来る限り生かすこと。

それにしても、産みの母、育ての母というパターンの何という懐しさ、奥床しさ。クライマックスは当然のように、母子相姦のシーンになったけれど……。

さて、問題は少年役の役者がいるかどうかということ。ポルノ映画に十八歳以下の少年俳優を出演させて、ファックシーンを撮ることは映倫のてまえ出来ないそうです。それで、実年齢十八歳以上でありながら、子供っぽい少年役の出来る役者を捜さなければならない。これには監督以下プロデューサー、頭を抱えてしまいました。

「困るよ。困る。もっと、考えてシナリオを書いてくれないと」

と、監督は言うけど、シナリオにかかる前には、

「絶対、捜す。そういう決意を我々がするかしないかだ」

と頼もしいことを言ってくれていたのです。

結局、決定した少年役は、シナリオの設定よりは年かさの感じにならざるを得ないので、幾らかこのシナリオよりは雰囲気が変っていると思います。そのあたりの改訂は全部神代氏におまかせしました。

それから、このシナリオの中に出てくる大森の砂風呂というのも、ぼくは資料もなくて、勝手に想像して、砂の中に埋まるみたいに書いたけれど、これは事実とは大違い。

「ジョーハクさん、デタラメだよ」

とクマさんに笑われたりして、その辺の改訂も全ておまかせ。さぞかし、神代流のムード溢れる世界に仕上がるだろうと、楽しみにしているのです。

（なかじまたけひろ・脚本家／「シナリオ」一九七四年三月号）

10

鍵

【公開】1974年5月4日封切
製作配給＝日活　カラー／ワイド／86分　併映＝『ロスト・ラブ　あぶら地獄』(監督＝小沼勝)

【スタッフ】
プロデューサー＝三浦朗　企画＝古谷康雄　原作＝谷崎潤一郎『鍵』　脚本＝神代辰巳　撮影＝姫田真左久　照明＝直井勝正　録音＝秋野能伸　美術＝横尾嘉良　編集＝鈴木晄　記録＝新関良子　助監督＝鴨田好史　スチール＝目黒祐司　製作担当＝栗原啓祐

【キャスト】
夫＝観世栄夫　その妻・郁子＝荒砂ゆき　その娘・敏子＝渡辺督子　木村＝河原崎建三　相馬博士＝加藤嘉　婆や＝安藤繁子　洋装店のマダム＝絵沢萠子　指圧師＝殿山泰司　遣り手婆あ＝高山千草

【物語】
“一月一日　僕ハ今年カラ、今日マデ日記ニ記スコトヲ躊躇シテイタヨウナ事柄ヲモアエテ書キ留メル事ニシタ”　初老、五十六歳の大学教授の夫は、最近つとに精力の衰えを感じていた。一方、二十数年同じ屋根の下で暮らす妻の郁子は、若々しく、しとやかだが「アノ方ハ病的ニ強イ」。夫は、わざと性的な事柄を日記に記し、それを妻に盗み読みさせ、新たな性の刺激を得ようというのだ。ある晩、夫婦は、娘の敏子と、大学生の木村とで酒宴を共にする。木村の勧めにブランデーの杯を重ねる郁子。木村は郁子に気があり、彼女も満更ではないらしい。“元来僕ハ嫉妬ヲ感ジルトアノ方ノ衝動ガ起キルノデアル……アノ晩僕ハ木村ニ対スル嫉妬ヲ利用シテ妻ヲ喜バスコトニ成功シタ”　こうして四人の愛憎が入り乱れ始める。次の酒宴の夜、酔い潰れてバスルームで寝込んだ裸の郁子を、木村と介抱する夫。眠っている郁子の体を拭くうち、彼女が「木村さん」と寝言を言うのを聞く。郁子の肌には、「タッターツノシミモナイ」。敏子が家を出た。木村からカメラを借り、郁子の裸体の撮影に熱中する夫。三人は宴を続け、湯船で寝込む郁子を介抱するのを繰り返し、郁子の写真を木村が現像するまでになる。三人を敏子は、じっと見つめていた。木村と郁子の仲が怪しい。洋装を始めた郁子は、いつしか性に大胆な女になっていた。疑心暗鬼に陥った夫は不摂生からだんだん弱っていく。敏子の企てで、木村と郁子は深い関係を結んでいた。夫は、郁子を抱いたまま腹上死した。生き残った三人は同居を始める。“直接ニハ私ハ妻ノタメニ死ヌカモ知レナイガ裏デソウ言ウオ膳立ヲ仕組ンダノハ敏子ナノダ。私ガ死ンダ後デ、愛スル妻ヨ、私ノヨウナ目ニ会ワナケレバヨイガ……”

映画「鍵」の迷宮の扉を開くための鍵

神代辰巳

迷宮そのものは実は整然としていて、その中に放り投げられた者は、混迷と錯乱の状態に陥るであろう。その迷宮の創造者こそ今頃ほくそ笑んでいるのかも知れない。作中の大学教授一家の娘敏子をそう云うところにおいてみました。迷宮の扉を一個の鍵で開けると、白日夢が眼前に展けて、老人の大学教授は眩暈を憶え、又鍵を捜して扉を開ける、そういった行為を重ねるうちに老人は徒労に落胆し、死が彼を迎える。老人の性行為は下手するとそんな落し穴におちかねないのです。

だが、そうではなくて、「鍵」という作品の基本を為しているテーマは老人と郁子の関係であり、その生の昇華を如何に表現するかということでありますが、作品中に見られるフェティシズムを度外視しては語れないようです。

物神崇拝という一種の価値の転倒は何であるか、精神活動の中で常に一定方向への精神エネルギーの進行方向を定める運動の一つであるとしてもこの倒錯は人の精神の中で広い意味で極めて不思議な心的現象であるようです。それは一つの具体的な物体に集約された形で現れるのですが、(作中では、イヤリング、足、等であるが)人の内面における活動の中で情動の直截な表現とは別の方角の作用なので、他者にはほとんど及びにくい個体の中で完結する宗教に似た精神作用といえるようです。そして、「鍵」においては妻の郁子の属性としての物が、老人の性欲をかきたてる一要素となっているのと同時に、老人の死への勇ましい進軍ラッパになっているようです。

こんな事を語るのは、「鍵」という題が極めて象徴的で、原作の映画化のむずかしさもそこにあったのですが、鍵という具体的な物が、言葉にする時それが様様な空想を呼ぶように、フェティシズムは言葉というものとはおよそ無縁なものです。例えば鍵という言葉は概念だけれど、鍵という物は物体で、その物体を崇拝するという事は、ある特定の人の属性である時にのみ成立することで、鍵その物は何でもないただの物にすぎない、物体が物体としての意味から別の意味を持ってくる時にフェティシズムは成立可能になるのであり、大学教授である老人の生を支えるものが妻とのセックスであるが、そのセックスも、ホルモン注射、フェティシズム、嫉妬といった、倒錯と狂気の力を借りなければ可能でないにも拘わらず、それを全うしようとするのは陶酔への強い願望であるからなのです。この陶酔状態は静止した時間のことであり、死への時を刻む人の状態ならではの願望に他ならないと思いました。その意味で「鍵」という作品は完結した円環を成していると言えます。

映画では人物がそっくり生《なま》の形で出るので、まず言葉の抽象性は否定され、特定の個人の占める比重が大きくなる事、現実の撮影現場の物理的制約等によって一つ一つを検証しながら進めざるを得なくなる、それに依って出来上がる物であるから、当然原作からは或る部分ちがったものになりました。

原作では老人と郁子の関係が主題となっていますが、本編中では、人物一人一人が生に動くのでほとんど木村、敏子、老人、郁子の四人の思惑がそれぞれ入り組んだ上でその関係の全体像を浮き彫りになるように考えてみました。

『鍵』撮影スナップ。荒砂ゆき、神代辰巳

原作では老人と郁子の関係の中には老人の郁子への執着、郁子がそれを何如に受け止めたかというように展開するのですけど、ここからは映画的な物語りは展開しにくいように思いました。かといって、ミステリー仕立ては矮小に過ぎますし、二人の関係をどう受

け取めていたかを、木村と敏子に託す事に依ってのみ閉塞された、二人の関係を解き放てると思いました。
それは、二人の情動と、肉体の関係を別な目で見る視点をまず作品中に組み入れる事でした。それが敏子であり、木村なのですが、木村と郁子は老人と郁子の関係に等しいので、一番始めにふれたように敏子のみが別の視点を持ちうる存在だろうと思いました。結局、一番若い敏子の側からの映画になったようです。

（「キネマ旬報」一九七四年五月下旬号）

谷崎的ファルスに拮抗できる方途を持てなかった神代映画

絓 秀実

神代辰巳と谷崎潤一郎という取り合わせは、一見、さまざまな期待を抱かせるが、こと『鍵』に関してはニアミスと言わざるをえない。もちろん、神代は小説『鍵』を良く理解している。映画『鍵』を、いわゆる文芸映画にすることを端的に拒否する姿勢は、さすがと言わざるをえない。にもかかわらず、映画『鍵』は神代のなかでは、傑作とは言い難いのである。

小説『鍵』は谷崎晩年のファルスにほかならない。そのファルスたるゆえんは、一般には、老人の性の（非）喜劇を描いたところにあるとされる。だが、果してそれだけだろうか。映画のなかにも援用されているが、小説『鍵』は漢字と片仮名混じりで書かれている。その形式において、この作品はファルス的なのだ。周知のように、谷崎晩年の一九六〇年代において、他に漢字片仮名混じりの小説が書かれてはいない。いや、近代小説の歴史において、漢字片仮名混じりの小説は全き傍流にほかならず、明治期中期あたりを境に、ほぼ駆逐されてしまったものである。その理由は、日本語における漢字と仮名（平仮名と片仮名）の布置にある。

日本語において漢字は「真名」であり、文における語の意味を担っている。平仮名は主に「てにをは」として「真名」を繋ぐ女文字である。ここにおいて、「真名」は男性性という規定を受けることとなる。これに対して片仮名は、近代以前では漢字の「片すみ」に添えられる文字ということであった。漢文・仏典の訓読において用いられたのが、片仮名である。このところから、網野善彦が近年強調している片仮名の呪術性という指摘もうなずける。難解な文を解読する呪術的な力を、片仮名は持っていると捉えられたのだ。そのような呪術性の最も見やすいなごりは、今日でも存在している、漢字片仮名混じりの法律文などに見ることができる。それはともかく、近代以降、片仮名はその呪術性を「片わ」な文字というふうに転義され、おおむね、平仮名のそのまた「片すみ」に追いやられていく。今日において片仮名が用いられるのは、外来語、擬音語、擬態語などであることからも、それは知られよう。外来語の片仮名表記などは、呪術性と「片わ」の両義性と言える。近代とは「呪術からの解散」（ウェーバー）の時代だからである。（以上の歴史的パースペクティヴについて、詳しくは、拙著『日本近代文学の〈誕生〉』を参照）。

『鍵』観世栄夫、渡辺督子、河原崎健三、荒砂ゆき

このような片仮名の日本語における布置を踏まえて、小説『鍵』のファルス性を理解することができよう。片仮名の「片すみ」性、「片わ」性、そして今に残る呪術性（秘儀性）は、まさに老人の性の近代的・通俗的イメージそのものでないか。小説『鍵』は、その形式が内容とあまりにもぴったりと合致している作品なのである。そして、形式と内容の合致とは、小説という近代的で「雑」なジャンルの見果てぬ夢にほかならない。小説

『鍵』はその夢を、いともあっけらかんと実現してしまっていることにおいて異様だが、同時に、その形式が近代小説においてほとんど廃れてしまった漢字と片仮名の配合だということでも異様である。片仮名が男の老人であるとすれば、男＝「真名」であるはずの漢字は、ここでは女になっている。あまりにもモダンでありながら、同時にモダンの枠には収まりえない作品であるところに、この小説の倒錯性がある。これほど谷崎的な作品もそうあるまいが、それこそが『鍵』のファルス性なのである。

神代の映画『鍵』は、谷崎的ファルスと拮抗しうるファルスたらんとする意欲作だとは言える。神代的な耽美的フェティシズムを極力抑えながら、同時に、老人の性の近代的・通俗的なイメージを物語ろうとしている。随所に懐古的に挿入される主人公の大学教授（観世栄夫）と彼の妻（荒砂ゆき）との「俗悪」な結婚式のシーン、全くエロティシズムを欠いたセックスの場面……。ストーリー自体も——原作自体もそうなのだから当然だが——老人の性の「片仮名」性に忠実である。神代の成功した作品が、概して、「俗悪」なものの美学化を敢行したところにあると見做されるとすれば、「俗悪」なものの喜劇化を目指していると言えよう。その意味で、神代は単に耽美的な映画作家であるわけではなかった。このことは、神代を論じる際に、強調されてしかるべきである。

しかし、谷崎の『鍵』が小説というジャンルそれ自体を、片仮名によって倒錯的に喜劇化しているとすれば、神代はそれに代わる方途を持っていないように見える。神代的な美学化は、それが「俗悪」なメロドラマにおいて徹底された時、映画というジャンルの臨界を垣間見させてくれることがあった。実際、だれもが挙げるに相違ない神代の諸傑作には、それをうかがうことができた。映画『鍵』というファルスにおいてもそれを求めるのは不当ではあるまい。しかし、映画『鍵』は、映画という表象のジャンルの臨界を垣間見せてはくれない。喜劇的イメージを連ねることによって「俗悪」なストーリーを語っていく時、そこに逆にあらわれるのは、映画というジャンルの倒錯性ではなく、安定性なのである。その意味で、映画『鍵』は小説『鍵』の倒錯性に良く拮抗しえていない。小説『鍵』が日本文学の臨界を指し示しているとすれば、われわれは、神代がゴダールのように『鍵』を撮ったらどうなったかという仮定を、神代の死後も捨てきれないでいる。

（すが ひでみ・評論家／
「映画芸術」一九九五年夏号〈追悼 神代辰巳〉）

『鍵』撮影スナップ

神代映画の女優たちによる監督神代辰巳

冷たさとハードな現場と

絵沢萠子　伊佐山ひろ子　中川梨絵　芹 明香

司会＝白鳥あかね

神代監督とのそれぞれの出会い

白鳥　みんな神代学校の同窓生だから、名前もいつものとおりの呼び方でいきます。

まあ、クマさんの思い出というか、出会いと別れみたいなね、真ん中もあるけど、そういうところからいってみたいと思うんですけど。

ロマンポルノの一番目の作品『濡れた唇』(72)で、クマさんが主演女優を探すのに非常に苦労したというのはみんな知ってると思うけど、まずはその出会いから。

絵沢　私は藤田傳という人が『黒念仏殺人事件』というのを俳小(俳優小劇場)でやった時に、京都から出てきたばかりだったんです。西村晃さんが私の弟役で、村中の男たちの面倒を見るというような豪族の娘の役だったんだけど、その役を演った時に脱ぐ場面があったんです。その頃はやかましくて劇場に警官が来たりしてね、後姿だけだったのに。

その芝居は今村(昌平)さんも監修にかかわっていて、姫田(真左久)さんが見にきてくださって。あの頃は新劇に出てる人が脱ぐなんてことは少なかったわけ。だからこいつならやるかなと思われたのか、姫田さんが神代さんに仰言って、その時に粟津號も出てたんですよ。それで粟津君に一緒に出てみないかと言われて、忘れもしない新宿のシミズという喫茶店で神代さんに会ったんです。そしたら、なんとなくフィーリングがね……。

白鳥　ベージュ色の綿のブレザー着てたんでしょ。

絵沢　洋服がおしゃれっていうんじゃなくて、恥ずかしそうなんで、おしゃれだなと思ったんだけど。それと話もとんとんとは仰言らないけどチャーミングだったし、チラっとホンを見たら面白かった。

白鳥　クマさんに魅力を感じたの？

絵沢　だからやってみようかなと思ったけど、劇団側にすごく反対されてね。

白鳥　そうらしいね。二度とテレビの仕事が来なくなるとか……。

絵沢　先輩のおじいさんたちがＮＨＫには絶対出られないよって。だけど私はかまわないと思って、出ますって言ったの。

白鳥　その思い切りがすごいよね。

絵沢　それは魅力的だと思ったから。ホンの内容とか監督とかカメラさんとか。それが初めての出会いかな。

白鳥　じゃあ、次は伊佐山さん、と呼ぶより「べべ」ね。

伊佐山　私がデビューしたのは村川透監督のデビュー作の『白い指の戯れ』(72)で、そのホンを神代さんが書いていて、それが『地下鉄のザジ』とか『スリ』みたいな感じのホンで、とってもよくって。私は絵沢さんの後輩で、俳優小劇場の養成所にいたんです。劇団員じゃなくて月謝を払う養成所の生徒だったんだけど、高校生は私だけだった。

白鳥　高校生だったの？

伊佐山　高校のセーラー服で入所式とか行って。みんな大学出た人とか他の劇団を出た人とかそういう人たちばっかりだった。
私は映画をやりたいという気持ちは全然なかったの。演劇がやりたかったの。だけど劇団の先輩だった粟津號さんが、神代さんの台本で村川さんが初めて映画を撮るんだけど、べべちゃんどうって。俳小で私、べべちゃんって呼ばれてたんだけど、結構活発で目立ってたから、私だったらやるんじゃないかって村川さんに紹介してくださって。私は裸になったりするとおばあちゃんに怒られるから(笑)、冗談じゃないわよって断ったの。新宿の喫茶店で村川さんに会って、それでいやですとは言えないからちょっとって……。じゃホン持っててとか言われたけど、いいです、失礼しますと。私、映画なんて関係ないと思ってたから。

『濡れた唇』
谷本一、絵沢萠子

『恋人たちは濡れた』
宣伝用写真
中川梨絵、堀弘一

白鳥 それがクマさんのホンで、最初に断ったのにどうして?

伊佐山 もう決まってたわけ。決まってるから来なきゃ駄目だよって言われて、しょうがないなみたいな感じで。

白鳥 本人が断ったのに……ああ、そう。誰かが勝手に決めちゃったわけ。

伊佐山 村川さんじゃないの。で、私は撮影現場なんて初めてで、神代さんがどんな子が来たかなって食堂でお会いしたのが初めてだったと思うのね。自分のホンだから神代さんはラッシュとか見てくれてて、なかなかいいよって言ってくれたんです。

白鳥 その後『恋人たちは濡れた』で梨絵が出てくるんだよね。

中川 それと『女地獄・森は濡れた』。

白鳥 梨絵は東宝でスタートしたんだよね。

中川 そうです、東宝のニューフェイスで。東宝には三年いて、成瀬巳喜男先生の遺作が私のデビュー作だったんです。だから監督さんというと東宝の監督さんしか知らなかったわけ。要するに成瀬先生であり、森谷司郎監督でありね。出目昌伸監督のデビュー作の『年ごろ』(68)にも私は出てるんです。

白鳥 まあ、そうね、東宝の監督さんとはえらい違いだわね。

中川 それで私は画面に映らないと認めてもらえないと思ってたから、ロマンポルノなら主役ができると思って。スタッフも一流だし、ロマンポルノやるぞみたいな感じでやったわけ。私はここで絶対に女優賞取ってやるとか思ってやってたから、伊佐山さんがキネマ旬報の主演女優賞を取った時、泣きましたよ、やられたあと思って。私はどっちかというと、一つの枠の中で演技することを勉強してきた人間なんですけど、『一条さゆり〜』の伊佐山さんを見てると、演技が映画から飛び出すみたいで、すごいなあ、なんなんだろうなと。で、その後だったんですよ、『恋人たちは濡れた』で神代監督とお仕事させていただいたのは。だから神代監督と会っても伊佐山さんのイメージが私の中から抜けないんです。あの演技はなんなんだろうって。それで監督と初めて会った時のことは覚えていないんですけど、現場での監督の恐ろしさっていうのだけは感じてました。なんか知らないけど恐い人だなと。叩くとか殴るとかそういうことじゃなくて。

白鳥　そうだね、あまり叱りもしないし。

中川　ただ、あかねさんがあの凄まじい笑いとかよく言ってたじゃないですか。

白鳥　クマさんの笑いのことをね。

中川　そうそう。笑顔なんだけど全部はぎとられて内臓までえぐりだされて映されるみたいなね、ああやだやだ、やな監督だなあみたいなね。私はその印象しかないんですよ。だから、お通夜に伺った時、遺影に向かって言ったのは「もう一度生まれたらやっぱり女優をやりたいと思うけど、神代監督、あなたとは仕事をしたくありません」って（笑）。

白鳥　みんないろんなことをつぶやくわけだね、それなりに。じゃあ今度は明香に聞くけど、『四畳半襖の裏張り』（73）だね。

芹　私はお芝居をやりたいとかそういうことを全部思ったことがなかったの。田舎の家を出て、食べるためにヌード・モデルをやって、その延長で東映のポルノ映画をやってたんだけど東映というのは女性の役が少ないんだよね。それで日活はポルノが盛んになってきてるから、日活の方が仕事があるかなという程度で日活に入ったんですよ。

白鳥　ほら、新宿の飲み屋で飲んでて、クマさんがあの子を出したいって言ったら、三浦朗が勘違いしてあなたを連れて来たというのは本当の話なの？

芹　本当の話なの。

伊佐山　違う子だったの？

芹　そうそう（笑）。

白鳥　クマさんも驚いたろうね。

芹　私、すごく嬉しそうに行ったんでクマさんも言えなくなっちゃったんだって。それで撮影に入ってから言われたの、実は明香じゃなかったんだよって（笑）。でも

『一条さゆり　濡れた欲情』伊佐山ひろ子

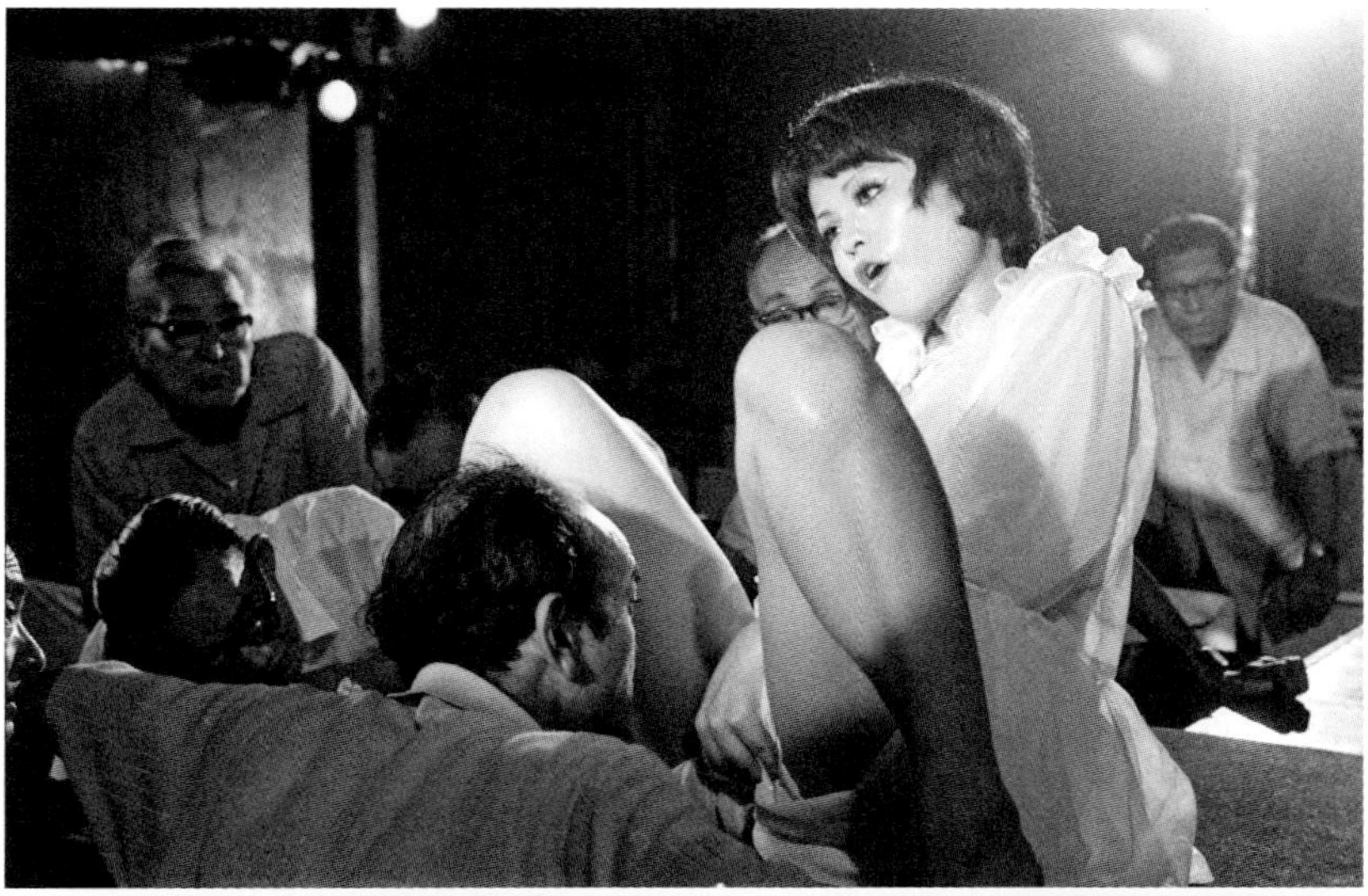

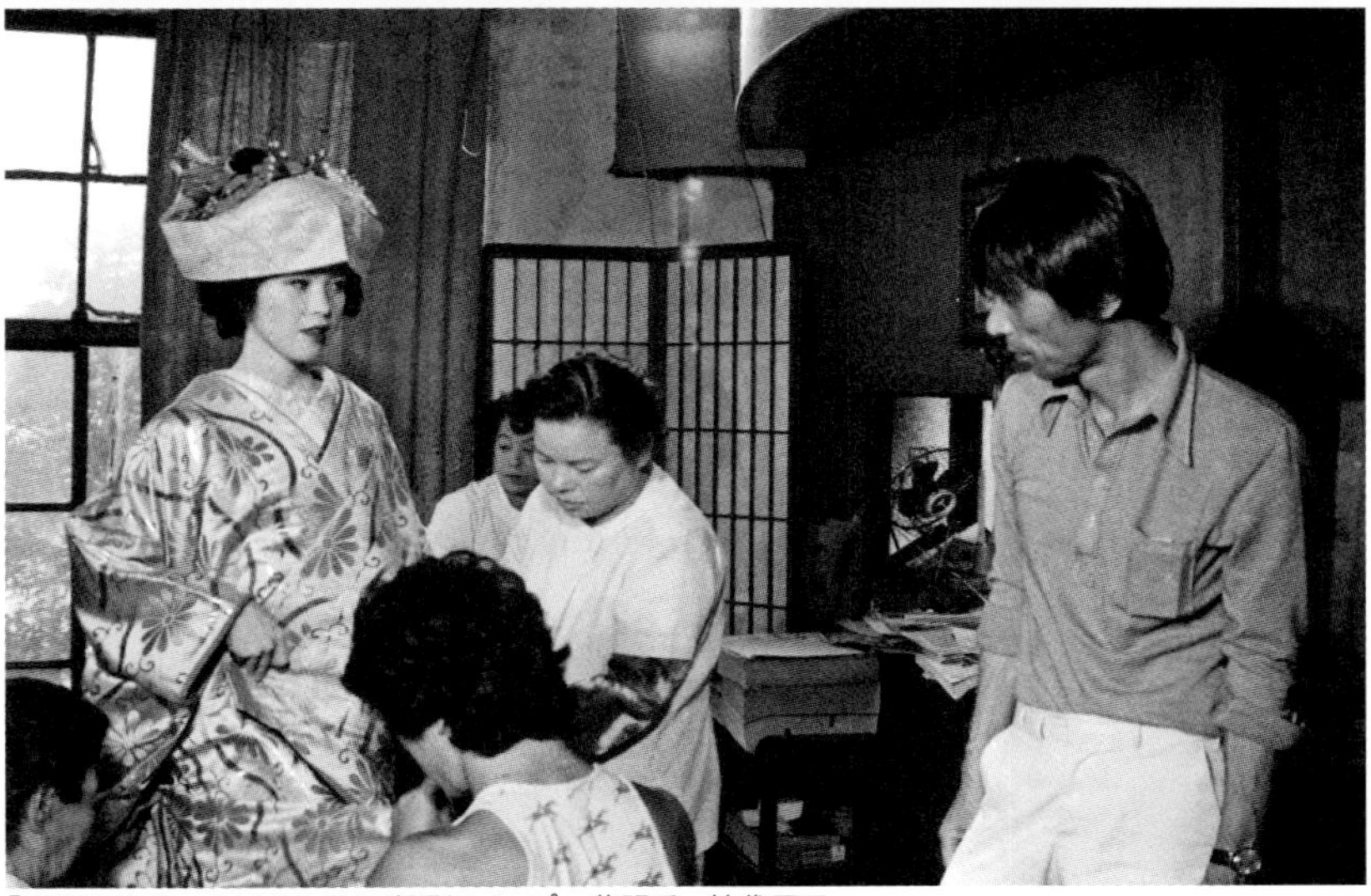

『赤線玉の井　ぬけられます』撮影スナップ　芹明香、神代辰巳

すごいショックだったよ。

白鳥　でもそれを黙って使っちゃったクマさんていうのも凄いよね。

伊佐山　やっぱりいいと思ったんだよ。

芹　いやあ、私があんまり嬉しそうなんで本当のことが言えなかったんだよ。

白鳥　でも優しいじゃない、クマさんじゃなかったら違う人は違うって言ってたと思うよ。それが明香とクマさんの出会いなんだ。

芹　でも私が神代さんという監督を意識したのは『一条さゆり・濡れた欲情』ですね。

白鳥　みんなそうなんだね。

演技に関して妥協しない監督

伊佐山　今、中川さんも明香も『一条さゆり〜』のことを言ってくれたから話すけど、『白い指〜』は、私はアルバイトのつもりでやってたの。俳優じゃなくて素人の養成所の女の子っていうだけだったの。だから日活の会社の人がギャラの交渉で、いくらですかって言ってもマネージャーもいないし、私は分かんないし、今ちょうだいって言うからあの女は使うのやめようぜっていうことになったの。私は新劇をやっていこうと思ってたし、映画をやっていくつもりはなかったのね。まあ生意気だったんだけど。

それで、今でも覚えてるんだけど神代さんが『一条さゆり〜』のホンを書いた時に、撮影所から電車に乗って神代さんと日活本社に挨拶にいったの、これでやるって。日活でえらい人にホンを見せたら、パラパラと見てホンをポーンと投げたの、テーブルの上に。私、びっくりした。子供ながらに何てことするんだろうと思った。で、神代さんが説明しても分からないと思ったのか、いいんだよ、この子で絶対いいんだよって言ったの。神代さんも『かぶりつき人生』(68)を撮った後、ほされてて会社に対して大きな態度できないんだけど、私はようしやってやれと思ったの。

『恋人たちは濡れた』撮影スナップ。神代辰巳、右奥に絵沢萠子

白鳥　そうか、それを見たから逆に燃えたんだ。

伊佐山　この子も気にいらない、ホンも気にいらない、神代さんも気にいらないみたいだね。確かに私は映画をやりたくないって言ったり、態度でかいと思われてたかもしれないけど、ホンをパラッと見てポンと投げるという態度がね。何べんもお茶飲んだり、ご飯食べさせたりしてくれてるこのオジさんに対して、何ていうことをするんだろうという愛情がわいたんだね。信頼っていうのかな。

白鳥　絵沢さんに聞きたいのは『濡れた唇』でいきなりハードだったじゃない。あの写真は、ある種の性のコミューンみたいなものを描いてて、もの凄かったでしょ。それでクマさんが言ってたんだけど、絵沢さんは最初のベッドシーンの時に足を怪我したの？

絵沢　私も慣れてなかったから、セットの後ろの方がどうなってるか分からなかったの。穴の上にビニールみたいなのがあって、そんなとこに何しに行ったのか忘れたけど、その穴のところにバーンと落ちたのよ、アホみたいに。それで、くるぶしの上を切ってるんだけど、勝手に暗いとこを歩いてた私のミスだから、撮影の邪魔をしたらいけないと思って恐縮して黙ってたのよ。それでベッドシーンの時に、なるべくそこが見えないように気をつけてたんだけど。私が悪いと思ってたから随分たって言ったら、何でその時に言わないんだって言われたけどね。

白鳥　クマさんは言ってたよ、すごく我慢してたって。

絵沢　我慢っていうより邪魔しちゃいけないと思ったから黙ってただけよ。

白鳥　それと最初にあんなハードな映画でね。

絵沢　抵抗なかったっていう意味？

白鳥　そう。それも聞きたい。

絵沢　それが不思議なんだけどちっとも抵抗なかった、私の場合は。それまで、私は濡れ場は一度もしたことなかったけど、何の抵抗もなくてかえって面白いと思ったのね。こういうホンにはあってると思ったの、ああいう描き方が。

中川　神代監督は絵沢さんには演技をこうしてとか言いました？

絵沢　たまには仰言ったかもしれないけどほとんど言わない。神代さんは何も持たないでいったら駄目だったわね。みんなで考えながら、スタッフも全員で考えてアイデア出し合ってたから、役者もポカンとして監督の言うままでは気にいらなかったみたい。

伊佐山　私なんか朝起きて行くだけで精一杯だったけど（笑）。

絵沢　私たちには厳しく仰言らないけど、現場では厳しかったと思う。

白鳥　明香なんかは結構家に入りびたったりして可愛がってもらってたでしょ。

芹　最初から最後までお父さんみたいなものだった。あんまり映画監督という感じじゃなかったね。

中川　芹さんや伊佐山さんは女性としての太陽のエネルギーというのを持ってらっしゃるんです。私は神代監督というのは負のエネルギーが非常に強い方だったと思うんです。

絵沢　神代さんってそういう出し方がお好きなのよ、非常に照れて真っ正面には出していらっしゃらなかったみたいね。出し方にも趣味があるのよ。

白鳥　何でもそのものズバリというのはいやがってたよね。

『四畳半襖の裏張り』絵沢萠子、芹明香

絵沢　私は竹中（直人）さんの『無能の人』（91）で神代さんが演じた鳥男を見てびっくりしちゃった。あの人は絶対映画に出なかったじゃない。でもいったん出るとね……。あれを見て、クマさんは私なんかの演技にすごい不満を感じてただろうなと思ったわよ。

白鳥　そりゃあクマさんは、妥協しない人だったから、ある程度自分が納得できるところまでいかなかったらOKしないわよ。

絵沢　それはOKを出す監督さんを信じてるから私らもできるんだろうけど。そりゃあ悩んでたら出来ないもんね。

白鳥　『恋人たちは濡れた』で男に逃げられて、はしごを掛けて首を吊るところがあるでしょ。あそこもOK出るまで大変だったね。

絵沢　でも、あの装置だって必死になって作ってたでしょ。吊った途端にポンと落ちるって難しいもの。あれは装置担当者と、特殊担当の人が頑張ってくれて。ああいうのがクマさんの現場ではいつもあったじゃない、みんなが必死になって自分たちの意見を出して。

白鳥　クマさんが、こういうこと出来ないかなって提案するとね。

絵沢　猫を飼ってるという役の設定も、恋人が出来れば猫はいらないって私が言っただけなのに、クマさんは「ネコあげます」の看板を出そうって。ああいうの、すごく嬉しいのよ。そこまで発展した形で私は考えられなかったけど、すぐにそういうふうにしてくれて。スタッフの人も嬉しかったんじゃない。

『四畳半襖の裏張り』の時の、明香のあやとりのアイデアは姫田さんだった。あたしは姉さん芸者で、明香と濡れ場があったの。

芹　あーっ、あれね。

絵沢　あれはしんどかった。あれほどつらいことはなかった。クマさんはプンプン怒ってるし、みんなも怒ってるし。
伊佐山　何で怒ってたの？
絵沢　うまくいかないの、私たち二人の雰囲気がつかめなくて。それでお昼までかかって何も撮れなくて、みんな黙ってご飯食べてね、あの時は泣きたかったけど泣いてもしょうがないと思って。
芹　私は泣くしかなかった（笑）。
絵沢　撮れないし、私たちは何が何だか分からないし、あんなのは珍しかった。
芹　私はあれが一番最初だったから、クマさんが何をやって欲しいって言ってるのか分からなかった。
絵沢　姉さん芸者と妹芸者の濡れ場なんて難しいもの、私たちの初めてのつかみ方としては。私が彼女を、ただ手ごめにするだけじゃないのよ。だから、どういうニュアンスを出すかっていうのが分かんなくてねえ。OK出た時は嬉しかった。
白鳥　さっき明香が何を要求されてるか分からないって言ってたけど、ほとんどそうだったの？
芹　うん、いつもそうだった。全然分からなかった。
白鳥　その割りには映画が出来るとちゃんとなってるんだよね。べべは出来上がったクマさんの映画を見た時、演ってた時と作品として出来上がったものを見た時の感想というのはどうなの？
伊佐山　今見たらいろんな感想があるかもしれないけど、あの頃は可愛く映ってるかどうかしか考えなかった（笑）。
絵沢　考えられない（笑）。全編通してワンシーンでもそういうとこがあったら嬉しいのに。

『女地獄　森は濡れた』伊佐山ひろ子、中川梨絵

現場でのハードな苦労話

芹　私は映画のことを全然知らないし、台本を読んでても、どういうふうになるなんて全然分からなかったの。それで『四畳半襖の裏張り』を演った時に現場でわけ分かんないけど、いろんなことをやらせるんだなと思ってて出来上がった映画を見た時にびっくりしたの。すごいと思って。
白鳥　そりゃそうだよね、ああいうふうに時代背景がインサートされたりすることも含めてあったと思うよ。自分自身についてはどう思った？
芹　ただただ恥ずかしかった。やだやだと思った。
白鳥　何が恥ずかしかったの？
芹　自分が素人の段階だから。映画館に行って自分の声が聞こえてくるだけで恥ずかしかった。それだけド素人だったの。東映ではグループの中の一人とか、そういうのばっかりでほとんど台詞もなかったの。
伊佐山　『〜森は濡れた』にハッポン（山谷初男）も出てて二人で三日目ぐらいに映画館に行ったんだけど打ち切りだった。
白鳥　あれは警視庁に挙げられたから。
中川　あれは名作でしたよね。
伊佐山　大正時代をセピアで撮ってて、サドの『ジュスティーヌ』が原作なの。私、見たいんだよね。
白鳥　で、私が聞きたいと思ったのはものすごいセックスシーンがあるじゃない。
伊佐山　だから中川さんがサドなのよ。私がジュスティーヌでマゾなの。だから役はどっちがいいかって聞かれた。
白鳥　原作がマルキ・ド・サドだというのは最初から知らされてたの？
伊佐山　あたしは原作読んでたもん。新劇の養成所にいたんだから。

白鳥　それは失礼しました(笑)。やっててどんな感じだった？

伊佐山　中川さんと初めてお目にかかって一緒にやったんだけど、中川さんが演技の事とかすごく真面目に考えてるわけ、私から見たら。神代さんと話し合ってる時もきちっとしてるの。こういう人もいるんだなあって。現場ではすごく緊張してるみたいな感じがして、中川さんが一人で演る時は邪魔になるからおまえはあっちにいってろって言われた。集中型の人だからね。でも、私だってデリケートなのによくそんなことをいうなって思って。私みたいなデリケートな女もいないんだよって言ったら、分かってるよとか言われたけど。

白鳥　そのデリケートといわれた梨絵はどうだったの？

中川　私は見ました。あれは旅館を経営してるお金持ちの夫婦が清純な女の子をつれてきて、それが伊佐山さんの役で彼女を染めていくんですね。それで、その一つの方法として旅人を全部かかえこんで酒池肉林、それから殺人もして死体を食べたりとか……。

『一条さゆり　濡れた欲情』撮影スナップ。伊佐山ひろ子、上垣保朗（助監督）

伊佐山　今上映してもあれは凄いと思うよ。

中川　上につければいいのよ、『オウム・森は濡れた』って(笑)。

白鳥　冴えてるね、アルコールが入ってないのに(笑)。

伊佐山　『一条さゆり〜』の時、淀川に飛び込んだじゃない、私。あの時、飛び込んで怪我でもしたらどうすんだよって言ったら、上垣(保朗)が助監督で、先に上垣が飛び込むから、その後に同じとこに飛び込めば大丈夫って。それで上垣が先に飛び込んだんだけど、飛び込んでもらってよかったよ。下の水もヘドロで見えないような中に竹が出てて、それがささって上垣は怪我しちゃったの。だけど、俺が下に潜って待ってるからって。潜るのもすごいけど。バーッと喋って歩いてて、それで走り出して桟橋から飛び込むのね。ワンシーンワンカットなんだけど、ごめんなさいって止まっちゃうの、高いんだもの。それで川沿いに人垣ができちゃってみんなが心配そうに見てるわけ。三回か四回NG出したかな。いつかはやらなきゃならないからやってさあ。上垣と一緒に破傷風の注射を三回くらい受けに行ったの(笑)。

白鳥　クマさんはものすごくハードなことをやらせる時にどんな感じだった？

伊佐山　冷たかった。だから、もっと冷たくなってやれと思った。こいつに負けてたまるかと思った。憎たらしかった。だから困らせてやれと思った。

芹　クマさんが私にハードなことをやらせる場合は、それこそ父親のように心配そうに、やれるかって念を押してくれた。

伊佐山　あんたには優しかったのよ。

白鳥　それはね、人間を見てるのよ。べべに優しくしたら、私、やらないって言うだろうと思ってそれなりに接してたのよ。

伊佐山　私には雑だったわよ、何も言わないし。『一条さゆり〜』で、警察にしょっぴかれて抱えられていくとこなんか、おまえ、映ってんだよって言うから、どんな顔すんのって聞いたの。そしたらアナーキーな顔とかいうから、私はわけ分かんなかったけどやってみたら、そうそうって(笑)。

本当に頭にきたことがあるんだけど、何年も後にテレビをやったのね。それでロケに行って、おまえ全然変わってないな、若いなって言われたのは嬉しかったんだけど、その後、全然成長してないなって言われたのよ。何が成長してないのって聞いたら、芝居がだよって言われて私、一晩中泣いちゃって。それで翌日の撮影の時に車にひかれるシーンがあって、私は泣き疲れてふらふらだし、車が何か止まりきれなくて、私、車にぶつかっちゃったのよ。

白鳥 クマさんのテレビ映画で?

伊佐山 そう。でも、私、黙ってたよ、大事になっちゃいけないと思って。私はそんなになってまでやってるのにねぎらいの言葉もないんだから(笑)。

――『恋人たちは濡れた』では、自転車で海に飛び込むシーンがあって、浮いてきて泣きながら抱き合ったと美しく書いてありますね。神代さんのシナリオ集に。

伊佐山 誰と誰が抱き合ったの?

中川 私と神代監督が。

白鳥 あれは真相を言うと、上がってきた時に梨絵がカンカンだったわけよ、自転車ごと海に沈められて危なかったんだから。要するにラストシーンだし、なかなか出て来るなって言ったの、そのまま沈んでろと。それでOKって引き上げた時には梨絵がぶっとんじゃってカンカンだったの。それをクマさんがなだめたということなんだ。

中川 それを私と神代監督が抱き合って泣いたと書いてあるんです。

芹 美しすぎる(笑)。

中川 私は正直いって、それ程のものはなかったんじゃないかと思ってるんです。さっきのお話を聞いてて思ったんですけど、そういうのがあったのは伊佐山ひろ子さんですよ。そんなに出来ないですよ、私なら怒っちゃいますよ。

白鳥 絵沢さんだって『濡れた唇』の時に足を怪我してもハードなベッドシーンをやってる。

中川 だからずっと映画に出てらっしゃるんだと思います。それは絵沢萠子さんであり、伊佐山ひろ子さんのことだと。

絵沢 私はそれが自分の役目だと思ったからね。ねえ、神代さんの映画ってすごいユーモアがあったと思わない? なんかおかしいの。深刻なことをやってても何かおかしいの。

伊佐山 そういう説明をしてくれたことがあった。あまりにも一所懸命にやってるのにおかしくて笑っちゃうとか、泣いてもおかしいとか。見てる人はかわいそうって泣いてて、でも可笑しいというとこがあればいいって。

絵沢 わりと風に吹かれてみたいなとこもあったでしょ。『恋人たちは濡れた』の時にまったくストーリーには関係ないんだけど、『風の音』っていう小説を読んでみろって言われたの、作者は忘れちゃったけど。なんで読めって言われたのか分からないけど、演ってる間ずっとそれがどこかにあるんだよね。

女優の衣装と自分の衣装

白鳥 さっきクマさんのことが憎らしかったたっていう話が出たじゃない。これだけは憎らしかったというのはあった?

絵沢 神代さんは恥ずかしがりで何も仰言らないという印象が強いし、それに、いたわられたということもなかったので、どこかに冷たい人だなというのはあったけど、撮影現場でそりゃあひどいよというのはなかったね。だから神代さんのことを考える時には結局映像の表現ということしかないのよね。近寄りがたかった。だから現場ではやるしかなかった。あかんと言われたらまたやるしかなかったね。

白鳥 それがああいう芝居作りを生んだのかもしれないね、明香の場合は別だったかもしれないけど。

絵沢 いい恰好とか華々しいというのを徹底的に排除なさったと思わない?

白鳥 そうね。『赤い帽子の女』(82)でミュンヘンに行った時、クマさんにバレエ見に行こうよって言ったの。それで何を着ていくかってことになった時、おしゃれしていきたいから、クマさんも私のドレスに似合うような恰好してって言ったら、クマさんがすねちゃって、服のことでがたがた言うなら俺は行かないって。

芹　子供みたい(笑)。

白鳥　結局私が折れてクマさんに私が合わせるからっていうことになって、クマさんがいつも着てるベージュ色のブレザーに合わせてふだん着みたいな恰好で行ったんだから。

伊佐山　私が女優賞をもらった時に、福岡でも受賞式があったの。私は福岡出身で、福岡ならお父さんやお母さんにも来てもらえるじゃないか、行こうよって神代さんが言ってくれたのね。私はGパンにTシャツだったの。さっきのあかねさんの話とは反対で、その恰好で行くのかって言うのよ。いつもこの格好なんだからいいじゃんって言ったら、持ってきた服を見せてみろって。それで変なワイシャツみたいなのを選んでこっちの方がまだましだって。スカートはないのか、スカートはだって(笑)。それで、神代さんがうちの母に、おたくの娘さんは心配ないですよって言ったんだって。しっかりしておられるし、心も全然変わっていないと。みんなに可愛がられているから何も心配いりませんよって。

白鳥　そういうとこまで気を遣う人だったんだね。まだスタイリストなんていない時代に『一条さゆり～』のべべの衣装はすごくよかったよね。

伊佐山　あれは日活にあった衣装だもん。

白鳥　だから日活の衣装の中でクマさんはよく選び出したなと思って。

伊佐山　私、小さかったから浅丘ルリ子さんの衣装だったみたい。

白鳥　ルリちゃんの時代は「渡り鳥シリーズ」の助監督だったからね、クマさんは。だからキャバレーで着てた衣装とか知ってたんだね。それをべべが着て甦ったわけだ。あの役には本当にぴったりだった。

『恋人たちは濡れた』撮影スナップ。中川梨絵、神代辰巳、白鳥あかね

中川　衣装のことなんだけど、『恋人たちは濡れた』では私は自前の衣装なんですよ。

白鳥　あの半纏みたいなのが洋子という役によく合ってた。

中川　ニットのちゃんちゃんこみたいなのね。あれは着たきり雀なの。そう言えば、最後の海にもぐるとこも、自分の着物だからよけい頭にきちゃったんだ(笑)。

白鳥　明香は可愛がられたっていう記憶しかないの?

芹　多分私の場合は、私を怒ったらいなくなるタイプだと思ったんじゃないの。だから怒られた記憶ってほとんどない。ただ、もうちょっと女優らしい恰好をしろってよく言われた。

白鳥　やっぱり恰好にいくかね。

芹　それはかなり言われた。他の女優を見てみろ、みんな女優さんらしいだろって。

白鳥　クマさんは私の服もよく見てて、あかね、その服はどこで買ってくるんだって言うの。私はいいものをバーゲンしてる時にみつけて買うんだよって言ったら、うちの娘にもそういう服を着せたいんだけどって。本当だよ(笑)。

芹　結構洋服に興味持ってたよね。

白鳥　結構、親父丸出しだったよ。クマさんはわりと一流指向のところもあるのよね。

伊佐山　必ずカンヌに行きたいって言うのね(笑)。神代さんがカンヌに行きたいなんてなんべんも口に出して言うなんて恥ずかしいことだよって言ったけど、まだ言うのね。馬鹿みたいと思っちゃった(笑)。

絵沢　俺は、いばりんぼうだ、なんておっしゃったことが一度あるけどね。

白鳥　西洋コンプレックスみたいなものはあったね。二言目には『ベニスに死す』みたいな映画を作りたいって言ってたし。そう言えば、『赤い帽子の女』をミュンヘンで撮った時、クマさんたらドイツの女優さんに何も言えないの。ドイツ語が分からないということもあるんだろうけど。

伊佐山 コンプレックスがあるのよ。

白鳥 その女優が十六世紀から続いた家柄だっていう触込みできたの、たいした女じゃないんだけど。私がクマさんにこの人下手らしいよって言ったの、台詞が棒読みに聴こえるよって。そうかって(笑)。それで何も注文つけない。

伊佐山 ずるーい、何がカンヌだよ。

白鳥 クマさんはどこにいても女性が寄ってくるのね、クマさんはほっとくんだけど。でも、寄ってくる前にクマさんはテレパシーを出してんのよ。

伊佐山 出してるから寄ってくんのよ。

絵沢 男としても魅力はあったけどね。色っぽいと思ったよ。

白鳥 そう、女優さんたちはよくクマさんのことを色っぽいねって言うのよ。

芹 クマさんのことを？ それは信じられない。でも、女優に好かれるというのは分かる。女優にとっては嬉しい監督さんだと思うの。クマさんは女優さんに丁寧だったから。

伊佐山 あんたが出来ないからでしょ。

芹 ああ、そう。ちょっとくらいほめようと思ってるのに(笑)。

白鳥 その丁寧というのが絵沢さんになると、ニュアンスが違って冷たいってことになる。

絵沢 ものすごく冷たいと思った。

白鳥 それは表裏一体なんだよね。でも絵沢さんの冷たいというのや、梨絵のいう厳しいというのはまた違うのよ。

絵沢 だけど梨絵さんが言った内蔵をえぐりだされるような感じというのは私もあった。クマさんは肌に迫るとこしか撮らないじゃない。きれいに生きてる人には興味がなかったみたいね。自分はいい生まれの人間だったけど、ぐちゃぐちゃしてる人間が好きだったのかもしれない。クマさんの映画っていつもそういう人間が多かったじゃない。

中川 大地みたいな人が好きだったんじゃないの。大地って何でも埋まってるじゃないですか、そこから根がはえてきて……。

白鳥 きわきわの感性で映画作りをする時には実生活もきわきわにならざるをえないということもクマさん、言ってるんだよね。だから本人もきわきわだったのかなあって。

芹 私はクマさんってノーマルな人だという印象しかないのよ。

中川 でも映画監督になられて幸せな方でしたよね。

白鳥 いつも言われることだけど、ロマンポルノがなかったらクマさんはなかったよね。漢字の日活では、分かって貰えなかった。

中川 でも、お亡くなりになってテレビを見ていたら、そこに「ロマンポルノの巨匠死す」みたいなのがありましたけど、あれはちょっと違うなという感じでしたね。もうちょっとつけようがあったんじゃないかって。

白鳥 無理にロマンポルノってつけなくても巨匠は巨匠なんだからね。

（えざわもえこ・女優　いさやまひろこ・女優
せり めいか・女優　しらとり あかね・スクリプター／
「映画芸術」一九九五年夏号〈追悼　神代辰巳〉）

11

青春の蹉跌

【公開】1974年6月29日封切
製作＝東京映画・渡辺企画　配給＝東宝　カラー／ワイド／85分　併映＝『モスクワ わが愛』(監督＝吉田憲二)

【スタッフ】
製作＝田中收　原作＝石川達三『青春の蹉跌』　脚本＝長谷川和彦　撮影＝姫田真左久　照明＝金子光男　録音＝原島俊男　美術＝育野重一　編集＝山地早智子　記録＝中井妙子　音楽＝井上堯之　監督助手＝瀬川淑　スチール＝中尾孝　製作担当＝内山甲子郎

【キャスト】
江藤賢一郎＝萩原健一　大橋登美子＝桃井かおり　田中康子＝檀ふみ　三宅浩一＝河原崎建三　北条今日子＝赤座美代子　賢一郎の母・悦子＝荒木道子　田中栄介＝高橋昌也　田中君子＝上月左知子　小野精二郎＝森本レオ　小野孝子＝泉晶子　大橋英子＝中島葵　大橋幸吉＝姫田真左久　安部教授＝渥美国泰　フットボール部監督＝北浦昭義　刑事＝山口哲也　刑事＝加藤和夫　部長刑事＝下川辰平　産婦人科医＝久米明　看護婦＝歌川千恵　山本＝中島久之　シンナーの少女＝芹明香　試験場の若者＝守田比呂也

⦿キネマ旬報ベストテン4位
同読者選出ベストテン3位
同主演男優賞(萩原健一)
⦿映画芸術ベストテン4位

【物語】

賢一郎は大学のアメフト部のスターだったが、司法試験受験のため、四年生を前に引退するつもりだった。母悦子ともども、資産家の伯父栄介の援助を受けている。栄介の娘康子が自分に熱いまなざしを向けていることを、賢一郎は知っている。家庭教師先の娘登美子もまた、賢一郎に思いを寄せていた。短大に合格した登美子が賢一郎をスキーに誘う。雪山の宿で初めて関係を持つ二人。新学期、賢一郎は学校で久々に従兄の司法浪人小野に出会う。小野はかつて新左翼の闘士だった。賢一郎も高校時代、学生運動に邁進していた過去があった。妻子を抱えた小野の、救いのない生活。賢一郎と登美子は、ますます深い仲になっていく。親友の三宅は年上の今日子に恋をしていたが、彼女の恋人が運動でパクられてムショにいて、彼女にその子供がいると知り、悩んでいた。日曜日、新宿の路上でフーテンたちに絡まれた康子を通りがかった賢一郎が救う。それ以来、急速に親密になる二人だったが、登美子が妊娠する。賢一郎は登美子に堕胎を命じた。小野は妻子とともに東京を去った。今日子たちは内ゲバで襲われ、三宅が重傷を負う。試験に合格した賢一郎は康子と婚約する。だが、登美子が堕ろしておらず妊娠五ケ月と知り、慄然とする。賢一郎は登美子とあの雪山に向かい、彼女を殺してしまう。婚約披露パーティで祝福を受ける賢一郎と康子。三宅も全快し、今日子とコブ付きの同棲を始めた。すべてがうまく行くかに見えた。しかし、その頃、警察の捜査が着々と進んでいた。登美子の子種が自分では無かったことを、賢一郎は知らない。久々に出場したアメフトの対抗試合、フィールドに刑事が現れた。賢一郎に、逃げ場はない。敵陣の猛烈なタックルを受け、大地に叩き付けられた賢一郎。彼はまるで死んだように動かなかった……。

監督の言葉

神代辰巳

　青春の蹉跌に登場する人間像の中に、現代社会の歪められた人間の造型図が投射されている。

　権力への傘下を拒みながら、本質的に、エゴイスティックで、現実主義的・合理的精神の持ち主である賢一郎の生き方と、現代の若者の生き方と、共通した苦悩がみいだされる。

　司法試験に合格する事は賢一郎にとって、全ての権力の象徴である田中家との縁談を意味する事であり、自らの野望を達成する手段でもあった。

　しかし、賢一郎の野望は、登美子との愛を醜く歪めていく。

　登美子の普遍的・本能的な自己愛、さらに、エゴイスティックな母性愛は、生れてくる子供の為にも、賢一郎との結婚が、絶対的なものであった。だが、真実の愛を確かめるすべも無いまま、賢一郎は、衝動的に登美子を殺害してしまう。

　この作品で取り上げている、歪められた青春の屈曲した愛の悲劇は、我々にとって、永遠のテーマである「恋愛」を、純粋な形で、人間同士の「信頼」の問題として、再確認する事を提示している。

　グランドに虚しく横たわる賢一郎は、弱々しくも、我々に語りかけている。

　真実の愛を尊ぶ精神を、再び、認識する必要があるのではないだろうか？　と。

　ドラマは、これから始まるのである。


（劇場用パンフレット）

ひでえ二日酔だ

長谷川和彦

　昨夜はやっと「青春の蹉跌」から解放されて、久し振りに出会ったパキさんと深酒し、馬鹿な喧嘩をして別れたような気がする。去年の暮、新宿のゴールデンゲイトで泥酔して袋叩きにされ、鼻が曲がり片目が潰れそうになってからというもの、喧嘩をするのが本当に怖くなり、今年は非暴力ゴジラを宣言し清く正しい日々を送ってきたのだが、昨夜は危うくパキさんを殴りかけたらしい。そういえば傍で若き作詞家喜多条が「映画屋ってのは真面目だなあ」と笑っていたようでもある。真面目ねえ…。いい方は色々あるものなのだ。考えてみるとこの脚本の登場人物も手が無くなると悪酔いしてオダをあげる駄目者ばかりだなあ。それでいいのか!?　それでいいのだ。「甘ったれるなよゴジ」というイッチ（伊地智プロ）のコワイ声がもう聞こえてくる。

　厳正な祖父の原作を、不肖の孫が脚色し、放蕩にも飽きた不良中年OBの父親が監督する——失礼かも知れないが、これくらいの世代のギャップが石川氏、神代氏と私の間にはある。今更、世代論を云々する気は毛頭無いが、「原作」というものを与えられて脚本を書いた経験の無い私には正直いってこの二週間は本当にしんどかった。例えばロマンポルノの開始当時、あの現場の八方破れの熱気は私に「性盗ねずみ小僧」というヤブレっ放しの夜這い強盗の話を書かせてくれたし、「浅間山荘」の衝撃が「濡れた荒野を走れ」という脚本で私を虚構の警察機構の中に潜入させてくれた。脚本の出来は別にして兎にも角にもその登場人物は私自身のものだった。誤解を怖れずにいえば、原作「青春の蹉跌」の人物は私にとってどうも好きになれない奴ばかりなのだ。石川氏の原作の中では、その真面目さゆえの嫌らしさがむしろ人物相互の緊張関係を生んでゆき、ひとつの「ドラマ」を構築してゆく底力になっているわけだが私にとってはやはりそれは他人のドラマでしかない。

　という訳で、（どういう訳だ？）新たに作った数人の人物を含めて、強引に人間たちを自分自身のものにする事ばかりに窮々としているうちにタイムアップを宣告された。（時間が足りなくて——という泣き言はいいたくてもいわない。怠け者の四回戦ボーイには、四回戦こそがふさわしいのだ）。まあなんとか〝心優しき反逆者〟を書いてみようと思ったのだが、心優しいばかりで、反逆する相手も見つからず、ただ闇雲に右往左往するばかりの、甘ったれた若者になってしまったようだ。その甘さをギリギリ締めあげるのは、もう土下座してクマさんにお願いするしかない。「やらなきゃ人間じゃないとばかり、激しく盛りあがった戦後の左翼運動にどうも素直に入りこめなかった。六全協の時には正直いってザマアミロと思った」というクマさんが、その乾いた優しい眼で、甘ったれた若者たちをどう突き離してくれるか——これはもう無責任に楽しみなのだ。

今年は我が酒乱の師、浦さんも、愈々「青春の門」を撮るというし、今平さんの「ええじゃないか」の脚本も着々進行中と聞く。おらっち若い者もしっかりせねば――。

ああそれにしても俺の愛する、俺の日活はこれからどうなるのだろう。「俺の日活なんて生意気！」という奴にはいわせておけばいいのだ。去るも地獄残るも地獄といわれたこの数年間、あの撮影所で仕事を続けてきた人たちは、俺のような臨時雇いも含めて、みんな俺の日活と思ってやってきたのだ。そうでも思わなきゃ、とてもやっていけないのだ。あの糞ヂカラは出てこないのだ。メシが食えないのは一番苦しいが、これからもっと怖いのはそれを理由に俺の日活が俺の愛せない誰かの日活になってゆく事なのだ。何の事をいっているのか、わからない人には全然わからないが、それでいいのだ。クマさんも姫田さんも大傑作を作って、早く帰って来て下さい。

「調布が火事だよう！」

（はせがわ かずひこ・映画監督／「シナリオ」一九七四年六月号）

プラス・アルファの演技が出来る、数少ない役者の一人です。

神代辰巳

青春の蹉跌
東宝
生きることは闘いだ！
平和は敗北者の叫びだ！
愛を裏切り
野望に賭ける鮮烈な青春！
原作＝石川達三
製作■田中収
脚本■長谷川和彦
萩原健一
桃井かおり
檀ふみ
〈カラー作品〉
「四畳半襖の裏張り」「濡れた欲情」の鬼才
神代辰巳監督作品

『青春の蹉跌』公開時チラシ

僕が、初めてかおりを見たのは、ATGの『あらかじめ失われた恋人たちよ』です。それがきっかけで、『青春の蹉跌』に起用したわけですが、そうですね、ああいう人（桃井かおり）って、他に居ないんですよね。

アナーキーな感じと、それとは別のもう一つすごく情熱的で一本気な面を両方出せるような俳優さんって、あんまり居ないんじゃないですか。あんまり、と言うより殆んど居ないんじゃないかな。そんな意味では、『青春の蹉跌』のかおりってのは良かったのですよ。

最近言われてる〝性格俳優〟って言葉は嫌いですけどね、個性的なんじゃないですか。ユニークと言えばユニークですけれど、貴重な存在ですよ。

かおりの印象はね、仕事してみて分かったんですが、予想より遥かに良かったですね。大体、普通の俳優さんだと、この程度の事はやってくれるだろうという予想を僕らが立てるわけで、それでもその通りに俳優さんがやってくれるというのは割とね、数少ないことで、ましてこっちの思っている以上のことを表現してくれる俳優さんとなると非常に少ないんですが、あの映画（青春の蹉跌）に関して言えば、ショーケンもかおりも、そんな数少ない俳優さんだったですよ。仕事に対して、与えられた役に対して、その中に浸りきるというか、一生懸命やってるんだという気持ちが、伝わってくるんです。

『青春の蹉跌』の最後で、かおりがショーケンと死のうとして雪の斜面を落っこちていくでしょ、あそこなんか、たぶん死んでもいいくらいの気持ちで演《や》ったんじゃないですか。雪があって、岩がいっぱいあってね、その岩にぶつからないように予めつけておいた道を滑るんですけど、その道づくりを僕らがしているのをかおりが見ててね、だんだん不安になってきたんでしょうね。ひょっとしたら岩にぶつかるかもしれないってね。普通だったら「私には出来ません」と言うと思うんですが、その時、かおりは「早くやってェ」と大声出しましてね。結果から先に言いますとね、あと10センチくらいで岩に頭をぶつけて、どうにかなっていたかもしれないシーンだったんですよ。

岩には絶対にぶつからない、って計算することはできませんし、もしかすれば死ぬかもしれないわけですよ。でもそれを承知で「早くやって」とかおりが言った時に〝ああ、いい役者だな〟と思いましたね。

命をかけることがいいのか悪いのか、僕には分かりません。断わるのが本当かも分かりません。でも、『青春の蹉跌』に関して言えば、かおりの、役に対する打ち込み方は、本当に一生懸命でしたね。びっくりしたと同時に、すごく嬉しかったです。しかし、もし死んでたら、嬉しいなんて言ってられないんですけれどね(笑)。

『青春の蹉跌』以降は、東宝で『櫛の火』を撮りましたが、最近は会ってないんですよ。テレビはあまり見ないですし、DJも本も知りませんしね。レコードは送ってもらったから聞きましたけど、あんまり小器用にはなってもらいたくないですね。

僕らは、役者として期待してますから……。


(談/文責・編集部)

(『WATASHI―桃井かおり』新興楽譜出版社、一九七九年)

セリフは古くなっても、気分は古くならない

斎藤久志

高校生だった頃、毎週欠かさず聴いていた深夜放送、林美雄のパック・イン・ミュージック、通称ミドリブタパックのエンディングテーマが、井上堯之の手による『青春の蹉跌』のサントラだった。映画そのものよりも、このテーマ曲が強く印象に残っている。

青春映画というのは、おそらく観る時期によってその印象をだいぶ変えるのだと思う。

初めて『青春の蹉跌』を観たのは、中学生の頃だったと思う。その前年(一九七四年)キネマ旬報ベストテン・第一位の『サンダカン八番娼館・望郷』と共に男優賞の本作がアンコール・ロードショウされたのを観に行った。

たしか、『サンダカン八番娼館・望郷』の方を観たくて行ったのだったと思う。その頃ロマンポルノも神代辰巳も知らなかった。

変な映画だと思った。しかしただひたすらにショーケンがかっこいいと思った。なさけなくウロウロすることが、ずるずると女をひきずっているかっこ悪さが、かっこ良く見えた。

学生運動に挫折し、周りをシラケて見ている主人公の姿に強く憧れをいだいた。

挫折さえ持てず、中ぶらりんなまま周りから距離があることだけは確信していた自分の気分にシンクロした。「What to do next?」それは気分として同じだったような気がする。

高校生になって8ミリカメラを手にした。でも何を撮っていいかわからなかった。わからないまま映画ゴッコを始めた。それは傑作と言われて観た『八月の濡れた砂』に乗れなかった自分にとっての青春映画だった。

社会や大人に対する怒りなどとは、ほど遠く、ただジーパンを穿いたまま海になんか入ることなどできないという気分をそのまま映画にした。青春という言葉は、カギカッコ付きでないと語れなかった。

かっこいいことが苦手で、かっこ悪くなったが、ショーケンのようにかっこよくかっこ悪くなどなれなかった。

その頃僕は、たぶん映画と自分との距離を測っていたのだ。そのことは、他人と自分との距離ということと、同じことだったのだと思う。

自分以外の他者が、自分とは違う考えを持って存在しているということを認識することがうまくできなかった。そのことがわかるまでにずいぶん時間を費やしたような気がする。

『青春の蹉跌』の主人公は、他者とのかかわりという実感が喪失したことによって周りに距離をつくった。おそらく僕とはまったく逆だったのだろう。しかし、僕の今居る場所が、「連帯」ではないということは決定的に違う。

その意味でも僕にとって、リアルな青春では決してなかった。リアルということで言えば『青春の殺人者』や『祭りの準備』だったし、最も身近に感じたのは山根成之の作品群たちだ。

ならば何に魅かれたのだろうか?

何か問題が起きた時、「えんやーとっと」と、その場をやり過ごすということは、この映画から学んだ。

ふざけ合うことでしか保てない恋愛。熱くなれない(熱くならない)という気分。意味や感情ということより、この空気のような気分というやつをこの映画は持っていた。

ドラマ自体は、ものすごくわかりやすい古典的な物語だ。当時、原作を買って読んでみたが、まるで映画とは違った印象だったと記憶している。成功のために過去を切り捨てようとした男の悲劇というドラマに魅力はなかった。

やはりこの気分なのだ。おそらく、気分というやつ

を初めて感じた映画だったような気がする。

久しぶりにビデオで見直してみた。

「私のこと嫌いになった？　それとも最初から私のカラダだけ欲しかった？」

「もし何かあったとしてもいいの。今日から私だけにしてくれる？」

時代だなと思った。

『青春の蹉跌』萩原健一、桃井かおり、檀ふみ

風俗とか、背景に描かれている学生運動とかよりも、桃井かおりと檀ふみの演ずる二人の女のこのセリフに古さを感じた。

捨てられる女と成功のために利用される女という二人のキャラクターを決定づけるこの二つのセリフが古いのは、女の側に主体がないためだ。これはドラマそのものがかかえている古さなのだと思う。

ところが不思議なことに、彼女たちが本気でこの言葉を言っているように聞こえてこない。言わされている感じがする。それは彼女たちが生身のリアリティを持っている（檀ふみに関しては、少し違うかもしれないが）ためだ。

結婚を望んでいるかに見える桃井かおりもそのことよりも、ショーケンとのセックスそのものが好きなだけで一緒に居ると感じているようだ。ただ言葉を持っていないため、「結婚」や「カラダだけなの？」としか言えないのだ。

成功のシンボライズとして登場する檀ふみも、ラスト近くショーケンの背中に馬乗りになって、ふざけ合った瞬間、生身の女になる。

このシーンは、おそらく意味としても成立しているシーンだが、そのことよりも生身であることの方が強い。

そして何よりも、行為の主体であるはずのショーケンが決して主体にはなっていない。確信犯として桃井かおりを殺して檀ふみを選んでいるのではなく、主体がないはずの女にひきずられての結果なのだ。

彼女たちにこのセリフを言わせたのは時代だ。ところが、そのことは関係なく生身の人間がそこには居た。彼らのかかえている気分は決して古くは感じなかった。

意味やドラマは古くなっても、その時の気分は決して古くはなっていない。そこには青春という言葉ではくくれない〝永遠の瞬間〟がある。

この映画に一五歳の時に出会えたことに感謝したい。

（さいとう ひさし・脚本家／「映画芸術」一九九五年夏号〈追悼　神代辰巳〉）

わが神代辰巳――『青春の蹉跌』再見

山田宏一

誰もが、それぞれの思いをこめて、神代辰巳監督を追悼する。「キネマ旬報」（一九九五年四月下旬号）の「さようなら神代辰巳さん」も親密感あふれる追悼特集だった。

私は、まだビデオのプレイヤーも持ってなかったころに買っておいた神代辰巳作品のビデオを一本持っている。日活ロマンポルノ全盛期の一九七四年に撮られた「ロマンポルノではない」他社作品、白井佳夫氏が「東宝青春映画のイメージをメタメタにぶちこわした」と評した『青春の蹉跌』（一九七四）のビデオである。製作は田中収。神代辰巳監督は白井佳夫氏のインタビュー（「世界の映画作家27」、キネマ旬報社）に答えて、「つまり一言でいいますと、メロドラマですね」「やっぱりメロドラマでしかなかったと思っています」「しょせんはメロドラマだった……」とくりかえすだけなのだが、『四畳半襖の裏張り』（一九七三）とともに私が最も好きな神代監督作品なのである。

ビデオでは（テレビでもそうだが）、シネマスコープの画面を生かすために上下に黒い部分が出るので、どうしても構図がせせこましく見える。十年以上も本棚の片隅にビデオを放置しておいたままなので、カラーも多少は褪色しているのかもしれない。画質そのものもいいとは言えない。室内や駅の構内や夜のシーンはまっくらで、ほとんど何も見えないところもあるくらいだ。家のなかから外へ、明るいところから暗いところへ、人物の動きを追ってぐにゃぐにゃ自由自在に出入りする姫田眞左久の躍動感あふれるキャメラも堅苦しく感じられることとすらある。

にもかかわらず、神代辰巳監督ならではの青春うんざり映画のムードはよく出ていて、前向きに進んでいくのを恥じるかのようにしょっちゅう後ろをふりむく主人公の萩原健一《ショーケン》をキャメラが背後から肩に手をかけんばかりにやさしくとらえるかと思えば、妊娠した桃井かおりを殺すまでの長い雪山のシーンでは二人で代わり番こにおんぶをして歩いたり、転んだり、セックスをしたり、傾斜を滑り落ちたりする姿をほとんどロングで果てしなく、やるせなく、絶望的なまでに虚無的に、なすすべもなく見つめつづけるのである。

「貧しさゆえに野望をもって社会に挑戦した青年の、ほとばしる情熱、灰色の孤独、渇望する肉体……混沌として渦巻く青春とは一体何なのか」という原作（石川達三の同名の小説）の広告の惹句とは似ても似つかぬ映画化作品だ。因みに、脚本は長谷川和彦である。

主人公は大学でアメリカン・フットボールをやり、家庭教師として面倒をみていた女子学生とセックスをし、司法試験を受けて合格する。といっても、フットボールが「混沌として渦巻く青春」のエネルギーや「ほとばしる情熱」のシンボルでもなければ、セックスが「灰色の孤独」や「渇望する肉体」のはけ口でもなく、司法試験が「野望」や「社会への挑戦」の窓口というのでもない。およそ進取の精神などといったもののかけらもなく、立身出世の意欲もなく、だから反抗もなく、ヒステリックないらだちも皆無だ。大学紛争のさなかでアメリカン・フットボールをやめたからといって、ヘルメットを全共闘のそれに替えたわけでもない。親友の河原崎建三が、女に「あんたは気立てがいいけどビジョンがない」と言われて、「まるでバカみたいじゃないか」と憤慨しても、それはまったく他人事ではないのだ。ただ、ただ、周囲の大人たちの世界、やがて自分もそのなかに入っていかざるを得ない「社会」を目のあたりにしてうんざりしているだけなのである。

つぶやくとも歌っているともつかぬ♬エンヤートット、エンヤートット、エンヤートット――、松島やァ……という内面のモノローグは、まるで、どうせ生き長らえても、せいぜい、『恋人たちは濡れた』（脚本は神代辰巳と鴨田好史、一九七三）の、あの、うらさびれた漁港に流れてきて、自転車で映画館のフィルム運びをしながら、「追われているといえば追われているんですけどね、このざまは涙ぐましく」などとうそぶく主人公（大江徹）のような「煮え切らない」人生を送るしかないことをきわめて冷徹に見すえているかのようだ。

雪山で桃井かおりに「死のうよ」と言われても、男の脳裏によぎるのは前に雪山で見た若い男女の抱き合った凍死体である。「女を置いて自分だけ山を下りりゃ助かったろうに。いい気なもんだ」。

心中なんて恥ずかしくって、できっこない。とはいっても、カッコよくは生きられない。生きること自体がぶざまなのだという認識があるのだろう。クマさん――神代辰巳監督――を追悼する特別座談会（「キネマ旬報」、前出）のなかで、「スクリプターとしてロマンポルノ以降のほとんどの神代辰巳作品に参加」した白鳥あかねさんがこんなふうに述懐しているのが心に残った。

『青春の蹉跌』萩原健一、桃井かおり

白鳥　『恋人たちは濡れた』では、中川梨絵が大江徹に「あんたは、みっともない」って言うと、それに対して彼が「みっともないのはキライじゃないよ、

俺は」っていうセリフがあるんですよ。私、ハッとして、これはクマさんの思いじゃないかと思った。クマさん自身は非常にスタイリストの部分があるし、といってもシャイなんだけど。

司法試験にもパスし、「将来を約束された」結婚の披露宴で、男は「ゴミのような人生から夢のような人生へ」と高らかに挨拶したとたんに、腰がぬけたみたいによろけて床にすわりこんでしまう。とてもまともには立っていられないのだ。

萩原健一《ショーケン》は、まるで映画の主人公を通じて神代辰巳という監督に容姿容貌までそっくりになってしまったかのようである。

冒頭、寒そうに、しょぼくれた顔で、たばこをすう横顔が画面にうつった瞬間から、神代辰巳の映画世界だ。しぐさの一つひとつがおかしくて、せつない。アメリカン・フットボールのユニフォーム姿で仲間とヘルメットの頭突きをやったり肩をぶつけ合う練習をやったあと、その余韻をたのしむかのように、普段着に着がえてからも、仲間のアパートで、やたらと壁に頭をぶつけたり、肩を柱にぶつけたりする。河原崎建三と頭や体をぶつけ合いながら、女の話をするところなど、神代映画でなければ見られないおかしな動作だ。セックスのあと、ベッドで、寝間着姿のまま、突然逆立ちをしようとしたりするところもある。話は飛ぶようだけれども、最近試写会で見たロシアのボリス・バルネット監督のサイレント映画、『帽子箱を持った少女』(一九二七)のなかで、貧しい学生が朝、起き上がって、着がえをする直前に、半裸のまま、ひもで束ねた本を両手に持って体操するところがあって笑わせるのだが、神代映画の人物たちの動作もそんな、だらだらしながらも衝動的なおかしさにあふれているのである。歩きながら、ふれそこなった柵にふれるために何歩か戻るといったこだわりにも妙に新鮮なおかしさがある。おかしくて悲しい。

『青春の蹉跌』から、以後、『アフリカの光』(一九七五)、『もどり川』(一九八三)、『恋文』(一九八五)、『離婚しない女』(一九八六)と神代辰巳/萩原健一《ショーケン》のコンビがつづくことになる。「朝日新聞」夕刊の「ことば抄」の欄に神代辰巳監督の葬儀・告別式で読んだ萩原健一《ショーケン》の弔辞が載っていたのを切り抜いておいたのだが、「クマさん、いえ、師匠。私にとってたった一人の大切な師匠でした」ではじまり、「神代学校、萩原健一」で終わる感動的な追悼の言葉の数々はじつに本心にちがいないと思う。

神代映画の「人物たちの動き」については、田中千世子さんも「神代辰巳論」(「キネマ旬報」、前出)のなかで、こんなふうに書いている。

―屋根にのぼって首吊りのまねをする女がいたり、海に服のまま入っていく女がいたり、一日にとる客の数の記録をうちたてようとする女がいる娼館の一日を描いた『赤線玉の井　ぬけられます』(一九七四)。人間が急に海や川に服のまま飛び込む映画はいくつも例があり、それぞれ感動的だ。身投げであってもなくても妙に心をうつ。水への切実な郷愁がこちらの心に伝わってくるからだろうか。

『青春の蹉跌』のなかでも、桃井かおりが突然、水のなかに入りこむところがある。

今回、『青春の蹉跌』の古いビデオを見て、つくづく思ったことは、言葉を中心にした――あるいはメッセージを伝えると言ってもいい――シーンでは、いつも主要な人物たちが画面の奥のほうにいて前面には物言わぬ人物あるいは単に物が仕切りのように構図の大半を占めて、言葉＝メッセージがまともに伝わるのを邪魔していることである。それでなくても、キャメラは照れ隠しのように窓ごしに、あるいは木かげからロング気味で撮って、人物に直接近づこうとしない。キャメラが被写体に距離を置かずに親密になじむのはセックス・シーンのときだけである。まるでキャメラそのものが肉体とふれ合い、愛撫し合い、交わって、官能的にたかまっていくような感じさえするのである。

(「キネマ旬報」一九九五年五月上旬号/『日本映画について私が学んだ二、三の事柄Ⅱ』ワイズ出版、二〇一五年所収)

（神代辰巳エッセイコレクション）

シナリオになってません

大学の三年の時だったと思います。あまり記憶は正確ではないのですけど、小津さんの「晩春」や溝口さんの「雨月物語」などに刺戟をうけて、シナリオと云うものを書いてみようと思いました。学校に映研やシナ研があったのかどうか、多分、映研はあったのじゃないかと記憶していますが、そう云うところに集まってがやがやするのが本来あまり好きじゃないものですから、自分だけで映画を見て廻ったり、友達も文学好きが多くて、何だ、映画なんかやるつもりなのかと、どっちかと云うと、軽く相手にされなかったりするような環境にあったせいもあって、どうしても映画をやろうってわけでもなく、ですからいざ、シナリオを書こうと思っても、どう云うふうに書けばいいのか、さっぱり見当もつきませんでした。

そこで、先づやったことは、古本屋へ行って、シナリオを掲載している映画雑誌を買うことでした。

今でも、自分でも不思議に思ってるんですけど、手に入れたシナリオは千葉泰樹監督のプログラムピクチャーのシナリオでした。オリジナルを書こうと思っていましたので、さしあたりは気楽に書ければいいと思ったのか、若しくは、うまくいけば映画化されたりする可能性を夢見たりした故なのか、今、思い出して見ても、何故、プログラムピクチャーを書こうとしたのかはっきりしません。

とにかく、そのシナリオを手本にして、メロドラマ風なシナリオを書き終えました。書き終って、困ったことが起こりました。それはシナリオの記号でした。F・I、F・O、O・Lと云うのが何を意味するものかわかりませんでした。多分、何かを強調する時に使う、例えば「!」的な使い方をすればいいんじゃないかと云うふうに推理して、自分でも気に入ったシーンの前後に使おうときめました。手元のシナリオに六・七個その記号が書いてありましたので、同じ数だけ使いました。

出来上がったシナリオは自分でもかなりうまくかけたように思えました。誰かに読んでもらいたくてしようがなくて、当時、「愛妻物語」や「偽れる盛装」で私淑していた新藤兼人さんのお宅に、あつかましい話ですが、コケの一念でシナリオを持っておしかけました。暑い夏の一日でした。住所をたよりに尋ねまわって、新藤さんにお目にかかることが出来ました。心よく受け取っていただいたことを今でも感謝しています。

「一週間したら、シナリオ作協へ原稿を取りに来るように」と云ってもらいました。

作協は当時、銀座にありました。原稿と一通の封筒をそこで受け取って、今でも、ありありと思い出しますが、銀座四丁目の交差点で封筒を開きました。夏の盛りの陽ざしが強烈でした。

「シナリオになってません」

と云う意味のことが書いてありました。涙が出るほどに口惜しかったことを覚えています。多分、その経験が、私を映画にたづさわるようにさせたと思っています。

（「映画芸術」一九八九年秋号）

12

赤線玉の井　ぬけられます

【公開】1974年9月21日封切
製作配給＝日活　カラー／ワイド／87分　併映＝『団地妻　昼下りの情事』（再映・監督＝西村昭五郎）『新ドキュメントポルノ　トルコテクニック大全集』（監督＝山本晋也）

【スタッフ】
プロデューサー＝三浦朗　原作＝清水一行『赤線物語』　脚本＝神代辰巳　撮影＝姫田真左久　照明＝直井勝正　録音＝秋山一三　美術＝横尾嘉良　編集＝鈴木晄　記録＝西川雄子　助監督＝鴨田好史　相米慎二　根岸吉太郎　スチール＝井本俊康　製作担当＝古川石也　刺青＝河野光揚　絵＝滝田ゆう

【キャスト】
シマ子＝宮下順子　直子＝丘奈保美　公子＝芹明香　繁子＝中島葵　小福のおかみさん＝絵沢萠子　小福のおやじ＝殿山泰司　志波＝蟹江敬三　あい子＝吉野あい　ラーメン屋店員＝清水国雄　工員風の男＝前野霜一郎　飲食店のおやじ＝河野弘　サラリーマン風の男＝織田俊彦　山口＝五条博　モーニングの客＝益富信孝　酔っぱらいの客＝高橋明　二十五人目の客＝影山英俊　松田＝古川義範　運送屋＝伊豆見英輔　四十男＝江角英明　客＝庄司三郎　客＝小宮山玉樹　直子が二十七人目に袖を引く男＝粟津號

【物語】

“これは赤線が廃止される前、昭和三十年頃の物語りである”———皇太子昭仁と、美智子さんの軽井沢テニスコートの恋が話題となり、世間が“ミッチー・ブーム”に湧いていたころのこと。正月、ここは赤線玉の井、その一画の特飲店〈小福〉には、こんな女たちがいた。刺青の男に弱く、ヤクザの志波に身も心も貢いでいるシマ子。ちょうど一年前、一晩に二六人もの客を上げるという偉業を成し遂げた年増の繁子。新年早々、その繁子の記録を抜こうと燃えている直子。そして今朝は、カタギの松田と一緒になろうと、年少の公子が小福から去った。物語はこの四人を中心に、滝田ゆう描く五人目の女タマエのマンガを交えつつ進んでいく。シマ子は、志波の花札の坊主の刺青に、お陽さまを入れる日を夢みて、稼ぎに精を出している。だが、当の志波は賭場に入り浸り、ヒロポンにハマり、まるで甲斐性がない。直子は、繁子やおかみに呆れられながら、おやじ直伝の“股火鉢”まで実践し、新記録へまっしぐらである。足を洗ったはずの公子だが、処女すら玉の井で失った彼女にとって夫との夜の営みは、逆に味気ないものでしかなかった。ベテランの繁子は、もう五年も居着いているため、客に飽きられてしまい、おかみに品川へのくら替えを勧められている。繁子の日課は、屋根から首を吊ること、だが本当に死ぬところまでは至らない。公子は店に遊びに戻ったとき、客まで取ってしまう。繁子の囁きで、志波の浮気を知ったシマ子、愁嘆場を演じるものの、別れられない二人であった。夜も更け、十一時半、店閉まいの鐘が鳴る。直子はやっと二十七人目の客の袖を引くが、髪振り乱し、眼は底光りを帯び、まるでお化けといった風情である。公子の旦那は迎えに来なかった。夜が明けるころ、くら替えを決心した繁子は独り自転車に乗り、玉の井を去っていった。

〝歌〟は反抗と自分を守る手段

宇田川幸洋

神代辰巳の映画は、役者の＝登場人物の息づかい、生理をそのまま伝えてくる長まわしのキャメラワーク――特に、この『赤線玉の井・ぬけられます』でも組んでいる名コンビの姫田真左久による、手持ちで自由自在に動きまわるそれの、絶妙な付いていき方――が大きな特徴となっているが、同時に、その息の長いショットをブチッと、あっけなく断ち切って、生理の流れから身を離して急に客観的になり、スコーンと抜けたような諧謔味、詩的な飛躍を感じさせる、鮮やかな編集の切れ味、転換の妙が、特に、多作だった七〇年代の作品には顕著に見られ、とりわけ『赤線玉の井・ぬけられます』は際立っていたように思う。

当時見た記憶では、きわめてポップで、諧謔的な笑いと語り口の実験に富んだ映画だという印象が残っていた。色では赤が強烈に押し出されていたとおぼえていた。こんど二〇年ぶりにビデオで再見したら、赤は時折り挿入される字幕の色だった。中島葵の繁子が、人気のない倉庫のような所の屋根にのぼって、縄で首をくくろうとするシーン（最も記憶に残っていたシーンだ）で、彼女が赤い腰巻をしていたと記憶していたが、間違いだった。赤いのは、「これが繁子の日課だった」と彼女の行動をつき放す字幕だった。

語り口の実験性に富んだ映画であることは確かであるが、決してそちらの方向にばかり流れているわけでなく、しっとりと女たちの生理をとらえる長まわしの撮り方とよくバランスがとれている。

『赤線玉の井・ぬけられます』は、白鳥信一監督『赤線最後の日』（74）の大ヒットの二匹目のドジョウを狙って立てられた企画ということだが、神代作品の中の連続性でいうと『四畳半襖の裏張り』（73）の姉妹篇――その昭和三〇年代版と見うけられる。『四畳半襖の裏張り』の大正ほどには時代に対してこだわったインサートはなく、一ケ所だけだが――「これは赤線が廃止される前、昭和三十年頃の物語である」という字幕の後に、テニスをしている当時の皇太子と美智子さんの写真が出る。そのモンタージュは、言葉で意味づけすれば長々といろんなことが言えようが、絵では、一瞬ですごくオカシイ。

字幕も『四畳半襖の裏張り』の方法を踏襲していると見られるが、先の繁子の例にも見られるように、おかし味が増している。『四畳半～』の字幕の色は、黒だった。

描かれる娼婦の数が、『四畳半～』より増えている。その分、にぎやかに、明るくなっている。宮下順子のシマ子、芹明香の公子、丘奈保美の直子、中島葵の繁子、それに滝田ゆうの漫画でつづられるタマエの五人、という数え方だ。神代辰巳自身の言葉によれば、「女郎が四人いるんですけど、てめえの限界がわかってきたから、もう一人、五人めの女を絵で加えてください、そういう頼み方を（滝田ゆうに）しているんです」（キネマ旬報別冊『世界の映画作家27』［75］白井佳夫によるインタビュー）。

絵で一人、キャラクターを増加してしまうというのは大胆な方法である。私は最初に見たときは、これが独立のキャラクターとは見てとれなかった。しかし、よく見ると（聞くと）タマエは『りんご追分』という自分のテーマソングを持っている。

ほかの娼婦たちも、自分の歌をそれぞれに持っている。宮下順子は〽合羽からげて三度笠……、芹明香は

『赤線玉の井　ぬけられます』劇中漫画（絵＝滝田ゆう）

〽金襴緞子の帯しめながら花嫁御寮はなぜ泣くのだろ……、中島葵は〽青い夜霧に灯影が赤い……。これを自分の声で唄い、また前二者は、三波春夫、森進一のレコードでも流れる。タマエは、美空ひばりである。ところが、丘奈保美だけは歌を持っていない。これはどういう訳だろうか。

神代辰巳の映画で、歌は特徴的な要素である。たとえば『一条さゆり・濡れた欲情』(72)の〽なかなかなんけー、なかなんけー……という民謡的な春歌のように、映画全体のリズムを生み出し、一度見たら忘れられないくらい耳につくものがあるし、『青春の蹉跌』(74)のショーケンの〽エンヤートット、く松島ァの……のように、あれなくしては映画の主題の根幹が崩れてしまうというくらいに重要な用法のものがある。

『赤線玉の井　ぬけられます』宮下順子、丘奈保美、吉野あい、中島葵、芹明香

世界的なしがらみの中では重要な意味を持つのかも知れないが、自分にとっては空疎でしかない言葉が耳に侵入しているとき、ショーケンは〽エンヤートット……と心の中で唄って、自分を防衛する。歌は反抗と防御の手段。耳をふさぐということではない。それなら何の歌でもいいはずだが、神代映画の主人公は一人に固有の歌を持つ。それは自分の感情、自分のリズム、自分の倫理……そこだけは守らなくてはならない、あるいは、いざというときにはそれを押し出していかねばならない「自分」というもの、あるいは「自律」の虚構的具体化なのにちがいない。『棒の哀しみ』の奥田瑛二のひとりごとは、この歌に準じたものといえる。

一日に二七人の客をイカせるという「記録」に挑戦し、我を忘れて、しまいには粟津號に「おめえ、化物みてえだな」とさえ言われてしまう直子には、歌は必要ないのだろう。

神代自身は、春歌を使ったりしたのは音楽予算のないロマン・ポルノで必要に迫られてのことと言いながらも、その方が音楽家に音楽をつけてもらうよりもいいと語っている。

「音楽家が音楽を入れていると、てめえがすっ裸でいて、向こうが着物を着せてくれるのを黙ってこう……、いやですね、着せられているみたいで。着せかえ人形みたいな気がしてね」(前出と同じインタビュー)。

最近、台湾のツァイ・ミンリャン(蔡明亮)監督(『青春神話』『愛情萬歳』)にインタビューした折り、彼は「一本の映画を撮っている間、私の心の中に一つの歌が流れていて、そのリズムに従って撮る」といったことを語っていた。それを聞いて、つい神代辰巳を連想した。彼の映画も、神代辰巳に似て、ダイアローグによって構築されていくドラマではない。

(うだがわ　こうよう・映画評論家／「映画芸術」一九九五年夏号〈追悼　神代辰巳〉)

玉の井、どじょう、ぬけられません

鴨田好史

リリイの歌の文句じゃないけど、私は困っています。机の前で何を書いたらいいのか、書く以前にやる事があると何処かの部分で思っているのです。

赤線玉の井ぬけられますが映画のタイトルですが、赤線という言葉は非常に気持悪い言葉です。殺バツとしていて、渇いたホコリと暑苦しさを感じます。そして陰険でワイセツな暴力を含んでいる。赤い線で囲んだ地区だから赤線と呼ぶらしい。ワイセツな暴力＝政治、どうしようもない植民地性を感じてしまう。昭和三十年代、笛吹童子に始まる第二幼年期の記憶しか持たない僕らには、遊郭とか、色街とか遊里と呼ぶ方がふさわしく思う。そういった言葉とも幸か不幸か無縁

『赤線玉の井　ぬけられます』宮下順子、丘奈保美、吉野あい、芹明香、絵沢萠子、中島葵

なのでーす。だから、別の方向からしか攻めれません。極めて即物的に。

玉の井と名を知ったのは、ガロに連載されていた、滝田ゆうの漫画「寺島町奇譚」を読んだ頃です。玉の井と寺島町、この二つは同一場所なのか、それとも全く違う場所なのか、「濹東綺譚」では確か、玉の井としか出てなかったように思うし、浅草に住んでいた頃玉の井という言葉を、人から聞いて一体どんな所なのか、一度は行って見たいと思うのみだった。玉の井、向島、川向こう、鳩の街、寺島町奇譚といった呼称が渾然と十代後半の頭脳にわだかまっていたのだけど、やっと、特出し21人の撮影の時にロケハンで玉の井へ行って少しずつ頭の中のわだかまりは溶けてきたのです。玉の井という駅の名前と町角の古めかしい長屋風アパートの一隅に置かれた消火器入れの赤い箱に、玉の井町会という字を発見した時は、何かホッとしたような、懐かしい思いと長い間の謎が解けた子供のようにうれしかった。それはきっと、幼年の時に、古墳時代の土器を見つけようと、古人の墓をあばいて歩いた時の気持と同種のものだった。地図には、寺島町という町名しかのっていないのが僕を混乱させていたのです。

昔は、寺島村は江戸の奉行所の所轄ではなく代官所が治めていて田と蓮の沼があって、武家屋敷があり百花園があり、墨田川土手には桜の木の堤となり、川にはボラや白魚、ユリカモメが飛び、泳いでいたそうである。どうも玉の井とは、東武鉄道が駅名としてつけた名前かもしれない。というのは史料には、寺島とか墨田という名しか出てこないからです。そして、玉の井の遊郭が繁盛し始めるのは、震災があり玉の井駅が出来て以降のようである。寺島村は震災の被害が少なかったのである。当然の如く復興のための労働力が必要であり、浅草方面から移った遊女たちが、労働者に体を与える、そして新開地として開けてゆく、玉の井の玉代が安かったのもこの辺に由来するのかもしれない。また、こうした遊里が必ず新開地として出現するのも江戸の変らぬ習いのようである。玉の井の組合は、四時以降女達が窓に坐わると三味線や蓄音機ラジオは禁じられて蚊の群り鳴く声と、女達のちいと、ちいとという声がして、昭和現代の陋巷ではなくて鶴屋南北の狂言などから感じられる過去の世の裏淋しい情味があると荷風などは書いている。

今の玉の井もその匂いは感じられて、不思議な気がするが、今のはさびれているからそう思うのであろう。ただ新宿だと女の人のワイ談も、ペニスだザーメンだ、デレチンだとメスを持って追っかけてくる看護婦さんみたいなイメージだけど、玉の井の女《ひと》のワイ談は、かぼちゃ、なすび、パチロ、太鼓、三味線、きゅうりと、田舎のおばちゃん連中のワイ談を思い出すから可笑しい。

『赤線玉の井　ぬけられます』蟹江敬三、宮下順子

何となく、一間を借りて住んでみたい気のする所である。

クランクインの前日頃プロデューサーから大枚×万円を克ち取って、助監督三人で滝田さんの教えてくれた玉の井は四ツ木通りに面した美濃屋へと出かけていった。ハイボールが百円、どじょう鍋が二百五十円。早速どじょう鍋を注文。鍋の上にじょうごになった竹筒があり同じく竹の筒にどじょうが丸でぬめぬめと生きた奴が運ばれてくる。じょうごになった竹筒にどじょうを入れるとどじょうはぴちぴちはねながら、阿鼻叫喚の末期の声を、キュウーといって果てる。その声が何とも切なく食欲をそそる。アワレな泥鰌の運命は、今は白いコンクリートの下の玉の井の泥溝《どぶ》に無数の土となって怨嗟の声をあげているのであろうか。それともどじょうなんかに生まれずにせめて鯰《なまず》にか、それとも黙って土となるのが宿命とあきらめているのだろうか。

だけどどじょうにだって「特技」があるのだ。腸呼吸というやつで一匹くらい、ひたすらに腸呼吸の練習にはげんでいるのがいるかもしれない。そんな奴はどじょう界から追放されるか、そういうどじょうが増えるか、どちらかだ。どじょうと大して異わない僕等はまだ何も戦い取った体験を持っていない。

映画においても暴力が美学へと拡散しリリシズムめいて見えてくるとヤバイ。7／27沖縄で鹿児島からの土建業社長らが地元少女らを輪姦、常時も変わらないこの図式。

今度の映画赤線玉の井抜けられますを見たらワイセツについて考えて貰いたいと一助監督として思います。

エンヤトット、エンヤトット、エンヤトットト。パチン、ピー、（テレビのスイッチ）昭和三十四年、ブラウン管からバイクの音と共に月光仮面のおじさんが僕等に向かって走ってくる。あれは本当に正義の味方だったのだろうか、それとも大人達の仕掛けたわなだったのだろうか、あの単純明快さは最早無いのであろうか。

（かもたよしふみ・映画監督／「シナリオ」一九七四年十月号）

俳優・前野霜一郎の死

神代辰巳

五島列島でTVコマーシャルの撮影を終って福江空港の待合室で長崎行きの飛行機を待っていた時である。早春のうすら寒い朝の十時頃である。幼児番組のTVのブラウン管にテロップが流れて、ロッキード事件の児玉誉士夫の邸に軽飛行機が墜落したことを知らせていた。その日、私は別の仕事で夕方の六時に東京である人に会わなければいけないことになっていた。飛行機の予約がとれなくて、とりあえず、長崎迄飛んで、後は何とか空席待ちをしながら、六時迄には東京の約束の場所までどうしても辿りつこうと云うつもりだった。とにかく長崎で一便待って大阪まで飛ぶことが出来た。ここで又一便待たされた。午後の二時になっていた。次の便に乗れたとして、東京着が四時、若し乗れなくて、次の次の便でも五時には羽田につくことが出来て、何とか約束の時間に間に合うことが出来るとふんでほっとしていた時である。待合室のテレビに前野霜一郎のアップの写真が映し出されていた。待合室のテレビの音は小さくて聞きとりにくかった。私はにわかに胸さわぎがして、アナウンサーの声を聞きとろうと、テレビの前に近づいた時にはもうそのニュースは終っていた。断片的に聞きとったそのテレビの内容は、児玉邸にどうやらあやまって児玉邸につっこんだらしいと云う意味のことを云ってるようだった。私は墜落した飛行機に前野が乗っていたのか、もう一台の撮影する方の飛行機に前野が乗っていたのか、聞きとれないままに、そのニュースは終ってしまったのである。死んだ男が前野じゃないように、と、私は前野のためにそう念じていたのである。私にとって前野はすごく気のいい、いい男だったのである。一年半程前、私は前野と一緒に仕事をしたことがある。「赤線玉の井ぬけられます」と云う映画である。玉の井の娼婦達の話で、前野はその中の宮下順子の扮する娼婦にあがる客の一人であった。順子はやくざのヒモに惚れぬいていて、ヒモへの心中だてに太腿に桜のいれずみをしている。客の前野は女のあそこを見ながらしたいと云う男だが、順子はそうはさせない。前野はいくらか余分に金を出すからとしつこくせまるが、順子は全然きいれない。しかし、順子はヒモのやくざからその晩賭場へ金をとどけるように云われている。順子はそこで、泊り客の前野に交換条件を持ち出す。順子をほんのしばらく外出させてくれるのなら、見せながらさせてもいいと云うのである。前野はその条件を受けいれる。前野は女のあそこを見ながらゆっくりしたい。順子にも「あそこを見ながらゆっくりしたい」とくりかえし云う。が、前野はその行為にかかるとき、順子の緋色の桜のいれずみを見てしまう。前野にとって、それは予想外のことである。桜のいれずみに感激したせいで、前野は、ゆっくりしたいにもかかわらず早々と果ててしまう。そんなシチュエイションである。

　前野はその役を一生懸命に考えて来てくれたらしかった。テストに入る前に、前野は私に、あそこを見ながらするための金を一度財布から出して、それから、順子に断わられると財布の中に引っこめていいかと云うようなことを云ったのである。「いいよ」と私は云った。その上で、「どうして?」と理由を聞いてみた。「この役はケチな男の方がやりやすいような気がしますから」と、前野はそう答えた。そう云われて考えて見ればシナリオは順子の側からだけ書かれてあった。それと、ゆっくりしたいと思っている男が、順子のいれずみに興奮して早々に果ててしまうと云う筋立ての面白さによりかかって書かれていて、前野の側からはキャラクターがないにも等しいのである。そこで、前野の云うようにケチな男があそこを見ながらゆっくりしようとして、意外にも順子のいれずみを見て興奮して、早々に果ててしまうとすると、前野の側のキャラクターの面白さが出て来る。このシーンは面白くなる筈である。私はこの時、前野とははじめてのつきあいであった。そして、ああいい役者だなと思ったのである。

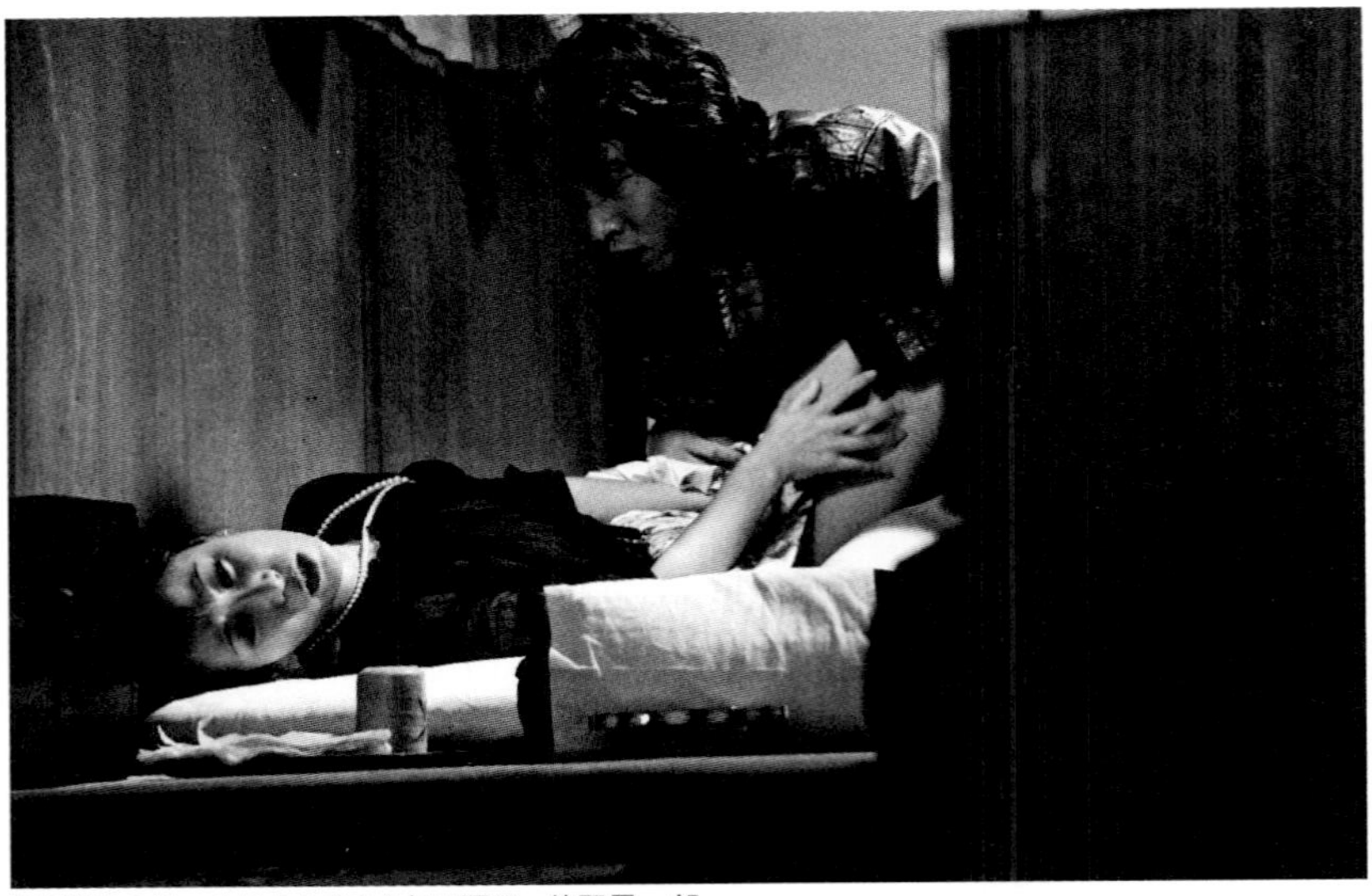
『赤線玉の井　ぬけられます』宮下順子、前野霜一郎

　それともう一つ、その事を私に話す時の前野の様子が私にはすごく興味深かったのである。ケチな男の役にしたいと云い出した時、前野はすごく自信ありそうに話した。それから、じゃあ、それで行こうときめて、テストをやったのであるが、テストを終えた後、その直後に私を見た前野の目はすごく頼りなげであった。りくつとして自分が云ったことが、現実に芝居をしてみて、果してうまくいったかどうか、すごく自信のない目だったのである。自分でいろいろ考えて芝居をする役者はこう云う時、さまざまな反応をするものである。例えばショウケンは自分の方から先に、「うまくいったの、うまくいかんな」と、りくつを具体化した自分の芝居の不安を口に出して云うのである。それから、「どうしたらいいかな、何かないかな」と云ったりする。りくつを芝居に具体的に置きかえようとする時、多分、役者は一番なやむところなのであろうと思う。そのりくつが抽象的であればある程、具体化することに悩むだろうと思うのである。ケチな役にしたいと云ったものの、財布から金を出し入れするだけで、果して、うまくケチが表現出来たかどうか、前野もかなり自信が持てなかったようである。頼りなさそうに私を見る前野の目はそのことを私に聞いていたのである。その目に私はショウケンと違って、自分で云い出したことの責任を自分で持とうとする、そして、それがうまくやれなかったときの前野の生まじめな気の良さを感じとっていたのである。実際、前野のやった芝居では前野が自ら提唱したようなケチな男のキャラクターはそれ程出てこなかったのである。「まあ、いいじゃない」と私は前野の頼りなさそうな目を見ながら云った。私はその時、心の中でこんなことを考えていたのである。前野の役はいわゆる脇役である。私の目はどうしても順子の方に行ってしまう。勿論、順子の役を引きたたせるためには、前野の役のキャラクターをはっきりさせた方がいいにきまっている。だが、この映画の撮影には例によっていそがしく二週間でとりあげなければいけないし、このシーンはそう大して重要なシーンではない。ここでこれ以上時間をかけるわけにはいかないのである。前野が云い出したことはいいにきまってるが、ここんところは目をつむって先へ進もう。悲しいことだが、その辺が日活の現状である。私は何回かテストをやって本番を撮ってしまったのである。本番を終った後で、「すみません」と前野はそう云ったのである。自分が云ったことと、演技をし終った後の落差を前野は私にそう表現したようであった。そして、そう云えるのはいい役者である。その前にいい人間である。こういう役者は本ものの役者である。

大阪空港で私は三時の飛行機に乗ることが出来た。東京まで一時間である。私は約束の時間に間に合うことが出来るとわかってほっとした。雨雲の上を飛びながら、私はテレビにうつった前野の写真をしきりに思い出していた。飛行機が児玉邸に落ちたのは事実らしい。そして、前野の写真がテレビでアップにうつし出された。その二つを組み合わせると、やっぱり児玉邸に落ちたと云うのは前野の飛行機だと判断するのが妥当のようである。そう云えば、前野が映画じゃ喰えないから、飛行機の免許をとってアルバイトをしていますと話しかけて来たことを思い出した。映画の好きな男が映画で喰えない、そのアルバイトが命取りになったのかと、私は前野のいつも愛想のいい笑った顔を思い出していたのである。前野に限ったことではない。日活に出演している大方の若い役者の、映画や芝居ではめしが喰えない、これこれのアルバイトをやっていると云うのが、殆ど常識なのである。ガソリンスタンドで働いていたり、バーテンだったり、ギターを弾いて酒場で歌を歌っていたり、前野はたまたま飛行機の操縦というアルバイトをやったために死んでしまったのかもしれない。私はその事故のことをアルバイト中の操縦ミスだとそう思っていた。それにしても、ひょっとして、死んだのが前野じゃなきゃいいがと、死ぬには惜しい役者なんだからと、前野のいつものどこかちょっとはにかんだような笑顔をしきりに思い出していたのである。

四時過ぎに飛行機は羽田へ着いた。疲れていたので私は約束の場所の有楽町までタクシーに乗ることにした。約束の六時までには少し時間が余るかもしれない。日比谷で「O嬢の物語」でも見て余った時間を潰そう。そんな段取りを考えていた。そんな時、私はタクシーの運転手からショッキングなことを聞いたのである。「児玉邸につっ込んだのは自爆らしいですね」しばらく私は返事も出来ずにいた。「映画俳優らしいですよ。特攻隊の服を着て、〝天皇陛下　バンザイ〟と云ってつっ込んだらしいですよ」「児玉は?」と私はすぐに聞いた。「無事だったらしいですよ」と答えが返って来た。

私はどうしようもない暗い気持に落ちこんでいた。暗い気持に沈みながら、私はとっさに三島由紀夫のことを思い出していたのである。ことの良し悪しはもう限られた紙面の中では云わない。前野とのつきあいも、私にとってあの時の撮影時間殆ど二、三時間ぐらいしかない。三島と比べるのも短絡に過ぎるのもわかっている。それにしても、撮影が終って、「すみません」と前野が云ったほんとうにすまなそうな顔がしきりに思い出されたのである。私にとってはいい役者が一人死んでしまった。私は前野のしたことを週刊誌がこれまで種々伝えて来たように馬鹿とか心情右翼とか云いきれないでいる。私のまわりの若い人達をあらためて見廻すと、いわゆる右だろうと左だろうと、前野のような若者が何人もいるのである。前野だけが馬鹿でも異端でもないのである。

（「シナリオ」一九七六年六月号）

（神代辰巳エッセイコレクション）タワーリング・インフェルノ

新宿のゴールデン街に、『出多羅目』というバーがある。区役所通りから入って行くと、何本かある露路のはじから二番目、まわりにはオカマバー等があって、しらふで行くと何度かよっても何か背中がぞっとする一角にそのバーはある。例えば、その店への電話番号を間違えて、どこか他の所にかかったとする。「でたらめですか?」ときく。「何っ?!　でたらめ?!　馬鹿にするな!」と間違われた方ではかんかんにおこる。私も二度ほどそんな経験がある。間違ってかけたと気づいて、どう弁解しても相手は絶対にゆるしてくれないのである。「新宿にでたらめというバーがありまして、実は、そこへ……」と言いわけすると、相手はかえってからかわれてると思って余計に腹が立つようでかえって悪い結果になる。そして『出多羅目』というバーはそこの若い女主人も客もそんな雰囲気を持ったでたらめなバーなのである。

一月ほど前、私は新宿で『タワーリング・インフェルノ』という映画を見た。映画の中味は全然どうということはない。英雄的かつ自己犠牲に徹して、超高層ビルの火災から被災者を救助する二人の男の話で、それに反して、悪役はどこまでも俗悪きわまりなく例えば、脇筋のフレッド・アステアとジェニファー・ジョーンズとの話なんかは老詐欺師と老いてなおかつ純情な未亡人との一昔も二昔も前のアメリカ映画の典型的な筋立てのまんまで、見ていてよくもこうぬけぬけと出来たもんだとかえって感歎するほどのものだったが、そういう陳腐な筋立にかかわらず、映画館は満員の大入りで、それというのも、火焔に包まれた超高層ビルにとじこめられた人達が果たして救助されるものやら、その辺のサスペンスと日本映画の真似の出来ない大がかりな特撮、豪華なセットといったものにひっぱられて、二時間以上もの間、最後まで飽きずに面白く見てしまうのである。私もちんぷなと苦笑しながら最後まで面白く見てしまったのである。

その映画の帰り、『出多羅目』に寄って、そして、後日変な体験をしなければいけない破目になってしまったのである。

このバーの若い女主人は機嫌のよい時と、その反対に悪い時もだが、妙に尻上がりのアクセントで話をする。良い時と悪い時とはその尻上がりのアクセントが微妙に違うのである。具体的にその差を書き現わすのはむずかしいのだが、しいて言えば機嫌の良い時はどちらかと言えば尻上りのしようが歌を歌うように音楽的で悪い時は感情的なような気がする。それはそれとして、私はその時、こんな調子では日本映画がアメリカ映画に喰われてしまうのも時間の問題だとかなり憂鬱な気持だった。現実にヨーロッパの諸国では自国映画と対アメリカ映画との興行収入が殆ど一対九ぐらいの割合いだと聞いている。例えばフランスにしてすでにアメリカ映画全盛だということで、日本では、去年あたりまでいくらか日本映画が優勢だった興収比率がすでに今年は完全に逆転して、アメリカ経済優位の時代になってしまっているのである。そして一旦くずれだした日本映画がフランスのように自国の映画がやっと一割しか見られないという状態がおそかれ早かれ現実となるのは避けられないことのような気がするのである。その原因をここで書くのはあまり本意ではないので、簡単に映画の厚味の差だとだけ言っておく。いずれにしろ、私はすごく憂鬱だった。その時、私は同じ日活の営業担当のN氏とこのバーで会ったのである。私も酔っていたし、彼もかなり酔っていた。酔うと私は何でも安請け合いをする極めて悪い癖がある。私はN氏のある申し入れを簡単に引き受けてしまっていたのである。

その結果、その日から一月ばかり後、私はN氏に連れられて、女優の宮下順子、中島葵、谷口香織と四人で、静岡のある日活系上映の映画館の舞台の上にいる破目になっていたのである。N氏に狩り出されたのは静岡における日活映画のPRのためで『タワーリング・インフェルノ』を見たあの日、私は酒の酔いのせいで、アメリカ映画に喰われてしまいそうな日本映画に対する痛切な悲しみと何とかしなきゃアメリカに完全に乗っとられてしまうであろう日本映画の現状に対する猛烈な反省にとらわれていたのである。

酔ったまぎれに、N氏の申し込みは私にとってどうしてもしなければならない日本映画へのてこ入れのように思われたのである。

そして、私は三人の女優さんと一緒に静岡の映画館の舞台の上に立っていたのである。

いうなればさらし物であった。以下司会者との一問一答である。

「神代さんはあのシーンをおとりになる時、自分の経験をもとにしておとりになるのですか」

「そうですね。これは私のことではないですけど、うちのある監督はファックシーンを撮影する前に、果して、自分の撮影する体位が可能なものかどうか、前の日に、自分の奥さんとためすそうですが、私の場合もやはり自分の経験を生かしますね」

私はつとめて笑顔を絶やさないようにして話しているのである。

「その他にはどんなことに注意して演出なさるのですか?」

「正常位ばかりじゃ、お客さんに飽きられますから、飽きられないように、可能と不可能の限界みたいなところで面白い体位を演出します」

お客は笑ってくれたが、何ともしまらない日本映画のテコ入れだった。そして、考えて見ると私はどうもこの種の観客サービスをやり過ぎているような気がしてならないのである。

（「話の特集」一九七五年十一月号）

13

宵待草

【公開】1974年12月28日封切
製作配給＝日活　カラー／ワイド／96分　併映＝『炎の肖像』(監督＝藤田敏八　加藤彰)

【スタッフ】
プロデューサー＝岡田裕　企画＝奥村幸士　脚本＝長谷川和彦　撮影＝姫田真左久　照明＝直井勝正　録音＝古山恒夫　美術＝横尾嘉良　編集＝鈴木晄　記録＝新関良子　音楽＝細野晴臣　助監督＝鴨田好史　相米慎二　斉藤信幸　スチール＝目黒祐司　製作担当＝服部紹男

【キャスト】
北条寺しの＝高橋洋子　谷川国彦＝高岡健二　平田玄二＝夏八木勲　黒木大次郎＝青木義朗　山口＝吉田次昭　お新＝芹明香　谷川武彦＝仲谷昇　谷川美代子＝司美智子　しのの祖父・北条寺＝浜村純　玄二の弟・太吉＝粟津號　玄二の弟の嫁・サヨ＝丘奈保美　船長＝長弘　江川＝渋谷健三　井上＝益富信孝　女郎＝あべ聖　芸者＝吉野あい　監督＝江角英明　玄二の父＝殿山泰司　玄二の母＝高山千草　北天才＝荻島真一

⦿映画芸術ベストテン7位

【物語】

昭和五年、東京。朝靄に包まれた街を駆けていく青年がいた。資本家の息子で、学生の国彦である。国彦は、浅草六区の活動小屋〈帝都館〉を根城にする玄二たちアナーキストの一員だった。首魁は花形弁士の黒木である。一味は、これから派出所を襲撃して、拳銃を奪おうというのだ。が、目論見は失敗、命からがら逃げ出す国彦たち。国彦が家に帰ると、父の後妻で元芸者の美代子が待っていた。父への愚痴を語るうち、いい雰囲気になってきた二人、いざことに及ぼうとすると、凄まじい頭痛が国彦を襲う。この頭痛のせいで女を抱けない国彦、ある温泉場へ湯治に出かけ、どこかのお嬢様のしのと、インテリめいた風変わりな男、北天才に出遇う。天才と芸者を揚げる国彦。翌朝、しのと仲良くなった国彦だが、草原を散歩する二人が見たのは、天才の首吊り死体だった。東京に帰った国彦は、一味の右翼令嬢誘拐計画に加担する。今回は見事に成功、しかし、なんとその令嬢はしのであった。身代金受渡し現場での大乱闘、成り行きでしの、国彦、玄二の三人は逃亡の旅を共にすることになる。身代金の中味はただの新聞紙、逃走資金を稼ぐため、憲兵に化けて銀行強盗、今度こそ大金を得る三人だが、今や、左右、当局からも追われる身になっていた。玄二の故郷の寒村へ行くが、追っ手は早い。玄二の父は、抜け道を教えると、三人に喰わせるつもりだった毒饅頭を口にして息絶えた。三人は大陸に渡ることを決意し、日本海へ向かう。ふと眼にした新聞で、黒木が貴族院議長を襲い、テロルを全うして果てたことを知る玄二。彼は黒木に殉じて東京へ舞い戻る。国彦はしのを抱き、ようやく、頭痛から解放されるのだった。しのを置き船に乗る国彦だが、そこにはしのを慕う書生、山口が待ち構えていた。浜辺には、独り取り残されたしのがいた……。

明るいニヒリズムとでんぐり返し

神波史男

この映画が作られたのが七四年、封切られたのが七五年らしいのだが、埃の中から出て来た当時の『映芸』や『キネ旬』などを見ると、その頃のぼくはそこそこ仕事をしていたらしく、並べてみると――『仁義の墓場』『新・仁義なき戦い』(深作欣二)、『0課の女・赤い手錠』(野田幸男)、『あばよダチ公』(澤田幸弘)などに係わっているのだが、考えてみるとみんなアナーキイな破れかぶれの連中を描いていたことになる。

そういえば、大正から昭和にかけての、あるチンピラアナキストを描いて有名な高見順の『いやな感じ』のシナリオ化を、深作さんとすすめていたのもあの頃だったと思う。はじめ東映で『日本共産党』という企画があり、笠原和夫さんと深作さんがやっていたのが、企画ごと角川映画に移り、笠原さんが降りてぼくが入ったのだったが、やはり共産党は、創生期の人々ですら生真面目で面白くない。それじゃアナキストだ、アナキストなら『いやな感じ』だとなった。資料を読み漁るうちに、共作に引き込んだ大原清秀君が、当時の大杉を始めとするアナキストたち(例えば中浜哲、古田大次郎、和田久太郎など)の存在が、多少なりとも日本近代史の救いになっている、と言ったのをよく覚えている。また彼は野口雨情の『しゃぼん玉の唄』は、アナキストの心情を唄っているのだ――屋根までとんで壊れて消えた――と喝破していたのだった。結局、『いやな感じ』(『いつかギラギラする日』と角川氏が改題した)は『人間の証明』の大キャンペーンにすりかえられて、しゃぼん玉のように消えてしまったのだが、ぼくは後年中島貞夫君の『総長の首』の中で『しゃぼん玉の唄』を使わせて貰った。しかし、あの中での菅原文太さんのアナキスト時代の描写は、回想シーンに限られたこともあってどこかセンチメンタルな類型にしかならなかった。

『宵待草』で夏八木勲の演じるテロリスト玄二はじめ、高岡健二のブルジョワ息子国彦たちは、その点、実に自由な、イデオロギイ糞くらえの冷めた奴として描かれていて、同じ雨情の『船頭小唄』(枯れすすき)や『宵待草』や、はては『共産党宣言』までもを鼻唄まじりにして、ひたすら疾走し続けている。発表当時、石川淳の『白頭吟』の盗作だとか言われたそうだし、あるいは『明日に向って撃て!』なども意識していたのかも知れないが、そんなことはすべて問題にならない独自な力を持った作品なのだ。

重い史実に足を取られず、つまりぼくがやったようにヤクザや右翼にもならず、〝ボル〟やサンジカリストに転向もせず、あくまで無頼の徒として、冗談めかして軽やかにアナキスト運動からドロップアウトしていく連中を、活動屋の世界に引っかけて見せてくれたのは、やはり映画屋である神代さんや長谷川和彦さんたちの心意気といったものだったのだろう。あの数々の唄に乗せたミュージカル的な快調さ。神代さんの体調も良かったのだろうか、後年の例えば『もどり川』などの重苦しい晦渋は影もみられない。

そしてもうひとつの特徴は、シナリオライターとしては言いたくないけれど、あの反リアリズムのボディランゲージ。セックスしようとすると頭痛に襲われる国彦のでんぐり返り、ラストに向っての玄二、国彦、しの(高橋洋子)らの四つ足歩きとでんぐり返り。あれらにはどんな意味がこめられていたのか。〝大体、映画監督なんぞ、映画を作ってさえいればいいものであって〟と、自ら〝失語症〟をもって任じられていた神代さんのことだから、別に意味などないさというふうに、ニヤニヤ笑っておられたのかも知れないが、すべてが

『宵待草』撮影スナップ。夏八木勲、姫田真左久、神代辰巳

科白ではなくあれに尽きてしまう。結局あれしかないなと思わせてしまう処が凄いのだ。

昔ぼくがシナリオに参加した福田善之さんの『真田風雲録』の中に〝股からのぞけば天地は逆さ、にっこり笑って主を刺さん〟という下克上の唄があったけれど、あれとも違って、何回も何回もでんぐり返ってゆく。正が逆に、逆がまた正に……結局、革命も反革命もどっちでもいいとでもいうようなあの明るいニヒリズムがたまらなかった。だが翻って考えれば、そもそもあれは子供のやる遊びなのであって、そう考えればあの気球での逃走も、高橋洋子のしのまでも憲兵に変装させての銀行強盗も、すべて遊びめいている。もしかすると、アナキズムの本源にあるのは遊びの精神なのかも知れないとまで思わせてしまうのだった。

しかし、映画のラストはやはり、遊びのままでは済まなかった。国彦はしのの忠実なボディガードに殺され、玄二は自分が裏切った仲間に殉じるかのように、東京に舞い戻ってしのの祖父である華族で右翼で財界の巨頭北条寺（浜村純）を殺して果てる……。このあたりからぼくの勝手な妄想になるのだが、玄二が狙うのは〝虎ノ門事件〟の難波大助のように、摂政（昭和天皇）か大正天皇そのものだったらどうだっただろうか。〝神秘と虚偽で固めたる、呪いの日本帝国よ、人の屑なる天皇を、物の見事にぶち殺し……〟と唄いながらギロチン台に登ると、友人への手紙に書いた大助は大地主（代議士）の息子だった。とすれば、モデル的にはむしろ国彦の方なのかも知れないが。いずれにせよ、リアリズムでは〝大逆〟を企てただけでも即〝死〟であったこの時代を、難波大助のような生真面目な哲学青年ではない、遊び心のいいかげんな奴の鼻唄まじりの〝大逆〟で描いてみせる神代映画を見てみたかったと、ちらっと思ったりしたのだった。

ともあれ実際の映画は、ひとり残ったしののでんぐり返った足が夕景の中でストップして終る。そして、あの宙に向けて突っ立った女の足の先に、二〇世紀後半の大量殺戮の時代があり、それはまた延々と人類滅亡の日まで続いてゆくのだろう。段々オウムみたいなイメージになってしまったけれど、反社会を標榜する彼らのターゲットの中に、どうも天皇だけは入っていないらしい。それかあらぬか、あの〝ショーコーショーコー〟やTVで流れる彼らの唄どもは、いかにも貧相で、ただ明るっぽく不気味なだけだ。反社会的な唄ならば、この映画全体に鳴り続ける、あの時代ですらすでにアナクロだったはずの〝ダイナマイトドン〟や、何という唄なのか〝親が裁判官で子は泥棒〟などの響きは、ユーモラスで哀切で、それ故に本源的にユメーン（人間的）なのであり、あれらこそが、決して豊かでない予算と時間で作られたはずのこの傑作を一層ずしりと豊かに感じさせてくれたのであった。

（こうなみ ふみお・脚本家／「映画芸術」一九九五年夏号〈追悼　神代辰巳〉）

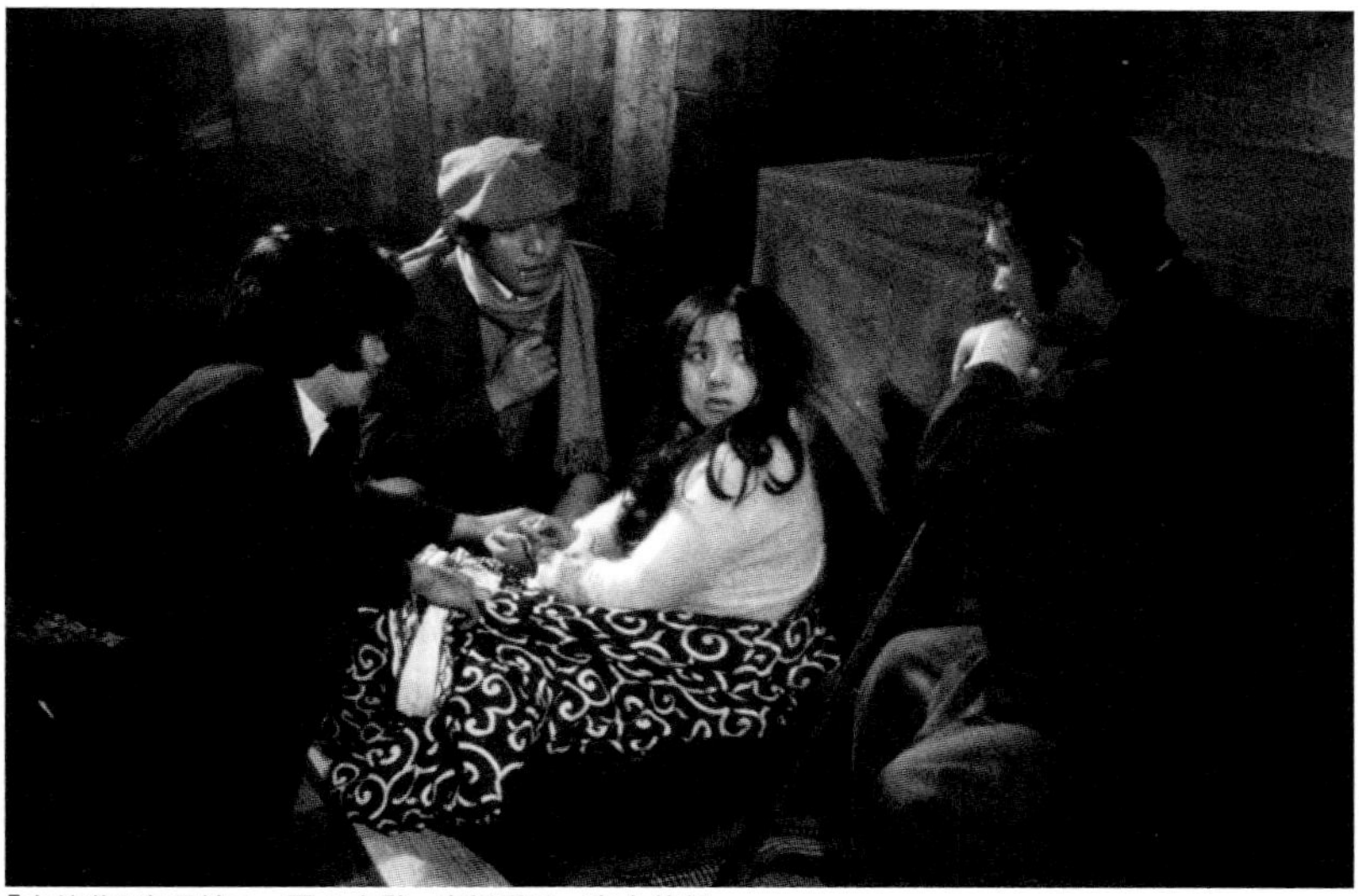

『宵待草』高岡健二、夏八木勲、高橋洋子、青木義朗

徹底的な移動とその楽しさ——『宵待草』

真魚八重子

神代辰巳の映画、特に日活ロマンポルノ時代には様々な組み合わせの三角関係が登場する。男二人に女一人や、女二人に男一人、さらにもっと男女それぞれが加わって多角形を織りなす場合もあるが、それがいまにも暴発しそうな危うい均衡を保つ男女たちの場合は、同じ室内でただ一緒に過ごすという状況にはならない。彼らは外へ出て無意味な動きをする。ぶらついたり走ったり、馬飛びやでんぐり返しをして三角関係

『宵待草』撮影スナップ。高岡健二、高橋洋子、夏八木勲、神代辰巳

の緊張感をアクションで霧消させていく。

この、同じ室内で男女三人が過ごすのは緊張が高まりすぎるため、一緒にいられない状況は、神代辰巳がロマンポルノから一般映画に移行しても変わらない。まさに三角関係の真髄を描いたような『恋文』(八五年)ですらそうだ。女性二人、または男女二人が同じ画面に収まることはあっても、三人が共に映る居心地の悪いカットは意外なほど少ない。愛を鎖にしてつながる男女には、それは重すぎる事態なのだ。

それに比べ『宵待草』は、男二人と女の緩やかな友情に結ばれた逃避行の物語であるため、そもそも三角関係の重さからは解放されている。彼らにはセックスはあってもそれ以上に友情でつながっている。だがそんな彼らも、屋外で次々に無意味な運動を繰り返す。ここで三人が緊張をほどこうとしてアクションを行うのは、いずれ行き詰まってしまう運命の重さを軽くするためだ。アナーキストと華族の令嬢の逃避行に明るい未来はなく、ちょっとした先にその暗さは蠢いている。だから、いまの溌剌と身体を動かす青春が明るい。特に『宵待草』は運動神経の優れた男優二人によって、見事な活劇ともなっているぶん、アクションシーンが滅法楽しく仕上がっている。

物語は大正時代のテロリストたちと、華族の令嬢を中心としている。浅草の黒木大次郎を中心としたアナーキスト集団。弁士見習いの平田玄二(夏八木勲)は副代表で、彼は殺人の主な実行犯役を担っていた。活動に加わったメンバーには、高貴な家の生まれの国彦(高岡健二)もいた。ある日、温泉場で国彦は令嬢しの(高橋洋子)と、ニヒルな北(荻島真一)という男と知り合った。北は女たちを部屋に呼んで国彦と痛飲した挙句、翌朝姿を消した。翌日、田舎の枯れ野原を散歩していた国彦は、再びしのと出くわす。そして二人は散歩の道すがら、鉄塔で首を吊った北を発見した。

このシーンは原案では木で首を吊っていたのを、晩秋の枯れ野原に出現する鉄塔に変えたのが秀逸なアレンジだ。木のような生命力のない、空疎で巨大な鉄塔の上まで登っての縊死は、本当に死にとり憑かれたような寒々しい強さがある。また、国彦としのが北の遺体に付き添って夜を過ごす長回しや、国彦が眠っている奥で平田が情婦とセックスを始める場面が登場する。この長回しの間、ずっと静かに横になっていなければいけないというのもアクションのひとつだ。人の体は無意識にでもつい動いてしまうものであり、ワンカットの長回しで動かないというのは能動的な行為である。

交番襲撃に失敗した黒木たちは、今度は政界の黒幕北条寺の孫娘を誘拐した。しかしその娘こそがしので、国彦は呆気にとられる。彼女はさばけたもので、祖父から金を取ればいいとアナーキストたちを唆す。数日後、身代金を持った北条寺がしのを引き取りに来た。乱闘となり、そのどさくさにまぎれて平田と国彦は身代金を奪い、しのを連れて脱出した。右翼と左翼の両方から追われる立場になった三人。彼らは平田の実家へ辿り着いたものの、家族の裏切りに遭い引き続き逃亡を余儀なくされる。そして三人は満州へ渡るため港町へ行くが、そこから別々の道を辿ることになっていく。

夏八木勲と高岡健二の運動神経の良さと、走る二人にカメラをかついで並走する撮影の姫田真左久には驚かされるばかりである。神代辰巳の躍動感ある撮影が可能になったのは、腕力があり才能に溢れたカメラマンのおかげが大きい。この映画で俳優二人の動きで目を引くのは、まずは彼らが追手から逃れて電車に逃げ込む場面だろう。走り出す電車に飛び乗り、車内に入ってからも流れるようにそのままワンカットで彼らは芝居を続ける。決して焦って息を切らしているような演技ではなく、どこかホモセクシャルなニュアンスもあるベッタリとした馴れ合いをしつつ、一連のセリフのやり取りをしたあと、彼らは何気なく電車のドアを開けて、走行中にも関わらず不意に踏切の道へと飛び降りていくのだ。カメラはそのまま車内に残り、道路を疾走していく俳優二人を見切れるまで捉える。

もちろん危険なショットではある。だがこういったタイミングの絶妙なアクションには、観ているだけで高揚感があるのも確かなのだ。運動神経の優れた俳優本人が、思いもかけない動作をすることのミラクルに観客は魅了される。神代辰巳の映画ではセリフは常にアフレコだが、夏八木勲は飛び降りる寸前まできちんと口の動きがセリフを語っているのも痺れる。勘の良い肉体の動きを持つ俳優を見ることも映画の重要な喜びのひとつだ。

高岡健二演じる国彦は、いざセックスせんとするたびに激しい頭痛に襲われるようになる。頭の痛みに耐えかねてもんどりうって転がる様も、俳優自身の運動神経の良さを感じずにいられない。狭い和室で他の俳優にぶつからないようにしつつ、倒立して畳に倒れ込み、また後ろに倒立してでんぐり返しをする器用さ。頭痛はおそらく精神的なインポテンツの現れで、金持ちの坊ちゃんが中途半端にかぶれたアナーキズム運動の最中で、己の未熟さや不発感から頭痛は起こる。だがラスト近くで初めて彼が自立し、自分の判断で動くことを内心決めた際には、彼は初めて頭痛にみまわれることなくセックスが可能となる。

『宵待草』撮影スナップ

セックス自体も神代辰巳の映画では、まるでスポーツのようなアクションであるのも特徴のひとつだ。『四畳半襖の裏張り』(七三年)や、『壇の浦夜枕合戦記』(七七年)のひたすらセックスの様子を撮り続ける長回しのカットも、エロティシズムを越えてもつれあう肉体そのものの運動を見せるものである。

どこか倦怠感に貫かれている、華族の令嬢しの。彼女は恐らく祖父あたりの差し金で、互いに知らぬままお見合いをさせられていたらしい国彦と、彼も絡む誘拐劇で再び出会ったことで溌剌とし始める。演じる高橋洋子の丸々とした可愛らしい顔が、この映画のどこかあどけない青春物語という色彩に、欠かせない要素ともなっている。また、アナーキズム運動の中で積極的に人殺しとなっていく、夏八木勲演じる平田はどこか「もうまともに生きられっこない」という絶望感によって、国彦たちとの奇妙な友情関係に寄り道している。一人だけすでに意志の下に動いているから、一番悲劇性の強いキャラだ。そして映画を貫いた遊戯性の果てに、ラストで彼は意義あるテロリズムで一旗あげたいという欲望で再び覚醒する。

細野晴臣による音楽もあえて軽妙だ。相変わらず登場人物たちは、神代辰巳の映画演出らしく念仏のように信念を唱えたり歌を歌い続けたりしているが、ホンキー・トンク風な音楽の良い意味での軽やかさが、彼らの青春を一瞬の鮮やかさで描き出す。

この映画の目玉といえば、気球のシーンだろう。この場面こそが本作の遊戯性を代表するシークエンスだ。実際に俳優たちが乗って、しばしの空の旅行を楽しむ壮大な映画の戯れ。気球の一連の場面では編集の鈴木晄の技術が秀逸で、じつはかなり小刻みにつながれている。その絶妙なカッティングによって、まるでワンカットで気球に乗った俳優たちが飛び立ち、空気の抜け始めた気球が降下して地面に降り立ったように見える。このシーンでは内部抗争が起きてしまったアナーキスト集団の一味に平田たちは追いかけられ、三人は気球に乗って空への脱出を図る。もちろん、それで本当にどこまでも行けるわけでもないし、実際に列車に乗っていたアナーキストたちに巨大な気球は発見されて追いつかれてしまう。はなからわかっている、ただの道すがらの意外な遊びの、所詮は逃亡など不可能な狭苦しい世界の出来事なのだ。その中で彼らは列車や徒歩や駆け足で移動し、空や山や海へとひたすら活路を求める。逃げられはしなくても逃げ続けずにいられない。『宵待草』の美しさはこの徹底的な移動とその楽しさにある。

国彦たちは銀行強盗に入ったりするのもどこか笑みを浮かべたままで、特にしのはこの刺激を好奇心いっぱいに楽しんでいる。犯罪を繰り返しながら旅を続ける男女といえば『俺たちに明日はない』(六七年)のボニー&クライドが有名だが、『宵待草』も同じ犯罪逃亡劇といえる。だが『宵待草』では、最後に彼らは三者三様の分かれ道を辿り映画は終わる。ただ一人取り残されるのは、しのだけだ。海辺で彼女が夕日を見つめるショットは大変美しいが、男女が揃って警察の狙撃によってハチの巣になる『俺たちに明日はない』は、女も同等の相棒だから死に際も容赦ない。しのは男二人と行動を共にして仲間であったのに、いざとなると大陸へ渡る国彦はしのを置き去りにする。華族の令嬢だから今までの生活の方が幸せだろうという温情や、結局は女を足手まといとして扱うような物語には寂しさを覚える。

『宵待草』高岡健二、高橋洋子、夏八木勲

たとえば東映では、渡瀬恒彦はよく女の相棒と旅をしていた。やはりボニー&クライドの系譜である『ジーンズブルース　明日なき無頼派』(七四年)や、『暴走パニック　大激突』(七六年)はちゃんと犯罪の相棒として女と最後まで共に逃げていく。それが女を真に対等と認める映画だ。

神代辰巳の弱点として、女に優しいふりをしただけの、女が本当に相棒だとは思っていない芯が『宵待草』にも見られるのが本当に瑕瑾で寂しい。もちろん軽妙さの中で際立つ悲劇を描いた作品だけに、仕方がない面もあるのだが、相棒ならば大陸までも渡っていくのが友情ではないか。そこが、愛おしいこの映画にいつも侘しく思ってしまう点なのだ。

(まなやえこ・映画評論家)

根岸吉太郎　とんでもなく自由で実験的な

聞き手＝伊藤彰彦

日活に入社するまで、日活映画はあまり観てなかったんです。なんかドンくさいなと思ってまして……小林旭がテンガロンハットみたいのかぶって白いギターを抱えて、歌いながらキャバレーの階段降りてくるとかさ、ちょっと恥ずかしいじゃない(笑)。今はもうずいぶん、それはそれでエンターテインメントとして、その時代のものとしてよくできてるな、と思うようになりましたけどね。自分は、そういう日活アクションに夢中になってた人よりはちょっと若かったせいもあるしね。でもそういう映画の助監督やってたんですよね、クマさんはね。斎藤(武市)組ですからね。

ロマンポルノもあまり観てなかった。社会が混乱期にあって、日活もダイニチが終わってある種の混乱っていうか、混乱を越した狂乱みたいな状況だったと思うんですけどね。ロマンポルノは「時代と映画が一緒になった」というのか、「時代と寝てる」みたいな感じだったと思うんですよ。

就職先に日活を選んだのは……学生時代は映画会社に入るなんて気なんて全然なかったんですよね。そういう時代じゃないと思ってたから。世界的に見ても、映画会社で長いこと助監督やったあと監督になるというような時代はもう終わってるなと。で、何か別の方法はないかなとダラダラしてたんだけど、卒業しちゃったんで、しようがないから就職課行ってみたら、日活が募集してて、ちょっと受けてみようかな、みたいな軽い感じでした。

クマさんの映画は日活の試験を受ける前に『四畳半襖の裏張り』(七三年)は観てましたね。すごいなぁと思いましたよ。ロマンポルノは普通三本立てで上映してまして、三本目の添えモノで面白いなあというのがあったりしましたね。チョク(山本晋也)さんの『未亡人下宿』とか、さっき言った「時代と一緒になってる」メインの作品とはまったく関係ない、めちゃくちゃさとアナーキーさがあった。どうしてあんなに面白く作れるんだろう、と思うくらい面白かった。

クマさんに最初に会った、というか見たのは、一九七四年の春で、入社してすぐですよ。ちょうどクマさんが東宝で『青春の蹉跌』(七四年)を撮って、日活に帰って来たときです。僕が日活に入社したとき、クマさんとパキ(藤田敏八)さんは日本映画界のスター監督でした。二人はその時代の若者に支持されて、なおかつ、時代の気分を描いてる監督だったんですよね。今でいうと、メキシコ出身の監督をハリウッドが引き抜くみたいな感じで、日活の監督を東宝が使って『青春の蹉跌』はヒットした。だから、日活撮影所に久しぶりに帰ってきたクマさんは、日活から育っていった所属スターがひと仕事してもどってきた！という感じでしたよ。ステンカラーのコートを着て颯爽と歩くクマさんを見て「ああ、あの人が神代辰巳なんだな」と思ったのを覚えてます。パキさんもやっぱり『修羅雪姫』(七三年)、『修羅雪姫　怨み恋歌』(七四年)を東宝でやって。二人とも、もどってきたときに先輩助監督に紹介された記憶がちらっとありますよね。

『赤線玉の井　ぬけられます』の現場

最初に助監督についた作品は、ファンキー(小原宏裕)の『男女性事学　個人授業』で、これは七四年の五月に途中から参加しました。主演は中川梨絵と芹明香だった。次が六月くらいに、加藤彰さんの『新・団地妻　けものの昼下り』ですかね。主演が宮下順子と梢ひとみ。それで三本目にクマさんの『赤線玉の井　ぬけられます』(七四年)にサード助監督でついたんです。

『新・団地妻　けものの昼下り』の撮影が終わったころかな、クマさんの『青春の蹉跌』が封切られて、芹明香が歩行者天国のシーンで「百円ちょうだい」ってショーケンに絡んでくるシーンを観てすんげえなと思ってね……どっからこういう発想と演出ができんのかなって、神代組に入ると決まったときから、興味を持ってたんですよね。現場に入って、驚くことがいっぱいありました。

助監督のチーフは鴨田好史さん、セカンドが相米慎二。で、サードが僕なんだけど、まあ見習いみたいなもんですよ。日活はロマンポルノの前のダイニチ時代とかは助監督が四人体制だったと思うけど、ロマンポルノになってからは基本二人なんです。見習いのサード助監督のいちばんの仕事は、カットごとにボールド(カチンコ)を入れること、それと小道具関係を小道具スタッフと一緒にチェックすること。あとは俳優さんを楽屋に呼びに行ったりするとか……要は雑用係です。一方、セカンドの助監督は撮影現場をトータルに仕切る。それと、衣裳関係を衣裳部と一緒に担当するのがメインの仕事でした。チーフはスケジュールを立てて、映画全体を仕切る役割ですね。

『赤線玉の井　ぬけられます』は、当時の日活としては破格の、ちゃんとドブの両側に二階建ての赤線があるというすごいセットをスタジオに建てたんですよ。日活としては、故郷に錦を飾ったクマさんに対するご褒美みたいな感じもあったかも分からない。久し振りに帰ってきたクマさんに好きにやらせようみたいな。いまの朝ドラの浅草なんかに比べても、全然『赤線玉の井』のセットのほうが豪華でしたね。

『赤線玉の井　ぬけられます』撮影セット

神代さんは姫田真左久キャメラマンと一心同体という感じでした。どこで、どんなふうにこの二人が打ち合わせしてたのか分かんないけども、二人で、いわゆる「長回しのワンシーンワンカット」っていうのをひたすらやってました。

たとえば、キャメラが外から店の中に入ってって、そのまま階段上がって、二階へ行って、そこでひと芝居やってまた降りてくる……みたいな長いカットがいっぱいあって、クマさんと姫田さんは事前に打ち合わせてんだと思いますけども。そういうときにアリフレックスのキャメラを、手持ちのやつを使うんです。一方で、四分以上もある長いカットのときには、昔のミッチェルを持ってきて、千フィートのマガジンで「カニ足」という台の上にきちっと据えて撮影してました。

セットのどこにキャメラを据えるか、その準備を撮影助手たちがきちっとやっていて、撮影が始まる前に姫田さんが来て、そこから微妙に直していくんですが、ちょっと手直しするだけで、まるっきり違う画柄が出来上がるんですね。それを見て、素晴らしいなと思いましたね。あと、姫田さんは画面が暗くても気にしないんだよね。「全然写ってないじゃん」という場面があるんだけど(笑)、姫田さんはお構いなしでした。

姫田さんのちょっとゆらゆらした手持ちのキャメラがじつに良くてね。階段とか上がるとき、重たいキャメラを持ったまま上がれないから、その間だけちょっと工夫して、上からキャメラを吊って上げたりするんですけどね。キャメラが二階の部屋に入ると、赤線の部屋だから狭いじゃないですか、だから、壁を外さないといけない。キャメラが回ったら、壁をみんなで外して、で、またキャメラがパンしたらまた元に戻すみたいなね。今だったらもうちょっと計算してセットを作って、レールかなんかですーっといくやり方があるんだけど、『赤線玉の井』はそんなふうに壁を動かしてやっていましたね。ですから、演じる役者もスタッフも、その緊張感たるや凄かった。当時、日活はフィルムがそんなに潤沢にあるわけじゃないので、長いカットで失敗したらえらいことになるんですよ。

神代組はいつもそうなんだけど、撮影が終盤に差しかかると、壁に、どのくらいのフィルムが残ってるか貼り出されるんですよ。半端に残ったフィルムの巻のフィート数が壁に書いて貼ってあって、芝居が決まったら、ぎりぎりいけそうなフィート数のフィルムを使うんです。例えば、二百フィート残ってて五十フィートぐらいでつまずいちゃうと、残りの百五十で、その長さにハマる芝居のときにしか使えない……そういう計算を撮影部がいつもやってましたね。

いま思うと、姫田＋神代っていうのは日本映画史上ほかに例がない組み合わせですよ。とんでもない才能がぶつかって、あの時代に二人でほんとに自由に、好き勝手なことをやってたんですよね。イマヘイ(今村昌平)のあとにクマさんともやれる、というのが姫田さんの凄さです。僕は助監督のとき、「姫田さんと組みたいな」とずっと思ってたんですが、そのあと、コマーシャル一本やっただけでした(ディレクターズカンパニー製作、シチズン「リビエール」CM)。

シナリオに書かれてるものを飛び越える演出、というか、シナリオを実現させようっていうんじゃなくて、そこから一段も二段も違う発想も含めて、そのシーンを作り上げていく神代さんと姫田さんの力には感嘆したし、学ぶことが多かった気がしますね。

『赤線玉の井　ぬけられます』宮下順子、蟹江敬三

昼休みとか、クマさん、わりと一人でセットにぽつんといて、ずっと座ってなんか考えてましたよね。僕は相米から「なんでもいいからずっと監督についてろ」と命令されてたんで、クマさんが一人のときも近くにいたんですけど、鬱陶しかったんでしょうね、途中で「うん分かったよ。もういいよ」って煙たがられたりして(笑)。

撮影が終わったあと、クマさんはよく助監督たちをゴールデン街に飲みに連れてってくれてました。「骨まで愛して」とかよく歌ってましたよ。印象に残ってるのは、助監督に向かって「いつまでも飲んでないで、帰ってホン書け」と言ってたことかな。当時、監督が脚本も兼ねるということはあんまりなかったけど、クマさんは自分がそのことで成功したからというのもあるんじゃないですかね。

他の監督との演出方法での違うところで一番大きいのは、カットバック(切り返し)しないことですね。『赤線玉の井』で、蟹江敬三さんと宮下順子が歩きながら会話するシーンがあって、コケーションに行って、どうやって撮んのかなと思ってたら、川を挟んだ対岸を二人に歩かせて、「川の向こうとこっちで会話して」ってクマさんが指示したんですよ。すごい発想だなと思って。

演出方法でいうと、クマさんは事前にコンテを立てないで、現場で役者を動かしながら、シーンを作ってゆくタイプですね。二人の人間が動かないで対峙してしゃべっているとき、カットバックしないで、「でんぐり返し」させたり、体をくねくねさせて、いろんな動きをそこにつけていって、一つのシーンを完成させてくんだよね。

印象に残ってるのは、照明部がライティングの準備をしている間、クマさんはずっとリハーサルをやってたこと。どの映画でもそうだけど、リハーサルやってると、準備の邪魔じゃないですか。だから、ふつうの現場は、照明のセッティングが終わってからリハーサルをやって、リハーサルで変わったことに合わせて、また照明を直すんです。でも、神代組の印象は、いつでもどこでもお構いなしにリハーサルやってる感じだった。

『赤線玉の井』にインサートされる漫画を描いた滝田ゆうさんは当時国立に住んでまして、僕がＡ４サイズの大きさの原画を取りにいったりしました。撮影の最後にその絵を撮ってたんだけど、クマさんは「こういうのを入れなきゃいけないんだ」ってぶつぶつ文句を言ってたな（笑）。

あとクマさんの独特の演出でいうと、アフレコですね。アフレコは画と台詞が合ってるのが当り前で、ズレてんのはふつう気になるもんですよ。でも、クマさんの場合は、言い方が面白ければＯＫで、ズレてるのが「味」と思ってる節がありましたね。そもそもセリフをはっきり言わせていないところもけっこうあって、それも全然気にしてなかった。

『玉の井』の完成試写で、神代さんはものすごくつまんなそうにしてました。体全体が「つまんないもん作っちゃった」みたいな感じ。そうは言わないけど、そういう感じで試写室にいましたよ。

鴨田好史と相米慎二

『赤線玉の井』のときに、「玉の井の勉強会」っていう名目でカネもらって、僕とカモちゃん（鴨田好史）と相米の三人で玉の井に行ったんですよ。玉の井にそのころ、すごくいい泥鰌《どじょう》屋があってね。『赤線玉の井』が終わってからも、カモちゃん、相米と通ってました。ちょっと途絶えた時期もあるんだけど、みんな日活離れてからも、毎年暮れか正月に三人で会うっていうのが恒例でしたね。二人が亡くなるまで続いてました。

カモちゃんはすごい不器用な人だったよね。生活がうまくできないというか、人間関係でも女性関係でも不器用で……ほんとに言いにくい人なんです。いわゆる助監督業務内容も、きちんとこなしてくっていうタイプじゃなかった。でも本当に人柄がよくて、カモちゃんがいるってことが神代組にとってなんかあったかい、あったかさを加えるみたいなね。カモちゃんも「クマさん命」だったし、クマさんもカモちゃんをずっと受け止めてたと思うよね。僕もカモちゃんが好きで、ずっと付き合ってた。

相米はやっぱりすごく、助監督のときからクリエイティブだった。曾根（中生）さんのところでホンも書いていたし、助監督としていろいろなものを用意するにしても、スケジュールを考えるにしても、いつもやっぱりどっかクリエイティブな感覚っていうのがあったと思う。

しかし、カモちゃんも相米も、僕と同期の池田敏春も、とにかくみんな映画をよく知ってたよね。みんな映画の知識の桁が違った。とくに池田はテクニックをものすごく知ってて、ときどき間違いを指摘されました。「そういうときに引くもんじゃない」とか「ああいうつなぎはおかしい」とかさ。

『四畳半襖の裏張り』海外版

そういえば『四畳半襖の裏張り』の海外版撮影の現場についたことがあります。助監督というより、ただの雑用係ですけど。『四畳半』はオリジナル版が七十分しかないので、あと十五分くらい足さないと海外版にならないっていうんで、江角英明さんと宮下順子に出てもらって、現代的な部屋をワンセット作って、一日だけ撮影した記憶があります。あのときはほかに助監督、カモちゃんがいたのかな。

追加場面の内容はですね……江角・宮下の二人が「日本には〈映倫〉っていうひどいものがあって、検閲されたり、修正されたりとかって性表現が許されない世界なんだ」みたいなことを言うんです。日本映画の背景にある、エロティックな映画表現の置かれている現状みたいなことに対する不満をぶつけるみたいな。それはセリフじゃなかったのかも知れないな。ナレーションなのか字幕なのか、忘れたけれども。それが、『四畳半襖の裏張り』本編の前か後ろに付け加えられたのが海外版でした。『四畳半襖の裏張り』が海外で上映されたのは、こっちのバージョンかも分かんないですね。当時、ロマンポルノは海外からの需要があったんですよ。僕が助監督でついた『東京エマニュエル夫人』（七五年、加藤彰監督）がフランスでヒットしたりしてました。

『宵待草』の現場

『宵待草』は『赤線玉の井　ぬけられます』と同じ年の終わりころにスタートしたんじゃなかったかな。次の年(七五年)の正月映画で、一般映画でした。大作だから、助監督グループのなかでそれなりの人たちが揃わないとやりきらないという感じで、カモちゃんと相米は参加、もう一人は経験のない僕じゃなくて、一級上の斎藤信幸がついたんです。

だけど、青森のロケーションに行って、初日か二日目か分かんないけど、カモちゃんがスタンドインをやってるときに馬から落っこちた。足を怪我して、もう助監督として現場で動けないということで東京に帰って来た。そのときに「根岸来い」と招集がかかったんですよ。それから終わりまでついてたんですけど。

クマさんに言われたのか、アナーキストの本をけっこう買いに行きましたよ。舞台が大正時代なんで、大正というのはクマさんの中に色濃く共感するとこがあったんじゃないですかね。

『宵待草』の現場でいちばんたいへんだったのが、大井川鉄道でロケした、走る汽車と浮かぶ気球と役者の芝居を全部ワンカットで撮るシーンでしたね。僕らは緻密にダイヤを組んで、「吊り橋の上を走るのは怖い」とブーたれてる役者を説得して、準備したんですよ。僕は気球担当だったんだけど、気球って風が吹かないと上がんないでしょう。「この風じゃ上がんないな、どうしようかな」と思ってたら、相米が「なんでもいいから上げろ!」とか言って自分でやってみたら、案の定、気球に引っ張られて、相米は木の根で打撲して、気球は破れて。それで、近くに縫製工場を見つけて気球を縫いに行きましたよ。あのとき、さらに他の助監督も交通事故でムチ打ちかなんかになって、仕上げのときには、見習いの俺しかいなかった(笑)。

汽車と気球と人物という画は成立しなかったけれど、鈴木晄さんの編集がうまくて、つながって見えるよね。

『宵待草』撮影スナップ。仲谷昇、神代辰巳、司美智子、高岡健二。
神代辰巳の左に相米慎二（助監督）

『宵待草』の音楽は細野晴臣さんで、日活の古いスタジオにティン・パン・アレー(細野、鈴木茂、林立夫、松任谷正隆からなる音楽ユニット)が入って演奏してました。昔ながらのやり方で、大スクリーンに編集途中の画を流しながらね。そのときはもうメインの曲(「宵待草」のテーマ)は録音済みだった。あれは、細野さんのアルバム(『トロピカル・ダンディー』)に入ってる曲だよね。あとの曲は『宵待草』のときに作ったんです。「大体ここらへんから入れて」みたいな、すごくおおざっぱなことをクマさんが指示してました。松任谷さんがキーボードを弾いてたんだけど、クマさんが指示した「ここから入る」って場面を過ぎても音が流れないんだよね。どうなってんのかなと思ったら、しばらくしてからすうっと音楽が入ってきて、すごくいいなと思った記憶があります。ああ、ここまで入れないで粘って入れるんだ、と思って。で、クマさんに「最初の指示と違うけどどうなんです?」と確認したら、「いや、いまのでいいから」っつって(笑)。音楽、すごくよかったですよね。

『宵待草』の仕上げをしてたとき、クマさんが「谷ナオミさんでやりたいな」と言ってたのを覚えています。そのころの谷ナオミはSM映画しかやってなかったから、「何言ってんのかな、クマさん」と思ったけど、それがきっと、『黒薔薇昇天』(七五年)になったんだよね。SM専門だった谷ナオミに『黒薔薇昇天』や『悶絶!! どんでん返し』(七七年)でコメディ演らせたのは、クマさんならではの発想ですね。

神代組はそれからしばらくなくて、次は『壇の浦夜枕合戦記』(七七年)に応援に行ったときかな。

『壇の浦夜枕合戦記』の現場

『壇の浦夜枕合戦記』の合戦みたいなシーンに、人手が足りずに駆り出されたんです。

「こんなのやんなきゃいいのに」っていう、とんでもない映画をクマさんにときどきやるけど、『壇の浦』も現場に着いたときから、もうヤバいなと思って(笑)。かつらがズレて見え見えの平清盛(小松方正)とか、ぺらぺらに安っぽい宮殿のセットとか、本来豪華であるべき登場人物も安っぽくてさ……もうそこらじゅう「困ったものだらけ」になっちゃってたよね(笑)。

だから、クマさんってどこか「まあいいや」みたいなとこがあるんですよ。きちっと、ここまでこうしなきゃ嫌だというんじゃなくてさ、なんか「小林旭ノリ」のところがあるわけ。斎藤武市さんの無国籍アクションのノリっていうか、「ここはこれでいいや」みたいな。『壇の浦』とか『地獄』(七九年)とかはそういうものの塊ですよね。

それとクマさんには、天皇制に対するある種の感情が根深くあるわけですよ、『宵待草』の教育勅語や玉の井の当時の皇太子の写真とかを見てみるとね。『壇の浦』でもかなり意識していたと思うけど、挑戦しようとしたとこで終わっちゃったんじゃないでしょうか。

藤田敏八の現場

助監督時代、神代辰巳と藤田敏八、二人の作品についていたので、よく二人の間にライバル意識はあったのかと聞かれますけど、クマさんはパキさん(藤田敏八)のこと、とても褒めてましたよね。「パキには自分には全然ないものがあるから」「音楽の入れ方なんかも全然違うんだよな」とか言って。もと、二人は助監督時代から仲良かったんですよ。

僕がパキさんとやった最初の作品は、『横須賀男狩り少女・悦楽』(七七年)かな。パキさんが東宝で『裸足のブルージン』(七五年)という一般映画を撮って、久しぶりに日活に帰って、ロマンポルノに戻るときでした。

パキさんの現場は一言でいうと自由ですよ。すごく伸び伸びできる感じで、だいたい、みんなが「監督」って呼ばないで「パキさん」って呼んでるぐらいだから(笑)。監督＝天皇みたいなヒエラルキーは極端に薄い、緊張感がまるでない現場でしたね、いい意味で。

神代組で僕がついた『赤線玉の井　ぬけられます』とか『宵待草』とかはある種の「時代もの」だから、用意しなきゃいけないものがけっこうあったんですよ。それに比べて藤田組は現代の話だから、「用意しなくても撮影所のどっかにあるだろう」みたいな、そういう気楽さもあった。

それから、クマさんの組のときはサードで見習いだったんで、見習いっていってもほんとの雑用係だから、自分の考えとかっていうのもほとんどない。でも、パキさんの現場についた頃はセカンド(チーフは上垣保朗)で、わりと自由に、いろんなことを考えたり、用意したりできたんですよ。

『宵待草』撮影スナップ

カチンコ持ってないって、すごい自由なんですよね。

コンテを立ててこないクマさんと違って、パキさんの場合、カット割りはこまかくきちっと決まってますよね。よく分かんない、ミミズが這いずってるような字で書いてあるパキさんの印刷台本を僕が解読して、書き写して、その日、現場でこなさなきゃならないカット数を、何カット今日一日のうちに撮らなきゃいけないんだ、ということを演出部とキャメラマンに伝えるんですよ。

あと、パキさんは、しゃべるときはモソモソ、何を言ってるか分かんない人なんですよ。とくに、自分で自信がないこととか、急に思いついて、ちょっと言うのがはばかられることとかになると、よけいモソモソになる(笑)。でもパキさんがそうなってるときの言葉が大事なんだよね、逆にね。一番ヤバいのは、撮影の前の日の晩とかに電話かかってきたときでした。「何か要るんだな」と思うけど、はっきり言わないから、こちらも「何が要るの?」とひたすら繰り返すしかない(笑)。

パキさんは現場で、演出が「アドリブ的」っていうのか、そこの場の雰囲気とか、見つけたものを使って何かをするということに長けている監督でしたね。そういうとこはクマさんとは全然違うと思うんですよね。クマさんはシナハン(シナリオハンティング)とかロケハンとかであらかじめ、何を使うかを押さえておくんだよね。パキさんみたいに現場で見つけて、現場で作ってゆくことはしない。クマさんの現場は、人がどう動いて、どう芝居をどう組み立てていくかがすべてですよ。パキさんは、わりと自由にやらして、下手なやつは下手だし、大げさなやつは大げさなまんま。

クマさんとパキさんの違いは、クマさんはちゃんと周囲に気を遣える人だけど、パキさんはそうでもないってとこかな。パキさんはさ、やっぱり自分中心だからね、そこが。

神代辰巳のエロティシズム

『壇の浦』の次の年の七八年に『オリオンの殺意　情事の方程式』で僕が監督デビューしたときかな、「シナリオ」誌にクマさんがメッセージを寄せてくれたことを覚えています。冷たい文章でね、勝手にやれよっていう(笑)。

自分の作品でのクマさんの影響というのはあまり意識しないですかね……いや、とんでもなくあるかもしれないですね。いつか、あの時代のクマさんのように自由な映画が、挑戦的で実験的な映画が、撮れればいいと思い続けているのかも。自分の映画のラストシーンをついついストップモーションで終わらせてしまうのも、主人公がぶつぶつ口ずさんでいるのも、『キャバレー日記』(八二)ではたしかに意識的に神代をやろうとした記憶がある(笑)。主人公がやたら軍歌を唄ったりして。あれは僕のロマンポルノへの恋文ですよ。

『恋文』(八五年)とか『離婚しない女』(八六年)とか松竹で撮った映画は観ましたよ。手堅い仕事だなと思いましたし、やっぱり連城(三紀彦)さんの原作も素晴らしいし、ありがちな言い方だけど、男女の機微がきちっと描かれたうえに、登場人物本人にも説明のつかぬ感情がふと漂うさまをクマさんはうつし撮るんだ。神代さんが、でんぐり返しや、ぶつぶつ歌を歌うとかっていう、そういう「神代流」からいってみりゃ卒業して、堂々と商品をきちっと映画にしたっていう印象だったですよね。

『ベッドタイムアイズ』(八七年)のときはキャメラマンが自分もよく組んでいる川上皓市だったこともあって、スタジオに陣中見舞いに行きました。東宝のちっちゃいほうのスタジオかな。主演の樋口可南子とマイケル・ライト二人のシーンのときにね。クマさん、やっぱり迎えてくれましたよ。

『宵待草』撮影スナップ

ごくわずかですけどクマさんの現場を見習いの立場で体験して思うのは、女優だけじゃなくて男優も、それにスタッフの男女すべての心も摑んで、みんな「この人のためなら」というふうになるんです。あれは何なんでしょうね……クマさんがときどき「登場人物をホモセクシュアルっぽく描いちゃってるな」って言ってて、クマさん自身はそうじゃないだろうけど、クマさんには、なんだか女も男も同時に愛してる感じのエロティシズムがあるんだと思う。そういう雰囲気は映画にも出ていますよね。

(ねぎし きちたろう・映画監督、いとう あきひこ・映画史家／二〇一九年五月十日、新宿にて／構成＝伊藤彰彦)

（神代辰巳エッセイコレクション）『情事の方程式』新人監督へのメッセージ

根岸が今度、一本とるからそれについて何か書けと云う原稿の注文である。何も書くことがないからとお断りしたのだけど、それじゃあ、何も書くことがないと云うその理由を書け、そんなやりとりがあってこの原稿を書いているところです。

本来、誰がどう云う映画を撮ろうと、私にはまるで関係がないのです。若い人であれ、古い人であれ、撮れるものなら、じゃんじゃん撮ったらいい。新人監督が出ることに殊更の意味を持たせる理由はまるでありません。問題になるとすれば、誰々がこうこう云う映画を撮ったと云うことであって、それも、面白い、いい映画が出来上った後で問題にすべきでしょう。新人だろうと古い人だろうと同様で、あらためてこう云うことを云うのも面はゆいことなのです。要するに、私は私の映画を作って行けばいいのであって、その他のことには殆ど関心がありません。根岸についても(新人監督についても)全く同じです。

もっとも、新しい一つの才能が生まれることになれば、それは沈滞気味の日本映画にカツを入れることになるでしょう。そうなれば同慶のいたりです。

多分、原稿依頼の主旨は先輩監督としての忠告なり、励ましなりを書けと云う意向のようでした。でも、そんなことは意味のないことだと思うのです。くどいようですけど、映画を作るのはあくまで個人の作業でしかないのです。監督の系列を縦にわって、誰某は誰某に師事とよく云われますが、そんなものまるで意味のないことです。映画はテクニックなんかでは絶対にないからです。映画に何々流、何々派があるわけないのです。

昔は映画を作ることにいろいろむずかしいことがありました。でも、今は誰もが原稿用紙に向って小説が書けるように、誰もが簡単に映画を作ることが出来る世の中になったのです。事実、そう云う作品の中から面白いものがいくらも出来ています。松竹では「オレンジロード急行」と云う映画も封切られたようです。アメリカでは二十代の監督が何人も出てるそうです。映画の価値観は変りつつあります。商業映画のジャンルにおいてすらです。

私は根岸に何も云うことはありません。根岸は根岸の映画を作ればいいのですから。

（「シナリオ」一九七八年七月号）

14

櫛の火

【公開】1975年4月5日封切
製作＝東京映画　配給＝東宝　カラー／ワイド／88分　併映＝『雨のアムステルダム』（監督＝蔵原惟繕）

【スタッフ】
製作＝田中收　原作＝古井由吉『櫛の火』　脚本＝大野靖子　神代辰巳　撮影＝姫田真左久　照明＝小島真二　録音＝神蔵昇　美術＝育野重一　編集＝山地早智子　音楽＝多賀英典　林哲司　監督助手＝鈴木一男　スチール＝中尾孝　製作担当者＝内山甲子郎

【キャスト】
広部＝草刈正雄　柾子＝ジャネット八田　弥須子＝桃井かおり　あけみ＝高橋洋子　矢沢＝河原崎長一郎　松岡＝名古屋章　田部＝岸田森　山藤＝武士真大　良子＝小川順子　あけみの男＝大場健二　飲み屋の女＝歌川千恵　看護婦＝芹明香　刑事＝姫田真左久

【物語】

夜、小さな公園。ひとりの女がブランコに乗っていた。女の名は柾子（まさこ）、隣に佇むのは広部という青年である。初めて二人が出遇ったのは、あるホテルのロビー、頭痛に苦しむ広部に柾子が薬を差し出してからだった。広部は一本の櫛に呪縛されていた。半年前のこと、広部は、別れた学生時代の恋人弥須子に呼び出された。弥須子はノンセクトラディカルの闘士だったが、自分の大学の運動が壊滅してからは、四人の仲間たちとともに他の大学のバリケードを転々とする毎日を送っていた。しかし、七〇年安保は終焉を迎え、どこのバリケード封鎖も解除されるなか、彼らの居場所は徐々に無くなっていった。脱落し、無為な日々を送る弥須子は、広部に安らぎを求めたのだった。弥須子と四人の間には噂があったが、広部は深く詮索しなかった。弥須子が病に倒れ、そして死んだ。最期を看取った広部に遺されたのは、形見のたった一本の櫛。それ以来、広部は櫛を捨てることが出来ない。幾度となく、情事を重ねる広部と柾子。柾子は人妻で、大学講師である夫の矢沢と家庭内離婚状態にあった。矢沢にはあけみという若い女がいたが、彼女の男は矢沢だけではなかった。矢沢には田部と松岡という奇妙な友人たちがいた。田部と柾子は、いちど寝たことがあった。松岡は広部に接近し、柾子との関係に探りを入れる。ある日広部と矢沢は会い、語りあう。矢沢と柾子は正式に離婚し、柾子は広部の部屋に居るようになった。ある夕暮れ、柾子が唐突に矢沢はあけみを殺したと言い出した。広部は信じなかったが、それは事実だった。そのまま、どこかに出掛けていく柾子。「帰って来ないつもりじゃないよな」あとには、広部とあの櫛だけが残された。

神代演出の大股びらき

榎戸耕史

一九七〇年代はじめ、日本映画がシステムとして崩壊の坂道を転げ落ち出した時期に、彗星の如く監督デビューした神代辰巳が、七〇年代から八〇年代を独自の映画的演出で駆け抜け、この九〇年代中葉の映画メディア変革の時代に、最後の閃光を放って殉教した姿は、いち映画ファンとしても、また僕個人ひとりの映画監督としても、感慨無量である。いずれにせよ、ここに神代辰巳監督のご冥福を深く祈らないわけにはいかない。

ところでずいぶん以前のことになるが、神代辰巳は、毎月幾つかの文芸誌を購読するほどの文学青年なのだと何処かで聞いたことがあった。あのサングラスの風貌からは、少しはずれていて意外に思ったことを覚えている。そんな文学好きの神代にとって、あの時代古井由吉の『櫛の火』は、愚図々々した男と女の関係のお話といい監督の勢いといい、まことに嵌まった企画作品ではあったはずだ。

『櫛の火』という小説は、大学闘争の終焉期に、恋人の女子学生を病で失った青年が、形見の櫛だけを残され、深い喪失感のうちに彼は空白の日々を送るのだが、新しい年上の人妻との出会いを機に、ようやく生の現実感を取り戻し、そうして青年は、日々の生活の底に潜むとめどない解体感と再生への光明を発見してゆくというお話である。

脚本は、大野靖子と神代自身との共同脚本ということになっているが、シナリオは長編小説のダイジェストでしかなかった。古井由吉の原作は、とても硬質の純文学である。キーワードとなる〝死〟〝男と女〟〝性〟という普遍的テーマを、映画に具現化する困難に神代は果敢にも挑んだわけなのだが、残念ながら、どうしても表層的な原作追いにしかなりきらなかったという印象は残ってしまう。大野靖子の硬いシナリオを、監督が入っても余り直せなかったのだろう。神代辰巳は、ある意味で演出家といったほうが、彼の映画のエッセンスを理解しやすい独特の演出力を持った監督である。そこから憶測するに、後は現場で、演出で何とかしていこうという狙いだったのだろう。はからずも映画『櫛の火』は、全篇神代流演出に彩られていて、何とか文学というものから脱却しようと、延々にもがいている作品である。性の歴史性を、あのぐじゃぐじゃした芝居のなかから、なんとか紡ぎだそうとする行為にさえ思えた。セリフの言い回しや役者の動きに、過剰なほどの演出が施され、又入り込んでいて、芝居すべてに、演出という枷が嵌め込まれている。意味なく自転車に乗って会話させたり、歩いていて突然三輪車に跨がせたり、猫背で歩きながら♬おふくろさんよ〜おふくろーさん……と内的モノローグを繰り返す主人公。あとはいつものようなウジウジ、グダグダした神代流が次々と出て来るのだ。しかし、いま言った演出過剰が目立つのも、キャスティングという要因が多分にある。萩原健一や田中邦衛のような個性の強い役者ならまだしも、どうしても、草刈正雄とジャネット八田では、神代の演出がどんどん浮いて見えてしまうのだ。

『櫛の火』は、文学青年の希有な演出家、神代辰巳が手持ちの札を全部晒け出し、大盤振る舞いをもってしても、なかなか核心に到達できなかった作品ではなかったか。そこでは、焦れた演出家の姿がとてもよく見て取れるのだ。だがそれでも、『櫛の火』がまぎれもない野心作であることに間違いはない。

この機に、ふた昔も前の原作、脚本を読み作品を観て、若輩の頃には判らなかったことがずいぶんと理解できた。『櫛の火』という原作は、性＝生を真ん中に挟んで、男と女の原形質のお話である。原作の次のような箇所がすごく気になったので、ここに引用してみよう。〝――ただ、なにもかもあらわになった上で、自分らの求めあう声を、ただの肉体の求めでない声を、お互いの中から聞きたいと広部は焦りを覚えた。(中略)ほんとうに微妙なことは性の淫らさの中でしか話せないのかもしれないな、と彼はふと思った。〟

「みっともないのはキライじゃないよ、俺は」なんて、映画の主人公に自らの思いを言わしめた神代自身、ふだんは非常にスタイリストで、とってもシャイな人だったらしい。映画のなかで、いつも主人公にグジュグジュ、ウダウダした演出をするのも、自分の柄の裏返しの照れがあってのことではなかったか。表層の自分とのギャップを感じつつ、実証のなかの性という深淵で人間を捉えてみようとした神代は、人が誰も女の股のあいだから生まれ出て、世の中に男と女しか存在しないなら、その営みのなかで死んでゆくのだという人間の根源的なテーマを追い求めていたのだろう。

だがいったい、男と女の機微をセックスシーンのなかで表現出来るものなのだろうか。よしんばそれが映像化出来たとして、観る側がそのことの意味を判明できるものなのだろうか。僕自身ある年令に達し、ひとなみの経験を積み映画監督などという職業を生業とし、やっと男と女の関係の入口に辿り着けたのかなと感じているときに『櫛の火』はとても刺激的な映画であった。

　神代辰巳が日活で遅いデビューを遂げたのは、一九六八年、彼が四一歳のときである。しかしその作品『かぶりつき人生』は、かなりの不入りでその後四年も干されたが、二作目の『濡れた唇』の成功以来、神代辰巳は次々と話題作を連発した。そして東宝の文芸青春ものという企画に乗って、こんな内的ブラックホールに突入していった神代が、その後の映画に何を見出そうとしていたのだろうかと、ふと考えてしまった作品である。


（えのきど こうじ・映画監督／「映画芸術」一九九五年夏号〈追悼　神代辰巳〉）

映画化される側の願い

古井由吉

原作の言葉はできるだけ少くしてほしい。シナリオを読ませてもらったあとで、私はプロデューサー氏にそうお願いして、監督さんに伝えてもらうことにした。シナリオができれば、映画の構成はほぼ定まったことになる。原作との関係もおおよそ決まり、原作者たる私は、自分も一度はこの作品をこういう構成で書こうと思ったものだな、と感嘆のようなものを覚えつつ、脚本のネライを了解した。あとは、この骨組みにおいて、監督にゆだねたい。会話は原作の言葉がほとんどそのまま使われているが、できるかぎり、映像のコトバ、あるいは映像そのものから自然に生まれる言葉で置き換えてほしい。できれば、寡黙な映像そのものから、原作にある言葉が、ぎりぎりに節約され、原作をも脚本をも出しぬくような純度で響き出ることを、私は願っている。

　じつは、自分の言葉が映画からなまに響くことを、私は恐れてもいる。悪夢のごとく、と言ってもいいぐらいだ。雑誌にのせる作品を書き終えて一週間ほどしてから、著者校正のために、編集部まで足を運ぶことがよくあるが、その際、自分の作品の校正刷を編集部のスタッフが声に出して読み合わせているところに、ときたま出っくわす。私は耳を覆って逃げ出す。われとわが言葉に、全身、悪寒が走る。悪い商売をしてるな、とわれながら思う。私の小説は、朗読にはたえないのだ。文章の未熟なこともある。しかし最大の理由は、私が言葉のいわば《力場》をしぼりつつ、凝縮しつつ、それにつれて作品を展開させていく質の作家だということにあるらしい。いずれ平たい日常の場に、《ひとりで読む》という媒介なしに、じかに置かれると、たいへん苦痛なのだ。

　近代の文学が、こういう《孤独な営為》の方向へむかっている。正確にいえば、ひたすらこの方向へむかってきたが、いまや、その正反対のものへ転換する予感をはらんで、表面では停滞しはじめている。おそらく、まだ孤独化への流れの力が尽きていないからだ。おそらく、文学はもっともっと各個孤立し、各個認識的にならなければ、個を超えられない、大きな象徴性をつかめない、と私は思う者である。

　ロマンが生まれない、というのが文学のほうの苦しい実情である。今日、ロマンとして読者の前に現われる作品のほとんどは、私のももちろん含めて、きびしくいえばロマンではない。ロマンというには、あまりにも分解的、あまりにも内面認識的なのだ。ロマンの建築材となるべき一般的な観念なり象徴なりが、踏まえられずに、分解される。たとえば、誰にでもわかる固定した象徴を、流動するイメージへ、感覚の揺れ動きへ、個人の微妙な体験的な源へほぐしていく。それからそのまた逆の過程を取って、個人の体験的源から、

『櫛の火』草刈正雄、ジャネット八田

一般に通用する象徴性へ、いわば素手で、生成させていこうとするのだが、こちらのほうは分解ほどうまく行かない。したがって作品は象徴において流動し、微妙であり、取りとめがなく、たえず進行中、終りのところに来てもまだ進行中、といったものになる。

　ところが面白いことは、こういう解体的な行き方をそれなりにできるかぎり簡素に、できるかぎりストイックに、小説として無味乾燥になりそうなところまで追っていくと、それとはおよそ正反対の、普遍的なロマンのかたちが、ほのかに予感されてくる。いまやっていることが、このかたちの中身を満たすとは、とうてい考えられない。しかし分解的なやり方にせよ、もっと象徴と素手で取り組むところまで行けば、ある地点から、予感されたコマンのかたちが、おもむろに満たされはじめるのではないか……かすかながら手答えのようなものはすでにある。

『櫛の火』桃井かおり、草刈正雄

　そんな願いから、櫛の火、などという大それた題を私はつけさせてもらった。イザナギがイザナミのなきがらの前で燃やした、あの櫛の火である。予感したことの十分の一も果せなかった。それでも私はこの表題を撤回しようとは思わない。作品のエネルギーは前へ動いていると考える。つまり、芯が楽天家なのだ。映画がもう一歩先を行ってくれる、とも期待している。

　そこでまた、この作品の場合の小説と映画の関係ということになるわけだが、シナリオライターの大野氏が私の作品の脚色しにくさに呆れはてたらしく、河出書房の編集者を通じて、私に面会を求めて来られたことがある。私のほうとしても、どのような方だか知らないが、さぞかし眉をひそめながら脚色の筆を取っておられることだろうと、かねがね申訳けなくも思っていたので、このようなものを書いた作者として面接尋問を受ける気持でお目にかかることにした。席上、大野氏からいろいろと質問を受け、自作について語るのはなかなか具合の悪いもので、しどろもどろに答えているうちに、私はちょっと無責任な調子で、「考えようによっては、むしろ脚色しやすい小説ではないでしょうか」と、その道の専門家にたいして言ったものである。

　変な小説を人さまに背負いこませてしまった者としての照れ隠しではあるが、半分は本気である。たしかに私は人間の出来事を、すでに起ってしまった事として、解明的に書く作家ではない。また、ダイナミックな進行を表わす作家でもない。出来事というものは、外から見てどんなに動的であっても、後から思い返してみてどんなに激しく感じられても、その内面においては、その現在進行中においては、緩慢で物憂いところがかならずある。身に重くかかわる出来事であればあるほど、時間の流れは粘りつき、重苦しく静まり、その中で人はまるで永遠に変りようのない、永遠に反復する。悪夢めいた自分自身を見る。それから、いきなり断層が起る——私は人間の出来事の内面をそのように体験する者であり、そのように表わす者なのだ。

　たとえば女をいきなり抱き寄せる男、男の求めにふっとうなずく女。取りかえしのつかない決断に、ふらふらっと踏み切る男。いましがた静かに坐ったばかりなのに、ふいに血相を変えて立ち上がる女……。

　外から見れば、まさしく《動》である。また、それが重大な結果に至ったとすれば、後日になって、人生のひとつの分れ道として、しみじみ思い返される。人の性格やら意志やら、生立ちやら出会いやらが、その一点へ必然的に流れ落ちていく道すじが見えるようで、心を揺すられることもある。これが人生体験であり、これを表わすのが小説である、と言われる。しかし私は人間の体験の、進行中の実相をそのようには見ないのだ。

　人の行為についてさまざまな説明があるが、それはその行為のかなり手前のところまでしかあてはまらない。行為というのは不可解な断層である。それはかりか、その行為の手前、いわば行為の場に入る時に、すでにもうひとつの断層が起っていて、後で説明される意志やら動機やらは、そこで断ち切られる。すくなくとも、その場に立った本人は、ここに来るまで自分が考えていた事どもを、なにか遠い、今の自分にはじかにつながらないもののように感じる。行為に先立って、その人間の存在のつらい露呈、つらい飽和があって、その微妙な流出が出来事の直接の原因なのだ。

説明というものは後からのものであり、一般的な観念によるものである。人は我身にかかわりのない事であれば、ただの説明で満足する。他人の事であれば、自殺だろうと心中だろうと、ごく荒っぽい説明で、けっこうわかったような気になるものだ。噂話とか他人の身上話もそんなものである。小説なども本来そんなものかもしれない。しかし我身のこと、あるいは我身に深くかかわる人間のことになると、人は或る行為なり出来事なりをまず自分自身にたいして説明しようとして説明しきれずに、へとへとになるまで苦しむものだ。

そんな時、人はつぎつぎに違った説明を試みては、溜息をついて放り出す。一時は、これで説明がついた気がして、しばし満足していることもある。説明というのは、じつに悪魔祓いのようなものだ。ところがまたしばらくすると、その時のことが急になまなましく甦り、「そういうことでは、なかった」と目を見ひらく。筋の通った説明よりも、その時の自分の肉体感覚とか、ぼんやり眺めていた物とか、相手の姿態とか仕草とか、およそ細々とした断片がより強い納得の感じで迫まってくるが、どうしても説明とはなりきらず、ただなまなましくて取りとめがない。それがつらくて、誰かを選んで打明け話をしたら自分も得心が行くのではないかと思い立つ。さっそく友人を呼び出して話してみると、喋ることが我ながら現実から浮き上がりぎみで、思わず知らずの嘘も混ってしまうのだが、自分の一心な気持に相手が親身にうなずいて聞いていてくれると、これはこれで真実なのだ、真実は事柄そのものにではなくて人と人との関係にあるのだ、と悟ったような気になる。しかし一人になるとひとしおまた索漠とした気持に返り、それからふいに、行為はしょせん、新しい行為を重ねることによってしか、得心できないのだ、とひっそり考える……。

私のこの小説は、このような相において、非解明的に、非限定時に書かれている。およそ劇映画にはならないものなのだ。

しかしこのような時間の重苦しい滞りや、存在の露呈や、身上話の足搔きなどは、むしろ映画のほうが小説よりも、すくなくとも私の不器用な小説などよりも、あざやかに表現する、と言えるのではないか。

（ふるいよしきち・作家／「シナリオ」一九七五年四月号）

傷だらけの挽歌《フイルム》

篠崎 誠

『櫛の火』。一九七五年四月五日東宝系公開。神代辰巳、十四本目の監督作である。フィルモグラフィーの後期に作られた映画だと勝手に思い込んでいたが、改めて確認すると、三十五本の監督作（TV作品除く）で言えば、監督デビュー作『かぶりつき人生』で四年間干された後、『濡れた唇』でロマンポルノで再起を果たしてから、わずか三年目に撮られた作品だった。DVD化されていないこともあるが、熱狂的な神代辰巳のファンであっても、本作のタイトルが口端にあがることは稀だ。神代の映画群の中でも影が薄い存在であり、文学に造詣の深い神代が挑んだ、野心的ではあるが失敗作と断じる人もいる。果たして本当にそうなのか。

原作は、古井由吉の同名小説。題名の由来は、完成した映画の中では説明されない（脚本では冒頭シーンで言及されている）が、イザナギがイザナミの亡骸の前で燃やしたとされる、櫛の火の神話からとられている。主人公・広部（草刈正雄）は、終息していく学生運動の中で弥須子（桃井かおり）と出会い、一度は別れた後に、再会を果たす。しかし、翌日に彼女は入院。見舞いに通う広部の目前で弥須子は、絶命してしまう。肉親が来るまで、亡くなった女と病院の一角で、一夜を伴に過ごさざるをえなくなった広部に、看護婦から弥須子の遺髪をすいた櫛が託される。それからしばらくして、広部は、柾子（ジャネット八田）という人妻と出会うのだが……。

冒頭、いきなり巨大なショベルカーに追われるように、広部＝草刈が画面の手前に逃げるように走ってきて転倒する。原作にも、シナリオにもないシーンだ。この場面はいったい何か。広部は、いったい何から逃れようとしているのか。映画のトップシーンとして印象的ではあるが、映画を見終わって振り返っても、物語として、この場面から始まる必然性はない。そもそも、時間軸が何度も捻じれる本作にとって、この冒頭場面は物語な順番としては、果たして、いつに属するシーンなのかもわからない。しかも、倒れた広部の上を、ショベルカーが停車することもなく平然と通り過ぎていく瞬間に、カットが切り替り、広部が菓子パンを食べる映像が短く挟みこまれる。おそらく本来は1シーン＝1カットで撮られたと思しきこの一連のシーンがあっさり分断されてしまうのだ。その後、再び冒頭カットに戻り、画面手前にフレームアウトするショベルカーに向かって、広部は曖昧に左手を挙げるような仕草をする。そこでシーンが終わり、続いて、アパートの窓から身を乗り出すような危うい姿勢の広部が、机の引き出しから櫛を取り出し(その時点では誰のものなのかはわからない)、その櫛を太陽にかざすシーンになる。実はこのシーンこそ、脚本の本来のシーン1だ。

この後も、『櫛の火』では、度々過去と現在が交錯する。語られる内容そのものは、複雑怪奇なものではないし、現在と過去も画角の違いで表現されてはいる。現在の部分がシネマスコープ、死んだ女にまつわる部分がスタンダードサイズで撮られているので(『赤線玉の井 ぬけられます』等、神代は幾度か二つの異なるサイズを一つの映画の中で混在させてきたが)、一見わかり易い。しかし、いつしか画面のサイズや時制を越えて、二つの時間が互いに侵食しあい、今見ているのが、いつの時間なのかが曖昧になり、しまいには、生きているはずの者が、死者に憑りつかれて……というより、死者そのものに見えてくる。原作も、映画化された本作ももちろん怪談ではないが、繰り返し本作を見直す度に、どこか鈴木清順の『ツィゴイネルワイゼン』(八〇年)や『陽炎座』(八一年)のような、死者と生者の三角関係、四角関係のドラマのように思えて仕方がなかった。死者がべったりと生きている者の背中に張りついているような……。この混濁ぶりはどこから来るのか。

複数の関係者によれば、元々この映画は、編集ラッシュの段階では二時間近くあったものを、二本立ての併映作『雨のアムステルダム』(百二十三分)との兼ね合いで、大幅に切らざるをえなくなったと言う。編集技師の鈴木晄(本作には参加していないが、編集ラッシュは見ている)は、ついに神代も傑作を撮ったと思ったが、再編集されて劇場公開されたものは、面白くなくなったと言う。本作のキャメラマンの姫田真左久も、編集ラッシュでは、拍手が起こるほどの大傑作だったと述懐する。またプロデューサーの田中收も、「三十分カットせざるを得なかった」と証言している。この言葉通りならば、当初の完成尺から四分の一が削除されてしまったわけで、単にいくつかの場面をバッサリとカットして済む話ではない。強引な繋ぎをせざるを得なかっただろうし、映画がもともと内包していたリズムも大きく変わらざるを得なかったはずだ。では、過去と現在が混沌と交錯する編集スタイルは、大幅な短縮をやむなく受け入れた結果のせいなのかというと、実はシナリオの段階で、すでに過去と現在は入れ子のようになってはいる。

脚本を読むと、明らかに完成した現行版と異なるところは多々ある。しかし、厄介なのは、神代辰巳自身、決して、シナリオに一切手を加えず、文字を映像に忠実に移し替えるようなタイプの監督ではなく、演者とスタッフ、両方に、絶えず「何かないか？もっと何かないか？」と挑発し続けた人であり、したがって決定稿から出来上がりの映画(最初の編集バージョン)を想像することは、ほぼ不可能だろう。

この稿を書くにあたって、原作小説を繙《ひもと》き、脚本も再読し、映画も何度も見直したが、私がここで稚拙ながらも書き連ねたいと思っているのは、それらの違いを詳細に分析することで、すでに失われてしまった完全版(？)『櫛の火』を再現したり、夢想することではない。

『櫛の火』草刈正雄

フィルムにハサミを入れられ、痛々しいほど傷だらけになってしまった現行版(八十八分)ではあるが、それでも本作を繰り返し見ることで、浮かびあがってきた、この映画ならではの面白さが確実にあり、それを肯定したいだけなのだ。

先に、シナリオと映画で変わった部分があると書いたが、たとえば、柾子の夫・矢沢(河原崎長一郎)が自分

『櫛の火』高橋洋子、ジャネット八田、河原崎長一郎

の愛人あけみ(高橋洋子)を殺害し、遺棄した場所に警察を伴ってくる場面は、シナリオでは山中に設定されているが、完成した映画は大きな池か湖のような場所に変更されている。そのほか、冒頭のシーンを筆頭に、草刈正雄が雪景色の中で座り小便をしたり、鳥を追いかけたり、三輪車を漕ぐといった状況に応じて即興的に撮られたであろう、神代らしい遊びのシーンも少なくない。各々のキャラクター描写をはじめ、シナリオには書かれていない細部が映画には多々ある。ト書きも、俳優陣の動き、演技によってかなり変わっている。こうしたシナリオと映画との細かな違いは枚挙にいとまがないが、どうしても触れておきたい場面がある。

それは、映画の前半、霊安室で弥須子の亡骸に広部が付き添う場面だ(原作だと本館とは違う離れのような建物に弥須子は安置されていることが明示され、翌日彼女の両親がやってくる描写もある)。そこに芹明香扮する看護婦が、毛布などをもってやってくる。広部の手をとり、「怖くなったら、病棟の一階の灯りのついている部屋の窓を叩きなさい」と言うと、広部が彼女の胸を白衣の上からまさぐる描写も含めて、看護婦の一連の台詞も、広部の行動も原作やシナリオにかなり忠実に再現されている。

しかし、この場面に唐突に、原作にも、シナリオにもないショットが挿入される。看護婦が来る直前、広部が四つん這いで弥須子の遺体に近づき、顔にかけられた白い布をとって、死に顔を覗き込もうとした瞬間、海から突き出た岩にたくさんの海鳥が群れている風景ショットが一瞬だけ差し挟まれるのだ。これは何なのか。弥須子と広部の思い出の場所でもなければ、弥須子の故郷の映像……というわけでもなさそうだ。ここにこんな海の映像を入れねばならぬ理由はない。しかも、インサートされるのは映像のみで、海の音はせず、そこにオフで近づく誰かの足音が重なり、カットが変わると看護婦が霊安室に入ってくる。やがて前述したように、広部に迫られ、ほんの少し動揺した彼女は、一度去りかけて立ち止まり、戻ってきて白衣のポケットをまさぐり、弥須子の遺髪をすいた櫛を、広部に手渡す。「お棺に入れてあげなさいね」と言い残して、今度こそ去っていく(結局広部は棺に入れず、その櫛を持ち帰るのだが)。キャメラは一呼吸あって、広部のクロースアップに切り替わる。死者の櫛を蠟燭の炎にかざしてじっと見つめる広部。カット頭に看護婦が出て行ったらしいドアの開閉音がオフで重なる。と、ややあって、広部の背後の壁に、再びドアが軋む音と共に微かな光が差し込むのだ。広部は振り返らない。ドアが閉まる音がして、その光は何事もなかったかのように消える。間違いなく、何者かが、霊安室の扉をあけて中を覗き込んだとしか思えない描写だ。しかし、そんなことをするのは、誰なのか。看護婦が、今一度、ドアをあけて、広部の様子をうかがったのか。それにしては、何も声をかけずに、黙って再びドアを閉めるのは、あまりにも不自然ではないか。

ふと頭に浮かんだのは、弥須子の体から離れた霊が戻ってきて、櫛の火を見つめる広部の頭ごしに、自分の遺体を眺めているイメージだ。最後に愛を交わした男と、死体になった自分自身を見つめる死者のまなざし。考え過ぎだと言われるかも知れないが、明らかに照明が当てられていて、扉が開閉する効果音も入っている。意味もなく、なぜ、そんな手のこんだことをする必要があるのだろう。それとも、単なる繋ぎ間違いなのか。あるいは、霊安室が二重扉になっているという表現なのか。いや、それにしても……。

他にも、気になった描写がいくつもある。たとえば、雨の日に、弥須子の病室の窓から見える赤い傘を差したレインコートの人物。あれは何者なのか。通りすがりの人物であるならば、一度だけではなく、二度繰り返し描かれるのはなぜか。キャメラは、ただ、そぼ降る雨の中を滲んだ赤い影(傘)が足早に通りすぎていくのを、急激にズームバックしながら捉えるだけだ。

あるいは、広部が矢沢と公園で別れた後で、挿入される駅構内の下りエスカレーターを柾子が延々と登ってくるショット。このショットは、ずっと前のシーンで、電車に乗り込む広部を、柾子が鞄をブラブラさせながら見送っていたシーンと直結しているショットに思えるのだけれども、あれもいったい何なのか。こうした編集に、上映時間を短縮するための、苦し紛れの繋ぎでしかないのか。どうも、そう思えないのだ。ただ、密やかに繰り返される、過去と現在と往来する描写、シナリオの時点である程度、そのように描写されていたものが、大幅な上映時間短縮を余儀なくされ、編集によってこうした停滞した時間が際立ったことは間違いない。スクリーンからニューッと生き物のように不気味にはみ出してくる、なんとも形容しがたい肌触り。その感触が、他の神代の映画との比較を欠いた形で、こちらにまとわりついてくる。生者の時間が止まり、淀んだ時間だけが映画全篇に渡って反復されていく。

原作者の古井由吉は、『櫛の火』の公開時に、「映画化される側の願い」と題した文章の中で次のように書いている。

私のこの小説は、(中略)非解明的に、非限定時に書かれている。およそ劇映画にならないものなのだ。

しかし、このような時間の重苦しい滞りや、存在の露呈や、身上話の足掻きなどは、むしろ映画のほうが小説よりも、すくなくとも私の不器用な小説などよりも、あざやかに表現する、と言えるのではないか。

(「月刊シナリオ」一九七五年四月号)

この文章が書かれた時点では、おそらく古井は、シナリオを読んだだけで、完成した映画は見ていない。

しかしながら、凝縮されたこの文章自体、来るべき映画版『櫛の火』に対する最高の賛辞たりえているのではないか。この「時間の重苦しい滞り」の中を、我が物顔で闊歩(それとも浮遊)するのが、弥須子とあけみ、ふたりの死者たちだ(あけみにいたっては、死の瞬間さえ描かれない)。この不在の女たちが、生きている者たちに憑りつき、彼らの時間を支配しようと追いかけてくる。醜い軀となったイザナギが起き上がって、イザナミを黄泉比良坂まで追いかけてきたように。

柾子が矢沢に首を絞められて危うく殺されそうになったのも、一足先に矢沢に殺されたあけみが、柾子を道連れにしようとして、矢沢をたきつけ、首を絞めさせたのではないか。その意味で、いちばんの犠牲者は、実は矢沢なのかも知れない。愛する二人の女を同時に失ってしまうのだから。映画ではカットされているが、矢沢は、シナリオでは柾子の首を絞めながら、最後には柾子を、「あけみ」と呼ぶ。また矢沢だけでなく、広部も柾子との何度目かの逢瀬の際に、彼女の首を絞める。

映画の終盤、矢沢は、広部を公園に呼び出し、離婚届を差し出す。しばらく旅に出るという矢沢は、ひょろひょろと空高く伸びる樹を見上げながら、「楽しい樹でしょう。空を見上げるのにいい樹です。爽快に吸い上げられていく気がしませんか? こんな樹に吊り下がったら、少しも陰惨ではないかも知れないな」と言う。神代の映画の中で、繰り返し、首を吊って死のうとする人間(そして悉く首吊り自殺は失敗する)が登場することを知っている私たちにとって、この矢沢の台詞は、映画のために書かれたオリジナルの台詞ではないかと考えてしまうが、原作にもちゃんと出てくる。口調は軽やかで明朗なのにも関わらず、矢沢は、死に憑りつかれているようにも見える(滅びは明るさの中にこそある?)。いや、恋人を殺めた時点で、矢沢は同時に自分も殺してしまったのだ。その意味では、無理心中に近いのかも知れない。しかし、結局は、矢沢は生き延びてしまうのだが……。

その一方、柾子は、広部がいない部屋に独り、尋常ではないくらいに息を荒く弾ませている。引き出しから手探りで弥須子の櫛をとり、自分の髪をすく。まるで弥須子に憑りつかれたように。それまでも、柾子は、広部を急に訪ねてきて、「ごめんなさいね、寒い処で二時間も待って、わざわざ苦しめに来たみたい……幽霊みたいね」と、自分のことを幽霊呼ばわりし、熱を出して寝込んだ自分を看病する広部ともこんなやりとりをする。

柾子「ね……今、亡くなったひとに添い寝している気がしない? 私はそんな気がするのよ」
広部「どんな気が」
柾子「弥須子って呼んでくれたら返事をするわ」
広部「死んだ人間は、死んだ人間さ、それに死んだ人間は強情だよ」

(「月刊シナリオ」一九七五年四月号掲載脚本より)

矢沢と会った広部がアパートに帰ってくる。柾子は、狂ったように自分の睫毛を触りながら、机に向かって、ペン先を動かし、紙に一心不乱に何かを書き殴っている。その時、思わず慄然としたのは、狂気に囚われたような柾子の仕草とチグハグな言動に対してではない。家に帰った広部が後ろ手に閉めたアパートのドアが、一瞬の間をおいて、音もなく、スーッと開くのだ。まるで、誰か見えない者が遅れて入ってきたかのように……。深読みと嗤われても構わない。単なる偶然かも知れないが、前述した通夜のシーンで、広部の後ろでドアが開く音がして、光が差し込んだように、この広部の部屋にも、弥須子の霊がついてきたのではないか。それともついてきたのは、あけみの霊か……。

分厚い辞書を広部に投げつけ、さらに紙をバラまく柾子。彼女が書いていたのは、翻訳原稿かと思えば、幼い子どもの落書きのような異様な顔のデッサンだ。いつの間にか、西日が差し込む部屋で、広部は柾子を抱く。そこに自分のお腹をなでる、幸せそうな妊婦姿の柾子の姿がインサートされる。出来上がった映画からは伝わらないが、柾子は、矢沢との間に出来た子どもを流産している(イザナミとイザナギの間に生まれたヒルコ)。シナリオの段階では、「私はまた子どもを生める女になった…子どもが生める女になった」と繰り返し、独りごちるシーンさえある。

柾子「矢沢はあの女を殺してるのよ」

広部「証拠もないのに、めったなことを言うなよ」

柾子「……誰でもよかったみたいね」

広部「何が?」

柾子「これで子どもができたら」

広部「俺の子だよ」

柾子「私の子よ」

(以上は映画からの採録だが、シナリオではこれらのセリフは二つの離れた別のシーンにある)

柾子は、ことが済むと、何事もなかったかのように、近所に買い物にでもいくような気軽な素振りでフラリと外に出ていく。その後ろ姿に向かって、広部は「帰って来ないつもりじゃないよな?」と声をかけることしかできない。シナリオには、この後、矢沢が刑事たちと死体を遺棄した場所を訪れるシーンと広部と柾子が海辺を歩き、弥須子の櫛を捨てるシーンがあるが、映画はこの場面で終わる。

死んだ女への想いを断ち切りがたく引きずりながら、人妻と逢瀬を重ねる広部は、「おふくろさん」をがなり、後年作られた『呪怨』(清水崇監督、二〇〇〇年)の猫少年・俊雄(!)のように喉をゴロゴロ鳴らしながら、長身の体軀を持て余し気味に歩き、寝転がり、自転車を漕ぎ、辛うじてこちらの世界に留まっているように思えたのだが……。最後の最後に草刈正雄が見せる、その表情に張りついた寄る辺なさはどうだろう。恵まれた容姿のせいで、浮世離れしたヒーローを演じることの多い草刈だが、強い光をあてればあてるだけ、濃い影が出来るように、この俳優が心中深く抱え込んでいる、孤独、翳りが、初めてキャメラに写しだされたようだ。まるで『ツィゴイネルワイゼン』のラストの藤田敏八のように。いや、『ツィゴイネル〜』の方が後に作られたのだから、むしろ、『ツィゴイネル〜』のラストで見せる藤田敏八の表情こそが、『櫛の火』の草刈正雄のように感動的だったと言うべきか。たった今部屋から出て行った女は、本当に実在していたのか(ドアを開けた向こうに見える、現実の走る電車から洩れる光の儚い美しさ)。それとも自分は、死んだ女と生きている女の両方に憑りつかれたと思ったら、実は自分こそ知らない間に死んでいるのではないか。自分の今いる場所が根底から崩れさるような、心許なさ。取返しがつかない不安の光が、草刈正雄の瞳に宿る。あの眼差しが静止する瞬間を、戦慄と共に目撃した者にとって、『櫛の火』は断じて、傑作になり損ねた失敗作などではない。これ、固有の美しさを纏った映画なのだ。切り刻まれて、傷だらけになってしまったフィルムから、それでも聞こえる挽歌。

もしも、関係者が口をそろえて、傑作だったと言う、この映画が本来の形で完成し公開されていたら……。

これ一作で終わってしまったけれど、萩原健一との共闘ぶりとは違う、神代辰巳と草刈正雄の、あり得たかも知れない、失われたもう一つの可能性に想いを馳せる。

(しのざきまこと・映画監督)

（神代辰巳エッセイコレクション）

私的映画について

私にとって映画作りはだんだん私的なものになっていきそうです。自分が自分であるところのものをめんめんとつづっていくよりしようのないものになっていきそうです。

　ですから、私にとって映画は8ミリ映画でことたりるものになってしまいそうです。私がいて、もう一人の私がキャメラを廻して、その生の私を映してくれれば、それが私にとって一番いい映画が出来るような気がしています。ただ現実にもう一人の私がいる筈もないので、私の他の誰かが当然いなければ8ミリ映画も作れる筈もありません。それと、私は商業映画を作ってるものですから、自分が映されるものとして役者として商品であり得る筈もないこともわかっていて、そこでいわゆる役者さんが必要で、すでに役者が私の本職でないように、キャメラも私の本職でなく、映画を私的に作るにしても、その最も表面的に現われる二つの部分ですでに私的になり得ない要因がどうしようもなくあるわけです。それで今のところはしようことなくその二つのものを自分の中にねじふせてしまうことが、より私的な映画を作るかんじんなことになりそうです。

　私的と云いましたが、私的であることの面白さは告白であろうと思います。自分をさらけ出すことないしは自分をじいっと見つめること、それを見る人に面白がってもらうこと、私の作品がなにがしか面白いとして、見てもらう人になにがしか共感が得られているとして、それらは何としても、自分をさらけて見せるより仕方のないことで、そうやって共感のある間は自分が商売としてなりたち得るだろうし、共感がなくなって、客観的に糞面白くもなくなったら、私の商売がなりたたなくなるのであって、つまり、映画とはそう云うものだろうと思っています。

　もっとも、私は商業映画監督ですので、今云ったようなことを小だしにしてしか映画作りをやっておりません。今迄テレビ映画をふくめて二十本近くの映画を作って来ましたが、さっき云ったようなことも、その二十本ぐらい作った映画からの結論と云うには少し大げさですが、今の自分なりの一つの反省なりこれからの映画作りのための決意のような気がしているのです。

　そのことを少し具体的に云うと、はじめに私のある作品でこう云うことがありました。

　その作品の前までは、私はずっと自分でシナリオを書いて映画を作っていたものですから、そう云う経験をしたのはその作品がはじめてでした。

　あるライターと組んでやった仕事でしたが、その作品はそのライターのオリジナルで、話は大へん面白いものでしたが、はじめて読んだ時から面白いと思いながら、二三ケ所ひっかかるシーンがありました。二三度読みかえしてみてもどうしてもその箇所が私にとって面白くありませんので、そのライターと相談して少し変えてもらいましたが、私が面白いと思うことと、彼が面白いと思うこととの差がどうしても縮まらなかったと云えます。例えて云えば、肉がうまいか、魚がうまいかと云うようなことで、私とそのライターとの間でどうしても縮まりようのない差だったと思っています。結果はそのシナリオの通りに映画を作りました。自分でも水と油のような映画が出来上ったと思っています。

　その時はこんな感じだったのです。つまり客観的な面白さと云うものはやはりあるのであって、映画と云うものは或る種そう云う客観的な面白さを前提としているから存在しうるもので、例えばライターが一つのシナリオを書きあげると云うことが事実としてある以上、監督はその事実をあくまで認めて、その上で処理をしなければならないのだろうと、そんなふうに考えて、その映画を作ってみました。その映画について云いますと、そのライターが面白いと云うことは、私はそのライターを立派なライターだと思っていましたので、(今でもそう思っていますが)やはり一つの面白さがそこにある筈で、そのライターが面白いと思う方向の演出をしてみようと、そんな感じでその映画をとりおえました。結果はさっきも云った通り、非常に中途半端なものが出来てしまったような気がしているのです。

　そこで、今はこう云うふうに思っています。自分が面白いと思わなければ、それは絶対に面白くない。私は魚が好きでないですけど、魚がうまいといくら他人に云われても、魚は絶対うまくないとやはり、それで通さなければいけない。そう云うことのようです。

　それで、さっき云ったいわゆる共同執筆と云うのは何かと云う問題が当然残って来るだろうと思いますが、そのことについてある若い小説家とこう云う話をしたことがあります。その小説家もやはりシナリオの共同執筆と云うことを不思議がっていました。そして、映画にそのことがあり得るのは、映画がいかに没個性的であり得たかの証拠だろうと云うふうなことを云いました。そのことについては私も同じふうに考えています。

〈二二一頁へ続く〉

15

アフリカの光

【公開】1975年6月21日封切
製作＝東宝　渡辺企画　配給＝東宝　カラー／ワイド／95分　併映＝『阿寒に果つ』（監督＝渡辺邦彦）

【スタッフ】
製作＝金原文雄　岡田裕　原作＝丸山健二『アフリカの光』　脚本＝中島丈博　撮影＝姫田真左久　照明＝直井勝正　録音＝橋本文雄　美術＝横尾嘉良　編集＝鈴木晄　音楽＝井上堯之　助監督＝長谷川和彦　スチール＝石月美徳　製作担当＝天野勝正　技斗＝田畑善彦

【キャスト】
順＝萩原健一　勝弘＝田中邦衛　ふじ子＝桃井かおり　サヨ子＝高橋洋子　穴吹＝藤竜也　久美＝絵沢萠子　千代松＝吉田義夫　徳政＝小池朝雄　峯一＝峰岸徹　めぐみ＝丘奈保美　警察署長＝河原崎長一郎　医者＝藤原釜足　行き倒れの女＝三浦久美　順に声をかける男＝姫田真左久

【物語】

北国の流氷の街。順と勝弘はその港から出るマグロ船に乗り夢のアフリカへ旅立とうと、やって来た。ところが着いた途端、夜の街で峯一ら土地の漁師たちに絡まれてブタ箱に入れられる。翌日から、どこに行っても男たちが二人をつけ狙うのだった。ふじ子という女のいるバーでは喧嘩沙汰、いちどは逃げ出そうとする二人だが、アフリカへの憧れは捨てられない。街で働く決心をした二人を拾ったのは、小さな舟を持つ年老いた漁師の千代松とその孫娘のサヨ子だった。二人は稼いだ金で再びふじ子と遊び、彼女の部屋へシケ込む。そこに情夫のヤクザ穴吹が現れた。人手不足の穴吹は二人を賭場の手伝いに誘う。勝弘は断わり、順だけが引き受けた。脳裏にはまだ見ぬサバンナの光景が去来し、水平線のかなたには"アフリカの光"が輝いている。過労から勝弘が肋膜炎を起こし、南へと帰って行った。ひとりぼっちになった順。春になり、マグロ船が港に帰ってきた。サヨ子の父の徳政も一年ぶりにもどるが、継母の久美は峯一と浮気しており、修羅場になる。それでも寄りを戻してしまう徳政と久美。弾き出された峯一はサヨ子に無理矢理に迫る。徳政は給料を穴吹の賭場でスッてしまい、穴吹を相手に大暴れする。サヨ子は峯一の舟に火を放つ。翌朝、呆然とする峯一。だがサヨ子は素知らぬ顔だ。同じころ、徳政の水死体が浜辺に上がる。穴吹の仕業なのだろうか。その穴吹の一味も手入れを喰って一網打尽となった。順はマグロ船の事務所に行くが、素人でおまけにヤクザとつるんでいた順を雇う船主はいない。挙げ句、峯一ら漁師たちからリンチを受ける。順は汽車で街を去ることになる。父を亡くしたサヨ子も順とは別の汽車に乗った。ラストの字幕"彼が一人でアフリカ行きの船に乗ったのは三百日あまり経ってからだった"で男たちの願いはとりあえず落着する。

厳冬の港町の男のロマン

岡田 裕

丁度去年の今頃でしたか、日活のロマン・ポルノ路線にもう一つ新しい路線を加えようという事で「赤ちょうちん」が製作され、興行的にも一応の成功を収めました。その直後「赤ちょうちん」の脚本家の桃井章氏と撮影所の食堂で雑談していた時に「アフリカの光」の話を聞いたのです。

早速読んで見て、ほれました。厳冬の凍てつく港町に何やら不満気な若者達がぶつかり合っては火花を散らす、そんな中で二人の主人公がアフリカ行きという大目標を高らかにかかげて雄々しく〈純〉なんです。そしてやたらと強い。細い路地なんかで彼等とすれ違う時は目を伏せて通らなければならない。が、こんな二人が、春になって出発するアフリカ行きの船を待って住んでいるアパートの生活の方は実にショボい。暖をとる為にストーブを買うか買わないか、飯を食う、或いは酒一杯飲むことにもシコシコと金を勘定せねばならない。そして彼等の一人はついに身体をこわし仲間を残して故郷へ帰って行く。残されたヒーローの順は、彼を庇護してくれたやくざにも逃げられ、たった一人になった所でスキをうかがっていた漁師達から手ひどいシッペ返しを食う。海上の凄惨なリンチ……。アフリカ行きの夢は破れ、ついに闘う力を失った彼は傷ついて町を去る。これは上等の娯楽映画の素材だと僕は思いました。〝男のロマンって奴があるぜ〟という感じです。

車窓に田植えの風景が流れる信州信濃大町に原作者の丸山健二氏を訪ねたのはそれからまもなくでした。丸山氏は映画化の話を快諾してくれました。〝僕は小説作法を文学からより映画から多く学んだと思います。日活映画はよく見ましたよ、裕ちゃんや渡り鳥シリーズなんか〟と語る氏の言葉が印象的でした。

東京に帰ってすぐ「青春の蹉跌」撮影中の神代辰巳監督から電話がありました。〝お前「アフリカの光」の原作とったんだって？　俺にやらせろよ〟、やらせろも何も、神《くま》さんがやってくれるんなら文句のない所です。

実は神代氏はこの原作が単行本になる大分以前に文芸雑誌に載ったのを読んで心にとめていたのだが題名を忘れてしまったらしいのです。たまたま日活の企画で次にどんなものをやりたいかと聞かれてこの作品の事を言ったらどうやら最近岡田が夢中になってる「アフリカの光」らしいってことになって電話をしてきたというわけです。〝で、今ショーケンと一緒にやってるんだけど実にいいんだな。彼にこの本読ませたいんだけど……〟これも勿論大賛成、〝神さん、何とか説得してよ〟と言ってたら追附け電話で〝ショーケンも読んですごくやりたがってるよ〟これで大筋が決まりました。

丸山健二原作、神代辰巳監督、萩原健一主演「アフリカの光」！

我々はこの企画を大事に大事に運びました。ショーケンの所属する渡辺企画に正式に出演交渉、原則としてOKを貰いスケジュールの調整です。そして二月末の冬の港町からクランク・インする事で全てをフィックスしました。その間ショーケンは「雨のアムステルダム」をはさんでテレビ映画「傷だらけの天使」に、僕と神代監督はそれぞれ「妹」、「赤線玉の井　ぬけられます」を経て、正月映画「宵待草」で一緒にやる事になりました。

「宵待草」のしんどかった製作課程その他はここでは省略します。問題はその結果でした。その結果が「アフリカの光」の製作態勢に微妙な影響をもたらしました。日活の正月映画として「炎の肖像」「宵待草」の二本立がセットされ多大の期待の中で製作・配給されました。が、入らなかったのです。期待のしすぎ、或いは内容の問題もありましょうが日活のマーケットの状況の中でロマン・ポルノ以外の作品の興行に関し根本的な疑問が提起されました。更にこの二本の作品は製作現場で金銭的にもスケジュール的にもかなりの無理を強いることになり、その結果が入らなかったのですからどうもまずいのです。

「アフリカの光」の製作をあやぶむ声が出始めていました。

そんな時に渡辺企画からこの作品を渡辺企画と東宝の提携作品にして東宝で配給という形にしてもらえないかという話がありました。以心伝心というんですか、或いは何か微妙な流れなんでしょうか、とにかく非常にタイミングよくそういう話になり、結果そうなったのです。東宝から渡辺企画に発注する、渡辺企画が製作する、その現場及びスタッフは日活撮影所である、日活から神代監督と僕にそのような話がありました。

そして今、約半月遅れて三月末にクランク・イン、雪と流氷を求めて知床半島の根元の小さな漁港羅臼でロケーションを続けています。

過日、僕はそのロケ地に行って、監督もスタッフも俳優も、この作品がたとえロマン・ポルノと呼ばれようと、或いは洋画のロードショウの劇場で公開されようと、そんな事とは関係なしに、とにかく面白い映画にするんだ、という事で一途にがんばっているんだなという事をこの目で確認して来ました。

（「シナリオ」一九七五年六月号）

知床放談

「アフリカの光」神代組撮影部隊

座談会＝**神代辰巳・萩原健一・長谷川和彦・姫田真左久**

長谷川 座談会ですからていねい語で始めます（オホン）

萩原 （ヤジって）早く質問してくれよ。

神代 （同じく）テレるなゴジ！

長谷川 ウヒヒ……きもち悪りィなあ、昔ヘタな級長やってた頃思い出すよ。俺があとで加筆訂正するから、やばいことも喋って結構です。

萩原 やばいことなんてないよ。

長谷川 お前はないだろうけどさ。

『アフリカの光』公開時チラシ

神代 俺もないよ。

長谷川 例えばテメエっていってるとこを〃あなた〃にとかあとで直せばいいわけであります。直したければだけど。では本題に入って神代監督、どうなりますかねえ、この映画は？

神代 （いとも簡単に）わかりませんねェ。

長谷川 題名なんていったっけ、このシャシン。

萩原 「アフリカの光」だよバカかお前！

長谷川 作品の狙いを聞いてくれっていってたな、どうです監督、「アフリカの光」の狙いは何ですか。

神代 狙いはありませんネ。

萩原 （またヤジって）そんなものあるわけないだろう。

神代 これはいいシャシンになるんじゃないですか。まあ出来上ったら観て下さい。

萩原 （答えて）たのしみに観ますヨ。

長谷川 明日東京へ帰るぞ！（笑）これじゃ座談会にならないなあ。ショーケンお前何か喋れよ。「セックスは日常茶飯事ですか」「いけませんね」とか難しいこと喋れよ。

神代 いま映画のテーマとか狙いとか一番難しいこと喋ってるじゃない。

（カメラマン姫田真左久氏現われる）

長谷川 ああお父さんがきた。お父さんに喋ってもらおう。

姫田 なに？ オマンコの話してるの？

神代 取材されてるんですよ。「アフリカの光」のテーマは何ですかって——テーマはオマンコですよね。

姫田 うん、そうだ。

長谷川 ダメだ、これは……、×××にされちゃうよ印刷するときには。昼間やるべきだったかなあ シラフのときに（バーボンもうないの、の声）。お父さんこのシャシンやって面白いですか。

姫田 おもしろいですねえ、たのしみですよ。だって虚心になるもの……。

長谷川 ウンウン。監督も「アフリカの光」をこれからどう撮るか、これからの日本映画をどうするか——そういった前むきの姿勢で語って下さい。

神代 （またあっさりと）作品を観て下さい。（笑）

長谷川 これで終っちゃうんだよなあ。話が続くように何とかなりませんか、俺がからみゃあいいんだな（独り納得）

『アフリカの光』知床ロケでの記念撮影

神代　ふつう映画を撮ってるとき、知ってるやつを前において作品のことなんか喋らないよなあ、みんなだって聞かないもの……

長谷川　聞けないよ(笑)それに面白いもンで、こういうもの(テープレコーダー)一台あると喋れないもんだなあ、白けるし。

神代　キカイがあったってなくたって喋ったことないだろうテメエの作品のテーマなんか、シナリオの悪口は言えないし……俺黙ってるからショーケン喋ろよ。

姫田　神代監督、「アフリカの光」っていうのは一番やりたかった作品ですか(うまいよなやっぱりお父さん、質問はこうでなきゃインタビア交代、タッチ、と長谷川氏感嘆)ホントのはなし、聞かせてよ。

神代　いやそんなことはないですよ。やはりオリジナルでやりたいですね。

長谷川　だけどあんた最近原作ものわりとやってるじゃないですか。あれはらくしようと思ってやってるわけですか。

萩原　石川達三さんのでらくするのは無理でしょ(笑)。

神代　自分におつげがないものですからネ。やっぱり食うためにやってましてね。

長谷川　だんだん話がセイカクになってきたヨ。

姫田　ショーケンでやろうとしたところに何かあるんじゃないですか。

神代　それは萩原健一さんは天才ですからね、天才的俳優ですから、いろいろ監督の心づもりはありますよ。

萩原　姫田さんはこの作品のどこに魅かれて参加したんですか。

姫田　僕はホンに惚れたし、ショーケンに惚れたし、監督に惚れてるからやってるだけで他に何にもないですよ。

長谷川　助監督には惚れてないですか。

姫田　助監督は帰れ！　だ(笑)。大声で叫んでるだけじゃないか。

長谷川　そんなことないでしょ。たまたま流氷もよんだし、天気も晴れたし、完璧なスケジュールですよ。

姫田　それは結果論でね(笑)。

長谷川　明日も上々で〝アフリカの光〟は撮れます(断言)。

神代　大バンバン才だね。

長谷川　だけどそういう天気の状況だけでこのシャシンは良くなるのかと、そういった危惧はないのですか。

姫田　そういった危惧は全くありませんね。全てがうまくいくということは、つまり天気もうまくいき、芝居もうまくいくということは、シャシンを成功させるためのひとつの要素だからね。

長谷川　信じてるわけですね、監督さんを。

姫田　ああ僕は断固信じてますよ。

長谷川　萩原さんもやっぱり信じてますか。

萩原　まあ何とかかんとかね。僕の方は賭けてますよこのシャシン！

長谷川　「雨のアムステルダム」(客が)入ったらしいね。

萩原　まあ何とかかんとかね。

長谷川　神代さんの「櫛の火」も入ったらしいですね。

神代　いやあショーケンのお蔭ですよ(東宝系同時上映)。

萩原　何かだいぶ尺切られて短くなったらしいですね「櫛の火」は。

神代　「雨の――」(二時間長尺物)と一緒ですからね。あたったから東宝映画がまた続けて撮れます。これもショーケンのお蔭です。

長谷川　お父さんなんかは「櫛の火」好きですか。

姫田　好きですねえ　あれこそオマンコ映画です。

長谷川　こういう実感のあることばでずっと通して貰いたいと思います。「アフリカの光」の桃井かおりもよいですね。

萩原　かおりはいいね。今度は主演女優賞だね。

長谷川　「青春の蹉跌」でショーケンが男優賞とって、どうしてかおりがとらなかったの、いろいろ疑問に思うむきもあったと思うけど。

萩原　それはいろいろあったんじゃないの。この辺でひとつ賞やっとかないと俺が役者をぐうたれるとかさ。

姫田　正直いって今度は「青春の蹉跌」やってる時より気分がいいんだなあ。

萩原　確かにあの時よりずっと気分いい。

長谷川　そういう現場の気分の良さにかまけてて、いい映画できるんですかね。

姫田　それはゴジ違うよ。むしろ現場のスタッフがそっぽ向いてていいシャシンはできないよ。

萩原　だけど家に籠ってホン書いてる人もいるわけだからね。

姫田　もちろん現場の気分だけが映画じゃないというのはあるけど、楽しくやれなかった映画でいいシャシン撮れたというのは俺の経験では皆無だ。

長谷川　ところで神代辰巳は数撮りすぎで、ちょっとまいっているんじゃあ……

姫田　わりとひょろひょろしているのは頑張るよ。俺みたいにデブってるのはコロッとまいるけど。神《くま》さんはやっぱりねばりがある。

長谷川　俺振られちゃったよ知床で。ストリップやってる女がいてわりといい感じだからいたそうと思って聞いてみたら「カンケイホテル」へ行こうというんだ。俺たち泊っていた「××観光ホテル」というのが土地の人みんな「カンケイホテル」って呼んでるんだってさ。というのはあそこ、飲み屋の姐ちゃんたちが店閉めたら二百円払ってみんな風呂入りにくるんだ。それでスーと待ってる部屋へいくんだってよ。それだァてんで、マッチ箱に328号って書いて渡して別れたんだ。ところが別れたあと街の若い奴らにつかまって、五・六軒はしごしちゃったんだヨ。奴ら漁師なんだけどバアにいい酒置いてんだよな、最低リザーブな。そいで急いで帰ってみると確かに誰か寝てんだ。よしって入っていってみると岡田(裕)なんだよ(大笑い)。それでも彼女があとでやって来たとき寝てちゃ悪いと思ってズーッと起きてたけど、来なかった。宿立つ前の日に電話するとさ「今度いらした時もまたよろしくね」だってさ。

姫田　そんなことないだろ。二十年前来た時はちゃんとして帰ったもの。

長谷川　二十年経っているんだよ、あんた……だけどショーケン、お前なんか大分不自由しただろ、遊びたいさかりにGSでさ、だいたい年が上の順から好き放題やってるな。お前よりは俺の方がいい目に合ってるもンな。

姫田　人間衰弱しちゃってどうしょうもないって気がするよ。

長谷川　沖縄のときはよかったなあ。十六歳の女の子が那覇までついてきてくれて、別れ際手を振ってくれてね。

萩原　そういうロマンがないといいシャシンは撮れないか。

姫田　ひとつロマンがないよなこの街は。

神代　おい、女探しに行こうや！

（四月十日夜　羅臼にて）

神《くま》さん＝神代
ショーケン＝萩原
ゴジ＝長谷川
お父さん＝姫田
❖愛称ナリ

（はぎわらけんいち・俳優　ひめだしんさく・撮影監督／「シナリオ」一九七五年六月号）

『アフリカの光』が憧れだった時代

廣木隆一

いつか、七〇年代の映画をやろうと思うということを荒井(晴彦)さんに話したら、神代さんの映画は、常に七〇年代だよって言っていた。ある意味でそうかも知れない。時代の雰囲気を一番匂わせていたし、人間を匂わしていたように思う。何が、七〇年代と言われれば、明確にはいえないのだが……そんな気がする。

荒れる冬の海で、漁船のマストの先にぶら下がり、ショーケンが「オカマのカモメだよ」というシーンが、強烈に印象に残ったのを覚えている。流れ者の二人であるショーケンと田中邦衛が、ある北国の漁港で、アフリカ行きの船を待っている。なぜ、アフリカかは、一切説明されない。二人のユートピア、夢のようなアフリカの絵が度々、挿入される。夕暮れのサバンナをキリンが走り抜ける。それが、今でも鮮烈に思い出される青春映画である。『青春の蹉跌』で、成功して、再び、ショーケンと組んだ映画でもある。映画は、常にショーケンの役の青年をずっと執拗に追っていく。田中邦衛が、風邪で田舎に帰り、一人になったショーケンが、雪の街をさまよう姿が、切なかった。行き場をなくして、一人、田中邦衛を待ち続け、アフリカ行きの船を待ち続けるショーケンが恰好良かった。

ショーケンと田中邦衛が、妙にホモっぽくて、桃井かおりが妙にいろっぽくて、三人がいつもブツブツ(本当に聞き取れないくらい)言っていて、どこかオカシカッタ。そして、神代監督の目線は、いつも登場人物に寄り添っていた。役者の芝居とともに、自分が踊ってた。あざやかに、危なげに。そんなところに、高校生の僕は、大人を見たような気がした。それは、僕の周りにいた大人達とは違って見えたし、見てはいけないという後ろめたささえも覚えさせたし、すごくワイセツでもあった。

　アメリカンニューシネマが好きになりつつあったその頃の僕の中では、日本で初めてのロードムービーであると思った。

　『スケアクロウ』『真夜中のカーボーイ』のような、男二人、そして、旅というものを、神代さんは見せてくれたように思う。企画が監督から持ち出されたのかどうかは、知らないけれど、日本のロードムービーが見れることに、興奮したことは確かだった。僕もホモ映画なるものの企画が来たとき、すぐに『アフリカの光』をやろうと思った。男、二人が居れば、やりやすいだろうと安直に思ったのが本当の理由なのだが。何処かで、黄色く煙るアフリカの光景にこだわっていた。人は、いずれにしろ北か、南に憧れるという様な文章をその頃、読んで、僕はどっちなんだろうと真剣に考えてみたりもしてたので。『アフリカの光』は、僕の映画のトラウマの一つになっていたような気がする。

　神代監督の映画の登場人物達は、いつも、自分をさらけだしていた、手放しで。それが、監督の演出の仕方なんだろうと思う。通常の演技から、その人のキャラクターをも引き出してしまう、神代さんは、よほど懐の広い人なんだろうと思う。役者がそうであるように、監督も心を広げて、手放しで役者たちと遊んでいるように見えた。それで、役者たちは、見せてくれない顔まで見せることになってしまうのだと思う。大人達が、したり顔で、説教や、理屈を言うことはない。みんな、高校生の僕等と同じように、悩み、苦しんでいるように見えた。それがコミカルでファンタジーでもあった。そんな大人になりたいと思った。

　にっかつロマンポルノ、一般映画、テレビと、いろんな媒体でも、常にどこかにそういう神代節が匂っていた。配給会社や、製作会社がかわっても、神代さんは、強引に主人公に寄り添っていく。主人公を追い詰めていく。まさしくセックスしてたのだと思う。猥褻で、猥雑さが、気恥ずかしいくらいに溢れていたように思う。『アフリカの光』では、二人の男と女とも寝てしまっていたように思う。そして、本当に活き活きしていて、恰好良かったんだ。皆、ショーケンも、桃井かおりも、田中邦衛も。神代さんは、それを誇らしげに見せていた。そして、それがいかに、楽しいことかも知っていたのだと思う。でも、そういう風に見せること、そして、生きて行くことは、本当は大変なことだと今になって知ったように思う。個人的には、僕は神代さんのことは知らないのだけれど、とても、スタイリッシュで、タフな人だったと思う。又、その演出方法が、いい時もあるだろうし、時には、強引すぎる時もあるだろうがおかまいなしである。それが観客にとって、心地いい時もあり、うんざりする時もあった。またかという声もしばしば聞かれたりもした。そんな時、僕に、ずっと変わらずに自分の映画を撮っていって欲しいと思った。でも、それは、決して楽な作業ではなかったと思う。

　僕の映画のレイトショーの初日の時に、神代さんが亡くなった。その数日前に、僕は初めて神代さんにお会いした。神代さんは、車椅子の上で恥ずかしそうだった。僕は、言葉に詰まってしまって、何も言えなかった。ちょっと遅くなりましたが、僕も神代映画のファンでした、有り難うございました。地方の高校生だった僕が憧れた監督の隣に、座れたことが気恥ずかしくもあり、嬉しかった。そして、それが最初で最後になった。

　今度、七〇年代の映画をやろうと思ってます。少しでも、神代さんの映画に近づければいいと。

（ひろきりゅういち・映画監督／
「映画芸術」一九九五年夏号〈追悼　神代辰巳〉）

長谷川和彦
神代辰巳、撮り続けて死んだ幸せな男

聞き手＝伊藤彰彦・寺岡裕治

――長谷川和彦監督は神代作品では『青春の蹉跌』『宵待草』(共に七四年)**の脚本を手掛け、『アフリカの光』**(七五年)**では助監督につかれています。長谷川監督と神代辰巳監督との出会いは、いつ、どこででしたか？**

長谷川　クマ(神代辰巳)、パキ(藤田敏八)、西さん(西村昭五郎)……日活の監督たちと出会ったのは麻雀だな。麻雀は学生の頃から強くて「負けたところ見たことないよな」というレベルで強かったから「ゴジ(長谷川)が入ると麻雀が締まる」と思われていたんだろうな。大卒の坊ちゃん監督どもが小遣い使って遊びで麻雀を打つのと違って、こっちは大学中退のろくすっぽ給料も出ない今村プロ社員で「儲けた金で二〜三日食うんだ、女房子どもの命までかかっているんだからな」とさえ思っているわけだ。イマヘイ(今村昌平)さんなんか、麻雀も生真面目でな。僅差でトップを競っていて、作ればハネマンにできるときに、千点でイマヘイの親を蹴って、俺がトップを取ったりするんだ。そうすると、牌を投げつけて「だからゴジを呼ぶなって言っただろう！」と怒鳴ってな。一方、クマやパキはボケーっとしながら麻雀を打つタイプだった。そういう付き合いだから「偉い監督サマ」と思って接したことがないわけだよ。当時から「クマ」「パキ」と呼び捨てにしていたな(笑)。一方、向こうは俺を「ゴジ」と呼んでな。助監督の頃も、本人がいる前で「あそこでクマがもう少しシャキッとしてればよかったのにな！」とか平気で言っていたよ。それで誰も咎める者もなかったし。スタッフの手前、監督を立ててやらなければならない時は、流石に「クマさん」「パキさん」とは呼んだけどな。でも急にペコペコもできないしな。

――長谷川監督がはじめて日活映画の助監督をされるのは七〇年、ダイニチ映配末期の『土忍記　風の天狗』(監督＝小澤啓一)**。翌七一年、日活はロマンポルノ路線へと舵を切ります。**

長谷川　日活の最後の一般映画となったパキさんの『八月の濡れた砂』のゼロ号試写があってな、メインスタッフが車で東洋現像所へ向かったんだ。その車中で「おい、日活がとうとう終わるらしいぞ」と聞いたのがロマンポルノを知った最初だったよ。「ロマンポルノ」という言葉もまだなくて「日活もとうとうピンクやるらしいぞ。お前ら、どうするんだ？」とな。このとき、助監督の序列としては伊地智啓、岡田裕、それで俺なんだが、アタマの二人は次期監督候補だから、すでに「ロマンポルノの体制にどう備えるか？」をやっていて、撮影現場に来ないんだよ。だからフォース助監督なのに実質チーフとして、俺が現場を仕切ったんだ。下に臨時雇いの何人かをつけてな。妙な現場だったが、それが日活末期の状況だった。

　その頃、次期監督候補の社員が助監督室に三十人ぐらいいたな。一番上で、俺より十歳は上、一番下でも五〜六歳上でな。なぜかというと、彼らと臨時雇いの助監督の俺との間、日活が斜陽になっていたから、助監督採用をしていなかったんだよ。日活は七四年に根岸(吉太郎)や池田(敏春)が入ってくるまでは臨時雇いしか雇っていないからな。

　だから俺は大学生だった六八年、今村プロに入ったんだ。映画が元気な頃は、大学を卒業して、映画会社の入社試験を受けて採用されて、助監督から監督というコースがあったんだが。今村プロの助監督試験を受けたら、当時撮影二年目に入っていた『神々の深き欲望』の沖縄ロケの助監督になれると思うじゃないか。だが「総務」と言ってだな、たったひとりの制作部にいかされたんだ。要するに制作進行だな。学生のドレイが十人ぐらい、現場で雇ったドレイが十人、総勢二十人のドレイ頭をやっていたわけだよ(笑)。イマヘイの現場はな、ピーカン(快晴)待ちも並ではないんだよ。全部準備万端でも、雲がひとつでも出ていたら嫌なんだ。他の現場を知らないから照明助手に「映画の現場はいいですね、天気待ちでのんびりできて」と言ったら「何を言ってるんだ、ゴジ！　こんなに待つのは今村組だけだ！」って怒られたりな(笑)。イマヘイさんは、クソ真面目な監督衝動を持った人でな、現場を神として仕切りたいタイプなんだ。『神々の深き欲望』の撮影現場が俺のすべての原点だな。ほんとうに今村組しか知らないから「イマヘイさんの映画の作り方がスタンダードだ」と思ってしまったんだよ。あれを普通だと思わせたイマヘイの罪は重いぞ！　それは日活に助監督に行って、実感したよ。

そして、路線変更を知った四ヶ月後にロマンポルノがスタートした。西さんが撮ったロマンポルノ第一作目『団地妻　昼下りの情事』の撮影所内試写があってな。長い間撮影所に来たことのないような演出部がみんな来て、ため息吐きながら観ていた。社員助監督たちは「プロデューサーになるか？　監督になるか？」という決断を迫られたんだな。監督筆頭候補だった優秀な助監督たち、伊地智啓も岡田裕も三浦朗もみんなロマンポルノのプロデューサーになった。みんなそれぞれに、一般映画としての監督デビュー作への思いがあったから、「日活が苦しいからロマンポルノをやるだけで、これは俺がやろうと思って入社した映画じゃねえんだ。下手な経歴を作るよりは、プロデューサーなら後で再生できるはずだ」という計算があったんだろう。一方、箸にも棒にもかからないところにいたのが西さんであり、曾根中生、田中登、それに現役だったがホサれていたクマさんだ。陽の当たらないところにいたヤツらが「ピンク？　上等だ。撮ってやろうじゃないか」と撮ったのがロマンポルノなんだ。その気概は、なかなか凄かった。

所内試写で社員助監督たちがため息をついている頃、クマさんはすでにロマンポルノを撮る気になっていたな。もう撮影準備に入っていたんじゃないか。まあ、でもまだ迷いはあったかも知れん。クマさんは「日活史上最悪の入り」と言われながらも一般映画『かぶりつき人生』(六八年)ですでにデビューはしていたからな。パキなんかは、もうちょっとビビってたよ。試写を観て「おい、あそこまでやらなければならないのかよ」みたいなな。それで、七二年にやっと『八月はエロスの匂い』を撮るんだ。アナーキーな気分を持っていたヤツのほうが、ヤケも含めて、走ったということだろうな。

――『神々の深き欲望』の現場とダイニチ映配の現場を経て体験したロマンポルノの撮影現場は、いかがでしたか？

長谷川　結構、殺伐としたものだったよ。俺はＡＶの撮影現場は知らないが、実際にやらないで「やっているフリ」をする撮影だから。「前貼りはどうするんだ？」とかな。男が貼っても女が貼っても、あれはかなり滑稽なものだぞ。それに今まで「明るく楽しい日活映画」を撮っていた映画人たちが、「ピンクをやる」とため息をつきながら付き合ってる。それが恐ろしいことに、ピンク映画を撮っていけば、慣れてきて平気で撮るようになっていくんだよな。

そんななか、俺は臨時雇い助監督が二十何人いるうちの一番の古株ということになってしまったんだ。それですぐに西さんにチーフ助監督で就いた。俺は臨時雇いだから、一本いくらで金が払われる。そこで女房子どもを喰わせるために、ふた月に一本近く撮って量産していた西さんに就いたんだな(笑)。「そこまで何も考えないでいいのかよ！」というほどに、ややこしく悩まない監督でな。カッコつけないアナーキーな人だったなあ。

――ロマンポルノになって神代辰巳監督作品が評価を獲得しはじめるわけですが、その頃長谷川監督は神代作品をどうご覧になっていましたか？

長谷川　俺は撮影所内で、割と熱心にほかの組のゼロ号試写を観るようにしていた。そんななかで『一条さゆり　濡れた欲情』(七二年)なんかは試写を覗いて、プラスの刺激になる映画だったよ。俺は西さんの現場ばっかりやっていたし、クマさんとは麻雀でしか面識はなかったが、「イマヘイさんとは違う面白い映画を撮る人じゃないか？」という思いはあった。ただ俺自身が主人公に自己投影したがるプリミティヴなタイプで、女に感情移入して脚本も映画も作れたことはないからな。「その作品世界に入っていけないな」というところはあったな。それに、俺自身がエロ的なシーンを撮るのも観るのも、好きじゃないのかも知れない。今回観直したが『濡れた欲情』はまだマジメ作家の匂いがあるよな。それなりに面白いし。だが、他の作品は「よくそこまでちゃらんぽらんに撮れるな」と思って観たな。

——やがて七四年、神代監督は東宝製作の一般映画『青春の蹉跌』を監督します。その脚本に長谷川監督が起用されたのは、どんな経緯があったのですか？

長谷川　俺は、その時点で脚本は『性盗ねずみ小僧』(監督＝曾根中生)と『濡れた荒野を走れ』(監督＝澤田幸弘)の二本を書いただけでな、どっちもそんなに話題になったわけではないし、注目される理由はないんだ。単に麻雀仲間だったから声がかかったのかな(笑)。

——『濡れた荒野を走れ』は、長谷川監督の脚本が日活の組合側から「いたずらに権力を挑発している」とクレームがついて完成後一年もお蔵入りしていたんですよね(公開は一九七三年六月)。**すさまじいアナーキーさにあふれた『濡れた荒野』の脚本とその騒動を見て、『女地獄　森は濡れた』**(七三年)**で同じような目に遭った神代監督はある種の共感をいだいたのではないでしょうか**(『女地獄』は公開数日で警視庁の警告を受け上映中止になった)。

長谷川　それもあるかもしれん、突っ張っている奴がいるな、ということかな。『青春の蹉跌』のシナリオが雑誌に載ったときに書いた文章(本書一六八頁)で「調布が火事だよう」と書いたのは、日活(調布に撮影所がある)のそういう危機的状況をほのめかしたもんだけどな。しかしまあ、ダイニチ映配でも書いていた永原秀一さんの最初の脚本に原作者の石川達三が怒ってダメになっていたから、素人に近い雇われ助監督の俺に書かせよう、ということになったんじゃないか。普通だったら、クマさんが自分でホン(脚本)を書けばいいんだがな。で、どうしてかは知らないままに「ゴジ、この小説を読んでみてよ」と「青春の蹉跌」を渡されたんだ。読んで「なんじゃこりゃ？」と思った。石川達三は、実際の事件をモデルにしたそうだが、アメリカ映画の『陽のあたる場所』(四九年)に随分似ているしな。それに、石川達三が主人公やヒロインを愛しているとは思えないんだよ。作者は高い場所に立った偉い人間で、愚かな過ちを犯した人間を描くという図式じゃないか。だから、クリティカルではあるがな。俺は「高みのポジションから人間を捉えたくはない」と思ったんだ。登場人物が「自分だ」と思えないと俺はダメでな。『青春の殺人者』(七六年)で両親殺しの青年を描くときも「これは俺だ」と思えないと撮れないわけで。「なんでこんな小説をやるんだ、クマさん」と俺が問い詰めると「ゴジ、仕方ないじゃないか、成り行きで東宝が一般映画を撮りたいと、持ってきた企画がこれで」みたいに言うんだ(笑)。その辺はまったく雑な人だった。それで、「日当五千円出すからホンの直しやってよ」って言うんだ。結果、十日足らずで第一稿を書き上げたよ。

『青春の蹉跌』決定稿表紙

——完成した脚本は、石川達三の原作小説とはまったく違い「長谷川和彦の私シナリオ」とさえ言えそうなものになっています。

長谷川　クマさんが「どういじってくれてもいいからさあ」と言うから、こっちも考えたんだ。ショーケン(萩原健一)主演の企画ということだったが、ショーケンが国家公務員試験を受けるツラしてねえだろ(笑)。そこがまずウソ臭いから「コイツの地べたを何か見せられないかな？」と思ったときに「自分が大学の頃やっていたアメリカンフットボールをやらせてみるか」と思いついたんだ。当時まだ映画やドラマで使われたこともないし、俺は隅の隅まで知っているし。「フットボールをしながら国家公務員を狙っている若者」ならリアリティがあるんじゃないか、とね。それで書き始めたら、結局自分の経験を脚本に全部つぎ込んでしまったんだな。俺も家庭教師をやっていたんだ。中目黒の洗濯屋の息子と、新小岩の鞄屋の娘と。それで桃井かおりを新小岩の洗濯屋の娘にしたんだよ(笑)。そうしていくうちに、どんどんリアリティが湧いてきたな。俺も学生時代フットボールの練習が終わってから、飯も食わずに家庭教師に新小岩まで行くんだよ。そうすると、もう飯を食っていると思われて茶菓子しか出ないんだよな。それで茶菓子をバリバリ食っていると「先生、食べてないの？　何か出前取る？」と女の子が言うので「いいから、勉強しろ」と返したりな。まあ、俺は男女の関係にはならなかったが（笑）、ほんの数年前に実体験したそのシチュエーションならば書けるなと思ったんだ。それで「いつか自分の映画にしよう」と思っていた「自分ネタ」を使った脚本になったんだ。

劇中に出てくる富士ゼロックスの「WHAT TO DO NEXT」というCMもな、書くのに詰まって、その頃住んでいた聖蹟桜ヶ丘のサウナの休憩室で「参ったなあ、次の場面はどうしようかなあ」と考えている時に、あのCMが流れ出したんだよ。ガキの表情も含めてインパクトのあるCMじゃないか。「これ、いただこう」と思ってな。実際に「どうしよう、次は？」と思っている時にみて、そのまんま入れた。活字で書くだけでなく、現場上がりの俺みたいなヤツにとって「ホンを書く」って、そういうことなんだよ（笑）。

ラストシーンでショーケンを殺したのは、「こんなヤツは見ていたくねえ」と思ったんだろうな。それに、その数年前に、実際に東大生の選手が死ぬ事故があったんだよ。ただ、自殺なのか事故なのかわからないニュアンスが欲しかった。その前に試合会場に刑事を出して、ヤツが追い詰められて「逃げるか？　死ぬか？」とヤツの頭のなかにあってもおかしくない状況を作ってな。でも反省はしたな。「主人公を殺せば映画が終わる」のは当然だろう。だから、その後の脚本では、その手は使っていない。

——神代監督は当時の座談会で萩原健一さんについて「ショーケンとやっていると、てめえが役者になったような気がしますね」とさえ言っています（本書四一〇頁）**。長谷川監督は、神代監督とショーケンの関係をどうご覧になっていましたか？**

長谷川　ふたりとも「ちゃらんぽらん」さが合ったんじゃないか。どっちも額縁に入れて飾るような人生観もメソッドも持っていないんだよ。「面白ければいいんじゃない、やってみてよ」みたいなさ。良くも悪くもな。だって、クマさんなんてフットボールのシーンを「俺、わからないから、ゴジ、撮っといてよ」だよ。そんなこと言う監督がほかにいるか？　ショーケンがつぶやく「エンヤトット」にしても、クマさんのいい意味での「ちゃらんぽらん」さが活きているよな。あれはホンにはないし、俺には一生考えつかんよな。撮影現場で「しんどいと思っている芝居をやってごらん」とクマさんが言うと、「こんな大変なことをさせやがって、エンヤトット、エンヤトット……」ってショーケンが冗談でわけのわからんことをつぶやいたんだよ。それをクマさんがアフレコのときに「現場で言ってたアレ、面白いからやってよ」と言って、映像にのっけてな。あれは最初から「やろう」と思ってやったことじゃなかったんだ。その「エンヤトット」を映画のキイ・ミュージックにまでしているだろう。あんなことはどの監督でもできるわけではないし、ショーケンに対してイエスマンの監督があれをできるとも思わないしな。演出と演技が掛け算になったんだろう。それが、俺が脚本で書こうとしていた「犯罪者のニヒリズム」とうまくシンクロしているんじゃないか。

俺は元々全部同時録音したがるイマヘイさんの下で育ったから、「アフレコなんて邪道だ」という思いがまずあったんだよ。『神々の深き欲望』の沖縄ロケで、シンクロ録音するためにどれだけ苦労したか。蟬の声が入っていると他のカットと繋がらなくなるから、いざ本番というときに録音のベニやん（紅谷愃一）に「ゴジ！　蟬を追え！」と言われてジャングルじゅうに石を投げるんだからなー（笑）。だが、ロマンポルノは基本的にアフレコだ。たとえば西さんの『団地妻』シリーズで撮影現場は殺伐としたものでも、アフレコをやって白川和子が声をあてると、急にエロティックな映像になるんだよ。「あ、声なんだ」と俺は理解したんだ。アフレコのワザがあるな、と。それは痛感したな。それをもっと突き進めたのがクマさん。『青春の蹉跌』の「エンヤトット」もそうだが、アフレコで現場とは違うことを言わせたりするからな。『アフリカの光』の時かな、流石に見るに見かねてクマさんに「口がセリフと合っていないじゃないか、これはマズいだろう」と進言したことがある。そうしたら「でもさ、ゴジ、口とセリフが合い過ぎたら気持ち悪いじゃん」って言うんだよ（笑）。クマさんは、アフレコをすることで、芝居の意味を作り直していたんだ。それはイマヘイの真面目なキャラでは無理だったろう。「ちゃらんぽらん」なクマさんならではの演出だろうな。

それから、ヨットの上でショーケンが開いた手の指と指の間にナイフを順繰りに刺してゆくシーンがあるだろう。あれはホンにはないんだ。試写を観て「なんだありゃ、ロマン・ポランスキーの『水の中のナイフ』(六二年)そのまんまじゃないか」と思ったんだ。「クマさん、よくあんなことやるね」と聞いたら「いいじゃないか、面白いじゃん」、だ。俺は「そこまで露骨なイタダキをやらなくても撮れるホンを書いたはずだ」と思っていたが、「面白いじゃないか」と答えるクマさんの「ちゃらんぽらん」さがすごいよな。俺には、あれはないな。

――ショーケンの相手役の桃井かおりさんも、映画のなかで神代映画的なヒロインとして魅力を発散しています。

長谷川　桃井かおりのキャスティングも、クマさんから頼まれたんだ。俺がかおりと最初に仕事をしたのはパキさんが東宝で撮った『赤い鳥逃げた?』(七三年)だった。「新人がほしい」というので、いろいろな役者に会っていたんだが、当時かおりは十七〜八歳の文学座の新人でな。制作側の希望として「いい家のお嬢ちゃんがいい」というのがあったんだが、新宿西口の「ピース」という喫茶店に呼び出して話したら、かおりの親父は防衛庁のエリートなんだよな。で、キャメラテストには、全く違う新人女優を呼んだんだ。すると、原田芳雄が「あれは違うだろうよ!」と言うんだ。そのとき、スタッフルームに積んであった写真の一番上にたまたまかおりの写真があった。それを芳雄がみて「コイツ、いいじゃん!」と言うんだよ。それですぐに電話して呼んで、キャメラテストをして、かおりを使うことになったんだ。

　その辺りの話をクマさんが聞いて知っていたんだと思うんだよな。「それじゃあかおりに電話してみよう」、で、割と簡単につかまって「ショーケンとの映画があるんだが、お前、やるか?」と聞いたら「ショーケン屋さんならお金積んででもやりたいわ!」と、すっ飛んできたよ。ショーケン屋さん、だ。「彼女はやりたがってるが、クマさんいいな?」ということで、ショーケンかおりのコンビができた。どっちも旬だったということもあって、このコンビはよく合っていたな。「明日のシーンどうする」というときにも、二人で相談して芝居を作ったり。それに、男の俺が思いつかないような台詞をかおりが提案してきたりね。

――『青春の蹉跌』の撮影現場へは行かれましたか?

長谷川　脚本は書き上げたが、クマさんが「現場でセリフを直してくれ」と言うので、『青春の蹉跌』は、ずっと現場についていたんだよ。あんなに現場にずっといたライターはいないよ(笑)。

　雪山でショーケンがかおりを殺す場面があって、具体的な芝居は脚本に書いてあるんだが「実際に撮るときにどうなるかわからないから」ということで、現場に行って確認するわけだ。それで崖を見つけて「ここを滑り落ちながら殺すことにしよう」と決まった。ただ、本当にヤバい崖なんだよ。だから何箇所か雪掻きをしてラダー(階段)を組まないといけない、ということになった。こういうところに、東宝と日活の違いが出るんだが、「スコップあるんで、雪掻き手伝ってください」と日活なら助監督が言うところ、東宝のスタッフは言わないんだよな。スコップは十本もあるのに、美術の助手とライターの俺とクマさんと助監督ひとりで雪掻きをしたよ。そのときにクマさんはしみじみ言ったなあ、「ゴジ、東宝まで来て、雪掻きするとは思わなかったよ」ってな。バスのシーンでも乗客が足りないときに、エキストラをすぐに呼べるわけではないから、日活なら黙っててもスタッフが乗る。でも東宝は誰も乗らない。「俳優部の仕事を演出部やスタッフが取ってはいけない」となるんだ。そんなこともありながら、雪山での撮影はギリギリ上手くいった。滑り落ちて思わず誤ってショーケンがかおりの首を絞めたように見える、意図したカットになったんだ。あのシーンのために、俺は全部ロケを付き合ったようなものだからな。

　それに、さっきも言ったようにフットボールのシーンは全部俺が撮っている。ライターがあんなに監督していいのかよ(笑)。クマさん、「フットボールなんてオレわからないから、ゴジが撮ってよ」って甘えるんだ。それで俺の東大の後輩と明大の現役のフットボール選手を集めて撮っているんだよ。クマさんから見たら、ヘルメットを被って肩をぶつけ合う動きが面白く見えたんだろうな。そういうのを「拾いで全部撮っておけ」なんて言われてな。

　ラストカットはフットボールの試合中にショーケンが首を折るんだが、それを撮るときなんて、クマさんはどこかでお茶を飲んでたからな(笑)。あれは、撮影のオヒゲ(姫田真左久)のアイデアなんだ。「ゴジ、ラストはワンカットのなかで普通のスピードから、スローモーションになるようにしようか」と。「大変だろう、フォーカスと光量が」と言うと「長いカットじゃないから、大丈夫だろう」と言うんだ。俺の台本には〈俯瞰――〉〈その情景がどんどん遠ざかってゆく。何処までも遠ざかってゆく〉と書いてあるが、実際はショーケンのアップで止めた。首の骨の折れる音を入れてな。それもウソくさくなかったろう？　それに、よかったのは堯之さん（井上堯之）の音楽だな。音楽がついたゼロ号試写を観たときに「クマさん、音楽に救われたね」という話をしたよ。ずっと現場に行っていたから、半分自分の映画みたいに思えたなあ。これが縁で堯之さんに『太陽を盗んだ男』（七九年）の音楽もやってもらうことになるんだ。

――『青春の蹉跌』に続いて同じ年に、今度は日活で神代監督が撮った一般映画『宵待草』の脚本を長谷川監督は手がけました。これは、どのように依頼を受けた企画だったのでしょうか？

長谷川　まず言いたいのはだな、俺は『宵待草』で酷い目にあったんだ！「盗作作家」呼ばわりされてな。その頃、日活が年に何本か一般映画を作っていて、ロマンポルノで話題になった監督に撮らせたりしていたんだ。「臨時雇いの助監督にも一本ぐらい撮らすか」ということで、俺も『燃えるナナハン』とか何本か企画が挙がっていた。だが「社員助監督でもロマンポルノしか撮れていないのに」ということで組合に潰されたんだ。日本共産党幹部からしたら、俺はトロツキストだからな（笑）。そういう一般映画のなかの一本が『宵待草』だ。

　はじめ、クマさんから「大正アナーキストでやりたいんだけど、ゴジ、なんか書いてよ」と言われたんだ。それで新宿の雀荘で悩んでいたら「石川淳の『白頭吟』、読んでみな」と言ってくれたヤツがいたんだな。それで読んでみたら、好きな小説だったんだよ。で、「白頭吟」の登場人物設定やらエピソードやらを参考にして脚本を書いて、クマさんとプロデューサーに「大正アナーキストなんてわからないから石川淳を参考にしているよ、読んでおいてくれ」と小説を渡したんだ。俺としては原作としてクレジットするとかどうとか、特に考えてなかったんだが。あとから思えば、「ダメだシカトしちゃ。出版社と話ぐらいつけておけ」ぐらいは言っておけばよかったのかも知れん。だが俺もまだ二十八歳でそこまでアタマが回っていなかった。

　それで、公開から一年ぐらいした時に、喫茶店で讀賣新聞の夕刊を広げたら、文化欄の一面を潰すように「モラル疑われる盗作作家」という記事が出たんだよ。今思えば作家側に「一声の挨拶さえなかった」ぐらいのことを大げさに記事にしたんだと思うんだ。でも、俺は監督第一作目の『青春の殺人者』の準備をしていた頃だったからな。「俺はもう映画を撮れる道が途絶えたな」と絶望したよ。まあ、その後プロデューサーが話をつけたんだろう、特にそれ以上泥沼にはならなかったが。

――「宵待草」の主人公、大正アナーキスト谷川国彦のどんなところに「自己投影」されましたか？　シーン16では「何をやりたいのか自分でもよく分らんのだ」と『太陽を盗んだ男』の主人公、城戸誠そっくりの台詞さえ登場します（完成した映画では「（俺は）何もできねえときてる」と改変）。

長谷川　そうか（笑）。脚本は読み直してはいないが、「谷川国彦」というのは自分の名前から取っているんだ。俺は終戦の翌年の生まれだが、戦争が終わっていなかったら「国彦」と命名されるはずだったんだ。それが終戦を迎えたから「平和」の「和」を取って「和彦」になった。最初クマさんから話をもらったとき、「大正アナーキストなんて、俺わからんよ」と俺が尻込みすると、「連合赤軍で書いちゃえばイイじゃない。連赤は興味あるでしょ。ゴジ？」とクマさんは言うとったが、まぁ、「俺が連合赤軍の時代に学生運動に首を突っ込んでいたらどういうことをしたか？」ということを大正時代に移して書いたのが『宵待草』であり、いろいろ託した主人公が国彦なわけだ。連合赤軍、七〇年安保、大学闘争は、俺が今村プロに入社せずに大学に残っていたら、あの盛り上がりがあれば、必ず当事者の側にいただろうからな。あの時代は傍観者になるのは難しいだろう。他人ごととは思えなくてな。綺麗ごとばかり言う民青には駒場寮にいた頃から嫌われていたし、セクトから声をかけられたことはあるが、実際に参加はしていない。「徒党を組む」というのが、いまいち乗らなかったんだ。でも当事者ならきっと、一番ヤバいところでヤバいことをしていただろうと思うんだ。だが、たまたま俺は映画界に入ってしまっていたからな。新宿騒乱や安田講堂の石を見て、投げるより「実社会入っちゃったしなあ……」という思いがあったな。そういえば、学生運動は直接やっちゃいないが、浦さん(浦山桐郎)が東大安田講堂でセミドキュメンタリーを撮って、俺は助監督兼出演者で「学生くずれ」という役を演っているんだよ。結局、完成せずフィルムもないけどな。

国彦は「金持ちの息子」という設定だ。俺は「早稲田に行きたい」と言ったら大笑いされるほどの農協の職員の息子だが、なぜか「金持ちの息子」というのが俺の自意識なんだ。そして玄二は、もう一人の俺なんだろう。恥ずかしいが「俺は泣いているだけなのか?」という思いがあって、最後まで行動をやり遂げるのが玄二なんだ。

だが国彦役に高岡健二というキャスティングが無理があったかも知れないな。高岡とは俺が助監督で就いたパキさんの『赤ちょうちん』(七四年)から付き合いがあった。人間としては好きだし「やれと言われれば、なんでもやります!」というような真面目なヤツなんだが「人生や社会に対して斜に構えた気分」というのがないんだよなあ。逆にショーケンはまさにそういうヤツで、『青春の蹉跌』での斜に構え方は堂に入っていたよな。だが高岡は、一本調子で、大正アナーキストには不足なんだ。夏八木勲や高橋洋子もそうだよな。「男二人・女一人」という設定は俺にとっては『冒険者たち』(六七年)みたいなものなんだよ。だが、完成した映画は明快な主人公像になっていないし、画面も群像劇っぽくて個人に入って行きづらいよな。クマさんがだれに自分を投影していいのか、わからなかったんじゃないかな。ショーケンみたいなアクの強い俳優だったら、『青春の蹉跌』みたいにひとりで主旋律を作れるけど。

――脚本と完成した映画を比較すると、長谷川監督がアクション映画的に綿密に「緊張感のある場面」と設定しているところを、わざとヘラヘラした感じで、ハズして撮っているのが印象に残ります。

『宵待草』夏八木勲、高岡健二、高橋洋子

長谷川　あの「ホンのハズし方」がクマさんらしいんだろうな。『青春の蹉跌』と同じでホンどおり撮っているが、俺にとっては不完全燃焼な気持ちもあるよな。大正十年前後が舞台の脚本なんだが、時代考証がいい加減なのも、「ちゃらんぽらん」なクマさんらしい。細かいところはどうでもいいんだ。ホンのラストでは、玄二が天皇をテロした瞬間に「無数の菊の花びらが舞い降りてくる」と書いた。「鈴木清順なら撮るだろう」と思って書いてはいるんだが(笑)、クマさんは菊の花びらなんかに興味はない。俺は未だに興味あるがな。そこで、クマさんは高橋洋子にでんぐり返りをさせるんだよなあ。俺からすれば、「クマさんだからこうしたか」と、ちょっと醒めた目で見てしまう。『青春の蹉跌』で「エンヤトット」を見ているから、クマさんが俺のホンで撮るときは「俺のホン、超えてくれよ」とは思っていたのにな。『宵待草』は、現場に行ったら何か言いたくなってしまうから現場には行かなかった。当時、俺も忙しくなっていたしな。

――長谷川監督は翌七五年、神代監督の東宝映画『アフリカの光』で、今度はシナリオではなくチーフ助監督を務められます。脚本は中島丈博さんですが、今回はシナリオライターとしての依頼はなかったのでしょうか。

長谷川　丸山健二の小説「アフリカの光」は、アフリカを夢みる主人公に「自己投影」してな、俺が監督作にしたいと思っていた小説だったんだよ。それを酒を飲みながら、クマさんに話をしたんだな。そしたら、俺に何も言わずにテメエの監督作にしやがったんだ、アイツ!「ヒドイじゃないか、クマさん。俺、デビュー作にしたいって話してたのに」と文句言ったら「もう原作、取っちゃったから」という。「勝手に持っていくなよ!」「そう、それじゃあゴジ、ホンでも書いてよ」「ホンでも書け、じゃねえだろ!」(笑)結構アタマに来たぜ。そこでこの機会を

「悪用」してやろうと思って、ホンは書かないがチーフ助監督をやることになったんだ。俺はロケ地の北海道、羅臼に行きたいという気持ちもあったが、もっと大きく、威張りながらサボろうという気持ちがあってだな、そのために画策したんだ。

その頃、俺はヒルトンホテルとホテルニュージャパンに缶詰になって、沢田研二主演のTBSドラマ『悪魔のようなあいつ』の脚本を書いていた。期間は五〜六ヶ月もかかってたが、ロマンポルノ一本書いても十五万円の頃に、月四本書いて百万円だったからな。助監督になって初めてメシが食えるようになった。一方、日活では、相米慎二たち若い雇われ助監督に毎月仕事があるわけじゃないから、俺が頑張ってギャラを「一本いくら」ではなくて「月契約にしてやれ」と上層部にかけあったんだよ。俺は一番高い時は一本十八万円ぐらい取っていて、それを十三万に下げて、相米たちも七〜八万毎月もらえるようにした。ということは仕事をしないでも金が入ってくるわけだ。そこで神代組のチーフ助監督をやることにして、日活から月契約の金をもらいながら、TBSの脚本の執筆料もせしめようという魂胆で、『アフリカの光』に関わったんだ。

——『アフリカの光』は東宝作品ですよね？

長谷川　『アフリカの光』は東宝マークは付いていても、製作スタッフはみんな日活なんだよ。『青春の蹉跌』で東宝はお坊っちゃま、お嬢様撮影所なんだと思ったから、「あんなところで撮らないほうがいいよ、クマさん」と言っていたんだ。「日活はみんな手を貸してくれるからな」とね。実際そうなんだよ。日活には上も下もない共同作業の楽しさがあったんだ。

クマさんはあの頃忙しかったのかな、俺とオヒゲのふたりでロケハンに行ってロケ地を全部決めてな。ロケーション撮影も全部同行したが、セットに入ってからは全部脚本執筆中のヒルトンホテルから撮影スケジュールを切って送るだけにすることにした。そのために、日活でロマンポルノを撮る時はチーフ格の助監督を俺の下に三人つけることにして、そのなかにカモ（鴨田好史）もいてな。カモがクマさんのお気に入りだから「近くにいさせてやれ」ということでフォースにしてカチンコを持たせたんだ。

それで毎日「バカヤロウ、今日も撮影コボしやがって！」みたいに言いながらヒルトンからスケジュールだけ指示する……つまり威張りながらサボってたわけだ（笑）。

——長谷川監督と同じく日活の契約助監督だった鴨田好史さんは神代作品に欠かせないスタッフですが、長谷川監督からご覧になって、どんな人物でしたか？

長谷川　カモは俺よりひとつ歳下で、本当に可愛いヤツでな。俺が持っていない美点を全部持っている人間だったなあ……威張らない。仕切らない。そしてクマさんがやりたいことを、しっかりやらせてあげる。クマさんにとって、あんなに重宝する、夢のような助監督はいなかったんじゃないか。俺は俺で、子どもの頃ガキ大将だったから、助監督をやってもガキ大将っぽい態度を取ってしまう。カモはそうじゃあないんだよな。かといって「誰にでもついて行くわけじゃないぞ、ついて行く監督を選ぶのは、俺だ」という顔をしてるんだよ。俺は「カモ、カモ」って威張りまくって仕切っていたから、端から見たら、それりゃあ俺のほうが百倍偉く見えただろう。カモは威張ってもいいところで、威張らないんだよ。「スミマセン、ココはこうなりますから……」と行くタイプの助監督だった。言葉には出さなかったが、内心では「偉ぇヤツだな、コイツは」と思っていたよ。俺には一生できねぇな、と。クマさんはそれが便利で、クマさんの現場にはおそらく、ほとんどカモがついていたはずだ。カモもそれがわかっていて、クマさんの意が通るようにしていたと思う。そういえば『アフリカの光』撮影のとき、日活の労働組合に入っている社員助監督が、五つも歳上だが契約助監督だったカモの批判を始めたんだ。そのガキは俺、殴ったよ。「お前が偉そうに言うことじゃねえだろ。鴨田さんと言え！」とな。そんなときも、カモは照れたような顔して、頭を掻いてるだけ。たしかに、撮影でシーンが大きくなっても、俺のように声を出さないし、頼りないんだよな。だけど、こんないいヤツはいなかったな……クマさんと言えばカモだよ。カモより神代組を支えた人間はいないよ。

——自分で映画化を考えたこともあるほど思い入れのあった『アフリカの光』、完成台本や映画をご覧になってどう思いましたか？

長谷川　『アフリカの光』はクマさんに盗られた企画だからなあ……中島丈博が

どういう風にシナリオを書いて、クマさんがどう撮って、という目では見られないな。クランクアップ後に、ショーケンがオーストラリアで結婚式をやることになったんだ。俺とクマさんは招待されたんだが、ダビングのスケジュールが延びてクマさんが来れなくなったんだよ。ダビングに俺のような助監督がいてもやることはないから、「スタッフ総代ということで行ってくるわ」とオーストラリアにひとりで行ったんだ。そうしたら組合員の助監督が、当時撮影所長だった黒澤満さんにチクリやがった。それで満さんに呼び出されて「ゴジちょっと来い、これでとうとうお前のクビをきれるぞ」と嬉しそうな顔して言われてな（笑）。所長室にあった日活のマークの入ったシナリオ用の原稿用紙を二十部ばかり担いで「これでお別れだい」と思って帰っていった記憶があるよ。二十九歳だった。その半年後、『青春の殺人者』にクランクインするんだ。

——『アフリカの光』が神代監督との最後の仕事となりました。あらためて神代辰巳はどういう存在でしたでしょうか。

長谷川　うーん、クマさんのことを考えると、どうしても俺が深く関わったもう一人の監督、イマヘイさんのことが同時思い浮かんでくるな。真逆のような二人の監督、イマヘイさんとクマさんは一歳しか年が違わないが、共通して青春時代にしていたことはなんだと思う？……「徴兵逃れ」だよ。イマヘイは大塚の耳鼻咽喉科の息子だから普通に大学に行きたきゃ行けるのに、「徴兵逃れ」でわざわざ桐生工業高等学校に入学している。クマさんも九州帝国大学付属医学専門部に入学している。文系は徴兵されるが、工業系はすぐに徴兵されなかったんだ。クマさん本人も隠していなかったが、その「徴兵逃れ」をした二人がどう生きたか、ということを考えるな。作風は真逆だろう。イマヘイは真面目な、若くしての成功者だよな。一方、クマさんにはこう言われたことがあるよ。俺が二十代で監督をしようと思っている頃に「ゴジ、なんでそんなに焦ってるの？」ってな。「俺なんか監督になったの、四十超えてからだからさ」って。

クマさんは大器晩成型の「ちゃらんぽらん」な監督だった。イマヘイさんが「ちゃらんぽらん」になろうとしてもなることができないカタブツだとしたら、カタブツになろうとしてもなりきれない監督がクマさんだよ。両極端じゃないか。

クマさんの最後の劇場映画『棒の哀しみ』（九四年）の撮影現場には慰問に行ったんだ。車椅子で演出していてな。その後、あんなにすぐ死ぬとは思わなかったよ。その時の写真が一枚でも残っていれば懐かしいんだが、その時だけでなく、クマさんと一緒に撮った写真は俺の手元には一枚もないんだ。一緒に写真を撮ろうという気分だったこともあんまりないし、クマさん自体がどこか照れくさがって、そういうことはしない人だったしな。俺は四十年間撮ってない監督だが、クマさんは最後まで撮り続けた監督だった。今回、おかげでクマさんの映画をいくつか観直したが、クマさんてのは幸せな監督じゃないか。羨ましいよ。あれだけ、撮り続けて死ねたことがな。俺も今のうちにもう一本撮らなければ死ねないと思っているよ。

（二〇一九年七月十二日、明大前にて／てらおか ゆうじ・編集者／構成＝寺岡裕治）

（神代辰巳エッセイコレクション）

私的映画について

〈二〇六頁より続く〉

これは全く余談ですが、私の助監督時代、やはり日活の藤田敏八と一緒にシナリオを書いたことがありました。原作のあるものでしたが、そう云うことで共通の土台があるので共同脚本と云うことがあり得ると思って始めたのですが、それは美事にうまくいきませんでした。シーンの組立てやなんかのことはここでは長くなるから云いませんが、二人の間でまさに笑い話に類するようなことがいくつかありました。その中の一つですが、例えば、これはセリフの語尾のことですが、私が「何何よ」と書いておくと、藤田が「何何だわ」と書き直します。私にとっては、そこはどうしても「何何よ」でなければ微妙に言葉の意味が違うので、藤田が書き直したところを又もとにもどして「何何よ」として置きますと、翌日にはそこが再び「何何だわ」と書き直してありました。

　その時から私は共同執筆と云うものが少くとも対等の立場ではあり得ないものと思っています。あり得るとしましても、どちらかが主導権を以て、もう一方の泣き寝入りと云う形でしか行われないでしょう。

　今迄云ってきたことは映画はもっと私的にならなければならないだろうと云うことのための一つの前提です。

　たまたまここまで書いたところで、朝日ジャーナルの映画欄の記事が目につきましたので、ちょっと引用させてもらいます。

　それは、いま西ヨーロッパで、その賛否や将来性が問われ、論議の的となっている問題の一つは、私的個人的映画の新しい傾向であるとして、フランソワ・トリュフオーは、「明日の映画は個性的自伝的なものとなり、告白あるいは私的手記となるだろう」と主張しているし、クロード・シャブローの次回作は「私の混沌たる私生活の忠実な決算報告」だと発表している。ゴダールはすでに「私自身」と題する一作を完了しているが、この映画は、彼の結婚がなぜ破綻したのかを分析する、長時間の会話で終始している。

　として、朝日ジャーナルは更に次のように云っています。

　かつての「カメラ万年筆論」が予見したように、映画技術が普遍化し映画製作が安価になり、少数観客によっても、回収可能になったことが、直接の原因である。が、もっと重大なことは、今日の映画が、昔のように全世界数億の大衆をひきつけ、楽しませる刺激的ストーリーを、続々と生産する企画的エネルギーを失ってしまったしるしではないか。

　と書いています。

　朝日ジャーナルがその短かい記事の中でもち出してるものは、いうところの映画の二面性だと思います。

　勿論、どう私的であるべきか、どう大衆的であるべきかと云う二面性です。そして、ここでもう一度自分の場をたしかめておきたいのですが、私は今主に日活という場で映画を作っています。そして、日活の劇場での統計的なデーターでいいますと、私の映画は都会とその周辺ではまあまあ客が入って、田舎へ行くにつれて悪くなって行くと云うことになっているそうです。そして私の経験から云えば、私は何年かに一度、田舎へ帰ることがあるのですけど、（私の田舎は九州の佐賀ですけど）そこでは実感としてここじゃ俺の映画は入らないなあとさっき云ったデーターを感じとることが出来るのです。実は自分でこう云うことを云うのは嫌なのですけど、撮影所内では私の映画は都会形だと云うことになっています。

　以上、朝日ジャーナルの云ういわゆる映画の私的なものと大衆的な区分け、日活でのデーターをあげて、それで、尚かつ、私的映画とは何か、自分がだんだん私的映画づくりにかたむいて行くのはどうしてかと云う問題を今ここで問いつめてみようと思っているわけではありません。

　こう云うことが云いたいのです。一番最初に云いましたように、映画を作る作業はどうしても自分から遠のいて行く要素をたくさんかかえているので、つまり、何か自分の云いたいことがあっても、自分以外の役者さんを通じて、又はその役者さんに仮たくしてしか主張が出来なくて、その次にキャメラと云う自分以外の第三者の目を通してしか、その役者さんを追うことが出来なくて、と云うふうに、だんだん自分が拡散して行くことで、そう云うことを私達商業映画でめしを喰ってる者の現状で云えば、昨日、あるライターが私につくづく「あんたらまだいいよ。テレビやってると、この役者とこの役者とこの役者を使って本を書けと云ってくるからな」とこぼしていましたが、私にしましても現状は同じようなもので、今の映画作りはどんどん自分を拡散して行く作業でしかないと思っています。

　つまり端的に云って、朝日ジャーナルが批判して、「今の映画が昔のように全世界数億の大衆を引きつけ、楽しませる刺激的ストーリーを、続々と生産する企画的エネルギーを失った」と、云っているのとは全く別の次元で、映画を作る側に、より自分を問いつめることが可能になった時期が、映画界にやって来たと見るべきで、私はヨーロッパのそう云う傾向を歓迎するのです。そして、私もそう云う映画を作ってみたいと思っているのです。

　もう大分前の話ですが、前に出したある小説家が酒に酔って、三島由紀夫の映画「憂国」のことを話していたとき、（そして、あの映画は三島の私的映画だったと思いますが）映画監督で自殺した奴は一人もいねぇなと云ったことがあります。私は映画は生き死の仕事じゃないと答えながら、いまいましい思いをしたことがありますが、映画がやはりかなり直接的に自分を表現することが出来るようになることは何と云ってもいい状況が生まれ来たと思っているのです。勿論、まだ発表の場としてそう云う現実が日本に来たとは思えませんが、それはこれからの私達の問題だと思ってます。

（「放送批評」一九七五年三月号）

16

黒薔薇昇天

【公開】1975年8月9日封切
製作配給＝日活　カラー／ワイド／72分　併映＝『わななき』(監督＝西村昭五郎)『セミドキュメント心中SEX五十年史』(監督＝山本晋也)

【スタッフ】
プロデューサー＝三浦朗　原作＝藤本義一『浪花色事師　ブルータスぶるーす』　脚本＝神代辰巳　撮影＝姫田真左久　照明＝直井勝正　録音＝古山恒夫　美術＝横尾嘉良　編集＝鈴木晄　記録＝今村治子　助監督＝鴨田好史　伊藤秀裕　スチール＝井本俊康　製作担当＝服部紹男

【キャスト】
幾代＝谷ナオミ　十三＝岸田森　メイ子＝芹明香　一＝谷本一　安さん＝高橋明　石やん＝庄司三郎　歯医者＝山谷初男　大垣彦市＝牧嗣人　十七、八歳の女＝東てる美　看護婦＝森みどり　歯医者の患者＝姫田真左久

⦿映画芸術ベストテン6位

【物語】

紀州和歌山、海辺のホテルの一室、激しく絡み合う男女がいた。周りにはカメラやライトを担いだ男たち、ここはブルー・フィルムの撮影現場なのである。活を入れる少々エキセントリックな長身の男、これが監督の十三である。これから、という時に、女優のメイ子の喘ぎがやんだ。男優で亭主の一(ピン)の子供ができたので、生むまで休ませてほしいというのだ。仕方なく撮影を中止した一行は本拠地の大阪へ戻るが、十万円もの損害を出した十三の機嫌は悪い。十三の副業はエロテープの製作である。とはいっても、犬猫の息遣い、歯科治療に悶え苦しむ少女の悩ましい声等を寄せ集めて、生録りテープのように仕立てあげるという手口だ。「わい等のスローガンはファックの美や……わいの心理は、わいの尊敬する映画監督の大島渚はんとか今村昌平はんと少しも変わらんつもりや」活動屋の心意気を滔々と語る十三である。歯医者に仕掛けた盗聴テープに思いがけない獲物が掛かった。さる令夫人と、歯医者との浮気の会話である。早速調査に乗り出した十三は、女が財界の実力者大垣彦市の愛人、幾代であることを摑む。興信所員を装い、幾代に接近する十三。執拗な十三の追跡に、いちどは首吊りまで試みた幾代も、いつしかほだされてしまっていた。十三の仕事場に連れ込まれ、抱かれる幾代……しかし、いつのまにか取り囲んだスタッフたちが、それを一心不乱に撮影し始めていた。こうして、幾代は十三のプロダクションに加わるのだった。数ケ月後、メイ子の腹がすっかり目立ち始めたころ、十三たちは再び和歌山へやって来た。幾代と一の猛烈な濡れ場、そのあまりのノリっぷりを十三は看過できなかった。堪らず割って入る十三、撮影はまたも失敗に終わった。「わいはまだ修業が足らんのや」幾代にすがりつかれ、愛と芸術の狭間で、頭を掻く十三であった。

神代さんのホンネと思われる「修行が足りない」

根岸吉太郎

神代辰巳が『黒薔薇昇天』を撮ったのは一九七五年。その前の年、一九七四年、僕は日活撮影所に助監督として採用された。

それまでロマンポルノというものを観たことがなかったので、丁度封切っていた『鍵』を観た。原稿用紙のアップや字幕、極端な逆光のショットに長い長い長廻し。斬新な映画だった。このような映画を作る監督がいる場所に行けるのだと思った。続けて『青春の蹉跌』を観に行った。ショーケンのエンヤートット、芹の百円ちょうだい、かおりの自転車こぎが頭にこびりついた。

五月が来て、見習い助監督になった。エンヤートットと呟きながら、撮影所をうろちょろして一ヵ月が過ぎた。ある日、製作部にいると窓の外がざわついている。食堂前の中庭に神代監督がいた。はじめて見る神代辰巳はてれんとしたコートをぱたぱたさせて歩いていた。まわりの人たちは神代さんが日活に「帰って」きたとにこにこしていた。

「帰って」きた神代組の『赤線玉の井・ぬけられます』に助監督でついた。食堂で二人になったとき、いきなり神代監督に「パキの映画はいいよな。俺には『赤ちょうちん』みたいなのは撮れないよ」と言われた。見習いの僕には監督の言うことがどこまで本気かわからなかった。

正月映画の『宵待草』はそのパキさんの『炎の肖像』と併映だった。『宵待草』の撮影が終わりダビングをしている最中に、「こうなったら次は谷ナオミだな」と神代さんが呟いた。僕にはその一言がまた冗談か本気かわからなかった。SMの女王と神代辰巳という組み合わせがまったくイメージできなかったのだ。

謎の一言を残したまま神代さんは『櫛の火』『アフリカの光』という東宝マークの映画に行ってしまった。僕はこの二本の東宝映画を観て、改めて感心した。神代さんと姫田真左久のコンビはどんな素材でもどんな場所でもわがままに自分を押し出していた。

もしかしたら神代さんは本気で谷ナオミと仕事をしようとしているのかもしれないと思いだした頃、神代辰巳は僕がはじめて会ったときのように、てれんとしたコートをぱたぱたさせながら日活撮影所に「帰って」きた。

『黒薔薇昇天』は外側から見ればまさしく「帰って」きた映画だった。一年振りに日活ロマンポルノの世界に「帰って」きた神代辰巳は谷ナオミを選び、ブルーフィルムの現場に素材をとった。まるで自分たちと同じような撮影隊、おまけに主人公は監督である。

海の見える窓外の景色からキャメラが室内にパンしながら『黒薔薇昇天』は始まる。透明なアクリル板の上で男女が絡み合っている。いつしかキャメラは劇中のポルノ映画のスタッフのキャメラから、『黒薔薇昇天』というこの映画のキャメラとすり変わっている。このファーストカットのおかげで、主人公の監督は劇中に自分の映画を持つことができなくなってしまった。キャメラを神代辰巳に取り上げられ、女優も妊娠を理由に出演を拒否してしまう。しかたなく主人公の監督は動物の鳴き声を編集して女のあえぎ声を作り出したりしながら、監督としての自分を保とうとする。「今村昌平や大島渚に負けない志がある」とか「処女喪失の臨場感」と叫んだりするが、すべてむなしい号令である。

主人公は自分でもそのむなしさを自覚しているから、自らの日常の中で過剰な演技者になる。大きなあくびを繰りかえしたり足を引きずって歩いたりしながら、キャメラも役者もなしに小さな擬似映画空間を自

『黒薔薇昇天』芹明香、谷本一、岸田森

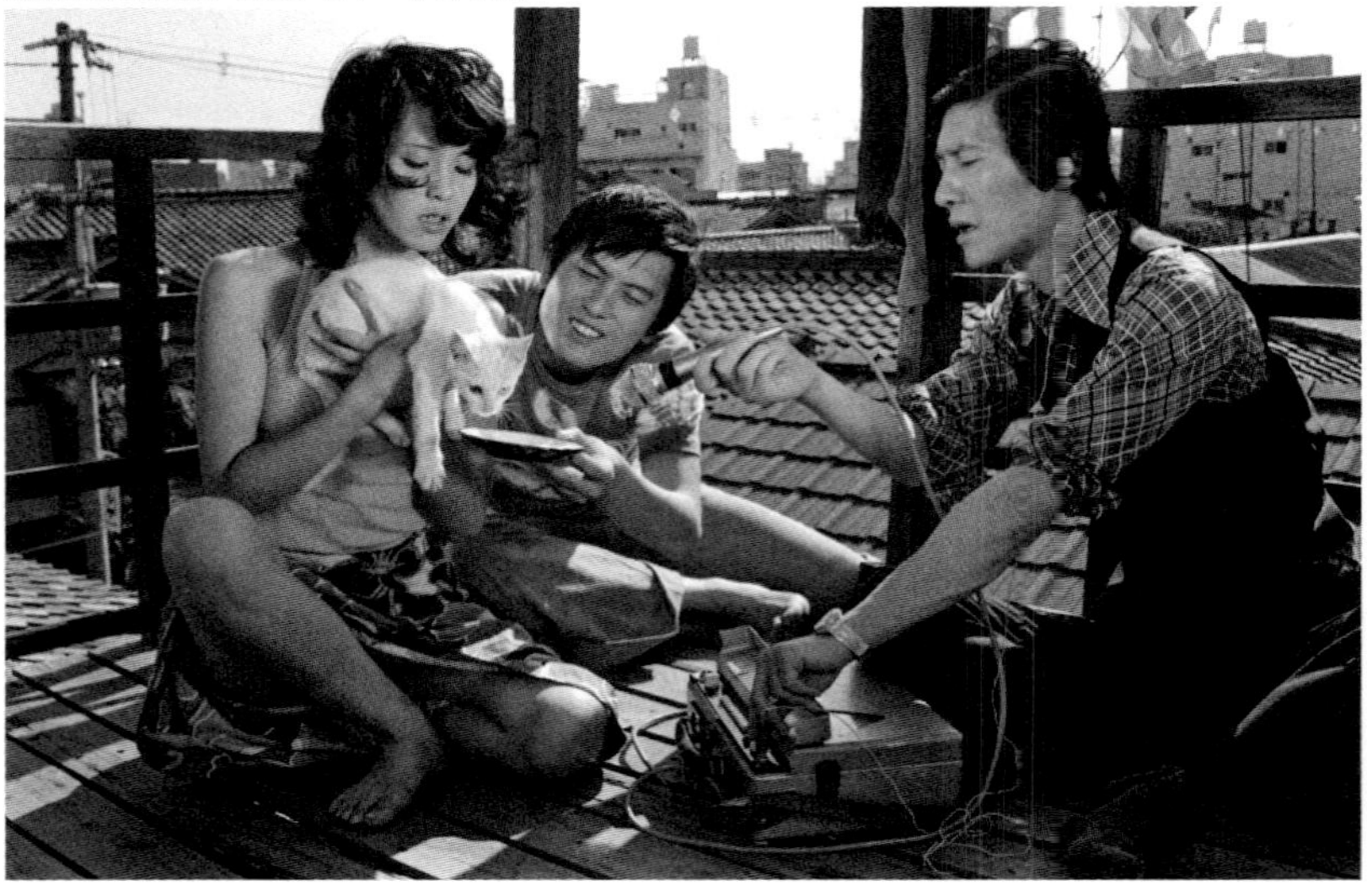

分のまわりに作り出そうとしている。だからこそ、この監督は谷ナオミ扮する幾代を口説き落としても、自分たちの性行為までキャメラに収めなくてはならなくなってしまう。

日常と映画、本音とたてまえの区別がつかなくなっているのだが、まるでそうしなければ映画は作れないと主人公は言っているかのようだ。しかしそこまで行っても、さすがに自分が果てるときにはキャメラの対象になることを避けている。ここにこの監督が代表する男の弱さがある。

それにひきかえ、女たちはたてまえなしに生きている。妊娠している芹にも、すぐセックスに本気になってしまう谷ナオミにも、ホントしかない。特にそれまで観念的な性の対象だった谷ナオミをこのように使うことが、神代辰巳にとっても、劇中の監督にとっても大きな意味を持っていたのだ。縛りと責めという特殊な力強いイメージこそ、日常から離れた映画そのものなのだとすれば、日常と映画の区別がつかない監督が彼女を必要としている意味が分かる。だから谷ナオミは『黒薔薇昇天』の中でタクシーに乗っても白いパラソルを開いているのだ。

撮影中のセックスに本気になった谷ナオミの幾代を見て、嫉妬から撮影を中断してしまうブルーフィルムの監督は、自分のそうした行為さえ本気かどうかわからなくなっている。大きなあくびと同じように、嫉妬している演技なのかもしれない。もし自分が果てるところまで写しとっていれば、このようなことにはならなかったのだろう。ラストに主人公の監督が呟く「修行が足りない」というのは嫉妬心などではなく、性の前に自分をさらけ出すという意味の上でだと思った。

多分ここに、ホームグラウンドに「帰って」きた気安さから思わずでた神代さんのホンネがあって、そのホンネを解決しようとしたところに『赫い髪の女』があったのではないだろうか。「修行の足りない」僕としてはいまだに肩の力の抜けた『黒薔薇昇天』に共感してしまうのだ。

（『映画芸術』一九九五年夏号〈追悼　神代辰巳〉）

神代との初期の出会い

黒沢 清

私が最初に神代作品と出会ったのは、高校の終わりか大学のあたまか忘れたが、一九七〇年代中ごろだった。確か三本立てで、日活ロマンポルノというものもその時初めて見た。『一条さゆり　濡れた欲情』（一九七二）『濡れた欲情　特出し21人』（一九七四）『四畳半襖の裏張り』（一九七三）の三本だったと思う。とにかくこれは驚くべき体験であって、三本とも全部がまるで実験映画のように見えた。当時私は既にフェリーニもゴダールも吉田喜重も大島渚も見ていたにもかかわらずである。この人は映画で何かを、あるいは映画の何かを、試している。そしてその試した何かのうちいくつかは成功し、いくつかは失敗して、残りのいくつかについては予想もしなかった結果が導かれた、といった具合だ。私はただぽかんとなって、何も口にする言葉がなかった。

物語については三本ともほとんど理解できないでいたが、それは難解だったからではなく、まったく別のものに目を奪われていたからだろう。『濡れた欲情』ではこれまで見たことのない分類の女優が強烈で、『特出し21人』では1カットがとてつもなく長い気がして、『四畳半襖の裏張り』はとにかく真っ暗で、そういったことにいちいちギョッと驚いていた。後で考えればそれらは全部予算のない映画の特徴だったとも言える。しかしジャンルとしては明らかに商業映画で、もちろん当時の私は商業映画と芸術映画を見分ける知

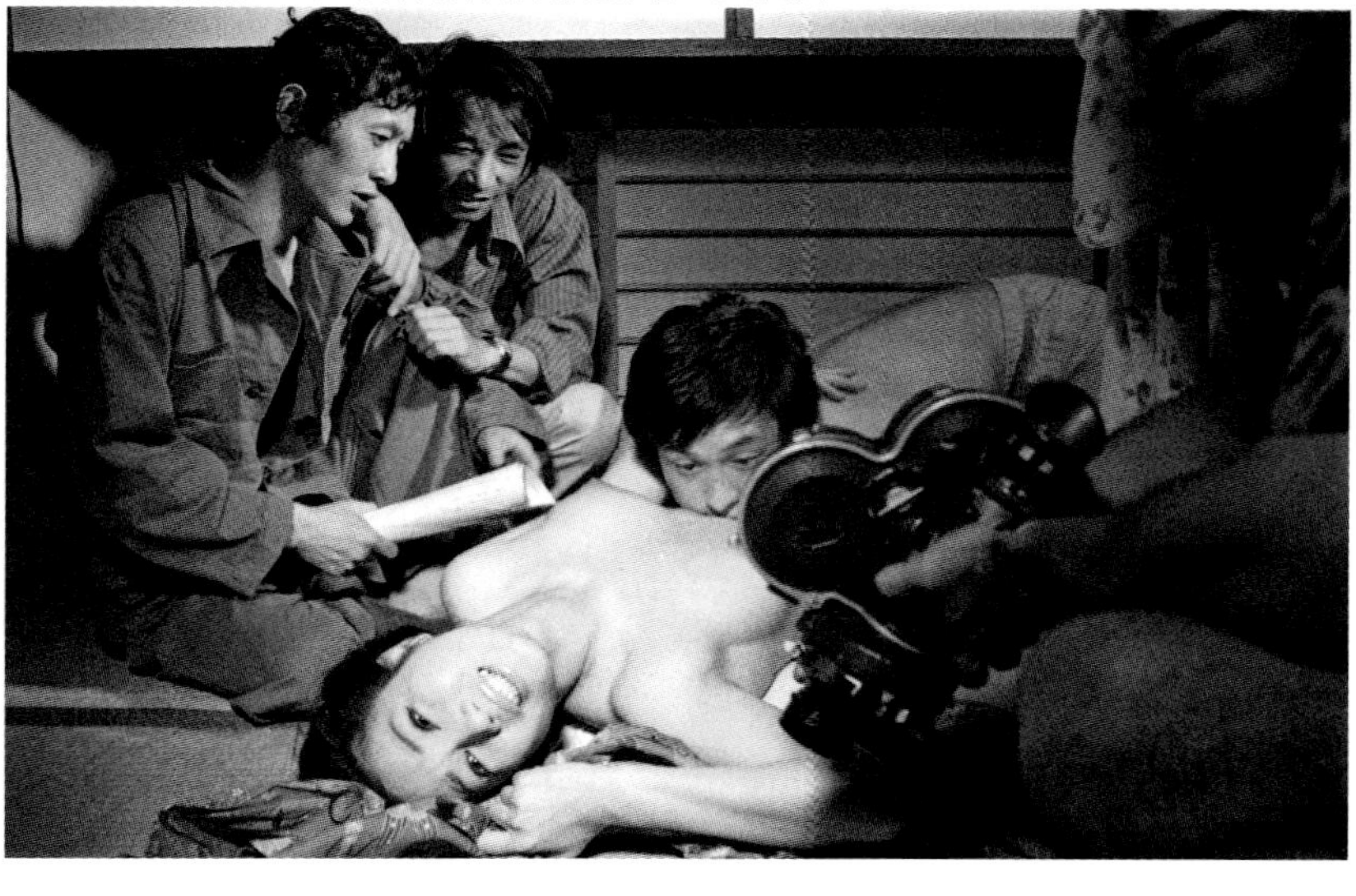
『黒薔薇昇天』撮影スナップ。岸田森、神代辰巳、谷ナオミ、谷本一

恵は既についていたから、後日神代の作品がキネマ旬報ベスト10の上位にひしめいているのを見て、ああやはりこれも一種の芸術であったのか、と不承不承納得したのを覚えている。

　それともうひとつ意外だったのは、見ていて全然イヤラシい感じがしないということだ。初めてポルノ映画を経験する若者にとって、少なくともこの点では拍子抜けで、商売上の実験は失敗していると言えるのかもしれない。そのかわり、女優が裸体になることの異様なまでの思い切りのよさ、嵐のように訪れる即物的な性行為、〝罪〟という観念の存在しない世界観などに目を丸くし、まだティーンエイジャーだった私は「大人ってすごい」と心底思った。

　こういった感じで私は物心ついたばかりの映画経験の初期のころに神代と出会ったのだが、同時期に田中登や曽根中生、ロマンポルノではないが深作欣二や藤田敏八などを知り、一気に七〇年代日本映画の混沌へとのめり込んでいった。その後神代と二度目の出会いを果たすのは数年してからのことだ。

　それは『黒薔薇昇天』（一九七五）だった。実は私はあの時一回しか見ていないのだが、これは本当にものすごい映画だったという記憶がある。ロマンポルノだったのかどうかは覚えていない。ただ観覧車に乗った岸田森が、多分映画監督という役柄だったと思うが、女優に向かって延々としゃべっている。その光景を同じ観覧車のとなりのカゴに乗ったカメラが、これまた延々と撮っている。それのどこがどう私の心に突き刺さったのかはわからないのだが、とにかくそのいつ果てるとも知れない延々ぶりに激しく打ちのめされ、上映後しばらく席を立てなかった。何とも形容できない切羽詰まったほとばしりのようなものをそこから感じ取ったのだと思う。

　何かを気の遠くなるような律儀さで延々とやり続けること、それはある限度を超えたところから単なる営みであることをやめ、強烈な意志となる。どういう意志か？　何ものにも屈しない意志、つまりそれだろう。そしてこのことは映画作りについてだけでなく、人生にとっても最も重要なことであるだろう。私は物心ついたごく初期に、神代からそれを学んだ。


（くろさわ　きよし・映画監督／「第14回　中世の里なみおか映画祭公式カタログ」二〇〇五年）

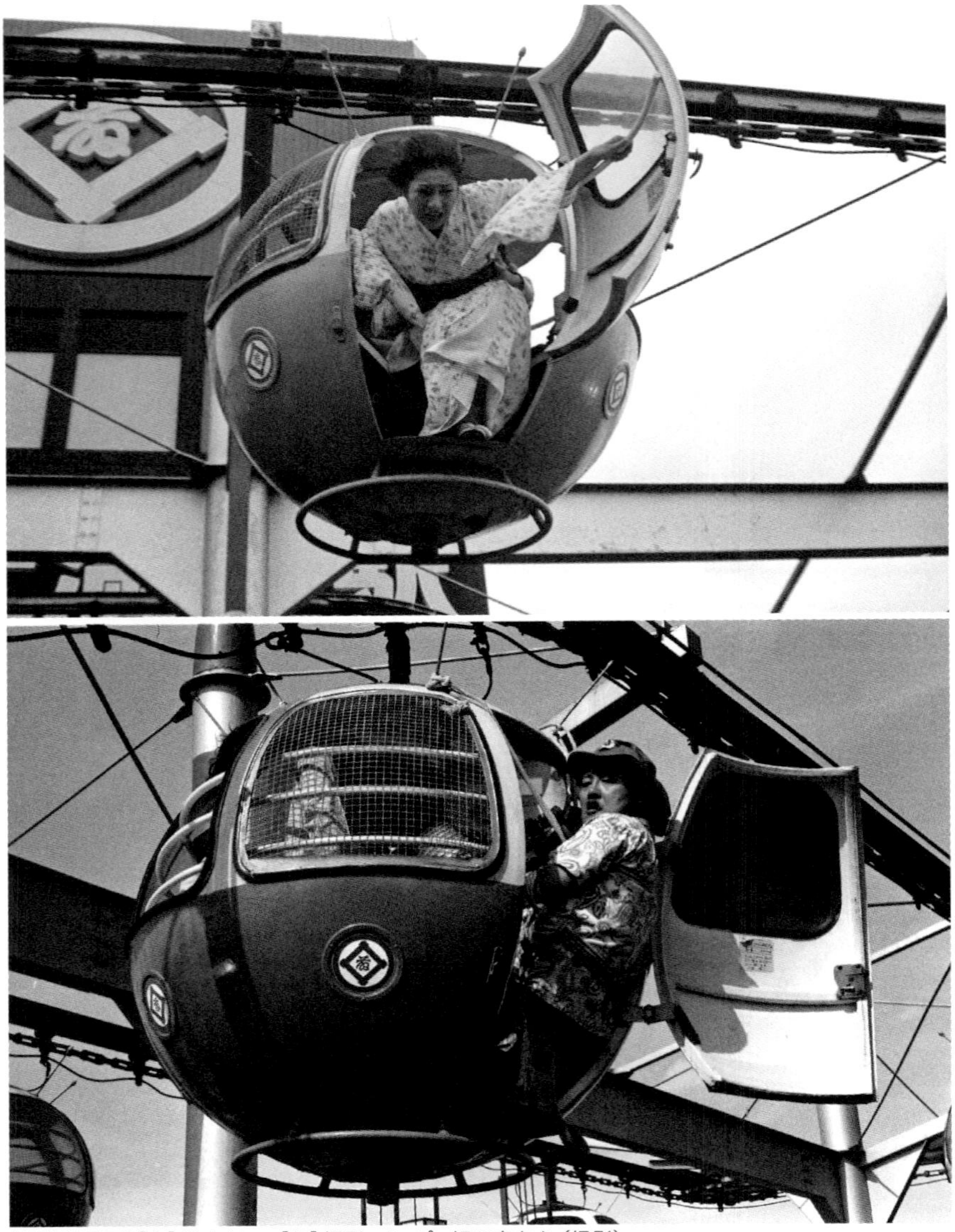
『黒薔薇昇天』［上］谷ナオミ　［下］撮影スナップ。姫田真左久（撮影）

神代ポルノ喜劇三部作における谷ナオミ

『黒薔薇昇天』

鈴木義昭

『黒薔薇昇天』撮影スナップ。岸田森、谷ナオミ、神代辰巳

谷ナオミと神代辰巳が組むと、喜劇になる。「SMの女王」の中にコミカルな感性が眠っているのを見抜くのは、やはり「ロマンポルノの巨匠」ならではの心眼というやつだろうか。それとも神代は、ロマンポルノ以前のホサれていた時代に、谷ナオミが演じる山本晋也あたりのピンク映画を見たりでもしていたのだろうか。

いや、あの時代、神代は「喜劇」を撮りたかったに違いない。『一条さゆり・濡れた欲情』や『恋人たちは濡れた』で確固たる地位を築いて、日活撮影所の外へ出て何本かの青春映画を撮った。そして再び日活ロマンポルノへ投板することになった神代が投げた球は、神代流の喜劇という変化球だった。ポルノ映画の生命線でもある女優については、誰にするか悩んだことだろう。偶然なのか用意周到な計算があったか、ひとつの切り札のように神代辰巳と谷ナオミという組み合わせは実現した。わが「SMの女王」に、MでもSでもなく、まるでナマ身のオンナそのもののように演技してファンを驚かせ、魅了した。

まず一本目が一九七五年の『黒薔薇昇天』、これは掛け値なしの傑作であり、神代辰巳の新たな挑戦が開始された作品とも言えよう。原作は、藤本義一の「浪花色事師　ブルータス・ぶるーたす」。ブルーフィルム作りに涙ぐましいほどの情熱を燃やす男たちの哀感が、全篇から滲み出ている作品だ。

「わいの心理は、わいが尊敬する映画監督の大島渚はんとか今村昌平はんと少しも変らんつもりや」

岸田森演ずるブルーフィルムの監督十三のセリフだが、おそらく自身の分身でもあるキャラクターに、自己投影して言わせている。岸田森は、実物の神代辰巳に体形といい表情といいどこか似ている。言うなればこの映画、ブルーフィルムというエロ事師の現場を借りて、自分たちのロマンポルノの現場のドタバタぶりを描いているように見ることもできる。

和歌山の海の見える旅館が、彼らのロケーションの常宿である。その一室はロケセットとなり、女と男の「本番」が始まればカメラは丹念にそれを追いかけることになる。スタッフは、十三を中心にカメラの安さん（高橋明）、照明の石やん（庄司三郎）の三人。この息の合うトリオに、主演女優のメイ子（芹明香）と男優の一《ピン》（谷本一）のコンビを加えて五人、撮影機材を詰め込んだジュラルミンの大箱を転がして旅に出る。

「メイ子の顔へ行こう、安さん」

十三の声に、安さんのカメラは彼女の顔にパン・アップする。口を半開きにして、うつろな目で喘ぐメイ子は、若いがこの世界ではベテランらしく堂々とファックシーンを演じている。相手役の一は彼女の彼氏でもあるから、呼吸はピッタリ。日常生活のSEXでたっぷり練習も積んでいる。チームの結束は固く、儲かる作品を量産してきたらしい。

芹明香の役名メイ子は、『濡れた欲情・特出し21人』で片桐夕子の「夕子」とともに流れていくストリッパー「メイ子」と同じ名前である。『四畳半襖の裏張り』では絵沢萠子の芸者に芸を仕込まれる半玉を演じ、『四畳半襖の裏張り・しのび肌』では「男と女にゃあれしかないんよ」の名セリフを残した芹明香は、神代作品には、いや田中登作品などを含めて初期日活ロマンポルノ作品にはなくてはならない女優である。相棒の一こと谷本一は、神代のロマンポルノ第一作『濡れた唇』で主人公の若者・金男を演じて注目された。この二人を役名もリアルにブルーフィルムの主演カップルに設定していることだけでも、神代の自己批評的なパロディ精神が伺えようというものだ。

『黒薔薇昇天』谷本一、谷ナオミ、岸田森、芹明香

これに谷ナオミの和服姿の理由あり美人を対比的に登場させ、絡ませるあたりに神代の当時のロマンポルノ路線全体に対する捉え方が読みとれるような気がしておもしろい。谷ナオミは、メイ子が一の子供を妊娠して、もうブルーフィルムの仕事を辞めたいといわれて困っている十三の前に現れる。十三にとっては、いわば救いの女神のような存在だ。

副業にエロテープの製作・販売をしている十三は、歯医者の診療室にテープレコーダーを仕掛け盗み録りする。女性患者が診療の痛さにあげるうめき声をエロテープに利用する為だが、テープの中に幾代（谷ナオミ）と歯医者のなまめかしい会話を発見する。幾代はある大金持ちの二号さんなのだが、年寄り相手の欲求不満解消の為に歯医者と浮気していたのだ。それをネタに十三は幾代に付き纏う。言葉巧みに彼女を部屋に連れ込んだ十三は、ブルーフィルムを見せた。最初は嫌がっていた彼女も、ついに観念して自分で服を脱ぐ。十三が抱きしめると反応は激しく、自分からからみついて来た。隣室から隠れて回していたカメラは二人の前に現れ、絶頂に達する頃には迫熱の名シーンを収録することに成功していた。

「どこの生まれです？」「博多から出て来たばかりなんです」といった十三と幾代の会話でも判るように、谷ナオミはやはり芹明香と同じく役柄だけに収まらない彼女自身のキャラクターをかいま見させるような演出を意図している。谷ナオミは、今までどんな作品でも見せたことのないような笑顔やとぼけた顔を見せてくれる。素顔の谷ナオミとは、もしかしたらこんなオンナなのかも知れないと、想像させる。「SMの女王」は、本当はこんなに可愛らしい女なのだと、神代辰巳は言いたかったのだろう。

ふたたび海の見える旅館にやって来た一行は、ブルーフィルムの撮影に精を出す。幾代の相手は一である。横で見ているメイ子のお腹はもうかなり大きくなっている。「一《ピン》、いったらあかんで」と、メイ子。しかし、幾代と一のファックは、くんずほぐれつ名シーンの果てにピークへと登りつめようとする。その時、十三が突然一を幾代からひっぱがした。「わいはまだ修行がたらんのや」とつぶやいた十三は、メイ子と同じく嫉妬していたわけだが、それは神代自身のロマンポルノ復帰の困惑した気持ちとダブって見えた。

神代辰巳は、今村昌平とも大島渚とも違う自分なりの性愛映画を撮り続けたいと思っていたはずである。

〈二三〇頁へ続く〉

17

濡れた欲情　ひらけ！チューリップ

【公開】1975年12月24日封切
製作配給＝日活　カラー／ワイド／76分　併映＝『主婦の体験レポート　新・おんなの四畳半』（監督＝武田一成）『ドキュメントポルノ　痴漢女湯のぞき』（監督＝山本晋也）

【スタッフ】
プロデューサー＝三浦朗　脚本＝神代辰巳　岸田理生　撮影＝前田米造　照明＝川島晴雄　録音＝橋本文雄　美術＝徳田博　編集＝鈴木晄　記録＝今村治子　音楽＝山本正之　助監督＝鴨田好史　池田敏春　スチール＝目黒祐司　製作担当＝服部紹男　主題歌＝間寛平「ひらけ！チューリップ」（作詞・作曲＝山本正之）

【キャスト】
牧子＝芹明香　明＝石井まさみ　洋＝安達清康　田村＝江角英明　西野＝高橋明　パチンコ屋主人＝奈良あけみ　さゆり＝谷ナオミ　純子＝二條朱実　明の義父＝間寛平　道子＝丘奈保美　質屋の老人＝浜村純　明の母親＝松井康子　弁護士＝小松方正　弓子＝南黎　天穴の鉄＝天川恵介

【物語】

「パチンコ玉みたいな太陽やなあ」大阪城に朝日が昇る。ここは大阪、とあるパチンコ屋の店先に、一台の黒塗りの高級車が滑り込んだ。降り立ったのは、一流クギ師の西野と弟子の明である。待ち受けるのは、宿敵のパチプロ田村と弟子の洋。今朝は、互いの弟子同士の銀玉勝負の日なのだ。意気込みも空しく、呆気なくチューリップを逸れていく銀玉、洋はこれで十連敗である。田村に罵倒される洋、しかし、実は洋と明は昔から大の仲良しだった。洋はプレイボーイだが腕はからっきし。明は二十五にもなって童貞、女にはモテないがクギに関しては天才である。ある日明が洋と質屋に入ると店主の老人に「女ちゅうもんは、押し倒してやってまうこっちゃ、後の始末はそれから考えたらええんじゃ」と初対面なのに叱咤されるのだった。洋に女をあてがわれても、やり方が分からず失敗、一方洋はモテモテ。お相手は明が思いを寄せるパチンコ屋店員で元スケバンの牧子、女パチプロで不感症の道子、屋台引きの純子、さらに「赤い玉」が出て不能になったという田村に頼まれ、その女房でストリッパーのさゆりまで抱く仕儀に陥るのだった。西野の老運転手が自分の師匠だった“天穴の鉄”であることを知り、しんみりとする田村。明は牧子にデートを申し込むが、スッポかされる。その頃、牧子は洋を巡り純子と壮烈な恋の鞘当てを演じていたのだった。ある日質屋の老人が死ぬ。なんと老人は明の実父で遺産は八千八百七十万円、但し明が結婚していなければ一銭も貰えないというのだ。一気にモテはじめる明。結婚相手として牧子を賭け、明と洋は対決することになる。チューリップが開き、洋に軍配が上がった。「ええなあ、パチンコ勝負は、いつ見ても」天穴の鉄が呟いた。牧子とともに修業の旅に出る洋。残された明は道子と結ばれる。明は不感症の道子をイカせようと、必死にベッドで励むのだった。

神代ポルノ喜劇三部作における谷ナオミ

『濡れた欲情　ひらけ！チューリップ』

鈴木義昭

真夏に公開された『黒薔薇昇天』から四ヶ月後の年末に、翌年正月作品として公開したのは『濡れた欲情・ひらけ！チューリップ』である。間寛平のヒット曲「ひらけ！チューリップ」を原案に、クギ師とパチプロを主人公にした「神代ポルノ喜劇」の第二弾だ。「わいが勝負に弱いのは、女にもて過ぎるからで、お前が強いのは、顔がへちゃむくれで女にもてないからやで」

パチンコ屋の店員の牧子(芹明香)をはじめ手当たり次第に女に手をつける洋(安達清康)はパチプロだが、勝負にはめっぽう弱い。逆にクギ師の明(石井まさみ)は、勝負には強いが25歳になるというのに童貞で女が欲しくてたまらない。二人の若者がパチンコ店のマドンナ牧子はんをめぐってアチャラカタッチでくりひろげる青春映画である。前作につづいて舞台は、大阪。脚本はアングラ演劇出身の岸田理生だけあって、いっぷう変わっている。浪花というだけで、もう喜劇の匂いがするが、いささかカラ回りのきらいもある。

芹明香は、当時の映画青年やアングラ青年に絶大な人気があった。だから、彼女をヒロインにした決定版を構想したのだろうが、彼女にとってこの牧子という役は清純派過ぎたのではないか。演じていて不器用さが目につくのは、その為だろう。二條朱実、丘奈保美といった関西オンナらしい女優陣も出演しているが、全体のヘソのようにチャーミングに出演しているのが、わが谷ナオミである。

谷ナオミは、いつも着流しのベテランパチプロ田村(江角英明)の女で、特ダシストリッパーのさゆり役である。出番は少ないが、踊りのシーンもファックのシーンも実に伸び伸びとした彼女ならではの艶技を見せている。実際に、映画の撮影がない時は一座を組んでのストリップ劇場回りが多い谷ナオミにとって、この役はかなり地に近いものが出ているのではないかと想われる。

赤い玉が出てしまい男性自身が役に立たないという田村は、弟子の洋にさゆりと寝てやってくれと頼む。田村のセリフが、哀しい。「毎日パチンコしてたら、女と出来んようになってしもた。開いたチューリップに吸いとられてしもうたんかもしれん」

『濡れた欲情　ひらけ！チューリップ』撮影スナップ。江角英明・安達清康（後姿）、谷ナオミ、左奥に神代辰巳

谷ナオミのさゆりが叫ぶ。「あんた、ええわ！」チューリップを満開にさせての甘い絶叫だが、もうこの声を聞くだけでこの映画を見る価値はあろうかという程に素晴しいものである。

〈二四七頁へ続く〉

役者がいいとそっちの方を大事にしたくなる

池田敏春

『花の高2トリオ・初恋時代』という映画の助監督をやったことがありました。映画の衣装デザインを受取りに、青山の事務所まで行った時の事です。

「日活の助監督ですが」と言うと、受付の女の人に変な顔をされ、「あの、東宝の『初恋時代』の助監督なんですが」と言い直すと、ああ、とうなずいて奥に通してくれました。

受付の女性たちがこっちを見ながら囁いているのが、聞こえました。

「日活だって」

「ポルノ映画作ってる人よ」

ところは青山のブティック、目をひそめるファッ

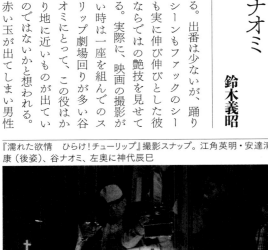

ショナブルな女、出来すぎのシチュエーションと思われるかも知れませんが、本当にあった話です。

で、その囁き声を聞いて俺は何と思ったかというと、かわいそうに、この人たちはロマンポルノを知らないんだ、という優越感だったのです。

馬鹿だなあ、俺たちは日本映画の最先端を行っているんだぜ。

入って一年たらずのペエペエの助監督が、ポルノと囁かれて卑屈にもならず、怒りもせず、コンプレックスも持たず、むしろロマンポルノを観たことがない人に哀れみを覚える程の自信を持たせてくれたのは、神代さんの映画の存在があったからでした。

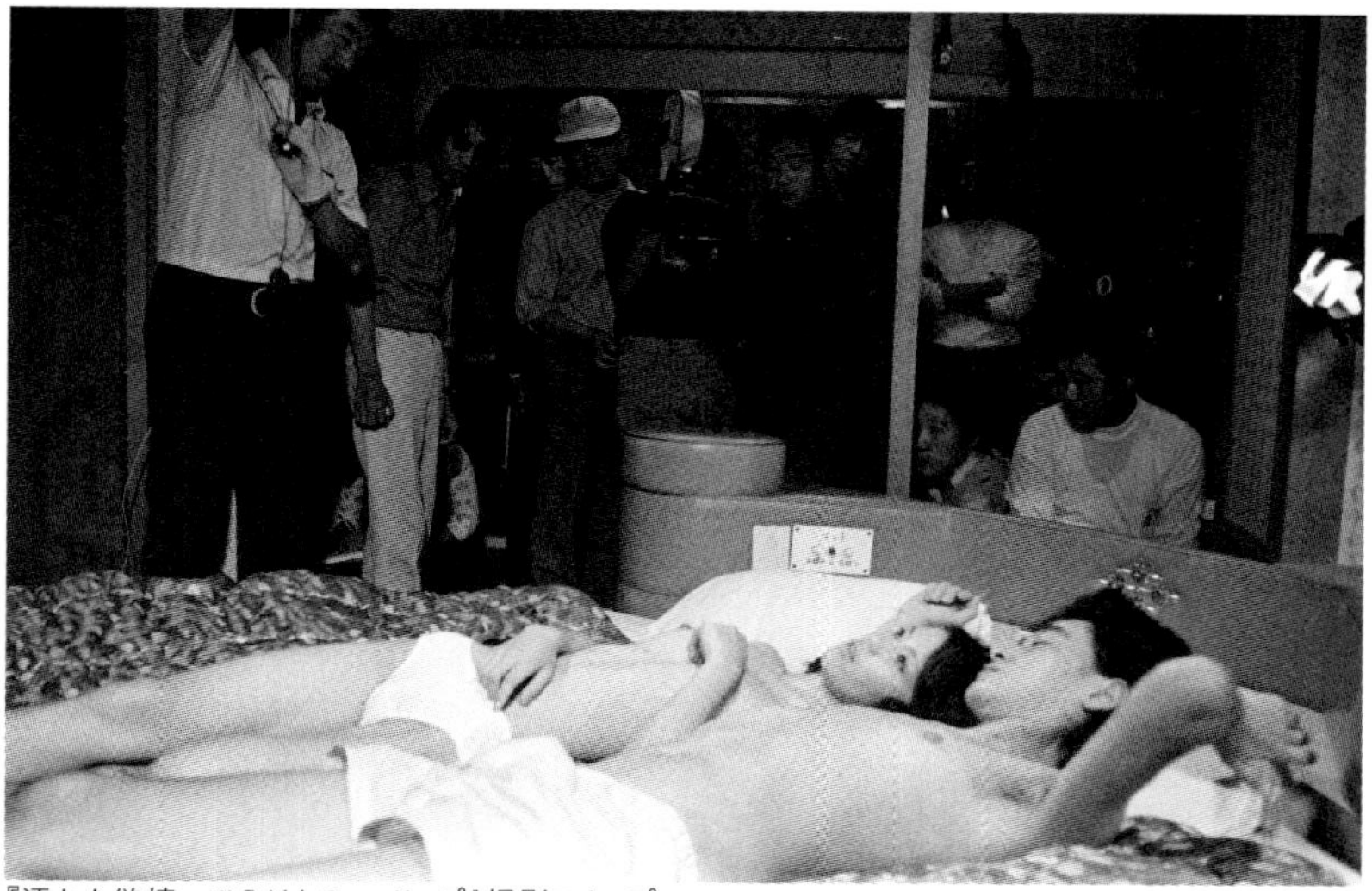
『濡れた欲情　ひらけ！チューリップ』撮影スナップ。
芹明香、安達清康、奥の手前右から二人目に池田敏春（助監督）

『四畳半〜』や『〜森は濡れた』や『一条さゆり〜』は、学生の頃ぽかんと口を開けて観ていた記憶があります。『恋人たちは濡れた』の悲しさ、『濡れた唇』の美しさは未だに衝撃的な思いがします。神代辰巳は七〇年代の映画好きにとって一つの事件でした。

男と女の間には、アレしかない！　万歳！

神代辰巳はロマンポルノをたった一言で言い切った人でした。

堂々とした女とグジュグジュした男、他にあるかよ、そう言って神代辰巳は駆け抜けたような気がします。

残念ながら、神代さん本人との接点はほとんどありません。一緒に飲んだこともないし、長い時間話したという記憶もありません。唯一神代さんに触れられたのは、『濡れた欲情・ひらけ！チューリップ』という仕事で助監督についた経験だけです。

『〜ひらけ！チューリップ』は関西のコメディアン間寛平が若い頃に大ヒットさせた歌を元にしたパチンコの映画で、パチプロを目指す若い二人と、それを巡る女たちの話でした。

最初にシナリオを読んだときは、凄い！　と思いました。神代さんと岸田理生さんの共作で、本当に素晴らしい脚本でした。セリフとト書きが一体になって、大阪の若者たちの生活感が過不足なくとらえられ、パチプロを目指す二人の男の子と彼らの間を漂う芹明香扮する気怠い女の生きざまは、まるで織田作の短編を読んでいるような気がしたものです。さすが神代辰巳だよなあ、とうならされました。

例によってワンシーン・ワンカット、屋台を引いて大阪の街を走る俳優の後をひたすら手持ちカメラが追いかけ、当然スタッフ全員がその後をヒイヒイ息を切らしてついていくというのが現場の有様で、その姿を神代さんはヤンチャ坊主のような顔でにこにこしながら見ていました。

ところが撮影が中盤を過ぎると、妙なことが起こり始めました。どんどん直しが増えてきて、そのほとんどが芹明香のシーンなのです。最初のシナリオから比べると異常とも思えるほど芹のシーンが膨らんできて、シナリオの意図から大きくずれているような気がしました。おかしいな、何考えてるんだろう、と思いながらオールラッシュを観て、その感じはますます強まっていました。三人の男女のそれぞれの青春をモザイクのようにちりばめて完成していたシナリオのトーンから遥かに離れ、芹明香の演じた女だけが強烈に自己主張していたのです。そのせいで、話の枠組みは明らかに変化し、言ってしまえば、破綻していました。

あんなに完璧なシナリオだったのに、なぜだろう、という思いがずっとしていて、ダビングの終わった夜、たまたま神代さんと調布までのタクシーに一緒に乗り合わせたこともあり、恐る恐る聞いてみました。

「あの、バランス的に、芹だけが強すぎるってことはないんですか」

神代さんはちょっとためらい、それからぽつんと言いました。

「全体のバランスのことなんかより、役者がいいとそっちの方を大事にしたくなるんだよな。そのほうが俺が生きてる感じがする」

この言葉はずっと俺にとって謎でした。映画全体のまとまりよりも、役者のパワーの方を選ぶ。それが生きてるってことだ……。

役者が生き生きしている事が大事で、そのために映画が破綻しても構わない、とでも言うかのような神代さんの考え方は不思議でした。

そんなことしていいのかな……、と首をひねった覚えがあります。

一〇年ほど経って『人魚伝説』という映画を作ったとき、ラストで白都真理が大立回りをしました。何回かの編集ラッシュの後、スタッフがラストの立回りが長すぎると言い出しました。だけど俺には切れませんでした。俺が要求して、白都が死ぬ思いでやってのけた立回りを、俺は一秒たりとも切ることは出来ませんでした。「みっともないから少し切ろうよ」というスタッフに、「うるせえ、この映画は俺の映画だ、黙ってろ！」と啖呵を切って、そこにあった灰皿をひっくり返しました。みんな呆然としていました。

しばらくして『人魚～』のビデオが出来て、一人でぼんやり見ていて、「やっぱ立回りが長すぎたよな」と苦い思いをしていた時、あの時の神代さんの言葉が蘇ってきました。

『全体のバランスのことなんかより、役者がいいとそっちの方を大事にしたくなるんだよな。そのほうが俺が生きてる感じがする』

まいったね、という感じがしました。

あの時多分、神代さんのテンションに見事に応えたのは芹明香だけだった。だから、『～ひらけ！チューリップ』はああなったんだと思いました。

俳優と監督の関係というのは、当事者にしか分からない部分があります。打てば響くか、糠に釘か、まあいろいろありますが、何かの一言が俳優の心に奇妙に影響を与えて凄まじいパワーが出てきたりすることも良くあります。そういう場に出会えた瞬間は監督にとって至福の時で、そのことを神代さんは監督が生きていると表現したんでしょう。

監督は所詮役者の肉体を通してしか己を語れません。役者が応えてくれて初めて、監督は自分が生きてるってことを実感できます。

神代さんはそのことをずっと大事にしてきた監督なんだと思います。だからあれほど俳優たちに慕われていたのでしょう。

都合があって、お通夜にもお葬式にも顔を出せませんでした。拙い文章ですが、お悔やみの代わりにさせていただきます。

それにしても、神代さんの映画がもう観られないということは、とても寂しい気がします。残念です。

（いけだとしはる・映画監督／「映画芸術」一九九五年夏号〈追悼　神代辰巳〉）

芹明香との出逢い

神代辰巳

二年ほど前のこと、新宿のある酒場で仲間と飲んでいた時に紹介された女優がいた。かなり私は酔っていたと思う。だがこれから述べようと思う事件を引き起すほどに私が酔っぱらっていたとは未だに思ってない。その事件は、多分運命というものがあるとして運命が、私にかなり幸運を運んでくれたといったふうな事件だったのである。その夜から二、三ヵ月後のこと、日活で「四畳半襖の裏張り」をとることになった。永井荷風の作といわれる「四畳半襖の下張り」の映画化である。その中の半玉の役を決めるに当ってあの夜一緒に飲んでいた三浦プロデューサーと「あの時の酒場の娘《こ》でいこう」と決めたのである。さてその衣裳調べの時である。「お早うございます」と私の前に現われた女がいた。「何ですか」と聞くと、今度半玉の役をやることになっ

『濡れた欲情　ひらけ！チューリップ』芹明香、石井まさみ

た芹明香だという。私は驚いた。全く初対面の女だったからである。あの時、酒場で会った女とは全然違うのである。結論を先に言うと、衣裳調べにまで来た女優さんを追い返すわけにはいかず、一緒に仕事をすることになったわけである。三浦プロデューサーは、もっぱら私の酔いのせいにして、あの時紹介した女優さんだと言いはる。しかし、私はどんなに酔っても、わけが分らなくなったことはほとんどないので、今でも衣裳部での対面が初めてであると思っている。いずれにしてもそれが私と芹明香との出逢いである。私はどうやら明香との出逢いをやや神秘めかして書きすぎているかも知れない。それは明香当人に聞けば直ちに答えの出ることである。だが私はそうすることを避けている。私はどうやら、その出逢いを謎めかしていたいらしいのである。それを私の中のロマンとして、そっとしまっておきたいのである。これは私の趣味の問題であって、明香当人とは全然関係のないことを断っておく。そして、このひょんな間違いを私は感謝している。明香は今、私の映画に欠かせない女優の一人だからである。ゴダールの「男と女のいる舗道」という映画がある。その中にアンナ・カリーナという女優さんがいる。「生きるってなあに」と問いかける女優である。その中で私の心に鮮明に焼きついているシーンがある。アンナは娼婦である。ヒモの男が撞球《たまつき》をしている。アンナは暇をもてあまして、ヒモとたまつき台のまわりをゆっくり歩き廻っている。ヒモは彼女が邪魔である。煙草を買ってこいという。アンナは素直に煙草を買いに行く。セリフは全然なかったはずである。たったそれだけの間に、アンナ・カリーナの「生きるってなあに」という痛切な問いかけがあった。明香もまた、そんな痛みのできる得がたい女優さんである。

（「週刊プレイボーイ」一九七五年十二月十六日号）

『濡れた欲情　ひらけ！チューリップ』芹明香

『濡れた欲情　ひらけ！チューリップ』撮影スナップ。江角英明、芹明香、谷ナオミ、神代辰巳、安達清康、石井まさみ

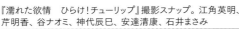

シナリオ

濡れた欲情　ひらけ！チューリップ

脚本＝神代辰巳・岸田理生

1 ある田舎町の夜

駅近くのパチンコ店。もう閉りかけている店のシャッターをくぐって出て来る着流しに角帯の中年男、パチプロの田村(三十七・八歳)。一寸空を仰ぐような思い入れの身ぶりをすると、

「パチンコ玉のような月やないけ」と呟いて歩き出す。

田村から数歩遅れて、何が入っているのか馬鹿でかいトランクを下げたパチプロ見習の青年洋(二十五歳)。現代風の身軽な感じの青年である。洋、田村の身振りをまねて「パチンコ玉のようでんな」と、後からついてゆく。

2 駅の構内

鈍行列車がとまっている。汽車に乗り込む二人。窓側に向い合って席を占める。汽笛。ごとんと身震いし、ゆっくり動き始める汽車。

3 夜汽車の中

田村が上半身を浮かしかける。と同時に、向いの席の洋、素早く立ちあがり、先廻りするように待ちかまえる。角帯を解き、着物を脱ぐ田村。それを洋は殆どうやうやしく受取り、田村はらくだの股引とシャツの下着姿で、座席に横に寝る。

田村の着物をきちんと畳む洋。そんなことをするにはまったくふさわしくない外見の青年であるが器用にやってのける。洋、網棚からトランクを降ろすと、中から風呂敷を一枚取り出し、畳んで置いた着物の上にかぶせて、着物が皺にならないように気をつけ乍らトランクで押しをする。が、それだけでは心配になり、トランクの上に正座する。

4 朝

ゆっくりと日が昇る。鮮やかな日の出の向うに、陽を受けた町並みが遠望できる。正座したままウツラウツラしている洋。汽車の揺れに、はっとして眼を覚まし慌てて腕時計を見、安心する。トランクを網棚に戻し、風呂敷を取り除ける。きちっと寝押しされた着物に再び安堵し、先生、起きて下さいと田村を起こす。

不機嫌に呻き乍ら、眼を開ける田村。

田村「何や？……もう朝か」

寝呆けまなこの田村に煙草を渡す洋。火を差し出す。

洋「お早ようさんです」

くわえ煙草のまま、不承不承田村が起きあがると、洋、後ろにまわり着物を着せかける。帯を渡す。衿をキュッとしごいて格好をつける田村。

車窓に大阪の街が近づいて来る。

5 朝の大阪の街を走る一台の黒ぬりの高級車

おし着せを着、白手袋を嵌めた老人の運転手がかしこまって運転をしている。後ろの座席の真ん中にニヒルに座っている男。

釘師の西野(三十七・八歳)、側に置いた黒いアタッシュ・ケースを膝の上に乗せると、開く。中にはハンマー・二十糎程の柄のついたパチンコ玉が数本など、釘師の商売道具が外科医の医療器具のように整然と並べられてある。西野、その内の一本のハンマーを取ると、宝もののように撫でまわし、布で磨き始める。まるで銃を磨くような手つきである。

6 パチンコ店

外車は、悠然と来て、まだどこも店を開けていない繁華街にある一軒のパチンコ店の前で停車する。

運転手にドアを開けさせて颯爽と降り立つ西野。田村とは菅原文太とアラン・ドロンのように対称的なタイプの釘師である。パチンコ店に入ってゆく。

その西野に黙礼する洋。田村も会釈する。

一台のパチンコ台を調整し終る明(二十五歳)。下がる洋と並んで台の脇に立つ。明は猫がくしゃみしたような面白い顔の若者。

西野「はじめます」

西野、二〇糎《センチ》程の柄がついたパチンコ玉を盤面の釘の間に通してゆく。一つ釘を通す度毎、側に立つ田村に、通ります、と念を押す。

頷く田村。最後の釘を通すと、一同の顔を見まわして、

西野「よろしいですね」

田村「通りました」

洋、一歩台に近づく。田村、首にかけていた守袋の中からパチンコ玉を五つ取り出す。

田村「まだ修業中で、自分の玉を持っていませんん。私のを使わせていただきます」

西野に渡す。田と刻印された五つの玉を子細あり気に調べる西野。頷くと洋に渡す。

西野「玉五発勝負」

洋「受けます」

更に一歩、前にすすむと台に向き合い、構える。

田村「では！」

西野「勝負！」

はじく洋。盤面を動く四つのパチンコ玉(スローモーション)。入るように見えて、結局出口に吸い込まれてしまう。

西野「勝負終りました」

にこっとする明。そして洋の握りこぶしががっくりと開かれてゆくが、その顔はそうがっかりしているようには見えない。むしろ田村の方が弟子のふがいなさに落胆している。

田村「また負けよって。あほくさ！　十連敗やないけ」

洋「すんまへん」

田村「すんまへんゆうツラか？　それが！　一度位は勝ってみい。十連敗！　きんたまさげとるんか。親指渡世のツラ汚しや！」

と、なぐる。

洋「先生方、もう一度勝負やらせてもらいま。半月後にもう一回お願いします」

と、洋は西野と田村に向って深々と頭を下げたのである。

7 パチンコ店

（以下の店内の描写に、メインタイトル。クレジット・タイトルがかぶる）

従業員総がかりで、全台のチューリップを開いている。日曜日の客へのサービスである。
店の外、開店間際の群がっている客達。すこぶる肉感的な店の女主人(三十半ば)が「急いで!」「開店やで!」とはっぱをかけながら、店内放送のマイクを手にして唄うように呼びかける。
店内の時計の針がピクッと十時を指す。

女主人「ありがとうございます。ありがとうございます。本日の日曜日をわざわざいせやへのお運び、店員一同にかわりまして厚く御礼申し上げます。パチンコはストレス、うっぷんの捨て所。貴方の腕の見せどころ。一球一根打ち込む気迫に応えて開きますチューリップ。千両箱一ぱいお出しになれば、貴方わくわく、お店はらはら、どうぞ当いせや自慢の平和の新鋭機SP台、お選びになった上、ごゆっくりお遊び下さいませ。尚、十八歳未満の御入場及び磁石の使用、その他不正行為を発見した場合はお客様自身にもご迷惑がかかります。暴力追放、明るい遊戯場、最後の一発まですっかり、じっくりお打ち下さいませ。本日はチューリップの大サービス。どうぞお入り下さいませ!」

軍艦マーチと共に店が開く。どっと駆けこんで来る客たちを押しのけて、洋がまっ先に飛びこんで来る。玉を買って、まっすぐに行った台、それは今朝明と勝負した五十番の台で、その台に立ち向うように、土下座して、

洋「五発勝負! やります」

と、再び挑むのである。
他の客達は次々に台をかえて、あらかじめ開かれたチューリップが玉を吸いこんでは出し返すそんな騒音をよそに、洋は明の台に挑んでいる。

洋「わいがパチンコ勝負に弱いのは女にもて過ぎるからで、お前が強いのは、顔がへちゃむくれで全然女にもてんからやで」

(タイトル終る)
どうやら洋はまたたく間に百円スッてしまったようである。情けなさそうにハンケチを受皿に置いて玉を買いに行く。その途中、「おや」と洋は立ち止る。その先に、一台を二三人の男がとりまいて、その中で台によりかかるようにしてはじいている男、左手が盤面のチューリップをかくすようにしていて、磁石師《しゃくし》達である。
「へっ、やってはりますな」
と、その側をすり抜けて、玉売場へと、その台の上に向うの方から、すうっとプラスチックの玉入れに入った玉がさし出される。にっこり笑った女、牧子(二十歳ぐらい)である。

洋「もらっとくで」

と、牧子が差し出した玉入れを持って帰る時、
「店員の皆様、只今磁石師が入っているようです。注意して下さい」
とアナウンス。そして
「何さらす! ど阿呆!」
怒声があがる。
洋が見ると、明がシャク師に蹴飛ばされてすっ飛ばされているのである。
「一体、わいが何した言うのや、言うてみい」
と、シャク師の方は落ち着いていて。

明「汚ないことすな、こらな、わいが愛情こめて調整した台や、インチキでよごさんといてほしいわい!」

明が再び威勢よく近づくと、

シャク師「おのりゃ、このわいが何をしたと言いさらすんじゃい!」

シャク師は明の首根っこをしめ上げ、それから抱えあげてすとんと投げ捨てたのである。明はそれでも猛然と立ち上りながら、

明「さっき、じ、じしゃく使ってたやないけ!」

シャク師「磁石?」

明「そうや、磁石じゃい!」

そこで形勢は一転明に優位に逆転したと見えて、

シャク師「磁石使うた? わいが? 何を濡れ衣きせさらすんじゃい、このガキャ! おもろいやないか、証拠を見せてもらおかい! わいが、どこに、その磁石たら言うもん持っとる? よう見て貰おうやないけ!」

と、ぱっと脱ぎはじめたのである。それから、

シャク師「お前も疑われとるんじゃ。脱いで調べて貰わんかい!」

仲間の三人も揃って脱ぎはじめる。

シャク師「そのかわり、若し、その磁石たら言うもん、わい等のどっからも出えへんかったらそれ相応の覚悟はしてるやろな。仮にもや、わい等これでもお客や。そのお客に、こない恥かしい恰好させてすむと思うてんのか! わい等にかて親兄弟はあるで。家にゃかわいい女房、子も待ってる。万座の中でこないなあわれな裸さらしたと聞いたら、一体わい等何と言いわけ出来る?!」

シャク師達三人すっかり裸をさらしている。
そして、探して見ても磁石はどこにも見つからないのである。そうとわかって、明はとたんに土下座する。絵に書いたようにあわれだが、こうとなってはそれしかない。

明「すまんことしました!」

とひたすら床に頭をこすりつける。
「阿呆! すまんで済むか!」
裸の男三人で明をなぐるわけるわ。その中で、明はひたすら床に頭をこすりつけてあやまっている。その有様は見るも無惨痛ましい限りで、そのうちシャク師達は、
「お前みたいなチンピラを相手にするだけ阿呆見るわ、責任者に会おうやないけ!」
と、三人とも裸のまんま、明の首根っ子ひっ捕えて事務所まで引きずって行ったのである。

8 パチンコ店の物干場

通天閣が見える。物干いっぱいに干された洗濯物がヒラヒラしている。その下、男泣きしている明。殴られた顔がひどいことになっている。牧子が明を胸の中に抱きこんで、濡れ手拭で顔を冷してやっている。

明「あいつ等一体どこへ磁石かくしたんやろ…」

と、泣く。
牧子は母親のようにやさしいのである。そして明にとって、その牧子の胸の中は頗る居心地がいいらしい。

明「俺、何でこないへまばかりしよるんやろ!」

牧子「ええやないの、人間誰かてええとこと悪いとこもってはる。あんた、釘師として凄い腕もってはるやないか」

明「わいな、中学の一年まで寝小便たれやった。生れつきとんまなんや。牧子さん、そないに親身になって言うてもろたら、わい、あんたに惚れてしまいそうや」

牧子「それは違う。うち、あんたがかわいそうで」

明「わかってま、わい、女にもてんこと知ってま」

9 連れこみホテルの一室

狭い部屋いっぱいに布団が敷かれている。腹這いになって、洋は枕許に置かれた牧子のショルダーバッグの中の物を一つ一つ取り出している。櫛、コンパクト、そして一本の棒磁石を取り出す。

洋「まっ、他人のことあれこれ言えんわな。俺かていつ使わんとも限らんし」

独り言である。襖が開く。風呂あがりの牧子、バスタオルを巻いている。洋の手のひらの磁石に気づくが、肩をすくめただけで洋の隣りにもぐり込む。

牧子「知ってたんか?」

洋「ああ。わいもパチプロのはしくれや」

磁石を手から落すと、牧子に被いかぶさる。牧子の耳を噛む。

牧子「痛ッ!」

洋「磁石師のレツになるようなことせんとけよ」

言いながら、布団の中にもぐり込んでゆく。

牧子「なんで黙ってたんや? 仲間うちの仁義か?」

洋「(声だけ)お前に仁義通したんや」

一瞬、眼を開ける牧子。

布団から顔を出す洋。

洋「半端者同志や」

洋は、いたぶるように牧子にさまざまな恰好をさせる。牧子は「いやいや」と言いながら洋のする通りになり、段々に快感がますようである。

洋「もし、バレてみいな。半殺しやで、お前も」

牧子「いや。いや……」

洋「お前がかわいそうやから黙っとったけど、明はメタメタにされてしもうたやないか。……明、どないしたっ」

牧子は声をあげはじめる。

牧子「埋め合わせはして来たつもりやねん。ああ」

と、牧子はのぼりつめる。洋はますますいたぶる。

10 川沿いの道(昼)

ジーパンに下駄ばき、リヤカーを引いて通る洋。陽気に春歌を歌っている。突然雨が降り出す。ぬかるみに足を取られる。すべるまいとして足をふんばった拍子に下駄の鼻緒が切れる。鼻緒をすげ直そうとするが、うまくいかない。「平ちくなんやな。今一つ無器用なんやな。この指!」 洋のまわりが、ふっと翳ると、雨が切れる。顔を上げる。明が傘をさしかけて立っている。

明「もの凄う不器用な指やな。わいがやったろか」

洋「阿呆! 楽しんでやっとんねん。お前のツラ見てると気色悪うなる。頼むから去《い》んでくれよ。何やぶすっとして化け物やないけ。女には見せん方がええで。こわがって逃げよるで」

顔のことを言われて明、むかっとなる。

「阿呆! 顔のこと言いさらすな! 殴って欲しい言うとんのか、おのりゃ、この!」と、洋に殴りかかっている。不意打ちを喰らって、ひっくりかえる洋。飛び起きると、殴りかえす。殴られたはずみでリヤカーにぶつかる明。荷台から扇風機がころげ落ちる。

洋「どあほ! 大事なもんを」

喧嘩をやめて、扇風機を拾いあげる。扇風機の泥をぬぐって荷台に積む。

明「今頃、そんなもんどないしようちゅうのや」

洋「質屋」

明「お前、見かけにやらん物持ちやなあ」

洋「阿呆か。おやじさんのもんや。おやじさんの」

明「お前が持っとる筈ないわな。住所不定やもんな」

洋「阿呆! 俺には住むとこなんかいらんのじゃ。お前と違うて、あっちこっちの女どものとこ泊り歩いてりゃええようになっとるんじゃ。それにくらべて、お前は女もまだ知らんちゅうやないか」

明「ああ知らん、知らんでどこが悪い!」

と、洋はリヤカーを引きはじめる。

洋「いい年して、二十五にもなって、どっかおかしいんと違うか?」

明「ちゃんと五体満足じゃい!」

11 質屋の前

洋を手伝って、クーラーと冷蔵庫を運ぶ明。帳場にすわっている老人。でかいそろばん。

老人「なんや夏場のもんばっかしやないけ」

洋「今、使わへんさかいに入れるんやないか。来年の夏になったら、コタツとヒーター持ってくるわ」

老人「ワシとこは物置か。そんで金貸せちゅうのんか」

洋「ええ値つけてや」

老人「慌てんとき。早うして、早うして飛田の女郎や」

洋「なんの話や?」

老人「気にいらん客は早う帰してしまうちゅうこっちゃ」

洋「こっちゃは、金出して買わんでも、女の五六人いつでも間におおとるわ」

老人「そうかええやないか。(明)こっちゃは?」

洋「こいつはおらん。童貞や」

老人はさっきから子細ありげに明のことをしきりに気にしていたのである。

指さして劇画的に、

老人「そりゃあかん! あほ! 二十五にもなって、そりゃいかんわい!」

と頭をなでる。

明「もうほっといてくれ!!」

と泣き。

老人「なんで泣く?! ええか、女ちゅうもん、押し倒してやってしまうこっちゃ。後の仕末はそれから考えりゃええ。ええか、よう覚えときや。ほんで三万でどうや?」

洋「阿呆かいな、扇風機にクーラーに冷蔵庫やで、十万は貸してもらわな」

老人「去ね! 十万貸しとったら、倉つぶれる。よそ行き」

洋「五万」

老人「三万言うたら、三万じゃい! その替り、お前、この男に女世話せいや。ほたら十万借したる」

12 路

明と洋は空のリヤカーを引いて帰る。相変らず、明は洋に傘をさしかけてやっている。

明「あのじじい、一体何者や?!」

洋「オカマやろ。お前に一目惚れしよったんやろ」

明「ほっとけ、気色悪い!!」

洋「あのじじいかてお前に同情してるもん、わいが手を貸さなおかしいわ。お前な、俺にちょっとお返しさせろや」

明「何の?」

洋「さっきの傘さしかけてくれたの嬉しかったしな。ちょっと乗れ、後に」

乗る。

洋「お前これから俺の言うこと聞くと約束せいや」

明「何を」

洋「お前にな、女抱かせたる」

明「阿呆! 俺をコケにする気か!」

にやっとして。
明は傘をたたんで地団駄をふむ。二人はびしょ濡れで歩くのである。

洋「お前抱きたいんやろ?」

明「口惜しいけどな! そんなん当り前じゃい! わいかて男じゃい!」

洋「そんでな、お前女とやり方しっとるのか?」

明「そんなもの知らんかて、やりゃわかる。ほっとけ!」

13 あるアパート

明はさっきからずっと正座して座っていたらしい。ドアが開いて、女(二十四五歳)が一人入って来る。
明ぎくっと飛び上る。女はじろじろ明を値踏みしながらさっさと服を脱ぎはじめる。
明はやはり女のお気には召さないらしい。

女「早して」
洋服を脱ぎ始める。慌てて立ち上ろうとするが、ずっと正座していたので、足が痺れている。仕方なく、座ったまま、裸になる。女はさっさとベッドに入る。明は痺れの切れた足で、這うようにしてベッドに登る。思いきって、女に武者ぶりつく。

女「痛いッ」
いきなり、明をつきとばすようにする。

明「す、すまん」
それでも離れようとはせず、抱こうとする明。キスしようとすると邪険にそれを払いのけ、

女「うちは洋に頼まれただけやさかいな」
明の、はやる気分に水をかけるように言う。明、執拗にからみつく。此の期に及んで、明はどうやって女を抱くのかわからないでいるらしい。

女「あんた女の抱き方知らんやろ! もううち、やめとく」
と、邪険に起き上ってしまうのである。

女「さかりのついた犬みたいな男。何とまあデリカシイのない!」
もう、明はあきらめてしまう。それまでの、猛々しさが嘘のようにしぼんでしまって、

明「わかりました」
それから、

明「もうやめますけど、一つだけ、願いを聞いてもらえまへんやろか」

女「何?」

明「あの、あいつには、その、やった言うことにしといてもらえまへんやろか? お願いします」
と、正座して頭を畳にこすりつける。
金を出す。女、受け取る。

石井まさみ、南黎

女「ええわ」

明「おおきにです!」
明は、殆ど泣き出してしまいそうである。

14 パチンコ店

ピンポンとホーンが侘びしくなる。明がシャッターをあけると、洋と着物姿のすらりと高い女が入って来る。女パチプロの道子(二十半ば)である。道子はていねいな口上で、

道子「私、女パチプロの道子言います。この洋の身寄りのものです。さき程はこちら勝手の要件を電話で申し入れて、失礼しました。申し入れましたこと用意して戴きましたでしょうか」

明「へえ、できてま。どうぞ」
と、一台のパチンコの前に案内する。

道子「それでは諸事あいさつは、略させて戴きます。早速勝負やらせてもらいます」

明「へえ」

道子「三発勝負よろしいでしょうか?」

明「へえ」
どうやら明は道子にのまれているようである。

道子「おあらため願います」

明「どうぞ」

道子「それでは」
道子は台をにらみ、気合を入れて打つ。その球は不思議な動きをする。天に並んだ四つの釘のうち、両側の釘を交互にピンポン玉のようにはねて、やがて静止し、その天の釘の真中の穴の真上から糸を引くように落下して吸いこまれるように天穴へ入ったのである。ジャランと音がして、パッとチューリップが開き、受皿に玉が音を立てて流れて来る。
勝負はあったようである。

道子「静止玉言いますねん」
明は呆然としている。

明「参りました」

道子「話はこの子にいろいろ聞きました。女が欲しゅうて仕事が手につかんそうですけど、偉い釘師になりなはれ。そしたら、女なんか、ぞろぞろついて来ます。ほな」
道子は洋を連れて帰って行くのである。
明の水ごり

明「ああ女もあかんし、腕もあかん。どあほ!」

15 道子のアパート

洋と道子が裸でからみ合っている。

洋「そやけどな、かわいそうな奴ちゃ。あいつ」

道子「しゃべらんとき……」
洋は後背位にしてはげみ直す。

道子「あの子はみどころあるで。えらいもんになりよる。あんたと違う」

洋「言うてくれるやんけ」
洋はむきになってせっせせっせとはげむのだが、道子はいっこうに燃えなくて、

洋「やっぱし、あかんか」

道子「もっと」
洋、せっせとはげんで、

洋「あかんか、やっぱし、感じへんのか?」
道子は感じたいのである。必死に感じたいのである。

道子「な、そう言わんと、もっとしてみて」
洋、はげむ、はげむうち、
「あっ」
と、果ててしまうが、道子はさめていて、
洋、道子の裸の上でぐったりしながら、

洋「やっぱ、あかんかったな」

16 道子のアパート外

じっと洋が出てくるのを待っている牧子。
洋が来ると、飛び出し、いきなり右手をヒラリと宙に舞わせる。と、二、三歩歩いた洋のジーパンのボタンからチャックまでがスパリと切られ、ジーパンが落っこちる。

洋「な、なんや」

ジーパンを引き上げるのも忘れてポケッと突っ立っている。

牧子「(真剣に)うちカマキリの牧言うチョッとしたスケ番やった。そやけどうち、今日から女になります」

牧子の指には、二枚の剃刀が挟まれているのである。

17 パチンコ店

「出血サービス」「本日打ちどめなし」等のビラが貼られている。
黒塗りの外車が、すべるように走って来て、停まる。運転手の老人大崎(六十歳)、ドアを開ける。
悠然と降り立つ西野。女主人が躰全体に媚をみせ乍ら近づいて来る。

女主人「いつもお世話さんです」

西野「よう入ってますやないか」

女主人「お客さんの評判ええようですわ。おかげさんで。日本一の釘師に調整してもろうてる店やゆうて、威張って商売出来ますねん」

西野、満更でもない。女主人に案内されて事務所に行こうとするが、大崎がじっとつったったきりなので、

西野「事務所へ行きますよ。ついて来て下さい」

運転手に言うにしてはていねいな言葉づかいをする。

大崎「すんまへん。気いつかんと」

よぼよぼと歩く。事務所のドアを開ける。
事務所では明がデータを机の上にそろえて待っている。
直立不動、最敬礼。

明「先生、お早ようさんです。SP台のおかげで、もうけさせて貰うてます」

明、玉の出具合を示したグラフを差し出す。それを眺める西野。
女主人、西野のまわりをまとわりつくようにして、

女主人「あんた、もうええで。用があったら呼ぶさかい。(犬を追うように明を追っ払う)」

女主人、西野の隣りで、かしこまっている老人も邪魔で、

女主人「ここでは落着きませんやろ。二階にどうだす?(誘いかける)」

西野「そやな。そうさせてもらいます」

女主人「へえ。どうぞ」

ところが大崎は二階の部屋までついて来てしまうので、

西野「ああ、下にいて下さい」

老人「そうでしたか。さっきはついて来い言わはりましたんで。それからわいはやとわれているもんですさかい、そないていねいな言葉使わんといて下さい」

杖をついて大崎老人は階段をおりて行く。
二階の部屋に移ると、既にもう布団が敷かれてある。早速、始める二人。
と、障子に穴がある。そこにピタリと貼りつけられている一つの眼。女主人と西野は一生懸命になっていて、気づかない。眼が、二、三度、まばたきをする。廊下で、覗いている明。段々興奮してくる。つい、ズボンのジッパーに手が行く。

明「ええくそ! 阿呆たれ!」

自分に怒っている。再び覗くと、中では二人がからみ合っている。女主人、夢中になり、譫言《うわごと》のように、

女主人「開く開く開く。あ、開く」

女主人が足を開く。と、ぱっと開くチューリップ――。
店内、隅の台の前にすわり、じっと盤面を見ている大崎老人。
一発もはじこうとせず、腕組みしている。
入口近くの台では相変らずの着流し角帯でパチプロの田村がはじいている。その足下には千両箱がもう四つ。

田村「女やったら、簡単に開くのに、何でお前、パチンコのチューリップは開かんのやろ」

洋「すんまへん」

田村「俺の師匠やった御仁はな、使えんようになった台のチューリップもろうて来て、朝晩、おがんではった」

手を合わせておがんでいる老人。立ち上って来る。
と、田村、入口を出かかる大崎老人をみつける。
あっ! そして、飛んでゆく。

田村「大崎の親父っさん!」

ぎくりと足を止める大崎。

大崎「久しぶりやな……」

田村「久しぶりやおまへんで。親父さんが姿かくしてから一体、わいはどの位親父っさんを探したことか。どこで何してはったんです? 親父っさんから、一人前と言われとうて修業して来たちゅうのに、半ちくなままで放り出されて、わいは」

と、思わず涙が出そうになる。

大崎「わいにはわいの考えがあってな。何もかんも機械でやるようなパチンコ、出来ん」

田村「天穴の鉄、いわれた御仁が……。(ふっと気づき)こんなところで立ち話してるわけにはいかん。親父っさん、行きまひょ」

大崎「いや、今、そうはいかん」

満足した表情で出て来る西野。

大崎「お帰りでっか?」

恭しくドアを開ける。
唖然とする田村。西野、田村に会釈すると、ゆっくり乗り込む。
走り去る車を、田村、呆然と見送る。
「親父っさん!」

18 ラーメン屋の屋台

並んで酒を飲んでいる田村と洋。二人共、大崎の老残を見てしまった後なのでうらぶれた気分になっている。屋台の女主人は着物姿の美人。純子(三十)である。

田村「年は取りたくないな」

洋「そうでんな」

田村「俺の師匠はな、玉を入れる左手と、はじく右手とどっちが乗らんでも駄目や。右手と左手の意気が合うてはじめて、玉が生きるんや云うてはった。今みたいに左手のいらんようなパチンコのやり方は親父っさんには納得でけんかったやろ。年とって段々に自分の持ち時間が少のうなってくる時になって、いきなり、新しいやり方でしか出来んようになってみい。これはこたえるで」

純子「つらい話ですな」

田村「そうや、男の一生いうのんはな。ほんまにあっという間のもんやで。セックスにしたかてそうや。男が一生に出せる量は決っとるねん。それだけ出してしまうと、最後には赤い玉がポンと出て来る。それで打ち止めや。てんご

やないで。赤い玉にな、シマイとかいてあるねん。男いうパチンコ台が出す、最後の玉や」
コップの酒をグッとあおると立ち上る。
田村「ちょっと付き合うてんか?」
洋「へえ(純子に)ちょっと、行って来るわ」
純子「今日は早う帰って来てや」
二人、行く。純子、切火をきる。

19 ストリップ小屋の前

スピーカーの流す安手の音楽。
洋「姉さんが出てる小屋やないですか? 姉さんの特出し、どんな顔して見ろ言うんですか?」
田村「女房のあそこ弟子のお前に見ろ言うにはそれだけの訳がある」
洋「そやったら、その訳言うのん、聞かせて下さい」
田村「見た後で聞かせたる。お前、俺の言うこと聞けんのか? そんならもうええ、帰れ、もう弟子やない!」
洋「先生!」
中に入る二人。舞台のレズショウ。扇情的な音楽が聞こえて来る。舞台では、ストリッパーの特出しが始まろうとしている。
そのストリッパーは、田村の女房のさゆり(二十七歳)である。見せつけるように開く足が、いきなり眼に飛びこんで来て、思わず眼を伏せる洋。田村、そんな洋を小突くと、
田村「見るんや」
洋「(舞台をみず)姉さんおこらはります!」
田村「あいつかて承知の上や」
洋「そんな阿呆な! 一体どなんしたんだす?」
田村「ゴチャゴチャ言わんと見たらええねん」
洋の肩を押して、さゆりを見させる。見ると、さゆりは挑むようにポーズを変える。
慌てて、眼を伏せる洋。
田村「見るんや!」
洋、顔を上げる。伏せる。洋の動作に併せて、足を開いたり、閉じたりするさゆり。
洋が見る度にさゆりのポーズがエスカレートしてくる。
洋「先生!」
洋、さゆりの舞台に段々と興奮してくる。
田村「よう見るんや」
洋「見ました」
田村「見たか?」
洋「見ました」
田村「そうか。そんなら今夜これからさゆりと寝てくれ」
洋「何ですって!」
思わず、舞台を見る洋。さゆり、最後のポーズをすると、舞台から引っ込む。
田村「さゆりと寝てやってくれ」
洋「……なんでだす?」
田村「俺の口から、それを言わすのか? 俺はな、もう赤い玉出してしもうたんや。出来んねん」
洋「先生!」
チューリップに赤い玉が二つ入る。

20 パチプロのアパート

さゆりは既に床の中。裸の洋、側にすわった田村に、手をついて一礼する。頷く田村。洋、布団を剝ぐ。ストリッパーらしい肉感的なさゆりの裸身が現われる。からみ合う二人を見守り乍ら、
田村「毎日パチンコしてたら、女とは出来んようになってしもた。開いたチューリップに吸いとられてしもうたんかもしれん」
さゆり「あんた、ええわ!」
田村「ええか!」
段々に高まってゆくさゆり。
さゆり「あんた、行くぅ!」
田村「ええで、行き! 俺も行くでエ!」
洋は終始無言で一生懸命はげんでいる。

21 パチプロのアパート外

じっと洋が出てくるのを待っている牧子。

洋が来ると、飛び出し、いきなり右手をヒラリと宙に舞わせる。と、洋のジーパンのボタンからチャックまでがスパリと切られ、ジーパンが落っこちる。

洋「な、なんや」

と、一瞬の間を置いて、パンツが落ちる。

牧子「(真剣に)うち、もっと女になります」

明の水ごり
明「わいは女にもてる! わいは女にもてる!」

22 パチンコ店

軍艦マーチが鳴っている。明は柄のついた磁石と馬穴をさげて、店の床に落ちた玉を拾って歩いている。その行先に牧子のいる景品引換場がある。

質屋のおやじの顔。

「女はやな、口説く前に押し倒せ」

「先ず、いてこましてしまうんや。それで万事かたがつく」

ひとり言である。明は玉を拾いながら牧子の前に来ている。

明「ちょっと話聞いてくれるか?」

コケの一念である。

牧子「何? ええよ」

牧子は相変らずやさしいのである。

明「一生一度のお願いや」

と、明はポケットから封書を取り出したのである。

明「読んでくれへんか」

牧子「ええわ」

明「おおきに!」

明は観音様を拝むように牧子に向って、思わず手を合わせたのである。

手紙のアップ。

「身を焼くように恋いこがれています。一度だけデイトして下さい」

23 小料理屋の前(昼)

三十歳位の、気弱そうな男がまだ開いていない店の前を行ったり来たり、ウロウロしている。手放しでニコニコし乍らやって来た明、その男を見てつい笑いかけてしまう。明にとっては初のデートの日なのである。
男はこれもニヤッとするが、不思議そうな表情。明、裏口にまわって戸をガタピシさせ乍ら開ける。内側から開けた姉のまさ子(二十七歳)とぶつかる。まさ子は明とはまったく似ていず、美人である。
まさ子、戸口でうろうろしている男に気づく。
男「お早うさん、あの明さんですか?」
明「そうだす」
まさ子「あんたはん、知らへんかもしれんけど、今度来た……」
男「始めまして」
まさ子「あんさんの四度めの義父言うことになります。何してはります?」
男「いやゆうべ、ちょっと。怒るともの凄いでっしゃろ? 何されるかわからん。そうでっしゃろ? 手ェついて謝った方がよろしいですな」
階段を昇ってゆく。と、突然、すさまじい

物音がし、アイロン、皿、人形等、脈絡なく色んなものと一緒に男が落ちてくる。そして、寝巻きのまま、ホーキを持って降りて来る明の母親(四十五歳)。乱れ髪で、驚く程、太っている。

母親「おや、お早ようさん」

明「お早ようさんやないわ、相変らずやな」

母親「そやかて、くやしいやないか? 新婚早々や言うのに、一晩、外ほっつき歩いて。籍かて一昨日入れたとこや。そのうちにお前にも言お思うてたんや。……お前、何の用や?」

明「ちょっとな給料前でな。これからデイトや、こづかい欲しいねん」

母親「そうか? お前がなあ。あんた!」

男「何や?」

母親「この子にこづかいやって。(明には)父さんかららもらい」

「むだ使いせんときやッ」

男、金を渡す。

24 路上

純子が屋台の仕度をしている。洋がてまめに手伝っている。仕度が終ったらしく、純子が梶棒をとり洋が後押ししてガラガラと屋台を引いて歩き出す。と、いきなり洋の横に現われる牧子。

しばらくつけて歩く。

牧子「ええカッコやな。どこまで行くねん? どこまでいったかて、同じことやのに」

洋「どないしたんや? 一体?」

牧子「まだわからへんの? あんた、うちの気持ちが?」

純子がさっきから二人の様子が頭に来ているらしく、屋台を引く速度がだんだん早くなっている。それにつれて二人も足早になりながら、

牧子「あんた、あいつとパチンコ勝負するの明日やないの?」

洋「そうや」

牧子「それやったら、なんで今頃屋台なんか押してはるの? 今日位精進したら、どないやの?」

純子が速度を早めるので、今は三人とも小走りに走っている。

洋「言われんでも、わかってるよ」

牧子「あんたのこないに情けない姿見るんやったら、うち遠くへ行ってしまった方がええ!! 十一連敗するの、見んでもすむし」

洋「ほんまにどっか消えるつもりか、そら、あかんー」

牧子「うそで消えるやなんて言えへん!」

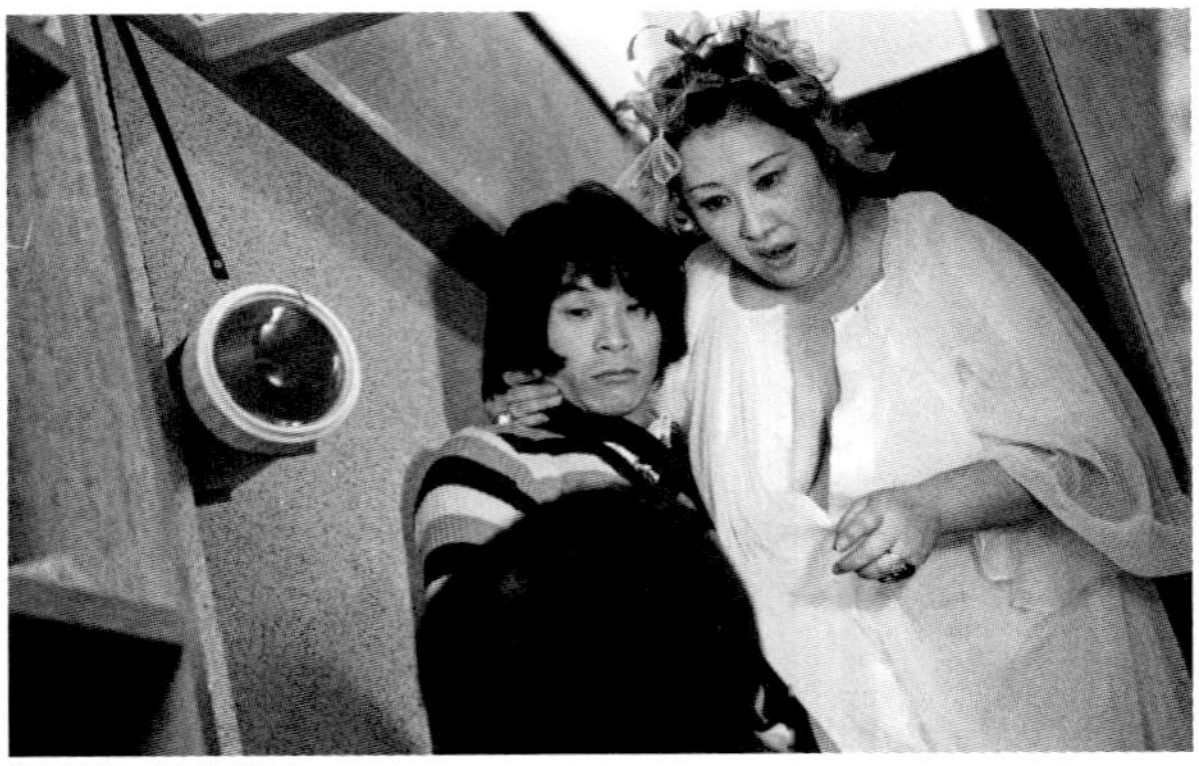

間寛平、松井康子

牧子は、はあはあ息を切らせながら、思わず泣き出しそうになりながら屋台を後ろに引っぱる。純子は、必死に前に引っぱって、

純子「消える消えるゆう人、放っといたらええやないの!」

純子の力が強くて、車はからから前へ進む。

25 通天閣の真下

これ以上はない笑顔で牧子を待っている明。

26 路上

三人と屋台はガラガラ猛スピードで走って行く。

牧子「あんな純子はん。洋やんにはな。今、面倒みてもろうてるだけでも、あんたの他によう け女がいてはるんやで」

純子「嘘や!」

純子の眼がつりあがってくる。まるでキツネの面をかぶったような表情である。

牧子「自分だけええ子でいよ思うても世の中そう甘くないんやで。全部知らないけまへん。洋やんはな、住むとこはパチプロの道子ゆう人のマンションや。そら豪華なマンションです。ええとこに住まわせてもろうて、そんで、着るもんは、着るもんはやな弓子はん言う人が、全部自分で作ってはる。そら腕のええテーラーです。いざ言うときに洋が恥かかんように、結婚式から葬式に着る服まで、揃えてあります。あんたは何してはる? ただ御飯作って食べさせてるだけやないか? 洋の女のうちでは、まっドンケツや。洋のお情けみたいなもんや。言うてみたら、飯炊き女やな」

純子「飯炊きやて?!(洋に)あんた、それほんまでっか? あんた!」

洋「(歯切れ悪く)人間、ええとこ住んでええもん着てたら、それですむゆうもんやない。食べることかて大事なこっちゃ。お前のつくる飯、うまいうまいゆうて食べるんやから、それでええやないか!」

純子「そ、そやったら、あんたうちのこと飯炊きや思うてはるんでっか?!」

洋「誰も飯炊いてくれへんかったら、俺、死んでまうやないか?」

牧子「純子はん、飯炊きの外に何ができるねん!」

純子「飯炊き飯炊きゆうて、馬鹿にされてまで、うち生きていたいことない」

純子、鬼婆のような顔になると、

純子「うち、死にます。飯炊きの一人や二人死んだかて、痛くも痒くもあらへんやろ! 死んで、化けて出てやる! さいなら!」

純子は、いきなり屋台の梶棒を離して、一人で走り出したのである。

洋「おい、待てや!」

洋は慌てて屋台の引き手をつかむとガラガラ屋台を引いて必死に追いかけるのである。

27 通天閣の真下の明。貧乏ゆすりしながら牧子を待っている

28 路

純子は「うち、ほんまに死んだる!」と、川に向って一目散に走っている。洋が屋台と一緒にガラガラそれを追いかける。その側で牧子が、

牧子「死ぬ言う人、死なしてやらはったらええやないの! あんたな、そら、ラーメン屋のヒモみたいなもんやってるさかい、ええチャンスやないか、パチンコ一筋に生きるええチャンスやないの!」

純子「そうでっか! あんた、うちを殺さはるん

ですか?! うちに死ね言わはるんですな！」

そこに川がある。

純子「うち、死にます！」

ドボーン。飛び込んでしまう。

「ああ、もう！ なんぎやな!!」

慌てた洋、屋台を置くと、ドボーン。

洋もとびこむ。

29 通天閣の真下の明。蒼ざめた表情で、尚も牧子を待っている

明「来る。絶対に来てくれる。牧子はん、待ってますで」

ブツブツ言い乍ら、手を合わせてそこにはいない牧子を拝む。

通りかかる人が気味悪そうな顔をするのも眼中にない。

30 草っ原の中

びしょ濡れの洋が死んだようにひっくりかえっている。その側にやはりびしょ濡れの純子がじいっと洋の胯間をにらんでいる。

そっとジッパーをはずす。左手で胯間をまさぐりながら右手に包丁を持っている。洋は薄目をあけてじいっと見ている。すごく情けないのである。純子は一物をひっぱり出す。包丁を持って行く。斬ろうとすると、洋の一物はきゅんと堅くなって行くのである。純子じいっと見ている。そして、

純子「あんた、やっぱ、うちを愛してくれてますのやな。こんなに立派になって……」

洋「そうや、愛してるで」

純子「ほんまでんな」

洋の上になる。ファックする。

純子「うち、愛してます！」

洋「せやけどな、こんな時に。ああ、女ちゅうもん地ごくやな」

純子「違います。天国です！」

高まる。

31 通天閣の真下の明。忍耐も、もう限界に来ている

明「待っても待っても待っても来てくれへん」

くたくたっと膝を折る。

明「(腹の底から辛うじて声を引っぱり出して)地獄や」

明の水ごり

明「女だちや！ 女だちや！ ああもう女だちや」

32 パチンコ店の前

開店直後軍艦マーチが流れている。パチンコ店の前で行ったり来たりしている喪服姿の明の母親。ハンカチを握りしめ、眼を真っ赤に泣きはらしている。店の中から飛び出してくる明。

明「どないしたんや？」

母親、明に獅嚙みつくと派手に泣き出す。

明「やめてんか、母ちゃん、人が見よるで」

母親「父ちゃんが死によった！」

明「そんな阿呆な！ こないだ会うた時はピンピンしてたやないか？ 交通事故か？」

母親「違う違う」

明「まさか、自殺？」

激しく首を振る母親。

母親「違うねん、あの父ちゃんやない。あれやないよお前の父ちゃんだよ、お前の本当の父ちゃん！」

明「俺の言われたかて、困るんやなあ……」

途方に暮れている。

二條朱実、安達清康

33 道

質屋に通じる道を、リヤカーを引いた洋が来る。前の時よりも、もっと重そうである。

質屋の前、洋、ポカンとして「忌中」の貼り紙を見る。

洋「あのじじい死によったかいな」

そこへ、母親に急ぎたてられて、明が来る。

母親「ここや。この店や、ここの主人がお前の父ちゃんなんや」

唖然とする明と洋。母親はせかせかと、

母親「さっ、行こ」

明「ちょっと待ってくれ」

母親「お前生れてから一度も会うたこともないもんな。こわがらんでええで。相手はもう死んではるんやさかい」

明、母親に引っぱられながら頼りなさそうに、

明「何や心細いわ。お前も来てくれ」

と、洋に言う。

三人で入って行った仏間には、質屋の老人のにっこり笑った遺影が飾られ、その前に明の姉の正子と近隣の人が三、四人いる。

明の今の父親に、催促されて、焼香をすませる明と洋。それがすむのを待ちかねたように、一人の男が鞄を持って明の前に来る。

洋「(小声で)俺、帰るで」

明「(これも小声で)居てくれ。俺、何や、ちっとも泣けへん。気が動転してるらしい」

弁護士、鞄からぶ厚い書類の束を取り出すと、

母親「弁護士の先生や」

弁護士「どうぞ、お読み下さい」

明「何ですか？」

弁護士「遺言状です」

その厚さに、読まない前からウンザリして、

明「これ、全部読むんですか？」

弁護士「はい」

明「あの……言うて下さい。結局、わてはどないすればええんですか？」

弁護士「要するに、ですな。故人は、遺産を全額あなたにゆずると遺言しとるんですわ。但し、それはあなたが結婚してる時だけです。それ言うのも故人は、あなたのお母さんと別れはってからずーっと一人でして、ずい分と寂しい思いしてはったんですな。それに、故人は前からあんたを知っとった。あんたが童貞でかわいそうや思うてはった。我が子や、そないな目に会わせてたまるか。親心でんな。溜めた金、遺すさかい、結婚して、ええ目見てや、言うことです。そやから、もし、あなたが一人の場合は、期限までに結婚せんならん。十一月十一日火曜日午前九時までに、指

定人甲、つまりあなたですな。指定人甲が結婚すれば遺産八八七〇万円を全額譲渡する、言うことですわ」

あっけにとられる一同。八八七〇万円?!

洋が真っ先に、

洋「今日、何日や?」

岳親「十一月十日や」

明「ほな、明日やないか?」

洋「明日の朝九時」

弁護士、一人だけ悠然として、

弁護士「左様でんな。午前九時、区役所の開く時間です」

34 道

昼下りの、人気のない住宅街を歩いている洋と明。明は手放しでオイオイ泣いている。それを幾分もて余し気味の洋。

明「生きてる内に親父や言うてくれたらなあ。何で言うてくれへんかったんやろうな」

洋「死んでもうたさかい、八八七〇万円残ったんやないか? おまえ、どないする積りや? 結婚せなあかんのやでえ。明日の朝までやでえ。出来るか?」

明「親孝行や。やったろう。どこぞに、女、いてへんやろか? もう誰かてええ」

洋「そらまあ、八八七〇万あるんやし、結婚してもええ言う女の一人二人、いてるやろ。どうせ、女みたいなもん、どれもこれも同じようなもんや」

明「仰山いらん、一人でええねん」

洋「あたり前や、ほんまに誰でもええんやな」

明「ああええ!!」

洋「よっしゃ、探したる」

35 路上

そこの赤電話で話してる洋。

洋「結婚して欲しいんですわ。もしもし! もしもし! いや、僕とやありません。明です。明とです。もしもし! そやけど、結婚したら明に遺産が入るんですわ。八八七〇万、嘘やないですよ。八八七〇万円の遺産全部ですわ。ほな一度逢うてやって下さい。ええ、逢うてやって下さい! ほな」

次の電話へ。

36 パチンコ店（前）

明、帰って来る。奥から女主人が来て同情にたえないと言った顔で明を迎える。事務所にゆく。

明「社長、すみません。やっぱしわいにもおやじがいて、そんで死によったんですわ」

女主人「こっちおいで、あんた遺産入ったんやてな。よかったな、ほんまによかった、こっちおいで」

明「まだ、入るかどうか、わからしまへん。変な話やけど、そんなために結婚せなならんのですわ」

女主人「こっちおいで、ええやないの、結婚し

明「社長、心当りあるんですか?!」

女主人「ああ、あるで、こっちおいで」

明「そやったら紹介して下さい」

と、女主人、明ににじり寄る。

明「明日の朝九時なんですわ」

女主人、さらに近づく。明、まさかと思う。

女主人「明やん。うち、あんたと、結婚してあげてもええんやで」

一瞬、呆然とする明。辛うじて気を取り直し、

明「な、なんぼなんでも、社長とは!」

ジリジリと後に下がる。

明「勘弁して下さい! 釘師の先生に義理が立ちません!」

女主人「そんなんええて」

戸にぶつかり、はって外へ、ころげ出して逃げる。

37 赤電話

電話をかけ終る洋。

洋「まっ、なんやな。この機会に俺も女整理できて、ええかもしれん。みんな明にくれてしまお。そんで出直しや」

老婆が批難がましい眼で洋を見ている。睨み返す洋。

38 ストリップ劇場

キョロキョロしながら楽屋裏の通路を来る明。ストリッパーとすれ違う度、声をかけてくれるかと期待するが、どれも違う。とうとう袖まで来る。と、そこでは田村とさゆりが口喧嘩している。さゆり、明を見つけると、

さゆり「洋ちゃんから聞いたで」

田村「阿呆、やめんかい!」

さゆり「なっ、うちと結婚して」

田村「阿呆なこと言わんとけ!」

さゆり「うち、サービスするでェ」

田村「さゆり、頼む。俺を捨てんといてくれ」

さゆり「なっ、明ちゃん、うん、言うて。うち出番やねん。早よ、返事して」

さゆりは半分、舞台に出かかり乍ら、言う。

田村「もう、行け!」

さゆりを押し出す。さゆり! と客席から声がかかる。

明「何でこないなことになりますのや! すんまへん。ほんまにすんまへん! 洋のやつ、ほんま、何を考えてけつかる! 姉さんと結婚やなんてほんまにすんまへん」

と、出て行く。

39 赤電話

洋、受話器を取り上げると、

洋「あいつもほかしてしまお。どうせ飯炊き用の女や」

幾分ヤケになっている。

40 路上

繁華街の舗道を走る明。ふと見ると、純子が屋台を引き乍ら駈けてくる。

純子「明ちゃん、待って。うち、あかんか、結婚してくれへん?! うち、気張って尽すし」

明「そやかて、あんた洋の」

純子「あんなヒモみたいなん、どうかてええ」

明「わかりました。ちょっと考えさせてほしですわ」

明、最敬礼。気持ち悪いほどにやっとする。逃げるように走り出す。

41 赤電話

洋「どいつもこいつも、二つ返事で、ええ、ええ、言ゆうてからに。どいつもこいつもこの俺を一体どない思うとる?! 情けない」

老婆、洋の繰り言を聞いて、ニヤリと笑う。

洋「くそババア」

八つ当りする。

42 フルーツ・パーラー

店内をウロウロしている明。

明「もう眼つむってウン言うてまおかな。そやけど、人のかみさん言うのんは、グツ悪いし」

隅の方の席でソワソワし乍ら明を待っているのは道子である。

明をみつけ、妖艶に笑って手を振る道子。

明、くるりと背を向け、足早に出口にゆく。

明「あれはあかん。不感症ちゅうやないけ」

43 赤電話

受話器を置く洋。
洋「これでしまいか」
言って、ふと気づき、
洋「牧子がまだやったな。忘れてた」
ダイヤルを廻しかけると、
老婆「四角い卵に女郎のまことあれば晦日に月が出る」
洋「なんで、俺……あかん！　やめた！　牧子はあかん！」
いきなり、ガチャンと切ると、駈け出す。

44 マンモス喫茶

階段を降りてゆく明。ドアを押して一歩中に入ると、広く、薄暗い店内全席を埋めていた女が、サッと一勢に立ちあがる。その数、百人を超えている。

思わず、
明「助けてくれ！」

大勢の女達と見えたのは別口で、実は女達の前、明と寝ようとした女がいて、

「明さん」

近づいて来たのである。他の大勢は、

「さあ、大阪府議会へデモりましょう！」

明は走って大通りまで出ると、真底疲れ果てていて、
明「誰でもええ言うてはみたけど、ひどすぎるわ。せめて、牧子はん位の」

言いかけて気づき、

「そや！　やっぱし牧子はんや。牧子はん！」

いきなり走り出す。

45 走る洋

「牧子ーッ」

46 走る明

「牧子はんーッ」

47 パチンコ店の裏口

叫び乍ら、正反対の方から走って来て、ぶつかる明と洋。
「牧子ッ」
「牧子はんッ」
一瞬、睨み合う。気まずく中へ入る二人。
牧子を探して物干場にゆく途中、
明「牧子さんには、話してくれたんか？」
さっきまでの勢いはどこへやら、オズオズと聞く。
洋「今、話そ思うて来たんや」
と、こちらも歯切れが悪い。
明「ほな、話してくれるんやな」
洋「話す」
物干場で、牧子、洗濯物を干し乍ら怪訝そうな顔で二人を見る。
牧子「どないしたん？」
洋「（いきなり）明に遺産が入るねん」
牧子「へえ」
大して驚かない。
洋「八八七〇万円！」
牧子「凄いやないの」
眼を輝かせる。途端に嬉しそうに笑う明。
洋「そやけど、そんために結婚せんならんねん」
牧子「誰が？」
洋「明が！　そんで、どや？」
牧子「何が？」
洋「（もう居直った風に）あんた明と結婚せえへんか？　八八七〇万、悪い話やないで」
牧子、シゲシゲと洋を見る。まったくの無表情。洋、薄気味悪くなってくる。睨み合う二人。牧子、醒め切った顔で、
牧子「もう一遍、言うてみ」
洋「そやからな……（洋が言いかけると）」
牧子「八八七〇万もらえるさかい、明と結婚せえへんか、言うたな」
洋「言うたよ！　それが、どないした？」
と、バシッ！　牧子、洋の頬を殴る。
牧子「見損なわんとき！　もう、腹の立つ！」
言うなり、牧子、洗濯物の干してある竿を、次々と怒りにまかせて、はずし落とす。
洋「痛！」
竿の一本が頭に落ちて来て悲鳴をあげる。
明、隅の方で小さくなっている。
洋「このせこの…」
牧子「うちはあんたが好きや！」
洋「俺かて好きや！」
牧子「ほな、何で結婚せえ、言うた！」
洋「八八七〇万円や！」
牧子「うちはそんな金なんか！」
洋「ないよりあった方がええやろ！」
牧子「あんたの金か！」
洋「明のや！」
牧子「うちと関係あらへん！　うち、あんた言う人、見損のうてた。パチンコは下手やし、遊び人やし、どうしようもないこと、わかってたけど、自分の女、売る人やとは思うてなんだ！」
呆然とする明。「牧子はん」と呟く。
牧子「ああ、そうか。あんたがそう言うんやったら、ええやろ。あんたの言う通りにしたる！　明ちゃん！」
呼ばれて、オズオズと前に出る明。
牧子「あんた、うちの事、好きか？」
明「観音さまや！」
洋「待ってくれ！（たまりかねて叫ぶ）」
牧子「何や？」
洋「俺かて好きや。ほんまや」
牧子「どん位、好きや！」
洋「パチンコと同じ位好きや！」
洗濯物の散乱する物干場に立ちすくんでいる三人。
二人を両わきにかかえて牧子泣いている。
二人も泣いている。
牧子「ほな、勝負し。あんたら二人、パチプロと釘師やろ。うち賭けて、勝負してみ。勝った方に、うちをあげるわ」
洋「そないなこと出来るか！」
明「俺は出来るで。やろやないか！　男の正念場や」
洋「……！」

48 川っぷち

泣きながら、カミソリを土に埋めている牧子。
牧子「こんなもん、もういらん」
土をかぶせると、
牧子「カミソリ供養や。洋やん。うち、カミソリ捨てるわ。そやから、勝って！」

49 連れ込みホテル

からみ合っている洋と牧子。
牧子「これで最後やなあ。うちのこと好きやったら勝てる筈や。うち剃刀埋めてもうた。もうあんたしか、頼る人、あらへん」
洋「赤紙が来たようなもんやな」
必死にからみ合う二人にダブって軍艦マーチ。パチンコの音。

50 パチンコ店の前(夜)

西野の外車が、閉店後の店の前に停まる。

黙然と降り立つ西野。

ドアを閉めようとする大崎老人に、
西野「どうだす? 入らはりませんか?」

大崎、逡巡っているが、
大崎「送惑やないでっか?‥」

西野「とんでもない」

中では、田村、洋、明の三人が待っている。

田村、大崎に気づき、
田村「親父っさん!」

大崎「見させてもらうで」

田村「へえ」

深く頭を下げる。緊張しきった洋と明。西野は前回同様、二〇糎程の柄がついたパチンコ玉を盤面の釘の間に通してゆく。一つ釘を通す度毎、
西野「通ります」

頷く田村。最後の釘を通すと、西野、一同の顔を見まわして、
西野「よろしいですね」

田村「通りました」

と、洋、一歩、台に近づく。田村が守袋から自分の刻印のついた玉を取り出そうとすると、
大崎「(小声で)俺のを使え」

田村「親父っさん」

大崎、首から守袋をはずし、田村に渡す。

洋「使わしてもらいます」

玉(スローモーション)

と、チューリップが開く。玉が入る。吐き出される十五の玉を信じられないような表情で見ている洋。

思わず、
洋「嘘や?(呟く)」

西野「あほ!!」

洋、その場に立ち尽している。

と、田村、思わず顔をしかめて明を見る。眼を伏せる明。ツカツカと寄ってくる西野。「お前は?!」と胸ぐらをつかむ。二人が明を怒鳴りつけようとする瞬間、
大崎「ええなあ、パチンコ勝負は、いつ見ても」

大崎の方を怪訝そうに見る田村と西野。

大崎は、全てを超越した表情で、不満そうな田村と西野を促して出てゆく。その大崎の後ろ姿に、
明「大けに」

呟いて頭を下げる。ガランとした店内に取り残された洋と明。

洋、ようやく台を離れると、
洋「なんで、サマしたんや!」

明「サマやない。実力や。俺かて釘師や。面子がある」

クシャクシャっと笑う明。洋は、いきなり明の前に膝を折って、手をつく。

洋「この通りや。牧子はもう。大けに」

明、慌てて自分もしゃがみこむと、
明「よさんかい!」

洋「俺、牧子と一緒に旅に出るわ。修業してくる。そやから……」

明「何や?」

洋「一年たったら勝負してくれ。今度はほんまの勝負や。俺かて、男や。死んだ気でパチプロの修業してくる」

明「一年後やな」

頷く洋。

明「早よ行き。牧子はんが待ってはるで」

立ちあがると、もつれ合うようにして戸口にゆく。一つだけ開いた戸から出てゆく洋を見送る明。洋は、外で待っていた牧子と二人、歩きかける。と、牧子、振り向き、
牧子「大けにどうも!」

慌てて頭を下げる明。去ってゆく洋と牧子。

店内に戻ると明、戸締りをする。最後にもう一度、ゆっくり店内を見まわすと壁のスイッチを押す。

闇の中、ひいらけ、ひらけ、パッとひらけ、チューリップ。

呟きとも、歌ともつかぬ明の声だけが残る。

51 そして

明と女パチプロ道子の泣き笑いの結婚式。

52 そして

二人のベッドシーン。明はせっせとはげんでいる。
明「感じませんか?!」
道子「そこ、そこ」
くたくたになっている明。

(終)

18

悶絶!! どんでん返し

【公開】1977年2月1日封切
製作配給＝日活　カラー／ワイド／73分　併映＝『肉欲の昼下り』(監督＝加藤彰)　『ドキュメントポルノ　痴漢を剝ぐ』(監督＝代々木忠)

【スタッフ】
プロデューサー＝三浦朗　企画＝成田尚哉　脚本＝熊谷禄朗　撮影＝姫田真左久　照明＝直井勝正　録音＝神保小四郎　美術＝渡辺平八郎　編集＝鈴木晄　記録＝白鳥あかね　助監督＝鴨田好史　鈴木潤一　スチール＝目黒祐司　製作担当＝栗原啓祐

【キャスト】
あけみ＝谷ナオミ　北山俊男＝鶴岡修　川崎竜二＝遠藤征慈　丸山＝粟津號　ミドリ＝牧れいか　房枝＝あきじゅん　よし子＝結城マミ　長谷川久美子＝宮井えりな　北山常務＝長弘　中老の男＝八代康二　骨ギスな男＝庄司三郎　山田＝織田俊彦　戸田＝木島一郎　ボーイ＝水木京一　刑事＝賀川修嗣　山下組幹部A＝溝口拳　同B＝中平哲仟　ヤクザの親分＝姫田真左久

⦿映画芸術ベストテン3位

【物語】

女たちが踊り狂う、あるピンク・キャバレー。北山俊男は、同僚の山田や戸田に連れられて、ある夜ここを訪れた。俊男は東大卒、勤めるのは父親が常務の会社、二十五にして係長と、順風満帆、エリートコースを歩んでいた。しかし、その運命は、この夜から狂い始めた。酔った俊男はホステスあけみの部屋にシケ込む。だが、そこにはあけみのヒモであるヤクザの川崎がいた。川崎は俊男を引き止め、酒を勧め、絡み出す。挙げ句、俊男と犯るか犯られるか、賭けをしようという。負けてしまった俊男は、川崎に組み伏せられる。「犯られる」とは、つまり川崎に掘られるということだったのだ。翌日、恋人で父の秘書の久美子を抱くが、男に犯られた後遺症で、しっくりこない俊男。一方、川崎は、子分の丸山とともに、元スケバンのミドリ、房枝、よし子の三人を使い、美人局を開業していた。三人にニラミを効かそうと、大組織との関係を誇示する川崎だが、実はただのチンピラに過ぎなかった。ある日、引っ掛かったカモは、なんとあの俊男。またしても川崎は俊男を犯し、無理矢理に同居させる。時が経ち、梅がほころび、桜咲く春、二人は離れられない仲になっていた。あけみは蚊帳の外、女装し、化粧を覚えた俊男は、最早や本物のオカマである。久美子は俊男が忘れられず、訪ねて来るが、変わり果てた彼にただ絶句するしかなかった。ところがそのころ、商売現場に踏み込んできた刑事を、川崎が刺すという事件が起こった。あけみを連れ、旅に出るという川崎は「お前みたいなのがいたら、目立ってしょうがねエんだよ、このバケモノ！」俊男は呆気なく捨てられてしまった。けれど、今の俊男はもう昔のヤワな彼ではない。俊男はこれからもオカマとして、きっと力強く生きていくだろう。

新人熊谷禄朗君との出会い

神代辰巳

或る日、私の家へプロデューサーの三浦が、「面白いから読んでよ」と云って持って来たシナリオが、この「あづき色のたそがれ」と云うシナリオでした。そして大そう自信あり気に、その次、三浦のセリフが「あんた、きっと乗るから」と、云うものでした。まだ、残暑の残っている頃で、私は庭先の藤椅子に寝ころがって早速読み出しました。三浦は私のかみさんとこいこいをはじめました。そのこいこいが一年終らぬうちに私は読み終りました。すらすらと一気にと云う感じでした。三浦が途中で、こいこいを打ち切って来て、「面白いだろう?」と、にやにやしながら云うのです。「どう? 乗るだろう?」と念を押しました。

こう云うことを書くのも、このシナリオの持っているニュアンスを伝えたいからです。

三浦は私がすぐ乗って来るだろうことをちゃんと読んでいて、「小節のきかせ方がうまいだろ?」と更に念押しをして来ました。

結果から先に云うと、その後、ほんの五六分もたたないうちに、「よし、やろう」と私は返事をしていたのですが、「面白いだろう?」と、先ず三浦が云ったのは、発想のユニークさについてでした。

ストーリーを一口に云えば、東大出身のあるエリートサラリーマンが、ミニキャバレーのホステスにおかぼれして、アパートまでついて行くと、そこにはこわいお兄さんがいて、主人公はオカマをほられてしまいます。そして、オカマをほられたことが転機になって、主人公はドロップアウトするわけですが、最後、そのお兄さんにほれてしまって、ほんとに女になろうと、豊胸手術までしたあげく捨てられると云うものです。

いわゆる脱サラもの、ドロップアウトものと云う云い方は私はきらいなのですが、便宜上、この作品をそう云うジャンルの中で見た場合、例えば、普通に脱サラものと云う時、それは会社をやめて、ラーメンの屋台を引っぱると云うようなことがごく一般的だと思いますし、それからもう一つ、「俺たちに明日はない」や「明日に向って撃て!」に見られる強盗になると云った具合に、前者は単に職業をかえるだけのこと、後者は社会に対する反撃と云った形をとっています。

そう云う比較の上で云えば、このシナリオは、脱サラ、脱社会現象を個の変身と云うふうに捉えているのです。そこがこの作品の頗るユニークなところですが、前の例で云いますと、脱社会と云っても、それは、個にとっては、やはり依然として脱社会したその社会の延長の上にいるのであって、この作品の場合、私はむしろ、単なる脱社会もの以上に個自体の積極的変身として受けとめました。

もう少しくわしく云いますと、ラーメン屋になった場合、若しラーメンの屋台がこわれたり、紛失したり、又はラーメン屋に失敗したとしてもそう大した悲劇でもないと思います。ラーメン屋が駄目なら、焼いも屋があるさと云った具合に続きそうです。

しかし、変身してしまった個の蹉跌はこれは大悲劇だろうと云うことです。後もどりがきかないからです。

その辺がこのシナリオに大いに共鳴したところでした。

それからもう一つ、この作品の大きな特色は、三浦プロデューサー風に云いますと「小節のうまさ」と云うことにあります。

例えばラストシーンです。

その日、主人公は豊胸手術をしてアパートへ帰って来ました。変身の一つのピークです。ですから主人公はそのふくよかにもり上った胸を誇示します。他人に

『悶絶!! どんでん返し』谷ナオミ、鶴岡修、遠藤征慈

も自分にもです。その瞬間に主人公は惚れた男にすてられます。男はあることで刑事を殺してしまっていました。主人公は献身的に自分も一緒に逃げると云います。だが男はお前みたいにグロテスクな奴と一緒に逃げたら目立ってしようがないと、主人公を捨てて行きます。変身とはかっこいいんじゃなくて、客観的にむしろ、それはグロテスクなのです。主人公はそれでも惚れた男を追って行きます。と、男は主人公の股間をけっとばします。その瞬間何ともあわれなことに、このグロテスクな主人公はまだ男だったのです。痛さにとび上ります。「小節のうまさ」と云うのはそう云うところなのです。たった今、裸になって女を誇示した主人公が実はまだ中途半端な男だったのです。

シナリオは大体そう云うところで終っています。

以上、ほめすぎる程この作品をほめましたが、気に入らないところもあります。これからこのシナリオのライターの熊谷君と相談しながら、もう少し直しをやろうと思っています。例えば、今述べたラストシーンがそうですが、もう一息ものたりません。今はこんなことを考えています。主人公は股間の痛さと同時に、自分の変身の中途半端なのに気づくでしょう。と、気づいたとして、では、主人公が自分で自分のキンタマを切り取って、それを「ぐしゃ」っと大地にたたきつけたらどうか——。又は、空の遠くへ投げ捨てたらどうか——。クランク・インまであと四五日しかありませんがそう云うことを今考えているところです。

（「シナリオ」一九七七年二月号）

神代ポルノ喜劇三部作における谷ナオミ

『悶絶!!　どんでん返し』

鈴木義昭

ポルノが足りなかったのか、アチャラカがカラ回りしたのか、『ひらけ!チューリップ』のあと一年間、神代辰巳は映画を撮れない。ホサれている。普通、これはいかんと方向転換しそうなものを、ええいもっともっと徹底的に喜劇にしてやれえいとばかり、さらに開き直って一年ぶりに神代辰巳が撮ったのが『悶絶!!どんでん返し』である。現役早大生の熊谷禄朗が投稿した第二回ロマンポルノシナリオ募集の入選作「あづき色の黄昏」の映画化である。

「あんた酔ってたんじゃなかったの」

「誰が酔ってるなんて言いました。ここまで来ればもう、こっちのもんだ」

「あら、そうでしょうかね」

東大出のエリートサラリーマン北山俊男(鶴岡修)は、課長連中とキャバレーで大遊び。ホステスのあけみ(谷ナオミ)に気に入られ、たっぷりサービスを受けた。調子に乗った北山は、閉店後あけみのアパートまで付いて行く。部屋に入って、こっちのもんださあ一戦と思いきや、奥からあけみのヒモというヤクザの川崎竜二(遠藤征慈)が現れた。酒の相手をさせられ、揚句のはてにあけみではなく川崎に犯されてしまう。あけみとやらしてもらえるかも知れないと思っていた北山は、「いかさまだァ」と叫ぶがもう遅い。

「ちょっと苛《ひど》いんじゃない。北山さんトイレの中で泣いてるわよ」

あけみは、川崎に文句を言う。あけみと川崎のブーブー文句を言い合いながら、どこか深いところで繋がっている関係は滑稽だが、微笑ましい。谷ナオミのコケティッシュな面が、そう見せるのだろう。川崎は子分の丸山(粟津號)を使い、スケバン女高生たち(牧れいか、あきじゅん、結城マミ)に美人局をさせている。北山と会社の常務秘書の久美子(宮井えりな)はデキてい

『悶絶!!　どんでん返し』遠藤征慈、粟津號、谷ナオミ、牧れいか、鶴岡修

る。入り混じる話はテンポ良く、軽いノリでくりかえされる暴力シーンやチョコマカした登場人物の動きは、まるでいつか見たサイレント喜劇を想起させる。後半にはパイならぬケーキ投げや、車での追っかけシーンもあって、完全に全篇をスラップスティックふう喜劇にまとめあげているのである。喜劇を徹底してやれば、スラップスティックに行きつくということか。

谷ナオミは、前二作にも増してここでは全くのコメディエンヌぶりを見せている。何があっても、ちっとも動じない。すべてを呑み込んでいく生命力そのものが、なまめかしい。

美人局の客で川崎に再会した北山は、再度川崎に犯されて変身する。女装して川崎に媚びるオカマになってしまうのだ。そこへかぶさってくるのが「女ですもの恋をする」なんて歌謡曲のフレーズなので、大いに笑いを誘う。神代辰巳の歌謡曲の使い方は、この喜劇三部作において巧みである。往年の日活歌謡映画の現場を経験しているせいか。

悶絶し、どんでん返しされるのがモチーフだ。オカマに変身した北山に川崎がイカれていると、あけみは嫉妬する。ところが、美人局の現場に踏み込んだ刑事を刺してしまった川崎は、逃げねばならずさらなるどんでん返しが待っている。

こんな笑わせるシーンもある。両手両足を縛られて、猿轡をされて男性自身に赤い布が置かれ、SM雑誌のグラビアもどきになっている北山を眺めながら、あけみが言う。

「しかし、あんたも可哀想な人だね。私も二、三年前にゃあよくそんな格好をさせられたけど……。ああ、やだやだ」

このセリフを言う時の、谷ナオミのふてくされた表情は実におかしい。男を男に取られた腹立たしさもあるが、それよりもバカバカしさが先に立つという感じである。「SM」をパロディにしていながら、笑いものにはしていない。谷ナオミの脱「女王」ぶりを際立たせたシーンの一つだった。

神代辰巳監督は、谷ナオミという女優が、SM路線で日活ロマンポルノのドル箱的存在になっているのを知りながら、そのイメージを打ち破ろうという企てを実行した。いや、喜劇を撮ろうとした神代の前に、谷ナオミという類のない個性を持った逸材がいたのだ。

『黒薔薇昇天』の幾代、『濡れた欲情・ひらけ！チューリップ』のさゆり、『悶絶!! どんでん返し』のあけみ、いずれも「SMの女王」とは掛け離れたキャラクターである。「SM」というコスチュームを脱ぎ捨てて、谷ナオミは神代作品に出現して、ファンの気分をどんでん返ししてくれた。まだまだ「SMの女王」として君臨する絶頂の時代に、そんな冒険をしてみせるあたりが、谷ナオミの懐の深さでもあるだろう。

神代辰巳の映画は、いつもどこか淋しい。淋しさの最果てにニヒリズムがあるとすれば、ニヒリズムへ至る過程のバイタリティ(?)、生と性の燃焼あるいは躍動といったものが、神代映画のコアな部分だろうと思う。神代映画のコアなところに谷ナオミはシンクロして、淋しそうだが力強い女を演じたのだと思う。それは、おそらく「素の谷ナオミ」にかなり近いものなのかも知れない。

谷ナオミの可能性を、被虐のヒロインを追求していく先に見つめようとした『濡れた壺』や『花芯の刺青・熟れた壺』を撮った小沼勝とは対照的に、神代辰巳が谷ナオミに求めたのはコミカルな演技だった。谷ナオミの中に底抜けの明るさを見つめていたのは、日活では神代辰巳だけだったのではないか。「SMの女王」であり続けるだけのパワーは、喜劇に転化させれば別の顔を見せてくれるだろうと考えたと思えるのだ。

当時の日活撮影所で、笑顔が一番さわやかなのは神代辰巳と谷ナオミだといわれたそうだ。顔をクシャクシャにさせながら、清く澄んだ目がこちらを見つめて、吸い込まれそうな笑顔だった神代辰巳。SM映画ではあまり見せない絶品の笑顔を、日常的にはよく見せた

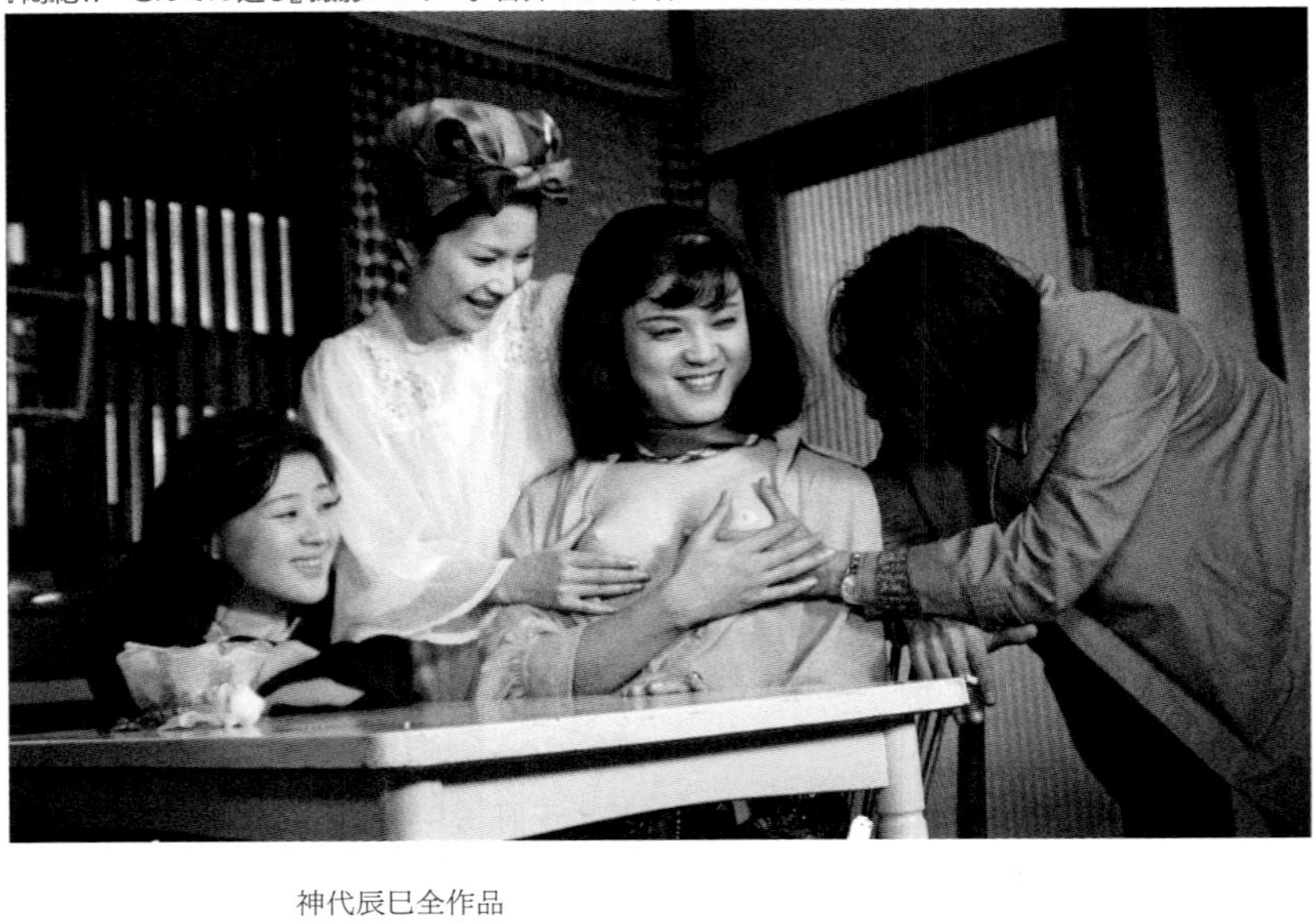
『悶絶!! どんでん返し』撮影スナップ。宮井えりな、谷ナオミ、鶴岡修、神代辰巳

谷ナオミ。笑顔のさわやかな二人が組むと、とびきりの喜劇が出来上がる。ポルノであれ上質の喜劇を作るには笑顔が必要だということか。「SM」とともに谷ナオミの「喜劇」は、ひとつの伝説となっている。

（すずきよしあき・映画評論家／『永遠のSM女優　谷ナオミ』みうらじゅん監修、コアマガジン、二〇〇四年）

自然「性」を犯すもの

上野昂志

都下昭島市にある小さな映画館を訪ねたときのことだ。経営合理化のためとかで、切符のもぎりもアルバイトのお婆さんを傭っているだけで、それでは色気がなくていけないからと、裸のマネキンを二体、入口に立たせてある奇妙な映画館だった。裸のマネキンは、午後の陽に晒されて、色気というよりもいっそ荒廃を露わにしていたが、それはともかく、わたしに面白く感じられたのは、そこの館主が、ポルノ映画の看板を見ながらいったことばである。彼はいまさらポルノに抵抗はないけれど、それでも女子高校生ものだけはかけたくない、というのも、娘が高校生だからというのであった。それは、映画館経営を仕事にして、生活のなかに映画がある人の意見として、ひどくまっとうなものだが、わたしがいまいいたいのはそのことではない。彼がごく自然に口にしたように、ポルノ映画には、何故か、「女子高校生」ものとでもいうべきジャンル(?)があるということについてである。

いや、「女子高校生」だけではなく、「女子大生」ものもあれば「看護婦」ものもあり、その他、「女教師」「OL」「未亡人」という具合にある。これは、非ポルノ(?)映画に、たとえば「やくざ」ものとか「刑事」ものというようなのがあるのとは、明らかに違っているだろう。ポルノ映画の「ヒロイン」たちが、「女子高校生」や「看護婦」として設定されるのは、そこから繰り拡げられる物語にとってそれが不可欠の前提であるというより、そういう外的な位置や身分が、〝女〟という内実を覆う表面として必要だからである。だからポルノ映画では必らず、これら「女子高校生」や「看護婦」が、堕落するか向上するかして〝女〟になる、つまり「性」に目覚めて〝女〟になるというように、お話は進むのである。もっとも、たいていの映画では、「女子高校生」というにはトウが立ちすぎ、また「女子大生」というには色気の過剰な、いずれも見慣れた女優たちが演じているので、どうせそのうち脱ぐのであろうと安心して見ているわけだが、ドラマとしてはそのようにあるのだ。

このことは、この社会における女たちが、職業か身分か位置か、いずれかの外的なワクにおいてしか見られず、逆にひとたびそのワクを外してしまえば、一挙に距離を縮めて性的対象としての〝女〟になるしかないことに見合っているのだろう。その点でポルノ映画の位置は、一貫して「主婦」を主役とするテレビのホームドラマの位置と背中合わせに対応しているのである。ついでながらいえば、その「主婦」が着ているものを脱げば、メロドラマになるか「人妻」ものポルノ映画になるかのいずれかである。だが、少なくとも、いまだかつて着物を脱いだこともないという顔つきのホームドラマよりも、ポルノ映画のほうが現実的なことはいうまでもない。それは、脱ぐことが〝女〟になることだという通俗的な観念のためではなく、脱ぐことによって否応もなく、視線を遮る肉体がそこに現前するからである。むろん、観客の眼は、それでも観念に憑かれて、その肉体の隠された部分へ向かおうとするであろう。が、肉体は、にもかかわらずその視線の尖端を、具体的な貧しさによって打ち返しているだろうからだ。

おそらく、ポルノ映画がもっとも尖鋭になる瞬間というのは、女優が、役柄からも女優としての名からも剝落した一個の無名の肉体としてみずからを晒すときと、もうひとつ、映画の全体がポルノグラフィーを成り立たせている性観念そのものを揺さぶったときであろう。ポルノ映画は、この瞬間に、肉体と観念の曖昧な結びつきを切り離され、悲劇的にであれ喜劇的にであれ、それぞれの貧しい現実を観客の前に投げ出すのである。

たとえば、今年作られた神代辰巳の『悶絶!! どんでん返し』は、「オカマ」を登場させることによって、文字通りどんでん返し的に、つまりは喜劇的に、みずからの性観念の貧しさを一蹴してみせた快作であった。「オカマ」という存在そのものは、それほど珍しいものではなく、やくざ映画全盛期の『網走番外地』シリーズでは、由利徹が、網走刑務所の常連として、高倉健がムショ入りするたびにその囲りをうろついては笑いを誘っていたし、もっと古くは、これは映画の題名は忘れてしまったが、エンタツ、アチャコ、堺駿二などが勢揃いする喜劇で、益田喜頓が、ひときわ大振りの「オカマ」を演じていたりしたものである。しかし、そう

『悶絶!!　どんでん返し』粟津號、結城マミ、遠藤征慈、鶴岡修

やって考えてみると、喜劇、あるいは喜劇タッチの作品には姿を見せる「オカマ」も、悲劇、あるいはメロドラマには一向に登場しない。何故なのか。おそらくそのあたりに「オカマ」という存在の意味が、そして逆に、それを排除することで成り立っている悲劇というもののありようが現れているのだろうが、そのことは後まわしにしよう。とにかく、登場するだけで何故かおかしい、と見られる「オカマ」が、『悶絶!!　どんでん返し』にあっては、これまでの映画と異なって、主人公の座についているのだ。

　主人公といっても、彼は初めから「オカマ」なのではない。大会社のエリート・サラリーマンで遊び好きの男なのだ。それが、キャバレーの女のところに酔ったふりをして上がりこんだところ、逆に、女のヒモに犯されてしまい、それをきっかけに「オカマ」になっていくのだ。ちょうど、これまでの多くのポルノ映画で、「純情」な「女学生」や、「身もち」の固い「看護婦」が、犯されるのをきっかけに〝女〟になってゆくのとまったく同じような筋道において、である。しかも、両者が決定的に違うのは、「女学生」が〝女〟になるのが「自然」であるのに対して、こちらは「男」から「女」へと反自然的に転換してゆくのである。この転換は、ポルノ映画における「自然」、すなわち「女」が性的に目覚めたり、「解放」されたりするのを「自然」と見なす観念を相対化してしまう。ヒモと主人公の神前での誓いも、豊胸手術をして女姿で街を闊歩する主人公の姿も、そしてなによりも、ヒモの愛撫を受けて悶える主人公の、堂々たる「男」の肉体そのものが、我々観客を抱腹絶倒させることにおいて、ポルノを支える諸々の性観念を揺さぶるのである。これは当然ながら、ホモセクシュアルのために作られたポルノグラフィーとも決定的に違う。何故なら、そこにおけるポルノも、「ホモ」という境界のなかで、その性を「自然」と見なすところで作られたものにすぎないからだ。しかし『悶絶!!　どんでん返し』は、ポルノ映画のなかから、その境界を犯しているのだ。

　むろん映画の全体を、その一点でいい尽すことはできない。物語が、エリート・サラリーマンの「オカマ」への下降のお話であることに見合って、ヒモとその手下と美人局の少女たちの、滑稽にして悲惨な生活ぶりが、いつもながらの絶妙な歌の使い方とあいまって、のびやかにアナーキーに描かれているのである。長いスケバン風のスカートにズック靴の底をつぶして歩く「美人局」の女子高生を俯瞰でとらえたシーンや、リンチをする男どもと女子高生の格闘の場面などは、映画という空間に彼らを生かすのに神代ほどの巧者はあるまいと、再確認させられるのである。だが、ポルノ映画という文脈のなかで見たときに重要なのは、やはりこれが「オカマ」を主人公にした物語であり、しかもそれを溌剌と画面に登場させたという点である。「オカマ」の前では、男も女も、あるいはその両者のプラトニック・ラブも「性愛」も、一切がぎくしゃくと滑稽になってしまうのである。だが、どうしてなのか――。

　おそらく、それは、「オカマ」という存在が、その本質において中間者であり、仮装せるものだからである。男でありながら〝女〟の性を持つもの、そして男でありながら〝女〟を仮装するもの、それは、男が男であり、女が女であるという「自然」性を犯すものなのだ。彼らが、普通の男や女を大多数とする社会では何故か滑稽なものとして見えるのは、実は、彼らによって侵犯される通常の「性」が、その侵犯を無力化するために、笑うことをもってこれを隔てるからではないのか。そして逆に、「オカマ」があえて笑われる存在であることを甘受するのも、もしそれを拒絶するなら、自分たちが決定的に放逐されてしまうことを知っているからではないのか。「オカマ」が悲劇に登場しない理由もそこにある。悲劇に登場するためには、「オカマ」はその仮装を捨て、みずからの「性」を「不能」というように内面化するしかないのである。そうでなければ、「オカマ」の仮装が、仮装を唯一無二の実として固定する悲劇の秩序を崩壊させてしまうのである。

性にまつわる諸々の観念によって成り立つポルノグラフィーを、本質的に滑稽なものにしてしまうのも「オカマ」のかかる性格の故である。通常の「性」についてのたいていの観念は、「オカマ」という、それ自体観念で成り立っている存在の前では、すべて底を割ってしまうのだ。『悶絶!!　どんでん返し』がいとも軽々と提示してしまったのはこのことであり、それにくらべたら同じ神代辰巳監督がもっと力を入れて作ったとおぼしい『壇の浦夜枕合戦記』などは、依然として、「皇后」を犯すというような観念を、死からの再生という観念に重ねただけの、観念の絵ときに終った作品にすぎないのである。「オカマ」のほうが、はるかに過激なのだ。しかもそれを、長谷部安春の『レイプ25時・暴姦』のように、「性的倒錯者」というように内面化させないそのぶんだけ、ポルノ映画という文脈において過激なのである。しかし同時に、「オカマ」がかくも堂々とポルノ映画に登場したということは、スクリーンに女の肉体を宙吊りにして見せた小沼勝や曽根中生の存在ともども、ポルノ映画がようやくその底を露呈しつつある事態をも物語っているのである。

（うえの こうじ・映画評論家／「グラフィケーション」一九七七年十一月号／「映画＝反英雄たちの夢」話の特集、一九八三年所収）

『悶絶!!　どんでん返し』撮影スナップ。鶴岡修、谷ナオミ、神代辰巳

神代辰巳のスラップスティック・コメディ術

柳下毅一郎

『悶絶!!　どんでん返し』は傑作ぞろいの神代辰巳作品の中でも特別に好きな一作で、日活百周年だかでロマンポルノの大特集が組まれたときに、なぜかこの作品が選ばれていなかったことに、「神代ばかりこんなに選んでいるのになんでよりによって『悶絶!!　どんでん返し』が入っていないんだ!?」と勝手に悲憤慷慨していたものである。神代を一本と言われて『悶絶!!　どんでん返し』を挙げるのはいかにも奇をてらっているかのようにも思われるかもしれない。だが異色作と言われがちな『どんでん返し』は、実は神代作品中でも指折りのエンターテインメントなのであり、ロマンポルノ全作品をみわたしても比べるべき存在がない孤高のスラップスティック・コメディなのである。これを見ずして神代のコメディは語れない。その第一に挙げられるのは、やはり、谷ナオミの存在であろう。

ロマンポルノの名花にしてSMの女王、団鬼六にこよなく愛された谷ナオミと言えば縛りの美学である。もっぱらSMポルノで豊満な肉体を縛られていた谷ナオミは、その被虐美で日本SMの美学を体現し、SMなるものを日本にひろめた最大の貢献者とさえ言えるかもしれない。だが、本当に谷ナオミはそれだけで語られるべき女優だったのか？

私見ではSM映画における谷ナオミ、団鬼六のヒロインとしての犯される貴婦人像は、彼女の魅力の一分しか表現しえていなかったと思う。そこで掬いきれなかったのが谷ナオミの陽気さである。谷ナオミはもともとグラマラスな肢体に見合った陽性のキャラクターであるのに、それはSM映画の昏さとは相反するものだった。その明るさはどうしても抑圧されずにいられなかったのだが、彼女の本領は、実はコメディにこそあったのではなかろうか？　コメディでこそ谷ナオミは生来の陽気な気性、人の良さを見せられたのではなかったか。その意味では、実は谷ナオミの良さがもっとも引き出されたのは神代辰巳監督の二本、『黒薔薇昇天』と『悶絶!!　どんでん返し』ではなかったのかと思うのである。

『悶絶!! どんでん返し』で谷ナオミが演じるのはセクキャバのホステス、アケミである。すべてが逆転したどんでん返しの世界では、谷ナオミは貞淑な貴婦人ではなく、おっぱいをほうりだして接客するホステスだ。ちょっとおつむの軽いアケミはいつも甘えたような鼻にかかった声を出し、居候にトイレを占拠されるとその前で「駄目え、おしっこ出ちゃうう」と内股で足をジタバタしてみせる。「あんたあ」とやたらと語尾を伸ばし、理不尽にも恋人から小間使いのような役目に貶められても、なぜかそこに順応してしまう。『悶絶!! どんでん返し』は次々と起こる不条理になぜか皆が(納得もしないまま)順応することで次なる不条理を引き起こしてしまう玉突きのコメディなのだが、まるで不幸を不幸と感じていないかのように、なんとなくでやり過ごしてしまうのが谷ナオミなのである。しまいにセックスの相手がいなくなると「誰もかまってくれなあい」と風呂で嘆きながら乳首にハエをとまらせて一人遊びにいそしんでいる。一茶でもあるまいし、まさか谷ナオミがハエとたわむれてペーソスを醸し出そうとは誰も思うまい。見事などんでん返しである。

『悶絶!! どんでん返し』では、誰もが逆転される。もちろん最大のどんでん返しを食らうのは主人公の北山(鶴岡修)である。重役の息子として出世街道に乗っているエリートサラリーマンの北山だったが、たまたまでかけたキャバレーでアケミの色香に迷ったのが運の尽き、酔ったふりをしてノコノコと付いていくと、そこに待っていたのは鬼よりも怖いヒモのヤクザ川崎(遠藤正慾)で、北山はたちまち彼の「女」にされてしまう。『ラスト・タンゴ・イン・パリ』的なバターの使用法。ところがそうなると今度は北山がそこに適応してしまう。女装して川崎の家に居着き、ナンバー2に格下げされたアケミを顎で使う。しまいには東大出のスキルをフルに発揮して川崎の商売を仕切る姐さんになってしまうのだ。彼もまた逆転した立場にすぐに順応してしまうのである。あたかもロールプレイを楽しんでいるかのように。

たとえば花電車の特訓をさせられるスケバン女子高生ミドリ(牧れいか)と、特訓する川崎の舎弟丸山(粟津號)は、いつの間にか師弟の関係になり、それは男女の愛に発展してしまう。鬼教官と生徒のロールプレイをするうちに、いつしか師弟の絆を結び、それにふさわしい方向に感情が転がっていくのである。すべてが遊戯的なたわむれだ。遊びの軽やかさが、グロテスクで残酷な話をバカバカしく滑稽な「どんでん返し」に変える。根本的にふざけ倒したコメディでは、誰も本当の意味で傷ついたりはしない。

『悶絶!! どんでん返し』は新人脚本家による作品である。「月刊シナリオ」一九七六年六月号で公募された日活主催のロマン・ポルノ脚本公募の入選作、熊谷禄朗の「あづき色の黄昏」が映画化されたものだ。熊谷はまったくの新人だったので、公募作がいきなり神代辰巳監督・谷ナオミ主演で映画化されることになった驚きは想像するに余りある。実際、熊谷はヤクザに犯された主人公が「女」になってしまうコミカルで空想的なストーリーはとうてい映画化できまいし、異色作として佳作に引っかかれば上出来、くらいの思いであえて変化球を投げてみたらしい。だが、日活側ははるかにラジカルだったというわけである。

『悶絶!! どんでん返し』は、そんな地震でも起こらなければ変身することのできない哀れな自分に対する精一杯の皮肉のつもりで書いた。れっきとした男が女に変身する、この北山という主人公はいわば俺の分身……というより俺自身なのかもしれない。だから、このシナリオを読んでくれる読者諸君、あるいは劇場で映画を見てくれる人達がこの主人公に対してどのように悪感情を抱こうと、俺はこの北山という人物を愛しているし、このような人物に憧れている。

(熊谷禄朗「〝シナリオ〟という怪物に翻弄されて」「月刊シナリオ」一九七七年二月号)

熊谷はその後『野球狂の詩』(加藤彰、七七年)、『元祖大四畳半大物語』(曽根中生、松本零士、八〇年)、『女高生偽日記』(荒木経惟、八一年)などロマンポルノまわりの異色作、コメディ作品の脚本を手がける。西村昭五郎の『女教師は二度犯される』(八三年)や池田敏春の監督デビュー作『スケバンマフィア 肉刑』(八〇年)など、プログラムピクチャー的ロマン・ポルノ作品でもちゃんとした仕事をしているのだから、別に普通の映画が書けなかったわけではなかったはずだが、異色作でデビューしたのがハンデになったのか、もっぱら変化球の脚本を求められていたように思われる。ロマン・ポルノ終焉後は作家に転身、官能小説を多数(日活時代の脚本作品の小説版リライトもあり)執筆するほか、伊東眞夏の名で歴史小説などを発表している。熊谷自身もやはり軽やかに変身しつづける人だった。

神代辰巳の突き放すような演出は、滑稽で愚かしい人々が空回りしつづけるスラップスティック・コメディにはぴったりだ。さらに皮肉を効かせるのが劇伴である。ほぼ全編に流れるアカペラの歌は、宝塚歌劇のテーマである「愛あればこそ」から藤圭子の「女のブルース」まで恋と女のオンパレード。着物を着て周囲から頭一つ抜けた長身の女装者北山がしゃなりしゃなりと練り歩く場面に「〽女ですもの、恋もする〜」と歌う。最初から最後まで曲で皮肉を聴かせて笑い飛ばすのだ。とどめには北原ミレイの「ざんげの値打ちもない」が、まさにその値打ちもない男への挽歌として捧げられる。

北山は最後まで何を考えているのかわからない男である――いや、何も考えず、転がり行った先で百年前からそこにいたような顔をして座り込んでしまう石のようなものか。その彼には最後の大どんでん返しが待っている。美人局をしくじった川崎が警官を殺してしまい、アケミを連れて逃げるのだ。北山もついていこうとするが、「おまえみたいなのがいたら目立ってしょうがないだろ!」とものすごく理の当然の正論を言われてしまう。「じゃあ、俺はどうしたらいいんだよ!」とすでに豊胸手術もし、親とも絶縁した北山は急に男に戻って問うのだが、「知るか化物!」と股間の急所を蹴り上げられる。追いすがる北山を残酷に突き放す川崎と(復讐心から嬉々としている)アケミ。まさかの裏切りにあった北山は取り残され、一人呆然と立ち尽くす。

爛れるような夕陽が穢らわしい家並の上にポッカリと浮んで、舗道に呆然とたちすくむ北山を容赦なく照りだす。
画面は次第に赤く染まってゆき、遂に総てが暗いあづき色の中に溶けてしまう。
(熊谷禄朗によるオリジナルシナリオより)

ある意味パンク的な、持たざる者が鬱屈をぶつけて書くコメディにはふさわしい結末である。だが、神代辰巳はこれに素晴らしくファンタスティックな結末をつけてみせた。すべてを失った北山は、着物姿で一人チワワを連れて土手で散歩している。すれ違う相手から二度見されようが、罵声を浴びせられようがへっちゃらだ。しまいに犬に股間を舐めさせて感じている始末。まったく懲りず、そしてどんなにどんでん返しをくらおうとも置かれた場所でそれなりに幸せになってしまう。どうしようもないどん詰まりの現実をファンタジーに飛翔させることで救う。これこそが映画の力なのであり、それをもっとも鮮やかに見せてくれるのが『悶絶!! どんでん返し』なのである。

(やなしたきいちろう・映画評論家)

（神代辰巳エッセイコレクション）

「愛のコリーダ」について雑感

六月の終り、パリ日本映画クラブの招きで一週間ばかりパリに滞在する機会を得ました。パリ日本映画クラブは、これまで、パリ第七大学を中心にして、ずっと日本映画の紹介につとめてくれていて、今、ちょっと記憶がさだかではありませんが、多分、その一周年記念として、黒木和雄氏と私、批評家側からキネ旬の白井佳夫氏と読売新聞の河原畑寧氏が参加して、五日間にわたって、各種の日本映画を上映しながら、日本映画についてのシンポジュームが開催されたのでした。

大島さんの「愛のコリーダ」を見ることが出来たのは、そのシンポジュームの三日目位の時でした。

その前日、私はパゾリーニの「ソドムの市」を見ることが出来ました。「シナリオ」の編集部からは、「愛のコリーダ」について何か書けという注文でした。にもかかわらず、「ソドムの市」のことを書いたりしてるのは、フランス映画の状況と日本のそれがあまりにも違いすぎるからで、それを無視しては「愛のコリーダ」について何も書けないと思っているからです。

結論から先にいいますと、「愛のコリーダ」を見て試写室を出た時、私は久しぶりに、久しぶりにというよりも、何年かぶりに、ずしんと重い感銘を受けました。それは、中味はいささか違いますが、やはり同じ大島さんの「日本の夜と霧」を見た時の感じとよく似ていました。「日本の夜と霧」を見た時、日本でもとうとうこんな映画が一般公開されたという重い感銘だったのですが、「愛のコリーダ」についても、ややそれと同じ感じを受けたのです。

これが、「愛のコリーダ」についての結論ですが、問題を前に戻すと、「愛のコリーダ」は日本では作れなかったのです。さきにも書いたように、この作品を見る前に、私は「ソドムの市」を見に行きました。「ソドムの市」の内容については、私はイタリア語は全然わかりませんし、フランス語のスーパーが入っていましたが、フランス語もほんの少ししかわかりませんので、絵を見ただけの感想でしかありませんが、例えば、私は日活ロマンポルノでマルキ・ド・サドのジェステーヌの最初の部分を映画化したことがありますが、サドとの比較でいえば、サドの持っている情熱的な部分を、かなり観念化してあったというふうにいえると思います。サドには情念が溢れていますが、いわゆるサディズムは、この映画では、かなりアナーキーな観念としてとらえられていて、現代的にサディズムを描く場合、多分、このようにアナーキーにならざるを得ないだろう、そして、パゾリーニが製作している当時、そう捉えざるを得ない場にいただろうと、たえずそういうふうに思いながらこの映画を見終りました。内容について、「ソドムの市」にふれるのはこの文の主旨ではないのでこれぐらいにしておきますが、いずれにしても、これ等二作品とも日本で封切られないのが残念でたまらないのです。もっとも、ずたずたにカットされた上での上映はあるのかもしれませんが、しかし、それは全く意味をなさないものとしてしか公開されないでしょう。

その意味をなさないということについて、「愛のコリーダ」について書きたいのです。

一番わかりやすい例をとります。殿山泰司さんの扮する老人とさだの出会いがあります。この二人はかつてさだが遊女だった頃、その客として会っています。老人は今は落ちぶれて乞食同然ですが、さだの体が忘れられません。そのためにさだにもう一度寝てくれと必死に懇願します。さだは同情して老人の懇願を容れるのですが、老人は不能で出来ません。その時、老人の不能のものがうつし出されます。うつし出されることによって、老人の不能であることの悲しさは決定的でした。多分、放蕩によって落ちぶれてしまったであろう老人の、恐らく最後の命がどうしようもない存在としてありました。うつすことと、うつすことが出来ないことの差について私はいっているのです。老人の性格はうつすことによって決定的でした。したがって、それを見るさだのやさしさも同情もまた決定的でした。さだと吉蔵の話もそういうやさしさの限界で語りつがれて行きます。

この作品で、大島さんは多分愛というものが許容しうるやさしさの限界について語っているものと、私はそういうふうに受けとりました。性愛はその具象なのでしょう。そうすれば、男と女は全てをさらしあわなければいけないのです。何か一つでもかくすことで成りたつものではないのです。正直に告白しますと、私はこの映画の試写を見終って、一番最初に、しまった見るんじゃなかったと思いました。男と女の極みをこれほど生に見せられた後で、日本へ帰って、ロマンポルノをどうしてとったらいいのだろうと、私はとほうにくれました。

今でもその気持は尾を引いています。ワイセツというえたいの知れない官権の口実のために、ヘヤーをうつしてはいけない、女の尻の割れ目もうつしてはいけないという日本の現状にこれ程腹立たしい思いをしたことはありません。映画を作る側にとっても、見る側にとっても、ワイセツなどというものは実にナンセンスなのです。にもかかわらずその時代おくれのワイセツ規定なるものが、堂々とまかり通っています。

こんな最悪な情況は打ち破らなければいけません。そういう意味でも、私はこの作品に心から拍手を送ります。

（「シナリオ」一九七六年十一月号）

19

壇の浦夜枕合戦記

【公開】1977年4月23日封切
製作配給＝日活　カラー／ワイド／94分　併映＝『性と愛のコリーダ』（監督＝小沼勝）

【スタッフ】
プロデューサー＝三浦朗　原作＝伝・頼山陽『壇の浦夜合戦記』　脚本＝神代辰巳　鴨田好史　伊藤秀裕　撮影＝姫田真左久　照明＝直井勝正　録音＝古山恒夫　美術＝柳生一夫　編集＝鈴木晄　記録＝白鳥あかね　音楽＝中谷襄水　沖至　助監督＝鴨田好史　伊藤秀裕　霜村裕　スチール＝浅石靖　製作担当＝栗原啓祐　振付＝花柳幻舟　考証協力＝八切止夫　主題歌＝花柳幻舟「戦に咲く華」（作詞＝神代辰巳　作曲＝沖至　編曲＝中谷襄水）

【キャスト】
建礼門院＝渡辺とく子　源義経＝風間杜夫　深田の少将＝中島葵　伊勢の三郎＝丹古母鬼馬二　しの井＝牧れいか　玉虫＝宮下順子　仏御前＝田島はるか　妓王＝山科ゆり　平清盛＝小松方正　二位の局＝花柳幻舟　安徳帝＝石塚千樹　平教盛＝小見山玉樹　平維盛＝村国守平　滝口入道＝坂田金太郎　人買い吉三＝三谷昇　大井の太郎＝高橋明　江木の源三＝橋本真也　仁甲の五郎＝中平哲仟　浜辺の狂女＝白鳥あかね　僧侶＝姫田真左久

【物語】

源平争乱のころ。熊野灘では、世を儚んだ僧侶が生きながら棺桶舟に乗り、西方浄土目指して、補陀落渡海に漕ぎ出していた。都では、天下をわがものにした平清盛が、愛妾の妓王が居るにも拘わらず、白拍子の仏御前を手籠めにしたり、世をはばからず好き勝手のしほうだい。悪業もここに極まれり、冷水さえ瞬時に熱湯に変えてしまう謎の熱病に見舞われ、悶死する清盛。奢る平家は久しからず。伊豆の源頼朝を先陣に、国中で蜂起する源氏の一族、たちまちのうちに平家を壇の浦に追いつめるのであった。平教盛らの獅子奮迅の活躍も虚しく、平家の命運は風前の灯火である。次々と大海に身を投ずる平家の女官たち、幼き安徳帝や、その母建礼門院も波間に消える。ところが、源氏の男たちが女たちを片っ端から救い出してしまうのだった。ここは戦勝の宴に酔い痴れる源氏の本陣、広間に居並んだ女たち。大将九郎判官義経の号令一下、源氏の男たちは一斉に女たちに言い寄る。やがて、そこかしこで、女たちは源氏の輩の辱めを受けるのであった。源氏の男に気に入られた者はまだ良い方で、人買い吉三に売り飛ばされる女もいる。義経は、建礼門院に執心しているが、相手は先の皇后、もとはやんごとなき御身であり、さすがに他の女たちと同じという訳には行かぬ。義経は急ぎの使者から、建礼門院の甥、平維盛の消息を摑む。「これぞ天の助け。恋は取り引きだ」維盛の身の安全を好餌に、じわじわと建礼門院に迫る義経。夜も更け、ついに建礼門院は陥落する。しかし、そのころには既に、維盛はこの世の人ではなかったのである。義経も建礼門院もそれを知る由はない。建礼門院にひとつひとつ、愛の手ほどきをする義経。夜も白むころ、建礼門院は絶頂にのめり込んでいくのであった。「私は何も知りませんでした、これが、生きることなのですね！」

もっともっとスキャンダラスに

神代辰巳

映画はスキャンダラスでなければならないと二、三年前から考えてきました。最近はその考えが、自分の中で、確実に定着してきたつもりでいます。前作「悶絶!! どんでん返し」の企画に飛びついたのもそう言う理由からでした。東大出身のエリート・サラリーマンがやくざにおかまをほられてそのやくざに惚れてしまう。すっかりいれあげて豊胸手術までしたところで、男に捨てられてしまうと言うのが、この映画のストーリーで、素材も中味もスキャンダル一色に塗りつぶすことでこの映画を成り立たせたつもりでした。

今回の「壇の浦夜枕合戦記」も、最高裁でわいせつものとして有罪判決を受けたというスキャンダルにのっかった作品です。ちなみに、映画のタイトルは原作と違って「壇の浦夜枕合戦記」とちょっと目には原作のタイトルのままのようで、原作に「枕」という字を加えることで出来ています。これは映倫の意向で、有罪判決を受けた原作そのままのタイトルを使用するのは、最高裁に対して恐れ多いという遠慮から来てるようです。ようですと言うのは、私は実は甚だ不勉強で、ひょっとしたら、有罪判決を受けた原作をそのまま映画のタイトルに使用することまかりならぬと言う法令があるかもしれないと危惧したからでして、ま、よし、そう言う法令があったとしても、五十歩百歩で、要するに「夜合戦記」はいけないが「夜枕合戦記」ならケッコウと言うのが、私にはよくわからない事実なのです。勿論、小説と映画は全然別種のものですが、どうみたって、「夜合戦記」より「夜枕合戦記」の方が、より春本らしいタイトルなのであって、お偉いさんのおっしゃるわいせつ度はより高まる筈なのです。これは一体どう言うことなのか、つまり、わいせつなるが故に有罪判決を受けた原作タイトルの使用は許されないが、「枕」と言う字を一字加えることで成り立つこの映画のタイトルはよりわいせつであるにかかわらず、おとがめがないのです。この国の政治はどうやらこう言うふうにして成り立っているようです。世にも奇妙なまか不思議な現象が横行してるようです。そしてこのことは、映倫の裁判所に対する深甚な遠慮の現われなのか、更には、裁判所の怒りをおもんぱかっての自主規制なのか、又は先に書いたそう言う法令があったとしても、これはいかにもキナくさい匂いのする現象でして、もともとスキャンダルと言うものは、実はこのような現象の逆手の事実として生まれるものだと言うことが、言えるのです。或る種蓋然と思われるらしい規範からはみ出した破廉恥な行為がスキャンダルだとして、このことを先に書いたキナくさい事実にあてはめると、蓋然性を持った規範こそキナくさく、つまり、「夜枕合戦記」と言うこの映画のタイトルこそがまか不思議なスキャンダルなのです。

こう言うキナくささを私は喜んでいるのです。「夜合戦記」より、「夜枕合戦記」の方が、はるかにロマン・ポルノらしいじゃないですか。有罪判決と言うスキャンダルを親スキャンダルとするなら、「夜枕合戦記」と言うタイトルはその親スキャンダルから派生した子スキャンダルで、この親子のスキャンダルの間で仕事が出来るのを私は喜んでいるのです。

（「キネマ旬報」一九七七年四月下旬号）

貰いお方とするときにゃ羽織袴でせにゃならぬ

対談＝神代辰巳・斎藤正治

斎藤　「壇の浦夜枕合戦記」で、歴史解説としてのプロローグは必要なの?

神代　二ケ月かけて『平家物語』を勉強しなおしましたよ。ホンには書き込んでないけど、もっともっと冒頭から説明的にやろうと思っているわけ。

斎藤　だけどそれは、神代さんの今までの映画の作り方や表現から云って本当に必要ですかね。

神代　維盛が死ぬことがとりひきの前提になるでしょ、建礼門院と義経との間での——そこで維盛の死とは何かと考えていくと、『平家物語』全体の底流となっている死生観というのをやっておかないと、そういう死生観の中で生きることの〝どんでん返し〟がやれない。

斎藤　また、〝どんでん返し〟を狙ってるわけですね。

神代　まあそうです。補《ホ》陀《ダ》落《ラク》渡《ダ》海《リ》というのがあるんだけど、屋形を板で密閉したカンオケの舟で熊野灘という所から十万億土の極楽浄土を求めて渡海する。清盛が死ぬにしても維盛が死ぬにしても、補《ホ》陀《ダ》落《ラク》渡《ダ》海《リ》に象徴される死にざまがあるわけよ。

『壇の浦夜枕合戦記』小松方正

斎藤　義経は、ヤボ天で三面冠者で吃で貧乏ゆすりをやって、およそ優雅さに欠けるし、しとやかで高貴この上ない建礼門院は、話の進展につれて、どんどんどんどん転倒していく。人物設定はかなり喜劇的ですね。

神代　比較的真面目にやってますから。まあでき上ったのを見て下さい。

斎藤　つい最近封切られた東映ポルノの、田中陽造脚本、関本郁夫監督の「大奥浮世風呂」というのが傑作なんですよ。志賀勝扮する最下層の非人部落の男が、オカマに化けて大奥へせめこむというはなしなんだけど、〝おのれ憎っくき天皇制、大権力め！〟という感じで、将軍のチンポコを切りとって復讐をとげる。しかも、うまく脱出して、また河原者の部落へ帰っていくんだけど、その帰り道、将軍のチンポコをポーンと空に投げる、こっちにカラスがいて、それをくわえてカアカアカアと飛んでいっちゃうわけ。「愛のコリーダ」なんかが出揃って、心情の狂気みたいなものが日本人にかなり浸透してるところへもってきて、阿部定事件のパロディと、天皇制へのブラック・ユーモアをみごとに完成したおもしろい作品なんですよ。「壇の浦」も、低辺の士族にすぎない義経が、時の、最も貴く権力のある女院を征服する話だよね。そういう意味ではかなり一揆的革命的暴力的テーマをこめているわけだから、宮中皇帝王国を頂点とする権力打倒の天皇制批判ともいえそう。

神代　いやあ、そんなことまでやらないんじゃないですか。うしろに手が廻っちゃうよ。だけど今や現実の価値観みたいなものは、かなり変ってきてるでしょ。そういうのがもっとひっくり返ってもいいと思うし

〽貴いお方とするときにゃ
羽織、袴でせにゃならぬ

って唄あるじゃない。だけど誰も本気で羽織袴でやらなきゃならないなんて思ってないよね。だから、何々批判なんて固苦しいことばに直さなくても、それこそブラック・ユーモア的に出てくれれば、まあ俺はいいよ。

斎藤　壇の浦合戦の敗北による驕れる平家滅亡と哀しみの物語と同時に、簡単に云うと、ダメ男が力のある美女を征服する話でもあるよね。さっきの関本郁夫という監督も、非常に神代さんと共通していると思った。彼も強い女というか、女のバイタリティみたいなものを好んで描く人のようでね。それで彼に聞いてみたら、中学生の頃、父親が死にそうになったとき、おふくろが〝死ぬ人はしかたないのよ。これから生きていく人が問題なのよ〟と言ったんだって。それにものすごく心動かされたというか、あのことばが自分の核であり原点になったと彼は語るんだ。神代さんも、「濡れた欲情・特出し21人」の中で、スケコマシの芳介に〝気の強い女は誠実やで。浮気をせんとよう男に尽くしよる。やさしい女はアカンなあ。外の男にもやさししよるンやなあ、女は気が強いのがええで…〟というセリフを言わせている。

神代　そんなのテレるから引用しないでよ。

斎藤　やっぱり生活心情的というか、女に対する私体験的発想からきているね、二人とも。

神代　強い女と、四六時中やられっぱなしのダメな男のとり合わせがね。

斎藤　僕もそうだけど、弱い男が、女を見ている。つまり、弱い男というのは、非常に客観的なんですよ。客体化しているわけ。そう意味で、よく女が分かっているね。

神代　一種マゾヒズムだね。オカマ志向だよ。

斎藤　弱い男は、逆転の契機を狙っているけど、永久革命のごとく、革命はなかなかならない。またそれが男のやさしさでもあるんだよね。

神代　だけど、男はやっぱし強いですよ、女よりは。男は諦めてるんですよ、女を。

斎藤　つらいね、男は。（二人でニヤニヤ）そういう男一般の風貌としての義経がよく描かれてる。あたふたして建礼門院の廻りでゴソゴソ始める、あれが男だよ。

頼山陽の美的言語世界というか、〝美哉、美哉〟の精神も的確にとてもうまく表現されてるねえ、

神代　撮りながら変わるからね。

斎藤　神代さんの映画はシナリオからどんどん豹変するからね。

神代　だから、できたのを見て下さい。

斎藤　音楽なんかは、またフンダンに入れるの。沖至作曲で花柳幻舟が歌って、あなたが作詞って聞いたけど。

神代　流行歌ってわけにはいかないしね。

斎藤　放送禁止の名古屋のフォーク・ソングでね。〝一の宮の夜〟という、女房が浮気をする唄なんだけど、

〽寄せてはかえす情欲の波
心ではあらがいつつも女の性の哀しさよ
よろこびが背すじを走った
ああ、夫とはまったく違う

っていうのがあるんだけど、「壇の浦」は、深窓の育ちで、正常位しか知らない女が、荒々しく男に棒切れか刀を突っ込まれて凌辱される。そうやって、性感から価値観まで変っていくっていう話でしょ。やっぱりエロスの行きつく先は、かなり暴力的というか、凌辱的だと考えますか。

神代　サドのサディズムなんかはそうだよね。自分が現実にやりきれなかったこと、例えば殺そうとして殺せないとか、当時のフランス市民委員会か何かの体制に組み込まれていて、自分が疎外されたこと、そういう現実に対して、自分が卑怯であり怠惰であったことの背理として、彼の作品ができている。そういう意味ではエロスというのもテメエの生活と離れたところでは有り得ないし。

斎藤　僕は、牢固として、エロスというのはサディズムというか暴力性と共にあると考えているんだけど、神代さんはある種、やさしさをエロスの中に持つね。あれは、神代さんの非政治性のなせるわざですか。

神代　僕ははっきり言って、政治は嫌いなんですよ。政治というより組織がね。だけど現実には組織の有効性というのが避けがたくあるじゃない。個というのがぐうーんと確立されれば別だろうけど、個の確立未だの現時点では組織の効用の方が圧倒的に強い。そうなると必然それを政治的状況だと言わなきゃならないわけだし。

斎藤　そう。状況が政治的だから、こちらも政治的にならざるを得ないだけの話だよね。できたら政治なんかとは関わりたくない。大正アナーキストたちを描いた「宵待草」なんかは、むしろ政治を歪曲してパラドックスにいっている、だからおもしろいっていう映画だね。

神代　どの作品の場合でも、そういうつもりで撮ってますよ。

斎藤　日活裁判が公判中だけど、摘発される以外の部分においては、世の中の性表現は自由が拡大されているように一見みえる。風俗なんかみても。それを、マルクーゼは〝擬装解放〟であると言ってるけど、僕は全くそうだと思うよ。

神代　俺は、ハードコア映画が撮れようと撮れまいと、それは解放の手段にすぎないと思ってるよ。それを〝擬装〟と言おうと〝過程〟と言おうといいんじゃないか。必ずしも性表現が解放のいきつくところじゃないもんね。実際やってるシーンを撮ったからって、それで行きついちゃったら仕様がないもんね。

斎藤　つまり、性表現も創造のプロセスであると。だけど、あなたの作品の多くは、バタイユ流に言うとエロスの果てに、男は自ら死に高揚するじゃない、「青春の蹉跌」ではショーケンが自死し、「鍵」では観世栄夫が自死する。

神代　あれはメロドラマなのですよ、原作からして、男を泣かせようという。

斎藤　しかしエロスというのは死に至る高揚であるという定理はあなたの中にあるの。

神代　死に至る病いか――キルケゴールは好きで以前かなり影響されたけど、現実問題として、セックスが死に至る病いだとは決して思っていないよ。自分の体験

『壇の浦夜枕合戦記』

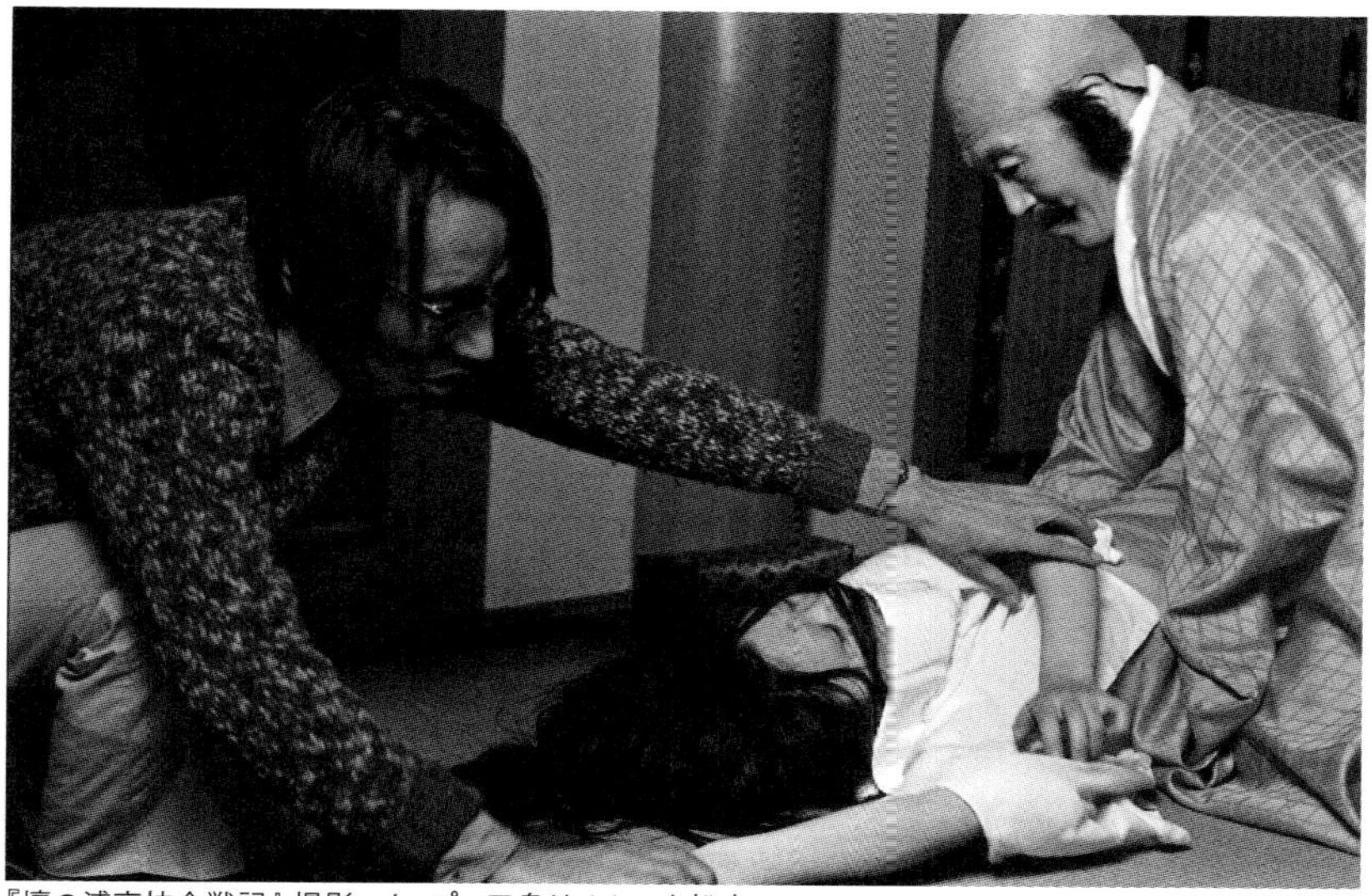
『壇の浦夜枕合戦記』撮影スナップ。田島はるか、小松方正

からいってもセックスっていうのはよくなるじゃない。

神代　それはあなたが今やおとろえたからですよ、サイトウさん!!　僕はまだ若いですからね、ウフッフ。そう考えるのはやっぱり性的後退ではないですか。サイトウサン!!

斎藤　神代さんの映画は一体に、今度の「壇の浦」のホンを読んでもそうだけど、メシを食うシーンというのが殆んど無いね。

神代　酒飲むシーンは多いけどね。

斎藤　紀記ものから平安物なんか読んでもあんまりメシ食ってる所は出てこないね。江戸文学以後でしょ、出てくるのは。

神代　「壇の浦」は全くインチキなんですよ。キセルはでてくるし。江戸末期の感覚で。かと思うと平安朝ムードで。

斎藤　それはいいんだけど、今の、「男はつらいよ」やテレビドラマの多くは、メシ食うシーンでコミュニケーションが成立してるでしょ。そのメシ食うことの相対行為が、言語なりセックスじゃないかと僕は思うわけ。

神代　おもしろくないよ、メシ食うことは。小津さんのシャシンだとかさ、日常性みたいなものにはかなり反発があるね。メシ食うことよりも、糞たれる方がまだ関心あるよ。

斎藤　谷崎の『少将滋幹の母』なんかも、話のピークになると糞壺が出てくる、あれは何だろうね。

神代　非日常的なメシの食い方、例えば、糞を食うみたいなことならおもしろいけどね。

斎藤　「ソドムの市」で、糞する箇所は検閲で黒いボカシになっていて、糞を食う箇所ではそのままなの。排泄はダメで糞を流入するのはいいというのはどういうことだろう。

神代　糞食うのは羞恥心を刺激しないけど糞をするのは羞恥心をかきたてる——か。パゾリーニにはかないませんよ。

斎藤　内田栄一がいうように、厚生省が干渉しているのかも知れない(大笑い)。神代さんの素材は「一条さゆり」もそうだけど、「四畳半襖の裏張り」とか「壇の浦夜枕合戦記」とか有罪判決物の連作ですね。

神代　日活の中での〝発禁本シリーズ〟っていうのがあるんですよ。だけど、映画っていうのはキワモノが一番いいんじゃないかなあ、ある意味では。

斎藤　僕は神代作品を全然そういうふうに理解していないけどね。そうかなあ。

神代　例えばさ、芸術っていうのはサロンじゃない。僕は、サロンの中で話が分ってもつまらないと思ってるし、映画はキワモノでいいんじゃないかなあ。

斎藤　むろん、芸術か娯楽かという設定は完全に無効だよ。

神代　その次を考えればやっぱりキワモノになるよ。

斎藤　じゃあ娯楽＝キワモノかね。

神代　それは全然分らない。ハハハ。

斎藤　ところでかの世評高い、変身の詩《うた》「悶絶!!　どんでん返し」だけど、やっぱりあれね、一年か一年半雌伏してまして、言葉を替えればホサれてまして(笑)、これ、作家というのは、チンポコに精気を貯ろうごとく瞬発力で発射すると、ああいういい作品ができるんですかねえ。

神代　それはないでしょ。やっぱり、常打ちじゃないといけないんじゃないですか。

斎藤　うわあ、恐いねえ。

神代　一ヶ月に一回でいいというのはインチキじゃないですか。三日に一回やって全部いいというんじゃないと。

斎藤　製作プロセスとしては、年に三本くらい撮れば生理状態いいの。

神代　年三本じゃ食えないもの。食えなくはないけど食いにくいね。酒のめないし、娘を大学にやれないしね。

斎藤　ところがだよ、「悶絶!!　どんでん返し」をみてると、最近あなたの映画はものすごく記号的になってきているという気がするんですよ。

神代 自分では随分情緒的に撮ってるつもりですよ。演歌べったりよ。考え違いじゃない？

斎藤 むろん私体験的なところはありながらだよ、演歌すらも記号化してるおもしろさがあるんだよ。

神代 記号化というのは、どんどん集約していくことでしょ。

斎藤 とぎれとぎれのある情緒を纏綿と連続することじゃなくてさ、情緒なり思想なり感性なりをポツンポツンと切ってね、全部の思想を総合化することだよ。

神代 そういう意味ではね。

斎藤 ああよかった(笑)。ピーター・ウォーレンは、『映画における記号と意味』の中で、〝政治的作家であるゴダールやマカヴェイエフ、ベルトリッチ、ローシャらの映画は記号的である〟と云っているけど、日本にもいるんだと、神代辰巳という、最も非政治的な監督が、最も政治的な映画を撮り続けているんじゃないかと、僕は思っているんだ。

神代 大江健三郎の『万延元年のフットボール』にしても『洪水はわが魂に及び』なんか読んでも、政治的にみえるけれども要は自分の体験でさ。それを敷衍したり観念化するのは斎藤さんたちにおまかせするとして、我々は自分の体験を喋っていけばいいと思う。

斎藤 そうそこなんだ。個人的な体験が普遍的なものに繋がっていくような。

神代 映画界っていうのはそこまでいってないよ。自分の体験すら、日本映画は語ってないんじゃないかなあ。まずそこから始めないと。そのためにも、批評と創造の相乗作用というのがあって欲しいですね。

斎藤 テレビには確実にないものが映画では明確にあるよね。ある手ごたえのある作家というのは必らず相撃ち合う批評を喚起している。神代さんの映画は難解すぎて、未だ相乗作用を起こしうる批評家の登場なってないんだろうね。怠慢だよな。

神代 いやあ、それは絶対あって欲しいね。だけど僕は日活ですからね、アンチ日活とはね、サイトウさん!!

斎藤 ぼくは作品主体、そのものとして言ってるんですよ。クマシロさん!!

(77・3・5)

(「シナリオ」一九七七年五月号)

「壇の浦夜枕合戦記」シナリオ解題

愛の上昇志向と下降志向

松田 修

大臣、藤原仲麻呂の最愛の姫が、相者に見て貰ったところ、あろうことか「千人の男と交わるであろう」と予言される。そんな馬鹿なことがあろうはずもないと一笑に附していたところ、天智帝の崩御と弘文帝(大友皇子)の敗死があり、その動乱のさなか、姫は千人の兵士たちによって凌辱されたという——それは、説話の世界の虚構であるが、なぜこのような「話」が生まれ、伝承され、広く流布するのか。男性一般の中に潜在している(あるいは顕在している)上層者への憧憬、あるいは、憧憬というよりは——そう、干犯《かんぱん》志向が、その幾分かの説明になるだろう。

綺想の近世画家岩佐又兵衛も描いた「山中常盤《ときわ》」、白衣一つに剝がれた女たち、白衣をさえひき剝いで犯す男たち、下衆《げす》下郎たち。あらくれたち。

男の庇護によって「上流」たりえた女が、男と離れ、虚飾をいったん捨てたとき、彼女は、やはり女一般、ただの女に過ぎないのだ。

「貴女」を犯すことによって〈貴〉を奪い、ただの「女」にしてしまう、それが快感でないわけがあろうか。性の快感の中で凌辱することの快感は、もっとも深く根元的である。凌辱という形でしか、達成できぬ性の昏《くら》

『壇の浦夜枕合戦記』中央に石塚千樹、奥に渡辺とく子、花柳幻舟、中島葵

い部分、おそらくは、それこそが、性の核なのであろう……。

　中世乱離の世界では、一城一国の崩壊が日常化していた。昨日までの貴顕の女たちが、今日は、裸形《らぎょう》を白日にさらして、うめき、もだえる。それをとりかこむ男たち。

　お伽草子の多くが、上昇志向の男の愛を描いていることは偶然ではない。もっとも「物ぐさ太郎」や「猿源氏草子」など、物理的な「力」を否定し、信仰の力、芸文の力によってこそ上昇愛が可能であるという設定をもつ。

　それは物理的力が支配する乱世の現実への、知識＝教養の側からの反撃であった。

　たしかに性の様態は複雑である。右に述べた上昇志向とまさに見あう形で下降志向がある。おのれより下層に属する女あるいは男を求めること、これもまた性愛の一つのありざまであろう。

　光明皇后へのオマージュ、千人への、湯の接待・施行を思いたった皇后が、最後の一人である癩者を洗い清めたところ、たちまち赫奕《かくやく》たる仏の姿に化現したという。この湯の施行は、そのまま性愛に読みかえうるだろう。千人の男の裸形を、洗い清めるとは、男の煩悩欲情を、洗い清めることに他ならない。癩者の膿汁を皇后はしたたか啜ったのだ。どろどろとろとろしたたる粘液に、鳥肌立てつつも、皇后は唇をたしかによせたのだ。それが、愛、愛の行為でなくて、何であろうか。

　「鉢かつぎ」の貴公子は、頭から鉢がとれないあきらかな不具の女、湯殿係りの下衆女を、火をたき、水を汲む雑仕《ぞうし》の女を、愛してしまう。実はこの「鉢」が割れたとき、女の本体が明らかになる。彼女もまた、貴族の娘であったのだ。男の下降愛が女の上昇愛と、うまく接合して、日本の男の欲望をよく表現しえた例だろう。鉢を割るとは、破瓜《はか》の隠喩にほかならない。

　上昇志向の典型として、日本の性の世界で、久しく語りつがれてきたいちじるしい一つに、源平争乱のクライマックス、長門国壇の浦における死闘のあと、とらわれた建礼門院を源義経が犯したという伝承がある。

　この伝承が、一体、いつごろから起ったことなのか、その細かいせんさくはさておいて、それは、たしかに日本の上昇愛を、もっとも典型的にとらえたものであろう。

　建礼門院平徳子二十七歳。高倉天皇の崩御後、安徳帝を擁する平家一門の象徴的存在であった。凌辱の虚実を、今論議しようとは思わない。与謝野晶子のあの有名な歌、
　ほととぎす治承寿永の御国母三十にして経よます寺
が思いおこされる。源平動乱の終熄後は、大原寂光院に余生を送り、一二一三年、薨生した。（もっとも、女子を政争の道具視する時代の例を洩れず、これはあまり注目されていないが、高倉天皇の崩御後、なんと、その父後白河院の後宮に、建礼門院を送ろうとする動きがあった。これは、義経の凌辱などとは比較にならない発想であるが、実現されなかった）。

　彼女が、義経によって本当に犯されたとしたら……それはどのような夜だろうか。潮にひたった十二単衣の代りはあっただろうか。義経はどのようにして、仮にも国母にいいよったのか。いや、ことばは発せられず、ただ行為だけがあったのかも知れない。あったとして、それは、あらあらしくなされたものか、それとも稠密な、細心な……。

　私たちの先人は、いつの日にもこのような想像を逞しくして来た。イメージの中で、建礼門院と義経の姿態は乱れに乱れ、口つだえに、いいつぎ、語りつづけられてきた。いや口承だけではない。文章の世界でも、雅文体で、「はつはな」を書いたと伝えられているのは、屋代弘賢である。漢文体で「壇浦夜合戦記」を書いたと信じられているのは、「日本外史」の作者頼山陽である。

　そして今、神代辰巳によって映像化が成就したのだ。


『壇の浦夜枕合戦記』風間杜夫、渡辺とく子

『壇の浦夜枕合戦記』

タイトルにだぶって、「そのむかし。入道相国平清盛天下をわがものにされてからは、世をはばからず、人をおそれず、不思議なことばかりなさいました」――それは自からに琵琶に合わせて語りつがれた「平家物語」＝平曲《へいきょく》の面影をのこしたスタイルであろう。平家の栄華の実態が、軍団の威容や領国の数、財宝の山積等々、表の記号でなく、遊興遊楽、裏の、パーソナルな回路で、展示されてゆく。つまり、まずは白拍子の舞、仏御前の舞いの袖の、華やかな、大らかな動きから始まるのだ。

転落と滅亡を語るためには、まずその前提として、栄華が語られねばならない。当然すぎるほど当然の発想である。仏御前と祇王・祇女姉妹、清盛、この四者の物語は「平家物語」の中でもわけて有名なエピソードである。清盛は、現に白拍子祇王を西八条邸に入れて寵愛している。そこへ、招かれもせぬ仏が、当時のことばでいえば「推参《すいざん》」したのだ――。清盛は、激怒するが、祇王はその怒りをなだめて対面させる。ところが清盛の移り心は、早くも祇王を捨てて、仏を愛してしまう。それにしても仏の、「私はただ宰相さまの御前で舞いたい一心でございました」に、私はすこしこだわってしまう。中国本来の宰相、近代日本の宰相の意味で使ったものであろうが、中古中世近世を通じて「宰相」とは「参議」の唐名であって、清盛の称としては不適当である。

いやことばとがめはやめよう。しかし「仏はその時十六歳。未だ熟れぬ体もあわれに……と泣くばかり」は、何を原拠にしていようとおかしいことはおかしい。十六歳は院政期の女一般の、まさに熟《う》れの季節なのだ。まして白拍子ではないか。それはまあよい。清盛はその未熟の仏を犯す、その犯しが「荒々しく」と設定されていることはどうだろうか。源平二氏の対立と大動乱を、「性」に収斂することが、「性」にすべてを置きかえるのが、この一篇の基本的方法であるならば、平家の男の性は、むしろギャランドリーとして、まず提示されるべきではないのか。そのためには清盛の「荒々しい」性は、カットしてもよいのかも知れない。もし平家の男の性を義経の性との対位法によって「荒々し」い性のみを描くという計算があるのだろうか。もし計算があり、自覚的になされたとしても、それにはいささかの疑問がある。「壇の浦」ものが、久しく私たちの先人に歓迎されたのは、国母＝建礼門院＝(至高至聖)対下衆下郎＝義経(粗野・暴力)という図式においてであろうから。

タイトルはいう、「入道相国はこのように人の道にはずれたことばかりなされたので、その死際のよいわけもなく」――「平家物語」「源平盛衰記」はた、壇の浦もののいずれに原拠があるのか、「人の道」による評価が、製作の側から語られる。それは括弧つき、あるいは傍点つきの「人の道」で、おそらくここで観客を失笑させる、パロディとしての、悪い冗談としての「人の道」なのであろう。

ともあれ、「奢る平家は久しからず」、その滅亡のありざまを、能登守教経が代表する。たしかに平家の武士的部分は、「獅子奮迅の立ち廻り」を演じた教経によって代表されるだろう。しかし、それに、奢りによって滅ぶ半貴族として平家の違和的部分なのである。平家代表はやはり、親子ながらおめおめと生き恥をさらしてしまう宗盛たちによって、その武士性喪失の、優雅な負けざまによって、描かれねばならぬのではないか。

二位の局と、安徳幼帝の入水、赤旗と琵琶をからめての形象化は、みごとである。旗が垂れ琵琶がはたとなりやむ時――平家は滅ぶ。それは美しいものは滅びなければならぬという命題の実践である。厳島神社のあの平家納経、あれほど美しいものを作りえた一族が、どうして現世に生き残りえよう。シナリオ段階では性に早く行きつこうとするためか、いささか簡略のうらみがある。エロスを喚起するためのタナトスをここではこってりと形象化してほしい。女官が投身する。花弁のように、水中花が開くように、夢がひろがるように、滅びは何よりもまず美でなければならない……。

ここで始めて建礼門院がカメラにとらえられる。それはきわめて効果的な登場である。気《け》遠くなるまでの黒髪、波にゆらめく黒髪が、くまでにからめられ、ひき上げられて……。いくさはてての海には、血の赤旗がはてしなく漂いつづけている。

思えば硯、軽石等を抱いただけでは沈みえなかったというような、そんな物理的な話ではないのだ。死が、そんな一瞬のものであるほどに、女院の業《カルマ》は浅くない。生き恥の恥をさらし、凌辱されねば、業《カルマ》ははてないのだ。それほどの美を門院は担っているのだ。

私はひたすら、期待する。かつてパゾリーニの『ソドムの市』の、美少女、美少年が、私のイメージとまったく違うことに驚いた。ソドムの市の犠牲《いけにえ》たりうるほどには、彼ら彼女らは美しくはなかった。私の美意識を押しつける気はさらさらなく、また押しつけようもないが、神代のえらび、神代が形象化する「美」が、よしどのようなヒエラルキーのものであろうと、その絶巓をきわめるものであることを私は切に期待する。

女房(女官)たちの群れにカメラは移る。私は、ふと、ついに映画化されざるシナリオ、深尾道典の「曠野の歌」(「蛇海・新家族」所収)を想った。それは本作と同じく、平家一門滅亡以後の女房たちの生をとらえた執拗な作品であった。

神代にとっての遠景ないし添景が、深尾にとっては主題なのだ。まったく同様、神代の主題〈犯される女たち〉〈女たちを犯す男たち〉は、深尾の部分であり、表層であるにすぎない。両者どちらに優劣があるか——そんな問題提起は不可能である。同じ平家滅亡に材をとりつつ両者は別次元に属している。深尾には救いがなく、神代には救い、性による救済がある……そのことは、いずれもう一度ふれねばなるまい。

犯される女房たちの群れを、オムニバス的にきっかりと追う。神代の意図は十分納得できる。しかし、そのことによって「女房と義経」という関係の特殊性が増幅されず、むしろ敗北の女と勝者としての男の関係一般性の中に、稀薄化されるおそれがあるのではないか。伊勢の三郎が少将にいう「戦さがなかったら、私のような田舎武者が、貴女のような高貴なお方とこうしておられるなど、夢にも思い及ばなかったこと。そして、おかしなことに、貴女を海からお助けして以来と言うもの、私は恋してしまったようです」——そして脅迫、それに対する少将の反応、すべて、義経と門院の図式そのままではないか。このことばをそのまま、門院に対する義経のことばとしても、立派に通用するだろう。三郎―少将は、義経―門院の関係の縮刷版《ドウデッツ》・文庫版《レクラム》なのである。問題は、三郎＝少将が義経＝門院に先行する点にある。パロディが先行し、本番が次にくる。この構造は、やはり権道《けんどう》というべきであろう。

いや、そう思うのも私の固定的な発想のせいで、両者は予告篇と本篇の関係かも知れない。いずれにせよ、いささか重複感がある。これは別段非難しているのではない。三郎は小義経であり、少将は小建礼門院なのである。

建礼門院の敗北は、平家の敗北ほど、あっけなくはない。門院が、巧緻なのではなく、義経の側の心理的動揺も作動《さどう》している。一進一退、一攻一守、しかし、じりじりと門院は追いこまれてゆく。

人買いたちが雑仕女《ぞうしめ》を買いとって、荷車につむ。私がもし神代ならば車の輪をくるくる廻して、いかにも運命ないし時間の象徴めかすところだが——。人買いは雑仕女を検査・検身して「その手を鼻先へ持って行って、「長い戦いの汚れ、ひどくにおいますよ。……」と「大満悦」する、これは効果的な発想である。平家の一門は、どのように食糧を調達したか、「平家物語」には、かかれていない。まして風呂は……。吉三のいやらしく馬鹿ていねいな言葉遣いも適切である。みめの悪い左京をことさら太郎がえらんだ理由なども、性を笑いに転換して、さすが、マルチプルにとらえている。夜っぴてのオージーを背景にして、門院(何という象徴的なことばか!)の扉はすこしずつ開かれようとする。

かたわら、江木の源三としの井の悲劇なども、巧みにおりこまれる。「花のような若武者」の江木の源三がしの井に舌をかみ切られる。夫を源三に打たれたしの井を、源三が選ぶという数寄さ——しかも、しの井は死ぬことさえもできず、片耳をきりおとされて、醜貌の四郎のものにされてしまう。

義経はさすがに、至尊至上の国母を犯すということに一抹のおそれを禁じえない。平家一門の中の生存者維盛が熊野にいるという報知を手に、それをとり引きにしようというのである。「若し、陛下おのぞみならば、維盛卿のお命お助け申し……」、しかし、私たちの常識として、「維盛の発見の報知」などという物理的に困難な手はつかわずとも、現にこの壇の浦で、門院の兄、一門の代表者宗盛とその子が捕われていることを知っているのだが。維盛は甥だが、宗盛は兄。宗盛の方がより効果的だ。

義経は、ことばのかぎり、術策のかぎりをつくす。源平二氏の相剋は終り、二氏あいむつむ時は来た。わたしとあなたの肉体の交りこそ、当為であるというのだ。神代の巧みさは、この様な一途の進行を、「八百万の神」「神も仏も御覧じ下さい」等の門院のことばが、阻害するという設定にも明らかである。それはこの『夜枕合戦記』という性のメルヘンにささやかな現実感を与える。シュリンクする義経と三郎、戦争の英雄が、性の英雄たりえぬおかしさ。

「三郎、お前、若しかしたら、この義経、女院を犯し奉らば、神罰のあたろうと思うていはせぬか」「俺の一物、神の怒りにふれてち切れてしまうとでも」「……やはりこの日本の帝は神の御分身……その后とて同じでございましょう。御后を犯し奉るは、神を犯し奉ると同じ……」しかし、男たちが、脅えはじめた時、すでに女院の側が自壊作用を起しているのだ。維盛云々は、女院にとっても、乗りやすい口実であったのか……。

私は義経の母常盤と清盛の関係を、もっと強くおし出すべきであると思う。「我等、親同士がむつみ合うた、その子同士」——それを逆転して、門院を犯すことは、母を犯され、奪われた子の復讐であるとすることも可能である。母を犯すことが、多くの男子の潜在願望であるとしたら、今、国母を犯すことで、久しいサイキックトラウマを回復しようとしているのだ。母犯しとしての国母犯し、そんな発想もありうるのではないか。

門院の捨身にもかかわらず、同時進行的に維盛の捨身が、すなわち熊野の浦での入水が描かれる。とすれば門院の献身は、虚しいものであった。しかし、真実をいえば、門院の扉はこのとき門院自身によってもはや大きくあけ放たれていたのだ。維盛など、もはや念頭におくまい。

それにしても、このシナリオにおける敬語ほど、敬語の毒を、私たちに与えるものはない。神代はみごとに、設定している。「女院の足をお開き申し、御尻をお上げして」「女院はお叫びになる。居茶臼の形におなりである。」言語表現としての毒を、どのように映像表現としての毒に転換するか、神代の手腕を期待したい。

門院の最後の一言、「これが、生きることなのですね！」——しかし、門院の現実において性による救済などありっこないのだ。たしかにこれが生きることかも知れない。高倉帝の与えなかったものを、義経は与えたかも知れない。しかし、帰洛後の女院が、どうなったか。「生きること」の発見を続けえたかどうか。剃髪染衣、大原寂光院の閑居という名の閑居、そして孤独な死しかなかったではないか。神代は「これが生きることなのですね」と門院に叫ばせて、観客に何を感じさせようとしたのか。性の歓喜と受けとる者、笑いの衝動に駆られる者……私にはわからない。文字としてのシナリオ批評の、これが限界というものであろうか。

（まつだ おさむ・国文学者／「シナリオ」一九七七年五月号／「闇をうつす映画館——松田修の銀幕評論」ブロンズ社、一九七七年所収）

今号の問題作批評

日本映画の貧しい状況が反映…

矢島 翠

外国暮しをはさんでここ数年間、日本映画の新作に関しては私ははなはだ怠慢な顧客だった。神代監督の作品も「四畳半襖の裏張り」以来はじめてなのだが、週日の昼さがり、ひとにぎりの孤独な男たちが点在している映画館に「壇の浦夜枕合戦記」を見に行ったのは、「四畳半襖の裏張り」のなかの一兵卒の、哀れさ、おかしさ、図太さのまじったあの卓抜なセックスの場面が忘れられなかったためである。

「壇の浦夜枕合戦記」を見終ったあとはうらさびしい思いだった。「四畳半襖の裏張り」のころよりさらに深まった日本映画界の悪戦苦闘の状況、そのなかでやせ細って行く一方の映画づくりの土壌が、このポルノ時代劇に反映されているようにみえる。平家滅亡の叙事詩に、それより昔から行われていたフダラク渡りの話をかさねて、末世観を強調しようとしたかにみえるせっかくの着想も、国母を犯すという挑発的なエロティシズムも不発に終り、監督の考えや感覚がやせた土壌を圧倒して観客に迫ってくるにはいたらない。いや、状況の貧しさのゆえに監督の構想が実らなかったというべきなのか——それは悪循環なのだろう。

もともと、人を殺した荒武者の手が十二単衣をかきわけて貴顕の女を犯す、というポルノの新手の設定がなりたちうるかどうか、疑問である。伝統的ないし精神的な階級差が欧米に比べてあいまいな日本では、貴賤の差の代りに、要するに物と金のあるなしの違いが支配しているにすぎない。権力はあるが権威はない社会。そのなかで上﨟凌辱の夢想ははたして特別な刺激になりうるものだろうか。

原則的になりうると仮定しても、映画が描く貴賤の差は、あまりにもおぼつかない。京の宮廷文化と結びついた平家と、関東武士の源氏の対立は、美術や俳優の演技力の制限、そしておそらくシナリオと演出の誤算も加わって、浮びあがってこない。冒頭の清盛の乱行のくだりからして、平家の「奢り」を強調するためにはその現れかたが粗野すぎ、都市対地方の文化の格差がなさすぎる。この部分はなくもがなである。

壇の浦の合戦にしても、一大ロケなど予算上問題外だとしたら、絵巻物だけで押す手もあったのではないか。空を背景に船上の教盛が荒れ狂う姿などだけを部分的に撮すのは、どうにも苦しい。そして、あるいは入水し、あるいは捕われてポルノ場面に活躍することとなる女房たちの、そして建礼門院(渡辺とく子)自身の、どうみてもそれらしくない容姿振舞。ぎゃあぎゃあ泣きわめく声が不必要に多く、まるで安キャバレーの火事である。こうした数々の障害を越えてなお、観客が上臈凌辱の快感を共有できるとしたら、日本男子の想像力は大したものといわねばなるまい。

一方、平家物語にも出歯で色白、とされている義経(風間杜夫)は、貧相な半面妙にこすからい若者に描かれている。ここで面白いのは、彼もその腹心の部下である伊勢の三郎も、ミカドの后を犯し奉るのは神を犯し奉るのと同じ、という考えを捨て切れず、しかし一度相手が落ちればひとりの女としてなぐさみの限りをつくすことである。たてまえとしての天皇の神格化とうらはらに、「尊いお方とする時は……」という春歌のメロディーとともに、天皇家の性や狂気のうわさ話をひそかなたのしみにする――それが明治以後の天皇制国家においても、民衆のほんねだったのではないか。

その基盤に立って、監督は義経＝女院の情事を中心に平家物語のパロディーを描こうとしたのか、どうか。肝心のところが不確かなのは、人物、とくに女たちが、登場するだけですでにパロディーになってしまっているからである。そのどこまでが監督の意図なのか、あるいは女優さんたちの持ち味・演技力のとぼしさからくるものか、判断しにくい点が弱い。

そして部分的に――とくにフダラク渡りと、それに関連する維盛入水のエピソードなどにおいては、演出は奇妙にまじめなので、何やらわからなくなるのである。南海のフダラク山にいます観音のみもとへ、熊野の那智の浦から絶望的な航海に乗り出して行ったアウトサイダーの僧たち。同じ沖合いで入水する平家の嫡子維盛。二様の死への門出と、建礼門院の性とはどう結びつくのか。悪戦苦闘のなかで映画が一点に収斂して終るのではないかという期待もあったが、義経の命じるままにお腰を高く低くお回しになる女院のあえぎと、死のユートピアをめざす聖の念仏は、ついに分裂したままだった。

(やじま みどり・評論家／

「キネマ旬報」一九七七年六月上旬号)

『壇の浦夜枕合戦記』牧れいか、渡辺とく子

（神代辰巳エッセイコレクション）

今年は撮れそうにありません

今年春に母が死にました。胃ガンでした。去年の十二月、「ひらけ！チューリップ」と云う映画をとり終えてから、九州の実家へ帰って、二ヵ月間ぐらい、母の死をみつめていました。かたわら、東宝の仕事をすすめていましたが、流れてしまいました。

四月、日活から「壇の浦夜合戦記」をやれと云うことで、シナリオにかかりました。

「平家物語」その他六、七冊の参考本を読むために一月半かかりました。そんなにかかったのは、古文を読む力がないので、久しぶりに、大学受験をするような感じで、「平家物語」を読み終るのに苦労した故です。一稿が終ったところで、六月クランク・インの予定が、会社の都合で、二ヵ月延期になりました。ちょうどその頃、キネ旬の白井さんから、パリで日本映画シンポジウムをやるので、一緒に出席しないかと云うお話がありました。ヨーロッパははじめてでしたので、すぐとびつきました。往復十日前後、フランスですごして来ました。大した感想もないのですが、滞在中、大島渚監督の「愛のコリーダ」を見た時はかなりショックでした。映画の中で本当にセックスをすると云うことについてですが、見終った直後、これからは一体、日活ロマン・ポルノをどうとったらいいのだろうと、頭の中がくらくらしました。現実にやることの強さ、重さの前で、ロマン・ポルノのやっているように、してるらしく見せる弱さ、軽さをいやというほど思い知らされました。らしく見せると云うことは映画にとって、最も、しらける部分だとかねがね思っていました。らしさではなくて、事実にどうせまるかが、私の映画作りにとって最も大切なことだと思っていただけに「愛のコリーダ」の持っている重さに、私は、目の前がくらくらしてしまったのでした。そしてそう云う表現の許されない日本で、その種の映画をとる場合、そのことはどうしようもない、殆どお手あげの課題になってしまいます。フランスでの滞在はわずか十日でしたけど、私はすごく重いカセを背負って帰って来ました。

帰ってから一月ぐらいで、「壇の浦夜合戦記」の決定稿は出来あがりました。殆ど撮影に入るばかりでした。キャスティングも、建礼門院の渡辺とく子、源義経の地井武男ときめましたが、日活との間で、どうしても、予算のおりあいがつきませんでした。一時はセットもいらない、全部、黒バックででもやるから、予算のおりあう中でとらせてくれとがんばってみましたが、事実、そう主張してるときは、それなりに面白い表現をすることが出来るつもりでした。と、云うものの、私もいくらか感情的になっていたのも事実で、一応製作延期と云うことになったのでした。

三ヵ月近くおふくろの死と関わりあい、後の五ヵ月、映画が二本流れて、さて今年はどうして暮らそうと、食うに困っていた時、友人の蔵原惟繕監督から、彼が京都でやっているテレビ映画「必殺からくり人」のシナリオを書かないかと誘われて、すぐに飛びつきました。一月程京都に滞在して、工藤栄一さんが監督される「からくり人」と蔵原さんのそれと二本書きあげて、まあ、何とか今年も年を越すことが出来そうな気配になりました。「壇の浦」について云えば、九月になって、ようやく撮影のめどがつきました。多分、来年の二月か三月頃、クランク・インの予定です。そう云うわけで、今年一年、とうとう一本も映画をとることは出来そうもありません。（「キネマ旬報」一九七六年十一月上旬号）

20

赫い髪の女

【公開】1979年2月17日封切
製作配給＝にっかつ　カラー／ワイド／73分　併映＝『川上宗薫・原作　白いふくらみ』（監督＝白井伸明）『狂った性欲者　主婦を襲う！』（監督＝和泉聖治）

【スタッフ】
プロデューサー＝三浦朗　企画＝山田耕大　原作＝中上健次『赫髪』　脚本＝荒井晴彦　撮影＝前田米造　照明＝川島晴雄　録音＝橋本文雄　美術＝柳生一夫　編集＝鈴木晄　記録＝森田熔子　音楽＝憂歌団　助監督＝上垣保朗　加藤文彦　スチール＝目黒祐司　製作担当＝栗原啓祐　方言指導＝李学仁

【キャスト】
赫い髪の女＝宮下順子　光造＝石橋蓮司　孝男＝阿藤海　和子＝亜湖　アル中の男＝三谷昇　春子＝山口美也子　光造の姉＝絵沢萠子　その男＝山谷初男　シャブ中の女＝石堂洋子　その亭主＝庄司三郎　社長＝高橋明　人夫A＝佐藤了一

⦿キネマ旬報ベストテン4位
⦿映画芸術ベストテン2位
⦿ブルーリボン賞作品賞・監督賞

【物語】

海辺の国道を、ひとりの赫い髪をした女が歩いていた。一台のダンプが擦れ違い、女の赫い髪が舞った……。ダンプ運転手の光造には、孝男という仲間がいて、三ケ月前、社長の娘の和子を二人でマワしたことがあった。それ以来、何故か和子は孝男に惚れたらしく、昼休みには弁当まで持ってくる。やがて降り出した雨、ダンプで山道を走っていた光造と孝男は赫い髪の女を道端で拾う。光造は女をアパートに連れ込んだ。光造は女を抱いた。女は別の町にいて、亭主から逃げてきたのだという。「子供がおったんよ、上が四つ、下が三つ、二人とも男…」けれど、それ以上のことは何も話さないし、名乗りもしない。雨は降りやまず、現場のない光造にも休みが続いた。光造と女にとっては、飽かず肌触れ合わせる毎日だった。孝男のほうは和子に呼び出され、今度は合意の上で関係を結ぶが、和子が思わぬことを言い出した。「うち、お腹おおきいんやで。気イつかなんだ」妊娠している和子は、父親が孝男だと決めつけ、一緒に駆け落ちしようという。鬱陶しがっていた孝男だが、いつしか本気になっている自分に気づく。光造は女を姉に引き合わせるが、姉はどこかの町で彼女を見掛けたと言う。帰り道、おびえる女。光造には、ただ女を抱いてやることしかできなかった。ある日光造は成り行きで女を孝男に貸す羽目になる。暴れる女、しかし、抗う叫びはやがて喘ぎへと変わっていった。光造は、路地をうろつくアル中男に誘われ、その娘の春子を買う。気が乗らなかったが、春子に乗られるうちイッてしまう光造。部屋に戻ると、女はいなかった。今や光造にとって、誰よりも女が愛おしかった。女が戻ってきた。そのころ、町を去っていく孝男と和子。「雨が降ってるから、今日もこんなにしておられるんやねえ……」雨はやまず、光造と女の抱擁は、いつ果てるともなくつづいた……。

『赫い髪の女』

山根貞男

一九七一年末、経営的に行き詰まった日活は、低予算のポルノチックな作品によるロマン・ポルノ路線を開始した。最初のうちこそキワモノ視されたものの、この日活ロマン・ポルノは、低予算でセックスを売りものにした作品をつくるという枠のなか、いわばその枠を逆手に取って、さまざまに意欲的な作品を生み出し、広く注目を浴びるようになっていった。以来十年、すでにロマン・ポルノは日本映画の中で大きな位置を確実に占めている。(この間、七八年、日活は〝にっかつ〟と改称された)。

ロマン・ポルノの勢力の大きさは、なによりまず、量産体制ということと結びついている。七〇年代に、他社はそろって作品数を減らしていって、プログラム・ピクチャー体制が揺らぐことになったが、にっかつ一社だけは、いぜんとしてプログラム・ピクチャーづくりに徹し、路線としてのロマン・ポルノ作品を量産しつづけてきた。その量とエネルギーのなか、質的に高い作品が生み出されているのである。そしてロマン・ポルノ路線からは、何人もの個性的な監督が出現した。たとえば神代辰巳、村川透、田中登、曾根中生、小沼勝、加藤彰、小原宏裕といった人たちである。これらの監督たちが真に映画的な才能と個性を持っていることは、このうちの多くが他社作品も手がけ、成功をおさめていることに、よく示されていよう。

中でも神代辰巳の活躍はめざましく、にっかつ内外において多くの魅惑的な映画をつくりあげた。ロマン・ポルノ作品で言えば、「一条さゆり・濡れた欲情」(七二年)、「四畳半襖の裏張り」(七三年)などは、その濃密な映画的おもしろさによって、ロマン・ポルノ全体の社会的評価を決定的に高めることとなった傑作である。そして、七九年の「赫い髪の女」において、神代辰巳はロマン・ポルノ路線のいわば頂点をきわめ、見事な作家的成熟を示した。

この「赫い髪の女」は、中上健次の小説『赫髪』を原作にしたもので、行きずりの男女のただれるような愛欲の日々を描き、見るからにドラマティックなところはほとんどないに等しい。画面では、一対の男女のセックス模様ばかりが、ひたすら描かれてゆく。が、そこには、人間にとっての性愛の何であるかが深々と表現され、そのことを表現する画面それ自体の濃密な官能性が、映画というものの官能性を豊かに訴え出してやまない。つまりこの映画には、見かけだけの表面的なドラマではなく、性愛の官能性と映画の官能性を一つに重ねた形で、真の意味のドラマが繰りひろげられているのである。

主人公の〝赫い髪の女〟(宮下順子)には、名前がない。というより、名前も正体もついにわからない。ダンプカーの運転手・光造(石橋蓮司)は、雨の日、仲間の孝男(阿藤海)と車を走らせている途中、無人スタンドのところでカップめんを食べているこの女を見かけ、いたずらをするつもりでダンプカーに乗せてやる。それ以来、女は光造のアパートの部屋に、まるで捨て犬が居ついてしまうように、住みついてしまった。女と光造は、蒲団を敷きっぱなしの狭い部屋のなかで、来る日も来る日もセックスに溺れる。雨が降ると光造の仕事は休みになるので、女は喜びさえする。女は赤いセーターに半纏をひっかけただけの姿で、持ち物はなく、子どもが二人いたとか、怖い亭主から逃げてきたとか語るけれど、本当かどうかわからない。光造はそんなことに関心を示さず、女の名前を聞こうともしない。光造は少し前、孝男といっしょに仕事先の建設会社社長の娘・和子(亜湖)を強姦した。その和子が妊娠して、

『赫い髪の女』宮下順子、石橋蓮司

孝男に駆け落ちを迫る。光造のほうは、それとは無縁に、赫い髪の女とのセックスの日々にのめり込んでいる。光造の部屋の下には、覚醒剤中毒の女が亭主と住んでいて、ある日、そのシャブ中の女が、上から洗濯物を落とした光造の女に、殺してやると怒鳴って迫る。光造が帰ってみると、女は怯えて蒲団にくるまり、光造のパンツを裸の上にはき、震えていた。どうやら女には追いかけられているという強迫意識があるらしく、時おり異常なほど恐怖心を示し、すぐ泣いてしまう。

　光造は女を、姉夫婦のところへ連れていった。呉服の行商をしている姉夫婦は女をどこかで見かけたような気がすると言う。そのときも女は、怯えの表情を示す。帰り道で泣く女に、光造は、お前がどこで何をしていようと自分はかまわない、と語る。が、そのあとアパートへ戻ってのセックスでは、亭主との性交体位を迫る女に、光造は情欲をたかぶらせ、二人はどろどろに燃えてゆく。二人のことを知った孝男が光造に、和子の妊娠した赤ん坊が光造の子かもしれないことを言い、女を自分にも回せと迫る。その夜光造は女とのセックスを中断し、孝男と替わる。女はむろん驚き、いやがるが、やがて孝男に応じてゆく。光造は霧雨のなか、安バーへ行って、アル中の父親を持つバーの女・春子によって、たかぶっていた性欲を処理する。光造がアパートへ戻ると、女の姿は見えなかったが、やがて女は風呂から帰ってくる。雨のバス停では、孝男と和子が駆け落ちするべくバスを待っている。一方、赫い髪の女と光造はアパートの一室で、いつもと同じように、セックスの渦に溺れ込んでゆく……。

『赫い髪の女』宮下順子

　この映画でなにより特筆すべきことは主役の宮下順子の圧倒的な存在感である。七二年以来のロマン・ポルノ主演女優としての経歴を持つ宮下順子は、名前も正体もわからない、ただセックスの塊みたいな女を見事に、なまなましく演じきった。考えてみれば、役柄についてなんの説明もないこんな人物像は、きわめて演じにくいものであろう。だが、冒頭の、路傍にうずくまってカップめんをすする姿のわびしさから始まって、行きずりの男の部屋にすんなり住みついてしまうなれなれしさ、来る日も来る日も自分から男の体にすりよって、性欲の深みへのめり込む淫乱さ、あるいは性への渇きの深さ、なにかといってはすぐに泣き、恐怖に怯え、すぐにまた屈託なく晴れやかに笑ったりする感受性の豊かさ等々、宮下順子の演技は、一人の女の姿を、心と肉体の双方において鮮やかに浮かび上がらせている。
　ことに多くのセックス・シーンにおける宮下順子の演じっぷりには、目を見はらせる迫力がある。単純に言ってしまえば性の歓びを好演する女優は数多く見られるが、この映画での宮下順子は性の悦楽を演じつつも同時に、まるで逆の性の哀しさといったものを感じさせるのである。セックスの悦楽と哀しさが同在するとは、いったいどういうことなのか。明らかにそれは、人間が性を享楽しながらも、その反面、性欲という枷《かせ》に縛られている存在だということであろう。宮下順子の女が飽きることなく、セックスを迫り、石橋蓮司の好演する光造がその要求をつねに受け止めてやる姿からは、性愛の強い力に捕えられ衝き動かされている人間の輝かしいとともに哀しいありさまが、感動的に浮き立ってくる。もとよりそうした性愛の何たるかを描くことが、この映画全体のテーマであることは言うまでもない。
　もう一点、特筆すべきことは、画面の濃密な美しさである。とくにさまざまなものの色が、匂い立つように美しい。雨に濡れた草むらの緑、河原の土や砂の褐色、汗と体液のしみた万年床のくすんだ色、雨の中を歩く女のセーターの赤、その燃えるような髪の赤茶けた色、女の裸体に男が塗る口紅の赤、等々、あらゆるものの色が、官能的というにふさわしい力で迫ってくる。そして、いわゆるキャメラの長回しを多用した画面は、濃密な映画空間をじっくり練り上げてゆく。
　この映画は全篇、エロティシズムにあふれているが、それはなにもセックス・シーンが繰り返し画面に現れるからではない。なによりもまず、どんなシーンの画面にも盛られている濃密な美しさが、官能的な力を感じさせる。たとえば、主人公二人が雨のなか、番傘ひとつに身を寄せ合って小さな木の橋を渡ってゆくシーンや、女のいない部屋で光造が、ふと毛を一本つまみあげ、口にくわえたあと鏡台の鏡に貼り付けるシーンなどは、エロティシズムを強烈に放ってやまない。そのようなあらゆる描写にあふれる官能性のゆえに、数多いセックス・シーンが生き生きとし、性愛の深みを表現することになるのである。

また、この映画では、主人公二人の過去がなんら語られず、駆け落ちしてゆく未来も描かれないことのなか、ひたすら現在にとどまってゆく二人の生の営みがエネルギッシュな形で浮かび上がってくる。そこには、一対の男女の営む生活というものの裸の姿が、ありありとうかがえる。だからこそ、セックスの場でしかない狭いアパートの一室が、生活感を充満させて、見る者に何か力強い感銘をもって迫ってくるのであろう。

こうして「赫い髪の女」は、真にすみずみまで官能的に力強い映画である。描き出す一対の男女の性愛、演じる俳優の演技の官能性、それをうつしだす画面それ自体の映画的官能性と、あらゆる側面の官能的な力が、ここでは見事に一体化している。まさにこうした映画は、ロマン・ポルノならでは出現しないものだろう。そして同時に、単にロマン・ポルノの頂点をなすばかりでなく、この映画は、七〇年代日本映画の最高傑作の一つとして輝いている。

（やまね さだお・映画評論家／キネマ旬報増刊「映画史上ベスト200シリーズ 日本映画200」一九八二年）

水の女、敗北する男――『赫い髪の女』

上野昂志

ひっきりなしに雨粒の流れるダンプカーのフロントガラス越しに女が見える。女は、無人のコインレストランの前で、雨に濡れながら、うどんをすすっている。ダンプカーは、いったん女の横を通り過ぎてから停止し、バックしてくる。運転席のドアがあき、男が声をかける。女が乗りこんでくる。

男(石橋蓮司)と女(宮下順子)は、こうして出会う。それは、出会いというよりはむしろ、男が女を拾ったといったほうが正確に思えるが、しかし本当のことはわからない。女のほうが、自分を拾わせるように仕向けていたのかもしれないからだ。が、ともあれ、雨の日に、濡れそぼってうどんを食べていた女は、同時にその秘められた股間から経血を流していたということにより、その基本的な性格をわれわれの前に呈示する。すなわち、彼女は、常にその周りに水を配したところの水の女なのだ。

だから、男の部屋で、彼と交わりながら女が開いたガラス戸の向うに、雨が降っているのは当然のことだ。たとえ窓を閉じて、カーテンをひいてしまっても、流し台のうえでは、締りの悪い水道の蛇口から絶えず水がしたたり落ちているのだ。そして女は、男との交わりの合間に、水を飲み、ラーメンをすする。うどんといい、ラーメンといい、それらがつゆに浮いていることは断わるまでもなかろう。彼女は一度だけ、お好み焼き屋に行き、男に向かって、「初めて食べ物らしいもん食べるわ」というが、それがお世辞にすぎないことは、肝腎のお好み焼きを、彼女はビールでほとんど流しこまんばかりにして食べていることでも明らかであろう。女には、水が絶対不可欠なのだ。そしてそのために、画面は常に水気を含んでじっとりと濡れているのだ。

だが、むろん、ここに流れている水は、雨や水道の水やビールといった、外にあるものばかりではない。交わる男と女の体からは汗がふき出し、唾液が糸のようにしたたり、精液があふれるのだ。おまけに女は経血を流し、そのうえ、あれは男の姉の家に二人で行った帰りだったろうか、雨のなかで涙まで流してみせるのである。かくして、この、窓ガラスと薄い扉一枚で区切られた男の部屋は、体外を流れるさまざまな水と、体内を流れる水の循環する場としても、否が応にも、濡れそぼるほかはないのである。

男は、そこにとらえられる。初めは、ちょっとした出来心で拾ってきたつもりの女に、反対にとらえられてしまうのである。いつでも好きなときに叩き出せるくらいのつもりでいたのが、抜きさしならなくなってしまうのだ。彼は、この圏域から、いや、この水域から脱出を計ろうとして、女を友だちにマワしたりもする。そうやって、女との間に距離を作り出そうとするのだが、ものの見事に失敗する。それは、愛のためでもなければ、女の肉体への執着のためですらなく、たんに、自身の肉体のうちに循環して出口を求める水のためである。「男なんて同じや」というのは、友だちに女をマワした夜に、たまたま出会った飲み屋の女(山口美也子)が、椅子のうえで彼と交わったあとに吐くセリフであるが、そこにははっきりと、男である彼の敗北が宣せられていよう。

男は敗北するのである。いっとき勝利を夢みる瞬間がないとはいえないが、しかし必ず敗れるのだ。この映画の、終りのない男女の交わりは、それをはっきり示している。そして、神代辰巳は、その敗北をひき受け、それに耐えようとしている。それが感動的なのは、彼がそのように男の敗北をひき受けることで、いとも真面目に、映画なるものへの作家の不断の敗北に耐えようとしているからである。

（『官能のプログラム・ピクチュア　ロマン・ポルノ1971-1982全映画』フィルムアート社、一九八三年）

『赫い髪の女』でくりひろげる女のなかの愛慾の極致

座談会＝宮下順子・石橋蓮司・神代辰巳

『赫い髪の女』宮下順子、石橋蓮司

宮下　神代さんの作品に出るのはこんどが四本目なんですけど。

神代　『壇の浦夜枕合戦記』、あれは白拍子の役で脇だったけどあれから二年経っている。『四畳半襖の裏張り』の袖子の時はまだしろうとさんだったからね、順子さんは。いまはもう大女優ですから、ラッシュみててもそういう力が出てるね。

石橋　宮下順子さんというのは、ふだん付合ってる時と画面でみるのと随分イメージが違う。画面でみると、やたらと奇妙なディテールというかニュアンスみたいなのがあるのに、日常ではそんなディテールなんか無視してどんどん行っちゃうみたいな。

神代　順子の良さというのは気取らない良さかも知れないね、一番目は。ガラッぱちと、しかも写るとおきれいじゃない。それが同居している。その辺が魅力じゃないかな。

石橋　画面でみると受身の凄いいろっぽさがあるのに、撮り終ると大までガッパガッパと歩く（笑）。それでうちへ帰って落っことしたみたいなものをどんなふうに考えているのか知らないけれど、また翌日とりもどして撮影に行くのかなあ。（笑）

神代　さっき言ったガラッぱちというのは訂正するよ、腹くくってやってることの明るさみたいなものと日本的なしとやかさとが一緒になってるのがよさだと思うよ。

宮下　私、受け身の役が多かったからくせがとれなくて。やさしくなりすぎちゃうのね。

神代　西洋では〝赤毛の女〟というとやや淫乱の女とか淫欲とかいわれる。僕の想定しているのはむしろ天鈿女命《あめのうずめのみこと》みたいな感じじゃないかなあという気がしているんですよ。日本の、昔の、セックスのおおらかさみたいなことの原点にもどるというか、そんな感じにしようと思っているんですけどね。だから、最終的にはね、日本の女の受け身の感じがいいと思う。

石橋　しかし、一緒に演ってると、宮下さんの眼がね、キラッキラッと光ってね、何か媚薬のようなものにどんどんとりこまれるような気持になる。

神代　とても受け身の演技だけとは言えませんねえ（笑）。

石橋　あれは淫乱の意味を身体でわかっている演技ですよ（笑）。

宮下　それは、女ですから。ちょっと本音を出しすぎたかしらと後悔してるんですけど。

神代　出しおしみしないで下さい。今日（の撮影）は、どうしてかおっぱい片方しかみえなかったじゃない。明日はそうはいきませんよ。

石橋　凄い女ね、いくらやっても尽きるということがないしね。昼間男が仕事にでかけている時間さえ耐えている方法知らないっていうふうで。
宮下　女はみんな同じでしょう。
石橋　男の比ではありません。
神代　誰しも感性の一番本来的なところではさ、たくましいまでの淫欲というのがあるわけだよ。男と女の絡み合う理想の図を作りあげて、猥褻度最大のポルノをくりひろげましょう(笑)。
宮下　それにしても、神代さんはだいたい長廻しだから、セリフ覚えとかないといけないし(笑)。いいわけするわけじゃないけど、頭の中にセリフ入っているつもりでも、現場行って動きをするでしょ。セリフ出なくなっちゃうのね。
神代　なかなか迫真の演技で、僕がいうのは失礼ですが、うまくなられた。いま、女優としては最高潮ではないですか。
石橋　神代さんのやろうとしている芝居がよくわかっている感じですね。僕の場合は、わりかし人間とか女とかを、覗いて観察しながら生きてきたもんだから、こんどの映画のように、やるばっかしで、ポーズを構えたり役者としての慣れでごまかしたりしているヒマのない映画っていうのは困ってしまうんですけどね。
神代　ごまかしにくいだろう。
石橋　他の監督さんだと、僕の持ってるもの、それもまあいってみれば作られたものなんだけど、僕の感覚とかキャラクターとかに合ったような役をくれる。だから、ポーズの方を先行させてやる作品が多いし、これは自分としてもかなりやれたっていう納得もできるんだけど、神《くま》さんの作品の場合は、それだとラストまで乗りきれないんじゃないかっていう気がする。そういう意味で、毎日何か憂鬱だしね、非常に疲れるわけ。
神代　いやあ。楽しんでやって下さいよ。
石橋　僕なんかはね、女の考えていることを探ってね、こう男の側の理由をつけてから肉体で女に近づこうとするんだけど、こんどのようにいきなり肉体で入っていって、どんどんやっていっちゃう光造みたいな男の役は冒険というか、いい年齢して冒険も何もないんだけど、くそまじめに言えば自分が根底から変革されるんじゃないかって恐怖ですよ。
神代　蓮ちゃんの言ったことは芝居みててわかるよ。それなりに演ってもらっている気はします。
石橋　ちょっとやりすぎたかなと思ったり自分でかくしもってるつもりのものがどんどんさらけ出されそうで、出したくないって抵抗もしたりして。
神代　それでもどんどん射精しちゃったりね(笑)。
宮下　私は蓮ちゃんと違って、セックスというのは、理屈とか何もない、何も考えないのね。
神代　僕の所の田舎で、昔は夜這いとか何とかがあって、される方もする方もわりと罪の意識みたいのなしでやってた。そういうのが昔あったとしてね、その夜這いの結果子供ができたとするね。すると、その女に夜這いをかけた男が、五人ぐらいいたとするか。すると子供がはいはいをする頃になると、男たちがこう円陣を組んで坐って、その子供がはいはいをしていった先の男と、女は結婚するという、そういう昔話があるわけ。日本の男と女のセックスというのはだいたいそんなんじゃなかったろうかという気が僕は強くするんでね。だから、あなたを愛したから、あるいは恋したからセックスするっていうんじゃなくて、やるまえに理屈をつけてやるのはどうも違うんじゃないか。だから、これはそういう映画にしたいんだけど。

『赫い髪の女』撮影スナップ。神代辰巳、宮下順子、石橋蓮司

石橋　監督のいうおおらかなセックスとは僕なんかまあ不幸にして(笑)逆なところで育ってきていて、セックスは好きなんだけど、例えば夜這いという慣習なり構造なりが今の僕の廻りにあったとしても、自分はやらないだろうという気がする。
神代　〝赫い髪の女〟ともう一人別に和子という女が登場する。これが、蓮ちゃんの演る光造と阿藤海君扮する孝男の二人に強姦されるんだけど、和子は、孝男が先にやったから孝男と結婚するんだと決意する。女の側から言う、先にやったからという決め方は、さっきの夜這いの相手の男たちが円陣を組み子供がはいはいしていった先の男と結婚するというのとさ、理屈としては同じだという気がするんだけど。順子なんかはどう思う？

宮下　感覚としては何となく分るけど、そういう決定を私はやらないと思う。私だったら黙っているわ。

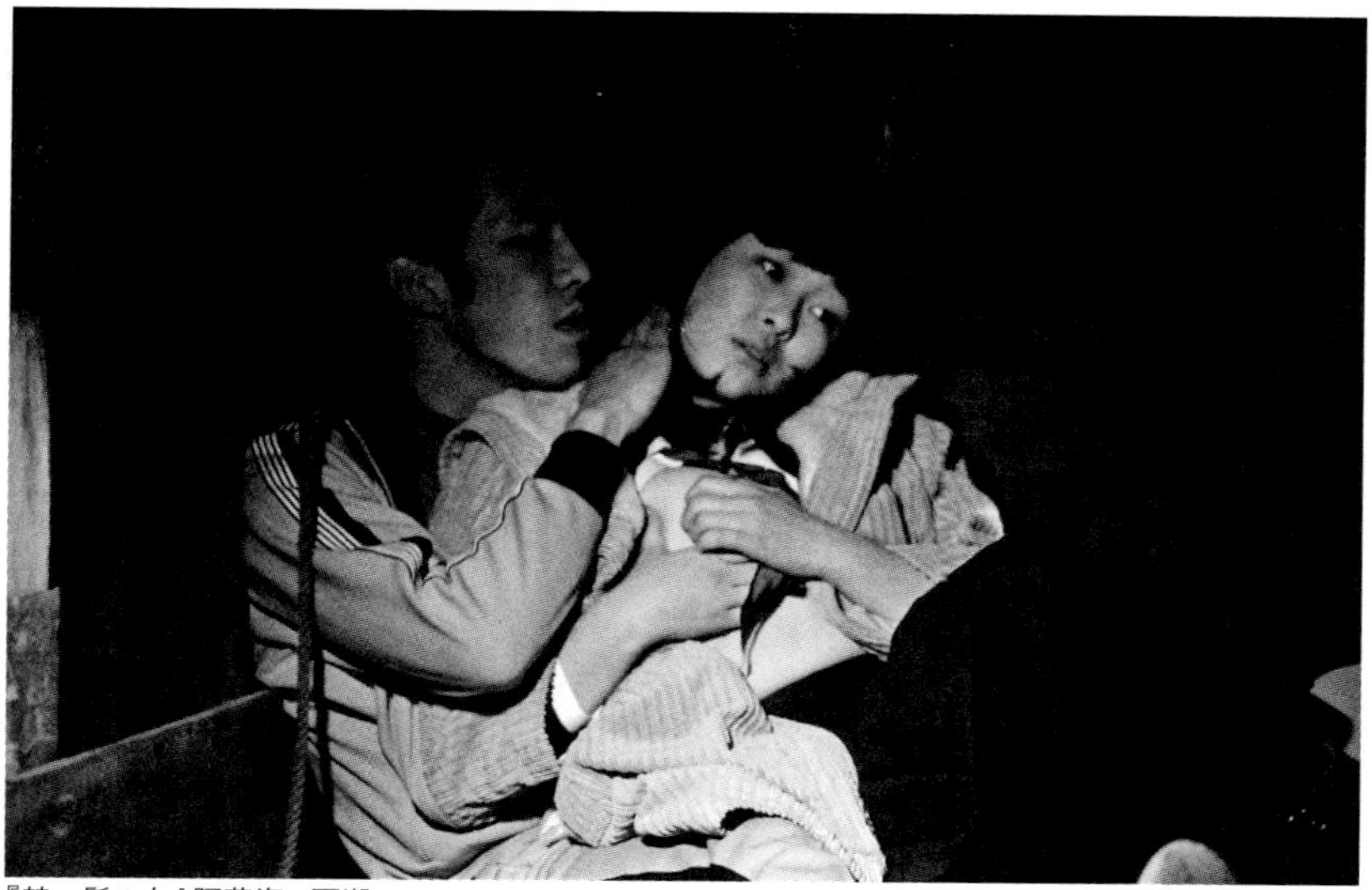

『赫い髪の女』阿藤海、亜湖

石橋　黙って産んじゃうか（笑）。

神代　黙って堕ろしちゃうか（笑）。

宮下　とにかく自分で決めるだろうと思う。

神代　そこをね、日本の昔の、あるいは田舎の、愛とか恋とかセックスとかいうものに近いかたちをとりながらね、〝赫い髪の女〟も、和子も、それから光造の姉なんかもね、そういう原初的な女の構成をとって、映画で試してみようかということなんですけどね。順子のいう〈感覚としては分るけど〉というあたりをね、どんどんさぐっていってさ。

石橋　神《くま》さんの印象はものすごく女の人を知っとる人だなという感じで、男はあんまり関係ないみたいですね。男はどんどん脇の方へスミの方へ、裏の方へ裏の方へ廻されちゃって、とにかくみているのは女しかみてない。あんまりオレが出ても関係ないみたいだな。

神代　そうヒガまないで。横目でみてますよ（笑）。オレ自身意識がそうだもんね。例えばテストを10回やるとしますか。そのうち8回は女の方ばっかりみてるね、どうしても。主役は女ですよ。

宮下　主役としては、身を賭してやらせていただきます。

神代　髪、赤くするのたいへんだったもんね。三回染めなおしたんだって。白っぽくなって非常に傷むんだって？　にもかかわらずやっていただいたことに感謝しております。

（一九七九年一月　にっかつ撮影所）

（みやしたじゅんこ・女優　いしばしれんじ・俳優／「シナリオ」一九七九年三月号）

中上健次『水の女』

神代辰巳

かつて、私は中上さんの「赫髪」を「赫い髪の女」と言う題名で映画化したことがある。

映画化するにあたっては、その小説をはじめて読んだ時の印象を大事にして、原作者（映画を作る立場からこう呼ばせていただくが）には失礼な言い方かもしれないが、その小説を私なりにどう面白がったかと言うことを根にして映画を作って行くと言うやり方をして来たので、時には原作から離れた映画が出来ることがあってしまうのである。そんなことを、前提にしながら今度あらためてこの作品集を読み直してみて、「赫髪」の女主人の映画の上でのキャラクターをひょっとしたら間違ってしまったのではないかと思ったのである。私は女主人公を私の好みにまかせて、どうも神秘的に、と言うのは、例えば、中上さんのこの作品集より後の一連の熊野について書いておられるものの中に出て来るような女達のどこか現実を越えていて、そしてその女主人公達の性だけが彼女達と交わる男達にとってはリアルであると言ったそんな女に「赫髪」の女をつかまえ過ぎていたのではないかと思いはじめたのである。私の描いた「赫い髪の女」と中上さんの「赫髪」の女はひょっとしたらまるで違っていて、あの映画を作ってから中上さんには逢っていないのだが、俺はあんな女を書いてないと、中上さんが怒ってるのじゃないかと、今更ながら忸怩としている。

結論を先に言えば、この作品集の最後の作品、「鬼」を再読してなおさらその感を深くしたのだが、「赫髪」

『赫い髪の女』石橋蓮司、三谷昇、山口美也子

の女主人公と「鬼」の女主人公のキャラクターを重ねあわせてあの映画を作るべきではなかったのかと言う疑問がどうしようもなく浮かんで来たのである。

　私ははじめ赫い髪の女を極めてとらえどころのない女として描いてみた。そのかわり、この拾って来た女は男にとって都合のいいことにセックスが好きで、そのうち、けたはずれて好きなことがわかると、殆ど、荒淫をくりかえし、どうせ道具だとぐらい思っていた男が、女のセックスに対するアナーキーな態度に気付くようになったところで、例えば、インスタント・ラーメンに卵を入れるととってもうまいとか、あそこのスーパーの卵はめちゃめちゃ安いとか、当の女は極めて日常的なことを言ってるのに、男には新鮮に思われて来て、女に同調するようになると、男と女のまじわりはせめぎあいみたいになって来る、と、私なりに女の位置をそう言うふうに置いてみたのである。

　その上で、この作品を映画にする上でむずかしいところが二つほどあった。

　一つは、男と女がイトコ夫婦を訪ねて行ったところである。イトコ夫婦は女の前身をいろいろ詮索するのだが、女は男の背中の後で男の尻をこすってるだけで、イトコ達は女が頭がおかしいんじゃないかと、男に言うところがある。イトコ夫婦がからかってそう言ったとは思えないので、女はおおよその人たちの見るところでは少し頭のおかしい女にうつるのであろうと言うことになる。だが男はすでに女と同調しはじめている。そう言う女をどう映画の上で描ききるかはすごくむずかしいことであった。映画は殆どセックスシーンばかりをつなぐようなものにした。もう女を美しいと男は思うようになって、他人が女の頭がおかしいと言っても、それは真実から離れたところからものを言うたわ言でしかない、と、そう言うふうにこの作品を読みとることにしたのである。

　ここまでは男側からの女の見方である。そして実際、この作品は男側から書かれていて、女の気持の動きは当り前のように無視してある。だが映画には女優が出て来る。女の気持は当然おさえて行かなければならないのである。女は本当のところ、男をどう思っていたのだろう。多分、男を好きだったのだろう。或いは単にセックスの仮の相手としてしか考えてなかったのか。そう言う作業を一からはじめて、女は男のアパートに住みつこうとする気持はあるように見える。そう言うふうに私は映画を作っていった。

『赫い髪の女』山谷初男、絵沢萠子

　ちなみに、この作品集で、「赫髪」の次に収められている「水の女」の女も殆ど「赫髪」の女と同じ境遇にいる。「水の女」の女も男の主人公とのセックスにあけくれるが、そのあげく、男に女郎に売られてしまうのである。

女がそのことをどう思ったのかはやはり同じようにこの作品も男側から書かれていて全然ふれられていない。男は女郎に売ることを少し反省したりするところがあるが、女は当り前みたいに売られて行って、ひょっとしたら男に金を貢いだりしてるのじゃないかと言うふうに感じさせる終りになっている。男が女を自分の家に引き込んだのは「赫髪」の女より、もっと性交をするだけのためにあるようで、女はそれでも男の性器を体全体でうけいれて、その分、男がサディスティックにふるまったりすると、女は泣いたりするものの、性交のありようはちゃんと男と女と五分五分のところでまじわっていて、日常のところで、男がどう女の人格を無視しようと、女はちゃんと性交で、その帳尻を合わせてしまっているように私には思われて、だから男と女を女郎に売ってしまっても、私は男にあまり悪い印象を持たなくてすむように出来ているし、売られたら売られたで又、女は女郎としてけっこうやって行く。男とけっこうやって来たように、かなりけっこうやって行くように思うのである。

女たちは、「赫髪」の女も、「水の女」の女も共通して自分に執着してないようにみえる。世の中とのかかわりあいにきわめて無頓着のように思える。男に対してもそうである。そして、女たちのそう言う現世的なものに対する執着のなさは、彼女たちの性的な執着とはうらはらにあるようにみえる。男とのまじわりに執着すればするほど、性的にアナーキーになるのであろう。そう言う女たちとして書かれているようである。女の性的愉楽はもともとそう言うもので、女の愉悦に男ははまってしまう、女のアナーキーな性に、男が落ちこんでしまう、そう言う映画を作ったつもりである。

そろそろ私は冒頭に書いた私の「赫い髪の女」と言う映画が間違っていたのじゃないかと言う反省の理由を明らかにしていかなければならない。

「赫髪」の女も「水の女」の女もたまたま男に拾われるようにして男の部屋にころがりこむのだが、これは男の側からの見方である。彼女達の気持にそって書けば、たまたま逢った男を彼女達はものにした。彼女達はそれぞれ今迄の男を捨てて、彼女達のためになりそうな男を探しているところだった。男達はそれぞれ荒淫と言えるほどに性欲の強い男達だった。その意味でも、彼女達は満足だった。「赫髪」を女の側からそう読みとっても少しもおかしくない。

「赫い髪の女」を作った当時、私はそう言う発想をまるで持っていなかった。此の作品集の最後の短篇、「鬼」を再読して、「あっ」と声が出る程、自分をうかつだったと思ったのである。「鬼」の主人公のキヨは「赫髪」や「水の女」の男とよく似た男とつきあっている。男は女房と別れてキヨと結婚してもいいと言う。キヨは返事もしない。男と結婚する興味があまりないからである。男とつきあいながら、「オンなしではすまん女」の自分をあつかいかねている。衆の前で道路工事をしている男が「タノム。タノム」と言えば体を開いてやる。キヨはそんな自分のケモノの部分に涙を流す。「うす、イヤラシイのかな」と言う。その分、キヨは男達にサディスティックになる。キヨの男漁りのいら立ちである。

男達が女を漁るように、女達も男を漁る。五分五分のせめぎあいである。そう言うふうに「赫い髪の女」を撮っていたら、もっと違った映画が出来ていた筈である。中上さんの「赫髪」にもっと近づいた映画が出来ていたのではないかと今更のように思ったりしている。

（集英社文庫版解説、一九八二年）

宮下順子
神代さんは撮影中キャメラの横じゃなくて、私の横にいました

聞き手＝高崎俊夫

――宮下順子さんは日活のトップスター女優として数々の名作に出演し、なかでも神代辰巳監督の『四畳半襖の裏張り』（七三年）『赫い髪の女』（七九年）は神代監督の代表作の二本であり、同時に日活ロマンポルノを代表する二本だと思います。この傑作二本を中心に、宮下さんが出演された神代作品や神代監督の人となりについて伺いたいと思います。

最初に、宮下さんが一九七二年日活に入るに当たってはプロデューサー（当時日活の企画製作部長）**の黒澤満さんの存在が大きかったそうですね。**

宮下　そうです。私はその当時ピンク映画をやっていて、それを黒澤さんがみてロマンポルノに引っ張ってくれたわけですから。黒澤さんに直に口説かれたっていうんじゃなくて、その頃、私がいた事務所の人と日活の演技事務所の飯塚滋さんが話し合いをしたと思うんですけど。

――ピンク映画から日活へ移られて、その雰囲気、居心地というのはどうだったんでしょうか。

宮下　すごく楽になりましたよ。ピンク映画はもちろん予算もないし、オールロケでしょう。ピンク映画の場合は、ギャラが一日いくらで本当に大変なんですよ。たとえば朝六時からロケ開始で、その日の深夜十二時とか午前四時に終わっても一日分。だから日当でめいっぱい使われちゃうんです（笑）。いつも徹夜続きで、撮影の本番中にも襖の隣からスタッフの人のいびきが聞こえてました。ほとんど、どこかの旅館を借りての撮影で、私も時間が空くと、部屋で寝転がってました。昼も夜もなく安い日当で使われてました。ですから、日活に行って、撮影所は基本的に夕方定時に終わりますし、ライトが揃ったセットがありましたし、ずいぶん体が楽になりましたね（笑）。

――もともと女優志願だったのでしょうか。

宮下　全然。そんなこと考えられなかったです。だから自分の人生が目まぐるしく変わっちゃったわけですよ。自分の意志じゃなくて、なぜだかそうなっちゃって。だからよくロケとか行くときに、なんで私はこんなことをやってるんだろうと思ったこともありましたよ。

――でも当時、ピンク映画が沢山作られていた中で宮下さんを発見したのは黒澤満さんの慧眼ですよね。

宮下　ピンク映画は、ほとんどアテレコ（声は他人の吹き替え）だったんですよ。映るだけで、セリフなんてうまく言えないから、ほかの上手い人が声を入れてくれて。だから、日活へ行ってもそういうもんだと思ってたんで、最初の一本はアテレコなんです。そうしたら黒澤さんから「けっこういい声しているんだから、今度から自分の声で入れるように」と言われたんです。

――宮下さんの声って一度聞いたら忘れられないほど魅力的ですものね。

宮下　でもピンク映画の時も芝居ができないから、あとで台詞を洋画のアテレコみたいな喋り方でね、私の演技をカバーしようと思って（笑）。だって私、まったく素人でしたから。だから昔、ピンク映画の時からのファンの女の子がいて、「声が違いますけど、大丈夫ですか？」なんて言われたことがあります（笑）。

——その後、八〇年まで六十本を超える作品に出演されて、これは主役がメイン女優としては日活ロマンポルノ最多出演記録だそうですが、「キネマ旬報」一九八五年五月上旬号に、山根貞男さんの司会で、宮下さんと黒澤満さん、田中登監督の座談会が載っているんです。宮下さんの聞き書き本『水のように夢のように』（杉浦冨美子・山田宏一・山根貞男編、講談社、八四年）**刊行記念のトークショーの再録ですけど、ここで黒澤さんの面白い発言があるので引用します。**

彼女の場合、面白いというとあれなんですけど、いろんな監督に使ってもらっていると、監督の腕が分かるわけですね、彼女を使うことによってね。彼女の場合は白紙で入ってくもんですから、たいへんにいい場合と、普通の場合と、それは監督の腕によると思うんですよ。企画製作部長とか撮影所長やってる場合に、監督の腕をためすというか、彼女を使ってもらうことによって、その作品がいい悪いというか、この監督の力量はこんなもんだというようなことが、よく分かりましたね。

宮下　うーん、たしかに私の出来が良かったら、その監督は才能があるんだって、そんなようなことを後で黒澤さんから言われたことは憶えています。そうか、それで毎回いろんな監督と組まされたのね（笑）。

——宮下さんは日活とは専属契約で、毎年、契約更新ごとに辞めると言い出すので、黒澤満さんがやめてどうするんだと聞いたら、飲み屋をやりたいと言ったそうですね。

宮下　そうそう、そしたら黒澤さんが池袋のホステスさんのいるクラブに連れて行ってくれて、何軒かまわってね。「どうだ、やれるか、大変な仕事だぞ」と言われて、「もうやめたあ」ってあきらめて（笑）。だからもう、わがまま放題でしたよ。六本木に日活の本館があったでしょ。あそこで私、よく「専属料上げてよ」って黒澤さんを追っかけていました（笑）。黒澤さんは「ダメだよ、ダメだよ」って言ってね。あと、他社出演する時に、その頃は現金でギャラをもらっていたので私に渡しちゃうと全部使っちゃうからということで、黒澤さんが所長室の金庫に私の通帳を作って入れといてくれたんです。数年後、黒澤さんが日活をやめる時に通帳をもらって。けっこうたまっていたんですよ（笑）。

『四畳半襖の裏張り』宣伝用写真

——そうすると黒澤さんはもうマネージャーみたいなものですね。

宮下　ええ、ほんとうに黒澤さんにはお世話になりましたね。

——神代監督との最初の作品は『四畳半襖の裏張り』（七三年）**になるわけですが、神代作品では、『一条さゆり　濡れた欲情』が七二年の「キネマ旬報」ベストテンに入っていて、伊佐山ひろ子さんが主演女優賞を受賞しています。ですから映画ファンの間で神代辰巳はすでに人気が高かったんですが、宮下さんは神代さんのことはご存じだったんですか。**

宮下　全然。その頃、私はとにかくたくさん出ていましたし、OLみたいに毎日撮影所に行って、次はこれって台本を渡されて、ハイハイってやっていたんで、神代さんがそれまでにどういう映画を撮っていて、どういう評判でというのはまったくその当時知らなかったです。

——日活ロマンポルノ自体を、劇場でご覧になったことは……

宮下　ないです。ぜんぜん興味がなかったから。でも、映画は見てましたよ。

ジュリアーノ・ジェンマの出ているマカロニ・ウェスタンは学校をさぼって見に行ったり。菅原文太さんの映画が好きで、もちろん『仁義なき戦い』シリーズは見てましたね。

――神代監督はデビュー作『かぶりつき人生』(六八年)**が記録的な不入りで、ずっと干されていたんですが、ロマンポルノが始動する頃には売れっ子のスターや監督はすでに日活を去っていたんですね。**

宮下　神代さんはなんで日活に残ったんですかね。本人に聞いたことないんですけど。映画が好きで、撮りたかったから?

――むろんそうだと思いますけど、ロマンポルノで水を得た魚のように活躍しはじめた人ですから、初めて本領が発揮できる世界に出会ったんじゃないかと思いますね。

『四畳半襖の裏張り』撮影スナップ [上]神代辰巳と　[下]神代辰巳、江角英明と

宮下　たしかに神代さんはラブシーンの時なんか、ベタっとそばに来るんですよね。こちらは、くんずほぐれつじゃないけど、いろいろやっているじゃないですか。するとこーんな近くに来て座ってあぐらかいたりして、こっちの芝居を見てるの。ちょっと背中丸めてね。

――現場のスチル写真を見ていても神代さんはつねに役者のそばにいるんですね。

宮下　そうでしょ。やたら映ってんのね。だってキャメラの横じゃないのよ、私の横にいるんだから(笑)。

――そうすると有名な『四畳半襖の裏張り』の蚊帳のなかの絡みのシーンも、近くに神代監督がいるわけですね。

宮下　あの撮影のことはまだ覚えているんですけど、朝、銭湯に入って撮影所のセットに行ったら、神代さんが「これ、ワンカットで行くからな」って言って。でも、私はその頃ワンカットで行くすごさっていうのがわかんなかったもので、「あ、そう」なんて呑気に返事して(笑)。あのシーンは、結局、午前中いっぱいぐらいテストを何回もやったんです。神代さんはテストをよくやるんです。たとえば台本に書いてある通りに、一応やるじゃないですか。で、それで、こっちがうまくできないなと神代さんが見ると、たとえば、笑うシーンでも「じゃあ、そこは笑わないで泣いてみな」とか全く逆のことをやらせたりするの。いろんなことをこっちにやらせて、つくっていく監督でした。ラブシーンにしたって、こうやって、ああやってって、手取り足取り教えてくれるんです。神代さんは女をよく知ってるんですよ。

――江角英明さんとのからみのシーンでも宮下さんは不思議な手の動きをしますよね。

宮下　あ、そうですか。でも、それ、全部、私じゃないですよ。神代さんです。神代さんに言われるがままで、全然、なにもやってないですよ、私。神代さんはすごく細かく演出をやってました。こうやってごらん、ああやってごらんってボソッボソッと言うんですよ。だから、とにかく手の動きにしてもね、納得して理解してやるんじゃなくて、こうやってごらんって言われれば、私も一所懸命やっちゃうわけですよ。そういう、神代さんの持つ独特な雰囲気がこっちを動かしちゃうんじゃないですかね、男優さんも。でもすごく楽しそうだった。ほかの監督もそうでしょうけど、とくに神代さんは楽しそうにやっていましたよね。

――ほかの監督はそこまでラブシーンで細かい演出はしなかったんですか。

宮下 もっとあっさりしていたような気がしますね。

――よく比較されますけど、田中登監督はどうでしたか。田中登作品にも宮下さん主演の『実録阿部定』(七五年)**『発禁本「美人乱舞」より 責める!』**(七七年)**といった傑作があります。**

宮下 田中さんは、朝、現場に入ってきたときには、もう自分のイメージが決まっちゃっているんですよ。形が。だから、こっちがいくらできなくても、それに合わせなくちゃいけない。神代さんは柔軟に変えてくれるけれど。

――さっき話に出た『四畳半襖の裏張り』で午前中、ずっと何回もからみのシーンをテストしていたというのは、しつこいっていうのではなくて、もう一回、確認しての繰り返しという感じなんでしょうか。

宮下 そうそう、確認、確認。だからねちっこいわけじゃないの。それとラブシーンは、テストの時は形だけのだんどりで、みんな男優さんも女優さんも本気でワーッとやりませんしね。テストを何回もやるのはフィルム代が高いからでしょうね。ミッチェルっていう大きなカメラで長回しで撮っているんです。出来上がった映画では黒い画面が入っちゃったけど、実際は全部いっぺんに撮ったんですよ。でも全然、緊張しなかったの、まだワンカットで撮るということの恐さを知らなかったから。ただ周りの雰囲気が違ったのは憶えてます。本番中、静まり返って、周りからはなんにも音が聞こえないのよ。その後にもあんな雰囲気ってなかったんじゃないかな。ピーッと張りつめた緊張感がありました。

『赤線玉の井 ぬけられます』蟹江敬三と

――通常、神代さんのセックスシーンの演出って指示を出しながらにぎやかに撮るものなんですか。

宮下 そうそう、もうワーワーしながら、「はい、横向いて、下向いて」みたいに言いたい放題(笑)といっても、自分の意見や考えを押し付けるんじゃなくて、相手の意見、反応も取り入れながら楽しんでやっているという感じ。そういうのが快感なんでしょうね。深刻じゃないんですよね。

――神代監督は、つねに役者に「なにかない？ なにかない？」とアイディアを問い続けたそうですね。

宮下 そうです。だから石橋蓮司さんとか蟹江敬三さんにはよく聞いていました。でも私にはなにも聞かなかった(笑)。まあ、神代さんは、私がそういうことを考えてないっていうのを、わかっていたと思うんですよ。

――蟹江敬三さんとは『赤線玉の井 ぬけられます』(七四年)**で共演されていますね。蟹江さんは熱狂的な女性ファンが多いんですよ。**

宮下 そうでしょうね。すごくかっこいいですよね。だって私、ほんとうに蟹江さんを好きになっちゃったもの。役柄じゃなくって、恋ごころ？ 男優さんでもありますよね。

――じゃあ、向こうも。

宮下 いや、向こうは割り切ってやっていたんじゃないですか(笑)。

――もともと舞台の方ですけど映画への情熱が強いですよね。

宮下 それは感じました。日活の男優さんももちろん一所懸命やっていましたけど、蟹江さんとか蓮司さんの映画への向き合い方っていうのは、また違うんですよね。ただ、私は横で見ているだけで(笑)。

――でもほかの女優さんも神代作品に出た宮下さんのことをうらやましがっていると思いますよ。

宮下　それはそうだと思います。女優さんは、みんな神代さんの映画に出たがっていたんですよね。だって、神代さんの映画では女優さんがみんないいじゃないですか。神代さんは女優さんを丁寧に見てくれるから。芹明香さんとか絵沢萠子さん、みんないいし、神代さんもその二人はとくに気に入ってましたよね。

『壇の浦夜枕合戦記』
撮影スナップ

『快楽学園
禁じられた遊び』
北見敏之と

たとえば蓮司さんとのからみとかいろいろやっていても、蓮司さんが、神代さんに「全然、俺のこと見てない!」ってボヤいてましたもの。たしかにテストをやるでしょ。もう一回とかやっていて、私に対しては「さっきのここはこうやってああやって」って手とり足とり教えてくれるんだけど、蓮司さんが「あの、僕は?」って聞いたら、「あ、見てなかった」って(笑)。そういうやりかただから、もう、女優さんはどんどんよくなるんですよね。

そういえば、『ベッドタイムアイズ』(八七)の時だったかな、たしか日活で神代さんが撮影していて、「今、なにやってんの?」ってお互いに聞くじゃないですか。神代さんは「奥田瑛二っていうのがいてね、これがいいんだよ」って。私、その頃、奥田さんのこと知らなくて。でもそのひと言だけ覚えているの。奥田さんのことをすごく褒めていました。

――その後、奥田さんは『棒の哀しみ』(九四年)**で主役を演じますね。その時に、神代監督は「奥田君、この映画で化けような」と言ったそうですけど、まさにそうなりましたよね。**

宮下　じゃあ珍しく男優さんに対しての演技指導をすごくやったのかしら。女優にはすごくやるんだけど。

――『四畳半』『赫い髪の女』という二大傑作があるので、宮下さんといえば神代映

画というイメージがあるのですが、それほど出演作が多いわけではないんですよね。他に『壇の浦夜枕合戦記』(七七年)**『快楽学園　禁じられた遊び』**(八〇年)**にも出演されています。**

宮下　うーん、どちらも記憶にない(笑)。その二本では私、チョイ役でしょう？　その頃は、主演でなくても脇の出演でも大量に出ていましたから。他の女優さんは主役じゃないといやだとか、どういう役がいいとか希望があったりしたらしいですけど、私はまったくそういうのがなかったんです。主役でもわき役でもどっちでもよかった。あと、神代さんの映画だと、三浦友和さんが出た、なんだったかなあ。

――東宝映画の『遠い明日』(七九年)**ですね。宮下さんは三浦友和を誘惑するクリーニング屋の女役での出演で、宮下さんを相手に三浦友和の映画としては珍しいハードなベッドシーンもあります。**

宮下　へええ、そうでした？　日活じゃないのに？　それって貴重じゃないですか。それじゃあ、もしかしたら、神代さん、そういうシーンを勝手につくっちゃったのかもよ(笑)。

でも、ふっと思うんですよ。日活ロマンポルノは十分に一回エッチなシーンをいれなきゃいけないという制約があるけど、でもほかの映画会社に行くともっといろんな窮屈な制約があるわけじゃないですか。神代さんってどっちが好きだったのかなあ、って。どっちがやりやすかったのかなあ、楽しかったのかなあって。日活ロマンポルノをやっているときはすごく楽しそうでしたよ。

――たしかに神代さんも東宝へ行くとちょっと迷走気味になるというか。

宮下　それって東宝が口を出してくるのかしら。

――東宝で撮った『櫛の火』(七五年)**は、併映作品との上映時間の都合で三十分もカットされたらしいんですね。**

宮下　それはプレッシャーがあったんでしょうね。

――神代映画では男同士のからむシーンも意外に多くて『アフリカの光』(七五年)**のショーケンと田中邦衛もそうですけど『遠い明日』でも三浦友和の目にゴミが入ったのを若山富三郎が舌でとってやるシーンがあるんですね。**

宮下　へえー、それってきっと台本にはなかったシーンを神代さんがやらせたんでしょうね。でも若山富三郎さんにそういう演技をさせたのはすごいですね。神代さんってクセのある人が好きなのよ。クセがあるというか、ちょっと一筋縄ではいかないような人。あの恐い若山さんがよくそんなことをやったと思わない？　そのシーンだけ見てみたい！(笑)　神代さんはいきなり台本にないことを現場で役者にやらせることがよくあるんですよ。

――ロマンポルノは基本アフレコですけど、神代監督はアフレコでも台詞を変えてしまうそうですね。

宮下　そうそう、どんどん変えちゃうんですよね。で、うまく合わせて。

――しかし『四畳半襖の裏張り　しのび肌』(七四年)**とかを見ると全然、台詞と口の動きが合ってないんですよね。**

宮下　そう、合ってないの、明らかに(笑)。しゃべっているのに台詞がない、口がパクパクしてるだけのところもあるでしょ。

――アフレコの現場っていうのは、皆さん、脚本を見ながらやるんですか。

宮下　そうです。スクリプターさんは、微妙に言葉尻とか変わっているのもちゃんと記録してくれてるんですよ。それでも神代さんは変えちゃうんです。なんかひらめいちゃうんでしょうね。

――『赫い髪の女』(七九年)**は最初、荒井晴彦さんの脚**

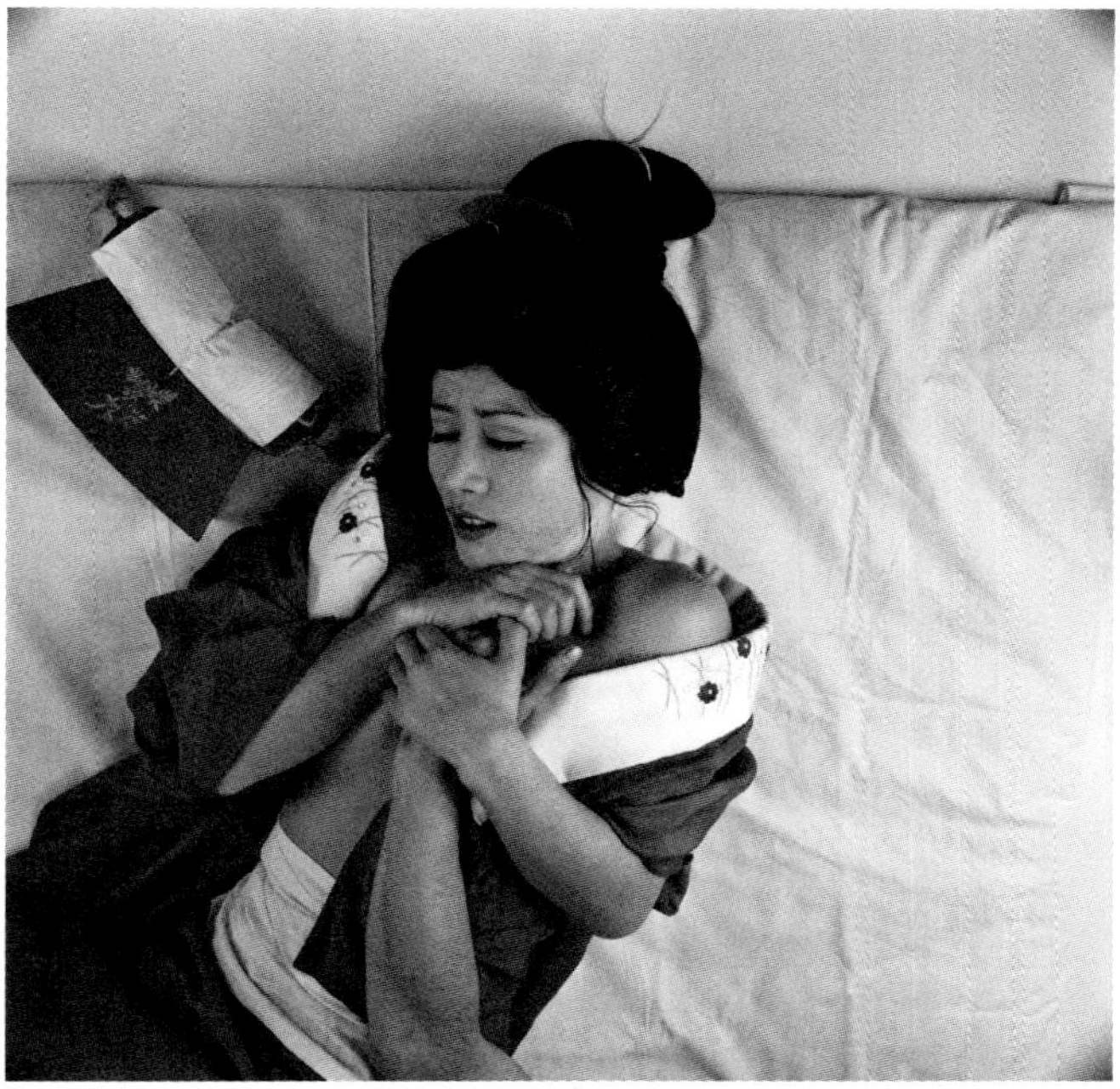

『四畳半襖の裏張り　しのび肌』宣伝用写真

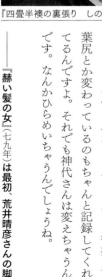

本が上がった時に、宮下さんは主演を断られたそうですね。

宮下　あははは。実はそうなんです。『赫い髪の女』の時はもう裸になるのがイヤだったんですね。ホン（脚本）を読むとラブシーンばっかり、裸ばっかりだから、もうイヤだと思ってね。そうしたら、神代さんが「いやなら、いいよ！」って怒ったんですよ。私もちょっとビビっちゃって（笑）、その後にプロデューサーの三浦朗さんに「やっぱり、やります」って言いました。

――ふだん、神代さんは怒らないんですか。

宮下　まったく怒らないです。だから、ちょっとマズいなと思ったんですね。

原作が中上健次さんだったんで、その頃はすこしずつ私も仕事に対してやる気が出はじめていたので、神代さんに「原作、読んどいたほうがいいですか？」って聞いたんですよ。そしたら「読んでもわかんないから、読まなくていいよ」って（笑）。

――『赫い髪の女』のタイトル・シーンのカッコ良さってちょっとないですね。

宮下　すごくカッコいいですよねえ。トンネルの向こうから私が歩いてきて、ダンプカーとすれ違う瞬間、髪がシャーッと風に流れるでしょ。バックの音楽が憂歌団で、私の顔のアップでシャシャってスクリーンの大画面に流れてきて……もう映画の醍醐味ですよね。

――ふたりが籠るアパートの部屋はセットなんですか。

宮下　撮影所の中のセットです。それで雨を降らしているんですね。あの時、よく覚えているんですけど、絡みのシーンで、私が窓を蹴飛ばしちゃったんですよ。あ、はずれたと思ったんですけど、カットがかからないから、そのまま芝居をやってたんですけど、雨がザーザー部屋に入っちゃって。神代さんは、そういうアクシデントが起きても、ああ、それ面白いじゃないって楽しめる。やっぱり余裕なんでしょうね。現場がカリカリしてないから、こっちもゆったりできるしね。

『赫い髪の女』石橋蓮司と

――あと、ラーメンをどんぶりに移さないでお鍋に入ったままコタツに持ってきて食べるシーンもすごいなと思ったんですよ。

宮下　あそこも神代さんが何回かテストをやっていて、「ちょっと、そこで鍋をすすりながら、泣きながら食べてよ」と言われて。なんで泣くのかわかんなかったんですけど（笑）。だから神代さんはその場その場でどんどん演出を変えていきましたね。

――衣装について、神代さんはうるさくなかったんですか。

宮下　衣装に関しては、とくに何も言わないですよ。『赫い髪の女』の半纏みたいなのも、衣装さんが用意していてくれたのを着てみて、「ああ、いいじゃない、いいじゃない」ってわりと簡単でした。

――『赫い髪の女』の時は髪を染めていらっしゃいますよね。

宮下　いっぱい染めました。私、いつもひとりで美容院に行くんですよ。あの当時、あんなふうに髪の毛、染めている人っていなかったんです。外を歩くのが恥ずかしくって。で、一回染めて、監督に見せに撮影所へ行ったら、「まだ足りない」って。一瞬ムッとしたけど、もう一回美容院に行って、脱色して染めて。もうごわんごわんになりましたよ（笑）。

――かつらという選択はなかったんですか。

宮下　うん、あとから考えたらね。ただやっぱり神代さんは絶対いやだったんじゃないですかね、かつらだと嘘になっちゃうから。撮影が終わって黒にもどしたけど、ごわんごわんが戻らなくて。当時は、今みたいな良い染料がなかったんですよね。

――『赫い髪の女』の時には原作者の中上健次さんとも接点があったとか。

宮下　たぶん、中上さん、私のことを好きだったんですよ（笑）。別に口説かれたわけじゃないけれど。そういえば、中上さんが亡くなるちょっと前に事務所に電話がかかって来て、もし私が一人芝居をやるんだったら、自分がその脚本を書くっておっしゃったんですよ。その当時、私は一人芝居の大変さもわからないから戸惑うばかりで、マネージャーさんも「舞台なんかやったらチケットたくさん売らなくちゃいけないし、大変だから」とか言うんで、そのままになっちゃった。あとになってね、中上さんがせっかくそんなことを言ってくれたのにとすごく後悔したんですけどね。一度、居酒屋で中上さんと呑んだ時に、私、酔っ払って、「日輪の翼」を映画化する時には私が主役の権利をもらうって一筆、書いてもらったんです、しつこく言って。でも、その紙もどっかへ行っちゃった(笑)。

――中上さんも『赫い髪の女』は気に入っていたんでしょうね。自分でシナリオを書いた柳町光男監督の『火まつり』(八五年)**の時はもめたそうですが。この映画には主演の北大路欣也の妻役で出演されてますね。**

宮下　『火まつり』の時の北大路欣也さんよかったですよね。色っぽくて。はっきりいってあの色気、ギラギラ感を出せる人っていないでしょう。今見てもカッコいいものね。あの映画では、私が本妻で、太地喜和子さんが愛人役でした。あの時に、喜和子さんから「なんで私が愛人なのよ」なんてブツブツ言われたことを憶えてます(笑)。

――『赫い髪の女』は、先ほどの冒頭シーンの撮影など含めて、千葉でロケされていますね。

宮下　当時、ロケに行く時は、新宿の安田生命ビル前に午前六時集合と決まっているんですけど、その時間に出発したことってないんですよ。誰かが遅刻するか、来ないかで。日活ロマンポルノの頃は、私が二日酔いで寝坊してロケバスが家まで迎えに来たことがあった(笑)。『赫い髪の女』では千葉のロケで蓮司さんと橋のところで話すシーンを撮る時に、集合時間に私が遅れて行ったら、ロケバスは先に行っちゃってて。撮影所にロケで使っていたトラックが待ってたんです。それでそのトラックに乗って、私、酔いがさめないから、トラックの後ろについてる仮眠ベッドで寝ながらロケ場所に行ったんです(笑)。

――ほとんど映画そのままですね。

宮下　ほんと、映画と変わんないことをやっちゃった。でも神代さんはそういう時もぜんぜん怒んないです。怒んないからやったわけじゃないんだけど。

――『赫い髪の女』は、台詞回しも河内弁で、不思議なムードがありましたね。

宮下　映画でどっかの地方の言葉でしゃべるとなるとふつうはテープをもらって練習したりするじゃないですか。でも『赫い髪の女』の時はそういうのが一切なくて台詞のまんま、アクセントがどうのっていうのはまったくなかったですよ。だから神代さんは、そういうのを気にしなかったんじゃないかな。

――そういう神代監督も、『赫い髪の女』の主人公が原作では肉体労働者なのに、なぜあんなに痩せている石橋蓮司なんだと言われても「蓮司がいいんだ」と貫き通したそうですね。

宮下　やはりすごい信頼感があったんじゃないですか。神代さんは撮影現場で、蓮司さんや蟹江さんとは、こうしようああしようって、いつも楽しそうにやっていましたから。

――神代監督は石橋蓮司さんとはテレビでもよく組んでいて、土曜ワイド劇場『悪女の仮面』(八〇年、テレビ朝日)**では酒井和歌子さんと夫婦を演じていますね。**

宮下　ああ、実はあのドラマの撮影で、うちのマンションの部屋を貸してあげたんですよ。六本木ヒルズが建つ前にあったマンションで、テレビ朝日の近くだったんです。撮影するだいぶ前に、神代さんや日活の人たちが遊びに来ていて、私の部屋の間取りを憶えていたんでしょうね。それでその時の製作の人が「部屋を貸してくれ」っていう

『赫い髪の女』撮影スナップ。神代辰巳と

から、「これ、賃貸だからね、貸してくれないかもしれないよ」と答えたら、「大丈夫、もう管理人さんには話をつけてあるから」って勝手に(笑)。

――しかし女優さんの部屋をほかの作品で使うなんてふつうはあり得ないですよね。

宮下　ねえ、ほんとに。でも、そのドラマで酒井和歌子さんがけっこう今までとは違う、いい芝居していたでしょう。出来上がった作品を見て、私、悔しくてね、嫉妬しちゃったんですよ。ベッドシーンで、私の知らないポーズや演技をつけてるって(笑)。ああ、これは神代さんの演出で、こうなったんだって思いました。

――昔から、神代さんはパリで大島渚監督のハードコア・ポルノ『愛のコリーダ』のノーカット版を見て来て、すごいショックを受けたと何度も語っているんですが、『愛のコリーダ』よりも神代さんの『赫い髪の女』のほうがずっと濃密なエロスを感じるんです。

宮下　神代さんて男女の関係を突き詰めるでしょう。その究極として、本番行為そのものまで撮りたかったのかしら。でも、神代さんは、きっと、自分はロマンポルノだけでは終わらない、と思っていたはずだと思いますけど。

――『四畳半』の蚊帳の中の絡みから『赫い髪の女』のアパートの中の絡みまで、神代監督の演出でしか成しえないものですが、やはり宮下さんの存在があってこそだと思います。

宮下　そういえば、『赫い髪の女』のラッシュを見たときに、プロデューサーの三浦朗さんから「順子、後光がさしてたよ」って言われたの。音もなにもないラッシュでですよ。三浦さんってそんなに褒めたりすることってないから、すごく印象に残っているんですけどね。

『赫い髪の女』撮影スナップ。石橋蓮司、神代辰巳、森田熔子（記録）と

――『赫い髪の女』の後に数本出演されて、フリーになられるんですよね。

宮下　『赫い髪の女』の時が三十歳なんです。自分のなかでは三十歳がひとつの区切りだという思いは強くありました。『赫い髪の女』でロマンポルノは最後にしようと。実際に最後のつもりだったんですけど、根岸吉太郎さんの『濡れた週末』(七九年)とか何本かやることになって。あの映画も初めは断ったんですけどね。もちろん根岸さんだからというんじゃなくて、ポルノはもういいという思いがありました。ロマンポルノをやっていて、自分の裸が映った後で、若い女優さんが裸が出るとね……そういう世代の違いは何年も前から自分では感じていて。

――ちょうどその頃ですが、映画監督でも、神代さんの作風の明らかな影響を受けた若い世代が出てきましたね。

宮下　そういえば相米(慎二)さんってすごく長回しをやっているじゃないですか。

――神代監督と相米監督は、長回しと女性からのモテ方においても似ているかもしれないですね(笑)。

宮下　私は相米さんの映画には出てないんですけど、相米さんが助監督の頃に仕事が一緒になったんです、西村昭五郎さんの映画だったかな。水上スキーをやるシーンがあって、河口湖まで練習しに行ったんですよ。水上スキーの板をはくのに水に入って、何回も何回も練習してたの。下に足がつかないから、相米さんがずっと水になかに入りっぱなしで支えてくれました。そのおかげで水上スキーができるようになっちゃった。

助監督の話で思い出したけどピンク映画時代、小林悟さんの作品に出た時に、高橋伴明さんが助監督をやっていて、熱海でロケをしていて私が呑み過ぎてウーっとなってたんですね(笑)。で、トイレに行ったときに、高橋さん、私の口の中に指を入れて、背中をさすってくれて。すごく優しいの。それで一度デートしたことがあるんです(笑)。プリンスホテルのプールに行って、私は白い水着を着てたんだけど、白い水着ってアンダーウェアを着なくちゃいけないんだけど、それを知らなくて、そのままで(笑)。で、何十年かたった後に、なんかのパーティで伴明さんにバッタリ会ったのね。で、「昔、デートしたわね」と言ったら、「俺は恥ずかしかった」って。マジで怒ってるのよ(笑)。ほんとうにいやな顔して言われちゃった。あの人、昔は女の子みたいで可愛いかったのよ。その時、プールへ行って下着が透けてなかったら、高橋順子になっていたかも(笑)。

――神代監督も、松竹の助監督時代に大女優の島崎雪子さんと結婚していますね。高台にある豪邸に住んでいたそうです。

宮下　神代さん、よかったねえ(笑)。でも、さっきから神代さんのことを話していて、神代さんて私のことをどう思っていたんだろう。女優としてなんとかしてあげたいとか思っていたのかしら。

――座談会やインタビューでの発言を読むと、宮下さんのことは「いい女だ」と言っていますね。

宮下　いい女?　神代さんが、私のことを?　だけど、神代さんは、全然、私に対して男として近寄ってきたことは一回もないですよ。その気配すら見せなかった。

――宮下さんのほうからはどうでしたか。

宮下　それは、はっきり言ってね、まったく男として見てなかった(笑)。監督としても当時はそのすごさはわかんなかったです。ただ一緒に仕事をするおじさん、みたいな感じでしたから。

――でもほかの女優さんでは神代さんに惚れる人もいたんじゃないですか。

宮下　いや、惚れるっていうのと、カッコいいっていうのとは違うから(笑)。

『赫い髪の女』完成記念

――日活の屋台骨を支えるトップ女優ということで遠慮もあったんではないでしょうか。

宮下　いえいえ、日活は「宮下さん」「順子さん」じゃなくて、「オーイ、順子」だから。もうトップ女優とかスターなんていうんじゃなくて、ほんとうに雑に扱われていました(笑)。

――今の時代、神代さんみたいな監督っていますかね。

宮下　結局、いろんな監督さんがいるけど、守りが見えちゃうというか、自己保身というか、それがもちろん当たり前なんだけど、媚が見えるというかね。でもそれが神代さんはなかったですよね。

――女性を知っているという点ではいかがでしょう。

宮下　ラブシーンのところをああしてこうしてって言われるでしょ。こういう人とつきあったら、もし男女の仲になったらどうなるんだろう、なんて思いますね(笑)。田中登さんだったら、「違うじゃないか!」って怒るかもしれないけど(笑)、神代さんは、これができないんなら、こうやってみなさいっていうでしょうね。でも私は神代さんのことが好きでしたよ。女優さんでそういう人って多いと思うの。神代さんに惚れた人ってね。

――神代さんも宮下さんのことを気に入っていたんでしょうね。『赫い髪の女』を宮下さんに断られて、珍しく怒ったというのもそうですよね。また、宮下さんはお酒にまつわるエピソードは尽きないと思いますが、神代監督とはよく飲まれたんですか。

宮下　よく飲みましたよ、麻雀もやったし。撮影所にしょっちゅう行っていたんで、バッタリ会うと呑みに行こうかとなりますね。撮影中も、もちろん夜はゴールデン街へ飲みに行っちゃうし。神代さんは「飲むな」とか一切言わないんです。でも飲み過ぎると、翌日、「顔がむくんでて、つながらない」とか、よく言われました(笑)。あの時代だからよかったんで、今、あんなことをやったら大変ですよ。

――神代監督とは飲んでいるときはどんな話をされるんですか。映画論とか。

宮下　全然、私に対してはそんな話はしないです。演技論とかも全くなし。神代さんは全然、酔わないんです。まあ、多少は、ほんわかとなるんでしょうけど、酔っ払いにはならないですね。ふたりだけっていうのはなくて、いつも誰かが一緒でした。キャメラマンの姫田(真左久)さんもよく飲みました。

――姫田さんと神代さんのコンビはすごいですよね。

宮下　姫田さんに「今村昌平さんてすばらしい監督なんだよ。すごく勉強になるから、今村さんの事務所に電話しなさい」と言われたことがあるんです。その時にも、なんか台本をくれたのかな。たぶん『復讐するは我にあり』(七九年)だったと思うけど、それで事務所に電話したんですよ。マネージャーのおばちゃんがいたんで、私もよくわかんないから「今村さん、いらっしゃいますか」なんて聞いちゃって(笑)。で、いなかったんで、それっきりだったんですけど。でも今になって、ほんとうにみんな優しくしてくれたなあとしみじみ思いますね。

――さきほど方言の話が出ましたが、宮下さんは方言というのは得意なんですか。

宮下　そんなに得意じゃないんです。丸山昇一さんがシナリオを書いた阪本順治監督の『行きずりの街』(二〇一〇年)に出たとき、関西弁の台詞が何回やっても憶えられないんですよ。だから、もうイライラしてきて、そのうちイントネーションなんかどうにもよくなっちゃって、つい丸山さんのせいにして

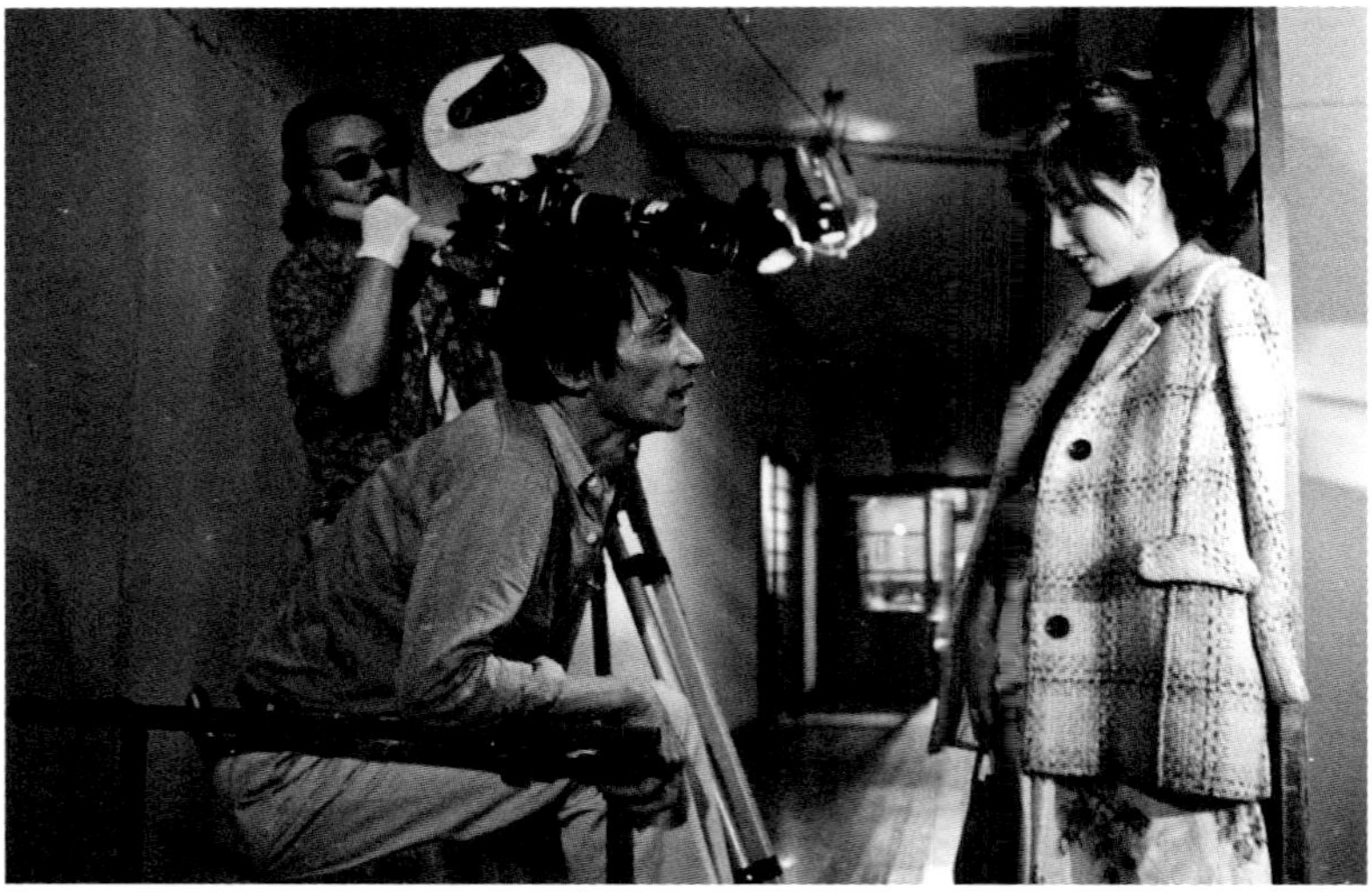

『赤線玉の井　ぬけられます』撮影スナップ。姫田真左久（撮影）、神代辰巳と

(笑)。ほんとうにイヤになっちゃって。だから撮影がものすごく緊張したまんま終わっちゃったんですよ。もう喋るのが精いっぱいで、その後でプロデューサーの黒澤さんに言い訳っぽく愚痴ったりしたんですけどね。

――黒澤満さんが東映セントラルフィルムに移ってからも宮下さんは満さんのプロデュース作品に何本も出られていますね。

宮下　いつも黒澤さんに声をかけてもらいました。最後の『さらば　あぶない刑事《でか》』(一六年)の時に電話かかって来たんですよ。今度あぶデカシリーズのファイナルを撮るんだけど、たぶん、もうこれが自分の最後の作品になるからって。で、私の役がなかなかないんだけど、おでん屋の役があるんだよ、ちょっとしか出てないんだけどお願いしますって。監督は村川透さんでしょ。監督はいいんですかって聞いたら、そしたら黒澤さんが「俺がいいって言えば、いいんだよ」ってね。黒澤さんは、そういうべらんめえ口調のところがあって(笑)。黒澤さんはお洒落だし、カッコよかったですよね。私、携帯もなかった頃ですけど、酔っ払って朝っぱらに黒澤さんに電話したことがあるんですけど。

――それは先の座談会でも黒澤さんが宮下さんから午前三時四時に電話がかかってくるって言っていましたね。

宮下　え、言ってました？　いやだあ、そういうことを喋る人だったの？(笑)でも次の日、会っても絶対怒らない人だったんですよ。

――「キネマ旬報」の追悼号で岡田裕さんが「黒澤さんは撮影所はスターが必要で、ロマンポルノも同じ考え方で四人か五人のスター女優がいればそれでローテーションが回せていけると考えていた」と書いていました。宮下さんはその筆頭でしたから大事にされていたと思うんです。

宮下　私、黒澤満さんが倒れる直前に会って、飲んでいるんですよ。セント

ラルアーツの望月(政雄)さんていうプロデューサーに近くに知っているお店があるから行こうよって電話したんです。それを望月さんが黒澤さんに伝えたら「じゃあ、俺が一席、もうけるよ」ということで、黒澤さんの行きつけのちゃんこのお店で飲んだんです。その時は特別、元気でもないけど、ふつうに飲んで食べていたんですけど。倒れたのは、その二日後ぐらいです。

——一九七七年に黒澤さんは日活を退社するんですが、その時にはまだ宮下さんは日活におられたんですよね。

宮下　いました。その頃、私がちょうど日活の本館の前にいたら、黒澤さんがやって来て「俺、辞めることになったんだよ」と言われたんですよ。「じゃあ、私も辞める」ってすぐ言ったの。そしたら黒澤さんが「ダメだ。順子は日活にいなさい」って。経理事務をやっている大西さんという女性も一緒に辞めて黒澤さんのところに行ったでしょ。だから人望がすごいと思いますね。みんな黒澤さんを頼っていくんです。

——黒澤さんのように面倒見のいいプロデューサーってほかにいないんじゃないでしょうか。

宮下　ほかにプロデューサーはいっぱいいるけど、一本やったら終わりじゃないですか。そのプロデューサーもなかなか次の作品がつくれなかったりするし。で、黒澤さんの場合は、仕事をやるからじゃなくてこっちから相談をしに行っちゃうのね。そういうひとはなかなかいないですね。

——荒井晴彦さんの話だと黒澤満さんが神代監督で麻雀ものの企画を考えていたそうですね。

宮下　へえ、それはわりと神代さんの後半ですか。神代さんは、晩年は、酸素ボンベでチューブをつけた状態だったでしょ。そういう姿で日活で撮影している神代さんを見たことがあるんです。その姿を見た時にはちょっと驚いたんですけど、神代さんは、白鳥あかねさんに、「おれは生きる屍にはなりたくないんだ」って言ったらしいんです。ただ死を待つんじゃなくて、そういうふうになっても仕事を続けていたいと。

——その時にはなにかお話はされたんですか。

宮下　いえ、たぶん挨拶をしたぐらいじゃないかな。

——それが神代さんと会った最後になるんでしょうか。

宮下　はっきり最後とは憶えていないんですけど、ほぼ最後に近い感じだったですね。

今よく語られている神代さんのすごさも、ロマンポルノをやっているときには私には全然、わからなかったんですよね。『赫い髪の女』で私が賞をいただいた時、神代さんに撮影所かどこかでバッタリ会ったんですよ。そうしたら、神代さんから「まわりの見る目が変わってくるんだから、腰を低く、頭を低くしなくちゃいけないわよ」と言われて、私、「大丈夫よ、私は、そんなことで変わったりしないわよ」なんてエラそうに答えたりして(笑)。でもそういうふうに言ってくれた神代さんに、結局、私、御礼を言ってないです。ふつうだったら、賞をもらったら、監督さんに「ありがとうございます」って言うじゃないですか。そのことが、神代さんが亡くなってから、ふっと思い出されてしょうがないんです。

私はつくづく神代さんと、黒澤満さんには……涙が出そうだけど……もう迷惑ばっかりかけたんですけど、あのふたりがいなかったら……私はどうなっていただろうかと思いますね。おふたりに出会えたことで、ほんとうに私の人生はいいふうに変わったと思っています。そのことに深く感謝したいですね。

（二〇一九年三月五日、四谷三丁目にて／構成=高崎俊夫）

（たかさきとしお・編集者、映画評論家／

神代辰巳発言抄1

ポルノとの出会い

神代　僕の場合は出会いというより たまたま出した『濡れた唇』は、四、五年前に会社に出した企画なんです。僕のものは初めからポルノ的であったということかも知れませんが（笑い）割とピッタリしているんじゃないかと思えんです。かって本誌に載りました『すり』という作品も当時の商業的理由から映画化されなかったんですが、今ならという気がする。僕の場合は内的必然であって、それ程奇異な感じはしないですね。

（……）

神代　スターがいなくて身近かに造れていいたいことがいい易くなったという状況はありますね。つくり方そのものが新しい時代に入ったということはいえると思います。

（「シナリオ」一九七二年六月号）

セックスについて

神代　そろそろ駄目だと思うことありますけどね。80歳までは出来るんじゃねえかなと思ってるんですけどね。スポーツマンっていうか運動神経は発達してました。あと何年くらいかな俺。

——世紀末派は、実はセックスが強いのであるといえるんじゃないですか。

神代　強くも弱くもなく並だと思ってますが、やっぱしこれができなくなったときのことを考えると、山口百恵さんとかね今の一番若いアイドル歌手なんだっけ、松田聖子？　ああいうのに惚れるとか、そうでもしないと駄目やなぁと思うことありますね。あの、もっとね、あきらめられるかと思ってましたね。仲々あきらめられないですね。

——そのために映画監督になったんじゃないの、始めからその予定で。ぼくなんかも多少はそのような気がしてました。

神代　女に惚れ方もそうですね。なかなかあきらめられない、しんどいですね。さっきなんか偉そうなこといって、去るもの追わずなんていったけど、だんだん去るものを追いだすようになる。くやしいんですね。

（「映画芸術」一九八二年八月号）

神代　オレはしかし、あのキスっていうのはきらいだね。どうしてだろうね。（笑）あれ、めんどうくさいね。

司会（斎藤正治）　めんどうくさい？　セックスもめんどうくさいでしょう？　そうでもないですか神代さん、セックスはめんどうくさくないですか。

神代　めんどうくさくないですね。

（「映画評論」一九七四年六月号）

ホモセクシャルについて

——『悶絶!!　どんでん返し』撮られて、ホモセクシャルについてどう思われますか。

神代　うーん。僕はちょぴっとホモっ気あるんでね。性的な体験はないんですけどね。「どんでん返し」という意味での人間の有り方に興味はあります。性的体験は何度も言うようですが、ないです。

（「映画雑徒」一九七七年）

キャメラマン姫田真左久について

神代　姫田さんの一番いいところは、キャメラ・アングルとかキャメラ・ポジションとかは別問題として…芝居を理解しようとするキャメラマンは少ないですよ、一緒にシナリオに加わってくれるキャメラマンはね…それをやってくれる人ですね。たとえば、シナリオ出来上がって、ここんとこつまんないんだけど何かないですかって言うと、2〜3日して自分でちゃんとシナリオ書いて来てね、どうですかって…。それは必ずしもいいとか悪いとか、採るとか採らないとかじゃなくて、少なくともシナリオに参加してくれるキャメラマンですね。

キャメラワークがどうのこうの言ったって結局はどう芝居を捉えるかがキャメラマンの勝負だと思いますね。そういう意味で、姫田さんに対しては仲間意識みたいなのが一番ある。

「かぶりつき人生」からですよ、あの人とは。ぼくの助監督時代は、あの人、イマヘイさん（今村昌平）のやってましたから、その頃はせいぜい1本か2本で、あんまり関係なかったんです。最初の仕事で気が合ったんじゃないかな。

（梅林敏彦「シネマドランカー　荒野を走る監督たち」北栄社、一九八〇年より）

神代辰巳が自ら撮影するグラビア〈神代辰巳の誌上映画館〉は自販機雑誌「NOISE　1999」の創刊号（アリス出版、一九八〇年）に掲載された（他に高橋三千綱と友川かずきのインタビュー、山崎春美、岸田理生などの寄稿がある。同誌はその後二冊刊行されているようだが確認できていない）。本グラビアについて、宮下順子さんによれば撮影場所は女友達のマンションで、前に神代監督と遊びに行ったときに、監督が目をつけていた建物だったそうである。「そういう風に神代さんはよく観察している人でした」（宮下）なお、着ている衣装は自前とのこと。

（国書刊行会編集部）

演写

神代辰巳の誌上映画館

●連載第一回●待つ女——宮下順子

撮影は驚くほど快調だった。

監督の小気味よいシャッター音が室内の風景を区切りはじめると凝縮した光の塊りのなかに霊的な交感が漂った。

視線の繊毛が被写体の危うい輪郭をなぞり包皮の透明な意識をすくいあげた。

淫蕩、陶酔、耽美、狂気……

性と夢と神話の三位一体が居あわせたスタッフの記憶の原版に刻まれ続けたのは疑いもないことであった。

資料提供＝伊沢暁子

待つ女

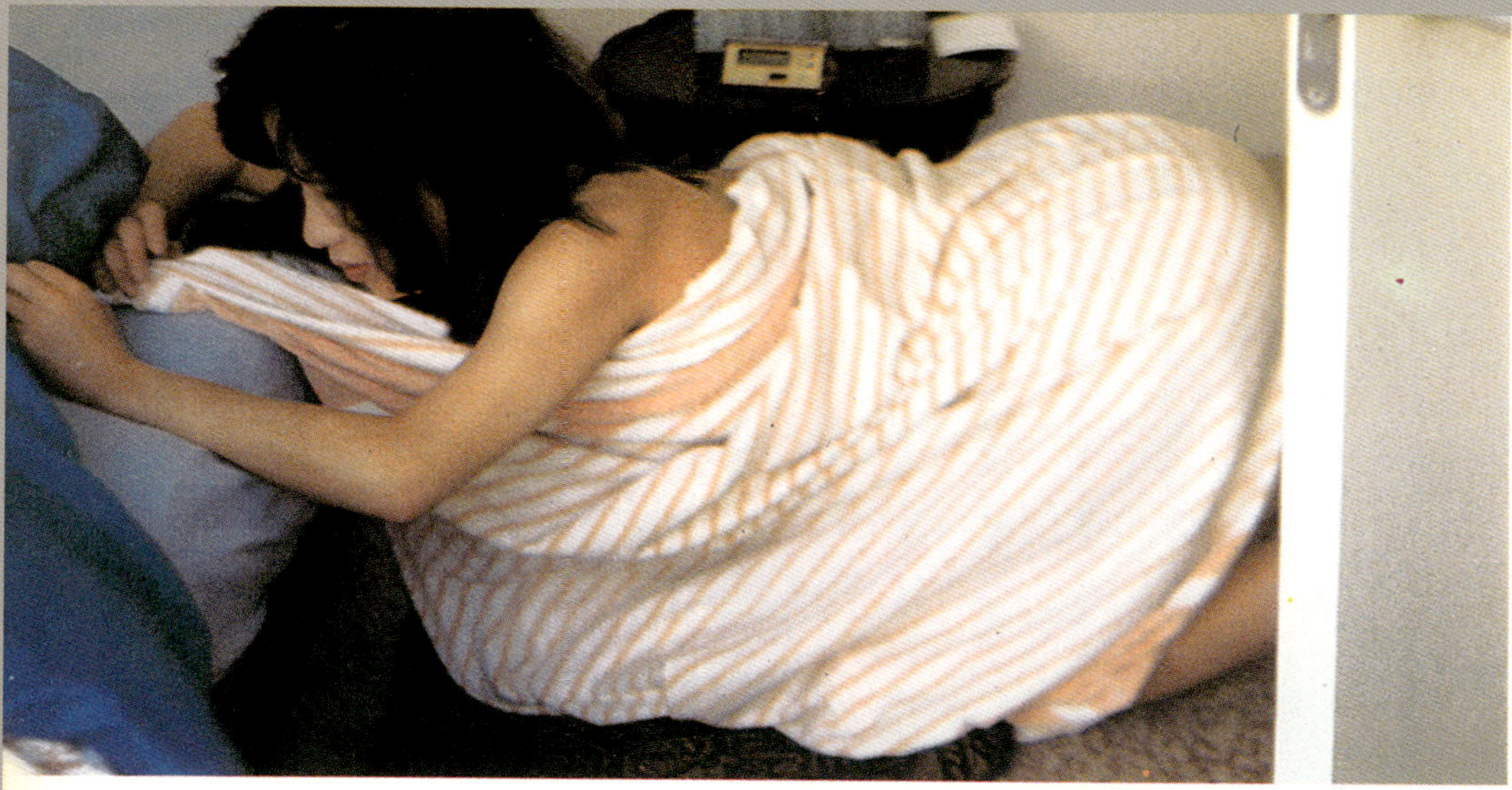

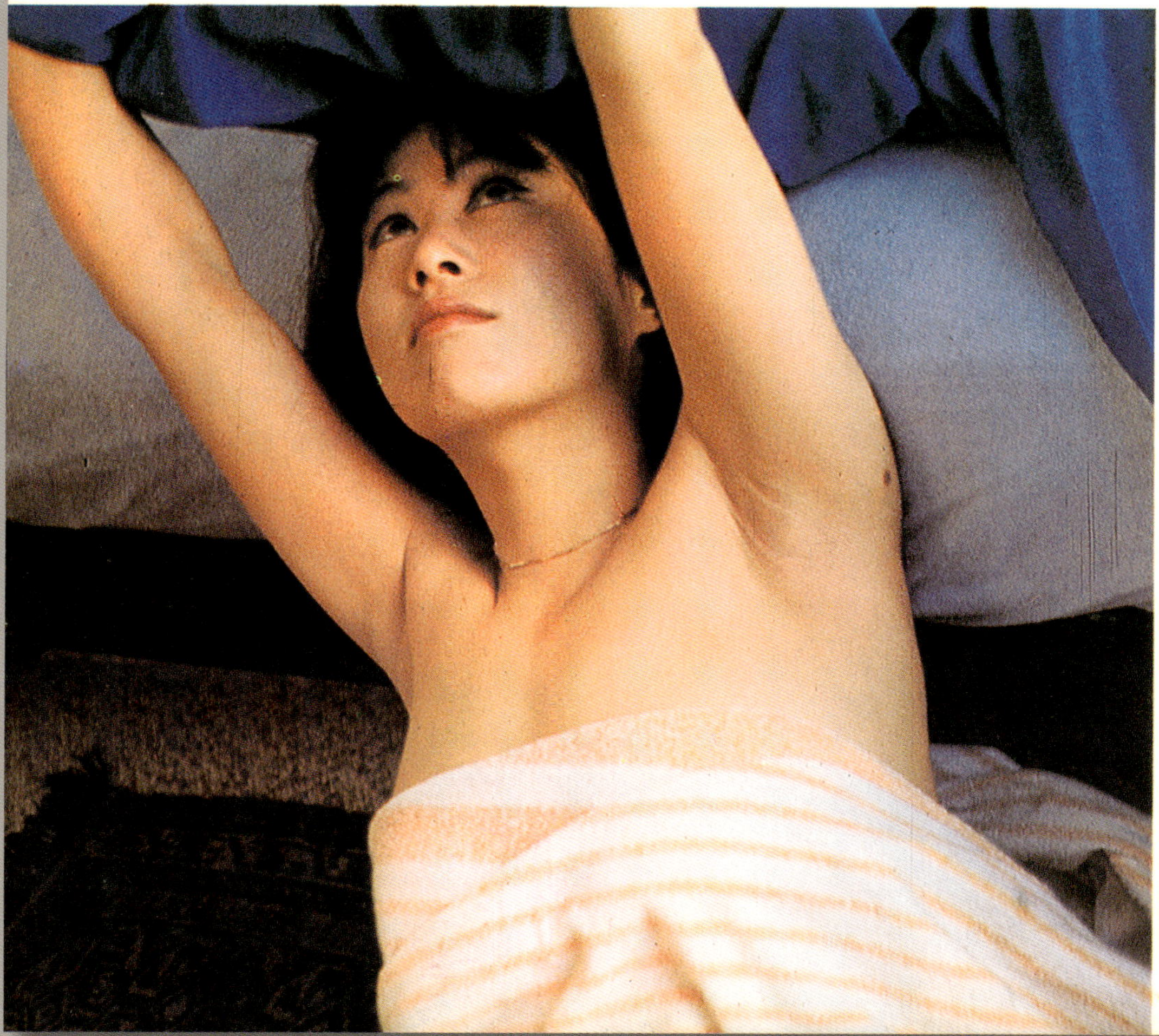

PROFILE

神代辰己・53歳、昭和2年に佐賀で生まれ早大を卒業後、27年松竹に入社、29年、日活に移籍して、斉藤武市監督の「渡り鳥シリーズ」等のチーフ助監督を経、43年「かぶりつき人生」で監督としてデビュー。だが、その後47年にロマンポルノの「濡れた唇」を撮るまで、4年間の苦節時代を経験する。

そして、47年「一条さゆり・濡れた欲情」48年「四畳半襖の裏張り」等で、ギリギリのところで生きている女達の〝生＝性〟に肉迫し、東宝や東映にも招かれ、若い監督達に多大の影響を与えてきた。

神代映画は男と女の騙し合いを凄絶にえぐる。だが、彼の女を見る目はあくまで優しい。それは地獄の修羅場を覗いた男のみが待ちうるまなざしである。

そして、その優しさとは女に対する畏怖と同情であろう。女を見下しながらも、その強さに憧れる彼は、映画の中でのみ女と戦える男かも知れない。

そんな監督・神代辰己の前では役者は全て

彼は役者を一人前にする天才である。
そして、今、彼は宮下順子を狂わせるべく新たな戦いを挑んだ。

宮下順子は昭和24年10月14日、東京で生まれた。高校卒業後、事務員、喫茶店など仕事は定まらなかったが、料理屋の手伝い中にスカウトされ、46年7月、ピンクの小林悟監督作品「私はこうして失った」でデビューして、女優としてのスタートを切った。

そして、一年余りの間に50本ほどの作品に出演したが、一部のファンをのぞき、彼女の素質を見抜くものはいなかった。

そんな彼女を引き抜いたのが、ポスト白川和子を捜していた日活であった。

日活でのデビュー作「団地妻・忘れ得ぬ夜」以後の団地妻シリーズは、彼女をスターにした。だが、彼女を女優にしたのは、神代辰己監督の「四畳半襖の裏張リ」であった。

その後、田中登監督の「実録・阿部定」をを経て、ポルノ女優は一般映画に出られないという神話を破リ、松竹や東宝、そしてTVにまで進出し、昨年、「ダイナマイトどんどん」と「雲霧仁佐衛門」で、ブルーリボン・助演女優賞を受賞、今年は神代監督の「赫い髪の女」、多くの映画祭で主演女優賞にノミネートされたが、惜しくも逃がしてしまった。

ただ、若い映画ファン達が主催した「横浜映画祭」で、特別功労賞を受賞できたのは、今後の彼女のはげみになることだろう。

生きることが美しいといえるならば、全ての股倉は美しいと断定されねばなるまい。
女優・宮下順子は男なしでは語れない。男にまみれ、愛と憎悪の交錯の中で、セックスのみが唯一の会話であることを知った女、それ故に全ての男を許す、女の性の優しさを感じさせる彼女は、演じるのではなく〝生きる証し〟そのものを、スクリーンに焼きつける。

神代辰巳の誌上映画館　待つ女　宮下順子

だからこそ、彼女はポルノとそれ以外の映画にこだわらない女優なのだ。そうでなければ、この区別ある世界の両方を生き抜くことなど、できはしないのだ。
　そして、それは死の匂いさえ持つ狂気に裏付けされた、極限の居直りなのである。

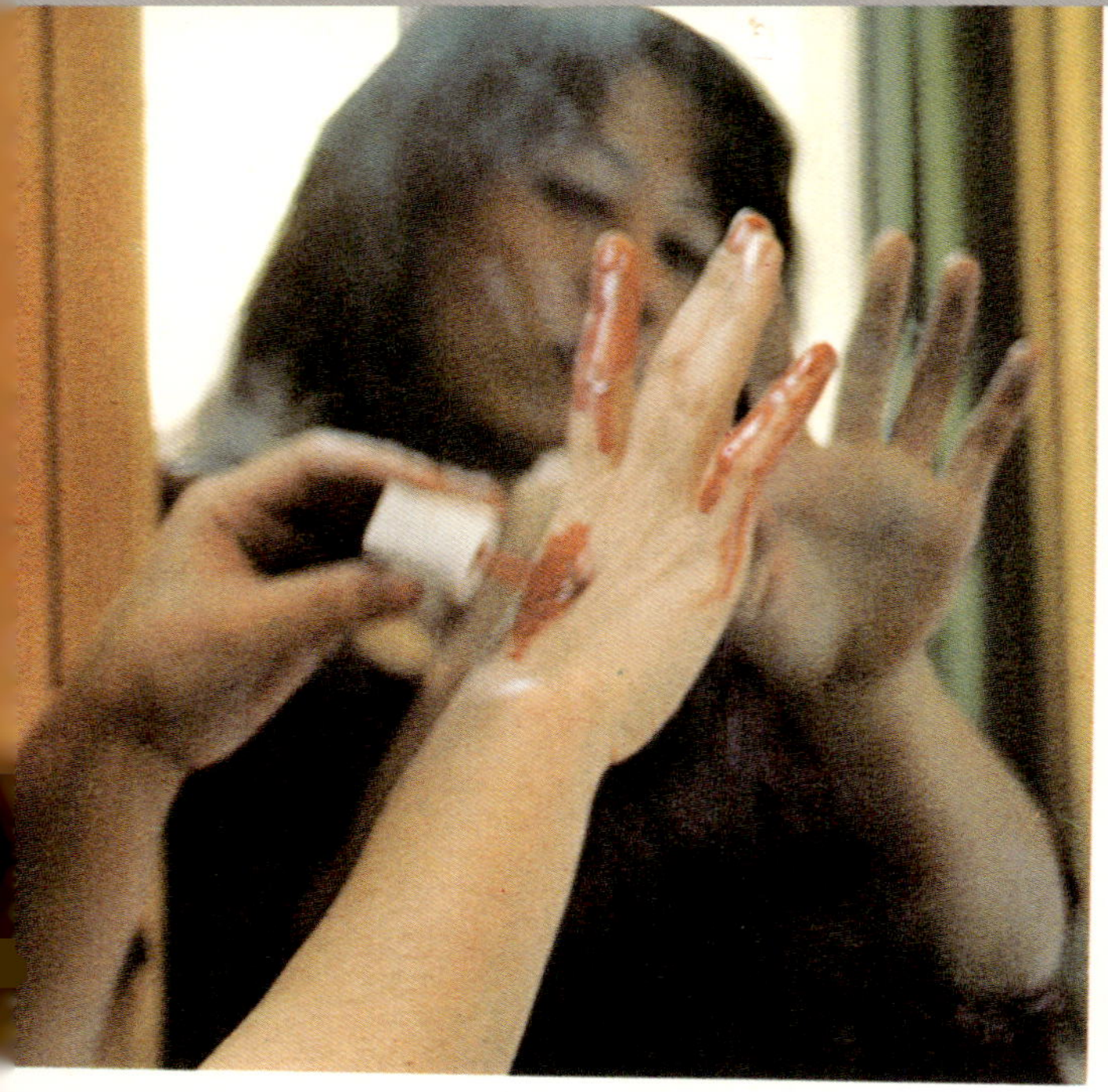

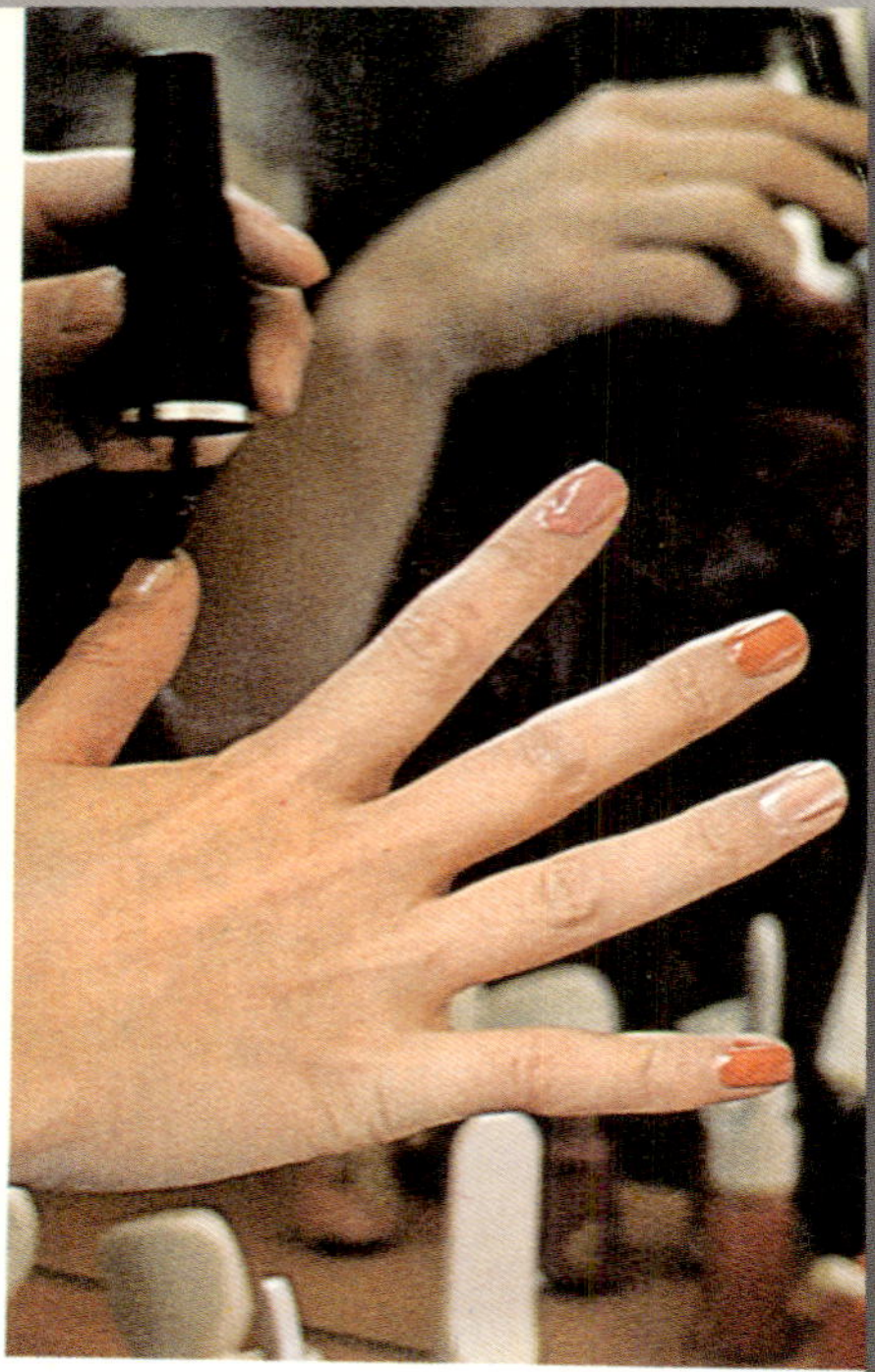

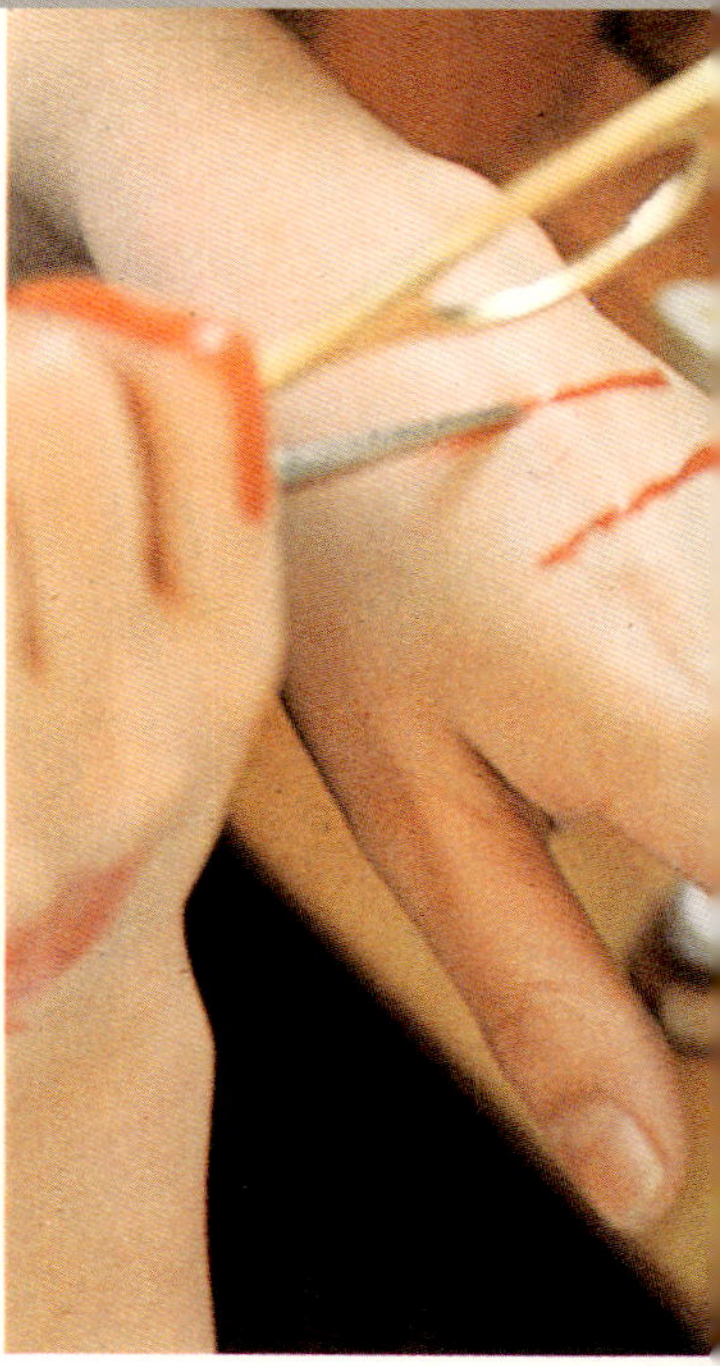

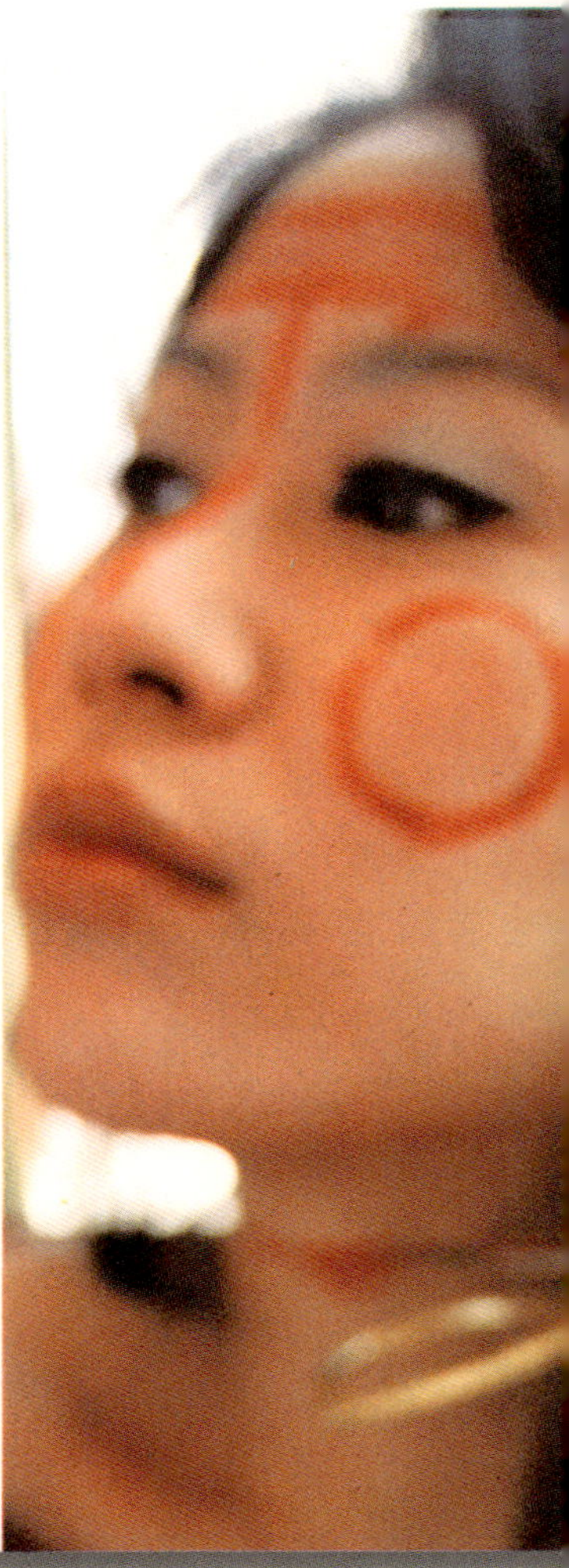

狂気を演じる

彼女はいつでも狂える女だ。狂うことによって生を証明できる女、悟りの寸前であがいている、安らぎの場を見失った女でなくてはならない。

その苦しげな崩れ具合に、男達は哀れみとエロチシズムを感じ、尚かつそれでも死なない彼女のしたたかさと逞しさに安堵して勃起するのである。

21

地獄

【公開】1979年6月23日封切(6月2日にテアトル東京1本立先行ロードショー)
製作配給＝東映　カラー／ビスタ／132分　併映＝『餌食』(監督＝若松孝二)

【スタッフ】
企画＝翁長孝雄　日下部五朗　松平乗道　奈村協　脚本＝田中陽造　撮影＝赤塚滋　照明＝金子凱美　録音＝溝口正義　美術＝鈴木孝俊　編集＝玉木濬夫　記録＝梅津泰子　音楽＝真鍋理一郎　助監督＝俵坂昭康　スチール＝石丸泰規　特撮監督＝矢島信男　視覚効果＝中野稔　主題歌＝山崎ハコ「心だけ愛して」

【キャスト】
水沼アキ・生形ミホ＝原田美枝子(二役)　生形シマ＝岸田今日子　生形松男＝石橋蓮司　生形幸男＝林隆三　生形久美＝栗田ひろみ　生形竜造＝西田健　生形雲平＝田中邦衛　山尾治一＝加藤嘉　浪江＝稲野和子　芳＝岡島艶子　尼僧＝佐藤友美　松男の少年時代＝藤本英之　幸男の少年時代＝上田孝則　懸衣翁＝浜村純　懸衣嫗＝毛利菊枝　閻魔大王＝金子信雄(特別出演)　荼吉尼天＝天本英世　鬼＝大前均　原田力　マンモス鈴木　大位山勝三

【物語】
昭和三〇年、生形村。その山深いけものみちに、二つの人影があった。生形竜造とミホである。ミホは竜造の弟雲平の嫁であり、道ならぬ恋におちた二人は駆け落ちするほかなかったのだ。ミホは竜造の子を身籠っていた。追いついた雲平は、竜造を射殺、けもの罠に掛かったミホを見殺しにする。駆け付けた村人たちの眼前で、死人腹から赤子が生まれた。死にゆくミホは地獄へと堕ちていく……。二十年後。養護施設で育ったレーサーのアキは、松男とのレースの最中に、まだ見ぬ母を幻視し、事故を起こす。休養し、旅に出たアキは、幸男という青年に出会う。幸男に誘われるまま、生形村を訪れるアキ。本家である生形家には、竜造の未亡人シマや、幸男の妹久美がいた。幸男は竜造の息子だった。ミホと瓜二つのアキを見て、驚愕する生形家の人々。アキこそ、あの時ミホの死体から生まれた娘だったのだ。シマが忌み嫌ったアキは捨てられ、代わりに、使用人の山尾治が連れてきた捨子が久美だったのである。崖から転落しかけて”地獄”を見たアキを助けたのはレーサーの松男で、彼は幸男の弟だった。再び、ひとりの女を巡る兄弟の愛憎が繰り広げられようとしていた。幸男を密かに愛していた久美が焼身自殺し、アキを殺そうとした雲平が崖から足を滑らして死んだ。異母兄妹ながら通じてしまったアキと幸男は、ミホと竜造のように、逃げ往くしかなかった。やがて登場人物全員が死に至り、地獄へ堕ちる。荼吉尼天に導かれ、地獄巡りをするアキ。シマ、山尾治、竜造、雲平、幸男、松男、みなが苦しんでいる。めぐり合えた母は獣人と化していた。アキもまた、桜の樹に変えられてしまった。なにかに憑かれたように、我が子の樹に体当たりを繰り返すミホ。いつしか樹は光を放ち始め、そして奇跡が起こった——アキの生まれ変わりであるかのように、ひとりの赤子が、この世に生を受けようとしていた。

『地獄』と私

神代辰巳

　宇宙の果てはどうなってるのだろうか。太陽系、銀河系宇宙と拡がってその果ての果ては無限の冥府なのか。子供の頃から何度も考えてみては、その度に慄然と魂の凍りつくほどの恐怖に襲われたものです。その恐怖は今でも依然として変りません。夜空の星を仰いで美しいと思う次の瞬間、宇宙の無限が底知れぬ恐怖となって襲いかかります。

　この無限の恐ろしさを横の軸とすれば、もう一つ、私達を恐ろしがらせる縦の軸、時間の軸があります。私達は朝に生まれて夜には死ぬと云われるかげろうの生命をはかなみますが、何万光年何億光年を単位とする宇宙の時間から見れば、私達の生命はかげろうより更にはかないものなのです。私達ははかなく生まれ、はかなく滅びるのです。体は滅びます。だが魂と云うものがあるかもしれません。魂はどうなるのでしょう。

　そしてもし、魂があるとすれば、私達の生命のはかなさとは真逆に、宇宙の無限の時間と同じに永久に存在し続けるのではないでしょうか。存在するとすればどこに？　無限の宇宙の冥府に浮遊し続けるのでしょうか。

　人間の歴史が始まって以来数万年になると云われています。そして恐らく、私達の遠い祖先も又この無限の時間と無限の拡がりの恐怖におそれおののいていたことでしょう。数万年後の私達と同じようにです。成程、私達はいくばくかの宇宙空間を解明し得たかも知れません。だがそれとて、無限の宇宙からすればほんのけし粒程の広さでしかあり得ないのです。生命についても科学はどれほどのことを解明し得たでしょうか。

　私達は宇宙について、生命について殆ど何も知らないのと同じでです。

　平安期の昔、僧源信が「往生要集」と云う仏典の中で死後の世界について書いています。現世で悪業を犯した者は地獄で亡者になるというのです。そこには恐ろしい地獄がこと細かに明示してあります。江戸時代、鶴屋南北が歌舞伎の世界で無冥の因果、因縁の恐ろしさを舞台に乗せて人間の業を解明して見せてくれます。

　この映画は、そういう日本的な伝承の手で、地獄はあるものとして、源信以来千年もの長い間、日本人が抱き続けて来た死後の世界を現代風に描いたものです。

（劇場用パンフレット）

〝地獄〟より恐ろしさと親しみをこめて

神代辰巳

　幼い頃、格子戸の内側に坐って日向ぼっこをしていた時です。春先でした。体がぽかぽか温まって、とりとめもなくぼんやり何かを考えていたと思います。太陽が正面から照りつけていました。格子戸の外は裏庭で、何本かの樹々が真逆の光を浴びて、妙に白ちゃけた風景を作っていました。太陽がまぶし過ぎた故だったと思います。その白ちゃけた風景を、私は何か不思議なものを見るように見ていたのです。普段見なれた庭なのに、何故か遠い国の珍しい景色を見ている、そんな感じでした。何故だろう？　自分を取り戻すために視界を拡げるように目を開きました。その風景にすぐ見慣れた裏庭に戻りました。だが、温かい陽の光を体一ぱい浴びて何かダルな体の感覚が又すぐに目の前の裏庭を白ちゃけた画面に変えて、私は再び遠い見知らぬ国にいるような気持になってしまうのでした。小学校へあがる前後の頃だったと思います。それが、私がこの世ならぬ宇宙を感じたはじめての体験だったと思います。

　それから、もう一つ別のおかしな現象が起こりはじめました。目の前のその妙に白ちゃけた遠い他所の国、その拡がりの手前に、何か、紫色の、縦に長い幅広の線が何本か、視界の外から無限にのびているのです。日向ぼっこでぼんやり見開いている目の、その視線の及ばぬ上の方から幅広の紫色の線はのびて来ていて、その延びて行く先は、白ちゃけた遠い国の風景の中にどこまでもどこまでも進んで行くのです。何とも不思議な感じでした。これは一体何だろう？　私は自分をとりもどそうと目を現実に戻しました。無限にのびる紫の線というのは、目の前の格子戸の縦の格子だったのです。目が遠くを見つめているので手前の影になった格子の線がぼやけて奥の白い風景の中にどこまでもとけ込んで行ってるように見えたのです。そのことは子供心にも何となくりくつとして理解出来たつもりでした。でも、無限に延びる紫色の線の感覚はすごい驚異でした。無限というものの体験を私はこの時はじめて知ったような気がしています。

夜の星空を眺めて、宇宙の無限の広さを思うようになったのはそれからしばらく後のことでした。夜の星空は冷たい空恐ろしい宇宙の拡がりでした。でも昼間の前に述べた体験は妙にロマンチックな温かい幻覚でした。私にとって、この未知なものとの出会いは恐ろしさとロマンチックな幻想とが両様一緒に迫って来たのでした。

私の「地獄」もどうやらその画面をもっているような気がします。勿論、「地獄」は世にも恐ろしいところだとされています。やはり子供の頃の事です。父親が亡くなりましたが、当時の私の田舎の習慣として死んだ人の着物を物干につるすのです。死人は一週間冥府をさまようとされています。飲まず食わず地獄の捌きを受けるために歩き続けねばなりません。その中有の闇はものすごい酷暑だといわれています。母が物干に吊した父の着物に水をかけてやっていました。死んだ父の喉の渇きと炎暑の苦しみを癒すためだそうです。私もやらされました。朝と言わず夜と言わずにです。着物が乾くと冥府の父の苦しみが酷くなるといわれて、あの世の闇にさまよう父を思いながら、柄杓で着物に水をかけます。はじめのうちは子供心にもおかしな習慣だと思ってました。だがくりかえし着物を濡らしているうち、まるで厳粛に行なっている自分に気づきました。真夜中、肌寒い薄闇の中でたった一人物干台に立って父の着物に水をかけていると、冥府の苦しみを父と共に受けているようでした。体中肌を粟だてながら何度も水をかけました。恐ろしさと死んだ父への懐しさがこもごも私を襲いました。

『地獄』劇場用パンフレット表紙

「宇宙」と「地獄」の体験は今も殆どそのまま私の中に生きています。恐れとある種いいようのない親しみといっていいような何かがこもごもあるのです。

話は少しさかのぼります。父が死ぬ時私は盲腸の手術である病院に入院していました。恢復期にかかっている時でしたがショックを受けて病状が悪化するのをおそれて誰も私に父の死を教えてくれなかったのです。ある夜、不思議な夢を見たのです。夢の中で、母が赤ン坊を産んでいました。

「全然おかしかね」と、私は母に聞いていました。

「お腹の太うなっとらんで、どがんして赤ちゃんのひょこっと産れたとね?」

母は何も答えませんでした。赤ン坊をふりかえるだけでした。母の目の動きにつれて、赤ン坊を見て、私は驚かされました。生れたばかりというのに、赤ン坊は目鼻立ちのはっきりした大人の顔をしていました。しかも、父親そっくりだったのです。ぞっとして、私は目をさましました。妙な胸騒ぎがしました。後からわかったことですが、ちょうどその時刻、父は死んでいたのです。父は私の入院していた病院から汽車で二時間ばかりかかる博多の大学病院で死んだのです。自分の死を知らせるために、父は私の夢の中に現われた、そうとしか思えませんでした。若し、テレパシーというものがあれば、後にも先にも、これがたった一つ私が味わった超能力の世界です。

千年も前、源信という僧が書いた「往生要集」という経典があります。そこにはいろんな地獄があって生前罪を犯した人間が残酷な罰を受けるさまが刻明に書かれています。こういういい方が許されるなら、この経典は完璧な想像力の産物といえます。凡そ人の考えることが出来る最大限残酷な世界です。そういう読み方をすれば直ちにへどを吐きそうです。しかし、例えばダンテの「神曲」に表われる地獄と比べると私は妙に温かさを感じてしまうのです。私がそう感じるのは、「神曲」のスタティックな厳めしさと比べて、これは救いを前提として書かれているような気がするからなのです。地獄の有様はいかにも残酷ですが、過ちを恐れずにいいますと「地獄で仏」という言葉があるのですが、そんな救いをこの経典の行間に感じてしまうのです。私には「神曲」よりはるかに面白い読み物でした。「地獄」を私はそういうふうに作ってみました。絶望的な因果応報、輪廻の「地獄」の中に情念の入りこむ余地のあるものとしてです。どろどろした「地獄」に、おどろおどろしい「地獄」に、生の人間の情念を描いてみました。

（「キネマ旬報」一九七九年六月上旬号）

ホンがよく分からなかったんだ

高田　純

クマさんの『地獄』は、裕也さん主演で若松さんが監督した『餌食』と二本立てで公開された、クマさん唯一の東映映画だった。いまどき『地獄』と『餌食』の組み合わせなんか誰も観に来ないだろうと嗤っていたら、案の定三角マーク未曽有の不入りを記録したことを良く覚えている。

というのも、その一方の『餌食』のホンに自身も名を連ねていたからだ。今はない中野の旅館〝福屋〟で、荒井晴彦、俺、そして出口出とクレジットされた小水一男、高橋伴明の四人の手を経て書かれた『餌食』のシナリオは、決定稿完成までことのほか難航を極めた。若松さんがいま一つホンに乗れなかったのか、東映という独特のカラーを持つ会社の注文がペースを狂わせたのか。何がその原因だったのかはもう定かでないが、一六年前のまだ三〇になるかならないかの駆け出したちは「クマさんはいいよな。陽造さんのホンでたっぷり予算をかけられるんだから」と、程なくブロックブッキング崩壊の日が訪れるのも知らず不遇をかこっていた。

しかし不入りの予想的中にも増して、公開された『地獄』の評判は散々だった。各マスコミ、ミニコミのどこか及び腰の批評もともかく、「俺の目の黒いうちは、クマシロには二度と東映映画は撮らせない」と、当時の岡田社長が激怒したという伝聞がしばらく仲間うちの酒の肴になったほどだった。

今回この稿をおこすにあたって十数年ぶりにその『地獄』を再見してみたが、なるほど観る者を戸惑わせる怪作であることだけは間違いない。映画は陽造ワールドと言えば確かに言える不倫の無間地獄に陥った女の因果応報譚を、何のめりはりもなくただ延々と繰り返して終わる。神代節と称されて多くの映画関係者たちに強い影響を与えた、あのうねるような映画表現は二時間あまりの間どこにも片鱗を見せない。原田美枝子、石橋蓮司、岸田今日子といったなみいる芸達者たちも、何をどう演じたら良いのか分からず、終始困惑顔でフレームに納まっているようにしか見えない。要するに、まことにもってクマさんらしからぬ凡庸な作品なのである。

もちろんそれには幾つかの原因がある。後年『恋文』や『離婚しない女』のホン作りで寝食を共にすることになった時、一信奉者としてのこちらの質問に、クマさんは「あれは陽造さんには悪いことをしたが、結局最後までホンが良く分からなかったんだ」と述懐した。その陽造さんのホンにしてからが、初めはサーカスの女をヒロインに据えた悲恋物語だったはずが、例の社長の「そんな話が当たるか」の一言で不本意な改訂を余儀なくされたものだと聞いた覚えがある。

本来はすべての監督に言えることなのだろうが、クマさんにとっては特に「ホンが分からない」というのは致命的な事態である。旅館暮らしの初期のころ、クマさんに「これはどういう意味だ」「ここは何故こう書いてあ

『地獄』撮影スナップ

るんだ」と質問される度に、師匠からダメを出された弟子のような心境になって、口ごもりながら自信なげな抗弁をした。が、クマさんは本当に理解できないから聞いているのだということがすぐに分かって、心底驚いた経験がある。「それで分かった。じゃあ役者にもそれが分かるようにもう少し丁寧に書いてくれ」とあの人なつこい表情で笑いかけ、実際そのとおりに、いやそれ以上の映像を演出して見せてくれるのが常だった。

あの深い洞察を一種の諧謔にまぎらせた独特の神代映画は、そんな貪欲な追求姿勢と懐の深さから生まれてくるのだと、ライターの言葉になど耳も貸さないゴーマン監督に苦しめられてきたホン屋や、その時秘密の一端に触れた気がして得心したのである。

つまりはそんなクマさんの作家姿勢と、東映カラーという得体の知れない社風とが、ついにめぐり合うことなく終わった不幸な作品が『地獄』なのだ。かつて田中登さんが単身京都に乗り込んで、『神戸国際ギャング』に返り討ちに遭ったのと同じように、クマさんもまた本来の出身地の隣村太秦ではついに理解されることはなかったのだ。

そこには良き伴走者、プロデューサーの三浦さんもいなければ、カメラマンの姫田さんもいない。美術の菊川さんもいなければ、録音の橋本さんも編集の鈴木さんもいない。長く続いた任侠路線の果てに見いだした実録映画の鉱脈も掘り尽くし、さてこれからどこへ向かえばいいのだと途方に暮れていた三角マークのど真ん中に、クマさんもまた否応なく巻き込まれてしまったのである。

今にして思えば、その後時を経ずして日本映画はブロックブッキング体制を放棄し、活路を求めて一本立ての大作ロードショー形式に転身していった。そしてさらに抜けようのない蟻地獄へと陥っていく結果になる。むろんそれからもクマさんは数々の傑作を撮ったし、晩節を汚すこともなく潔く逝った。それを拠り所に、ショーケンの弔辞流に言うなら〝神代学校留年生〟程度には位置すると自負する者としては、せめてこの無間地獄に一矢むくいたいと歯ぎしりしているのだが、つい一週間前に長年の懸案だった大作映画の企画が流れ、ついでとばかりにテレビの二時間ドラマまでがポシャッた茶番劇の後では、それこそ何をどうしたらいいのか分からず、ただクマさんの遺影を見つめて茫然と佇むしかない。「神代組は今日で終わったんだ。役者もライターも助監督も、もう神代組という映画に参加することは二度とできないんだ」通夜の席で酔って号泣したチーフの鴨ちゃんの叫びが、重苦しい痛みを伴ってしきりに思い出されるこの二ヵ月だった気がする……。

（たかだ じゅん・脚本家／「映画芸術」一九九五年夏号〈追悼　神代辰巳〉）

此岸と彼岸の往環装置

山根貞男

ありていにいって『地獄』はあまり評判が良くない。なぜそうなのか。いや、その理由を少しは想像できなくもないが、この映画にはそんなものを軽く一蹴してしまう膂力も魅力もある。そこを見なければ、神代辰巳のどの作品であれ、正当に評価することはできないのではないか。少なくとも『地獄』は重要な作品だとわたしは考える。

神代辰巳の『地獄』が公開されたのは一九七九年のことである。この年の作品は封切り順に『赫い髪の女』『地獄』『遠い明日』の三本だが、神代辰巳の最高傑作の一つと見なしていい『赫い髪の女』のつぎに『地獄』が並び、しかも片や中上健次原作、片やクローニン原作という二本のあいだに挟まっていることに注目しよう。神代辰巳の中期のピークがどのような域にあったかを告げる作品として『地獄』があると思われるのである。

題名どおり〝地獄〟の何たるかをなまなましく描いたこの映画は、まぎれもなく本格的な怪談映画で、神代辰巳のフィルモグラフィにおける異色作として輝いている。そのことは、これが初の（そして結果的には唯一の）東映京都撮影所での仕事であったことと結びつけてもよかろう。ラスト、えんえん描き出される主人公たちの地獄めぐりのおどろおどろしい光景は、まさしく東映京都の大ステージの産物以外のなにものでもない。また、冒頭からまもなく、ヒロインの死体から赤ん坊が生まれる場面は、原田美枝子の話によれば、当初、雪のなかのシーンになるはずだったというが、完成作品では、あたり一面に淫らなほど赤い花々の咲き乱れた山上の風景として、セット撮影ならではの強烈な印象を突き出してくる。

神代辰巳がデビュー以来、一貫して男と女の性愛の関係を描きつづけたことは、いまさらいうまでもない。その一頂点が『赫い髪の女』で、〝ロマン・ポルノ〟という名の狂い咲きも表現としてのピークに達した。東映サイドにどんな思惑なり計算なりがあったかは知らないが、神代辰巳にすれば、明らかに『地獄』は、そうした〝ロマン・ポルノ〟における達成を踏まえての新展開にちがいないと思われる。この映画でもドラマの軸は男女の性愛に置かれているとはいえ、本格的な怪談映画をめざす点で、神代辰巳が別の領域に突入していったことは歴然としている。

　封切り当時のプレスシートを見ると、神代辰巳の『地獄』と私」という文章が載っていて、宇宙の無限、魂の永遠といったことの不思議さに触れたあと、こんなふうに述べられている。

『地獄』原田美枝子

《私達は宇宙について、生命について殆ど何も知らないのと同じです。／平安朝の昔、僧源信が「往生要集」と云う仏典の中で死後の世界について書いています。現世で悪業を犯した者は地獄で亡者になるというのです。そこには恐ろしい地獄がこと細かに明示してあります。江戸時代、鶴屋南北が歌舞伎の世界で無冥の因果、因縁の恐ろしさを舞台に乗せて人間の業を解明して見せてくれます。／この映画は、そういう日本的な伝承の手で、地獄はあるものとして、源信以来千年もの長い間、日本人が抱き続けて来た死後の世界を現代風に描いたものです。》

　素朴な宇宙観や生命観からつながる「日本的な伝承」という言葉が目を惹く。むろん神代辰巳のそれまでの諸作品がべつに無国籍的だとは思わないが、こんなふうに「日本」ということがごく自然な口ぶりで強調されるのは稀有なことであろう。

　お話からいえば『地獄』はまさに「無冥の因果、因縁の恐ろしさ」を描く。

　女が夫の兄と愛し合って子を孕み、夫の嬲り殺しにあい、死後出産する。二〇年後、そのとき生まれた赤ん坊が、なにも知らぬまま、一人の女として故郷の村を訪れ、若者と慕い合う関係になるうち、事故のように彼の兄と性的関係を持つが、その兄弟は彼女の異母兄で、兄弟は彼女をめぐって争い、慕い合う二人は血のつながっていることを承知で結ばれ、地獄へ堕ちてゆく……。

　ヒロインを演じるのは、母娘の二人とも原田美枝子。つまり同じ原田美枝子が、過去の不倫の愛によって兄弟に殺し合いを演じさせるかと思うと、現在の近親相姦でも兄弟に死闘をくりひろげさせる。過去と現在、ともに禁じられた愛、兄弟の殺し合いと、緻密に悲劇が仕組まれていて、その恐ろしい憎悪の関係のなか、精巧な機械仕掛けのように登場人物たちは地獄へ堕ちていき、さらなる恐ろしさにのたうちまわるのである。

　脚本は田中陽造。一九七三年の神代辰巳作品『やくざ観音・情女《いろ》仁義』もこの人のシナリオで、やはり異母兄妹の近親相姦のドラマがつづられ、主人公の青年が死んだ母から生まれるという設定でも、明らかに共通性を感じさせるが、『地獄』ではなにより死後の地獄めぐりに作品の力点があるので、決定的に違うといえよ

『地獄』原田美枝子、浜村純、毛利菊枝

う。

　その地獄めぐりの光景がまさしく「日本的な伝承」をなぞって描かれる。三途の川、賽の河原、針の山、血の池、餓鬼地獄、そして閻魔大王と鬼たち……。それより前に、嬲り殺された女が赤い花の咲き乱れる崖から赤い着物を翻しながら落下したり、そのときの亭主が二〇年後、そのとき生まれた娘に操られて同じ崖から墜落したり、あるいはその娘と異母兄が性の交わりのさなか、山崩れによって山小屋ごと山肌を滑落してゆくとき、その模様がいかにも通念的なパターンのイメージを強く感じさせずにはおかない。より正確には、むしろそれは「日本的な伝承」を一歩も出ないといったほうがよかろう。そしてそのことは、えんえんとつづく地獄めぐりのシーンがセット臭さ丸出しの形になっていることで、さらに際立ってくる。

　たぶん『地獄』の不評はそのあたりに大きく関わっていよう。あの「無冥の因果、因縁の恐ろしさ」の底が、つまりおどろおどろしきのネタが、スケスケに見えてしまっているのである。その意味では、この神代辰巳の大異色作は同時に大いなる失敗作にほかならないということができる。

　むろん神代辰巳はそんなことを百も二百も承知している、とわたしは思う。さきほど引用した文章の素朴さに注目するだけで、事態は一目瞭然であろう。

　この映画は愛憎ドラマの部分と地獄めぐりの部分とが分裂し、ぎこちなく並べたようになっており、明らかに最大の理由は地獄の場面のセット臭さにあるが、むしろ神代辰巳としては地獄のシーンの人工物性を強調したかったにちがいない。つくりものの地獄世界の真只中でこそ、激情のクライマックスの場面がくりひろげられる。それは地獄に堕ちたヒロインが獣になってしまった母と対面するシーンで、二人の原田美枝子が抱き合い、娘のほうは泣き、母のほうは娘を娘と識別できぬまま彼女の体に噛みついて喰らい、娘は〝おかあさん！〟と呼びかけた報いで一本の樹に変身してしまうが、その娘の叫び声に、獣の母親は、呻き声をあげるや、獣毛におおわれた全身を娘の樹の幹に何度もぶちあて、その激突のくりかえしのあげく、幹に大きな穴が穿たれ、その突き抜けられた向こうの輝く光のなかに新しい命が……。

　この映画では、原田美枝子の二役ということが活用されていて、途中、現在の娘がなにかの拍子に、意識しないまま、二〇年前の母親になってしまうところが何度もある。彼女と異母兄が鏡に向かうと、鏡のなかの像がこちら向きではなく、そのままうしろ姿になっているが、ヒロインをめぐって時空の歪みがさまざまに生じるといえよう。ラスト、そんなエネルギーを凝結させて、母と娘のあいだに劇的展開が起こるのである。

　まちがいない、神代辰巳は『地獄』において全身でなにかにぶつかり、それを突き抜けようとしている。その〝なにか〟とは何か。いま、それを詳述する余裕はないが、こんなふうに比喩的にはいえる。突き抜けるとは、映画をこの世とあの世の往還装置として動かすことにほかならない、と。

　周知のように同じ『地獄』という題名の映画として中川信夫の一九六〇年の作品があるが、神代辰巳の映画があの傑作と意外なほど似ているのは、ストーリー展開上のいくつかの要素ではなく、此岸と彼岸の往還装置という一点によるのであろう。


（「映画芸術」一九九五年夏号〈追悼　神代辰巳〉）

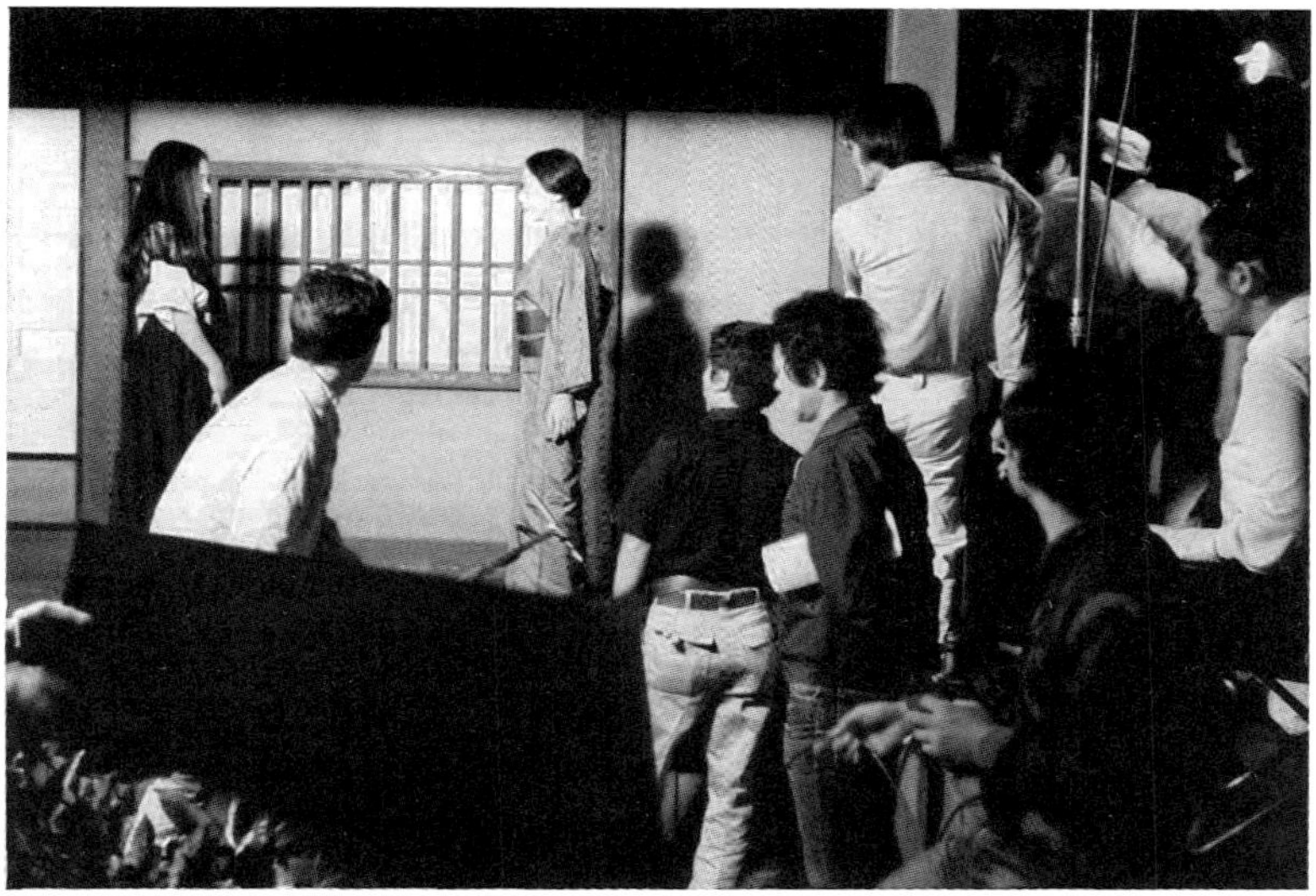

『地獄』撮影スナップ。原田美枝子、岸田今日子

神代辰巳発言抄 2

ポルノとは

神代　一条さゆりさんが持出しをやるんですけどね。わかりますか、持出しって。（……）そう見せるやつですね。その、見せるだけではね、一条さゆりのキャラクターってのは出て来ませんね。そうすると、一条さんが非常に一条さんらしいっていうのはね、たとえば、こういうことをやるんです。お客がいまして、こう広げてね、自分のあそこを客のここ（口の辺）へくっつけるわけですよ。それでね、「吸いつくよ」っていうんです。（……）

そういう表現のしかたがね、やっぱりポルノなんじゃないですか。（……）

それが実はポルノなんで、できあがった写真で「吸いつくよ」ということがね、何か一条さゆりのキャラクターが非常にうまく出て、自分としてはおもしろかったんですけどね。ポルノっていうのは何か、今いったことのような気がしますよ。（……）

そういうことが一般化されることのほうがおかしいんでね。冗談だとしても、ヒョッとしたら真実かもわからない。ヒョッとしたら吸いつくかもわかんないみたいな、そのへんのアヤの中で自分を表現するというしかたがね、やっぱし一条さゆりのポルノで、今は知りませんけれども、その時期の人生にあったと思いますしね。そういうよさっていうのが一条さんの中にあるんじゃないですかね。僕の中では、ポルノっていうのは多分、そういうものだろうって思ってるんです。それが痛切な彼女の生き様だと思いますね。

（「創」一九七七年七月号）

学生運動について

神代　（……）ぼくはやっぱり、オレにはできないや、ダメだなって気持の連続だな。日共の武闘、トラック部隊そして今度は新左翼というんですか、それから連合赤軍ね。すげえことをやるなあ、おれにはできねえな……と思う気持でね。

（……）

神代　たとえば岡本公三、さっきのハイジャックだって……。何かやりたい、やりたいと思う気持はありますね。たとえばトラック部隊だとか、帰郷運動だとかって、ぼくの学生時代にありましたけど、やっぱり、なんかできなくって（……）「俺はダメなんだ」と思ってる部分から入れなかったんですけどね。だから、同じことを……自分の視点が変わらないわけですよ。みんな、「ああやってるなあ」と思って「俺にはできねえなあ」と思いながら……いまでもそう思うわけですよね。

（「現代の眼」一九七四年九月号）

ロマンポルノ六年目の実感

神代　僕の場合は、こういういい方はあまり直截にはしたくないんですが、必らずしも客が入らなくてもいいよ、というのが初期にはありました。僕自身の中にもあったし、会社にもあった。具体的にいうと、「女地獄・森は濡れた」というマルキ・ド・サドの翻案をやったし、「恋人たちは濡れた」という、あまり客の入りを意識しなくていい作品がありました。いまは、客が入らなきゃいけないという枷のようなものが、僕なんかにはあるんだな。会社の中にも多分あるだろうし。それを感じない田中（登）さんというのは、何とも幸せだと思いますね。熱気が落ちたといういい方を、どう表現するのか知らないけど、カンでいうと、そういうことじゃないかな、という実感はあります。田中さんは、別格だと思うけど。

（「キネマ旬報」一九七七年二月上旬号）

自分が面白がれる映画を

神代　最近、自分の中で映画とは何かっていうことを見直さなくちゃいけないんじゃないかって考えているんですよ。もうちょっと面白いものを作ってみようかな、作らなくてはいけないんじゃないかって。例えばニューヨークの幽霊とか、野球場の話とか、てめえで面白がるからね。自分が面白がれる部分で、ああいうの一回試してみたいなと思ったりね。

（……）

監督っていうのは自分を売る商売だとして、片一方でゴダールみたいに地下鉄で浮浪者になってるというような言われ方をしなくちゃいけないのかなとも思ったりするんだけど、そこまで真面目じゃない。その分の結論が、ああいうのを一度やってみようかな、と。ゴダールでいうと「探偵」なんか好きなんですけどね。でも、もうあと何年やれるか分からないのに、所詮出来ないものにしがみつくのか。何かその辺に差しかかっているんじゃないかと思ってますね。

（「キネマ旬報」一九九一年三月下旬号）

22

遠い明日《あした》

【公開】1979年11月3日封切
製作＝東宝映画　配給＝東宝　カラー／ワイド／95分　併映＝『神様なぜ愛にも国境があるの』（監督＝吉松安弘）

【スタッフ】
製作＝田中收　原作＝A・J・クローニン『地の果てまで』　脚本＝馬場当　撮影＝原一民　照明＝小島真二　録音＝神蔵昇　美術＝樋口幸雄　編集＝池田美千子　記録＝加藤八千代　音楽＝クニ河内　助監督＝今村一平　スチール＝岩井隆志　製作担当＝徳増俊郎　主題歌「遠い明日」作詞＝岡本おさみ　作曲＝クニ河内　唄＝江夏一樹（原大輔）

【キャスト】
多川明＝三浦友和　馬場順子＝いしだあゆみ　江川良枝＝宮下順子　岩佐＝若山富三郎（特別出演）　多川蓮三＝金子信雄　沼田万造＝殿山泰司　小林＝森川正太　須田次席検事長＝神山繁　斉藤＝浜村純　樫山＝石橋蓮司　猪ヶ谷署長＝小松方正　大平秀樹＝佐藤蛾次郎　大野木＝地井武男　田中＝守田学哉　初老の事務員＝和沢昌治　刑務所の係員＝加地健太郎　記者A＝丹治勤　裁判長＝相沢治夫　佐賀弁護士＝林ゆたか　ビジネスホテルの受付＝安沢千佳子　多川登代子＝たうみあきこ　五十嵐医師＝馬場当

【物語】

函館。明は十九年前に死んだ筈の父、蓮三が生きていることを知る。蓮三は殺人囚として小倉刑務所に収監されているというのだ。真相を探るべく、明は北九州へと赴いた。当時の記事を読もうと市立図書館へ行くが、司書の小林は明になにくれとなく協力的である。続いて明は目撃者の沼田や良枝、元刑事の斉藤ら関係者に接触を開始する。どうやら父を有罪とする確たる証拠は何もないらしい。斉藤が変死する。さらに事件の陰で蠢き始めた何かを恐れた小林も手を引いてしまう。良枝に近付いたため、刑事の田中に家宅侵入という名目で逮捕される明。明を救ったのは、明と小林の出した投書で事件に改めて興味を持ったという北九州新聞オーナーの岩佐だった。見知らぬ土地で孤独な明は順子という女性と出会い、安らぎを覚える。実は順子は五年前から岩佐の愛人だったが、二人は一線を引き今まで肉体関係は結んでいなかった。順子は何処か思い詰めた様子の岩佐に唐突に別れを切り出される。順子は最後に別れる為のけじめとして自分を抱いてと岩佐に求める。一方、順子に弁護士の大野木を紹介された明は再審へ向かい行動を始めた。岩佐の新聞も冤罪追及の論陣を張っていたが、それは傍目からは、異常とも思えるほど激しいものだった。再審が受理され明は初めて父の蓮三に会うが、長年の刑務所暮らしのせいか、蓮三は卑小極まりない男になっていた。敵の次席検事長、須田は手強い。八方塞がりと思えたころ、岩佐が失踪する。明はかつての殺人現場で岩佐を見つける。岩佐は、真犯人が自分であること、十九年間の苦悩を告白する。明の眼前で自殺する岩佐。「逃げてくれ、死なないでくれ、もっとだらしなくていいんだもっと……」岩佐の遺書により、すべては解決した。高潔な岩佐は死をもって罪を贖い、俗物でしかない父は死刑台から生還した。けれど明は、自分を女手一つで育ててくれた母や順子とも別れ、そんなだらしない父と生きていくことを決意するのだった。

三浦君について

神代辰巳

いきなり北九州ロケからクランク・インしたところ、三浦君の人気のすごさにまず驚かされた。行く先々で女性ファンが殺到し、若い人から中年まで、仮を追いまわし騒いでいる。日活の撮影では、とても考えられない光景だ。北九州では、何回か撮影が出来なくなったりしたが、そんな時の三浦君は、孤独でなにかやるせなく、人気者故の哀れさがあって可哀想に思った。

ロケの期間中、三浦君は何回か私の宿(宿舎が別々だった)にやって来て、翌日撮影するセリフの解釈や、役作りについて深夜まで話し合った。その時、三浦君の酒の強いのにも驚かされたが、彼の人間性のあまりにも真面目なのに驚きもし、かつ、あきれもした。その反面、仕事の話が終ると友人のことなど面白おかしく話している。この使いわけは仲々出来ることではない。彼の人並外れた真面目さと、この隠れた人間性が、彼のスターの座を維持しているのだろう。スターの座を続けることは並大抵ではない。私などは、人前にいても、もっと気軽な雰囲気のなかでやっていかないと窒息しそうに思うが、それがスターの悲しい宿命なのかと気の毒に思う。つくづく三浦君は、意志の強い人だと思った。

俳優さんの中には、器用にこなしてしまおうとする人と、そうでない人がいるが、三浦君はむしろ不器用で努力型の人だ。器用な人は、時として底が見えてしまうことがあるが、不器用な人がいろいろ試行錯誤すると、意外なものが生れてくる。

私はこの作品をやるまで、三浦君に会ったこともないし、彼の出演した作品を殆んど見ていなかった。この作品の主人公のみじめさ、若者の生きざまが、三浦君によってどこまで出しきれるか、それがこの映画の勝負だと思った。私は自分が演出している時、ああしろこうしろとあまりこまかいことは言ったことがない。俳優さんが自分で演じる中から、なにかキラリと光るものがあったら、それを大切に拾っていきたいと思っている。そんな自分のやり方を、三浦君は最初はとまどったようだ。しかし彼は、彼特有の真面目さとねばっこさで、最後までいろいろと工夫してくれた。こんな経験は、三浦君にとって初めてだったかも知れない。幸いにして、まわりの俳優さんはみんな個性のあるベテランが揃ってくれた。私は必要以上に、まわりの俳優さんに動いて貰った。そして、現代の若者、三浦友和がその中でどう生かされるかを試みたつもりだが——その成果は、この映画をご覧になった皆さんの批評にお任せするしかない。

(劇場用パンフレット)

ルポ・79年動き出した日本映画　監督たちは、今
「遠い明日」の神代辰巳

八森 稔

にっかつのエースといわれる神代辰巳監督は、今、東宝に出むき三浦友和主演のシルバー・ウィーク作品「遠い明日」のメガホンをとっている。五本目の他社での作品である。その特異な才能をかわれて、初めて他社にまねかれたのが昭和四十九年。ショーケンこと萩原健一主演の「青春の蹉跌」だった。以来、平均年一本のペースで他社で仕事をしているが、作品作りと同時に、今ひとつ任務を負わされている感じがする。

青春スターの〝改造〟もしくは〝脱皮〟である。このことは「遠い明日」のメールにも明らかにされている。三浦友和にとって、今度の作品が〝一つのパターンからの脱皮〟となるものであることを記した後に、

〝監督は「青春の蹉跌」で萩原健一を俳優として開眼させ、又、「櫛の火」では、草刈正雄を一躍スターダムに押し上げた神代辰巳があたります〟

とある。

「遠い明日」はイギリスの作家A・J・クローニン原作の「地の果てまで」の映画化である。

「昔、読んでいましたね。今、冤罪がいろいろと問題になっているときだし、また、弘前事件というのがあって、おもしろかった。で、東宝から話があって、いいんじゃないか、ということになったんです。もちろん、三浦クンの企画ということでした。今までの友和映画じゃないものをってことでね」

〝友和改造〟は明確であり、本人も、

「多分にそれはあるでしょう」

と言う。だが、

「それほど、責任感じてないんですよ、そのことで

『遠い明日』撮影スナップ。三浦友和、神代辰巳

は、自分のやり方でやるしかしようがない。商売風に言うと、周りでそういう風にしむけて行こうと思ってるんです。友和クンが演ずる主人公がいて周りの人物がいる。それがわりと願を追って出てくる。その人物たちとのかかわりにおいて、彼が変っていくようにしむけてゆく。相手が変れば、自然変っていくはずですから。そういう意味で、周りの人は、こっちの範ちゅうの人を配しています。宮下(順子)クンとか、殿山(泰司)さんとか、小松(方正)さんとか、石橋(蓮司)クンとか。まさか、友和クンをすっ裸にしてラブシーンさせるわけにはいかないでしょう。やらしてくれるワケがないし、あり得ないと思うしね。それに申し訳ないんだけど友和映画というのは『絶唱』一本しか観てないんですよ。これは、今の彼とは全然違うだろうし、どう変ったかはわからないけど、こうしろ、ああしろと言って変えて行くようなことじゃないような気がする。周りに俺なりの演出をつけ、彼にはつけない。それに彼がどうのっかるか、のっからないか。基本はそういうことですね」

三浦友和は今をときめく青春スター。北九州・小倉での街頭ロケでは、見物人がつめかけ過ぎて撮影が中止になったほどである。だが、

「いわゆる青春映画にはならないはずです。『青春の蹉跌』だって青春映画じゃあ、ありませんでしたしね。ガキっぽいのは好きじゃないんですよ」

しかし、大人向けのにっかつ作品と、青春スターを主役にしての東宝映画は初手から違っているはずである。表現上の制約もあるのではないか？

「ありますね。器用に使いわけはできないけど、東宝映画、一般映画のワクというのがシナリオの段階からある。それがあるところで、何かのブレーキになっているってこともあるかも知れません」

これは一人、神代監督に限ったことではないが、にっかつの監督は他社でメガホンをとったとき、そのパワーがおちると言われている。それは、この〝ワク〟のせいなのか。

「俳優さんの問題もあるんじゃないですか。例えば、東宝でやっている俳優さんの表現のしかたと、にっかつの人のそれとは違う。にっかつの方が裸になっている感じがするんです。気持の上でもね。スターさんとは違いますからね。でも、これはしょうがない。そこまでだと思ってしまえばそこまでのもので。商売ですからね。商売だと思ってますよ。はっきりと割りきりはできないが、食うことを前提として自分を商品化しなきゃあいけないという部分がある。もっとも、商品にするにしても、どこか焦点みたいなものは自分で決めないといけないんですけど。この種の商品にするとこんな売れ方をするだろうみたいなことをにらんでね。具体的に言うと、年収三〇〇万円がいいか五〇〇万か一〇〇〇万かをにらみながらと言うことですね。こういうことはみんなやってるんじゃないですかね」

前述したように、今度の作品で他流試合は五回目である。

「気分的には、なんとなしに楽にはなってきた」と言うが、新しいスタッフと組んでの仕事はやはり「時間がかかる」とのこと。

「お互いに個性があり、クセがありますから。例えばロケハンなんかのとき、カメラポジションに立つと、ボクとカメラマンの位置がまったく違う。というのは、ボクは姫田(真左久)さんなんかとやっていて、望遠を使うことが多いんで、その位置に立つ。と、カメラマンはそれよりズッと前にいるってなことがある。そういうことも含めて、意志の疎通には時間がかかりますね。そういうことが完全になるのは撮影が終ったときぐらいじゃないでしょうか。でも、そういうことで気づかれしてしまってはしょうがない。話しあって、だいたいわかってもらったなあと思ったらまかしちゃう。

例えば、シネマスコープのワクのなかで、人物がここに居なくちゃあいけないとか、もう少しこっちだとか、そんなこと言ってはいられませんよ。第一、そんなことをやっていたらまとまらなくなる。それよりも、スタッフのそれぞれの個性を発揮してもらった方がいいわけですしね」

ところで、神代監督はにっかつ（当時は日活）がロマン・ポルノ路線を走り出す以前、「かぶりつき人生」でデビューした。

「これが前代未聞の不入りで、しばらくホサれた」

その間に、ロマン・ポルノが誕生した。そのなかで「濡れた唇」で再び活動をはじめた。

「監督たちが次々と出ていった。これがいちばんえらいことだったが、ボクとしては〝いい世の中がきたわい〟って感じだったんです。というのは『かぶりつき人生』のあと、撮りたくてシナリオを書いて出していたんだが、実現しなかった企画が、ポルノになったらスイスイ通るようになりましたからね。もっとも、そのシナリオにはセックス・シーンまでは描いていませんでしたけどね。撮影日数が十日前後だったからシンドかったし、役者さがしにも苦労したけど、おもしろくなってきたって感じでしたね」

それ以後は監督としては順調だった。だが、ロマン・ポルノはポルノと言うだけで白眼視されて来た。作品を云々する以前に、ポルノというレッテルだけで目をそむけられた。

「それがつらいとか口惜しいとかは思いませんでしたね、いつか市民権を得てやろうなんて気もありませんでした。もともとマイナーな部分というのが好きですし。一部に認められないということは、逆に仲間がいるということですからね。黒沢作品や木下作品がいいと言う人もいれば、ロマン・ポルノがいいと言う人もいるわけでしょう。ロマン・ポルノという範ちゅうのなかで、できた仲間を大切にしていった方がいい訳ですしね」

だが、ロマン・ポルノは神代監督の場合だと「一条さゆり・濡れた欲情」「四畳半襖の裏張り」などの秀作を生み、ベスト・テンの上位をにぎわすようになり、固定ファンもがっちりつかんで〝市民権〟を得た。日本映画にとって〝やっかいな子供〟とみられていたロマン・ポルノは質の高い作品を生むことによって立派な〝大人〟になった。その先頭にたったのが神代監督である。

だが、この〝市民権〟を得たということが、今の神代監督にとっては、決しておもしろいことではないと言う。

「独立プロは別として、いわゆる商業映画のジャンルのなかでは、にっかつがいちばん作品が作りやすかったんです。制限が少ないから企画が通りやすい。自分のテーマで撮りやすかった。それが市民権ができ、商売としてなりたつようになって企画が通りにくくなった。別にむずかしいものを作ろうとは思っちゃあいないんだが、難解だという風になって。ボクの作品に『女地獄・森は濡れた』というのがあるんです。これはサドの『ジュスティーヌ』を原作のままに映画化したんですけど、今なら絶対にダメでしょうね。初期のロマン・ポルノには〝いいじゃないか、どうせぶっつぶれるんだろうから、なんでもやってやれ！〟というのが力になっているという良さがあった。それが、ややメジャー化してきたということで、なくなってきているような気がしますね」

では、独立プロでというのはどうか――。

「独立プロというのは、誰かが損をしなくちゃあいけないでしょう。金を出す人とかね。それでよければ、やりたいですね。映画というのは金がかかるから……商売として成りたたないという部分がどうしてもありますからね。本当は、何か他のことでもうけて映画を作る。そういうのがいちばんいいんだろうけど、ボクには金もうけの才覚がないから、ダメですしね。とにかくしんどいですね、日本映画は。比較論風に言うとアメリカ映画に負けてますからね。例えば、『俺たちに明日はない』という映画があった。あれを観て〝ああい

『遠い明日』撮影スナップ。神代辰巳、三浦友和、若山富三郎、いしだあゆみ

いなあ〟と思った。決してメジャーな作品じゃないが、日本でも十年ぐらいしたら商売として成り立つ映画として、ああいう映画ができるんじゃないかという希望を当時は抱いたんだが、それがまだまだですよね。この差は大きい。現場としては口惜しい。しかし〝あの映画はよかった〟って感心ばかりはしていられない。こっちは作らなくちゃあいけないんですからね。十年前は十年経てば、というムードもあったんだが、それが今は、いつできるやら、ですからね」

現在、撮影中の「遠い明日」について、神代監督はこう説明する。

「いいかげんな若者がいて、何もしなければ何も起きないが、いざ動きはじめると何かが起き、それによって生きざまが、いやおうなしに決められてくる。その生きざまを描くわけですが、これは自分の監督業とのダブル・イメージでもあるんです。一本の作品をやることで、ボク自身の生きざまというのも変ってくる」

神代監督にとって作品は生きざまを決定する大きな要因のひとつとなっている。まぎれもなく、映画と共に生きている。しかも、その生き方は、言わばママ子あつかいされたなかで育っただけに、雑草的なしたたかな強さがある。この強さに、明日の日本映画のひとつの光を見ることができるのではないだろうか。

去年は東映作品の「地獄」にかかりっきりの状態でついに、にっかつでは一本も撮らなかった。今年は「赫い髪の女」だけである。にっかつの作品が少ない。他社での作品はいるにしては、本家での作品が少ない。他社での作品は、制約があるせいか、今ひとつパワー不足という感じがないでもない。だが、来年は五月までに、にっかつで二本の作品を撮る予定だという。

「一本はロマン・ポルノで、もう一本はショーケンがポルノに出てくれると言ってますので、江戸川乱歩の『芋虫』をと考えているんです。『ジョニーは戦場へ行った』のポルノ版といったものになるでしょう」

他流試合に出て、その会社に大いに刺激を与えるのもいいが、思う存分、その本領を発揮できる場所で思いきりやって欲しい気がする。その方が、日本映画に大きなゆさぶりをかける作品が生まれる可能性が、大きいように思えるからである。

（はちもり みのる・映画評論家／「キネマ旬報」一九七九年十月下旬号）

唯一、脚本に直しを入れてきた宮下順子のセリフ

河本瑞貴

三浦友和主演『遠い明日』は一九七九年の東宝作品である。

脚本を担当した馬場当氏のもとで少しだけお手伝いをさせていただいた者の立場から、この映画について覚えていることを書き出してみる。

原作は、イギリスの作家A・J・クローニン『地の果てまで』という小説。プロデューサー田中收、監督神代辰巳のコンビは、たしか萩原健一主演『青春の蹉跌』の名コンビだと記憶している。

共演は若山富三郎。いしだあゆみ。

二本立て番組の添え物的な扱いだったが、封切り後わずか二週間で打ち切られてしまった。ビデオ化されておらず、名画座等で上映される機会も殆どないが、私個人にとっては思い出の深い作品である。

横浜の今村学校を出て馬場師のもとでシナリオの手伝いをさせていただいた初めての映画であり、自分の書いた一場面が（師匠の直しを経たとはいえ）試写会のスクリーンに映し出された時の興奮は、今でも忘れがたい。劇場用映画のシナリオとはこうして出来上がるのかというプロセスを目の当たりにしたのもまた、初めての体験であった。

冤罪事件の真相を暴くという体裁をとったこの物語の奥に潜んでいるのは「父」のイメージである。

主人公も、淡い恋の相手である若い女も、そして自分を罰したいと願う初老の男も「父なるもの」をそれぞれに追い求める人間として描かれている。

私見で恐縮だが、主人公の目の前で自分の命を絶ってみせるという初老の男の様相は、贖罪というよりもむしろ、自らが演じるべき「父のイメージ」を追い求めた結果のように見える。

しかし父の世代が描くそのイメージは、息子が求める「父なるもの」と合致するものなのか——その問いへの深入りを、神代演出はあえて避けているように見たのは、私の偏見だろうか？

実の父親の冤罪を追求する主人公（三浦友和）と、真犯人である新聞社のオーナー（若山富三郎）——この二人の疑似的な父子の関係を象徴するエピソードがある。

事件の鍵を握っている女を追い回して警察に捕まった主人公を、身元引受人として釈放させた後、岩佐が冤罪の調査に協力を申し出る場面だ。話している

『遠い明日』撮影スナップ。若山富三郎、三浦友和、神代辰巳

途中で、主人公の目にゴミが入る。そのゴミを新聞社のオーナーが自らの舌で舐めてとってやるのだ。

鶴見に住んでいた在日朝鮮人の親子が実際にそうやって子供の目に入ったゴミをとった現実を目撃したという馬場師の記憶が、ドラマに登場しているのである。こんなエピソードからドラマ作りが出発するのか、と青二才の私は密かに感動した。

もっと気味の悪い画面になるのではないか(なってほしい)という私の個人的な思い入れと裏腹に、出来上がった映画の中で意外にあっさりとその場面は過ぎた。あれ？ 神代さん今回は、ストーリーテラーに徹しているのかなと私は思った。

神代さんが唯一、脚本に直しを入れてきたのは、事件の鍵を握る女(宮下順子)のセリフである。馬場師のこの脚本は、全体としてセリフが短めで間合いを計るようにドラマが進んでいくが、この性悪な女の告白のセリフだけを神代さんは猛烈な分量の独りゼリフに直してきた。女の中から得体の知れないものが溢れるといった書き方で……。

決定稿ではさすがに半分くらい削られていたが、それまで客観的な状況描写に徹している風だった画面が、この宮下順子の告白の場面になると突如として〝神代流クローズアップ〟になった。本当は神代さん「女の話」がやりたいんだろうな、と勝手に思った。

クマシロが来てたよ、と馬場師に言われて悔しい思いをしたのは脚本の仕上げの最終段階、師が赤坂の旅館にこもっていた時である。下書きを持って行った私と入れ違いだったらしい。

「なんか注文がつきましたか？」

「いや、あいつはニヤニヤ笑って話を聞いてるだけだ」

馬場師の脚本で『逃亡』という作品(未映画化)がある。私のもっとも感動したシナリオの一本だ。戦争という巨大な虚無を通過した男と女の、しかし肌を寄せ合わなければ生きてはいけない恋愛が描かれている。

神代さんの映画では、高度成長の暗渠に流れ込んだ戦後の虚無を抱え込んだ男と女が、やはり肌を寄せ合っている。それはもしかすれば、恋愛と呼ぶ以前のものかもしれないという恐れを含みながら。

謎解きなどというお荷物を外して、この二人が大人の恋愛映画を作ったらどうなるだろう、などという妄想が『遠い明日』についての記憶をたどる度に甦る。あの頃は弟子同士、よくそんな空想を話し合っていた。

『遠い明日』撮影スナップ。神代辰巳、三浦友和、宮下順子

二五年前、私は怠惰な学生だった。

当時、京都郊外の青果市場の二階に名画座があった。午前中に入れば二五〇円で四本立てが観られる「京一会館」である。

女の裸が見たい一心で覗いたロマンポルノ大会で出くわしたのが、神代作品『恋人たちは濡れた』だった。

誰も答えてくれない問いを、自分と同じように共有してくれる映画が存在するんだという事実に興奮した。

私を日本映画の世界にひきずりこんでくれたのはクロサワでもオズでもなかったのだ。

（かわもと みずき・脚本家／「映画芸術」一九九五年夏号〈追悼　神代辰巳〉）

一九七九年の三浦友和——私が『遠い明日』を観るまで

高橋洋二

本稿の執筆依頼を受けたとき、私は『遠い明日』をまだ観ていなかった。

では素材を送りますんでそれを観ていただいて……という今までにありそうで無かったやりとりを経て引き受けたのだが、未見なのに「書こう」と思った動機は、本作はどうやら観ている人がとてつもなく少ないらしい、ということと「一九七九年に神代辰巳が三浦友和を主演に起用して撮ったプログラムピクチャーである」という点だ。

後日素材は届いたがあえて未見のまま筆を進めます。

なぜ私は、そして今本書を手に取っている多くの皆さんは『遠い明日』を観ているかどうか、をまず考えたい。私に関して言いますと、私が本作を観ていないのは「ちょっとおかしい」のだ。

というのも本作公開当時までに、十代の私は三浦友和の映画を相当こまめに封切で観ている。山口百恵さんとの共演作品はもちろん、主演作品『青い山脈』『陽のあたる坂道』（共に75）『青年の樹』『姿三四郎』（共に77）『残照』（78）などを、地元のテアトル鎌倉やフジサワ中央で観た。パンフレットも買った。三浦の映画は「観るもんだ」と思っていたからだ。

私は当時も今も、不良性が全く無い二枚目の男優に妙に魅力を感じるところがある。昭和三十年代の東宝なら宝田明、四十年代の日活なら山内賢。七曲署の刑事だと「殿下」、漫画「ドカベン」では当然「里中ちゃん」。この人はハンサムなだけじゃないはずだ、と俺だけにポテンシャルを感じさせるところも全員に共通している。当時おまえは三浦の映画をそれだけ観てどういう感想を抱いていたのだ？　と問われれば、とても端正な映画らしい映画が多くて結構好きですよ、でもそうですねえ、文芸作品のそれもリメイクものばかりなのはいかがなものか、そろそろ現代人を生き生きと演じる三浦友和を観たいなあとは思ってましたけどねえ、と答える。

そして迎えた一九七九年、『黄金のパートナー』『ホワイト・ラブ』と今までに無かったタイプのナウい作品が連打され、高校三年生の私はいいぞいいぞ三浦友和の映画はこれからどんどん面白くなるぞと確信したのだ。一方で、三浦本人はがんばってはいるんだろうが、やっぱり判で押したような二枚目芝居から脱していないなあとも感じていた。そんな年の十一月に封切られた『遠い明日』はなんと神代辰巳作品だった。日活他社での『青春の蹉跌』（74）は名画座で観ていたし、『アフリカの光』（75）『櫛の火』（75）などの評判ももちろん目にしている。若者に人気の萩原健一、草刈正雄を俳優としてさらなる高みに導いた監督だということは知っている高校生だった。そんな神代と三浦の新作『遠い明日』を私は観ていない。

なぜだろう？

答えは実は簡単で「それは封切時の併映作品が『神様なぜ愛にも国境があるの』だったから」である。国広富之のおそらく最初で最後の主演映画。観ていない映画をけちょんけちょんに言うのもどうかと思うがこんなひどいタイトルの映画、誰が観るか、と強く感じたのだ。ＴＢＳラジオでもおすぎさんと宇田川幸洋さんが映評番組でそこをせせら笑いながら指摘していた。なので『遠い明日』はそのうち名画座の鶴見の京浜映画とか大塚の鈴本キネマなどで、もっとちゃんとした作品との併映で上映してくれるだろうからそれで観たらいいやと思っていた。ところがそういった上映はものすごく少なかった。という記憶しかない。

「キネマ旬報」一九七九年度ベスト・テン発表／決算特別号によると『遠い明日』は選考3名が3位2位7位に挙げ総合では22位。なんとも微妙なところだ。ちなみに同年の神代作品『赫い髪の女』は4位、三浦の『黄金のパートナー』は67位『ホワイト・ラブ』は24位。三浦友和のデビュー当時からそのスター性を高く評価していた寺脇研氏が、（今年は）秀作に数多くめぐりあった一年なので本作は自分のベストテンからは洩れた、と書いているので割と高い評価なのだなということは判る。で、氏のテンに目を移すと『ホワイト・ラブ』が2位で『黄金のパートナー』が9位なのだ。

さらに同誌の「業界総決算」によると、本作と「神なぜ」の二本立て興行は「人気タレントをそれぞれに起用しながら極度の不振」と一刀両断されている。「キネ旬」を永く愛読しているが、お客さんが思ってたより入らなかった映画については「目標額に届かず」とか

「期待を裏切る形となり」みたいな言葉がよく選ばれる。「極度の不振」なんて身も蓋もない表現はよっぽどのことだといえよう。今のシネコン式興行では不入りのメジャー作品は朝一回だけの上映に早々にシフトされ地味に続映されることもあるが、当時は客が入らないとすぐに打ち切られ、別番組が穴埋めをした。

極度の不入り作品と烙印を押された『遠い明日』は、それゆえなのだろう二番館や名画座で上映されることもなかった。現在までソフト化もされていない。再映やソフトでの高評価により名作の仲間入りをする作品も多いのに。

近年、都内の名画座や衛星放送による旧作日本映画のどうかという熱心な無数の「掘り起こし」により本作も二〇〇九年にシネマヴェーラ渋谷の「神代辰巳レトロスペクティブ」で上映され、二〇一〇年に日本映画専門チャンネルで全国放映された。まことにめでたい。尽力された方々に心から拍手を贈りたい。

しかし私はこのふたつの機会も見逃している。それでもまだ観ないまま筆を進めます。

まるで「存在していなかった映画」のような本作はどのような状況下で企画製作されたのか。

まず一九七九年当時の山口百恵について。百恵と友和がどうやら交際してるらしいってことは七七年くらいから国民のほとんどが感づいていた。それもあってか「百恵友和映画」はヒットを連打し、テレビドラマの「赤い疑惑」「赤い衝撃」も高視聴率を続けた。みんな二人のことが大好きなんだと思っていた七九年十月二十日、百恵は大阪厚生年金会館のリサイタルで「私が好きな人は、三浦友和さんです」と恋人宣言する。友和も会見で「結婚を前提に」と応じた。高校三年生だった私は朝、教室でスポーツ新聞の芸能欄を広げ女子数人がわあわあ騒いでる光景が印象に残っている。後にも先にもこんな事はない。百恵ちゃんおめでとうという雰囲気の中、一部で、結婚？ 本当に？ という声も明らかに聞こえてきた。ああやっぱり友和は百恵のおかげで今の地位を築いた俳優だと十代の女の子も思っていたのか。これが本作封切の二週間前の出来事である。

一方三浦は二〇一一年の著作「相性」(小学館)で、七〇年代の自分に関して「私は『アイドル俳優』と呼ばれていた。それがいやでいやで仕方がなかった」と書いている。深い苛立ちを抱えていたのだ。しかも世間は百恵がらみで毎日大騒ぎだ。

『遠い明日』のプロデューサー田中收はそんな三浦友和主演映画に、自身のプロデュース作品で存分に腕を振るった神代辰巳監督を招聘した。すごく面白そうではないか……

ようやく観ることにした。

殺人囚として服役する父の冤罪を晴らすために単身北九州に乗り込んできた青年、三浦友和。ストーリーはここまでしか書かない。多くのまだ観ていない人のために。

三浦は髪型も着る服も今までどおりの二枚目で登場する。しかしどうかというくらいボソボソ喋る。目も暗い。これは当時の三浦としてはかなり画期的な人物造形だ。大きな怒りと覚悟を秘め知らない街にやってきた男をどう演じたらいいのか、本作のパンフレットによると神代とかなりディスカッションを重ねたという。それが全編にわたり奏功している。二枚目が二枚目のまま演技の質のみ向上させるというパターンで、私の好きなやつだ。

神代の演出も、得意の望遠にはじまり多彩なレンズ使いで七九年の北九州の街の風景を切り取る。自家薬籠中の男と男描写も物語にマッチしながら登場する。それもふたつ。森川正太演ずる図書館員は事件当時の新聞閲覧を頼みにきた三浦に一目惚れする。かっこいいから当然だ。コントすれすれの絶妙な演技で三浦のために日々甲斐甲斐しく資料集めに奔走する。ところが物語中盤、この無邪気さが消えてしまうという展開になる。もう一人は若山富三郎で、三浦に協力する地元紙の新聞記者。若山は目にゴミが入った三浦の目になぜか唐突に舌を入れゴミを取る。

男女のお色気描写も盛り込まれる。事件の鍵を握る女、宮下順子と三浦がセックスするのだ。こうして二人は一夜を共にしましたといった処理ではなく三浦はガンガン腰を動かし順子を突く。

娯楽映画に必要な要素もきちんと配置しながら、しっかりと神代映画の匂いも持つ『遠い明日』。

神代はなにを思いこの作品に取り組んだのだろうか。鍵は前述の田中プロデューサーにあると思う。『青春の蹉跌』『櫛の火』でタッグを組んだ田中から、三浦友和をそろそろいい役者に育ててにかかろうと思う、それを任すことができる監督はあなたしかいない的な誘いを受けた神代は、まあそうだろうと、しかし三浦友和ということは作家性を前面に押し出した前二作とは違い、ある程度のヒットが要求されるプログラムピクチャーになるだろう、と思いを巡らせたのでは。で、それは当時、神代がいちばん試してみたいことだったのではないかと考える。想像をさらに暴走させると神代は近い将来、これをステップに角川映画を撮ってみたいと思っていたのではないか、というのはどうでしょう。田中收は、製作配給が東宝、企画が角川春樹事務所の『悪魔の手毬唄』『獄門島』(共に77)『女王蜂』(78)をプロデュースしている。

『遠い明日』撮影スナップ。三浦友和、神代辰巳

『遠い明日』により、三浦は自身の俳優としての可能性を世の中にアピールできるかもしれない、神代は大ヒット作品も撮れるような監督に自分はなれるかもしれない。そういった思いが画面からも迫ってくる作品として『遠い明日』は完成した。しかし……。

興行の「極度の不振」は二人の映画人の〈あるはずだった近い明るい未来〉を、ひとつは先延ばしにし、もうひとつは断ち切ってしまったといえないだろうか。神代は本作以降、いわゆるプログラムピクチャー(の一般作品)を撮っていない。しかしテレビの二時間ドラマではかなり精力的に作品を残している。この辺りも考察してみる価値がありそうだ。

歌手の岩崎宏美さんが最近の雑誌のインタビューでとてもかわいいエピソードを話していた。宏美さんと百恵さんは長年の親友同士だ。

「私だ百恵ちゃんに『稔さんって本当にいい俳優になったわね』と言うと、百恵ちゃんはとっても嬉しそうに笑うの」

三浦友和の本名は三浦稔という。宏美さんはどの作品をご覧になってそう感じたのか想像するのも楽しいものだ。

三浦は八五年相米慎二監督の『台風クラブ』で世の中をあっと言わせる名演技を見せ数々の助演男優賞に輝く。以降現在まで時に正統派、時に怪演、時にそれらをブレンドし、今回は何を見せてくれるのか楽しみな名優となった。『台風クラブ』の演技は『葛城事件』(15)などに直結し、『遠い明日』の演技は『アウトレイジ』(10)などに引き継がれていると思う。

なので岩崎宏美さんに会ったらこう言いたい。

「稔さんは一九七九年からいい俳優だったんですよ。『遠い明日』という作品で」

すると百恵さんはもっとにっこりと笑ってくれるだろうか。それとも「あれだけは嫌い」と言われたりして。

(たかはしようじ・放送作家)

田中收　クマさんは本質的にセックスというものを中心にものを考えていたと思う

聞き手＝高崎俊夫

――田中收《おさむ》さんは東宝のプロデューサーとして、神代辰巳監督の日活ロマンポルノ以降で初めての一般映画『青春の蹉跌』(七四年)を手がけ、以降『櫛の火』(七五年)『遠い明日』(七九年)『もどり川』(八三年)を担当されました。ロマンポルノとはまったく異なる、神代の純文学映画について伺いたいと思います。田中さんは一九六〇年に東宝に入社して、最初は文芸部に所属されたそうですね。

田中　いえ、最初は社内報(「宝苑」)を編集する仕事でした。副社長の森岩雄さんに毎週のように会っていろんな話を聞けたのはいい思い出です。二年目から外国部に移りました。そこには四、五年いましたが、映画を外国に売るより作る方の仕事をしたかったので、部長に直訴して文芸部に変えてもらいました。

――同期はどんな方がいらしたんですか。

田中　同期は三十三人もいました。監督になったのは『青い山脈』でデビューした河崎義祐、草刈正雄主演の『がんばれ！若大将』(ともに七五年)を撮った小谷承靖、『ゴジラ』(八四年)を撮った橋本幸治などがいました。

――六九年にプロデューサーになって、主にどんな監督と組まれていたんですか。

田中　森谷(司郎)さんが多いですね。文芸部で先輩プロデューサーの手伝い(使い走り)をやりながら、脚本家では橋本忍さんと井手俊郎さんの担当になったんです。橋本さんの関係で黒澤(明)組の助監督だった森谷さん、出目昌伸さん、大森健次郎さんと親しくなりました。森谷さんの作品はある時からほとんど僕ですね。

――『首』(六八年)などがそうですか。

田中　『首』は僕の名前は出てないですけど、非常になつかしい作品で、橋本さんと森谷さんと原作者の弁護士正木ひろしさんとでシナハン(シナリオ・ハンティング)にも行きました。

――森谷司郎監督は後期の大作よりも、むしろ『放課後』(七三年)のような青春映画の小品がいいと思うのですが。

田中　先輩プロデューサーの田中友幸さんは、「森谷君には大きいものはやらせないほうがいい」とよく言っていました。僕も大作路線が彼の命を縮めたのではないかと思っています。ただ、『日本沈没』(七三年)を彼に押しつけたのは僕なんです。彼は当時、黒澤さんの『デルス・ウザーラ』(七五年)の実景班の監督に決まっていて、それで彼はモスクワと行ったり来たりしていました。そんな時に彼に『日本沈没』をやるんだけど、監督をやらないかっていう話をしたんですよ。すると黒澤作品があるからというんで、僕は彼に「黒澤さんへの義理立てはあるだろうが、所詮は実景班。今なら頼んでみたらどうだろうか」と迫ったんです。すると「出来ればこっちをやってみたい」とポツリと言って、迷っていました。それで僕が黒澤プロの松江陽一さんに交渉したら、快くオーケイしてくれて、森谷さんが『日本沈没』を撮れることになった。

――東宝青春映画というと恩地日出夫の『めぐりあい』(六八年)、出目昌伸の『俺たちの荒野』(六九年)がすばらしかったと思うんですけど、七〇年代前半の東宝は勝プロ、石原プロの時代劇とかのアクションものがあり、かなり混沌としていますね。その時代に、突然、神代監督の『青春の蹉跌』が出てきたので驚いた記憶があります。その出会いはどういったものだったのでしょうか。

田中　混沌としていましたね。神代さんと出会うきっかけは、ある映画記者とビアホールで呑んでいる時、その人に僕の関わった作品をボロンケチョンにけなされたんです。一言でいうと、カッコつけてるけど、中味に迫ってくるものがない、あんなもんで青春映画なんて言ってんのかと。で、僕も正直、時々そう思っていた。今、作っている作品は本音と建前でいえば建前で作っている。青春というものに本音でぶつかってない。だから自分自身も満足じゃあない、と言ったら、彼は、じゃあ、最近見た映画で、これはというのがあるのかって聞くから、実は『一条さゆり　濡れた欲情』(七二年)だと答えたんですね。『濡れた欲情』を見て、ショックを受けた、神代辰巳ってすごい人じゃないかと僕は絶賛したんです。そしたら彼が、じゃあ俺が紹介してやるから一緒にやれるように頑張れというんですよ。それで実際に彼が神代さんを紹介してくれました。

クマさんは当時、都立大に住んでて、僕は等々力でしたから、ちょうど中間の自由が丘で、週に一回、日曜日に駅前の喫茶店で会ったんですよ。それで、クマさんが仕事がある時以外は、一年間、ほとんど毎週会ってなにかやりたい、なにかないかなって話していた。

その頃、クマさんを東宝に連れて来て、やれるような企画はなかなかない。で、困ってるときに石川達三原作の『青春の蹉跌』の企画が出てきたんです。あれは僕が言い出した企画じゃなかった。ショーケンの所属する渡辺企画と東宝がショーケンでなにかやりたいなというんで、石川達三でやってみるかということでね。僕は石川達三という作家はあまり好みではなかったんだけど(笑)、チャンスだと思った。東宝でありがたかったのは、監督をクマさんに決めて誰ひとり反対しなかったことですね。これは東宝のプロデューサーシステムの一番の利点だと思います。反対もしないし賛成もしない、なにも言わない。だから進めて動いてたら、石川達三さんと大喧嘩になりましてね。

『遠い明日』撮影スナップ。中央に神代辰巳

——脚本の第一稿に対してクレームがついたという話ですが。

田中　ええ、あの映画の脚本はゴジ(長谷川和彦)さんですが、最初は永原秀一君だったんです。第一稿を石川さんのところに持って行って、しばらくして取りにいったホン(脚本)は赤線だらけ。ベッドシーンとかキスシーンがね。赤線と一緒になんて書いてあるかというと「最低。愚劣、ナンセンス」と(笑)。もうケチョンケチョン。僕も余りにえげつない非難の言葉の羅列に腹が立ってかなり反撥したけど、全く話がかみ合わないし、僕の話を受けつけない。しかし、映画化をあきらめるわけにはいかない。その帰りに、脚本家を変えて挑戦するしかないと思ったんです。永原君には気の毒だったけど、赤ペンの書き込みで真っ赤になった台本を見せて、納得してもらいました。そしてクマさんに「信用できて、すぐに書けるライターは誰かいないか」と聞いたんです。彼は「ゴジはどうだ。彼なら書ける」と言いました。それでゴジさんに頼みました。彼はすぐに引き受けてくれましたが、ひとつだけ条件を出してきた。主人公をアメフトの選手にしていいかと。なぜと聞いたら、俺がやっていたからって言うんで、じゃあ、任せると。

——あの小説はセオドア・ドライサーの『アメリカの悲劇』のイタダキですね。

田中　そうですよね。でも、クマさんがやると違ったものになるっていう期待もあったから。だからゴジさんには感謝しているんですけどね。そうして出来上がったシナリオをどう通そうかと悩んでたら、石川達三先生が病気になって入院していたんですよ(笑)。だから本人が新しいシナリオを読んだかどうか、わかんない。読んでいるとは思うんですよ。

でもしょうがないと諦めたんだかどうかわからないけど、なんにも返事がなかった。で、やっちゃえって撮影に入ったら、今度は石川さんのほうが、映画になるんだから文庫本を出せと新潮社にねじ込んだらしいんです。それで文庫本を出したら、すごく売れましてね。あの成功が、角川書店が文庫とタイアップで映画をやるきっかけになったらしいです。

それで映画をつくったはいいけど、今度はオールラッシュの段階で、とんでもない映画だってことになったらしいんですよ。今のままでは上映できないとか……まあ、あのセックスシーンでしょう。僕の同期の友達なんかは〝清く正しく美しい〟東宝映画で、あんな映画を作るとはもってのほかだなんて言う奴もいたりして。僕はこの作品に賭けていましたから、もしこの映画が失敗したら会社を辞めるからと女房には話してありました。後から、その会議の席で松岡功さんが、決めるのは作品が完成してからにしましょうと周りを抑えてくれたという話は聞いたことがあります。それで、公開したら当たっちゃったんです。助かりました。会社やめないで済んだし、まさに〝身を捨ててこそ浮かぶ瀬もあれ〟という感じでした。

――二〇一八年に「キネマ旬報」が企画した「一九七〇年代日本映画ベストテン」では『青春の蹉跌』は四位に入っていますね。まさにあの時代を象徴するような作品なんですね。

田中　へええ、そうなんですか。『青春の蹉跌』はまさにクマさんの力です。

――オールラッシュの段階で問題になったということですが、上層部から、たとえばセックスシーンを切れといったことは言われなかったんですか。

田中　それはなかった。

――〝清く正しく美しい〟東宝で、田中さんはあえて神代監督に性のテーマで作品を撮らせたわけですね。

田中　僕のほうでもう一つきっかけがありました。あの頃、セックスシーンに対して映倫の規制が厳しかったせいか、そういうシーンにはピンクとかの薄い色の紗をかけて、いかにも美しくロマンチックに見せようとする風潮があった。僕は「それは嘘だろう」といつも思っていました。そんな時、『一条さゆり　濡れた欲情』を見て、パンチを食らったんです。それで、このままじゃダメだと。笠原和夫さんがやはり『濡れた欲情』を見てショックを受けて、『仁義なき戦い』（七三年）の構想が一挙に浮かんだと書かれているそうですね。笠原さんには会ったことはないんですが、電話ではいつか一緒にやりたいという話をよくしていました。

――東宝にいながら日活とか東映の作品ばかり見ていたんですか。

田中　そうではなくて、本音でぶつからないと、人を感動させるものは生まれてこないんじゃないかという想いで……そういう姿勢がクマさんや笠原さんにはあるんですね。ふつうはカッコだけで、建前で終わっちゃうけど。

――神代監督の演出で特に気づいたことは何かありますか？

田中　大抵の監督は役者に演技の指示を出すのが普通ですが、彼は役者が秘めているものを探り出し、引き出すことに集中していたように思います。『青春の蹉跌』の撮影で覚えているのは、クランクインと同時に地方にロケに行ったんです。そのとき撮ったのが、ショーケンが桃井かおりを背負って雪の中で殺すシーンだった。僕は現場には行けなかったんですけど、ロケから帰って来てラッシュでその雪山のシーンを見て興奮しちゃったんです。それで、すぐにクマさんにすごい演出したなって言ったら、クマさんは「違う、俺じゃないんだよ。ショーケンなんだよ」と。「ショーケンは最低、二つか三つ、考えてくるんだよ。あの雪の中を転ぶシーンの芝居もショーケンが考えたんだ」と言うんです。「なにかない？　もっとない？」っていうのがクマさんの口癖で、だれにでもそう聞いていましたけど、でもショーケンって天才ですよ。僕はそう思う。「エンヤートット」という斎太郎節のつぶやきもショーケンのアイディアですしね。

クマさんの話を聞いてふっと思い出したのは豊田四郎さんです。彼の最後の作品『妻と女の間』（七六年）の撮影の時、豊田さんは本番の直前になると、すぐ女優さんのそばに飛んでいって、ちょこちょこなんか喋っているんです。で、お昼になって、豊田さんと食堂に行く途中で、「豊田さん、こちょこちょ、いつもやってるけど、なにやってるんですか？」と聞いたら、豊田さんは「田中さんね、監督っていうのはなんにもできないんですよ」というんですよ。「嘘でしょう、あなたぐらいの巨匠になれば」って言ったら、「そうじゃない。

ストーリーを作るのは脚本家、演じるのは役者、撮るのはキャメラマンなんだ。監督というのは脚本に沿ったものを役者がいかにうまく引き出すか、演じるかという手助けをするだけだ」と言うんですね。クマさんも役者にいろんなことをやってもらって、その中から拾うのが監督の仕事だ、と豊田さんと同じことを言っていたわけです。だから、役者によってはしんどいと思った人もいっぱいいたでしょうね。

――『青春の蹉跌』は檀ふみのデビュー作としても知られていますが、この起用は当然、神代監督ではないですよね。

田中　檀ふみさんに対しては、クマさんはあまり賛成ではなかった。僕が選びましたが、東宝的なキャスティングですね。クマさん的な女優ではない。クマさんも苦労したと思います。だから彼は撮り方は任してくれますかと言いました。桃井かおりはぴったんこでしたね。

――ちなみに東宝と日活の違いということで、『青春の蹉跌』の演出料というのはいくらぐらいだったんでしょうか。

田中　多分三百万だったと思います。当時、ロマンポルノのギャラは一本だいたい三十万位だったそうですから十倍ですね。だから、神代さんはとても喜んでいました。

――『青春の蹉跌』は東宝ではなく東京映画作品なんですね。

田中　あの頃は、砧の東宝の助監督会や技師たちがよその監督を連れてくるのは認めないって騒いでね。砧に入れてくれなかった。だから東京映画でやったんです。東京映画は東宝系だけど東宝とは違うんです。組合も違うから。スタッフも、クマさんがキャメラマンだけは頼むよ、と言われて姫田真左久さんだけ参加になりました。

――東京映画は、川島雄三が面白い映画を撮っていたり、独特の自由さがありますよね。

田中　東京映画はクマさんを大喜びで迎え入れてくれました。その後、スタッフがクマさんに惚れちゃって、当たったんだから、もう一本やろうっていうんで古井由吉原作の『櫛の火』（七五年）を作ることになった。あれは東京映画の熱意で実現した作品です。もともとクマさんは純文学が好きだったしね。

――日本テレビのプロデューサーだった山口剛さんから、田中さんご自身が大変な文学青年だとお聞きしました。『櫛の火』は田中さんと神代監督、どちらから出た企画なんでしょうか。

田中　どっちだったかなあ。おっしゃるとおり、僕は純文学が好きで、ずっと憧れていた。で、クマさんも純文学が大好きだった。そういえば、クマさんが亡くなる四、五日前に病院に見舞いに行ったんですが、「新潮」とか文芸誌が数冊、枕元に置いてありましたね。それぐらい心底好きだった。お互い何年も付き合っていると、好きなものがわかるんで、『櫛の火』は自然に出たという感じかなあ。当時、古井由吉さんは内向の世代と言われていて、後藤明生さんなんかと同じで、高く評価されていましたね。古井さんにも新宿で会いました。すごい人だなあと思いました。あの人は頭のいい人ですね。

『櫛の火』草刈正雄、ジャネット八田

――脚本の大野靖子さんはどういう経緯で選ばれたんですか。

田中　僕が大野さんの書くものが好きだったんです。大野さんは松竹で吉田喜重さんが撮った川端康成原作の『女のみづうみ』（六六年）の脚本を吉田喜重さん、石堂淑朗さんと三人で書いていて、映画を見て、すごくいい台詞が二つ三つあったんですよ。これは男には書けない台詞だと思いましてね。僕は当時文芸部で、まだプロデューサーになっていないんですが、大野さんに直接電話したんです。「あの台詞はあなたですか」と聞いたら、「そうです」と。僕は「あの台詞には感動しました。僕はまだ文芸部員でチンピラだけど、映画をつくれるようになったら、ぜひ、一緒にやってください」と頼んだんです。その約束通り、僕のプロデュース一作目の『華麗なる闘い』(六九年、監督＝浅野正雄)の脚本を大野さんに書いてもらった。『櫛の火』の前の、草刈正雄主演の『沖田総司』(七四年、監督＝出目昌伸)も大野さんです。大野さんは僕のお姉さんみたいな感じで、いつも困った時には大野さんにお願いしていたんです。

――脚本は神代さんと共作ですね。

田中　一応ね。でもほとんど大野さんが書いています。

――あの頃、草刈正雄は人気スターでしたが、ああいう屈折した青年を演じているのがとても異色な感じを受けました。

田中　草刈正雄、ジャネット八田というキャスティングは今思うとあまり合わなかったですね。でも作品としては、文学に無縁なスタッフもみんなが、二時間弱のオールラッシュの後すごくいい映画だ、面白いって言ってくれた。ところが大幅に切ることになってしまった。併映が蔵原惟繕さんの『雨のアムステルダム』でこちらよりはるか前に完成していた。本社のほうから『櫛の火』がどれぐらいの長さになるかと聞かれて、一一〇分は越えない予定と答えた。当時は上映時間をどうやって決めるかというと、渋谷や有楽町でそれぞれ何時何分が最終で、この電車に乗ればほとんどの人が家に帰れるという時間があって、それに合わせて上映時間を組むらしいんですよ。そうして帰る人を優先すると、『雨のアムステルダム』は一二三分で完成してたから、『櫛の火』を削るしかない。三〇分近く切りました(完成作品は八八分)。そうしたら、中味が全然わからなくなった。台詞が全然つながらない。やり直すには封切まで時間がない。ほんとうに残念で悲愴でした。

『櫛の火』完成記念。前列中央に草刈正雄、神代辰巳、ジャネット八田、田中収

――今、考えても古井由吉の小説をメジャーの映画会社が映画化するというのは無謀というかすごいことですよね。

田中　でもクマさんも僕もそれに挑戦してみたかったんです。

――この二本立ては当たらなかったんですよね。

田中　全然、当たんないですよ。『櫛の火』はカットされてわけがわかんないですし、蔵原さんの『雨のアムステルダム』もちょっと暗かった。

――これは田中さんのプロデュースではないんですが、『櫛の火』が当たらなかったのに、つづいて同じ東宝で『アフリカの光』(七五年)がつくられますね。

田中　『青春の蹉跌』が当たったでしょ。すぐに別のプロデューサーがクマさんなら当たるというんで、飛びついちゃって企画したんですよ。僕は全く関わってないです。

――『アフリカの光』は丸山健二原作ですが、当時『スケアクロウ』(七三年)とか『真夜中のカーボーイ』(六九年)のようなアメリカン・ニューシネマで描かれた〝バディ・ムーヴィー〟を思わせる映画でした。

田中　ああいう話はクマさんには合わないですよ。

――つづいて『遠い明日』(七九年)ですが、これはどういう経緯でつくられたんでしょうか。

田中　会社から三浦友和の作品をつくれって言われたんです。僕は『阿寒に果つ』、『陽のあたる坂道』(ともに七五年)とか友和君の映画を何本かやっていたんですね。それにクマさんと友和君のコンビになにか期待するものがあって……

——しかし原作がスコットランドの作家A・J・クローニンの『地の果てまで』（五三年）**というのもシブイですが、不思議な作品でした。あれは田中さんが見つけてきた原作ですか。**

田中　あの時は原作を探すためにクマさんが僕の家に泊まり込んでいたんです、なんかいいのはないかってね。こちらも新しい企画を会社に持っていくんだけど、なかなか意見が合わなくて……たまたま僕の本棚から、クローニンを引っぱり出してきて、これでいこうかと。

——冤罪というテーマを神代さんでという考えがあったのでしょうか。

田中　いえ、なかったです。ひさしぶりに映画をやろう、ということで。『櫛の火』からちょっと間が空いていましたから。

——『遠い明日』の脚本は馬場当さんです。これは何か理由があったんでしょうか。

田中　馬場さんはいいものを書くんだけど変わり者だったですよ。いろいろ逸話の多い人でね。でも面白いものを書く人だから、クマさんと合うんじゃないかと思ってね。そういう人と人を組み合わせるとどうなるかっていうのがプロデューサーの楽しみじゃないですか。最初から誰が書いて誰が撮ったらこうなるとわかっているような映画よりは面白いですよ。

——で、このふたりの組み合わせはいかがだったんですか。

田中　あまりうまくいかなかった（笑）。

——『遠い明日』で若山富三郎が身元引受人となって三浦友和と警察を出てくると、風が吹いて、友和の目にゴミが入り、若山が舌でなめて取ってあげるシーンがあるんですね。あれはちょっと異様な感じを受けたんですが。

田中　クマさんはホモセクシャルじゃないけど、ボディ・タッチの人ですからボディで確かめるという感じでしょうね。だからあの人にとっては生と性、生きることの生はセックスの性に常に通じるんです。だからホモセクシュアルであろうと、レズビアンであろうと普通の人が考えるような感覚で彼は見ていない。人間をひとつの形でしか見ていないと思う。クマさんは人間が好きでしたね。クマさんは「生真面目な不良青年」なんですよね。ほんとに生真面目で、でもやってることは不良青年、それが魅力でした。

——うまくいかなかったとはいえ、さすがに神代演出で、主演の三浦友和は東宝の青春ものと比べて新しい青年像を作り上げていて、かなり良かったと思います。宮下順子さんとの激しい絡みがありますが、三浦友和のベッドシーンなんてこれが初めてですよね。

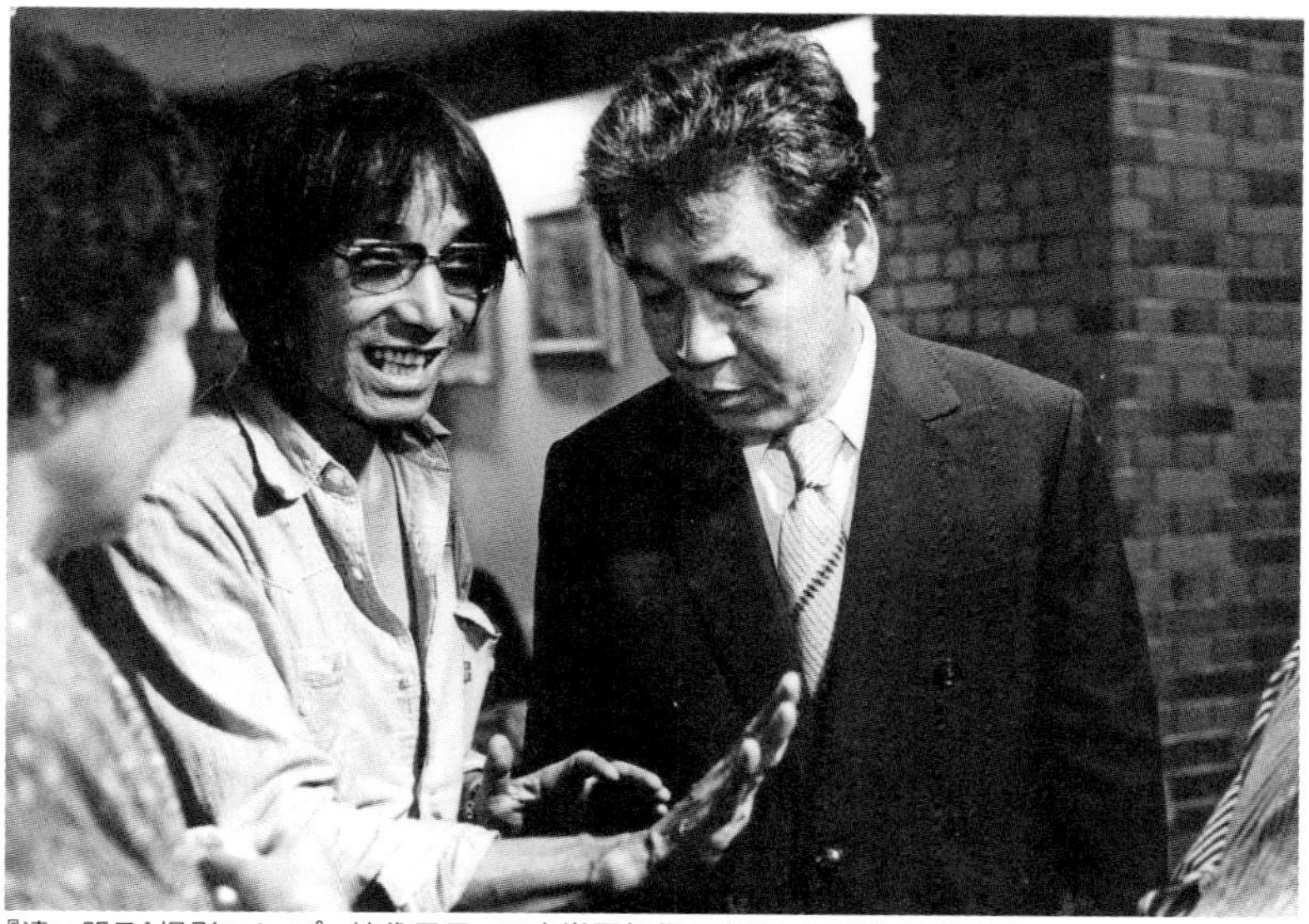

『遠い明日』撮影スナップ。神代辰巳、五十嵐医師役で出演した馬場当（脚本）

田中　神代カラーが出たのは撮影の後半です。とくに前半は友和君との波長が合わないらしく、クマさんは苦しんでましたね。僕も何か手助けを出来ないかと思って、ロケバスの中などで友和君にいろいろと話しかけたりしました。たとえば、「ショーケンってカッコ悪い芝居を平気でやるだろ。でも、あのカッコ悪さが人間的な親密感を生んだりしているんだよ。君は元々カッコいいんだから、カッコ悪いくらいの芝居をしたほうが、逆に魅力的に映るかもしれないよ」なんてことを言ったりした記憶があります。しかし、僕の真意が伝わったかどうか（笑）

——しばらく時間が空いて、『もどり川』（八三年）**でも製作に名前を連ねられていますが。**

田中　僕は『もどり川』はほとんど関わっていません。クマさんに「ホンだけでも手伝ってくれ」って言われて引っ張り込まれたんです。手伝いというか、ショーケンの作品だからいてくれよっていう感じじゃなかったかな。現場にも時々しか行かなかったですからね。ただラストシーンを撮るときはそばにいてくれと言われてたから行きました。ものすごく神経質になっていて、しきりに「今のでいいかな?」って何回も聞くんですよ。

――田中さんは以前、荒井晴彦さんのホンがすごくよかったと語っていました。

田中　クマさんが言うには、荒井に頼んでいるんだけど、半年たっても一行も書いてない、とにかくホンが出来上がらないから、ホンの作業だけでいいから入ってくれと。でも手伝うことなんてなにもないんです。荒井は調査魔なんですよ。そして、いつ会いに行ってもいない。結果、本当にいいホンを書きました。初めて読んだときは感動で体が震えました。

――連城三紀彦の原作にはアナーキズムへの言及がほとんどないんですね。そのあたりを調べたんではないかと思いますけど。

田中　よく調べていました。ホンのほうが出来上がった映画よりもよかった。クマさんはこの映画で体調を崩すんです。

――この頃から、セックスを格闘技のように描いているという批評もありました。

田中　あははは(笑)。僕、クマさんに言ったんですよ最近、撮るセックスシーンはつまんないぞって。くんずほぐれつでね、同じになっちゃう。最初はすごく珍しかったというかインパクトがあったけど、そういうインパクトを感じられなくなったと……。

――その時、神代監督はどういうふうに答えたんですか。

田中　うーん、黙っていたなあ(笑)。そういえば、ショーケンが現場で「収さん、今回この三人のコンビだから当たるよ!」と言ってました。ショーケン、クマさん、僕で『青春の蹉跌』の夢をもう一度ということでね。でも、当たらなかった(笑)。

『遠い明日』撮影スナップ。三浦友和、佐藤蛾次郎、神代辰巳

――荒井晴彦さんによれば、神代さん自身は〝日活ロマンポルノの巨匠〟という言い方で語られることに、若干の抵抗があったようなんですね。

田中　それはありましたけど、僕は、本質的にはクマさんはセックスというものを中心にものを考えていたと思う。だからほかの要素のものがテーマになった時は、彼の表現力はちょっと弱くなった。だから純文学であろうと大衆文学であろうと絵にして見せるという自信はあったけど、彼のテーマはやはりセックスなんです。そこから離れることはなかった。だからロマンポルノっていうのはすごくいい器だった。あれがあったから彼は助かったんだと思います。

――デビュー作の『かぶりつき人生』(六八年)がすでにセックスをテーマにしていました。

田中　そうでしょう。ただ、いろんなことをやってみたいという気持ちは強かったんでしょうね。だから東宝の文芸路線の企画が来たときは、彼は、これはしめた!と思ったんじゃないですかね。ところが東宝とはやっぱり体質が違うのね。

――そういう意味では『青春の蹉跌』は奇跡的にうまくいったケースですね。

田中　彼としては十分な満足ではないけど、うまくいったんですよね。だから、もしも『櫛の火』がうまくいってたらなあ、という気持ちは僕にもありますね。

――田中さんは、日本テレビの「火曜サスペンス劇場」で神代監督・酒井和歌子主演の二時間ドラマも手がけられていますね。

田中　日テレのプロデューサー山口剛さんはよくミステリーを読んでいますよね。一緒にやったのは『愛の牢獄』(八四年)という作品です。

――**酒井和歌子さんは六〇年代は『めぐりあい』や『俺たちの荒野』といった傑作がありましたけど、七〇年代以後、東宝は彼女の魅力をまったく生かせなかったと思うんです。彼女自身、神代監督によって女優として演技開眼したと語っています。**

田中　そうだと思います。僕はクマさんに、酒井君は演技が堅いよって言っていたんだけど、「いや、そんなことない、一回撮影を見に来い」と言うんで、行きました。そこで、ああ、酒井君は変わったんだなあと思いました。東宝の酒井和歌子じゃなかった。

――**『愛の牢獄』は脚本が岸田理生さんですね。**

田中　岸田理生は寺山修司の天井桟敷出身でした。彼女は当時、食えないからというので、クマさんから脚本の仕事で使ってほしいと頼まれたんです。彼女はとても才能がある人でした。

――**松竹の助監督時代での島崎雪子との結婚もそうですが、神代監督は若い時から異様にもてたという伝説があります。田中さんが付き合うなかでそう感じられることはありましたか。**

田中　あのね、クマさんはうちに何十回と来ていますけどね、うちのカミさんは普段、人が来たってお茶を運んだり、酒を運んだりするだけですぐ引っこむ。でも、クマさんが来た時は、たまに我々と一緒にいることがある(笑)。さきほどの山口剛さんの家にクマさんと行ったことがありますが、剛さんの奥さんもクマさんは他の男と違う、女性をひきつけるものがあると言ってました。とにかく女性に優しくて魅力的なんです。僕はさらにあの人がすごいと思うのは、形をつくらない、カッコつけないというところ。ロケなどの時は、彼はいつも僕と一緒の部屋に寝泊まりするんです。で、風呂に行かないときがある。僕がつい「クマさん、汚い、風呂へ入って来て」と言うと、入るんですよ。湯船にぽちゃんと入ってね、すぐ出て、タオル濡らしてね、「風呂、入ったよ」(笑)。それぐらい、かまわないひとなんです。洋服もいつも一年中、同じレインコートでしょ。冬も夏も一緒、背広もズボンも同じ。自分のことをかまわない。だから女の人はなんかしてあげたいと思うんでしょうね。母性本能をくすぐるというのか。

――**ところで、田中さんのプロデュース作品では、日活作品と異なって、神代さんがひとりで脚本を書いているケースがありません。なにか理由はあるんでしょうか。**

田中　あります。映画はより多くの人に観てもらう為に作るものです。人間一人の知恵は知れたもの。〝三人寄れば文殊の知恵〟と昔から言われているように、脚本も一人ではないほうがいい。いろんな違う人の意見が集約されたほうがいい。監督が自分で脚本を書くと自分の撮りたい画を書きます。撮りたくない画は書かない。それは自分の趣味ですよ。プライベートな映画になっちゃう。映画っていうのは黒澤さんがやったように共同で脚本を書いたほうがいい作品になる。黒澤さんが熱海の旅館で、井手(雅人)さんとか橋本忍さんとか小國英雄さんとかと四人ぐらいでホンを書いていると、女中さんがあまりの緊張感に恐くてふすまを開けられなかったそうですね。それで橋本さんが家に帰ったらげっそり痩せていたという話があるぐらい、壮絶なせめぎあいをやった末の脚本なんですね。

――**八〇年代以降の後期の神代作品では、シナリオの共作が多くなっています。田中さんの模索、アドバイスが功を奏したのではありませんか。**

田中　そのことで思い出すのは、柴田翔の芥川賞受賞作『されどわれらが日々』を映画化した時に(『「されどわれらが日々」より別れの詩』七一年、監督＝森谷司郎)、橋本忍さんが原作を読んで、面白いけど、これをどうやって映画にするんだって聞かれるから、メロドラマにすると言ったんです。橋本さんは、ギョッとしてましたけど、流石だと思ったのは「田中君、僕はね、この主人公の女の子の気持ちがわからん。もし、やるのなら、女の子で主人公の気持ちがわかるライターを一人いれてくれ」と言うんです。そこでシナリオ作協のゼミ生の岡田正代さんが選ばれ、さらにヒロインと全く同じ年齢だった橋本さんのお嬢さんである綾ちゃんにも入ってもらって、前半が岡田さん、後半を綾ちゃんが書いて、最後に橋本さんが手を入れました。

――**田中さんと橋本忍さんとはどのような関係だったのでしょうか。**

田中　橋本忍さんはこの間、亡くなられたけど(二〇一八年)、あの人には僕は心酔していました。僕にとって最も尊敬する師匠であり親父のような人です。僕はあの人から映画のことは全部教わったような気がします。

一度だけ、橋本さんにものすごい勢いで怒られたことがあるんです。あの人はなぜか僕を猫っ可愛がりにしてくれてまして、いつだったかシナリオライターになれと言われたことがありまして。もちろん、ならなかった。その理由を「若い時から小説を書こうとしたことがあったけれど、自分に才能がないことがわかったから」と言ったら、「馬鹿者！」と血相を変えて怒られたんです。「映画は才能じゃない。映画は技術だ。技術は俺が教える！」って。

結局、人間っていうのはすべてをさらけ出した人が一番、カッコいいんじゃないですか。小説家もそうだけど、さらけ出すから魅力があるんじゃないかなあ。クマさんなんかさらけ出しっぱなしだったと思いますよ。服装から何から一切、かまわない。それがカッコいい。

森谷さんも、橋本さんも、クマさんもほんとうに真面目で素敵な人たちでした。真正面からぶつかっていく人でした。それが魅力でしたね。

（たなか おさむ・プロデューサー／二〇一九年七月二十三日、用賀にて／構成＝高崎俊夫）

23

少女娼婦　けものみち

【公開】1980年3月29日封切
製作配給＝にっかつ　カラー／ワイド／71分　併映＝『新入社員　㊙OL大奥物語』（監督＝白井伸明）『セックスドキュメント　若妻監禁』（監督＝和泉聖治）

【スタッフ】
プロデューサー＝三浦朗　脚本＝岸田理生　神代辰巳　撮影＝姫田真左久　照明＝新川真　録音＝橋本文雄　美術＝渡辺平八郎　編集＝井上治　記録＝白鳥あかね　音楽＝新井英一　助監督＝伊藤秀裕　金子修介　スチール＝井本俊康　製作担当＝栗原啓祐

【キャスト】
サキ＝吉村彩子　アタル＝内田裕也　外男＝無双紋　遊子＝水島美奈子　圭子＝珠瑠美　中年男＝高橋明　浪曲師＝三谷昇

【物語】

冬の午後。うっすらとした日差しを浴びて、サキと外男は、海辺へと自転車を走らせていた。波打ち際では浪曲師の老人がぶつぶつと『壷坂霊験記』を呟きつつさまよっている。その砂浜の片隅で、サキは外男を相手に初体験する。済んでから、なんだか気まずくなり、別れるふたり、降り出した雨でズブ濡れのサキ。そこへ助手席に遊子を乗せたアタルの運転するダンプが通り掛かった。アタルは遊子を無理矢理におろすと、サキを乗せる。モーテルで、アタルに抱かれるサキ。このときはじめて、サキは女の歓びを知るのだった。遊子はアタルの女だった。サキはしばらくして、自分の妊娠を知る。外男の子なのか、アタルの子なのか。四人の男女の思惑がからみ合いはじめる。サキは、自分を感じさせてくれるアタルが、赤子の父親だと思いこもうとしている。友人たちからカネを掻き集めて堕ろせという外男に幻滅を覚えるサキ。屋台を引いている母の圭子は、男なしではいられない女だが、長続きしたためしがない。今日も別の男を連れ込んでいる。サキの父親もどこかにいるらしいが、サキは会ったこともない。飲んだくれたサキに語る圭子、「いつだって感じるよ。強姦されたって感じるよ、女だからね」遊子とアタルが抱き合う様に出くわしたサキは、アタルの足の裏を包丁で刺す。乱暴にサキを犯すアタル。外男は懸命にサキに言い寄るが、サキはガキっぽい外男を相手にしない。絶望した外男が入水自殺しようとするが、アタルが救け出す。外男の目前で、激しく求めあうアタルとサキ。やがて、夕暮れの湾岸道路に、生まれてくる赤子のために屋台を引くサキの姿があった。

サキと私のかくれんぼと鬼ごっこ

岸田理生

十代後期、という年頃は鬱陶しい時代で、何もかもがチグハグだったという気がします。『ロリータ』の作者、ウラジミール・ナボコフは少女愛好症の中年男ハンバートを、

「二十五歳の男が十六歳の娘に求愛することは許されても、十二歳の少女にそうすることはゆるされない文明社会のなかでおとなに」

なった男と記述していますが、ロリータの年頃を越えて十六歳になってしまった女の子自身の中にも、途惑いとある苛立ちとが同居しているようです。

十七歳のロリータは、ハンバートにとって「かすかなすみれのような残り香、枯葉の下のこだま」でしかなくなっています。そのことを誰よりもよく知っているのは、ロリータ自身かも知れず、それに抗おうとして子供を産んだりするような軽はずみな真似をするのかも知れません。

好奇心と知識とがごちゃまぜになっていて、自分で自分をもて余しているような時代なのです。

『けものみち』のサキは、かつてロリータのようだった自分を知りながら、ハンバートに出会うことなく十六歳になってしまった少女です。もう人形にはなれないから、そのかわりに女になることを自分の中で決めてしまった娘、と言ってもいいかも知れません。

同時にサキは過去の私の投影図でもあり、最も思い出したくない年頃の事を強引に手許に引寄せる作業の内に、私から離れて行ってしまった少女とも言えそうです。

サキの理で、最初に男が意識されたのは、顔を見たこともない父を探したいと思った時です。父親の腕の記憶を持たない少女にとって、男たちはいつも父の代用品のような部分があり、そうした自分の願望に気づいた時、性的な願望もまた芽生えてくる。

寝ることと食うことは同じ地平にあるものなのに、サキにはそれがまだわからず、寝ることのある不自然さのなかで、無理矢理酔おうとしているのです。

「顔のない父」を媒体物にして、男たちとの間に共通項を探そうとするサキは、陶酔の中ですら父と出会おうとしているのかも知れません。そうして、自分の思いが不自然であることをどこかで予感しているサキは、自然な営みの結果としての妊娠を受け入れて、子供を産もうとするのです。

浪花節語りの老人がサキの裸身を見せてくれと頼み、

「親孝行してくれ」

と懇願する時、サキは素直に衣服を脱ぎ捨ててゆきます。父の像と重なり合う男の前で裸体になることで、父を忘れようとしている。

それは、十六歳の少女が母親の乳房を吸って母と別れようとした行為と、同じ意味を持つことのようです。

サキが妊み、産もうとしている子供は、サキにとって、もともとありはしなかった家族の三角形の総体であるのかも知れないし、或いは又、父を産もうとしているのかも知れません。

近親相姦が禁忌となった理由の一つには、交換＝外婚姻の儀式を媒体に拡大してゆく社会の図式があり、外婚制社会に於ては娘は交換可能な富として位置づけられ、それを媒介物にして家族はそこに参加することを許された、という内容の文章をどこかで読んだ記憶があります。

そうした社会の中では近親相姦は孤立した血の内部への退行現象と見なされる、と。

二人の男のうちの、どちらが父親かわからぬ子を産もうとするサキの抗いは、仮想の父と自分との血を保存してゆこうとすることの証であると言うこともできそうです。

私自身のことを振りかえると、サキの年頃は、ちょうど父の家から離れた時代にあたります。上京し突然目の前にあらわれた自由という名の檻が怖くて、別の桎梏を探していた頃です。何もかもがやみくもで、朝、目が覚める度に昨日の恥を思い出して、首でもくくりたくなるような、そんな年頃のことを思い出す事は辛い作業だったというような気がしています。

書いている間中、サキは、私から遠くへ逃げて行ったり身をすりよせるようにしてやって来たり、していました。つかず離れずというようになればいいのですが、まったく見えなくなってしまったり、かと思うと、自分の中へもぐりこもうとするような間近にいたりするのです。

サキと私とは、シナリオの中で、かくれんぼと鬼ごっこの遊びを同時にやっていたのかも知れません。

（きしだりお・脚本家／「シナリオ」一九八〇年四月号）

神代シネマフィールドノオト

インタビュアー=宇田川幸洋

『少女娼婦　けものみち』吉村彩子、内田裕也

2月6日――「少女娼婦・けものみち」のクランク・イン2日前の午《ひる》、神代辰巳監督をにっかつ撮影所にたずねた。リハーサルを見学させてもらって、神代映画がどのようにかたちづくられていくか、その演出の秘密の手がかりでも盗めたら、という目的である。

食堂でラーメンの汁をのんでいる神代氏を見つけ、あいさつをした。ぼくは、写真でお顔を拝見していたほかに一度だけホンモノを渋谷でお見かけしたことがあって、それはたまたま、編集部から「また、神代辰巳について書きませんか」と声のかかるすこしまえのある夜だったが、東横線の地階の改札口を通ってヒョイとうしろをふり返り、ホームへの階段を駆けあがって風のように消えた神代氏の姿であった。軍服みたいな色のハーフ・コートのゴワゴワな直線と、身ごなしの若さが印象にのこった。

この日も、神代氏はそのゴワゴワのコートを着ていた。ゴマ塩の不精ヒゲをまぶした氏の顔は、肉体労働者の年輪を感じさせた。氏はロバのように歯をむきだしてニッコリと笑った。

初対面の瞬間からしばらくことばを交わしていくうちに相手の顔がしだいにこちらの心のなかにハッキリとした像を結んでいく。初対面の瞬間に知覚する像は、まだ人間の顔ではない。しばらく話すうちにぼくの心のなかでピントが合ってきた神代氏の顔は、若々しかった。話していて年齢による気持ちのギャップをまったく感じさせない。おかげで、あこがれの監督との対面で当初アガッていたぼくも、かなりリラックスして、図々しくも相当の長時間にわたってノンベンダラリと密着取材させていただいた。(あとでインタビューのテープを起こしてみたら、ふたりともじつにゆっくり喋っているのにおどろいた。ふつうのインタビューの半分くらいのことばの量しかないのだ)

――こんどのシナリオを拝見して「赫い髪の女」と構成として似ているような感じがしました。

「そうですね。どっちかっていうと続篇みたいな感じがあるかわかんないですね」

――岸田理生さんとのシナリオの共同作業は、具体的にはどういうふうに……?

「非常に正直に言うと、今回に関しては、いちおうひとりで書いたんですけど、どうも女の気持ちってのがわかんなくて、それで理生にたのんで書き直してもらったんです。書きはじめたのが『遠い明日』を終わってからのことで、第1稿を10月いっぱい書いたと思いますね。そのあとテレビをやっている間、理生にたのんで……」

――神代さんのシナリオはみじかいので定評があるようですが、みじかいほうがやりやすいんですか?

「ロマンポルノだと、1時間10分とか20分という制約がありますから、ということがひとつと、もうひとつ、他人との比較でいうと、どうしてもふつうのホンよりはみじかくなりますね。ぼくはベチャベチャやっちゃうから、そのベチャベチャの部分がながくなっちゃうんじゃないですか、演出が」

――そのベチャベチャの部分ていうのが、神代さんの映画を見ていて魅力的なところなんですね。『遠い明日』のようなこみ入ったプロットのある映画だと、そのベチャベチャの部分が少なくなるので、もの足りない、という感じがあります。

「いつも(シナリオを)みじかくしてくれって言ってるんですけどね。商業映画の時間制限ていうのは、わりとめんどくさいんですよ。ふつうの常識でいうと

220～230枚なんだけど、ぼくは200枚以下でないと(その時間制限に)ハマんないですね。伸びちゃうと会社とケンカして削っていかなきゃならないし、ベチャベチャの部分がなくなっちゃいますね、どうしても」

――ベチャベチャのシーンを、神代さんがどういうふうに演出されるのか、非常にその演出の現場に興味があるんです。長まわしが多いですね？

「ほとんど1シーン＝1カットみたいなことでやってます」

『少女娼婦　けものみち』無双紋、吉村彩子

――むかしの『かぶりつき人生』なんかだと、ふつうの撮り方っていうか、その頃のスタンダードな撮り方に近いですよね。だんだん撮っていくうちに神代さん独特の撮り方が出てきたと思うんですけど……？

「よく・わかんないんだけど、最初にコンテがあって、カット割りがあって、それから芝居をつくるという人もいるみたいですけど、ぼくの場合はやっぱし、芝居をつくってからカット割りするということですね」

――シナリオを書くときは、カット割りなんてあたまになくて……？

「カット割りは、撮影にはいってからも、あんまりあたまにないですねえ……ぜんぜんないとは言えないですけどね。もうひとつは、なるだけ客観的な感じにならないように、ということかな。カメラを役者につけるということですね。役者といっしょになって動くということ。そういうのが(他の監督と)すこしちがうのかもわかりませんね」

――役者の生理にぴったりつけるということですね？

「〝ベチャベチャ〟ってのも、なるたけ役者の生理にくっついていくということでもありますし……」

――ねばるほうですか？

「どうですかねえ、中くらいじゃないですか」

――上映時間の制約が枷《かせ》になることはありますか？

「ありますよ。力関係で、すこし長くなるということはあるけど、むやみに長くなるってことはありえないし、そこのところがポルノの欠点というのか、もう一歩つっこめないというところがどうしてもありますね。1《ワン》シークェンス足りないという感じがしますね。たとえば、どこかでこれを逆転しなきゃいけないだろう、裏から描かなきゃいけないと思っていても、表からだけしか描けないということになります」

――『赫い髪の女』とか今回の作品でも、もうひとつひっくり返したほうがいいと思います？

「つっこみが足りないというふうには思いますね。結果がいいかわるいかはわかりませんけど、やってても足りないということは事実なんですよ」

――映画のなかで、必ず春歌とか民謡とかをおつかいになるというのは……？

「最近は、あまりやってないです。むかしはよくやりましたけど。歌がいちばん伝わりやすいんですよね、気持ちが」

――ああいう歌は、どこで仕入れてこられるんですか？

「最近のむずかしい歌はダメですけど、むかしの艶歌っぽいのとか、そういうのはすぐおぼえるんです」

――ご自分でも、のんだときに唄うわけですか？

「そうですね」

――春歌なんかは、のみやとかそういうところで拾ってこられるんですか？

「そうですね。それと、全集みたいのがあったりするんですよ。それから(詞を)拾って、あとで曲をさがしてということもあります」

――登場人物の気分によって歌をえらぶということですか？

「そうですね。いちばん伝わりやすいと思いますね、歌が。それと、自分も何かやりながら歌を口に出して唄ったりしますからね。ほんとは、芝居だけでそれがジワーッと伝わってこなきゃいけないんだろうとは思いますけど。ウッディ・アレンの、音楽をつかってない映画がありましたね、『インテリア』ですか。芝居だけであそこまでもっていくのがほんとなんですね、やっぱり」

——でも音楽がぜんぜんないと冷たい感じがすると思うんですよ。たとえば『旅芸人の記録』なんかも、やたら唄うわけですが、あれがあるから4時間もつという感じもありますし。

「『旅芸人の記録』は、もうひとつわかんなかったなあ……」

——ああいう1シーン＝1ショットは、撮影がむずかしいでしょうね？

「非常にわざとらしかったんですよね」

——カメラのつかい方が、ちょっと鼻につくところもあるかも知れませんね。原将人は、あの1シーン＝1カットに固執する撮り方は「みっともない」って言ってたんですが。

「ぼくは、わりと鼻につきましたねえ」

この辺で昼休みが終わり、監督は2時近くまで衣裳合わせの立ち合いに行く。そのあと、主演の新人女優、吉村彩子のポスター用スチル撮りとその後の入浴が3時過ぎまでかかったので、その間ふたたび、食堂の奥の事務所の片隅で午後の陽をあびながら神代氏に話を聞く。

たまたま、神代氏の手もとにアイリッシュの「暗闇へのワルツ」の２００字20枚ほどのシノプシスがあった。テレビでやるらしい。

——ミステリーはお好きですか？

「あんまり好きじゃないですね。ヒッチコックなんか好きですけどね」

——ヒッチコックでは、どんなのが？

「『裏窓』とか、ああいうの。アクションがかったやつは、あんまり好きじゃないな、『北北西に進路をとれ』とか」

——そういえば、神代さんはアクションものはやったことないですね。テレビでも？

「テレビでは、らしいのはやったことあるんですけどね。四、五年まえかな、ショーケンのテレビを。1作目をサクさん（深作欣二）がやったのかな。2作目を工藤（栄一）ちゃんがやって、ぼくは3作目をやったんです。アクション・シーンを二人と見くらべると、ヘタなんだなあ（笑）。こりゃ、敵わねえなと思いましたね」

——アクション・シーンというのは、最初にコンテを組み立ててやるほうがいいんでしょうか？

「それと、テレビはとくにそうだけど、編集ですね。編集でそういうふうに見せるというのは、サクさんたちはうまいですねえ」

——フランケンハイマーの映画みたいに、人が走ってるところをえんえんと撮したり、ああいうのだったら……。

「ああいうのだったら、そう変わんないと思いますよね。日本ではなかなかできないんですね。やれ車のアップだとか、どこのアップだとかいうのを、こう、入れたりね。やっぱり（深作氏たちは）うまいですよ」

——アクションでも、人間の動作っていう意味のアクションだったら……？

「ああ、やってもいいと思いますよ」

——神代さんの映画では、セックス・シーンがアクションて感じですものね。会話のところで、突然でんぐり返しをしてみたりとか、ああいうのは即興的に思いつかれるんですか？

「どうなんですかね。芝居を組み立てていってるうちに、どうしても役者にその力がなかったりすると、そういうふうに組み替えるよりしょうがなくなるといったことが出てくるんですよ。だから、本質論で言えばインチキをやってるんです。やっぱり、即興がいいのかわるいのかというと、わかんないですね。『インテリア』式のキチッと組んだドラマ、あれは即興がはいりこむ余地がないくらい練りあげてつくっていくだろうし。シナリオもね。それが本物だろうという気はしてますけどね。逆に言えばゴダール式のつくり方もありますね。どっちがいいとかわるいとかじゃなくて、最近はキチッとしたものをやってみたいなという気はしますね。音楽にしても、唄ったりなんかしないで感情が通じるということをやってみたいなと思いますが、現状ではできないんですね」

——一本の作品を撮るとき、撮影は順撮りでいくんです

『少女娼婦　けものみち』無双紋、吉村彩子

か？

「できるだけ順撮りでと思ってますけど。しかしトップ・シーンはあとにまわして、比較的アタマのほうからはいっていって、ある程度できたところでトップ・シーンを撮る、そういう方法のほうがよさそうですね」

——テレビだと、神代流の長まわしはあんまりできないんじゃないですか？

「いや、ぜんぶそうしてますよ。もう変えられないですよ、自分のアレは」

——カメラはいつも1台ですか？

「大体そうですね。切返し《カット・バック》するときは、人物がふたりいるとすると、一方から舐めてダーッとまわして、こんどは反対方向からまわすというやり方です」

——それは、ぜんぶダーッとまわしちゃうんですか、中を抜かないで？

「大体やりますね……金があるとそういうふうにできるわけですね。金がないと、こんどはカメラの位置を、両方の表情が見えるように横へもっていったりするわけですね。（2方向から2度撮ると）フィルムも時間も2倍かかっちゃうから」

——このあいだ『影武者』のオープン・セットを見に行ったら、いつも3台まわしてるんですね。どういうふうに撮ってんだか、さっぱりわからなかった。

「3台ってのは、好きじゃないんですよ。というのは、どうしてもカメラ・ポジションが限定されますね。（カメラが）写っちゃったりしないように。カメラ・ポジションと同時に役者の動きも限定されますね。ぼくは好きじゃないですよ。役者は自由に動かしといたほうがおもしろいと思うんですね」

——レールとかクレーンなんかをつかっても、やはり役者の動きは限定されてきますか？

「どうしてもそうなりますね。小型クレーンならまだ、わりと役者の動きにつけることができるんですね。レールだけだと直線的にしかまだ融通性があります。まだ動かない。セックス・シーンてのは、どうしても、こうなるんですよ、カメラが（上、俯瞰から床の位置までカメラが降りていく動作をする）。そうすると、小型クレーンなんかでやるといちばんやりやすいでしょ、でも金の問題で、ロケーションにはそれが持っていけないんです。ロケにいくと、それを手持ちでこうやって、というぐあいになるわけです。すべて金との絡みですね」

——アフレコが多いというのも？

「そうですね。シンクロするためにはマイク・ポジションのための照明をやらなきゃいけないでしょ、影が出たりするから。カメラの動きも、マイクを外したりしながらやらなきゃいけない。そうすると1倍半くらい撮影時間がちがいますね。だから、アフレコということになっちゃいます、うちは。ただ、アフレコのよさもありますけどね。シンクロでとっちゃうと、そのときに決まっちゃうけど、アフレコのときは、言ってない台詞を言ったりできますから。ぼくはシンクロのほうがいいとは一概には言いきれないと思います」

技術的なことばかりの問答を、それも筆者の解釈や解説をぬきにしてならべてきたので、読者はたいくつしたかも知れないが、ぼくとしては、本稿では神代辰巳の映画づくりの方法を、論じるのではなく飽くまで見聞記に徹してデータを採録しようと思っているのである。しかし、それにしてもインタビューの起こしが枚数をとりすぎて（もちろん、これでも適当に編集したものだが）、つづくリハーサル見学記が十分に詳しく書けなくなりそうな見当だ。初めのつもりでは神代監督の演出するさまをテキスト（シナリオ）に沿って、スポーツ中継のようにベターッと記述するはずだったが、無理なので「プロ野球ニュース」的ポイントだけをピック・アップする方法に切換えよう。

この日のリハーサルに参加していた俳優は吉村彩子（サキ）、無双紋（外男）、水島美奈子（遊子）の3人。再開した午後3時過ぎから8時過ぎまで、約5時間で、シーン⑮、⑳、⑬、⑰のリハーサルが行なわれた。リ

『少女娼婦　けものみち』水島美奈子、内田裕也

ハーサルを開始して、この日で1週間目ぐらい。吉村彩子と無双紋は新人で、水島美奈子は神代作品には初出演。

まず、にっかつ芸術学院の教室をつかって⑮林の中のリハーサルがはじめられた。ここは、大体のところは前にやってあったらしい。サキが歩き出すと、外男がつきまとうようにそのすぐそばを歩く。40～50人ははいるこの教室の床を3周した。撮影のときには、きっとほとんどまっすぐにずんずん歩いていくのだろう。

新人の吉村彩子は、男性雑誌のグラビアにでも出たら人気を呼びそうなマスクと、よくウエストのくびれメリハリのあるプロポーションをしている。身長は158cmくらい。大学2年生とかで、たしかに神代氏も言っていたようにシナリオのイメージよりは「ちっと老けてるんですけどね」。で、シナリオで16歳であるサキは映画では17歳になる。

同じく新人の無双紋は、ごついイメージの芸名からは想像もできない、色白・痩軀の美青年。身長178cmくらい。ひょろっとした体に哀愁が漂い、神代映画の少年役には打ってつけという感じ。岸田理生の劇団に所属している。

『るっせえ！　何で会ってくんないんだよ』と叫んで外男が肩先でサキにはげしく突っかかる。右、左、右……と。サキがよける。この攻撃とよける動作がうまく合わない。

「2度当たって3度目によけるか？　……いや、段どりはやめよう！」と神代監督。

体を下げてよけて、最後はサキがしゃがむことにする。

「中途半端でなく、ぜんぶしゃがめ！」

尻を深く落として安定したかかたちを得たサキが、それからゆっくりと立ち上がり、外男を睨《ね》める、というかたちができあがっていく。立ち上がった彼女の、豊かな髪の波の下からもたがった面には薄笑いの表情が姿を現わし、ここでひとつの転換が生まれた。

その後、サキは四つん這いになり、肩で外男のスネにぶつかり、犬が小便をひっかけるかっこうを外男に対してする。外男はそのサキの前にヘタヘタとしゃがむ。

神代作品の人物の動作の大きなモチーフとして〈退行〉があるようだ。直立して文化を獲得した人間の歴史に逆らうように、彼らはむしょうに地面に近づきたがって、インド人のようにしゃがみ、また動物に自らをなぞらえる。

このシーンは、四つん這いのサキに外男がとびかかり、サキが抵抗するのをやめて自分から上衣を脱ぎ、セックスをするところまでをやった。最初の歩きだすところから通しで何度もくり返された。神代監督にふたりの役者の動きに合わせて、サッカーのジャッジのように動きまわり、見まもる。

「俺をカメラだと思え！」

シーン⑳松林の中。シナリオではサキが「砂の上に坐って」だが、寝ころがらせることにした（もしかすると、砂に穴を掘ってその中に入ることになるかも知れない、とあとで神代氏は言っていた）。ゆっくりところがってくるサキ。

ここで5時になって教室がつかえなくなったため、録音スタジオに場所を移した。

ころがっているサキのところに外男が歩いてくる。サキ体を起こし、外男はそのまえに正座する。

ここでおもしろかったのは、『十だって、五十だって、出来るときはできるわよ！』を「そこだけは張ってみろ」と怒鳴らせ、それにつづく『毎月お客様があれば……』を「極端に落とせ。『ま・い・つ・き』ってくらいに思いきって引っぱれ。そこで段差をつけろ」という指示。また別のところで、神代氏は「感情があんまりつながるとおもしろくないな。そこが終わったら別の感情にしろ」と言った。一本調子のやりとりだけはどうしても避けようとしている。『ま・い・つ・き』と機械的なぎこちない発言をやらせたのも、外力によるチェンジ・オブ・ペース導入法だろうか。

サキが外男の頬をひっぱたき（無双氏は何度もほんとにひっぱたかれた）去って行くところの去り方は、第1案＝大股に歩く。第2案＝ひざで歩く。第3案＝ウサギ跳び。と変わり、ウサギ跳びの回数も何遍か試した結果、2回、跳ぶのに合わせてウッ、ウッと泣いて、あとは立って泣きやん

図1

画＝宇田川幸洋

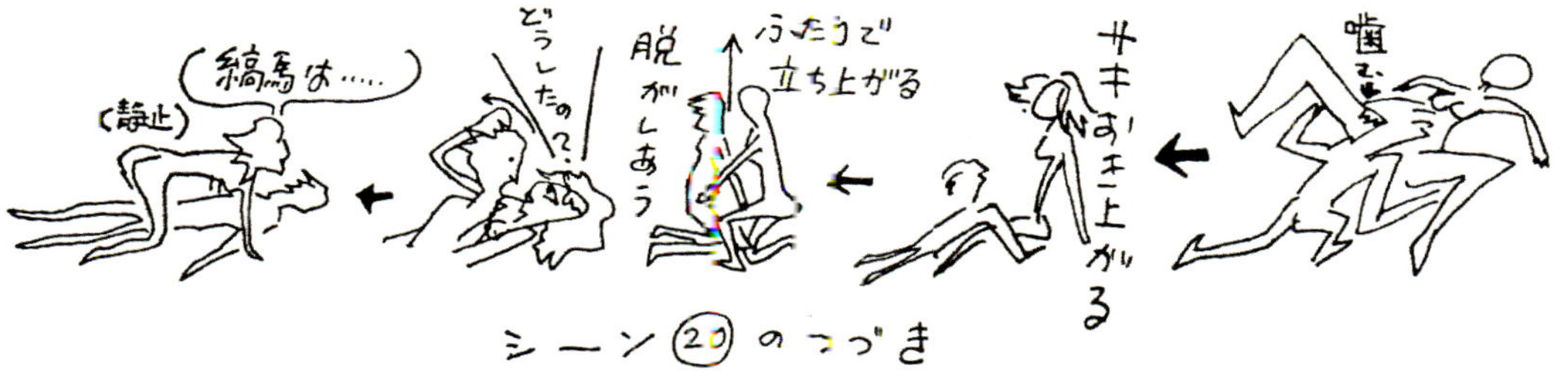

で歩く、ということになった。

サキが『あんた、最初からあたしのことなんて好きじゃなかったのに』と言うところで、彼女は外男の頬をピシャピシャ叩き、それが徐々に強くなっていき、最後にピシャーンと強烈なのを1発、というふうに最初はなっていたのだが、やっていくうちに、それと正反対に、だんだん弱く、最後は指1本で触れるだけ、というようになった。

リハーサル中を通して、神代氏は人物の心理は説明しない。ただ、どういう動作をするかを具体的に指示し、粘土をこねるようにしてそのシーンの身ぶりの総体をつくりあげていく。

シーン⓭酒場に移って、水島美奈子と吉村彩子の女ふたりの絡みになると、神代氏は心理の説明をせず相変わらず簡潔に仕草の指示をするだけなのだが、なにか心理的な表現がぐっと複雑になっていることを感じた。

「ギャハハと悲しそうに笑ってみろ」とか相手に見られていないときだけ悲しい表情になる、ある瞬間だけキツイ眼になる、といった芝居が遊子に要求され、彼女はサキには見せない感情を観客には伝えなくてはならないシーンだからである。

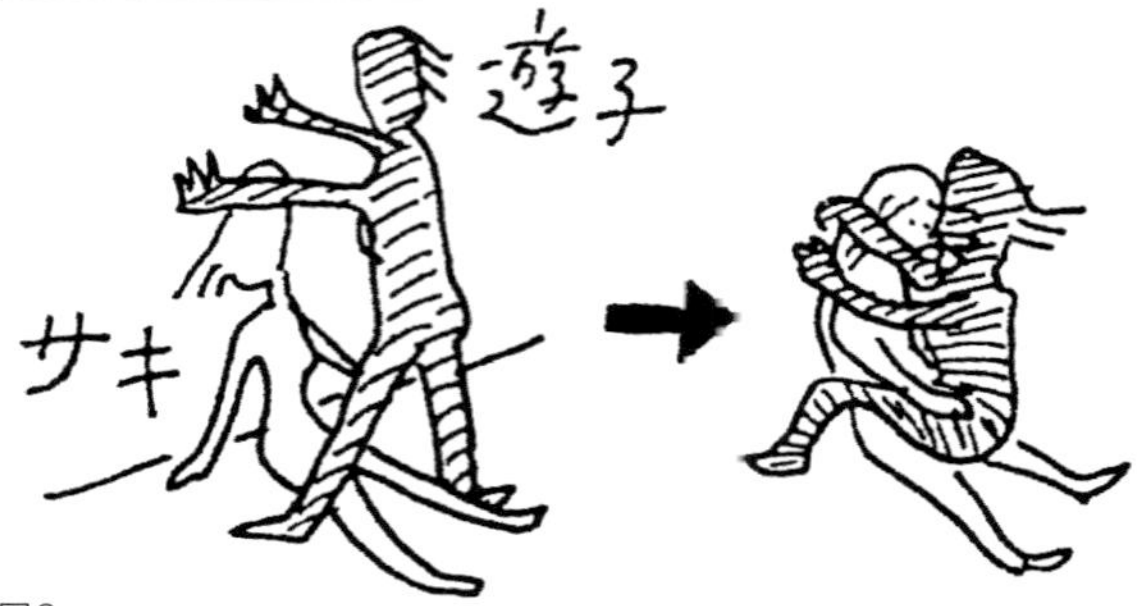

図2

神代作品では、男の身ぶりは直線的な欲望の表出であるが女の見ぶりは屈折した欲望の表出であることがほとんどだ。

このシーンは、ふたりの台詞のやりとりの間にト書きがまったくないのだが、神代辰巳はおどろくほどダイナミックなふりを造型した。『普通の女ならぶっとばしてやるとこだよ』という台詞から、たいていの人はぶっとばさない動作を想像するだろうが、神代辰巳は遊子にサキの頭をかかえさせ、ポカポカ打たせるのだ。そして、それは本気なんだけど本気だと気どられてはいけない、という打ち方なのである。

シーン⑰遊子のアパートは、ならんで壁によりかかっている遊子とサキの会話。そのままのポーズで対話をつづけると、まったく動きがないことになる。『蜘蛛の巣張ってんのかもね』というところで神代氏は「蜘蛛の巣のカッコウしてみろ」と水島さんに注文を出した。神代氏の発する命令形は語尾が軽くとび上がり、独特のやさしさが聞こえる。それにしてもこれは難問。わきで見ていた無双氏も「どうやんのかな」と身をのりだす。けっきょく、図2のように遊子がサキをまたぎ、『寝[illegible]』という台詞とともにサキの首をぐっと抱きよせるという動作になった。

神代氏の演出によってシーンが造型されていくのを目のあたりに見ていると、人物の内面の欲望と葛藤が、身ぶりとなって外側にこぼし出され、それがことばを拾って立ち上がる過程が見えるようで、非常にエキサイティングだ。こぼし出されてくる身ぶりの祖型というかDNAみたいなものは、ほかならぬ神代氏の身内にあるように、演出中の若々しい氏の動作を見ていて、見うけられた。

（「シナリオ」一九八〇年四月号）

逃げる映画

阿部嘉昭

筆者が現在編集中の本のなかで、録音技師橋本文雄氏は、神代辰巳とよくダビング現場で喧嘩したと聞き手の上野昂志氏に語っている。「これでは科白が聴きとれない」という橋本氏にたいし、監督は「これでいいんだ」と突っ撥ねたと。となると、神代―橋本作品のうち、神代が極端に勝ちを占めた(つまり科白が極端に聴きとりにくかった)のは、さしずめこの『少女娼婦・けものみち』(80)と『アフリカの光』(75)だろうか。そのばあい、科白の聴きとりにくさは俳優の発音が不明瞭な点、科白のレベルが相対的に小さく、現実音にかき消されてしまう点に起因している。逆に橋本氏側に凱歌のあがったのは『赫い髪の女』(79)、『嗚呼！おんなたち・猥歌』(81)といったところか。ここでは雨音、ジジジ……と陰毛が燃える音が、宮下順子や中村れい子の喘ぎ声と一緒に、整序づけられた音の中心に位置するため、作品の印象を親密的に統一していた。傑作と呼ばれるゆえんだ。

神代が科白が聴きとれなくてもいいと思った理由について、橋本氏は、それは神代が全体を指向するからだという意味のことを語っている。勝手に補うならば、その「全体」も見通しの悪い、グニャグニャの全体だろう。だから科白の脱中心化は、姫田真左久の手持キャメラが空間を泳ぎ回るのと同様に、そういった神代の特異な全体観と綿密に関わっている。そして聴きとりにくい科白は、科白のなかの言葉が文学的に粒立って、過剰な余韻を残すのを妨げる。神代は自作からできるかぎり文学性を脱色させ、作品に漂う空気――「漂泊の気配」を刻印した。彼の不敵で可愛らしい女たちもそんな気配のなかで生身の肌の匂いを発散した。女たちは活力に満ちていたが、同時に現実の名残のように静謐だった。『少女娼婦〜』は自転車の多用、砂丘で男女が絡み、それをもうひとりの男が見るというシチュエーションの共有により、『恋人たちは濡れた』(73)の隔世遺伝のようにも見える。しかし『恋人たちは濡れた』が水彩で綴られたとすれば、『少女娼婦〜』はその水彩画をもとにジャコメッティが彫刻をつくったというほどの触感のちがいを感じる。それは科白の聴きとりにくさが尋常ではなく、作品が具象を超えた抽象の色合いをもちはじめるからではないか(理解できない言語の外国映画のように)。これほどまでに徹底して科白から明瞭さを奪った理由は以下のように考えられる。ひとつは神代と共作による岸田理生の脚本が文学的だったこと(神代はオリジナル脚本を書いたが、女の気持がわからず、岸田に加筆してもらったと語っている)。脚本は自分と同世代の少年と初体験を済ませた少女が、そのほとんど直後に中年の内田裕也と交わり、この結果、どちらのものともわからぬ子供を宿し、ふたりの男から板挟みになる様子を、少女の離れて暮らす父親への思慕などを手がかりに、心理スケッチする体裁をとっている。その露わな文学性を神代は不明瞭にした。いまひとつは吉村彩子が、神代映画のヒロインに似つかわしくなく、青い果実の美しさをもっていたことだ(彼女が別の女と交わる内田の足に包丁を突き刺すくだりなどはそれなりに不逞さを感じるのだが)。姫田真左久の手持キャメラは揺れに揺れ、彼女の顔はなかなか定着的に結像しない。聴きとれずほとんど無意味と化した科白をいう彼女は、しばしば抽象的な反復動作をとる。そうしてとりつくしまを失わせるのが積極的な狙いだったのではないか。そうすることで半面、吉村彩子の美しさが予感的に画面を覆いはじめる。ぼやけた彼女の全体から、角度によりその細部がスパンコールのようにきらめいて、不意を打つ。瞑目の顔やえくぼ(彼女が時として若き日の原日出子と思えることがある)や尻が特にいい。この感じは、衰退したとはいえ撮影所の保護膜に守られて自足的な世界を紡ぎだしたロマンポルノではなく、いまの瀬々敬久や佐野和宏などピンク映画の意外性の美しさに似ている気がする。それゆえ神代作品では異色のこの作品が得難いのだと思う。ロマンポルノは人物群の相互交換的な和姦状態を

『少女娼婦　けものみち』無双紋、吉村彩子

『少女娼婦　けものみち』撮影スナップ。吉村彩子、神代辰巳

綴るため、三角関係の「三」がいわば暗数として人物たちの関係性をつなぐ接着剤に貶められる。しかし「三」以上の数を指向するから、そこに独特の交響的な交歓も生まれる。ところが『少女娼婦〜』は、はっきりと三角関係を前面化する（ただし内田とその愛人が交わる、わずかな綻びがあるが）。その三角関係のなかで、ヒロインが内田を選ぶのは、内田が彼女の思慕する父親の世代に近かったからではない。そんな文学的な解答を神代は提出しなかった。彼女は内田でもなく青臭い少年でもなく、いわば自分を選んだ。だから彼女はどっちの子供を宿しているかわからないまま出産を決意する。神代は、彼女のオナニー・シーンと、彼女が鏡を見る短いショットから、それを導いている。それで岸田が用意した父恋いの脈絡から作品が最終的に脱走していったのではないか。この作品が「逃げる映画」であるとすれば、神代の他の作品のように女の猛烈ぶりから逃げる男を描いたからではなく、岸田の文学性から作品が逃げだしているからである。しかしそれにしては、ファック・シーンの喘ぎ声のほとんどに鷗の鳴き声をカブせる演出（ラストの内田とヒロインのファック・シーンでは海の水を大量に飲んだ少年の嘔吐音が喘ぎにカブる）は、中心を欠いた音の多重性や『赫い髪〜』同様の、人物がいる場所の膠着性を意識させるにしても、文学的にすぎたのではないか。

ところでこの作品にはヒロイン同様に美しいものがある。ヒロインとその母親（珠瑠美）が夜の海岸道路で屋台を引くシーン。それから、三角関係における自分の敗北を知り、少年が入水を企てる際の海の波の高まりと水面のきらめき。それらは映画のなかに、いかにも些細に挟まれていて、それでまた、この作品が「逃げる映画」であると思わせるのだ。

（あべ よしあき・映画評論家／「映画芸術」一九九五年夏号〈追悼　神代辰巳〉）

『少女娼婦　けものみち』内田裕也、吉村彩子

24

快楽学園 禁じられた遊び

【公開】1980年11月21日封切
製作配給＝にっかつ　カラー／ワイド／64分　併映＝『のけぞる女』（監督＝加藤彰）『㊙盗聴器 しゃぶり泣き』（監督＝中村幻児）

【スタッフ】
プロデューサー＝三浦朗　企画＝山田耕大　原作＝ひさうちみちお『罪と罰』　脚本＝荒井晴彦　撮影＝米田実　照明＝川島晴雄　録音＝橋本文雄　美術＝柳生一夫　編集＝鈴木晄　記録＝白鳥あかね　音楽＝甲斐八郎　助監督＝上垣保朗　加藤文彦　スチール＝目黒祐司　製作担当＝香西靖仁

【キャスト】
鈴木幸子＝太田あや子　横島樹里＝北原理絵　佐藤純子＝宮下順子　まりあ＝小川亜佐美　女教師＝山科ゆり　みちお君＝池田光隆　佐藤一郎＝北見敏之　角川先生＝白山英雄　岩波先生＝小見山玉樹　丸木戸先生＝江角英（英明）　幸子のパパ＝佐竹一男　幸子のママ＝中島葵　教頭先生＝野上正義　校長先生＝高橋明　用務員山口＝庄司三郎　催眠術師＝丹古母鬼馬二　見世物小屋の客＝白鳥あかね

【物語】

ここは都立第一高等学校。女教師が教室に入ると、その雰囲気が只事ではない。「ハハァ〜」突然、一斉に床に土下座する生徒たち。「おもてをあげぃ〜というまでやめませ〜ん」激怒する教師たち。首謀者探しが始まるが誰も名乗り出ず、クラス委員のみちお君が責任を取らされそうになる。彼に恋焦がれている幸子がとっさに身代わりになるが、教師たちの憤懣は収まらなかった。幸子に理科室の罰掃除をさせているあいだに、処分をめぐって職員会議。幸子は試験管を磨いているうちに感じてしまい、そのままブラシでオナニーを始める。すると、会議をトイレで中座した教師たちが、かわるがわる現れては幸子を辱めて去っていくのだった。教師たちは女教師まで犯してしまい、会議はご破算。片隅で眼を背けている良識派の佐藤にしたところが、夫婦の倦怠を打破しようと、夜は妻に対して強姦プレイで挑んでいる。家に帰った幸子だが、普段は優しいパパまでが、みちおとの関係を疑い幸子を検査。さらにママをバックから責め立てるさまを、幸子に見せつけるのだ。「現実は厳しいのだ〜この現実をみつめて乗り超えてこそ、真にあたたかい思いやりや家族の絆が生まれるんだぞ〜」パパの叫びも、幸子には遠い。実は発端の「黄門さまごっこ」は、幸子の恋敵の樹里が優等生のみちお君をワルの自分に引き寄せようと、企んだことだったのだ。そして今、樹里とみちお君が激しく燃えている現場に出くわした幸子。逃げ出すこともできず、そのまま3Pへとなだれこんでいった。夕暮れ。三人で土手を散歩していると、催眠術の見世物小屋があった。入ってみたが、無論インチキ。だというのに、かかったフリをして裸になってしまう幸子、いつのまにか催眠術師に挿入されている。けれど、どういうわけだか、今までにないエクスタシーを感じる幸子であった……。

爆発ポルノ大笑談

「ヘア解禁なんてどうでもいい……ファックシーンは本当にやりたいなア!」

神代辰巳・ひさうちみちお・太田あや子・立花あけみ

若者に人気抜群のエロ劇画『罪と罰』が、日活ロマンポルノで『禁じられた遊び』なるタイトル名で映画化され、ただいま話題を独り占めしている。そんなわけもあって、原作者の、ひさうちみちおサン、監督の神代辰巳サン、主演をした〝ポルノ界の中野良子〟こと太田あや子クン、加えて学生界の女流ポルノ監督と呼ばれる立花あけみクンの4人が集合、ポルノ談義をカンカンガクガク――いかなる話が飛び出たやら……。

ひさうち ボクは今まで、いわゆるエロ劇画と言われているのを描いてきました。映画化された劇画というのも、いろいろあって、いいなぁと思って……。でも、自分とは無縁の世界だと思ってた。それが、こんど映画化されることになって、こんなうれしいことはありません。

神代 こんど作るんなら、これしかありません!っていってシナリオ・ライターが持ってきたのが、ひさうちサンの『罪と罰』だった。映画のほうもストーリーは、ほとんど原作のままです。

ひさうち 監督は、劇画なんか見ることあるんですか?

神代 もともと好きだから、月に2~3冊は読む。最近、ちょっとあきてきたけどね。

ひさうち でも、よく、あんなハチャメチャな劇画が映画になりましたね。(笑)

神代 いやあ、感動しましたよ。でもファック・シーンの連続でしょう。なんにもないのは全部のシーンの中の2~3シーンしかない。かなりシッチャカメッチャカの映画。よく会社が撮らせてくれたと思いますよ。にっかつだからできたんでしょう。

パンチ ポルノ映画の原点という感じがする。

神代 ポルノの原点というか、暴力の原点というか、ね。とにかくやっていても、すごく面白かった。

パンチ ところで最近、輸入写真について、不自然でないヘアは解禁するという、なんだか意味のよくわからないニュースが伝えられました。そのへん、どうですか?

神代 われわれ映画のほうは、当分望み薄ですよ。映倫というのは、すごく保守的だから。劇画は、ヘアなんかどうなってるの?

ひさうち ケース・バイ・ケースなんじゃないですか。その部分がアップになって、そこにくっついた形でヘアがあるとヤバイ。ヘアだけを別に描くことは許されているみたいです。本体とくっついてると、ダメなんです。(笑)

立花 やっぱり、ちゃんと描きたいですか?

ひさうち そういう気持ちもあるけど、それを抑えられることで、まったく別の新しい方法をつくることもできるから。ボクの場合、今のところは、そんなに苦にならない。

神代 映画では、撮せないという規制があるために、すごくやりにくいんだよね。かなり不自然なことをしなくちゃならないし……なぁ?(あや子に)

あや子 その部分は反対を向いて、顔だけ、こっち向けて……とか。ホントに大変なの。もう、よじれちゃいそう。

立花 私の場合も、こんどの作品(『メルティング・ブルー』)で、ファック・シーンがあったんです。自主映画だから、映倫なんてカンケイないのに、やっぱりヘアはまずいんだろうなぁ、なんて。自分の中に、規制の概念ができちゃってる。それに気づいたら、急に映倫がアタマにきちゃって……。

あや子 なんか、八つ当たりみたいね。(笑)

神代 自己内部の映倫との戦いってわけだ。

立花 ヘタすると、現像所でフィルム没収されて返ってこないということもありまして。なにしろアルバイトでためた巨費、なんと20万円を投入して作ったんですから。

神代 そういう事情は、われわれにもある。ポルノでも、だいたい4000万円くらいかけて作るでしょう。手入れなんかを食ったら、その4000万がパーになっちゃう。そしたら、会社、つぶれちゃうからね。そのへんが、つらいところです。

あや子 大学生がファック・シーン撮るときなんか、どんな感じでやってるの?

立花 リハーサル何十回もやって。スタッフみんなで、ああでもない、こうでもないなんて、わいわいやりながらね。

神代 前張りはやったの?

立花 やりません。全裸になったのは女の子だけで、男の子は下着つけてたから。

パンチ 男が生理的反応で困っちゃう……なんてことはなかった?

立花 みんな大マジメでやってたから、そんな余裕なかったみたい。男優なんか、はじめは緊張しちゃって、カチンカチン。緊張ほぐすのに、だいぶ時間がかかりましたよ。

　私、自分が女だから、セックスのときの男の人の細かいところなんか、よくわからないところがある。乳房なんかも、どっから揉むのか? 愛撫なんかも首すじとか、どこからはじめるかとか……。

『快楽学園　禁じられた遊び』太田あや子、北原理絵、池田光隆

パンチ ホントにやってしまえば、あれこれ演技を考えなくたっていいのにねえ。

あや子 大島渚の『愛のコリーダ』見たけど、もう本当に哀しくなっちゃった。なんか、私たちがやっているのと、ぜんぜんちがうんだもん。

　顔にしたって声にしたって、好きな者同士がホントにやってるのが、見ていてわかるんだもんね。

神代 日本だと、ハーとかヒーとか、ウソでやんなくちゃならないもんな。ボクもパリでノーカット版を見たけれど、やっぱり、こっちに訴えてくる力が強い。

　どうしても、芝居と違ってきちゃう。見たときに、あ、イタッ! と思ったもんね。強制はできないけど、やっぱり女優と男優が本当にやるのが、いちばんいい。

ひさうち あや子サン、いちど挑戦してみる気ない?

あや子 もし外国にいるなら、やってるかもしれないけどね。日本にいるかぎりムリだろうな。だってテレビとかサ、いろいろ出たいもん、私。

神代 やったからテレビに出られないというもんでもないんだよ。ホンバンやることで、タテマエとホンネがなくなる。本当は、そのほうがいいんだよ。

あや子 そうなると、私なんか、もうホンキになって演技じゃなくなっちゃうわ。

神代 まあ、どのみち、当分のあいだは日本じゃムリだ。いまのところ前張りがあっても、男と女の股の部分がリアルに接触しているといけないんだから。あるていどズレていれば許されるわけ。そのズレの距離をね、何センチかずつ縮めていくのが精いっぱい。(笑)

ひさうち 劇画も、そうですよ。たとえ服を着ていても、その部分が密着しているとダメ。まえに、ホンモノの写真をズタズタに切って、雑誌にのせたことがあるんです。ジグソー・パズルみたいに、あとでそろえてもらうというわけです。特に、あの部分は、念入りに細く切らないとまずいわけでして。

神代 見たことありますよ、その雑誌。

ひさうち あ、ありがとうございます。ただ、エロ劇画という形で買ってくれる人は、パズルを合わせるという、そんなめんどくさいことは、あんまりやってくれないんです。

パンチ 立花サンが、女でありながらファック・シーンを撮ったのは、どういう動機から?

立花 自分が女であることに、すごくこだわりを持ってるんですよね。だから女を描きたい。どういうところかというと、より動物的な本能的な部分です。それには、どうしてもセックスという側面が必要なんです。

神代 『流されて』なんかをとったウェルトミューラーにしても、やっぱり女じゃなければできないなぁと思いますよ。だから、ポルノでも、どんどん女の監督が出てきてくれるといい。

立花 女の監督というのは、まったくと言っていいぐらいいないでしょう。ポルノなんか見ていても、男の監督のやり方に不自然さを感じることが多いんです。どうして女だけ、ああいうふうにヒーヒー言わなくちゃいけないのか、とか思っちゃう。

神代 なるほど……(苦笑)

立花 私の今回の作品には、いっさい、アーとかフーン(かなり感じが出ている)とかの声は入れてないんです。

ひさうち そういう判断は、自分の経験から?

立花 えぇー! あたしだって、まだ嫁入り前の娘なんですから。

パンチ　にっかつのロマン・ポルノなんか見ても感じない？

立花　そーんな不感症じゃないですよ。

あや子　そういう点で、不自然って言えば、全部不自然だと思う。だってサ、やっているときとアフレコで声出すのと別々なんだもん。男の人が指も触れずに隣にいて、自分の画面を見ながらやってるでしょう。思い出しながら声出してるんだもん。

ひさうち　ボクが最初にエロチックなものを感じたのは、中学のころ見たエロ劇画なんですけど、みなさんは、どうですか？

立花　私は小学校6年のときに見た『時計じかけのオレンジ』。

あや子　私は小学校1年くらいのときに、おかあさんがお嫁入りのときに持って来た本。あるとき押入れの奥の方をかきまわしてたら、黄ばんだ古くさい本が出てきて、それが、なんと体位なんか描いてある。

神代　おれも、全く同じだよ。

あや子　あれ、こんなことするのかしら！と思ってビックリしたの。ウチの母は、〝赤ちゃんは口から生まれるのよ〟なんて言ってたわけ。またウチのお母さん、すごく口が大きくて、それでナットクしてた。(爆笑)それから何回も見たわ、その本。

神代　そのわりに色気ないな。

あや子　これだもんねェ。撮影初日、いちばん初めに監督に言われたのが、〝色気ないなぁ！〟——これなんですよね。

ひさうち　ボクなんか自分でエロ劇画描いていていて、興奮して、オナニーすることがある。

立花・あや子　……(ウッフフ)

ひさうち　映画は、まわりにいっぱい人がいるから、そういうことは、あんまり……(かなり遠慮がちに)

ひさうちみちお「職員会議」(けいせい出版)より

神代　いや、たまにありますよ。もちろん表には出せないけど、立ったら困るなぁ……なんて、もぐもぐしちゃうことはある。

ひさうち　(感心しきったように)ホーッ！　ありますか、ウーン、やっぱり。

神代　あや子には感じなかったけど。

あや子　そこまでになったら、こっちもうれしいだろうなぁ。グラビアの仕事をしていても、カメラマンが感じてくれると、紅潮してウワーッと熱が入ってくるのがわかるのね。——そういうの、やっぱりうれしい。

神代　ひさうちサン、こんどは原作だけじゃなくて、いちど映画に出てみませんか。

ひさうち　いいですねぇ、やってみたいです。

パンチ　どうですか、立花さん、ひさうちサンとベッドシーンなんていうのは？

立花　一度くらいなら、女優もやってみたいという好奇心はあります。(笑)

神代　なんたって、日本の映画界で、最高に面白い作品ていったら、ロマンポルノだよ。パンチの読者のために、ヘアが解禁されなくても、オレはガンバラにゃあ……。

ひさうち　そのとおりです。ロマンポルノにこそ芸術を感じちゃう。(笑)映倫スレスレで奮闘してくださいよ。あや子サン、立花サンも女の立場からガンバッてください。

（ひさうちみちお・漫画家／おおたあやこ・女優　たちばなあけみ・映画監督／「平凡パンチ」一九八〇年十二月八日号）

ひさうちみちお『白鳥の湖』

神代辰巳

去年の秋、ひさうちみちおさんのいくつかの原作から、オムニバス形式の映画を作らせていただいた。そのことで、ある雑誌の取材があったので、わざわざ京都からひさうちさんに日活撮影所まで来ていただいて、アラ編集した映画を見てもらったことがある。その時、はじめてお会いしたのだが、二人で二三分も話をしてるうちに、あっと後悔のほぞをかんだのである。

実は、映画化にあたって、すごく迷っていたことがいくつかあったのである。例えば、こういうことである。原作の中の一つ「職員会議」について言えば、ある女高生が罰を受けて、理科実験室の掃除をさせられている。そのうち、その子は試験管を使ってオナニーをはじめる。それをたまたまトイレに来た教師に見つかって、性的暴行をうける。一方、学校側では、この女高生をどう罰すべきかで、職員会議が行われている。会議の途中、教師達は次々とトイレに行っては、この女高生に性的暴行を働くのである。こういうストーリー展開の中で、このくだりまでは、映画にするのに、私はさほど困難を感じなかった。

私が困ったのは、この後の展開部分であった。

ひさうちみちお「職員会議」(けいせい出版)より

それぞれに興奮した教師達は、とうとう、その女高生をあくまで厳罰にしろと主張する同僚の女教師を輪姦してしまうのである。つまり、その女高生の弱味につけこんで、教師達が女高生を犯したりするのは、私の感覚でも理解出来た。が、そのあげくに、同僚の女教師を輪姦するというのが、私の感覚の理解の外にあったのである。ひさうちさんの作品のストーリー展開は、例えば、女を犯すという場合、その内包する精神の、又は対称とする女のヒエラルキーが、常識的見方からすれば極端と言えるまで加速してしまって、そこにパニックが生じてしまうというふうになるのだが、私の感覚からすれば、興奮のあげくとはいえいくらなんでも同僚教師を犯してしまうということが素直に納得出来なかったのである。そこで、私は、男教師達をかなりドタバタ風にアレンジし、例えば女教師の隣りで平然とオナニーをしたり、女教師を破廉恥な莫連女風にしたてて、先づ、私達が持っている職員会議の常識をぶっこわして

『快楽学園　禁じられた遊び』小見山玉樹、野上正義、白山英雄、山科ゆり
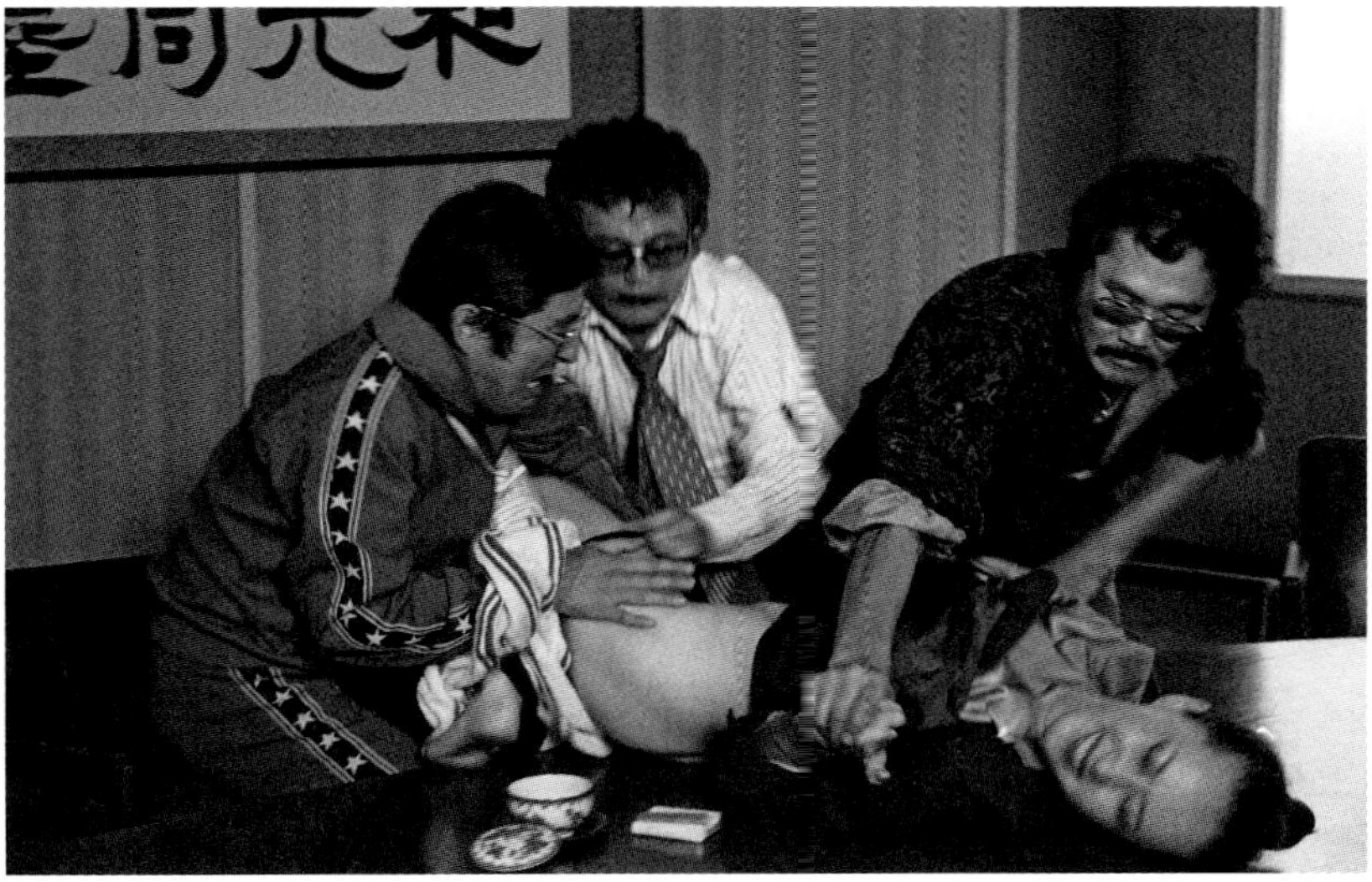

しまう作業から入ってみたのである。そうしなければ、会議の最中に男たちが女教師を輪姦すると言う設定が納得いかなかったのである。

さて、こうやって撮影を終った。自分ではそうしたことを最善だと思っていたわけではない。でも、まあ、何とかうまくつじつま合わせをしたと半分以上は満足していたのである。

そんな時、ひさうちさんにお会いしたのである。すごくもの静かで、すごくテレヤの方だった。二三分もお話ししてるうち、冒頭に書いたように、あっしまったと私は後悔のほぞをかんだのである。男教師達が女教師を犯すのに理屈はいらなかったのだと悟ったのである。人間の感情のヒエラルキーはすうっと一本道を辿るように純粋にまっすぐで、何かがはじまれば、その方向をすんなりまっすぐ進むことが当り前であって、その一本道がすうっとどこまでも、闇の中を走る光のビームのように、明快に進む。私のように、女生徒を犯すことはあり得るが、同僚女教師を輪姦することはあり得にくいなどと考えることが、そもそもひさうちさんの作品を理解してなくて、生徒を犯すのと女教師を輪姦するのはすんなり一本道の到達点で、あり得そうなところから、あり得そうにないところへ行きつくのに、常識的な弁解を一切しないで、だから、それだけ純粋で、生一本で作品が完結する。ひさうちさんを目の前にして、とりとめもない雑談をしているうちに、上述したようなことが、ひさうちさんの静かな顔をみているうちに私にわかってきたのである。

勿論、そういうことを全然考えもしないで、ひさうちさんの作品の映画化をすすめてきたわけではない。わかってはいたが、商業映画の常識が私の中に頭をもち上げて、あんな方法をとらせてしまったのである。

最後に、そのことの反省をふくめて、この原稿はひさうちさんへの私信のつもりで書かせてもらいました。

（けいせい出版版解説、一九八一年）

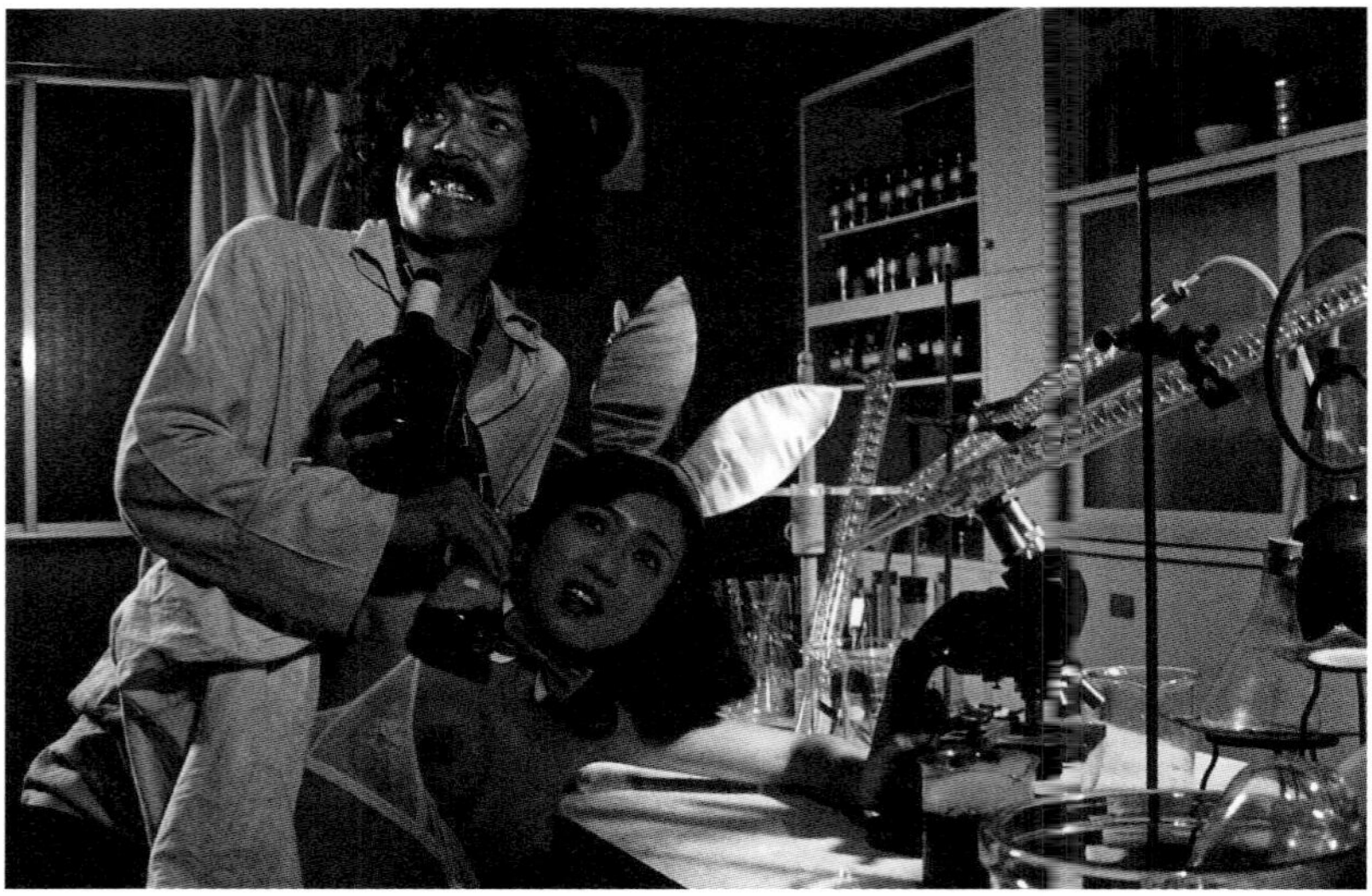
『快楽学園　禁じられた遊び』江角英、小川亜佐美

八〇年代に浮遊する女子高生の意識

佐伯俊道

木下恵介が『喜びも悲しみも幾歳月』と『楢山節考』のはざまに撮った小品に『風前の灯』がある。

ケチでならした高峰秀子と佐田啓二夫婦が暮らす郊外の小さな一軒家に盗みに入ろうとした小悪党が、一日中家を見張っているのだが、親戚連中や御用聞きの出入りが激しく、なかなか目的が達せず、遂に一日が暮れ、強盗を断念するという喜劇である。

表のシーンといえば、ほぼ、小悪党が見張る小高い丘の上から見た一軒家の俯瞰だけで、人の出入りは小悪党の目線で描かれる。従ってほとんどのシーンは一軒家の内部で展開され、姑を絡めた夫婦のすれ違いや、親戚連中が持ち込む無理難題が主軸となってドラマは進む。

会話の妙と、他人から見ればどうということのない事件の連続で、八〇分を見事に見せ切ってしまうのだ。

製作費の安いワンセットものを逆手にとった脚本構成は、現在のテレビドラマの原点ともいえる。

それは、「連鎖」である。

ひとつの出来事が、ある時には必然として、またある時には、なし崩し的に次の出来事を呼ぶ。そこでは「なんでこうなるの?」とあたふたする人間たちが描かれる。

ひとつ嘘をつけば、また新たな嘘をつかねばならない。人の噂をすれば、作り話だろうとあてずっぽうだろうと、自分なりの推理で決着をつけねばならない。その会話の中で、人間同士の性格の差異が現れ、いつしかそれは「争闘」へとエスカレートしていく。

第三者、客観的に観る者にとっては、それはまこと喜劇である。人物同士の会話がすれ違えばすれ違うほど、喜劇性は高まっていく。

さて、神代監督の『快楽学園・禁じられた遊び』も、その「連鎖」に構成の焦点が合わされているように思えてならない。

冒頭、懲罰で試験官磨きをさせられている女子高生(太田あや子)が、試験官からペニスを連想し、化学実験室でオナニーにふける。一方、会議が開かれている教員室から男教師がひとり、トイレに立つ。教師は実験室から聞こえるすすり声を不審に思い、覗くと、あや子のオナニーは最高潮。そこで更なる懲罰を課すべく、フェラチオを強要する。と、次の男教師がやはりトイレに行き、今度はあや子の裸身にホースを巻きつける。次に教頭、最後に校長といった具合に、あや子は実験室で喘ぎ声を出したが為に、ひとりひとりになぶられ、遂にに犯される。

だが、男教師同士は、互いにあや子をなぶったことを知らない。ただただあや子ひとりが、試験官を陰部に突っ込まれたのをきっかけに、フェラチオ、ホースでの折檻、最後には半ばレイプまがいの性交を体験するのだ。

では、ストーリーはそんなとんでもない学園を中心に展開するのかといえば、その期待は裏切られることになる。以後ワンシーンとして学園は出てこないのだ。

次に繰り広げられるのは、あや子とパパ・ママの異常な家庭であり、ひとりの男教師(北見敏之)と女房(宮下順子)とのあわれな性生活なのである。じゃあそれがどうなるのかと言えば、ここでも客は尻切れトンボを味わわされ、あや子と北原理絵が争う男子学生との三角関係がセックス描写のみで描かれ、ラストは、その三人がテント小屋のインチキ催眠術を訪れ、あや子が催眠術にかかったフリをして、惜しげもなくその裸身を示し、白鳥になったりカンガルーになったりすることで終わる。

『風前の灯』との最大の違いは、『風前』が夫婦の許を訪れる人々が何らかの事件を持ち込んでくるのに比し、『快楽』は主役のあや子がでっぱる先々に事件が待ちかまえていることである。

その為にあや子は己れの悲劇を嘆き、七〇分全編ひたすらうるさいほどに泣き叫んでいるのみなのである。

不条理だ、といえばそれまでだ。

破綻したドラマだ、といえばそれまでだ。

が、「連鎖」と文字通り繋がって鎖となり、八〇年代に浮遊する女子高生の意識を浮き彫りにしている。

言ってみればそれは、製作年度がいつであれその時代時代にあまり興味を示しているとは思えない神代監督と、時代と風俗から精神内部を照射しようとする荒井脚本とのミスマッチが生んだ意外な異化効果といえるだろう。

ただ一点残念なのは、教頭役の野上正義がいかにもインテリ風のアドリブを連発し、冒頭にして早くも静かなる異化効果の狙いをさまたげてしまうことである。

『快楽学園　禁じられた遊び』撮影スナップ

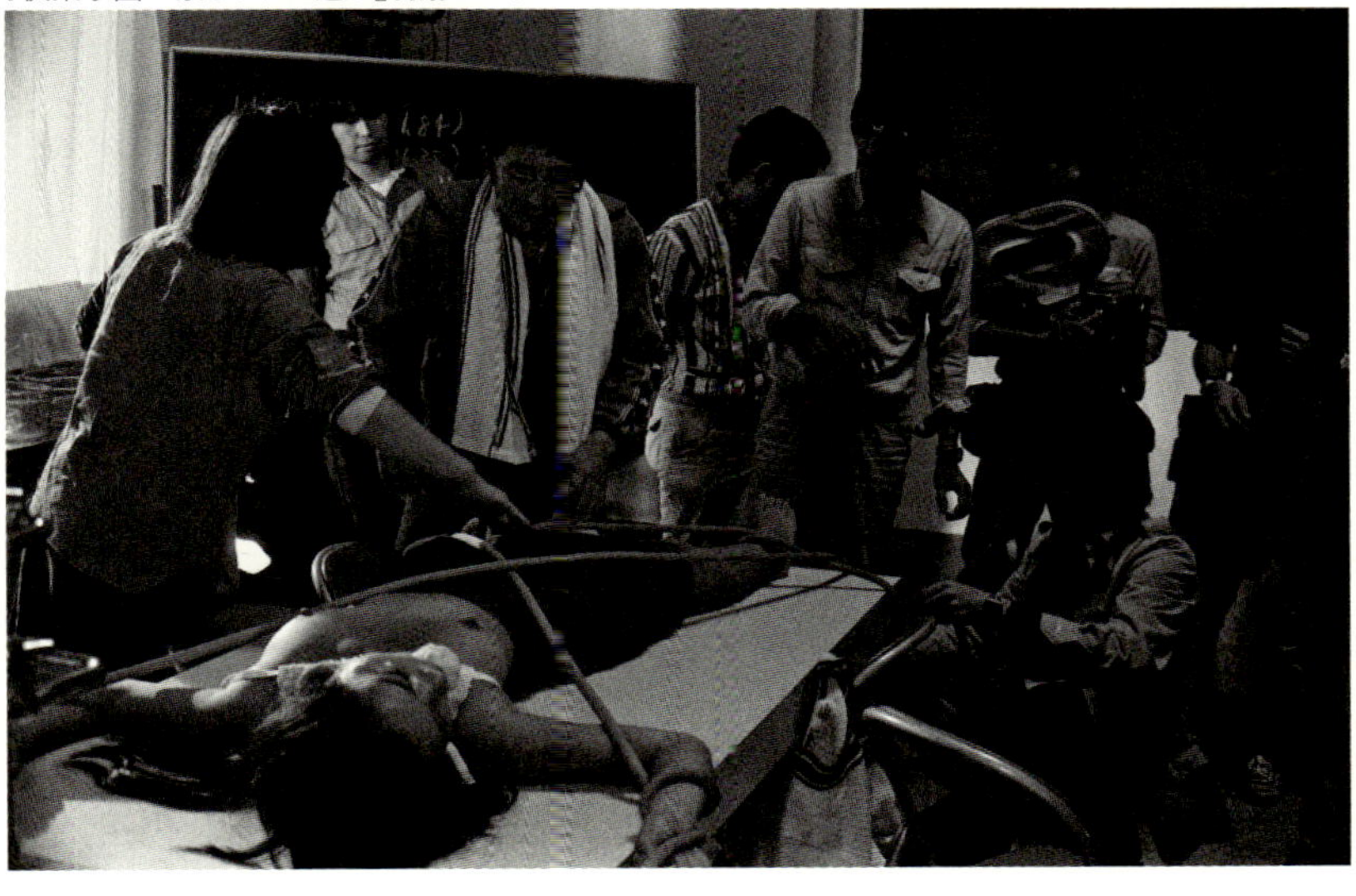

それは演出の領域・責任、と言えるが、まさにロマンポルノだからこそ出来得た『怪作楽園・懲りない遊び』である。

(さえきとしみち・脚本家／「映画芸術」一九九五年夏号〈追悼　神代辰巳〉)

（神代辰巳エッセイコレクション）

三浦の泣き顔――追悼・三浦朗

いい男がまた死んでしまった。いさぎよい男だったので、いさぎよく、さっさと死んでしまったような気がしている。いさぎよすぎたのかもしれない。何事も他人のせいにしない男だった。

　こんな話がある。日活ロマンポルノは予算がなくて、いつも、ひいひい仕事をしていた。ロケ先で、息抜きに、ちょっと宴会となっても、すぐ酒がきれてしまう。金がないからだ。その時も、そんなふうだった。隣りでどこかの会社がやけに盛大に宴会をやっていた。そこで、あちらの酒を何とかこちらに導入する手はないかと云う相談がもち上った。女優さんの一人が云った。

『濡れた欲情　特出し21人』撮影スナップ。三浦朗、神代辰巳

「私が、ストリップする。酒、三本で。誰か、交渉に行っておいで」

　スタッフ全員が「それ、それ」と大はしゃぎして乗った。三浦一人がしぶい顔をしていた。

「いくら、おちぶれたと云っても、日活が、そんなことしちゃいけない。日活をしょって、仕事してるんだから」

だが、スタッフのノリは、プロデューサーの良心なんか、くそ喰らえだった。

「我々は裸を売りものにして、仕事をしている。映画で裸を売るのと、宴会で裸を売るのと、五十歩、百歩じゃない。どこが悪い？」

　女優さんのこの意見は圧倒的にうけた。誰かが、もう、すでに交渉に行っていて、酒三本は成立していた。キャメラマンが都はるみが大好きで、「あんこ椿」のカセットデッキと一緒に大喝采で、女優さんを隣りの部屋に送りこんだ。だが、隣りの部屋から、「あんこ椿」が聞こえて来る間、さすがに、みんな、それぞれの思いにふけるふうだった。

「いくら、なんでも、こんなことまでして、酒を飲む理由があるのだろうか」

だが、酒三本と一緒に、女優さんが帰って来ると、そんな陰気な考えはどこかへ霧散してしまった。

「我々は日本映画をかえるために、ロマンポルノを作っている」

　そんなふうに、宴会は盛りあがって行った。

　三浦はいつの間にか、席をはずしていた。私は三浦を探して外へ出た。三浦は庭のベンチに腰を降ろしていた。泣いていた。私は並んで坐った。三浦が云った。

「こんなに口惜しかったことはないよ。それから、こんなに嬉しかったことも」

　口惜しかったと云うのは、スタッフに、ろくに酒も飲ませられないプロデューサーのこと、嬉しかったことは、みんなで、いい映画作って行こうと云う盛りあがりのことだ。

　後にも先にも、三浦が私に泣き顔を見せたのはその時だけだった。三浦は、まだ三十を幾つも過ぎていなかった。三浦を思い出すたびに、その時の三浦の泣き顔が、目に浮かぶ。

　忘れるところだった。もう一度だけ、三浦の泣き顔を覚えている。ある映画のラストシーンで、ある女優さんが岸壁から自転車ごと落ちて死ぬのを撮影していた時のことだ。

「フィルムもないし、金もなくなったし、NG出すなよ。監督がストップモーションなんかにしたくないと云ってるから、落っこったら、底の岩にしがみついてて、死にそうになるまで、あがってくるな」と三浦がはっぱをかけた。女優さんは海に飛びこんだ。撮影はうまく行った。女優さんはあがって来なかった。皆がほんとに死んだんじゃないかと心配になるまで。やっとあがって来た彼女がびしょ濡れのまま、三浦に抱きついて云った。

「三浦ちゃん、うまくいった？」

三浦はぼろぼろ泣いていた。

三浦兄、どうぞ安らかに。（「映画芸術」一九九一年春号）

25

ミスター・ミセス・ミス・ロンリー

【公開】1980年12月20日封切
製作＝市山パースル・ATG　配給＝ATG　カラービスタ／138分

【スタッフ】
プロデューサー＝市山達己　原田美枝子　佐々木史郎　企画＝多賀祥介　原案＝刹那（原田美枝子・市山達己）　脚本＝刹那　神代辰巳　撮影＝押切隆世　照明＝秦野和人　録音＝米山靖　美術＝大谷和正　編集＝山地早智子　記録＝津田のり子　音楽＝千野秀一　演奏＝ダウンタウン・ファイティング・ブギウギバンド　ナショナルズ　助監督＝高橋安信　スチール＝渡辺昌二　製作主任＝熊田雅彦

【キャスト】
島崎千里＝原田美枝子　半崎市雄＝宇崎竜童　三崎栄介＝原田芳雄　花森咲夫＝名古屋章　峯山隆＝草野大悟　下村竜一郎＝天本英世　宗形八郎＝三國連太郎

【物語】

「突然お手紙を差し上げる無礼をお許し下さい……仮りに私も千里と名乗らせていただきます」女が手紙を書いている。女が綴る不思議な物語りとは……。市雄はある夜、電柱に手錠で繋がれていた千里という女に出逢う。千里はアレルギーで、いつも鼻をすすり、むず痒そうに肌を掻いている。市雄の部屋に居着く千里。千里は今まで行き摺りに出逢い暫く共に暮らした男たちの部屋の合鍵をキーホルダーに蒐めていた。クラブの雇われマスターの市雄は、副業の請求書サギに精を出していたが、千里のミスで警察から追われる羽目になってしまう。市雄はバイセクシャルで、ボスの花森とデキていた。二人に叩き出された千里だが、今度は三崎という男に拾われる。そこへ警察に追われている市雄が逃げ込み、三人の同居生活が始まる。三崎の本職は辞書の校正者。だが長年の晦渋な頭脳労働に厭きた三崎は、今まさに現実社会でデカいヤマを踏もうとしていた。北川商産社長が横領した十五億円を強奪した三崎は、ナンバーが控えられていて使えないそれを、使用可能な現金に引き替えようというのだ。三崎は手初めに兜町の事件屋、下村に接触するが、ネタの危うさに気づいた下村は手を引いてしまう。次に、富豪の宗形に千里が接近する。なんとか宗形と会見する三崎だったが、彼はすべてを見透かしていた。結局、千里が宗形から貰ったマンションだけが三人の報酬だった。飲んだくれる三崎と市雄。いつしか眠りこむ二人、千里が酒に盛った目薬のせいだった。千里は別の名前を美英といい、花森も含め、十五億円奪取のため下村に命じられて動いていたのだった。三崎の家からぎっしりと札束の詰まったダンボール群を運び出す一味。しかし、時すでに遅く、持病の狭心症が悪化した下村は札束に埋ずもれながら息絶えた。千里は手紙を書いた、「お父さん」だという男に。三崎と市雄は千里にかけられた手錠を外そうと街をさまよう。独りになった千里はかつて市雄と出逢った電柱の傍らに呆けた様にしゃがみ込む。キーホルダーには「市雄」「三崎」「宗形」の鍵が残った……。

『ミスター・ミセス・ミス・ロンリー』解説

暖冬のため、製作を中断していた『海に降る雪』を企画変更、ATGと提携で製作再開した、原田美枝子プロデューサー作品。

真昼は過ぎてしまった。だけど太陽は、まだわずかに西へ傾いた位置で、照っている。太陽が沈んでしまったら、闇が訪れるのは分っている。でも、沈んでからのことを心配したってしようがない。どうせ分かりゃしないんだ。だから——、太陽が照っているうちに、やりたいことをやっておこう。とりあえず陽が沈むまでには、4、5時間あるから……。

彼等は、そう思う。暴走族、ディスコ・フィーバー、竹の子族が生まれる。本当に欲しているもの、本当にやりたい事は何なのか分からず、何か違うな、と頭の片隅で一点醒めながらも、とりあえず暴走に、踊りに、目立とう精神に走るヤングの群れ。己れの判断と決断で、自由に動かすことができるのは、インベーダー・ゲームだけだったというサラリーマン。

'80年代は、何となく世紀末、終末感の漂う〈午後2時の年代〉なのだ。その中で、1人の女と2人の男が一生懸命プレイする、メンタル・ゲーム。そしてその姿は、どこか可笑しくて物哀しい。

その3人を〈午後2時の年代〉にブチ込んだ。そこから、どんな面白さが出てくるか。何が飛び出してくるか。レコードは、退屈したら、疲れたら、ピック・アップを上げればいい。本は一旦閉じればいい。映画はそうは行かない。ならば[illegible]というのが、創る側のサービスではないか？　そんな所からスタートした〝面白探し〟が、この脚本（神代辰巳・剎那）になった。

原田美枝子、宇崎竜童、そして原田芳雄。この3人が作り出す、奇妙な三角形の落し穴に近づいて来る三國連太郎。誰が誰に操られているのか。

[illegible]ストレインジ・シネマ。

（劇場用チラシ）

弱いもんが動きだすと何かが起こる

神代辰巳

21才の原田美枝子が自分の映画を作ろうというそのことにひどく心を動かされて、この映画の製作に参加しました。シナリオも原田美枝子と彼女のマネージャーの市山達己が共同で書いたオリジナルです。細かくふれることは避けますが、彼女達がこれだけの映画を作りあげた執念と、創造に賭ける情念に心からの喝采と敬意を表しておきます。

ほんとに何かに執着すると、ひどくしんどいものなのです。そんな時、自分をしんきくさく思わないために唄を歌います。この映画もある意味で彼女達の映画作りの執念のパロディと云っていいのかもしれません。そしてその唄は「弱いもんが動き出すと何が起こるかわからない」と云う唄です。この映画のモチーフにもなっています。映画の中で作中人物達はごそごそ動き廻ります。あまりかっこよくありません。そして、この唄は弱いもんが動き出しても殆ど何も起こらないと云うことを知り過ぎている作中人物達のアイロニイでしかありません。それでも、原田美枝子が二度も三度も口ずさみます。ごそごそ這い廻っていると、どうしても自分の唄が欲しくなるからです。自分だけごそごそしてるんじゃなくてまわりがみんなごそごそしてるもんだから、余計に唄いたくなるのです。でもこれは団結の歌ではありません。団結を違い昔に忘れた者の、夢を夢であると承知したもののアイロニーです。でも引かれものの小唄ではありません。ごそごそ生きることに執着しているからです。引かれ者の小唄と違うところはいつかはきっと、弱い者が動き出すと、何かが起こることを心のどこかで夢見てる者の唄だからです。そう云う意味でも、この映画のプロデューサー達にもう一度敬意を表したいと思います。

（劇場用チラシ）

神代辰巳の新しい方向

双葉十三郎

『ミスター・ミセス・ミス・ロンリー』撮影スナップ。原田美枝子、神代辰巳

あの「一条さゆり・濡れた欲情」のドライで鮮烈な風俗描写にひどく感心させられてからもう八年になる。その後の彼の足跡については、どなたかがくわしく書かれる予定なのでそちらにお任せするとして、今度の作品を見ると、彼が新しい方向に一歩ふみ出したことがわかる。

その新しい方向は現代のメルヘンの領域に通じているようである。昨年の彼は、にっかつ作品のほかに「遠い明日」を東宝から、「地獄」を東映から発表した。前者は商業主義路線の一角を占める作品という性格もあって、かなり柔軟な作風になっていた。後者は結果的に多くの疑問をのこしたが、大胆な試みとしてたいへん興味深かった。ぼくはこの二つの作品の体験が今度の作品につながっているように思う。つまり、題材的には「地獄」の幻想的な要素が、手法的には「遠い明日」からさらに豊かさを増した作家的ユトリともいうべき柔軟性と幅の広さが、今度の作品の支柱になっているのである。

この作品には二人の原田美枝子がいる。書く彼女と演じる彼女である。が、その二人は判別しにくい。現実と非現実の区別をつけるのが難かしい。しかも場面は非常に現実的である。このように一種のソフィスティケイションの面白さを持った状況が脚本に書かれ、しかもそれが演出で生かされた例は、日本映画では初めてといっていいだろう。

ところで、メルヘンといっても古くからの西欧的なそれとはちがう。現代のうす汚れた日本の社会にはぐくまれたメルヘンである。従って場面はきわめて現実的である。そしてその現実的な場面に与えられた幻想的な要素を持つひずみが奇妙と形容していいような面白さを生み出す。道路のかたわらに原田美枝子がしばられて坐りこんでいる光景はこのような作品の性格を象徴したものといえる。

この光景からは、ゲームの面白さを感じる観客も多いであろう。事実、このメルヘンの面白さはゲームの面白さといいなおしてもいいのだが、もともと日本映画はこの種の面白さが不得意である。ユトリのある演出ができないことがその原因になっている。それを神代監督がやってのけたことはまことに貴重であり興味も深いが、そのユトリには、彼女と二人の彼が一つの部屋にいる場面に見られるような巧まざるユーモアが含まれている。配役の成功も一因であるが、ぼくはこの部屋の場面だけでも神代監督が一段とうま味を加えたことを痛感しないではいられなかった。

（ふたば じゅうざぶろう・映画評論家／
パンフレット「アートシアター NO.143」
一九八〇年十二月）

神代辰巳　孤独な肉袋たちのエロふざけ

山根貞男

神代辰巳の近作『快楽学園・禁じられた遊び』のシナリオをたいへんおもしろく読んだ。ひさうちみちおのいわゆる「エロ劇画」が原作で、脚本は荒井晴彦。高校三年生の女の子のセックス体験が艶笑譚ふうに描かれるのだが、ストーリーといえるほどのものはない。彼女が学校で教師たちからつぎつぎエロチックに責められるさま、彼女の父母の寝室における性的ドタバタ、教師の一人の女房相手の強姦ごっこ、それらとまるで無関係な新薬発明家のエロ騒ぎが、ほとんど脈絡なしにつづられてゆくだけである。エロチックな悪ふざけの連鎖、とても形容できようか。そのいわばエロふざけは、どぎつく下品にナンセンスで、ほんとうは艶笑譚といったシャレた感じから程遠い。むしろそこにこそ、このシナリオの狙うおもしろさがあるのだろう。

たとえば、主人公の女生徒をエロチックに弄ぶ教師たちの、なんと徹底的にハレンチなことか。彼らは教員会議の席からトイレへ立った途中、化学実験室にいる彼女を、タワシで、ガス・ホースで、あるいはピンセットで、入れ替わり立ち替わり責めては、なんの躊躇もなく犯しまくる。そして会議の席へ戻ったあとも、机の下で一物をしごいている。まるで性器のみ肥大した人間である。教師ばかりではない。登場する人物はだれもかれも、淫猥きわまりない性器人間なのだ。それでいながら彼らは、もっともらしく教師としての理屈をこね、娘に対する父親としての理屈をこねて、エロふざけをどんどんエスカレートさせてゆく。

とうぜんそこからは、セクシャルなユーモアなんてものが感じられはしない。どぎつくグロテスクな哄笑がそそられ、いっさいがナンセンスの領域の出来事に見えてくる。ちょうどそのさまは、駅の便所の落書きが性的局部のみをあまりに拡大して描くため、卑猥をとおりこしてナンセンスの域に達してしまっているのと、よく似ているだろうか。

じっさいこのシナリオは、構成もへったくれもなく、エロふざけの局部拡大図をつらねてゆく。読んでいて、あほらしくなるほど、デタラメにむちゃくちゃだといっていい。純粋にシナリオをシナリオとしての味読し鑑賞する立場があると仮定して、その観点からすれば、けっして上出来のシナリオとはいえないにちがいない。

だが、わたしはこのシナリオをあくまで神代辰巳の映画として読み、すこぶるおもしろかった。たとえば、ここに見られるグロテスクな哄笑、そのなかでの既成概念の転倒ぶりは、あの怪作『悶絶!! どんでん返し』の魅力をたっぷり予感させる。あるいは、出てくる人物たちの唯セックス的な姿からは、笑劇とそうではないドラマとの違いを越えて、あの傑作『赫い髪の女』における、ひたすら性の営みに没頭する女と男に通じるものが、まざまざと感じられる。

神代辰巳的なるものがそのさいに想定されていることは、いうまでもない。では、それはいったいどういうものか。

シナリオ『快楽学園・禁じられた遊び』を読んで基本的に印象深いのは、とにかくここには、ぐにゃぐにゃの肉体ばかりがゴロゴロしているということである。いわゆる個の人格などは描出されない。おとなたちは高校教師、教育パパ・ママ、化学者と、いちおう知的な人種に設定されているのだが、彼らすべて、知的もしくは精神的なものから遠く、全身これ性器のぐにゃぐにゃの肉体としてのみ存在する。彼らがもっともらしい理屈をこねたところで、それが骨ばった人格を表わすことにはならず、むしろ逆に、あらゆるさまを異化してしまう。そして、主人公たち高校生のほうも、そんなおとなたちに関わるなか、一個の人格ならぬ一個のぐにゃぐにゃの肉体であることにめざめてゆく。

神代辰巳を見てきた者には、そうしたものは、すでにおなじみの事態であろう。たとえば『四畳半襖の裏張り・しのび肌』を思い起こせばいい。あの性魔とも呼ぶべき少年は、どう見ても一個の人格ではなく、一個の無人称の肉体としてのみ存在し、だからこそ、その無人称性のもの、まわりのあらゆる女体の上に遍在して、等しなみに孕ませていった。彼の無邪気な明朗さは、けっして性格的なものではなく、無人称の肉体の自在ぶりにほかなるまい。そして、孕まされた女たちもまた、無人称の肉体の自在さを得て、大きな腹を明朗に並べていた。

これはなにも、下半身に人格はないといったことではない。そんな通俗的セックス観にどっぷりつかって安住するには、神代辰巳はあまりに深く、性愛の何たるかにめり込みすぎている。

早い話、いましがた『四畳半襖の裏張り・しのび肌』について、明朗ということを強調したが、その明朗さにはぴったり悲しさが張りついていて、この映画を単純なセックス謳歌に終らせてはいない。たしかにあの少年も女たちも、自在なセックスを明朗に生きてゆくが、そうであればあるほど、その自在さ、明朗さそのものが、悲しみを感じさせてやまない。だから、神代作品にあっては、セックスを謳歌すればするほど、讃歌が悲歌になってゆくといえようか。

その極まりが『赫い髪の女』である。一人の女と一人の男がひたすら性の営みをくりかえすさまを、人間の官能の深みのすばらしさとして、美しく描ききったから、この映画が傑作と呼びうるのではない。あの一対の男女の姿を見て、性の歓びと同時にその悲しさを感じない人、いや、そうではなくて、性の歓びそのものを悲しいと思わない人がいるだろうか。みごとなセックス讃歌がとめどなくみごとな悲歌であるところに、『赫い髪の女』の傑作たるゆえんがあるのだ。明らかに神代辰巳は、下半身に人格はないとうそぶいてセックスを単純に謳いあげ、悦に入っていられるような地歩にはいない。

しかし、いったいどうして性愛が悲しいのか。『赫い髪の女』がその答えを、これまたみごとに体現していよう。

あの一対の男女のひたすら性の営みに没頭する姿は、一見、セックスの果てしない深みへ至ろうとする能動性を、きわめて美しく感じさせる。が、それにもまして、そこからは、人間がどれほど強くセックスにつかまえられているかという、その受動性が悲しく浮かびあがってきてやまない。そして、彼らがその受動性に駆られるように、体を密着させ、からませあい、局部を嵌入しあって、一体化しようとするとき、そうすればするほどに、それぞれ別個の閉ざされた肉の袋であることが、ますます悲しくあからさまになってゆく。

肉の袋としての人間——おそらくここに、神代辰巳的なるものの基盤があるにちがいない。神代辰巳のもう一つの近作『ミスター・ミセス・ミス・ロンリー』を見て、わたしはいっそうその想いを深くした。

これはいわゆる「ポルノ」ではない。若い女(原田美枝子)が若い男(宇崎竜童)に拾われ、さらに別の男(原田芳雄)と知りあって、三人して十五億円の使えない金を使える札に変えようと、金満家の男(三国連太郎)に近づき、ラスト、ちょっとしたどんでん返しが起こる。いってみれば、ミステリーふう騙しあいっこドラマということになるだろうか。シナリオ『快楽学園・禁じられた遊び』が予感させるぐにゃぐにゃの肉体のエロふざけなどはなく、セックス・シーンといえるほどのものは一ヵ所もない。

だが、この『ミスター・ミセス・ミス・ロンリー』は、きわめてエロチックな映画である。出てくる人物たちがだれもみな、一個の肉の袋として存在していて、そのいくつもの肉袋がぶつかったり、触れあって弾きあったりしてドラマが進行するところに、エロチックな印象が濃密にかもしだされるのだ。

主人公たち三人の姿を見ればいい。一人の女と二人の男はゆきずりに知りあい、たしかに組んで一つのことをなそうとする。が、だからといって、関係らしい関係をとりたてて結ぶわけでなく、ゆきずりの間柄をほとんど深めていかない。多くのシーンで、三人はぐだぐだしゃべり、酒を飲み、やがて酔いつぶれるだけである。要するに三人の関係とは、酒を飲むシーンに象徴されるように、三つの肉の袋がいっとき表皮を寄せあい、三匹の小動物のようにじゃれあっているというだけのことでしかない。

描写はこの表皮性、もう少し具体的にいえば肉袋の表皮の生理を、随所で強調する。まず若い女は、冒頭の登場シーンからはじまって全篇にわたり、しょっちゅう全身の皮膚をボリボリ掻き、鼻をくしゅくしゅさせてこすっている。そして彼女は、横にいる男がふいに体を動かすや、必ずといっていいほど、ヒッと叫んで両手で頭をかこう。無意識の表皮の生理的反応といえようか。そもそも彼女が二人の男と知りあうきっかけは、電柱に手錠でつながれているところを助けられたからであって、女の手首に手錠というイメージは、ひりひりと表皮性を感じさせる。

あるいは若い男が、かつての上司兼男色相手の男の一味からリンチを受けるシーン。金満家の男が、若い女の擬装を見破って、彼女の髪をつかんで引き倒すシーン。いずれにおいても、見られるのは、肉袋と肉袋の激しいぶつかりあいである。また、この映画でつづられる物語をもう一つの別の物語につなげる仕掛けの、若い女の手紙を書く手のアップや、辞典を書き写すペンのアップにも、それらが筋立てのなかでどん

『ミスター・ミセス・ミス・ロンリー』DVDジャケット

な役割を果たすかという以上に、紙の上をひっかくということの表皮性を強く感じさせる力がある。そしてさらにこの映画では、ドラマの核心をになうものとして、ニセ札に仕立てられたホンモノの一万円札、若い女がせっせと書かされるウソの領収書、十五億円の出所を伝える新聞の切り抜きといったふうに、薄っぺらな紙片があちらこちらに出没し、少しくオーバーにいえば、表皮の乱舞の観を呈しもする。

『ミスター・ミセス・ミス・ロンリー』完成記念

ともあれ『ミスター・ミセス・ミス・ロンリー』は、かくのごとく、徹底して表皮のドラマである。ドラマを形づくるのはいくつもの複雑な人間関係であり、そのからまりのなかにミステリー的要素があるのだが、どの人間関係もすべて、ここでは、内面などまったくうっちゃられて、肉袋の表皮のぶつかりあいとしてのみ描かれてゆく。

三人が酒を飲むシーンの一つに、こんなくだりがある。若い女と若い男がちょっとしたことから、じつに執拗にいつまでも、たがいの頬をパシリパシリと張りあうのだ。この頬を張りあうことこそが愛の行為にほかなるまい。肉の袋としての人間にとっては、愛は内面においてでなく、表皮においてだけ成立するものだからである。じっさいのところこのシーンは、凡百の裸のセックス・シーンより、はるかにすぐれたエロチックな感動をもたらす。

題名にこだわれば、これは、「ロンリー」つまり孤独な肉袋たちの戯れを描いた映画といえようか。戯れて、だから何が生まれるというわけでもない。三人の主人公たちは、ひたすらナンセンスを戯れて生きてゆく。その意味でなら、彼らもじつは、およそ設定も見かけもはなはだしく違うけれど、シナリオ『快楽学園・禁じられた遊び』に見られるナンセンスなエロふざけを生きているのだといってもいい。

人間が肉の袋として、ぐにゃぐにゃ触れあい、ぶつかりあう光景ほど、ナンセンスでエロチックなものはあるまい。なにも具体的な性行為のありように即して、表皮をむなしくこすりあわせるだけでしかないことを、ナンセンスでエロチックだというのではない。人間の関係すべてを肉袋の皮と皮のこすりあわせと見るとき、その擦過感覚に、肉の袋に閉ざされている人間のナンセンスな生の原質がむきだしに露呈されて、そのことがエロチックなのである。そしてこの擦過感覚は、とめどない悲しみをもたらす。

あの感動作『地獄』を思い起こそう。不義の子を孕んだ女が、赤い花々の咲き乱れる岩山の地面を、ずるずると引きずられてゆくシーン。その子が美しい娘に成人して、母と同じ運命にさらされることで、禁じられたエロスの対象としての男の体に、あるいは寄り添い、あるいは倒れかかり、あるいはしなだれかかるシーン。そしてラスト、地獄の獣鬼と化したはずの女が、母と子のあいだをつなぐエロスの衝動のもと、涙とともに大木に小さな体をぶつけつづけるシーン。まぎれもなくそれらの場面には、肉の袋が引きずられ、触れあい、ぶつかるさいの擦過感覚において、肉の袋に閉ざされた人間の生の原質がナンセンスにエロチックにあらわとなり、それへむけてのみごとな讃歌と悲歌が、感動的にうたわれていたではないか。

神代辰巳の映画にはつねに、エロスの悲しみがあふれている。痛快にエロチックであればあるほど、悲しみが深まる、というふうにである。それが肉袋に閉ざされた人間の悲しさにむけられた眼によることは、もはやいうまでもない。

ただし、神代辰巳の映画は、けっして単純な詠嘆におちいったり、悲哀をかこったりはしない。戯れに徹すること、エロふざけを生ききることから、猥雑な活力が湧き出てくるのだ。明らかにそれは神代辰巳的なるものが、性のナンセンスに生のナンセンスをぴったりと重ねて、そこに深く根ざし、さらにそのうえに映画というもののナンセンスをみごとに重ね合わせることによって、すべてのナンセンスを映画の感動のエロスとして生きているからである。

近作『ミスター・ミセス・ミス・ロンリー』は、ミステリーふうの物語性の側面においてはたいしておもしろくない。が、物語性をむしゃむしゃ喰い破ってしまうほどに、孤独な肉袋たちの戯れの、なんと力強くすばらしいことか。もう一つの近作『快楽学園・禁じられた遊び』では、シナリオのデタラメな奔放さがむしろプラスとなって、エロふざけが魅力的に生きられるにちがいない。

（『映画芸術』一九八〇年十二月号）

弱者が動き出すと何が起こるか分からない

瀬々敬久

一緒に暮らしている女の人は自律神経失調症だという。腕でも足でも背中でもどこでも、ちょいと掻いただけで、すぐ赤く腫れ上がりミミズバレのような赤い筋が皮膚に浮かび上がる。そして年に二、三回、身体中が痒くなり、全身を掻き毟り、床に転がって、もうどうしようもなくなる。彼女が痒くなる理由は必ずこっちに非がある。いや、毎日毎日が非はこっちにある。だからたまには向こうはそうやって己の存在を露にする。あたしはここにいるのよ、ということが遮二無二押し寄せる。存在表明なんて生易しいものじゃない。剥き出しでゴロリといる。それだけ。こっちは黙って収まるのを待つしか出来ない。

この映画の原田美枝子演じる主人公、千里も自律神経失調症のアレルギーだ。花粉症の元祖よろしく絶えず鼻をグズグズいわせて鼻をかむ。成り金男丸だしの三國連太郎の前でやはり身体中が痒くなり掻き毟る。そうやって彼女は彼女がここにいることを露にする。

人々はこずき合い、はたき合い、髪の毛を引っ張り合い、地を這いずり回る。神代映画の登場人物たちのあの動きがある。有象無象のシャラくさい表現の夾雑物なしに唯単純に人がそこにいるんだということを見せてしまう神代映画に驚き、それこそ頭をガーンと殴られっぱなしだった。神代辰巳の映画なら何でもいいから見るという時が確実にあった。自分がピンク映画に関わるようになった理由の一つには、神代辰巳がいたからだとも言える。

『ミスター・ミセス・ミス・ロンリー』は二人の男と一人の女の三人の男女の物語だ。三人の男女、『恋人たちは濡れた』がそうだったように神代辰巳の映画によくある。最後の『インモラル・淫らな関係』もそうだ。『濡れた唇』は四人。三、四人、グループの最小人数。そしてセコクてミミッチイ人間関係がいつもある。家族だったりストリッパーの一座だったりアナキスト集団だったり。ここでは犯罪グループ。宇崎竜童はセコイ詐欺、原田美枝子もセコイ空き巣まがい、原田芳雄が一二億ものデカイ強奪事件。だが後半中心になるデカイ一二億が残念だが見えて来ない。天本英世が説明役として会話で事件の概要を説明するが、それが見えない。画に出て来ない。犯罪映画としての小賢しい仕掛けが余計邪魔している。

「弱い者が動き出すと何が起こるか分からない」。原田美枝子が二度この言葉を繰り返す。この言葉が妙に引っ掛かる。じゃあ、見えてこないのは強い者なのか。神代映画はミミズバレのような引っ掻き傷から、地を這うセコイ人間たちの剥き出しの姿から、いつも見えないモノまで見えていた。たとえば『四畳半襖の裏張り』は、どんな戦争映画より芸者と男が絡み合う四畳半から御国のアホらしさが見えていた。

セコイ人間たちが声高に強いモノに向かって、ここにいる、いる、いると叫んだりすることはない。コッカだとかテキだとかジダイだとか、そんなモノ語りもせず見せもしないでゴロリといるだけの人間を撮ることで、そいつらに対峙している人間のゴウみたいなものまで見せてしまう。神代映画の人間たちが剥き出しでゴロリ、ゴロリと転がれば、転がるだけで、今でも十分青臭く昔はもっと青臭かった俺は困り果て、戦いたいのだ。そしてその剥き出しで生きてる場所が池の鯉でもサバいた後の生臭い出刃包丁のようにこちらに突き出される。あー、こんな映画があるんだ。そう思った。

『ミスター・ミセス・ミス・ロンリー』は強いモノがいるということを見せようとしてヘタ打ったのかも知れない。「弱い者……」とか言い出さなきゃ良かったのだ。だから最後のどんでん返しもピンと来ない。神代辰巳ならどんでん返しじゃなくて、あるかないか際々のゴロリゴロリの悶絶！　どんでん返しのはずだ。

『棒の哀しみ』も皆がいう程は乗れなかった。なんだ原作と同じじゃないかと思ってしまった。組織とセコイ人間の話になってるが、語ろうとして画になってないことが多すぎると思った。組織のことなんか語らなくてもいいのにと思った。でも嬉しかった。神代辰巳の映画が見れた。そして映画じゃなかったことが口惜しいが『インモラル・淫らな関係』。傑作だと思った。悶絶！　悶絶！　悶絶！　悶絶！　返しだ。

ピンク映画の助監督をやって俺のもやって貰っ

たことのある今岡と田尻の二人が『インモラル〜』の製作部と演出部でそれぞれ付いた。田尻から電話が来た。

『ミスター・ミセス・ミス・ロンリー』ロケにて記念撮影

こういうロケ場所を知らないかという電話だ。相当困っているようだった。だがグチグチいいながらも神代組に付いている嬉しさが話し声から伺える。今更ながら羨ましいと思った。

それからしばらくして、ある土曜日の夜遅く今岡から電話が掛かって来た。飲み屋からの電話だった。酔っ払っていた。あー、来たなと思った。「知ってるよ。神代さんが亡くなったんだろ」今岡が喋り出す前に冷たく言った。もうそんなに若くない彼は、映画といえば神代辰巳だけしかないというような男だ。性格の悪い俺は慰めの言葉なんか掛けてやれようがない。「どう、お返ししたらいいか分からなくて……」それでも彼は電話口からポツリと漏らす。「そりゃ……そりゃ、おまえ……おまえが一本撮ることだろうよ……」あー、赤面ものの物言いだ。

一ヵ月程して今岡が自分で書いたピンク映画のホンを読んで欲しいと持って来た。「これ、撮りたいと思って……」

いいホンだった。

剝き出しでゴロリといる。俺はといえば女の人の自律神経失調症の発作が起こるたびに、そこへブチ当たるしかない。

（ぜぜたかひさ・映画監督／
「映画芸術」一九九五年夏号〈追悼　神代辰巳〉）

嗚呼！おんなたち　猥歌

【公開】1981年10月23日封切
製作配給＝にっかつ　カラー／ワイド／82分　併映＝『悪女軍団』（監督＝小沼勝）

【スタッフ】
プロデューサー＝三浦朗　脚本＝荒井晴彦　神代辰巳　撮影＝山崎善弘　照明＝加藤松作　録音＝橋本文雄　美術＝渡辺平八郎　編集＝鈴木晄　記録＝飯村知子　選曲＝小野寺修　助監督＝加藤文彦　スチール＝目黒祐司　製作担当＝栗原啓祐　技斗＝高瀬将嗣

【キャスト】
ジョージ＝内田裕也　佳江＝角ゆり子　羊子＝中村れい子　恵子＝絵沢萠子　一美＝太田あや子　ユタカ＝安岡力也　レコード屋の店員＝いずみ由香　トルコの客＝黒田征太郎　トルコの女客＝珠瑠美　酒場の客＝石橋蓮司　高橋明　ロックバンド＝アナーキー

⦿キネマ旬報ベストテン5位
⦿映画芸術ベストテン2位

【物語】

ライブハウス新宿ＬＯＦＴ。パンクバンド、アナーキーに総立ちのギャラリー。喧騒に湧くその場を、冷ややかにみつめる男がいた。中年ロッカーのジョージだった。ジョージはいい年をして売れず、妻子とは別居中、マネージャーのユタカと、同棲中のトルコ嬢佳江の二人だけが物心両面の支えだった。ある晩、車を運転していたジョージは、助手席の佳江との口論がもつれて事故ってしまう。佳江は重傷を負うが、ジョージは無事。佳江が担ぎ込まれた病院で、成り行きから看護婦の羊子を押し倒す。本業に戻ったジョージだが、演歌歌手もどきのドサ回りに苛立つしかない毎日だった。羊子の部屋にシケ込むが、それを知った佳江は嫉妬に狂う。ジョージを奪いあう佳江と羊子。やがてジョージの新曲のチャートが急上昇し始めた。ブレイクはもう目前、だが気まぐれにユタカの彼女である一美をレイプした為に、ジョージは警察にパクられて、妻の恵子からも離婚届を突きつけられる。そのころ、佳江と羊子に友情とも愛情ともつかぬ感情が生まれていた。ユタカの懇願で一美が告訴を取り下げてジョージはムショ行きだけは免れた。変わらぬ絆を誓うユタカ。ジョージが帰ると、まさに佳江と羊子がレズっている最中だった。ジョージ、佳江、羊子、三人の奇妙な関係が成立するが、それは、長くは続かない。佳江が客に殺されたのだ。羊子が佳江を案じ、ジョージの子供を堕ろした矢先のことだった。最早やジョージの再起は不可能だった。いつしかユタカと恵子もデキていた。身も心もボロボロのジョージは羊子と旅に出る――〽戦ってゆくよ　ｂａｂｙ　今日も自分なりのやり方で　また誰かを傷つけるだろう……しばらくして、ある地方の女性用トルコに、懸命に泡にまみれるジョージの姿があった……。

特別座談会

『嗚呼！おんなたち　猥歌』

神代辰巳・内田裕也
司会・構成＝田中千世子

〝にっかつロマンポルノ二十周年記念第二弾として製作された久々の神代辰巳監督作品「嗚呼！おんなたち・猥歌」を見たその日(九月七日)に、神代さん、主演の内田裕也さんからお話を伺った。監督に同行してきた製作の三浦朗さんによれば、十月二十三日封切の「嗚呼！おんなたち・猥歌」は、十周年記念であると同時にロマン・ポルノが新たに十一年目を迎える記念作品でもあるという。

田中　「猥歌」という題がいいですね。

神代　一等最初は「お盤回《さら》して針乗せて」。それからいろいろ変遷がありまして、わりといい題になったんじゃないですか。

田中　「嗚呼！おとこたち・猥歌」でもよかったですね。

内田　オレね、「青春の蹉跌」とか、神代さんと萩原健一の一つのコンビがあったから、オレがあんまり入っちゃいけないみたいな感じ、「少女娼婦・けものみち」のとき、あったの。今回は企画の段階から、一時だめだって言ってたんですよ。この企画は通らないだろうという話があったから、そのいきさつも知ってたから、クランク・インで「ヨーイ、スタート！」カチンと鳴ったときに、クソーッ、やってやろうみたいな、ものすごくハイになっちゃって、入れ込み過ぎたかなというくらいの……。

田中　でも、よかったですよ。お風呂の中で、アンパンですか、食べて……。

内田　いえ、ジャムパンです。初めて食べました。シャンプーとお湯入りのジャムパンというのを(笑)。

神代　ああいうところがうまくいくといいですね。

田中　企画の段階からの話をお聞かせいただきたいのですが。

三浦　初めに、こういうのどや、と話があったのは裕也さんからなんですよ。週刊新潮に載ってた「黒い事件簿」という実際にあった話なんです。ある男が出先で女の子と知り合って仲よくなって、また新しい女ができて、従妹と称して連れ込んだのはいいけどバレちゃった。ところが、通常、女同士がもめる筈が、女同士仲よくなって男が疎外されて、頭にきた男が家に火をつけようとして一一〇番された、という事件があるんですね。彼一流の直感で、これいけそう、と。

内田　オレが持ち込んだというと偉そうに聞こえるけど、「少女娼婦・けものみち」を終わったあと、三浦さんに「神代さんとどうだい、もう一本」と言ってもらったんで、アイデアというか、これ面白いんじゃないか、と。

三浦　難産は難産でしたね。

神代　にっかつとしてはもっと派手な映画を考えてた筈ですよ。お祭映画を、十周年として。だけど、よくやらしてくれましたよ。

内田　嬉しかったですね、クランク・インしたときね。

三浦　いろいろありましたからね、事件が。

内田　クランク・インの前に主演女優が降りちゃった。リハーサルをやってたんです、三日間。毎日六時間くらいずつやってて、固まったときにいなくなっちゃったんで、オレもう激高して――。三浦さんも神代さんも何も言わないからオレも黙ってたんだけど、うちへ帰って怒りがおさまんないから、電話して、マネージャーを出せって言って。「このやろう、ロマン・ポルノをなめてんのか、ふざけんな」と言って。演技的な悩みなら別だけど……。ロックはそういうのあんまりないでしょ、当日来ないとかさ。体が悪いとか、捕まったというのはあるけど(笑)。

神代　どっちかというと、ロマン・ポルノにはよくある話なんですね。卑しい映画だからさ。そう驚かないんだけど、裕也さんは初めてだからね。

田中　でも、最近のロマン・ポルノは小ぎれいな感じのものが多いですね、ファッショナブルで……。でも、そうじゃなくて迫力のあるものができてとてもよかった――。ベッド・シーンがいつもより短いように思ったんですけど、一つ一つのシーンが。

神代　最近の感じでいうと、いわゆるポルノのためのポルノ・シーンはだんだん年取ってきてつまんなくなってきた。

田中　キャンペーンに行ったレコード店で内田さんがガラスに写してお化粧しますね。ああいうところはとってもいいですね。

神代　あれが撮影の初日で、最初白塗りでやろうかと話してたわけ。で、白塗りよりもと、裕也さんと相談しながらやったんです。

内田　一人で歌えるとこができたんで、イケルっと

『嗚呼!おんなたち　猥歌』内田裕也、中村れい子、角ゆり子

思ったんです。オレもああいう経験あるしね。ガキの頃サイン会に五人くらいしか来なくて色紙投げて帰ってきたりとか、あるから。自分の痛みの部分をリピートするみたいで。化粧することで一つの武器を持つというかね。

田中　女の歌手が歌う前に化粧するのは、「ローズ」でもそういう場面があったけれど……。

神代　全体の感じでいうと、一種の仮面劇をやってみたかったんですね。歌っているのと本当のてめえがどう対応するかというのを。今でも白塗りがいいんじゃないかなと思ったりしているんですけど、やっぱりオーバーだったかもわからないですね、白塗りにしちゃうとね。裕也さんと仕事をやってみて、つくづく思いましたね、本当はシャイな人なのに、こんなんなってね(肩をそびやかす)。その感じが出ていると成功したと思いましたね。

田中　突っ張っているんだけれども、何かわびしい……それが全体に出ていましたね。

内田　できあがった脚本を読んだとき難しいなと思いましたね、どうやんのかな、と。最後のトルコのとことかね。何本か映画に出させてもらって、ここで一つのポイントだと思ってたから。これで先へ行けるか、これで駄目か、どっちかだと覚悟を決めてたから。一人で歌うところは、空しさが照れずにできたんで、神代さんが自分に対して拍手しろって。あれが初日で、あすこがイケたんで、ちょっと見えたなという感じがあったですね。

田中　ステージのシーンは乗りに乗ってましたね。

神代　ほとんどワンカットですからね。最初はカットを割ってたの。そしたら割らないでくださいと言われてね。全部、裕也さんにやってもらって、シンクロでやりましたからね。

三浦　通常シンクロでやっても、頭で一曲流して撮って、あとカットを割りながらプレイバックするんですね。今回はプレイバックなしに、シンクロで撮ったやつを音つなぎしただけだから。

内田　日本のロック・シーンの出てくる映画は嘘っぽいのが多いでしょ、取ってつけたみたいのがね。観客とのコミュニケーションが嘘っぽくなっちゃうと全然意味がないと思うんですね。だから僕にとっては、あすこだけはがんばらないと、ほかすべて生きてる存在意味が何もないという場面だと思ってたから、普段の自分のステージよりよかったと思いますね(笑)。

田中　脚本の荒井晴彦さんは内田さんの生き方を意識して書いたわけですか。

神代　と思いますよ。

三浦　意識するなという方が無理なくらいに付き合いがあるから。

田中　同棲している角ゆり子をトルコで働かしていますね、克美しげるの話を思い出しましたが。

神代　それもあると思いますよ。

内田　僕も克美しげると同期なんですね、神戸の頃に。自分の中にもジゴロ的なところがあるし、映画だからというんじゃなくて、自分に重複するリアリズムをすごく感じましたね。

田中　女の側のドロドロしたものが出てますね、いろいろ。

神代　男の側からの映画だろうという気はしますね。

田中　でも気持いいんです、見てて。ドロドロをもっと出せ、もっと出せと言いたくなるくらい。角ゆり子が籍を入れろとか、中村れい子に「あなたは彼のためにトルコに行けるの?」とか、あんまり言うんで、その果てに光明が見えてくる感じがあって面白かった。「少女娼婦・けものみち」のときもすさまじかったですね、水島美奈子と吉村彩子の関係が。

神代　あの場合は、主人公が女にこだわっているというかな、やや女の側からの見方をしてるところがあるんですね。今回はそれを全部取っ払っちゃって、男の映画になっているんじゃないですか。女の人が見ると不愉快になるんじゃないかという気がしないではなかったですけど、そんなことないですか？

田中　気持いいです、ラストのトルコ……内田さんがトルコ・ボーイになるところがあるから。

三浦　あれは裕也さんのアイデアなんですよ。

田中　前に彼女(角ゆり子)がやったのと同じように、自分もお線香で恥毛を燃やして……。「赫い髪の女」で、宮下順子がもういなくなったかと思ったときに石橋蓮司が性器に口紅を塗って女を偲びますね……。

内田　僕は「赫い髪の女」は見てないんで……。みんないいと思うから、見てダメージを受けちゃうとヤバイから。

田中　タイプが全然違います。一貫してるものはあると思いますけど。

神代　それほど意識はしてないんですけどね。やっぱりてめえが出てくるんでしょうね、きっとね。さっきの克美しげるの話でいうと、あれ(男がトルコ・ボーイになるラスト)は女に対する鎮魂歌で、女を殺すのと全然違いますからね。女に対してもっとアナーキーだろう、というつもりで撮っているんですけどね。

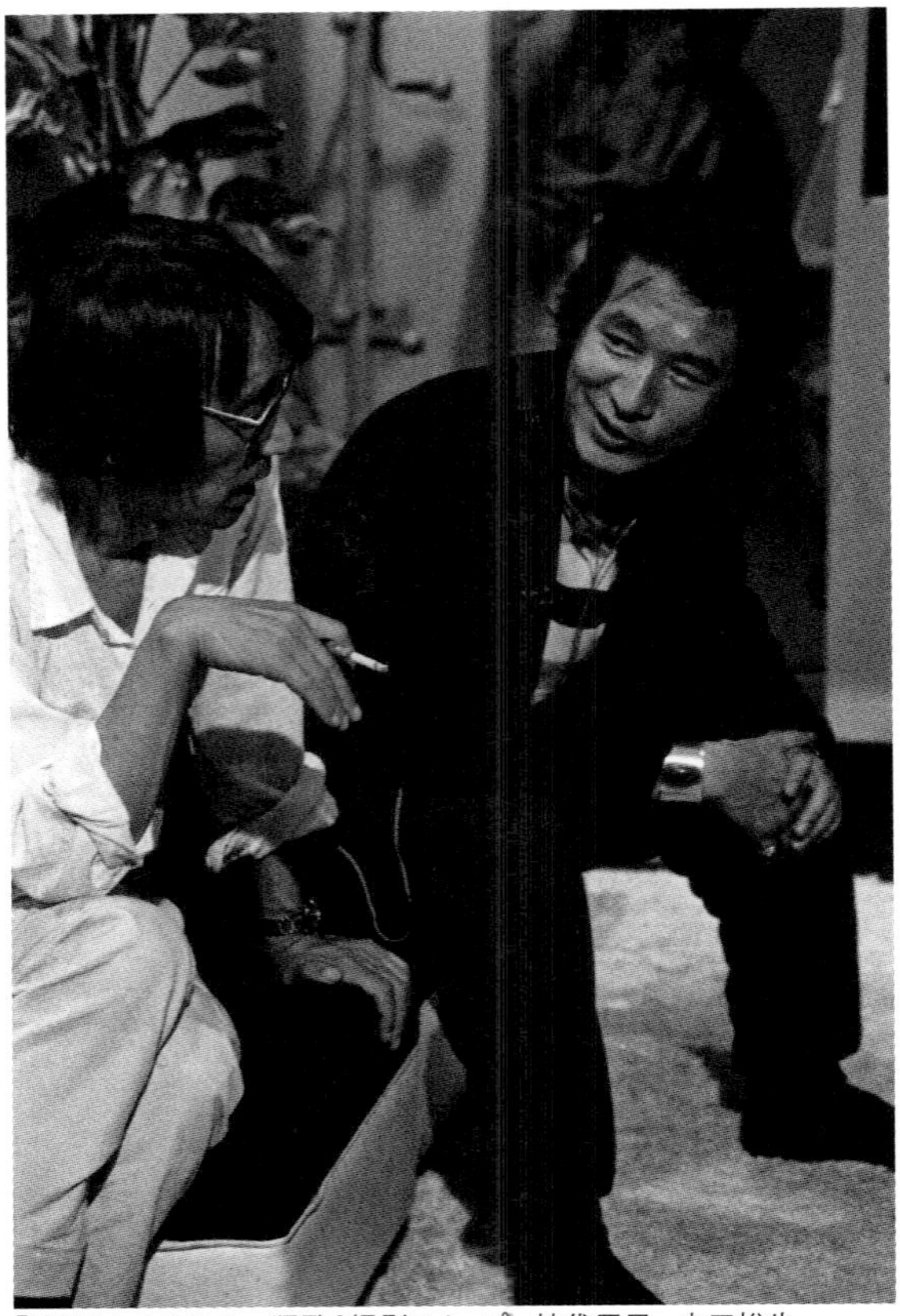
『嗚呼！おんなたち　猥歌』撮影スナップ。神代辰巳、内田裕也

田中　神代さんがこの作品で一番のポイントに置いたのは？

神代　現代版「好色一代男」をやろうかなというのが視点のつもりです。あんまり言いわけしないで、裕也さんのどんどん前へ行く進み方ね、そういうのと世之介と重ね合わせて、というのがテーマだったんですけど。「言いわけしない」というセリフが一ヵ所あるんですけど、そういう男の生きざまみたいのが……それと裏腹に悲しさが出れば、と。やっぱり裕也さんの生き方に通じるんじゃないですか。

内田　入る前に「好色一代男」の話は聞かなかったですけど。あんまり言わない方ですから、真の狙いとかを。こっちも付いていくのが精一杯でね。見終わってすごい監督だなと思いましたね。大変僭越ですけど、神代さんにとっても一つのモニュメント、次のステップへの、第二期神代時代にいく最初のチャレンジだと思ったんですけどね。ロックをテーマにするとか、そういうのは今までなかったと思うし。

田中　パワーあふれる作品だという気がしますね。

神代　内田裕也の情熱に負けてしまったのではないか(笑)。気違いみたく、それから気違いみたくなく、気違いと普通の人との中間辺りで、どう突っ走るのか、みたいなことを一番話し合ったんですよ。

内田　映画の冒頭、〝アナーキー〟が出てきますね。〝セックスピストルズ〟が出てきたときのように、世の中が変わっていく前兆なのか……という不安と、あいつらに負けねえぞ、という気持と……。

神代　日本のパンクってのはあんまり知らないけども、知らないなりに言うと流行でしょ。〝セックスピストルズ〟は流行でなくて、力になってるような気がするんですね。日本の、いわゆるロックが何となしに流行で終わっちゃったのが、(これから)力になっていくか。それは裕也さんがずっとやってきただろうと思ってたし、ロックの力にこっちが魅かれたんで……。

内田　〝アナーキー〟とか、あいつらは本物だと思いますね。みんなでやろうとするんだけど、環境に負けちゃうというかね。怒るものさえ無くなってっちゃう。何に対して怒っているのかという対象物さえ見失うときがあるからね。グチ・ロックにならないスレスレのところで優秀なメンバーは今いっぱい出てきたと思うんです。オレなんかこの二、三年すごくこわかった。四十になってからちょっと吹っ切れたけど、三十代後半は追われている立場を受けとめて、かつ、その上、どうやって自分を表現するかというのがこわかったし……。冒頭のシーンは僕にとっても印象的だった。

神代　うまくいったんじゃないかなあと思うところがあるんですよ。トルコ風呂で裕也さんがやるところ(女の客に奉仕するシーン)があるでしょ、最後。裕也さん、泣いてんですよ。涙が出てたね。

内田　その前に黒田（征太郎）さんのシーンを撮ったんですよ。スタッフがあの人はいいとか、うまいとか言って。カメラマン（山崎善弘）もさすが一芸に秀でた人はとか。オレはクソーッと思ってさ（笑）。同じ映画でイラストレーターであろうが、ロック・シンガーであろうが関係ないもんね。アルバイトでやってるわけじゃないんだからさ。黒田さんにも言ったけど、すごく刺激になりましたよ。

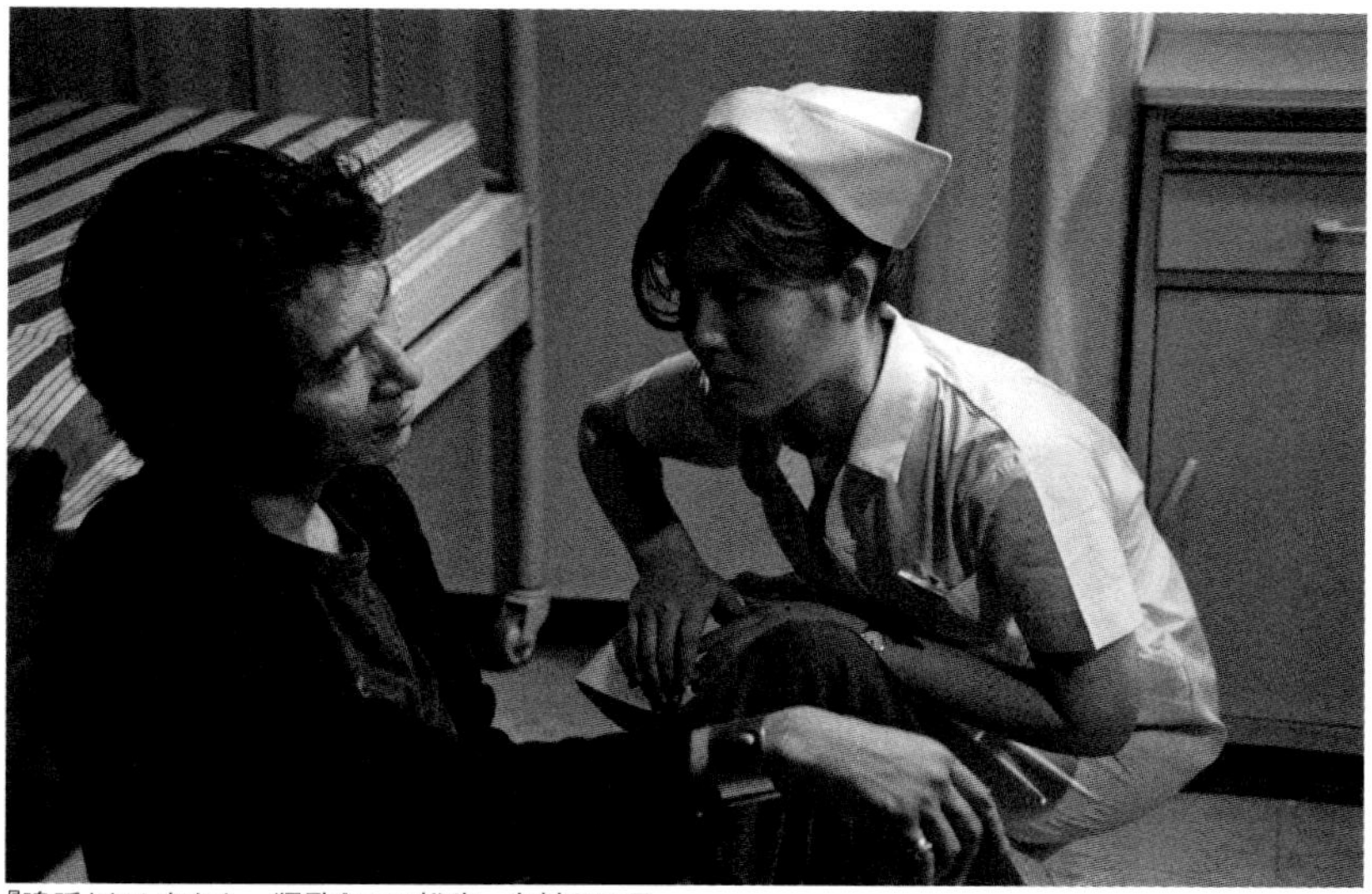
『嗚呼！おんなたち　猥歌』内田裕也、中村れい子

田中　涙が出てきたというのは？

内田　泣くか泣かないか論争があったんですけど、やってるうちにジーンときたんですね。最後の日に撮ってくれたんです。クランク・アップするという最後のシーンで、あんまりトラブルが多かったから、実現できて、それが終わっていくという、複雑な、公私混同ですか、自分の未来像みたいなのが、ごちゃ混ぜになって四次元の世界へ行きましたね。

神代　俳優さんが涙ぐむとこっちもクウンとくるんですね。そういうときはきっとうまくいきますね、映画が。

内田　オレ、撮影に遅れたことほとんどないんだけど、三十分くらい遅れたときがあって、「いい役者は遅れませんよ」と軽く言われちゃって（笑）。トップ・シーンでサングラス——ライブ・ハウス見に行くときかけてんですよ、照れくさいしね——で、かけてたら、「フランス映画撮ってんじゃないんだから」（笑）。もう、しばらく夢に見たね、神代、チキショーッとかさ（笑）。

田中　完成が、ずい分早かったですね。

三浦　企画に入ったのが大分早かったから。インしたのは七月十四日の甲府ロケから、アップが七月三十日。

内田　原田芳雄が言うけど、現場は楽しくやりたいというの、すごく分かる気がするんですね、辛くてもいいから。体力的にはきつかったですね、やっぱり。

三浦　このシャシンで撮影日数が十二日ですよ。それでこれだけのボリュームの仕事をやってるわけだから、もう俳優さん、演出家を含めて大変な作業ですよ。

田中　内田さん、今後出てみたい映画は？

内田　今日はいいじゃないですか、高揚してるから。ありますけど、今日は勘弁してください。

田中　神代さんは今度どういう……。

神代　江戸川乱歩原作の「芋虫」を。十二月頃、クランク・インになりそうですね。シナリオはまだこれからですけど。

　この後、同じメンバーで二次会に出かけ、ひとしきり映画談義、ロック談義に花を咲かせた。神代さんは、これから映画はよくなる、どんどんよくなる、インチキしないで本物の映画を作っていきたいと意気盛んであった。途中で胃が痛いと、しばらくカウンターに頭をうつ伏せて休んでいたが、シナリオを書いていると、いつもこうなるという。次の映画への胎動が始まったのだろう。

（うちだ ゆうや・ミュージシャン／「キネマ旬報」一九八一年十一月上旬号）

ゴツゴツさせてリズムを出す演出法

澤井信一郎

　神代さんの作品は、大概観ていますが、一番印象深かったのは、『〜猥歌』です。「あんたちゃんと抵抗したの？」って科白、映画にこういう科白があるのかと、衝撃を受けました。衝撃は時が経つと薄れてしまうことがよくありますが、今回見直しても、凄い科白だと思いました。神代作品には、他にも沢山傑作がありますが、ショックという意味では『〜猥歌』が一番でした。「あんたちゃんと抵抗したの？」というような生な科白は、それ迄の僕の文脈にはなかったからでしょうね。

見直して感心をあらたにしたのは「ちゃんと抵抗したの？」だけじゃなくて、主人公（内田裕也）のロック歌手をいろんな場所・場面で捉えているところです。トルコ嬢をしている恋人との関係、看護婦との関係、ロックのライブという場所、レコード店回り。そして、最後に家庭。ここが珍しいですね。普通は家庭はやらないで、女二人との三角関係にいくところを四角関係でいって、しかも主人公が家庭つまり妻と子供を捨てきれないキャラクターだというところ。主人公を家庭志向にしたのは、神代さんなのか、荒井君なのかは判りませんが、まあ、荒井君でしょうが、いずれにしても、家庭を持ち込んだところは、この作品の最も優れたところだと思います。

とにかく、限られた予算の中で、ここまで多面的に人間を捉えようとする意志には感服するばかりです。多面的ということは、人間描写の基本の基本であり本質ですからね。

「人間が描けてない」って言い方だってされますが、では人間を描くとはどういうことなのか。

僕がシナリオに係わる時、いつも気をつけているのは、いろんな局面、場所に人物を置いて、その人がその局面、場所でどう生きているのかということの正確な描写です。職場に置いて、飲み屋に置いて、家庭に置いて、その他沢山の場所に置いていって言うことですね。人間を描くとはそういうことだと思っています。一時間半なりの間に、そんなに多くは出来ないって言うだろうけど、そこを上手くやるのがライターの腕の見せ所ですよね。人間を描くということは「俺はこういう人間だ」と科白で性格づけすることではないんですね。『〜猥歌』はとてもいい教材だと思います。

最近の若い人たちのシナリオは、いろんな所に人物を配置するのは止めて、それは難しいことだから避けて、部屋から出ない男にしたり、つき合うには恋人だけにしたりと、多面的とは真逆の一面的な描写で逃げてるものが多いですね。多くの場合、多くの人物と接触させないと、人間って描けないものですよね。ロマンポルノは低予算だったから人間をある局面だけに限定する手法を余儀なくされたと思いますが、『〜猥歌』は人間をそれぞれの場所において捉えていて、とても感心しました。

演出面で言うと、看護婦とトルコ嬢の二人に科白をつぶやき口調で言わせていますね。これは神代さんの苦肉の策でしょうね。あまりうまくない俳優に普通に喋らせたり、めりはりをつけさせたりすると、下手さだけが目立ちますからね。マキノ（雅広）さんもそうでしたが、下手な役者は下手なところを見せないように演出するという方法だったんでしょうね。

神代さんの演出でもうひとつ特徴的なのは、拡大癖というか、繰り返し癖ですね。

小説でも小さなことを顕微鏡的に拡大して、人間を豊かにするっていう手法がありますよね。吉行（淳之介）さんなんかは代表的だと思いますが、神代さんの場合は、人間を豊かにする方法というより生理なんでしょうか、好みなんでしょうか、仕種を何度もリフレインさせてリズムをとる術なんでしょうね。しつこいし、くどいですよね。そのくどいのを嫌だと感じさせないところが腕なんですね。膨らますって言うのともちょっと違う、拡大を部分部分でやって、それが人間を豊かにしていると思わないけど、見る側のある種の快感を誘うところが特技ですね。他の人だったら強調するところを抑えて、違うところを破格に強調する、そういうところが神代さんの面白さかもしれないね。僕なんかトーンを一緒にしたいから、なるべく揃えちゃうけど、神代さんは、逆手にとる方法、ゴツゴツさせてリズムを出しますね。『〜猥歌』では、各エピソードのアフターケアが実にていねいなところも感服しますね。あんまり大したことじゃなくても、アフターケアが上手く行っているから大したことになる。

『嗚呼！おんなたち　猥歌』内田裕也

押さえが実に的確で、映画のお手本だと思いました。乱暴な作り方だと無くて済むとこばかりなんだけど、そのフォローが実にきめ細かいですね。安岡力也が裕也を抱いてチャートを教えに行くところで、三〇位だったのがその時二九位になってたとかね、あれ三〇位じゃまた面白くないんだよね。

ここで映画の現状との比較になるんだけど、この映画、安い予算で作ったという感じはしませんね。これはどうしてなんだろう。今、二億とか三億かけても実に安っぽいって感じがするじゃない。でも、この映画、ここが予算なかったんだろうなとは思わせない。短期間と低予算を見事に克服していますね。スタッフも改めてみると撮影の山崎(善弘)さん、録音の橋本(文雄)さん、編集の鈴木(晄)さんと、錚錚たる人たちでですよね。やはり今、そういう力がなくなったから、一億が八〇〇〇万に見えたりするんでしょうね。それは、演出家の力がどうだのということだけじゃない。スタッフ総体の力がそこまで膨らませることが出来なくなったんだと思いますね。残念なことですが、この傾向は増々大きくなっていくでしょうね。

最近、映画の話をしていると、ついここが面白くなかった、あそこが悪かったと、否定的な言い合いが多くなりますが、あそこが面白かった、ここが面白かったと言える映画を撮ったということでも、神代さんは大したもんですね。映画監督の一生で、ここが面白かったって楽しく語り合って貰うのは、そう沢山あるもんじゃないですからね。神代さんの作品は、追悼号じゃなくてもここが面白かったって語れる映画多いものね。(談)

(さわい しんいちろう・映画監督／「映画芸術」一九九五年夏号〈追悼　神代辰巳〉)

女がいない世界では生きることが出来ない男の物語

安田謙一

五回まで数えてみた。裸のジョン・レノンが着衣のオノ・ヨーコにしがみつく写真が繰り返しインサートされる。写真は米ローリング・ストーン誌の八一年一月二十二日号、レノンの追悼号の表紙。八〇年十二月八日、レノンが殺される数時間前に、ふたりが暮らすダコタ・ハウスのベッドの上で写真家、アニー・リーボヴィッツによって撮影された一枚である。

内田裕也はジョン・レノンのちょうど一年前に生まれた。ほぼ同期のロックンローラーだが、少しだけジョンのほうが〝裸の先輩〟だ。かつて内田が結成したフラワーズのデビュー・アルバム『チャレンジ！』(69年)のジャケットでジョンとヨーコに刺激を受けてメンバー全員がヌードになった。映画『嗚呼！おんなたち　猥歌』でも、写真のレノンに負けじとばかり、内田はパンツを下ろし、尻を晒す。

札幌に女性客を相手にするトルコ風呂が存在するという雑誌記事に興味を持ち、ロックンローラーが挫折して最後にトルコ嬢(ボーイ)として働く、というストーリーを思いついたのは内田裕也自身だった、と『俺は最低な奴さ』(白夜書房)のインタビューで語っている。

映画はライブハウス、新宿ロフトでの亜無亜危異(アナーキー)の演奏シーンではじまる。「タレント・ロボット」は彼らの二枚目のアルバム『80維新』への収録が見送られたことでヘンに箔がついた曲。熱狂するライブハウスの隅から若さ剥き出しのアナーキーへと、内田裕也扮するロックンローラー、田川ジョージが寂し気な視線を向ける。内田の実年齢から判断すると、この時のジョージも四十歳を越えたところか。映画の後半、ジョージは「あいつから歌を取ったら、ただのス

『嗚呼！おんなたち　猥歌』完成記念

ケベ中年じゃない」というセリフを投げつけられる。

映画は〝もともと〟老いたロッカーを描こうとしている。英国のロック・バンド、ジェスロ・タルの歌の文句である、Too Old to Rock'n'roll: Too Young to Die!(邦題は直訳の「ロックンロールにゃ老だけど死ぬにはチョイと若すぎる」)の世界である。皮肉なことに、現役ロックンローラーとしての七十九年の生涯を全うした内田裕也を知る二十一世紀からの目線で、今、この映画を観直すと、内田裕也は若い。ひたすら若い。ばりばりに若い。

四十歳のロックンローラーが……言い換えると四十になってもロックンロールを職業としている人が……それほど珍しくなくなってしまった、という時代の変化もある。その上で、この映画における内田裕也の若さは相対的な若さではない。内田裕也と田川ジョージ、それぞれのエネルギーが、そこに用意されたはずのペーソスを上回ってしまっている。

本書にも掲載されている澤井信一郎監督による神代辰巳監督への追悼文に、〝「人間が描けてない」って言い方がよくされますが、では人間を描くとはどういうことなのか〟という一節がある。

かつて同じように「人間が描けていない」という常套句に対して、未だによくわからない、とした黒沢清監督の発言を思い出した。そこで、『悪魔のはらわた』(74年)のレザーフェイスを例に出した黒沢は〝(前略)彼は実際このような人間なのだ、という複雑な感慨を観客が持つように配慮されていて、まさに「この人を見よ」と迫ってくる。つまりそれこそが人間描写と呼ぶべきものかもしれず(後略)〟と、「黒沢清、21世紀の映画を語る」(boid)で表現している。

『嗚呼!おんなたち　猥歌』もまた、「彼は実際このような人間なのだ」であり、「この人を見よ」の映画なのだ。

トルコ嬢、佳江(角ゆり子)のヒモとして暮らす〝ヒット曲がないロックンローラー〟の田川ジョージ。仕事帰りの佳江から「ヒットが出たら私を捨てるんでしょ」となじられ、運転中に首をしめられ、車は横転する。担ぎ込まれた病室のベッドの真横で、出会ったばかりの看護婦、羊子(中村れい子)と強引に性交。痛みに苦しむ佳江の唸り声と、羊子が漏らすあえぎ声が交叉する。

佳江と暮らすマンションにひとり戻ったジョージは、風呂に潜ってジャムパンを喰う。

びしょ濡れのパンを咥えながらシャワーでシャンプーをはじめる。シャワーを浴びたまま便器に座って、マネージャーのユタカ(安岡力也)からの電話を取る。

およそ十分間でジェットコースターのように展開するジョージの出鱈目な日常(無責任シリーズの植木等にも通じる)が、ここから一気に現実へと引き戻される。マネージャーのユタカが取ってきた仕事は、甲府のレコード店の店頭でのキャンペーン。誰も聞くものがいない歩道に立ち、ユタカがセッティングしたカラオケで、売り出し中のバラード曲「ONE　NIGHT　ララバイ」を歌うシーンはもっとも強く記憶される。

同じ「ONE　NIGHT　ララバイ」をカラオケで歌うシーンが続く。今度は酔ったヤクザ客がくだを巻くスナックのステージ。

「与作」でも歌えと野次られ、黙ってそれに応える。ちょうど「与作」がサビに差し掛かったところで、さらに野次る酔客に殴りかかるジョージとユタカ。

バンドとのリハーサルで「いま、ボブ・ディランは何を考えているか」を歌うシーンは四十分を過ぎてから。ここで、ロックンロール歌手、内田裕也の本領が発揮される。にもかかわらず、我々はすでに「歌う内田裕也」の魅力を二つのカラオケのシーンでしっかり目撃している。レコード店の前で、唯一立ち止まった目の前のOLの身体をすりぬけて虚空に彷徨《さまよ》わせる視線。与えられた〝惨め〟という設定からふわっと逸脱している。ふざけているのか真剣なのかよくわからない顔で歌われるカラオケの「与作」でさえ、(「アキラのズンドコ節」のように)「ジョージ(あるいは、ユーヤ)の与作」として成立している。もちろん、〝いかにも〟とは無縁の神代辰巳の演出

『嗚呼!おんなたち　猥歌』撮影スナップ。安岡力也、中村れい子、内田裕也、角ゆり子

の賜物でもある。

ステージで展開される「パンク・パンク・パンク」(中村とうように聞いてみろ、の名文句が映画に収められなかったのは残念)や「コミック雑誌なんかいらない」の名演が映画に記録されたことに、ただただ感謝したい。ライヴ・シーンと性交シーンが平行して展開する中、ステージ上で自慰(ユタカ曰く、ジム・モリソン真っ青のズリセン)や、女性客に性器を咥えさせ、その果てにライヴで性的な絶頂を迎えるという流れはベタながら有無を言わさぬ説得力がある。

角ゆり子扮する愛人の佳江はいつも泣いている。泣きながらジョージに吐き続ける呪詛は、『櫛の火』の草刈正雄の唸り声と同じように、アフレコならではの不気味さをもって、頭にこびりつく。

『嗚呼!おんなたち　猥歌』撮影スナップ。前列に三浦朗(プロデューサー)、珠瑠美、内田裕也

ウェットな佳江とは対照的な羊子を演じる中村れい子。彼女の出鱈目で気まぐれな性格は完全にジョージのノリとシンクロしている。

「ひとつ結婚を前提としないお付き合いを願いたいんだけど」に「398の1233　電話」と切り返す〝間〟は特に素晴らしい。リハーサルに参加したものの、脱ぐことへの抵抗からトンズラした高畑淳子を、内田裕也は晩年まで恨み続けたが、代役として巡り合った中村れい子は『水のないプール』(82年)をはじめ、内田の映画に大きな役割を果たすことになる。

妻・恵子(絵沢萠子)とのシーンも忘れ難い。誕生日を迎える息子に走ってプレゼントを届けようとするジョージのカットも重要だ。生活費だけ入れていっこうに顔を出さないジョージに妻は別れを切り出す。彼女の不満はずばり、抱かれないことだ。映画の中の女たちは、いつも素直に性欲を曝け出すのが、とても気持ちがいい。性欲をジョージに向けていないユタカの恋人、一美(太田あや子)は犯されたあと、きっちりと警察に通報し、告訴する。釈放され、帰ってきたマンションで、佳江と羊子が乳繰り合う姿を眺めるジョージは〝幽霊のような存在感〟を示す。

通行人を歩きながら、かたっぱしから殴るシーンは、もはやファンタジーの域にある。山上たつひこの漫画「イボグリくん」並みのカタルシスに酔い痴れる。

佳江はトルコの客(黒田征太郎)に首を絞められ殺される。ジョージは佳江がいつもそうしていたように線香で自身の陰毛を焼き、さらにシェービング・クリームで剃毛したあと、献身的なトルコ・ボーイに身を転じる。そこに流れるのが、萩原健一と沢田研二が歌う「ローリング・オン・ザ・ロード」。八一年一月に行われた「サヨナラ日劇ウエスタン・カーニバル」でのライヴ音源だ。すでにライヴ・シーンで絶頂を演じたはずのジョージが、最後の最後に、もっとも活き活きとした姿を観客に見せつける。『悶絶!!　どんでん返し』のラストも思い出すべし。〝ローリング・トゥ・ビー・フリー〟の歌詞そのままに、堕ちるのではなく、転がっているのだ。

内田裕也が演じること、すべてロックンロール。その真理は『水のないプール』の地下鉄職員、『十階のモスキート』の警察官、『コミック雑誌なんかいらない!』の芸能リポーターと、その後も実践されていく。

マネージャー、ユタカを演じた安岡力也の素晴らしさについて説明は不要だろう。映画で二度登場する、いかんともしがたい感情を押し殺し、シャツをかきむしり入れ墨を晒すシーンは映画の中でももっともエモい。

女がいない世界では生きることが出来ない男の物語。冒頭で触れたジョンとヨーコの、まるで母子像のような写真は伊達じゃない。こんな映画を神代辰巳のほかに誰が撮るというのだろう。

(やすだけんいち・ロック漫筆)

荒井晴彦

とにかく全部映画の人なんだ

聞き手＝伊藤彰彦

――荒井晴彦さんは、脚本家としてコンビを組んだ監督の映画では根岸吉太郎作品の六作（『暴行儀式』〔一九八〇年〕『遠雷』〔八一年〕『キャバレー日記』〔八二年〕『探偵物語』〔八三年〕『ひとひらの雪』〔八五年〕『絆―きずな―』〔九八年〕）**が今のところ最多で、神代監督とは『赫い髪の女』**（七九年）**『快楽学園　禁じられた遊び』**（八〇年）**『嗚呼！おんなたち　猥歌』**（八一年）**『もどり川』**（八三年）**『噛む女』**（八八年）**の五作がそれに続きます。ただし、神代監督の最後のテレビドラマ『盗まれた情事』**（九五年）**もありますので、根岸監督と並んで最多といってもいいですね。あまり語られることのないこの傑作テレビドラマについては後でじっくり伺いますが、まずは神代作品との出会いからお聞かせください。**

荒井　ちょうど日活ロマンポルノが始まったとき、赤バス（『赤軍――P.F.L.P世界戦争宣言』〔七一年、足立正生監督〕上映運動のためのバス）に乗ってて、帰って来て新宿の蠍《さそり》座あたりで『濡れた唇』（七二年）を観たのが最初かな。曾根（中生）、小沼（勝）に比べるとエロくねぇな、っていうのが第一印象ですね（笑）。クマさんのセックスシーンは乾いてるからね。でも、初期のロマンポルノは「裸を撮ってるけどセックスは撮っていない」監督が多いなか、クマさんは間違いなくセックスを撮ってた。芝居があって「はい、始まります」みたいな感じでベッドシーンに移るんじゃなくて、クマさんはくんずほぐれつしながらしゃべらせて、芝居とベッドシーンが地続きだったよね。「セックスはやるもんで撮るもんじゃない」というアクション系の監督と違って、クマさんにとっては「セックスはやるもんで撮るもん」だった。

初めて会ったのは、『ナッシュビル』（七五年、日本公開七六年）の試写のあとで、神代さんは「映画芸術」の小川徹に言われて岸田理生と見に来ていた。俺も小川さんに言われて。俺はすごく面白かったんだけど、神代さんはどこが面白いんだって全然だった。

クマさんとの最初の仕事は、松竹京都でクマさんが助監督として付いてた内出好吉監督に頼まれたというテレビの時代劇のプロットをクマさんの代わりに書かされた。蔵原（惟繕）さんに一緒に日活に行こうと誘われたけど、その監督に引き留められて日活へ行くのが遅れたと言ってました。

そのあと、松竹のショーケン主演企画のプロット書きでした。『赫い髪の女』の少し前かな。白水社から出てた、ハンス・ヘニー・ヤーンの「十三の無気味な物語」という原作があって、舞台の北欧のフィヨルドを三陸海岸に置き換えて、大津波を使って。あのプロット、傑作だったけれど、いまはもう手元にないな。

――その企画については荒井さんが書かれたエッセイがありますので、本書に掲載させて下さい（次ページ参照）**。神話的な骨格がある点、「古事記」が好きな神代監督にぴったりの企画ですね。そのあとに『赫い髪の女』の企画となるわけですね。**

荒井　クマさんが中上健次の「赫髪」を雑誌（「文藝」七八年五月号）に掲載されたときから読んでいて、映画化したいと言い出してプロデューサーの三浦朗さんに話を持ってった。三浦さんは神代さんの助監督やってた人で、まぁ神代組の番頭さんみたいな人だよね。『新宿乱れ街　いくまで待って』（七七年）で僕をデビューさせてくれた、その三浦さんが「赫髪」の脚本を荒井に書かせてくれないかとクマさんに提案してくれたんだ。京都で僕が関本郁夫監督の脚本を書いていたとき、東映京都撮影所で『地獄』（七九年）を撮ってたクマさんが訪ねて来て、「頼むな。次、おまえらしいからな」と言われた。でもその裏でクマさんは三浦さんに「どこの馬の骨とも分からないやつに書けるのか？」って訊いていて、三浦さんは書けなかったら自分が責任を取るって言ってくれた。当時、ロマンポルノ二本しか書いてなかったから、神代さんは不安だったんだね。

――この企画は、当時日活としては勝負作だったんでしょうか？

荒井　いやぁ公開が二月だし、会社としてはお客の入りは期待してなかったと思うよ。当時、神代辰巳や藤田敏八の映画は「税金、あるいは名刺代わり」といわれてたんです。日活ロマンポルノの芸術面担当、稼ぐのは西村昭五郎作品、藤浦敦の海女シリーズや宇能鴻一郎モノ、団鬼六モノでいい（笑）。だから三浦さんも客の入りなんて心配しないで『赫い髪の女』なんていう文芸映画みたいな題名を付けられたんだと思う。クマさんと僕はそのタイトルじゃ客来ないと言ったんだけど。せめて『赫い髪の女は濡れた』とか（笑）。

　でも、神代さんにとっては勝負作だったと思うよ。その前に『地獄』を東映で俺の師匠（田中陽造）とやって上手くいかなかったから。山根貞男さんが『赫い髪の女』の次に『地獄』、どうしてこういうことになっちゃうんだとか書いてるんだけど、公開順はそうでも製作順は逆なんだよ。神代さんからすると「他社で失敗したから、ホームグラウンドに帰って頑張る」という感じだった。それで中上健次をやるんだから凄いけどね（笑）。もう会社の言う通りに撮るのは嫌なんだよと言っていた。配役もクマさんの希望は最初から宮下順子、石橋蓮司で、会社としては順子はいいけど蓮司は……というのを突っぱねてましたよ。

――神代監督から脚本への注文は何かありましたか？

荒井　「頼むよ、好きに書いていいよ」とだけ。ロマンポルノの巨匠の神代辰巳と芥川賞作家の中上健次を同時に相手にしなきゃならないプレッシャーたるや凄かった。中上の小説を全部読んで、いくつかの短篇からエピソードを拾って、ト書きの文体も中上らしくしようと思って書いた。当時のロマンポルノは「抱き合う」とか「セックスする」としか書いてないホンが（脚本）多かったけれど、「女」（宮下順子）と「光造」（石橋蓮司）がどういう体位でするのか、事細かに書きました。

――「目の前の女陰を見て微笑み」「タオルでそっと女陰をこすってみる」など映画では映せない女性器の描写も書かれています。こうした点からも、中上健次の世界を忠実に脚本にしようという意思を感じました。

荒井　でもさ、中上の短篇だけじゃ足りない。映画にならないんですよ。どうしようと思ってるときに、文芸雑誌「群像」で小島信夫さんたちが中上の「赫髪」について合評していて、小島さんかな、誰かが「映画みたいですよね」って言ってるのを読んで、「女が現れ、女を拾って」っていう話は、イタリア映画っぽいよな、ヴァレリオ・ズルリーニの『鞄を持った女』（六一年）で行くか、と。

――『鞄を持った女』の主人公はシングルマザーでナイトクラブの歌手（クラウディア・カルディナーレ）ですね。彼女が店の客にそそのかされ、二人で旅に出て、見知らぬ土地で男に捨て去られる。この『鞄を持った女』の前半が『赫い髪の女』の冒頭に反映されていますね。

未映画化作品『ラグナとニルス』　荒井晴彦

『新宿乱れ街　いくまで待って』でやっと世に出られたと思ったものの、次の注文は来なかった。『乱れ街』のプロデューサーの三浦朗さんが推薦してくれたんだと思うが、神代（辰巳）さんのシノプシスを書くことになった。ハンス・ヘニー・ヤーンの『十三の無気味な物語』の「ラグナとニルス」。あの白水社の白いヤツを差し出されて、持ってますと言ったけど驚いた。後年、岸田理生があれは私が教えたのよと言ってたけど。ニルスという若い漁師と許婚の赤毛の女ラグナ、ニルスの兄で山地で農園を経営しているビョルンの話だ。ラグナと婚礼をあげたニルスは「おまえとわたしに対して世間がどんな臆断をくだそうと、わたしはきっとおまえのところにもどってくるからね」と言い残して出航する。一ヶ月後、ニルス号の水夫の妻や婚約者は妊娠していたが、ラグナは子種に恵まれなかった。ニルス号遭難の知らせがくる。ビョルンがラグナを訪ねる。ラグナは「ニルス、ニルスね」とビョルンにすがりつく。「いかないで、お胎に子種のお恵みがあるまでは、海に帰っていかないで」。ビョルンはラグナを抱いてしまう。ニルスが出航してから十五ヶ月目に男の子を産むラグナ。「淫売」とののしる人々。ラグナは「ニルスは海を越えてわたしのところにやってきました」と牧師に微笑む。二番目の子供が産まれる。三番目の子を妊む。農園で惨劇が起こる。「ビョルンはラグナを妊ませたんだよ」と叫んだ妻をビョルンが斧で殺したのだ。子供も手にかけたビョルンは返り血を浴びたまま裸馬にまたがると山を降り、入り江へ走る。ビョルンは海の中へ入っていく。「あれはニルスだったんだわ。あの人は海を越えて帰ろうとした」。ラグナは泣きながら立ったまま子供を産んだ。民話のような短篇というか、それこそシノプシスみたいだった。この難物を神代さんはショーケン（萩原健一）の二役でやりたいと言う。まず舞台のフィヨルドを三陸に移した。時代はいつにしたのか。兄が海に消えると大津波がやってくるというラストにしたから明治以降で大津波のあった時にしたのだと思う。蔵原惟繕の『執炎』も意識していた。どう脚色したのか読んでみたいが、原稿は行方不明だ。渡した松竹のプロデューサーは亡くなり、神代さんも亡くなり、当時、家を追い出されていて齋藤博の家で書いたのだが、その齋藤も死んでしまった。どんなタイトルをつけたのかも忘れた。訊く相手もいない。幻のシノプシスになってしまった。シノプシス代は貰わなかったけれど、一年後、中上健次の『赫髪』（『赫い髪の女』）を渡された。（後略）

（「キネマ旬報」二〇〇二年十一月下旬号／荒井晴彦『争議あり』青土社より）

荒井　そう。ズルリーニはメンタリティがわりあい日本っぽいんだ。

――脚本が完成して、神代監督の反応はどうでしたか。

荒井　徹夜徹夜で書いてクマさん宅に持っていったら、三浦さんと企画部の新人山田耕大と一緒に麻雀の面子を待ってたみたいな感じで「そこ座れ」。麻雀できませんって言ったんだけど、座ってろ、同じのを集めればいいんだって。負けは付けとくからって、ノートに。で、麻雀が終わってから読んで「いいじゃないか」と褒めてくれて。三浦さんたちが帰ったあと、クマさんが「コマーシャルでニュージーランドに行ってパンツの中に入れて持ってきた」とか言ってマリファナを出して「ご褒美だ」って(笑)。で、吸って。それから「上に女房寝てるけど、いいぞ」。いいぞってどういうことなんだ(笑)。「いいぞ、行って」とか言って……。

――『赫い髪の女』の世界、そのものですね(笑)。

荒井　うん。そういう非常に、何というんだろう……倫理的な問題がわりあい無い人だったね(笑)。その頃、当時僕が付き合ってた女について「ちょっと変なんですよ」ってクマさんに愚痴ったら、「いや、荒井。変な女のほうが(脚本を)書けるぞ」って言うんですよ。とにかくクマさんは、全部映画なんだ(笑)。愛されたと思っている女はいないんじゃないかな。

その後、クランクインが決まって、三浦さんがクマさんに決定稿は増し刷りでいいですよねって、最初の稿がそのまま決定稿になりました。笠原和夫さんにインタビューしたとき(『昭和の劇　映画脚本家笠原和夫』太田出版、二〇〇二年)、『県警対組織暴力』(七五年)が初稿が即決定稿になった話を聞いて、それ僕も経験してます！って(笑)。

――ところで、原作には阿藤海と亜湖の二人にまつわるエピソードは無いですね。

荒井　それはこちらで足したんだけど、今だったら阿藤・亜湖の話はなくても書ける、宮下順子と石橋蓮司の二人だけで押せると思うね。でもロマンポルノは裸がひとつじゃダメだったから。

クマさんにこのシナリオのテーマは何だと訊かれて、僕は「嫉妬」ですと答えた。僕は愛ってよく分からないけど嫉妬は分かる、嫉妬したらそれが愛なんじゃないかと思ってると。男が女を本当に愛してるかどうかは、違う男とヤッたことに嫉妬するかどうかで分かると。『赫い髪の女』はそういう話だと言ったんだけど、クマさんは雑誌で若衆宿の話なんかしてたから、性の共同体みたいなことを考えてたのかもしれない。原作も脚本も演出もそれぞれ違うことを考えていて、傑作になってしまった。

今から思うと、神代辰巳は「愛とは何か」なんて関心ないんだよね。『四畳半襖の裏張り　しのび肌』(七四年)の芹明香の有名なセリフ「男と女にゃアレしかない」、あれは脚本(中島丈博)にもなくて、クマさんが入れたらしいけど、あれこそがクマさんの哲学ですよ。愛なんてなくて、セックスしかない、というね。それに嫉妬なんてしたことないんじゃないかな。あるとき「何でそんなに何度も結婚したり離婚したりするんですか」と聞いたら「女が勝手に来て、勝手に去ってくんだよ」って(笑)。

『赫い髪の女』石橋蓮司、宮下順子

――シナリオについて、原作者の中上健次からは何か言われましたか？

荒井　出版されてた全著作を読みましたからね。よく勉強したな、とは言われました。ずいぶん後に「日輪の翼」を原田芳雄の監督で作る話があって、シナリオは中上本人が書いてたんです。で、最後はお前が直してくれ、と言われたりしてたんで、『赫い髪の女』を気に入ってくれていたのかなと。

――完成作品を観て、どう思われましたか。

荒井　過剰な泣きの芝居が多いんで、「ト書きに書いてないのに、どうして泣かせるんですか」と訊くと「ああいう手しかないんだよ」と。それを聞いて、以降の神代さんの映画を観ると「ああ、そういうことなんだな」と思いますよ。あと、僕が中上の小説で勉強して、苦労して書いた新宮弁のセリフがすべて河内弁に直されてて、がっかりしたね。李学仁という在日の助監督に直させたんだ。新宮ロケじゃなくて千葉の大原ロケ、ああロマンポルノってこういうことかと。

――これは良いと思ったところはいかがでしょう。

荒井　これは何度か話してるけど、女がインスタントラーメンを台所で作って二人で食べる、とホンに書いたら、映画では宮下順子が鍋を載せたコンロをコタツまで持ってきて作るんですよね。その演出には参った！という感じでした。それ以後もここしかないですよ、演出に負けたと思ったのは。

――映画全篇に憂歌団の音楽が流れますね。最初は「どてらい女」、ラストは「出直しブルース」。これは脚本段階から決まっていたのでしょうか？

荒井　三浦さんから劇中音楽を指定するなんて十年早いって言われましたから、脚本には書いてない。日活作品だとちょっと芸術狙いのときはジャズって決まってるんです。それでチーフ助監督の、こないだ死んだ上垣（保朗）が「荒井、これジャズだよな」って言うから「何言ってんだ。関西ブルースだ」って答えて、僕が憂歌団を指定したんです。冒頭の「♪せめてあんたといる時にゃ、弱い女でいたかった」と歌が流れて、順子の赫い髪が風でふわっとなってストップするところなんて、クマさんうまいもんだなと（笑）。

――『赫い髪の女』は神代監督の代表作のみならず、日活ロマンポルノの中でも最高傑作として今も語られていますね。

荒井　初号が終わって、蓮司が立ち小便する時、泣かしてみたけど、あれでいいかと言われた。嫉妬のことでしょうね。ともかく、脚本家としてこれから何とかいけるかなと思ったのは『赫い髪の女』です。

『快楽学園　禁じられた遊び』撮影スナップ

――神代監督との次回作は、中上健次の純文学から一転してひさうちみちおのコミック「罪と罰」の映画化『快楽学園　禁じられた遊び』（八〇年）**です。これも荒井さんの発案でしょうか？**

荒井　そうです。僕はつげ義春とか安部慎一とかの「ガロ世代」なんで、やまだ紫「ゆらりうす色」を『ベッド・イン』（八六年、小沼勝監督）として脚色したりしましたけど、「ガロ」の流れでギリギリひさうちみちおも読んでたんでしょうね。原作の「罪と罰」は単行本化されたときに買った覚えがある。

『快楽学園　禁じられた遊び』は太田あや子と北原理絵という二人の若い女優の企画だから、サブカルっていうかポップな感じの世界をやれるといいのかなと思って、ひさうちさんの漫画を提案したんです。それに、クマさんの『女地獄　森は濡れた』（七三年）に不満があったんですよ、ちょっと古典的解釈だなあと。で、ひさうちさんの短篇漫画のいくつかをひねって『森は濡れた』への僕の返歌にしようとした。クマさんのはカニバリズムとか色々入ってて何やってるかよくわからない。サドの「美徳の不幸」をわかりやすく翻案しようと思ったんです。ヒロインの幸子がいじめられて、いじめられて、解放されていく、でラストは初めてイッた、と。

クマさんには面白がってもらえたみたいだけど、批評家には不評だったね。「神代はアタマがおかしくなったのか」みたいな（笑）。批評家にとって神代映画のイメージは固定してて、それからはみだすと判断がつかないんだよ。

――荒井さんは完成した映画をどう思われました？

荒井　僕も「ちょっと暴走しすぎじゃないの」

とは思った（笑）。エピソードがオムニバス風に並べられただけで団子の串刺し状態なんだよね。ホンもそうなんだけど。ラストについては撮る前に「クマさん、フェリーニだからね、あれは」って言ったんだけど……。

――それに神代監督は基本的にマゾヒズムの人で、サディスティックな描写に興味がない気がしました。

荒井　だから既に「みいら採り猟奇譚」（河野多恵子原作）の映画化に行くんだな。女優を綺麗に、フェティッシュに撮らないというのも、クマさんに全然その気がないんです。

――ところで忌野清志郎の「エンジェル」が乱交の場面に流れるところには陶然とさせられます。

荒井　あそこの場面はRCサクセションを指定した。贅沢な使い方だよね。

――翌年の『嗚呼！おんなたち　猥歌』（八一年）**は「にっかつロマンポルノ十周年記念第二弾」と銘打たれています。**

荒井　三浦朗さんが、内田裕也主演で企画したんじゃないかな。

――裕也さんの最後のインタビュー集「内田裕也、スクリーン上のロックンロール」（キネマ旬報社）**で、「週刊新潮」の「黒い報告書」に載っていた実話が最初のアイデアだと語っています。ある男が出先で知り合った女とデキたあと、また別の女ともいい仲になって、彼女を従妹だと偽って家に連れ込む。その嘘はまもなくバレるが、女二人は仲良くなって男を除け者にし、アタマに来た男は住んでいた家に放火しようとして、一一〇番される、という話だそうですが。**

荒井　その話は知らないな。初耳です。『十階のモスキート』（八三年）の札をくわえる警官や『餌食』（七九年）のレゲエを持って帰ってくる男や『水のないプール』（八二年）の女を眠らせて犯す男のアイデアは直接聞いたけど。三浦さんに見せられたのかなあ？　記憶にない。三浦さんは最初、僕じゃなくて裕也さんのマネージャーをやっていた齋藤博に書かせようとしたんですよ。それを、齋藤にはまだ無理だよと言って奪った（笑）。

――荒井さんは裕也さん主演の『餌食』（若松孝二監督）**で脚本に参加していますね。**

荒井　裕也さんとは『不連続殺人事件』（七七年）が出会いです。僕は助監督で、脚本にも参加した（田中陽造、大和屋竺、曾根中生と共同）。主人公に荒木一郎が良いと思って会ったら、遠くへ行けない病気だとか言われて（笑）、「内田裕也がいいんじゃない、でも俺が薦めたなんて裕也が聞くとフォークがとか言って怒るから、荒木さんから言われてとか言うなよ」と。で、裕也さんにやってもらうことに。それからの付き合いです。荒井にガエイの世界に引っ張り込まれたと言ってました。で、『不連続〜』の助監督だった齋藤が裕也さんのマネージャーをやり始めて、俺と齋藤で若松さんに裕也さんで何かやらないかと電話したんです。高田（純）とホンを書き始めたけど、うまくいかなくて、色んな助っ人が。

――最終的には高田純、小水一男、高橋伴明と共同脚本となっていますね。

荒井　『猥歌』は、最初「ハコ屋」の話で考え始めたんです。僕のおやじが、戦争から帰って来て、昼間は役所に勤めて、それだけでは食べられなくて、夜はバンドをキャバレーとかクラブに斡旋する「ハコ屋」をやってたから、それを書いてみたかった。結局、落ち目の歌手と付き人の話になったけど。それに、少し前に起きた克美しげるの事件も加えてね。愛人をソープで働かせて貢がせて、という部分をいただいた。その愛人が「誰かに通り魔的に殺される」っていうラストも、克美しげるの人生から思い付きました。克美しげるの事件では、愛人を通り魔に殺されるんじゃなくて、自分で殺しちゃうんだけどね。復活の邪魔になるって。

この脚本は裕也さんへの当て書きなんだけど、「与作」を歌わせたり、客がいないレコード店の前で歌わせたりと「裕也さんがやりたくねえだろうな」ということばかりを考えて書いたんです（笑）。撮影終わってから裕也さんから「女の尻舐めさせやがって」とブーブー言われたな。

――八〇年に「ノット・サティスファイド」でシングルデビューしたばかりのアナーキーのライブから脚本が始まります。これも荒井さんのアイデアでしょうか？

荒井　どうだったかな、裕也さんかも知れない。裕也さんのアルバムから曲を選んで台本に書き込んだら、神代さんが「荒井。これ、全部おまえが作詞したのか？」って（笑）。「何を言ってんですか」という話だけど、神代さんはそれくらいロックには疎かった。脚本書くときにはマーラーをかけて、カラオケじゃ「津軽海峡・冬景色」を歌う人ですからね。

――この映画は神代監督との共同脚本になっていますが、分担はどのように?

荒井　僕が書き終って、渡したらクマさんがラストの「トルコボーイ」のところを足してきた。それで共同脚本にされて頭に来た(笑)。ペラ一枚で共同脚本はないだろうと。三浦さんを深夜に呼び出したんだ。そしたら、クマゴロウ、いま金が無いんだよ、共同にすると脚本料渡せるから、勘弁しろよと。クマさんが万年筆で書いたペラ一枚の生原稿は家のどっかにあると思うけど。

――神代さんが加筆する前の荒井さんの脚本はどういう終り方だったんでしょうか。

荒井　駅で、裕也さんと中村れい子がどこかへ旅立つところがラスト。その俯瞰に日劇ウエスタンカーニバルのライヴ録音、ショーケンとジュリーの「ローリング・オン・ザ・ロード」が流れるんだ。

――お怒りはごもっともですが、ただ、荒井さんがこの脚本のテーマにした「贖罪」や罪滅ぼしをして人間は動いていくという話の流れを受け継いで、神代さんが「トルコボーイ」の箇所を加筆した気がします。

荒井　贖罪はクマさんじゃないかな、陰毛を線香で焼くのや剃るのはクマさんだから。

――それまでの荒井脚本で、男二人と女一人の三角関係はありましたが、男一人と女二人の三角関係で、女同士が一緒になって男が弾かれるというのはこれが初めてで、のちのテレビドラマ『盗まれた情事』もこのパターンですよね。

荒井　自分の経験で言うと、二人の女と同時に付き合ってたときがあって、女たちが「私たち同志だね」みたいな会話をしたのを小耳にはさんで(笑)、なるほどね、と思ったことがある。最終的に、僕は二人に捨てられるんだけど、三角関係になったときに、女と女が男を取り合って喧嘩するんじゃなくて、仲良くなるっていうのは意外と映画でやってないんじゃないのかな、とそのとき思ったんです。

――『暗殺の森』(七〇年、ベルナルド・ベルトルッチ監督)**のドミニク・サンダとステファニア・サンドレッリの関係を思い起こしました。**

荒井　男の好きな食べ物も嫌いなものも、いろんなことを共有しているわけだから、迷惑を共有してると。引っ繰り返って仲良くなるんじゃないの、というね。『猥歌』でもそこは面白いよね。で、ちょっとレズ風なのは、クマさんの演出だけども。

――『猥歌』の前作で、同じ内田裕也主演の『少女娼婦　けものみち』(八〇年、岸田理生脚本)**で裕也さんは足の裏を刃物で刺されますが、『猥歌』でも裕也さんが中村れい子に足を刺されます。これは神代さんの実体験なんでしょうか。**

荒井　クマさんはどうか知らないけど、俺は昔、やられたことがある。寝ているときにね。なんか足がおかしいなと思ったら、女がボーンナイフで俺の足を切ってるから「何してんの?」って訊いたら「赤い血が流れてるかどうか調べてるの」。

――いいセリフですね。ところでアニー・リーボヴィッツが撮ったジョン・レノンとオノ・ヨーコの写真が出て来ますが、あれは何なんでしょう?

荒井　何なんですかねぇ、こっちが聞きたいよ(笑)。まぁ、ロックとか分かんない人だけど、編集のときにああいうことをやるんだよね。大体、クマさんは「後発想」の人なんですよ。セリフもアフレコでいじったり変えちゃったりする。アフレコで口が合いすぎると気持ちが悪いと言う人だから。僕が書いたセリフに音楽を被せて聞こえなくしたこともある。録音の橋本文雄さんが、荒井が徹夜で書いたセリフなんだから、と

『嗚呼!おんなたち　猥歌』珠瑠美、内田裕也

闘ってくれた。クマさんの音響演出は、おそらくゴダールを観てきて学んだんだと思うよ。普通の映画会社だとクビになるだろうけど、ロマンポルノだとクマさんみたいな実験も許されて、それがクマさんの文体になった。

——ところで、今までのお話にも出てきますが、荒井さんはシナリオに歌を具体的に指定しておられますね。神代監督は、いわゆる劇伴音楽を嫌って、登場人物に春歌や歌謡曲など様々な唄を歌わせていましたが、荒井さん脚本の神代映画で新しい段階が始まったようにも思えるのですが。

荒井　僕がシナリオ段階で歌を入れるのは、脚本の言葉で表しきれないことを歌で助けてもらう感じですね。アメリカン・ニューシネマって劇伴じゃなくて既製の曲が流れるじゃないですか。その影響がありますね。ピンク映画の助監督してた頃は、著作権無視で、クラプトンとかジャニスとかディラン使ってた。「いとしのレイラ」のピアノの間奏だけ使ったの、スコセッシの『グッドフェローズ』(九〇年)より十数年早いって自慢でした(笑)。ピンクの時は自分でホン書いて、ダビングで好きな曲を入れていた。シナリオライターになっても、その癖というか、曲が決まって、ホンが書き出せることもある。テーマと切り離せない時があるし、テーマを補完する時もある。だから、変な音楽を入れられないように曲を指定するんです。テレビドラマの『誘惑』(九〇年)では、男が歩いている時はルー・リードの「スウィート・ジェーン」、女が歩いている時はカウボーイ・ジャンキーズの「スウィート・ジェーン」と指定した。

——荒井さんは『遠雷』の桜田淳子「わたしの青い鳥」、『F・ヘルス嬢日記』(九六年、加藤彰監督)**の研ナオコ「花火」、『母娘監禁　牝』**(八七年、斎藤水丸監督)**の荒井由実「ひこうき雲」、『リボルバー』**(八八年、藤田敏八監督)**のE・クラプトン「アイ・ショット・ザ・シェリフ」、『ベッド・イン』の南佳孝「PEACE」など、歌がなければ成り立たない脚本をたくさん書いています。「今までジャズを聴いてた政治少年だった俺にポップスとロックを教えてくれた」と追悼文で書いている亀田美枝子さんについて教えてください。**

荒井　亀田は結婚したあとの名前で、旧姓は篠原っていうんです。白石(和彌監督)の『止められるか、俺たちを』(二〇一八年)には篠原美枝子で出てくる。共立女子大の映研にいて、慶應映研で僕の親友だった奴の彼女だったんだけれど、僕の彼女と親友がデキちゃったんで、僕と篠原が余っちゃった。余ってくっつくのはどうも……っていうのがずっとあって。そこをこだわんなきゃ結婚してたかもしれない。篠原は短大出て、東芝レコードに入って、辞めて、新宿文化で働いて、一緒に赤バス乗って。それで東京もどって「レコード・マンスリー」っていう小冊子の編集をやってた。レコードのサンプルが手に入るから、俺にくれたんです。ヴァン・モリソンもボズ・スキャッグスもみんな篠原から教わった。千賀かほるの「真夜中のギター」や平山三紀の「真夏の出来事」や堺正章の「さらば恋人」をよく口ずさんでいた。僕の音楽的な何かは、篠原から注入されたと思いますね。

——だから、「俺のシナリオは歌にインスパイアされているけど、その歌は多分全部あなただよ」と追悼文に書かれたんですね。『猥歌』は荒井さんの脚本によって、音楽映画として日本映画史上屈指の作品になっていると思います。

——『もどり川』(八三年)**の原作は連城三紀彦の短篇「戻り川心中」で、神代監督にとっては初めてのミステリーですね。この企画はどのような流れで決まったのでしょうか。**

荒井　ミステリーなんて好きじゃなかったんだけど、同年代でシナリオライター志望だったという連城三紀彦の小説は読んでいたんですよ。特に「戻り川心中」は、なかなか評価されないので心中の歌を先に作ってから心中未遂するという、太宰治の逆みたいな主人公を面白いと思った。で、クマさんにいい原作なんかないか、と聞かれて、連城三紀彦知ってますかと。単行本数冊をクマさんの家に持っていった。その後クマさんがプロデューサーに「戻り川心中」を渡したよと言われました。プロデューサーは田中陽造さんに頼もうと思ってたみたいだけど、プロデューサーから電話があって「荒井が持ってきた企画なんだから、荒井に書かせてやってよ」と監督が言うから、としぶしぶ依頼されました(笑)。嬉しかったけど、大正時代がまったく書けなかった。

——公開当時「シナリオ」誌に荒井さんが書かれた創作ノート(本書三九四頁)**にシナリオ執筆がかなり難航したとありますね。それだけ苦労されたシナリオは原作と**

まったく異なった構成を持つ傑作だと思います。

荒井　原作の、最後に真相が明らかになる構成を変えて、最初から主人公のたくらみを明かして語る倒叙ミステリー構成にしたんです。

――「戻り川心中」は、二度の心中未遂事件を起こして最後に自害した大正歌壇の寵児、苑田岳葉の謎をめぐるミステリー短篇です。いろんな資料や証拠から岳葉の行動はこうだったのではと推理して岳葉の人生が箇条書きで紹介されるのですが、荒井さんの脚本は、原作では隠されている彼の行動が恐ろしいほどのリアリティでたっぷり描かれて、大正という時代における岳葉の人生が再現されている。脚本のほうが原作で、原作のほうが脚本のダイジェストなのではと思うほどです。

荒井　大正なんてまったく知らないから、徹底的に調べましたよ。大正をやるなら、関東大震災、十二階崩壊と朝鮮人虐殺、大杉栄・伊藤野枝虐殺を外せないと思いました。あとは、この時点での自分の表現というものに対する考え方、「芸術と実生活」の関係に対する考え方を全部入れました。それを武器に創作先行で、作った歌に人生を合わせるというトリッキーな作家を描いたトリッキーな原作と格闘しました。

――萩原健一演じる苑田岳葉の師匠の妻で、岳葉が思いを寄せる琴江（樋口可南子）**は、原作では出家しますが、脚本では娼婦になる設定です。**

荒井　出家は「源氏物語」の真似でしょ。俺、読んでないし、出家と真逆、聖と俗なら、俗のほうが主人公にとって痛いかなと。そういえば、苑田岳葉が詠んだ歌を、僕もクマさんも考えたんですよ。

――原作にある歌以外の歌を作ったということですか？

荒井　そう。どれだか忘れたけど、原作になくて脚本、映画に出てくるのがそうです。クマさんも一首くらい作ったのかな。それを読んで感心した覚えがある。で、絓秀実という文芸評論家に脚本をチェックしてもらったのか、映画を見たのか、「俺は知らなかったけど、あんな歌人がいたのか」と言われて、「おお、文芸評論家も騙せた、成功、成功」みたいな。

――心中について、荒井さんの創作ノートで神代監督自身のエピソードが書かれていましたね。

荒井　ガス管、向こうが止めたと言ってたけど、クマさんが止めたんじゃないかな、実際は。そういう情けない経験があるから、クマさんは「人間ってそう簡単にかっこよく心中なんかできないよ」と言ってた。とにかく「かっこよくするな」というのはよく言われたな。

――それは岳葉役のショーケンが全力で表現してますね。原作にある、技巧だけの歌に「人の命や魂を持ちたいと願った」歌人のかっこわるい必死さは伝わってきます。

荒井　アナキスト出してもいいけど、駄目な革命家にしてくれ、というのがクマさんからの唯一の注文だった。

――朱子（原田美枝子）**の夫の加藤**（柴俊夫）**は原作ではごく小さい扱いですが、脚本ではアナキストにして、岳葉の妻ミネとも繋がりがあるというアヤを作って大きく取り上げられていますね。加藤のモデルは、本郷の燕楽軒に福田雅太郎大将を暗殺に行って、銃が不発で未遂に終わる和田久太郎ですよね。彼の社会運動家としての窮民解放や貧民救済には触れられていないですが。**

荒井　大杉栄の敵討ちをしようということでしか出せなかった。そもそも、神代さんは革命家やアナキストの政治的な主張に興味がないんだ。『宵待草』（七四年）でもきちんとやってないでしょう。

――神代作品には「大正」を舞台にしたものがいくつかありますが、神代さんにとっての大正とは何だったと思われますか。

荒井　なんだろう。少なくともリアリズムではやってないよね。考証とか、そういうのはどうでもいい人だった。『もどり川』のときも、クマさんは芝居だけ見てて、時代考証は全然気にしてなかった。

――関東大震災で遊郭が崩壊するシーンは迫力がありますが、スクリプターの白鳥あかねさんによると、神代監督はこういうのは自分は下手だからコンテ書いてくれ、と頼まれて、白鳥さんのコンテのまま撮ったそうですね。

荒井　そうでしょう、とにかく芝居にしか興味ない。僕が助監督時代、神代さんと東京映画で仕事したことある装飾の人からこんな話を聞いたことがある。神代さんが『櫛の火』（七五年）のセットで、撮影の予定に入ってなくて、まったく装飾していない二階に「階段上ってそのまま行って」って上らせちゃったんだって。クマさん、美術とか装飾とか関係なく、芝居の流れでいっちゃうんだよ。「そのときは焦った」と装飾の人が言ってたけど、ああ、クマさんらしいなって、思った。『もどり川』の時も、リハーサルしてて、いいと思ったんだろうね、クマさん、カメラ廻してって、フィルムチェンジですと言われても、いいから廻せって。

――神代演出の本質に関わるお話ですね。ところで、完成作品をご覧になってどう思われましたか？

荒井　椅子からずり落ちました、あまりのことに(笑)。セリフ、何言ってるか分かんないし、ショーケンは知性を感じないし、インテリに見えないし。たとえば、ショーケンと樋口可南子の障子越しの場面を、僕は『けんかえれじい』(六六年、鈴木清順監督)の高橋英樹と浅野順子の障子を隔ててのシーン――「あたし、結婚できない体なんです」と言う順子の言葉を聞いて、高橋英樹がそっと障子に指をふれると、障子越しに順子がそれに指を重ね、やがて、障子を破って二人の指がふれ合う――このくだりの向こうを張って書いたんですが、映画では、ショーケンが障子をぶち破って、障子をメチャクチャに壊しながら取っ組み合う(笑)。ショーケンは女の股座に手を突っ込むわ、階段から蹴り落とすわ……何度、初号上映の席を立とうと思ったか。

――ショーケンと女達(琴江や朱子、そしてミネ役の藤真利子、文緒役の蜷川有紀)**との絡みは、どれも格闘技のような激しいものでしたね**(笑)。

荒井　ショーケンは何のせいか、テンション上がりぱなしだし、クマさんの体調が悪かったのもあるし(撮影後肺気胸で入院)、お金出してる梶原一騎も傷害罪で捕まるし。当然大コケで、あんなに一生懸命書いたのに、踏んだり蹴ったりという気分でしたよ。

――脚本にある、主人公の琴江に対するピュアな思い、ほかの女は彼女の身代わりで、師匠の女である彼女にだけは崇高な思いを抱いていたというところが映画では見えなくなっていますね。

荒井　四人の女優がみんな頑張ってしまって、琴江だけは、というのが分からなくなってる。

――ただ、原作末尾にある「たとえ苑田の歌が虚構だったにしろ、その歌の犠牲になった女達の情は本物だったはずである。桂木文緒も依田朱子もミネも琴江も皆な苑田への真摯な心情にそれぞれの花を咲かせ散っていったのである」、そうした「情」が神代監督による女優の演出で出ているとは思います。

荒井　結局、女優の芝居しか頭にないってことになる。ショーケンは勝手にやってるし(笑)。それに、クマさんは構成がきっちりした映画が好きじゃないんですよ。ミステリー的要素もどう撮っていいか分からない。クマさんはやっぱり短篇作家じゃないのかな。七〇分、ロマンポルノぐらいの長さがちょうどいいんだと思いますよ。クマさんはどのシーンも面白くしようとして色んなことをする。全シーン、全力投球、それが二時間続くと観てる方はキツい。何でもないシーンが無いんだから。

――原作の「戻り川心中」は短歌から物語を作る＝歌通りに事件を起こす話で、脚本は原作をふくらまして全く異なる物語を作り上げ、さらに映画も脚本と全く異なるものになっています。そして、原作・脚本・映画どれも素晴らしいという稀有な作品です。

荒井　僕はいい仕事をしたと思っているけど、映画が素晴らしいとは思えない。ダメなシナリオからいい映画はできないけど、いいシナリオからダメな映画ができることはある、というのいい見本です。でも、九六年のロッテルダム国際映画祭のクマシロ・レトロスペクティブに呼ばれた時、ディレクターが『パッショネート』(『もどり川』の英題)が一番好きだと言ったから、へえ～、外人にはいいんだと驚いたことがある。

――原作者の反応はいかがでしたか。

荒井　直接には何も言われなかったけど、文庫本のあとがきで脚本を誉めてくれてましたね。完成映画を観たときに初めて会って、その日に酒のんで、こちらが愚痴ばっかり言ってるので、連城さん驚いてたね(笑)。いきなり、ワーッとクマさんの悪口をぶちまけたもんだから。

――『もどり川』は、その後笠原和夫さんへの聞き書き「昭和の劇」を経て荒井さんが模索する、映画化は実現していませんが「神聖悲劇」(原作＝大西巨人)、**「白磁の人」**(原作＝江宮隆之)、**「ららら科學の子」**(原作＝矢作俊彦)、**「退廃姉妹」**(原作＝島田雅彦)、**「人生劇場・残侠篇」**(原作＝尾崎士郎)**などの、史実を調べ尽くして書く近現代史ものの始まりとなった作品かと思います。**

――お話を伺っていると、荒井さんが神代監督にこういう原作はどうか、と持っていくパターンが多かったようですね。

荒井　『赫い髪の女』以降、信頼されたみたいで、映画になりそうな企画なんかないか、とよく聞かれてたんですよ。クマさんは純文学しか読まない人でね。元々僕も純文学好きで、文芸誌ばかり読んでいたのに、シナリオライターになるためには大衆向けのものを読まないとと思って、講読誌を「新潮」「群像」「文學界」から「小説新潮」「小説現代」「オール讀物」に変えた。そしたら、神代邸に初めて行って本棚見たら、純文学だけ。雑誌も「新潮」「群像」「文學界」プラス岩波の「世界」だからね（笑）。

――日活以外で撮った東宝作品では、原作が石川達三（『青春の蹉跌』）**、古井由吉**（『櫛の火』）**、丸山健二**（『アフリカの光』）**ですからね。**

荒井　そうそう、連城さんの『戻り川心中』は芥川賞でなくて直木賞候補だからちょっと不安があったぐらいで（笑）。だから、クマさんと仕事をするようになって、自分も純文学でいいんだと思った。自分の好きなもの、やりたいものをやればいい、妥協するなってことをクマさんに学んだんですよ。

――それからしばらく空いて再び神代監督と組んだのが『噛む女』（八八年）**です。これが映画では神代・荒井コンビ最後の作品となりました。**

荒井　『もどり川』を観て「もうこの人とはやるまい」って思ったんだよ。それで本当にずっと仕事しなかったんだけど、ロマンポルノが終ってロッポニカが始まったとき、ちょうど僕に子供が出来た頃で、クマさんがテレビドラマの仕事で（桃井）かおりとフィリピンにロケに行った土産に、子供用の木彫りの椅子を送って来たんですよ。「やってくれ」という見え透いたメッセージ（笑）。会社も、ロッポニカ第一弾は神代×荒井×桃井で勝負したいということで、ぼくが結城昌治の「噛む女」を企画に出したんです。

――一九七八年に発表された短篇ですね。あらすじは「中小企業の経営者の古賀はTV番組〈旧友再会〉に出演したあと、その放映を見た同級生を名乗る女から呼び出される。古賀は女とホテルへ行くが、肩を噛まれる。やがて古賀は女からの悪戯電話などに悩まされ、車の事故で死ぬが、古賀の友人、山崎は古賀の妻が「噛む女」を雇い、古賀を死に追いやったことに気付く」というものです。

荒井　そのころやってた『危険な情事』（八七年、エイドリアン・ライン監督）という映画で愛人役のグレン・クローズがマイケル・ダグラスの家庭を壊そうとして最後は射殺されるんですよ。それを観て「愛人かわいそうじゃん」って腹が立ったわけ。家庭は外から壊されるという発想が間違ってる、もう内から壊れてんだよというふうに、アンチ『危険な情事』を出来ないかな、と。それで結城昌治の短篇を思い出した。

――よくぞこの原作を見つけられましたね。発売当時に読んでらしたんですか？

荒井　何かのアンソロジーに入っていたのか、いつ読んだか忘れたけど、面白いなって思ってた。

――原作の中小企業（鉄鋼屋）**の社長を、脚本ではAV会社の社長に変えています。**

荒井　だって、AVのおかげでロマンポルノが潰れたと思ってたからさ（笑）。

――女優に手を出すイケイケの社長でありながら、家に帰ったら一人で『晩春』（四九年、小津安二郎監督）**や『執炎』**（六四年、蔵原惟繕監督）**を観る映画狂という設定でもあります。**

荒井　AVやってる連中に聞くと、わりあい映画好きがやってるよね。『執炎』は僕らが学生のころ、女子大映研に一番人気のあった映画だった。クマさんの家に遊びに行ったとき、なぜか『執炎』の話になって、「ちょっと見てくれ。ここ俺が撮ったんだよ」ってクマさんがビデオを見せてくれたんだけど、大したシーンじゃないんだ（笑）。本体とは別にB班として撮りに行って、これがまた時間かかってロクなもん撮って来なかったんだと自分で言っていた。

――『噛む女』は鏡やガラスに人物を写り込ませたり、オーバーラップの繋ぎや、キャメラに紗をかけ画面をにじませるなど、映像に工夫が凝らされています。撮影はその後『Love Letter』（九四年）**を始めとする岩井俊二作品を多く担当して、早逝した名カメラマン篠田昇です。**

荒井　『ラブホテル』（八五年、相米慎二監督）を観て、篠田をクマさんに推薦したんだ。映画のルックはクマさんが篠田と相談して決めたんだろうけど、作り手の意図を汲めない批評家に「画面がボケている」「テレビみたいだ」と批判された。

クマさんは「ロッポニカだからサスペンスにしなきゃいけない」ってなぜだか過剰に意識してたね。『ローズマリーの赤ちゃん』(六八年、ロマン・ポランスキー監督)で行くって。僕はサスペンスじゃなくて、家庭崩壊の話をやってほしかったんだ。『ホーム・ドラマ』っていうタイトルでもよかった。

――ラスト近く、永島敏行に余貴美子から電話がかかってくる場面で、荒井さんの脚本では、居間での永島と余の電話を階段で桃井かおりが立ち聞くとありますが、神代監督は、桃井にビールを居間に持って来させ、永島と向き合って電話の声を聞かせます。『噛む女』はこのように、脚本を上手くふくらませた演出が随所に見られます。

荒井　うーん、ああいうとこ、俺は普通に撮ればいいのにと思っちゃうけど(笑)。余貴美子が、最初は雇われてやってたけど、だんだん永島を好きになる。それで女同士の争いになる……ってところをやって欲しいのに、そういうアヤみたいなことになると、役者たちの芝居がそれに応えられないというんで、違うことをやっちゃうんですよ。神代映画ではおなじみになってますが、でんぐり返ししたり、おんぶしたり、四つん這いしたり、床をごろごろしたり……僕は「神代体操」と呼んでますけど(笑)。

――神代監督の没後にテレビ朝日系列で放映された『盗まれた情事』(九五年)は、六本ある荒井脚本・神代監督作品の掉尾の傑作です。こうした二時間ドラマは映画と違ってソフト化も難しくなかなか見られないので、少々細かく伺いたいと思います。どのように企画が立ち上がったのでしょう。

荒井　どうだったかなぁ。これは土曜ワイド劇場の枠で、連城さんの短篇「盗まれた情事」(八二年)が企画で出て、連城さんが脚本は荒井でと言ってくれたのかな。

『噛む女』製作発表会見。荒井晴彦、神代辰巳、桃井かおり

――神代監督の起用は局の指定だったんですか?

荒井　いや。脚本が出来たあと、製作会社の松竹芸能かABCから「監督は誰にしましょう」と聞かれたから「神代さんでお願いします」って。その頃(九三年)クマさんは『噛む女』以降映画が撮れない状態だったから、やはり連城原作ものがあって神代さんでと言ったらTBSに却下されたことがあった。偉そうだけど、テレビでは脚本家の地位が高いから監督をこちらから指定できるんですよ。それに、脚本家のギャラのほうが演出家より高い。そしたらクマさんが「一円でもいいから荒井より高くしてくれ」と言ったって(笑)。

――原作は、総合病院の内科医が雑誌の読者欄の「妻を抱いてほしい」という投稿に好奇心をかき立てられ、ホテルでその妻と情事を重ねるうち、彼女の夫殺しのアリバイ作りに利用されるというプロットで、主人公と情交を重ねていたのが替え玉の女だった、というトリックが読みどころです。

荒井　「身代わりの女」ってところが、ちょっと『噛む女』に似てるね。

――『噛む女』『盗まれた情事』どちらも「身代わりの女」を余貴美子が演じていることもあり、この二作品は姉妹篇の趣があります。

荒井　翌年(九四年)に亡くなる高木功(『コミック雑誌なんかいらない!』、『痴漢電車』シリーズの脚本家)に声をかけたんだけど、高木が最初に書いてきたのは、テレビ局受けする普通の二時間ドラマだった。プロデューサーはそっちのほうがいいって言ってたんですが、俺が気に入らないんで、主人公の三浦友和を全共闘世代にして、ドラマの後半はオリジナルで、『白いドレスの女』(八一年、ローレンス・カスダン監督)をいただいて、主人公が主犯の女(高島礼子)と替え玉の女に殺される、とした。

――製作が九三年秋なのに、九五年七月の放映まで間が空いたのはなぜでしょう?

荒井　お蔵入りしてたのは、学生運動モノだったからだと松竹芸能のプロデューサーから聞きました。ギャラクシー賞の候補だったのに、やっぱり学生運動がネックになったそうで「へー」という感じですね。最初から脚本に書いてあるわけだし、別に全共闘扱ってても、面白けりゃいいのにね。アメリカでローレンス・カスダンやジョン・セイルズがやってる「学生運動その後」をちゃんとサスペンスにしたのに。放映されたのはクマさんが亡くなったからですよ。

――『ダブルベッド』(八三年、藤田敏八監督)**から続く荒井さんの「全共闘世代もの」で、本作が一番主人公の絶望が深いですね。かつての同志**(医学部に受かったのに学生運動で逮捕され医者になることをあきらめた)**に対し、自分は医者になった上に、大病院のオーナーの娘と結婚し、将来が約束されている主人公の慚愧と空虚を三浦友和が見事に演じています。**

荒井　病院の屋上で三浦友和が田口トモロヲに「謝れ」と言われて、謝るふりして謝らないシーンがあったよね。

――三浦がスワッピング殺人に絡んでいる確証をつかんだテレビディレクターの田口が、全共闘世代を批判して「這いつくばって放送しないで下さいって頼め」「滅茶苦茶、好き勝手やりやがって」というと、三浦友和が「好き勝手やって……気持ちよかったよ」と開き直る。完成作品で神代監督は三浦に土下座しながらこのセリフを言わせています。

荒井　そうそう。一緒にダビングやってて、この場面にクマさん、ヘリコプターの音を入れたんだよね。「どうだ、安田講堂だろ?」って(笑)。あと、三浦友和の義父の院長がパキさん(藤田敏八)で、パキさんは九七年に亡くなるから、これは神代さん、藤田さんが同じ現場にいた最後の作品だよね。パキさんにあの役をふってよかったと思う。

――『盗まれた情事』で神代監督は荒井さんの脚本をほぼそのまま画にしていますね。

荒井　テレビっていうこともあるかもわからない。映画の人って、テレビだと肩の力が抜けるから。それと体力的なこともあったでしょうね。クマさん、現場で酸素ボンベを付けた車椅子で演出してたし。でも、監督って因果なもんで、車椅子からつい立ち上がっちゃうんだよ。クマさんが酸素ボンベ引いて歩いてたら、一度四谷警察に尋問されたって言ってた。爆弾と間違えられたって(笑)。あとさ、僕が「女とやるとき、どうしてるんですか、それ」って訊くと、「川の字だよ」だって。「真ん中にボンベですか」みたいな(笑)。

――三浦友和は高島礼子のアリバイ作りに手を貸す代わりに、身代わりの女である余貴美子にもう一度会いたいと社会的な地位を捨てて、余と生き直そうとします。ともに嵌められて奈落に堕ちた同士の交情に、フィルムノワールの匂いがあり、『噛む女』より男と女の道行きものとしてコクがあります。

荒井　そうね。過剰な演出をしないで、脚本通りに撮ってくれれば、そうなるんですよ(笑)。

――余貴美子に裏切られた三浦友和が湖畔の小屋に誘き出され、爆殺されます。主役のスター俳優を吹き飛ばすテレビドラマも珍しい(笑)**。ラストは火葬場の前の広場を喪服の登場人物たちが放心しながら歩き回り、座る姿に浜田省吾の「遠くへ――1973年・春・20才」が流れます。**

荒井　三浦の娘が遺影を持ってぐるぐる回り、カメラが緩やかにパンしてくカットを、クマさんは「ちょっとゴダールやってみたんだ」って言ってたけども、どうなんでしょう(笑)。

――本作では「遠くへ」が全編に流れていますが、この曲は七三年に「赤いヘルメット」(ブント)**を被った少女と恋に落ち、機動隊に打ちのめされる二十歳の少年の心情を歌ったもので、神奈川大学在学中の浜田省吾が、七三年九月に神大構内で起きた内ゲバ殺人事件を目撃したとき思い付いた曲、といわれています。この曲が主人公のいわば「前史」になっているんですね。**

荒井　お金がないから浜田の原曲と、そのカラオケバージョンだけで勝負してるんですよ。だから、全編主人公の「青春」を思わせるあのメロディだけ。

――それが作品として分かりやすく、一般の人が乗りやすい作品にしています。荒井さん自身の評価は低い『噛む女』とこの『盗まれた情事』は、荒井・神代コンビが到達した「私映画」二部作ですね。

荒井　四谷三栄町の小さなスタジオでダビングをやって、終ったあとタクシーを呼んで、別れ際クマさんは「楽しかったよ。ありがとう」と言ってくれた。それが現場で聞いたクマさんの最後の言葉になった。『盗まれた情事』がクマさんとやった仕事で、一番好きですね。

――ところで、荒井さんが組んだ他の監督と神代さんが違うところは何なんでしょう。

荒井　う～ん、公平な人だったよね、クマさんって。たとえば、『一条さゆり　濡れた欲情』(七二年)で、伊佐山ひろ子がトランクの中に入ってコロコロ転がってて、おしっこが漏れるっていう場面を「誰のアイデアですか?」と訊くと「あれはカモ(鴨田好史)だよ」って言うんだ。全部、自分の手柄にしたがる監督が多いなかで、クマさんは正直に、あれは誰それのアイデアと言ってくれる。クマさんと知り合って、こういう監督もいるんだ、と感心しましたよ。

――実現しなかったもので、神代監督と進めていた企画などはあるのでしょうか。

荒井　団鬼六の「真剣師・小池重明」をクマさんとやりたいと黒澤満さんに言って、クロさんがNHKエンタープライズに持って行ったけど、団さんが原作を二重売りしてて、ダメになった。あと『盗まれた情事』と前後して、さっきも話に出た『みいら採り猟奇譚』の脚本を直してくれってクマさんから頼まれたんです。クマさん、さすがに面白いものを持ってくるな、それに家が一軒あれば成立する企画だな、と思ったけれど、書かれたものを読んでみると、ちょっとサラサラっとしすぎてるなぁ、と。

――『みいら採り猟奇譚』は沢田研二と荻野目慶子主演で企画した作品だそうですね。

荒井　企画が進まないうちにクマさんが亡くなったんだよね。クマさん、この原作のどこに共鳴したんだろう……とあらためて思う。

――神代監督が亡くなった二年後、荒井さんは初の監督作品『身も心も』(九七年)**を作り、その後も『この国の空』**(一五年)**『火口のふたり』**(一九年)**を監督されます。**

荒井　『身も心も』はロマンポルノでやろうと思って根岸にやらない?と言ったら、自分で撮ればと言われたんだよね。クマさんが亡くなってお通夜の時に『盗まれた情事』のカメラマン、林淳一郎がクマさんのために金を集めかけてたと。荒井さん、撮らないかと。同じ頃、テアトル新宿の支配人、榎本憲男が撮りませんかと。クマさんもいないし、パキさんと中上の「軽蔑」をやろうとしたけど、成立しなかったし、澤井(信一郎)さんも根岸も撮れない、じゃ、自分で撮ればと言われた『身も心も』を撮ろうかと。

――監督をするうえで、神代さんの影響というものはあるんでしょうか。

荒井　それは随所にありますよ。『身も心も』の奥田(瑛二)と柄本(明)がシーソーを漕ぐシーンとか、柄本とかたせ(梨乃)がパラソルの下で会話してるシーンは、『黒薔薇昇天』(七五年)の冒頭で大ロングから徐々にロケ隊に寄ってくところを思い浮かべて、川上(皓市=撮影)に「少しずつ寄ってきたいんだよね。『黒薔薇昇天』観てる?」と訊くと「観てません」(笑)。『この国の空』で二階堂ふみが部屋でゴロゴロするシーンもクマさんを意識してたなぁ。「よし、神代体操やろう」って(笑)。こんなふうに神代さんのことは要所要所で思い浮かべてます。

――最後にお伺いしたいのですが、神代監督は他の脚本家とは上手く行かないことが多かったようなのですが、荒井さんとは六作品も組んで、さらに脚本を直すことがなかった。これはなぜでしょう?

荒井　それは分からないけれども……クマさんは自分で書く人だから、他人の脚本にも最終的に自分で手を入れちゃうんで揉めるんです。僕がもっと早くクマさんに出会ってたら、危なかったかも分からない。クマさんが言ってたので覚えてるのは、五十歳を過ぎて「現場よりホン書くほうが体にはキツい、しんどいんだ」って。そういう時期に『赫い髪の女』で僕と組んで、それがわりあい上手くいったんで、そのまま行った感じなんだろうね。ホンを直されたことは無かった。『嚙む女』の時、今の荒井にこういう言い方、失礼だと思うけど、うまくなったなって。うれしかったですね。

――神代監督と荒井さんはひと回り以上離れていますが、ウマが合ったところはどこなんでしょう?

荒井　エンタメ志向が無いとこかなあ。娯楽映画が好きじゃないというか、面白いと思わないとこが同じだったと思う。あと「土曜の夜と日曜の朝」だったかな、まんまの構成でシナリオ書いたけど誰も気がつかなかったぞと言ってたことがあって、そういうパクリもイタダキも映画が面白くなればいいんだという感じ、すごく自分には才能があるんだという感じと逆の感じ、一流になりたいけど二流じゃないのかという自覚、焦りに近しいモノを感じた。それと小説家になりたかったというとこ。あまり映画の話したこと無かったし、映画が好きで映画の世界に入ってきた人じゃないんじゃないかな。映画監督って自分の経験とは関係なく作品撮れちゃう人が多いけど、クマさんはそういうことができない人だったよね。人間の弱さ、ダメさからしか映画を発想できないタイプだった。それは僕も同じだったから。

——ともに「私映画」の人だったと。さらに言えば、荒井さんが最新作『火口のふたり』のインタビューで、自分が書くものも撮るものもすべてロマンポルノなんです、とおっしゃっていて、それは神代監督も同じだったのではないでしょうか。ロマンポルノによって映画監督として命を得て、死ぬまでロマンポルノ的作品を作り続けた神代辰巳が、荒井晴彦を同志として認めていたのではと……

荒井　そうなのかなあ。でも、クマさん、ロマンポルノの巨匠じゃなくて、フツーの巨匠になりたがっていた。クマさんマザコンで、オレもマザコン、そこかなあ。もっとたくさん付き合っておけばよかったけど、あんなに早く死ぬとは思わないからね。「たかが映画」じゃないか、「だけど映画」。「だけど映画」の方から「たかが映画」を見つめ直す作業をしてきた、とクマさんは書いてるけど、そういうマジメなとこ好きでした。

（あらい　はるひこ・脚本家、映画監督）

二〇一九年三月二十三日、新宿にて／構成＝伊藤彰彦

『鍵』撮影スナップ

　僕は、松竹京都で助監督になったばかりの時に、日活に移ったんです。昭和三十年、製作再開当時の日活は、裕次郎、小林旭のスターも魅力ありましたが、内田吐夢、川島雄三、田坂具隆といった魅力的な監督が沢山いたのです。それで、移りたいと思った。

（神代辰巳エッセイコレクション）作る側が勝った幸福な時代

　監督になったのは、もう会社がロマンポルノ路線に移行する直前でした。

　ロマン・ポルノには、作る側に自由があったね。作りたいものを作らせる雰囲気ですね。それは、ポルノ・シーンさえあれば監督の作りたいものをどうぞ、という雰囲気。

　でも、段々とその自由が利かなくなったのね。それは、ロマン・ポルノで興行的にもうまくいくんじゃないかと会社が思った時からだね。「赫い髪の女」が最後かな。

　映画というのは作る側と興行のせめぎあいですが、僕はロマン・ポルノで比較的、作る側が勝った幸福な時代を過ごせたのだと思っています。一生懸命、喜び勇んで作れた時期をね。もちろん、その時にも、一本作りたい映画を作ったら、次は控え目にして、とかのやり取りはありましたよ。

　日活時代のものでは、やはり「赫い髪の女」が好きですね。それと、「恋人たちは濡れた」でしょうか。

　ロッポニカでも「噛む女」を作りましたが、その時は、この路線も続けばいいなと思って撮りました。

（「キネマ旬報」一九九二年九月上旬号〈特集＝わが青春の日活映画〉）

赤い帽子の女

【公開】1982年10月16日封切
製作＝若松プロダクション　ヘラルド・エース　モノプテロス・フィルム・プロダクション　配給＝日本ヘラルド映画　カラー／ビスタ／ 104分

【スタッフ】
製作＝若松孝二　原正人　企画＝岩下和男　山下健一郎　プロデューサー補＝ホルスト・シャファー　ゲオルグ・ウットー　脚本＝内田栄一　撮影＝姫田真左久　照明＝ピーター・コショレック　録音＝杉崎喬　美術＝ゲイル・B・ヴェンツキー　編集＝菊池純一　記録＝白鳥あかね　音楽＝深町純　スチール＝トーマス・ユルゲン　助監督＝磯村一路　福岡芳穂　スザンネ・シムカス　製作助手＝清水一夫　浅岡朱美　字幕＝岡枝慎二　主題歌＝峰一晃「夢色ラプソディ」

【キャスト】
私＝永島敏行　赤い帽子の女＝クリスチーナ・ファン・アイク　東野＝泉谷しげる　S・A・オフィサー＝アレクサンダー・ステファン　タンデム・レーサー＝ベルント・ステファン　男優＝エルハルド・ハルトマン　女優＝ヴェロニカ・ファン・クアスト

【物語】
「フランスも日本も、ドイツに対しては戦争に勝った恥かしい国だ。勝った国より負けたドイツの方がおれは好きになれる……」一九二三年、ドイツ。第一次世界大戦に敗北、超インフレ禍の下、時まさにナチスが台頭せんとしていた。日本人の文学青年である“私”は、先輩の東野に誘われ、パリからミュンヘンにやってきた。ここでは「女たちだって日本でならタバコ一つ買うくらいの金で買える」、外貨を持っている人間には天下なのだ。私は路傍で“赤い帽子の女”に出逢う。魅入られ、女を追う私。女はブレヒト演劇の俳優と同棲していたが、彼は映画にスカウトされ、去っていった。女には競輪のタンデム・レーサーの男もいて、いつのまにか私も含めた三人の暮らしが始まる。レーサーには耐久レース優勝の夢があった。一方、例の俳優は、表現主義風の映画に出演していたが、撮影現場に女が現れ、俳優をナイフで刺し、姿を消した。私は東野を訪ねるが、彼は娼婦を何人も抱え、蕩尽の限りを尽していた。女は帰ってきたが、レーサーは自転車に乗ったまま、死んでしまった。私と女は、貴族だった女の父が遺した古城に移る。そこはナチスのSA（突撃隊）の拠点となっていた。日夜繰り広げられる軍事訓練、私は、ただ女を抱き、倦んでいくしかなかった。私は城を出る。「女だけが夢を追っかけていた。私はずっとリアルだった……おれの方が夢を見ようとして、女の方が、ずっとずっとリアルだったのかもしれない……」遠い日本では関東大震災が勃発し、東京は灰燼に帰していた。東野は当てにしていた実家の送金が途絶えてしまい、追いつめられるまま首を吊った。女は鉤十字に身を投じ、私から逃げていった。私はただ、ミュンヘンの裏通りをうろつき、滅びに身をゆだねるしかなかった。

『赤い帽子の女』は男と女の〝夢くらべ〟

対談＝**神代辰巳・若松孝二**

神代さんは逃げまわってた

――『赤い帽子の女』は、芥川龍之介が書いたといわれる春本が原作ですが、この原作のどこに魅かれて映画化の仕事を引き受けられたのでしょうか。

若松 原作に魅かれたというわけでもないんだよね(笑)。この映画の企画そのものが去年の……二月頃でしたかね。「止められるか、俺たちを！」という映画の企画をもってヘラルド・エースへ行ったら、この「赤い帽子の女」をやらないかって言われて、本を買って読んだわけです。本そのものは、そんなにおもしろい原作でもないし、斎藤耕一さんが監督をするということだったんで、僕は斎藤さんとは面識もないし、知らない人と仕事をするのはシンドいんで――内弁慶だからね、僕は(笑)――、ちょっと遠慮させてもらいますって言ったら、全部まかせるからっていうことでね。神代さんは最初、この映画の脚本を書いてたし、僕のまわりを見回しても、神代さんが一番いいんじゃないかと思ったんだけど、神《くま》さんは最初嫌だ嫌だって言うんだよ(笑)。脚本《ほん》だけでいいって言ってたんだけど、結局、強引にやってもらったわけで……、まあ最初は僕が監督やるつもりではいたんだけどね。

神代 若ちゃんがやったほうがよかったんじゃないかな、結果的には(笑)。

若松 それで神代さんを強引にくどいて、なんとか頼むと。斎藤さんに関しては、ヘラルドのほうできちんと話をつけるからということで、一度この企画はポシャって新たに若松プロが引き受けたという形ですね。

それで神代さんと打ち合せをしているうちに、神代さんも別の仕事に入っちゃう、僕も『水のないプール』に入っちゃうで、いったん中止になったわけです。今年になって再開して……、神代さんには三稿ぐらいまで書いてもらったんですかね。

神代 最初は、原作をわりと忠実になぞってたんですけど、もうちょっとなんて言うか、おどろおどろしたものをやろうということになって、そういうシナリオを書いて、それで内田(栄一)さんにね……。

若松 神代さんのシナリオっていうのは、配給会社がちょっと難しいって言うんだな(笑)。そういうことで誰がいいかと思った時に、『水のないプール』を一緒にやった内田さんの名前が挙がって、神代さんには失礼だと思ったんだけど、内田さんでどうですかって神代さんに話をして、じゃあそうしましょうと。それで内田さんが第一稿を書いて、第二稿を書いて、それを叩き台にしてロケ・ハンとシナ・ハンを兼ねて三人でミュンヘンへ行くわけですね。

――神代さんが最初にお書きになってた脚本というのは、現在できあがっている映画とはかなり違ったものだったんですか？

神代 ええ、全然違いますよ。芥川龍之介のような作家が娼婦を買って、その娼婦が一所懸命尽してくれて良かった良かった、みたいな話――、それと、森鷗外に「うたかたの記」という、ルードヴィッヒをネタにした話があるんですよ、それを一緒にしたような話を考えて、それから……

若松 ヘッセの小説で「荒野の狼」――。

神代 そうそう、「荒野の狼」みたいなのをやろうか、という話があって、それからもっとおどろおどろしたものを、ということになって三回ぐらい……、それはやっぱり、いま何をやれば当たるかわからないというような映画状況がありますね。そういう模索の状態なんじゃないですか、ヘラルドも、もちろんこちらも。それで最終的に、いま若ちゃんが言ったように内田さんにお願いして書いてもらったというわけです。

若松 商売になる脚本をということで(笑)。

――お二人は、いつ頃からのおつきあいなんですか。

若松 神さんが監督になってからね。僕は神さんの映画は好きで殆どみているからね。ゴールデン街の飲み屋でよく会うけど、いつも酔っ払ってて。

神代 いや若ちゃんと足立(正生)さんと二人で来るわけよ。するとすぐ逃げちゃうわけ。むこうはエライし、革命家だからさ。こっちは革命知らないしさ。もう逃げ廻ってた(笑)。

若松 それと宮下順子を俺はよく知ってたから、飲み歩いてたりしてたしね。ただ飲み屋で顔を合わしたりちょっと飲んだりしてる仲だけど、俺は神さんの映画のしっとりした感じがものすごく好きだったからね。

神代 僕も若ちゃんの映画好きですよ。あの『壁の中の秘事』なんて大好きだな。

若松 僕は神さんのラブシーンの撮り方のうまさっていうのかな、それは本当に好きでね。やっぱり何か僕にないものがあったしね。だから『赤い帽子の女』もそういう意味じゃ、俺と同じような監督だったらテメエがやればいいんだから、まるっきり違った人ということで神代さんが一番いいと思ったわけね。俺と同じ奴だったら現場でイライラするだけだからね(笑)。

神代 それでも随分イライラしてたじゃない(笑)。ずっと逃げてたのよね。とうとう捕まっちゃったね。

若松 ずっと断わってたんだから、監督やるのを。本当をいうと流れるかと思ったね。

役者が〝助平〟にならなくて困った

――冒頭、永島敏行が〝赤い帽子の女〟を追いかけて森の中へ入って行く。そこで木にもたれて女に衣服を脱がされますね。それから以後は、なにかというとすぐに自分から服を脱ぐ。しょっちゅう裸になってる。あのあたりが、なんか見てておもしろかったんですけれども。

神代 あれはね、体験があるんですよ。ある男が女にふられて、ふられた女のところへ追いかけていって、自分で洋服を脱いで裸になって、女が別の男とやるのを見てたっていう、友だちの体験があるんですよ。僕の体験じゃないですよ(笑)。

若松 わかんないよ(笑)。

神代 俺じゃない、若ちゃんかもわかんないよ(笑)。すごくおもしろかった記憶があってね。

――映画に使ってやろうと。

神代 うん。

若松 それとね、僕もあそこでなんでやらないのかっていう疑問があったわけね。

――最初に服を脱がされた時ですね。

若松 そう。つまり、あそこでやっちゃうと永島が追っかけていけないんだよね。あそこでドラマがおしまいになっちゃう。やっちゃったらおしまいなんだよね(笑)。おそらく神代さんの考えはそうだと思うね。

『赤い帽子の女』劇場用パンフレット表紙

神代 すごく難しかったんだ、ほんとは。ドイツ人の考え方なんてのは全然わかんないんだよね。こっちは想像するよりないんで、現場でも役者と話しながらいろいろやったんですけどね。シナリオでは、赤い帽子の女が永島にフェラチオをしてやるということになってたんですよ。それで永島が追っかけていくと、女が俳優といわゆる〝お別れ……アレ〟をやってる。それを指をくわえて見てるというふうになってたんですけど、やってるうちにどうしてもそういうふうにならないんですよ。役者が、なんていうのかな……、助平じゃないしね。

――その、指をくわえて見てるかどうか、といったあたりに関しては、〈製作ノート〉でも触れられていますが、シナリオの段階で内田さんともかなりディスカッションなさったようですね。

若松 まあ、そういうシナリオを持って、ミュンヘンへ行ったわけです。で、ロケハンをしたりキャスティングをしたりしてる間にいろいろ変わってきて、結局は映画のような形になったわけだけど、その辺が神代さんとしても一番悩んだところじゃないかな。

神代 それはね、こういうことだろうと思うんだな。フェラチオをやってもらってのこのこついていって、〝お別れまんこ〟をやっているのを指をくわえて見てて、俳優が出ていったあと女にとびかかってやる、シナリオはそういうふうに書いてあるんですよ。で、芝居をやってて、両方が助平にならないんだよね……これが、一番困った。

――なるほど。そうすると、役者さんの生理に合わせて芝居を変えられたということですか。

神代 最終的にはそうせざるを得ないんだよね。また、そうすることの方がおもしろいだろうとこっちは思ったのね。それから、芥川龍之介というイメージがどうしても先に来ちゃうのね。そうすると、もし芥川龍之介だったらというのがいっぱい出てきて、そういうふうにはならなかった、基本的にはそういうことなんじゃないかな。あとで「侏儒の言葉」なんか、いっぱい引用したんだけどね。結果的には、あれでよかったのか、もっと助平人間であったほうがよかったのか、ちょっとわからないんですけどね。

——話としては、“助平”な話であるにもかかわらず、画面を見ると淫靡な感じはまったく受けませんね。

神代　だから、それは芥川龍之介というイメージに僕が囚われすぎたのかも知れませんね。

——そのあたり、プロデューサーとして若松さんはどう思われますか。

若松　いやあ、僕は神代さん次第でね……。映画っていうのはやっぱり監督のものだと思うし、そういう意味じゃ、監督の仕事がやりやすいように最善を尽すというのがプロデューサーの仕事だと僕は思ってるし、僕が内容まで口出ししちゃうと、僕も一応監督という職業を持ってるわけで(笑)、そうなっちゃうと無茶苦茶になると思うんだよね。だから、やっぱり神代監督の生理で押し通す方が僕は正しいと信じてるし、結果的にはそれでいいと思ってます。

　映画というのは撮りながらいろいろと変わってくるものだし、俳優さんによっても相当左右されますよね。クリスチーナ(赤い帽子の女)は、オーディションで五〇人ぐらい会った中で、一番美人だし、品がいいし……、神代さんが言ったようにどうしても助平にならんのよ(笑)。

——最初、主演の赤い帽子の女には、ソーニャ・トゥフマンがキャスティングされていて、結局クランク・イン前に降りちゃったわけですが、彼女はクリスチーナと較べて……。

若松　彼女の方がもっと助平的でしょうね。もっとエロティックというか、好色そうな感じ(笑)があったね。僕は好きだったけど、逃げられちゃった(笑)。

——クリスチーナに代ったことで、かなり映画の内容も変ったということですね。

若松　内田さんのシナリオがある程度変ったというのも、そういう関係があるわけですね。

神代　これはね、今の日本映画の一番いけないとこなのね。こうしなきゃいけないと思ってそうするんじゃなくて、現場にぶつかってそうしたっていうのは……いけないよね。

　たとえば、何をどう作ろうかという基本的な問題がありますね。そうすると、絶対そのテーマなりなんなりに合わせて準備段階から進めていかなきゃいけないのね。それが、ひょこっとそういう役者が出てきたということで変っていくなんてのは、問題外の話なんだよね。仕方なしに、そういうところがあるんだよね、いまの日本映画の中に。

若松　これは、プロデューサーの責任もあるわけ。日本での撮影だったら、ある程度どうにでもなるってことがあるけど、ドイツっていう、物の考え方や習慣の違う所へ行っちゃうと、本当に思うようにいかないんだよね。だから演出するのも大変だったんじゃないかな。まず言葉が通じないってことがあるわけね。三十秒も話せば通じることが一時間ぐらいかかるわけよ。

神代　ドイツへ行って、非常にとまどったことがひとつある。僕はポルノ映画だろうと一般映画だろうと区別して考えてないんだけど、ドイツではポルノ映画とそうじゃない映画の境い目っていうか……。

若松　区別、いや差別だね、ああなると。すごい差別ですよ。

神代　役者でもね、いわゆるポルノ映画に出た役者は絶対こっちの方へ移れないわけ。役者がそうだし、スタッフもそうだね。

若松　ポルノ映画をやったスタッフは、テレビもできないし普通の映画もできない。すごい差別があるわけね。日本だったらピンク映画に出ようがロマン・ポルノに出ようが、テレビにも普通の映画にも出られるけど、ドイツの場合は絶対にダメなのね。

神代　これは驚いたね。もっともポルノといっても、むこうは本番映画なんだけどね。でも本番映画だっていいじゃねえかって思うんだけどね、やろうとやるまいとさ(笑)。そのへんのやりにくさってのは、いっぱいあったね。

——『赤い帽子の女』も、むこうではポルノ映画とみられてたわけですか。

若松　最初はポルノ映画としかみなかったね。だけど違うんだと説明して……。若松という名は、『愛のコリーダ』をやったプロデューサーだということである程度知られていたけど、『愛のコリーダ』そのものも、ポルノと普通の映画のちょうど境みたいなとこなんだよね。あれは完全にポルノだという人と、あれは芸術だという人と両方がいて、どっちにもつかないところでみんなあの映画を見てるんだね。だから僕はドイツってのはたいしたことないなと思った。もともとダメな国なんですよ。

家族同伴で仕事しに来るんだ

——『赤い帽子の女』についたスタッフは……。

神代　一般映画のスタッフです。

若松　ホルスト・シャファーという男がこの脚本を読んで、まあ、理解をしたわけね。それと、神代さんと僕と内田さんが最初行ったわけだけど、三人のいろんな話とか映画にかける姿勢みたいなものとか、そういうものが伝わったということがひとつありますね。僕だけだったら困っただろうけど、神代さんと内田さんはすごい芸術家タイプに見えるのね。

神代　ウソだよ(笑)。

若松　余談になるけど、あるレストランで三人がどこの国の人間に見えるかって訊いたわけ。内田さんはエスキモー、神代さんはインディアン、俺はチャイニーズだって(笑)。

神代　スタッフに関しては、国営の斡旋所があって面接するわけだけど、その人たちがまず最初に言うのが「これはポルノ映画じゃありませんね」ということなのね。俳優さんもそうですね。

——オーディションは、ハード・コアもありうるということでなさったんですか?

若松　つまり、やってもかまわないけど、アップはいけないということなんだね。ヘアが出ようが性器が出ようがそれはかまわないと。だけどアップはあかんと。むこうのポルノ映画はアップだけ、えんえんとそれだけなんだよ(笑)。

——アップでなければいいと。アップであるかないか、そこで区別してるわけですか。

神代　そういうことだろうね、基本的には。

若松　それと、映画の内容もあるだろうけどね。だからキャスティングに一番苦労しましたね。片っぱしから断ってくるわけね。「あれはポルノだ」って言われて、みんなビビって出なくなったりね。邪魔をされたわけですよ。ただ今回のスタッフは、我々の意気込みみたいなものに共鳴してくれて、撮影に入ったら「日本のスタッフは世界一だ」って驚いてましたよ。今後、日本人がドイツへ行って映画を撮るっていったら、スタッフがワァーッと寄ってくるんじゃないかな。そういう自信はあるね。とにかく日本とドイツで映画を撮ったというのは我々が初めてなんだから。

——映画の作り方に関しては、ドイツと日本とでは……。

神代　ほとんどかわらないね。ただ(ドイツの方が)スピードが遅いってことぐらいで。

若松　それとアメリカもそうだけど、照明部がいないってことね。照明技術ってのはいるんだけど、撮影部のなかっていうか、キャメラマンの言うとおりにしかやらない。スタッフはみんなよくやったよね。

神代　よくやってくれたね。土曜日曜も撮影するじゃない、むこうは土日は休みなのね。そうすると、家族同伴で来るの。家庭サービスかなんなのか知らないけど。

若松　奥さんとか子供とかみんな連れてくるの。子供がチョロチョロうるさくて俺は怒鳴るわけよ。怪我でもしたら我々が責任とらなきゃいけないいんじゃないかって。

神代　若ちゃんの怒ること怒ること(笑)。結果的には、日本人だけが働いてるんだよ。むこうはとにかく出てくるだけでね。こっちが「ヨーイ、ハイ!」って言ってるのに、木陰で女の子と抱きあってるしさ(笑)。

若松　子供にサービスしてるんだよね、蹴とばしてやるぐらいのこと、なんでやらないのかねえ。それで土曜日はギャラが高いんだよ。平日の五割増し、日曜は倍とるしさ。

神代　それと、これも驚いたけど、むこうの俳優さんというのは自分からはまず動かないね。

若松　自分から芝居をしようとしないんだね。つまり監督の言うとおりにしかやらない。反対に、これはクリスチーナなんだけど、監督とディスカッションしていいっていう項目が契約書にあるわけ。それがないと、お人形さんみたいに、監督がおまんこ広げろっていえば広げないといけないんだって(笑)。

神代　契約ってのがきちんとしてるんだろうね、なああってのはないね。芝居も動きもみんなこっちがつけるよね。一番驚いたのは、「ナイフの持ちかたをどうしますか」って訊くんだよね。逆手で持とうが刃を上にしようが下にしようが、こっちはどうでもいいと思ってるじゃない。そういうことまでみんな訊くの。

若松　役者もあとで文句を言われないようにさ(笑)。でも監督がそんなこといちいち言わなくても、その芝

『赤い帽子の女』永島敏行、クリスチーナ・ファン・エイク

居の中の自分の感情で判断すればいいことであってさ。

神代　こっちは、やりやすいようにやってよって言うじゃない、ねえ(笑)。

——で、結局、やりやすいようにやってよ、っておっしゃったんですか、それとも指示なさったんですか？

神代　いや、指示しないと動かないんだもの。やりやすいようにやってよって言いますよ。言っても、どう握るか？　って。

若松　どっちかにしてくれって言うね。

——クリスチーナとはディスカッションなさったんですか？

神代　ずいぶん話しましたよ。

——どういったことについてですか？

神代　頭から最後までシーンごとに、ここはこうですかこうですか、こうですよこうですよって。

——自分なりの演技プランなんか持ってくるわけですか？

神代　いや、ここはどういうことですかってむこうから訊くのね。それで、こうですよって言うと、わりとみんな納得してましたね。

若松　そういう意味じゃ、簡単に納得するんだよね。あれは不思議だね(笑)。

神代　ほんとにわかってるのかなって最初は思ってたけど、やっているうちにわかってるなという感じがするのね。だからわりと合ってたのかもしれないね。

若松　クリスチーナにしてもほかの役者にしても、ある程度、神《くま》さんが思ってるように動いてるんじゃないですか。

神代　ええ、大体そうですね。クリスチーナ自身が貴族の出身で、貴族が貴族なりの革命の起こし方みたいなのをどうするかっていうのが、わりとピシャッときたんじゃないのかな。だから大体の話は通じましたよ。たとえば、自転車屋へ行って死体を引きずりおろして足で蹴るところがあるでしょう。死体を蹴るなんてのはどう思う？　って訊いたわけ。僕の考えでは、なんかこうキリスト教みたいなのがあってさ、そんなことはとんでもないんじゃないかってふうに思ってて、どう思うかって訊いたら、わかります、って言うんだよね(笑)。だから、かなり正確にシナリオを読んでたんじゃないですかね。

若松　そうだろうね。一応理解はしてるんだけども、全部訊いてみないと、勝手なことをやると責任が自分にかぶってくる、みたいなことがあるんじゃないかな。

　城の中で手を縛ってやるでしょう。あそこがよく理解できたね。僕が一番好きなシーンなんだけどね。

——画面は、ずいぶんクリアな画面ですね。

神代　それは、綺麗綺麗に行きましょう、ということですよ。

若松　天気が良すぎちゃってね。表の撮影になると全部天気が良いんだよね。部屋の中に入ると曇ってるんだけど。姫田(真左久)さんも相当苦労したようですよ。空気が違うから、全部透明になっちゃうところがあるんじゃないかな。だから現像で大分苦労してるようだったですね。

　ほんと言うと全部曇りでやりたかったんだけどね、なんとなくヨーロッパ風っていうの(笑)。表より部屋の中の方が僕は好きだけど、やっぱり姫田さんの齢の功だね、室内をああいう感じで撮れるキャメラマンはなかなかいないよ。

神代　照明技師さんてのがいないから、ライトのポジションまで全部姫田さんがやってね、すごく愉しんでた。

若松　シンドいシンドいって言いながら愉しいんだよね(笑)。それと姫田さんはすごく明るい人だから、そういう意味じゃものすごく助かった部分でありますね。みんな姫田さんの言うことはよく聞いてやってましたよ。

西洋人に対する夢だろうね

若松　まだ評論家の評判というのはあまり聞いてないけど、ドイツの製作の連中は試写を見て相当感動して帰りましたよ。彼らにしてみれば準備期間二週間ぐらいで、それこそ映画以下の日数で撮ったわけじゃない。だから相当ひどい映画になってるんじゃないかと思っていたらしいんだけど、試写をみせた時はものも言えないぐらい感動してましたよ。

——映画としてはかなり観念的な部分が強いように思えたんですが……。

若松　僕はそう思わないけどね。まあ、シナリオの段階から準備を全部やってきたから、自分ではすごく解りやすい映画だと思うのかもしれないけどね。

神代　いわゆるストーリーテリングっていうのがないから、そういう言い方は出来るかもわからないけどね。〝夢くらべ〟というふうなことが一種テーマになってますから。

若松　夢だね。まさに〝夢くらべ〟だね、あれは。

神代　もっと具体的に、小説的に、という作り方もあったろうけれども。

若松　だからテレビなんかに飼い慣らされてる連中だったら解らないでしょうね。ああなって、こうなって、こうなりましたという話じゃないからね。そういう説明的な描き方はしてない映画だよね。

——主人公の二人というのは、必ずしも観客が感情移入するようには作られていませんね。

若松　僕は女性の観客はああいう願望があるから、必ず感情移入すると思うけどね。日本の男性は恐らくしないだろうね。というのは、日本の男っていうのは、寝ちゃえば俺の女だ、みたいに思うのが多いわけじゃない。つまりああいう浮気とかいろんなことをやる女には誰がついていけるか、みたいなズバリ次元の低い所で生きてるわけだからさ。それを考えると感情移入は出来ないんじゃないかな。

——彼女には、つねに二人の愛人の間で危ういバランスを保っていたいみたいな、そういうところがありますね。

『赤い帽子の女』泉谷しげる

神代　うん、そのことに関して「侏儒の言葉」の中にピシャリと当った言葉があったのね。まあ芥川龍之介のかなり正直なアフォリズムだと思うんだけど、女を男が共有するのはいい、だけど知った男と共有するのはたまらん、と言っているわけね（笑）。そのへんは何か「侏儒の言葉」とこの映画はピシャッと合った気がするよ。かなり日本的だと思うね、今ならスワッピングだとかあるけど。

若松　まあ、あれはやっぱり神代さんの女に対する〝優しさ〟なんだよ。

神代　そんなことないですよ。

若松　だけどさ、ああいう男になりたいっていう願望はないかな。つまり、あれだけ優しくて謙虚でさ、やさしくものを抱いてやるっていうのかな。現実には解らないけど、精神的にいろんな意味で豊かな男になってみたいっていう願望がないかな。

——永島敏行には、そういう包容力というより、むしろデカダンでニヒリスティックな感じを受けたんですが……。

若松　うん。だから何か墜ちてゆくっていうね。つまりいろんなことが全部解ってくるとさ、ああいう気持っていうのが解るような気がするんだなァ。つまり権力志向とかいろんな志向のある人には解らないんだろうけど、それがない人にはあの男の気持ちは解るんじゃないかな。

——永島君はそれについてどういうふうに言ってるんですか。

神代　うん、「正直に言うと、俺は百姓の映画しかやったことないから、こんなの難しくて解りません」って言ってましたけどね（笑）。

若松　「作家」なんて言われてびっくりしてたね（笑）。

——画面でも、大きな体をもて余しているみたいに、服を脱がされる時でもいつもグニャグニャしてたり、というところが目につきましたね。

神代　それは意識的にやったのね。というのは、黙っていると顔立ちとか動きだとかという面でクリスチーナに負けちゃうのね。負けられちゃうと困るから、非常に意識的に、体をしょっちゅう動かしているというふうにね。

若松　だけどあの芝居が、ドイツの連中からみるとすごい名優に見えるんだね。また永島で映画を撮りたいって言ってるけど、永島の演技に関しては大感動してたね。

永島のイメージからすると、あの芝居はちょっとどうも……と思うんだろうけど、僕は大変いいと思ってるんだよね。あの何ともいえないグジュグジュしてるところ、たとえば泉谷にこう肩をくまれてひきずられて行くところとか、赤い帽子の女が車で来て、その下を永島が歩いている、あのあたりとかね。

——山根貞男さんだったかな、たしか神代さんの映画について〝軟骨的文体〟というふうにおっしゃってたけれども、永島敏行は〝軟骨的肉体〟みたいな気がしましたね。

神代　うーん、軟骨的肉体をしてますね、まだね（笑）。体形が悪くて、足が短くてさ、もっと逞しいかと思ったら、軟骨的なのね。

若松　僕は永島の芝居っていいと思ったけど、マネージャーなんかはブーブー怒ってる。でも役者っていうのは、いつもの同じパターンじゃなくていろんなことをやらなくちゃね。だから永島君としては今回は大変なことじゃない、ああいう芝居が出来るとは誰も思わないものね。

神代　なかなかいいと思いますね。

若松　なんであの芝居の良さが解らないのか、僕は不思議でしょうがないねえ。

――泉谷しげるが演った"先輩"というのは、結局、関東大震災によって送金が途絶えて自殺しちゃうわけですが、彼もまた、しのび寄ってくるファシズムの足音に絶望して自殺した芥川的人物、というふうにもとれなくはないという気がするんですが……。

神代 そうだと思いますよ。

若松 僕は、一番ダメな部分をもった人間というのかな。そういう感じがしますけどね。誰かが現代の日本を象徴してるって評していましたね。

ああいう、たとえば乱行パーティとかいうのは大変なんですよ。監督もそうだと思うけど、こっちとしては本当はああいう所で全部裸にして、もっともっとすごく撮りたかったわけよ。だけど、それは絶対に不可能なわけね。つまり、撮るんだったら別に映画と関係なく、ポルノを専門にやっている役者とスタッフだけで撮るとかね、それだったらすごいのが撮れますよ。

神代 でも、何かもう一遍やるといいのが出来るね。

若松 今度は、もう皆、むこうのスタッフも信じてるからね。

神代 本当にもうキャスティングがしんどかったよねえ。

若松 本当にしんどかった。

神代 ドイツという国は美人がいないね。ミュンヘンの辺りが特にいないのかもしれないけど。

――何人ぐらいに会われたんですか？

若松 大体、50人ぐらいね。

――みんな裸にして？

若松 いや裸にはしなかったけどね。

神代 でも若ちゃん、脱げって言って脱がせたよね(笑)。

若松 何人かはね(笑)。でもこうしてみると、つまり僕たち、ドイツの美人っていうとナスターシャ・キンスキーなんて想い浮かべるけど、ああいうのなんて殆どいないじゃない。

神代 いない、絶対いないね(笑)。

若松 つまり、ああいう美人はもうドイツにはいないんだね。すぐハリウッドとかフランスとかへ行っちゃうわけね。クリスチーナでも、むこうのスタッフはもう腫物に触わる感じなんだよね。あのくらいの役者でも大スターなんですよ。だから気の使い方が大変ですよ。日本だったら誰だろうな。岩下志麻みたいなもんじゃないかな。

神代 桃井かおりとかね(笑)。

若松 桃井かおりはスターとは思わないけど、スタッフの気の使い方からいえばね(笑)。

――"赤い帽子"っていうのは結局何なんでしょう。

神代 夢だと思いますよ。日本人の西洋人に対する夢じゃないかな。

若松 何だったんでしょうね。やっぱり夢をみたんでしょうね。

神代 これから国際結婚っていうのはいかに難しいか、という(笑)。

若松 東洋と西洋の違いですよ。

神代 本当に東洋と西洋の違いだよ。土曜日に仕事していちゃつかれたらたまらないよね(笑)。

――若松さんは監督業に戻られて次回作を準備なさっているというふうに伺ってますが。

若松 『蜂は一度刺して死ぬ』っていうのを今、一所懸命準備してますがね。

――見通しはどうなんですか？

若松 まあ、いろんな変な噂が飛び過ぎちゃってちょっと今、しんどい所ですけどね。何とかまあアドバルーンを上げた以上はやろうと思っています。

――神代さんは『戻り川心中』ですね。

神代 ええ、十二月ぐらいにクランク・インですね。

若松 今度のやつは惚れまくってますからね。シナリオだけでだいぶ旅館にこもってたじゃない。

神代 そこそこのものが出来ましたね。でも役者を脱がすって大変だよね(笑)。

若松 いや、俺ね、神さんがこの間の『嗚呼！おんなたち猥歌』を撮った時に、「俳優さんを脱がすっていうのは大変だな」って言ってたのを聞いてね、にっかつとか神代さんていえば誰でも脱いじゃう感じがあったんで、反対に安心したけどね。こっちもいつも大変じゃない、脱がせるということは。見てる側は、ああ脱いだとか簡単に言ってくれるけど、あの苦労っていうのは大変なことなんだよね。だから、役者がもっと利巧になってくれればいいんだよね。

神代 そうだよね、おまんこを出すわけじゃないしさ、裸になったからどうだっていうんだよね。

若松 役者なんだからさ、脱ぐべきですよ。当然ですよ。何を言っとるかっていうんだよね。

神代 でも、藤真利子っていい女だね。

若松 ああ、いい子ですよ。最近、可愛くなったね。葛井さんていうのはすごく解ってる人だからね。

――主役ですか？

神代 主役は三人いるんだけど、藤真利子と原田美枝子と、もう一人がいま交渉中なわけ。

若松 大丈夫だよ、神さんだったら。

神代 脱がして銭もうけしないとね(笑)。

若松 銭もうけが下手なんだよな。しかも、いざ撮影に入ると銭もうけなんか関係なくなるからさ(笑)。

（わかまつ こうじ・映画監督／
「月刊イメージフォーラム」一九八二年二月号）

メフィストの「感想」

映画批評なんて、とても出来たもんじゃない。自分の映画も満足に出来ちゃいないのに、と、お断りしたんだけれど、批評じゃなくていい、感想でいいからといわれて、どうも断りにくくなって、この原稿、引き受けたものの、さて、批評と感想とどう違うのかと、今になって、あらためて考えたりしている。多分、さらっと触れるのが感想だろうと、自分なりに判断して、メフィストという映画、ハンガリーと西ドイツの合作という多分その故だろう、人物も筋運びもかなり公式的で、私にはその辺がかなりもの足りなかったと「メフィスト」を見た「感想」はこれぐらいにさせていただく。

私がこの映画を見たのは、ヘラルド映画の試写室で、実は、この五月から撮影に入る予定の、ヘラルド・エース製作の「赤い帽子の女」の参考試写のためであった。「メフィスト」と同じく、「赤い帽子の女」も一九二〇年代前半のドイツを舞台にしたものなので、多分、どこか共通のテーマを持つことになるだろうし、二十年代の風俗も参考にしたかったし、そういう意味での試写をもってもらったのである。その席で、たまたま小川徹さんとお会いしたのが運の悪さで、この原稿を書かされる破目になったのであるが、それはともかく、大病の後の小川さんはいくらか痩せられていたようだけど、頗るお元気の様子だったので、何かほっとしたことも「感想」のついでに書き添えておきます。

神代辰巳

私にとって、ワイマール時代のドイツはすごく興味のある時代なのです。「メフィスト」のごくまじめなとらえ方とは別に、と云うのは、「メフィスト」ではナチの抬頭、そして、ヒットラーが政権をとって、ドイツがナチズム一色になって行く。その時代の演劇人の苦悩を描いて行くのですが、「赤い帽子の女」はもっとダダイズムの側から二十年代のドイツをつかまえてみようと思っているのです。「メフィスト」の批判になるかもしれませんが、メフィストと呼ばれるこの映画の主人公は成る程、ナチに魂を売り渡したのかもしれませんが、敢えて誤解を恐れずに云えば、主人公は弱々しいハムレットで、ちっともメフィストテレスらしくないのです。悪魔っ気がないのです。その辺が、この映画を見て、私には共感出来にくかった部分で、「赤い帽子の女」は、どうせドイツは滅びてしまうんだから、先に自分が滅んでしまおうと、そんなふうな悪魔的な女を主人公にした映画を作ってみようと思ってます。と最後は自分の作る映画の宣伝をさせていただいて「感想」を終ります。

『赤い帽子の女』について

「赤い帽子の女」というのは芥川龍之介が書いたといわれているが、偽物みたいですね。映画化の話も、にんじんぷろであったものが若松孝二さんの所へ入り一番はじめ、四千万で出来ないかという話では無理だろうというのでヘラルド製作配給で一億五千万となった。ドイツロケは一カ月くらい。脚本は内田栄一さん。小説はドイツ第一次大戦後のインフレのベルリンへ行った男が、娼婦らしからぬ若い女を買い、それとの性交渉を描いたものですが、私はロケ場所をナチのミュンヘン一揆にダブらせるためミュンヘンを選んだ、というのは日本でも二、三ヵ月あと関東大震災があったからだ。ロケハンにいった際、主役の女優を捜すのに手こづった。ドイツにはいい女がいない。第一ドイツではまだポルノやる人とそうでない人はかなりきちんと分れている。一度生本番やっちゃうと絶対こっちには入れないというのにはビックリした。日本とちがいハードコアがあるからですかね。そこでドイツ以外の外人連れてきてというわけにもいかなかったんでチェコから亡命してきた女というのがいたが、失格、ちょっと年だったから。結局ドイツの女優さんでアメリカ映画に一本、ドイツ映画に二本ぐらい主役をやったグローニア・ツィップマン。一見エリザベス・テーラー風。ほっそりしてオッパイもこぶりで割といい。一応テストの時裸になって芝居してもらったんだけど脱ぐ時顔がポッと赤くなったりして「本当の時はちゃんとやります」なんていってね。まわりのファックする女達は、支那の王様で三人か四人。男優の永島敏行が１８５ｃｍぐらいででっかいからグローニアが１７０ｃｍくらいで較べると小っちゃい。ダダイズムみたいなのを女のテーマにおいて、日本的な感覚で貴族の女の下降指向を考えた。あちらにもそんなのが実際あるのかどうか。

（「映画芸術」一九八二年四／六月号）

〈猥褻性〉としてのそのもの

清水一夫

一九八二年(昭和五七年)ドイツ南部バイエルン地方の中心地ミュンヘンのあるペンション。このあたりは概ね一〇〇年以上は経っている建物が立ち並ぶ静かな住宅地である。しかし、ペンションとは民宿のような安宿のことである。従って風呂も便所も共用で廊下の突き当たりにある。酒の飲み過ぎで尿意をもよおしトイレに入った。ドアを閉めた時、把手がスポンと取れて手に残った。その時、「あ、外れた」と、簡単に思いそのまま用事を済ませ、ドアの把手を嵌めて開けようとしたがどうやってもうまくいかない。安宿とはいえドイツの建物は頑丈にできているのだ。トイレの小さな窓から下を覗くと四階で地上は遥か下である。「ヤバイ」と、初めて思い知った。

外地の深夜、しかも寒い。ドイツ語で叫ぶ方法をしらない。英語で「ヘルプミー」は、気はずかしい。とにかくやけくそでドアを叩きまくった。悪戦苦闘のすえ十数分後、宿の亭主がパジャマ姿で開けた憮然とした顔は明らかに異様なものにでくわしたそれだった。神代辰巳監督のインディアン風の顔と真ぢかにでくわしたドイツ人が驚かないはずはない。

翌朝、便所に閉じ込められた話を、いつものカフェオレとパンを齧っていたときに聞かされた、若松孝二プロデューサーも、姫田真左久カメラマンも、私も、皆で笑うべきか否か戸惑った。

「皆にとっては簡単なことかもしれんが、俺にとっては大事件だよ」と、神代さんが深刻に話す以上軽率には笑えなかったのだ。落ち着かない不安定な気分で食事を終え、宿の主人にジェスチャーで一通りの文句を言ったつもりでスタッフルームに出かけた。ヒロインその他のキャスティングで一日を終えたが、悲劇はその夜起こった。

姫田さんはいつものように、メシ後街へ酒を飲みに出た。姫田さんはよく一人で飲みに行く。飲み過ぎて金がなくなり、赤鬼のような金髪男のツケ馬に連れられてホテルへ帰ってくるほどだ。その夜もしたたかに飲んで、寝る前にトイレにと思って、勢い良くドアを閉めた。例のトイレにはこの夜、把手すらついていなかった。酔いが一瞬に醒めたのは当然で、不安の深淵に突き落とされたに違いない。すっかり諦めたのか、つぎの使用者がドアを開けるまで静かに瞑想してまつことにした。凍えるほどの寒さのなか、四時間後の明け方。神代さんがドアを開けると黒い物体が飛び出した。

「あのときは度肝をぬかれた」と、カフェオレとパンを齧りながらの神代さんの話で、大笑いになった。

それらの日々のなか、神代さんとシナリオの内田栄一さんとの脚本づくりは六稿を数えていたが、タバコを吸い重ねながら、「シナリオがいのちだ」と、いいつつ頑張っていたのを記憶している。又、主役降板のハプニングの後、オーディションを粘り強く繰り返し「映画は八〇%役者できまるから」と言う神代さんの述懐を思い出す。

ヘラルド・エース+若松プロダクション製作『赤い帽子の女』は一八八二年四月から六月までのおよそ六〇日間のドイツロケだったが、神代監督は多くのハンデにもかかわらず強靭な体力でよく耐えたと思う。

一九二三年のドイツは第一次世界大戦に敗北の後、ナチス台頭の予感のなかにも殷賑を極めていた。『赤い帽子の女』はバウハウスやアールヌーヴォに象徴される、日本人にとってのヨーロッパ文明であった。永島敏行(わたし)と先輩の泉谷しげる(東野)は、超インフレ下の中でポンドやドルをバラ撒きながら、その中心で擬態の享楽に耽っていた。そうして、極東の日本人

『赤い帽子の女』クリスチーナ・ファン・エイク、永島敏行

が求めてやまなかった西欧文化に拒絶されつつ、生と死を彷徨するセクシャルな迷宮世界として描いていた。

　戦勝国として浮かれていた二〇年代と、高度成長期に騒いでいた七〇年代とをセックスを媒体として重ね合わせ、批判的に時代の潮流を捉えようとした作品だったと思う。それは神代監督の創作系譜の内容として間違いのないところだ。

　しかし一三年後のいま、彼の作品をそのように総括してしまうと重大な欠落に気づくのだ。神代さんを想うとき、私は、〈猥褻〉という言語ないし言説に直結していく。〈猥褻〉を広辞苑でみてみると、一．男女間の肉欲上の行為に関するみだりがわしいこと、二．他の色情を挑発し、または自分の色情を外部にあらわそうとする醜い行い、ということになっているが、公権力がこのように規定するなら神代さんとその作品は、反権力と自己の身体をつらぬく〈猥褻性〉としての存在そのものではなかったか。

　その〈猥褻性〉にむけて、橋爪大三郎の〈猥褻〉についての言説をかりながら、も少し明確な像を結んでみたい。橋爪は〈猥褻三法〉の罰則で強制猥褻は妥当であり、公然猥褻は不要ないし不適当とし、猥褻物頒布等は不当であるとしたうえで、権力システムとワイセツのこれまでのさまざまな言表について異議を立てている。〈芸術か猥褻〉かという論争は、ワイセツ取締りの妥当性をいったん承認しながら、それを相殺するような免罪理由をもちだす方法だとして退け、〈猥褻なぜわるい〉では、日常のなかにワイセツを特異視し、信憑性のなかで犯罪の構成要件としてその実体を持ちこみ、法的言説の文脈で決着しようという姿勢で不充分だという。「性愛世界の彼岸とは、人間が互いに身体と身体として出会うところからは始まりようのない世界、すなわち、言語や権力に基礎づけられた公共世界である。言語とは、身体と身体とがあいだに形式を介在させて出会う仕方であり、権力とは、身体と身体とが他の諸身体を介在させてであう仕方である。そして性愛世界を公共世界から隔てる半透明の皮膜が、猥褻現象である」とするならば、神代さんがいまいる所在は明確だ。神代作品がかもしだす怪しさは、まさに性愛世界と公共世界を隔てる半透明の皮膜に覆われているからだ。〈猥褻現象〉の達人である神代さんは、権力の全域的システムが織りなす力学の隙間を行き来する越境者にちがいない。

　その越境者のありようとは、セクシャリティを武器に法的世界の拘束をうけることなく、そのボーダーを突き破って人々の覚醒を促す人のことだ。

（しみず かずお・プロデューサー／
「映画芸術」一九九五年夏号〈追悼　神代辰巳〉）

あの頃の自分の事

増淵 健

　十年以上前になる。神代辰巳に会った。

「かぶりつき人生」を撮ったきりで、日活からホサれ、〝処女作だけの映画監督〟だった頃だ。

　会った場所は、新宿のバーで、神代はかなり酔っていた。どういうきっかけで彼と口をきくようになったか覚えていないが、顔見知りの日活のスタッフが引き合わせてくれたのだと思う。あたりさわりのない世間話の中で、私が、以前女性週刊誌の編集者だったというと、神代は急に真顔になった。私の勤めていた週刊誌が夫人のスキャンダルをとりあげたため、故郷《くに》の母に泣かれたというのである。

　記憶の糸をたどり、そうかと思い当った。

　神代夫人の島崎雪子が隣家に住んでいた姉だか妹だかとケンカをし、最後には刃物をもち出す騒ぎになった。幸い、軽傷程度ですんだが、肉親の女同士の刃傷沙汰というのが珍しく、見開き2ページの記事にしたことがある。

　といっても、私の担当ではなく、そういうページがあったのを覚えているにすぎないのだが、神代に、私の弁明をきこうともしない。

　私をその記事の担当者と決めこんで、追求の手をゆるめなかった。くどくどと同じことをくり返し、あげくの果て、今から母に電話をするから、謝ってくれといった。スキャンダルが載った結果、母が寝こんでしまったのだそうだ。担当の問題はともかく、2、3年前の出来ごとだし、いい加減に勘弁して欲しかった。酔余のことといっても、公衆の面前で犯人呼ばわりは不愉快だった。

　そんな私の気持を無視して、神代は九州の実家へ長距離電話をかけた。私は〝泣く子と地頭には勝てぬ〟というたとえを思い出した。いや、〝泣く子と映画監督には勝てぬ〟かな？

　長距離電話は、なかなかかからなかった。神代はダイヤルをまわしながら、母が出たら謝ってくれとくり返した。結局、九州へはつながらず、私は胸をなでおろした。

安心したのも束の間だった。

彼は、島崎雪子を呼ぶといい出した。彼女が神代と離婚し、銀座でクラブをやっていることは、私も知っていた。彼は、またまた電話にとりつき、こんどは1回でつながった。また、引き合いに出されるのかとゾッとしたが、島崎がいなかったとかで、難を免れた。

空振りつづきで、さすがに冷静になったらしく、神代は過去を水に流し、飲み直そうといった。

電話の一件さえなければ、もめるいわれはないので、私は彼とバーを出た。連れの日活勢もいっしょだった。車を拾うと、神代は、自宅へ寄るからつき合ってくれと、さっきとちがう凛《りん》とした口調でいった。また、なにかが起きそうだ。

車は30分ほど走って住宅街へ入り、路地の前で停まった。神代は1人で車を降り、まもなく女と戻ってきた。彼の紹介を待つまでもなく、私には、彼女がだれかわかった。殿岡ハツエだった。「かぶりつき人生」のヒロインで、日劇ミュージック・ホールのスター・ダンサーである。

神代は殿岡と同棲していて、自宅に電話がなかったので、彼女を呼び出すため、自宅へ寄ったのである。私は、そんな彼にいやな顔ひとつしない殿岡に感心した。こわれやすそうだが、少くとも、今の時点で彼らは深く愛し合っていると思った。

車はふたたび新宿へ向かい、あるゴーゴー・クラブの前で停まった。私は、電話の一件などきれいに忘れて、明け方まで踊り狂った。殿岡のリズミックな動線を目と体で追いながら、汗まみれになった。彼女の、浅黒くひきしまったふくらはぎを美しいと思った。

……あれから10年以上経つ。「赤い帽子の女」を見て、あの夜がきのうのことのように鮮明に甦った。

考えてみると、不思議だった。雌伏期を過ぎてからの神代のめざましい活躍を眺めながら、私は彼を、以前会った彼と別人のように感じていたのである。

「赤い帽子の女」は、あの夜の私の印象がまちがっていなければ、神代自身のように変幻自在だ。観客をいらつかせ、爆発寸前の状態に追いこんでおいて、体をかわし、一転、激情のクライマックスに誘いこむ。女々しい立ち居振舞いで相手を安心させて、突如、男っぽいリーダーシップを発揮するのである。

「赤い帽子の女」について、こんなことがいえそうだ。ものを創る人間は、結局、自分自身を語るのだという真理を、これほど具現した映画はない。すべての監督がこうした私映画をもっているにちがいないが、観客がそのことに気付くケースは少ない。私のように、監督の素顔を私生活こみで見られる機会がないからである。

独断を承知で総括したい。

監督は、フィルモグラフィの中に、私小説ならぬ私映画をなに食わぬ顔でファイルしている。最初から私映画を狙って撮る場合と結果がたまたま私映画になる場合があり、「赤い帽子の女」は恐らく後者である。

神代には不本意かも知れないが、良くも悪くも、監督の資質をさらけ出した点で、これは一つの里程標になった。

……ヒロインのクリスチーナ・ファン・アイクが来日し、記者会見が行われた日、私はひさしぶりに神代を見た。素面の彼とは、これが初対面だった。

司会者が神代を芥川龍之介に詳しいと紹介し、私をおどろかせた。芥川についてなら、私もちょっとうるさいのだ。

私は、はじめて自分と神代の間に共通項があることを発見した。彼のことを私とはちがう世界に住んでいる人間と信じていたので、俄かに距離が縮まった気がした。今後とも神代と近しくなることはないだろうが、これだけは覚えておこうと思った。

人間50を過ぎて芥川が好きとはいいにくいものだ。なぜなら、彼の文学は知的でセンシティブである分、毒性が低いと考えられている。ハシカや知恵熱のようにだれもがかかる代り、すぐ治ってしまうというわけだ。私は、いまだに好きと公言出来る神代に敬意を表したい気持ちになった。

芥川の文学は清冽《せいれつ》であり、硬質であるため、文学入門の教材用小説みたいな扱いをされる。これは、明らかに誤解だ。本当の意味の大人の小説なのに、純度の高さが読者の層を限定する皮肉な結果になっている。「赤い帽子の女」の〃伝・芥川龍之介・作〃は、誤解に基く有名税のようなものだ。

真贋を見極めるのが目的ではないが、あえてつけ加えるなら、原作は芥川の文章と似て非なるものだ。それは「あの頃の自分の事」という芥川の短編(大正7年)の題名を借りた私の文章が、芥川に及びもつかないのと同じくらい自明の理である。

（ますぶちけん・映画評論家／劇場用パンフレット）

28

もどり川

【公開】1983年6月18日封切
製作＝三協映画　配給＝東宝東和　カラー／ビスタ／137分

【スタッフ】
総指揮＝梶原一騎　製作＝川野泰彦　田中收　島田十九八　原作＝連城三紀彦『戻り川心中』　脚本＝荒井晴彦　撮影＝木村公明　照明＝宮崎清　録音＝瀬川徹夫　美術＝横尾嘉良　編集＝鈴木晄　記録＝白鳥あかね　音楽監督＝篠原信彦　石間秀機　萩原健一（ディレクター）　助監督＝萩原鐵太郎　スチール＝井本俊康　製作担当＝栗原啓祐　時代考証＝林美一

【キャスト】
苑田岳葉＝萩原健一　朱子＝原田美枝子　ミネ＝藤真利子　琴江＝樋口可南子　文緒＝蜷川有紀　千恵＝池波志乃　娼婦＝芹明香　桂木＝高橋昌也　加藤＝柴俊夫　綾乃＝加賀まりこ　村上秋峯＝米倉斉加年　家主＝桑山正一　中州屋の主人＝常田富士男　医者＝有馬昌彦　特高刑事＝外波山文明　刑事＝勝都寅之　新聞記者＝西田健

⦿カンヌ国際映画祭監督週間上映

【物語】

大正一二（一九二三）年、浅草十二階下の私娼窟。歌人の苑田岳葉は、今日も馴染みの女、千恵の部屋に入り浸っていた。路地では、胸を病んでいる妻のミネがじっと岳葉を待っていた。歌も詠めず、流されゆくままの岳葉の自堕落な生活。ある雨の夜、岳葉は千恵から故郷の千代ヶ浦のもどり川の話を聞かされる。師の秋峯は、その小才とは不相応な功名心に憑かれている岳葉を冷笑し、主宰する結社から破門する。実は岳葉は秋峯の妻琴江に恋をしており、ある夜強引に契りを結ぶ。駆け落ちを企てるが、それは岳葉の翻意で失敗。琴江は消息を絶ち、岳葉は姦通罪で投獄されてしまう。獄中で岳葉は、面会に来たミネから、琴江を浅草の銘酒屋で見掛けたという噂を聞く。やがて刑期を終え、その足で浅草に向かう岳葉。時折しも九月一日、午前十一時五八分。凄まじい烈震が東京を襲った。関東大震災である。紅蓮の炎に包まれた帝都は、恐慌の巷と化した。不忍池付近をさまよう岳葉は、遂に体を売っている琴江を探し出すが、拒まれる。失意の岳葉は、その歌のファンだという少女、文緒と知りあう。岳葉はさる資産家の令嬢である文緒と京都の桂川で心中を試み、未遂に終わる。それは新聞紙上を賑わすスキャンダルとなり、その模様を岳葉が詠った『桂川情歌』は大評判を取る。得意の岳葉、だが、岳葉が自分を愛していなかったと気づいた文緒は首を吊って死んだ。その頃、岳葉の旧友の詩人で現在はアナーキストとして手配されている加藤が、警察に踏み込まれ手製の爆弾で爆死した。岳葉は遺された加藤の女、朱子に接近し、今度はもどり川で心中しようとする。しかし、朱子は岳葉の目論見を悟ってしまう。岳葉は、名声と金、そして琴江の心を我がものにするために、巧妙な偽装心中に賭けたのだった。すべては破綻し、朱子も、琴江も死んでしまった。愛する者たちを失った岳葉は自刃して果てた。苑田岳葉は『桂川情歌』『蘇生』の二篇の歌集により近代歌壇にその名を大きく留めているのである。

創作ノート「……かなわねぇなあ」

荒井晴彦

しんどい夏だった。冷房の部屋の脂汗。で、できたのは冷汗の出るホン。思い出したくもない。ハコはできてるのに一行も書き出せず、書けない言い訳だけを旅館で考えていた。何やってんだ、早く書けと云うクマさんに〝大正が解らない〟と消え入るように云ってみる。そんなモン解んなくていい、早く書けとクマさん。監督はそうでもライターはそうはいかないよ、〝大正〟に生きるのといま、僕が生きてるのと違うんだから、見当もつかないよ、書けない、僕、家へ帰ります。寝ても覚めても大正、大正。大正生まれのオフクロはただの地震恐怖症。暑いよりまだ涼しい方がと旅館へ戻る。根岸が電話してくる。あの歳で書けないなんておかしいな、俺なんかあいつの歳には書けて書けてと陽造さんが云ってたと云う。僕、月とスッポンだものと力無く笑う。陽造さんの竹久夢二のホン読んだけど、すごいね、一行目からもう大正なんだぜ。僕の商売もこれまでと思った。ここまで持ってきたのが不思議なぐらいだとも思った。

クマさんが云った。岳葉ってのは俺やおまえ程度の才能の奴なんだよ。ま、二流、三流の奴のハナシなんだな。そいつが売れたいという一心で、な、解るだろ。俺やおまえと同じなんだよ。好きに書けよ、枚数も予算も気にしなくていい。自分のハナシと云われて、少し楽になったような気がした。あの神代辰巳に、俺やおまえと云われて、まさかと思いながらもうれしくなった。やっと書き出す。三十枚読んでクマさんが云う。荒井よ、俺に失敗させないでくれ。今度は勝負しようと思ってんだよ。俺はクロサワになりたいんだ。え、クロサワですかと僕、聞き返す。僕、クロサワ一本も見たことないけど。そういうことじゃないんだ、もう妥協したくないんだよ、好きなモノを好きなように撮りたいんだよ。頼むからいいホン書いてくれ。カンヌでグランプリ取らなきゃ駄目なんだよ、荒井、客が入って賞も取れるようなホン書いてくれよ。

クマさんの気持は痛いほどよく解る。でも、そんなホン、僕に書けるわけがない。駅の階段上るのに息切らしてる僕にオリンピックに行けと云ってるのに等しい。僕は旅館から蒸発し、飲んだくれた。陽造さんならと思った。大体、プロデューサーは陽造さんに頼むつもりだったのだ。それをクマさんが、この原作を俺に読ませた奴がいるんで、そいつに書かせてやってくれと云ってくれて、こんなことになったんだ。大体、プロデューサーは僕なんか知らなかったんだ。六月末の締切が七月末になり、もう八月だった。お金も無かった。プロデューサーに一万、二万と借りた。書くしかなかった。眠れなくなった。朝寝ていたのが、ぐるっと回り、朝起きるようになった。きれぎれの眠りとボーッとした時間の繰り返し、メシさえ食ってれば大丈夫という陽造さんの言葉を思い出し、詰め込むようにしてメシだけは食った(このせいで旅館を出てから、会う人ごとに太ったねと云われ、やつれたねという言葉を期待していた僕はガッカリした)。

どうにかこうにか三七〇枚書き上げたのは九月も半ば。クマさんが旅館に入り、添削教室が始まる。これじゃ、ＡＴＧだ、みゆき座なんかに来る若い女には解らないぞと云う。好きに書けって云ったじゃない。大体、俺、ＡＴＧだ、東宝だ、松竹だって会社で書きわけられるほどプロじゃないよと僕、声上げる。クマさんが云う。客を感動させたいんだよ。僕だってそう思います。じゃ、聞くけど、舟の上の岳葉と朱子は惚れ合ってるのかとクマさん。僕、惚れるってどういうことか解らないんです。自分が一番好きで、誰か好きっていっても、結局、二番目だから。二番目じゃ惚れたじゃないでしょ。俺は相手に惚れてる時は相手が一番なんだ、で、いつの間にか、相手の嫌なとこが大きくなってくるだろ、その時に自分が一番になるんだとクマさん。

成程と思った。僕がモテない訳が解ったと思った。

クマさんが云う。じゃ、おまえ、心中なんて解らんだろう。無理心中とか偽装心中なら解る気がしますと僕。ダザイとか無頼派、いいなって思ったことあるよとクマさん。ダザイって教科書の〝走れメロス〟しか読んでませんと僕。死ぬんならカッコよくとか美しくとかってないのか、例えば、その時、笑ってやろうとかとクマさん。死ぬのはただ恐いんですと僕。ガス栓ひねられたことあるんだよ、大昔だけどなとクマさん。慌てて止めなかったんですかと僕。うん、向うが止めたよとクマさん。

かなわねえなあと思った。僕なんて死ぬ死ぬって騒いでラリッただけだった。心配した友達に連れて行かれた精神病院で、アンゴはそんなもんじゃなかったぞと医者に一喝された。

だから、僕、無頼派と聞くと済いませんという感じ。

九月の末、そこそこいったと思うよとクマさん。印刷だ。うれしい。準備稿が上がって来た。よし、荒井、遊んでやろうかと麻雀。脚本賞いけるよなどとおだてられ、僕はボロ負け。クマさんがプロデューサーに云う。勝っても、金取れないからギャラ早く払ってやって下さい。全くクマさんにはかなわない。

十一月、クマさんが若い女の子たちにホンを読ませて、意見を聞いているという話を聞いた。クマさんの気持も解るけど、僕は不愉快だった。佐治乾さんと三浦朗さんにも意見を聞いたと云う。そんなに不安なのかと僕も不安になってきた。

十二月、撮影中のクマさんがげっそり痩せてる、ホンのせいじゃないのと松竹で会った相米に云われる。

三月、オールラッシュを見た。何度も席を立とうと思った。確かに凄まじい映画だった。でも、違うよ、クマさん。どうだったと聞かれ、クマさん、ビョーキだよと云った。若い女に解んないよ、絶対。大丈夫だ。賭けてもいいとクマさんが云った。僕も、幾ら賭けてもいいと思った。映画が当って負けるなら幾らでも。

数日後、クマさんは入院した。肺病病みの出てくる映画撮ってて、肺結核になるなんてと思った。絶対安静と医者が止めるのを、死んでもいいからと酸素吸入しながらダビングをしたという。クマさんは映画を生きている、僕は映画を想っているだけ、なのかも知れない。

お見舞いに行った女の子が、何か食べたいものありますかと訊いたら、酸素吸入器抱えたクマさん、女が食いてえと云ったという。まったく、クマさんにはかなわねえ。

（「シナリオ」一九八三年七月号／『争議あり　脚本家・荒井晴彦全映画論集』青土社、二〇〇五年）

『もどり川』撮影スナップ。
神代辰巳、萩原健一、樋口可南子

『戻り川心中』文庫版あとがきより

連城三紀彦

表題作（『戻り川心中』）はラジオ化テレビ化され、今度「もどり川」という題名で映画にもなりました。苑田岳葉を演じた三人の男優さんは偶然、僕が岳葉を書くとき意識していた某作家某画家それと源氏物語の柏木に、それぞれイメージが似ています。

映画のメガホンをとるのは神代辰巳監督です。この監督は僕の映画鑑賞歴に重要な映画を何本も与えてくれた人であり、以前から自分の作品が映画化されるようなことがあれば、僕の作品がかぶっている綺麗ごとの仮面を剥いで自分の個性を強く打ちだしてくれる人に任せたいと思っていましたから、その意味でピッタリの人です。撮影は二度、銀座のカフェでの岳葉と朱子の出会い、嵐山で岳葉と文緒が心中するくだりを見学させてもらい、本番の声がかかる際の現場の緊張感をいいものだなと思いました。スタッフ全員の視線がカメラの視点と同じになり、座の空気の密度が高くなるのがはっきりとわかります。

出来あがった映画は（最近は、リハーサル風スケッチ風の映画が多いのですが）全篇本番で撮り通したぎりぎりの緊張感をもっています。美しい大正ロマン風な画面の中で、監督らしい生と性のアナーキズムが爆発に近い形で展開され、僕の書いた苑田岳葉というより、監督の描いた監督自身、あるいは主演の萩原健一さんその人になっています。脚本は荒井晴彦さん。僕が今、脚本家の名だけで映画館に通う唯一の人です。原作にはない名場面を創りだすのが上手い人で、今度の脚本でも、たとえば妻のミネが喀血のあと血に濡れた唇を岳葉に押しつけ、（病気をうつしてあげるから、私の血を歌ってよ）と訴えるシーンなど、原作に貰いたいような秀逸な場面が幾つもあります。（後略）

（れんじょう　みきひこ・作家／『戻り川心中』講談社文庫、一九八三年）

『もどり川』を語る 神代辰巳インタビュー

一九七〇年代の青春像を鮮やかに描いた佳作「青春の蹉跌」を生んだ神代辰巳監督と、ショーケンこと萩原健一が「アフリカの光」から八年ぶりに再会。連城三紀彦原作の「戻り川心中」を映画化する「もどり川」(三協映画製作、東宝東和配給)に挑んでいる。

大正十四年、二度の心中未遂事件を起こした後、三十四歳で自らの命を断った歌人・苑田岳葉の半生を描く作品である。時代をさかのぼり神代＝ショーケン・コンビは、何を語ろうとしているのか……。セット撮影が行なわれていた、にっかつ撮影所へとインタビューに出かけた。

まずは神代監督から――。

――企画は、監督から出たものなんですか?

神代　荒井(晴彦＝シナリオ)と、何かおもしろいものをやろうかと話し合っていて、荒井が読んでみないかと持ってきたものなんです。読んでみたらおもしろい。大閉塞状況みたいななかで、一流じゃなくて二流か三流の人間がどう抜け出そうかという姿を、大正のダダイズムのピークみたいなところでつかまえて男と女のドラマにしたてあがっている。現在の閉塞的状況をダブリ合わせるには、いろいろと問題もあると思うけど、自分が置かれている映画界の状況もひっくるめて、ある程度ダブってくる部分がある。超一流で、自分の実力で抜け出せる人間はいいけど、抜けられない人間が上をみて抜け出そうとあがいたけど負けちゃった、みたいなところにひかれましてね。そんなところへ、たまたま三協映画の方から話しがあったんです。

――大正時代のものというのは?

神代　にっかつでかなりやっている。現代で語ると嘘っぽくなったり、キザに見えたりすることが描きやすいんです。今はルンルン気分みたいなのが主流をしめているけど、それを大正におくと、嘘なんだよってことが言いやすい。といってまっこうから現代批判をするつもりはありませんけどね。

――大正時代というと、デカダンスがあり一方ではロマンティシズムがあるわけですが?

神代　まん中を狙ってます。デカダンな犯罪映画をやりたいと思ってますけど、デカダンス・オンリーじゃなく、欲ばって両方を重ねあわせようとしています。「青春の蹉跌」のショーケンがデカダンスかと言うと、そうじゃなく逆にロマンティシズムの裏側でとらえたつもりですからね、ボクは。ただ、だからと言って大正という時代を前面に押し出すみたいなことはしません。大杉栄とか関東大震災とかチョロチョロと出てはきますけどね。時代考証も頼んでますけど、一応は参考にするという程度で、ことさらこだわらないことにしてますし。

――シナリオを読んだ感じでは〝澱んでいる〟という気がするんですけど、映像的にはどう表現してゆきますか?

神代　そこがむずかしいところなんですけど狙いとしてはアール・ヌーボー風の映像を重ねながら、アール・ヌーボー風な澱み、と言えるかどうかわかりませんけど、そんなものを意識してやってます。

――それにしても、暗いですね。今の映画観客の主流といわれる若い人にどうなんでしょうか。主人公が歌人というのもヤングにはなじみが薄いものですし。

神代　確かに明るくはないですね。ただ、俳優のキャラクターの組み合せで暗さは抜けてゆくと思うんです。ミネというただ主人公にけんめいにつくす女を、妻の理想像として描いてゆくみたいなことでも、それは可能ですからね。幸いキャスティングには成功しましたしね。藤(真利子)クンが出てきて、次が池波(志乃)さん。続いて樋口(可南子)、蜷川(有紀)、原田(美枝子)と、それぞれにかなり違ったキャラクターの女性が登場してきますから。主人公が歌人というのも、太宰治とかがダブル・イメージにはなってますけど、狙いは犯罪映画で、それを男と女の愛欲ドラマとしてつかまえていますから、若い人にはいけるんじゃないですか。ひょっとして当る、いや、大当りするんじゃないかと思ってますよ。

――主人公をとりまく五人の女、どう描きわけますか?

神代　これも女、これも女という風にいきたいですね。どれがいいとか悪いとかじゃなくてね。五人あわせて、一人の女性像をということにはしたくない。いろんな女がいる。そうですね、色に例えたら虹みたいな様々な色を発する作品にしたいですね。

――愛欲シーンが話題になっているようですけど。

神代　ボクの作品ということでそうなるんでしょうけど、普通に撮ってます。成人映画じゃないので、すっ裸にしてはダメという制約はありますけど、にっかつのロマン・ポルノと同じで、ことさらに変えたりはしていません。

――神代作品で、男と女のドラマと言うとどうしても〝官能的映画〟というイメージがまず出てくるようですけど。

神代　すべてひっくるめて、もちろんセックスも含めてだけど、人間の官能を追ってみたいんです。自分がかなり官能的な男だと思っていることもあるんですけど、官能的な映画を作りたい。自分の官能とか、感性とかを、あまり理くつを言わないで、どう表現するかってことが、この映画でも、演出のポイントになっているんじゃないかなあ、という風に思ってるんです。

『もどり川』撮影スナップ。中央に神代辰巳、萩原健一、蜷川有紀

――ところで、ショーケンとは八年ぶりにコンビを組んでいるわけですが……。

神代　変わりましたね、彼は。はるかに演技者になっているし、大人になっているので、芝居芝居した演技を今回は要求しています。彼だけじゃなくて、他の共演者にも、これは求めていますけどね。

――それは、ドラマティックなものをという狙いですか。

神代　「青春の蹉跌」みたいに、気分の間に間に動くというのじゃなくて、芝居芝居したキャラクター作りで、芝居芝居した結末をと考えてるんです。精いっぱいの虚構の世界を作り出して、そこから真実をひっぱり出してやろうと。こういうやり方ははじめてですけど。

――その意図するところは？

神代　自分の思っていることを、そのまま映像に描き出すというのではなく、自分の思っていることを増幅して出してゆきたいという時期に来てるんです。これは最近、よく他の人にも言っていることなんですけど、五〜六年前までは、いわゆる映画ファンでいられたんですよ。例えば〝ああ、トリュフォーはいいなあ〟とか〝あの映画はよかった〟てなことを言っていられたけど、年齢的に、そういう映画ファンでいられなくなった。〝いいなあ〟と言ったり、思ったりする前に、自分がちゃんとやらなくちゃあいけないんじゃないか、と思いはじめましてね。

――じゃあ、今度の作品は、そうした自覚の上にたって、新しいところへ一歩踏み出すものになるわけですか？

神代　そうした作品であって欲しいと思いますね。その意味でも、常に自分を新鮮にしようと思っているし、のってやってます。あまりのりすぎるというのもいけないと言いますけどね。まあ、完成品を見てください。ショーケンはもとより、女優さんたちもうまくやってますから。樋口クンなんか、下手だと思っていたんですけど、うまいし、色気があって、とってもいい。原田クンが登場してくるところからは、彼女がショーケンの行動をことごとくうたがってゆくという風にして、シナリオよりも、よりサスペンス風な葛藤を入れて、おもしろくしてありますから。

インタビューは撮影が三分の二ほど進んだ時点で行なったが、神代監督は自信の表情。時折、せき込むのが気になったが「風邪でしょう」とのことだった。が同作品が完成して結核とわかり、今は療養生活に入っている。

〈四一二ページへ続く〉

映画的面白さのあとに感ずる一抹の空しさ

西脇英夫

類いまれなる抒情性をもった傑作である。演出、演技、カメラ、装置など、各々が自由に自己主張しながら、しかもなおみごとに一体化して、この現代に、華麗なる大正ロマンの世界を構築したその出来ばえは、まさに信じられないほどだ。

映画が本来的にもっている〈嘘作り〉の技術とパワーに、今さらながら驚嘆させられる。特に、キャスティングにはしたたかな工夫のあとがみられ、一人の奔放な歌人をとりまく個性的な四人の女の愛憎が、或いは激しく、或いはしっとりと描かれる時、その手く

『もどり川』製作記念会見。神代辰巳、樋口可南子、原田美枝子、萩原健一、藤真利子、蜷川有紀

だの妙に久しぶりに陶酔させられた。これは「赫い髪の女」以来だ。

と、いうことで、映画として、映像としての完成度についてはまず問題はない。これはこれで独立した大人のメロドラマとみて、率直にその世界に没入してしまえばいい。ただ、原作を読んでいない観客には、二、三、理解しにくい描写がある。問題はここだ。

連城三紀彦の原作「戻り川心中」は、抒情とミステリーと推理が、ロマンとロジックの綾となって独得の物語世界を作り出している。その情感と知性のドッキングがたまらない快感となるのだが、映画化では、その推理的興味の部分を一切とり払い、倒叙小説のごとく大逆転させて、完全に犯人側、つまり、歌人の側から描くという方法をとっている。

これによって、抒情もさらに深まり、当然、人間を浮き彫りにすることにも成功しているが、同時に残されたミステリーの部分が宙ぶらりんとなって、描写として理解できない箇所ができてしまったのである。

その最大の矛盾点は、小道具としての花菖蒲の扱いである。原作では、これが推理の決め手であり、主人公の不可解な行動をとく鍵となっているのだが、その処理がまったく中途半端である。

また、原作では歌人の心中という、いかにも出来すぎたこの話を、なるほどと思わせる強力な〈騙し〉、つまりメイントリックとして、推理小説の大パターンである童謡殺人がみごとに反映されているのだが、この肝心カナメの謎解き興味がほとんど見捨てられてしまったため、ドラマとしての深み、あえていえば知性の輝きが失われてしまった。

連城三紀彦が、なぜ今日ずば抜けて推理小説的であるかというその理由は、犯罪の動機に主眼を置きながら、しかもなおきわめてロジカルに、レトリックにドラマを構築しているという知的ゲーム性の妙が絶大だからなのである。

この一点をとってしまうと、彼の小説はほとんど生命の輝きを失ってしまう。独得の語りくちとその抒情性は、良薬を口当りのよいものにするためのオブラートにすぎない。

でき上がった映画化作品が、その抒情性とドラマの激しさにおいて、今日、他を圧して優れていることは初めに書いたが、それでいて何か物足りない一沫の空しさを感じるのは、この作品に、そうした覚めた知性、ロジカルな論理の積み重ね——推理小説的理屈の面白さがなくなってしまったからだろう。

そう考えていくと、絶妙の演技を見せる萩原健一にしても、はたして、歌人としての知性と詩情が感じられるかといえば、とてもそうしたデリケートさからはほど遠く、例えば狂気の絵師のような感情をむき出しにした荒荒しさのみが強調され、大正ロマンのクールなインテリの香りは、残念ながら垣間見ることはできない。

もっとも、その荒荒しさと激しさが、良くも悪くも今回の映画化作品の基調となっているわけで、すべての登場人物の熱っぽい心情吐露にはそれなりの説得力があり、理解できない部分も含めて、見る者をラストまでグイグイと引っぱっていくそのパワーはすさまじいものである。

ただ、そうした映画的面白さを通過した後、ではこの映画のテーマは、作り手が語りたかったものは何だったのだろうと考えてみると、意外にはたと困ってしまうのだ。知的ゲームとしてのお遊びでもなく、リアリズムでもなく、かといってメルヘンでもない、なんとも不思議な作品ではある。

（にしわき ひでお・映画評論家／
「キネマ旬報」一九八三年七月下旬号）

揺れる男女の狂おしい姿を描く映画が見る者に激しくぶつかって

山根貞男

夜の庭に忍び込んだ男が縁側に近づく。室内の女が誰何する。男は名乗る。女はうろたえてなじるが、男はかまわず障子ごしに口説く。障子を開けられまいと固く支えて拒む人妻と迫る男との、声を押し殺した息づまるやりとり。女の手がはずみで障子を突き破る。男はその白い腕に唇を這わせ、さらに口説き、障子をつらぬいて自分の手を差し伸ばし女を抱く。障子ごしに求愛と拒絶を激しく演ずる四本の手。やがて男の口から姦通罪の覚悟がもれるや、二人は障子ごしに狂おしく唇を合わせ……。

神代辰巳監督『もどり川』は、この障子ごしのラブシーンだけによっても、永遠の名作となるにちがいない。まったく圧倒的な迫力の情愛シーンである。

この一場面には、この映画全篇の魅惑が凝縮されている。そして同時に、神代辰巳の変貌ぶりをそこに見ることができる。

神代辰巳の映画は、一貫して男女の性愛を描いてきた。その性愛表現はきわめて特異で、男と女がまるで肉の袋のようになり、ぐにゃぐにゃ絡まり合うのがつねであった。ぐにゃぐにゃこそが、彼の人間観なのであろう。

『もどり川』劇場用パンフレット表紙

ところが『もどり川』では、様相が大きく違っている。ぐにゃぐにゃは基本的に同じだが、ここでの男と女は、肉袋をすりあわせ絡まるというより、肉袋を激しくぶつけあうのである。そう、性愛の熱情が、さながら闘いの形をとって、肉体と肉体の激突を生み出すのだといっていい。

さきの障子ごしのラブシーンは、四本の手が障子の紙を突き破るというアクションで、その激しさを体現している。ほかの場面でもそれは変わらない。

主人公の歌人・苑田岳葉(萩原健一)は障子ごしのラブシーン以前に、師の妻・琴江(樋口可南子)が人力車に乗って走るのを追いかけ、体をぶつけて人力車を停止させるや、車上の琴江に体当りするように求愛する。あるいは関東大震災のさなか、岳葉が病身の妻・ミキ(藤真利子)を大八車に乗せて原っぱへ避難したとき、ミネは大八車の上から夫にくらいついて、燃え上がる空の下、二人はたがいの体をむさぼる。

また、庭で首を吊ろうとした岳葉と、訪ねてきたファンの女学生・文緒(蜷川有紀)は、首吊り遂行と阻止とのせめぎあいを、殴ったり蹴ったりで演じ、そのあげく彼が彼女の唇を奪う。そしてラスト近く、岳葉とカフェの女給・朱子(原田美枝子)が舟で川を流されるシーンでは、偽装心中を企む彼とホンモノの心中に至ろうとする彼女のあいだで、狂おしいぶつかりあいが行なわれる。

そんな激しい性愛の果てに、これらの男女は、いったいどこへ行くのか。死へ、である。

この映画の主要人物たちは、死病におかされたミネ以外、すべて死ぬ。それも自死である。岳葉は首吊りと二度の心中未遂のあげくに、首を切って果て、その間に文緒が、朱子が、琴江が、つぎつぎ自殺するのだ。朱子の夫のアナーキスト詩人(柴俊夫)さえ、自らの爆弾で爆死する。

こうして『もどり川』は、一人の奔放無頼に生きた大正歌人を主人公に、破滅へ至るほどに激しい生と性のパッションを謳い上げた映画である。

神代辰巳はその激情を、なにより肉体と肉体のぶつかりあいとして、なまなましく描いた。その激しさはただごとではない。神代辰巳のなかで、いま、破壊的激情が渦巻いているのではないか。

破滅と破壊の要素は、冒頭から終りまで全篇を彩る。淫売女への惑溺、貧乏、病気と喀血、姦通罪での下獄、関東大震災、爆弾テロ、偽装心中、情死の流行、自殺の連続……。

いっぽうこの映画は、いい短歌を詠もうと悶える歌人を主人公にするゆえ、抒情の気配にも満ちている。画面にいくつも記される清冽な短歌、バイオリンの哀切な調べ、小舟に横たわり雪に覆われた心中未遂の男女、雨にけむる緑の風景、流れる〝もどり川〟、さまざまに咲く菖蒲……。

一見両極端なそれらが大正なのだということであろうか。すなわち、ロマンチシズムとデカダンスの混淆である。歌を詠むことに憑かれて破滅へ歩み入ってゆく主人公岳葉は、まさにその混淆を生ききったといえよう。

この映画において、ロマンチシズムの象徴が短歌であるなら、もういっぽうのデカダンスを象徴的に体現するものは、明らかに関東大震災である。そして、歌と大地震とが、ちょうど男女の性愛のさまのごとく、激しくぶつかる。この映画の魅力は、そこからこそ発するにちがいない。

というのは、ほかでもない、この『もどり川』において、関東大震災はたんなる時代背景ではなくて、映画の核となっているからである。じっさい、画面では、大地震の揺れのさまが、浅草十二階下界隈の倒壊ぶりによって、執拗なくらいに描き出される。

明らかに『もどり川』は、揺れる映画である。さきほどから記してきたことにつなげて、もう少し正確にいえば、ぶつかって揺れることが本体の映画である。

先述の男と女の絡みの場面をもう一度見てみよう。人力車に乗った琴江に岳葉が求愛するシーンも、大八車に横たわったミネが夫の岳葉にくらいつくシーンも、男女の姿はぐらぐら揺れる形で描かれる。また、文緒が岳葉にむしゃぶりつくとき、首を吊ろうとする男の体はぐらぐら揺れつづける。そして、岳葉と朱子が舟で川を流れ、体をぶつけあうときには、小さな舟は転覆せんばかりに揺れてやまない。

ぶつかって揺れる男と女、あるいは男と男の姿は、ほかにもいたるところで描かれる。そればかりか、キャメラワークが全篇、揺れの動きを中心になされ、画面はつねにぐらぐら揺れる。

主人公岳葉はただひたすらいい歌を詠もうともがく。そのもがきが、淫売女への惑溺、師の妻への求愛、姦通罪による下獄、二度までの心中未遂となる。それらの行ないのなか、いい歌とは何なのか、すべては歌のためなのかたんなる放埒なのかが、自分でもわからない。彼をめぐる女たちも、そんな彼の本心を摑めぬまま関係をもち、死に至る。

つまりここでは誰もが、自己をめぐって、男と女の関係をめぐって、揺れつづけているのだ。揺れとしての自己、揺れとしての性の関係、揺れとしての生……。歌への熱情がそうした揺れを暴き出し、揺れが逆に歌をかき乱してしまう。歌と大地震とぶつかるとは、そういうことである。

まさしく『もどり川』は地震のような映画だといえよう。むろんそれは、男と女がぶつかり揺れるとはセックスの行為にほかならないゆえ、基本的に性愛映画であることに根ざしている。

地震のような映画だというのは、けっしてたんなる比喩ではない。先述したようにつねに画面は具体的にぐらぐら揺れつづけ、書き出される短歌の文字さえ不安定に揺れている。そして、これは連城三紀彦の推理小説を原作にした映画で、当然謎は仕掛けられているが、ストーリー展開そのものがぐらぐら揺れつづけて、謎解きのための辻褄などうっちゃられている。

描き出されるドラマの中身が激しく揺れているだけでなく、それを描く画面自体が揺れ、物語構造の全体が揺れる映画、すなわち総体において激しい揺れとしてある映画——明らかに『もどり川』とはそんな映画である。

激しい揺れとしての映画は、もちろんそれを見る者にも揺れを波及せずにはおかない。まちがいなく『もどり川』の観客は、主人公の言動を見つめ、物語展開を

『もどり川』撮影スナップ。藤真利子、神代辰巳

追うなかで、揺れとしての人間、揺れとしての関係、揺れとしての生を体験するだろう。

　その体験は、画面が終始アップテンポで激しさの連続であることもあって、かなり労力のいる力仕事だといっていい。あるいはこの映画を見て、辟易する人もいるかもしれない。その意味では『もどり川』は、いわゆる口当りのいい映画ではない。

　だが、神代辰巳の真意はそこにこそあるにちがいない。神代辰巳はここで、激しい揺れを力いっぱい差し出して、これを受け止められるかと挑発し挑戦しているのである。ただならぬ激しさは、そこに由来している。

　なにゆえの挑発挑戦か。映画の現在を激しく揺さぶりたいがためである。そのパッションのゆえにこそ、『もどり川』は、素晴らしく熱い塊となって観客にぶつかってくる。

（「コマーシャル・フォト」一九八三年八月号／『日本映画時評集成　1976-1989』

国書刊行会、二〇一六年所収）

萩原健一トークコレクション

神代監督人物談義
萩原健一インタビュー

『青春の蹉跌』で初めて神代辰巳監督の作品に出演した、萩原健一はその映画俳優としての資質をあらためて見せつけてくれた。この神代――萩原コンビは、10月放映のTV『傷だらけの天使』を経て、明年の正月映画、『アフリカの光』実現へと歩みはじめている。

8月13日、TBS『新宿さすらい節』出演中の萩原健一さんをスタジオに訪ね、神代監督について語ってもらった。

俺は神代さんには相当期待しているし、あの人はかなりキツイことをやさしい言葉でいうけれども、(『青春の蹉跌』は)自分でやった映画の中じゃ一番いいんじゃないかという気がしますね。そういうふうに引き出してくれる監督ってなかなかいないし、僕はあまり同じ監督と何回もやりませんけどね、やりませんというより使ってくれないんだけど……(笑)……神代さんの場合はやりたい、話があればね、一応持ちあがっていることは持ちあがってんですけど、もう一度やりたいという感情だね。

その出逢い

彼の映画を見てからです。ポルノじゃないよね。肩書きだけですよね。でも、あれは可哀想な面もあるし、そういうふうな所で作っているから、応援の眼も多いんだろうけどね。でも俺は、神代さんていうのは、やっぱり相当凄い監督だと思うね。

『青春の蹉跌』をやる前に、『濡れた欲情』と『四畳半――』と『特出し21人』あれぐらいしか見ていなかったですけど、『かぶりつき人生』てのを池袋でやってたからね、入る前に見たりね、監督の作品で見たのはだいたいそれぐらいですね。徹底的に関心を持つようになったのは『濡れた欲情』かな。『鍵』っていうのも見たけど、入る前にね。「どうだった?」なんて自分で凄く気にしてたけど。

神代作品の魅力

あんまり肩に力入れてないでしょう、あの人は。俺、活動大写真じゃないかっていう気がするな、あの人のシャシンは。たしかに、ある種、フィルムのつなぎとかなんとかいうことで、わけのわからなくするとか、そういう人もいるけれどもそうじゃなくて、あの人は活動大写真というのが本当に好きな人じゃないかと思う。だから僕は、一流の監督というのは活動大写真というのが好きな人でないと、いいシャシンは生まれてこないんじゃないかと思うし、僕も活動大写真が好きだからね。あの人は映画は理屈じゃないってことを一番最初に知っている人じゃないかと思うな。そういうふうに言ってても、どうしても役者でもそういうふうにだんだんだんだん走っていくからね。

その演出と人間

自分で、ああじゃない、こうじゃないと動く監督じゃないですからね、徹底的に何度も何度もやらせる、だけれども、リハーサルっていうんじゃない……口では言い表わせないね、ある種のねちっこさは。

俺には合うね。ああいう監督はね。神代さん、深作っていうのは合うね。この前も深作さんとやったけど。向うが合わせてくれてんだろうけど……(笑)……まァ合いますね、非常に。

僕は人間として好きだね、あの人は。やっぱり、人間としてじゃなきゃ、僕たち支えになっていかないからね。有名な監督さんいっぱいいるけれども、役者でもそうだけど……、あの人は自惚れがないでしょ、謙虚でさ、あの監督さんは。なんか自惚れというかつけあがったみたいなこと言われるのは、まず先に役者だけど、俺は監督でも多いっていう気するけどねえ……(笑)……たとえばナニナニさんとかね、ナニナニさんていう名前は出さないけどね、俺は居るんじゃないかっていう気がするぜ、自分だから安く出なさいみたいなこと言って、結局、別荘かなんか建ててさ、今まで使ってた役者さんから批判受けるような人が、往々にして多いんじゃないか。それはいいんだけどね、もっとフェアなお金を儲けてほしいと思うし……。

つきあい

仕事が終れば意識してつき離しています。作品は一緒でも、個人のあそこまで土足で踏みにじって来るような監督さんじゃないしね、そういう面で、一歩おいたところでつきあえる人ですね。だから、僕は神代さんのためなら何かしたいと、僕に出来ることがあればね。

期待

これは、いつか出来るんじゃないかと思うけど、すぐ、フェリーニ、パゾリーニの話になるけど、あのテの……別に大きなこと言うわけじゃないけど、あの監督だったら、まア作品はどんなふうになるかわからないけど、日本にもそれぐらいの才能持っている人はいっぱいいますしね、日本だけで公開するんじゃなくて、世界へ出かけていけるようなね、作品を作りたいと思うし、その第一歩が『アフリカの光』なのかどうかわからないけど……。非常に謙虚なところから、あの方は進んでいってるから、そういう面で僕たちは安心してますよね、高飛車に気取る監督もいるけどね、俺はやっぱり、そういうのはダメなのね、だから、あの人はやっぱり本物だと思うよね。俺は思うけど、日活という会社の中でそういう仕事をしていかなきゃならないのだろうけど、僕たちもそうだけどね、この『新宿さすらい節』でも、あの種、間つなぎとわかっている人はとるだろうし、それを批判的に見ている人もいるだろうけど、あの人は間つなぎってことをしないからね、そういう面で相当期待されているし、キツイと思うけど、まア、この次一緒にやるテレビでも、そうそうお客さんだませませんからね、この前、深作さんのがあがったんですけど、ま、おもろいですよ、期待して下さい。

神代監督に、胃下垂らしいけど、暑さに負けず、がんばるように言って下さい。期待してますからと。

(「シナリオ」一九七四年十月号)

『青春の蹉跌』完成記念

「アフリカの光」とは漂泊の若者のギラギラと光る夢の象徴だ

座談会＝丸山健二・神代辰巳・萩原健一・姫田真左久・岡田　裕
司会＝酒井良雄

映画的な素材

酒井　「愛・青春・海／アフリカの光」の原作は、太陽の光り輝くアフリカの海へ行く夢を抱いて、北の果ての港町にやってきた二人の若者の生活を、装飾のない骨太な文体で描いた丸山さんの同名小説なんですが、この作品を最初に目にとめられたのは神代監督だ、とお聞きしたんですが。

神代　そうでもないんですが、僕はおととしの秋頃に「新潮」に掲載された時に、この作品を読んでいたんです。その時に、心に留めてはいましたが。その後、しばらくしてからですね、岡田プロデューサーから、僕の方に、映画化の話があったのは。

酒井　神代監督から岡田プロデューサーに映画化の希望をした、というわけではないのですか。

岡田　なんとなく、同時に話が出たというような形でした。

酒井　主に、原作のどのようなところに魅かれましたか。

神代　実は、僕は丸山さんの小説は好きでしてね。というよりファンといった方がいいくらいで。雑誌が出て、そこに「丸山健二」と書いてあると、だいたい読んでいますよ。その中でも「アフリカの光」は、これは映画になる、ということを感じさせましたね。

岡田　シナリオがなくても、そのまま映画になるのじゃないか、と思ったくらい、非常に映画的な素材だと、ぼくも思いましたよ。

丸山　私の小説は、心理描写をなるべくしない、非常に視覚的な文章で成り立っているんです。しかし、映像的な問題をもってくれば、どうしてもテレビや映画の方が、もろに目に訴えてくる分だけ強いですよね。ところが、目にもろに訴えてこない視覚的なイメージというものを、文章によって出し、しかも生《なま》の映像を越える視覚的強烈さで、何かを叩きつけたい、というのが私の目ざしている小説のある断面ですね。そうしたことで一連の作品を書いてきた。だから、映画関係の方が私の小説を読んで、そうした視覚的イメージにちょっと食指が動くというのは、わからんでもないですね。もっとも、いままでに二、三映画化の話があって、いつの間にか立ち消えになってしまったことがありますが。

岡田　丸山さんが、いま、ご自分の文章を視覚的だとおっしゃったんですが、最初に丸山さんと神代監督、それに僕と、三人でお話しした時、その席で傍観者的気易さで、多少暴論気味に言ったことがあるんですよ。それはね、僕なんかが見ていると神代監督はたいへん文学的な映画人というか、芥川賞作家になりそこなって映画監督になった人という感じ。反対に丸山さんの場合にはね、むしろ映画で何かをやってやろうとしていたところが、間違って芥川賞をもらっちゃったような人だ、と。（笑）

丸山　なぜか、そうなった。（笑）

岡田　ご本人自身もそうおっしゃってますが。（笑）その組合せのおもしろさ、というのがこの映画化にはあると思うんですよ。

酒井　ところで、ご自分の小説が映画化される場合に、作家の方々にはいろいろな思惑というのがあると思いますが。

丸山　「どうぞご随意にやって下さい」という感じでしたね、私は。小説と映画とは違いますから。原作そっくりにやられると、私がめしの食いあげですからね。(笑)むしろ、原作を打ちこわしてもらいたい、という思いがあった。そのほうが気が楽ですしね。

酒井 完成した作品に、いろいろクレームをつける原作者の方が多いようですが。

丸山 具体的に言えば、契約書のやり取りがありますから。それに原作料は幾らと、値段まで書いてありますからね。渡したら最後、もうしようがないですよ、どう映画化されても。ただもう、じっとがまんしてね。(笑)

流れ者同士の

酒井 萩原さんのところに、主演の話がいったのは、どういうきっかけからですか。

萩原 「青春の蹉跌」の撮影の時に、監督に「丸山さんの『アフリカの光』読んだ?」「読んでいないです」「おもしろいと思うんだけど、ちょっと読んでみない」と言われたものですから、読んだんですよ。それで、たいへんやりたくなっちゃって、監督に、「できるものなら、すぐにでもやりたい」と言ったんですが。今いろいろと、がっついて仕事をやっているものですからね。(笑)それで、ちょっと時間がかかっちゃったんです。

酒井 神代さんは、最初から主人公のイメージとして萩原さんを。

神代 そうですね。ショーケンがぴったりだと思っていました。

酒井 田中邦衛さんという、良い意味でたいへんアクの強い俳優さんを共演者に選んだというのは、どういう着眼からですか。

神代 ショーケンとまるで反対のキャラクターを持った人、ということがまず第一でしたね。それと、ショーケンより年上の人がいいだろう、ということと。

『アフリカの光』田中邦衛、萩原健一

酒井 この二人の主人公というのは、映画では原作にはない順と勝弘という名がついていますが、同じ夢を追っているという以上に、何かひとりでは不安気で、二人いっしょでないとだめだ、というイメージがあるんですけど。

神代 そういうふうにつかまえてみようとしたんですけど、どうですかね。

丸山 萩原さんが主人公をやるということは、早くから聞いてましたから。ところが、これは相手に誰をもってくるかで、ぶちこわしになってしまいますからね。そこで、予想外の組合せの方がいいんじゃないかとは、思っていたんです。ただ、これは言いませんでしたよ。私にはそこまで口を出す権利はないですからね。信州の山の奥にいて、ひたすら心の中で思っていただけです。(笑)そしたら田中邦衛さんに決まった。田中邦衛さんは昔、東宝で、ギャング映画の殺し屋の役をしょっちゅうやっていたでしょう。私もよく見たものですよ。それで、パッと二人を合わせてみると、これは実におもしろい組み合わせじゃないか、生き生きしてくるんじゃないかと。びっくりしたですね。さすがだなあ、と思った。

神代 これはうまくいきましたね、実際に。

酒井 共演してみてどうですか。

萩原 いいですよ。僕はかなりテレビをやっていたから、たいへん偉い俳優さんといろいろやったけど、ああいう役者さん、というか先輩は好きですね。やっぱり、いいですよ。田中さんの年くらいになっても、芝居をやっているときはああいう気持ちでいたいですね。常に純粋でいるというのは、なかなかむずかしいんですが。かみさんもらったり、ガキができたりするとね。(笑)これからがたいへんじゃないかと思って、ときたまブルーにってくるときがあるんですけどね。やっぱりああいうふうになりたいですね。かなり天真爛漫な人ですよ。それでいてさびしそうで、いいですよ。

酒井　このお二人にからむバーの女ふじ子の役が桃井かおりさんということで、この三人の関係の捉え方はどうですか。神代監督の作品を見る場合、脚本から想像できない部分があるので、その辺をちょっとお話ください。

神代　彼女は、ショーケンの順にほれている女、というふうにしましたけどね。それと、これは丸山さんには申しわけないですが、いろいろな問題がありまして、東宝の要請もあったりして、原作にない高橋洋子のサヨ子という漁師の娘の役を入れたりしたんですが。そして、桃井かおりの役を高橋洋子のサヨ子との差というか反対の女としてとらえて、ショーケンと邦さん(田中邦衛)と同種類の人間として、つまり彼女も流れ者であろうと思って、そう扱ってみたんですけどね。流れ者同士のショーケンと邦さんもついに結びつかなかったように、ショーケンとかおりも結びつかなかったんじゃないか、という考えで、扱ってみたんです。

酒井　僕が原作とシナリオを読んだ感じで言いますと、主人公たちと彼女とは、同じ流れ者という概念ではくくれないという気もするんです。彼女はたしかに各地を流れている女という感じだけれども、流れ着く先々の土地というか風土からの疎外感はないというようなイメージがある。が、主人公たちには、確実にその疎外感があると思われるんです。

神代　そういう意味で言うと、ふじ子のヒモみたいな穴吹というヤクザがいますが、彼がその町へ自分の巣を作ろうとしている、というふうに思ったんですよ。ところが、ショーケンたちはまるで漂流者ですね。そのまん中だろうというふうに、かおりの役を置いたんですが、そんなつかみ方でいいんですかね。

丸山　たいへんいいですね。まさにそのとおりで。

流れながら生きる

神代　そういう意味では、例えば役者の持っている生地《きじ》ということでいえば、ショーケンにしても、邦さんにしても、やっぱり夢を見ている。「アフリカの光」を夢見ている流れ者じゃないかな、本質的には。僕自身もそうですけどね。

丸山　要するに、田んぼを持っていない人はみんな、流れ者ですよ。耕す土地を持っていない人はね。だから、東京に住んでいる人の大半は流れ者だし、サラリーマンからしてが、だいたい全部流れ者ですからね。そういう意味では流れ者というのは戦後多くて、しかも、根底に流れている流れ者としての、根なし草としての精神は、案外、日本人の深いところに影響しているんじゃないかと、私は思いますね。だから、よそ者がどんなふうに扱われているかということは、よく知っていますし。そうかといって、一ヵ所になかなか落ちつけない。小説の原点のようなことを言えば、そういうことになるんです。また、こういう映画の仕事というのが、すなわち、流れながら生きる、という世界ですよね。小説もある程度そういうところがありますね。その辺が、わかってもらえるとね。

酒井　そういう流れ者に最低限必要な、ある種の夢というか、自己確認のための夢というか、それが〝アフリカの光〟のイメージですね。

丸山　最低限ということじゃないです。女のえがくような淡い夢じゃなくて、何かを狙ってギラギラ光っているような夢ですね。最近の映画に出てくる若い人は意気地がない、何とかがない、とよく言われるでしょう。たしかに、オカマみたいなものばっかり出てくるんだね。本来、若さというのは肉体であり、肉体から出てくる暴力的な匂いなんであって。もっとも暴力的といってもヤクザじゃないですよ。ヤクザの暴力なんてのは職業的暴力ですからね。職業になると暴力でも何でもないですから、兵隊と同じことで。そうでなくて、もっと何か狙ってやろう、狙ってやろうとしてあがくときに、若者の体全体から出る蜃気楼というか、かげろうというか、そういう暴力的な緊張感はまだあると思うんですよ、いまの若い人たちにも。そういう人たちが表面に出にくい時代になっちゃったんだな。どっちかというと、ギターをかかえてチャンチャラ、チャンチャラやって、萩原さんも昔やっていたけれど。でも、あのころのグループサウンズは、まだかなり暴力的な匂いがあった。最近はギターをかかえて出て来て、髪を長くして、みんな楽しく生きなくちゃいかん、というようなことを言ってね。私小説風の文句が入ってね。あれは泣きだよね。

酒井　〝やさしさ〟ということが、その根底のところの質の問題としてとらえられずに、女性的な語感のレベルで捉えられているという不快感がありますね。

丸山　そういう若者ばかりが、若者の代表のように見られているけど、実はそうでなくて、もう少しおもしろい形で、暴力というのは引き継がれているのじゃないかと思う。もちろん「太陽の季節」とか、あのころのストレートな暴力とは当然、質は変わってきていますけどね。だけど、まず何か狙って、うさんくさく動き回る若者の数は多いんじゃないですか。だから、映画からそういうものが取り除かれてしまうと、私は映画ファンとして、入場料を払う気にはならない。

神代　その主人公二人合わせての「うさんくささ」というところは、一所懸命画面に出そうと思ってやってみました。結果として、どうかわからないですが。

丸山　それはわかりますよ。主人公二人の絶妙のコンビがよかったんじゃないですかね。相手役が田中さんに決った時に、これは出るな、と思いましたよ。

流氷を求めて

酒井　この作品のクランク・インは三月末で、インと同時にロケに行かれて、約二週間のロケをしたそうですが。ロケ地は北海道の知床ですね。

神代　知床半島の一番根元の羅臼という小さな漁港と、あとは釧路、夕張です。場所は限定しないで、何となしに「北国」という感じにしたんです。

酒井　流氷のシーンがあるそうですが。撮影には、たいへん苦心されたでしょうね。

神代　半月くらいロケーションの時期が遅れたかな、という感じがしましたが、その割にはわりと、ついていたんですよ。流氷の撮影のときは流氷がちゃんときたりね。そういう意味で言いますと、流氷がぎっしり港いっぱいに詰まっているときには、船が出ないので漁ができない。漁には流氷がない状態でしか出られないですから。しかし漁のシーンも撮りたいわけで。今度のロケでは短期間にその両方の状態が一度に、わりとうまく撮れたような感じがするんですけどね。

『アフリカの光』知床ロケにて、神代辰巳

酒井　姫田さんが、今度の作品の撮影で、特にご苦労なさったところというのは、どのへんですか。

姫田　一番の問題は、ロケの現場をどこにするかということじゃなかったですかね。原作の話はだいたい東北じゃないかと思うんですよ。舞台になる漁港がね。だけど雪がほしいし、僕はだいたい羅臼じゃないかと思いながら、北海道をグルッと一周したんですよ、ロケ・ハンで。まず小樽から網走、釧路、根室、全部飛んだんですが、ロケ隊が行くころには雪がなくて、流氷もなくてね。そこで、一番いいのは羅臼じゃないかと思って決めたんです。かえってよかったですね。だいたいそれで決定しますからね、絵柄とかいろいろ重要なことはね。

酒井　特に今度の作品の場合は、それは言えますね。主人公の二人をとりまく北国の港町の雰囲気というのが大切な要素ですからね。

姫田　そうですね。特に言えると思いますね。それに、うまいこと流氷が来てくれましたからね。僕らロケ・ハンに行ったころがちょうどよかったんですよ。それが一たん全部流氷がどっかへいっちゃったんです。羅臼から国後島、あそこまでびっしり詰まっていたんですよ。これはちょっと雪解けを待つのがたいへんだと思っていたら、ロケーションに行くころにちょうどなくなりまして、それがまた風に押されて帰ってきたんですよ。それでうまいこと撮れましたけどね。あれはついてましたね。

酒井　丸山さんの原作には、地名は書いてありませんが。姫田さんは、東北の港というイメージで、とらえたそうですが。

丸山　その見当で間違いないですね。私は固有名詞を一切使わないんですよ。主人公の名前もないし、場所も書かないし。場所をどこどこと書いてしまうと、そこを知らない人は違和感を覚えるし、知っている人は、俺の知っているところと違うと思うでしょう。主人公の名前も消してしまう。これは本の側ですが、主人公を読者がもっと身近なものに受け入れるために、名前までも消してしまうというやり方ですね。それによっていろいろ不都合なことが出てきますけれども。また、映画を作る場合は、そういうことは許されないですからね。そんな抽象的なことは言っていられないし、いつも具体性を要求されるから、映画はしんどいんじゃないですかね。場所としては「東北のあの辺」として考えてもらっていいです。前に別の小説に書いてあるとおり汽車に乗って行ったら、全然違うところへ行っちゃったという人がいてね。(笑)その時は四つの場所を一つにまとめて、一つの舞台を作った。そういう、映画では不可能なことを、小説ではやれるわけです。

心象的イメージ

酒井　主人公たちが「アフリカの海」と名づける、水平線の付近にあらわれる青々とした空の一部のイメージというのは、絵面としてみせるのは一番むずかしいところじゃないかと思いますが。あのイメージというのは、姫田さんとしては一番ご苦心された所と思いますが、どのように形象化されましたか。

姫田　そうですね。あそこがむずかしいですね。やっぱり「心のもの」じゃなかったかと思いますがね。読んだときそう思った。心の中にあるものであって、具体的に光がこうあるから、あれが「アフリカの光」だという、そんなちゃちなものじゃないと思いますよ。

酒井　それは具体的には画面に出さないわけですか。

姫田　いや、絵は撮りました。

神代　心象的なイメージとしてとれるような絵を、撮ったつもりでいます。

酒井　その辺が、いま丸山さんがおっしゃった、映画のもつ具象性のむずかしさですね。

丸山　一番むずかしいんじゃないですか。カメラを向けたら最後、よけいなものが写ってしまうという恐しさ。たとえば、小説では「ここにコップがある」と書いたら、とりあえずコップしか見えないわけです。ところが、カメラでコップを写したら、そのコップのひび割れとか、しみとか、よけいなものが写ってしまう。それが微妙な形で、見る者に違ったイメージを与えてしまう。そういう恐しさというのは、映画の人たちは常に持っているんじゃないですかね。それはもちろん逆に、魅力でもあるでしょうけれど。それに、私の小説は視覚的だといいましたが、実は文学から影響を受けるより、映画から影響を受けるほうが大きいんですよ。昔は、石原裕次郎さんの映画から、旭さんの「渡り鳥シリーズ」から、莫大な金を払って見ているわけですから。それを今、回収しようと思っているわけです。(笑)

酒井　僕は、この映画の原作を読んで、最初に思ったのは、アメリカン・ニューシネマとの近親性ということなんですが。男二人の主人公の関係といい、かれらをとりまくシチュエーションといい。そういうことは、意識されていませんか。

丸山　それはあまり意識していないですね。私はデビューの頃から引き合いに出されるんですが、よく「ヘミングウェイばりだ」と言われた。が、結局は、「丸山スタイル」じゃないですか。ただ、具体的なところまではいかなかったんですが、一時、映画監督を志したことがあるんですよ。それでいつも、映画に張り合うつもりで書いているわけです。自分の作品が映画化されて、実際にその製作の現場に行ってみたりして、ああ、映画なんてやらないでよかったな、と思っていますがね、今は。実にしんどいと思う。小説を書いていた方が、カッコいいんじゃないかと思いますよ。(笑)

岡田　丸山さんと、初めてお話しした時に、たとえば、普通、映画撮影の時に、アクション・シーンは技闘師がいて型をつけるわけですよ。ところが、丸山さんは、「僕はほんとうのけんかを知っているから、小説に書いてあるアクションのとおりにやってもらえば、おもしろいアクション映画になると思いますよ」とおっしゃっていた。原作を読んだ時にそのまま楽しい映画になりそうな感じがしていましたが、それを聞いて、よけいその感を深くした。しかし、いざ現在まで進んでくると、それはちょっと甘かったなという気が、僕自身しています。やっぱりそうじゃない要素というものが、幾つか入ってきて、もう一段、全く別の形へ変ってきた。そこで、小説と映画の違いが、よりはっきりしてきたのじゃないかと思っています。

うさんくささ

酒井　神代さんは、最近ある文章の中で、「私にとって映画作りとはだんだん私的になっていきそうだ」という言い方をされていましたが。この「アフリカの光」の場合でも、主人公の中に、その私的なものを託しているわけですか。

神代　いままでやってきた中で、なくなっていくんですよ、自分の中のストックがね。だんだん先細りに細ってきてね。「私的」といったのはそういう意味です。だんだん、身ぐるみ、はいでいかなきゃいけないような感じがしているんですよ。そして、自分で先細りしていくそういう中で、残ってくるのは「うさんくささ」だけだという感じがしていましてね。そういう意味でも、これは「うさんくさい映画」のつもりでいますけどね。

酒井　丸山さんの原作から、そういう部分を感じ取ったというわけですか。

神代　ええ。

酒井　神代さんの作品は、処女作の「かぶりつき人生」以来全作品を姫田さんが撮影を担当されていますが、いまや神代監督の感じ取られていることを、そのままカメラでパッと撮れるというくらいまでに、意気が合っている、という感じですね。

『アフリカの光』完成記念

姫田　そうですね。もう第一回からですからね。ツーといえばカーだし、考えていることも全部わかっているつもりなんですけどね。こういうふうに撮りたいのであろうと思って撮ると、それが神代さんの考えていることと、だいたい同じなんですよね。だから、打ち合わせなんてあまりやらない。ただ、話を聞いているだけでわかりますからね。だから他の映画人が見たら、普通の撮影の仕方と違いますから、不思議に思うんじゃないですかね。

酒井　それは具体的にどういうことですか。

神代　何も言わないんです。あっちから撮ってくれ、こっちから撮ってくれ、と言わない。芝居をつけていると、それを姫田さんが撮ってくれますから。

姫田　普通はみんなカット割りをやるでしょ。そういうものを全然やらないですからね。でも、これはアップが必要じゃないかと思うと、手持ちカメラで寄ったり、いろいろと考えて、やるわけです。

神代　小説の世界と映画の世界の違いは、そんなところで出てくるのじゃないかと思いますね。また、暴力ということに関して言えば、僕はわりとひよわなんですよ。姫田さんはかなり強いですからね。その辺のバランスは、わりとうまくいっているんじゃないですかね。

酒井　先ほどの「私的な映画」ということでいうと、自分でカメラを回して、自分で演ずるのが一番理想的かもしれないが、商業映画の中ではそれはできないわけですね。そこで、カメラは姫田さんという、かえがたい分身のような方がいらっしゃるからいいわけですが。ここ一、二作を見ていると、萩原さんに出会ったということで、役者のほうも、ある意味で自分のものを託せる人に出会った、という感じがしますが。それはこちらの思いこみがすぎますか。

神代　託す託さないということではないんですが、何となく自分がやっているような気がするんですよ、ショーケンとやっていると。たとえば前作の「櫛の火」の場合は、あれっ、他人がやっているな、という気がする。ショーケンとやっていると、てめえが役者になったような気がしますね。そういう差は、確かにありますね。

姫田　それと、神代さんと僕の場合は信頼ですよ。それしかないと思いますね。何も言わない人でしょ。だから、僕が何を撮っているかわからない筈なんですよ。カメラをのぞいているのは僕ですからね。それを信じていてくれるというのは、僕もやりやすいし。ラッシュを見て、「ああ、しまった」と後悔することもあまりないしね。まあ、そういう点が、いいんじゃないですかね。

「何かない?」

酒井　萩原さんは、「青春の蹉跌」とこの作品と、二作つき合ってみて、神代組というのは、どうですか。

萩原　しんどいですよ。(笑)

酒井　演出がねばっこいとかいう意味のしんどさですか。

神代　「何かない?」というから、しんどいんだよね。(笑)

萩原　僕は、短い間に何人かの監督さんとやりましたが、具体的に、こうこうなんだ、と自分で演じてみせてくれる監督さんもいます。正直にいうと、そういうふうにやられたほうが、疲れている場合にはすごく楽ですね。だけど、神《くま》さんみたく「何かない?」と言われると、一所懸命やらなきゃいけないんじゃないか、と思って。手を抜くというわけではないんですが、映画を撮っているときは、パーフェクトに体調を保とうとしているんですけど、やっぱり家庭サービスやなんかがあったりして、(笑)体のほうも調子が悪いときがあるんですよ。そうすると、たいへん申しわけないことをしたと思いますよ。だから、家庭サービスを少しでも少な目にして、映画に打ちこまなくちゃいけないんですけど。ギャラも上るようにね。ただ、その辺の割り切れなさが、うまく表情に出ているといいんじゃないかなと、いまは思ってます。(笑)

神代　さっき言いましたけどね、「何かない?」というのは、ショーケンのほうが、僕なんかより演技の「引き出し」が多いんですよ。彼はかなり映画を見ていますからね。いまやオリジナルというのは、僕も信じられなくなりましたし、ものまねでいい、と思っていますから。ものまねというのは、ちょっとおかしいけれど、とにかく僕よりはるかに「引き出し」を持っているんですよ、彼は。そこで、一日のうちに、二、三回「何かない?」といって彼の引き出しを開けさせよう、とするわけです。

酒井　「何かない?」というと、何か出てくるわけですね。

神代　ええ。

萩原　そうは出ないですよ。ニタニタしながらごまかしていますけどね。(笑)

酒井　「何かない?」と、しんぼう強く待つほうですか、神代監督は。

萩原　かなりねちっこいですね。だけどやっぱり楽しいですよね。だから、ブスい女と寝ている、という感じはしないですよ。顔ということじゃないですよ。いい女と寝ているという感じがしますね。あんまりテクニックを使われてもちょっと白けるしね。あんまり知らな過ぎるのも疲れるし。ということで、適当なねちっこさをもっていて、ああ、疲れたんじゃないかな、と一服してからまた、始めるみたいな感じで。(笑)僕はすごく合いますね、そういうのは。

酒井　丸山さんは撮影現場には立ち会われたんですか。

丸山　ロケーション見学に、一回行こうと思ってましたが、そのとき、ちょうど仕事が忙しくて行かれなくて。セット撮影を、ちょっと見た程度です。

酒井　小説をお書きになる場合と違って、映画の撮影所はある種すさまじい共同作業の場ですが、それを目のあたりにごらんになって、いかがでした。

丸山　たいへんですよ。それこそとてもじゃない、と思いましたよ。小説は一人でやっていればいいでしょう。小説を何人もで一緒に書いたら問題だよね。映画はいろいろな性格の人がいて、予算も限られている、時間も限られている。小説も時間はある程度限られているけれど。ほんとうに、私らのほうが孤独な仕事ですよ、映画の人が孤独じゃないとは言わないけれど。和気あいあいとうまくいっているところを見れば、おもしろいじゃないかと思うけれど、けんかになったり、冷い関係になったりしてまずくなると、私はいたたまれないね。協調性ゼロですから。一人で小説でも書いていたほうがいいんじゃないか、と思っちゃう。

酒井　一くせも二くせもある才能が結集した場ですから、なにも起きないのが不思議みたいなものだと、僕などは思ってしまいますね。

丸山　とはいっても、若い人が小説をやるということには、かなり疑問を感じたですね。若い人が映画をやっているのを見ると、ああ、若者らしい仕事だ、と思うけれど。若い人が小説を書くというのは、かなり陰気じゃないか、体によくないのじゃないのかな、と思ったことがありますよ。意見の交換ということは、ほとんどないですからね。自分の書いている小説に対して、誰もいいとも悪いとも言わんのですから、自分で決めるほかない。

挫折ではない

酒井　ところで、いったん神代監督の手に渡してしまった原作が、映画という、小説とは違った表現媒体を通じて、ひとつの作品として完成されるわけですが、それを前にして、丸山さんの原作者としての興味はどのへんにありますか。

丸山　いや、自分の原作というより、一映画ファンとして、どういう映画ができるのか、という興味のほうが強いですね。最初にも言ったように、原作なんかどうでもいいですよ。

酒井　映画を見る段階では、ほかの人の小説が映画になったような感じですか。

丸山　むしろ、そのほうを望みたいと思います。全くそういう目で見るということは不可能ですがね。これは俺の原作だ、と思って見ているところがありますから、多少の比較はして見るでしょうが。さっきも言ったように、私の小説に出てくる主人公は、ほとんど顔がない。肉体的な特徴をほとんど書いていないわけです。名前もない。だから、誰をもってきてもある意味で当てはまるけれど、素人はすぐそういうふうに考えるけれど、間違えて変なのをもってこられると、どうもずっこけるわけね。どの辺がずっこけているか、楽しみで見ることもあるかもしれない。主役の萩原さん、田中さん、その他数人の方を見た範囲では、いいですね。ただヤクザの子分とか、キャバレーのお姉ちゃんとか、そういうのでボロを出すのじゃないかな、そういうところは手を抜いているんじゃないかな、と思ってね。(笑)

神代　一つだけ、ボロ出しているんですよ。(笑)いや、もう明らかにチョンボをやらかして、ほんとうに申しわけないと思っているところがあるんです。それは、やくざの穴吹の子分で、原作では、その子分は老人ばかりという設定になっているのを、ついうっかりしていまして、老人でない、わりと強そうな子分が出てきて、「しまったっ」と、思っているんですよ。申しわけありません。

丸山　いやいや、また楽しみがふえた。(笑)

酒井　原作の最後に、つけ加えられていますね。「私が友人なしで南の海へ向う漁船に乗りこめるようになるまでには、それからおよそ三百日あまりもの日数が必要だった」と。あの二行がなくても、小説はそれで完成しているような感じがしましたが。そこに丸山さんのひとつの思いがこめられているわけですか。

丸山　そうなんです。関係者の間でも二つに意見が分かれましてね。ただ、私としては、どうしても必要だったんです。あすこで終ったら、あれは単なる挫折の青春小説になってしまう。あれを入れたがために、いや、彼は挫折したんではなくて、もう一回やったのだ、という強さを出したかった。文学的な完成度の問題になると、それはむしろじゃまになったかもしれない。だけど、純文学ということにこだわりたくなかった。だから、私はあえて、あいう二行を付け加えたわけです。

萩原　あれは好きですよ。

丸山　関係者の間では、評判がよくなかった。(笑)

神代　あすこのところを映画にするのは、むずかしいですよ。

酒井　小説だと、二行で言い切っていますけどね。

神代　結局は、トータルにみて、もう一度試みるであろうというようなことがわかる、ラストにしてみましたけどね。へたに絵を入れると夢みたいになっちゃいますから。入れないほうがいいと思いましたし、かといって、あの二行をタイトルに出せば一番簡単ですが、それはあまり映画的でないので、やめて。たぶんもう一ぺん、主人公は「アフリカの海」をめざすであろうな、という感じの終り方に、してみたんですけどね。

（まるやまけんじ・作家　さかいよしお・編集者／「キネマ旬報」一九七五年六月下旬号）

『もどり川』を語る 萩原健一インタビュー

〈三九七頁より続く〉

ともあれ、神代監督は「もどり川」で新境地開拓をめざした。演ずるショーケンはどうか。

――神代監督に芝居芝居したキャラクター作りと、演技を求められているそうですが……。

萩原　他の映画ではありますけど、神代さんとのコンビでは初めてのことですね、本格的に芝居をやらせてもらっているのは。「青春の蹉跌」とか「アフリカの光」をやった当時は、ボクの演技力では、芝居的な芝居を求められてもできなかったと思うんですよ。だから、無理しないようにという風にしてくれた。今回も、年相応に無理しないで、背のびしなくてできるものを与えてくれている。ありがたいですね。背のびは背のびでしかない。背のびしていい作品ができて認められたにしても、それを持って他に行って活用できたとしても、わかっていないと悩むことになる。作品主義と言うのか、役者を育てるって考え方が少なくなってきてるでしょう、今は。ハッと気がついたときには、とりかえしのつかないような背のびをしてたってことが、いっぱいあるみたいですよ。その点、神代さんはボクだけじゃなくて、女優さん一人一人にも背のびをさせないで自然にやらせて、それでいて重厚な映像をうち出していく。すごいと思うな。好きだし、合いますね、ボクは。

――大正時代の歌人という役についてはどうですか？

萩原　これまでにはなかった役。というよりも不似合いだし、第一にできない役だった。大人の役ですからね。よっぽど顔に迫力があるとか、風格があるとか、勉強していればともかく、ボクらみたいに高校中退で、まぐれ当りで役者になった人間というのは、こういう役に当るまで、やっぱり時間がかかるんじゃないかな。三十すぎて、肉体的にも、精神的にも大人になってできる役じゃないかな。歌人とかポエマーというのをナチュラルな形で、というのは三十歳をこさないとね。そういう年齢になって、こうした役がくるというのはありがたいよね。でも、むずかしかったね、はじめは。画面にうつって、そういう風に見えればいいなあ、というのが出だしだったけど、ラッシュを見てみると、自分で言うのもおかしいけど、かなり形にはなってきたって感じだね。大正時代ということについては、ボクとしては時代劇の感覚に近いけど、モボとかモガの時代だからアカぬけている。そうとうセンスがいい。アール・デコのなかで芝居しているって感じ。ファッショナブルがクサくなると困るけど、自然に出ている。かなり、いいところまでいっているという感じだな。

――宛田岳葉なる人物を演ずるに当ってのポイントは？

萩原　彼が自分自身のために演出して、そういう風に（心中未遂→自殺）なったのか、それともとめどなくなってしまったのか。そのへんのスリリングなところかな。とりあえずハードですよ。ハード・コアとか言うんじゃなくて芝居のスピードの高さのハードね。ボルテージがものすごく高いんですよ。

――岳葉の生きざまが自分とダブる部分はありますか？

萩原　それはある。だけど、岳葉みたいに正直じゃない。あんな生き方をしていたら、今こうしてしゃべっているなんてことないわけでね。演じていて、ハードな人ってのは夢があって楽しいし、好きだね。映画というのは、そうした夢を与えるもんじゃないとね。映像のなかで狂うというのかな、ハードになればなるほど、終ったあとは普通に戻ってゆくみたいですよ。マスコミはいろいろと書くけどハードなものをやる人ほどマジメだと思うな。

――五人の女優との愛欲シーンが取りざたされているけど？

萩原　女と寝ること自体に興味がうすれてきているし、今度の役ではそうしたところにポイントを置いてないしね。ただ、芝居的に女との愛欲のなかで生死をさまよう、抒情的な芝居があるというだけで、からみ云々というのは、さして気にしていないね。

――八年ぶりの神代監督とのコンビ。「青春の蹉跌」のときのようにワンステップあがるということは？

萩原　何かをうち出せるんじゃないかと思っているし、そうなって欲しいけど、作品としていい評価を得ることが第一。総合的なことは監督の分野だけど、仕事をいただいた限りは、役者として自分の持ち場はしっかりと、忠実にやりとげるつもり。

『もどり川』撮影スナップ。神代辰巳、萩原健一

初めてという役どころを得て「ひとつの転機になるのでは？」の質問には「テンキとかアメとか考えない方」とシャレた答えが返ってきたが、「のりは最高ですね」と意欲は満々だった。

（「キネマ旬報」一九八三年五月上旬号）

（神代辰巳エッセイコレクション）ふるさと賛歌

雷鳴轟き一陣の涼風 沛然と夕立ち、望郷佐賀

子供の頃のどんなことを書いても、今はもうなくなってしまったのではないかと悲観的になる。例えば夏の夕立ちである。蒸すような暑さの中で、雷鳴が轟き一陣の涼風が吹く。するとまさに沛然《はいぜん》と夕立ち、礫のような雨が落ち、砂利道にはねて三、四センチはある無数の水玉の輪を描き出す。素晴らしく不思議な紋様だった。今でも同じような紋様を見ることが出来るのだろうか。私は自信がない。佐賀を出てからもう何十年も経つ。

やはり夏、洪水の季節。市内のいたるところにあるクリークや堀の水が静かに溢れ出すと、道路が浅い川になる。迷った鯉や鮒が人の歩く道を背びれを見せて泳ぎ出す。網を手にしてどきどきしながら鯉を追いかけた。捕まえた記憶はないが、今はこう云うことが出来るのだろうか。

多分、冬に行われたことだと思う。佐賀ではトウバタと云うが、色鮮やかな凧が子供心に何か芸術作品のように店先に並んでいるのを買って家へ帰る。それからチャコと云うものと飯粒とガラスを荒く砕いたものを練り合わせて、凧の糸に五、六メートルも塗りつける。その糸をつけて、大抵、屋根に上ってそこから凧を上げる。屋根の下に、仲間が一人自転車に乗って待機している。寒い北風に吹かれてわくわくしながら待っていると、必ずどこかから凧を上げて挑戦してくる相手がいる。相手の凧にこちらの凧をからませるように近づけて、自分の凧を急降下させる。さっきガラスを塗りつけた糸の部分で相手の糸を切るのである。負けた凧はふわふわ飛んで落ちる。それを待機していた自転車がどこまでも追いかけて分捕りに行く。何ともわくわく血湧き肉躍る遊びだった。今は果たして行われているのだろうか。

春。潮干狩りの季節。有明海の遠浅の干潟へ板を持ってむつごろうをとりに行く。前の日に、板の一方を火で焼いて少しそらせておく。その板に片足を乗せもう片方の足で蹴って干潟を進む。むつごろうのいる場所までは二、三十分は蹴って進んだように思う。干潟にいるむつごろうはかなりすばしっこくて、とても素手で捕まえられるものではない。むつごろうは出口と入口のある穴を掘って棲んでいる。そこで、片方の穴を鍬みたいなもので掘る。掘り進むともう片方の穴からむつごろうは逃げ出す。二人で組んで穴を掘る役と出口で捕まえる役とで共同作業をするのである。子供の時、そう聞いてむつごろう取りに出かけたのである。ところが現場へ行くと、穴が無数にあった。困ったことに、どの穴とどの穴がつながっているものなのか、どの穴が入口でどの穴が出口なのか皆目見当がつかないのである。やみくもに二つの穴をきめて、何べん試して、何べん失敗したことか。収穫はなかった。今、こんな遊びをしている子供はいるのだろうか。

佐賀での子供の頃の最もポピュラーな遊びは野球を除けばコマ廻しだった。皿ゴマと云う直径十センチ前後、厚さ三、四センチの皿の形をしたコマである。一番重要な部分はケンと云って、コマの中心になる鉄の軸である。そのケンが地面に立って廻るのだからケンはあまりとがっていては駄目である。永く廻ったコマが勝ちだからである。この遊びにはもう一つの面がある。負けたコマは先に廻さなければいけない。そこで、勝ったコマは先に廻ってるコマに向って上から投げつけるように廻して命中させて倒すのである。そこでケンについて云えばケン先が鋭ければその時相手のコマを真二つに打ち割ることが出来るのである。ケンの尖り具合が勝負なのである。割った時の快感は筆舌に尽し難かったものである。このコマに限らない。ここに書いた遊びが佐賀のどこかにまだあるのなら、早い機会に帰って一緒に遊びたいのだが。

（「週刊文春」一九九一年六月十三日号）

29

美加マドカ　指を濡らす女

【公開】1984年4月20日封切
製作配給＝にっかつ　カラー／ビスタ／89分　併映＝『夕ぐれ族』(監督＝曾根中生)

【スタッフ】
プロデューサー＝三浦朗　企画＝進藤貴美男　原作＝吉川良『蟹』　脚本＝齋藤博　神代辰巳　撮影＝野田悌男　照明＝田島武志　録音＝福島信雅　美術＝渡辺平八郎　編集＝鈴木晄　奥原茂　記録＝飯村知子　音楽＝石間秀機　篠原信彦　選曲＝佐藤富士男　助監督＝加藤文彦　石田和彦　及川善弘　スチール＝目黒祐司　製作担当＝鶴英次

【キャスト】
徳永君代／未来まゆみ＝美加マドカ　勇次＝内藤剛志　水沼里子＝志水季里子　女＝麻生うさぎ　神西俊一郎＝広田行生　合田＝上田耕一　とみ江＝藤ひろ子　老婆＝三戸部スエ　記者＝北見敏之　君代の義兄＝白山英雄　振付師＝大江徹　マルセの社長＝高橋明　達夫＝丹古母鬼馬二　長さん＝庄司三郎　長さんの彼女＝よしのまこと　劇団の少女＝蘭童セル

【物語】

ストリップ界のアイドル未来まゆみこと徳永君代は、俳優の俊一郎と同棲していた。俊一郎が長期の旅公演に出てしまい、むかし別の男とのあいだに生んだ赤ん坊もいて手が掛かるため、俊一郎の旧友の勇次が母子の面倒をみることになる。勇次は俊一郎に何かと好い様に使われてばかりいるのだった。勇次はまえから君代のファンだった。俊一郎のいない淋しさに耐えられない君代は、早速勇次に抱かれる。勇次は君代の部屋に居着くが、君代は勇次をバカにしているのか愛しているのか、なんだかはっきりしない。ストリッパーとしての君代はますます人気絶頂。十八番のオナニーショウは大反響で小屋は連日満員札止め、レコードまで出すほどである。蚊帳の外の勇次はヒモ同然。赤ん坊のおしめを洗っている毎日である。俊一郎には君代よりも付き合いの長い里子という女もいて、ある日押しかけてくる。君代の赤ん坊を奪って逃げる里子に「あんたに賭けてみる、シュンからあの女とっちゃってよ」と励まされ、彼女と寝る勇次。当の俊一郎は旅先で劇団の少女と深い仲になっていた。初日を控えナーバスになっている君代は、いつにもまして勇次につらく当たる。俊一郎が帰ってきた。君代の頼みで、子連れで部屋を空ける勇次。自分のアパートに戻ると、夜中、以前そこに住んでいたという女が訪ねて来る。二人は互いの境遇を語り合い、いつしか抱き合うのだった。翌朝、目覚めると女は消えていた。勇次たちが部屋に戻ると、俊一郎はいなかった。もう帰ってこないという。君代のお腹には、勇次の子供ができていた。「愛してるって云って欲しい?」何も言葉にならず小躍りする勇次。君代は勇次を選んだのだった。今日も君代ことまゆみは、小屋で満座のファンに囲まれ軽快に踊っていた。そんな彼女を、赤ん坊をしょった勇次は片隅から笑顔で見つめていた。

「美加マドカ　指を濡らす女」創作ノート

対談＝神代辰巳・齋藤博

「美加マドカ　指を濡らす女」準備稿のプリントが上った3月14日、調布・にっかつ撮影所での本読みの後、撮影所食堂でＰＭ12時から神代監督、齋藤博さんにインタビュー。

——ずいぶん急な仕事ですね。

神代　うん。やっちゃいけないんですよ。その、やっちゃいけないことを、ついやってしまったという……

——どうして神代さんが……

神代　ストリッパー物だからじゃないですか。正直に言うと、やっつけ仕事なんですよ(笑)榎本三恵子の企画がパーになって、ゴールデンウィーク用の番組がとんで、その穴埋めですからね。でも、いくら穴埋めとは言っても自分の映画《シャシン》は作らなくてはいけないし、それをどう作るかということで。今までの、男が二人いて、女が一人いて、どちらかの男の方へ女が行ったり、或いは第三者のところに女が行っちゃったという、割りとニューシネマによくあるような風にはしたくないし……自分の映画の中でも「赫い髪の女」とか、女の存在を問うみたいなもんじゃなくて、その辺にザラにある関係でいう、男と女の愛を見つめていって、と思ってるんですけどね。

この「指を濡らす女」は、役者と普通のサラリーマンの男がいて、普通の男は、顔形から才能、金と一切合切、役者に敵わないんだけど、愛だけで女をモノにするという……言い方によっては純愛映画だな。愛こそ全て、みたいな(笑)

——一緒にシナリオを書かれている齋藤博さんは？

神代　(目の前にいるのに)悪口言うわけにはいかないでしょ(笑)素晴しい人ですよ(笑)

「恋文」というのを、今年の暮れぐらいに洋画番線でやるという話になってて、それを齋藤君と高田(純)君が書いてて、そこから齋藤君を急遽引っ張ってきた、ということですね。一稿までに二週間ですからね。

齋藤　二週間……かからなかったですよ。十日ぐらいでしょう。

——シナリオを一緒に書かれるというのは、どういう形でですか？

齋藤　最初、ハコ書きを作りますよね。それで(神代さんと)前、後半と分けて書こうかという話にもなったんだけど。内容が、心理ドラマみたいなものだから、前の方を書いていかないと次が見えてこないという感じで。だから、やり方としては僕が書き出して、神代さんが追いかける形。どんどん追いかけてくるからもう尻に火がついた感じで、一所懸命逃げるんだけど……

——齋藤さん、書くのは速い方ですか？

齋藤　速い、遅いというペースはまだ掴んでいないんですけど、敵が敵だけに、やっぱり相当意識しているところがありますから(笑)

神代　〝敵〟じゃないだろ。味方じゃないか(笑)

——すると、齋藤さんが書かれたものを見て神代さんが書くというスタイルですか？

神代　いや、相談しながらやってますよ。共同脚本の一番いいところは、お互いのいいところが、1プラス1が5になるというところですから。

——二人で書かれるにしても、シナリオに二週間というのは……

神代　もう全然足りないですよ。だから恐らく、撮影に入ってギリギリ決定稿みたいなものができてきて……齋藤君には、現場に付き合って貰ってホンの直しをするというようなことになるんじゃないでしょうか

『美加マドカ　指を濡らす女』撮影スナップ。美加マドカ、神代辰巳、内藤剛志

ね。僕の映画で言えば、どんなものでもシナリオには一ケ月はだいたいかかりますものね。

——神代さんのシナリオというのは独特の形がありますが、齋藤さんは一緒にやられてていかがですか?

齋藤　ずっと神代さんのホン読んでいて、やっぱり他の人とは違いますよね。〝シーン1　××、シーン2　××〟というんじゃなくて、ドーッと小説のようにいくんだけど、その方が書き易いところがありますね。シナリオにもリズムというものがあって、〝シーン2　同・部屋〟という風にリズムを区切っちゃうと、書いている方の生理も違うなと思うんだけど。話の流れとして、シーンの表題がない書き方というのは、書き易いし、読み易いんじゃないかな。これが自然なんじゃないかな、と。僕自身も勉強しているところなんだけど。

『美加マドカ　指を濡らす女』美加マドカ

神代　関係位置をシンプルにした映画を作ってみたいんですね。シンプルというのは、「赫い髪の女」を例にすると、女が何処からきたのか、何を考えているのか、何をしていたのか、何をしようとしているのか、何も分らない。そういう女を主人公にしてるのを今迄、割りと作ってきてるんですよね。それを、シンプルな関係にして、全部分り切ってるという上での芝居を作っていく、そういう試みをしてみたい。今迄、〝惚れてる!〟と言いながらも、どこかで惚れてなかったりする、そういう映画をやってきたけど、今回は〝惚れてる、惚れてる〟という映画。そういう風に単純化することによって、どう芝居が見えてくるか——

——神代さんは、現場で役者さんにていねいに芝居をつける方なんですか?

神代　そうですね。手取り足取りという風でもないんだけど、美加マドカさんというのは、所謂芝居では素人ですし、こっちもどの程度芝居ができる人なのか分らないし、非常にそういう意味では冒険かも分らない。素人だから、芝居をさせないでニコニコさせたりなんて考えないで(シナリオには)芝居芝居した芝居を書き込んでいて、今回、その素人にどれだけ芝居をさせるかということになりますね。でも大丈夫じゃないかな。

ここで助監督さんがきて、神代さんと打ち合せ。

「神代さんと言えば、〝ストリッパーの神代〟と言われていた部分で、いわば、にっかつのロマンポルノを観客動員数も含めて定着させた「一条さゆり・濡れた欲情」というのがあって、それから十数年後の現在、ポルノの状況も変ってきているし、神代さんがストリッパー物をもう一度やるというのはどういうことなのか、これをやる時に単純素朴に考えた。だから、神代さんがシンプルにと言ったのは、自分のフィルモグラフィ風なことをもう一回やるというのは、逆に一番イージーなやり方ではないか、と。だから「一条さゆり——」のような、それは止めようということ」

神代さんが助監督さんとの打ち合せ中、齋藤さんの略歴などを聞いているうちに、右のような話が出て、それを早速、神代さんに聞いてみる。

神代　「一条さゆり・濡れた欲情」は、ロマンポルノが始まった翌年の47年だから12年前ですね。ストリッパーといっても、当時は特出しだけしかなかったし全然違いますからね。それが入れポン、出しポン、マナ板、獣姦ときて。たぶん人間の有り様《よう》というのも変ってきている。映画の流れから言ってもね。女に惚れる、というこっちの考え方も変ってきてますよね。さっき言った、今更ニュー・シネマ風たのも面白くないだろうというのもありますし、だから設定をシンプルにして、単純な男と女の愛を——寝技はやめて、ね。

——すると、別にストリッパーということでしか成立しないというものではない?

神代　成立する、と言ったら、にっかつに怒られちゃう(笑)まあ、言ってみれば、ストリップ物の裏話とか内幕物として映画を作るんじゃなくて、たまたまストリッパーであった女と男の話ということで。ただ面白いのは、美加マドカと一条さゆりさんとの比較をすると、この十年の流れというのはストリッパーの有り様《よう》にも出ていて、例えば一条さゆりさんには何か悲壮感みたいなものがあった。それは何かというと、対権力

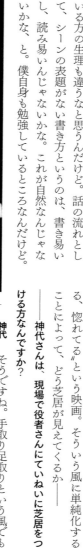

に対してのもので、現実に検挙されたりという虐待というか……そういうかなり悲壮感を持っていた。ちょうど70年安保の頃だしね。今はそういうのがストリッパー自身にないね。

——それは、にっかつロマンポルノにも現われていて、初期のロマンポルノというのは、権力を揶揄したりして、対権力という姿勢は強くありましたね。

神代 ポルノがやや市民権みたいなものを得てきて、（権力とかいうものと）お互いに協定が出来てきたということがある。そうした方が、にっかつもいきやすいからね。本当はもうちょっとやった方がいいんですけどね。僕なんかがやらなくちゃいけないんだろうけど。いきやすさ、みたいなもので映画を作っていくというのはあんまりいいことじゃないような気がしますね。しかし、映画がそうあるように、社会がそうなってきているということも言える。同じようにストリッパーも権力闘争などということは全然なくて、色んな意味で蔑視されるということも……少しは薄れて……きてはいないかなあ……しかし、それだけ社会性が変ってきてますしね。そういう意味で、ストリップの内幕みたいなところへ入っていかなくてもいいのかも分らない。もし十年前だったら、今回のような設定は絶対おけなかっただろうと思いますよ。ストリッパーと男というのは、対ヒモという関係になるであろうものが、サラリーマンとストリッパーという関係位置ができるという点が新しいといえば新しいし、いま的だと言えるんじゃないか。

『美加マドカ　指を濡らす女』内藤剛志、美加マドカ

——齋藤さんは、神代さんの作品を見てこられてきて、今回の作品でやりたいことは？

齋藤 ストリッパー物とかトルコ物とか、そういう性風俗というものは、あのテこのテである程度やり尽されてるんじゃないというのがあって。やはり、たまたまストリッパーであったというぐらいの設定で、基本的には男と女の話をやろうというのが、一番初めの神代さんとの意見の一致したところではあったですね。美加マドカという人は〝ストリップ界の聖子ちゃん〟と言われてる人で、言ってみればアイドルなわけです。吉川良さんの原作でも、男が女に惚れる惚れ方が女神のように惚れるわけです。そこで、美加マドカのカリスマ性というのを上手い具合に利用できないかなというところはありますけれどね。実際に、神代さんと一緒に本人に会ってみたんだけれど、なんでこの娘がアイドルなんだという、普通の娘なんですよね。その人が、ステージに立つと〝華〟になるんだと言われて……書く方は、それに期待しますね。

——その男は、ヒロインのヒモになるということではない？

齋藤 ヒモという観点では捉えていないんだ。〝愛〟を勝ち取るというか（笑）

神代 「一条さゆり・濡れた欲情」でのトップシーンで、大きな衣裳箱をヒモが引っ張っていくでしょ。それは何かというと、そのストリッパーが抱えてる重荷、カセの象徴ですね。こっちが、そういう風にストリップを見てた。今は、そういうものを設定する必要がないくらいになってるんじゃないかという摑まえ方で——

齋藤 そうなると、とことん純粋な愛、ひたむきな愛と——これは一番シンプルなんだけど、それが何かというのが一番の悩みどころでね。

——しかし、いま、純愛というのも見えにくいということはないですか？

神代 いや逆に、ヌーベルヴァーグから始まって、それらが何だったかというと、やっぱり社会を向うにおいて、それに対して何らかの抵抗を見せての映画の流れですよね。それが現在、社会に対する権力闘争というものがやや風化してしまっている。そこが、「——・濡れた欲情」との違いでしょうね。

——純愛というと「ロミオとジュリエット」とか「泥だらけの純情」とか、愛に対して敵対するものがある。現在、その敵

対するものがはっきりしないということはありませんか?

神代 それを人間関係に置き換えてるわけです。セックスも顔も才能もかなわない男がいて、片方に全部劣っている男がいる。で、その男、愛こそ全てという男が勝ったというのは、今迄の映画の流れでいうと、古いようで新しいんじゃないか。そういう愛の再認識というのはやっていいんじゃないかというのがテーマといえばテーマです。

齋藤 そこが、〃寝技〃はやめようということなんですが(笑)「ロミオ――」とか「泥だらけ――」は、セックスというものをオブラートにくるんでる部分があるでしょ。こっちは、そのセックスを前面に押し立てて、しかも純愛ですからね。これはかなりね……古い言い方でいえば、セックスの向うに何が見える、ということになっちゃうんだろうけど、それをもう一回やろうと……決意表明はできるんですけどねェ(笑)

神代 なにを言ってんだ(笑)

――それでは、監督の今回の作品に対する、決意表明を……

神代 原作者の別の本に、こういう惹句があるんです。〃勝ったとか負けたとか言って、泣いたり騒いでる間は贅沢だ。こっちは生きていくだけで精一杯だ〃という、そういう男の純愛という風にして描きたい。

齋藤 結局、今までの映画というのは、どこかソフィスティケートされていたり、洒落っ気があったりみたいなものだけど、そういうんじゃなくて普通の男――駄目な男というんじゃなくて――普通に生きてる男が、愛ということだけで何ができるか、と。これは僕自身の願望でもあるんですけど、そういう気持が伝われば、まあそこそこはいけるんじゃないか、と。〃ひたむきな愛〃というのは――僕もそういう傾向があるんだけど――そんなの嘘だ(笑)というところがあるから。そこをもうちょっと素直に考えてみようかと。愛の不毛の時代であったりとか、そんなものじゃないだろう、と。

神代 スワッピングや、乱交パーティとかがあったりするなかで、そういうことはなしにしようか、と。愛することと、セックスすることは一緒じゃないかということは、ちょっとやってみたいんですよね。愛とは何か、と言った時に、そこが原点みたいな気がするんだなあ。古いかも分らないですけどね。

ここに掲載した脚本は、第二稿でまだまだ変ります。映画はもっともっと、ずっとよくなりますから期待して下さい。

(さいとうひろし・脚本家/「シナリオ」一九八四年五月号)

『美加マドカ　指を濡らす女』

山根貞男

神代辰巳監督の快作である。〃ロマン・ポルノ〃と銘打ってはいないが、にっかつの成人映画で、ストリッパーの生活風景がいきいきと描き出される。

若いサラリーマンが人気ストリッパーにあこがれ、せっせと身の回りの世話をする。が、彼女は別の男にぞっこんで、彼のことなど眼中にない。念願のセックスもできて、彼は喜ぶが、彼女はその最中も別の男の名を口にする。それでも彼は、彼女の赤ん坊の守りをし、会社を辞めてまで彼女に尽くす。

心の向きがチグハグのまま、ともに暮らす男女の関係のドラマ、といえようか。現実に人気ストリッパーである美加マドカが、揺れ動く女心を素朴に好演し、内藤剛志が、ほれた男の弱みを怒りまじりに微細に演じる。

『美加マドカ　指を濡らす女』完成記念

形の定まらぬままに流動する二人の関係に照応して、描写も不定形な揺れ動きを中心に行われる。二人はアパートの室内で、くだくだしゃべり、ぐたらぐたら体を重ね合い、それを手持ちカメラが、えんえん長回しで撮ってゆくのだ。神代辰巳一流の軟骨みたいな映画的文体の魅力である。ときおりの戸外シーンや、ほかの人物のシーンが、それを際立たせる。

二人はたぶん、相手との関係をうまく処理できない以前に、自分の心と肉体をどうにもできず、うろうろ揺れている。そこから哀しみがにじみ出し、男と女の関係の裸の姿がしみじみと浮かび上がる。こんな魅力の映画は、にっかつ＝神代辰巳という組み合わせだからこそのものであろう。

（「サンケイ新聞」一九八四年四月二十五日夕刊／『映画の貌』みすず書房、一九九六年所収）

（神代辰巳エッセイコレクション）

完走しなかったシナリオ・ランナー
——追悼・齋藤博

もう数年も前の話である。

その年の忘年会のために、湯河原のある旅館へ行くのに、小田急のある駅で、齋藤と待ち合わせをしたことがある。その目的の場所へつく間、二時間以上、齋藤とは滅多にしたことがない映画の話をえんえんとやったことを思い出す。その時の齋藤の主張はこうだった。普通の話を普通に描いていく、簡単に言ってしまえば、齋藤の映画に対する手法に通底するものは奇をてらわない普通のことであるらしかった。普通のことを普通に描いていく、その積み重ねをすることで、自ら、テーマなり、感動を導き出していく。それが、齋藤の映画作りの基本的手法であると、齋藤はわりと執拗に言ったことを思い出す。

私はその逆のことをしきりに言ったのだ。映画は感情の積み重ねで成り立つ。普通であろうがなかろうが、感情が続けば、シーンも続く。感情がきれれば、シーンもきれる。感情のきれた時のパフォーマンスのつながりが映画の面白さである。

例えば、マラソンランナーの話を書くのに、ランナーがとにかく最後まで完走するのがマラソンランナーの話として完結することであるというのが、齋藤のシナリオの進め方だし、私は、何らかの理由でマラソンをやめてしまうランナーのパフォーマンスが映画として面白いと言い張ったことを覚えている。

それなのに——、結果は逆になってしまった。齋藤はもう映画作ることを、映画を完走することを、途中でやめてしまったのだ。齋藤の死を聞いて、そりゃないよ、齋藤、と思ったのは、私ひとりではないだろう。そりゃないよ、齋藤、そんなにあっさり死んでしまっていいのか。ほんとに、持論通り、映画を完走してほしかった、齋藤。でも、今はもう冥福を祈るよりほかありません。どうか、やすらかに眠って下さい。

（「映画芸術」一九九四年秋号）

パーティー会場にて。
齋藤博（一番左）、奥田瑛二、神代辰巳、根岸季衣、藤田敏八らとともに

30

恋文

【公開】1985年10月5日封切
製作＝松竹富士　廣済堂映像　配給＝富士松竹
カラー／ビスタ／108分

【スタッフ】
製作＝奥山和由　長良じゅん　プロデューサー＝三浦朗　櫻井五郎　プロデューサー補＝三木豊　企画＝栗林茂　監修＝川内康範　原作＝連城三紀彦『恋文』　脚本＝高田純　神代辰巳　撮影＝山崎善弘　照明＝加藤松作　録音＝橋本文雄　美術＝菊川芳江　編集＝鈴木晄　記録＝白鳥あかね　音楽＝井上堯之　助監督＝北村武司　スチール＝目黒祐司　キャスティング＝深沢日出夫　製作担当＝秋田一郎

【キャスト】
竹原将一＝萩原健一　竹原郷子＝倍賞美津子　竹原優＝和田求由　田島江津子＝高橋恵子　神谷哲史＝小林薫　副院長＝仲谷昇　看護婦長＝左時枝　カウンセラー＝橋爪功　看護婦A＝秋元恵子　看護師B＝入金紀子　神父＝有馬昌彦　留置場の男＝工藤栄一　教頭＝三谷昇　カメラマン＝北見敏之　編集部員＝山川豊　警官＝平野稔　女子モトクロス＝泥ん娘パフと三好礼子　看護婦長＝白鳥あかね

⦿キネマ旬報ベストテン6位
同読者選出ベストテン9位
同主演女優賞
⦿毎日映画コンクール主演女優賞
⦿報知映画主演女優賞
⦿日本アカデミー賞最優秀女優賞
（以上倍賞美津子）

【物語】
雑誌編集者、郷子の夫で、中学の美術教師をしている将一が、突然家出した。職も辞し、他の部屋で暮らしだす将一。問いつめる郷子に、将一は意外な事情を語った。学生時代の恋人の江津子に十年ぶりに再会したが、彼女は白血病であと半年の命しかなく、自分の手で最期まで看取ってやりたいのだという。半信半疑の郷子だったが、将一の従姉妹と偽り、江津子を見舞うようになる。そんな両親を、息子の優はじっと見つめていた。四人のあやうく繊細な関係の日々が始まった。優に、将一を半年江津子に預けるつもりでいようという郷子。江津子は勤め先のデザイナーの愛人だった過去を二人に告白する。江津子のあたたかい人柄や、その将一との死を賭した強い愛に魅かれつつも、郷子は共感と嫉妬の狭間で揺れ動く。将一が江津子を抱いたらしいことを察した郷子は、かつての恋人の神谷と寝てしまう。将一がまた難題を持ちかけた。離婚してほしい——いよいよ危ない江津子のために、死ぬ前に自分と彼女の結婚式を挙げてやりたいのだという。江津子が自殺未遂した。ある夕暮れ、病室を訪ねた郷子は、江津子と語りあい、二人ははじめてお互いの本心を吐露するのだった。江津子は、将一と郷子が夫婦だと最初から知っていた。二人のあいだには、ひとりの男をめぐって、いま確かな絆が生まれていた。郷子は将一に離婚届を手渡した。「これラブレターだよ。俺、こんな凄いラブレター貰ったの初めてだ」病棟での結婚式、医師や看護婦、患者たちの祝福の拍手はいつまでも鳴りやまなかった。つかのまの新婚生活、郷子に見守られながら、江津子は死んだ。郷子は将一に戻ってきて欲しいと告げる。マンションの廊下を往く将一の靴の音。けれど、それはまた遠ざかっていった……。郷子と優の二人っきりの生活が始まる。

新しい愛、新しい映画

山根貞男

神代辰巳の新作『恋文』を見たら、かなり多くの神代ファンが、こう思うのではなかろうか。あれれ、いつもの神代タッチとずいぶん違うなあ、と。

これまでの神代辰巳作品では、ほとんどの場合、登場人物たちがぐにゃぐにゃ体をからませ合い、画面それ自体までぐにゃぐにゃ不定型に揺れ動いて、それが独特の魅力になっていた。わたしはそれを、軟骨的文体と呼んだことがある。たとえば一昨年の同じ連城三紀彦原作・萩原健一主演『もどり川』を見れば、その特徴は一目瞭然であろう。

そうしたものが、今回の『恋文』には見られない。画面はぴたりと正攻法で人物をとらえ、これまでになくアップが多い。異和感を持つ人がいて、当然である。この神代辰巳の変容は、なにゆえのことなのか。

あらためていうまでもなく、『恋文』は三角関係の愛のドラマである。そして、これがこのドラマの核心だが、三角関係は死を前提に築かれている。しかも倍賞美津子・萩原健一・高橋恵子の三人は、死を前提にして、だまし合いっこのゲームを行ない、そのなかで三角関係が形を変えてゆく。

死が前提としてあること。神代辰巳の変容は、そのことと深く関わっているにちがいない。それがわたしの判断である。

この判断の底には、一つの重要なことが潜んでいる。それはこの映画の描くものが、じつは三角関係ではなく四角関係だということである。プラスの一角をなすのは誰か。倍賞美津子の衝動的浮気の相手、小林薫か。そうではない。倍賞美津子と萩原健一の子どもである幼い少年が、もう一角をなす。

この映画の魅力は、和田求由クンがなんともナイーヴに演じて見せる男の子を抜きにしては考えられない。たとえば、彼が必死に涙をこらえるシーン、それでも涙を流してしまうシーンの、なんと感動的なことか。おとな三人がそれぞれに見せる涙もむろん胸をうつけれども、幼い少年の流す涙は、それにもまして悲しく突き刺さってくる。

なにゆえの涙か。耐えることから生じる涙である。幼い少年は何を耐えるのか。父の不在を、か。もちろんそれもあるが、それだけのことではない。単純にいってしまえば、おとなの三角関係の微妙に入り組んだ内実など、幼い子どもの彼にわかるわけはなく、しかし、よくわからないままに、母と父の姿から、のっぴきならない事態が起こっているということを切実に感じ取り、わからないということを耐えている。

もともとこのドラマにおいて、おとな三人のとる行動は反常識的であり、わからないといえばわからない。三角関係は、その微妙なところで成立している。そうした三角関係の重みを、むろんおとな三人もそれぞれに耐えているけれど、それ以上に耐えているのは幼い少年だといわねばならない。そのような子どもの姿を描くことによって、明らかにドラマが深く鮮烈になっている。ゆえに、これは、四角関係のドラマである。

幼い少年にとって、もっとわからないことが一つある。死、である。おとなの三角関係の内実を理解しえない彼にも、三角関係が死を前提に築かれていることはわかっているが、死そのものがわからない。彼はそのことをこそ耐えぬき、涙を流す。幼い少年の涙が突き刺すような感動をもたらすのは、それゆえにちがいない。

神代辰巳の描写タッチの変容はそうしたことに根ざしている。とわたしは思う。かりにこれが、たんなる三角関係のドラマであれば、これまでと同じ手法でも描くことができたであろう。しかし、純真な子どもの心が大きな比重を占めるドラマであるからには、あの軟骨的文体はふさわしくないと思われる。

映画『恋文』が新しい愛の形を鮮烈に見せるのは、死を核心にはらむ四角関係のドラマを、いままでにない新しい映画として描いているからである。

（劇場用パンフレット）

原作者はただただ驚いています

連城三紀彦

世に言う男女の三角関係が、きれいな正三角形になるような、そんな話を書きたいと思っていながら、さてどんな話にすればいいものか迷いぬいていた所、たまたま萩原健一さんに会う機会がありました。この人、天才俳優であると同時に、素顔でも天才的に〝男〟でありました。あらゆる意味で〝男〟なんですね。その純粋培養で出来あがった〝男〟を一つの頂点にすれば、二人の女に等辺で手をつながせることができるのじゃないか、そう思って小さな話を書いてみたのが、たまたま賞など貰ったのですが、実は、その賞の発表があった時より、完成した映画の試写を観た時の方が、僕にはずっと嬉しくありました。

原作で〝正三角関係〟を何とか成立させているのは、登場人物たちの現実離れした優しさです。正三角形といってもいわば、夢のコンパスで作った童話であり、それにすぎません。映画はそれを現実のコンパスでやってのけています。「こんなこと現実にあるだろうか」と思わせたに違いない原作が、「これが現実だろう」と思わせる映画に変わっています。

高橋恵子さんの奥ゆきの増した美しさを一辺に敷いて、萩原さんと倍賞美津子さんの個性と演技力が五分で渡りあっているこの映画は、既婚者には他人事とは思えないものになり、これから結婚する人たちにも、夫婦というものを、男と女というものを改めて考えさせるものになると思います。

原作通りの台詞を各所に使いながらも、それをやってのけてしまった脚本と演出に、原作者はただただ驚いています。

今まで男女の修羅場を性を通して描き続けてきた神代辰巳監督が、俳優の顔と台詞だけでそれをやってしまった、改めてこの監督の男と女を見る目のしたたかだったことにも驚いています。

生々しくなるぎりぎりの線上に成立しているこの現実の正三角形を、僕は原作よりずっときれいなものと思っています。

（劇場用パンフレット）

『恋文』神代辰巳が初めて挑んだメロドラマの世界を語る

対談＝**神代辰巳・杉浦孝昭**（おすぎ）

おすぎ お客を泣かせるためにお作りになったんですか、「恋文」は。

神代 はい、そうです(笑)。

おすぎ やっぱり。今まで泣かせる映画は撮ってないですものね。

神代 うん。メロドラマじみたものは初めてですね。今回は金がなかったからそうするしかないだろうと思ったんだけど。

おすぎ どちらかというと、神代さんの映画はここんとこあまり好きじゃなかったのね。だからよけい「恋文」は久し振りによかった。メロドラマなのにすごくフランス映画的な感じなんです。話は日本人的なんだけど。

神代 ちょっとメロドラマからはずれたのはショーケン(萩原健一)のキャラクターだろうと思いますね。その部分があるから何とかなるだろうという気がしていたんだけど。

おすぎ ショーケンで成功したという意味ですか。

神代 いや、成功とか不成功とかいうより、ここのところずっと当たっていませんので、そろそろ当てないと撮れなくなるんじゃないか、と(笑)。それでわりと……。

おすぎ 媚びました？

神代 ええ、媚びて。

おすぎ 連城(三紀彦)さんの小説が出た時にすでに映画化は頭の中にあったんですか。

神代 いや、連城さんがショーケンといしだあゆみさんをモデルにして書いたということで僕のところに話があってからですね。

おすぎ で、お読みになってやっぱり作りたいとお思いになったわけでしょ。

『恋文』撮影スナップ。萩原健一、高橋恵子、神代辰巳

神代　すぐ思いましたね。

おすぎ　メロドラマとして作りたかったとおっしゃいましたけど、それだけじゃないでしょ。その中に何かを見ようとした……。

神代　たぶん、日本映画では今までになかったようなものが作れると思ったんですよ。

おすぎ　どのへんですか。

神代　テーマというかモチーフみたいなこと言うと、一緒になった夫婦が一緒に変われなかったための別れとか悲劇とかそういうことですね。今までの日本映画では二人が一緒に変わるということが大事だったんですね。だからそのへんのポイントを突いていくと、今まで日本映画になかったようなものができるんじゃないか、と思った。

『恋文』撮影スナップ。和田求由、萩原健一、神代辰巳

おすぎ　そうですね、「喜びも悲しみも幾歳月」のように、一緒に夫婦が歩いていくようなテーマの映画が多かったですものね。

神代　一緒に変わり切れなかった夫婦の悲劇というテーマが、非常に面白いなと思いましたね。それと、一発当てること(笑)。

おすぎ　当てることの方に比重がかかっているという感じがある(笑)。映画の中に監督の分身みたいなものはあるんですか。

神代　自分では分かんないですけど、でも多分、どこかに出ているんじゃないですか。クセっていうかね。

おすぎ　クセなのかな。

神代　たぶん、どんな映画作っていても出るだろうと思うから、今回も出ていると思いますよ。

おすぎ　でも、今回はそれが少なかったんじゃないかと思う。

神代　例えばね、倍賞美津子がショーケンに貯金通帳をやるシーンがありますね。

おすぎ　ええ、ゲームセンターのところでね。

神代　原作もそうだし、脚本もややそうなっていますけど、その貯金通帳を「ありがとう」と言ってわりと素直に受けとる。たぶん、原作と映画が少しずつ違っていくのはそのへんからで、別れようとしている女房から貯金通帳を渡されると親切の押し売りみたいになっちゃうんですね、男の側から見ると。ショーケンの演技プランもそこのところが基本になっていて原作と少しずつ変わっていってるんだろうと思うんですよ。だからこっちのクセも出てるだろうし、ショーケンのクセも出ているし、というふうに思いますよ。

おすぎ　二度見てとってもよく分かったのは、主人公であるショーケンと倍賞美津子の関係を主人公たちに言わせるんじゃなくて、周囲の人間たち、例えば子供だとか小林薫に言わせているということですね。そういうところを神代さんは、主人公たちを描くことよりか、見ている人間に分からせてくれる作業をしてくれたんじゃないかと思う。どうしたって夫婦関係や三角関係に、見ている側はのめり込んじゃいますよね。それを神代さんは一歩引いて絵の中に入れてくれたんじゃないかって、二度目に見て思った。

神代　うん。やっぱり俺も男だから、そうそう姉さん女房の物分かりのよさみたいなところでの話の進展はできないんですよ。それがおすぎの引きっていうことじゃないかと思う。原作はそうなっていませんけどね。連城さんが映画を見て「ああそうですか、私には女は分かりません」と言ってましたけど(笑)。

おすぎ　原作者がかえって感心したりしてね(笑)。神代さんの映画では今まで子供を使った映画ってなかったでしょ。

神代　全然ないです。

おすぎ　どうでした。

神代　こういう言い方をすると非常にいけないかも分からないけど、「チャンプ」みたいに子供を使った映画は嫌いなんですよ。どうしても泣かせになるでしょ。それで避けてきたんですけど、今回は……。

おすぎ　当てなきゃいけない(笑)。いやーでもね、一回目はかなり早く見せてもらってその時は女の子が多かったんだけど私もう途中から全然見られなくなっちゃってね。ハンカチを目に当てたまんまで後半は見てなかったというひどい状態(笑)。身をよじっちゃって、誰もいなかったら床に転がって号泣しちゃっただろうと思う(笑)。高橋恵子とショーケンと倍賞美津子の三角関係に入り込んじゃったんですね。一緒に見ていた人たちが、映画見ているよりもお前を見ている方がずっと面白いって(笑)。やっぱりみんな子供がよかったって言っていましたね。

神代　それはね、こちらも現場で撮影していてやっぱり泣きそうになるんですよ、芝居見てて。砂浜のシーンでショーケンと子供がハーモニカのやり取りするところとかね。もっとひどかったのはラストの倍賞さんと子供のベッドのシーン。タイトル・バックにしていますけどショーケンの帰りを待つ二人のシーンを撮っているときは思わず泣いてしまいましたね。凄く恥ずかしかったけど。だから、俺は本質的にはメロなんですよ。

おすぎ　へー、神代さんが演出していて泣くなんて信じられない。お好きなんですね、本当は。

神代　お好きなんですよ(笑)。

おすぎ　だから余計避けていた。じゃーこの映画化は一大決心だったでしょ。

神代　いや、そんなことないですよ。今度当てないと撮らせてもらえないから。

おすぎ　子供を演出できるかなという不安というか迷いはなかったですか。

神代　子供との関係を「チャンプ」みたいな形でとらえない方向でやろうと思ってたんです。なるべく子供が客観的に見ているというようにしたつもりなんですけれども、やっぱりいつの間にかどっかでね……。

おすぎ　いや、うまいですよ。どこがいちばんうまいかって、ショーケンと高橋恵子の結婚式の会場で子供と高橋恵子が会うでしょ。「優君ね」というセリフがあってスーッとカメラが移動するシーン、それがあまりにも自然だから、神代さんどうしちゃったんだろうと思っちゃったもの。

神代　あのへんはたぶん本質ですよ、スムーズにああいう演出ができましたから。

おすぎ　抵抗なかった。

神代　全然なかった。

おすぎ　やっぱり合っているんですよ。私なんかどんなにのめり込んでも二回見るということはないんですけど、今、個人的に恋の予感の状態にあるからあんなに思い入れてしまったんじゃないかと思うんです。神代さんも個人的に体験があるんじゃないですか。

神代　体験と言われてもねー、悔しい思いばっかりですよ。わりとつらい(笑)。

おすぎ　それじゃ、映画監督って、何を基準に演出するんですか。

神代　困ったなあ。基準……分かんないよ。

おすぎ　脚本を書いている段階の方が楽しいですか。

神代　いや、それは現場の方がいいですよ。しんどいですね。脚本書いてて楽しいということはめったにない。

おすぎ　でも高田純にとっては一番いい脚本になったんじゃないですか。

神代　半年くらい一緒にやりましたからね、つらかったんじゃないでしょうか。

おすぎ　現場では変えていったんですか。

神代　いや、ほとんど変えていません。ただ撮ってもうまくいかなくて切ったところはいっぱいありますけどね。現場でシナリオと変わったのはショーケンが砂浜でハーモニカを吹くシーンだけです。あれはショーケンのアイデアでね。

おすぎ　あそこでとってもうまいなと思ったのはショーケンが膝の上に子供を乗っけてハーモニカを吹くでしょ、それを倍賞美津子が離れたところからカメラのファインダーでのぞいている、その座っているカッコウが何となくカモメみたいで……。

神代　あそこの倍賞美津子っていいね。

おすぎ　いい、凄く。

神代　うまいもんね。

おすぎ　時々あの人と飲むんだけど、演技する時は「何も考えていない」んだって。倍賞さんとはディスカッションしたんですか。

神代　だいたいセットに入ったら話さないですよ。彼女流の言い方をすると「もうイチャイチャ、イチャイチャ言うもんね」(笑)。意見が合わない時はこっちへ引っ張るために一時間くらい話したけどね。

おすぎ　どういうシーンで合わなかったの。

神代　いちばんもめたのは、倍賞美津子が高橋恵子に「結婚しなさい」って言うところです。あそこで、笑ってセリフを言えといったんですよ。映画ではそうなっていますけど。

おすぎ　二人が抱き合うシーンね。

神代　笑わせるまで一時間くらいかかったのかな。

おすぎ　彼女にとっては抵抗があったんでしょうね。そこでの倍賞美津子は一種の自己犠牲精神を発揮したんだと思うんだけど、日常の中にも自己犠牲が愛にすりかわるようなことって多分にあると思うんですよ。ただそういうことに遭遇しないだけでね。だから「恋文」はその遭遇しないことを疑似体験させてくれて、自分はどっちの立場なのかと思う時に、この映画は見ている者にとっては凄い成立の仕方をすると思うんですね。

神代 それはそういうふうにやったつもりですけどね。

おすぎ だからとっても分かりやすい映画になったと思うの。ともすれば観念的になりやすい話を神代さんがそうさせなかったのがとってもうれしかったな。

神代 わりとそれはね……。ちょっとセリフが多いかなとは思っているんですけどね。

おすぎ ショーケンと倍賞美津子のやりとりがね。長いところで特にいいのは酒場での二人のやりとりで、ほとんどカメラが動かないでしょ。

神代 あのシーンが「恋文」のテーマですよね。あの時、二人が喧嘩しないで一緒に家に帰れば問題はなかったんですね。

おすぎ でも見ていて全然長く感じないわけね、本質だし。そのあとすぐ倍賞さんが酒場から飛び出して雪の夜景になるでしょ、だから見ていて生理的に楽になってくるのね。神代さんはどのくらい見ている側の生理を考えてカットを割ったんだろうと……。

神代 そんなふうには考えていないですよ。撮影に入っちゃうと自分の生理で、自分の感覚でやりますから。さっきから偉そうなこと言っているけど当てるとか何とか関係なくなっちゃうわけ。それと編集はずいぶんやりましたから、それがよかったんじゃないかと思いますけどね。

おすぎ そこで説明的な言葉とかシーンを落としていった。

神代 そうです。なるべく説明的なところは取りました。

おすぎ だからかもしれないけど、日本映画を見ている感じがしないんですね、いい意味で。それとカメラがとってもきれいでしょ。

神代 きれいに、きれいに撮ってもらったつもりです。

おすぎ 例えば、マニキュアで描いたガラス絵の手前に倍賞さんが立っても、彼女が生き生きと見えるようにかなり計算したみたいですね。

神代 うん。後ろの絵は計算したつもりなんですけどね。エゴン・シーレとショーケンの対比みたいなものが倍賞美津子を挟んで出ればと思ったんだけど、あと一息だった。

おすぎ エゴン・シーレはポスターや画集で出たりするので、何だまたかという感じがあって、対比にはならなかった。

おすぎ 役者の話をしたいんですけど、とっても疑問に思うことがひとつ。もちろん小説のモデルがショーケンと(いしだ)あゆみちゃんということはあるんだけど、なぜショーケンなんですか。

神代 ほかに、うまい役者はいないですよ。あれぐらいうまい役者はいないと思うな。

おすぎ と、今でも思ってらっしゃる。私の見た感じを率直に言わせてもらいますが、抑えるという演技を見せ過ぎると思うの。それと余計な顔の動きが多すぎる。例えば病院の屋上での倍賞美津子とショーケンと高橋恵子の三人のシーンで、ショーケンが息切れしてきた高橋恵子を急いで受け止めて車椅子で下がっていくでしょ。その時、夕陽をバックにショーケンが振り返りますね、二度ほど。私、あのシーンでは絶対無表情になるべきだと思うの。それはひとつの例で、ゲームセンターのシーンでもラストの留置場のシーンでも顔の動きが多すぎる。本当にうまい役者は表情を動かさないんじゃないかって、ショーケンを見てて思っちゃったわけ。

神代 それは、こっちの方の言い方で言うとね、ジャック・ニコルソンの芝居とか、背の低い人……。

おすぎ ダスティン・ホフマン。

神代 そういう比較でいうと、ダスティン・ホフマンの方が比較的表情や顔が変わらないですよね。どっちもうまいと思うんだけど、ショーケンの場合はニコルソンの芝居に似ている。そんな感じがしているのね、自分では。

おすぎ 神代さんはね。

『恋文』撮影スナップ。山崎善弘（撮影）、倍賞美津子、神代辰巳

神代　ああいう芝居をする人って、日本にはいないんじゃないかと思う。

おすぎ　うん、いないと思う。いないとは思うけど、今回の映画では邪魔だった部分がずいぶんあったと思う。

神代　そうかな。

おすぎ　アクションはしてないんだけど顔の表情だけの演技がとっても多い。

神代　例えばね、酒場のシーンで、おすぎと逆の立場で言うんだけどあれだけの芝居をしないとその悲しみは絶対でないと思うんだ。

おすぎ　うん、彼は芝居をしていると思われないように演技しているんだと思うの。今までのショーケンだったらあそこで大芝居したと思うわけ。だけどそれが見ているうちにだんだんだんだん、あっショーケンが演技をしている、演技をしている、それも抑えているんだ、本当だったらショーケンはこうやりたいんだろうなって、思い始めちゃうわけよ。

神代　俺は逆にね、演技は演技なんだけど、いわゆる芝居をしてないんじゃないかと思う。

おすぎ　あれは彼の生理なんですね。

神代　うん。さっきも言ったけど、例えば原作では女房から金を素直に受けとる。だけどショーケンがやるとどうしても「俺は受け取れねえよ」となるわけで、この映画はそういうショーケンを基本に置いて作っているのね。やっぱり映画を作っているうちに俺も男だから、どうしても男の方向から映画を作っていくよね、構成は倍賞さん主役になっているけれども。

おすぎ　倍賞さんの演技をそこにどう入れていくか……。

神代　合わせるというのはおかしいけどそれとどう組み合わせるかということですよね。だからその分、芝居じみているといえば芝居じみているかも分からないけど、映画の作り方でいうと、ショーケンの芝居を先にやって倍賞さんをそこでどう結び付けるかが現場での作業なんです。シナリオの構成とは逆だけど、逆にしていってこういう映画ができちゃったということなんです。答えになっているかどうか分からないけど。

おすぎ　神代さんにとっては役者は単にマテリアルではないわけね。

神代　そう。ひとつの人格というか、芸術家というか。そういうふうに思っている。

おすぎ　こんな比較はいけないけれども黒澤さんの映画作りは、絵コンテを描いて何回も何回もリハーサルをやりながら役者を動かしていく。だけど神代さんとしてはあくまでも役者を尊重するわけですね。

神代　そうですよ。尊重というよりも監督と同じ人格で、監督のキャラクターと役者のキャラクターのぶつかり合いで、どう面白い映画にしていくかということですよ。

おすぎ　そのぶつかり合いが我々には面白いんですね。ところでホームグラウンドでにっかつ作品を撮っているのと、他社で撮るのとでは違いますか。

神代　それはないですね。

おすぎ　予算の問題だけ。

神代　うん、金の問題と、にっかつの場合はあんまり当てようという気持にならなくてすむから(笑)。

おすぎ　そうなのよ。だから素敵なものが時々できるのよ。当てようと思って失敗することがずいぶんあったでしょ。「もどり川」にしたってそうだし……。

神代　何も言わない(笑)。

おすぎ　でも、当てようと思ったわりにはそんなに媚びてなかったでしょう、今回。これは神代辰巳の映画ですよってみんなが見にきて、神代さんてこういう監督なのかと納得する映画だと思うわけ。

神代　うん、メロドラマって本当に合っていると思う。

（すぎうらたかあき・映画評論家／「キネマ旬報」一九八五年九月上旬号）

現代の〝愛〟の不安　男と女のカオスを……

対談＝高田 純・神代辰巳

9月9日、高田純さんに「恋文」の掲載シナリオをチェックして貰うため、四谷三丁目にある「ブレーントラスト」で待ち合せ。約束の時間に行くと、神代監督が、高田さんと次の仕事の打ち合わせでいる。これ幸いと「恋文」についての原稿を依頼するが、「書くことはないよ。高田さんに」と逃げられる。高田さんにお願いすると、高田さんも逃げ腰。〝インタビューなら、いいんだけど〟と言われて、またテープ起しかといささかゲンナリしながら、いつがいいですかとお聞きすると、今日が一番都合がいいな、ということになって、急拠、ブレーントラストのテープレコーダーを借りてのインタビュー。

なにを聞きましょうか、と言うと、神代監督は「批判してよ、そうすると答えやすいから」と仰有る。

とりあえず、当りさわりのないとこから始める。

——シナリオ作りに一年ぐらいかかったんではないです

か？

高田　実質的には半年ぐらいじゃないかな。齋藤(博)と、ハコまで一緒に作った。それ以前に、神代さんと三浦(朗プロデューサー)さんと、ハコを作ろうと伊豆の旅館へ行って、どうやるか、原作通りやるかとか。麻雀ばかりやってたけど。

――近頃では、伊豆まで行くなんて珍しいんでしょう。優雅なシナリオ作りですね。

神代　旅館といっても、民宿みたいなものだけどね(笑)三浦さんの裁量で、少し本格的にやるか、と。

高田　それで、齋藤と東京へ帰ってきて、ハコを作ったんだけど、神代さんが急拠、去年のにっかつのゴールデンウィーク作品「美加マドカ　指を濡らす女」をやることになって齋藤がそっちにかかってしまったんで、結局、俺が最後まで一人で書いちまった。そんなんで、齋藤も俺が全部書いちゃったんで、また入りこんで一緒にやるのを遠慮したんじゃないかなあ。

――神代さん、「指を濡らす女」は、かなり窮屈なスケジュールでしたでしょう。その後に、ゆったりと時間かけて撮られるのは気持ちいいでしょうね。

神代　気持ちいいっていうよりね、もう……ウウウウ……こんなこと言っていいのかなあ……。当てよう、と思ったのね(笑)鬼が出るか蛇が出るか分らないけど、とにかく当てようというのがあってね。

――それは「もどり川」の反省ですか？

神代　いや、反省はないですけどね(笑)反省はないけど、当てて、映画監督の火を消さないようにと(笑)

高田　それで俺を巻き込んで、当てよう当てようと言いながら、延々と書かせていった。

神代　そういう意味で、結局、当ると思う？

――分らないです。今迄の神代さんの映画とは随分ちがうなとは思いましたけど。当たる映画って、「もどり川」の時も、荒井晴彦さんに当たる映画のシナリオを書けって言われてたでしょう。

神代　よけい反省したのかな。

高田　いつも、そう言ってるんだよな。今回は当てよう、今回は綺麗に撮るぞとか。荒井選手なんかに聞くと、俺もあんまり信用してなかったんだけどね。シナリオ書いてる時から、フィックスで撮るとか言ってた。どうせフィックスでなんか撮らねえだろうと思ってたんだけど、本当に撮ってるから、それは吃驚した。でも、やっぱり神代さんの映画になっていると思うよ。

――「もどり川」と比較してみると、萩原健一さんの動きがノーマルというか、真面目ですね。意図してですか？

神代　意図的です(笑)マイナス面ばかり言ってたら当たんなくなっちゃうじゃない(笑)そういう意味じゃなくて「もどり川」は狂気の部分をやったつもりですし。今度は、抑えて抑えて、というのはいつも言ってた。

――それは現場での演出で？

神代　いや、その前から(笑)あんまり、気狂い映画ばかり作っていると、本当に気狂いじゃないかって思われるから。気狂いじゃない部分もある。ちゃんとメロドラマも撮れますよと……。

高田　……これ、コンディション整えて、後日、やり直そうか(笑)

神代　高田さんに聞いて下さいよ。僕に聞くとブチ壊しになる(笑)まあ「もどり川」は狂気の世界で、これは普通の映画《シャシン》なんだ。

テーマ風に言うと、狂気でもなんでもなくて……酒場のシーンの別れ話をするところで〝一緒に変ればよかったなあ〟というのがあるわけ。男と女の結びつきは結びつきとして、その結びついた後の男と女の関係で、一緒に変らなかった男と女の話。そういう意味でいうと、日本映画にない材料だと思いますしね。男と女の変り方をどう表現するかがテーマですから、俺が変ったと言われても困っちゃう(笑)これも俺です、変ってないです。

――この話を書いたり、演出するところで、自分の方へ引き寄せてのリアリティは？　昔捨てた女が、半年の命だと言って現われてどうするかって？

高田　一番最初に神代さんと原作の感想を語り合った時、俺たちはこういうことをやるだろうかって話した記憶があるけれど、おそらくやらないなって。原作の中で、男が一番分らなかった。それをどう二人の中で理解していこうかっていう話をした時、違う地平に行きたかった男じゃないかと。単に夫婦生活ということじゃなくて――勿論それも大きなことだけれど――男の本能としてそれ以外の、彼の社会生活、日常生活という部分で、違うところへ行きたかった男なんじゃないか、という風に理解して始まっていった。

――違う地平、というところで形の上では高橋恵子のところへ行くわけですね。女房、子供との生活は生活として持続させながらということではなくて。捨てちゃうでしょ。そういう男なのに、やたら女房に甘えたり、また女房もそれを許しちゃうのが分らないという意見は採りませんか？

高田　そういう批判が多いんだよ。論理的じゃないからダメだ、と。そういう風にグジュグジュしてるから面白いんじゃないの。それをバッと決めたり、バッと言っちゃったら、おわりじゃない。男が文句のある映画だとは思うけどね。男として、俺の考える男はあんなもんじゃないとかね。色々言われるのは、俺も分るような気がするけど。でも、決まってる男、完成してる男を作ったというんじゃないんだよなあ。女とグジュグジュやりながら、男らしさを背負って違う地平へ行く過程を……

――それにしては、ラスト、自分の家へ戻りかけますね。戻らなかったけど。

高田　だから、それぐらい煮え切らない男の話ですよ。

神代　原作の感じで言うと、でっかい女がいて、その掌の上で孫悟空みたいな男が女に甘えていくっていうのか、そういう風になってる部分は止めようと、シナリオの時からしたわけね。例えば、ゲームセンターでお金を貰うシーンがあるでしょ。あそこで男が有難がったら、今度はこっちが分んないよね。〝冗談じゃねえ、こんなのいらねえ〟っていう男しか、俺は分らない。

――そうですか?

神代　……それで、あそこで突っ張ねた芝居をしたんだけど、あの芝居が原作から離れていく契機になっていると思いますよ。

――あと半年の命の高橋恵子のところへ行って、そのあとのことは、あの男は考えてるんですか?

高田　考えてる。そこは、帰らないと思って行ったと思うよ。

神代　うん、行ったと思う。連城(三紀彦)さんに聞かないと分らないけど(笑)

――逆に言うと、倍賞美津子みたいな、全て許してくれる、ああいう女ってリアリティありますか?

高田　女性は共感してくれるけどね。ショーケンみたいな男だったら、ああいう風にやっちゃうだろうなって皆んな言うよ。

神代　麻雀やってる時だって、この牌を捨てようかどうしようか迷って、ええい、いけ!　とかさ(笑)捨ててから、参っちゃうな、畜生!　とかなる。荒井の麻雀みたいなもんですよ(笑)

高田　それでも彼、最近、勝つからなあ、迷いに迷って、打って勝つから。

神代　あの人は(麻雀が)下手だから安全パイを持たないんです。だけど、(「恋文」の)この男は持ってますよ。

――それが奥さんということですね。奥さんが、包丁を持つところがありますね。あそこで今迄の神代さんの映画では、萩原健一にもっとリアクションがあったと思うんですが。あそこも抑えて、ということですか?

神代　包丁を持って刺さなければいけないという風に撮ったつもりもないんです。無意識な行動として持ってきて、ショーケンもあそこで刺されてもいいんじゃないかと思ってたんだと思いますよ。それを〝刺すんなら刺せ〟という風な言い方をする男にしたんですけどね……

高田　二稿か三稿に、そういう台詞があったんだけど切っちゃった。そういう物言いをする男じゃないんだ、と。

神代　〝刺すんなら刺せ!〟という言い方がいけないんで、〝刺されてもいいなあ〟と。倍賞さんが包丁を無意識のうちに持ってきたことで、それに対して無意識を装うというのかな。

――分りました。だからでしょうか、さきほど抑えた演出と言われましたが、遊びが減ってませんか?

神代　うん。もっと遊ばせてもよかったのかもしれない。だけど遊ばすと……。例えば、〝こんなラブレターもらったの初めてだよ〟と言いますよね。これに本当にそう思って言ってるんじゃなくて、あの男も女も遊びだと分ってやってるんじゃないかなあという……。高橋さんが病院の屋上から飛降り自殺しようとして、あの男は落っことそうとしてたのに、そうは動けないんですよね。押えに行っちゃう。見てたら、女の客が笑ってくれたけどね。そういう、おどけ……こういうことを言っちゃいけないんだな。言わないで分らせないとな(笑)

高田　両方とも道化だと思いますよ。だから、ピシピシと割り切った行動はとらせないつもりでしたけどね。シナリオには随分〝道化〟というト書きが出てくると思うよ。やたら(　)の多いシナリオでね(笑)心情が道化ということで、仕草ではそんなにやってないですけど。

――そういうト書きは書くなという監督さんもいるでしょ。

高田　神代さんは書けと言うね。俺は、書かない方が馴れてる仕事をしてきたから、最初の時は面喰った。〝お前は下手だ〟って言われて。

神代　言わないよォ、そんなこと(笑)

高田　ホントに。〝いっぱい書け!〟って。だから、いっぱい書いた。それでも、まだ足りないって言われたけどね。

神代　僕は監督とライターが分ってるのがシナリオじゃなくて、スタッフも役者も分ってもらわないといけないと思ってる。役者には演技プランがあるだろうしね。

高田　神代さんは、そういう風にコミュニケーションを大切にしていくタイプの人だからなんだよね。俺、他の監督と仕事やってて、例えば〝ニヤリと笑う〟とト書きを書いたりすると、〝ニヤリ〟を演出するのは俺だ、と。お前は〝笑う〟と書けばいいんだ、と言われる。現に、そういう風に書けって言われてきたから、〝笑う〟って書くでしょ。すると神代さんは〝どういう風に笑うか書け〟って。そうなると、こっちも段々エスカレートしてきて(笑)細々書いたりしてね。

――やっぱり、〝ニヤリと笑う〟とか書ける方が、書いていて楽しいですか?

高田　今回書いたように書く方が、分ってもらえるとは思ったね。役者さんの力もあるんだろうけど、自分がイメージしてるよりも、もっと凄い場面、凄い芝居が出てくるというのは、殆ど初めての経験だったみたいな感じはするけどね。

　例えば、このシーン（と「恋文」のポスター、雑踏の中を萩原健一と倍賞美津子が歩いてるシーン）は、シナリオだと、ただ〝警察署の表〟ってなってるだけなんだ。台詞はあの通りなんだけど、神代さんはこういう風に持ってっちゃう。

――これはどうやって撮ったんですか？　誰も気がついていないみたいで……

高田　盗み撮り。新宿西口の、ちょうど午前9時直前。高層ビルに出勤していくサラリーマンで、皆んなもう遅刻しそうな人たちだから（笑）誰もショーケンと倍賞美津子が歩いているとは気がつかない。

　それから、屋上でショーケンが高橋さんにキスするところ。あそこはシナリオを読んで貰えば分るけど、やるせなくなって、小さく吸い寄せられるみたいにキスする風に書いてあるし、俺なんかもそう思ってた。だけど神代さんは画にするとガバーッとくるじゃない。凄い。ああいうところ、やっぱり演出なんだなあ。もっと初めの方のシーンで言うと、ショーケンが出て行った朝、子供がお母さんを揺り起すんだけど、神代さんの演出だとベッドの中に入ってきちゃう。まず、あそこを見た時に、神代さんの演出はこうだったなあって思ったな。自分の書いたホンで、ああいう風に演出されると、なるほどなあって思って感心した。神代演出の秘密を見るような気がしたけど（笑）

神代　このシーン（ポスターの雑踏のシーン）も、かなり道化みたいなのをやったつもりなのね。あまり出なかったけど、シナリオの時、このシーンが一番――

高田　書き直したとこだな。このシーンと喧嘩するシーン。

神代　ショーケンの道化に付き合う倍賞さん、みたいな感じで、随分いろいろ考えたんだけどね。

――その〝道化〟ということが〝ニヤリと笑う〟というところですね。

神代　全部分ってる男のテレの部分ですよね。女の動き、自分の動き、全て分って尚且つ何か言う時の表現の仕方が〝ニヤッと笑う〟でしょうね。その辺が分らないと、この映画は訳分んなくなると思う。だけど結果的には、女の客は分ってくれたから。

――女性の客は、あの女二人が、男を譲り渡し、譲り受けるところは、どういう風に見たんでしょうか？

神代　うん、あれも皆んな分ってるんじゃない。男と女の騙し合いで〝わたし知ってたのよ〟〝え!?〟というような映画のつもりじゃない。三人ともが皆んな、周囲の人たちも、そういう男と女の関係に関しては分ってて、子供だけが、割りと冷静に大人たちのそういう関係を分らないで見てる。そういう構成をとってる。

――それではやっぱり、結婚式のところで子供に拍手させるという方法はとらないですよね。

高田　神代さんも俺も、結婚式なんて不得意なところだからなあ。一番、勝手が分らないシーンだな（笑）あそこだけ、最初に書いたままですよね。分んないというか……子供が拍手した方がいいのか、拍手しない方が正解なのか。そんなに論議の対象になるとは思わなかった。ただ、あの年頃の子供ということを考えてみると――

神代　井手（俊郎）さんが、倍賞さんを子供に謝まらせれば、みたいな言い方してたでしょ。俺は逆に、子供に謝るのが不思議。例えば、自分の気持から言うと、僕の少年時代がああだった。俺は、ああやって親を見ていたからね。親も、そう見られることになんということもなかったし、たぶん親子の関係というのは、ああなんじゃないかなあって。子供が親を貶して、親が悪かったと子供に謝るなんて、そういう図式が俺は分らない。何故、親子がそこで通じなければいけないのか分らない。

――ラストシーン、ベッドで二人が抱き合いますね。萩原健一の靴音が聞こえて。あれは、子供が出て行こうとするお母さんを引き止めるとか、子供にすがって、追いかけようとする自分を抑えるとか、そういう捉え方でもない？

神代　そういう関係ではなくて、同じ位置で捉えているんですけどね。子供は（親父が）いてくれればいいなあと思っているし、お母さんも帰ってきて欲しいなあと思ってる。で、帰ってこなかった、ああそうか、これから二人だけだね、と。強いて言うと、子供がお母さんに抱きついてますよ、あのシーンは。それでいいんじゃないかと思いますけど。

高田　子供を、いろいろ作りたくなかったんじゃないかな。長谷川伸みたいに、子供を使って泣かせるとか、それはまず最初からオミット。そんなことやりたくない。

神代　「チャンプ」とか「クレイマー、クレイマー」とか、ああいうの嫌だね。

――ただ、さきほど言われました、当てたいという点からいくと、あの子供をもっと使わない手はないと……（笑）

高田　それは節度の問題だろう（笑）当てる当てたいという言い方は本音の言い方だけど、書いたり、作ったり、撮ったりしてる時ってのは、やっぱり忘れちゃうもんでしょ。トータルな問題として、子供を使って泣かせようとか、そういう発想は神代さんと俺の間で出

『恋文』完成記念

てくるはずがないだろう。

――それはよく分った上で言ってるんですけど（笑）批判しろというから、そういう意見もあるということで。

神代　〝ゴメンネ、私が悪かった〟って言うんですか。それは幾らなんでもやりたくないなあ（笑）

――でも、別れようとする両親に対して、子供らしく涙の抗議をして、最後、結婚式で健気に拍手させたりしたら、観客は滂沱の涙にくれるかもしれない。

高田　いや、俺はそうは思わない。逆に、お客が白けると思うよ。お客、そんなにバカだとは思ってない。もっとシビアに見てんじゃない。

神代　現実に、親子の断絶とか何んとかあるじゃない。そんなの、いくらなんでもできないよ。笑われるんじゃない。

高田　あの映画、フィクションの中での泣かせ方してるつもりはないよ。リアリティって言葉はあんまり好きじゃないけど、日常の生活感の中に訴える泣かせ方と、少なくともそう思っているからね。作り物で、さあ泣け！　っていうもっていき方はしてないつもりだけど、そういう風に見えるわけ？

――メルヘンだと思ってました。白血病で半年の命というのがあるから。あの三人がグジュグジュやっていくというのが……

高田　あるでしょ、現実に。俺の回りだって、優柔不断の男ばっかりだぜ。

神代　高橋さんが〝ぶって〟と言うじゃないですか。すると倍賞さんが、ぶつでしょ。これをどう摑まえるかというと、〝ぶって〟と言う側もぶたせていて、ぶつ側も、アリャア?!と思いながらやってる。芝居のリアリズムではなく撮ってるつもりなのね。女の側からの遊びであってね。

――叩いてるうちに、本気になってしまいますよね。それはやっぱり、亭主を奪ったこの女が憎らしいということではないんですか？

神代　もし憎らしいと思うなら、亭主を憎らしいと思うんだ、たぶん。〝ここにくると気分が一番落ち着く、クサクサするとここに来たくなる〟と言うでしょ。本質的に、憎んだり、コン畜生と思ったりするような女じゃないという解釈なんだな。叩かせる高橋さんの方にも負い目が勿論あるだろうけど、むしろ関係としては、騙し騙されながらの……（口の中でブツブツ言って聞き取り不能）グジュグジュ、理屈になっちゃうから、俺、こういうのイヤなんでさ（笑）

高田　もっと楽しい内輪話にしよう（笑）

――「恋文」を書き終った後の高田さんを、〝恋文やつれの高田〟という風に皆んなが言ってましたが……

高田　それは初めて聞いたけど、そんなことないよ。俺、楽しかった。監督とお互いのプライベートな部分を告白し合いながら、女のことを色々、勉強させてもらった。

神代　何を言う（笑）

――印刷したホンは何冊ですか？

高田　4冊。終りの方では、逆に俺の方が粘っちゃう感じ。にっかつで作る話が潰れちゃったりして。にっかつでやれるか分らないみたいな状況があったりして。にっかつでやってる場合でも、いつクランクインできるのか分んないみたいなところがあったでしょ。すると、だいたいいいけど、もうちょっと考えてみようかと尾を引くんだね。その繰り返し。そして、決定稿の時、ショーケンも入ってきて、彼なりの意見――それがシャープなんだよ――があったりして、その辺で触発された部分って凄くある。でも、俺はやつれてないよ。絶対それは。皆んなが、ブレーントラストの連中（社長の山田耕大、荒井晴彦、佐伯俊道の各氏）が俺を陥し入れようとしてるんだ（笑）

ただ、その後遺症みたいなのはあるな。たまたま次にきた仕事が、わりとギャグっぽい映画で、一所懸命に発想を転換して書こうとしたんだけど、どうしても男と女みたいに考えちゃう。今はまだギャグ映画はちょっとできないなって、途中で降りちゃった。だって、男がオナニーしてるのを覗いて、〝処女いりませんか〟という女、俺、その時、やっぱり分らなかったよ

『恋文』撮影スナップ。神代辰巳、北見敏之、倍賞美津子

（笑）原作がひどいと言っちゃってもいいと思うんだけど（笑）主人公たちの造形ができなかった。「恋文」みたいな仕事をやった後、このト書きに相当する、こいつの心情はどうなんだみたいなことを含めて、一切合切がね。

――「恋文」は二人名前になってますが、高田さんが最初に書いたところで、決定稿の時点で神代さんが入ったということ？

高田　俺が6ケ月書いてる間のうち、3ケ月ぐらいは、神代さんは一緒に旅館に籠って、さっき言ったように延々と話しをして、一行一行を検証してきてる。だから、神代さんが実質的に鉛筆を持ってるところって、あんまりないと思うけど、基本的にそういうところから言えば、共同執筆だよね。

――この映画の人物は、お二人が鋳型に入れて作り上げた人間ではないと思います。だから逆に言えば、どういう風にも受け取れる。言ってみれば、どうしようもない男でしょ。女の子が分って泣いてるっていうけれど、本当に分ってるんですか？

高田　うん、俺は女というのを見直したね。女は好きだなあと思うよ（笑）男は嫌だ。

神代　湯布院（映画祭）へ行って、色々話したら、いま言ったようなことを、皆んな割りと分ってくれたような気がする。

高田　論理的に語ってくれるわけでも何でもないけれども、こっちが一番大切にしたかったところを非常にシャープに見てくれていた。

神代　背中を叩くところで笑ってたよ。全員じゃないけど。あそこで笑いが起きたということは、分ってくれたんだなあと思ってホッとした。騙し合いとして捉えてるんだね。

――もう一回、見て聞けば良かったのかなあ。かなり前に見たものだから……

高田　一回見ればいいんですよ、あの映画は。三回見たという奴がいたけど、三回も見るような映画かって。

――そういえば神代さんは「もどり川」「恋文」と、連城三紀彦さんの原作が続いたんですね。

神代　テレビもやったから三本。市原悦子さんの主演で「母の手紙」というのもやった。連城さん、どういう意図でそういう言い方したのか、俺はそれ以上聞けなかったけれど〝「もどり川」は私の原作だと思いました。「恋文」は私の原作だとは思いません〟って。怒ってるのかどうか、そういう言われ方したんでドキッとしたけど。口調は普通の言い方だけど、受け取り方が様々だから、俺はそれ以上何も言えなかった（笑）たぶん、原作からそれだけ離れてるということでしょうね。台詞なんか一行も変えてないという感じで、尚且つ違うという……

高田　後半の台詞というのは、チョコチョコ変ってるにしても、原則的には全部原作を使ってる。

でも、原作にない人間も作ってる。小林薫の役と、カットになったレジの女の役。これがホンのうえでも上手くいかなかったというのが反省点です。淋しい……我々が作った部分が……（笑）

神代　そうでもないと思う。道化回しのつもりで書いたのが、そういう風にいかなくなっちゃったんだなあ。そういう意味ではシナリオの反省点じゃなくて、こっちの反省点になるんだけどね。シナリオは、あれで良かったんじゃないかと思う。それを正直に道化にしきれなかった。

高田　神代さんとホン作ってる時に、そのシーン毎に、このシーンが一番面白くなるのはどういうことだ、という話に最終的になっていくわけ。ボルテージが一番高くなるには、どういう芝居をすればいいんだと。「もどり川」は、全篇その連続だった映画という気がする。「恋文」は、いま神代さんが言ったみたいに、シナリオとこっち側が考えてた演出というか、イメージしていたものが「もどり川」と違ってきてるんだよ。と言っても、ボルテージは高いんだよ。さっき言ったキスのところにしろ、その結果だと思うんだけど。それは、俺は不満ではなかったけどね。凄い画になって出てくるもんだなあって思ったな（笑）

神代　高田には悪いけど、道化っていうのは凄く難しいよ。二人でやってて、この芝居は道化だと書いてった。それで現場へ行って、30分ぐらいテストやったんだけど、ならないんだよなあ。

例えば、ショーケンが魚屋になってるところへ倍賞さんがきて〝お前、従姉になってくれ〟と言うところなんか、コメディ・タッチになってしまって、道化まで行かなかった。難しいなあと思って、それで実は止めてしまったんだ。シナリオには一所懸命、道化、道化って言って、そういう台詞を書いたんだけど、芝居をやってるうちに、こういう風になってしまったんだなあ。クランクインした初日にゲームセンターのシーンをやったんだけど、一所懸命、道化芝居にしようとしたんだけど、やっぱりできなかった……道化というのは難しいね。

高田　「もどり川」も、どうも話を聞いていると、最初はもっと静かな映画にしようと思ってたのに、何か、バーンと狂気の世界になってしまったって(笑)

神代　例えば、これをチャップリンがやってるとどうなるか、バスター・キートンがやってるとどうなったかというのはあると思う。それが、ちょっとできなかったなあ、もう一回、これをやるとすると、バスター・キートンで、というのをやってみたいね。

高田　俺はとにかく、今まで神代さんの映画を劇場で観客として見ていて、不思議な感慨があったなあ。なるほど、シナリオをこういう風に撮るのか、と。やっぱり、さっき言ったように、神代さんの演出の基本は、そのシーンで一番ボルテージの高い、面白い芝居は何かを、つきつめていくんだよね。だから、つなぎのシーンとか説明のシーンが嫌いなんだよね。結果、見ていてアッと思うようなシーンがあって、スリリングなんだ。

(「シナリオ」一九八五年十一月号)

誰が故郷を思わざる——神代辰巳の松竹映画『恋文』について——

鈴木則文

神代辰巳さんの訃報を新聞で知ってから何日目ぐらいであったろうか。

新宿松竹の裏側の道を歩いていたら、新宿松竹ピカデリー3という小さな映画館で神代さんの遺作となった『棒の哀しみ』が再上映されていた。一九九四年度の数々の賞を独占した記念とその監督の死を悼んでの特別上映であろうが、それにしてはこの小屋と扱いはいかにも侘しい。

『棒の哀しみ』は公開二日目に観ていたので踵を返そうとしたが、閑散とした小屋のたたずまいにふと気が変り、再度対面することになった。この映画の監督が故人になってしまったのか……という感傷からの甘い評価ではない。まさに映画中の映画。落日のあえかな残光にのたうつ日本映画群の中に屹立する底光りのする傑作であると再確認した。

そこで思い出すのは一九八五年に公開された松竹富士製作配給の同監督作品『恋文』である。当時、わたしはこの映画を二回観ている。一度目は自分の意志で観に行き、二度目は、ある人物(本文と無関係なので省略)にせがまれ、やむなくつき合ったのだが、退屈はせず、むしろ発見が多かった二度目の方が面白かった。

小説や演劇や映画のもつ魅力の中に「ありえないことをありうるように描く」——という要素があるが、この映画は極めて普通の語り口で離婚用紙がラヴレター(恋文)であるという「ありえないこと」を「ありうるように」観念的ではなく日常リアリズムを基調に描いている。

神代映画の通奏低音であるアウトローや異端者への偏愛はまったく影をひそめ、モンタージュを基本とした文体は、神代作品とは思えない安定感をもっている。

執拗ともいえるナガマワシで一種視野狭窄とも思える枠内で一人か二人の人間の生々流転の姿を描くのが神代映画の特質であり、またそこにこそ氏の映画作家としての真骨頂があるので、この『恋文』が氏の作品系列の中で、さほど評価が高くなくむしろ冷遇されているのも判るような気がする。

一口にいえばこれは正統松竹映画なのである。

思うにこの映画の企画は萩原健一、倍賞美津子、高橋恵子という三人のスターを想定することによって成立したものであろう。三人がそれぞれ役としてタツようになっており、原作も脚本もホームドラマのスタイルを律義に踏襲している。一人の男と二人の女。所謂三角関係のプロットだが、神代さんの独壇場ともいえる男と女の〈修羅の極北〉を慎重に除けている。その重要なポイントは子供の存在と表現上のその位置である。萩原と倍賞夫婦に生まれた優(この子役は出色のキャスティング)という少年を大人三人とほぼ対等と思える程一人の〈人格〉として扱っており、特異なシチュエーションの男女のエゴイズムと自尊心との葛藤劇を、普遍的な目で批評する〈モラルの視座〉となっている。

だからつまらないという人もいるだろう。が、故に、この作品はホームドラマの老舗松竹の血脈を正しく受けついだまさに正統的な松竹映画といえるだろう。

この『恋文』が公開された年、神代さんは連続して連城三紀彦氏の小説を映画化している。『戻り川心中』を皮切りに『恋文』『離婚しない女』と続くのであるが、『恋文』以外は決して成功したとは思えない。

連城作品の映画化のむずかしさは三島由紀夫の原作映画が『金閣寺』『永すぎた春』等ほんの数作をのぞいて成功作がないのと同じように、名文ともいえる文章が織りなす人間模様が、いざ映像となって立ち上り、俳優が演じはじめると、巧緻な美意識に支えられた文章の幻惑が崩れ落ち同時に虚構が露呈し、人間も物語も嘘っぽくなってしまうのである。文章の修辞《レトリック》の衣《ベール》を引き剥がされた人間の言動がシラジラしく見えてしまうのである。

勿論これは連城三紀彦氏や三島由紀夫氏の小説そのものを貶めるものではないことはいうまでもないだろう。文章そのもので勝負を賭ける小説と映画表現との根本的なコンテクストの相違である。

竹原将一(萩原健一)は中学の美術を教えている。妻の郷子(倍賞美津子)は一才年上で出版社勤務、女性誌を担当するかなりやり手とみえるキャリアウーマン。小学生の男の子(優)が一人居り、それなりの平穏な生活(この小説が発表された時期からみて団塊世代か)をしているところへ、将一の昔の恋人であった日島江津子(高橋恵子)が……。

江津子は骨髄性白血病(この通俗性がいい。昔ならさしずめ『不如帰』以降幾多の名作を飾った結核か)ですでに死を予定された身である。将一は短い江津子の生と最後までつき合うため家を出、結婚式をあげることになる。郷子も強力し、離婚用紙に署名捺印して将一に渡す。「ラヴレターだよ。俺、こんな凄いラヴレター初めて貰った……」と言う将一。結婚式には郷子も子供の優も出席する。感謝して死んでいく江津子。

プロットは以上であるが、いかにも人間感情としてありえそうもないお話である。連城氏はそのお話を文章の力で「ありうるように」描いたが、さて、映画に於いては——。

神代さんは自己の得意とする長まわしの文体ではなく、芝居の撮り方も、人物Aと人物Bを平等に扱うアップによる古典的ともいえるカットバックを多用。人物以外の実景カットや描写カットを適宜に挿入し、編集も平明にして達意。判り易い。

四人(少年をふくむ)の主要登場人物に対しても、自己(監督の視座)との距離の測定に常に留意し、特にどの人物にのめりこむということもなく、シーンに於けるカットバックのカット数は各自ほぼ平等である。

撮影(往年の日活エンターテイメントの名手・山崎善弘)はオーソドックスで美しく、音楽(井上堯之)もまたセンチメンタルで甘く流麗。起承転結の作劇法を遵守した脚本(高田純)、予定調和と倫理性を配慮した演出……！

——となると、神代ワールドからもっとも離れた映画といえようが、その自己抑制ゆえに(本当はあまり乗り気でなかったのでは?!)この作品は、人間が生きていくことの哀しみと、連城物語世界の隠れたるキーワードである〈断念〉の切なさを、娯楽映画のルーティンの中で描く重い抒情を秘めた佳品となっている。

これもまた立派な神代映画なのだ。

人間、やたらと新しがるのが能じゃありませんぜ……！

(すずき のりぶみ・映画監督／「映画芸術」一九九五年夏号〈追悼　神代辰巳〉)

離婚しない女

【公開】1986年10月25日封切
製作＝松竹富士　配給＝松竹　カラー／ビスタ／107分　併映＝『波光きらめく果て』(監督＝藤田敏八)

【スタッフ】
製作＝奥山和由　プロデューサー＝三浦朗　鍋島壽夫　原作＝連城三紀彦『離婚しない女』　脚本＝高田純　神代辰巳　撮影＝山崎善弘　照明＝加藤松作　録音＝中野俊夫　美術＝菊川芳江　編集＝鈴木晄　記録＝白鳥あかね　音楽＝井上堯之　キャスティング＝深沢日出夫　助監督＝鴨田好史　スチール＝赤井博且　製作担当＝秋田一郎　劇中劇＝「白いEXIT」(作・演出＝秋元康)主題歌「冬なぎ」作詞＝平野肇　作曲・歌＝西島三重子

【キャスト】
岩谷啓一＝萩原健一　山川美代子＝倍賞千恵子　高井由子＝倍賞美津子　山川正作＝夏八木勲　山川京子＝神保美喜　高井直和＝伊武雅刀　高井明雄＝和田求由　三井利江＝池波志乃　女予報官＝芹明香　ピエロ＝宇根元由紀　パフォーマンスグループ＝室井滋　七曜日(近藤芳正　新納敏正　菅原裕謹　山本勝彦　佐々とんび　竹内郁)　バーテン＝田代一稀　ウェイトレス＝高橋昭代　鈴木久美子

【物語】

根室の初冬の海を往くクルーザーで、二人の男がトローリングに興じていた。私設気象台の予報官、岩谷啓一と水産会社社長の山川正作だった。山川は一ケ月前、見事な判断力で天候の激変を予知し彼の漁船を救った啓一を、強く気に入っていた。その晩、山川を邸まで送った啓一は、その妻の美代子に出逢う。美代子は迂闊に近寄り難い冷たさを湛えた美人だが、山川との仲は醒めつつあり、内面には孤独を抱え込んでいた。三人のあいだに流れる微妙な空気。数日後、啓一は釧路へと向かう列車のなかで、何処となく美代子に似た面差しを持つ女を見掛ける。女は淋しげだった。興味を持った啓一は女の忘れ物であるポスターを頼りに、一軒のライブハウスを訪ねる。その女由子は、その店〈冬凪亭〉のオーナーだった。「二人の自分は二人の女を同時に好きになりはじめた。両方ともスムーズに演じ分けられて、自分でも戸惑ってる」由子は実家の援助で店を持ったものの経営はうまくいかず、夫の直和との仲も冷めていた。由子と直和のあいだには明雄という息子がいた。啓一は美代子を抱くが、山川はすべてを悟りつつ、わざと二人を黙認しているようでもある。由子は思いきって啓一と街を出ようとするが、果たせなかった。山川は愛人の利江のクラブに啓一と美代子を呼び出し、二人を挑発する。山川の前妻の娘、京子は事態に困惑していた。一面の銀世界のなか、美代子と由子は啓一をめぐり激しく葛藤するのだった。ある夜、山川のクルーザーに、山川、美代子、京子、そして啓一が顔を合わせた。山川が意外な真意を語った。山川と美代子は法的にはすでに半年前に離婚しており、山川が美代子の新たな愛の相手として啓一を選んだのだと。揉み合う四人、錯乱した京子は真冬の凍てつく海に飛び込んだ……。京子の葬儀の日。すっかり消沈した山川、美代子は精神の均衡を崩してしまった。夫とも啓一とも別れ、明雄を引き取り自立する由子。病床の美代子の傍らには啓一がいた。北の街にも遅い春が訪れようとしていた。

演出のことば

神代辰巳

「息をしながら窒息している感じで、死にはしないまでも、生きてる心地がしない。諦めてしまうにはつらく、かと云って無理押しする気にもなれず……」

主演の萩原健一がこの映画の後半、プールで泳ぎながら独り言をいうところがあります。これはゲーテのファウストからの引用句です。メフィストに魂を売ったファウストが、劇の終末部分近くで、快楽に疲れ果てて述べる独白です。

「離婚しない女」はその辺から発想した映画です。少しずさんな云い方になるとは思いますが、倍賞千恵子をメフィストに見立て、倍賞美津子をファウストになぞって2人の間で萩原を踊らせることで、神性と悪魔性のいつの世にも普遍的な二律背反の芝居を、今の日本の中で、メロドラマ風に成り立たゝせてみようと思って作りました。それともう一つ、いい女、悪い女と云うメロドラマの概念を少しぶちこわしてみようとも思いました。そうすることで、当世風のメロドラマにしたてあげたつもりでおりますけど、どうぞ御批判下さい。

（劇場用パンフレット）

原作者のことば

連城三紀彦

「映画化不可能な話を書いてもいいですか」

監督にそうたずねてみた。映画化を前提に原作を書いてほしいと頼まれ、登場人物からある程度の性格設定までスタッフの方々と相談して決め、さてストーリーはほぼ全面的に僕にまかされることになった時である。

「いいですよ」

神代監督はあっさりとそう答えた。どんな話をもってきてもサバいてみせるから、自信というより余裕が温和な微笑に覗いていた。

その顔を信じて、好き勝手に原稿用紙の上でしか成立しそうもない話を組み立ててみた。あの倍賞千恵子さんにロミー・シュナイダーばりの悪い女を演じてもらえるのだし、美津子さんに弱い女を演らせられるのである。久々に奮いたち、苦しみながら、同時にその何倍か楽しみながら、従来のイメージを壊させてもらった。どんな役も自分のものにしてしまう萩原健一さんには、原作者自身にも正体のわからない、およそ演じきることなど不可能な役を仕掛けてみた。

それぞれの演技力と監督の腕を信じてのことだが、どこかにこの大物たちに挑む気持ちがあったと思う。完成した映画は、しかし、そんな原作者の力みすぎをさらりとかわし、美しい北国の風景の中に、男女の愛のさまざまをごく自然に溶けこませ、しっかりと定着させている。監督らしからぬ柔らかさと、らしいハードさ。2人の女優さんは化粧をしていながら、不思議に素顔を感じさせるし、萩原さんの演技の自然さを見て、原作では演じることが無理な役だと想像する人はいないだろう。

「いいですよ」そう一言答えた余裕ある微笑の下で、監督は原作など自分の世界を展開するための小さなきっかけになればいいと考えていたに相違ない。加えて脚色、撮影、音楽。それぞれのパートが声高に自己主張しながらの密度高い結集ぶりを前にして、小さなきっかけを与えただけの原作者は、なんとなく仲間はずれにされた気分を味わわされている。

（劇場用パンフレット）

『離婚しない女』萩原健一、倍賞千恵子、

20世紀的世紀末の香り…

対談＝神代辰巳・高田 純

この取材は、8月1日、神代辰巳、高田純の両氏が所属するオフィス・メリエスにて、「離婚しない女」のシナリオ、映画についてうかがった話を採録・構成したものです。〈編集部〉

――企画はどういう形で？

高田　昨年の10月頃だったと思うんだけど、神代(辰巳)さんと僕とショーケン(萩原健一)と連城(三紀彦)さん、それから三浦(朗)さんとで箱根に打ち合わせに行ったんです。珍しいケースなんだけど、連城さんが映画のために書き下した原作で何かやろうっていうんで。

キャストは「恋文」に引き続いて(倍賞)美津子さんとショーケンだというのが前提で。で、もうひとつ新しい味を加えたいと言ってる時に、(倍賞)千恵子さんの話がとび出してその場から彼女の自宅に電話したんです。姉妹共演という形でやりませんかって言ったら、すごくのってもらえて。5人全員が説得してね。

『離婚しない女』萩原健一、倍賞美津子、

神代　千恵子さんの悪魔的な女と、美津子さんの日常的なイイ女という間で、ショーケンがどうやるのかというのをテーマにして、話を進めていった。メフィストと神の間のファウストというとちょっと大ゲサだけど、まあ例えて言えばそんな感じで始まって。

高田　「恋文」とは趣を変えて、今度はショーケンのほうをメインにもってきて、彼が二人の女に対する時、どう違う男になるのかっていうのをやってみようと。女の二面性を二人の女が演じるんだとすれば、男の持ってる二面性を一人の男が演じるというところから入っていった話です。

あんまり事件は作らないで、ディテールでジワジワと脚本《ホン》を作っていったっていう感じですね。

――脚本は二人名前ですが、どのぐらいで書かれたのですか？

神代　いや、ほとんど高田が……。僕はグチュグチュ言うだけで。

高田　本格的に書きだしたのは今年の1月からで、クランク・インしたのが3月の終りだから、実質的には2カ月ぐらいで書いたことになりますね。

――舞台の北海道は、シナリオハンティングされたのですか？

高田　全然してないよ。地図見ながらね。雪が失くなっちゃうというんで、神代さんは早々とロケハンに行っちゃうし、一人東京に残されて集中力でやりました(笑)

神代　もう少し雪が欲しかったんですがね。ベチャベチャ雪で困ってしまいました。

――夏八木勲さんが演じた正作という男は、面白い人物でしたね。

高田　正作については神代さんと一番意見が食い違ったところだと思うんだけども、中年男の純情をやろうというのと、じゃこの男は基本的にデカダンなんだと主張する神代さんと……。結果、神代さんは自分が思うように正作を演出したんじゃないかな。

神代　うーん、脚本は高田が言ったように書いてありますよね。ただ中年男の純情っていうのが分んなくてね。今、デカダンスって言ったけど、笑ってごまかしても本性はやっぱり千恵子さんに惚れてるという男にしてみようかな、と。それがファウスト的な悪魔との対決の仕方だろうと思って。……あんまり理屈っぽく言うとお客が入らなくなるか(笑)

――脚本にも書かれてますが、マーラーが音楽で使われていますね。

神代　ええ。一回やりたくて。ヴィスコンティの「ベニスに死す」が大好きでね、ラストで使ってるでしょ。それに似たシチュエーションの時のショーケンの心情として、マーラーの第5番4楽章を使ったと。(井上)堯之さんにちょっと作り替えてもらってますけどね。「ファウスト」同様、世紀末的な雰囲気でね。

高田　試写を見て「根室に死す」というタイトルにすれば良かったと思った。（笑）――その話は随分したよ、神代さんと。19世紀的世紀末じゃなくて20世紀的世紀末映画を作ってみようと。

――それは、愛の崩壊だった訳ですか？

高田　崩壊というのは19世紀的で、今はあんまり崩壊しないんじゃないですか。２人でウディ・アレンの話なんかをよくしたしね。もっと戯作者的にというか、ひょうひょうと……。

神代　新人類ふうにね。泳ぎのシーンで〝眠りも浅く生きてる気もしない。悩んでるふうで悩んでない〟というような（ショーケンの）台詞があるけど、そういうのを固めて、ひょうひょうでいいんじゃないかなあ。

高田　最初にイメージしてたよりは多少重くなったなあという思いはあるんですけどね。でも二人の女の間を行ったり来たりすることに痛痒を感じる男でもないだろうし、同時に二人の女を好きになってもいいじゃないかという感じで。僕らも最初から結末を決めるんじゃなくて、いろいろ試行錯誤しながら作っていった結果ああいうラストになってしまった。

――配給会社の宣伝文には〝「恋文」のパート２ともいうべき作品〟とありますが。

神代　簡単に言うと「恋文」っていうのは見ててこそばゆくてね（笑）。今度は、そのこそばゆさを少しとろうじゃないかというのが前提なんです。それで、男と女の関係ってなんだろうなあっていうふうにお客さんが思ってくれれば大成功です。

高田　まあ、あんまり日本映画がやらなかったことをやったんじゃないかという思いはあるけどね。大言壮語みたいで嫌なんだけど、こういう映画をもうやってもいいんじゃないか、お客に受け入れられるんじゃないかって。

神代　受け入れられて欲しいなあ。

（「シナリオ」一九八六年十月号）

日本映画批評

『離婚しない女』

田中千世子

前作の「恋文」(85)を見た時は、これは何かの間違いだと思った。原作の連城三紀彦がいけないのではないか？　脚本の高田純にも責任があるのでは？　ショーケンがオジンくさいのもがっかりだし、倍賞美津子がしっかりしすぎなのも神代映画には不似合いだ。神代は少しテレビのやりすぎではないか。人間の心の奥のそのまた奥の暗い欲望を描くと見せかけて、ラストで市民的モラルにあっさり戻ってしまう変な癖がテレビのおかげでついてしまった。テレビがいけない。

と、そんな風に考えていたのだが、この「離婚しない女」を見て一番いけないのはやっぱり神代辰巳その人だという結論に達した。俗世間の流行を気にしすぎている。そういうのが得意な人でもないのに変な風におもねっている。そのおもねりが徹底しないで、時々素顔を覗かせたりするから、見ていて辛くなる。もっと自由にやって下さい！　それはもう終わったことですから、と神代は穏やかな笑みを浮かべて言うかもしれない。これからは贖罪の季節なのです。ほら、「嗚呼！おんなたち・猥歌」(81)にもその感じがあったでしょ。「もどり川」(83)にもちゃんとあった筈です。自由とかアナーキーとかって今までよく言われたけれどそういうのと一緒にいつだって贖罪の意識は映画の底に流れていたんですよ。

と、神代が弱っちゃったなあというような顔をして言ったとしても、そうですねえ、そうだったんですねえ、神代さんはちっとも変わってなんかいないんですねえ、と相槌をうつことは断じてできないのである。

『離婚しない女』撮影スナップ。倍賞美津子、神代辰巳、倍賞千恵子

そんなことをしたら今までの神代映画を裏切ることになる。神代は変わってしまった。贖罪の意識(これについては本誌11月上旬号の特集で押川義行氏が指摘されている)をこんなにも不自由に、窒息するような映画に作ってしまう神代は、もはや神代ではない。一人の男が二人の女の間を往き来する。最初、啓一(萩原健一)は、美代子(倍賞千恵子)と由子(倍賞美津子)がよく似ていると思う。が、二人の性格はまるで正反対だ。美代子は啓一の愛を独占しようとするが、由子は自分が何をほしいかもよく分らない。美代子の夫の山川(夏八木勲)は根室の町の実力者で彼も啓一をほしがっている。気象庁も予知できなかった大時化を予報した啓一の腕とその決断力に山川は惚れこんで、彼を自分の会社で使いたいと思っている。山川と啓一が乗ったクルーザーが冬の海を走る冒頭シーンは懐しい神代映画の男たちを思い出させる。体をもつれ合わせて話をする二人の男は、セリフが聞きとりにくいのまで懐しく、映画の生理を感じさせる。が、それも束の間、女たちが登場すると、映画は生理も心も失ってうそうそしいメロドラマめいたものへ転落する。

倍賞千恵子は女の妄執を演じて見事だし、倍賞美津子はいつものように、彼女らしい魅力を発揮している。だが、彼女たちの演じる女は、かつての神代映画の女たちのような〝あはれ〟を感じさせない。そういうものを神代が描こうとしないからである。そして男もまた不自由な市民社会のただの男へとなりさがる。それを救うかに見えるのはラストである。男への妄執ゆえに精神に異常をきたした美代子を啓一は優しく見守る。心が壊れるほどに男を愛した女と愛された男の残酷で幸福な結末に、初めて〝あはれ〟が感じられるような気がする。が、それも妙にとってつけた風なのだ。

神代は男と女の〝あはれ〟にもう興味がないのだと思う。興味がないから逆にそういうものに縛られてみたいと考えているのかもしれない。映画が不自由なのは、神代が不自由なのではなくて、淋しいくらい自由になってしまっているからではないだろうか。プールで泳ぐショーケンのインサートは、宇宙との臍の緒を切られてしまった迷い子のように静かで孤独だ。

(「キネマ旬報」一九八六年十一月下旬号)

〈神代辰巳エッセイコレクション〉

斎藤正治、許して下さい

——追悼・斎藤正治

最後に斎藤正治に逢ったのは「ベッドタイムアイズ」の試写の時でした。思った以上に元気そうな顔をし、実際肌の色もつやつやしていて、病気が持ち直したのかと思った程でしたし、試写会場のヤクルトホールの階段を降りて来る足どりもしっかりしていましたから、すごく安心してしまったのです。それで、いつもの悪い癖が出てしまいました。「もう、死んでしまったと思ってたのに、まだ生きてたの？　元気じゃない」、そう言ってしまいました。斎藤正治の高笑いが返って来ました。「なかなか死ねねえよ」

同じセリフを一年程前に聞いたことがあります。正《マチャ》治《ハル》のアパートに見舞いに行った時のことです。「鳴戸の渦潮に身投げすると死体は多分あがらねえよな」と言うのです。いつもの正治が言う無頼なセリフじゃないのです。「随分、ロマンチックなことを言うじゃない」と、とまどいながら言うと、「こん畜生！　なかなか死ねねえよな」と高笑いと共に、今度は正治らしい返事が返ってきました。「死にかけた人間にはもう少しやさしい言葉をかけたら」「じゃあ、ためしに飛びこんで見るか」「あきもせず、毎日死と向かいあってると、ちょびっとロマンチックになっちまうんだよ」。再び高笑い。そして、それは、いつもの無頼な正治の高笑いに戻っていました。

見舞いに行く度に、正治は自然に自殺する方法を選んでるように思えました。と言うのは殆ど食事をとっていないようだったのです。「食わなきゃ駄目だよ、食わなきゃ」「めんどくさいんだよ、食うのが」、見舞いに行くのがだんだんつらくなって来ました。

ですから、ヤクルトホールで久し振りに元気そうな正治と逢った時、すごくほっとしました。あと二、三年は、いやもっと、あと五、六年は生きられるんじゃないかと、何か直感的にそう思いました。嬉しくなったついでに、冒頭に書いた、「もう死んでしまったと思っていたのに、まだ生きてたの？　元気じゃない」と言うセリフを吐いてしまったのです。

この紙面を借りて、私は正治に自分の軽薄をあやまりたいのです。無頼な正治の、死を前にして、いささか無頼になりきれないでいた正治の気持の一番さびしい部分に、軽薄にも土足で踏みこんでしまって、「まだ生きてるの」と言ってしまった私を斎藤正治、どうか許して下さい。

（「キネマ旬報」一九九二年九月上旬号）

［上］斎藤正治監修による〈神代辰巳・深作欣二・藤田敏八の世界展〉展示風景（1975年）
［下］会場でのトークショー。宮下順子、ジャネット八田、神代辰巳、斎藤正治（司会）

32

ベッドタイムアイズ

【公開】1987年4月25日封切
製作＝ビッグバン　メリエス　配給＝日本ヘラルド映画　カラー／ビスタ／118分

【スタッフ】
製作＝静間順二　宮島秀司　企画＝山田耕大　プロデューサー＝伊藤秀裕　原作＝山田詠美『ベッドタイムアイズ』　脚本＝岸田理生　口語英訳＝トーマス・ベック　撮影＝川上皓市　照明＝磯崎英範　録音＝川田保　美術＝西村伸明　編集＝菊池純一　記録＝本調有香　音楽監督＝デビッド・マシューズ　音楽＝マンハッタン・ジャズ・クインテット　音楽プロデューサー＝川島重行　助監督＝鴨田好史　スチール＝今川忠雄　青岩有信　製作担当＝田中雅夫

【キャスト】
キム＝樋口可南子　スプーン＝マイケル・ライト　マリア姉さん＝大楠道代　市来櫂＝奥田瑛二　大黒＝柄本明　柳＝竹中直人　年老いた漁師＝常田富士男　漁師の女＝田中こずえ　ウィスパー＝ジェイムス・ノーウッド　ファッツ＝メルビン・エイアーズ　宮下＝志賀圭二郎　運送屋＝松田章生　警視庁外事課A＝佐藤英　同B＝須藤正裕　酔っ払い＝天田益男　花売り＝山本理絵　チムニー＝マイケル・コールマン　チキート＝デンプシー・レナオルド　バンド＝ジャズ・ファクトリィ

【物語】

基地の街、横須賀。あるクラブで、キムという女が歌っていた。ある晩、客の黒人兵、通称スプーンという男とファックする。そのとき限りの関係のはずだった。キムは、バンドのメンバーの市来との同棲を解消する。恩人のマリア姉さんのもとに身を寄せるキム。キムは十年前、街の不良だったのだが、マリア姉さんに拾われて、ここまでやってきたのだった。マリア姉さんはキムに愛情以上のものを感じていた。キムは街でスプーンと再会するが、直後スプーンが自転車事故で入院してしまう。そのまま軍をU・A（脱走）し、キムが新しく借りた部屋に居着くスプーン。彼はカネもうけの素だと、基地から書類封筒を持ち出していたが、キムには中味を隠していた。幸せな二人の日々、しかし歯車は徐々に狂っていった。キムに内緒で、ヤクの売人をするスプーン。険悪になるが、二人は別れられない。スプーンは誰かと連絡を取ろうとしていたが、うまくいかず焦っていた。ささいなことからキムと口論になったスプーンは部屋を出ていった。キムは、マリア姉さんの部屋でスプーンを見つけ、愕然とする。キムを愛し過ぎていたマリア姉さんは、スプーンの存在が許せず、彼をキムから奪ったのだった。終わったかに思えた二人。しかし、お互いもう忘れることはできなかった。スプーンはキムの部屋に戻り、二人はまた抱き合う。けれど、破局は唐突にやってきた。ある日、刑事たちとMPが現れ、スプーンこと軍曹ジョセフ・ジョンソンに逮捕状を突きつけた。スパイ容疑だった。あの封筒は機密書類だったらしい。「初めての時、あんたウインクしたわ。その時からもう熱病にかかったのよ」スプーンは去った。キムには彼の形見の“スプーン”だけが残された……。

演出ノート

神代辰巳

日本人の女とアメリカの黒人の男の、あるいは、黄色人種と黒人種の、まだまだ差別されている人種間の愛と性に視点を定めると、そこで何か究極の愛が語れるのではないかと思いながら、この映画を撮り続けているうちに、だんだん気づかされてきたことがありました。そういう前提がまちがっていないまでも、どうも胡散臭く思えてしかたなくなってきたのです。つまり、きわめてあたりまえのことに気づいたということです。愛は、無前提に美しいということでした。

（劇場用パンフレット）

出口の無い男と女——労わりと優しさを描く

対談＝**神代辰巳・岸田理生**

——今日は、監督の神代辰巳さんと脚本の岸田理生さんのお二人に、原作をどのようなかたちで脚本化し、映画化していったのか、この映画が成立するまでの過程と、それから映画と原作の関係についても話を広げてお聞きしたいと思います。

まず監督に原作を読んでから脚本に至るまでの経過をお話していただきたいのですが。

神代　昔、僕はノーマン・メイラーの「彼女の時の時」というユダヤ人と白人の恋愛を描いた小説を読んで、それを素材にした映画を日活でやりたかったんです。でも結局、実現しなかったといういきさつがあるんですね。差別されている人間の愛と性、つまり人間同志の関係、そういう話を映像化したくてしようがなかった。だから「彼女の時の時」を読んだ時の直感としては「彼女の時の時」の再来のような気持がしたんです。ですから原作が「文藝」に発表されてすぐ、映画化権を貰いに行ったんです。まあその辺が動機ですね。

——『ベッドタイムアイズ』にノーマン・メイラーの作品を投影しようと。

神代　いや、そうじゃなくて、人間の関係を差別という問題で摑えるということが前提ですから、理屈ではうまく言えないですけど、それが『ベッドタイムアイズ』で表現できるんじゃないかと思った。

——原作からシナリオの作業へはすぐに入られたんですか。

神代　映画化の申し込みが殺倒していましてね。誰に原作を渡すかという段階があったので、こっちとしてはやきもきしていたんです。で、たまたま運よくいただいた。それからすぐに岸田さんに「お願いします」と。

岸田　私は「ベッドタイムアイズ」は最初知らなかったんですね。劇団員が「面白い小説がある」と言うので、読んでみたら確かに面白いし、すごくピュアなのね。ただ、映画化の話はその時点で全然知らなくて、しばらくたって監督からシナリオのお話が来たんです。その時に私が一番難しいなと思ったのは、登場人物が黒人であり、黄色人種であるということ。原作を読んだ感想としては黒人の男と黄色人の女が、それ故に恋をしたとは受け取れなかったんですね。私が何を感じたかと言うと、ある種傷つきやすい人達が今の世の中で、純な閉鎖された空間を守り続けていく、そういう状況が面白かったんです。ただ、シナリオ化していく中で黒人であり、黄色人種であるということは抜き難いと同時に、原作ほど映像の場合は自由じゃない。限度があると。それならば限界内でどれだけのことができるかという事が、この映画を作っていくうえでの問題だったという気がしています。

——限界ということをもう少し詳しく説明していただけますか。

岸田　例えばね、とても大きなキャラクターとしてマリア姉さんっていう存在があるでしょう。彼女の職業がストリッパーで、ピープ・ショーをやっている。で、主人公のキムがマリア姉さんに感情移入していく。けれど、マリア姉さんと自分との間に越えられない何かがある。それを映像化した時にストリップ・ショーをやっているマリア姉さんにキムが感情移入できるところまで実際に映し出せるかっていうと、できませんよ。だからマリア姉さんの職業を映画では変えた。いろんな意味での限界があるんです。

——奥田瑛二の役は原作にはありませんね。

岸田　ええ。原作ではスプーンという黒人の男と出会って魅かれていく話ですけど、それだけじゃ商業映画の登場人物として、スプーンが目立たなくなってしまう。別に日本人の男と黒人の男を比較したという設定ではなくて、たまたま一緒に暮らしていた男が日本人のバンドマンで、彼との間にひずみが出てきた、そんな時にスプーンという対照的な男に出会うわけ。スプーンとキムの出会いを際立たせたかったということはありますね。

神代　シナリオの第一稿を見せてもらってから決定稿まで基本線は殆ど変わっていない。理生が言ったことは今の日本映画の元凶といえるような問題でね。わかりやすさみたいなものは必要だと思うんだ。僕らの置かれている立場っていうのは難しいんだけど——ある種のわかりやすさってものを前提に映画を作っていかなきゃいけないんじゃないかと痛切に思っているんですよ、いや、思わされている。だから理生の言った発想で、奥田瑛二の役を作ったことには大賛成だった。映像の限界ってことを僕はそういうふうに捉えているね。

岸田　できれば枠なんて無いほうがいいに決っているんだから、非常におかしな枠を自分達で逆に作っちゃうことは避けようと思ってました。やはり純文学をシナリオにしたんじゃなくて、メロドラマをやりたかった。映画にしていく過程で、原作にはない出来事を積み重ねてストーリー化していく。原作で心情描写なり、独白で綴られているところをひとつひとつ出来事にしていく作業を一番考えましたね。初稿から決定稿になっていく段階で監督と相談しながら直していったんですけど、結局わかりやすいっていうことは、出来事をどうやって作っていくかっていうことなんですね。

神代　キムっていう人間の立たせ方が難しかったね。マリア姉さんに寄りかかっている部分と、自分で立っている部分の違いをどう映画の中で表現するか——。興行を前提とした映画の中で、マリア姉さんが原作のストリップで股を広げている女よりも、シナリオのマリア姉さんのほうが、恋愛映画としてわかりやすいと思うんですよ。ストリッパーとしてのマリア姉さんに傾斜していくキムの心情描写を無理に映画でやるよりも、設定を変えてわかりやすくする、その辺が難しかった。

岸田　決定稿まで直しの作業をしていく中で、最後までもめたのはマリア姉さんと、キムのお互いのわかり合い方でしたね。

——後半ではキムとマリア姉さんに黒人のスプーンが絡んできて、三人が並びますよね。小説の中でも三人の心理描写は複雑でしたけど、誰が中心なのか、三人の関係の設定が難しかったんじゃないかと思いました。

岸田　そう、難しかったです。マリア姉さんがキムに言う「あなたがいつも真中にいた。あなたがいたから男を愛したのよ」という台詞をどうやって見せていくかが一番難しかった。実際のシナリオではもう少し簡単にマリア姉さんがスプーンを奪ったみたいなかたちにしましたけど。

　最初の打ち合わせでは、キムは二五歳くらいという了解事項があったんです。ところが監督は二五歳にしては子供っぽいと言うのがあって、逆に私は二五歳はこんな感じじゃないかと思っていたんですね。初稿から見るとキムを少しずつ大人にしていったというシナリオ上の変化はありました。

——脚本ができあがって、製作に入ってからは、先ほど岸田さんがおっしゃった狭い密室のような空間がこの映画を製作していくうえでひとつのテーマになったんじゃないかと思ったんですけど。

神代　僕はね、あまり狭いとは思っていないんですよ。芝居自体は部屋の中の芝居が多いんだけど、むしろ背景はかなり広いですからね。例えば脱走の問題、黒人対黄色人種の問題がありますし、作るうえでの狭さはあまり感じない、かえって広いと感じていました。

岸田　小説があり、映像があり、演劇がある。そうした場合、それぞれに表現方法はいやおうなく違ってきますよね。映像と小説が似ている部分は状況が描写できるけど、舞台ではそれはできないんです。ただし舞台の場合、小説に似かよう部分としては、ある種、地の文を語り合うことができますよね。確かに背景としては基地の町があり、脱走、マリア姉さんとの出会いがある。けれども原作から受けた印象は、多少話を

『ベッドタイムアイズ』マイケル・ライト、樋口可南子

作っていかないと、空間という問題を考えた時にしんどくなってくると思ったのね。ダイアローグだけで繋いでいくとつらいんですね。だから出来事が外界、つまり二人の外からどういうかたちで入りこんでくるかということを考えました。小説ではあたまのほうでスプーンが脱走してきて、〝長期滞在のゲストを迎えたような気持になった〟と、さり気なく書いてありますけど、それを映画でやったらさり気なくなんて非常に難しいですからね。その前に事故を起こしたり、会えなくなったり、それで再会して二人の生活が始まる。そうやって作っていったんです。

――この映画の登場人物たちは感情の起伏が激しくて、その感情をひとつひとつ処理していくのも、同じ場所、つまりひとつの部屋の中で展開していくんですけど、その辺の演出はいかがでしたか。

神代　僕はね、男と女が違うということじゃなくて、この二人は同じ基盤にいると思うんですよ。脱走してきた男、それを受け入れる女がいる。脱走した事実に驚かず、非日常的な出来事だとは捉えない二人の精神状態は共通しているよね。二人共アナーキーであるし、お互いの共通性が基盤にあるから、芝居のうえでは共通性の部分で芝居がつくれるのね。やってみるとそれ程難しくはなかったんですよ。

岸田　キムとスプーンがすごく怒ることがあるでしょ。すると仲直りするまでの処理を外に持ち出さずに部屋の中でやんなきゃならない。それは難しいと言えば言えるんだけど、怒って仲良くなる繰り返しの中で、それじゃ仲直りの手段がセックスなのかっていうと、そうじゃなくて、怒ったりなんかすることによってお互いが分かり合っていくというかたちを取ったんですけどね。日常的に考えても、怒っても怒りっきりでいられないし、仲直りするには何かが必要になってくる。ただ映画の場合は時間内で収めなきゃいけなくて、仲直りに三日もかけられませんから。手段としてセックスを使っているということは言えるのかもしれませんけど。

まあ、キムのほうは表に出せますからね。二人共家の中から出られないとなると、映画のかたちも違ってくるでしょうけど、そこまでは切羽詰った状況ではない。スプーンは脱走兵で追いつめられているけれど、もう少し動かせるかたちの中で、話が進んでいきますから。

神代　出口の無い男と女のどうしようもなさ的なものではないんですよね。出口のない閉鎖的な場所で男と女がぐちゃぐちゃやるんじゃない。出口のない状況をわかりながら、否定するのではなく、「こんなもんじゃないか」という受け入れ方ですよね。その感情は男と女に共通してあるから、その辺がこの映画のテーマなんじゃないのかなと。シナリオの段階でいうと、奥田瑛二の役だったり、事故が起こったり、二人で海へ行ったり、密室から出すための工夫はあるけれど原作から離そうとしているわけじゃない。

岸田　もちろん離れていない。多分、キムとスプーンは海へ行ったりしていたんだと思う。小説の場合、もう少しつきつめた閉鎖的なかたちでできていますけれども。

――キムは小説に比べると、クラブで歌っているシーンがありますし、もっと実体がはっきりしている、リアリティのある人物として映るんですけど、スプーンのほうはキムほどは現実感を持って迫ってこないんですよね。彼は黒人であり、我々に摑みきれないのかもしれませんが。

神代　それは現実問題として映画を作っていくうえでの話なんだけど、キムに日本人が現実感を持つのと同じように、マイケル自身が「これはリアルだ」と言うんですね。つまりアメリカの黒人としてシナリオを読んだ時に、僕達がキムに感じるようなリアルさをスプーンに感じてくれた。その辺が彼がオーディションでこの映画をどうしてもやりたいと売り込んできた基本線なのね。多分アメリカでも起こり得る現実なんだと思いますよ。僕はそう受け取っている。

岸田　黒人で、軍人で、脱走して、ドラッグを売って

『ベッドタイムアイズ』樋口可南子、奥田瑛二

いて、スパイ行為をしている……それをリアルに表現するのは、私は逆にわかんないんですよね。スプーンを逐一追わない限り、ああいうかたちだろうなというぐらいしかできない。条件としては脱走していて、あまり大っぴらに外に出られないわけですよね。仲間付き合いもあまりないだろうし。

神代　具体的に言うと日本に来ているアメリカ兵の脱走は、ある程度日常茶飯事で、それ程目くじら立てるような事ではない。昔の日本軍の脱走兵のような印象では全然なくて、現実に脱走兵はたくさんいますよ。たまたま見つかったら強制送還されるだろうけど、見つからなきゃ見つからないでそのまま。

岸田　それはそれで仕方ないんじゃないかくらい。ただ、作者の山田詠美さん自身は、その辺の事情はわかっているだろうし、気は遣いましたけどね。

――監督の作品の中では途中で象徴的なショットが出てきますね。今回の場合は自転車で走るシーンなんですけど。

神代　簡単に言ってしまえば出口から出ていく、逃げるイメージなんですけどね。スプーンはもちろん脱走兵だし、キム自身も下手クソなジャズ・シンガーで、場末から逃げたいわけでしょ。

岸田　自転車を使ったのは走って出られるほど若くはない、車に乗るほど既成社会に依存していない。すると乗り物は使うけど、自力でこいでいく、あれはオートバイでも車でもだめで、自転車っていう自分でこいでいく機械じゃないと成り立たない。

――それから今回は黒味が入ってきますけど、これはどうして入ってくるのか分かりにくかったんです。

神代　それはね、とことん理屈をつけて、これはこうだからこうなりますよ、という映画にしたくなかったのが一番の理由です。多分こうなんでしょうねという絞り方をしたつもりなんです。映画テクニックとしてのフェイド・アウトは何かということは、見る側に参加してもらうことによって表われてくると思うんですよ。今までやったことなかったんですけど、多用してみたんです。シナリオの中ではこういう出来事があります、こういう結論になりました、次にこういう展開になりますというのがキチンキチンとあって、それがちょっと固苦しいなと思ったんですよ。断定はしたくなかった。

岸田　手法であると同時に、少し余韻を残したかったんですよね。喧嘩をしました、仲直りをしましたっていう時に、喧嘩の余韻を引っ張ったり、仲直りの余韻を引っ張ったりするために使ったっていうことはあると思うんですよ。つまり小説に地の文があって、そこで感情移入させていく、それと同じように黒味の何秒かで感情移入をしてほしいと。

神代　例えば人間の驚きを表現するのには、顔で表わすしかないわけだよね。で、顔の表現はどうしても限定されますよね。驚いた顔をすると、当然観客はびっくりしているんだと思う。それならば人間の顔を先に絞っちゃって、次に音がバーンと入るとすると、観客は驚いた人間の顔を想像してくれるわけでしょう。映画の中ではひょっとしたらスプーンが捕まっているんじゃないかという状況の時に、映像には出ないでバーンという音だけが聞こえたら、その瞬間観客の一人一人は捕まったほうがいいと思う人がいれば、捕まっちゃ嫌だと思う人もいるわけですよね。そういう選択を引き出すようなことをやりたかったんですよね。

岸田　あの黒味は仕上って、つまり私が観客として見た時に、寺山修司が『盲人書簡』で使った暗転と同じだと思いましたね。想像力の喚起っていうことで言えば、同じようなものだと。

神代　シークエンスが終わっていないのに、黒味が入ってくる場合もある。スプーンが「やらせろ」と言うと、キムが「強姦しなさい」って言う。そこで絞って、次のシーンではもうやっていますよね。それが何かって言うと「強姦しなさい」って言う女は、本当に強姦しろと言っているわけではない。ある程度予測しながらそう言ってるわけですよね。強姦するという事は二人の関係をもう一度愛に引き戻すための手段だった。そういうニュアンスを黒味の中で入れたかったのね。それを顔で表現する、あるいは理屈で喋らせるのはすごく難しいんですよ。フェイド・アウトすることによって観客に感じとってほしかった。

――見た人達の黒味に対する反応はいかがでしたか。

神代　『ストレンジャー・ザン・パラダイス』の真似をしているんじゃねえかってことは一番言われましたけどね（笑）

岸田　ただ『ストレンジャー・ザン・パラダイス』の黒味と今回の黒味は状況的に全然違いますからね。

――今回は監督は俳優にはどういう注文を出したんですか。

神代　とにかくお互いに優しさみたいなものが大事だろうし、出口のない場所でもお互いに対する優しさなり労わり合いがありますよね。出口のない場所ではお互いに痛めつけ合いがちでしょう。そうじゃないんだ、出口のない中で労わり合おうじゃないかと。しかも差別人種であるところの黒人と黄色人種が労わり合う、そういう映画を作ろうじゃねえか、と役者には言いましたけどね。

岸田　そういうことで言えば、スプーンがマリア姉さんと寝ているところへキムが行く。で、マリア姉さんがキムに「なんであんな男がいいんだ、何も持っていないじゃない」と。するとキムは「私も何も持っていないただの女だ。だからただの男を愛したんだ」って言う。今、神代さんがおっしゃったことはその場面に集約できると思うんですよ。私が一番言いたかったのは、黒人であるとか、黄色人種であるとか、脱走兵であるとか、クラブ歌手であるとか、そういうことじゃなくて、ただの女がただの男を愛した。そのことに気づくまでにいろんな出来事があった。それは外部の状況じゃなくて、だれしもがただの女で、ただの男だということを一番言いたかったのね。

『ベッドタイムアイズ』樋口可南子、マイケル・ライト、大楠道代

——岸田さんはご覧になって演技のほうはいかがですか。〝ただの女〟〝ただの男〟を演じる二人のキャラクターは、思っていた通りに表現されていましたか。

岸田　そうですね。……いろんな意味で、例えばカツラを被ってクラブで化粧して歌っているキムと、普段着のわりとルーズなしめつけない洋服を着ている対比が、決してファッショナブルなものを着ているわけじゃないんだけど、面白かったですね。

——そういえば、原作者の山田詠美さんが週刊誌にコメントを出してましたね。「——西麻布あたりならともかく、あんな恰好では黒人のいる場所にはいけません——〝オレたちが愛してきたのはいつも欲望だけだった〟といった、決め手になるセリフも省かれて——」と。

岸田　実際ああいう場所にいる女の子はもっと、強烈な恰好をしているかもわかんない。全然違っているんでしょうね。ただ、私は映画の中で言いたかったことを画《え》で見た時に満足しましたけど。

　ボルヘスが自分の友人のある人を評して、彼が自分に贈ってくれたものは自分を唯唯諾諾とした読者ではなく、批評的な読者にしてくれたことだという言葉があるんです。つまり原作をシナリオ化していくということは、原作に対して唯唯諾諾とした読者になることではなく、批評的な読者になることだと思うんです。それは読後感でもあるし、批評っていうのはアラ探しをすることでもなんでもなく、自分の原作への寄りそい方だし、反発だし、それは原作者とシナリオ作家が映画を作っていくうえで違っていて当然だと思いますね。

神代　多分一番違うのは、原作のキムと樋口可南子の違いってことなんでしょう。それはわかりますよ。映画はややメロドラマ風に仕立ててあるし、原作はこれっぽっちもそういうところがない。

岸田　台詞では原作にある「俺たちが愛してきたのは欲望だった」とは言っていない。ただ映画全体の中ではそれを言ってきたつもりなんですよ。ただそれを一言で言える小説というメディアと、それを観客に納得させるにはダイアローグで一〇分間くらいは費さなくてはいけない映画というメディアの違いはある。「欲望だけだった」と言いたいためにこの映画を作りたかったってことはあるんですよ。

——岸田さんは「欲望だけだった」という言葉はわざと省いているんですか。

岸田　それを言うために一〇分間のダイアローグを入れるか、それとも映画全体をそういうふうに作っていくか、どっちかの選択だったと思いますね。つまり唯唯諾諾とした読者ならば、スプーンにひと言、言わせればいいわけ。だけど、そのまま言ったからといってどれだけ観客にストンと入っていくか……。

神代　一番最後にスプーンが言う台詞で「俺はお前を全部知っているよ」と言って別れていくんだけど、その言葉をストレートに意味を伝えるか、労わり合いみたいなことも含めて伝えるのか、僕は後のほうを採ったんだけどね。

——今の日本映画の状況ということを考えますと、殆どが原作もので、観客の側から言えばなんとかオリジナルが出てきてほしいと思うんだけど、なかなか出てこない。文学だけじゃなくて、コミックの原作も最近は多いですよね。やはりオリジナルの映画化を見たいなと、歯ぎしりするような思いがあるんですけど、監督はその辺はどうお考えですか。

神代　まったく同意見です（笑）。映画は映画のオリジナリティがなくてはいけない。そのうちに必ずやります。

――岸田さんはシナリオ作家の立場から見てどうですか。オリジナルを書くのと、原作を素材にしてシナリオにする場合と、方法論はまったく違うと思いますが。

岸田　うーん、難しいですねえ。私は映画の内部にいる人間ではないし、わからないと言うのが正直な気持です。オリジナルは芝居でやっているから充分（笑）。映画でオリジナルをやってみたいという気持はもちろんありますけど……。

――原作もののほうが通りやすいという状況はなんとかならないですかね。

神代　これはもう昔から映画が引きずっている問題でね、ちっとも変わっていない。原作が売れてりゃ映画も売れるだろうと。悲しいことですけどね。

岸田　私は原作をシナリオ化するのは映画では『ベッドタイムアイズ』が初めてなんです。神代監督とは映画は三本目ですけど、二本はオリジナルですし、寺山さんとは全部オリジナルで、唯一『百年の孤独』がありましたけど、あれは原作だったのかオリジナルなのか非常に微妙なところですし。だから原作とシナリオの違いということは今はよくわかんないです。今後、映画も本数を書いていくうちに感じることも出てくるかもしれませんが、逆に今回は原作をどういうかたちでシナリオにしていくかってことのほうが面白かったですね。

（二月二三日）

（「月刊イメージフォーラム」一九八七年五月号）

「ベッドタイムアイズ」の撮影

――川上皓市カメラマンとの2時間――

聞き手＝北浦和男

1986年の1年間、公開された劇映画は311本、これから成人映画150本を差し引いた161本が松竹、東宝、東映、にっかつ、ATGを含む独立プロで作った劇映画である。言葉は悪いが、この161本の映画を多勢のカメラマンがとり合っていることになる。

年に2本も担当できるということは、カメラマンとしての技術的な力はもとより、運であり、人柄ではないかという気がする。その点で、川上皓市氏も数少ない恵まれた一人といえるだろう。その川上氏と新宿で会った。この人と会うのは新宿が一番ふさわしい。今年40歳になったという。すると文部省の芸術選奨新人賞や撮影新人賞三浦賞は、いくつの時だっけ。

さらに話は新作「永遠の½」に及んだ。製作部が先乗りしてロケ隊の宿舎を佐世保近郊の国民宿舎に交渉した。予算が窮屈なのだ。公共施設だから夜の門限が10時、入浴は9時等々規則ずくめ。ところが、製作部の人も禁を破って、ロケ隊の宿泊まかりならぬと相成ったという。国民宿舎じゃイヤだなあと思っていた川上氏、思わずキャンセル万才を内心叫んだとか。語るほどに酔いも廻り、そんな〝秘話〟も聞いて大笑いした。

対談が終わり、新宿のさんざめくネオンの海に川上氏は消えた。目指すゴールデン街は、すぐそこだ。渡辺英綱の「新宿ゴールデン街」に、姫田真左久、鈴木達夫、田村正毅氏と並んで川上氏の名前が出ているのを思い出した。

――暫くでしたね。川上さん、相変らず売れっ子で、なかなかお会いする機会がない。「ドン松五郎の生活」の撮影報告（本誌昭和61年4月号）**をうかがった時、以来かしらね。**

おかげさまで、仕事の方は今のところ順調です。「ドン松…」のあと、お会いしましたよ、ゴールデン街で飲みましたね。

――そうでしたか。さて、どんな経緯で「ベッドタイム…」やるようになったのか、その辺りからうかがいましょうか。

去年の7月30日に「化身」がアップして、編集・ダビングになり、その最中の8月7日にメリエスのプロデューサー山田耕大さんから電話で話があったわけです。すぐ日本語だけの台本を受けとりましてね。

――メリエスというのは初めてでしょう。

ええ、「ひとひらの雪」をやった時、この映画の脚本を書いた荒井晴彦氏と交流があって、この荒井さんが推してくれたと思うんです。荒井さんはメリエスに所属されているんですね。ちょうど「化身」で久しぶりに東陽一監督と一緒に仕事をしていた関係で、東さんもぜひやれということで引き受けたわけです。それで「化身」のダビングが終わると、すぐロケハンに出かけました。

――それは忙しいですね、どちらへ……。

基地から脱走する兵が主役ということで、横須賀とか福生を見ました。まあ、基地の中の将校クラブとか、どんな雰囲気なのか、一応入って見たんですが、重要な場所はダメでしたね。それに基地周辺です。

――どういう話になりましたか。

シナリオはかなり具体的で、感情をハッキリ出していると思うんです。基地のクラブの歌手キム(樋口可南子)と脱走する黒人兵スプーン(マイケル・ライト)の二人の愛を描いているんですが、僕は脚本を読んでのったというところですね。ほとんど二人の話で、随所に好きなところがあって……。

それは、どんなところ……。

自分の気持を一生懸命ぶっつけるシーン、喧嘩になっちゃうんですが、それでも好きだという、まあ、日本語でいうと少し恥しいが英語だと結構感動的になったりするということがあるでしょう。

脚本、英語でも書いてあるわけですね。

ええ、両方書いてある。現場では見比べてやる……。

神代監督とは初めてでしょう。初めての監督とやるというのは、どうですか。

映画は見ていましたが、お会いしたのは初めてですね。何しろ心配症ですから不安になっちゃう。でも、僕を選んでくれたわけだから、やる以上はいつもの調子でやろうと、もう悪いところがあれば指摘してもらえるだろうとね。

肚をくくったわけねえ。

今までの神代さんの映画を見たり、神代組の助監督さんに会って話を聞いたりね。そうすると、どうも長廻しが多いとね、それでインしちゃったわけです。

最初に神代さんとお会いした時、監督から、現場ではほとんどコンテは割らない、それで足りないところは切返してもう一度、頭からダブって撮り、あとの編集で処理するという話があったんですね。これは東陽一監督と大体同じやり方なので、そういうことであれば僕の方もやりやすい。たとえば、ポジションが3ケ所あれば、3回とも頭から最後まで通してやる。俳優さんは大変ですがね。特にこの映画はセリフが非常に多い。それに外人というのは途中でアドリブを入れるんで、間違えるといけないので英語のできるスクリプターと通訳兼現場のチェック係の人を連れてきてやりました。

撮り方は馴れておられたわけですね。

ええ、だから少しは安心しましたねえ(笑)。

監督と気が合いましたか。

ええ、神代さんは全くカメラをのぞかない。それから、ここは長玉でいきましょうか程度で、ほとんどまかせてくれた。この点、嬉しかったですね。

川上さんとコンビの東陽一監督はどうですか。

最初のうちはいわれましたねえ。でも、「化身」の時は、ほとんどカメラをのぞかなかったし、何もいわなかったですよ。

じゃ、存分にやれたということですね。

そういうことでいえば、僕はさせてもらったといえるでしょうね。

ところで、脱走兵役のマイケル、どういう人なんですか。

彼はニューヨークに住んでいるんですよ。最初、神代さん、樋口さん、プロデューサーがロスへオーディションに行った。集った人と樋口さんが芝居をして候補を一人に絞ったわけです。この話を聞いて、マイケルがニューヨークからやってきて、オレしかないというんで、改めて監督が会って一発で決まっちゃったというんです。

ちゃんとした俳優でしょう。

ええ、ロバート・アルトマンの映画に出て、83年度のベネチア映画祭男優賞をとったとか。今回は、芝居ができて、しかも好感のもてるタイプの黒人ということで相当厳選したそうです。なかなか芝居もしっかりしているし、意見もいうんです。のっちゃうと、どんどん芝居しちゃう。

日程の点ではどうなりましたか。

監督がオーディションを終えて帰国したのが9月1日、次の日からキャスティングをやり固まってきて、9月23日にイン、その前日までロケハンをやっていました。準備の日数は足りなかったですね。

セットは東宝ビルトでしたね。どんな場面ですか。

キムのアパート、そこで二人が暮す、その一つだけ。あとは全部ロケセットでしたね。狸穴にスペイン村というのがあって古い洋風の建物がある。ここをキムのアパートの外景に使い、東宝ビルトのセットにつないでいるんです。

基地関係はどうでしたか。

横須賀の将校クラブ、ここは全く使われていないんですが、ここをクラブとして借りました。あとは横浜と都内で少々……。

さて、どういう撮影ポイントとなりましたか。

作品内容は男と女の一途な愛を描いているので、彼らの気持が分散しないよう、くらいついて撮ろうと思ったんですが、監督の狙いはどうか、初めはちょっと不安があったんですね。

テストを見ると、かなり俳優が動くんです。セリフも多い。芝居全体をなんとか撮りたい。だから、カメラも動かなくてはいけない。クレーン、移動車をベタに使ってフォローしたいというのが第一のポイントでしたね。

今度使ったキーグリップのクレーンは背が高いん

であらかじめセットの欄間など全部外せるようにしておいたんです。
神代監督の映画を見ると手持ち撮影が多い。でも、手持ちではムリが出てくる。画面の揺れが気になって芝居をとらえることがおろそかになってはいけないので、今回はなるべくクレーンや移動車を使い、手持ちは避けているんです。

キーグリップというのは……。

多《おお》さんという方がやっているんです。ここはチューリップ・クレーンとかタイヤ移動車、レールの円径移動車、いろいろ使いましたね。全部揃っている。
多さんという人は、移動についての考え方が僕と合うし、作品内容を把握して違和感がなく動いてくれるんです。「化身」の時も頼んでいるんです。
その意味では、徹底的に多さんの手を煩わせたし、また多さんの協力がなかったら今回はダメだったろうという気がする。だから、俳優の芝居をカメラがフォローして動いてゆくという最初の狙いは、なんとかうまくいったという気がするんです。

名人芸みたいな方がいるんですねえ。

ちょっとした言葉のやりとりで理解してくれる。それが実にいいんですよ。専門職として、すぐれた方ですね。「火まつり」「波光きらめく果て」にも参加しているそうです。

セットのライティングについて、どうでしょう。

今回の場合、樋口さんは顔が白い、片やマイケルは黒人ですから当然黒い。このバランスですね。基本的には同じ光が当っていてもいけるんじゃないかとテストの時に判断したんです。ところが、最初のラッシュを見て、マイケルから自分の方は暗いっていうんですね。アメリカでは黒人には別に当てるライトがある、今回もそうしてくれというんです。

初めて聞く話ですね。

僕も初めてです。アメリカじゃ、皆やっているみたいな話なんですよ。まあ、二人とも顔がくっつくほど近づいて話をする芝居が多いんで、別に当てるのはちょっとムリだと思っていた。ところが、余りいうものですから、芝居のポイントだけでもバランスを上げようということに方針を修正しましてね。動いているところは、ダメでしたが……。
バウンズ・ライティング(反射光)では、それがむずかしいんです。時間がかかっちゃう。僕は硬い光が嫌いなので、軟かい光でバランスをとるんですが、そのかね合いで苦労しましたね。
監督というのは、大体せっかちな人が多いですよ、神代さんもそうです。だから、今までの現場と比べて時間がかかって内心イライラしていたんじゃないかと思いますね。
もっとも、僕も少し気にしていたんですよ。だから「カラー・パープル」を見て研究しなくてはなんて思っていた。それよりテストをやって判断しようとね。テストでは同じ光を当てて、どの程度見えるものか、それでいけると思ったんですが、いざやると光の当り方がよくない場合が多かったという反省はあります。

いわば、マイケルのためのライティングで、照明の磯崎英範さんも大変でしたね。

テストの時に、マイケルがポイントのところをいうわけです。時間がかかるし、特にロケセットの狭いところは大変でしたねえ。

それで結果はどうなんです。

よかったですよ、ものすごく見やすくなったと思います。マイケルの意見というのは、簡単にいえば、光の強さを加減するということです。光の質とか位置は変えないけれどボリュームが違うということです。

当然、マイケルの方に強く当るということね。

そうです、だから動きによっては樋口さんの方にも洩れて当ってしまうこともあるけれども、これはどうしようもない。

磯崎さんとは、久しぶりでしょう。

「ドン松…」以来です。彼は僕が「サード」を撮った時、チーフでした。「もう頬づえはつかない」で1本立ちになり、僕の映画では「マノン」「ザ・レイプ」「ジェラ

『ベッドタイムアイズ』撮影スナップ。川上皓一（撮影）、マイケル・ライト、樋口可南子、神代辰巳

シー・ゲーム」「ラブレター」「湾岸道路」「ドン松…」と、ずっとやってくれています。

　僕のやりたい光のこと、バランスなど把握してくれているんで、その点じゃ彼しかいないなあと思っています。東映で仕事をした時は梅谷茂さん、「化身」など、いい調子であげてくれているんです。僕の狙いをよく理解してくれてね。

川上さんの映画を見ると、実にキチンとしたフレームを感じるんですよ。

　そうですか。カメラ・ワーク、いいところへ入らなくてはいけないと東さんによくいわれる。フレームが一番のテーマだと思っているんですがねえ。どこかで逆を考えているけれど収めちゃうんです。いい形で越えられるといいんですが……。

それに画面に品が感じられる……。

　その点でいうと、東さんとポルノ映画を撮ったんですが、二人で組むとポルノチックにならない(笑)。

それは人柄ではないかしらね。

　ポルノのすごいのを見るでしょう、ああ、僕たち、こんなの撮れないよなあ、って話して(笑)。

カメラはBLでしたね。

　そうです。特殊映材社のBL―II型ですが、ムリをお願いしちゃって……。やはり、予算の点で、いろいろひびきますね。

どの作品も予算はきつい、ことさらとり上げる話題ではないと思うんですが……。

　最近の僕がやった作品の中では一番きびしかったと思いますね。メリエスとビッグバン両社が製作資金を出しているんですが、テレビ局がらみではないし、しかも外人タレントを呼んで、ギャラと滞在費もあるから大変だったでしょう。だから、多さんの特機関係を値切ったり(笑)、カメラもね。しかも、フィルムはガラガラ廻わって5000ftになっちゃった。スタッフも我慢したんじゃないでしょうか(笑)。

　まあ、僕自身もすごくいい内容で、のったところもあるんで、金のことなどいうどころじゃない。こういう機会を僕自身、キチンとしておかなくては損失ですからね。とはいっても、メチャクチャなことではなかったんですよ。

　スタッフが、いい映画に仕上げるんだという気持が強かったことは事実ですね。金をいっぱいもらっても冗談じゃないという根性があるでしょう。その点ではいい気持でやれましたよ。

撮影日数はどのくらいでしたか。

　実数としては28日間です。10月25日にアップして、編集とダビングは順調でしたが、字幕スーパーの原稿作りで時間がかかりました。脚本の岸田理生さんが、言葉の一つ一つを大事にしたいというので、特に慎重にやっているんです。それにスーパーの場合は字数の制限があるでしょう、結局、0号が上がったのが12月19日、それをさらに修正してから初号は12月27日でした。

字幕スーパーは、オプチカルをかけたんですか。

　いえ、字幕に関してはオプチカルではありません。まあ、クオリティを考慮して、いわゆるツリです。二枚重ねですね。被写体の方が暗いとスーパーの方へ黒いにじみが出て読みにくいというのを避けているんですが、テストを何度かやってツリでやったわけです。

音楽の方も大分話題になっていますね。

　テーマ曲がものすごくいいですよ。甘くやさしい曲で、この映画にぴったりです。

そうすると、去年のお仕事は2本でしたか。

　「ドン松…」の仕上げと「化身」と今度の作品ですね。劇映画を続けて撮れるというのは実に恵まれていると思いますよ。

川上さんは、テレビ映画はおやりにならないの。

　いや、やらないんじゃなくて、仕事がこない(笑)。未だにやったことがない。

どうしてかしらねえ。

　話を聞くと、テレビの忙しいやり方は、僕みたいにバウンズ・ライティングをロケセットでやったんじゃとても終わりそうもない(笑)、と思いますよ。

次のお仕事は……。

　根岸吉太郎監督と「永遠の½」です。佐世保に住んでいる佐藤正午さんの原作です。倉庫を借りてセットを作るんですよ、あとロケとロケセット、全部、佐世保で撮る予定です。市役所勤めをやめた男と離婚して実家に戻った女の愛の話で、今度はトーンを少々シャープにしたいなあと思っているんです。

佐世保から帰って、またお会いしましょう。

（かわかみ こういち・撮影監督　きたうら かずお・編集者／「映画テレビ技術」一九八七年四月号）

『ベッドタイムアイズ』撮影現場訪問

ルポ＝瀬下わたる

横須賀基地のクラブ歌手と、黒人兵との愛を描いて、'85年度文芸賞を受賞しベスト・セラーとなった「ベッドタイムアイズ」が映画化された。原作発表と同時に、多数のヒロインと監督のカプリングが噂されたが、結局は監督に神代辰巳、ヒロイン、キムに樋口可南子、黒人兵スプーンには、ハリウッドにて行なわれた300人を超すオーディションにより、ロバート・アルトマン監督作品「ストリーマーズ」'83に主演し、ベネチア映画祭最優秀男優賞（集団演技に対し）を受賞した、マイケル・ライト（27歳）が選ばれた。

寒さが一段と厳しくなった10月半ば、調布の撮影所を訪問した。あいにく、今日は主役の樋口可南子が過労のためダウンとあって、予定変更、スプーンの一人芝居のシーンを撮ることになった。ちなみに昨日は、ベッド・シーンの撮影だったそうだ。

セットはキムのアパート。ベッドルームとダイニング・キッチンとバス。若い女の子なら誰でもが、住んでみたい間取りと広さだ。すべて洋風のつくりで、バス・ルームだけでも6畳はある。設定は横須賀。都内なら家賃20万はくだらないなと、つい余計なことを考えてしまう。キッチンの方でカメラのセッティングの間、神代監督は隣のベッドルームのダブルベッドに横たわりながら待っていた。セットに入った私は、挨拶もそこそこに、神代監督に「ここへ、どうぞ」とすすめられたダブルベッドにすわり、何とも優雅なインタビューとなった。

「恋文」「離婚しない女」とハイ・ペースで作品が続く神代監督が、この作品を選ばれたことから伺う。

「原作を読んで、すぐ、あっ、いいなと思いまして、愛の話として素晴らしいと。それに肌の色、習慣、食べ物、セックスの違いを越えた愛の有り様に何よりも興味がわきましてね。昔、日活時代に企画を出したことがあるんですが、ノーマン・メイラーの『彼女の時の時』。それはユダヤ人と白人なんですが、異人種の愛ということで、やってみたいと思ったんです。この時のことが頭にあったんで、これは是非やりたいと。

今、撮っていてすごく面白いし、自分でも毎日、新鮮に感じてますよ。主役のコンビもピッタリだし。可南子は『もどり川』に続いて2本目ですけど、べっぴんさんだし、セクシーで、割とどっかでアナーキーな感じがみえる、そこがいいですね。それに人柄の良さも、ちゃんと出る人だし。マイケルは本当のところ、他の人に決まりかけてたんですけど、私も可南子も、もうひとつというところで迷っていたんです。そこへ、俺を使わなければ芸術的に大損害だと売り込んできたのがマイケルで『ストリーマーズ』を観た時、スプーンには、ちょっと暗いかなと思ったんですけど、本人に会ってみたら全然違って、あれに役づくりだったんですね。

芝居はね、いいですよ、非常に的確です。アドリブもうまいし、感情の起伏の表現ができる。それに、二枚目風なところとか、精悍で黒人特有の白人や日本人にはないものを秘めていて、スプーンには、うってつけですね。本人も、〝ラストタンゴ・イン・トーキョー〟といって喜んでるようでね。何ちゅっても黒人の動きとか、気持ちの上では分かっているつもりでも、表現の仕方なんか、やっぱし分かんないんですよね。その辺はマイケルのおかげで随分助かってるんじゃないかな。御信頼申し上げてますってカンジで、芝居をしてもらってます。それに、ここはこうした方がと言ってくることが、僕と同じ考えだったということが何回もあって、基本的に気持ちが合ってるんじゃないかな。こんな言い方するとホモみたいだけど……（笑）。

そういえば、スプーンのオーディションのためにロスアンゼルス・タイムスに批評がでたんです。批評そのものは好意的だったんですが、ショックというか、なるほどと思ったのは、日本映画っていうのは自己犠牲がないと成り立たないって書いてあるんですよ。否定的な書き方ではなく、半分は肯定してるんですけど、思わずウーンと思いましたね。もう、いっちょう、おかしかったのは、ショーケンと倍賞美津子の夫婦のマンションのことを、こっちは中流のつもりだったんだけど、ちっぽけなアパートに住んでるとあったんで、今度も、そう言われるのが、しゃくなんで、セットも少し大きくしたんですよ」

どうりで、この部屋が広いはずだ。意外なこぼれ話を聞いているうちにスタンバイOK。

「今日のシーンはマイケルが猫のペーパー・サンド（猫のおしっこする砂）をとりかえる、それだけのシーンなんですが、それをどう表現するか。孤独の表現の仕方と思いますけど、単なる日常としてか、たまらないほどの孤独としてか、スプーンというキャラクターは、スパイや麻薬をしてますんで、そういうトータルなものを、泣きなのか、どなるのか、それとも、さりげなく表現するのか、正直なところ分かんなかったんですよ。だから2パターン撮ってみて、これから決めようと思ってるんですが、マイケルがよく勉強してきて、いろいろアイディアを出すんで、これから楽しみですよ」

マイケル・ライトがセットに入ってきた。神代監督は、マイケルに、当方を「日本一歴史があって有名な映画雑誌の人」と紹介してくださる。今までのインタビュー中でも感じていたが、本当に優しくて、女優に人気がある秘密がよく分かった。

神代監督大絶讃のマイケル・ライトに聞いてみた。開口一番、

「クマシロは自由にやらせてくれて、今まで一緒に仕事をした監督の中では最高」

すかさず神代監督が、

「そんなことを言うと後から、アルトマンが文句言うんじゃないかな」

「もちろん、アルトマンも同じくらい素晴らしい。僕が知る限りでは世界中、誰でも一流の人は皆、同じものを持っている。人種や国籍など、まったく関係なくね」

映画は米仏伊に続いて、4ヵ国目という今までの経験なのだろう。

ここで彼のキャリアにふれておくと、生粋のニューヨークっ子で、アクターズ・スタジオ出身。神代監督によると、マーロン・ブランドの信奉者で、手垢にまみれたスタニスラフスキーの本を、いつも手放さないそうだ。TV、ブロードウェイ、及びオフを経験ずみで、もちろん代表作は「ストリーマーズ」。この作品は日本未公開だが、ビデオで発売されている。

「このオーディションを受けたのは、数年前、ハーレムで知りあった日本人俳優のヒデ(この映画にも刑事役で出ている佐藤英)が、ぜひ受けるように教えてくれたから。クマシロのことは映画を通じて知っていたし、彼の映画なら間違いないと思って、たとえギャラが一ドルでもかまわないと思ったんだ。

実際、今回のトライは僕にとって良かったのは、もちろんだけど、反対に日本にとっても良いことだと思っている。日本人は黒人をあまりにも知らなさすぎる。ナカソネを始めとして(例の中曽根発言、学力の低い人種ウンヌンのこと。それに、だいぶ御立腹の様子)。今までは、決まりきった日本人のイメージする黒人像だけだったけど、この仕事でそれを、少しでも変えたいと思っている」

と志しはとても大きい。根っから真面目な人なのだ。

翌日、過労もいえて登場の樋口可南子は、

「なにしろ今回は、何から何まで初めてづくしで、とまどうことばかり。セリフのほとんどは英語だし、しかも歌手の役。英語はダメなのでセリフは、ほとんど丸暗記なんです。だから、ちょっとでも変更があったり、他の事に気をとられていると、頭の中からスーッと消えてしまいそうで、緊張の連続。マイケルとは、オーディションで会ったとたん、スプーンはこの人だと思って、波長もすごく合うんです。なるべく一緒にいるようにしてコミュニケイションを保つように。ええ、マイケルとだけは何とか英語で話せるようになったんです。歌の方は、アルバムは出していますけど、テーマ曲の『ラブ・フォー・セイル』がむずかしくて。でも、キムのセリフに歌が下手だというのがあるので、少しは安心しているんですけど。映画は年に一本のペースでやってきましたけど、この作品を、ぜひ代表作にと思っています」

他に音楽にも力が入っていて、マンハッタン・ジャズ・クインテットにオーダーし、全編ジャズが香る画面づくりになりそうだ。けれど神代監督の注文で、一曲だけ演歌をということで「津軽海峡冬景色」がチラッとだけ出てくるそうだ。どういう形で登場するかは、曲使いのうまさでは定評のある神代監督のこと、まあ、観てのお楽しみということにしておこう。

（せした わたる・映画評論家／
「キネマ旬報」一九八七年一月下旬号）

樋口可南子インタビュー

インタビュアー＝内海陽子

「今回、初めて宣伝会議なんかに出席して、ここはA、ここはB、ここはいらない、なんてランクづけにも参加したの」と楽しそうに笑う樋口可南子さん。キネ旬はもちろんA……だと思いたい。この「ベッドタイムアイズ」では英語に歌、そして激しいラブシーンとふだんの何倍もの集中力を要求され、毎日がつらくて発狂しそうになりました、という彼女。でもあの魅力的な神代辰巳監督の要求となると応えないわけにはいかなかったようだ。

樋口 「ええ、ステキな方です。『もどり川』のとき初

『ベッドタイムアイズ』撮影スナップ。樋口可南子、神代辰巳

めてご一緒したんですけど、あのときは女優さんがたくさんいて、今回みたいに独占できなかったの。今回は独占できてうれしい。あんなからだのどこからパワーが出てくるんだろうと思うくらい現場ではすごくてね。といっても大きい声あげるとかそういうすごさじゃなくって、役者がノってくるまでじっとこう待っている、そういうすごさ」

――待たれている方もタイヘンですね。

樋口「ええ、その日の体調によってなかなかボルテージがあがらないこともあって。単純なことでいうと、英語とか歌、相手役が外人さん、ということなんですけど、あの……なんていうのかな、あるワンシーンでも、悲しみとよろこびと両方を要求されて。〝セリフがないところでも両方出してください〟とかいわれたのが一番キツくて(笑)」

――まあ、ずいぶんなことおっしゃる。

樋口「そうなんですよ、それをボソッボソッとね(笑)。よくわかるんですよね、監督のいってることは。だからホントつらかった。いろんなことが重なって。でもやってくうちに、キムって人は別に特殊な人じゃなくて、普通の女の人と変わりない人なんじゃないかな、と思ったし、相手が黒人であろうとなんであろうと、こういう愛の形はあるんじゃないかと。これは別に特別な映画ではないなあ、という気がしてきたんです。最初に台本読んだときに、これはウソの話じゃないな、これは、やっぱり山田詠美さんの体験とか生活を通した本音の話だなって気がして自分で芝居している間も、ウソやっちゃいけないな、と常に思ってました」

――黒人と黄色人種がともに暮らす、というこの題材のウリの背景がだんだん消えていって……。

樋口「ええ、ホント、最後には消えていきましたね。だからこれはきっとそういう普通の映画なんだなと、だんだん肌で感じていったんです」

――逆にいうと、黒人と日本人との肌のきしみというのが抑えられてしまって、別に黒人じゃなくてもよかったんじゃないかな……と思ったりして。

樋口「ああ……でもそういうものはね、もともとないんじゃないかって演じていて思いました。人を好きになるっていうことは言葉とか肌の色とかそういうことは最終的には消えていっちゃうんですよね。そこにいくまではタイヘンでしたけど」

――マイケルの反応はどうでしたか。

樋口「あの人はえらくてね、マネージャーも付き人もなしでニューヨークからひとりでやってきたんです。でも、わたしたちが向こうをイシキしているようには、向こうはこちらを人種が違うっていうふうには思っていない。最初から開いてましたね。わたしたちの方が妙にカタクなっていたんです」

――監督の演出は「もどり川」のときとだいぶ変わりました?

樋口「相手役の人が変わると、自分の演出法をあまり押しつけずに、その人によって変わってくるみたいなかんじですね。前はショーケンで、今回はマイケル、だからこうなった、というふうでわりと柔軟です。人の組み合わせによって変えていってくれるみたい。演出自体はあまり変わっていないと思う。完成した映画はやっぱり編集でずいぶん感じが変わったなあっていう気がしました」

――「ストレンジャー・ザン・パラダイス」ふうの黒味を取り入れたりして。

樋口「ええ、そういうことイシキされたんじゃないかな(笑)」

――若い世代をイシキして……。

樋口「ええ、たぶん、そうじゃないかなと。『もどり川』のときとはめざすものがだいぶ違ってたんだと思います(笑)」

映画の中でふたりは「灰とダイヤモンド」を観賞し、そのあとマイケルに部屋の中でチブルスキーの演技をマネしてみせ、可南子さんはそれをやさしく受けてやる。この映画、ふたりにとってそれほど特別なものとも思えないのだけど……。

樋口　「監督はとにかく好きだったみたいですね、『灰とダイヤモンド』が(笑)。でもああいう古い名作が、今の若い人たちに受け始めているし、ビデオ屋さんも普及してるし、あのふたりが見ても別におかしくはないなと思いましたけど」

――マイケルはきもちよさそうにやっていましたね。

樋口　「ええ、ノってやってましたね。マネにしては、すごく長いんですよね(笑)」

――ああいう時って、キムは皮肉のひとつもいうんじゃないかと思ったんです。

樋口　「ああ……そうですね、本人がアドリブで返す余裕がなかった(笑)。やっぱりそういう反応がむずかしかったですね。どうしても最初は逃げ芝居になってしまって、相手がやることに対して立ち向かっていけなかったんです。最初の頃、監督に〝マイケルにちょっと負けてるんじゃないか〟ってボソッといわれてガーンときまして、ちゃんと返していかなくちゃいけないなと思ったんですけど、完全ではなかったですね」

――マリア姉さんと彼ができてしまう、という三すくみのシーンもキビシイところですね。

樋口　「むずかしいところですねえ！　小説読んでいるときはスッとわかったんですけど、いざやってみるとマリア姉さんに対する感情がいまひとつわかんなくなって。頭ではわかってるんだけど……」

――市来役の奥田瑛二さんはなかなかいやらしくてよかった(笑)。

樋口　「いい味でしたよね。やっぱりノってるなって気がしました、最近の奥田さん。ホントにきもちが伝わるし、本気でやってくれますし。なかなか本気でぶってくれましたけど(笑)」

――やっぱり顔がハレ上がります？

樋口　「いや、フシギとね、芝居でやられるとあんまりハレないものなんです」

――どうしてでしょう。

樋口　「わかんない。緊張してるし、くるなっていう覚悟もありますし。泣いてもぶたれてもあんまりハレないんですよね」

――肉体全部がハイになってるのかな。

樋口　「そうなんですね、きっと。でもからだにはアザが絶えなかったんですよ、ホントに。毎日どこかぶつけるんですよ、ラブシーンでもけっこうアクションぽかったりするから(笑)。今回、ネコも狂暴で、すごいひっかかれたしねえ。マイケルの力も強いし、ほかの黒人さんたちの力も強いし。ただ腕をつかまれるだけで手形がついちゃうんですよね」

――やってて一番きもちのよかったシーンはどこですか。

樋口　「それは全然ない(笑)。どのシーンも重くて」

――たとえば海辺を歩くシーンでも？

樋口　「部屋の中にいるよりも、外へ出ると、英語が忘れやすくなっちゃうんです。海なんか出ると、風と一緒にセリフが飛ばされちゃうようなかんじで……ラクなシーンというのはなかったですねえ(笑)」

　そもそも外人というのがキライだったという可南子さんは、この映画をやって一種のカルチャー・ショックを受けたそうだ。

樋口　「もう、日本人だけ好きってかんじでしたから。それじゃいけないと思いましたね、ホントに」

――これからは国際的に活躍できますね。

樋口　「そう……でも日本人のスタッフでなきゃいやだなあ。相手役の方は大丈夫だなと思ったんですけど、スタッフはやはり日本人であってほしい。うーん、まだふっきれませんね、そのへんが(笑)」

――親兄弟は日本人がいい(笑)。

樋口　「そう！　味方になってくれる日本人に囲まれていないとダメ。とてもマイケルのようにひとりで向こうに乗りこんではいけない。そういうのはありますね」

「わりと普通の生活してないとダメだなという気が最近してきました。ちゃんと普通の人として生活している時間がないと集中力がなくなっちゃったりする。やっぱり普通の神経というのが一番大事だと思うんです。なるべく普通の生活をしながら、女優として過激なことをやっていきたいなと思ってるんですけど」

（ひぐち かなこ・女優　うちうみ ようこ・映画評論家／「キネマ旬報」一九八七年四月下旬号）

33

噛む女

【公開】1988年7月1日封切

製作＝にっかつ　配給＝シネ・ロッポニカ　カラー　ビスタ／102分　併映＝『メロドラマ』(監督＝小澤啓一)

【スタッフ】

プロデューサー＝山田耕大　プロデューサー補＝作田貴志　原作＝結城昌治『噛む女』　脚本＝荒井晴彦　撮影＝篠田昇　照明＝川島晴雄　録音＝佐藤富士男　整音＝橋本文雄　美術＝菊川芳江　編集＝鈴木晄　記録＝本調有香　音楽＝小六禮二郎　助監督＝佐藤敏宏　北浜雅弘　中田秀夫　スチール＝渡辺亨　製作担当＝秋田一郎

【キャスト】

古賀ちか子＝桃井かおり　古賀雄一＝永島敏行　古賀咲也子＝渡辺麻衣　山崎光太郎＝平田満　海老野早苗＝余貴美子　角田祥平＝加藤善博　文江＝楠田薫　角田梢＝前川麻子　長谷川初美＝飛田ゆき乃　大林ひろみ＝立原友香　工藤静子＝木築沙絵子　上村＝竹中直人　理恵＝戸川純　小島＝北見敏之　村田＝田原正浩　包丁を持った男＝大江徹　追われる女＝芹明香　飲み屋のおばさん＝絵沢萠子　司会者＝立石涼子　ディレクター＝伊藤昌一

⦿キネマ旬報脚本賞(荒井晴彦)
　キネマ旬報主演女優賞(桃井かおり)
⦿ブルーリボン賞主演女優賞(同)

【物語】

古賀雄一、妻ちか子、娘咲也子の一家は、郊外のニュータウンに引っ越してきた。新築のマイホーム、しかし雄一とちか子の仲は冷めていた。雄一はかつて映画監督を志していたが、今はAVメーカー“マッケイブ・カンパニー”の社長として、業務から現場までを取りしきりながら女優に手を出したりして自由に日々を暮らしている。ある日、友人のTVディレクター山崎から、高校の同級生で俳優の角田とのトーク番組出演を依頼される。終了後、まるで同窓会の後のようにはしゃぐ男たち。しばらくして、一本の電話が会社に掛かってきた。相手は小学校の同級生だったという早苗で、テレビを見て懐かしくなり電話したのだという。二十五年ぶりに再会し、そのまま、雄一は早苗と寝る。早苗は“噛む女”だった。その頃から、雄一の家に無言電話が掛かりはじめる。家への投石、自家用車のパンクと、嫌がらせは相次いだ。これは早苗の仕業なのか。山崎に紹介された興信所に調査させると、早苗は二十年前に死んでいた。ある晩、早苗を名乗った女とやっと電話で口をきく雄一。「古賀さん、私のこと嫌い?」「……嫌いじゃないよ。だけど、あいつとの何年間を捨ててあんたと始めるなんて、考えられないんだよ」雄一も結局は結婚生活を壊せなかった。翌朝、パンクした車の代わりに、ちか子の軽自動車で出掛ける雄一。ところがその車には仕掛けがしてあった……。事故で急逝した雄一の葬儀で、顔をそろえる友人たち。数日後、山崎が偶然あの女の正体を知った。女は吉田裕子といい、ちか子と共謀してすべてを仕組んだのだった。雄一を愛しはじめていた裕子は、ちか子を殺そうと車に細工をしたのだという。その夜、酔った山崎はちか子を抱いた。ちか子もいつのまにか、山崎を噛んでいた……。あとには、父親が消えた家庭だけが残された。

スリラー物は今回が初めて——

神代辰巳

何かしなければいけない、何かやってやろうというものはある。

日常生活の恐さ、つまり、いい加減に日常生活を過ごす男と女＝夫婦の恐さ、いい加減な日常生活を送っているとデーンとひどい事が起きる。このスリルを追ってみた。

本来、男と女＝夫婦は、どこかで本心をぶつけ合ったり、二人で理想に燃え上っていくものなのに、四・五年経って子供ができ、愛が見えなくなってゆくと、どこかふわふわ生きてしまう。そんな夫婦の恐さの具体的な代弁。これができれば大成功。脚本の方も、何もない生活の中で突然に起きる恐怖を表現している。

スリラー物は、今回が初めて。映画とストーリー展開のかみ合いもおもしろそうである。映画の前半は日常生活。後半はスピード感を出した。そのコントラストで見せるものにする。映画はエンターテイメントである。スピルバーグやコッポラの映画はおもしろい。監督業も商品と同じで、どこか変っていたり、おもしろくないと売れない。この映画もエンターテイメントな映画にしたい。

今回、出演してもらっている「桃井かおり」彼女とは、ツーカーだし、楽しい。

今回は内面を深く描くことを意識して撮っている。

（劇場用パンフレット）

新生ロッポニカのトップ・バッター 神代辰巳監督に聞く

インタビュアー＝折口　明

「何か新しいモノをやってくれないか、思い切ったコトを試してくれって言われて、それならヨシッ、おもしろくていい映画を作ってやろうと、今しゃかりきになってるんですよ」

十七年前に「濡れた唇」でロマン・ポルノのスタートを飾った神代辰巳監督(61)が、新生にっかつ〝ロッポニカ〟への期待を一身に背負い、第一弾「噛む女」(七月一日公開)を製作中。結城昌治の同名小説(中公文庫刊)を、名作「赫い髪の女」(昭和五十四年)で共作した脚本家・荒井晴彦と四たびコンビを組み、熱気のこもった撮影を続けている。

松竹京都からにっかつ(旧日活)に移り、昭和四十年に「かぶりつき人生」で一本立ち。ロマン・ポルノがスタートしてからはその先頭に立って数々の問題作、話題作を生み出してきた神代監督。「ロマン・ポルノと一緒に育ち、その中で映画のノウハウを身に付けてきた」と言うだけに、ロマン・ポルノからロッポニカへの転換、それもその第一弾に先発するとなれば感慨もひとしお、複雑な思いがあると想像されるが、表情は意外に冷やかに見える。

「(ロマン・ポルノの)一番いい時期に撮らせてもらったっていう感じだな。時代の流れでこうなったのはしょうがないという気がする。だけど、ロマン・ポルノは日本映画の中では先取りした、他社ではやれないモノを作ったっていう自負はありますよ」

ロマン・ポルノをスタートさせる時、神代監督は会社サイドから「ポルノ性があれば何でもいいよ」とだけ言われた。七〇年代初頭、世は高度経済成長の真っ只中。五、六〇年代の前衛運動を経て、次の時代のスタイルを模索しだした芸術各分野で、映画も例外ではなかった。神代監督は与えられたロマン・ポルノのワクの中に「今までにないモノ、みんなが見過してきた裏側の部分」を求めて、執拗に撮りまくった。その数二十一本。

「松竹時代、男女の愛の最終的表現になるとカメラが他に流れちゃうんですよ。生きものとしての人間を描くには、それから先が大事なのに。オレはそこがやりたいんだって思ったわけ。だから(ロマン・ポルノに)相当意気込みを持ったね。今思うと、初期の頃のポルノ・シーンは肉体表現として当時の映画通念を打ち破ったと言えるし、同時に道徳や倫理とかの社会常識も変革したという価値はあったんじゃないかな」

当時の他のスタッフ、キャストにしても、石原裕次郎、小林旭らの主演作に同じような思いを感じていた者も多かったに違いない。肉体的精神的、経済的にも苦しい情況の中で、彼らの並大抵ではない映画への情熱がロマン・ポルノという新しい〝無限大の器〟を与えられて燃焼したということか。

ストリップなどの通俗的な世界にカメラを持ち込

み、即興的な演出による斬新な映像とみずみずしいタッチで描き、日本映画界にセンセーションを巻き起こした。

良くも悪くも、世間から注目され、斜陽傾向にあった日本映画界で興行的にも好成績を上げたのだから、製作者達はさぞや順風満帆の思いだったろう。

が、それも会社サイドの締め付け強化によって、徐々にそのパワーを落していくことになる。「五、六年後には一本置きぐらいにしかやりたいモノが出来なくなった」(神代監督)そうだ。

神代監督にとくに印象深い自作品を挙げてもらった。初期の「恋人たちは濡れた」(四十八年)と「四畳半襖の裏張り」(同)のタイトルがすぐにかえってきた。

女優陣では「一条さゆり・濡れた欲情」(四十七年)の伊佐山ひろ子、「女地獄・森は濡れた」(四十八年)の中川梨絵、そして「四畳半襖の裏張り」の宮下順子、芹明香が思い出深いと言う。

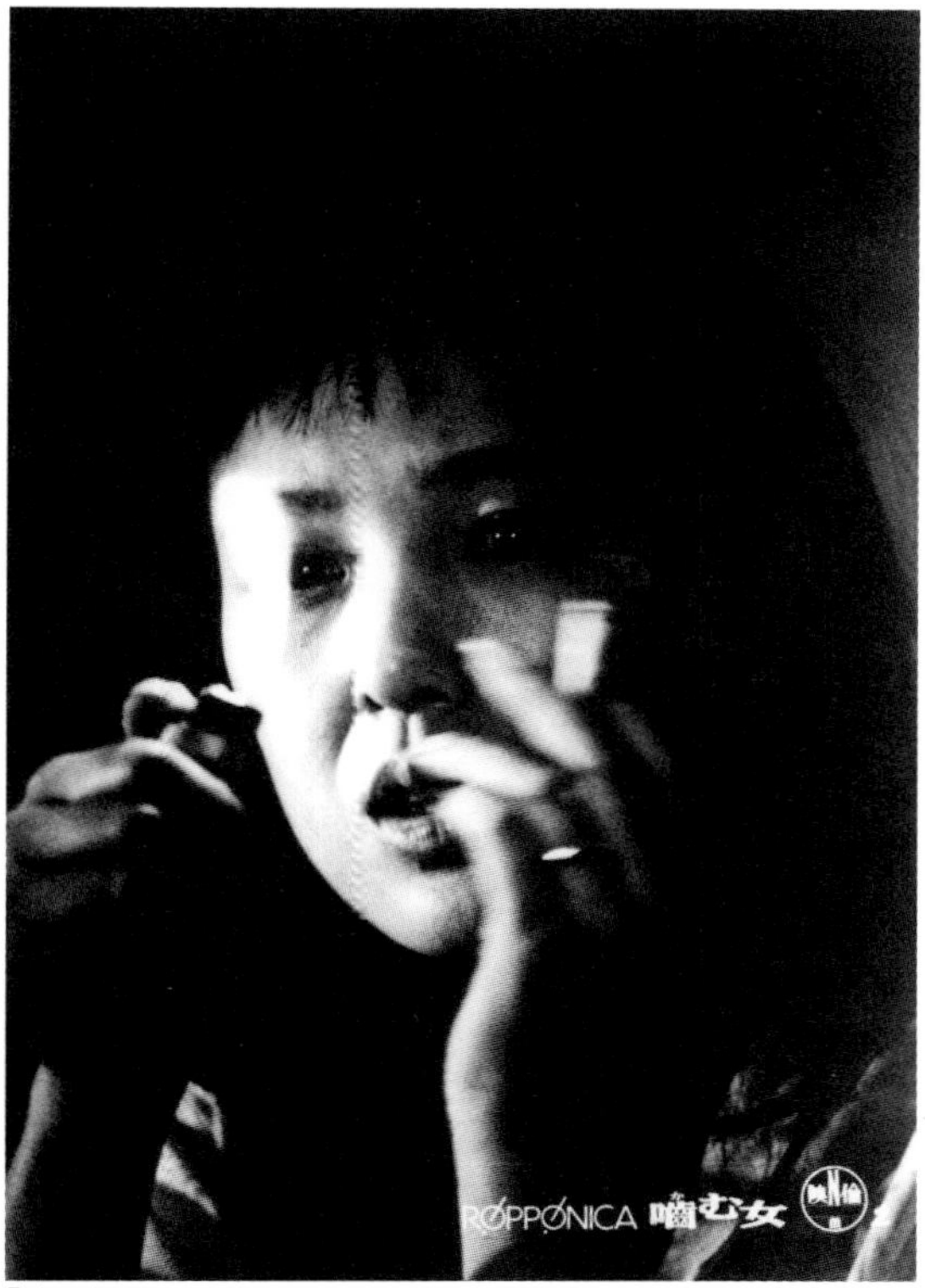

『噛む女』桃井かおり

「彼女達と一緒に仕事が出来て、本当に楽しかったですね。女優にありがちな気取りやポーズが少しもなくて、生身の情熱や暖かさが演出する側に直接伝わってくるんですよ。バッチリ組めたっていう気がする」

「女地獄・森は濡れた」「四畳半襖の裏張り」で性描写のシーンが問題となって警察に上げられた時、「会社が悪いんだろう」という担当刑事のしつこい尋問に、出演女優達は誰ひとり「ハイ」とは答えず、「自分が好きでやりました」と言い張った。その行為に、神代監督は感動さえ覚えたそうだ。

「芝居より気持ち。女優に大切なのはこれですよ。監督として、だから生身でつき合えるんですから……」

ロマン・ポルノにまつわる思い出、エピソードはつきない。が、過去を振り向いてばかりはいられない。映画人は映画を作り続けなければならないのだ。当時よりさらに厳しい情況だが、「映画に対する情熱は今も変わりはない」。男と女の関係を鋭い映像感覚で描き続けてきた神代監督にとって、ロマン・ポルノからロッポニカに名称は代わっても、映画の表現と諸相、女優と監督の関係には何も違いはない。

「監督として、オレが撮りたいモノを撮るだけ。この気持ちは小澤さん(併映作「メロドラマ」の小澤啓一監督)や他のにっかつ出身監督も同じだと思う」と言い切る。

周囲の注目の中、神代監督が第一作に選択した「噛む女」は、団塊の世代と呼ばれる四十歳前後の男と女のサスペンス・ミステリー。にっかつ作品は「美加マドカ・指を濡らす女」以来四年ぶり、「恋文」(六十年、松竹富士)「離婚しない女」(六十一年、松竹)「ベッドタイムアイズ」(六十二年、日本ヘラルド)と立て続けに話題の女性映画を手掛けてきた神代監督には異色作と言えるだろう。

郊外に新築の家を建てた夫婦。夫は青年時代に抱いた夢が壊れながらも、申し分のない妻と一粒種のかわいい娘に囲まれ、表面的には幸せそのものだが、仕事に追われ、家庭を顧みることもなく、浮気をしても家庭を壊す勇気はない。ところが、浮気相手の〝噛む女〟と出会った時から彼の周囲で奇怪な出来事が次々と起こる。実は、これには貞淑な妻が関わっていた……。

出演は、夫婦役は桃井かおり、永島敏行。〝噛む女〟に自由劇場出身の余貴美子。他に平田満、竹中直人、戸川純、芹明香、絵沢萠子、立原友香、木築沙絵子らユニークな顔ぶれをそろえた。

一見平穏な時を刻む日常生活の裏側に巣喰う恐怖と狂気に満ちた人間模様――。今年話題となった映画「危険な情事」を思わせるストーリーだが、原作はこちらの方が先に書かれている。

「キャラクターはそれぞれシナリオの荒井晴彦の世界で動かしているから、まったく別モノ。荒井は『危険な情事』の反論、反発で書いたって言ってますよ。オレはあの映画は見てないし、こだわりはないですね」

それより、「主演女優に桃井かおりを起用したことの方が重要」と言う。監督自身が「日本の映画界で一番好きな女優」と公言し、ロッポニカ第一弾に引っ張り出したのだから、「やりたいことをやる」神代演出の意気込みが感じられる。

　その桃井、「エロスは甘き香り」以来にっかつ作品十五年ぶりの出演に、「クマ(神代)ちゃんが思い切り作る映画に出られるなんて最高よ。ラブ・シーンもあるけど、脱ぐ脱がないなんてどうでもいいわ。私がどういうオッパイしてるかって、みんな知ってるでしょ」と相変わらずの〝かおり調〟でエールを送る。公開中の「木村家の人びと」(滝田洋二郎監督、ヘラルド/フジテレビ)に続く主婦役。それも魔性を垣間見せる人妻に、

『噛む女』余貴美子

「この映画を見れば、私が結婚しない理由がわかるわよ」と言い、ジョーク半分としてもその入れ込みようは大変なもの。

　これまで数多くの〝女〟を映画で扱ってきた神代監督だが、「桃井扮する〝女〟はオレがこれまで動かして(撮って)きた中で、一番インテリの〝賢い女〟ですね。桃井は〝普通の女〟として演じているみたいですがね。〝昔を卒業しなくちゃね〟と本人も言ってるし、こちらもアナーキーな気だるさは見せないように工夫しながら撮ってます。ただ、芝居の奥にチラッと〝昔のかおり〟が出てくるんですよ。これがかえっておもしろ味を出してるんです」

　生活臭の薄い桃井にあえて人妻役、そして好青年のイメージが強い永島に「魂を売り渡してしまった男」を演じさせ、そのミス・マッチ感覚(?)による演出から予想以上の手応えを引き出してニンマリの神代監督。

　ラブ・シーンも、「成人映画でなく一般映画ですから、R指定ということを頭に入れてやってますけど、こればっかりはあっち(映倫)の見方次第だからね。桃井も〝脱いだっていいわよ〟って言ってるし、(ラブ・シーンを)逃げるつもりはない」と語気を強める。

　ロマン・ポルノ初期の〝あの熱気〟が戻って来たような撮影現場。監督の頭の中には、ポランスキー監督の「ローズマリーの赤ちゃん」がイメージにあるそうで、「ホンワカしている日常の中で、あんまりのほほんとしてると、今に恐いモノが飛び出してくるよってコトを、この映画を見てわかってもらいたい」と言う。

　現代にとっての恐怖とは何か。それは、SFXによるゲテモノでも、スクリーンいっぱいに流れる血のりでも、ピストルをつきつけられるコトでもない。ふだんのなんでもない日常の、各人がかかえている小さな問題の中に隠されている。

　製作費一億円前後の低予算では、大仕掛けな舞台をあしらうのは無理な話だが、神代監督の新作はモノとコトを包括した日本映画への挑戦のように思える。

　そして、それは明らかに、通俗的世界で人間を丸ごと串刺しにしてきた神代監督の、ロマン・ポルノの延長線にある。「コヤ(映画館)も少しずつ良くしていくって言うし、会社が辛抱してくれれば、お客はコヤに戻ってきますよ。もちろん、そのためにはオレたち作る人間が本腰を入れて取り組まなければいけないし、次代を担う若い映画人の育成もやっていかなければならない。その体制は今のにっかつにはあるはずですよ」

　最後に話してくれたこの言葉に、映画ファンのひとりとして、大きな希望を見い出された思いでいっぱいになった。

　ただ、インタビュー中、監督の息を荒くしているのが気になった。作品への意気込みばかりではなく、学生時代に肋膜炎を病んだ際に片方の肺を切除しているため、今回の過密スケジュールの撮影で体調をくずしていると言う。

　それを押し切っての現場で、神代監督のスタッフ、キャストに檄を飛ばす姿は、〝ロッポニカ・アバンギャルド(先兵)〟の貫録十分——老兵は死なず(失礼!)——である。

　なお、神代監督は同作を撮り終えた後、「ベッドタイムアイズ」でシナリオを担当した岸田理生と共作による舞台「浅草紅談」(原作・川端康成)を初演出する。出演は細川俊之、荻野目慶子ほか、公演は十月十六日〜三十日まで、東京・新宿のシアターアプルで。

　また、映画次回作は古手川祐子主演の「舞の家」(原作・立原正秋、東宝)を準備中。脚本・山田信夫で、早けれ

ば年内に撮影に入る。

（おりぐち あきら・映画評論家／「キネマ旬報」一九八八年七月上旬号）

「噛む女」における作家の思考と表現

対談＝神代辰巳・荒井晴彦
聞き手＝川口敦子

川口　「噛む女」はシネ・ロッポニカの第一弾ということですが、何か制約はありましたか？

荒井　ないですよ。好きな事やってくださいって。お客さんは当てにしてませんって。神代さんと僕を組ますという時から、もう、ねえ（笑）。だけど、今は何が当たるか分かんない訳でしょう。健さんの映画がコケて、吉永小百合の映画がコケたっていうのは、やっとっていう気がするね。もう、スターやアイドルに頼れないってことになると、さあ、どうするだよね。やりたいものをやれるようになればいいんだけど。百花斉放になればいいんだよね。目茶苦茶やる訳じゃないからね。皆んなそんなに自由には育ってない訳ですよ。撮影所で育った神代さんとか、僕なんかもそういう先輩に教わってきたから、好き勝手やっていいったって、やっぱり見る人に分かるようにっていうのが、すごくある。最低限、お金取って小屋で見せるっていうのは、どこか頭にある。だから、本当は何が面白いのかだよね、スターやアイドルの事務所の思惑や暗いとか明るいとか関係なくね。

『噛む女』永島敏行、桃井かおり

川口　ロマンポルノに比べて、予算は多くなったんでしょうか？

神代　これは、まあ、他の会社のと同じぐらいだと……。僕の作品でいうと「恋文」ぐらいの予算規模です。

荒井　ポルノの時より、企画と予算の幅は――キャスティングということも含めて――楽観的にいえばやりやすいのかな。

神代　マシになった。ただ、映倫の審査が厳しくてねえ。かなり切られましたよ。

荒井　いやらしかったですか？

川口　いえ、切られるようなシーンありました？

荒井　明らかに差別と偏見ですよ。「火宅の人」が一般映画で、全裸の絡みなんてないこっちがR指定でそのうえ、まだボカシやトリミングしたりしなきゃいけない。

神代　やっぱり、まだ差別が残ってるんじゃないですか。それは、キャスティングする時にも感じますね。にっかつというね。しかし、もうどうしようもないですねえ、映倫てとこは。日本の映画の面汚しですよ。ちっとも進歩してないですね。

◆

川口　私は、「噛む女」をつい「危険な情事」と比べて見てしまったんですけど、監督さんはご覧になりました？

神代　僕は意識的に見なかったんですよ。見ると、いろんな意味で影響受けたり、反発したりするのが怖いのと、それとあの監督さん、あんまり好きじゃないんです。気障っぽくて。

川口　荒井さんは製作発表の時に〝「危険な情事」へのアンチテーゼを〟と、仰ったそうですね。

荒井　ええ、あれは男と女の問題をホラーにしてる訳でしょ。商品を作るという点では、さすがにプロだと思うけど、あそこに流れている思想がねえ。守るべき家庭っていうのがどうも……。ラストも家族の写真を使って終わるしさ。それとグレン・クローズが嫌な女に描かれてるけど、彼女の言ってる事はいちいち正当なんですよ。それに対して答えようがないだけで。家庭という既得権っていうか、先に一緒になっただけということでしょう。そんな秩序的な思想っていうのはね……。愛人だって人間でしょ。エイリアンじゃないんだから。女房が撃っても全然カタルシスになるどころか不快になっちゃう。そういう映画が満員だってことがまた非常に不愉快でしたね。
でも、まあ、「危険な情事」についてどうこう言うっていうのは、ヒット作を持ち出すと、会社が乗ってくれやすいんでね。

川口 ロマン・ポランスキーの「フランティック」もちょっと「危険な情事」みたいな終わり方をするんですよね。結局、家族が生き残る。その意味ではやっぱり「嚙む女」は見ているうちに全然別の映画だなって。

荒井 こういうのが〝ホームドラマ〟っていうんだよ、みたいな気持ちはあったな。

神代 外国映画ってことでは、ポランスキーの「ローズマリーの赤ちゃん」とアニエス・ヴァルダの「幸福」を意識して作りましたね。

荒井 ジャームッシュの「ダウン・バイ・ロー」も言ってませんでした？

神代 それを一番意識したな。

荒井 いいんですか。ネタを平気で言って(笑)。

神代 どうせ独創じゃねえんだから(笑)

荒井 神代さん曰く〝ジャームッシュは、昔、俺がやってたようなことやってるな〟って(笑)。だから、あの感じは我々驚かないんですよ。まあ、黒みっていうのは何かなんだろうけど。「ストレンジャー・ザン・パラダイス」のラストなんか、常套手段のすれ違いじゃないですか。

神代 うん、そうだね。逆にそれで驚いて。なんだ、どこがインディーズなんだって。

川口 私は、最初は黒みとかのスタイルに驚いたんですが、よく見ると無理して自分と違う世界を描こうとは決してしないんですよね。嫌いなものはやらないっていうか……。

荒井 あ、そうか、それが大きな違いか。神代さんも僕も嫌いなものやったりするしねえ(笑)。

神代 俺、テレビいっぱいやってるしね。だからってね、アメリカ人だったらよかったなあって思ってもしょうがないもんね。

荒井 僕なんか流行りっていうのに抵抗しちゃうから。ファッションで受けるのに反発しちゃう。こっちのは映倫に差別されるし、お客さんにも差別されてるから(笑)。女子大生なんかと喋ってると、相変わらず、〝え、ポルノって筋があるんですか〟なんて言われるし。それでジャームッシュの筋がないのは平気で見ちゃうんだから、嫌になっちゃうよ。本当に(笑)。

川口 ファッションになっちゃってる映画っていう意味は分かるんですけど、ただ新しいとかいう動機だけで見るのは嫌だなと思う反面、映画ってそういう部分もなくちゃいけないんじゃないかなって思うんですよね。

荒井 うん。冷静になって考えると受けているといっても結局、単館ロードで少数派なんだから目の仇にするなっていうのはあるんだけどね。で、話を戻すと、「嚙む女」見て、「ローズマリーの赤ちゃん」って言われても、え、どこがですかってなもんでしょう。

川口 ええ。どの辺がそうなんですか？

神代 日常性と非日常性が裏表になってる恐怖感みたいなことですね。そういうの意識しながら撮りましたね。

川口 「ダウン・バイ・ロー」っていうのは思いがけなかったですけど、あれも非日常性の中に入っていっちゃうんですよね。「危険な情事」はホラーにしちゃってるけど、もっと身近にフッとありそうな感じっていうことでしょうか？

神代 そういう意味です。てめえの私生活の反省も含めながら(笑)。

川口 その辺をもうちょっと(笑)。

神代 これ以上は言えません(笑)。

川口 「嚙む女」の前に「パイレーツによろしく」を見たんですけど、なんであんなに頑張って〝世界〟を作り上げなくちゃいけないのかなと思ったので、この映画を見てすごくホッとしたんですけど。身近な素材で、無理してないっていう事で。

荒井 無理は現実でしてたりして。でも、「パイレーツによろしく」は、後藤(幸一)と佐伯(俊道)っていう俺と同じぐらいのオジさんたちが、知恵しぼって、ああいう若作りして——役者まで毛を染めてるけどさ——何やってるんだろうって思ったな。もう、井上陽水の長めのプロモビデオって感じ。

川口 「パイレーツによろしく」と同じく「嚙む女」も世代が大きなテーマになってるなと思ったんですが、その辺はいかがですか？

荒井 僕らの世代のことっていうのは、お客さんに対してどうなんだろう、一般化できないんじゃないかって、ちょっとありますね。でも、しょうがない、こうなんだもんと。そこら辺は申し訳ないけど、演出する神代さんの問題ですよ。

神代 いや、僕の問題っていうより、役者の問題でもあるのね。僕は荒井より上だし、永島は逆に下だし。上の奴と下の奴が時間をどう表現するかっていうのは、わりと難しかったですね。ただ、ラッシュをつないでみて、全共闘のフィルムを長めに回してみたんですけどね、あそこが出てくるとなんかホッとするんだな、理屈じゃなくて。

川口 私は全共闘世代より、ちょっと下な訳ですけど。

神代 （桃井）かおりと、あんまり変わらないぐらいだな。

川口 いつも全共闘世代のあとを追ってきたなっていうか、面白い所を先に全部かすめ取られちゃってきたっていう感じがありますね。

神代 かおりも〝全共闘世代に憧れてました〟って言い方してました。永島になると、これはもう分かんないみたいだね。

荒井 想像の範囲外なんですよ。かおりは匂いは知ってる。

川口 あの死んじゃう永島敏行も、私なんかから見るとそういういい思いをしてきたくせにって感じで見えてしまうんですけど。それでもグラグラしてるところが羨ましいっていうか、ずるいなって。

神代 さっきのニュースフィルムの話をしますと、あそこの中につかまってる男が三人いるんですよ。多分ね、この映画の三人の男も、下っ端でつかまったんだ。つかまった後の情ない顔ね、あれのいまなんだと。

川口 荒井さんは同世代ということで登場してくる3人の男たちに、自分自身をどういうふうに配分しようとしたんですか？

荒井 今の在り方の違いで、引きずり方も違ってくるんじゃないかな。生き方のうまいへたっていうか。そうやって、共有している体験はあるけど、だんだん離れていくのかもしれない。そこはよく分かんないですね。でも、見る側に世代のことで反発されたら困るなって事はあるんだけどね。どうですか、ジョン・セールズとかローレンス・カスダンなんて同じような事やってますけど、反発しますか。

川口 「セコーカス・セブン」や「再会の時」を見て思ったのは、半分羨ましくて、でも、いつまでもやってるんだなって。反発は感じません。

荒井 僕も「ダブルベッド」で似たような事やったけど、でもやってる事は全然新しくはないんですよね。ジョン・セールズにしてもカスダンにしてもオーソドックスな映画の作り方してますよね。出てくる連中があの世代のというだけで。でも、やっぱり、小さいというか限られた世界ということになっちゃうのかなあ。

川口 テーマっていう事でいうと、ジョン・セールズなんかは、ハリウッドに行くともみ消されちゃうような身近な事を言いたいから、インディペンデントでやってるんだって言ってますね。ジャームッシュも知ってる人間についてしか書けないと。

神代 日本でもそういうことやらないと、本当の映画は出来ないと思いますよ。僕もそろそろやろうかなと思ってますけどね。気の合った役者、脚本家と。

川口 それは本当にやっていただきたいなと思います。どんなものを考えてらっしゃるんですか？

神代 まだ、どんなのとまでは考えてませんけど、僕ももうあんまり寿命ないし（笑）。

◆

川口 桃井かおりさんを妻の役に選ばれたのは？

荒井 逆なんですよ。桃井かおりが主演になるような企画を考えようって出てきたのが「噛む女」なんですよ。それと僕は根岸（吉太郎）のやった「ウホッホ探険隊」（脚本／森田芳光）が不満だった。単身赴任の父親が赴任先で愛人つくったんで離婚する。でも離婚したらその愛人に棄てられて、どこも行くところなくなって帰ってくるっていうんで終わるんだけど、そこから始めてくれれば、新しい関係の展開が見えたかもしれないと。

川口 永島敏行のセリフの中で、奥さんと向き合っちゃう関係になってるっていうのがありましたけど、それ面白いなと思ったんです。森田さんの「家族ゲーム」では家族が並んでる位置をとってましたね。「噛む女」では桃井かおりと永島敏行の位置がいつも向き合ってる。早苗っていう女の人が出てきて永島敏行と飲みにいくと並んで座る。そういう位置の関係っていうのは意識されたんですか？

神代 ええ、意識的にやってみました。向き合う事の怖さが出てきてくれるといいなと思いながら撮ったんですけどね。

『噛む女』撮影スナップ。北浜雅弘（助監督）、神代辰巳、平田満、永島敏行、佐藤敏宏（助監督）

川口　奥さんと旦那さんであろうと、結局、人と人の関係だと思うんですけど、私なんか気持ちいいな、楽だなと思うのは、並んでる時のほうなんですね。何度も繰り返して向き合うのは、すごいなって感じました。

荒井　あなたは、並んでるのがいい状態だと思ってるから、それでいいけど――旦那さんもそうかなって事ですよ――どっちかがそうじゃないと問題で。結婚以前に付き合ってる時は良かったけど、結婚したらそれぞれ在りうべき亭主像とか女房像とか家庭像が食い違っちゃってきたら、たまんないわけですよね。だから、永島敏行の死顔が安らかに見えたり、お葬式後の桃井かおりの顔が安らかに見えたらいいんですけど。

神代　そういう事で面白かったのは、別れるってんじゃなく、相手がフッといなくなって欲しいって辺ね。すごく難しかったんですよ。とにかく結婚した男と女で離婚すればいいとはならない向き合い方に絞り込んでね。監督と役者のシナリオに対する解釈みたいなものをピシッと出すの難しかったですね。

荒井　多分、難しかったのは永島のやった役だと思う。世間でいえば、ただの不良亭主じゃないかって言われかねない。

神代　そういうふうに見えました？

川口　不良というのとは違うような気がしました。

神代　ラッシュ見た後、荒井と話し合って、不良っぽく見えると困るというんで、歩行者天国で永島が女の尻を触って〝ビデオってもうかるよ〟って言うのを、荒井が取れっていうから切っちゃったんですけど。

川口　でも、あのシーンは、外の顔と家の顔がすごく違うっていうの、出てましたよ。

神代　顔については、会社、家庭、飲み屋、余貴美子に会ってる時と、この四つの使い分けを意識的にやってみました。

荒井　どれがいちばん楽しそうな顔なんですかね。

神代　永島に向いてるのは余貴美子さんとの時だね（笑）。

荒井　しょうがない奴だなあ（笑）。男同士で飲んでる時とビデオや映画見てる時がいちばん楽しいっていうのが狙いなんだけどね。

川口　永島敏行に比べて、奥さんの方はそれほど多くの顔を持てないように思ったんですが。

神代　そう言われると、僕が悪いんです（笑）。永島に対する顔、子供と一緒にいる時の顔、旦那をやっつけてやろうかと一人で考えてる時の顔と、使い分けたつもりなんですが、永島ほどシチュエイションが変わりませんから、そんなに明確には出ないですけど、それなりにかおりはやってくれたと思ってます。

荒井　予備知識なしにラッシュを見たんですか？

川口　ええ。

荒井　予想がついた？

川口　奥さんが、旦那さんのパンツを切るところで。

神代　その前に気がおかしくなるところありますよね。お父さんの部屋に入っていってガチャガチャと。あの辺からかおりを変えていったんですけどね。

川口　原作とはどのくらい違ってるんですか？

神代　ほとんど荒井のオリジナルですよ。ストーリー展開はやや原作に近いけど。

荒井　原作は50過ぎの男の、小さな工場の経営者の話なんですよ。ストーリーは愛人の嫌がらせだと思ってたら、奥さんだったっていう。女房に殺されたっていうことだと、ヒロインだし、ちょっと、後味が悪くなっちゃうんでもうひとひねりしたんです。それと亭主は金もうけしようと思って生きてきたわけじゃないのに、金持ちになってしまった男にしようと思いました。事志に反して、ささやかなにわか成金ね。

神代　アダルトビデオ作ってる奴を主人公にするから、映倫がさ（笑）。深作（欣二）さんのやった檀一雄の不倫なら、映倫は何んともいわないけど、ビデオ会社の社長の不倫はいけないとなるわけなんだよ（笑）。

荒井　ビデオ屋にしたのは、いろんなビデオを使えると思ったのもあるんですよ。ハスミズ・チルドレンにサービスをね。おじさんたちだって、出来るぞお遊びはって（笑）。小津（安二郎）の次にかかった作品あるでしょ。わかった？

川口　いえ、恥ずかしいですが……。

荒井　あれは神代さんがチーフ助監督やった蔵原（惟繕）さんの「執炎」っていう映画の有名なシーンです。よく日本映画で傘がひらひらハイスピードで落ちてくるのは、全部あれの真似なんです。映画館の映画は神代さんの「恋人たちは濡れた」。

神代　自分の映画使うのは恥ずかしいけど、タダなもんですから。

荒井　同一画面で見ると撮り方が大分違いますね。

神代　進歩したのか退歩したのか分かんないけど（笑）。

荒井　成熟というんじゃないですか（笑）。

◆

川口　ラスト近くに〝お線香あげていい？〟〝だめよ〟っていう会話がありますね。あそことてもスッといって良かったです。

神代　荒井には悪いんだけど、〝いいわよ〟と言うふうにシナリオではなってたんですよ。現場で、もう一回日常性みたいなところへ返ろうじゃないかっていう話を役者連中とやって、そういうふうにやってくんないかと。さっきチラッといいましたけど、「幸福」のラストのピクニックみたいな、ああいう怖さが出るといいなと。半分遊び半分本気みたいなことをしてみたんですけどね。

荒井　打ち上げの時に桃井かおりに聞きました。ひっぱたくこともしないで〝いいわよ〟なんて言えないと。気持ち的にね。

神代　僕が意識したのは「俺たちに明日はない」ですよ。おっかさんと会う場面の、さりげない怖さみたいなのが出ればいいなと思って。

荒井　今日は沢山、映画が出るなあ(笑)。神代さんはヌーヴェル・ヴァーグだったりニューシネマだったりするんですよ。どうしてですかね。歳からいうと、木下恵介とか溝口健二とかさ。

神代　(激しく咳き込む)

川口　子供のことを、怪獣って言うセリフがありましたけど、怪獣ですか？

荒井　うーん。可愛いと思わなきゃいけないというプレッシャーがずっとあって、そういう形容、思いつきもしなかったんだけど、根岸がうちに来た時、怪獣っていったんで、まんま使ったんですけど。

川口　一つ考えちゃったんですけど、桃井かおりが、女の人に旦那さんを嚙ませたんでしょう？

神代　そういう事でしょうね。

川口　だとしたら、昔は桃井かおりがいつも嚙んでたのに、その事をもう旦那さんは忘れちゃってるっていうことですよね。それで女の人の意地悪さみたいなのが出てくるのかなとも思ったんですが。

神代　そこも難しかった。ラストでかおりが嚙むところ、彼女と話し合って、意識の境目のところで嚙んでいいんじゃないかってしたんですけどね。

荒井　僕は、ラストに桃井かおりが嚙むってところを決めてから作っていったんですよ。だけど、最初の女の場合はセックスしないための防御策として嚙む訳でしょ。それは桃井かおりがあの女と相談してその方法がいいと決めたのか。それとも、とにかく寝ちゃいけないという約束だけで、嚙めば嫌われるだろうっていう独創なのかね。最後に桃井かおりが嚙むのは性的な問題も含めて、本当に嚙むっていうか……余貴美子が嚙んだのは亭主が死んで四年ぶりにセックスしたからだっていうけど、それはウソで、ほんとに四年してないのはかおりなわけで、本当に嚙んでしまうのはかおりだという……。

神代　芝居の仕方として、理屈でつめてってもしょうがないですからね。かおりが嚙むのは、意識と無意識の間でっていうのが、作り方の問題として一番正解じゃないかとね。

荒井　何年もセックスしてないから、嚙むかっていうと、そんなのねえ(笑)。でも、ありそうだしな、女の性のことはよく分かりません。

神代　落語のオチみたいになっちゃうのが怖かったですけどね。

荒井　遊園地や温泉の家族団欒のとこ、オーバーラップにしたのは、非現実という狙いなんですか？

神代　自分でもあまりいい手だとは思ってないけど、お互いに無理して幸せになろうとする。これが最後のチャンスだと。ひょっとしたらもう一回、夫婦関係が取り戻せるかもしれないというシーンだろうと。シナリオを一生懸命勉強して考えたんですけど(笑)。それを表現するためにはどうしたらいいかというんで……百点満点だとは思ってませんけども。ああいう風に木馬繋ぎにしてみたんですけどね。

川口　永島敏行が、その団欒の時もビデオを通してしか子供と奥さんを見ていないんですよね。すごくシビアな感じがしました。

神代　撮ってて照れた。実に照れながらやった。でも、まあ「パリ、テキサス」の鏡よりはさ、こっちの方がいいだろうって。

川口　〝夫婦って照れないか〟ってセリフがありましたけど。

荒井　照れるというのとは、ちょっと違うんだけど、つまり、優しい言葉がスッと出てこないってありますよね。よその女の人には優しい言葉出てくるんだけど

『嚙む女』永島敏行、渡辺麻衣、桃井かおり

ね。例えば相手が病気になったら〝大丈夫か〟っていうのも〝この忙しいのに〟という感じになったり。川口さん個人としてはどうですか？

川口 私は、口に出さなくても……、ていうのが、まだあるような気がしますけど。

荒井 僕なんかヤクザ映画で育ってきたから、口に出さないで分かるという世界ばかり見てきてるから、ダメなんですよね。

神代 かおりがね、芝居終わると、すぐね〝よく、こんな……私ならブッ飛ばして殺しちゃうわよ〟って言いながらやってたよ(笑)。

荒井 しかし、結婚て、なんで皆んなするんだろうって思うね。

川口 でも、してみないと分からないんですよ。

荒井 そうなんですよ。だから人には勧めてるんです(笑)。

川口 画面の中に人物が映り込んでいるっていうか、TVに限らず、ガラスとかに映ってますよね。

神代 そのへんは意識的にしてみました。というのは人間の影の部分、男にしろ女にしろ気持の裏側ですが、その表現をどうしようかなと思って。鏡に映っているもう一人の自分とか、ガラスに映ってるもう一人の自分とかというのを映すと、気持の裏側をひょっとしたらお客さんが感じとってくれるんじゃないかと、感じとってくれるといいなあという思いで。同じ狙いで、全部にシャをかけてるんですよ。今のキャメラは写りすぎちゃって面白くないんですよ。だからぴしっと写さないために、一枚で足りなくて、二枚かけたり、三枚かけたり。

荒井 かなり、セリフが前のシーンにズリ上ってるでしょ？　ああいうのお客さんにどうなんだろう。最初ちょっと入りにくいよね、みてるうちにあのリズムにのっていけるけど。いままであまりやんなかったんじゃないですか。

神代 いや、最近やっと映像とシナリオと役者の接点みたいのが、少しわかってきたのかなあ、そういう気しますよ。しますよっておかしいけど、やっぱり映画っていうのは映画でしかない。映画でしかできないことをやんなきゃいけないだろうなあと、それはやっぱり映像だったり、それからいま言ったセリフのズリ上げ、ズリ下げだったり。文学とは違うんだ、映画なんだという、割とそういうことをやっと考えるようになったのかなあ(笑)。

（かわぐちあつこ・映画評論家／「シナリオ」一九八八年八月号）

「私シナリオ」をしなやかに越えて

田中晶子

シナリオライター荒井晴彦の作品の中で、私はこの『噛む女』が一番好きだ。同じ神代監督と組んだ作品で高い評価を受けたものはほかにもあるが、私は、男が真正面から結婚生活を描いた作品として、この映画が忘れられない。

ひと通り挫折と成功をくぐり抜けた団塊の世代の夫。その夫が、小学校の同級生を名乗る女と浮気したことから、壊れかけた家庭がさらに壊れていく。この〝噛む女〟は、実は妻に頼まれて夫に近付いた女だった。取り決めは誘っても寝ないこと。でも、寝た。噛んだけど寝て本気になった。そして女がやったと思われたいやがらせは妻の仕業だった。思惑が食い違い、筋書きが狂っていく……。

手元に掲載誌の『シナリオ』が残っている。公開は八八年。その頃ヒットした『危険な情事』へのアンチとして、こういうのが〝ホームドラマ〟っていうんだという気持ちがある、と荒井さんは言っている。女房が愛人

『噛む女』永島敏行、木築紗絵子

を撃って家庭は安泰、に対して、女房と愛人が通じていた『噛む女』。死ぬのは愛人ではなく夫で、安泰なのは夫の抜けた家庭。神代さんは、ポランスキーの『ローズマリーの赤ちゃん』とアニエス・ヴァルダの『幸福』を意識して作ったという。

そういう怖い映画を、私は夫と見たのだった。ともに生きてるって気がしないんだ、何か向き合っちゃってるんだ、と永島敏行が言い、夫婦って照れるものなの、と桃井かおりが言う映画を、どうして夫婦で見たりしたのか。私は人生に対して予習的な人間なので、桃井かおりのセリフが近い将来自分のものになるのを見越して、いまのうち予行演習しておけば少しは賢く立ち回れると思ったのだろうか。しかし実のある感想を言い合った記憶がないところをみると、やはり口に出して言うのははばかられる感慨しか持ち得なかったのだろう。

別れるんじゃなくて、相手がフッといなくなってくれたら、という怖さ。

夫が死んだあと、妻が夫の親友と寝る。ああ、妻は結局こうしたかったのか、そう思って怖かった。恋愛の先に結婚があると夢見て、好きな男の子どもを産みたいと願って、そういうのっておかしい、私あなたたちと同じ世代よと口で言いながら、意識の底ではきっと自由になりたかったのだ。遊び足りないだけだと陰口叩かれる団塊の世代の男たちと、一緒に遊んだこともある。結婚前は夫の親友と三角関係だったのかもしれない。妻やお母さんやるために生きてるんじゃない、と彼女の方こそ言いたかったはずだ。自分でそう自覚していないだけで、自覚していないから怖い。噛む女は、妻だった。

子どもの誕生日に家族旅行のビデオを見るラストシーン。お父さんいないね、三人で行ったのにいないね、と子ども。妻の泣きまじりの笑顔がなんとも安らかで怖かった。

いま脚本を読み返し、ビデオで見返してみると、この映画は、演出がホンを上回ったライターにとってすごく幸福な仕事だったんじゃないかとあらためて思う。普通、こういう私小説的モチーフがベースにあるホンだと、少なくともライターの実感としてはズレてるなあという演出になりがちなものだが、ホンの意図を軽々とというか、しなやかに越えているところが随所にある。電話での女とのやりとりをあえて妻の目の前でやらせるところなんかそうだ。向うだって俺がいなけりゃいいと思ってるし、俺だって向こうがいなくなってくれたらと思ってる、と夫は電話で言いながら、実は目の前の妻に向かって喋っている。ビデオ越しの団欒。電話越しの本音。演出は明確で思わせぶりなところがない。そのためうっかりすると見過ごしてしまうような細かい工夫がいっぱい詰まっている。

劇中、何度か昔の映画や映像が出てくる。それは小津であったり、神代さん自身の『恋人たちは濡れた』だったり、あるいは全共闘の実写フィルムだったりするのだが、それらが常に主人公の気持ちと隔たりがありながら、その隔たりが一巡して逆にぴったり寄り添ってしまうのが印象的だった。なんだか妙にやるせなくて、緊張した家庭劇から束の間解放される主人公と同様、こっちの気分も解きほぐしてくれる。鼻歌とか、さりげない通低音が実にうまい監督だったと思う。

荒井・神代コンビの土曜ワイドの未放送作品『盗まれた情事』のビデオを見せてもらった。『噛む女』の続編とでもいうべきこの作品でも、全共闘世代の熱い挫折と手持ち無沙汰な現在が、『愛と希望の街』や『恋文』など懐かしい映画とオーバーラップして語られる。違うのは、やはり主人公の三浦友和をハメる女として出てくる余貴美子が、一瞬主人公に傾きながらもレズビアンに戻っていく点だ。主人公は手違いではなく、はっきり女の意図で殺される。テレビのサスペンス枠だからという以上に、時代の流れを感じる。家庭内離婚はもはや前提だけど、家庭外恋愛も成立しなくなった『噛む女』以後のサスペンスとして面白かった。

それにしても、この作品で荒井さんと共同脚本として名前を連ねている高木功さんもすでにこの世にいないのかと思うと、なんだか妙な気分である。監督も、共同脚本家も存在しない私シナリオの作者・荒井晴彦はどんな心境だろう。自分が死ぬ話を書いてきたのに皮肉だね、と冗談を言って慰めてあげたい。

（たなか あきこ・脚本家／

「映画芸術」一九九五年夏号〈追悼　神代辰巳〉）

桃井かおり　映画の現場に立つと風が吹く……

神代監督と初めて会ったのは東宝映画『青春の蹉跌』の衣装合わせだと思います。スタッフに紛れていらして誰が監督なのかさっぱり分からず(笑)〝オレ衣装わからないから好きなの着て〟と言ったのが、鬼才神代辰巳監督でした。徹夜明けの純文学の作家の様な風貌。後は〝台本あんまり読まないで〟と謎の言葉ももらいました。

その言葉通り現場に入ると、クマさん(スタッフもみんなそう呼んでいました)は〝ここどうする？〟と友達の様にショーケンに聞き、天才ショーケンが〝こんなんは？〟と演ってみせ、〝〜そうだなあ〜ここいらでなんかやってよ〟と、カメラワークが決まり、台本とは違うシーンがドンドン生まれていくのです。

『青春の蹉跌』冒頭のショーケンがスケートを履いてパラソルをかたづけてるシーン、歩道橋を歩きながらフェンスを触って行くシーンetc、まるで事件現場に居合わせている様な感触で眺めておりました。

台本を覚え、うまくセリフを言うなんて世界はどこにもなく、〝小芝居いらないから〟が口癖、俳優は事件現場となる場所に立ち、風に吹かれて、〝ちょっとあざといけど……オレは好き〟、反射的に体で産み落とせ、というのが神代映画の現場でした。

ロケはぶっつけ本番が多く、『青春の蹉跌』の歩行者天国の乱闘シーンなど何も聞かされてない私だけ置いてきぼりを喰らった事もあります。次の現場で居ないことに気づいてスタッフが戻ったとき、ブーたれた私は噴水に入って居たそうで(笑)。それはそのまま追加撮影にもなりフィルムに残りました。

『青春の蹉跌』撮影スナップ。神代辰巳と

〝なんか体感してるね？〟そう、自分の不甲斐なさも含めて思い切りあの役を体感しておりました。

雪山で滑り落ちるシーンでは、私の着てたビニールのレインコートが思いの外滑って、もうちょっとで岩にぶつかりそうだったらしく、ショーケンが手を離せず一緒に最後まで滑り落ちてくれて生命拾いしたんです。途中で止めるはずのスタッフの体まで蹴飛ばして落ちていく二人の体を、最後までいい画角で撮り続けてる姫田さんのカメラはすごかったです。あれは事故中継ですから(笑)。今考えたら姫田さんの画面って、あれだけ役者が勝手に動いてもはみだす事が無いなんて、あれは予知能力があったとしか思えません。

台本から逸れた暗闇で、ヤバくて切ない、目に見えないものを肌触りの様な物をクマさんは密かに撮っていました。みんなが神代映画のファンでした。現場にいる間だけは、それを一緒に味わう事が出来ました。撮影が終わるころにはクマさんの映画の中にただただ居続けたいと思っていました。クマさんにはなんだって見えていて、〝あと三本は一緒にやろうな！〟。三ヶ月後には次の『アフリカの光』に入る予定でした。

でも『青春の蹉跌』終了後すぐに入った『竜馬暗殺』(黒木和雄監督)撮影中に私は倒れ、右腎臓摘出手術ということになり出演を断念せざるをえなくなっていました。

手術前日に、クマさんと姫田さん、助監督のゴジ(長谷川和彦監督)が顔を出してくれました。〝花買うの恥ずかしいからさ〟……茶封筒一杯のスタッフからのお見舞いカンパ金を手渡され(涙)そこには桃井の名前の印刷された『アフリカの光』の台本も入っていました。

〝ショーケンとも話してさ、お前を待つことにした。もう新宿ん時みたいに置き去りにしないから〟

ショーケンならともかく私くらいの役者にこんなことがおこる訳もありません。実際役者生活五十年、今だこんなことはこれ一度きり、です。

翌年まだ闘病中でしたが『櫛の火』にも誘ってもらえました。

初日屋根に登った主人公(草刈正雄くん)が何か呟いているシーンでその言葉は意味不明でしたが、〝ここから見える看板、目に付いた順にどれでもいいから逆さに読んでって!〟 クマさんはどんどん発明していて、あ〜神代映画に戻ってこれた、と思った一瞬でした。

〝あんまり体動かさないでいい奴にするからさ〟と、今思えば急に北海道の極寒の撮影が続く『アフリカの光』に本当に耐えられるのか?の思いもあったのかも知れません。

撮影に参加すると『青春の蹉跌』のあの日々が一気に戻ってきました。ショーケンも加わって腕力100倍! このチームならただ存在するだけで空気が動きました。

キャバレーの女役の私がつけてる金髪のカツラは、ショーケンが衣装合わせの時どっかから持ち出して来て、私の頭に被せたもののちょっとむず痒くすぐに外してしまう、すると何をしててもショーケンがまた載っけにやってくるという悪ふざけをクマさんが〝あのカツラ本番中もつけてて時々はずしてよ(笑)〟と気に入ってくれたものでした。

ショーケンと私はいつも子犬のように戯れては本番中に使えないかと、クマさんに披露するというやり方でした。こんなに刺激してくれる共犯者はなかなかいない。

〝でもいつまでもショーケンとばっかかって訳にもいかないだろ? 自立しないとな〟。イカ釣り船の灯りを見ながらのクマさんの一言が身に染みていました。

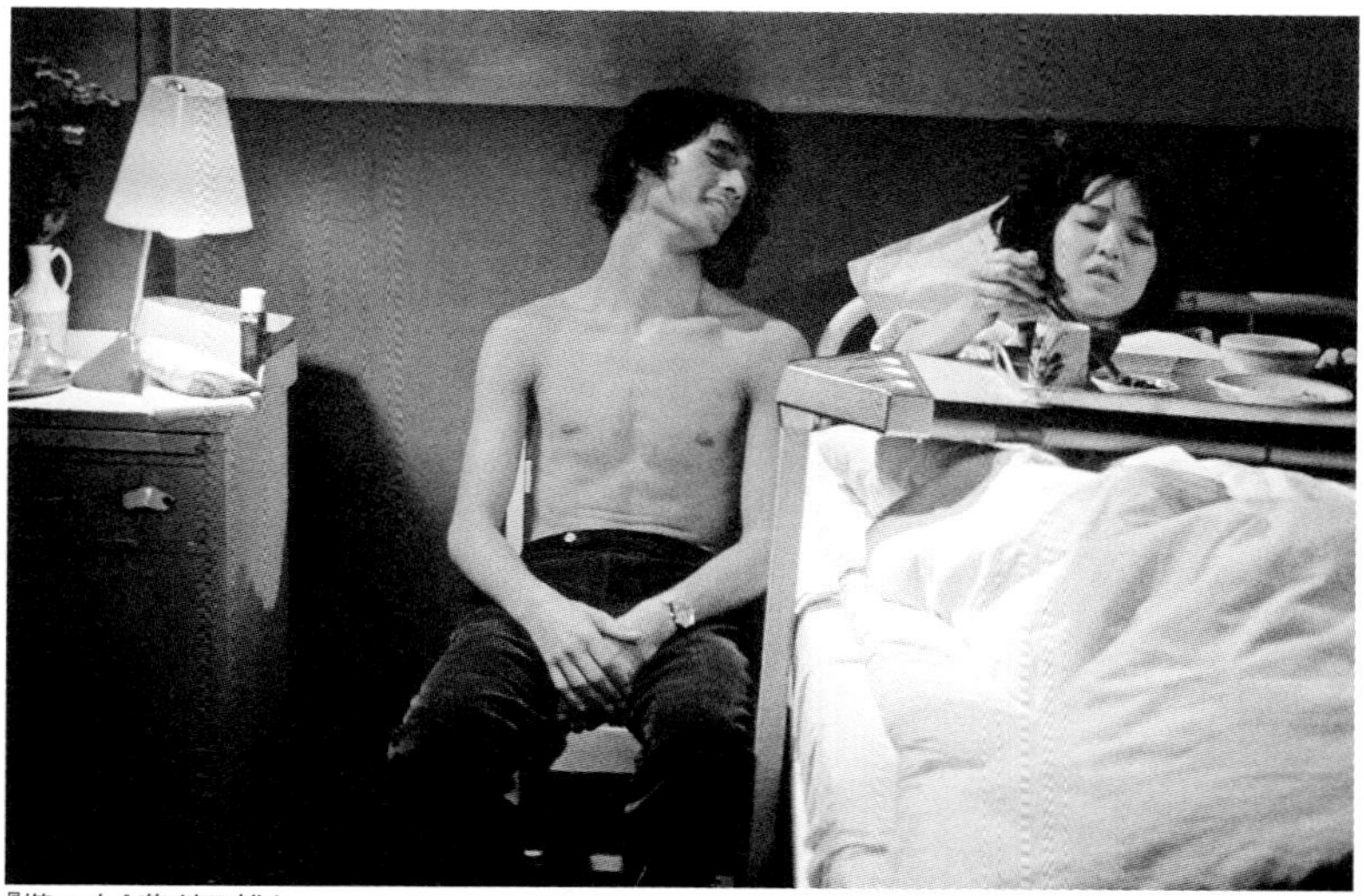

『櫛の火』草刈王雄と

〝お前もメジャーになっちゃえ。メジャーになって好きな企画通せるようになって、いい映画、オレとかパキ(藤田敏八監督)に撮らせろよ〟

一般映画が撮れなくなった日活で低予算のロマンポルノで頭角を現した二人には同志のような絆があった。パキが東宝に誘われて撮った『赤い鳥逃げた?』(七三)に私も出ていた。次の席をゆずるようにクマさんが次に『青春の蹉跌』を東宝で撮ったんだった。

後で聞いたら『赤い鳥逃げた?』のセットにクマさんは見に来ていて、その時にすでに紹介されていたらしい(笑)。

TV時代が押し寄せて私はメジャーに成るべく何本も掛け持ちして次々にTVをこなしていた。クマさんもTVドラマを撮り始め『独り旅』(八六)で再会した。

撮影後のクマさんの第一声は〝つまんないただのTV女優になっちまったな、見て見な〟。今撮ったばかりのシーンを見せつけられた。

どうにかして、クマさんの映画の中に戻りたいと思った。助けて!と叫んだ。

クマさんは相変わらず凄かった、酸素ボンベが離せなくなっていたがシンガポールに飛んで、現地のスタッフ、役者を動かし神代マギックは健在だ。

『噛む女』撮影スナップ。永島敏行、桃井かおり、神代辰巳

重たい私の身体を持ち上げ撮影を終えてくれた。日本に戻ると『噛む女』の台本が届いていた。

〝戻ってこいよ〟。私は必死で戻った。

〝ここどうする？〟あの時間が戻ってきた。平田満さんとのラブシーンで何か切っ掛けを作ろうとする私に〝そういう小芝居いらないから、意味なく寝ちゃって〟。TV女優の癖はまだまだ取れずにいたが堪らなく幸せだった。もし『噛む女』の現場に戻れていなければ、とうに私は女優なんかやめていたに違いない。

〝あと三本は一緒にやろうな！〟という約束の四本目が終わってしまった。スタッフルームでみんなで乾杯してた時、突然〝ワー海見テー〟などとあり得ない事をあのクマさんが言ったのだった。男気の永島敏行くんが行きましょーーと言い出し、スタッフ数名と本当に行ったんだった。拉致するようにクマさんの体をロケバンに乗せ、夜明けに千葉についた。海辺にみんなで横たわって朝日が昇るのを見た。

〝生れ変わるな〟。後は年寄りのようにビーチパラソルの下で砂の上に寝転んで、永島くん達がビーチバレーして燥いでるのを眺めていた。

〝いつかさ『ベニスに死す』やろうよ、少し年食ったらさ〟。五本目の約束だった。

〝冒頭にちょこっと出てくれない？　お前だったらこの後も出てくるって客惑わせたいんだ〟と『棒の哀しみ』のワンシーンの話があった時、本当はこの後すぐに『ベニスに死す』の台本が届くような気がしていた。いつもそうだったからだ。

現場のクマさんは大きなボンベ付きのカートが離せなくなっていたが、あの神代辰巳に変わりはなかった。

あれが最後だ。次に会った時クマさんは石になっていた。石になってもクマさんはまた約束を守って私をいつか喚んでくれるような気がしている。ただ一つ、神代辰巳という女の奥底まで観れているあの監督がまだ生きていてくれたら、私はもっとすごい女優になっていたに違いない。

あんな映画を見なければ、あの現場を知らなければ、私が監督になって映画を撮るなんてことは無かったと思う。

映画の現場に立つと風が吹く、微かにクマちゃんの匂いがする気がするから。

（ももい かおり・女優、映画監督／メールによるインタビュー）

34

棒の哀しみ

【公開】1994年10月1日封切
製作＝ユニタリー企画、ティー・エム・シー　配給＝ヒーロー　カラー／ビスタ／120分

【スタッフ】
企画＝末吉博彦　製作＝豊島幹久　大谷隆一郎　プロデューサー＝伊藤秀裕　木戸田康秀　八木欣也　大勝ミサ　原作＝北方謙三『棒の哀しみ』　脚本＝神代辰巳　伊藤秀裕　撮影＝林淳一郎　照明＝前原信雄　録音＝柿澤潔　美術＝澤田清隆　編集＝飯塚勝　記録＝本調有香　音楽プロデューサー＝藤波研介　音楽＝小田たつのり　助監督＝鴨田好史　スチール＝久井田誠　製作担当＝竹山昌利　技斗＝森聖二　主題歌＝山本譲二『棒の哀しみ』

【キャスト】
田中＝奥田瑛二　芳江＝永島暎子　亜弓＝高島礼子　杉本＝哀川翔　倉内＝白竜　洋子＝春木みさよ　大村＝平泉成　吉本＝加藤仁志　梶田＝篠原さとし　洋子の男＝天宮良　谷口＝渡辺哲　大村の情婦＝中島宏海　バーテン＝竹中直人（友情出演）　女の客＝桃井かおり（友情出演）　幹部＝北方謙三（特別出演）

⦿キネマ旬報ベストテン4位
　同主演男優賞（奥田瑛二）
⦿映画芸術ベストテン1位
⦿ブルーリボン賞最優秀作品賞
　同監督賞、同主演男優賞ほか多数受賞

【物語】

とあるカジノバー。見かけは地味だが背中に殺気を帯びたスーツ姿の男がバーテンに因縁をつけはじめた。ボーイを殴って警官に引かれていくが、見事な手際で店を営業停止に追いこむことに成功する。翌朝、留置場を出た男の名は田中。大村組の若頭である。シャブのルートを任されてはいるが、キレ過ぎる彼を組長の大村は疎んじ、カネ勘定のうまい格下の倉内ばかりに目を掛ける。組は今、敵対する大川組と一触即発の状況にあった。田中は子分に大川を殺（と）らせ、手打ちに持ち込んだ。田中を労う大村、ところが、突然田中に組を作って独立しろという。田中を体よく棚上げして、飼い殺しにする魂胆で、跡目は倉内となる。ある日大村が倒れ、昏睡状態に陥った。この機に乗じ、舎弟の杉本と策を練る田中。傍らに、洋子という花屋の女をコマし情婦の芳江が仕切る売春組織にハメ込んだり、債権取立てで会社社長を罠に陥れたり、日常の仕事も忘れなかった。田中は、チンピラにわざと刺され再び抗争状態を演出。巧みにそのスキマで組内での地位を向上させていく。大村が死んだ。一応の跡目は倉内だが、無論、田中も杉本も内心では黙っているつもりはない。ある晩、田中は待ち伏せしていた洋子の男に刺され、芳江の部屋で自ら傷を縫う。その血を見て欲情する芳江、彼女は血の匂いに弱いのだ。「おまえは俺に見合った女」「私に見合った男……」「おまえに血を見せるために、わざわざ刺されてるみてえなもんだな」田中は棒っきれのように生き、そして、まだ死なない。翌日、ベンツに乗り大村の葬儀へと向かう田中。昨夜の男がいつのまにかその運転手に収まっている。式場では、倉内が田中に煙草の火を差し出した。田中はただ、自嘲とも不敵ともつかぬ微笑を浮かべるのだった……。

媚びずに、明るく、遠慮せず……日活のあの頃に帰ろうかなあ

神代辰巳インタビュー

取材・構成＝**田中千世子**

「棒の哀しみ」は、久しぶりの神代辰巳作品である。本当に久しぶりだ。「恋文」以前の純粋神代映画がやっと帰ってきた。ユリシーズが長い航海の果てに故郷に帰ってきたかのようだ。

八月十八日、千駄ヶ谷にある配給会社ヒーローの談話室で神代監督をお待ちする。肺気胸を患って撮影中は酸素ボンベが傍らにあったと聞いているので、今日も酸素と一緒かしらとドキドキする。大好きな監督の身を案じるというより怖いもの見たさの心境。どうも非人情が過ぎるようだ。

「今日は」

神代監督がジーンズにまっ白のシャツで立っている。酸素ボンベを車輪つきのバッグに入れてペットみたいに連れている。そして鼻にはチューブ。不思議な姿だが、愛されるのに慣れている人の自信が不思議さをダンディズムに変えてしまう。

――今度はハードボイルドですね。以前からお好きだったのですか。

神代　アメリカのものや日本のヤクザ映画なんかも嫌いじゃないですから。でも格闘シーンなんか自分でもうまくないなと思いましたけど(笑)。ほとんど原作通りなんですよ。北方謙三さんは、「原作通りだけど違いましたね」って言い方してましたね。

――主人公の私生活が面白かったですね。家の掃除したり、台所をきれいにしたり……。

神代　どういう主人公にするかという話を奥田瑛二とした時に、今さら古いかもしれないけどヌーヴェル・ヴァーグみたいな主人公にしよう、と。

――「勝手にしやがれ」の主人公が団地に住んで、洗濯物干してさまになるっていうのがとてもいいですね。自分のことは全部自分でやるから刺された傷も自分で縫う。

神代　あれは撮影が大変だったですね。準備にも時間がかかって。暑いし。当人は気持よがってましたけど。

――刺されたところを縫うシーンが二度あったのは？

神代　一度目はテメエとの対話で、二度目は永島暎子との対話という風に撮ったんですけどね。「俺と似合いの女」と奥田が言うと、永島が「私と似合った男」と言う。全体にそうですけど、ちょっとまちがうと、何言ってんだ、キザな！　というようなところがどうやればそうじゃなく見えるのかな、と。

――十分キザでしたけど……。

神代　ハハハハ。

――三人女が出てきますが、永島暎子が一番強い印象ですね。

神代　主人公が永島にどういきつくかみたいなことがあったんです。永島にいきつくというのは、自分にどういきつくかということなんですけどね。

――今までの神代さんの映画では男が女にいきつくっていうのあんまりないですよね。いきついても通り過ぎていっちゃう。

神代　そうですねえ、自信がなくなったのかなあ。テメエが自信がなくなってきたからどうも自分だけじゃ心細くなってきた(笑)。原作は主人公が電話で話すところでも全然相手を出さずに、「私小説」みたいに進みますね。だから「私映画」みたいなことやってみようかなあ、と。そして最後に自分にいきつく。それがシナリオで苦労したとこなんですけどね。

――色んなできごとを全部主人公が動かしていきますね。意志的に。普通のハードボイルドですと、不意に外界が主人公に何か及ぼしにくるんですけど。

神代　わりと意識したんです。ヤクザ映画のつくりってみんな向こうから(事件が)きますよね。それなしにしようかなあって。義理だ人情だみたいなのは、結果論としては他動的ですからね。

――外部に不満をもって自分より上にいる倉内にイライラしている主人公の感じが、「一条さゆり・濡れた欲情」の伊佐山ひろ子みたいで面白かったですね。

神代　それは僕にはなかったですね。なるたけ明るくいこうかなあってことはありましたけど。

――神代さんの初期の映画「恋人たちは濡れた」がビデオで映されますが？

神代　あの頃に帰ろうかなあってことはありましたね。今までちょっと遠慮して撮ってましたから、「恋文」とか。あの場面、原作では競馬中継なんですよ。でも、著作権料がある。自分のビデオでやれば安あがりだし。

――去年、中野武蔵野ホールで「神代辰巳特集」があった時、私も通いましたが、若い人が熱心に見てましたね。日活ロマンポルノ時代を振り返って、神代さん自身は？

神代　やっぱり好きなことができたなあと思いますね。これからはもう年ですから、少しぐらい遠慮しないでやらないと……。もう年ですから(笑)。お金にサーヴィスしないということですね。映画はお金かかりま

すから、一億だ、二億だ、三億だってかかると、ああそうかって。勝手なことしちゃいけないやと思いますから。でも、もう媚びないでつくりたい。「一条さゆり」なんかでも媚びてるところありますから。全然媚びないで、テメエをもっともっと出したいですね。

——今回の撮影日数は？

神代　十八日です。暑かったですね。ロケーションですから夜のシーン撮る時なんか、部屋全部ふさいで、冷房も音が入るんで止めますから。役者はスゲエなって思いましたよ。暑いなんて顔してないですもの。みんなには色々気をつかってもらいましたが、（体力的に）辛抱が足りなくなりますね。昔だったら「もう一回」って言って撮ってるところをOK出したりね。でも、みんなよく頑張ってくれて。奥田が傷口縫った後、永島におかしな女だと言う。永島は「だってしょうがないわよ。傷口見ると興奮するんだから」って言ってニヤリと笑う。最高の演技でしたね。テストの時はうまくいかなかったんですが、本番で決まった。

——この映画は京都映画祭のコンペティション部門に出品されますね。

神代　ええ。役者たちに、奥田と永島に賞をとらせてやりたいですね。

——神代さんも京都に行かれますか。

神代　できれば勘弁してほしいですね。これ（酸素ボンベ）一日もたないんですよ。京都に行くんだったら三本も四本も持っていかなきゃいけないし。

——寝る時もチューブはつけたままですか。

神代　ええ。でも翌朝外れてますけどね。

——チューブを外すとどうなるんですか。

神代　息苦しくなります。もう普通には歩けないし、走れない。動いている人を見るといいなあって思いますね。健康が一番です。

——神代さんの映画の人間の動きは右から左に向かうのが基本にあって……。

神代　逆にやると気持悪いんですよ。左から右に行かないと、ギッチョになったような気がする。

——いえ、そうじゃなくて右から左の方が普通は多くて、何か特別な動きの時に左から右になるんです。

神代　そうですか？

——アナーキーな感じの時とか。「四畳半襖の裏張り」でもラストの方で兵隊とか女が右から左に駆けていくと、逆方向から芹明香が走ってくる。「宵待草」でも襲撃に行く時は左から右に向かって男たちが走りながら「行ってこい」って。

神代　くせなんですよ。

——セックス・シーンでも枕はどちらにあるかとか、かなりこだわりが見えますね。「四畳半襖の裏張り・しのび肌」で映画館のシーンがあって「土と兵隊」がスタンダードで写されると、次のシーンはシネスコの両サイドを黒くしてスタンダードにしていたり、本当に自由にやってらっしゃいますね。

神代　そうだったですか。日活の頃は媚びたり、媚びずに好きなことやったり、自分で区分けができましたからね。

——媚びる時はシナリオ書いていても思うんですか。

神代　ええ。演出の時もね。

——よく海のインサートがありますが、お好きなのですか。

神代　好きですね。ぼけーっと見てるだけでもいいし、あのうねりがいいですね。この前雑誌読んでたら谷崎潤一郎が「瘋癲《ふうてん》老人日記」書いたの同じ年なのね、今の僕と。六十七歳。ああ、まだまだ頑張れるんだなあ、と思いましたね。

——これからやりたい企画が？

神代　ええ。河野多恵子さんの「みいら採り猟奇譚」。戦争中の話なんです。二年ほど前、クランクイン寸前までいったんですけどね。

——最近映画は御覧になりますか。

神代　こんなですから映画館には行けないですね。ビデオで見たりしてます。

——「髪結いの亭主」なんか俺の映画だって思われませんでした？

神代　あれぐらいならできそうだなって思いますけど

『棒の哀しみ』哀川翔、奥田瑛二

ね(笑)。

予定通りきっちり一時間のインタヴューに応じてくださった神代監督はまた次のインタヴューに取りかかる。肺に穴があいているのにタバコを吸う習慣だけはなくならないようだ。そんな姿を見ているとやはり「棒の哀しみ」の主人公は神代さん自身なのだという気がしてくる。刺された傷のかわりに酸素のチューブが体につながっているわけだ。

谷崎の年表を見てみたら、「瘋癲《ふうてん》老人日記」が中央公論に連載されるのは彼が七十六歳の時だ。神代さんはまだまだまだまだ頑張れる。

（「キネマ旬報」一九九四年十月上旬号）

日本の〝フィルム・ノワール〟『棒の哀しみ』特別対談

「冒険なき映画・小説は衰退するだけだ」

対談＝神代辰巳・北方謙三

男の名は田中。いつも平凡なグレーの背広に、地味なネクタイ姿。髪はきちっと刈り込んでいる。住むのは古い団地。職業は――ヤクザ。

棒っきれのように生き、棒っきれのようにくたばる。そんな生き方を生きる男を、装飾的なるものいっさいを排した文体で描いた、北方謙三の究極のハードボイルド小説『棒の哀しみ』が映画化された。

メガホンをとったのは、鬼才・神代辰巳監督。独特の長回し撮影と演出で、数多の女優を演技開眼させたカリスマ的監督だ。神代監督は、原作を一字一句変えることなしに、原作のワクを超え、映像を飛躍させるという困難な試みにあえて挑戦した。

小説的な実験と、映像の冒険。「それを失ったとき、表現は衰退する」というふたりが、〝試みの地平〟に切り結ぶ「夢」を語る。

北方　映画になった『棒の哀しみ』、ぼくにとってはちょっと、ショッキングな出来でした。というのは、原作をほとんど崩していないのに、ぼくが描いた世界と違ったものが出てきた。パッケージは同じなのに中身が違っていたという感じです。映画を見終わったときに、これはやられたな、と思いましたね。

神代　小説を初めて読ませていただいたとき、とても私小説的なおもしろさを感じたんです。あれは、田中というひとりの男が見たり、感じたりする非常に個人的な世界を描いたものですね。人間の内面から描かれた小説です。そこが非常におもしろかった。うまくやれば、映画でもそういう描き方ができるんじゃないかという可能性を感じましたね。それが、あの映画を撮るきっかけでした。

北方　ぼくの小説が映画になったのは4作目なんです。これまでぼくがいってきたのは、映画化するときには、原作を好きなように変えてください、換骨奪胎していただいて結構ですということだった。しかし、結果的にみるとどれも原作を崩し切れていなかった。原作とのせめぎあいのなかで映像を飛躍させられなかったという印象です。ところが今回は違った。書き手の立場からいうと、あの小説というのは、田中というひとりのヤクザを通して、実は北方謙三という人間の、あまり人に見せない醜さ、弱さ、卑怯さといった心の底の澱《おり》のような部分を、無意識に自己表現しちゃったというのがあったんです。神代さんには、そこを見抜かれた。だから、映像を見ていると、自分の無意識の世界を突き付けられているような感じがしました。

神代　そうですね、なんていうと、お互い褒め合うようでいやですけど(笑)。今回の撮影で特に気を遣ったのは、どう演出すれば、原作のなかの世界が自然に見えるのかということだったんです。たとえばセリフでも、日常のなかで原作どおりのセリフを使えば、とてもキザだったり、逆に無味乾燥になったりします。それをどうすれば本物に聞こえるかというところに一番気を遣いました。そこが、うまくいったんじゃないかという気がします。

北方　ぼくは、映像を見ていて、何度か不思議な感覚を受けましたね。というのは、原作を書いたときには、ぼく自身ひととおりのイメージがあるわけですね。それが映像化するときには、生身の役者をとおして描かれる。すると、ぼくのイメージとはまるで次元の違う世界が出てくる。たとえば、永島暎子が扮する女性が「私はいい体してないけど、あんたの役に立つわよ」というセリフがありますね。あれは、ぼくとしては女の媚《こび》のようなものを出したかったんです。ところが、永島がしゃべると媚が全然なくて、「だから私と取引しなさいよ」というニュアンスを含んだセリフに生まれ変わる。表現のなかに役者さんの個性が加わるというのは、無限の可能性がでてくるなと思いましたね。

神代　しかし、役者のやりたい表現とこちらのやってほしいことに開きがでてくると、これはやっかいですね。

北方　そういうことがありますか。

神代　ありますね。今回のでは、映画の最後のほうで、永島がお風呂でマスターベーションをやるというシーン（シーン抜粋❶参照）がありますね。お風呂でやってもう一度リビングに出てきてやろうとする。それを見ていた奥田瑛二扮するヤクザが「一度っきりにしておけよ」と。そこで永島の「わかったわ」というセリフになるんですけど、永島はこのセリフはいいたくない、この場面で、こんなこと女はいわないというんです。それでもいってくれということになったんですが、じゃあ、どんな感じでいうのかって、あのシーンにはずいぶん時間がかかりました。

北方　しかし、結果的にはすごく良かったんですね。奥田にいわれたとたん、パッとパンティから手を抜いて「わかったわ」と。それまでフンフン喉鳴らしてたのが、突然、冷める。女の二面性が、あそこにポンと出て、見た瞬間、オッと思いましたね。

神代　ぼくも驚きました。やはりぼくが描く女というのはどうしても男の側から見た女なんですね。演出しているときでも、やっぱり男の側から女を見てしまう。ところが永島は、あくまで女の視点で演じようとした。この違いなんだろうと思うんです。あの演技は、女というのはこういうものよ、という抗議なんです。

撮影中のことでもうひとついうと、マスターベーションのあと、奥田が永島に血で汚れたズボンを「洗っておけ」といいますね。原作ではここで「すぐに、やるわ」というセリフになるんですけど、永島は、それはいいたくないといい張る。男の側からいうと、ここで「すぐに、やるわ」という女がすごくかわいいんですね。でも、女の側からすると、ここはいくらなんでも、そうはいわないよというわけです。このセリフは、とうとういいませんでしたね。

北方　いろいろな役者の個性によって、原作のニュアンスが変化していくところがおもしろいですね。映画にとって役者の個性がいかに大事かということだと思うんですが、個性を活かすという点では、事前に役者と話し合ったりするんですか。

神代　それはずいぶんやりました。たとえば奥田とは、どんな映画にしようかとイメージのすりあわせをしましたね。いろいろな映画を引き合いに出しまして、たとえば『網走番外地』のイメージではどうだろうとかやるわけです。そこで最終的にでてきたのが、『勝手にしやがれ』みたいにしようということだったんです。そこから芝居なんかもつくりあげていきました。

北方　『勝手にしやがれ』というのは、フィルム・ノワールの系譜ですよね。これは、暗黒映画という意味で、1940年代のハリウッドやフランスのギャング映画の流れです。世間から外れていった人間を枯れた映像で淡々と描くことによってリアリティを生む。こんな映画が日本にも出てこないかなと思ってたんですが、ようやくという感じですね。これはうれしかった。

ぼくは前から知りたいと思ってたんですが、映画というのは監督の視点でつくられるものなんですか。それとも役者の視点で描く場合もある？

神代　やっぱり役者の視点が大きいんじゃないですか。たとえば、マスターベーションをした翌日のシーンで「どうしようもないのよ、自分じゃ抑えがきかないんだから」という永島のセリフがあるんですが、あれな

シーン抜粋❶「棒」

俺は無造作に、自分の脇腹の皮膚に針を突き立てた。縫っていく。血は流れ続けたままだ。二針目。芳江が、奇妙な声をあげた。興奮している。俺に抱かれたどんな時より、興奮している。ほとんど、眼の焦点が定まらないほどだ。三針、四針と、俺は傷を縫っていった。七針で縫い終えた。糸の端と端を引きしぼる。パクリと開いていた傷が閉じた。糸の端を止めた。

指さきや、腹から腿にかけて血まみれだった。芳江の左手の指さきが、俺の腿に触れていた。またおかしな声をあげると、芳江はいきなり血に顔を押しつけてきた。

オナニーをはじめた芳江が達するまで、俺は黙って立っていた。

それから、シャワーの栓をひねって、冷水で血を洗い流した。ついでに、芳江の顔にも水をかけてやる。

俺に見合った女か。そう思った。血を見せてやるために、わざわざ刺されたような気になってくる。

傷口にタオルを押し当てた。

居間へ入り、ソファに腰を降ろす。

「薬、持ってくる」

ようやく、口が利けるようになった芳江が、濡れた服を脱ぎ捨てながら言った。

芳江が運んできた救急箱には、消毒薬もガーゼもあった。出血が少なくなってくると、俺はタオルを消毒薬をしみこませたガーゼに替えた。

傷口を覗きこんだ芳江が、また奇妙な声を出す。

「一度だけにしとけ」

「わかったわ」

声は冷静だった。

「上着は大丈夫だが、ズボンは血で汚れてる。洗って落としてくれ。それから、プレスするんだ。明日、俺はそれを穿いてなくちゃならねえ」

「すぐに、やるわ」

『棒の哀しみ』（新潮文庫）より

んか絶品ですね。撮影のときに永島が考え込んでて、テストもできなかったんです。仕方なく本番に行こうということになったんですが、本番では突然そのセリフをいいながら笑うんですね。誰も予想しなかった。あれなんかぼくじゃない、永島の芝居がつくったシーンです。

北方　これはやられたと？

神代　そうですね。それともうひとつ、いきなり本番であれをやられると、ふつうの相手役は怒るんです。このやろう、てめえだけ目立とうとしてとね。でも、奥田は怒らなかった。芝居が終わった瞬間に「すげえ」と褒めるんです。あのふたりはすごいですよ。

北方　それだけ役者が自由に芝居をできたということでしょうけど、そういった部分も含めて、最終的に映画というのは、監督の手のひらの上なんじゃないんですか。

神代　役者の心のなかにまで忍び込むことはできませんけど、できた映画を結果として見れば、自分の好きなほうに引き寄せてますね。たとえば、役者の嫌いなところは、編集の段階でそぎ落とそうとすればできるんです。どうしてもそうなりますね。

北方　自分の出たシーンがカットされずに済んでよかった（笑）。

神代　うまかったですよ。

北方　あれは演技というほどのものじゃないですよ。ほんとはセリフなしがよかったんですが、「田中」というセリフがひとつ、まぁ、それぐらいなら覚えられるだろうと思って（笑）、病室で、死にかけている奥田組長の手をとって泣いている奥田に声をかけるんだけど、この声が優しいんだな、とてもヤクザの声じゃない。ああいうところで持って生まれた本質がでちゃうんだ（笑）。

『棒の哀しみ』永島暎子、奥田瑛二

神代　いや、あの「田中」というのはなかなか出ないセリフですよ。北方さんは映画は初めてではないでしょう。

北方　何回かあります。一度主役に絡むような役で出たこともあるんですが、出演したぞという意識が強かったものですから、エッセーとかラジオとかいろいろなところで出演したしたとやったわけです。そしたら公開直前にカットされましてね（笑）。後でみんなから「どこに出てたのかわからなかった」って（笑）。ぼくはともかく、今回のキャスティングはうまくいったんじゃないですか。

神代　非常によかったと思います。

北方　田中の下でチンピラをやっていた哀川翔なんかよかったですね。仕事を終えて田中に「終わりました」というときの表情だとか、歩き方とか、これはフランス映画にしてもいいという感じがありましたね。ああいう部分を見ていると映画の可能性を感じます。原作どおりなのにまったく違った映像になる。

神代　しかし、描き切れなかった部分もあるんです。たとえば、小説に「砂時計」という章（シーン抜粋❷参照）がありますね。敵対する組と抗争が始まりそうになって、田中のところにいろいろな電話が入ってくる。みんな浮き足だっていて、田中をいらつかせるわけですけど、その田中の内面を小説では、砂時計とかたばことかの小物を使ってうまく表現してますね。映画でもそれをやったんですが、あまりうまくいきませんでした。

北方　あれは、小説的な実験なんですね。たとえば、電話の会話を描写するときには、電話の向こうの声も書き込めるわけです。でも、この小説ではあえてそうしなかった。会話の一方だけを描写したわけです。すると、言葉だけではどうにもならない部分がでてくる。それを何で補うかというと、砂時計であったり、キャビネットの軋みであったりする、それがすべて心理描写になっているんですね。事実を書いているんだけど心理描写なんです。小説というのは、いくらでも材料を選べるんです。これは、ピックアップの描写というんですが、ひとつひとつの描写を重ねることによって、ある心理状態を象徴することができる。それは映像では非常に難しい問題だろうと思いますね。

神代　難しかったですね。灰皿が燃えていて、その灰皿に水を入れて消す。なにかにイライラしているんだということを伝えたかったんですが、うまく出なかったですね。ひとつひとつの描写がぶつぎりになってしまった。田中という人間の内面を描いているわけですから、それは残念でしたね。北方さんはあの小説をお書きになるとき、はじめから田中という男のイメージを固定して書いたんでしょうかね。

北方　いや、むしろ書きながら固めていったんですね。はじめは、あるカジノバーにひとりの男が現れて、何か暴れていなくなってしまうというだけの小説を書いたんです。その次の連載の締め切りがきて、そのときにその男が自分のなかでどう変化しているのか、次の一行ではどうなるのか、どういう性格が付与されて、どういう重層性がでてくるのか、ということをやっていったんです。そしてひとつの人格ができたところで、一人称で書いたらどうなるかということを始めたわけです。第一章のタイトルが「私のなかの男」、二章が「男のなかの私」となっているというのはそういうことなんです。その意味でも、実験的な小説なんですけど、実験的という意味では、神代さんの映画もそうですね。特に長回し、有名な神代さんの技法ですけど、ひとつのシーンを切らずに延々と追っていくという。

神代　もう年ですから、実験的ということでもないんですが(笑)。あれは、芝居を濃密にするための技法なんです。長く回したほうが、芝居は濃密になりますね。たとえば、「はい」というセリフをひとついわせるのでも、短くカットして織り込むのと、ずっと演技をしながらいうのとでは違いますね。やってみるとわかるんですが、全然違います。長回しをする一番大きな理由はそこなんです。それともうひとつは、自分のなかで復習できるんですね。やりながら、つくりながらできる。それも大きいですね。

北方　実験的であろうとすることは、ものを表現するうえでとても大事なことなんだけど、日本に限らず世界でも、たとえば「砂時計」のような描写を用いてみようとした作家は数えるほどしかいませんね。電話のシーンを書くにしても、第三者として見た場合、本当は相手の声なんか聞こえないわけですね。小説ならそれは書き込めるんだけれど、あえてそれをしないとどうなるか、そう考えて実行するのが実験なんだと思うんです。つまりわざわざ難しくするわけですね。なにもそれをしているから偉いというつもりはないんですが、実際、そういう試みということをしなくなってから小説というのは、衰弱したと思いますね。

神代　それは映画についてもいえますね。

北方　読者が離れてる、映画なら観客が離れてるということには、つくり手の側に相当な責任があるだろうと思います。つくり手といった場合、ぼくであれば出版社や編集者、神代さんであれば、配給会社であるとか、そういった制作環境の問題もあるんだろうと思うんですが、やはり創造の原点にいる人間が、試みとしての冒険をして、それでぶっ倒れたら、それでもいいという部分をもっと出していかないとだめだなという気がするんです。そうした試みのひとつの成果として、この映画をひとりでも多くの人に見に来ていただきたい。

監督、今回の勝負はひとまず引き分けとして、小説と映画のせめぎ合いをぜひもういちどやりましょう。小説家は小説家の努力をして、映画は映画の努力をする。それを繰り返しているうちにそれぞれのリアリティというものが高まるんだと思うんです。そういうものをお互いつくっていって、漫画にはしってる若いやつらに、こういうリアリティがあるんだぞということをわからせてやりたいですね。これは、小説だけの力ではなかなか難しくて、映画にもがんばってほしいと思うんです。だから、神代さんには、次は10億円ぐらい使っていただいて、さらにいいものをつくっていただきたい。

神代　それほどじゃなくても、半分でいいですけど(笑)。いいものをつくります。

（きたかたけんぞう・作家／「週刊ポスト」一九九四年十月四日号）

シーン抜粋❷「砂時計」

「田中です」

そう言ったきり、男は受話器を耳に押しつけている。

男が、片手をサイドボードの縁にかけた。男の腹ほどの高さのサイドボードである。男は、人指し指の爪で、サイドボードの表面を何度も擦っていた。汚れでも落としているという感じだ。

「つまらねえ真似はするな」

ポツリと言った。指の動きは止まっている。

「わかってる。何度も言うんじゃねえ。そう簡単におっぱじまるもんじゃねえんだ。こっちが慌てると、むこうも慌てる」

明るい窓の外に、男はちょっと眼をやった。それから、電話機の下に敷いた紺色の敷物の位置を直した。

「なにかあるとしたって、暗くなってからだ。慌てるのが、一番いけねえよ」

男の手が、サイドボードのガラスの戸を開けた。摑み出したのは、小さな砂時計だった。手に持ったまま、白い砂が落ちていくのに、男はじっと眼をやっていた。砂が落ちきる前に、逆様にする。

「いいか、俺は行くが、すぐってわけにゃいかねえ。片付けなきゃならねえことがあるんだ。そっちに行けるのは、多分夜になってからだろう」

男は、また砂時計をひっくり返した。

「そんなこたあ、わかってる」

男が、受話器をちょっと耳から離す。

「親分は、そこじゃねえんだろうが。弾避け連れて、どこかでじっとしてんだろう。なら慌てることねえじゃねえか。五人もいれば、多すぎるぐらいだぜ」

砂時計の端が、サイドボードに軽く打ちつけられた。打ちつけられた瞬間、砂は止まってまた落ちはじめる。そっとしておくより、砂の落ちる速度はかえって遅くなったようだった。

「わかった。わかったよ」

吐き捨てるように言って、男は受話器を置いた。

『棒の哀しみ』(新潮文庫)より

奥田瑛二インタビュー

聞き手＝野村正昭

神代辰巳監督の6年ぶりの劇場映画の新作「棒の哀しみ」の評判が高い。ことに主人公のヤクザ田中を演じる奥田瑛二さんの画面の中での立居振舞、呟くようなセリフのひとつひとつは近年の日本映画の中でも最も見応えのあるものだった。「棒の哀しみ」に続いて、早くも望月六郎監督「極道記者2・馬券転生篇」への主演を終え、現在は熊井啓監督「深い河」を撮影中。ヤクザから極道記者、そして神学生役へと縦横無尽の活躍である。全然ちがう役を演じるのは「快感。俺って役者だよなあって思う(笑)」そうだが、ある土曜日の昼下り、都内某所で奥田さんに、主に「棒の哀しみ」を中心に、お話を伺う機会を得た。

——撮影前に監督とは、どんな話を？

奥田　セリフの分量とかね、監督も心配だったのか、(田中が劇中で)喋りすぎかなって、おっしゃったのね。それで僕がしばし考えて、昔のヌーヴェル・ヴァーグの映画とか、現在のアメリカ映画でも、俳優が敢然と喋りまくる映画ってありますよね。日本映画の特長として、セリフの行間、いわゆるト書きの部分を情緒的な映像で埋めつくしていくというやり方もあるけれど、日本の俳優も主人公がやたらブツブツ喋ってばかりいる——そういうことをやってみたいなあって僕が言ったわけ。すると(監督が)じゃあ、セリフはカットしなくていいなと(笑)。言ってしまった後に、一瞬しまった！　と思ったけど(笑)。これで撮影日数が2ヵ月もあれば大丈夫だけど、19日しかなくて、毎日喋りっぱなしで、しかも何シーンも撮らなきゃいけない、ウーンと頭を抱えましたが、とにかくこれに没頭すればできるだろうと。役者の意地を見せたかったというところもありますけど。

——脚本を読ませてもらって、膨大な台詞の量だなと思いましたが、映画を見ると、これがもっと多い(笑)。「刑務所の独房にいたから、こんなに喋るようになったんだ」という説明まで入っているのがすごいですね。

奥田　こんなに自分で自分を説明している映画も珍しい(笑)。それは、北方謙三さんの実験的な一人称の小説を具体化したということもあるし、監督も映像的にずい分実験しているし、役者も実験している、それがうまくいったということでしょうね。

——しかも、それが見ている間は、さほど不自然に見えず、ワクワクするほど面白い。

奥田　役者が、あんなにいっぱい喋って大変だねって言われちゃ、俺も終りだなという恐さがあったんですよ。でも映画を見ると、そんなに大変そうには見えなくて、それは〈奥田〉じゃなくて、主人公の〈田中〉がキチッと出てるから。〈奥田〉が出てると、お客も、アッ、ご熱演で、という気持ちになるだろうけど、ちゃんと〈田中〉が喋ってるから、いいんじゃないかな。

——喋りながら掃除するというのは(笑)。

奥田　あれは朝、現場に行ったら、スタッフがまだ一所懸命掃除してたんですよ。そういう時は、監督もしたたかで、カメラはもうセッティングしてあるわけ。それで、奥田さん、ハイ、ここからここまでずーっと掃除しながら喋って下さいと。これが大変でね(笑)。長回しで俺の動きがフッと止ったりすると、監督はそこで何かできないかなって言うんですよ。分かりましたと言ってやるわけです。だからカメラと役者の動きとのバランスで、そういう勝負というのは楽しかったですね。

——奇麗好きなヤクザというキャラクターも、今までになく新鮮でした。

奥田　この間、ずっと刑務所の衛視をやっていた人が、あの映画を見たんだよね。そうしたら見た後に寄って来て、いやあ、本当によく(ヤクザを)捉えましたねって。どんなヤクザでも、刑務所の中で怒鳴りつけられると、瞬く間に掃除しちゃう。だって、不潔なヤクザって見たことないでしょ。事務所にしたって、ヤクザの事務所って奇麗でしょ。

——クランクイン前にリハーサルは？

奥田　全然やらなかった。初日から、ハイ、動いて下さいって、いきなり始まって(笑)。初日は谷内社長(渡辺哲)に借金の取り立てに行く場面だったんだけど、緊張しましたね、辛かったなあ。歩くシーンとかならいいんだけど、しょっぱなから「どうも、田中です」って部屋に入っていくところだったから。

——そのカットでOKが出た時には、嬉しかったですか？

奥田　いやあ、不安になっちゃった。これで俺はやっていけるのかなあって。その日は、気持ちが締まりましたよね。大体1日に1シーンから2シーンしか撮らなかったんですが。

——映画全体の撮影ペースとしては、どうだったんでしょうか。

奥田　うーん、せめてあと10日あればね。これは日本の撮影現場全般に対する憂いを言っているんですが。例えば監督の体力的な問題もあるし、準備も含めたスタッフの物理的な問題もあるし。本当はもっと中に休みを入れてやるのが普通で、その普通ができなかったというのが残念だよね。でも、まあ一気に突っ走ったというか、19日間を滅茶苦茶短く感じたし。エーッ⁉ もう終っちゃうの、まだ3日間位しか撮ってないんじゃないかって(笑)。

その分、現場は締まってましたよ。

――それだけテンションが高くて、張りつめていたんでしょうね。

奥田　そうですね、それと、自分がどう写っていようと構わない――と言うと、役者の無責任さに聞こえるかもしれませんが、どう写っていようがいいと思わせるように芝居をさせてもらえるんですね。格好を気にして写ってたんじゃ、この映画は成立しないというか、そういうところが気持ちがいいわけですよ。

――基本的にはワンシーン・ワンカットで？

奥田　60シーン全部ワンカット撮りで、8分位のシーンだとすると、マスターショットを撮ったすぐ後に、同じ動きで8分間アップだけのショットを撮るんですよ。もう脳味噌ボロボロになりますよ(笑)。

――結果的には、会心の出来に仕上がってよかったですね。

奥田　今まで溜まっていたものの何%かを、神代さん自身も、この映画で吐き出すことができたんじゃないかなあと。映画監督としては、まだ思いがいっぱいあるわけだから、当然吐き出しきれないだろうけど、そのうちのひとつは、何かこう、いけたんじゃないかな。その監督との前哨戦なんてありえないんで、これはこれで監督との真剣勝負だったし、また新たに次の作品で真剣勝負をやるわけだから。

――そもそも奥田さんと神代監督とが最初に出会われたのは、いつ頃ですか？

奥田　15年位前になるかな。テレビの火曜サスペンス劇場の枠で、神代監督、大谷直子さん主演の「空白迷路」に出演したのが最初。当時、神代さんは萩原健一さんと組んでいた時期で、ああ、ショーケンのことを愛してるんだなあ、これじゃ俺の出番はないなあって思っていた。

――映画では「ベッドタイムアイズ」(87)が最初ですね。

奥田　ヒロインの情夫役をやらないかっていう話だったんですよ。それで最初に口説きに来たプロデューサーに、何で俺なんだ？　って聞いたわけ。ショーケンでやればいいじゃないか、ショーケンがやらないからって俺に言ってくるなよって、一方的に言ったんです。向こうは、そんなことないって言ってたけど、何かそういう裏が見えそうだった(笑)。それで神代さんに「役者はショーケンだけじゃない」って奥田が言ってたと正直に伝えていただければ僕はやりますって言ったの。本当に言ってくれたかどうかは分からないけれど、それで結構気合いを入れてやったんですよ。その後、連城三紀彦さん原作の「少女」を神代さんと一緒にやりたいと考えていた時期があって、なかなか思い通りの脚本ができなくて、そのあたりからパイプが強くなって、この「棒の哀しみ」に至るという感じです。

――しかし、今時こんなに映画に沢山主演するという役者さんは珍しい(笑)。

奥田　真田(広之)と俺ぐらいかな、映画に意地になって出てるのは(笑)。まだ会ったことないけど、永瀬(正敏)も含めて、その3名ぐらいかな。映画にこだわっちゃってるのは。真田も滝田(洋二郎)と一所懸命やってるみたいだし、しかし滝田の真田に対する愛情っていうのは、すごいもんね。俺と熊井(啓)さんみたいなもんかなあ(笑)。そういう意味では神代さんとも今後一緒に組んでやれたら最高だと思うし、あと「極道記者」で組んだ望月(六郎)にも、いい監督になってもらいたいしね。

――ベテランから若手まで、映画とつきあいやすくなってきたということで、奥田さん自身もいいペースでしょうね。

奥田　映画に身を捧げてると、大事にしていただけるし、それと自分の思考形態も映画になっているというか、いつも映画のことばっかり考えてると、やっぱり負けないよね。負けないっていうとヘンだけどさ(笑)。映画の画面に写ったら、俺は強いぞ！　みたいな。

――それはいい言葉ですね。

奥田　テレビの画面に写って、俺は強いぞ！　って言ってたって、あの小さなフレームじゃ仕様がないなあとも思うし。まあテレビにもいい監督は多いわけだし、それはそれでキチッとやっていきますけどね。

（おくだえいじ・俳優／のむらまさあき・映画評論家）

「キネマ旬報」一九九四年十月下旬号

『棒の哀しみ』奥田瑛二

装っている人間、装っている女が
ハダカにされた時から自由が生まれてくる
永島暎子インタビュー

インタビュアー＝**後藤岳史**

永島暎子は笑顔が記憶に残る女優だ。「狂った果実」(’81)の春恵に「竜二」(’83)のまり子。安アパートの湿った匂いや木造家屋の陽だまりの匂いとともに甦える。彼女の人なつこい無償の笑顔は、それがやがて訪れる破局を予感させもするだけに、あのひとときの輝きがいっそう痛切に胸に響いた。「女教師」(’77)でその名を知られた永島さんだが、本領は断固こちらだ。実際インタビュー中も、突き出したりのけぞらせたり、少年のように揺れる肩口や膝小僧の上で、映画そっくりの笑顔が時々吹きこぼれた。実人生でも風が吹いたり川に波が立ったりするだけでニカーッと笑えてくるような性格なのよ、と打ち明けてもいただいた。しかし、新作「棒の哀しみ」は少し違う。ここでの彼女は実に印象的なワン・シーンをのぞいてまるで笑わないのだ。笑わない〝クズ〟のような悪女を生み落とすべく、永島暎子は〝大人〟の女優の未踏地へと突き抜けていく。

永島暎子さんは「極道戦争　武闘派」で賭場を守る鉄火肌の女を好演して以来、3年ぶりの映画撮影。一方、神代辰巳監督は大方の無視に会った佳品「噛む女」以来、6年ぶりの現場復帰。となれば、新作「棒の哀しみ」の完成を待ち焦がれた私たちファンの想いも、ひとしおのものがある。永島さん自身「神代さんだから演《や》りたい」というのが、まずいちばんにあったのだと言う。

「病をおした身体、長廻しの演出にせき込みたいのを必死に我慢してね、ワン・シーン＝ワン・カットを神代さんは徹底的に粘るんですよ。最初、テレビの二時間ドラマで出会った時、すでに肺を半分切ってらっしゃったのかな。体力が普通の人間の1／3もないな、なんて状態でオニのように粘ってくださった。だから、役は何でもよかったんです」

とはいえ、今回の永島さんの役どころには呆気にとられてしまう。いくら成り上がろうとしても、くたばる方へと、あるいはくたばり損ねて自分の傷口を縫い閉じながら徘徊する方へと、中年ヤクザ(奥田瑛二)が傾いていく。そんな彼に寄り添う情婦・芳江。男が連れてきた女を「シャブ漬けにしてボロボロにしてから、ほかの男に与えてお金をもうける」なんてことをなりわいとする。スクリーンに男を骨抜きにする妖婦は数あれど、コイツは女をダメにしちまうとんでもない悪女なのだ。

「よく悪女とかっていうのはね、しょうがなくこうなったんだとか(役の背後に)理屈があるでしょ。少しは人によく思ってもらいたい、同情してもらいたい。そんな役がわりと多いでしょ。でも、この芳江は何も言いのがれができない。そんな役をやってみたいな、と思いました」

さらに、素晴らしく倒錯的なのが、男のキズと血が大好きという芳江の奇癖だ。女の子宮に潜っていこうとする幼児退行の男を私たちは古今の映画にみてきたけれど、ベッド・シーンで、縫い閉じられた男のキズに頭から潜っていこうとする女なんて、前代未聞ではないだろうか。

「奥田さんのヤクザはどうしようもなくケンカ好きだったり、人間いろんなクセがあるでしょ。万引きするとか、カーッとなって下着泥棒しちゃうとか。芳江の場合は、男が好きなのかどうかはわからないけど、男がキズをつけてくると興奮してしまって看病もしないのね。ゴロッと転がってるゴミみたいな存在が、バサッと切られた男の傷口に突破口を見い出す……。キズを見ると自分がいちばん生きてる時みたいに感じてしまうんでしょうね。でも、キズ見て感じる、自分の高まりになっちゃう、なんてどうすればいいのかな(笑)。脚本《ホン》を読んだときはすごいと思ったんだけど、いざ自分の身体で演ろうと思うと、そのギャップがいきなり谷底みたい(笑)」

でも、永島さんは芳江という女を陰惨さとは決定的に異なる、その愚かさが観るものをいっそ朗らかにしてしまうような存在として生きてみせる。ドラマのペースを壊してまでそれを見つめ抜く神代演出の殺気を、あえて〝やさしさ〟と言い換えてみてもいい。

「監督が神代さんだし〝クズ〟を演りたいなというのがずっとあってね、つい受けちゃった。奥田さんのヤクザに、『なんでそんなに女を壊したがるのか』って台詞があってね、そのひとことが私はすごく好きなんです。ぶっこわれるっていいことだと思うんですよ。もちろん、シャブ漬けで食ってる女のことをいいことなんて言っちゃいけない(笑)。けれど、自分を過信していたり、ヘンなプライドを持っていたり、社会的に何かをやってるつもりになって満足してるような女の無自覚さ、って気持ち悪いのね。それよりも、壊れたい。自分をいじめて、たたいて、いいとこに行きたいとか思うんだけど、やっぱりどこかカバーしたり、殻をかぶってたり、なかなかうまくいかないんです。理屈のある役、自分の中にドラマのある役はやりやすいの。だからこそ、もっと(理屈のつかない)〝グズ〟演りたいな、と思ってるんですが……」

ところで、「棒の哀しみ」劇中の若いチンピラのアパートには、狭い室内には不釣り合いなワイドTVがあって、そのブラウン管に神代監督70年代の青春ロマンポルノ「恋人たちは濡れた」(秀作!)がかかっているのだった。そのことを切り出すと、永島さんは破顔してツーっと身を乗り出してくれた。

「ねっ、ここにも〝グズ〟がいる! こんなりっぱな先輩がいる(笑)。神代さんの昔のにっかつ映画って、この中川(梨絵)さんにしても、「赫い髪の女」の宮下(順子)さんにしても、「一条さゆり 濡れた欲情」の伊佐山(ひろ子)さんが地団駄踏んでる姿にしても、女の肉体がボロッと転がってる感じ。あの転がり方ってすごいなって思うんですよ。私はね、あんまり現実感のない性格なの。どこまでもお花畑にいるようなね。だから、余計にいいなって思う。この間も大和屋竺さんの映画を観たんだけど、わあっ、いろっぽいなっていう、そんな女の人たちがゴロゴロいるんですね。たぶん、役者をやって芝居してるとか、理屈をつけてここでこういう気持ちを出そうとか、一切してないような人たちなんですよ。そんな生身の女がゴロゴロしていてね、みんないい顔してる。何を食べてどういう生活しているか、身体の匂いとか髪の匂いまで全部わかっちゃうようなね。ふあーっ、かなわない、なんて思っちゃうんですよね」

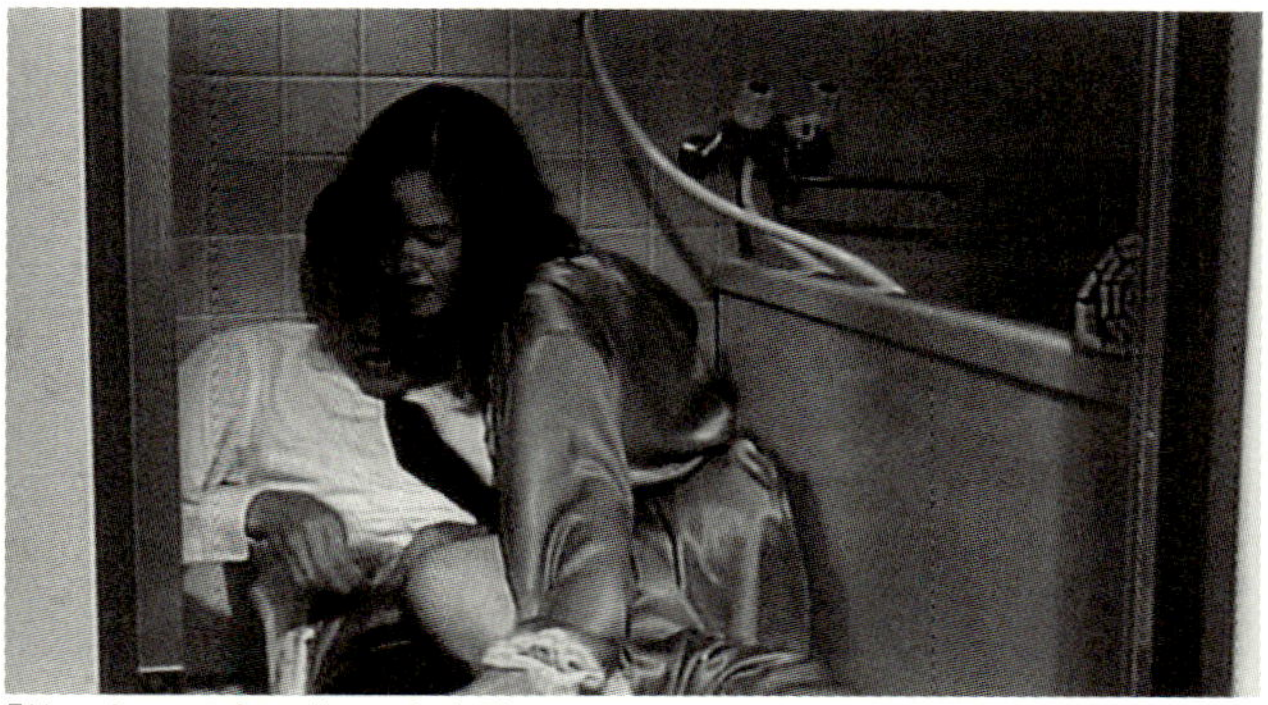
『棒の哀しみ』奥田瑛二、永島暎子

あの頃の女はどうしてあんなに大人なのか、と永島さんは嘆息する。それに比べて、私の役はきちっとしたのが多かった。きちっとしないと怖いから、お勉強して背中にスジ立てて、不幸でも下までは落ちない。そんな存在の仕方をしてたんじゃないか、とふりかえる。

「『狂った果実』とか『竜二』の役は、この女わかるな、って感じでね。全然、無理しなくてよかった。あんまり、頭ひねる必要もなかったの。『竜二』なんか男に惚れぬいてるって女でしょ。でも、今度の芳江って女は彼がホントに好きなのかどうか。やっぱり〝グズ〟ってあんまり人と対等にできなくて、どこか恥ずかしい。どこかまともな恋なんかダメみたいな。やさしい言葉とか愛情とか、普通にもってこられると〝うるさい〟って、ハジいちゃうんじゃないかと思うんですよね。そんな女と男が、何となくヘンなヤツだけどお互い似てるのかな、なんて思ってる。でも、ちゃんと向き合って〝好き〟なんて言わなくて、互いにそっぽ向いて、〝かんべん、かんべん〟って言いたそう。そんなハズれたもの同士の関係からどういうものが出てくるか。そういうね、すくい取ろうとすればこぼれてしまうものを出していければ、と思うんですよ」

ひとは何かを表現するために、ルーズな要素、崩れかけた細部を削り落として鋳型をつくり上げる。ならば、神代監督はそのいい加減さや崩れの方にとことんくみしようとするのだろう。永島さんと神代監督の出合いに、映画的な親和力を感じずにはいられない。

「神代さんにはホントに教えられました。このシーンの中よりほかに逃げ場がない。でも、ここに留まっているわけにもいかない。そんな敵だらけの状況下で、自分が気持ち悪いと思った感情とか、生理的なものを全部出さなきゃならなくなるの。普通は人間みんな、とりつくろったり、つじつま合わせたり、芝居したりしますよね。でも、神代さんの場合はそんなの気持ち悪いだろ、というふうにそれを壊していく。まず壊されちゃった、キチッと背すじがよかったのに(笑)」

でも、それって女優冥利なんじゃないですか? そう尋ねたら、永島さんから即座にこんな答えがかえってきた。

「女優冥利というより、たぶん、女としてうれしいなと思ってる! そんな時は女優とか芝居とか考えてないんです。あっ、こんな気持ちいいことがあるの、って感じかな。最初はあさましいわめきなんて出したくない、と思うんだけど、出して出して転がって転がっていった時にね、やっぱり神代さん、服なんか着せないって感じになっちゃうんですよ。装ってる人間、装ってる女をハダカにしちゃう、みたいなのがあってね。そういうふうにボーンと転がされちゃったときにどうするのか。だんだん、すごく自由になってくるんです。女の自由ってこういうものか。どこに行くのかはわからないんだけども、ひとつヌけてるなって実感がわいてくる。だから、いろんなもので装ったりとりつくろってるのがね、全部つまらないものに思えてくるの。そうすると、やっぱり大いなる〝クズ〟を演りたいな、ということになっちゃう(笑)」

こちらの勝手な通念を快く破っていくような女優の存在論を、永島暎子はカラリと、しかし何かピリッとした傷口をさらすような誠実さで語ってくれた。願わくば、小さな脇役でもいい。彼女を〝存在〟させる映画がもう少し増えてほしいと切に思う。

(ながしま えいこ・女優　ごとう たけし・映画評論家／「キネマ旬報」一九九四年八月下旬号)

『棒の哀しみ』撮影報告

林淳一郎

神代さんとのこと

思えば神代監督と出会って、早や10年を過ぎた。出会いは、私がキャメラマンになって2年目の頃で、クマさんもまだ一緒にゴールデン街へ飲みに行っていたっけ……2時間のTV映画。

学生の頃「恋人たちは濡れた」を薄汚れた高円寺平和で見て以来、〝かみしろ、かみしろ〟と次々に見ていくうちに〝くましろ〟だったことを知る。そのうち映画界に身を投じ、監督とキャメラマンとして出会った時の驚きは未だに感慨深いものがある。しかし、そのときには私も監督も互いに不満足なものだった。翌年にもまたTV映画を作ったが、それから4〜5年音沙汰無し状態になった。その間に神代辰巳作品が4本程世に出るのを横目で眺め、私は私でやっていた。そして……

5、6年前にまた再びクマさんから仕事の依頼がやってきた……しかし、メジャーな会社だから大丈夫だろうと思っていたが、製作中断。まだバブルの全盛期というのに。次の作品も同じ憂き目に…それからがまったくついてない。2年前にも同じことが。その間、クマさんとはCMを撮影したり、脚本を読みに家にお邪魔したりしていたので、自分としては親しみを感じる監督の一人になっていた。

そんな折りの今年、3月。電話が鳴った。「また駄目になるかもしれないけど……」

クランクインまで

早速、製作会社のエクセレントフィルムに出かけた。そこからが最近私が映画製作の悲哀を感じ、どこに言うこともできない憤りを感じてしまうことなのだ。仕方のないことだが予算が余りに無いのだ。監督の目指すグレードと、製作者側の意図が余りに隔たりがある。その間でスタッフは出来得る限りグレードを上げる努力はするが、限界は自ずと見えてくる。はじめに伊藤プロデューサーから聞いた予算は6000万だった。何とかやるしかないが、やるからにはクマさんに恥をかかせないグレードにしなければならないと思いつつ準備を始めた。

現場プロデューサーがそれからわずかな日数で準備を始めた。その結果、予算が合わないということになった。格段の贅沢など勿論しているはずもなく、というより、本を読みました、さてどうしましょう、という段階だったので理解に苦しみ問うてみると、〝予算がどうしてもはまらない〟という信じられない言葉。おまけに当初聞いていた6000万ではなく4500万という数字。たった4〜5日で1500万の目減り。予算が湯水の如くあるならいざ知らず、極赤貧予算の1500万の目減りには現場プロデューサーに思わず聞き返した。〝キャスト費が入って無いんだろ?〟〝いえ、すべてです〟……唖然。〝6000万て聞いていたぞ〟〝あれはアドバルーンです〟……絶句。アドバルーンというよりもバーゲンセールの風船ではないか……

この時点からクランクインするまで闘争の日々が始まる。

それからほんの数日して、今度は制作母体がエクセレントフィルムからにっかつ撮影所になるという。それに伴ってそれまで決めたスタッフも変更があるかもしれないとき、慌てて現場プロデューサーと話しに行った。〝製作部と演出部はこれまで準備してもらっているので変えられないが照明部、撮影助手はにっかつで〟言っている現場プロデューサーもとても申し訳なさそうにしているが、私もとても引けない。要は、弾いた予算がかなりオーバーしてにっかつに渡さないと仕切れないという。エクセレントで仕切れないものが何故にっかつで仕切れるのか聞いてみれば、自前のスタッフが居り、キャメラ機材、照明機材があるからという。現場プロデューサーも感心して〝そういうことなんですよ〟……何をか言わん。

と、次の交渉相手はにっかつということになったが、にっかつは丁度同じ時期に何本か作品が集中していたため、交渉すると割合すんなりスタッフは元に戻った。ただし、照明機材と撮影機材はにっかつの自前を使うという条件で……しかしこれもえらい事で、キャメラは結局、外から借りる事になった。照明機材も余り感心するライトがあるわけでもなく、ハイブライトなどは、必要に応じて借りるということで収まった。本当は常に欲しいのだが、とにかく金銭が全く合わない。

最後の難関はスーパー16を35mmにできないかということだった。元々スーパー16と聞いていたし、最後まで気にしていなかったので、金が無いなら無理して35mmを使うことはないと思っていた。それが衣装合わせの時期に、監督と話しているうち、クマさんがスーパー16をまったく理解していなかったため、急遽35mmにできないものか考えてみた。

予算が無くて35mmでやる……推定予算4000万。経験者の佐々木原氏の話も聞くが、アフレコということでは監督に言えない。それでもラッシュは縮小、音ネガは16mm、NG抜き、フィルムはアグファ、キャメラは有り物、深夜送り無し、スケジュールの短縮などで何とかならないか計算を頼んではみたが、35mmと聞いただけでプロデューサー側は拒否。……〝無理ですよ〟

『棒の哀しみ』永島暎子

それぼかりか、にっかつ側はもともとVシネと考えていますというし、エクセレント側と食い違う始末。それではせめてライトの光量をもっとしっかり持っていこうとしたが、所詮何にも分かってないプロデューサーばかりが現場でうろうろするばかり。

〝軍手7ダースを3ダースにできませんか？〟……またまた、唖然そして、また唖然！

もうこうなったらこっちも破れかぶれ。とことん赤貧に付き合っていくしかない。技術、美術に夢がないなら、監督、キャストに夢を見るしかない。

そんなことで映画を作ろうとしてよいのかと思いつつ、ロケハンも終わり、衣裳合わせも終わり、クランクインになった。インまでで相当疲れてしまった。こんな経験初めてだった。普通はもっと楽しいものなんだが。

やっと撮影開始

「棒の哀しみ」は北方謙三原作で、氏には珍しいハードボイルドではないヤクザな人間の生きざまを描いた小説だ。

当然オールロケで

○カジノバー（新宿・歌舞伎町）
○警察署（佐賀町・食糧会館）
○取調室（佐賀町・食糧会館）
○ガード下（浜町）
○花屋（目黒・第一ファミリー）
○田中のアパート（越中島）
○大村組事務所（羽田）
○亜弓のマンション（元麻布）
○亜弓のマンションの前（汐留）
○吉本のアパート（月島）
○ある雑居ビル（恵比寿）
○高級レストラン（目黒・大橋）
○クラブマリリン（新宿・歌舞伎町）
○病院（川越・赤心堂病院）
○芳江のマンション（杉並・下井草）
○ゲームセンター（渋谷）
○盛り場はずれ（銀座1丁目）
○ビルの谷間の空き地（新橋）
○谷内商事（江東区・塩浜）
○田中組事務所（東陽町）
○小さなバー（銀座4丁目）
○座敷（多摩市・乞田）
○夜の道（青山通り）
○川沿いの道（羽田・大師橋）
○パレードの街（日本橋久松町）

全25の舞台だった。

最初の監督との申し合わせで、手持ちはしないと決めた。といっても特機があるわけでもないので果たしてやれるか不安だった。というのも監督の撮り方はワンカットワンカット、カットを割っていくのではなく大概ワンシーンワンカットか、あるいは同じシーンを2〜3回、登場人物を追う形で撮ったりするので常にキャメラは動いていることが多い。キャメラが固定していては、人物がとんでもない方へ行ってしまうか、いなくなってしまう。狭いロケセット、使い勝手の良い機材を持たないことは、いろいろな無理があったが、完成したものには、編集という強い味方があるため余り気づかれないと思う。それにしても時代物の年季の入ったタイヤ移動には随分世話になった。最新のドーリーからみれば上下が利かない分、実に頼り無くなる時もあったが割り切るしかない。99.98%はしっかり三脚に乗せた。神代さんで、おまけに狭いロケセットで手持ちを一度もしなかったのは狙いとはいえ相当しんどかった。

気にいったところ

スーパー16の荒れを逆に利用するなどという芸当はできないので、監督の狙いとすることを撮っていった。主演の奥田瑛二と永島暎子の最後の異常なまでの絡みのシーンでいかにエロチックに撮れるかは、結構大事だった。女は傷と血に興奮する。大きな布を被せて、窓は夕景の赤、逆ライトを強調して動きの中に男女のシルエットが浮かぶようにした。その直結のシーンは唐突な朝、女は男を回りながら会話する。天井に申し訳程度に吊った2本の螢光灯以外は全て自然光で撮影した。16mmの悲哀が出てしまったが芝居にはマッチングしていると思う。

ラストの晒しを巻く前の男と女は、恍惚感の何物でもない。——何もかもうまくいってる——と独白する主人公の気持ちを盛り上げるのに多少悩んだ。

雑感

それにしても神代監督のあの撮影中の粘りには感服する。酸素を吸いながら仕事をしているのに関わらず、驚異！　敬意！

予算のないのは最初ぼやいたが、そのためにネガはEK、ラッシュはアグファでやった。タイミングする時に基準を見つけられずに参ってしまった。おまけに映写状態は最悪だったし……

初号プリントはEXにしてあるが、ラッシュでアグファを見慣れてしまい、何となく味のある微妙な色彩に郷愁を覚えた。

7月8日初号。7月19日テレシネ。4月半ばから3ケ月、やっと私の仕事は終了した。

要するに神代辰巳の人間の魅力でオールスタッフ・キャストが懸命に作ったってことなのだろう。もはやそこの部分でしか感じて燃えるところはなくなった。日本映画が文化財にならないように頑張るしかない。

（はやしじゅんいちろう・撮影監督／「映画撮影」一九九五年三月号）

表面に傷を負う者の存在論——『棒の哀しみ』

上野昂志

待っていたことは、いつでも不意にやってくる。この神代辰巳の新作なんかもそうだ。前作の『嚙む女』を見たのが八八年、まだ、ロッポニカなどというのがあった頃だ。そして、たぶん、余貴美子という女優を初めて見たのが、この映画だったと思う。その頃は、神代さんは、毎年一本の割りで映画を撮っていたから、翌年も新作を期待したのだが、これがダメ。その翌年も同じ、という状態が続いて、それからは神代さんゆかりの人に会うごとに、彼はどうしているのだろうと聞くようになったが、返ってくる答は、いつも同じで、身体の具合がよくないから、というものだった。

だが、それで待つことを諦めたわけではない。待つことが日常の習いになって、それを忘れたのだ。そして、ある日、不意に神代辰巳の新作がやってきた。タイトルは『棒の哀しみ』。棒の哀しみって、なんだろう。奥田瑛二がいい。彼のこれまでの出演作をすべて見ているわけではないが、これが最高ではないか。これ

『棒の哀しみ』完成記念

までは、どこかに強く演技臭を残していて時に違和感を覚えたものだが、それが、ここではふっ切れて、裸になっているのだ。それは〝自然〟というのでもないし、奥田という俳優の生地が現れたというのとも違う。現れているのは役者の生身の肉体だが、それが演技のなかで裸になっているのだ。

　ここには、神代辰巳の演技指導というよりは、彼が俳優にとらせる姿勢あるいは動作が大きく関わっていると思われる。たとえば、膝をついて、自室の床を隅から隅まで丁寧に拭くというような動作が、である。これを、たんに膝をついて這い回る動作あるいは姿勢として見れば、いかにも神代好みの恰好ということができよう。七〇年代のロマンポルノにおいて、神代辰巳はよくこういう恰好を女たちにやらせていたし、そこからは、そこはかとないユーモアが漂ってもいた。それを、いま神代は、奥田瑛二にやらせるのである。

　ところが、画面から伝わってくるのは、ユーモアとはいささか異質なものである。それをなんというか。

　男はやくざである。中堅の組の幹部で、他の組との揉めごとの処理や覚醒剤の密売といったヤバイ仕事をもっぱら引き受け、前後八年ぐらい刑務所暮らしもしているという、そういう男だ。そんな男が、暇さえあれば、自室のテーブルや床をせっせと拭いている。そんな場面から、意味として伝わってくるのは、男がもともと潔癖症であり、また、外に女は作っても内には入れずに、洗濯や掃除などいっさいを自分一人の手でやるという孤独癖があり、それを長い刑務所暮らしが助長させたという、主人公のキャラクターや物語の属性に関わることである。

　それを、説明ではなく、画面のなかの俳優の動きだけで見せるという、ただそれだけでも、この映画の生半可ではない描写力が示されているのだが、しかし、問題はその先である。ここには、男の性癖やら過去なりが、現在のさりげない動作のうちに現れているということと同時に、床を這うというかたちそのものが、男の身体性を(主人公の？　あるいは俳優の？)あらわにしてしまう瞬間があるのだ。

　蓮實重彦は、かつて、やくざ映画において身体を横たえることは不吉なことであるといって、やくざ映画のフォルムについて言及したことがあったが、この『棒の哀しみ』における奥田の床を這い回る姿勢も、その意味では、やはり負性を帯びたものといわねばならないだろう。というのも、やくざ映画では、床に這いつくばるというのは、負けるか逃げるかに限られているからだ。が、にもかかわらず、それは、床に横たわるという姿勢とは本質的に異なっているという点は見落としてはならないだろう。つまり、やくざ映画にあっては横たわることが死を意味しているのに対して、這いつくばるのは、あくまでも生の側に属することだからである。また、形態そのものとしても、それは、直立と横臥の中間にあるかたちなのだ。

　『棒の哀しみ』の主人公である奥田瑛二が示している身体性というのも、まさに、この直立と横臥の中間にあるものなのである。それは常に負性を帯びつつも、決して完全なる負に、つまりは死に至らないところで維持されている姿勢といってもいいだろう。これは、いうまでもなく、この映画における奥田のほかの場面での姿勢、たとえばソファに腰をおろすとき、背中をうしろに預けるようにしてやや仰向けに座るかたちだとか、立姿においても猫背で、直線性よりはむしろ湾曲性のほうが際立つといったことと連動しながら、彼が一度ならず二度までも腹を刺されるということにつながって、その身体のあり方を明確にしていくのだが、その点に触れる前にいっておかねばならないのは、この映画全体の佇《たたずま》いについてである。

　すなわち、これは、やくざを主人公にした物語を描いてはいるが、いわゆるやくざ映画の内にはないということだ。などというと、すでにやくざ映画というジャンルが崩壊している以上、そんなことは当り前だという人がいるかもしれないが、わたしが問題にしているのは、そういうことではない。だいたい、やくざ映画や西部劇のように、物語とフォルムの両面において、類型がきっちりあるジャンルというのは、崩壊したからといって、似たようなものをそれとまったく無縁に作ることなどできはしないからだ。いわば、そこではジャンルは磁場のようにして働き、無邪気にそれに似せようとすると弾かれ、鈍感にそれに似せまいとすると吸引されるという、まことに残酷な力学を発揮するのだ。この映画が、やくざ映画の内にないということは、そのような力学の場から巧みに外れているという意味である。といって、物語がやくざの話である以上、それから完全に外にあるというわけでもない。むしろ、内でもあれば外でもあるような境界線上において自由になっているのだ。それを可能にしたのは、主人公の語りが絶えず彼自身の行動を突き放すように働く話法とやくざ映画のフォルムを不断に突き崩すようなフォルムを導入したことによってであろうが、その結果、これは、ジャンル崩壊後の現在を、映画の佇いにおいて批評的に顕在化させる貴重なフィルムになったのだ。

　さて、ここまでくれば、主人公の肉体が示す棒としての存在論とでもいうべきものに触れることができるだろう。彼は、たんに床を這いずり回って雑巾がけをするだけでなく、やたらに傷を受ける男なのだ。最初は、賭博ゲームが置いてあるバーで、グラスを握ったまま人を殴って、その手に怪我をする。そして警察に引っ張られては、刑事にこずかれて歯を折る。かと思うと、対立する組のチンピラに襲われて、ドスで足の脛《すね》を切られる。

いずれも、小さな怪我だが、それだけに、この男の、傷というものに対するある種の親和性とでもいうべきものを感じさせずにはおかない。と同時に、ここで再びやくざ映画を参照すれば、こんなふうに傷ばかり負っている男など、どんなに殺し合いの多い映画でも、ほとんど見たことがないということに思い当る。そこでは、顔に傷跡が残るというような、やくざにとっての聖痕めいた傷以外は、傷など受けないのだ。つまり、そこでの刺しつ刺されつは一挙に死へと結びついてしまうのである。

その点で、この男は、いかにもやくざらしい物語の線に沿いながら、かつてのやくざ映画のどの主人公とも、まったく異なる生を送っているのだ。だが、その異質さがより際立つのは、腹を刺されることにおいてである。彼は、みずから求めて腹を刺されるのだ。すなわち、物語としては、対立する組から攻撃を受けている本家に、助っ人を出すように要請された主人公は、それを回避する口実として、本家から預っている覚醒刑密売のルートが攻撃されているといい、さらにその話に信憑性を持たせるために、敵のチンピラに襲われたことにして、実際にはそんなつもりもない男を挑発して自分の腹を刺させるのだ。

というようにいうと、そこから、みずから求めて傷を負う男というようなイメージが想像され、その傷によって、みずからの生存を確かめようとするといったストーリーが浮かんできたりするかもしれないが、実際には、ここには、そのような心理的な屈折はまったくないのだ。いや、まったくないわけではない。たとえば、男が、「俺にはいつまでたってもつまらないことで喧嘩をするチンピラみたいなところがある」という意味のセリフを吐くところがあるから、そこに彼の生存の根拠めいたものを読み取ることは不可能ではないが、といって、それが彼の心の傷として重みを持つかというと、そうはならない。それは、むしろたんに、彼の心理というよりは気分的な傾きを表すものとして、そこで留まるのだ。となると、この男が傷を負うということは、どういうことなのか。

肉体そのものの表面を、傷によって顕在化するということにしかならないのだ。あるいは、その傷を針と糸で縫うという行為を通して、肉体そのものをよりあらわに歪めてみせるというだけなのだ。いわば、ここでの傷は深さを持たず、あくまでも肉体の表層に留まり続けるのである。傷に意味はないのだ。それが、この男の生存に関わるとしても、それはあくまでも、生のかたちとしての生存であって、意味や心理に置き替えることは不可能なのである。そして、そこに、あえていえば棒の、存在論とでもいうべきものが立ち現れるのだ。すなわち、棒はただ棒としてそこに存在しているだけのことであって、それを別の意味に置き替えることなどできないということである。棒に哀しみがあるとしたら、ただそのことにあるのだ。

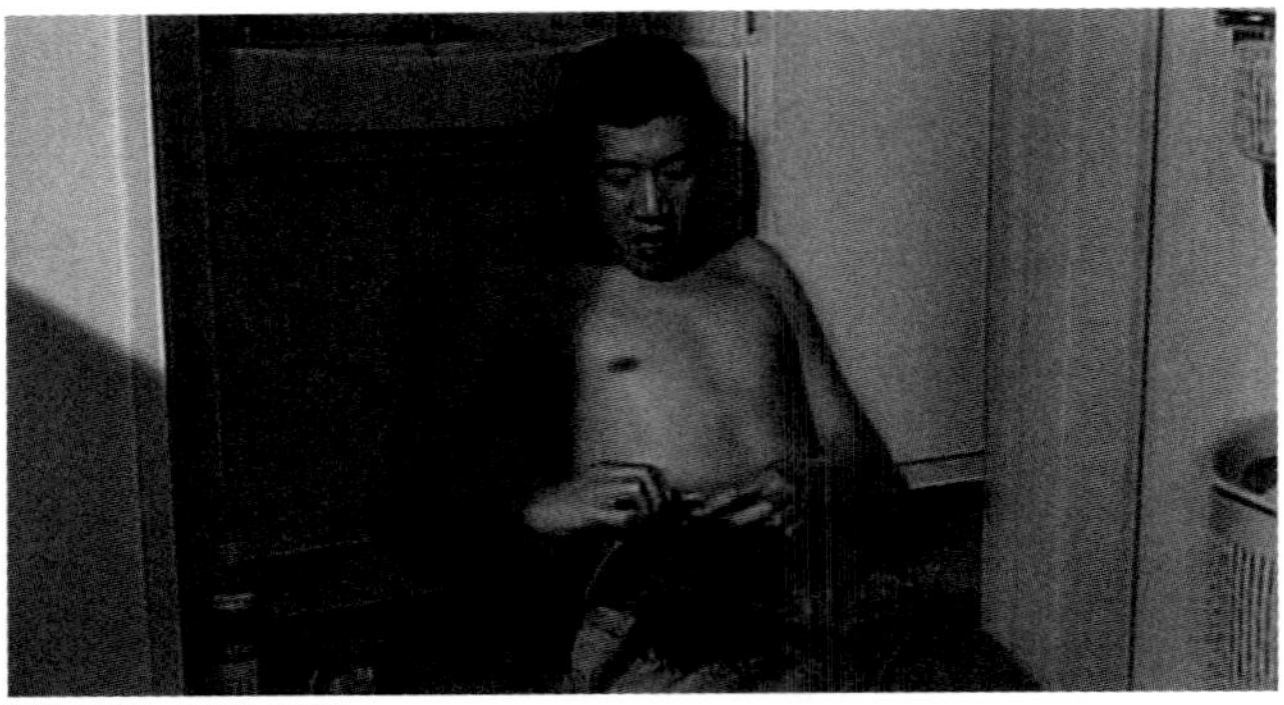
『棒の哀しみ』奥田瑛二

と同時に、それは映画の存在論でもあり、映画の哀しみでもあるだろう。おそらく、この作品の真のリアリティもまた、そこにあるのだ。

（「ガロ」一九九四年十一月号／『映画全文一九九二〜一九九七』リトルモア、一九九八年所収）

35

インモラル　淫らな関係

【公開】1995年4月25日リリース（オリジナルビデオ作品）
製作＝淫らな関係プロジェクト　カラー／ビスタ／79分

【スタッフ】
企画＝末吉博彦　プロデューサー＝國生晃司　岩田靖弘　向江寛城　大谷直史　鴨田好史　キャスティングプロデューサー＝庄司八郎　脚本＝神代辰巳　本調有香　撮影＝林淳一郎　照明＝前原信雄　整音＝岩田広一　選曲＝山本逸美　編集＝飯塚勝　VTR編集＝鈴木勉　記録＝本調有香　助監督＝今岡信治　製作担当＝田尻裕司

【キャスト】
坂本武＝柳ユーレイ　悦子＝柳愛里　坂本敏＝五十嵐光樹　ユミ＝石田幸　女事務員＝加藤陵子　高田＝朱源実　刑事＝黒沼弘巳　坂本文男＝仙波和之　新聞記者＝ダンカン（友情出演）　電報配達＝鴨田好史　自転車で転ぶ男＝田尻裕司　看護婦＝榎本由希

【物語】

武は、以前住んでいた部屋に忘れ物を取りに行き、下見をしていた悦子という女に出会う。そこへ高田という男が現れ、ドアの外で武を激しく怒鳴りつける。武は先物取引の会社に勤めていたが、顧客の高田に大損をさせてしまい、押しかけてくる彼から逃げるために引っ越したのだ。悦子をなだめて押さえつける武、やがて自然に関係を結ぶ二人。数ケ月後。武は会社を辞め、海辺の街に帰郷して家業のスーパーで働いていた。店は落ち目で大手チェーンに合併を迫られていたが、頑固な父の文男はそれを拒んでいた。武の愛人のユミのバーに悦子が訪ねてくるが、武が自分を覚えていることを確かめるとすぐに出ていった。何か事情がありそうだ。翌日、悦子が弟の敏の交際相手としてやってきた。武は幼い頃から家出した母親にかわり、敏の面倒を見ていた。武と敏は、兄弟というより分身どうしのような関係なのだ。文男は、二人は似ていると悦子に言う。悦子は、偶然、知らないうちに兄と弟それぞれを愛していたのだった。再び抱きあう武と悦子。「いちど起こってしまったことは取り消すことができない……そう思わない？」その後、敏が婚約指輪を渡した翌日に悦子は姿を消す。繊細な敏は心労で体を壊してしまう。しばらくして、悦子は敏と入籍して現れた。ユミの企みにより、武と悦子の秘密を敏が知ってしまう。絶望した敏は投身自殺し、兄弟と悦子の関係は街中の噂になる。武は誘われるままに店の事務員を抱くが、なにか虚しい。悦子は、いずこかへと去っていった。数週間後、武がいつもの浜辺で釣り糸を垂れていると、敏がふらりと帰ってきた。自殺は狂言だったのだ。「兄貴、悦子のこと、本気だったのか？」「本気だった」「俺も」悦子が残した婚約指輪。二人はその指輪を釣り竿に託し、海に捨てるのだった。

居場所をみつけきれずに動き続ける行為＝映画＝人生

田井 肇

神代辰巳の遺作『インモラル・淫らな関係』は、神代の初期の青春映画を彷彿とさせる映画である。いつもぶつぶつとしゃべっている、しかもそれが言葉でもなく、歌のような呪文のような、という主人公。年齢で言えば若者なのだが、いわゆる若者には見えず、演じる俳優もスターではなく、カッコわるいカッコよさを感じさせることもない。神代映画をずっと見てきた者なら、だれもが『濡れた唇』や『恋人たちは濡れた』の主人公を重ねあわせてしまうだろう。

物語は、とあるマンションの一室に始まる。空室になっているその部屋を見に来た一人の女。そこへやって来る一人の男。その部屋の、前の住人だと言う男は、そこで、ただ何となく、ずるずると、たまたまそこにいたというだけで、女とセックスする。「好き」もなければ「したい」もない。ただ、する。ただ、した、数日後、女が男をたずねてくる。「あのときの私だとわかってくれた。それだけでいいの」と言って女は去る。そして、やがて再び、女は男の前に現れる。今度は、男の弟の婚約者として。

神代は、これを登場人物の心理をとらえてドラマチックに作ろうとはせず、ひたすら、主人公のぶざまなありようだけをとらえてゆく。セックスがある。しかし、その行為を生み出すものも、その行為から生み出されるものもない。ただ、そこに、ごろんと行為だけが投げ出されている。いや、セックスなんて、もともとそんなものなのかもしれない。あるいは、心理が人間を一貫して支配する範囲とは別のところに、セックスはあるのかもしれない。それが、おそらく神代流のリアリズムなのだ。神代流とは言うものの、しかし、それは、いわゆる美学ではない。美学が貫かれているのならば、それは、最終的にはカッコいいものになってしまう。どこまでいってもカッコわるいままの「みっともなさ」、それが神代辰巳が描く世界だ。

この主人公は、たいした目的など持ちもせず、いつもどこかに行こうとしている男だ。自転車なんかをギイギイとこぎながら。目的というならば、おそらく人生においても目的など持たないこの男は、にもかかわらず、いつも何か別の、ちがう生き方を求めているようでもある。しかも、意志ではなく、成りゆきによって。

いつもどこかに行こうとしている主人公は、いつも、でれでれ、ぶらぶらと動き続ける。大きな意味でも、そしてごく小さな意味でも「ここではないどこか」に行きたいのだ。そんな主人公の動きが止まっても、なおかつ彼を見つめるカメラは、動き続ける。まるで、カメラもまた、対象を見つめるポジションを「ここではないどこか」に求めているかのように。神代映画の長廻しとは、そんなカメラの動きの結果としての長廻しのように、僕には思える。「ここ」というポジションをみつけきれずに、ずるずると回ってゆくカメラ。それは、いわゆる「凝視」というようなものとは、根本的にちがう目線のような気がする。

永遠に居場所をみつけきれずに動き続ける行為。それが神代にとっての映画であり、人生だったのではないだろうか。

女は男を愛している。だが、男は女の愛に答えることができない。愛し合うということは、すなわち居場所をみつけるということだ。そんな居場所が、自分にあろうはずがない、と神代映画の男たちは、思っているかのようだ。そもそも、自分をほんとうに愛する女なんているはずがない、と。自分というものが嫌いなのだ。自分のつまらなさを誰よりも知っているからこそ、その自分を愛するような人間を信じきれない。

「愛されてる、愛されてない、って、たかが自分じゃないか」

そんな感覚が、神代をして、一方に戯作者的な「芸」の映画群を生み出してもいる。だが、重要なのは、やはりそれは美学ではない、ということだ。神代辰巳の映画に、ある種のダンディズムを見てとる人もいるだろうが、それはちがうのではないか。神代辰巳脚本を村川透が監督した『白い指の戯れ』の荒木一郎にみられるニヒリズムは、神代自身が監督した『濡れた唇』や『恋人たちは濡れた』の主人公には、ない。美学とは、自分を愛する者の持つものだ。

憶測すれば、『濡れた唇』や『恋人たちは濡れた』を撮った神代は、しかしながら、青春映画というものの本来の姿を、自分の映画によりも『白い指の戯れ』の村川透の若さの中に見てしまったのだ。どこまでもカッコわるく、みっともない自分であり続ける、そんな自分が、青春映画の担い手にはなれないのかもしれないと、思ってしまったのだ（遅すぎたデビューを飾った神代は、じっさいに若くもなかった）。以降、何本かの青春映画を、神代は、つねにアリバイ証明のように、脚本に若手を起用して撮ることになる。

そんな神代辰巳の決して潑剌としない青春映画に、時代の気分が追いつくのは、一〇年後、『ストレンジャー・ザン・パラダイス』の登場を、あるいは二〇年後、『愛情萬歳』の登場を待たなければならなかった。青春映画において、神代は、一周早く走りながら、他の後塵を拝するランナーだったのかもしれない。

したいこともなく、愛されたい自分もみつからず、すなわち人を愛することもないままに、ニヒルに孤立するのでもなく、心の隙間をぶつぶつと呪文のようなうめきで、肉体の隙間をただ女の肉体で埋め、どこにいていいのかもわからずに、さりとてここにい続ける確信も持てぬまま、動いてはみるものの、そこから離れることもできずにいる。それが、神代辰巳の青春映画だ。

神代辰巳は、そんな青春映画への決着を、あるいは未練を、この遺作にこめようとしたのかもしれない。都会のすぐとなりの、とりのこされたような海岸ぞいの田舎町。吹きさらす冷たい風。ごわごわとしたセーター。神代が、最後まで忘れきれなかった青春の匂いが、ぷんぷんと匂ってくる。

これを傑作だとほめそやすことよりも、今はただ、この映画を抱いてうずくまっていたい。

（たいはじめ・映画評論家／「映画芸術」一九九五年夏号〈追悼　神代辰巳〉）

神代辰巳の遺作『インモラル』の現場
いまおかしんじインタビュー

取材・構成＝**膳場岳人**

『インモラル　淫らな関係』柳ユーレイ、柳愛里、五十嵐光樹

――まずは神代作品との出会いを教えてください。

いまおか　俺は映画が好きになった入口がロマンポルノなのよ。ハリウッド映画はあまり見なかった。大阪で浪人してる時に、新世界の映画館なんかで見始めたのがきっかけで、大学で横浜に来てからも、亀有（亀有名画座）や文芸坐の特集でロマンポルノばっかり見てた。いちばんよく覚えてるのが『恋人たちは濡れた』（73）。主人公の男（大江徹）がすごい好きでさ、あのキャラクターが。それで神代さんの映画が好きになったのかな。神代さんの映画に出てる奴らって、妙に魅力的で、おかしいなあいつらっていうか。男女関係もそうだし、社会に対する関わり方みたいなところで、結構外れた人たちが多いじゃん。なんかさ、「こういう風に生きたいな」って俺は思ったの。ちょっと笑っちゃうんだよね、全体的に。堅苦しくないっつうか。「お前もう、力抜こうやぁ」みたいな（笑）。みんな「一〇〇点取れ」って言うのに、「二〇〇点取らなくていいよ、〇点でいいじゃん。でも何かないの?」ってアプローチが映画にあるっていうかさ。

――じゃあ神代映画で一番好きなのは『恋人たち〜』になる?

いまおか　いっぱいあるんだよね。『悶絶!!　どんでん返し』（77）も『黒薔薇昇天』（75）も好きだしさ。『アフリカの光』（75）も好き。ショーケンかっこいいじゃん。あの二人がいいじゃん。みんなに弾かれてさ、でもなんとかしてやろうとしててさ。あのホモっぽい感じとかね。リアルタイムで見た映画だと、『もどり川』（83）はちょっとどうかなぁ。『美加マドカ　指を濡らす女』（84）は好きだよ。『恋文』（85）も『離婚しない女』（86）も『ベッドタイムアイズ』（87）も好き。『噛む女』（88）はちょっとアレだったかもしれないな。

――大学に入った頃から映画をやりたいと思っていたんですか?

いまおか　思ってないかな。映研に入ったりはしてたけど。大学行ったのは、将来やりたいことと彼女を見つける。このふたつしかテーマがなかった。ハナから学校行ってなかったしね。バイトしながらシナリオライターを目指してたんだけど、コンクールに応募しても結果出ないし、もうあの業界には入っていけないんじゃないかって。二五にもなったら焦るじゃん。それで獅子プロに入った。バイトしててもしょうがないし。

――それまでピンク映画はよくご覧になっていたんですか?

いまおか　見てない。ただその頃、瀬々敬久さんとかが映画雑誌に出てたんだよ。ピンク四天王とも言われてない時代に。それでピンク映画を見て面白いなって。無頼派って言ったらおかしいけど、悪いものに対する憧れ？　ピンク映画って言ったらみんな眉をひそめるじゃん。でも「そういうのもいいんじゃない？」みたいな。

――獅子プロ時代はひどい暮らしだったって話を聞いた覚えがあるんですけど。

いまおか　ピンク映画の助監督って仕事として成立してないんだよ。衣裳やら小道具やら全部一人で揃えなきゃいけない。朝から晩まで現場だしさ、忙しいしさ。なのに笑っちゃうくらい給料が出ないわけよ。「二万な」とか言われて、「ええっ！」(笑)。もうさ、文句言う前に笑っちゃうんだよ。平気で「あれ盗んで来い」とかさ(笑)。普通の社会とは常識が違うんだよ。それで何やってるかっていうと女の裸撮ってるんだよ。そんなの何の意味もないじゃん？　だけど監督たちは目ぇひん剝いて、朝まで全員だよ、いい大人が女の裸を朝まで撮ってるんだよ(笑)。バカバカしいんだけど、「あっ、映画ってちょっと熱いな」って思ったのね。仕上がった作品も面白かったしね。そういう作品に関われたっていうか、今まで何一つ形にできなかった俺が、そういう世界の仲間なんだって思うとさ。それにもう二五だったから、ここで一つ何かをやり遂げよう、みたいな気持ちがあった。でも五年も続けると擦り切れるわけよ。俺は基本的に人付き合いが苦手なんだけど、助監督って調整役だからさ。それでこの先どうするか悩んでた時に、『インモラル』の話が来た。獅子プロにいて良かったと思うことを一つ挙げろって言われたら、神代さんと出会えたことだよ。この『インモラル』っていう映画につけたことだよ。でもその現場はボロボロだった。

『インモラル』の現場

――『インモラル』は最初から獅子プロが請け負う形だったんですか？

いまおか　もともと獅子プロはエクセレントフィルム(代表、伊藤秀裕)とVシネマみたいなのを何本か作ってたの。『インモラル』の場合は、伊藤さんが何かの都合で獅子プロに丸投げしたの。だから、プロデューサーが向井寛(獅子プロ代表)で、スタッフは獅子プロと神代組のスタッフが混交する形になったんだよ。現場で神代さんの世話とか話し相手とかも務めてた鴨田(好史)さんともそこで会った。もともと神代組っていうのはチームだからさ、キャメラマンも有名な人で……えーとね、名前なんだっけ。えーと、台本持ってきた(取り出す)。

――凄い！

いまおか　キャメラマンは林淳一郎さんだ。こういうちゃんとした方たちがいたのね。あ、ほらここ「監督ボンベ段取り。電池二日で四本」って書いてある。

――神代監督の酸素ボンベのことですかね。

いまおか　だろうね。これホンは読んだ？

――いえ、さすがにホンまでは。

いまおか　ホン、いいんだよ。おもしれぇなぁと思ったよ。神代さんは最初、本調(有香)さんとホンを作ってて、あれをやろうとしてたんだよ、『水の女』。

――中上健次のですか？

いまおか　そうそう。でも原作権が取れなくて、急遽『インモラル』を書いたらしいんだよね。神代さんはみんなに止められてたらしいよ。そんな仕事しなくていいって。制作費一千万、撮影一週間の映画なんてやったことない人だから。

――神代監督は当時もう車椅子ですよね？

いまおか　そう。酸素ボンベの管が鼻に入ってて。

――最初に顔合わせした時から車椅子だった？

いまおか　うん、鴨さんが押してたよ。最初に顔合わせした時は凄い緊張した。覚えてるのは、女優の面接をエクセレントの地下でやってて、本読みになった時に「ああ、そういう言い方じゃないなぁ。君、岡崎京子の漫画読んだことある？　あれのキャラクターみたいな感じで」って言ったの。

――神代監督がですか？

いまおか　そう。「神代さん、岡崎京子読むんだ!?」みたいな。『リバーズ・エッジ』は面白いって言ってたよ。貪欲に今のものを読んでたりするの。だからこう「老人」というより映画監督なんだね。それで俺も『リバーズ・エッジ』読んだの。それを『彗星まち』(95)でパクったの。「よし、この死体だ！」って(笑)。

――まさに具体的な形で神代監督の遺志を継いでいるという(笑)。

いまおか　どうかな(笑)。芝居のつけ方も若いっつうかさ、俺らよりよっぽどトリッキーなことを言ったりするわけ。普通はさ、本読みなんてホン読んだらもう終わりなんだけど、もう一つさせるっていうかさ。それはたぶん役者への愛情なんだよね。「あれもしてみ、これもしてみ」っていうのがさ。役者いじるのが好きなんだよ。初日はファーストシーンの空き部屋から始まったんだけど、二人(柳ユーレイ、柳愛里)とも最初そんなにうまい役者じゃなかったの。それが二、三時間やったら断然良くなるんだよね。びっくりするもん。これって演出だなぁって。変なことさせるんだよ。笑っちゃうようなことを。もうちょっとここ叩いて、壁叩いて、みたいな。延々やるんだよ。長いんだよこのシーン。

――あの導入部は凄く変な間合ですよね。

いまおか　「これは向うの何とかかって映画にあるんだよね」って言ってたな。なんだっけ？　ちょっと思い出せないけど、セックスばっかりしてる男女の話で、部屋で西日の話をするんだって。

――いまおかさんが書いた『空き部屋』（01年、『団地妻　隣のあえぎ』サトウトシキ監督）**の導入部もああいう感じで、ト書きに「西日」が出てきますよね。**

いまおか　誰かに「パクっただろ」って言われたんだけど、「パクってねぇよ！」（笑）。でも無意識のうちに影響されてるってことっていっぱいあると思うよ。

――演技にこだわったりして時間が押すと予算に響きますよね。神代監督はどこかで折り合いをつけてたんでしょうか。

『インモラル　淫らな関係』完成記念

いまおか　神代さん自身はそんなに予算にこだわっていなかったと思うよ。シーンの一つ一つをいかに作り上げていくかってことだけだから。凄い元気なの。「俺はもうなんでもやる、予算なんか関係ないんだ」と。「今撮らないと死ぬかもしらん」みたいな気迫があるんだよ。それでもやっぱりスケジュールはかなりしんどそうで、こっちが「すいません、これで納得してください」って言わなきゃいけないところはあった。そういう意味では、辛かったとは思うんだけどね。突っ込んでやれない、みたいな。あとやっぱり基本が病気だから普段からしんどそうなんだよ。医者から「監督は夜の九時までしか動いちゃいけない」って言われてたくらいで。本番の時さ、息詰めてるの。あんまり長い間息詰めてると、ピーッ、ピーッて鳴るんだよ、酸素ボンベの装置が。機械が「死んでるよ、あんた、死んでるよ！」って知らせるの（笑）。「おっ、息してない、監督息してないよ！」と思って（笑）。それくらいジーッと芝居を見てるんだよね。あれは一六ミリで撮ったオールアフレコ作品だから音は問題ないんだよ。

――いまおかさんをはじめ、獅子プロの方っていうのは低予算の映画作りを熟知してるわけですよね？　神代チームはそこにあまり慣れていないわけで。

いまおか　だからそこで齟齬があってさ、俺なんてバッシングされて大変だったよ。「なんだよお前、そんなの用意して来いよ！」「いや、ちょっと金がなくて……」「ハァ!?」みたいな（笑）。「エキストラどうする？」「用意できない！」とかさ。てんぱってたなぁ。何回か逃げようと思ったもん。制作部の田尻（裕司）はよく頑張ってたと思うよ、俺がもうボロボロだからさ。いろいろフォローしてくれてさ。とにかく人手が足りなくて、ほとんどピンクの現場と同じくらいだよ。メイクがいたくらいだよね、違うのは。制作部も田尻一人みたいなもんだよ。あり得ないよ、普通な。俺だって凄い好きな監督だからさ、ちゃんとした現場にしたいと思えば思うほど、自分の力のなさを思い知らされるっていうかさ……。せつないよ。頑張ろうと思ってたんだけど、頑張りきれなかったね、やっぱり。本当にしんどかった。「迷惑かけたなぁ」というのが、現場終わって思ったことだよね。

悔いの残る別れ

――初号はあったんですか？

いまおか　なかったんじゃないかな。確かこれ一六ミリ作品としては完成してないんだよ。テレシネして、最初からビデオ作品になってる。だから一六ミリで上映できないんだよ。完成作品を見た時の感想は……悔っていいなと思ってさ（笑）。いや面白かったよ。ちっちゃい話でさ、男女二人の話で……恋愛の話だからね。なんだろう、うまく言えねぇな、面白い部分を。神代さんはダビング終わってすぐ入院したって話を聞いたような気がする。

――その年の二月二四日に神代監督は亡くなります。

いまおか　電話で聞いたんだよな。ショックでさ。もちろん人が死ぬってショックなことなんだけど、俺は現場で迷惑かけたってことがさ、すごいやっぱり……たとえばもう一本現場やって、今度はうまくやってとか、そういうのがないままさ、なんか……。最後、撮影終わった時にさ、「お疲れさーん、ナントカちゃん」って監督がみんなを一人一人軽く抱擁したのね。でも俺、やられなかったのね。ショックでさ。「あぁ、怒ってるのかなぁ」と思って……。いや、やられてたのかもしれないけど、されなかったって印象があるの。それで亡くなったことを聞いて、現場のこととか思いだしてさ、取り返しのつかないことをしてしまった、「うわーっ、どうしよう」って凄い後悔したの。その夜、付き合ってた彼女と高円寺の飲み屋で飲んで、もうべろんべろんになって瀬々さんに電話したの。泣きじゃくりながら「どうしたらいいんすかね？　俺、神代さんに謝りたいんだけど、もう謝れないんですよ！」って言ったの。そしたら瀬々さんが「そんなこと言ってもしょうがねぇだろう。お前が映画を撮ってお返しするしかないだろ！」って……。次の日がお通夜だった。

俺が寒い中看板持ってたら、粟津號さんが来て、「寒いだろ」って缶コーヒーくれた。春には追い打ちをかけるように彼女にも振られた。神代さんが死んで、彼女と別れて……なんでもいいから現実を忘れる行為っつうか、とにかくホン書いて監督デビューしようって。それしかないって。半年くらい何もかも忘れてその作業に打ち込んで、それでようやく『彗星まち』を撮った。だから人間って、いろんなものを背負ってくよね、背中に。

（4月18日、西新宿ジョナサンにて）

（いまおか しんじ・映画監督　ぜんば たけと・脚本家／「映画時代」創刊準備号・二〇〇八年五月）

神代辰巳の最後の作品について

山根貞男

神代辰巳の遺作『棒の哀しみ』では主人公がしょっちゅう独り言を呟く。いい歳をした暴力団幹部がたえずぶつぶつ言っている光景も珍しいが、それ以前に、こんなに主人公の独り言を描く映画はあまりほかに類例がなかろう。

彼は冒頭、カジノバーで暴れて警官に連行されたあと、警察署から出てくる場面で、もう独り言を呟き、つぎのカットで花屋の前を通りかかって若い女性店員を目に留めるや、いつかどこかで会ったかどうかをひとり口にする。以下、敵対組織との抗争をめぐる電話のあいまも、ゲームセンターで暇をつぶすときも、考えごとをしながら道を歩くときも、刺された脇腹の傷を縫うときも、花屋の女店員との情事の前に布団を敷くときも事後も、またしてもほとんど自分のほうから刺されてしまう直前にも直後にも、といったふうに、主人公の独り言は、全篇、あたかも日常生活の句読点のように洩らされつづける。主人公のこの独り言の癖と平凡なサラリーマンにしか見えないような風采とに、暴力組織のなかを非情な策謀で闘い抜いてゆく男の姿をつづったこの作品の特徴があることは、だれの目にも明らかであろう。

独語癖も地味な見かけも原作の基本設定ゆえ、オリジナリティは北方謙三の小説によるが、その二点は、映画において、文章で書かれている以上に際立っている。とりわけ独り言の場合にそれは顕著で、なにごとかをひとり呟く男の姿については、映画のほうが単独性をより強く表現すると思われる。

そのことに関連して、一つの事態に注目しよう。この作品には主人公が電話で話をする場面が頻繁に見られ、描写のあり方からすれば、話す主人公の姿しかうつしだされないときと、画面に相手の姿や声も交互に出てくる場合とに大別できるが、前者の場合、さながら主人公は電話にむかって独り言をしゃべっているかのようにも感じられてくるのである。冒頭からまもなく、自分のアパートで敵との抗争について電話で二回つづけさまに話すくだりでは、話の内容から組の幹部や親分との会話だとわかるものの、相手の姿も声もないゆえ、電話でのやりとりと電話を切ったあとの独り言は地続きにつながっている。同じように、主人公が自分の立てた筋書きをチンピラにまくしたてるシーンでも、脳溢血で親分が倒れたあと、主人公が情婦にむかって組織内の力関係についての思いを吐き出すときも、あるいは幹部会の席上で自分の闘争方針を語る場面でも、ほとんど独り言と区別がつかないのである。

もうここまでくれば、独り言をたんに主人公の性癖とのみ見なして済ますのは不可能であろう。全篇いたるところで印象深く描き出されるのは、暴力団幹部の独語癖以上の事態であり、明らかにそれはこの作品の本質部分に関わっている。

主人公がひとり呟く言葉は、むろん筋立ての説明という役割を果たしもするが、それにもまして主人公の生の状態をなまなましく表現する。独り言が意味を担いつつ、単純な意味の域を越えたところで漂っているといえよう。この作品の表現としての焦点はその一点に合わされているにちがいない。だからこそ、奥田瑛二がひとり呟くシーンは素晴らしく、そこでは言葉の漂いが輝いている。

神代辰巳が独り言を表現として用いるのは、これがはじめてのことではない。むしろまったく逆に一貫して活用してきた。神代作品の初期からの熱烈ファンなら、印象深い例として数々の作品における歌のあり方を想起することであろう。
たとえばデビュー第二作で、神代辰巳にとっての最初の日活〝ロマン・ポルノ〟作品である一九七二年の『濡れた唇』では、行きずりの性的関係から殺人犯として逃亡することになる主人公二人のうち、男には独語癖があり、女は歌を独り言のように口ずさむ。神代辰巳が日活以外ではじめて撮った七四年の『青春の蹉跌』においても、社会でのしあがってゆくためには恋人を殺しさえする主人公の青年が、ドラマの屈曲のたびに、〝エンヤートット、エンヤートット……〟という歌を小さく呟くようにうたう。あるいは同じ七四年のつぎの作品『赤線玉の井・ぬけられます』では、売春防止法制定直前の私娼窟に生きる売春婦たちの生態が軽妙に描かれるが、中心になる女たちは、それぞれに異なる歌をあたかも自分の持ち歌か主題歌みたいに鼻歌ふうにうたう。

それらの歌はストーリーと関係があるわけではない。また、いましがた『赤線玉の井・ぬけられます』の娼婦たちの歌について「自分の持ち歌か主題歌みたいに」と述べたが、それがたとえ悲しい歌だからといって、うたう女の悲哀や傷心を表現しているとはかぎらない。ならば、神代作品に頻出する歌はいったい何なのか。そう考えたとき、やはりそれらの歌は、独り言と同様、意味無意味の地平を越えたところで、うたう人物の生の状態をなまなましく表現していると思われるのである。

ここで、ひとつのことを強調しておこう。それは、神代作品に登場する歌がさほど珍しいものではないということである。ごく少数の例外はあるものの、出てくる歌の大多数は、たいていの日本人の知っている流行歌や民謡や童謡であって、うたわれるのが春歌の場合であれ、ある意味ではむしろよく知られているといえる。それらの歌は、だからこそ、すんなりと印象深い。しかしそのことを確認したとたん、問いが浮かんでくる。珍しくもない歌の数々が生の状態の素晴らしい表現につながるなどという事態が、どうして実現されるのか。そこには、歌を画面に導入するさいに神代辰巳がいかにユニークかが関わっている。

神代作品においてむろん歌は口ずさまれるだけではない。多くの作品で、さまざまな歌謡曲やわらべ唄や俗謡などが、うたわれないまま、画面にかぶさって流れる。ただし、この一点が注目すべきところだが、それらの歌はいわゆる伴奏音楽として使用されてはいない。歌は歌なりに一つの表現として流れ、多くの場合、映像とぶつかり、拮抗し、せめぎ合って、同調ではなく違和やズレの関係を生み出すのである。端的な例は一九七二年の神代辰巳の〝ロマン・ポルノ〟第二作『一条さゆり・濡れた欲情』であろう。何度か小気味よく高らかに流れる〝ナカナカナンケー、ナカナンケー……〟という歌声は、たしかに主要人物を演じる男優のものではあるが、べつに伴奏でも描写の補助でもなく、ふいに画面にかぶさって小気味よく違和をそそり、だからこそたいへん印象深い。この作品の新鮮な魅力は、封切り当時、神代辰巳の名前を一躍広く知らしめることになったのだが、そこには〝ナカナカナンケー……〟の歌の力が大きく作用していよう。

さほど珍しくもない歌であろうと、映像とのズレがその歌の様相を一変させ、と同時に、映像の意味すら転移させてしまう。神代作品におけるユニークな歌のあり方を、そんなふうにいってもよかろう。歌が画面のなかで登場人物によって口ずさまれようと画面の外で流れようと、基本的にはまったく同じことであり、ズレの動態のなかで、めざましい表現力が創出され凝結するのである。

ところで、〝ロマン・ポルノ〟は、そもそも一九五〇年代後半から六〇年代にかけてアクション映画の王国として栄えた日活が、やがて経営の危機に頻したあと、生き延びるための窮余の一策として一九七一年の秋からスタートさせた路線であったから、作品はすべて低予算でつくられた。そこで取られた映画製作の手段の一つが〝アフレコ〟(アフターレコーディング)である。撮影現場において録音用の器材も人員も必要とせず、撮影済みのフィルムにあとで台詞や音響をかぶせるアフレコのほうが、同時録音にくらべ容易に製作費の節減になったのである。

このアフレコ方式は日本特有のものではないが、世界広しといえど、神代辰巳ほどアフレコという便宜的手段を効果的に活用した監督はいないのではなかろうか。さきほどの『一条さゆり・濡れた欲情』の〝ナカナカナンケー……〟は、まさしくその例証にほかならない。神代作品に関わった人々の証言によれば、神代辰巳はしばしば映画づくりのアフレコの段階で、脚本には書かれていない台詞を俳優にしゃべらせたり、予定外の歌をかぶせたり、ときには脚本の台詞をまるで別のものに変えてしまうことさえあったというが、初期〝ロマン・ポルノ〟で神代辰巳が驚嘆すべきほど豊かな表現を達成したのは、アフレコという手段を最大限に活用することで、不思議なくらい強大な力を発揮するズレという独特の画面のあり方を生み出したからにちがいない。

むろん神代辰巳は、日活〝ロマン・ポルノ〟で第一線に躍り出たあと、より大きな予算の他社作品を手がけるようになったとき、アフレコではなく同時録音で撮りもした。ただしそのような場合においても、いま、具体例を検討する余裕はないが、明らかにダビング段階で声や音の同調ならぬ違和やズレを実現している。いったん神代辰巳の手にかかれば、同時録音でもアフレコ化されることで独自の表現力を孕むようになるといえようか。

さて、そこで、もう一本の遺作『インモラル・淫らな関係』に目を向けよう。映画館で公開された映画では一九九四年の『棒の哀しみ』が神代辰巳の最後の作品になるが、そのあと、神代辰巳はビデオ専用映画を撮った。それが一九九五年四月に発売された『インモラル・淫らな関係』である。

この作品は十六ミリ・フィルムで撮られているという点で『棒の哀しみ』と共通するが、そんなことより、ここでの強烈なアフレコ方式の映画づくりの効果が後者の独り言に匹敵する。まさしくそれは、目を奪い、耳を撃たずにはおかない。ビデオ用だから、当然にも低予算であり、それを逆手に取った神代辰巳ならではの表現が感銘深く達成されているのである。

たとえば、それは主人公の青年と若い女のたしか三度目の出会いのシーンだと思うが、ちょっとした偶然から行きずりに性的関係を持ったにすぎない女が今度は主人公の弟の婚約者として現われ、主人公を驚かせて、彼はその妙な因縁について女に問い、女は答えにならない答えを突き返す。このとき、主人公と弟と女は海辺の松林を散歩していて、ひとり離れてしまって海の家の前にいた主人公とその姿を見つけた女が言葉を交わすのだが、二人は遠く離れた位置にあり、主人公は怒鳴るような声で女に語りかけ、女は遥か彼方から疾走して近づきながら叫ぶように話して、画面が不思議な形の興奮を煽らずにはおかない。距離感の狂いが魅惑のサスペンスを沸き立たせるわけで、明らかにそうしたあり方は神代辰巳一流のアフレコ効果から生み出されているのである。あるいは弟が急病で倒れて入院したあと、ベッドに寝たまま、傍らの主人公にさまざまなことを語りかける場面では、途中に、女が〝あにき、あにき……〟と呟きながら波打ち際を疾走する短いカットが何度か挿入され、その声は弟の語りにかぶさって流れもする。この場合でも、アフレコという手段によって、わくわくさせるような空間感覚の狂いがもたらされていることは一目瞭然であろう。ほかにも同じような独特の画面づくりが頻出するうえに、この作品では、主人公や女が独り言のように歌を口ずさむシーンが随所に見られる。

かつての〝ロマン・ポルノ〟の場合、流れる歌には、違和やズレを楽しませる気配が濃厚にあり、ドラマの世界を増幅する役割を果たした。ところが『インモラル・淫らな関係』のアフレコの使われ方は、かなり様相が違っているように思われる。

むろん違和やズレの面白さがないわけではなく、それを楽しませる部分もあるにはあるが、ここでは、アフレコはもっと過激な表現手段として活用されているのではなかろうか。兄が弟の妻と結婚の前も後も性的関係を持つというドラマが、もっと〝インモラル〟に描き出されるというのではない。もともとこの作品は単純ともいえる三角関係のドラマからなっているが、さきに見たようなアフレコによる画面づくりは、それを増幅するどころか、強烈な違和の力でドラマの世界を脱色させ、三角関係というそれなりに安定した構図から人間的な要素を剝ぎ取って、異形のなにかに変容させていると感じられるのである。あるいは観客としてのごく素朴な印象に即して、こういえばよかろうか。この作品を見ていると、映像と音声に感覚が引き裂かれ、ズレのあいだの深い淵にどんどん落ちていってしまうような気がする、と。

アフレコのもとに、映像と音声がぶつかり、拮抗し、せめぎ合うとき、そこに生じるズレが微妙であればあるほど強大な空隙として感じられ、得体の知れない淵が口を開く。明らかに神代辰巳は『インモラル・淫らな関係』において、そんなアフレコの作用をぎりぎりのところまで突き詰めているのである。先述の距離感や空間感覚の狂いという点を強調すれば、この作品では、アフレコという手法によって、映画としての空間と時間がぶっちがいの形で交わっているということになろうか。

そんなあり方は、当然の結果として、画面につづられるドラマの流れを変え、意味作用を一変させて、むしろ流れやストーリーを剝ぎ取り、ドラマから意味すら剝奪してしまう。神代辰巳がアフレコの作用をぎりぎりまで突き詰めていると述べたのは、もう一歩その営みを進めたら、作品が解体するどころか作品として成立しなくなるからにほかならない。逆にいえば、神代辰巳はその一歩手前まで突き進んでいる。

『インモラル　淫らな関係』柳ユーレイ、柳愛里

そのとき、何が行く手にみえるか。まちがいなくいっさいの意味を脱ぎ捨てた裸の映画、ゼロ度の映画である。

　鈴木一誌がみごとに緻密な『インモラル・淫らな関係』論でつぎのように述べるとき、同じことを指しているのであろう（「みすず」一九九五年九月号）。


　語りはするが、語るべきほどの事柄はないと言いつづけるフィルム。表現するとは語りかけることだったのではないか。ひとりごとの映画、と名付けておこう。語りかけはしないが、自分の口から発語せざるをえないのがひとりごとだからだ。


　ここで『棒の哀しみ』の独り言を呟く主人公に戻るが、組織内外の軋轢のなかを巧みに泳ぎ渡ってゆく彼を見ていると、手ぶらという印象が強くする。じっさいの話、暴力団員にもかかわらず、彼はいつも丸腰で、一度だけドスを手にするものの、あくまで挑発のためであり、ピストルなどは持っていない。そして、前に立ちはだかる敵と闘うときには、きまってあたかも自分の命をポイと捨ててしまうかのような行動を起こす。二人の情婦を操って儲け仕事や悪事を働いているが、金や女に執着しているわけでもない。明らかにそうした手ぶらの生の状態の発現として、だれに語りかけるのでもなく、独り言が主人公の口から洩れるのである。

　彼はその風采ばかりか、ごく平凡なサラリーマンと同様、2DKの公団アパートに住んでいる。冒頭、自分でその部屋の拭き掃除をしたり洗濯物をベランダで干したりするシーンがあるが、彼にとっては、暴力沙汰や謀略と、そうした掃除や洗濯とは、まったく同次元に並んでいるのであろう。だからこそ、上着のボタンをつけるのとまったく同じように、二度が二度とも自分からわざと刺された脇腹の傷を自分で縫い合わせる。

　そんな主人公の姿に表現されるものを、生のゼロ度と呼んでも間違いではあるまい。それはごく日常的でありつつ、日常性をはるかに越えている。彼の独り言のように、意味を担いながら意味の地平を大きく越えてしまっているといいかえてもよい。

　思えば、映画という営み自体が、日常的でありながら日常性を越え、意味を担いつつ意味の地平を越えることにおいて、独自の輝きを放つものではなかったか。神代辰巳の作品に魅せられることは、映画のゼロ度、生のゼロ度をなまなましく体験することにほかならない。その体験のなかで空間と時間のあり方が一変し、了解の変容が起こる。そこから世界の変容へは一直線につながっている。


（編集部注＝本稿は一九九六年ロッテルダム国際映画祭の海外プレス用テキストとして執筆されたもので、日本語では初掲載となる）

砂に還る——『インモラル・淫らな関係』

鈴木一誌

ひとりごとの映画

ひとりごとにうそはあるか。

　つぶやくようなバックグラウンド・ミュージックとともに画面は始まる。歌うというよりはささやく。あえぎにも聞こえ、あるときは心臓の鼓動のように響く。主人公のつぶやきかと受けとりかけてちがうことに気づく。男と女の声がくるくる入れ替わり、どこにいくのかな、死んじゃやだ、波、とんっととんとん、と聞こえたり、劇中でも、ふんふん、と歌う。画面からひとりごとが鳴りつづける。

　神代辰巳監督のビデオ作品『インモラル・淫らな関係』のパッケージには、「生と性を見つめ続けた巨匠・神代辰巳入魂の遺作」と記されている。中年のやくざ男を主人公にした劇場上映の映画が遺作と思っていたので、もう一本遺作があると聞いて驚いた。テレビドラマの遺作も放映された。神代辰巳は何本もの遺作をもつ監督だ。

　主人公、武は、東京の先物取引の会社につとめていた。契約で損害をこうむった男が、毎日決まった時間に、主人公のマンションを訪れドアを叩く。引っ越した主人公が忘れものを取りにきたとき、借りるかどうかを下見にきた女がいた。男の部屋でも女の部屋でもない宙吊りの部屋で出会う。ふたりのどちらにも属さない部屋がある。窓から見下ろして男が来るのを知った主人公は、ドアに内側から鍵をかけ、何をするのよという女、悦子を床に倒し、口を手で塞ぎ、少しのあいだ黙っていてくれと、ことばを遮断する。外では、男が渾身の力でドアを殴りながら怒鳴りつづける。室内では口を塞がれた女が男をむかえ入れようとしている。外では男はまだドアを叩きやめず、いるんだろ、あけろ……女房が入院して……一週間なにも食ってないんだ……と、きれぎれに聞こえてくる。内と外でひとりごとの世界が回転を始めた。

三角関係の話だ。ふとしたことで主人公と関係をもった女が、弟の婚約者として眼の前に現われる。兄は、弟の妻になるはずの女と「インモラルな関係」を結ぶ。故郷に帰ってきた弟、敏《さとし》が兄に女を紹介する。すでに東京で兄と関係をもってしまった女が、あなたのお兄さんは思っていたとおりの人だったと弟に話す。女はうそを言っていることになる。ことばがうそかどうかを分類することに画面は興味をもっていない。ひとりごとを言っていると見てしまえばいい。

三人は松林を散歩する。女は、はぐれた兄が海の家の前に座っているのを見つける。兄は女に、どういうことだと大声を出す。女は、弟さんになんにも聞いていないのと逆に問いかえす。こう書くと何気ない会話だが、道の向こうから走ってくる女の姿は豆粒のようだ。何百メートルも離れた男と女の会話なのだ。

招待された家のテーブルの脇で抱きあう兄と女のすがたはとなりのビルから弟に目撃される。ガラスで遮られ、道を隔てた隣の建物のブラインド越しに裸の身体は目撃されている。しかもあえぎ声が聞こえている。数十メートル離れたビルとビルのあいだを音が伝わる。

空間と声のバランスが失われている。聞こえるはずのない声が聞かれている。遠くの建物から息を切らす女の声が聞こえるのは弟の想像なのだ、という合理的な解釈もできるだろうが、やはり姿態が見え、感極まった声が聞こえている。

ほとんどのせりふがアフレコで録音されている。取材したわけではないから実際にどのくらいの比率でアフレコなのかはわからない。こうは言えるだろう。すべてのせりふがアフレコで入れられたかのようにつくられている。通常アフレコは、その場でせりふが発せられたかのように処理される。ずれを避け、場にいかに寄り添うかに努力が傾注される。しかしこの映画は、ずれの幅が拡大され、映像と声が別であることをあからさまにする。

映像に溶けこまず、場面から浮きあがり、ナレーションのように聞こえる長いせりふは、独白のようにも聞こえる。故郷に帰った男がよく来るバーに、女が突然訪ねてきて、自分のことを覚えているかと男を問いつめるシーンの長いせりふ。そのバーのマダムは男の姉のようでもあり愛人のようでもある。別の三角関係が発生している。女が帰り、店もはね、男と年上の女が部屋でふたりきりになり、姉を演じる女は寝具に潜りこみながら、あなたがすごくかわいそうだったと話すくだり。あなたの代わりに敏に惹かれているのかもしれないと、女が脱衣しながら言う浜辺の家での場面。あるいは弟が、自分たち兄弟を置いて家を出ていった母を、あれはひどかったと、病床に身を横たえながら語るショット。

アフレコであることがあえて表現された会話は、場面から離脱し、相手を失い、ひとり語りに聞こえる。いずれの場合も聞き手は、主人公だ。服を脱がされるがままになる場面のように、いつも受け身だ。ことばが、発せられるためには聞き手が必要だし、会話という場も必要だ。しかしいったんことばが流れだすと、男の影は薄くなる。映像と音という両輪のバランスが崩れ、ことばは、その音声が響いているだろう場所を失う。聞き手は、ひとりごとを発生させる装置でしかない。ことばは聞き手を捨て、場所というパートナーからも離れる。

今夜来て、と告げる電話は相手に有無を言わせないし、帰郷を知らせる電報は一方通行だ。

『インモラル　淫らな関係』柳ユーレイ、石田幸

この映画の主役である、柳ユーレイ(武)と柳愛里(悦子)は役者のようには見えない。素人の現在性のようなものが強調されている。撮影所では、せりふ、俳優、場所が、場面に隙間なく重なるようにつくられてきた。会話はこまやかに連絡しあい、しぐさが伏線を張り、スターは求心力で画面の密度を高め、場所の遠近法はストーリーに捧げられていた。撮影所から出ていくとき、せりふ、俳優、場所が、画面に隙間なく重なることを断念しなければならなかった。ずれてもしかたない。それでも重ねようとした。あるいはずれに目をつぶった。

この映画がどのようにつくられたのかはわからない。「製作：淫らな関係プロジェクト」とはいかなる集まりなのか。神代は、車椅子の上で点滴や酸素吸入をしながらの撮影だったろうと想像はするが、つまびらかではない。わからないことを追求し、知らないことを知識で埋めようという気にならないのは、作品の魅力が、多様なわからなさにあるからだ。

ひとつの文脈のなかに据えようと思うと、するりと逃げていく。この作品は、映画なのかビデオなのか。映画として捉えようとすると、ビデオのもつ運動感が気にかかる。ビデオとして見はじめると、映画的な演出がこぼれ出す。青春映画としては、性愛のシーンが異物のように嚥下しにくいし、官能的な映画として見つづけるには、死の気配が濃い。日活ロマンポルノの系譜に位置づけることもできるかもしれないが、反権力や性のモラルへの反撥をばねにして日常をくるりと裏がえして見せるロマンスの外殻が見あたらない。ピンク映画と呼ばれるフィルムとの類縁において語ろうにも、すでに眼を凝らす暗闇がない。アダルトビデオの愛好者は、悠長な三角関係の話につきあっている暇はないはずだ。肉体をめぐってさまざまなジャンルの映像がある。ジャンルとは、ずれの棲み分けだ。ストーリーをもつ映像は、ずれをそれでも重ねようとする。ドキュメンタリーふうにしてしまえば、せりふ、俳優、場所相互のずれはないことになる。あるがままが写っているはずだ。行きつくのが、素人が撮ったホームビデオや消し忘れビデオだろう。ナマ撮りビデオを見ると、そこにずれはないだろうか。

映画をつくることは、ずれとのたたかいだといっていいだろう。時代に合わない。予算が足りない。スケジュールがきつい。ロケーションでは天気に恵まれない。イメージとは遠いキャスティング。観客の多様化や他メディアとの競合によって、せりふに切実さを確保することがむずかしくなる。すべてが写ってしまう肉体。見立てた場所がいろいろなことを語りはじめてしまう。

映像になかなかうまく合わないアフレコ。ならば徹底的にずらしてしまったらどうなのか。ずれを棲みわけることでジャンルがあるのだとしたら、ずれをテーマにしてしまえば、ジャンル分けなど意味がなくなる。ずれに目をつぶるのと、ずれをあえて表現の手段にしてしまうことのあいだには長い道のりがあるにちがいない。アフレコがずれると言ってもほかのものになるのではない。もともとアフレコが映像に完全に一致することはない。わからない程度に隙間がある。目に見えないずれを、目に見えるようにしたのだ。アフレコはアフレコでありながら水平にずれている。『インモラル・淫らな関係』は、「として」見よう、語ろうという意志の片端から力を奪っていき、文脈やジャンルの隙間に漂っている。

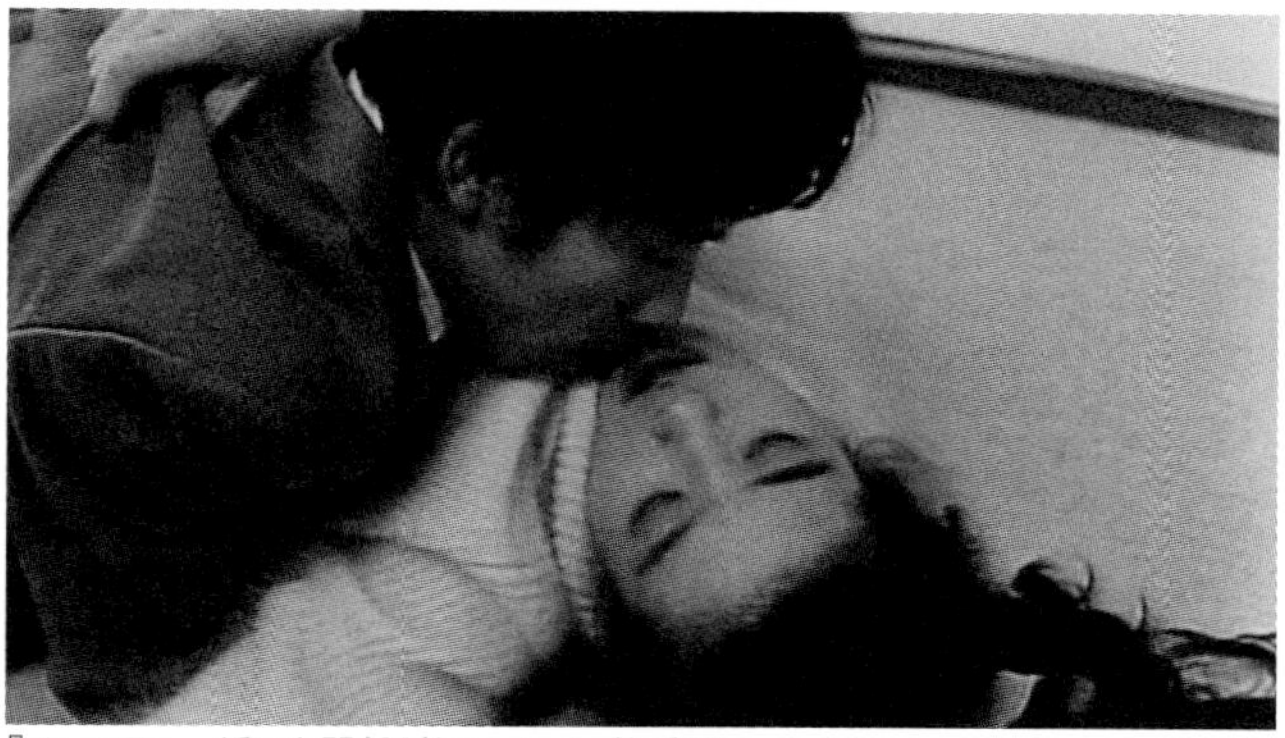
『インモラル　淫らな関係』柳ユーレイ、柳愛里

ほんの少しのずれが相手を失う。約束した日あなたはこなかったと女は男をなじる。「少しゆるいの」と弟からもらったエンゲージリングを男に説明する。わたしを覚えているかと、女は主人公に迫る。覚えているのなら、あの日のわたしといまのわたしは一致したことになる。俺がおぼえているか確かめたかったって言ったよな、と訊く男もずれがないことを確信したがっている。

あのことはなかったことにしないか、俺とおまえはいまはじめて会ったんだ、といい、一度起こってしまったことは取り消すことができない、そう思わない、というふたりの会話は、ひとりの人間のせりふにも聞こえる。忘れてしまおうか、だが、記憶は消せない。自分のなかで折り合いをつけようとして、つけられない自分がいる。

置き去られる中心

『インモラル・淫らな関係』は執拗に回転する。三六〇度の角度から俳優を写す。決して美しくはない、語るべきことのない円運動が記憶に残るのはなぜだろう。三六〇度の角度から写される俳優がそこにはいるが、俳優を写したくて回転しているのとはちがう。

弟の自殺事件のあと、兄はひとびとの視線の中心にいるようになる。勤め先のスーパーマーケットでも、みんな見ていますねと女従業員に指摘され、頭をめぐらすと視線だらけだ。ここにも回転がある。視線にとり囲まれている中心があり、ひとびとを見回す視線が同時にある。

回転が起きればそこに中心ができる。中心が架構されて、周縁が生まれる。中心という一点は、ほかの点にたいして優位に立つかに見える。その逆はないのか。

この映画がはじめて回転を見せるのは、借り主不在の部屋でふたりがもつれるシーンからだ。あらがいがあえぎに変わるにしたがってキャメラは男女の周辺を回りはじめる。シーンの最後では高く掲げられた女の足が中心に写される。ある人物や情景を強調したくて曲線状にパンする、というのがこれまでの回転だった。回転をやめてもスターや政治的指導者はそこにあった。

だが、ここでは回転をやめたとたんに中心も消えてなくなる。男女が写っていたことすら忘れてしまう。回転という運動が持続されているかぎりにおいて、そこに焦点が創出される。

ひとりごとをいうことは、わたしの確認だろう。口からことばを発しているわたしがいる。しかし手ごたえは、発語をやめたとたんになくなる。聞き手ないしは場所というバランスを失ったことばがひとりごとだとすれば、ひとりごとは発語における回転運動だということになる。回転運動は映像におけるひとりごとだ。ぐるぐる回るキャメラが見せるのは、ひとりごとを言うわたしではないだろうか。足を三六〇度の撮影にさらしながら、女はカーペットに指でピアノを弾くような動作をする。波が波が、と背景の歌声がひとりごとのようにかぶさる。そのあとのシーンで女は、故郷に帰った男に、覚えているわよね、わたしを、と尋ねている。回転のあと持続して女の「わたし」が画面の中心にある。スターやキーパースンのではなく、運動が絶えたら霧散してしまうようなわたしがある。

レストランで兄弟が肉を食べている。画面が回転を始める。嫌われてたんだ、なぜだかわかんないけどという独白がテーブルの上を流れる。弟が立ちあがる。空白となった弟の席と対面しながら兄は手持ち無沙汰にタバコを吸い、足を組む。そのあいだもキャメラは回りつづける。画面は、倒れる弟を捉え、あにき、あにきとつぶやきながら痙攣したように浜を走る女を写し、病床の弟に移動する。女がホテルからすがたを消した朝、かかってきた無言電話の主が男だと思うということや、兄弟を捨てて出ていった母の話を、弟は病室の天井に向かって話しつづける。回転の軸に弟がいる。

『インモラル　淫らな関係』五十嵐光樹、柳ユーレイ

兄弟と女が、年上の女の家を訪ねるシーンでも回転がある。食卓を挟んで女同士が向きあう。年上の女は武と関係があるのだから、女ふたりと男ひとりとの三角関係がある。弟はまだ来ない。兄はここでも不在の弟の席と対面している。キャメラが回りはじめる。すると、年上の女も立ちあがり、キャメラと同方向に回転を始める。食卓の周りを回転するのだから、運動のなかには女と武がいる。年上の愛人は、兄弟ふたりをもてあそんで噂になっていると女をなじる。キャメラの回転は、男と女をとり囲み、年長の女の回転は女を追いつめる。ここでの二重の回転は、だれのひとりごとの場なのだろうか。

漂うことば

行き場のないものに満ちている。ひとりごとは、届くことのないことばだ。エンゲージリングは落ち着く先がない。海釣りのシーンに魚が釣れている気配はない。あにき、彼女のこと本気だったのか。本気だった。俺も。ラストシーンで、釣竿を抱えながら兄弟は会話を交わす。どうしたいかは問われていない。「本気」だけが宙を漂っている。ベクトルをもたない意志。釣れるかな、釣れるよ、という気のないやりとりがつづく。彼女をとり戻そうとしないのか、という弟を叱咤する兄のことばも、女がいなくなった原因が兄との関係であってみれば、どうどうめぐりとなる。

弟は泳げないはずだという確信も裏切られる。弟は大学で水泳を習っていたのだ。見るものも弟は自殺したと思う。死者を抱え、悲劇的な結末に向かうのだろうと考えさせる。あるいは、エロスに死の生け贄は必要だったと感じさせもする。ところが、弟は戻ってくる。映画は、死者を背負うかに見えて背負わない。死者もはぐれる。物語では、女は弟が生きていたということを知らないままだ。じつは生きていたという秘めやかなどんでんがえしさえも、二重にはぐらかされる。

冒頭のシーンで、女は、スカートの上からストッキングをつまんで持ちあげたり、立てかけられている板を叩いたりする。抱かれながら、ピアノを弾くように絨毯に指をリズミカルに這わせもする。叩かれた板や弾かれた絨毯には、なにごとも起こらない。どうということはない。身ぶりのひとりごとだ。動作が行き場を失っている。戸外で必死に怒鳴りドアを叩いている男の行為も、行き着かない。主人公も人気のない浜辺の家で、唐突にテーブルを叩くが、テーブルの向かい側にはだれもいない。

漕いでもいつもだれかに追いつかれる存在でしかない自転車や、魚がかかることのない釣りで廻されるリールの、女が男の頬を何度も手のひらで叩きつづけるすべての回転運動が、どこにもたどり着かない。

ひとりごとを聞いている人間がいる。ほかならないひとりごとを言っている自分だ。気づくといつのまにかひとりごとをしゃべっている。自分のひとりごとの聞きようはさまざまだろう。耳を澄ましていなくても音声のふるえを肉体は聞いている。自分が聞くのならなぜ声に出すのだろう。自分のことばを聞くために、発声し外界を迂回させる。発語という現象に反射させて聞く。二点を直結できない奇妙な三角地帯がある。

会話が現実であり、ひとりごとが非現実的なのではないだろう。会話の最中にも、自分のことばを聞いている。旅先でかたことの外国語を話すときは、賭けのようなものだ。まったく通じず無視されるとき、外国語を話したことにはならずひとりごとを言ったに近い。ふだんの会話でも、小さな賭けの要素が発語にはつきまとっている。ここでこういうことを言って理解されるだろうか。皮肉は通じるだろうか。言外の辞退をわかってもらえるだろうか。相手の反応を観察し、聞き手を鏡にして、自分のことばを聞いている。相手が話すことすら、自分のことばの反射だといえる。思い通りの反応を引きおこさないとき、あらぬ誤解を受けたとき、わたしは自分のことばを相手のほうにずらさなければならない。会話では、たがいが自分のことばを相手に反射させて自分のことばを聞きあっている。自分のことばは自分とずれていないか、軌道修正をしながら会話は進む。ことばは、何割かのひとりごとの性質をもっている。

映画は会話で成りたっている。多くの映画のほとんどの画面はふたりを描くことに費やされ、そのふたりは会話を交わしている。だれもが言うべきことをもっている。言うべきことがあるとは、言うべき相手があるということだ。言うことはふたりのゲームだ。三人のなかのふたりが語れば、ひとりが排除される。言うことは、バランスを失調させることでもある。愛を交わすことは、他者の視線を避けることではない。他者の視線を引きつけることだ。ふたりの関係は、かならず第三番目の人間をつくりだす。バラバラのひとりが散開している社会で、ふたりの世界が形成されるとき、ふたり以外のすべての人間は第三者になる。

『インモラル・淫らな関係』は、弟を失う話に見えて女を失うストーリーだ。あるいは、弟と女の両方を失うかに見えて弟が生還する筋書きだと言ってもいい。三人を描くことは、じつはふたりとひとりを描くことだ。組み合わせがめまぐるしく変わる。ふたりはひとりをとり残す。だが逆に、ひとりがふたりを置き去りにするとも言えるのではないか。

ひとりの映画へ

肉体の三六〇度とは、ことばの三六〇度でもあるはずだ。会ったことがあるのに、一度会ったことがあるような気がすると言う。うそにはちがいない。犬や猫に話しかけ、木や花に語りかける。会話でもありひとりごとでもある。ひとりごとを言う自分を見ている自分がどこかにいる。自分で自分のことばを聞く。夢に近い。だが、肉体を撮ることは夢を見ないということだった。ことばの内容がうそかどうかを追うことも、別の夢に入っていくことになる。ひとりごとを言うことで確かめるしかないわたしの存在。俳優の肉体を三六〇度回転しながら捉える映画は、うそを言う肉体がそこにあることに興味をもつ。ことばがある肉体から発せられる、それだけは確かなようだ。

恋愛相手でもいい。友人でもいい。犯人と刑事でもいい。登場人物は、ともかく相手を捜してきてなにかを語る。言うべきことがあるからふたりなのか。ふたりだから、言うべきことを探すのか。性愛を描くことは、ふたりを登場させることのヴァリエーションだ。あるいは性愛がふたりの人間の行為だからこそ、映画の画面の多くがふたりに占められるようになったのかもしれない。ひとりごとを対話のできそこないと考えるのではなく、ひとりごとをことばの基本においたらどうだろう。ひとりを、三角関係でとり残された敗者と捉えるのではなく、ひとりがふたりを置き去りにした、と考えたらどうなのだろう。

『インモラル　淫らな関係』柳愛里、柳ユーレイ

画面の男と女が抱きあう。なぜか。ストーリーや会話は、ふたりの肉体的な事件を、説明しつくしたか。心理という手法は、性愛を十分に解明できるのか。技術が拙劣なのは論外としても、性愛と心理とのあいだにはずれが潜んでいる。ふたりの合意があり合体がある。合意にはさまざまな色合いがあるだろう。いずれにせよ、心理という原因によって性行為という結果がある図式には、ずれがあるということだ。「レイプもの」や

「痴漢もの」と呼ばれるジャンルは、相手の意志を無視する、いわば心理と性愛がずれた地帯に生息している。性行為はふたりのドラマなのだろうか。アフレコの音と絵をずらしてしまうように、身体を重ねるという絵柄を軸にふたりをずらしてしまう。三角関係が解消されたとき、ふたりが残るが、ハッピーエンドにはならない。ふたりは、ひとりとひとりになる。三角関係はひとりを排除するドラマではない。ひとりをつくりだす装置だ。抱きあうことはふたりの調和ではない。たがいがたがいを置き去りにすることだ。女は、セックスの途中で見落としかねないほどかすかに目を開ける。その身ぶりは、床を鍵盤のように指で弾く動作と見あっている。自分を確かめている。官能やエロスを描くことは、ひとりを描くことだ。

ことばをひとりごとから始める。ことばは、壁にぶつかりひととき宙に浮く。相手がいれば、その跳ね返りが届く、電報のように。ことばは、ひとりごとであることしか保証されていない。言うべきことなどあるのだろうか。言うべきことは伝わらなければならない。メッセージという塊が移動する。情報が降りてくる。発言はいつも垂直的だ。

ひとりのドラマとは、自分が自分とずれるということだろう。他者とずれることも無論ドラマだ。ひとに誤解された、恋人に嫌われた、親とうまくいかない。ひとりのドラマから見れば、他者とのずれは、他者という鏡に写った自分の像と自分が思い描いている自身の像とのずれだろう。

『インモラル　淫らな関係』柳愛里

相手をあきらめたとき、ひとりごとになる。回転運動の幻の中心に、束の間、わたしが現われる。では、わたしはわたしのひとりごとを聞くことができるのか。ひとりごとでは、話し手と聞き手が一致している。ボキャブラリーや経験、文法知識もおなじなのだから、これ以上のコミュニケーションはないと言える。しかしわたしが、自分自身とずれているのではないかという恐れをもつとしたらどうだろう。女は、自分を覚えているかと男に問う。男の記憶に反射させて自分が自分であることを確認しようとしている。ひとりごとすら信じられない。他者の鏡に映したくなる。終わりのない回転運動が始まる。それでもひとりごとを言う。発声がふるわす肉体の確からしさに戻りたくなる。回転運動を上下どちらかに動かせば上向きや下向きの螺旋運動になり新たなベクトルが生まれる。神代辰巳の回転はベクトルをもたない。ひたすら幻の中心を描くだけだ。運動が止めば、焦点は跡形もなく消える。画面のなかで回転は終息しない。カットが変わりつぎのシーンに移るだけだ。周回運動には行き場がない。回転が止まるのは、生が消えたときだけだ。回転の背後にはもろさがつきまとっている。

みんながどこかで自分自身と不和である。自分自身が写っているホームビデオを見る。リモコンで操作し、自分を写した自分を見る。映像のひとりごとだ。違和感が残る。自分が見られる存在になっていることへのずれがある。見られるためにだけあるわけではないわたしが、スクリーンに切りとられてあることへの不審。スクリーンに見られるものだけを提出するのがスターだった。映像ばかりではない。声もまた聞かれるためにだけあるのだろうか。ことばは理解されるためにだけあるのか。聞かれるためにだけあるわけではない声、理解されるためにだけあるのではないことばの感触が、相手をあきらめさせ、ひとりごとへ向かわせる。しかしひとりごとのなかにふたたび、他者が胚胎している。自分で自分の映像を見るとき、見るわたしはすでに他者である。ひとりごとを聞くわたしも他者である。ある存在を撮るとは、そこに置き去りにすることだ。自分の映像を見るとき、自分をスクリーンに置き去りにしている。

置き去りにされたものを見るとは、過去に向きあうということだ。ひとりごとが放たれ空気を一瞬ふるわせたとき、ことばは置き去りにされている。ずれがふたりをひとりずつにする。塊は崩れて砂としての個に還る。しかし、砂粒が自身を見るとき、砂粒はすでに他者になっている。聞くこと、見ること、味わうこと、嗅ぐこと、触れること、自分を受容できる姿にすることは、自分を他者にすることだ。嗅がれ、触れられる存在は、すでにわたしとはずれている。受容するのが自分であれ他人であれ、事態は変わらない。ずれとは他者のことだった。ずれがことばを対話ではなくひとりごとに追い込む。だが、ひとりごとのなかのずれが、さらなる他者へと向かう回路を示唆する。

わたしは、『インモラル・淫らな関係』をひとにすすめない。ひとりが向きあう作品だからだ。劇場ではなくビデオという形態で出会えたのはしあわせだったかもしれない。登場人物のひとりごとを聞く。ひとりごとは、観客という鏡に反射して画面に還っていく。画面の人物は、自分たちは見られるためだけの、聞かれるためだけの存在ではないといっている。観客が、作品の終わりを見るとは、ふたたびひとりに戻ることだ。ひとりは、ずれを受容している。

語るほどのことがない作品は数多くある。見、聞き、読むものになにかを語ってほしいと呼びかけているにもかかわらず、受け手はひとことも語るべきことをもちあわせない。語ってほしいという欲望に対して語るべきことが見つからない。感動してほしいと投げかけられるメディアがさほどの感動を呼び起こさない。記憶を置き去りにすればいいのだし、いつの間にか忘れてもいる。

得体の知れないものは、なにかを語ってほしいとささやきかけてこない。語るべきことがないと言っているようなのだ。語ってほしいのにかかわらず語るべきことがないのと、語るべきことはないということを手渡すことはちがう。語りはするが、語るべきほどの事柄はないと言いつづけるフィルム。表現するとは語りかけることだったのではないか。ひとりごとの映画、と名付けておこう。語りかけはしないが、自分の口から発語せざるをえないのがひとりごとだからだ。

砂に還り、砂から始めること。他者から逃れ、他者に向かうこと。回転は終わらない。ふたりの愛の映画、両者が争うアクション映画、親子のふたつの世代の溝を描く映画、青春から旅立つ映画、現実と非現実のふたつの世界を行き来する映画、それら肉体の時代のすべての映画に、神代辰巳は幕を引いた。

（すずき ひとし・ブックデザイナー／
「みすず」一九九五年九月号／
『画面の誕生』みすず書房、二〇〇二年所収のものを改稿）

『インモラル　淫らな関係』撮影スナップ。林淳一郎（撮影）、神代辰巳

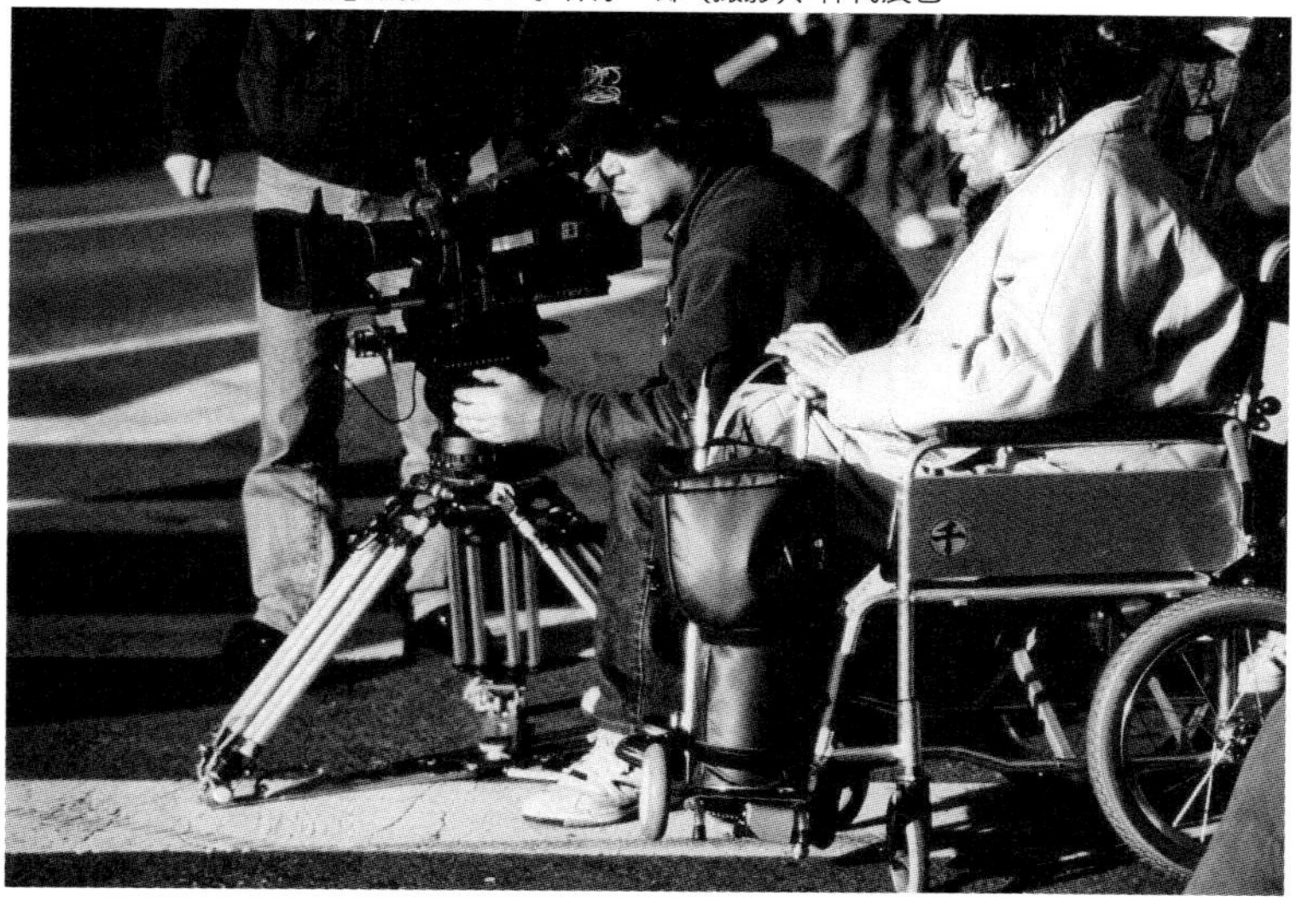

本調有香　師弟関係、共犯関係

聞き手＝高崎俊夫

――本調さんはスクリプターとして神代監督のテレビドラマから始まって、『ベッドタイムアイズ』（八七年）『噛む女』（八八年）と『棒の哀しみ』（九四年）『インモラル淫らな関係』（九五年）に参加し、遺作の『インモラル』では共同脚本も手がけられています。現在、脚本家として活躍されている本調さんに、神代後期といえる時期について詳しくうかがいたいと思います。

神代監督との最初の出会いはテレビドラマですね。

本調　そうです。後期の神代作品のキャメラをやることになる林淳一郎さんが、神代さん演出の月曜ワイド劇場の『美しい女医の診察室』シリーズを撮っていたんです。林さんとは前に仕事をしたことがあって、八五年頃たまたまバッタリ新宿で会って、林さんから「今度、神代組をやる」と聞いたんで「わあ、うらやましいなあ」とか言ってたら、スクリプターとして呼んでくれたんです。

――もともと神代作品はお好きだったんですか。

本調　好きでした。『もどり川』（八三年）も封切りで見ています。たしかプロデューサーの梶原一騎が拳銃を所持していたとかで逮捕されて、三日ぐらいしか上映しなかったんですよね。

――スクリプターになったきっかけは何だったのでしょうか。

本調　私は大阪の写真専門学校の映画学科、今のヴィジュアルアーツ専門学校に行ってまして、そこに大映の音響の先生が授業で来ていて、気に入られたのか撮影所に遊びにこいと誘われたんですね。二十歳の時でした。その頃は二時間ドラマの全盛期なので週に七本とか放送をやっていた時代で、東京も関西も忙しくてスタッフ不足だったんです。それで撮影所の人が音響の先生に「あんたのとこに来てる若い子、スクリプターにしなさい」と言って、すぐに見習いとして現場に出されたんです。

――どのような作品につかれたんですか。

本調　二時間ドラマがメインでしたが、スクリプターとして一番最初についたのは、専門学校の先生だった高林陽一さんの映画『蔵の中』（八一年）です。それが見習いと言っても、後ろの方で見ているだけで、何も知らなくて。それがいきなり地方ロケで、誘拐されるように現場に放りこまれた感じで、きつかったです。でも、眼の前で役者が演技をするのを見たのは面白かったです。大映に谷口登志夫さんという編集の人がいたんですけど、谷口さんに編集のイロハを教えてもらって。ほんと、チンピラスクリプターでした。まぁ、それぐらい当時はスタッフが足りなかったんです。その後は東京の知り合いから人手が欲しいと誘われて、友達の家に居候して、東京でも仕事をするようになりました。東京で初めての現場は『蜜月』（八四年、橋浦方人監督）です。しばらく東京・京都の行ったり来たり生活で、でも東京のほうが圧倒的に仕事の量が多くて、居候も長引くと悪いんでアパートを借りたら東京がメインになりました。

――神代監督との最初の仕事は、『美しい女医の診察室III』（八五年）となりますが、監督との出会いはどんなものだったのでしょうか。

本調　ふつう監督に会うのはスタッフルームだったり、衣装合わせの時だったりするんですけど、神代さんは衣装合わせもオールスタッフ（撮影前の全スタッフ打ち合わせ）にも来なくて、撮影初日に初めて会ったんですね（笑）。

その日、喫茶店でいしだあゆみさんと古尾谷雅人さんが話をしているのを長廻しで撮って、そのあと切り返してもう一度撮る。その後編集でカットバックしていく。そんな撮り方は経験がなかったんで、最初は足が震えました。スクリプターとしてはワンシーンワンカットで撮るだけなら問題ないんですけど、切り返してまた同じように撮るとなると、細かいところもぜんぶ憶えて記録しないといけない。カットインを撮るのでも、たとえば主人公が話している際にどこか触ったりという動きを別のカットで撮るんですけど、それはシナリオに書いてあるんじゃなくて、その場の役者のやったことに対して反応して撮っている。それが神代監督の好みだと思うんですよね。でもその段階では何を撮るのかもわからないんですよ。

――足が震えたとおっしゃいましたが、神代監督の演出は本調さんがついた他の監督とは違うんでしょうか。

本調　ぜんぜん違いますね。テレビ・映画どちらの現場でも、ふつうはコンテがあって、監督がシナリオに線を引いてカット割りをしていて、どう撮るのかっていうのをスタッフは知ってるんです。でも神代さんの場合、コンテがないんですよ。だから最初何をどう撮るのかわからなくて（笑）。それはのちのちわかったんですけど、神代さんはコンテが書けない、というか書かないし、カット割りが出来ないというか、興味がないんですね。

――神代監督はテレビドラマでの演出と映画の演出では違っているんですか。

本調　基本は同じですけど、テレビのほうが諦めが早いという感じでしたね。テレビは分量が多いし、時間の問題があるのでパッパッとやらないとね。でもやっぱり映画はちょっと違いました。

――テレビドラマの場合はだいたい他人の脚本ですね。たとえば、神代監督が亡くなったあとに放映された『盗まれた情事』（九五年）**は荒井晴彦、高木功の脚本ですけど、シナリオ通り撮っている印象があります。**

本調　シナリオ通りなのは、荒井さんだからじゃないですか？　テレビだとすでにシナリオがあったり、神代さんの自由にならないことが多いですから、けっこう直していましたね。私はその手伝いをやりました。やはり他人の脚本はイヤなんだと思いますね。イヤというかわからないんだと思います。思想というか、世界が自分と違う、自分のなかにないものだと、作品の姿が見えない。だから、一生懸命自分に引き付けようとする。自分の匂いみたいなものを欲しがるというか、たぶん、それが自分の作品をつくる手がかりになったんでしょう。だからテレビドラマでもいつも悩んでいました。テレビってスケジュールがきちんと組まれていてとにかく時間ないですから。それをこなすために、長回しで撮って、切り返しをダーッと撮って、あとは編集で頑張ろう、みたいなやり方でした。荒井さんの脚本は、自分と同じ匂いを感じてたから、直す必要がなかったのではないですか。

――酒井和歌子さんも神代さん演出の二時間ドラマによって女優として開眼したと語っていました。

本調　長回しは役者を追い詰めますからね。全部出さなきゃいけないような状況に追い込まれるから。

――ビデオ化もされているドラマ『Ｍの悲劇』（八八年）**は名取裕子、原田芳雄の主演で、名取さんが尋問されて泣き叫びながらコーヒーを入れているという、やはり異様な長回しがあって驚いたんですが。**

本調　神代さんはうちにこもる芝居は嫌いなんです。外に、見える形で表現してほしいと思うんですね。この頃のテレビドラマでは『死はお待ちかね』（九〇年）に参加しています。『花迷宮――上海から来た女』（九一年）は久世光彦さんが演出で、神代さんの脚本に私と山田耕大さんが協力として参加してます。

――映画作品の最初は『ベッドタイムアイズ』（八七年）**、脚本は岸田理生ですね。**

本調　神代さんは岸田さんをすごく信頼していましたね。岸田さんは女の人の怖い部分を描くのがうまかったので。『ベッドタイムアイズ』で大変だったのは、編集の時に神代さんが肺気胸――肺の膜に穴が開いて呼吸が出来なくなる病気なんですけど――を起こして、みるみる調子が悪くなって慌てて救急車を呼んだんです。その頃は映像をビデオにするのが簡単じゃなくて、映写したのをビデオで撮って病室まで編集マンと一緒に行き、見てもらった記憶があります。その頃から神代さんの体はだいぶ悪くなった感じでした。

――現場はどうだったんでしょうか。「なんかない？」が神代さんの口癖だった、というのがスタッフの皆さんがよく話されることですが。

本調　それはありましたね。『ベッドタイムアイズ』のラストは私のアイデアです。神代さんも撮る前からあそこは直したいと言っていたんですね。樋口可南子さんがスプーンを叩くところで終わるようにしたんです。スプーンを叩くというのは原作にその一節があって、そのほうがいいんじゃないですかって提案をして、じゃあやってみようかと。

—— 本調さんはそれまでシナリオを書いたりはしていたんですか。

本調　学生の時にやったぐらいで……あまり考えたこともなかったというか。最初についた『美しい女医の診察室』のときに、神代さんが脚本《ホン》に対してすごく悩むんですよね。それでこうしたらどうかとちょっと書いてみたことがあって、その時は採用されなかったんですが、それからはいろいろ相談されるようになったんです。それはスクリプターだけじゃなくて、助監督にもキャメラマンにもそうなんですよ。

—— 脚本家がいるのにほかの意見を採用するというのは問題はないんでしょうか。

本調　いや、よければなんでもいいんですよ。こだわってないんです。困っているときになんかあれば藁をも摑むみたいな感じですね。でも、現場でやっているときは散々相談にのってああだこうだってアイデアを出してましたけど、いま自分がライターになって考えると、二十歳そこそこの女の子の意見でラストを変えられたら、とんでもないなとやっぱり思いますね(笑)。まずはライターに聞けよと。

—— 相談されて答えられる人とそうでない人っているじゃないですか。

本調　やはり答えられる人は何かしら考えている人なんですね、その役についてとか作品についてとか。どういう映画が自分は望ましいかという思想をもっている人は答えられると思うんですよ。

—— 神代監督は、本調さんは考えている人だと見抜いたんでしょうね。

本調　それはそうだと思うんですけど、大きくは私が若かったからだと思うんですね。その頃二十代で、現場では飛びぬけて若かったんで、その感覚を重宝したんでしょう。ちょっと小難しい映画も見ていて、ガンガン意見を言う。私、生意気でしたから(笑)。つまらないのはつまらないとはっきり言いましたから、それが神代さんにとってはよかったんじゃないですか。

『ベッドタイムアイズ』マイケル・ライト、樋口可南子

—— 当時、岸田理生さんと神代監督の対談が「月刊イメージフォーラム」に載っているんですけど、原作の山田詠美さんは完成映画をあまり気に入ってなかったようですね。

本調　『ベッドタイムアイズ』は言葉の問題があったんで苦労していました。神代さんは外国人と日本人との情愛をきちんと描きたかったけど、ロマンポルノのように自在とは行かなかった。脱走兵と若い女の生活の感じがちょっと古かった気がする。小説は現代的ですけど、神代さんはその現代的な感じはあまり理解してなかったんじゃないか。やはり自分に引き付けちゃった、そうでないとできないですから。そこが原作者は不満だったんじゃないかな。ただ、岸田さんの初稿はポップでした。神代さんが入って、二稿目からはべたべたした感じになってしまった。そこが神代さんなんでしょうね。

—— 次の『噛む女』(八八年)**は結城昌治の原作ですが、脚本の荒井晴彦さんによるオリジナルの部分が多い作品ですね。葬式のシーンで、ロバート・アルトマン監督『ギャンブラー』**(七一年)**で流れたレナード・コーエンのことを延々と話すんですよね。**

本調　でも準備稿では『ギャンブラー』の話はないんですよ。決定稿で出て来て、ああ、いい台詞だと思いましたね。ホンの直しってこういうふうにやるんだってその時思いました。でも、これ言うと荒井さんが怒るかもしれないけど、クランクインした時には決定稿がなかったんです(笑)。遅れて間に合わなくて、準備稿しかなかった。ふつうの作品は原稿用紙二百枚前後の長さなんですが、準備稿が三百枚以上あって、相当切ったんじゃないでしょうか。

初日に間に合わず撮影に入って三日目ぐらいに出来上がった。

――初日はどういうシーンを撮ったんですか。

本調　初日は、AVの会社をやっている永島敏行さんが、脱ぐのを嫌がっているAV女優を口説くシーンだったような気がしますね。荒井さんは『危険な情事』（八七年）への反撥からホンを書いたと言ってますけど、神代さんは『危険な情事』は見てないんですよ。私は見ていたんで、初稿を読んで、ああ、これは『危険な情事』だなと思ったけど、神代さんには見ないほうがいいですよと言って（笑）。だからあれが『危険な情事』の真似だと言われると、神代さんとしてはそんなつもりはない。撮影中、同じようなシーンになりそうだったら教えてくれよ（笑）みたいなことを言っていました。

――桃井かおりさんが久々に主演していますね。映画では『アフリカの光』（七五年）以来です。

本調　テレビドラマでは、『嚙む女』の前に夏樹静子サスペンス『独り旅』（八六年）があるんですよ。その時に桃井さんがひさびさに神代監督と組んだんですけど、初日、ふたりがうまくいかなくて。たぶん昔のイメージをお互いに持っていたせいで、うまく合わない感じだったんです。それで初日に話し合って、その後すごくうまくいって。それがあって『嚙む女』になったんだと思う。

――『独り旅』の桃井さんはどういう役だったんですか。

本調　サスペンスでしたけど細かいところは忘れちゃったなあ。もう一本桃井さんが神代さんと組んだテレビドラマ、女流作家サスペンス『カフェオリエンタル』（八八年）もいい作品でしたよ。これは原田芳雄さんがすごくよかった。

――『嚙む女』の現場での神代監督と桃井さんはどうだったんでしょうか。

『嚙む女』余貴美子、永島敏行

本調　神代さんはロマン・ポランスキーの『ローズマリーの赤ちゃん』（六八年）を参考にしたと言ってました。桃井さんにも見てもらったはずです。

――余貴美子さんがハードなシーンを演じていますね。

本調　そうそう。余さんがまだ新人の頃でちょっと少女っぽい感じで素敵な人だと思いましたね。戸川純さんも出てますが、神代さんは彼女がお気に入りでテレビドラマでよく一緒にやってました。

――映画の中では『晩春』（四九年）とか『執炎』（六四年）、神代監督の『恋人たちは濡れた』（七三年）の映像が引用されますけど、あれは荒井さんの好みでしょうか。

本調　『晩春』は荒井さんだと思いますけど、『執炎』は神代さんでしょうね。蔵原（惟繕）さんのことは兄貴分みたいに言ってましたよ。『執炎』は助監督でついているんですよね。B班をやったのかな、引用されていたつり橋から傘が落ちるシーンは神代さんが撮ったのかもしれない。

――芦明香さんが出てますけど、白日夢のようなシーンで……『嚙む女』は全篇紗がかかったような画面なんですね。

本調　キャメラの篠田昇さんは荒井さんの推薦で決まったんですけど、最初、ラッシュを見た時にわりと引いてカッチリした画だったんですね。それで神代さんがウーっとなって「ちょっと見え過ぎる」と。神代さんはカチッとした画が嫌いなんですよ。ちゃんとした、きっちりした画が嫌い。昔の松竹調みたいなどっしりとした映像はダメなんです。だから、神代さんってやっぱりヌーヴェル・ヴァーグ以降の人ですよね。

――世代的には違うけれども、感覚的にはそうですね。

本調　そこが最初篠田さんの考えとは違っていたので、見え過ぎるっていう言い方をしていて、それで紗をかけるという手法が出てきたんだと思います。

――カッチリした画面ということでは、本調さんはついて

いない作品ですが『恋文』(八五年)は宿題みたいな感じでやっている感じがしました。

本調　それでも『恋文』は望遠とか使ってるからそんなにどっしりと撮ってるわけではないですよね。そういう画がいやなんだと思います。

――紗をかけたことによって当時の批評でも画面がぼやけているなんて書かれていますけど。

本調　私も読みましたよ、ちょっとかけ過ぎたのかな(笑)。神代さんって映像にこだわらないふうに思われてるけど、すごくこだわるんです。なかなかそこがわかりにくいんですけど。抜けた画がきらいなんです。

――『噛む女』から次の『棒の哀しみ』の間に、先程話に出た『カフェオリエンタル』『死はお待ちかね』などのテレビドラマがあります。

本調　『死はお待ちかね』は主演が市原悦子さんで、市原さんは前から神代さんがお気に入りで。市原さんって家政婦ものとか日本の女ふうなものが多いけど、神代さんは洋風な感じを作りますから、自分のなかのほかの面を引き出してくれると思ったんじゃないですかね。『死はお待ちかね』はテレビ朝日の何とかという賞を獲った原作でけっこうお金をかけたスペシャルもので、岸田理生さんのホンもすごく面白かったんです。

――岸田理生さんと神代監督はずっと江戸川乱歩の『芋虫』と泉鏡花の短篇を組み合わせたものを映画化したがっていたそうですね。

本調　それは聞いたことはあります。岸田さんは泉鏡花が好きなんですよ。

――しばらく空いてテレビドラマを何本かやりつつ、九一年に中上健次原作の『水の女』の脚本を神代監督と共作することになるんですね。

本調　『水の女』は三稿か四稿あるんですよ。私に話が来た時には、もう初稿があったんですけど、ただ長さ的には七〇ページなんでロマンポルノぐらいの長さでしたね。

――原作は「水の女」じゃなくて「鬼」という短篇ですね。

本調　そうです。これはたぶん神代さんの企画ではなくてどこかのプロデューサーがやろうとしていて、じゃあ「鬼」が一番、面白いんじゃないの、ということになったんじゃないかな。でもタイトルは『水の女』のほうがいいですから。

――『水の女』の文庫版(八二年)の解説を神代さんが書いていて、そこで中上健次原作の『赫い髪の女』(七九年)の主人公の女を、「鬼」の女主人公と重ね合わせればよかった、というようなことを吐露していますね。ですから『水の女』はその実現なんですね。

本調　中上さんの原作をもう一度映画にする話が出て、一緒にやらないかって言われて、第二稿でだいぶ変わったんです。私は男のほうの立場の部分を書いた気がするんですね。

――「鬼」は淫蕩な女キヨが主人公で、それにまつわる男たちという短篇です。最終稿を読んで思ったのは、キヨにつきまとう富一郎という男が不気味で、キヨとまったく話が通じないんですね。

本調　通じないでしょう。男がサイコパスなんだけどそこがもっと深くなっているんですよ。

――神代監督との脚本作りはどのように進めたのでしょうか。

本調　私と神代さんのホンの作り方は、最初は、このあいだこういう映画見て面白かったとかいう雑談から始まって、じゃあ、あの映画のあんな感じとか、この小説のこんな感じとか話しながら、脚本の設定を決めていくんです。全体の構成をきっちりと考えるんじゃなくて、人物がどういう状況にあるのか、どう動くのかを考えて、場面を順番につくっていく。そうやると人物のキャラクターが見えてきて、うまく出来上がるんです。

　まず私が先行して書いて、神代さんがそれを直して、またこちらに、というふうに場面ごとにやっていってひとつにしていく流れですね。脚本作業はだいたい神代さんの家でやってました。私が奥の神代さんの部屋で書いているあいだ、神代さんは広いリビングでトランプとかで遊んでる(笑)。だいたい一日おきぐらいに神代さんの家に行って翌日は自分の家で書くという……だから現場でホン直しをしている延長でやっていた感じですね。

――最終稿では最初に男女入り乱れてセックスする異様なシーンから始まりますけど、ああいうのは原作にないんですよね。

本調　ないです。原作は一回読んでいますけど、その後は読まなかったですね。『水の女』は何回か直しを経て、一度企画ごと立ち消えになった。それで何年か経って、『棒の哀しみ』を撮ったあとで、エクセレントフィルムがVシネマでやりませんかと言ってきて復活した。ところが、クランクインする前に中上さんの遺族がオーケイしないということになったんです。私が聞いた話ではたぶんVシネマだからだということで。神代さんは、亡くなった中上さんとは話がついていたのにと悔しがってましたけど……。それで『水の女』がダメになったので、急遽スタッフはそのままで新しい脚本でつくったのが『インモラル　淫らな関係』(九五年)なんです。

――『インモラル』については後ほど詳しくうかがうとして、『棒の哀しみ』(九四年)**は『噛む女』から六年ぶり、相当久しぶりの神代映画でした。**

本調　実は『棒の哀しみ』に入るまえの頃、私は映画業界をやめようかなと思っていたんです。神代さんと仕事をやるのがちょっとしんどくなったんですね。神代さんの「なんかない、なんかない」という要求はすごくて、吸血鬼に血を吸われるように全部もっていかれるんです。自分の才能をすべて差し出してしまう。そういう魅力がある現場なんですよ、神代組って。でも、だんだん、神代さんの好みのものを出すようになるんです。それは神代さんの嗜好であって自分じゃないんですよね。そうすると、脚本の直しとかやっていても、全然書けなくなっちゃって。で、結局は神代さんの役にも立たないし、だんだん意見も合わなくなってきてしまう。『水の女』のときが臨界点でした。そんなこんなで、スクリプターも休んでアルバイトをしながらボーっと日々を過ごしてたんです。その頃、池袋の文芸坐でジョン・カサヴェテスの特集をやっていて、私、あまり知らなかったんで見に通って。『フェイシズ』(六八年)『こわれゆく女』(七四年)『ラヴ・ストリームス』(八四年)など集中して見て、ああ、やっぱり映画は面白いな、もう一回、やろうかなって思ったんですね。そういう時に神代さんから電話がかかって来たんです。「『棒の哀しみ』っていう企画があってエクセレントフィルムの伊藤(秀裕)に言われてホンを書いたんだけど、読んでくれない?」って。で、送られてきたのが『棒の哀しみ』の初稿で、すごく面白かった。ああ、こういうのを神代さん、やるべきだなあと。それで神代組をやりたいと思ったんですね。

――ジョン・カサヴェテスを経て神代へカムバックという流れはいいですね。作風も似ているような気がします。

本調　神代さんよりもカサヴェテスのほうが難解ですよね。人間が追いつめられる、のたうちまわるっていう感じで。

――神代監督はカサヴェテスの映画については何か言っていましたか。

本調　いや、ほとんど見てないと思いますけどね。たまに神代さんと一緒に見に行っていたのは、ジム・ジャームッシュの映画とかです。あとベルイマンの『ファニーとアレクサンデル』(八二年)を一緒に見ました。私が「すごく面白かったあ」って言ったら、なんかプンプン怒ってるんですよ。「俺にはああいう予算をかけて、あんな豪華な映画作れないから、落ち込む」って(笑)。

――そういえば、パリで大島渚監督の『愛のコリーダ』(七六年)**ノーカット版を見てショックを受けたというのは有名なエピソードですね。**

本調　それはよく言ってました。フランスで日本のロマンポルノのシンポジウムがあったらしくて、その前の日に『愛のコリーダ』を見て、ショックでそのシンポジウムに出なかったとか。そういえば、フランソワ・トリュフォーが『四畳半襖の裏張り』を見てすごく誉めたということを山田宏一さんが書いていましたけど、神代さん、すごく嬉しかったみたいです。その話、本人に聞きましたから。神代さんもトリュフォーの作品は好きで、とくに『隣の女』(八一年)が好きでした。ジェラール・ドパルデューの隣の家に昔別れた恋人のファニー・アルダンが夫婦で引っ越してきて、ジリジリして、駐車場でキスされるとファニー・アルダンが失神するところ、あれがいいと言ってました。

――『隣の女』、たしかに激昂したドパルデューが人前でファニー・アルダンを襲う場面とかも、神代的激しさと同じものを感じますね。

本調　最後にふたりが抱き合いながらピストルで心中するでしょう。あれも神代さんが晩年映画化を考えていた『みいら採り猟奇譚』で、セックスしながら殺すみたいなところと似てると思うんですよ。ああいうのを神代さんはやりたかったんじゃないかな。トリュフォーの映画では『突然炎のごとく』(六一年)も好きでしたよ。前に、さっき話に出たテレビドラマ『Mの悲劇』の映画バージョンを撮ろうという話があって、それで四谷の旅館で私と神代さんと丸内

(敏治)さんの三人で籠って、その時に参考で『突然炎のごとく』を見たんですよ。女一人と男二人の三角関係の話でしたから。でもそれも初稿だけ書いて立ち消えになっちゃったんです。あと、『アデルの恋の物語』(七五年)も好きでした。

――トリュフォーの中でもパッショネイトなドラマが好きだったんですね。

本調　ジャン=ピエール・レオーが出たアントワーヌ・ドワネル系のものはあまり好きじゃなかったですね。遺作の『日曜日が待ち遠しい!』(八三年)も一緒に見た覚えがありますけど、「これは甘いな」なんて言ってましたね(笑)。

――神代監督はかなり新作の外国映画も見ていたんですね。

本調　というよりは自分の好きな監督の映画だけは見ていた感じですね。とくにトリュフォーは自分のやっている作品の参考になったんじゃないですかね。

――神代監督のテレビドラマ『仮面の花嫁』(八一年)の原作はウィリアム・アイリッシュで、トリュフォーの『暗くなるまでこの恋を』(六九年)と同じ原作ですね。ゴダールはどうだったんでしょうか。

本調　神代さん、ゴダールも好きでした。初期の『女と男のいる舗道』(六二年)が好きでしたね。後期のゴダールは難しくって、たぶん見てないと思います。でも荒井さんに聞くと、神代さんはトニー・リチャードソンを好きだったそうですね。『蜜の味』(六一年)とか『長距離ランナーの孤独』(六二年)とか。

――『棒の哀しみ』の時に、神代監督は主演の奥田瑛二に「これで化けような」と言ったそうですね。

本調　それはいつも、他の人にも言うんですけどね(笑)。でも、ほんとうに化けましたよね。不思議ですよね、役者って。印象的だったのは、『棒の哀しみ』の初日、さっきの桃井さんの話と似てますが、奥田さんがピタッと来ない感じだったんです。初日っていつもだいたいそうなんですよね、みんな探っていますから。で二日目には、もう奥田さんは作品に入っていました。役者ってすごいなあと思いましたね。

――奥田さん本人もこの作品に賭けている感じはあったんじゃないですかね。

本調　『棒の哀しみ』はいっぱい賞を獲ったからそういうふうに言われるけど、当初はVシネ企画に近いものだったんですね。それが結局劇場公開作になりましたが、撮影当時はそんなにみんな気負ってはなかったですよ。

――ビデオリリース時には『真極道　棒の哀しみ』なんてタイトルが付いていますものね。

本調　ビデオ販売がメインでしたね。で、さっきも言いましたが、神代さん、こういうのをもっとやればよかったのにと思ったんです。その前の神代さんは観念的な方向に傾いていたんじゃないかって。とくに女の人を主役にしてやろうとしていたことで、ますます観念的になっていく感じがしていて。『棒の哀しみ』は男が主役で、しかも彼は自分を「もう一人の自分」として引いて見ているじゃないですか。神代さんって、世の中に対してそういう醒めた見方をしているところがある。それが良く出てるんじゃないか。それは初期の『恋人たちは濡れた』の主人公たちも同じで、神代さんの本質が出ていると思うんです。

――たしかに奥田瑛二がひとり言をつぶやいている場面にはそういう感じがありますね。

本調　そうそう。原作の北方謙三さんの小説も一人称と三人称がまざったような、『青春の蹉跌』のショーケンのつぶやくエンヤトットみたいな、ああいう雰囲気に近いんですね。神代さんは女の人を撮るのがすごくうまいって言われるけど、もちろん女の人を追い詰めて撮るのはうまいですけど、ほんとうは男のほうを描くのが得意なんじゃないかな。『棒の哀しみ』はちょっと変わったやくざ映画でしたけど。そういえば、この作品の助監督の鴨田(好史)さんに後から聞いたんですけど、撮影前に参考のため北野武の『ソナチネ』(九三年)を一緒に見たと言ってました。

――『ソナチネ』自体が東映実録やくざ映画へのアンチテーゼみたいな作品でしたからね。

本調　神代さんは今までやくざ映画を撮ってないから、『ソナチネ』を見て、こういうのでいいんだって思ったフシがある(笑)。あんな淡々としてていいんだってね。本人はいろんなところで「わからない」ってよくいうんですよ。それがわかったら、神代さんは撮れる。

――『棒の哀しみ』の食事シーンでキャメラがぐるぐる回るじゃないですか。あの

頃、二時間ドラマでも、その後の『インモラル　淫らな関係』でもキャメラが回るシーンが多いんですが、あれは監督の指示なんでしょうか。

本調　時間をかけずに手早く撮る手立ての一つとして、キャメラを動かすことはありますね。あとは、どっしり撮るのがとにかく嫌いだから。それにやっぱり身体がしんどかったというのもあるでしょうね。それまでは自分が役者にくっついて芝居をつくって、それにキャメラが寄り添って撮れていたのに、身体が動かない、そういうことができなくなってたという事情もあると思う。

――**『棒の哀しみ』で奥田瑛二さんと永島暎子さんのからみが壮絶ですね。**

本調　神代さんは永島さんがすごく好きなんですよ。テレビドラマの『母の手紙』（八五年）で初めて会って、すごく面白かったみたいで、私が「どこが気に入ったの?」って聞いたら、「彼女と酒を飲んだときに、炉端焼きの火をつかもうとするんだよ、面白いよ、あの人」って言っていました。永島さんはその後も神代さんのドラマ『瑠璃の爪』（八七年）に出ていますね。『棒の哀しみ』の時は、なかなか相手役が決まらなくて、永島さんになった記憶があります。最後の奥田さんと永島さんが抱き合いながらさらしを巻くシーンがあるじゃないですか。あれは永島さんはテストの時と芝居が違うんですよ。ふつうはテストと違う芝居をする相手役は嫌がるんですよね。でも奥田さんはそんなことはなくてちゃんと受け止めていました。永島さんは芹明香さんみたいに何するかわからないみたいなところがあったから、そういう魅力を神代さんは感じたんじゃないかしら。

――**この頃はもう神代監督は身体も具合が悪いということで、車椅子を使う状態でしたか。**

本調　いえ、『棒の哀しみ』の時はまだ車椅子じゃなくて、でも酸素ボンベはつけていました。『棒の哀しみ』は長回しが多いんです。それは神代さんとしては、身体がしんどいということはあったと思うんですが、私はそれを歓迎してました。というのは、どうしてもカットバックで撮ると編集でガチャガチャになるんです。そこに緊迫感は生まれるけど、映画に空気感は出ない。初期の神代さんの作品って広めの画で長回しで撮っているからすごく空気感があるじゃないですか。『棒の哀しみ』、次の『インモラル』はそういう事情で初期の神代映画に似ていた感はありますね。

――**『棒の哀しみ』の脚本は神代監督、そして伊藤秀裕さんで、本調さんは加わっていないんですね。**

本調　直しを少し手伝ったぐらいです。神代さんが今回『勝手にしやがれ』（六〇年）で行こうと思ってると言うので、じゃあラストは主人公は死ぬべきじゃない?と言ったら、それはよくあるし新鮮じゃないと。で、脚本には無いんですが、ラストで奥田さんがタバコを取り出すと白竜さんがライターで火をつけるという場面を私が書きました。原作に一行あるのをとったんですけどね。

『棒の哀しみ』哀川翔、奥田瑛二、白竜

――**遺作となった『インモラル　淫らな関係』（九五年）は、『水の女』がダメになって急遽書き下ろしたものということですが、完全にオリジナルですか。**

本調　以前に企画がダメになったシナリオで、死んだと思ったら生きていたっていうのをやろうとしたことがあって。今回それをやろうかとなって、兄弟が女を取り合って、片方が関係を知って自殺する。けどそれは偽装だったみたいな、大まかなストーリーをつくったんです。トップシーンは、女が引っ越してきて、その部屋に前に住んでいた男が来て、やられちゃうみたいなことを神代さんが考えて。まずは私が第一稿を書いて、それを神代さんが直して、それがまた私に戻ってきて、というのを一週間ぐらいやって。でも時間はなかったです。そうとう急いで書いた記憶があります。

――**海の家でのセックスとか、兄（柳ユーレイ）と弟（五十嵐光樹）**

の婚約者(柳愛里)**がセックスしてるのを、向かいの部屋から兄の愛人**(石田幸)**が弟に見せるシーンなどいろんなシチュエーションがあって、贅沢な脚本ですよね。**

本調　兄と先に関係を持った主人公の女が、その後で弟の婚約者として登場するという三角関係の話を先に決めたんで、それに沿って私が書いて、神代さんが直してというやりかたでした。私は柳ユーレイの男のことは理解していたんですけど、もう一人、石田幸さんが演じたバーの女はよくわからなかった。上手く書けなかった。「私、こういう女はわからないです」って神代さんにも言いました。

――**後半のストーリーはこのバーの女が動かしている感じですね。自殺したと思っていた弟が現れるシーンは前のシーンと地続きになっているので偽装とは思えず、幽霊が現れたように見えますが、あれは意図的なものですか。普通なら字幕で「数週間後」とか入るような場面ですが。**

本調　そういうことはどうでもいい人だから(笑)。どっちでもいいんだと思います。

――**『インモラル』はすべてアフレコということで、初期の神代作品のような味わいがさらに炸裂していますよね。**

本調　そういう理由でこの作品が好きな人は多いですよね。

――**女のほうが鼻歌みたいなのを歌っていますね。**

本調　あれはアフレコの後で録ったんです。使うか使わないかわかんないけど、適当にやってと言って。柳ユーレイの唸り声もそうですね。予算的に音楽がつけられるかどうか、その時はわからなかったんで、鴨さんとふたりでいろいろ録っておこうと。それを神代さんが聞いて使ったんです。

――**白鳥あかねさんが『インモラル』を撮る時に身体のためにやめたほうがいいと言ったら、神代さんに「やりたいんだ、俺は生きる屍になりたくないんだ」と怒られたと語っていました。**

『インモラル　淫らな関係』撮影スナップ。柳ユーレイ、柳愛里、本調由香、神代辰巳

本調　『インモラル』のキャメラマンは林淳一郎さんで、当初会社サイドはスタッフはだれでもいいみたいなことを言ってたんです。私はものすごく反対して、こんなお金がない現場で知らないキャメラマンを使うのは絶対にダメだと主張しました。神代さんにすれば低予算の作品だから林さんを呼ぶのは悪いって言うんですよ、みんな一律のギャラでしたから。それでも林さんにと強く言ってよかったと思いました。林さんがしっかり現場を動かしてくれました。林さんは『棒の哀しみ』をやったあとで、神代さんの身体の状態を知ってるわけですから。

――**助監督の今岡信治さんの話では、主人公の柳愛里の喋り方を岡崎京子の漫画の感じでと言ったそうなんですね。神代監督が岡崎京子の漫画を読んでいるんだと驚きました。**

本調　言ってました？　それは私が読ませたから(笑)。私が岡崎京子を好きだったんです。岡崎京子ってあの頃、朝日新聞に映画評を書いていて、それを神代さんが読んでて、この人いいよねって言ってたんです。あ、そう、じゃあ私漫画持っているからって『リバーズエッジ』を読ませたら、想像してたのと違っていたみたいで(笑)。神代さんは、漫画は子供っぽいと思ったんじゃないですか。

――**主人公の柳愛里が森の中でふわふわした格好でふわふわしゃべっているのが岡崎京子っぽいなと思います。**

本調　あはは。そんなこと初めて知りました。なんだあ、「岡崎京子の漫画ってあんまりおもしろくない」なんて言っていたくせして(笑)。ちゃんとしっかり生かしてるんだな。神代さんは柳愛里さんを「あの娘は拾い物だ」と言ってました。何をするか分からない魅力がありますよね。

――『インモラル』のあとで筒井康隆原作の『男たちのかいた絵』の映画化を考えていたそうですが（伊藤秀裕監督で九六年に映画化）、**脚本はできていたのでしょうか。**

本調　『男たちのかいた絵』は『インモラル』よりも前からあった企画で、『インモラル』の編集とダビングをしているあいだに、私が先行して書いて神代さんに渡してまた戻して、というふうにいつもと同じ作業を進めてました。神代さんは最初、原作の多重人格みたいなことが理解できないって言ってましたね。で、途中で「ダメかもしれん」的なことを言うようになって、たしかに身体の具合からすれば、かなり無理をして作業してました。

『インモラル』のダビングが終わって、その頃『棒の哀しみ』がたくさん映画の賞をとったので、授賞式とかパーティーをこなして、その後神代さんは入院しました。『男たち』脚本の最後の部分を病室に持っていくと、元気に「チャンスだから頑張る」なんて言って、まだまだ撮る気でしたけど、その五日後に亡くなってしまった。

――最後にお聞きしますが、本調さんにとって神代さんとはどんな存在だったんでしょうか。

本調　映画の作り方を教えてくれた人ですね。だけど、師匠として親として教えてもらっていてもこちらが自我ができると、やっぱり対立することもあるし、つらいところもあるじゃないですか。さっき言ったようにちょっと神代さんと離れたいと思った時期もありました。全部、持って行かれちゃうような、それほど強烈な人でしたから。

神代さんはあんまり自分が作家であるというふうには思ってなかったんじゃないでしょうか。でも一方では、トリュフォーやゴダール、ベルイマンみたいなことをやっているんだっていう自負はあったんだと思うんですね。神代さんの第一章がロマンポルノの時代で、第二章がその後の『もどり川』とか『恋文』をやっていた時期だとすれば、もうちょっと生きてれば、神代さんの第三章があったのになあという気がします。『棒の哀しみ』の編集が最初にまとまったときに、「ここからが神代さんの仕事だね」と言うと、「よせよ、共犯でいこうぜ」と言われたのが今でも忘れられないですね。

（ほんちょう　ゆか・脚本家／二〇一九年五月十五日、新宿にて／構成＝高崎俊夫）

1985年

金曜女のドラマスペシャル『**母の手紙**』
制作＝フジテレビ　松竹芸能　原作＝連城三紀彦　脚本＝岸田理生　出演＝市原悦子　田中健　永島暎子　犬塚弘　放映日＝7月19日

月曜ワイド劇場『**美しい女医の診察室III**』
制作＝テレビ朝日　脚本＝篠崎好　撮影＝林淳一郎　記録＝本調有香　出演＝いしだあゆみ　古尾谷雅人　萩尾みどり　村井国夫　放映日＝8月12日

土曜ワイド劇場『**奥飛騨二重心中**』
制作＝テレビ朝日　プロデューサー＝三浦朗　稲垣健司　原作・脚本＝佐治乾　出演＝田村正和　江波杏子　清水紘治　真行寺君枝　高林由紀子　放映日＝11月30日

1986年

夏樹静子サスペンス『**独り旅**』
制作＝関西テレビ　原作＝夏樹静子　脚本＝宮川一郎　記録＝本調有香　出演＝桃井かおり　小林稔侍　香山まり子　赤座美代子　放映日＝1月13日

1987年

火曜サスペンス劇場『**死角関係**』
制作＝東宝　日本テレビ　プロデューサー＝田中收　脚本＝丸内敏治　神代辰巳　出演＝酒井和歌子　石橋蓮司　森本レオ　戸川純　放映日＝4月28日

金曜女のドラマスペシャル『**蛇苺**』
制作＝フジテレビ　原作＝山本道子　脚本＝岸田理生　記録＝本調有香　出演＝山本陽子　宮川一郎太　蝦名由紀子　長内美那子　伊藤孝雄　中谷一郎　放映日＝5月29日

現代恐怖サスペンス『**誰かが夢を覗いてる**』
制作＝関西テレビ　ヴァンフィル　原作＝阿刀田高　脚本＝小川英　蔵元三四郎　出演＝原田美枝子　田中隆三　渡辺えり子　放映日＝8月3日

ザ・ドラマチックナイト『**瑠璃の爪**』
制作＝フジテレビ　プロデュース＝田辺隆史　原作＝山岸涼子　脚本＝岸田理生　出演＝市原悦子　永島暎子　南美江　加藤健一　放映日＝10月30日

1988年

女流作家サスペンス『**Mの悲劇**』全3話
制作＝東海映画社　関西テレビ　原作＝夏樹静子　脚本＝神代辰巳　竹山洋　記録＝本調有香　出演＝名取裕子　原田芳雄　成田三樹夫　放映日＝1月4・11・18日

女流作家サスペンス『**カフェオリエンタル**』
制作＝関西テレビ　Gカンパニー　原作＝森瑤子　脚本＝中村努　記録＝本調有香　出演＝桃井かおり　金沢碧　原田芳雄　放映日＝3月28日

1989年

男と女のミステリー『**となりの窓**』
制作＝フジテレビ　ギャラクシーワン　脚本＝岸田理生　記録＝本調有香　出演＝市原悦子　洞口依子　柄本明　河原崎長一郎　放映日＝2月17日

1990年

『**死はお待ちかね**』
制作＝テレビ朝日　スタッフ・アズバース　原作＝ベゴーニャ・ロペス　脚本＝岸田理生　撮影＝長沼六男　記録＝本調有香　出演＝市原悦子　酒井和歌子　岡田真澄　金沢碧　香川照之　放映日＝3月3日

火曜サスペンス劇場『**殺意の団欒**』
制作＝日本テレビ　メリエス　プロデューサー＝小林壽夫　原作＝ジェイムス・アンダーソン　脚本＝高田純　撮影＝森勝　記録＝本調有香　出演＝倍賞美津子　蟹江敬三　西岡徳馬　戸川純　竹中直人　放映日＝10月23日

1995年

土曜ワイド劇場『**盗まれた情事**』
制作＝朝日放送テレビ　松竹芸能　原作＝連城三紀彦　脚本＝荒井晴彦　高木功　撮影＝林淳一郎　出演＝三浦友和　余貴美子　高島礼子　石田幸　藤田敏八　放映日＝7月1日(制作は1993年)

▒脚本作品

1971年

『**火曜日の女シリーズ　九月は幻の海**』
制作＝ユニオン映画　日本テレビ
第5回　監督＝蔵原惟繕　共同脚本＝西沢裕子　中沢龍太　放映日＝9月28日
第6回　監督＝蔵原惟繕　共同脚本＝中沢龍太　放映日＝10月5日

1976年

『**必殺からくり人(血風編)**』
制作＝京都映画　朝日放送　松竹　出演＝草笛光子　山崎努　浜畑賢吉　ピーター　吉田日出子
第3話「怒りが火を吹く紅い銃口」監督＝工藤栄一　ゲスト出演＝日下武史　江幡高志　麦圭介　放映日＝11月12日
第5話「死へ走る兄弟の紅い情念」監督＝蔵原惟繕　ゲスト出演＝中野誠也　放映日＝11月26日

1982年

土曜ワイド劇場『**偽りの花嫁　わたしの父を奪らないで!**』
制作＝テレビ朝日　プロデューサー＝三浦朗　原作＝シェリイ・スミス　監督＝小沼勝　出演＝大場久美子　池部良　田島令子　萩島真一　放映日＝5月29日

1991年

『**花迷宮――上海から来た女**』
制作＝カノックス　演出＝久世光彦　脚本協力＝山田耕大　本調有香　出演＝森光子　東山紀之　南果歩　放映日＝1月4日

神代辰巳脚本映画・テレビ作品

神代辰巳脚本映画

『恋の狩人（ラブ・ハンター）』 1972年1月19日封切
製作配給＝日活　監督＝山口清一郎　脚本＝こうやまきよみ（山口清一郎＋神代辰巳）　出演＝原英美　田中真理

『白い指の戯れ』 1972年6月7日封切
製作配給＝日活　監督＝村川透　脚本＝神代辰巳　村川透　出演＝伊佐山ひろ子　荒木一郎　石堂洋子

『新宿馬鹿日記』 1977年9月17日封切
製作配給＝松竹　監督＝渡辺祐介　原作＝半村良　出演＝愛川欽也　太地喜和子　朝丘雪路

『男たちのかいた絵』 1996年5月11日封切
製作配給＝スコルピオン　シネマ・ドゥ・シネマ　監督＝伊藤秀裕　脚本＝神代辰巳　本調有香　伊藤秀裕　出演＝豊川悦司　内藤剛志　高橋恵子

神代辰巳テレビ作品

演出作品

1966年

『愛妻くん』第21回**「再婚のすすめ」**
制作＝TBS　日活　脚本＝窪田篤人　出演＝久我美子　中村竹弥　楠侑子　放映日＝12月4日

1970年

『すばらしい世界旅行』「コモドドラゴンを生け捕れ」
制作＝日本テレビ　放映日＝3月4日

1971年

『火曜日の女シリーズ　九月は幻の海』第4回
制作＝ユニオン映画　日本テレビ　原作＝B・S・バリンジャー　脚本＝西沢裕子　出演＝南田洋子　露口茂　河原崎長一郎　放送日＝9月21日

1973年

『恐怖劇場　アンバランス』第5話**「死骸《しかばね》を呼ぶ女」**
制作＝円谷プロダクション　フジテレビ　脚本＝山崎忠昭　音楽＝富田勲　出演＝和田浩治　穂積隆信　珠めぐみ　放映日＝2月5日（制作は1969年）

1974年

『傷だらけの天使』
制作＝東宝　渡辺企画　日本テレビ　出演＝萩原健一　水谷豊　岸田今日子　岸田森　録音＝橋本文雄　音楽＝井上堯之
第4回**「港町に男涙のブルースを……」**脚本＝大野靖子　ゲスト出演＝池部良　荒砂ゆき　潤ますみ　放映日＝10月26日
第6回**「草原に黒い十字架を……」**脚本＝山本邦彦　ゲスト出演＝船戸順　高木均　瀬島充貴　放映日＝11月9日

1977年

『新・木枯し紋次郎』
制作＝東京12チャンネル　原作＝笹沢左保　主演＝中村敦夫
第2話**「年に一度の手向草」**脚本＝神代辰巳　ゲスト出演＝浜田雄史　放映日＝10月12日

1980年

黒岩重吾シリーズ**『裂けた星』**前後編
制作＝毎日放送　テレパック　原作＝黒岩重吾　脚本＝中岡京平　出演＝古谷一行　原田美枝子　石橋蓮司　鹿沼えり　放映日＝1月5・12日

土曜ワイド劇場**『悪女の仮面　扉の陰に誰かが』**
制作＝テレビ朝日　にっかつ　プロデューサー＝結城良熙　原作＝シャーロット・アームストロング　脚本＝田中陽造　伊藤秀裕　出演＝いしだあゆみ　酒井和歌子　山本圭　浅野温子　放映日＝1月12日

傑作推理劇場**『艶やかな罠』**
制作＝テレビ朝日　企画＝霧プロダクション　原作＝多岐川恭　脚本＝大野靖子　出演＝江守徹　二宮さよ子　中尾彬　江角英明　放映日＝7月30日

1981年

土曜ワイド劇場**『仮面の花嫁　暗闇へのワルツ』**
制作＝テレビ朝日　にっかつ　プロデューサー＝三浦朗　吉津正　原作＝ウィリアム・アイリッシュ　脚本＝佐治乾　撮影＝前田米造　出演＝酒井和歌子　愛川欽也　森本レオ　ジョー山中　宍戸錠　石橋蓮司　放映日＝3月14日

1982年

火曜サスペンス劇場**『空白迷路』**
制作＝大映映像　日本テレビ　原作＝福本和也　脚本＝高山由紀子　神代辰巳　白鳥あかね　出演＝大谷直子　奥田瑛二　木暮実千代　梅宮辰夫　根岸季衣　寺田農　放映日＝1月19日

1984年

月曜ワイド劇場**『美しい女医の診察室II』**
制作＝テレビ朝日　脚本＝柴英三郎　撮影＝林淳一郎　編集＝鈴木晄　記録＝白鳥あかね　出演＝いしだあゆみ　黒沢年男　熊谷真美　佐藤オリエ　前田吟　風祭ゆき　放映日＝3月26日

火曜サスペンス劇場**『愛の牢獄』**
制作＝日本テレビ　東宝　プロデューサー＝山口剛　田中收　原作・脚本＝岸田理生　出演＝酒井和歌子　小林薫　岸部一徳　山口美也子　夏八木勲　白川和子　放映日＝6月26日

金曜女のドラマスペシャル**『殺意』**
制作＝フジテレビ　原作＝夏樹静子　脚本＝岡本克巳　出演＝大谷直子　范文雀　石橋蓮司　伊佐山ひろ子　清水紘治　放映日＝12月21日

『新宿馬鹿物語』女を暖かく見つめる半村氏と女をひたすら愛する神代氏と女を畏れ敬う私と

渡辺祐介

久保田万太郎や川口松太郎を愛読したと言う半村良氏の短篇を集めて、神代氏がシナリオにしてくれました。ノッケはさかんに尻込みしていた神代氏でしたが、プロデューサーの猪股氏と私の強引な口説きに遂に陥落してくれました。

冒頭の題にも書いた通り、半村、神代、私三人の、女に対する助平さが三人三様である処が此の作品のミソであると言えましょう。

さて、主人公の仙田と言う男は、二十年近くも新宿でバーテンの眼から水商売の表と裏を眺め続けて来た粋人である処から、神代氏と私は先づ事はじめに酒に淫しようと言う事になりました。或る晩、正確には神《くま》さんが執筆を始める前の晩、二人でハシゴをした挙句、結局このドラマは何を描くのかというヘソの辺りで両名とも酒毒でモウロウとなり、「兎に角クマさんは女を可愛がってよ、俺は女を憎むから」と云うような、訳の判らない事を口走って、いつの間にかおひらきになっていたのでした。

「他人《ひと》の脚本《ほん》なんか書いた事がないから恐ろしい」とボヤく神代氏をなだめすかしつつ二週間がたちました。本職のライターでさえ十日間余りと言う日程ではきついと思うのに、監督神代辰巳は十四日目にラストシーンを書き上げました。想像通り、神さんのエスプリが縦横にちりばめられていて、何とも魅力的な脚本でした。

然し、と、実は頭が重いのです。

大体映像と言うのは、こっちが思っても見なかった力を勝手に出してくれるかと思うと、どうもがいても表現し得ないジレったさが悪循環のように積って行く時もあるもので、「力」が「欲求不満」をどの程度駆逐するかが作品の迫力を左右する分れ道になると思うのですが、私は、ひょっとすると半村氏の情念と神代氏の感性に振り廻されたまま、女を畏れ敬う処かどんどん生来女好きの自分の中に閉じ籠ってしまうのではないかと言う懼れが一つ。

もう一つは、一歩間違うと風俗映画になってしまうし、今はもうそうした風俗描写の中では観客との接点がひどく稀薄になってしまっていると言うきびしい現実です。

男と女、女と男……この、気の遠くなる様な不変のモチイフは、一体全体何処迄行ったら折り返し地点があるのでしょう。

とつおいつ悩んだ末、結局風俗映画から脱け出す為には只一つ、私は男のキンタマに照準を定めることに決心しました。いづれにしても半村氏と神代氏の文字の世界から私の映像の世界をつくり出さなくてはならないのですから。

そこで——

四六時中、排泄物の如く人間生活から切り離せない厄介な代物、男と女のしがらみに就いて——

一、何とかして現在の女と手を切りたいと思っている男の為に。

一、そろそろ今の男から逃げ出して別の男にのり換えたいと思っている女の為に。

一、かねがね眼をつけている女を物にしたいと狙っている男の為に。

一、一ぺん男を欺して金をせしめようと狙っている女の為に。

一、今の女房が早く死ねばいいとひそかに願をかけたりしている亭主のために。

一、今の亭主にうんざりして、朝家を出たまま、交通事故か何かで頓死してくれないかなあ……等と考えては急に罪の意識に戦いたりしている女房の為に。

一、以上の様な不道徳な発想ではなく、純粋に、ロマンティックに、男と女のしびれる様な「情」の世界にタップリ浸り度いと念じている平和で心やさしき人々の為にも。

多少のこじつけはあると思いますが、以上の様な諸々の状況の為に此の作品はなにがしかの価値を持つ様に作られなければならないと思い定めました。半村氏も神代氏も、出来上りを見て唖然とされてももう遅い。それは最早材料を監督に渡してしまった後の祭りとして諦めて頂き度いと思います。

（わたなべ ゆうすけ・映画監督／「シナリオ」一九七七年十月号）

初めてづくしの松竹映画

神代辰巳

松竹で仕事をすると云うのは、はじめてのことです。脚本を引き受けるとき、迷いました。もともとなまけものですので、映画は年間五、六本ぐらいしかみませんし、とりわけ、松竹の映画はあまり見ていません。ただ頭の中にはその少ない本数の中からも、何となく、松竹映画と云うふうながいねんみたいなものがあって、それと、昔、助監督を二年ぐらい、松竹京都でやってたことがあったりして、もう一つ、何でもやってやろうと自分でも此の頃、そんなこと考えているものですから、かなり迷いながら引き受けました。半村さんの原作があるし、そう云う意味ではいろいろ話し合いの中で当然共通点が見出し得ると思ったのも、脚本を書く気になった一つの理由です。

しかし、いざ、書き出してみると、俺はやっぱり日活の監督だなあとつくづく思ったりしたものです。

先日、ある映画グループのティーチ・インみたいなものに出席する機会があって、その時、あるシナリオライターが日活と東映の違いについてふれて、日活は主人公の動きで話をすすめて行けばいいけど、東映は具体的な対立の中で話をすすめて行かねばならない、と云うようなことを云っておられました。側で、なるほどと思って興味深くきいておりましたが、それほど具体的な差が、私の中で、このシナリオを書くにあたってあったわけではありません。

とにかく、一つの挑戦と云ってはかなりオーバーな云い方ですけど、自分の芸の幅を広くしようと云う気持で書きはじめたのは事実です。

そんなことを云いながら、何となく自分流のシナリオになったのも事実です。

それと、人のためにシナリオを書いたのも、日活の仲間以外でははじめてですし、いろいろはじめてづくしの中で、今妙にそわそわした気持でいます。

シナリオを書きあげて、こんな気持になるのもはじめて味わいました。

（「シナリオ」一九七七年十月号）

木枯し紋次郎とのかかわり

神代辰巳

夏の終り、京都でテレビ映画、木枯し紋次郎の撮影に入ることになった。「年に一度の手向け草」と云う笹沢左保さんの原作。シナリオ化からはじめて、完成まで約一ケ月半、木枯し紋次郎とたっぷりつきあうことになったのである。プロデューサーから原作三本ぐらいを読まされて、その中から、私の一番気にいったもの一つを選んでいいと云うことだったので、紋次郎のルーツものにひかれて「年に一度の手向け草」を選ばせてもらった。紋次郎は度重なる飢饉に襲われた天保年間、貧農の六番目の子として生まれたので、当然、「間引き」される運命にあったと、原作にはある。紋次郎の姉が「間引き」から救うと云うことになっている。

この種の暗い過去を持つ時代劇のヒーローは、「眠狂四郎」が将軍家の御落胤であったりするように、よくある設定であるのだが、そういう設定はいわゆる日本の娯楽物の特色のようで、ヒロイン達の残酷な或いは非情な行動は、あわれな宿命を背負って生まれたのだから許せるという。大衆の同情を引き寄せて、一種免罪符の役割を果たしているのである。これを逆に云えば、或る種屈折した行動をする時代劇のヒーロー達は、それに適応した暗い過去を持つことが条件になっているようである。

特にテレビ映画はいわゆるお茶の間向けと云う機能上、その種の免罪符が余計に要求されるわけで、なげかわしいことに、私達作る側はそう云う条件闘争をやらされるわけである。

その条件闘争をやらない限り、テレビメディアに乗ることは出来ないし、そう云う意味でも又、木枯し紋次郎は二重に宿命的なヒーローなのである。つまり、このメディアでは絶対について語るのは許されてないのである。悲しいことに、絶えず条件つき闘争なのである。

ヒーローのキャラクターでさえ、条件つきでなければいけないと云うことが、今迄述べて来たこと。第二の宿命的な問題点は視聴率である。

云うまでもないことだが、テレビ映画の制作者達にとって、視聴率ほどこわいものはない。番組の全生命を視聴率が握っていると云っても過言ではない。劇場用映画と比較すると、劇場用映画はまだ自由な立場にあると云うことが出来る。勿論劇場用映画も観客動員が少なければ、つまり、採算がとれることが前提なのだが、それでも、いろんな上映方法は残されていて、最低劇場用映画は制作者達が作ろうと思えば作り得る状況はまだ多分に残されているのである。それに比べるとテレビ映画は視聴率が悪ければ、存続し得ないと云う宿命を持っている。作る側にとって、これほど、面白くもおかしくもない情況は、出版物、絵画、レコード出版も含めて、恐らく最たるものだろう。テレビ制作とは、そう云う条件をふんまえてのなげかわしい条件闘争なのである。与えられた枚数が尽きそうなので、結びに入ることにするが、「木枯し紋次郎、年に一度の手向け草」の演出にあたっての第三の条件闘争の具体例をあげることにする。と云っても、私はテレビ映画はこの作品で三本目である。たった三本ぐらいで、と、ひんしゅくを買うかもしれないけど、たった三本しかとってないから云いたいことが云えると思っている。

　これは私の持論なのだが、主役の気持の、又は考え方の変化を追うことがその作品を面白くさせる最も大事な要素だと思っている。そこで、御存知のように、紋次郎は「私に関わりのないことで」で通っている男なので、その紋次郎にゆさぶりをかけるために、もう一人、紋次郎に似ている男を作って、紋次郎ならこう思うだろう、こうするだろうことをその男から紋次郎に問いただすことにしたのである。そして、こうすることまでは演出の自由が残されている。問題なのはその先である。この種のシリーズものは何人かの監督で作られるのが常であるから、紋次郎のキャラクターに関してはどうしても紋次郎自身に頼らざるを得ないことになって来る。そうしなければシリーズを通しての紋次郎のキャラクターの統一がとれないからである。つまり、まわりの設定には演出の自由があっても、かんじんの主役の動きに関しては、役者に頼らざるを得ないと云うことなのである。これは監督にとって切歯扼腕、どうしようもなく不満足なことである。例えば、ここで、紋次郎は泣くべきだと思っても、「今迄、紋次郎は一度も泣いたことがありません。シリーズとしてのバランスがとれない」と云われれば、泣くことを止めなければならないと云うふうになるのであって、演出不在もはなはだしい。キリフダなしでゲームをやるようなものである。先にあげた二つの条件闘争とともに、これも又テレビ映画の最悪のなげかわしい条件である。

　紙数が尽きたので、結論を急ぐが、こう云う生ぬるい作品がブラウン管を通して、どんどん茶の間におくりこまれている。何とも、心もとないなげかわしい現象ではないか。

（「創」一九七八年一月号）

『死骸を呼ぶ女』または愛の物語

山崎忠昭

　六年後の昭和四四年——フジテレビの新藤善之プロデューサーの依頼で、私は円谷プロ製作番組の台本を執筆していた。

　一時間物のオムニバス、『恐怖劇場　アンバランス』というホラーテレビムービーで、監督陣には鈴木清順、黒木和雄、藤田敏八など超Aクラスの人材を配し、その中には六年前の出来事以来、友だちづきあいは別にして「シャシンの仕事」はまるっきりしていないなつかしのヒゲ安先生（長谷部安春）もまたヌカリなく加わっていたのである。

　恐怖奇怪とくれば私の最も得意とするジャンルであるし、このチャンスを生かして今度こそ長谷部氏と四ツに組んで身の毛のよだつホラームービーの怪作を！　と大いに意気込んでいたのだが、しょせん私のような若輩（かつてのカケダシよりわずかに位が上）ライターは、当時売り出しの長谷部日活ニューアクションの旗手（『縄張《シマ》はもらった』（一九六八）『みな殺しの拳銃』（一九六七）などが既に封切られていた）とスンナリ組ませていただける筈もなく、代りに、長谷部氏の紹介とかで一本撮ることになった新人監督がとりあえず私の相方とさだめられた。

　それは、少し前日活で『かぶりつき人生』（一九六八）とかいうストリップの映画を撮った神代辰巳という人であったが、ストリップに興味のない私が勿論そんな映画見ているわけもない。

　さて、その神代辰巳氏との初の出会いは、小田急成城学園の駅から程遠からぬ円谷（その頃業績がダウンしてツブレヤと呼ばれていた）プロダクションのウス暗くウソ寒い制作部屋であったと思うが——たしかその時の私は、番組第五話『死骸《しかばね》を呼ぶ女』（自慢じゃないが、純然たる私のオリジナル脚本だ）の第一稿を書き上げ、プロデューサーの熊谷健氏の許へ届けに行っていたンじゃなかったかな？

　ところが熊谷氏としては、第一稿の上った直後に監督と脚本家を会わせると、よくケンカになり、本なおしのアイデア一つにしても、ヤタラ凝ったのが出すぎたりして完成稿の上りが遅れることがままある、という理由から、その日は私を神代氏にひきあわす予定じゃなかったらしい。

それが両者運悪くバッタリ出っくわしたもんだから、仕方なく脚本検討の談合ということに急遽なろうとしたのだが……その矢先も矢先、神代氏がまことにあつかましげな（とその時の私には思えた）口調で、

「お金、いくらか前借させてもらえませんかね、熊谷さん」

と切り出したのだ。

初めて顔を見かわした時からムスッとして、陰気な眼をして、妙なカラをかぶって構えているカンジのするこの人物がどうも好きになれずにいた私は「金貸せ」のこの一言で完全に嫌いになってしまった。

（神聖な脚本検討の会合を、この男は一体なんだと思っているのだ？　本の作者が目の前にいるというのに、「金貸せ」とはなんたる卑しい！）

私がこんな風に思っているのを知ってか知らずか、やがてわが苦心の生原稿を読み出した神代氏が、時折り手をとめてボソリ、ボソリ……と吐く意見というのがまた、どうも一々カンにさわる、気にくわぬ。意見というよりそれはまるでイチャモン、ケチ、アラサガシのいいがかりにひとしい。

みるみる不愉快になった私は、シャキッといずまいを正してひらきなおると神代氏にむかってトゲトゲしく浴びせかけたのだ。

「あなたの本の読み方は、全然的ハズレであり、この本のとりえやミソといったものを少しも理解していない。そういう〝分っていない監督〟とはおつきあいマッピラなので、この本はこのまま引きあげさせていただく！」

さて、それからだ。

とにかく腹が立って仕方がない私は、その足でまっすぐフジテレビへ駆けつけると、『恐怖劇場』担当プロデューサーの新藤善之氏を呼び出して忿懣《ふんまん》をぶつけた。

「あの神代さんて人には、他のライターの本をまわし、ボクのこの本は、中川信夫とか石川義寛など、怪談映画の名手に撮ってもらいたいンです。いや、あなたがなんと言ってなだめようが、ボクはもう神代さんて人はゴメンですからねッ」

まさかその「神代さんて人」が、後年あれほどえらい監督になろうとは夢にも思わずに言ってるのだ、許されよ神代ファンの淑女ならびに紳士たち。

結局、新藤氏とも話し合いがつかず、ムシャクシャしながら家にひき上げた私は、この事件とは全く無関係のわが老母にナンダカンダとやたらあたり散らしながら酒を呑みはじめ、酔ったあげくに円谷プロから持ち帰った問題のシナリオを、〝ビリビリにひき裂く〟のではなく、〝クシャクシャにまるめて〟クズ籠にほうり込んだ。

そして、こうなったらもうこのシナリオのことはキレイサッパリ諦めて、次に長谷部安春氏と大和屋竺君に撮ってもらうことになっている二本のシナリオの構成にとりかかろうと考えを決めた。

幸い、御両所とはもうストーリーの打ち合せもできている。

大和屋監督には、台湾を舞台に、猿の脳ミソを好んで食する美食家どもが猿の霊に祟られ、やがて人間の脳ミソを喰わずにはおれなくなる恐ろしい因縁話を撮ってもらう。狂った美食家どもに脳ミソを喰われそうになる美しい娘のイメージキャストはジュディ・オングだ。ついこのあいだ此の件をジュディの母親に話したらイヤな顔をしていたが、かまうもんか、なにがなんでもジュディに演ってもらう！

それからヒゲ安大監督——こっちにはブーズー教の呪いをかけられた連中が、次々と惨死してゆく血みどろドラマだ。先ず、地下鉄のプラットホーム。薄暗い明りを受けて男の影が長々とレール上に伸びている。電車が入って来て、その影の上をよぎる。とたん、ギャーッというこの世のものとは思えぬ絶叫。ホームに立っていた男の体は真ッ二つとなって惨死する。だがこんなのはまだ序の口だ。次が凄い！　なにしろ次は——とそこまで夢想が進んだ時、けたたましく傍でベルが鳴り、当の長谷部安春から電話がかかって来た。

「新藤さんにハナシは聞いたよ」

昼間のあの不快な出来事が忽ちよみがえって来た私が、カッカとなっていろいろマクシ立てようとするのを、だがね、チューさんとヤンワリさえぎっておいて長谷部氏は続けた。

「だがね、チューさん……僕の知っている神代辰巳という人間は、チューさんがそうやってコキおろしているようなひどい人間じゃない筈なんだがなぁ。ま、とにかくそう短気をおこさず、明日もう一度クマさんと話し合ってみたらどうだい？」

こうまでしてヒゲ安先生にとりなされては、これ以上我を張り通すわけにもゆかず——シブシブではあったが、その翌日、私は〝クシャクシャにまるめて〟クズ籠にほうり込んだ第一稿のシワを伸ばし伸ばししながら、指定された自由が丘へ出向き神代氏と再会した。

着いたのがちょうど時分どきでもあったので、メシを食おうということになり、神代氏が駅のそばの天ぷ

ら屋へ私を案内し、天ぷら定食をおごってくれた。

その天ぷら定食がまた、どうしたわけかバカにうまい。

実はこの辺から、さしもかたくななわが心が微妙にグラつき出していたのだが、サテその後で神代氏の家、というより二間きりの安アパートへお邪魔したところ、なんだか知らぬがダレも居らずガランとしていて家具らしい家具の姿も見えぬ。

不審顔の私がわけを聞こうかなと思っていると、先手を打って神代氏がすべての疑問を氷解させてくれた。

「実は昨日、女房が出て行っちゃってねぇ」と言うのである。

〝女房〟というのは、氏の処女作『かぶりつき人生』で主演した殿岡ハツエさんのことであろうが、……此の二度目の神代辰巳夫人に関しては、当時大和屋竺君が「ステキなカミさん、ステキなカミさん！」とほめそやし、しきりにうらやましがってたものを――それが一体、なんだって「出て行っちゃっ」たりしたのやら？

だが、ま、そんな他人の家のこみいった事情などはどうでもいい。とにかく、これであらゆる謎が解けた。女房に逃げられ、心中おだやかならざるまま恐怖だの、アンバランスだの、死骸を呼ぶナントカだのが出て来るヘンテコリンなシナリオをムリヤリ読まされれば、神代氏でなくともすぐそばにいるダレかカレかに八当りしたくならあね。仕方がない、仕方がない。

と、まあ、こんな紆余曲折を経てようやく神代氏と心の波長を合せることができた私は、それからの数時間、ガラッと根性を入れ替え、真剣そのものに神代氏の本なおしの意見に耳傾けた。

あれから一四年たった今思いかえしても、それはまことに素晴らしい数時間であったと言える。

ドラマ全体を左右するポイント、ポイントのつき方、登場人物の心理の流れの把握、テーマと密着する見せ場のつくり方、そして何よりもホンのちょっとしたセリフやシグサで男女の愛の深さをあらわす表現方法など、脚本家のはしくれを自認しながら今迄私が全く知らなかった重要な事柄を、神代氏は静かで柔らかい一流の話術を用いて次々と教示してくれた。

血みどろ、陰惨、ザンギャクのわがオカルト劇が本なおしのアドバイス一つで、男と女の宿命の愛のドラマにガラッと変わる……信じ難いことだが、現実にその信じ難いことが起こったのだ。

〝なんといっても、映画は「ホンのわかる」監督しだいだなあ……！〟とあれ以来私は自信をもって確信するようになった。そして、そのことをじかに教えてくれたのは神代辰巳氏だが、そういう決定的な局面に私をほうり込んでくれたのは、長谷部安春氏のあの時のとりなしだ。

それ以後も結局、今日まで一本も長谷部氏とは〝仕事〟をしていない。だがそのかわりに長谷部氏は、テレビ唯一の神代作品のシナリオを執筆できたという輝かしい思い出を脚本家としての私の人生航路にカッキリと刻み込んでくれたのだ。ヒゲ安バンザイ!! ブラボー、クマシロ!!

次に、当該作品『死骸を呼ぶ女』のあらすじを記して打ちどめとしたい。


『死骸を呼ぶ女』


鳴神山バイパス建設工事の進行中、巨大な地すべりが起こり、主任技師の坂井昇以下百名近い人間が土砂に呑み込まれる。

坂井の親友である松岡信治は、婚約者小山恵子を伴って惨事の現場へ急行する。松岡と坂井は、かつて恵子を中に恋の栄冠を争った仲であり、破れた坂井は絶望して〝危険必至〟と噂されるバイパス工事の渦中へ自ら求めて飛び込んで行った複雑な事情がある。

かつて、松岡、坂井のどちらも好ましく思い、最後の最後まで〝選択〟の決まらなかった恵子は、この度の坂井の奇禍はすべて自分に責任があると思いつめている。

そのため、惨事の生存者である坂井の部下〝ヒゲ安〟に、「主任は俺の目の前で死んだ！」と聞かされるや失神して、どんな手当てにも意識が戻らぬねむりに落ちてしまう。しかも、そのねむりの最中《さなか》、恵子の体から煙のような〝幽体〟が脱け出すという怪事が、看病の松岡によって目撃される。

その恵子の幽体、即ち〝生き霊〟は、坂井をこんな悲惨な運命に追いやった償いをしたいとの義務感から、行方不明の坂井の〝ひしゃげた無惨な〟死体のありかを突きとめ、驚くべき霊能を駆使して、坂井を〝動きまわる死体〟としてよみがえらせる。

脳髄をめちゃめちゃにされて殺人鬼と化した坂井の死体は、ヒゲ安をてはじめに次々とむごたらしい殺戮をくりひろげてゆく。愛する婚約者恵子の〝生体より離脱した死体〟を如何にして元の体に戻らせ、かつての親友坂井の〝殺人モンスター〟を叩きつぶすか？

かくして松岡の血ぬられた孤独の闘いが開始せられるのであった――。

（やまざきただあき・脚本家／
『日活アクション無頼帖』ワイズ出版、二〇〇七年）

神代組のカチンコを打ってみたかった

田辺隆史

　プロデューサーっていう仕事は、いつも苦情を受ける。役者、スタッフ、脚本家、監督、それにクライアント、etc、数え上げたらきりがない。上から、下から、横から、背後から……。時にはその誰かにブン殴られたり、脅されたり。どうせ儲かりはしないから会社ではいつも冷や飯で。とにかくいい事は少ない。じゃあ、やらなきゃいいんだけど、そうはいかない。

　勿論、普段のおこないも悪いんだから仕方がないけれど、それでもプロデューサーやってるのは理由がある。映画にしろテレビにしろ、どうせ作品をつくればどこからか文句がくる。なら、許される範囲で少しぐらいは好きなことしたって、と思う事が多々ある。その好きな事の最大の楽しみがボクの場合は監督選びになる。とにかく、神代(クマ)さんとはもう一度仕事がしたかった。

　ボクが最初にカチンコを打ったのが日活で、その頃クマさんはほとんど仕事がなくて巡り会えず。クマさんがロマンポルノをいっぱい撮ってたころはボクは他の映画会社にいて助監につけず、たまたま『傷だらけの天使』をクマさんが撮ったときは、セカンドやってたんだけど神代組にはローテーションが合わなかった。とうとうボクは神代組の助監督をやる事なく、プロデューサーになってしまった。

　そんなときに、テレビの二時間ドラマで市原悦子さんのものを作る事になりマネージャーと企画を詰めていたら、市原さんがどうしても神代さんとやりたいという事になった。後でわかったのだけれど市原さんはクマさんと仕事をすれば一緒に麻雀ができる、ってことだったらしい。そんなこんなで神代さんに会ったら、脚本は岸田理生でという事になり、とんとんと話が進んだ。ところが企画がない。どうするか、と悩んでいたら理生が『瑠璃の爪』という変わった漫画を持ってきた。読んでみるとおもしろい。クマさんOK。テレビ局もOKという事になりチャンチャン。

　でも今になって考えるに、当時すでに「楽しくなければテレビじゃない」という形で爆進していたフジテレビが、妹が姉に嫉妬して包丁で刺し殺してしまう、といった地味で暗い話をよくやらしてくれたものだと思う。その後やった『となりの窓』だって、同じように暗い話だった。きっとフジテレビにもクマさんファンがいたんだろう。

　ホンができあがり、これでやろうと思ったら市原さんからクレームがきた。最初、妹役の永島暎子に殺される役だったのが、殺す役がやりたいという事になり、クマさん、いつもの調子で「いいんじゃない」と脚本変更。理生に頼んで書き直してもらった。理生じゃなきゃ直してくれやしない。その夜、クマさんから電話があり、理生と一杯やろうという事になる。当時はまだ倒れる前だったけれど、酒なんか飲める身体じゃない。タバコ吸ってはゴボゴボやっていただけだったけど、あれはクマさんの優しさだったんだと思う。

　『となりの窓』の時はすでに酸素マスクをつけてたけれど、ウチでやった作品にはクマさん専用の亘の運転手としてアルバイトの青年をつけていた。いつもヘマばかりやってたその青年と葬式で久しぶりに会った。彼は制作の現場はその時だけで、今は他の仕事をやってるようだった。おそらく新聞の死亡記事を見てやって来たのだろう。撮影のあいだ現場と家との送り迎えだけの接点だったはずだけど、彼もクマさんのファンの一人だったんだと思う。

　クマさんは助監督の時、カチンコがうまかったと自分で言っていた。クマさんはあんな風貌だったから芸術派の監督だと誤解している一部のスタッフがいる。自分の勝手な手法を押しつけて、クマさんを理解しない連中だ。噴飯ものだけれど、当のクマさんから彼らの悪口は聞いたことがない。やたら現場では怒鳴り散らして恐い監督が多かった中(今はそんな監督すら少なくなってしまったけれど)、クマさんは不器用でも懸命に頑張っているスタッフが好きだった。たとえ怒鳴ったりしても、その口調はとても優しかった。自分が長くカチンコを打ったせいで、(そうでなきゃカチンコがうまいなんて自分では言わない)つまり、クマさんはなかなか報われることの少ない現場の苦労をよく知っていたし、好きだったんだと思う。

　もう一度クマさんと仕事ができたなら、つけてやりたいスタッフがいっぱい居る。出してやりたい役者がいっぱい居る。三年程前にクマさんから、これが撮れれば死んでもいいと(たぶん本音じゃないと思うけど)渡された映画のホンがあった。いろいろと営業したけれど結局、どことも成立しなかった。他にもテレビの仕事をいくつか仕掛けたけれどどうまくいかなかった。

　クマさんに先立つ今年の一月、『となりの窓』『カフェオリエンタル』のプロデューサーで、クマさんの次回企画を熱心に動かしていた友人が突然死した。自殺だった。不況だけで片づけたくないが、業界は深刻だ。もし、それらが実現したならプロデューサーは彼で、ボクは神代組のカチンコを打ってみたかった。でも、それも今はかなわない。

（たなべ たかし・プロデューサー／「映画芸術」一九九五年夏号〈追悼　神代辰巳〉）

大型娯楽映画になりうるテレビドラマ――『盗まれた情事』

上野昂志

今度初めてみることができたテレビドラマ『盗まれた情事』について書きたいと思う。これは非常に面白かった。これなら劇場用映画の企画としても十分通用すると思うが、どうしてそうならないのか。

『盗まれた情事』は、連城三紀彦の原作で、脚本が荒井晴彦と高木功、主演が三浦友和で、彼にからむ女が余貴美子と高島礼子、脇に火野正平や石橋蓮司が出ている。話は、全共闘世代の医者である三浦の家庭がなかば別居状態になっているというところから始まり、彼が、学生時代の友人を癌で死なせたときにふと見つけた怪しげな雑誌の広告欄に、不能の夫の妻を慰めて欲しいという記事を見つけたところからドラマの本筋に入る。

原作を読んでいないので、もとのドラマがどこに力点を置いているかは知らないが、テレビドラマ化に当たってのポイントは、余貴美子と高島礼子を二人で一人の悪女にした、最近のアメリカ映画などでお馴染みの悪女ものという点にあるのだろう。そして、そのドラマの本線がしっかりできているので、劇場用の企画としても十分通用すると見たのであるが、脚本の荒井たちは、ここに全共闘世代へのレクイエムという主題を持ち込んだ。そして、それも成功している。

成功の第一の功労者は、主演の三浦友和である。わたしは昔から、三浦友和は、映画スターというものがいなくなった七〇年代以降の日本映画界で、スターとしての風格をもった数少ない俳優の一人だと考えてきたが、ここでの三浦もいい。トップシーンで、トイレから笑いながら出てきた彼が、何がおかしいのかという妻に向かって、君はタオルの裏で手を拭いているだろうといい、それは僕が手を拭いたところに触れたくないからだろうが、僕も裏で手を拭いているから同じことだと説明する。そのときの、三浦のどこか諦めたような無表情と、些細なところに人生の真実の滑稽さを見いだして笑うといったふうな笑いが、とてもいいのだ。それは、むろん、こういう日常の些末なディテールを書き込んでいる脚本の功績もあるが、それに肉体としてリアルな厚みを与えているのは、三浦の俳優としての力量である。彼は、テレビの制作者から、スキャンダルをネタに全共闘時代にやったことを反省しろと迫られたときにも、また、最後に女たちの仕掛けた罠にはまって殺されるときにも、同じ笑い声をあげるが、その笑いには、いささかも自嘲の暗さはない。むしろ敗北も失敗も認めたうえで、いまこうあることをよしとする肯定の響きがあるのだ。

こういうディテールのよさは、三浦と娘のやりとりにも、また潰れかけた映画館をやっているかつての仲間火野正平とのやりとりにも見られ、それが彼らの存在にリアリティーを与えているが、神代さんの演出の冴えを感じさせるのは、映画館のシーンである。

今日を限りに廃館するという映画館を訪れた三浦のところに、高島礼子がやってきて、実は自分は雑誌に広告を出した夫の本当の妻で、三浦と寝た余貴美子は身代わりだったと告白する。その間スクリーンでは、大島渚の『愛と希望の街』の大詰めが映っている。その画面が、高島の告白する内容とカット・バックで出て

『盗まれた情事』完成記念

くるのだが、この大胆な映画内映画の使い方は見事である。映画館の暗闇での緊迫したやりとりと重層化しながら、男を、女たちの欲望の世界に巻き込んでゆく場として、実にスリリングな画面構成になっているのだ。そして、これはもう映画以外ではない。むろん、最初から本編として撮っていたら、たぶん全体にもっと引きの絵の多い神代さんらしい画面になっていたろうと思うが、それはそれとして、こういう作品を映画として出せないところに、いまの日本の映画界の弱さがあるのだろう。だって、こちらのほうが企画としては、『棒の哀しみ』より大型の娯楽映画になる要素を持っているのだから。

（「映画芸術」一九九五年夏号〈追悼　神代辰巳〉掲載文章を改稿）

依怙地なんだよな

佐治 乾

「神代監督とテレビについて」書かないか、と編集子に言われた時、私は面食らった。しかし、直ぐその意図が判った。クマさんと私はテレビの仕事を二本していたのだ。

『死はお待ちかね』撮影スナップ。神代辰巳

だから、そんな注文を受けたのだろう。でも、なにせ一〇年から一五年前の作品であるし、仕事よりも遊びの付合いが多く、思い出もそちらの方が鮮やかである。競馬、麻雀、碁、将棋、トランプ、勝負事には、クマさんも私も下手の横好きと言うのか、弱い癖に大好きだった。

競馬なぞ彼独特の買い方があった。どんな本命がいようと好きな馬が入っていようと絶対に八枠は買わないのだ。今のように馬連でなく枠連しかなかった頃のことである。

その理由は八枠が嫌いと言うだけのことだった。徹底的に買わなかった。勝ち負けよりも、買わないということを大事にしていたようだ。美学なんだそうだが、単に依怙地なだけだったかもしれない。あるいは馬券なぞどうでもよかったのかも知れない。

依怙地と言えば、去年、あるパーティーから、タクシーで一緒に帰宅したことがあった。その時、彼は言った。

「依怙地なんだよな。どうして？　と思うほど依怙地になっちまう。……これから先、何本、撮れるだろうか……」

この車の中での会話がクマさんとの最後だった。やがて死を迎えねばならぬ七〇歳近い二人の男の諧謔だったのだろうか。

と言うのは、二人の共通の友達である夭逝した某監督の娘のことを話題にしていた時であった。昔、その監督の娘を連れてクマさん宅を訪ねたことがあったのだ。その娘さんの消息を尋ねられて元気でいることを告げた後、二人の間には『死』の意識が流れていた。「依怙地なんだよな」と言うセリフが彼から洩れたのだ。どのような心境だったのか、推測する資格はない。だが、すべてを燃焼させようとする畏友の一面を垣間見たような気がする。

与えられた課題「神代監督とテレビ」から離れるが、やはり脚本家である私は、書いて置きたいことがある。

初めて神代辰巳という名前を知ったのは、彼の脚本を読んだ時であった。

あれは昭和四〇年代だったと思う。記憶違いということがあるかも知れないが、スリの話だった。後に村川監督で映画化されたものである。あれの前身とも言える脚本だった。

凄いホンだった。倒錯的なスリの世界へ読み手をのめり込ませる官能的なホン、その豊かな表現力に驚嘆した。こんな脚本を書く才能は私にはない。

もう故人になられたが、私の先輩になる脚本家の棚田吾郎さんが「新しい才能の出現」とまで激賞されたのを覚えている。神代辰巳の名前に畏怖した。

まだ日活ロマンポルノ製作が始まる以前のことである。勿論、彼はまだ監督になっていない。

職人としての脚本という面でも、したたかな腕を持った作家と思った。少なくとも映画のことをよく知らなくては書けない手法を持った作家であった。

だから、クマさんとテレビを話題にした時、彼のこんな言葉を思い出す。

「俺は職人なんだぞ。アクションも上手く撮ってみせる。『大都会』でも『西部警察』だって撮れる。映像はアクションだよ」と酔って放言していた。烏山の家にいた頃だ。この烏山ということにちょっと意味がある。多分、話の内容から言ってテレビをやろうとしていた頃だったと思う。

人と人の付き合いは、最初で大体きまる。私よりテクニックを持った作家と認識を持っていたから、その言葉も納得出来た。

今になって言うと、この最初の畏怖の気持ちを誰にも勿論彼自身にも喋っていない。脚本で飯を食っている私が、私より上手い奴とは、いまいましくて喋れなかったのだろう。彼が亡くなったので安心して書いているのだろうか。嫌な奴だ、私は。

でも、本当にテレビでもクマさんは職人振りを発揮したろうか？

監督としてでなく脚本家としてである。小直しは別だ。

彼が二時間もののサスペンスのテレビ脚本を書いたことがある。物忘れのひどい私は題名は忘れた。なぜ彼の脚本を生原稿と印刷されたもの、二回読む羽目になったのかも思い出せない。プロデューサーは故三浦朗、監督は日活の小沼勝氏だった。そんな関係から読んだのだろう。

私はこのテレビ脚本は買わない。何でも出来ると豪語していたけれども、ストーリーにたよる脚本に苦手のようだ。メリハリの付け方が違う。小沼監督がどんな脚本と思ったのか、正直な意見を聞いてみたい。そんなこと意味がないかもしれない。

言って置きたいのは、下手なことが、いいことなのか、悪いことなのか、簡単に結論が出せないことだ。

でも面白かったのは、ギャラが私より安い、と散々ぼやかれた。サジカンより上手いホンだと言って譲らない。それから、ごく一般に脚本家が愚痴るようなことを言っていた。監督もプロデューサーもホンが判らないと八つ当たりだった。泥酔した時のクマさん、まさに言いたい放題、我儘を極めていた。彼の滅茶ぶりを書くことが趣旨ではない。

私の脚本で神代監督作品は二本あるが、脚本は手元にない。話は忘れている。しかし、それだけに素直に監督の素晴らしさを思い出すことが出来る。テレビの二時間ものの場合は、職人としては局の意向と連帯することを重視する。当時の私としてはではある。局の意向の中に自分をどう生かすか、と言うことなのだろう。だから、何を作ろうかというような基本的なことを監督と語りあった覚えはない。

この二本の場合、出来上がった作品は、ラッシュか初号か、現像所で見た。我が家のテレビの画面で見ていない。その頃は、ビデオなど高価なものは持っていなかった。従って、録画していないし、記憶も薄いのかもしれない。

逆に神代監督のテレビ作品で田中陽造氏や岸田女史脚本のものはかなり覚えている。酒井和歌子さんの悪女ぶり、炎を使った時の和歌子さんの顔に痺れた。テレビの画面で見た方が印象深く残っているのだろうか。

作品批評はやめて、クマさんが洩らした言葉を書いてみよう。

陽造氏について語るクマさんは、優しかった。ホンのよさを汲み取った上で、徹底的に援護する姿勢をとっていた。「そうは思わないよ」と脚本をボソボソと褒めるクマさんの顔が思い出される。

『母の手紙』完成記念

岸田女史との作品ではこんなことを言っていた。

「二人でやると暗いと言われて参っている。でも、女史のホンは暗くない。俺の撮り方がそうなんだろうか?」

少しも反省する色もなく反省するようなことを言っていた。その通りなどと私は多分チャランポランな返事をしたのだろう、なんと答えたのか、憶えていない。しかし、この二人のコンビから凄いものが造られると私は期待していた。それから、私は女史の脚本が好きだ。もっとも私に好まれては迷惑かも知れない。

神代監督と私の作品にも触れよう。二本とも死んでいく男女の物語だ。

「クマさんは女優に好かれる監督ですね」

とよく人は言う。

その意味がよく判った。女優さんの内部から出てくるものを掴み出して、演出家と共同で芝居を作っていっているように思える。一本目の作品は原作物で、虚栄心の強い金だけが人生の女、その女に惚れた駄目男、その二人が一緒に死んでいくのだが、「生まれ返ってきたらまた結婚しよう」と言う原作のセリフが、本当に納得して聞けるように押しまくっている。中々の演出力だった。どうしようもない男女の心情で客を引き摺っていく。

女優さんにもてて当然と思う。自分を再発見した女優さんもいる。

こんなことがあった。某名女優さんでテレビを作ろうと言うことになった。クマさんとその女優さんと会った。クマさんは私を紹介した。

するとその女優さんは言った。

「監督がよければ、どんなホンヤさんでも結構です」

むくれる私を見て、クマさん、ニヤッとした。まさに、ヒッヒッヒという笑い方だ。

俳優さんが演出家をホンヤより大事にするのは、当たり前だが、クマさんの場合は、それなりに納得させるものがある。

それが原因じゃないが、脚本は完成しなかった。

クマさんは、俳優さんの悪口を言わなかったが、たった一人だけ愚痴をこぼした人がいる。二本目に出た女優さんだ。それで判ることは、内部から出て来るもののない俳優さんを嫌っていたのか、その人を評して言った。

「なんにもない。味がない。見ただけ」

あの時のクマさんは苛々していた。私の脚本も気に入らなかった。文句を言われた。

「困るんだよね。役者にどんな気持か判らないと言われると」

その通りだ。なんと誤魔化したのか、覚えていない。とにかく逃げたのだろう。

こんな言い方はよくないが、段取り上の脇役だった。

ところが、ラッシュを見て、驚いた。その脇役をちょっとした芝居で見事に描いていた。

その役はセリフもたいして無い主演女優に惚れている悪役だった。その女優さんが死んだ後の霊安室の芝居でその脇役が棺桶を撫ぜるのだ。まるで肉体を愛撫するような手の動きだった。駄目男の悪役のやるせない人生まで感じた。勿論、ホンにはない。

クマさんがもてたのは、女優だけではない。男優にだってもてた。

テレビでの神代監督との出会いで思い出すことをとりとめなく書いてしまった。

仕事のことで神代監督を語るのが、本筋とは思うが、

「依怙地なんだよな」

と洩らした彼の言葉が私にはあまりに強烈だった。私自身も依怙地になろうと思っているからだろうか。本当に後何本書けるだろう?

（さじすすむ・脚本家／「映画芸術」一九九五年夏号〈追悼　神代辰巳〉）

神代辰巳が描く〝何ものでもない〟者達——『傷だらけの天使』

相澤虎之助

線路を通る電車のノイズが響く薄暗い部屋の中で、ヘッドフォンを付けた一人の男がおもむろにかけていた水中メガネをはずしてギロリとこちらに視線を向ける——〝ショーケン〟こと萩原健一が演ずる私立探偵オサムが、ただひたすら朝メシであるジャンクフードをむさぼり喰う姿を木村大作のカメラが収めたオープニングで知られる伝説的ドラマ『傷だらけの天使』では、第四話「港町に男涙のブルースを……」と第六話「草原に黒い十字架を……」の二本の神代監督作がある。私がはじめて神代辰巳の作品に触れたのはこの『傷だらけの天使』が最初だった。八〇年代の終わりにまだ十代だった私は当然のことながら神代辰巳の名前も知らずにその当時にはもう時代遅れのTVドラマのヒーローたち、『傷だらけの天使』のショーケンや『探偵物語』の松田優作や『プロハンター』の藤竜也や『あぶない刑事』の舘ひろしに憧れていただけだった。その中で

も異彩を放っていたのがやはりショーケンで、私はその後ショーケンに引きずられるように神代辰巳という存在を知るようになっていった。

「港町に男涙のブルースを……」は、東南アジアからのエビの密輸に関係する調査を受けたオサムと、寂れた港町の裏路地にあるエロ写真館に居候している男カジ、その情婦であるアケミとの奇妙な邂逅を描いた作品だ。池部良が演じたカジはどうやらエロ写真館の撮影技師の設定らしいが自身が出演した東映ヤクザ映画そのままの着流し姿！で登場し『昭和残侠伝』での一本気で誠実なイメージとは正反対の終始ぐでんぐでんのヨッパライなのでまったくカメラマンには見えない。だが実は太平洋戦争時に南方戦線に送られていて、部下を見捨てて逃げた上官への復讐を三十年間待ち続けている従軍カメラマンくずれなのだ。着流しは世を忍ぶ仮の姿。うさんくさく〈ヘミングウェイ〉を語るカジ、その周りをうろつく探偵モドキのオサムとヤクザなんだか警察なんだかもわからない謎の男たちや場末を漂う寄る辺無き女たち。この〃何ものでもない〃者達が右往左往する神代辰巳の世界では、本物の手榴弾の炸裂音も偽物のオモチャの手榴弾と同等に遊びの中に溶け込んでゆく。そして遊びには車輪のついた乗り物が必要だから神代十八番の自転車二人乗りのご登場となる。ヘルマン・ヘッセが『車輪の下』なら神代辰巳は常に〃車輪の上〃だ。無邪気に笑う路地の子供たちのカットイン、廃屋の中で乳繰り合うオサムとアケミも全ては遊戯の中。「港町に男涙のブルースを……」の脚本を手掛けたのは大野靖子である。彼女が自身の戦中戦後を書いた『少女伝』に、久世光彦は〃死ぬまで〈少女〉でありたいと希い、頑迷に〈少女〉でありつづける種族がいる。彼女たちは、現世の〈幸福〉を代償として神に差し出し、代わりに〈少女〉という、官能的な〈貴族〉の称号を手に入れる〃と賛辞を寄せている。これは神代辰巳の作品の登場人物にも通ずるもので、たとえ現世がいかに無慈悲で無味乾燥であろうとも ただ遊び続けてゆく男と女たちの姿を神代辰巳は描く。官能的な〈貴族〉と官能的な〈賤族〉はポジとネガであり、フィルムという車輪の上で廻り踊り続ける。そこではいつでも調子はずれの音楽と歌声が響いていて、たとえそれが軍歌や君が代であったとしても音楽はその意味をはがされて、ただただ遊ぶモノたちの伴奏をし始めるのである。

だがその遊戯の限界点が唐突に現れる一瞬が訪れる。それは雨の浜辺でカジが自身の戦争体験を語り始める場面だ。オサムに対して米軍の猛烈な艦砲射撃を語るカジはこの瞬間にインドネシアのハルマヘラ島で実際に艦砲射撃を受けた池部良少尉にすり替わる。それは池部良が実際に戦争経験者だから画面にリアリティが出るというような話では全然無くて、逆にそのようなリアリティは薄れて池部良はカメラの前ではまごうことなき俳優池部良だ。映画の中では手榴弾の爆発もアケミの首吊りも何もかもフィクションだが池部良の横顔と波音には艦砲射撃の爆撃音が響いている。ここに戦争がある。説明するのが難しいのだが、八紘一宇も玉砕も大東亜共栄圏もタチの悪い〃遊び〃に過ぎずそれに付き合わされ命奪われた者たちの怨念がある、としか言いようが無い。そしてそれは嘘か本当かの境界線を戯れる遊び——映画の中でしか現れえないシロモノだ。

夜の海でカジはかつての上官に「三十年前の玉砕命令は、アンタに関する限りまだ続いておりますぜ」と叫ぶ。これをただのセリフと言うなかれ。神代辰巳に関する限り、この遊戯——映画を続ける限り玉砕命令もまた続いていくというあっけらかんとした現実を何事かの意味を付随して手放すこと、忘却するということは決して無い。

「草原に黒い十字架を……」では国際窃盗団に狙われた元伯爵家に伝わる時価二億円の絵画〃六月のマドンナ〃を守るために贋作の〃六月のマドンナ〃とすり替えて欲しいという依頼を受けて、オサムは水谷豊演ずる子分のアキラが警備員として潜入している美術館に忍び込む。圧巻なのが冒頭のオサムと岸田森演ずる探偵社の辰巳五郎とのやり取りで、オサムの住むビルの屋上の必ずしも広くはない室内での四分半ワンカット長廻しである。役者の動き、芝居、小道具の使い方、照明の位置、そしてそれに合わせての手持ちカメラが危うい均衡を保ちつつ軽やかに展開される。洗練さとはまた違った演出部と撮影部の共犯的、ゲリラ的アンサンブルである。

物語はナツメという孤児の女の子が〃六月のマドンナ〃がお母さんに似ているという理由から本物の絵を盗み出してしまうところから転がり始める。ナツメは母の顔を知らぬ幼い弟ケンジの為に絵を盗んだのだ。オサムの息子である健太(高倉健と菅原文太から拝借した名前のエピソードはドラマ上で繰り返し反芻される)もまた母の顔を知らぬ。ナツメに同情したオサムは任務をほっぽりだして絵画と共に子供たちと逃避行の旅に出る。ロードムービーの始まりだ。ショーケンがテンプターズ時代に唄った「おかあさん」をオサムとアキラが歌い、その最中にアフレコで強引にセリフがねじ込まれるから役者の口とシンクロしない。手持ちのカメラは常に揺れて画面は陽光の中でハレーションを起こし何もかもが流動的だ。だがそれも不思議と美しい。アキラは田舎の空き家の畑を耕しながら「コミューンを作りたい」と夢見るが、オサムは「横文字なんて使いやがって！　こんなものを作るな、あとで後悔するから」と掘り返された畑の土を靴で埋めてしまう。

数年ぶりに本編を見返してみて驚いたのは解体屋にキャンプングカーを売り飛ばすシーンで、オサムが指名手配されている記事が載っている新聞をアキラが手渡したあと、一瞬映るオサムのふざけた笑顔の写真の横に〝アジアはアジア人のものでなければならない〟と印刷された文字を見つけたことだ。そりゃ小道具の悪ふざけだと、存命ならば神代辰巳は笑うかもしれない。しかしこの何気ない一文を読んでしまったあとでこの作品は私にとってそれまでの印象とは全く違ったモノになってしまった。始まりにおいて中国の辛亥革命を支援した日本のアジア主義が、その後何故にアジア侵攻の道筋に変節していったのかを考察し続けた中国文学者の竹内好は「日本の社会から共同体が無くならない限り天皇制の根は断てない」と言った。それは幕末から明治において日本の近代化――西洋化がそれまでの共同体の消滅を促進し、かえって皇国や五族共和を掲げた満州国や大東亜共栄圏というイデオロギー的な〝擬制の共同体〟を生み出してしまい、敗戦を経てそれが〝擬制の民主主義〟としてなお続いていることを憂えてのことだった。そして〝一木一草に天皇制がある〟その状態は平成二十五年制作の『共喰い』（青山真治監督・荒井晴彦脚本）でも描かれているように現在も続いている、としかこれまた言いようが無い。

西洋的コミューンのイデオロギーはアジアにおいて変質し、大東亜共栄圏を生み、中国の文化大革命を生み、カンボジアのクメールルージュを生む一因ともなった。神代辰巳が疑似共同体やイデオロギーにも捕われない〝何ものでもない〟者達を描くのは、西洋的なイデオロギーには常にその危険性が存在し、家父長的な近代国家という擬制の共同体において常に疎外されてしまうのがそのような〝何ものでもない〟者達だからなのだろう。オサムの息子の健太が描いた母の顔はずっと白紙のままだ。そもそも故郷を失い、寄る辺無くさまよう貧しき者たちが土地を奪い合った挙げ句に、ヨーロッパという疑似共同体を生み出し、世界中を植民地にし続けてきたのが近代だと捉えれば、その貧しさの果てに天皇制もカンボジアの虐殺も現代に続く中東アジアの戦争もある。家無き子が家を持った瞬間に、別の新たな家無き子を生み出してゆく。アキラが土を掘り、オサムがそれを埋める、ナツメはそれをまた掘り返す。ナツメは天皇制にもイデオロギーにも捕われない動物――猫だったが、いつの時代もそのような存在は魔女裁判の如く吊るされてしまう。吊るされたナツメの隣に西欧的な優れた文化価値の象徴である〝六月のマドンナ〟も吊るされている。せめてもの慰みに神代辰巳は黒い十字架を立てた。それをセンチメンタルと笑うなかれ。ラストシーンで土を掘り続けるオサムが叫ぶ「貧しいな」の一言は人類そのものに対しての怒りでもあるからだ。

昭和三十六年に竹内好は「方法としてのアジア」において、今後は西欧的な優れた文化価値をもう一度東洋によって包み直す、逆に西洋自身をこちらから変革する、この文化的な巻き返しによって普遍性をつくり出す必要があると述べた。ここで重要なのは変革よりもむしろ〝包み直す〟という言葉だ。『傷だらけの天使』は、工藤栄一監督作である最終回で成田三里塚闘争の実写が挿入されるなど一貫して若者たちの反抗が根底に流れる作品群であり、深作欣二や恩地日出夫は言うに及ばず『殺人容疑者』『悪の階段』など犯罪者物の達人である鈴木英夫、ＴＶドラマからは『太陽にほえろ！』の児玉進や『俺たちは天使だ！』『ヤヌスの鏡』などを手掛けた土屋統吾郎など、脚本家やスタッフも含め錚々たるメンバーが既存の枠を越えて集まり、その反抗の挫折を描く事も含めて変革に挑戦した作品群であったことは間違いないと思う。その中でも神代辰巳の二作品は私も含めて観る者を生暖かく〝包み直す〟作品なのである。

（あいざわ とらのすけ・映画監督、脚本家）

酒井和歌子　神代監督に出会って人生が変わった

聞き手＝高崎俊夫

——私の世代(一九五四年生まれ)だと、東宝青春映画の代表作として恩地日出夫監督の『めぐりあい』(六八年)と出目昌伸監督の『俺たちの荒野』(六九年)がまず思い浮かぶんですが、この二作に酒井さんは出演されているんですよね。

酒井　はい、自分が出演した作品のなかでも、この二本はとくに好きな映画です。

——もともとデビューは日活映画なんですね。

酒井　私は劇団「わかくさ」にいましてね。その頃、小学校六年生の時に面接に行って『あいつと私』(監督＝中平康、六一年)に出演したんです。その後、東宝にスカウトされて三橋達也さんと新珠三千代さんの娘の役で『今日もわれ大空にあり』(監督＝古澤憲吾、六四年)に出ました。

——とくに『俺たちの荒野』は、当時、東宝カラーを打ち破った映画として高く評価されましたし、出目監督の代表作ですよね。

酒井　わあ、うれしい。私も一番好きな映画です。あの映画は『突然炎のごとく』(監督＝フランソワ・トリュフォー、六二年)が下敷きになっていると聞いたことがあります。基地の街の美容師の役だったんですけど、土のにおいや草のにおいがあったり。あの作品を撮っている頃、私は内にこもる性格でしたし、ほんとうに世間知らずで、自分の意見を言うことなどできなくて、指示された通りにやっていたような気がするんだけど、私の青春そのものの映画なんです。

『めぐりあい』は初めてのヒロインで、恩地さんも本当に厳しくて、毎日すごく緊張しきっていて、お昼なんか食べれないんですよ。現場へ行くと頭がパーッと真っ白になっちゃって、はがゆくて一か月ぐらいかかったのかな、後半になってようやく食べれるようになりました。画面を見ると、最初の頃は顔が違うんです(笑)。恩地さんは一番恐かった監督さんでしたね。

——雨の中、ダンプカーの荷台に乗って黒沢年男さんと言い合うシーンとか印象的な場面が多いですよね。

酒井　ああ、あのダンプのシーンですね。あと、二人が小屋の中でお互いのつらい家庭のことを話すシーンはワンカットで回していて、もちろんリハーサルはやっているんですけど、ああいう場面は忘れられないです。

——『誰のために愛するか』(監督＝出目昌伸、七一年)は、不倫がモチーフになっていて酒井さんの東宝時代の映画では異色作でした。

酒井　そうですね。私もアイドルでしたけど、あれをやる時は私も二十歳になっていて、あの年齢で男の人との不倫の関係はどうなんだろうと考えたんですが、それを考えると自分が前に進めないなと思って、思い切ってやることにしたんですね。

——神代辰巳監督との出会いの話を伺いたいと思います。酒井さんは神代作品には映画ではなくテレビドラマで五本出演されていまして、そのうち主演は四作となります。最初は、神代さんが豊田四郎監督の『妻と女の間』(七六年)を見て酒井さんを気に入られたそうですね。

酒井　そうなんだそうです。あれを見た神代監督から、テレビ朝日の土曜ワイド劇場『悪女の仮面　扉の陰に誰かが』(八〇年)という二時間ドラマの話をいただいたんです。

——『悪女の仮面』は未だに名画座の神代特集で上映されると、大変な話題になります。

酒井　ええ、そうなんですか!?　劇場で見てみたいなあ(笑)。あの作品では、最初は悪女に夫を寝取られる普通の奥さんの役だったんです。

——いしだあゆみさんが演じた主婦の役ですね。

酒井　そうです。でも台本を読んで、今までそんなことは言ったことはなかったんですけど、何故か、悪女のほうをやりたいと神代監督にお願いしたんですよ。

――今までの酒井さんが演じていた役柄を考えると、普通にキャスティングすれば奥さんの役ですよね。

酒井　そうなんです。なぜ悪女をやりたいと思ったのかは自分でもわからない。その頃ちょうど三十歳ぐらいだったんですが、東宝はもうやめていまして、女優として何かやる気が少し出てきていたのかもしれません。

――酒井さんの亭主だった石橋蓮司が酔ってホテルのいしだあゆみの部屋に侵入し、暴行しようとして夫の山本圭に殴られ、その直後に変死する。いしだあゆみ・山本圭の夫婦は良心の呵責で、石橋蓮司の妻の酒井さんと、その妹の浅野温子を家に引き取るんですが、その後の展開が恐いんですよね。

酒井　最初は控えめだった私が山本圭さんを誘惑し、妻の座を乗っ取ろうとするんですね。

――いしだあゆみさんが嫉妬して二人の仲を疑い、帰宅した夫の服を嗅いで「あの人の匂いがする」という台詞が印象的です。

酒井　きっと東宝の監督だったらそういう発想はしませんよね。こういう役は初めてだったのですごく印象的でした。撮り始めて、ほんとうに今までの東宝の監督とはまったく違うんで驚いたんです。ああ、この監督とは感性が合っていないとダメなんだろうなっていう感じでしたね。とにかく言われてみて、頭で考えてみて、監督、それはできませんって言う人もいるわけじゃないですか。私自身はいろんなことをかき分けて自分でこうしたい、ああしたらいいと主張するのはダメな人で、この作品でも自分で悪女の役をやりたいといったわりには、監督から言われるままに動いていたわけですね。その結果、わりと評判が良かったみたいです。

――宮下順子さんが『悪女の仮面』を放映時に見て、神代監督が自分にしない演出を酒井さんにしているんで嫉妬したと語っていました。

酒井　そうなんですか。でもそれはなんだかうれしいわ。神代監督との撮影を一日やって終わってみると、心身ともに非常に疲れるんですよ。ふつうは疲れていやになっちゃうじゃないですか。でも、それがとってもいい疲れなんです。私も若かったこともあるでしょうけど、達成感っていうか……自分にとってはとてもよかった。

『仮面の花嫁　暗闇へのワルツ』撮影スナップ。神代辰巳と

――次に神代監督と組んだテレビ朝日の土曜ワイド劇場『仮面の花嫁　暗闇へのワルツ』(八一年)はウィリアム・アイリッシュ原作で、フランソワ・トリュフォーがカトリーヌ・ドヌーヴ主演で『暗くなるまでこの恋を』(六九年)という映画にしているんですね。純情な中年男を愛川欽也さんが演じています。

酒井　ああ、キンキンとやったドラマですね。『仮面の花嫁』はフィルムで撮っていた作品ですよね。というのは、秩父へロケに行ったときかな、フィルムが足りなくなっちゃって、東京までフィルムを取りに行ったことがあったのでそれで記憶に残ってる(笑)。一回撮り始めると長回しが多かったから、けっこう製作の予算がかかっちゃったんじゃないかな。

――『仮面の花嫁』では寝台車で酒井さんが愛川さんを誘惑するシーンがすごくエロティックなんですよね。

酒井　えぇっ！　そんなこと言われたことない(笑)。やはり監督を信頼していたから出来た場面ですかね。

――酒井さんが水着でホテルのプールで泳ぐシーンもあります。『めぐりあい』の海水浴の時の水着とは違った、大胆な大人の雰囲気でした。

酒井　それもあまり記憶にない……でも神代監督の作品だから、あるんですよねそれは(笑)。

——いろんな嘘の経歴を並べ立て愛川さんを翻弄していくんですけど、お金がなくなって逆上し愛川さんを平手打ちするシーンがすごいなと思ったんです。

酒井　ああ、思い出した！　ベッドの上でね！　そうだ。あと、毒を盛ってキンキンを衰弱させて、その後で、おんぶしなくちゃいけないんだけど、あまりに重くておぶれなかったっていう記憶がある(笑)。

——でも最後になると堕ちていく破滅的なカップルの悲壮な道行になっていくんですね。

酒井　だからね、こんなことを言うとあれですけど、何本か二時間ドラマを撮って、やっぱりああいう男女間の機微とかを描けるのは監督の経験とか体験が出ているのかなと……ふっとした瞬間、そう思えることがありました。

——具体的にいうとどんなところで感じられたのでしょうか。

酒井　ヒロイン、つまり女性を描くときに監督のそういう思いが出ているような気がしました。どこがどうってうまく言えないんですけど。そういう男と女の心の動きですよね。それでね、監督も言っていましたけど、だいたいワンシーン＝ワンショットで長いんですよ。それでリハーサルも何度もやるし、たとえば玄関に入って、部屋でなんかやって、二階へ行ってというシーンがあるとすると、カメラマンが大変なわけ。もうずーっと追いかけるわけですからね。最後のほうでカットを割ったり、たまにポツンとアップを入れたりしたかもしれないけど、とにかく長回しなんです。でも、なんだか慣れるとそれがやりやすいというか。

——東宝ではそういう演出をする監督っていなかったんですか。

『仮面の花嫁　暗闇へのワルツ』完成記念

酒井　いなかったですね。あと、普通はこう撮ってみて、今度は反対側から撮って、多少、たとえばカットを割って撮ると「今、手がここまでいっていました」とかってスクリプターの人が注意する場合がありますよね、神代監督はそういうのをわりと気にしないんです。だから、本番が始まってどこかでプーッと車の音が入っちゃっても、ぜんぜん気にとめない。

——神代監督の演出方法で、ほかの監督と違うと感じられたところはありました？

酒井　監督が自分で動いてということはしないですね。「こうしてみて、ああしてみて」と俳優に言ったりはしますけど。

——人物のキャラクターをこういう人だからというふうに説明したりはするんでしょうか。

酒井　ああ、そういうのはまったく無しですね。ここでこうしてみてっていうことはあるけど。とくに私なんかは自分で作っていけない人だから。

　これは神代監督の演出方法がどう、という話とは少しずれるかもしれないですが、それまでは私にとって監督というのは「先生」で、今ひとつ近寄りがたい存在という感じがあったんです。でも、神代監督と仕事をした頃には、私も三十ぐらいでしたし、どっちかというと監督のほうから寄って来てくれる感じがありましたね。しかも神代監督は、私の映画を見てくれて、それで一緒にやってもいいと言ってくれた人でしたから、今までと期待度が少し違っていたのかもしれない。私は、お芝居でも仕事でも、自分からは積極的にいかなかった人だったのに、悪女をやりたいなんて言ったのも、そういう流れかもしれないですね。

——何本か一緒にやっていくうちに神代監督独特の演出、やりかたになれていったという感じでしたか？

酒井　そうですね。それとやっぱり監督への信頼度が増して行ったことが大きかったと思いますね。神代監督はどこかにロケに行く時にも、とにかく台本を一冊持って、コートにポンと突っ込んで、あとはなにも持っていかないんです。歯磨きも着替えもなにも持ってかないんですよ。私、それを知った時にえぇーっと驚いた記憶があります。頭もボサボサだったから、ちょっと小汚い感じに見えるんだけど(笑)。そういうことがとても気になる、つまりは神代監督にのめり込んだっていうことなんでしょうね。惚れたっていう言葉がぴったりかな。

――通常、テレビの二時間ドラマっていうのはまず酒井さんの主演が決まってから監督は誰っていうふうになるケースが多いでしょうか。

酒井　それはよくわからないですね。でも、東宝のプロデューサーの田中收さんが『悪女の仮面』とかを見て、ああ、東宝時代とは違うのをやっているっていうんで声をかけてくれたのかもしれない。

――東宝の田中收さん、日本テレビの山口剛さんがプロデュースした火曜サスペンス劇場『愛の牢獄』(八四年)**は、天井桟敷出身の岸田理生さんのオリジナル脚本ですが、ふつうのテレビドラマとはかなり異質ですね。**

酒井　そうですね、これもかなり変わった作品でした。

――いきなり酒井さんが逮捕され、小林薫さんが兄の岸部一徳さんを殺して、兄になりすまして父を亡くした失意の酒井さんに巧妙に取り入って結婚する話に遡行するユニークな語り口です。

酒井　そうそう。『愛の牢獄』で手錠をかけられるシーンがあるんですよ。その時に手錠をしたままで何回も何回もテストをするんですけど、そうするうちに手首から血が出てきたんですね。ほかの監督だったら、こちらもすいません、手錠は本番だけやってくださいって文句を言うところですが、でも神代監督だから痛くても我慢できるんですよ(笑)。ほんとうに信頼していたから、そこまでできました。

――すごいのは後半で関係が逆転し、軽井沢の別荘で酒井さんが小林薫さんを「飼育」するんですね。

酒井　ああ、そうだ、小林薫さんを地下に閉じ込めちゃうんですね。神代監督は男と女のねじれた関係のほうに関心がいくんですよね。そういえば、撮影中に小林さんが寝転がってつぶらな瞳を開いてましてね、すると監督が「もうちょっと目を開けてくださいっていうと小林さんが「これで精いっぱい開けてるんですけど」って(笑)。私ってこういうどうでもいいことを憶えているんですよね(笑)。

――酒井さんは交通事故で亡くなり、三か月後に小林薫さんは地下室で白骨死体で発見されるという唖然とするエンディングでした。

酒井　本当にショックなエンディングですよね。神代監督でなければ、こんな監禁、飼育なんていう怖い話に、私はまず出ることはないと思いますね。

――火曜サスペンス劇場『死角関係』(八七年)**も田中收さんのプロデュースで、脚本が神代監督、丸内敏治ですが、夫役が神代作品では共演が多い石橋蓮司さんです。犯人にまちがわれて投獄される役を演じていましたが、石橋さんは一緒に出演されていかがでしたか。**

酒井　ふだんの蓮司さんはやさしい、やわらかな、癖のない方ですね。

――この『死角関係』で驚くのは、部屋の中で酒井さんが突然、自分の子供に「プロレスやろう」と言ってプロレスを始めるところですね。技をかけたり取っ組み合いながら、家にやってきた森本レオさんと普通の会話をするんです。

酒井　へぇえ、そのあたり全然憶えてない。でもどっちかっていうと、神代作品の私って全部そういう情緒不安定なヒロインですよね。

――『死角関係』では石橋蓮司さんが釈放されると、妻の酒井さんの待つ家に帰らず、病院に行くとか言ってそこの看護婦とデキてしまうという、想像を超えた結末を迎えます。

酒井　二時間ドラマってだいたい犯人が逮捕されて、ハイ、終りみたいな感じですけど、そういうのに神代監督はまったく興味がないんですよね(笑)。この『死角関係』の時かな、最後に、私が森本レオさんに猟銃をつきつけられて狙われるシーンがあったんですよ。その撮影している時に、銃で誤って、レオさんが眉毛のところを傷つけちゃったことがあって、恐いなあと思ってね。

そういえば、神代さんの作品ではよく「号外」が出るんです。当日になって、このシーンはこういうふうに台詞が変わりましたっていう。でも変更された台詞が多い時は、ああ、これは憶えられないわって思っちゃう。

——テレビの二時間ドラマでも号外ってあるんですね。

酒井　あります。そういう時って、私なんかが「監督はホンができないから遅くてなっても別にいいだろうけど、俳優は台詞を憶えないわけにはいかないから大変なのよ」って言うと、神代監督は「ああ、憶えなくっていいよ」って(笑)。でもそういうわけにはいかないものね。たしかに内容だけ憶えておけば、一字一句同じように喋んなくたっていいということもありますけれどね。脚本家によっては自分の脚本は一字一句、役者には直させないという場合もありますよね。

それから、台詞とは別に、テストを何度重ねても同じ演技をするのがいい、それがプロの俳優だっていう監督と、俳優本人がその時の感性でやるわけだから、毎回、変わっていいっていう監督と二つのタイプがいるわけです。で、神代監督は極端に後者のタイプですよね(笑)。私は神代監督のほうが正しいんじゃないかと思うんですね。やはり俳優って感情でやっているから、感情で動けば、多少動きは違ってきますから。

——それにしても、ほんとうに神代さんとは相性がよかったんですね。酒井さんにとって代表作は、六〇年代の『めぐりあい』『俺たちの荒野』があって、その後と言えば、神代辰巳の諸作品になるんじゃないでしょうか。

酒井　いま思えば、そうですね。女優に目覚めたっていう意味では、年齢的にもそうだし。神代監督ともし出会わなかったら、きっと今の仕事もまた違っていたかもしれない。それと、やっぱり映画だと一か月ぐらいかかるし、こうしよう、ああしようっていろいろ考えちゃうけれど、二時間の火曜サスペンスだと二週間ぐらいしか撮影期間がない大変な作業で、とにかく先へ進まなきゃいけないから、気持ちの切り替えとしてもよかったのかなあ。

『愛の牢獄』撮影スナップ

——酒井さんにとっては『死はお待ちかね』(九〇年)が最後の神代作品になります。

酒井　『死はお待ちかね』は函館でロケ撮影をしまして、警察につかまるというシーンがあって、ずーっと長回しで人ごみのなかを逃げていくんですけど、私は大声で叫びながら逃げてくれって言われたんですね。でも編集の時に私だけ呼ばれて、神代監督に、そのシーンはブツブツひとり言のように、ささやくような小さい声で喋ってくれと言われたんです。だから一人だけアフレコですよね。でも、あんな長いシーンで、全然違うしゃべり方、モノローグみたいな感じで……神代監督はそのほうがいいんだと。雰囲気のほうを大事にするっていうか。そんなの初めてだったんですが、ほんとうに神代監督とやると新しいことばかりなんです。

かわいそうだったのは、『死はお待ちかね』の時にある女優さんの演技が何度やってもつまずいていたんですね。神代監督は、その人にとにかく食べてくださいと(笑)。でも喋んなきゃいけないでしょ。食べながら喋るって、ちょっとむずかしい感じの人もいるんですよ。結局うまく行かなかった。だから、感性が合わないと神代監督とは無理なんですよね。たしか、この作品は香川照之君が最初に出たドラマじゃないかな。神代監督は香川照之君を気に入ってました。

——主演は市原悦子さんですね。

酒井　そうです。私がやった役は何人か候補がいて、市原さんが私を選んでくれたらしいんです。市原さんは自分でなんでも演技ができる人ですけど、私はこういう性格だから、監督にあれこれと言われるでしょう？　だから、市原さんは神代監督がぜんぜん自分を見てくれないって少しすねちゃって(笑)。

――それは、まさに酒井さんに対する嫉妬ではないでしょうか(笑)。

酒井　私がうまく出来ないもんだから、神代監督があれこれ言うわけですよね。でも市原さんはできる人だから。たとえば、テストで私の側から撮って、次に市原さん側から長回しするわけですよね。そうしたら、市原さん、テストを嫌がっちゃって、台詞を言わないの、瀬戸際まで。それでいきなり本番に行っちゃったんです。それでもうまく行ったから、市原さんはやはりすごい人だなあと思いましたよ。

その頃は、神代監督は酸素ボンベをつけていました。動けないから、こちらから聞きにいかないといけないんですけど。でも監督は妥協しないで粘るんです。徹夜も多かったし、大変な現場だった記憶があります。

――テレビと映画の違いはありますけど、神代作品に四本も純然たる主演作があるのは酒井さんだけですね。最後に、酒井さんにとって神代監督ってどういう存在だったんでしょうか。

酒井　今まで長い間、女優をやってきましたけど、女優という仕事に目覚めさせてくれたというか、それまでとはまったく違う自分を引き出してくれました。神代監督によって、自分と仕事の向き合い方、少しオーバーかもしれませんが、人生が変わったかなという感じはありますね。極端なことを言えば、作品の役の上でですけど、心中してもいいっていうぐらいに影響されました。神代監督に出会えてほんとうに幸せだったと思っています。

『愛の牢獄』軽井沢ロケでの記念撮影

――神代監督のロマンポルノの代表作に『恋人たちは濡れた』(七三年)**があるんですが、主演が中川梨絵さんなんですね。中川さんも元々東宝出身で、東宝にいたのは時期的にも酒井さんと同じころですよね。**

酒井　そうです、中川梨絵さんは東宝でご一緒したことがあります。

――東宝時代彼女はなかなか芽が出ずに、日活ロマンポルノに出演することで女優人生が変わったんですね。

酒井　実はテレビドラマを何本目かをやった後に、神代監督から「日活ロマンポルノ、やらない？　人生観が変わるよ」って言われたことがあるんですよ(笑)。それはちょっとって、躊躇したんですけどね。

――酒井さん主演のロマンポルノはファンとしては観たかったですが(笑)**神代監督のロマンポルノ作品ってご覧になったことはありますか。**

酒井　いえ、見たことないんです。これから見てみようかしら。

（さかい　わかこ・女優／
二〇一九年三月二十八日、渋谷にて／構成＝高崎俊夫）

ワンカップ大関・オーストラリアロケにて

DYNAREC「太鼓」チュニジアロケにて。
中央に松田優作、
姫田真左久（撮影）、神代辰巳

同上

神代辰巳CM作品

1975年

4月…

ワンカップ大関「**旅／函館**」(大関株式会社)
制作＝渡辺企画　出演＝萩原健一

❖以下「ワンカップ大関」「マンダム・ギャツビー」「大関玄米酒」CMの制作・出演は特記無きもの以外、渡辺企画・萩原健一

12月…

ワンカップ大関「**旅No.2／じゃがいも・トラクター**」

ワンカップ大関「**旅No.3／じゃがいも・貨車**」

1976年

4月…

ワンカップ大関「**旅No.4／潮干狩**」

10月…

ワンカップ大関「**旅No.5／京都の街て**」

1977年

5月…

ワンカップ大関「**旅No.6／雲仙**」

10月…

ワンカップ大関「**旅No.7／テニス**」

甘酒「**大正**」
制作＝渡辺企画　出演＝萩尾みどり

甘酒「**現代**」
制作＝渡辺企画　出演＝萩尾みどり

1978年

5月…

ワンカップ大関「**旅No.8／ダルマ**」

9月…

ワンカップ大関「**旅No.9／大関駅**」

1979年

4月…

ワンカップ大関「**オーストラリア・ひつじ**」

ワンカップ大関「**オーストラリア・エアーズロック**」

1980年

5月…

ワンカップ大関「**冷蔵庫**」

9月…

ワンカップ大関「**冬眠(木枯し花)**」

1981年

3月…

ワンカップ大関「**横綱**」

ワンカップ大関「**白と青の町**」

ワンカップ大関「**真実の口**」

4月…

ギャツビー(マンダム)「**光**」

ギャツビー(マンダム)「**心**」

1982年

3月…

ワンカップ大関「**番町酒屋敷**」

8月…

大関玄米酒

9月…

ワンカップ大関「**ナイスカップ酒屋**」

ワンカップ大関「**ナイスカップ亀**」

1983年

9月…

ワンカップ大関「**神々**」
出演＝ザ・ウッド

1984年

9月…

ワンカップ大関「**芭蕉の旅**」
出演＝塩野谷正幸・赤塚幸信

1985年

8月…

ワンカップ大関「**神々No.2**」

1985年

DYNAREC「**太鼓**」(ビクター)
制作＝電通　東京コマーシャルフィルム　出演＝松田優作

1988年

10月…

ダイキン電子カーペットサンフローラ「**ピンクの滝**」(ダイキン工業)
制作＝オールウェイズ　出演＝岩城滉一

1991年

8月…

ナンパオ「**大地の叫び**」(田辺製薬)
制作＝渡辺企画

1993年

4月…

ナンパオ「**大車輪**」(田辺製薬)
制作＝渡辺企画

旅　どこまで行こうか——「ワンカップ大関」ＣＭ

舟木文彬

燃えあがる火薬づくり

下瀬火薬、という。

その火薬はいやに派手に炸裂し、高温を発して燃えたという。従来、戦艦に対する砲弾というものは、その厚い鉄板をいかにして突き破るかという点にポイントが置かれていたのだが、この下瀬火薬はその点では微弱であった。しかし、この火薬は艦上に多くの火災を発生せしめ戦闘員の闘志を奪うという、新しいポイントに立つものであった。日本海海戦におけるひとつの話題である。

ＣＭは火薬作りに似ていると思う。

制作とはいろんな人が思い思いの火薬をつめこむ過程といってもいい。発火点が高すぎたり、あるいはもともと燃えない火薬なのか、とうとう一度も爆発しない火薬も混っている。必ず火を吹くけど発火点が滅法ひくいものももちろんある。そういういろんな火薬を、できるだけたくさん、順序よく燃えあがるように組み立てていく。

それが制作という仕事のようだ。

No.5　京都　火薬はくすぶり続けていたらしい

ワンカップ大関は旅をしている。函館、宝川、倶知安、五島と続けてNo.5になっていた。

運命の京都で、ショーケンが怒った。

ショーケン「……これ、どこが面白いんですか」

「どこといって……ほら、あの」

ショーケン「あなたが面白いと言ってるだけ、俺は面白くない」

「……」

ショーケン「だいたい今までだって俺は満足してたわけじゃない。言おうと思っていた」

その後にショーケンの名セリフが出た。

「俺は、みんないい人だから好きだ、愛することはできる、だけど信頼するわけにはいかない」

ポイとコンテが投げ捨てられた。

ああ、かわいそうなコンテ、多くの人々をクリアして来たコンテ、その時点ではそれぞれ発火点を持ったコンテ、このコンテだってショーケン以外の多くの人に対してよく燃えるはずなのに、ああショーケンはくすぶっている、燃え立たない、もっと発火点の違うやつをこめなくちゃいけないのか、しんどいなァ。

私にもやや忸怩たるものがあった。それはショーケンという人をつかみそこなっているという自覚であった。スタッフの意見も聞いたが、はっきりしない。

「つまらない」とショーケンから罵られたコンテは、

京都、三千院あたり。

ショーケンがアンノン地図を手にワンカップをやっている。

ショーケンの声

——この辺、女子大生に人気あり、か。くくくくくく。（笑う）

だが、ちっとも女子大生は来ない。

という風なものであった。私としては、旅←→女子大生、という連想にひとつの時代を吹きこもうというものであった。

話し合いが続き、ついに決定的なセリフが来た。

「これは俺にはできない。あなたはパンシロンのＣＭ

ワンカップ大関・福井ロケにて。萩原健一、神代辰巳

をやり過ぎた」(古い話だが渥美さんのシリーズを私が担当したことを指す)。つまり、自分のコンテではない、という全面的な否定であった。

やはり私はショーケンをつかみそこなっている。燃えているとみえた火薬は全くくすぶり続けていたらしい。もっとよく燃やさなくてはいけない。

当然、翌日の話し合いがスケジュールされ、企画の方向を大きく変えることになった。どういうわけか、私たちもショーケンも京都は気に入っており、ここから再スタートがきられた。

その日、ショーケンは「前日、言い過ぎたから恥ずかしい、後は任せる」という伝言で欠席した。

私はショーケンをつかもうと新しい気持になっていた。渡辺企画池田P、遠藤君、ニーディグリーディ(ショーケンの事務所)から芦川氏、水野氏、演出の神代さん、そして電通は私と原。昨日の会議の経緯から、ショーケンがCMの30秒で、十分なる自己拡張をとげたい、と考えていることは明らかであった。スラプスティックな発想が多かった。

「ゴンと鐘が鳴って、ワンカップを手に、ショーケンがポトリと落ちて来る」

「千手観音が手にいっぱいワンカップを持っている。ショーケンが必死でそれを真似ている」

といったものが残ってきた。鐘に話題が集まり始め、原がひとつのストーリーを語った。

「ショーケンがワンカップを持って鐘を見ている。ショーケンはワンカップをコツンと叩く。すると鐘がゴーンと鳴る」

「ふむ、ふむ、それなら、ただ見ているというのではなく鐘に魅惑される、吸い寄せられるというカンジはどうだろう」

と私。

「ウン」

悪くない、という感じで神代さんがうなずく。みんなの気分が動き始めている。遠藤君はどの鐘にしようかもう地図を広げ始め、池田P、芦川、水野の両氏もやや安堵の表情を見せ始めている。

「鳴り響きたいね、京都の街中に。そして鳴り響くワンカップの鐘の音の中でショーケンは湯豆腐を食っている、この辺がスポンサーとの接点になるかな」

現実的になって安っぽくしゃべっている私。

大胆な手法であった。ワンカットの好きな神代さんが30秒で表現しなければいけない、苦心の方法であった。3分近いひとつの動き(鐘にひきよせられるショーケン)をコマヌキで15秒にした。容赦のない石原さん(編集)の鋏が冴えた。ショーケンは見事に鐘に吸い寄せられ、鐘は京都の街に鳴り響いた。その日、ショーケンは次々と演技プランを提出し、神代さんは即座に採用した。鐘に吸いこまれたショーケンが鐘楼の前で鳥になって両手をはばたく大ロングショットは、特に私にとって思いがけぬものであり、新鮮であった。

このフィルムはエピソードが多いのだが、ひとつだけ。制作担当の和泉君は方広寺の鐘の下をガンとしてゆずらない案内兼お守り売りのオバサンの理解を得るために一日がかりで口説きに口説いたのだが、その方法はいまだに謎である。

No.6 雲仙　恐怖の演出家の注文は続く

恐怖の演出家、といってもいい。プランはこうであった。


雲仙岳。

ショーケンがワンカップを手にやって来る。ショーケンの声。

「昔、この辺に、みそ五郎という大男が住んでいて、鋤で耕したあとが有明海の干潟になりました。みそ五郎は毎朝雲仙岳に腰かけて、有明海で顔を洗いました」

「オーイ」

と叫ぶ。すると海の彼方から
「俺にもワンカップ飲ませてくれーい」

と、みそ五郎が答える

「兼松さん(キャメラマン)、魚眼ってどうですか」

No.5 京都

方広寺。

大きな鐘の向こうにショーケン。

ひと口、ワンカップをやるたびに、ぐいっと鐘に引き寄せられる。

鐘の下でショーケン、ワンカップをコツンと叩くと、ろうろうと鳴り渡る鐘――。ショーケンは鐘の中に吸いこまれ、鐘の音は京都の街中に広がる。

南禅寺の一隅。ショーケンが鳴り響く鐘の音の中で湯どうふを食べている。

あまりの音に、ショーケンが合図を送ると、するすると女の指がショーケンの耳をふさぐ。

〽ワンカップ大関

No.6 雲仙

(本文参照)

「どうって……!?」

「うーんと、いいですか？　面白い？」

「えーと……」

「今度のやつ、全部ワイドでやりませんか？」

「ショーケンもですか？」

「うん、だめかな、ショーケンてわかんないかな」

「そうですネ、顔がセンターにあれば……。でも、うんとちっちゃくなっちゃいますよね、顔が」

「うーん」

「何も全部魚眼じゃなくても、もうちょっとせまいやつでどうですか？」

「うん、なるかしら。こう、ショーケンが手をのばすと、海につくようなカンジ……」

「なりますよ。手、フレームアウトしていいんでしょ？」

「ええ。そして次のカットで手がすーっと林の中、山の上を……」

「えっ」

プロデューサーの遠藤君が目をむく。

演出家はショーケンそのものを大男に仕立てあげるつもりであった。

私はこのプランを気に入っていた。CMのエネルギーで民話の大男を寸時でもブラウン管に呼び出すというシャレケは悪くない、と思っていた。問わず語りに演出家もその点に興味を持ってくれたようであった。

恐怖の演出家の注文はつづく。

「遠ちゃん、手だな、手作んなくちゃ」

「ええ、なんメートルくらい……」

「すーっとのびていって、海にパチャーン」

「えっ」

かくして私は満足であった。ショーケンそのものが、みそ五郎を演ずるというのは私のイメージに全くなかったプランであり、考えてみると、そのことによってこのプランは飛躍的に充実したのであった。

No.7 山中湖畔・テニス村　その気になる芝居は徹底していた

ひとつの幸運があったと思う。

次は何をやろうか、とショーケンを交えて食事をした時である。

「今度はなにか、俺に似合わないもの、やってみてぇなー」

ショーケンが言い出した。

私はとっさにひとつの記憶を甦らせた。10年以上も前の、加藤芳郎氏の漫画のひとくだりである。ゴルフが大衆化時代の入口に立った頃の話である。

橋の上でひとりの乞食がややユーウツそうに下を見ている。

橋下のドカンの横では、もう一人の乞食が、棒きれを手にゴルフの素振りをしているのだ。

橋の上。

「あーあ、とうとうあいつもその気になったか……」

ショーケンの狙いとこの漫画の狙いは正に一致していた。ブームを迎えつつあったテニスが当然のように選択された。

原が、俗だが良く燃える火薬をしこんだ。「デビスカップ、ワンカップ」

スタイリストの矢野さんが絶対に可愛らしいショーケンを作ると張り切った。

ショーケンのその気になる芝居は徹底していた。観衆の歓呼にひとり応えるラストの笑顔は、曇天の撮影にもかかわらず、実にさわやかで美しかった。

No.7 山中湖畔・テニス村

すっかりお坊っちゃん育ちのショーケン、ラケットを構える。

「旅先で、ふと、知り合った人と……」

ショーケンのラケットは大きく空をきる。

またひとつ、またひとつ。

しかしショーケンは全くその気になっていて、試合を終えるとネットにかけより、抱擁し、抱きしめ、たたえ合い、デビスカップ（ワンカップ）を受け、観衆の大歓声（ショーケンだけにきこえる）に応じるのでした。

「デビスカップ、ワンカップ、ひとりになってワンカップ」

〜ワンカップ大関

No.8 群馬県・だるま寺

夏木立の奥にお堂があって、ショーケンがだるまになろうと練習している。一回、二回、うまくゆかない。
（唄）だるまさん、だるまさん
にらめっこしましょ
笑うと負けょ　あっぷっぷ
ついにショーケンはだるまになり、身体は左右にゆれ始める。
「喝！」
一喝するや、ショーケンは正座に戻り、にっこりとワンカップを飲む。
目をむくだるまさん。（アニメーション）
〜ワンカップ大関

No.8 群馬県・だるま寺　だるまに勝つ

ショーケンがボブ・ディランを見てきた。

意外とよかった、と、しきりに言う。

意外と……というところに彼の驚きがある。

原も音楽については学生時代にひとつのピークを持った男である。同世代の遠藤君が加わって話がはずむ。

「世界は禅の時代に向かっている」

だってサ。

「メイソウっていうのも流行っているらしいヨ」

「いいな、メイソウ……」

ボブ・ディラン――禅――メイソウ――だるま大師――高崎だるま寺、と転んでゆくのがいかにも「けれん」を命とするCMにふさわしい発展経路である。舞台は、高崎市・少林山・だるま寺と決まった。

プランを見て、大関宣伝部の那谷課長がヘンなことを言い出した。

「だるまっていうと……」

「はあ」

「あの……ウイスキーの」

ワンカップ大関・ローマロケにて。神代辰巳、萩原健一

「あっ」

そういえばありますなァ……ダルマ。

我々は全く気づいていなかったのだ。

プランは、ショーケンがだるまに成るべく修行《めいそう》していると、ついに身体がだるまの如くゆれ始める、というものであった。しかも唄までついている。

〽だるまさん　だるまさん
にらめっこしましょ
笑うと負けョ、あっぷっぷ
「笑うと負ける、ショーケンが笑うと、ダルマに負ける……」

「まずいなァ……」

「……」

ぷっと誰かが吹き出し、大爆笑の中で対策が練られた。そして「喝」という偈が入れられることになった。

「喝!」(勝つ)

とショーケンが叫び、だるまが目をむく、そしてショーケンが笑う、これならダルマに負けたことにならない。我々は逆に高揚した気分になっていく。

ダルマに勝つ、このひそやかな火薬はさいわい世間の誰からも気づかれず、だるまをダルマと思った人はなく、無事放送を終了した。

実は、少し気づいてほしかったという、ザンネンの気分もあるのだけれど……。

エピソードをひとつ。

ここで、ショーケンが空に浮き左右にゆれる仕掛けを担当した渡辺君、テストにテストを重ね、だるま酔いを発した。その症状は船酔いに似て、顔面蒼白となり言語障害がみられた。

「ど、ど、どうしてうまく……足が問題だナ、足がたれちゃうんですヨネ……たれちゃ……」

というようなことをしきりに口走った。

No.9 福井県・大関駅
ワンカップといえば……大関

大関酒造の宣伝部は、星島次長、那谷課長を中心に、高橋取締役部長、そして副社長、社長も、広告について関心が深い。

そのピラミッドのかなり上の方からひとつの情報がもたらされた。

「福井県に大関駅というのがある、これを使ってCMを作ってみては……」

もう一つの課題も以前から与えられていた。せっかく消費者にワンカップと指名を受けながら、他社の類

No.9 福井県・大関駅

大関駅のホームに大きなワンカップが置いてある。

電車の気配がして、中からショーケンがフタを投げ捨てて現われる。しばし、電車を待つ。電車が来るとショーケンはあわててホームにとび降り、大声で叫ぶ。

「ワンカップといえばー」

すると駅長が
「大関ー、大関ー」

と言ってしまう。

ショーケン未練がましく、「オーゼキ、オーゼキ、イエ、イエ」などと言いながら、また仕方なくワンカップに戻っていく。

〽ワンカップ大関

似商品が手渡されるケースが非常に多くなった。広告で何とか言えないものか……。

これは全く困った問題であった。ワンカップというブランドがあまりに当を得ているために、この種の全小型商品を示す言葉になってしまっているのである。

「ワンカップといえば……大関」

念仏のように唱え続けてみよう、ということになった。印刷の方は一足先にスタートしていた。

この二つの情報に対応してプランが練られた。

このCMは現在TBS日曜特バンで放映中ですのでぜひ御覧いただきたく……。

かくしてワンカップ・旅も、No.9を終わり、ベートーベンならこれでオワリである。

プライベート過ぎる制作ノートになったかも知れないが、制作とは常にそういうものだという気もしている。

ひとつひとつ火薬をつめこむ作業である。自分にとって燃えるもの、それを一心につめこむのである。

健気な作業といっていい。


（ふなき あやあきら・電通大阪支社クリエーティブ局アシスタントディレクター・参事／「月刊アドバタイジング」一九七八年十二月号）

神代組CM助監督記

川副愛生

「妥協しちゃったんだよなあ……」

機内で監督は、つぶやいた。隙の無い監督の口から出た意外な言葉だった。

「監督でも、そんなことあるんですか……」

少しでも監督について多くのことを知りたいと思っている私は、次の言葉を待つかの様に言った。

「いろいろあってなあ……制約や要求が……でも、最後はのんじゃったんだよなあ……甘いよなあ……」

監督が自分の映画について語られるのを、私は初めて聴いたような気がした。

「一本でいいから、自由に作りたいなあ……」

そう言っている様な横顔が、隣にあった。

「でも監督、それぞれが、世の中に生まれてこられて良かったんじゃないでしょうか」

私は心の中で、監督に語りかけていた。なまいきな様だが、そうではなく、監督の作品が世に在ることを、純粋によろこんでいたのだから。

次回作の為なのだろう、傍にある本（河野多恵子・著）には、何千という、メモ付きの印の紙が挟まれていた。それは、北京から成田へと向かう、CMロケハン帰りの空だった。


「だめだ、川副！　何やってるんだ、穴が開いてるじゃないか、ちゃんとやれ！」

赤と黒が入り交じって四〇〇〇人の若者が、河川敷の谷間を覆っていた。リハーサルは何度も繰り返される……。赤と黒の塊が出会い融合する人間エネルギー。ナンパオのCM。

ビジコンのモニターを見つめる監督の目は一段と険しくなる。大声を上げる度に、咳が何度も続く。苦しそーな姿を見ると、大声を出させない様に、我々が頑張らなくてはと、皆が思っていた。

しかし、四〇〇〇人は言うことを簡単には聞いてくれない。五〇〇人の配置換えに、一時間近くかかるのだから。監督の咳は、益々激しくなるようだった。

それでも監督は拘った。四〇〇〇人のうねりと融合を、三〇秒ワンカットにしたいと。交り具合がダメだ。赤と黒の合流点が悪い。だいたい勢いが無い。と、ダメ出しが続く。おまけに山羊が欲しいと言う。山羊はさらにいうことをきかない。嗚呼、監督の咳がまた……。益々監督の体が弱っていく様に見える。それにしても、七月の中国は蒸し暑い。


「本番いこうか！」

監督の「用意スタート」が、中国側助監の北京語になり、スピーカーから谷間に広がる。赤と黒に二分した四〇〇〇人が、いっせいに走り寄る。交り合う。と、どうだろう、あんなに弱々しかった監督が立ち上がり、四〇〇〇人を見下ろす様に作られた櫓の上に脚を開き、大声を上げ、手を大きく上下に振り始めた。四〇〇〇人がウェーブする。その時、監督は、完全なる指揮者となり、その後姿は、逞しくそびえていた。

「今夜はちょっとだけ飲めるかな。〝7〟のアラシ行くぞ、川副！」

CMで初めてお会いしたのは、ショーケンのワンカップ大関。監督と一言でも話をさせてもらいたくて、CMの企画を懐に入れ、直訴もした。

入退院を繰り返されていた中で、病院から抜け出る様にして丹波に来られた監督は、私を〝ヨーイスタート〟の拡声機替りにした。

なんとかして、スタンバイを早く決めたくて、イライラして大声を出していると、笑いながら、

「川副！　監督は短気じゃダメだぞ」と、言われた。優しい顔だった。その人柄……。

監督は、その懐の深さにおいても、実に監督だった。

北京ロケの後、本篇がクランクインされないでいるのが心配だった。お体の具合が悪いらしい。状況もあるのだろう。

『棒の哀しみ』の公開を知って、もうじっとすることが出来ず、御自宅へ電話をしてしまった。監督は、電話の向こうで素直によろこんで下さった。そして、いい顔をされていた。

新宿の映画館。

恋人との再会を待っていたかの様に、スクリーンのタイトルに心が震えた。

戴くばかりで、私は何も差し上げられない助監督です。でも監督は、厳しさと覇気、慈愛に満ちた優しさや、人間味のする〝気〟と美しい〝影〟。いつも解りやすく見せて下さいました。それは、おそらく会う人それぞれに、だったのでしょう。

監督をどう感じるかは、監督の〝映画〟をどう感じるかと同じでしょう。それぞれでいいのかも知れません。

胸の中で、自分の言葉を監督に投げかけると、「あはは、そうか」、時には、「ありがとう」と、あの笑顔が返ってくる様な気がします。

あらためて、神代監督という〝人間〟に逢わせて戴いたことに感謝致します。

御冥福を、御祈り申し上げます。合掌。


（かわぞえまなぶ・渡辺企画CMディレクター／「映画芸術」一九九五年夏号〈追悼　神代辰巳〉）

「鳥男」の神代監督

竹中直人

神代監督とは《ベッドタイムアイズ》（一九八七）で初めてご一緒させて頂きました。以前から神代監督作品のファンでした。《青春の蹉跌》（一九七四）《赫い髪の女》（一九七九）《恋文》（一九八五）など。《青春の蹉跌》で萩原健一さんが呟く「エンヤートット」の音色は今も耳に残っています。神代作品に度々出演する芹明香さんが強烈で自分の舞台に参加して頂いた事もありましたね。《ベッドタイムアイズ》の現場で初めて監督とご一緒した時は「うわぁ…あの神代辰巳監督がぼくの目の前にいる…！」と意識を失いそうになりました。神代監督はその時よく咳をなさっていました。本番中にも咳が出てNGになってしまう事もありましたね。「ゴホッゴホッ」と咳をしながらも煙草を吸っていました。撮影現場での監督の佇まいは圧倒的。なんと言ってもあの顔ですからね。そしてあの眼で見つめられたら他の現場では感じる事が出来ない空気になります。監督はよく長回しを用いていました。その時の緊張感がたまらなかった。俳優のお芝居を深いところで見つめて下さっているので長回しがぐっと効いてくる。僕なんて大した役者でもないのに《ベッドタイムアイズ》の後《噛む女》（一九八八）《棒の哀しみ》（一九九四）とお声をかけて頂きました。あの独特な歯並びとあの口元からボソッと僕に話しかける嗄れ声、そしてあの口から吐かれる煙草の煙、神代監督が放つ咳の音でさえ全ての演出に繋がっていました。そして女優さんからは圧倒的に信頼されている。その空気を現場で感じる事が出来たのがとても嬉しかった。「ああ…今ぼくは映画の現場にいるんだな…」と深く感じる事が出来ました。

そしてぼくが34歳の時、初監督した《無能の人》（一九九一）になんと神代監督に出演して頂きました。つげ義春さんの世界に出てくる『鳥男』は神代監督のキャスティング以外考えられなかった。二月の寒い多摩川での撮影でした。寒い上に土砂降りの雨降らし、ロングショットも多いのでもちろん神代監督の吹き替えの方も呼んでいました。にも関わらず監督は吹き替えは無しで「自分で演るよ」と仰って下さった。咳もかなりなさっていたのですがその言葉に「分かりました」と答えてしまった。後に荒井（晴彦）さんから「お前が吹き替えを使わなかったからクマさんはその後具合が悪くなったんだ」と言われました。《無能の人》の現場で神代監督はご自分のお芝居に「カットオッケー！」がかかるたび「いいのかなぁ…いいのかなぁ…」と照れくさそうにあのかすれた声で呟いていました。

（たけなかなおと・俳優、映画監督／「映画芸術」一九九五年夏号〈追悼　神代辰巳〉掲載文章を改稿）

神代辰巳出演作品

1991年

『無能の人』
製作配給＝ケイエスエス　松竹第一興行　監督＝竹中直人　原作＝つげ義春　脚本＝丸内敏治　出演＝竹中直人　風吹ジュン　11月2日封切

1993年

ドラマシティー '93**『さまよえる脳髄』**（テレビ作品）
制作＝読売テレビ　監督＝伊藤秀裕　原作＝逢坂剛　出演＝東ちづる　山下真司　放映日＝2月11日

『無能の人』［上］神代辰巳　［下］神代辰巳、竹中直人

姫田真左久　神代映画を語る——『パン棒人生』より

聞き手＝池田裕之

『かぶりつき人生』

撮影順でいくと、『かぶりつき人生』は『波止場の鷹』の前なんですね。だから『波止場の鷹』の撮影日記にもよく『かぶりつき人生』のことは出てきますよ。たとえば一九六七年六月十四日の日記には「本日よりこの台本に日記を書く。神代組FDは本日を以て終り、試写は七月二十日九時となる。西村組台本が出来上がり、今日より行動開始。清流荘にて西村監督と打ち合わせ」とあります。この頃、僕は家に帰っていないんですよ。清流荘というところに泊まっているんです。離婚問題がありましてね、そのへんのことも日記に書いてあります。「六月二十日。九時開始セット〝ローレライ〟。九時開始、神代初号試写、セット三時四十分終了。調布忠実屋ロケ、五時終了す。浩代、雅人来る。離婚証明書に印カンを押す。結婚記念日が離婚記念日と同じとは意味深長だ。念書〝月3万円を送金すること〟にも印を押す」。浩代、雅人って僕の子供です。正直に書いてあって、面白いね。「夜六時より完成記念パーティー(神代組)。ノックダウン、清流荘泊まり」。この日に離婚したんです。

結局、『かぶりつき人生』は少し置かれて、完成は『波止場の鷹』と同じぐらいなんですよ。だから時間は結構かかっていますよ。神代辰巳のデビュー作です。これは大阪で撮り切ったんです。殿岡ハツエがよかった。それから、ハチ(殿岡ハツエ)のお母さんをやった丹羽志津もよかったですよ。このときに、神代さんとハチができちゃった。撮影が終わるちょっと前に神代さんに呼ばれて行ったら、「俺の女房にするから」と言われたんですよ、彼女を東京に呼ぶと。僕も離婚寸前から離婚した時期でしょ、丹羽さんを追っかけていたわけ。僕は僕で、丹羽志津を東京に呼ぼうと何度も誘った。でも、とうとう来なかった。僕の場合は不発に終わったんですよ。ハチは来た。だから大阪の撮影中に二組のカップルができて、東京に来るか来ないかでうまく行ったのは一組だけだった、というわけです。

神《くま》さんとはそのあと何本も一緒にやりますが、これが出会いの作品。あの人はねちっこいですよ。芝居のつけ方がうまい。今村さんにも負けないぐらいうまいと思っていました。とにかく正確なんですね。神代さんは蔵原さんに付いていたんです。蔵原さんが長回しの人でしょ。『愛と死の記録』の病院から出てくるショットの長回しなんか、ちょっと人のやれないことですからね。そのいい面が神代さんにも受け継がれているんじゃないんですか。

神代さんは、芝居を自分でつけるでしょ。テストテストの繰り返しですよ。「俺がこれやっている間に、ライティングしてくれ」と言うわけです。「俺はこう芝居をつけるから、あなたたちは、それをどうにでも撮ってくれ」というやり方です。撮り方に関しては一言も言わない。そういうところは立派です。ただ、無茶を言う。それには参ることがありましたけどね。手持ちでぐるぐる回って撮るとかね。長回しといっても『かぶりつき人生』のときはまだよかったですよ。これはわりとデーンとした作品ですから。でも、このあとの作品ですごい手持ち撮影が出てくるんですよ。『青春の蹉跌』は東宝でやりましたけど、東宝のスタッフが「ライティングどうするんですか?」なんて困るケースがよくあった。僕はどんどん気持ちよくやる。「そういうふうにやられても、ライトの置き場所がないですよ」なんて言うわけ。東宝の人は、ビシッと決めてやる方だから、いいとか悪いとかいうことではなくて、そういうふうに教育されてきている人からすれば、困っちゃうわけですよ。

方法としては、照明技師の人が助手さんにライトを持たせて動くとか、隠しライトですね。物をボンボン置いてライトを隠す。一番困るのは、階段を上ったり降りたりするとき。踊り場みたいなところがあって隠す場所があればいいんだけど、できない場所があるでしょ。キャメラが向いちゃいますから隠せないわけですよ。

でも『かぶりつき人生』は、舞台が多かったから非常に助かったんです。舞台って、ストリップ劇場の舞台ね。全部大阪で借りたんです。昔、寄席に行くと、桟敷ってあったじゃないですか。上にあがって座って落語を聞く、あれね。ああいう客席の舞台を探して、そこで撮影したんですよ。舞台裏なんかも借りて撮った。そういうことは、僕は慣れている方で、全然構わない。「セットなんか使うよりは、ここでやっちゃった方が絶対いいから、ここでやりましょうよ」という調子でね。

そういうことが、神ちゃんもまた好きだった。お互いぴったりいったんですねえ。『かぶりつき人生』ではセットはまったくありませんでした。僕はそういう地方オールロケというような作品が多いんですよ。この次に撮った『経営学入門』も大阪で全部回したんです。東京のセットはなし。磯見忠彦さんって人は、浦ちゃん(浦山桐郎)が、一本になったあとの今村さんとこのチーフ助監督だった人です。だから『経営学入門』の脚本は今村さんなんですね。これが磯見さんの一本目。僕はそのあと『東シナ海』という作品も一緒にやってるんですよ。

『かぶりつき人生』は、五月二十三日から始まって、六月一日には撮影に入っていますね。その間準備ですよ、ロケハンしたり。準備期間が一週間っていうのは短いですよね。いまはだいたいひと月ぐらい取りますから。それで六月二十四日に大阪終了。二十二日にはタイトルを撮ってます。二十四日間ですから、全然長くないですよ。東京に帰って撮り残しを撮ったのが七月六日。撮影日記には「朝より待望の雨。まちにまった雨。九時三十分出発で麹町三番町ロケ。四時終了で撮完となる」と書いてあります。翌日にはアフレコ。「十時開始アフレコ。大阪より母ちゃん来る。アフレコ五時終了。渋谷に出る。西村監督、高木プロより、次回作の話あり。母ちゃんを東京駅迄送る。亦悲しや、光菱泊まり」。母ちゃんって丹羽志津。送って、一人で光菱って旅館に泊まったんですね。光菱にもよく泊まりました。

『かぶりつき人生』完成記念

ロマンポルノ始まる

『未帰還兵を追って』の撮影は随分長かったです。三カ月は行ってましたね。いや、半年ぐらいかな。なにしろ、帰って来たら日活が変わっていたんだから(笑)。日活に行く途中のバスの中で、「日活はえらいことになってるよ。ポルノだよ」って大道具の人に言われてびっくりした。『未帰還兵を追って』は今村プロの製作だから、向こうに行ってる間は日活との連絡はなかったわけです。でも、行く前だって一言もなかった。ただただ驚きましたよ。で、ポルノをやるかやらないか、という話になるわけです。

僕の場合、だいたいポルノってなんだってところから始まったわけですよ。僕はポルノを知らなかったから。ポルノを企画して市場に出すってことも知らなかったし、どういう撮り方をすればいいのかも全然知らない。もちろんポルノという言葉は分かりますよ、自分もそれに近い作品も撮ってますからね。『かぶりつき人生』なんてそうですよね。そういうことは分かっている。しかし、これはえらいことだと思った。たとえば『戦争と人間』をやってポルノでしょ。あるいは今村さんあたりの作品をやってて、いきなりポルノ。これはどういうことになるんだ、と思いますよね。僕自身、なにがなんだか分かりませんよ。「日活はこれしか食う道がない。やってくれないか」って製作部長が言うわけ。そんなこと言われても、どういう作品をやるのかも分からないし、「ちょっと考えさせてよ」って言うのが精一杯ですよ。

ロマンポルノはすでに何本か製作していたわけね。白川和子の「団地妻シリーズ」なんか始まっていましたから。僕はそれも見てないから分からない。見ていれば「こんな程度かな」とか「こんなひでえことやるのかな」とか思うでしょ。で、製作部長が「神代さんが今度ポルノ撮るんだけど、やってくれないか」って言うのね。神代さんが僕を所望してるっていうわけですよ。でも、いきなり「はい、そうですか」って言えませんよね。「みんなどういうふうにやってるの?」って聞いたら、「匿名でやってるから大丈夫だよ。姫ちゃん、あんたも匿名でやりなさい。全然分からないから」って言うわけね。そうか、匿名ならねえ、と一瞬思った。だけどよく考えてみれば、「俺が撮れば俺の作品になるんだよなあ」と思うわけですよ。画面は俺のものだ、と。誰のものか分からない匿名なんて困るよね。

話し合ううちにやってもいいという気持ちになっていったんですね。だけど匿名では嫌だと思った。「もし、やる場合には本名でやる。あくまでも姫田真左久でやる。だって名前を隠すなんて恥ずかしいじゃないか。みんなが見て感動してくれるようないい作品を作れば自分も活きるんだから。誰がやったか分からないようなことでやるのは嫌だ」そう言ったの。決断は速かったですよ。東南アジアから帰ってきて、十日ぐらいあとには決めていましたね。

それから神ちゃんに電話した。そうしたら「とにかく女優もいなくてねえ。もう、ポルノって聞くだけで嫌がられて」って言うわけですよ。「だから探さなくちゃいけないんだよ。大変だけど手伝ってよ」って。泣きごと言われても仕方ないんだけど、「じゃあ、一緒にやろう。俺は本名でやるから、神ちゃんも本名でやってくれ」って言ったわけです。神ちゃんも匿名なんか考えてなかった。

それで女優探しになったわけですよ。脚本はできていたのね。ところが、やはり女優がいない。大部屋の女優さんは残っていたけど、タイトルになるような人はいない。当時看板になれたのは白川和子と田中真理の二人だけですよ。監督としてはその二人は使いたくない。もういろんな監督が使ったあとだから。

一緒に女優探しをしているうちに、俳小(俳優小劇場)にぶつかったんですよ。そこで松田友江という女優さんを見つけた。とにかく全裸になるわけでしょ。裸になる女優さんを見つけなければいけない。それが最大のポイントですからね。僕が見に行った芝居は『黒念仏』という芝居で、これがわりとサスペンスがあって面白かった。一番最後にその松田友江が裸になるんですよ。そして暗転してラストなんですね。この女優はいいなと思って、舞台監督に話を持ちかけたところ向こうはOKしてくれた。

それから神代さんに紹介したの。松田友江はこのとき二十五歳ぐらいだった。役の設定は二十一歳なんだけど、でもいけるんじゃないかと思ってたんですよ。日活に呼んで神代さんと面接させたんだけど、神代さんは「うん」と言わないんだよ。「うーん、これでやるのかなあ」というような顔をしているわけ。そこで僕は「カツラを被せましょう」と言ったの。二十一歳のカツラをね。それから僕はカツラを作ったんだから、自前で。それを彼女に被せたらなかなかいいんだよ。結髪から出てくるとみんな「おおっ」っていう感じで見てる。これはいけるんじゃないかと思って神ちゃんのところに連れてったら「うん、いいね」なんて言いだして、それで決まったんだよ。その女優さんが絵沢萠子なんですね。

絵沢萠子の名付け親は僕なんですよ。彼女としてはポルノという新しい場で仕事するために気持ちを変えたいと思ったわけですね。いろいろと考えて、それで絵沢萠子ってつけた。この名前をつけたら彼女ドンドン売れ始めたね。神ちゃんの映画《シャシン》にも必ずと言っていいほど出ている。神ちゃん、好んで使ったな。独立プロの作品やロマンポルノの名作にもだいぶ出ているし、いまだって中年のおかみさん役なんかでいい味出して演っていますよね。演技力があるということと、もう一つ声にも特徴があるんですよ。あの人、わりと高い声で、ふつうのおばちゃんとして出てきても声高なんです。それがいいんでしょうね。

で、女優は見つかったけど、男がいないのね。男を面接しようってことになって、また俳小から呼んだんです。十人ぐらいだったかな。その中から粟津號や谷本一が出てくる。いま彼らもさかんにテレビに出ているよね。粟津號なんかわりといい役もらっているでしょ。
僕は俳小の藤田傳という演出家を知っていて、この人に頼んだんです。今村さんの友達なんですよ。「芝居をやっててもいいから。ロマンポルノは早く終わる」ってね。だから『濡れた唇』はほとんど俳小の人たちでやっている。そのほかにも日活は『団地妻・昼下りの情事』とかいろいろやっていましたけど、それらも役者をよそから集めてやっていました。日活にいた女優さんはほとんど辞めちゃったから。もと大部屋にいてそのまま残った女優さんでは田中真理が最たる存在だったね。

『濡れた唇』

『濡れた唇』は神代さんの二本目で、『かぶりつき人生』以来ですよ。四年間撮っていなかった。ほされていたという感じがなくはなかったね。それで、俳優を集めるのも大変だったけど、スタッフも半分に減っちゃったんですね。それまで四人だった僕の助手さんも二、三人になっちゃってね。困ったのはピントを任せる人が少なくなったということなんですね。ピントを合わせるのはセカンドの仕事なんですけど、いい人が辞めちゃった。ピントを送る、いわゆるピン送りって案外に難しいんです。下手な人だとキャメラと呼吸が合わない。まだ画に入っていないのに、ピントが早く行っちゃうとか、パンをしているときにピントが遅れるとか、そういうことがよくありました。セカンドの人が抜けてサードの人がいきなり昇格した結果ですよね。この頃、僕の助手さんは固定していなかったということもありますね。昭和四十二年頃から四十五年頃までは固定していないんです。前の作品と次の作品の間があくでしょ。そうすると僕が使っていた助手さんは、待ちきれなくてどこかに行っちゃうんですよ。庄ちゃん（安藤庄平）はチーフでずっといましたねえ。彼が一本立ちして別れたのは昭和四十三、四年頃だったかな。それまでは庄ちゃんが全部やってくれました。

［上］『一条さゆり　濡れた欲情』撮影スナップ
［下］『恋人たちは濡れた』撮影スナップ

ポルノだから十分か八分に一度ベッドシーンがあるわけね。それをいかにうまく見せるかということが問題だったんですね。男と女がなってしまえば、アップアップですよね。で、制約が多い。全身を見せてはいけないということがありましたからね。いまはいいみたいですけど、当時は全身はダメ。それから男のおしりを写してはいけない。女のおしりはいい。腰を使ってはいけない。そういう制約がいっぱいありましたから。裸になった分、ふつうの撮影より難しいんですね。

撮り方で言えば、僕の場合、ポルノになってから俄然手持ちが多くなりましたね。特に神ちゃんは手持ちが好きでしょ。のちに『赤い帽子の女』という映画をドイツで撮るんですが、あれなんかほとんど全部手持ちですから。パンにしても移動してパンとか、移動して足や顔にアップとか、移動しながら何かをするのが好きなんですね。

とにかく、『濡れた唇』をやってみて手応えは感じましたね。これならポルノも面白いんじゃないか、という気持ちになった。というのは、『濡れた唇』はわりと時間をかけたんですよ。二十日間ぐらいかかっていると思うんですよ。丁寧に撮った作品ですから。僕としてはふつうの作品とそう変わらないペースでした。

『一条さゆり・濡れた欲情』

『一条さゆり・濡れた欲情』ってのは、僕にとってすごく印象が強いなあ。これは本当によかった。神ちゃんの出世作です。大阪に行ってロケーションをしたんだけど、東京で撮った分も多いんですよ。

思い出深いのは伊佐山ひろ子の蠟燭ショーですね。それからラストシーンで箱(トランク)の中に入って伊佐山ひろ子が逃げるところね。あれは渋谷で撮ったんですよ、大阪の話ですけど。トランクの中から覗いた目とか、そんなのも東京で撮ってるんですね。実際のストリップ劇場を使っているので表は大阪です。吉野ミュージック劇場ね。

『恋人たちは濡れた』

次が神ちゃんの『恋人たちは濡れた』。これは千葉に行きまして、御宿に砂丘があるんですが、そこで男と女がくんずほぐれつやるシーンを撮ったんです。男は大江徹、女は中川梨絵。裸になってやるでしょ。丸見えなんですよ、あそこが。はじめは見えない角度、見えない角度で撮っていたんですけど、もうめんどくさくなっちゃってね。四〇〇フィートの長回しで撮るんですから、神代さんは。馬跳びやったり、どんでんどんでんやるから。しょうがない、見えたら見えたで俺がなんとかするからって。それで撮ってラッシュ見たらもろ写ってるんです。中川梨絵も前張りをしないんですよ。三日間ぐらい編集室に入って、朝から晩まで、ネガフィルムを一コマずつひっかきで消しましたよ。いやあ、まいったですね。おかしくなっちゃって(笑)。何千コマですからね。それを焼いて写すでしょ。そうするとバッテンつけたり、ひっかいたところがその通りにパカパカ出てくる。こういうことをやったのは、僕はこのときだけ。動きが動きだからどうしようもないんだけど、おかしなもんですよね。せっかく撮ったフィルムを汚さなければいけないなんてつらいですよ。いまだったらボカシの方法もいろいろありますけど、きれいにボカシても結局はよくないですよ。あんなことどうしてやるのかねえ。

『四畳半襖の裏張り』撮影スナップ

『四畳半襖の裏張り』『濡れた欲情　特出し21人』『鍵』『四畳半襖の裏張り・しのび肌』『青春の蹉跌』

次の『四畳半襖の裏張り』も長い長いカットがあったんですよ、宮下順子と江角英明の。十分ぐらいのカット。テスト、テストから二日間ぐらいかけて撮ったんです。ところがそれを映倫でズタズタに切られて、これには頭にきちゃった。蚊帳の中のフルショットで、はじめは布団に静かに入ってというところからなんですよ。それでくんずほぐれつやって終わるまであるんです。夜が明けて、障子がパーッと明るくなってくる。もう見ていても惚れぼれするようなカットを撮ったんですよ。そうしたら「見えてるからダメだ」と——。僕らは気がつかなかったの。ズタズタですよ。フィックスで撮ってるから画《え》が飛んじゃうんですよ。「冗談じゃない。こんな状態じゃ上映できない！」って言ってやりました。

当時、映倫の一番偉い人は高橋某という八十歳ぐらいの人で、その人が現像場で見たんですよ。東洋現像所（現イマジカ）の試写室の一番前で身を乗り出して見るんですね。それが終わってクレームがついた。ロマンポルノの場合は、撮り直すなんていう日数がありませんからね。とにかく抗議してもダメなんです。「そんなに見えてないし、蚊帳の中だからいいじゃないか」と言っても、「蚊帳の中だから余計エロチックに感じる」と言うわけです。蚊帳の中のエロチックな感じというのは、表現として狙ってるわけですよ。ところが向こうはそれがダメだと言う。十分ぐらいの長回しでね。夜がだんだん明けてきて、障子が少しずつ明るくなってくる。もういい感じで撮ったんですけど、ズタズタにされちゃったら、くんずほぐれつがパンパン飛ぶし、夜が急にポンと明けたりしちゃう。結局、八分ぐらいに縮まっちゃったんですね。ラッシュのときには、みんな固唾を飲んで見てたんですから。「これはすごい！」って評判だったんですよ。

それにしてもなんで一番前であんなふうに見るんでしょうね。ふつうの観客はあんなふうに見ませんよ。僕らだって気がつかなかったんだから。異様な見方ですよねえ。

この『四畳半襖の裏張り』のときに、宮下順子と意気投合しちゃって、飲み歩くようになったんですよ。この人は酒さえあればいいんだから。彼女には寿司屋の親父が旦那さんでいたんですけど、ちょうどこの頃別れたんですね。

宮下順子は、新東宝、大蔵映画から来たんですね。白川和子なんかもそうです。宮下順子は筋がよかった。だからいまも活躍していますよね。映画のコツを覚えてきた。

この人とは飲んでいて面白い話があるんですよ。彼女は青山のマンションに住んでたんだけど、近くの秀和レジデンスに移るって言うんですよ。朝の四時ぐらいまで飲み歩いてたら、そのマンションを見てくれって言うわけ。で、二人で行ったんだけど、そのまま寝ちゃったんですよ。顔がすぐ近くにあるんだけど、僕は手出しできなかった。起きたのは九時か十時頃。部屋の中は何もないからガラーンとしているでしょ。カーテンもなにもない。窓越しに向かいのビルから丸見えなんですよ。起きてひょいと見たら、向かいのビルの窓から人が覗いているので慌てたことがあります。だから彼女とは純粋な飲み友達。

女優さんもかつての日活時代の女優さんとは違いますから、もうちょっとラフにつきあえるようなところがありましたね。世渡りを経験しているんですね。だから僕らの扱い方も違ったんじゃないですか。ただ飲んでるだけでも楽しかったですね。

［上］『濡れた欲情　特出し21人』撮影スナップ。東八千代、絵沢萠子と
［下］『鍵』撮影スナップ。観世栄夫、荒砂ゆき、渡辺督子、神代辰巳と

『濡れた欲情・特出し21人』というのは楽しい映画でねえ。歌ばっかりで――。芹明香はじめ女優さんたちがずーっと出ていました。

『鍵』は谷崎潤一郎の原作があって、以前に市川崑さん、宮川一夫さんのコンビで撮っていた。それをポルノ的に撮っちゃったわけです。本来そういう内容なんですけどね。主演が荒砂ゆきという人で、この人はこれ一本だけだと思うけど、撮りにくい顔の人でまいったですよ。どっちから撮っても美しく撮れなくて(笑)。この作品は京都でロケーションして、セットは東京で撮りました。

この時期はずっと神代さんでしょ。本数的にも昭和四十八、九年は最盛期。目まぐるしかったですねえ。会社から何か依頼されるなんてことはなくて、神ちゃんがやるっていえば僕に決まってたみたいなもんでしたね。神ちゃんが脚本持ってきて「今度これやるから」というような感じでね。『四畳半襖の裏張り・しのび肌』は千葉に行って撮りました。

その次に何を撮ったのか分からないんですよ。資料がそこだけ抜けていて記録を調べても分からない。何か撮ったはずなんですけどねえ。

次が『青春の蹉跌』。これは神ちゃんが東京映画に行ってやったんですけど、そのときに僕を呼んでくれたんですね。初日に、ローラースケートのシーンから始めたんですけど、雨が降っちゃって、しようがなく撮ったんですよ。タイトルが被るんですけどね。でも、案外うまく撮れていましたね。

この作品には桃井かおりも出ているけど、檀ふみがお嬢さん役で出ていたんです。彼女のデビュー作なんですよ。クランクインがたしか彼女の誕生日で、そのお祝いをしてからクランクインしたと思います。

檀ふみという人は、清潔なお嬢さんという感じでよかったですねえ。それまでポルノ女優とばかりつき合ってきたから、久々に昔の日活の青春映画の女優さんに会ったみたいでね。桃井かおりはどっかバーに勤めているような、当世風の女優さんで、言いたいことを言う人でしたね。

『青春の蹉跌』撮影スナップ。中島葵と

ショーケン(萩原健一)が良かったんですよね。この映画が良かったんであとで『アフリカの光』を撮ることになるんです。一番最後がフットボールのシーンで、ショーケンが倒れてストップモーションになるんですけど、あれ死んだのか生きてるのか分からない終わり方なんですよね。僕も撮っていてどっちか分からなくて、監督に訊いたんですよ。そうしたら神さんは「どっちでもいいです」って言うわけ。こうじゃなくちゃいけないということはない、と言うわけです。そうか、そんなもんかなあと思った。ショーケンはどっちのつもりで演ったのかは分かりませんけど、両方のつもりで演ったんじゃないですか。あれはいいストップモーションで、あの頃ストップモーションが流行しましたよね。

僕はこの映画にクリーニングの親父役で出てるんですよ。女房が中島葵で、葵が男作って逃げちゃう。芝居は結構あって何シーンもあったんです。役として出てますからね。

『赤線玉の井 ぬけられます』『宵待草』

次が『赤線玉の井・ぬけられます』で、その次が『宵待草』。これは長谷川和彦が脚本書いたんだけど、盗作問題がおこってポシャりかけたんですよ。それでまあ頑張ったのかな。やることになったんですけどね。

この脚本は面白くてねえ、僕は乗っちゃった。青木義朗が追っかけられて逃げてくると、ちょうど気球が上がるところで、それにつかまって逃げるというシーンがあるんです。それを僕らも気球に乗って撮る。だから二台上げたんですけど、気球は風があるとダメなんですよ。指に唾つけて風があるかないか確かめて、一メートルかな、とにかくちょっとでもあると飛ばない。場所は探しましてね。あっちこっちに気球を持ってまわって試したんですよ。六カ所ぐらいやったかな。ロケーションに行って風がちょっとでもあると「今日はダメだ」ということになって、帰ってほかの仕事をする。で、また違うところに行く。またダメ、その繰り返しですよ。

最初は、静岡の大井川鉄道の沿線でやろうとしたんだけど、そこは谷間で風がまわっちゃって上がらない。多摩川の土手もダメ。最後は山梨側の富士山のふもとで上げたんですよ。そうしたら、降りたところがゴルフ場で、グリーンをバーッとめくっちゃった。仕事が終わって「じゃあ降ろそうか」という段になって、降りるだけだからどこでもいいや、と思ったのが間違い。怒られてね、弁償したと思いますよ。撮影はうまくいきました。気球の撮影は初めてだったけど、気持ちが良くてねえ。

この話は大正時代の東京の話なんですね。だから弘前で撮ったんです。というのは、弘前に昔の東京の下町に似たところがあるって聞いたんですね。弘前から出ているなんとか鉄道という電車が、浅草のあたりを走っていた電車に似ていたんですよ。それも使った。ああいうふうにして撮る方が、いまの浅草でアングルが決まっちゃってて撮るよりはいいですものねえ。

ラストシーンは五所川原から能代を結んでいる五能線という鉄道の無人駅で撮ることになったんですよ。驫木《とどろき》という駅なんですけど、時々コマーシャルなんかでも出てます。ラストは、高岡健二が電車に乗って行ってしまって、高橋洋子が一人残るというシーンなんです。

ところが電車が台風のために来ない。たしか二十五メートル以上の風が吹くと電車は止まっちゃうんです。日本海の沿岸を走っている電車だから、風をもろに受けてしまうのね。その風が前の日に吹いた。で、翌日僕は朝早く行ったんだけど、いくら待っても電車が来ないんですよ。「こりゃ待っててもムダだ」ということになったら、神ちゃんが「じゃあ、でんぐりがえりでやろう」って。もうびっくりしちゃってね。有名なシーンですよね。ゴロゴロゴロゴロ、でんぐりがえりしながら終わる。そういうことを神ちゃんはやる。それがうまくできちゃうんだよねえ。

『宵待草』撮影スナップ

あれ、電車が来てればまったく別のラストだったんですからね。無人駅のうえに客だっていない、電話だってない。来るか来ないか分からない。そういうときの決断は早いのね。その前のシーンは、砂丘の物置みたいなところで二人が全裸になってやる。そのあと駅で別れる。それがゴロゴロですからね。

『宵待草』は通常のポルノの倍ぐらいの予算だったと思います。セットはなしで、ロケーションばかりだったんだけど、ああいうやり方が一番いいと思いましたね。ロケーションは思うところに行ってやれるし。それは音楽をうまく使っているということなんですね。「おやっ」と思うような音楽が入っているんですね。それがまた画《え》を活かせるんです。たとえば『一条さゆり・濡れた欲情』だと、電車をパンしますね。そうするとそこに「なかなかなんけえ、なかなんけえ——」って入ってくる。画が躍動してくるんですよ。これは経験からいっていままでの映画になかったことです。そういう面では新しさがロマンポルノから出ていますよね。

『櫛の火』『アフリカの光』

『櫛の火』は、東京映画で作ったんですけど、ロマンポルノみたいなものでしたね。『青春の蹉跌』が当たったんで、もう一回神ちゃんで、ということなんだけど、なぜ東京映画で神ちゃんが撮ることになったかというと、東京映画の田中収さんというプロデューサーが神ちゃんの友達だったのね。それで、うちに来てやらないか、ということになった。

この映画には草刈正雄、ジャネット八田、桃井かおりといった人たちが出たんだけど、出来がすごくよかった。ところが、蔵原(惟繕)さんがオランダでロケーションした『雨のアムステルダム』と併映になっちゃった。どちらも長かったんですね。『雨のアムステルダム』は二時間を越えていたし、『櫛の火』も一時間四十五分ぐらいあった。そうなると蔵原さんは神ちゃんの先生格でしょ。「切れ」って言えないんですよね。東宝にしても『雨のアムステルダム』をメインにしている。で、『櫛の火』を切らざるを得なくなっちゃった。結局二十分ぐらい切ったわけです。そうしたら全くつまんなくなっちゃって——。いや、見れることは見れたんですけど、話が分かんなくなっちゃった。だからみんな怒ってね。オールラッシュを見たときは、ホントにすごかったんだよねえ。ガッカリでしたよ。もともと一本立てのつもりで撮ったのが、二本立てにされちゃったんでまいった。この映画はあまり問題にならなかったでしょ。僕にとっては、ジャネット八田の裸だけがよかったという思いがある。キメ細かくて、すごくきれいでしたよ、この人は。

次の『アフリカの光』という映画は、これまた僕の好きな映画でね、よかったですよ。ショーケン、田中邦衛、高橋洋子、桃井かおりといった人たちが出ていました。

これは、北海道の羅臼というところに行って撮ったんですよ。北海道の先端、クナシリから二十七キロしか離れていない。ここで流氷を撮ったんです。クナシリと羅臼の間(根室海峡)に流氷が詰まるんですね。一面流氷になる。それが一晩でなくなってしまう。だからずうっと待機して、その間に芝居を撮っていったんです。芝居はほとんど全部ここだけで上がった。東京には持っていかなかった。役者もスタッフも行ったきりで、合宿を続けたわけですね。ひと月ぐらいいたかな。

流氷が来ると、夜明けにものすごい音がするんですよ。「なんだろう?」と思うと、これが氷の割れる音。バリッ! と、家まで響いてくる。後ろが山なんですよ。神戸みたいな形ですね。山があって、ちょっと平地があって、すぐ海になる。我々としてはチャンスはこの一回。飛び起きて、撮りに行ったわけですよ。で、ここは小さな湾になっているんだけど、流氷が来るでしょ、そうすると魚を獲り終わった船が沖合いでぐるぐる回っているんですよ。ガタガタ鳴らしながら何隻もね。止まると氷に埋まっちゃうということがあるみたい。氷がなくなると、勢いよく港に戻ってくるんです。

羅臼ってところにはすごくたくさんバーがあるの。驚いちゃってね、バーに行くと全部洋酒。日本の酒なんかない。高いやつばっかりです。ジョニ赤とか、ジョニ黒とか、そういうやつばっかり。僕なんかみんなを連れて行くんだけど最初のうちはまごついちゃってね。で、トドを食わせてくれるんですよ。

僕らが行ったときは、スケソウダラがいっぱい道路に置いてあるんですよ。もう歩けないぐらいサケだらけ。もちろん車だって走れない。そのサケをでっかいトラックで運んで四国で蒲鉾になるんですよ。

『アフリカの光』は男の芝居だったですね、ショーケンと田中邦衛の。田中邦衛が死んでショーケンが一人になっちゃって、最後に列車に乗ってどこかに帰っていくんだけど、監督がその列車はストーブのある列車にしたいって言い出したんですよ。もうその頃にはそういう列車がなくて、結局夕張の炭鉱に行く列車を見つけて夕張で撮りました。

それから厚岸というところにも行きました。最初にここに行ったときは移動の途中だったんですね。「ちょっと待て。ここで降りろ!」って言うんですね。向こうに「アフリカの光が見えた!」と。脂が乗っていたんだねえ。降りてすぐにキャメラを回した。夕日を撮ったんですよ。で、そこではショーケンと田中邦衛の芝居もあったんだけど、撮りに行くたびに天候が悪くて三、四回そこに行った。田中邦衛がまいっちゃってね。彼はこの時仕事があってすでに東京に戻っていたんですね。だから東京から来るんだけど、来るたびに雨が降ったりして、とうとう「カンベンしてくれ。なにか方法はないか」って言い出した。厚岸まで来るのが大変なんですよ。釧路の飛行場から車で厚岸に行く。撮れないとその逆で帰る。その繰り返し。前後を撮ってるから天気を変えるわけにはいかないのね。最後には、待って待って撮りましたけど。

神ちゃんは、こういう男同士のエロチックな関係とか、好きなんだよ。このあとに撮った『悶絶!!　どんでん返し』なんかもそう。男が女になったり、女が男になったりするね。『アフリカの光』ではいい風呂場があって、男同士で風呂に入るんだけど、それがまたちょっとエロチックでよかったねえ。

『黒薔薇昇天』

次の『黒薔薇昇天』もセットばっかり。これは面白かったです。キャメラを肌にぐっと接近させて撮った。谷ナオミという人は、肌がきれいで、それをしっかり写そうというわけです。この子はいい子だったね。この頃のロマンポルノの女優はでき上がっていたから、そこ撮っちゃ嫌だとか、ここを写したら困るとか、そういうことはなかったものね。でき上がっているというのは、芝居じゃなくて、意識がということです。

『悶絶!!　どんでん返し』『壇の浦夜枕合戦記』

次が神ちゃんの『悶絶!!　どんでん返し』。これは男がオカマになっていく話なんですよ。それを鶴岡修が演じるんですけどね。これはオールロケでやったと思うんですねえ。

その逆に、『壇の浦夜枕合戦記』はセットばっかり。舟の戦闘シーンがあって、セットに舟を持ってきて雨を降らしたり、大変でした。セットの舟だから、へりから上しか撮れないでしょ。だからへりにバシャバシャ水をかけて、進んでいるように見せるわけですよ。寄りのカットばっかり。これはホントにひどかったねえ。僕としては撮りにくくてアウトだったですよ。このときのことを思い出すと、いまでもゾッとします。舟のへりの上しか撮れないから、俯瞰は撮れないし、下から引いても撮れない。だからキャメラを動かしたり、舟をレールの上に積んで動かしたりするしかない。そんなことばっかりやっていました。背景は真っ暗にして。

『黒薔薇昇天』撮影スナップ。神代辰巳、谷ナオミ、岸田森と

『――どんでん返し』も撮りにくかったです。アパートの狭い部屋の中で、切り返し切り返しで撮っていった。『黒薔薇昇天』のように徹底して寄って撮る、なんて場合はいいんですが、引きも寄りもあるなんて場合はまいっちゃう。もう壁を崩したくなるぐらい引かなくてはならない、なんてカットもある。だから、どっちも限定された空間で撮らなければいけなかったわけですよ。それが面白い場合もあるし、苦しいなという場合もあるわけですよね。

たとえば二人のショットを撮るとするでしょ。そのとき、二人を横から引いて撮るときなんて一番困るのね。しょうがないからもう少し前に出て、一人ひとり撮るとか、パンして撮るとか、考えなければならないわけです、切り返せないから。ひょっとすると神ちゃんはそういった撮りにくさが生み出す不思議な緊張感を狙ったのかもしれませんけど、でも『壇の浦――』のときなんか工夫のしようがありませんでしたものね、ただ状態を写しているだけで。画が小さくなっちゃうんですよね。引きがないから広がりが出ないでしょ。見ている方としては息苦しいはずですよ。どうしても人工的になっちゃうんだけど、フェリーニみたいに戯画化してしまうような狙いでもなくて、リアリティを持たそうなんて考えるから、水なんかバチャバチャかけることになっちゃったんですね。『壇の浦――』は、僕自身本当に恥ずかしい撮影でした。

ただ、一つだけこの作品の中で珍しいことをやったんです。一千フィートをはじめから終りまでワンカットで回したんですよ。千フィート・マガジンで十分間。これはNGが出ると千ずつ交換でしょ。それを四、五回やったんですよ。息が抜けない。クレーンにキャメラを乗せて、アップに寄ったり、移動したり、引いたり――。当時のキャメラはミッチェルでしょ。そうするといまみたいに一眼レフで覗くのと違ってファインダーで見るわけだから、アップにしてもどこまでアップになってるのか分からないわけ。ファインダーはキャメラの横に付いていて、そのフレームは決まっているから、寄ったら人物がどのぐらい左に行くのか右に行くのか計算しなくてはいけない。だから十分間というのはまいりましたよ。横移動はいいんですよ。問題は前に行ったとき。どのぐらい切れているのか分からないわけですから。それを勘でやったわけですね。ピントも難しいんですよ。物を置いておいて、キャメラがここに来たら何フィート、ここに来たら何フィートって、全部決めておく。だいたい二〇フィート以上になると、ちょっとぐらい狂っても分からないんだけど、二〇フィート以内で狂うとボケるわけですよ。ピントを送るタイミングが難しい。決めてある数値の半分いった時にはどのくらい送らなければいけないかとかね、これは今のようにキャメラマンが覗いていても難しい。理屈は同じだからね。

以前、『四畳半襖の裏張り』で十分間の長回しをやりましたけど、あれはフィックスだったから、このときとは全然違う。このときはNGを四、五回出しましたからね。僕の方のNGばっかりじゃないですよ。芝居の方もあったし、両方でNGを出した。五分ぐらいでNG出されると一番困るんだよね。そこまで行っちゃうとつなぎようがないから、一千フィートごと換える。あとの五分ぶんフィルムはポイ。もちろん残フィルムは違う撮影の時に使えますけどね。八分、九分のところでNGがでればもっと悲惨。そういう時もあった。十分というと役者も重圧を感じます。息が詰まりますね。まあ、神ちゃんの場合、四分、五分の長回しはふつうでしたけどね。でも十分はないですよ。

『少女娼婦・けものみち』

『少女娼婦・けものみち』では、千葉の御宿にロケハンに行ったんですよ。海岸ぶちに廃船がずらっと三十隻ぐらい並んでいて、すごくいい場所だったんですよ。海岸線から五〇メートルぐらい陸に入ったあたりでした。監督が気に入っちゃって、ここでラストを撮ろうと決めたわけです。いろいろプランも組み立てました。ところが、ひと月ほど経ってロケーションに行ったら、その廃船が一隻もないの。これには驚いちゃってねえ。廃船って、そりゃあ古い感じでね、もう何年も放ってあるって感じだったから、まさか全部なくなっちゃうなんて考えもしなかったですよ。いざ、撮ろうとしたらただの平面なんだもの。

監督は、その廃船を使って、船の中と外のやりとりを中心にプランを考えていたから、「いやあ、まいったなあ」ですよ。唖然としちゃってね。中止に

[上]『悶絶!! どんでん返し』撮影スナップ。やくざの親分役で出演
[下]『壇の浦夜枕合戦記』撮影スナップ

はできないから、プラン変更ですよ。どうするのかなって思ってたら「穴を掘ってくれ」って言うわけですよ。それで穴を使った芝居にしちゃったんです。穴の中から外へ、外から穴の中へ、という芝居になった。その場で決めたんですよ。神代さんって、そういうのは上手いんですよ。よくやるんです。『青春の蹉跌』でも、ショーケンが桃井かおりをおんぶして歩いてくる長いショットなんて台本にない。『宵待草』でもそうですよね、ラストのでんぐり返りとか。だから『けものみち』でもこの穴の撮影が印象に残っているんです。内田裕也が海岸の方に歩いていって、それを僕がパンして追いかける。確かそんなラストだったと思うなあ。

　僕はこれ、最後のロマンポルノだと思ってやったんですよ。実際はそのあと『ルージュ』って作品があるんですけどね。このときはもうにっかつを出ていたわけだし、これが最後だなと思いながら撮っていましたよ。

『赤い帽子の女』

『赤い帽子の女』は、ひょんなことから僕に声が掛かったんですよ。僕が毎晩飲みに行く新宿ゴールデン街の飲み屋にふらっと行ったら、向こうの端で若松(孝二)さんとヘラルドの原(正人)さんが二人で話していたの。しばらくしたら手招きで僕を呼ぶんですよ。何かと思ったら、「実はこういう企画があるんだけどやってくれないか」と言うわけですよ。僕は前の仕事が終わったばかりだから、「そりゃあ是非やりましょう」ってことになったわけね。「監督は?」って聞いたら「神ちゃんだ」って言うから「それは願ってもないことだ」って。だから偶然なんですよ。多分僕に話をすることが決まっていて、偶然会ったからその場で言ってきたと思うんだけどね。

　それでもう日数的にもない、すぐ準備してくれって言うんだよ。翌日から準備にかかって、向こう(ミュンヘン)に連れて行く助手さんのメンバーなんかもすぐに出した。「照明は、あんたやってくれ」って言うんだよ。そのかわりドイツ人の照明チーフをつけるからって。それで、監督たちと一緒にミュンヘンへ行ったんですよ。

　僕はロケハンには行かなかったんですよ。もう終わっていましたから。ただ、僕たちが乗り込んだときも未定のところが随分あった。駅とか実在するところはいいけれど、アパートとかはまだ決まっていなかったね。それは向こうのコーディーネーターに頼んだんだけど、これが嫌な奴らでね。二人いたんですよ。ホルスト・シャッファーという人とゲオルグ・ウトーという人。独立プロの若いプロデューサーなんだけど、お金をポッポ、ポッポくすねるんですよ。若ちゃん(若松孝二)も心配しちゃって、結局、途中で東京に帰ることになっていたんだけど、若ちゃんは最後までドイツに残ったんですね。最後はギックリ腰になっちゃったし……。

　ドイツに着いたら、まずびっくりしたのは、予定していた主演の女の子が降りちゃっていたこと。女優探しからやらなくちゃいけなかったんですよ。最初に決まってた子とは口約束で契約をきちんと交わしてなかった。このへんからして日本と大違いだったですね。で、主演がなかなか決まらなくてね。僕ら着いて一週間ぐらいそれでがちゃがちゃしていたの。そうしたら、ベルリンから車を飛ばして「私が演りたい」という女優さんが来たんですよ。これがすごくよかったね。スタッフはこの子がいいという意見が多かった。ところが候補がもう一人いたの。痩せぎすで、高慢ちきな女なんですよ。僕はこの女優じゃ、にっちもさっちもいかないだろうと思ったの。だけど監督が乗っちゃったんだね。スタッフはやめた方がいいって言ったんだけど、神ちゃんが決めちゃった。それが、クリスチーナ・ファン・エイクって子なんだけど。この子にはポルノ的なところがあった。ところがベルリンから来た子は、ポルノはあんまりできないような感じだったの。そのへんが理由になっていたのかもしれない。ただ、それもやり方でなんとかなるんじゃないかと僕は思ったんですよね。でも、とにかく主演が決まって撮影に入ることができたわけですよ。だいぶロスしたけど。

　最初は僕らホテル住まいだったけど、撮影が始まる前にペンションを借りて、自炊して合宿生活をすることになったんですよ。このペンションはプールもあったりしてすごく豪華だったんですよ。

　最終的なロケハンも進めていて、ドイツのスタッフが「あそこ見に行ってくれ」って言ってくるわけよ。で、見に行くと、素晴らしいところだから「じゃあ、ここでやりましょう」と決めると、翌日になってダメということが多かったなあ。なぜか分からなかったんだけど、「ポルノだ」という噂が広まっていたのかもしれない。ポルノって言っても向こうで言うポルノとは全然違うものなんですよ。僕ら「ポルノじゃない」ということをさかんに言ったんですけど。

それでいよいよ撮影に入って、照明が初め分からなくてね。要するにライトの名前が分からない。全部アークでやってたから。日本でやる場合は、すぐ名前が言えるし、五キロ持ってこい、十キロ持ってこいって言えるけど、初めのうちはライトの種類が分からない、それが何キロか分からない。それとロケハンに行くでしょ。ここには何キロのライトがいるということを見るわね。ところがドイツのチーフは行かないんですよ。だから帰ってきてから自分で計算して出して、その紙を渡して、で、チーフが現場に渡したライトを持ってくるわけです。だから余分に言っておくことにしていた。多めに用意しておいて、ライティングを実際にやってみて最終的に加減していくという方法を採ったんです。そういう手間も大変だった。

向こうの建物はゴシックが多いんだよね。デコボコを出すのに、レンブラント・ライティングっていうのをやりましたよ。明暗をつけるライティング。室内で撮影するときなんかに、かなり強いでっかいライトを一発だけポーンとつけて、わざと影を出すようにした。そういうのは、向こうの照明のやつとやってる間にお互いに分かってきたんです。だから部屋の中で撮ると思ったら向こうのやつが大きなライトを持ち出して、待っててくれるなんていうこともありました。ペーター・コシュレクっていう、『U・ボート』っていうドイツの映画の照明をやってた人です。

それから神ちゃんが、鏡の中に映っている鏡を撮りたいって言うんです。三つぐらいの部屋を女優さんが歩いていくんだけど、順々に鏡の中に映していくわけ。鏡の中に人間が入り込んでいくように。それで、壁掛けの鏡を要所要所に配置するわけ。これがまいってねえ。ライティングに二日ばかりかかった。Aという鏡を撮るとそこにBの鏡が映り、Bの鏡を撮りにいくとCという鏡の中に映っている鏡がある。面白かったけどね、こういうやり方は。でも撮るのに苦労しましたね。

それと時代ね、一九二〇年代だったかな。街がいまのミュンヘンじゃないんだよね。建物自体はいまのミュンヘンだけど。通ってる車とかは全部制約しないといけない。それも苦労した。で、馬車を使ったの。四人乗りの馬車があって、それを追っかけに使ったんです。ところが馬が言うことを聞かない。調教ができていないのね。調教師もつかない。なにからなにまで大変だったねえ。

『赤い帽子の女』撮影スナップ。クリスチーナ・ファン・エイク、神代辰巳と

アリフレックスの会社のすぐ前にあるペンションを三部屋借りて、スタッフ全員と俳優が泊まったんです。俳優は永島敏行一人、あとみんな向こうの女優さんとまわりの人。少女二人とセックスする場面があって、そのために泉谷(しげる)さんが一日だけ来たの。ところがそれが向こうのプロデューサーにバレちゃった。「ポルノはやらないって言ってたのに」って。(撮影した)画を見せろってプロデューサーが訴えたの。でもその少女じゃポルノはできないよ、十三、四歳なんだから。ポルノチックと言えばポルノチックだけど、実際にやってるところを撮ったわけじゃないし、裸を撮っただけだからね。結局、ロングショットを切ったりとかして、今度はスカスカになってきちゃってね。女優さんと永島さんとのポルノシーンもあまりうまくいかなかった。神ちゃんの場合は、ポルノを撮るときの画の切り方とか大体見当つくんだけど、そういうのが全然なかったもん。神ちゃん自身も迷ってたし。もつれながら階段を降りていく長いカットがあったんだけど、それもあま

りうまくいかなかったみたい。やっぱり女優に問題があったんだろうね。ポルノを制限してやるってことにして、僕らが言ってた女優さんにしてればよかったかもしれない。綺麗な人なら撮ってても楽しいからね。こっちの方はあんまり綺麗じゃない。ギスギスした感じであんまりボリュームもないし。神ちゃんがどうして好きになったか分からないんだけどね。

機械やレンズはいっぱいあった。キャメラマンとしては、レンズなんかいろいろ使えたし、楽しい映画作りでしたけどね。

最初に向こうのコーディネーターに会ったときに、撮影のプランとかいろんなこと聞かれたの。でも脚本も未完成だしロケハンも実際にはしてないし、やってみないと分からないと言ったんです。神ちゃんはいつもそうだけど、その場で決めるからね。だからこんなの移動入れてやれないから手持ちでやった。フィルムは四〇〇フィートしか入らない。四〇〇フィートの中でできるように芝居をつけてもらわなくちゃって。四分ちょっとあるんです。スケジュール的には予定より少し延びましたね。一番最後に、オープンセットみたいなのを組んだんだけど、向こうの美術みたいなのが来てね、日本でいう小道具やってるような人が来て、建ててくれたの。昔のドイツ映画の『三文オペラ』とかのまがい物みたいなセットを建ててくれたんです。あんまりにもちゃちすぎてね、これで撮れって言うのかと思いましたよ。

CM・DYNAREC「太鼓」チュニジアロケにて（1985年）

現像は、泉谷さんのところだけ向こうでやって、あとは日本に持って帰って現像した。ラッシュを見ると、その部分だけ異様によかったんですよ。僕の場合は、フランスに行って撮影しても全部持って帰ってこっちで現像するの。アメリカのときもそうですね。ただ、夕方ギリギリで天を狙って撮ったとか、心配なところがあるでしょ。そういうところは向こうで現像した。だからアメリカでやった場合はMGM、ドイツでやった場合はアリフレックスで現像したんです。ラッシュはまあまあだったんだけど、つながったらよくなかったな。赤い帽子の女が町を歩いているっていう、そればっかり印象に残っちゃって(笑)。かなりカットしたし、途中でプロデューサーが文句つけてきたっていうのが相当応えたんじゃないかな。僕は元気は元気だったけどね。僕がやらなきゃ、動きませんからね。

（いけだ ひろゆき・編集者／『姫田眞左久のパン棒人生』ダゲレオ出版、一九九八年より）

前田米造　神代さんはトンネルが大好きでしたね

聞き手＝筒井武文

――僕が前田米造さんの名前を覚えたのは小沼勝監督の映画なんです。

前田　小沼さんとは『ラブハンター　熱い肌』とか『昼下りの情事　古都曼陀羅』などを一緒にやらせていただきました。当初から小沼さんの粘りは凄かったです。

――とても鮮やかな色彩が印象的でした。『夢野久作の少女地獄』も前田さんですね。

前田　あれは北海道の方へロケーションに行きました。なんか道にいっぱい風船をまいていたのを覚えてます。ロマンポルノは、お金がないから、みんなの知恵を出し合ってね。小原宏裕監督の『赤い通り雨』の時は、落ちているものを拾い集めたり、雨を降らしたり、あまりお金のかからないでも効果の上がることをやりました。当時の日活では常にそんなことを考えていました。

――前田さんのお師匠さんはどなたですか。

前田　いまホリプロにいて、まだ撮影もやってますが、萩原憲治さんです。西河克己さんの百恵ちゃんと三浦友和さんの一連の作品を撮った人です。最初の頃、安藤庄平さんと萩原憲治さんが多かったですね。

――すると前田さんは神代辰巳監督とコンビを組んでいた姫田真左久さんとは系統が違うんですね。

前田　当時、撮影部の助手さんが50人はいまして、縦割りになっているんです。それでチーフからフォースまで4人、カラーの場合5人助手さんがついていました。一本やると、家庭的になるので、順番に回転すればいいというんじゃなくて、また一緒にやろうという風になるので、欠員がないと、その組には入れなかったです。『渡り鳥シリーズ』とか北海道や九州などいいところにロケばっかり行く組についているといいんですけど、僕なんか最初の頃、新宿の裏の方で夜間ロケが多かったSPという二本立ての裏の方のモノクロばっかりやってました。その内、ついていたカメラマンが裕次郎さんや旭さんをやりだすと、地方ロケに行けるようになる。神代さんとは助手時代でも一緒にやったことは全然なかったですね。

――では『女地獄・森は濡れた』が神代監督との出会いの作品なんですね。

前田　そう、仕事をやるのは『森は濡れた』が初めてです。助監督さんがSPじゃないけど、宣伝用なんかで撮ったりするでしょう。神代さんは斎藤武市さんが多かったですね。蔵原惟繕さんなんかと同期で。それで73年というと、日活で『戦争と人間』とかやってましたかね。

――あれは少し前くらいでしょう。

前田　とにかく、神代さんは姫田さんとやってるでしょう。姫田さんが何かでできないから、ピンチヒッターで来たんじゃないかと思ってるんです。そして『森は濡れた』の次が『濡れた欲情・ひらけ！チューリップ』、その後『赫い髪の女』、それとテレビが二話分くらいですね。酒井和歌子さんとか出てた。

――アイリッシュ原作の「仮面の花嫁　暗闇へのワルツ」(81年)ですか。

前田　ああ、そうでしょうね。

――『女地獄・森は濡れた』のファースト・カットが素晴らしいですが、風で揺れる木々からズームバックしてくると、大ロングの下の方に伊佐山ひろ子さんが歩いてくる。不思議なのは揺れているのは最初に写った木々だけで、他の森は揺れていない。あれはどういうふうに撮られたのですか。

前田　あれは千葉の方の高台で、トップはどういうふうに撮ろうかと監督と話してたんですが、決まりはないし、現場で伊佐山ひろ子が歩いてくるのを見てたら、あそこはちょうど風の通り道かもしれないですね、谷底で。竹は柔らかいでしょう。ちょっとの風でしなって揺れるんですね。まわりは風がないでしょう。竹のところだけ揺れてるんですよ。ズームでとんと寄ったら、画面中が揺れてるわけ。それで、そこから引いてきて、人物がフレームインしたらいいのかなあと思ったんです。あの出だしのカットは神代さんも褒めてくれて、なかなかいいなあって。

――そうか、てっきり何か揺らす仕掛けをしたのかと思ってました。

前田　偶然が幸いしましたね。だから、計算してても計算が出てないものとか、その場でバックが変わったりする時、ある程度撮影前にこうしたいと思いますが、現場に行った時、予想した条件にならない時があります。おてんとうさまだって、上がって落ちるまで条件が違うし、色温度だって違うし、その場に行ったとき、今日は条件が合わないから止めたとなるならいいけど、そうはできないから、瞬間的に変えるんだけど。それじゃいきあたりばったりと言われるかもしれないけど、そうなる前に幾つか考えてて、それで現在できることに乗っかってみると。ドキュメンタリーじゃないんですけどね。その中でいいのがあると嬉しいです。

――サドの原作を日本の大正期に移すにあたって、何か計算なさいましたか。

前田　神代さんは芝居の方は俳優さんとどんどんとやるけど、撮影の方はお任せしますという感じなんですよ。どっからでも好きなように撮ってよと。だから、楽なんだけど、やっぱり恐いようなね。どっからでもいいと言われると、それだけ可能性が増えるから大変なんです。神代さんは芝居ばっかりつけているから、その間に探って、これはここがいいのか、ああがいいのか、悩むわけです。

――この作品は日活荘でのロケーション部分とスタジオでのセット撮影の部分とありますでしょう。そのシーン配分は前田さんが決められますか。

前田　やはりね、美術の人がいますから。相談はちょっとぐらい受けますが。まだ10本ぐらいしかやってない頃だから、自分のことで手一杯だし、相対的なことをほとんどつかめてるわけではないから。今となっては思い出せないけど、部屋の底が抜けて落ちるとか、ああいうことはロケセットではできないから、セットを組んどいて外すとか、美術の方で監督と打ち合わせたりしたんだろうと思います。ただ色だとか、メイクのぐあいとかで、大正の感じを出そうとしているから、やはり色温度を少し下げて蠟燭の光を光源として照明するから、女優さんには気の毒で。フットライトになっちゃいますけど、赤い蠟燭の灯みたいにしてやろうとかは、自分がアプローチして言うんですけど。日活の寮は大きかったので、まわりに廊下があったんです。その廊下を蠟燭を持って女優さんが歩く時、照明部さんが下から蠟燭の明かりみたいにフットで赤いフィルターをつけたライトを手持ちで当ててフォローするわけです。するとお化けみたいな顔に映るわけです。そうすると女優さんが所長室に行って、私を汚く撮るって言うんです。伊佐山さんだったか、中川さんだったか、もう忘れたけどねえ。監督がこれは駄目だと言われたらおしまいだけど、監督は何も言わない。でも女優さんにしてはたまったもんじゃないでしょうね。でも下から蠟燭を持って歩く時に、上からライトを当てるわけにはいかないしね。

『女地獄　森は濡れた』日活荘ロケでの記念撮影

――そんなに広い屋敷じゃないと思うんですが、広さを感じるように撮られてましたね。

前田　よく撮影が終わって夜になると、そこにテーブルを並べて、宴会をやるんですよ。そこで一日やってきたことをみんな語りながら、一杯やるんです。白鳥あかねさんなんか、よく踊ったそうですよ。近くが海水浴場なので夏なんか、厚生施設としても利用されてました。夏以外なら、空いていることが多いですから、安く泊めてもらって、食べさせてもらって、仕事ができて、便利なんですね。

――食堂の横に階段がありますが、寮で撮られたのですか。

前田　寮で撮ったと思います。寮に洋風の部屋があって、その横に階段がありました。面白い建物で、この映画にはあってました。あまり写しちゃいけないようなところは避けてるんです。庭に多少、植木が植わっていて、塀が土塀で瓦があがっていたと思います。まわりもそれなりの雰囲気があって、使いがてがありましたね。

――最初のシーンでトンネルが写りますが、あれも近くですか。

前田　あれも近くです。トンネルのようなところは神代さんが大好きなんですね。

――神代さんの映画はよくトンネルが出ますものね。

前田　『恋人たちは濡れた』なんかでも、海岸を自転車で走ったり、トンネルに行ったりしてましたね。だから『赫い髪の女』の時は、トンネルを宮下順子がとことこ歩くのをまず長玉(望遠レンズ)にして狙ってみました。それでトラックとすれ違った瞬間の寄りのカットで、宮下順子さんをトラックの上に乗せて、丸い回転椅子に座らせました。トラックはまっすぐ走ると、髪は風でなびくでしょう。それをカメラで狙いながら、回転椅子を回すんです。すると顔は回りながら、髪は一定の方向に流れていく。それを2倍か3倍のハイスピードをかけるわけです。そうすると、背景がファーと流れていくんです。次の引きの構図で、車とすれ違って彼女の髪がなびいた瞬間にストップモーションかけて、メインタイトルを出しました。金がないから、スクリーン・プロセスとか、合成とかできないんです。

――そういうわけで髪が不思議な揺れ方をするんですね。あの短いカットにそれだけの手間がかかっていたとは気がつきませんでした。

『赫い髪の女』撮影スナップ。手前に宮下順子

前田　いつも、そんなことばかり考えてました。俳優さんのやることは決まってますからね。何かアピールするような大胆な撮り方はできないかとね。そういうことが面白かったですね。ただキャメラだけが出てきちゃうと駄目ですが、やはり芝居とくっついて芝居をもり立てるような効果を出せればいいんですが。やっぱり映画は筋の流れですからね。

――『森は濡れた』で部屋が落っこちるのは、スタジオのセットとおっしゃってましたね。

前田　そうです、落としのセットですね。ただ落ちる時の高さがでたかなと、疑問だったですね。落ちることは落ちるんですが、落下するのを上からは見れるけど、横からは見れない。そういう難しさはあったような気がしました。それで昔は映倫が厳しくて、あっちこっちマスクをかけっぱなしで、画面の中が見えないようになりました。当時は大騒ぎされちゃったんですね。

――『女地獄・森は濡れた』は夕景から始まって、朝で終わる一晩の話になってますね。

前田　太陽が真上だと撮影していて一番味がないんですね。普通だから。普通を上手に撮るのは難しいけど、朝とか夕方というのは、影とか光の光線の状態が流れてて、なかなかもの悲しそうな感じがする。人の感情を動かすには朝や夕方の方がいいですね。

――『女地獄・森は濡れた』は夕方と朝に挟まれた夜に繰り返し、3回くらい食事のシーンが出てきますね。その食事とセックスの反復が何か非現実的な無時間性を呼ぶような気がします。

前田　性欲、食欲、そういうものだけで構成されているから、日中の日当たりのいいシーンなんかいらなかったんでしょうね。いつも夕方か、朝か、夜のドラマなんです。

――延々と続く夜のシーンが日没と日の出の素晴らしい

カットに挟まれています。

前田　実景なんかが入ってくる時は内容とかみ合ったカットじゃないとよくない。なかなかそうならないですよ。

――クラシックカーの中からの主観ショットから車内の女優さんにパンするカットも見事でしたね。

前田　ちょっと、もう忘れているところがありますね。見直してみないと。

――前田さんが次に神代さんと組まれた『濡れた欲情・ひらけ！チューリップ』を見た時、あんまりめちゃくちゃなんでびっくりしまして、こんな映画撮っていいんだと妙に元気づけられる映画でした。

前田　あれはよく判んなかったねぇ。

――通天閣とか、まったく無意味なズームアップが多用されていて、あれは神代さんの狙いなんですか。

前田　ええ、何か大阪城を狙ったりしてるんだけど、何ですかね。大阪の風景ですが、特に神代さんからの指示もなかったと思いますね。手持ちでなければ撮れないような芝居のつけ方をしますからね。それはしょうがないですね。だいぶ通天閣の下あたりで、アリフレックスのカメラを片手に持って、落とすといけないからカメラと手を一緒に縛って、腱鞘炎ぎみになりました。間に合わないんですよ、役者は駆け足になりますから。カメラをかついでたんじゃ、間に合わない。目をファインダーにつけることもできないくらいで、助手さんの肩につかまりながら走ってました。

――ほんとに手持ち撮影は体力勝負ですね。

前田　ロマンポルノだとベッドの回りをぐるぐる回んなきゃいけないでしょう。まず顔から始まって、それから足の方にいって、また顔に戻ってくるとか。よく女優さんに言われましたよ。あごが上がってる時に、そのあごの方から撮られたらいやだって。お客さんから見ると、そのあごが自分が思ってるほど格好悪くないから、大丈夫だって、よく言ってました。でも、あごばかり見られてたらいやですよね。それで、あごばかりのところにいられないから、回って撮るというのが、よくありました。

『濡れた欲情　ひらけ！チューリップ』撮影スナップ。三浦朗（プロデューサー）、神代辰巳、前田米造

――撮影の方としては役者さんがきれいに撮られているという安心感を与えるのも仕事なんでしょうね。

前田　そうですね。女優さんは映画だからきれいな方がいいと思いますね。花ですから。

――『女地獄・森は濡れた』の場合、光源が蠟燭一本だから、よけい大変でしょうね。

前田　シネスコだからアナモフィック・レンズをつけているでしょう。スタンダードのレンズより光量がいるんですよ。蠟燭の光だけだと、光源は写りますが、俳優さんの顔までは写らない。だから大きいライトじゃなくて、小さなライトにオレンジ色のフィルターをかけて、蠟燭の方から当てて、別の人が手前で蠟燭の炎を揺らぐようにする。

――人物の影で光を遮ったりなさってますね。

前田　一番いやなことなんですよね。カメラの前を人物が通って、奥の俳優さんに影が出る。影の高さとか気をつかいますね。低いところに光源があるのはきれいなんです。今は蛍光燈でしょう、ふわっとした影を出すのは難しいです。明暗がつかなくて、締まらなくなる。外の庭で食事をするシーンあったでしょう。あそこ海に近いので風が強いんですよ。蠟燭の炎が消えないように、フレームの外でまわりを囲んだりしました。

――俯瞰の長回しのシーンですね。あそこは台詞も長いから大変だったでしょうね。

前田　だから、ちょっととちってもアフレコで入れ直せばいいと、やっちゃったでしょうが。あのときはシンクロじゃないですからね。撮影もその分早いですよ。同録なら蟬の鳴き声がうるさいと、樹をたたいて蟬を飛ばしてから、はいどうぞ、なんてやってますよ。

――フィルムは高感度だったんですか。

前田　あの時でＡＳＡ２５０でしたね。今なら４００や５００の高感度がありますが。

――高感度使ったにしては粒子が荒れてないし、美しい撮影だなあと感心しました。それとフィルムは何を使ってますか。

前田　フジですね。というのは当時はＥＫ（イーストマン・コダック）の値段が高かったですから低予算の作品では使えなかった。今は値段は変わりませんが、フジの調子に慣らされてますから、僕なんかいまだにフジの方が多いですね。やっぱり、いいフィルムだって何にもしなかったらね。使い方ひとつですよ。

（まえだ よねぞう・撮影監督／『日本カルト映画全集６　女地獄　森は濡れた』筒井武文編、ワイズ出版、一九九五年）

鈴木晄　神代組は編集が楽しかった

インタビュアー＝荒井晴彦

――クマさんとの、つきあいは『執炎』(63)の時からですか？

鈴木　クマさんは斎藤(武市)さんに、ずっと助監督についてたんですけど、斎藤さんは編集室に入ってこないんです。でも蔵さん(蔵原惟繕)の『執炎』に助監督でついてね。蔵さんは編集室に入って来るでしょ。『執炎』は大作で、クマさんはチーフ助監督でありながらB班も随分廻していましたよね。その部分を編集する時、クマさんも編集室に入ってきて、一緒にフィルムに触ったんです。子供の時の回想シーンだったけど、すごい長廻しで蔵原さんのリズムにも合わなくって困りましたね。でも、結局、使ったのは最終的には一分もなかった(笑)。

――それで、その後『かぶりつき人生』ですか？

鈴木　そうですね。でも『かぶりつき〜』は、ほとんど覚えてないですね。

――どこかゴダールを意識してたんじゃないのかな。あれで会社から四年ほされて、ロマンポルノになってから評価されたんだけど、同じことやってるんですけどね。『かぶりつき〜』の時から、クマさんは編集では鈴木さんを指名してたんですか。

鈴木　そうですね。『かぶりつき〜』は指名でしたね。でも、あの頃から神代組が一番楽しかったなあ。編集室に入ってきて一緒に仕事をすると、神代さんも楽しそうで、こっちも楽しかった。

――結構、おまかせでしょ？　晄さん、よろしく、みたいな感じですよね。

鈴木　『かぶりつき〜』もロマンポルノもおまかせですよ。最初は、僕が、おまかせで芝居の流れだけを、全部繋げさせてもらう。この時、主要なところ以外は、わざと後の材料として残しておくんです。この最初の繋ぎというのはデッサンみたいなものだから、間違えたら大変で、これによって監督のアフレコに対する考え方も変わってくる。ロマンポルノはサイレントで撮って、オールアフレコですからこれを監督に見せてアフレコをして、今度はその流れを見て、残しておいた材料で、監督と一緒に挿入するカットを考えるんです。

――この人の映画は新しいな、って鈴木さんが感じだしたのは何時ごろからですか？

鈴木　『濡れた唇』も既にそうだったんだけど、驚いたのは『一条さゆり・濡れた欲情』ですね。ロマンポルノでは、ファック・シーンがあるでしょ。それが入ると、今までの通常のドラマの流れが変わってしまうんですよ。これは凄い変わり方で、それまでこういうことを僕は経験してなかった。今まで見せないで通過していたところを、ロマンポルノはそこで押すわけだから、全体の流れが変わってくる。本当にクマさんの撮ってきた材料は素晴らしかったなあ。ファック・シーンの面白さというのも、今までのドラマとは違ってくる。

――そうですね。普通のお客さんはファック・シーンを見に来るけど、我々は、もしビデオだったらそこを早廻しする。でも、クマさんのファック・シーンというのは前の芝居の部分と繋がっている。というか、ファックしながら芝居をしている。

鈴木　そう、クマさんのは早廻し出来ないんですよ。そこでドラマが進んでいるから。そういう面白さがあった。ラッシュ見る時から楽しかったですよ。ホンで考えてイメージしたものとは違うものにあがってくるしね。

――自分でホンを書いてるから、もう一回壊すんですよね。殆ど、クマさんは自分でホンを書いてるけど、僕のホンでやるのは窮屈だったんじゃないかな、壊せなくて。クマさんは長廻しの人だけども、相米(慎二)の長廻しとの違いを聞きたいんですけど。

鈴木　クマさんの長廻しは、ワン・カットで見せきろうという気持ちが全然無いんです。ワン・カットでいければいいこうと、いけなかったら編集でやろうよという前提で廻すんです。相米さんのは、芝居を強制しない為に、寄らずに引きで延々と見せる。どうしてもタイミングが合わなくなって余分な間が出てくる。クマさんにはそれがないですからね。

――曾根(中生)**さんもちょっとそうでしたね。長廻しのための長廻しというか、割らないぞというのが。**

鈴木 長廻しでいかれると、カッティングできないんですよ。延々と廻されてセリフが終わってパッと切ると、切りすぎたと言われるし、頭を途中から使えば中途半端になる。クマさんはそうじゃなくて、芝居の持続というのかな、それを求めている長廻しで、必ず芝居を捕まえていますよ。だから、その中のいいところを使うとか、間にスーパーを入れるとか、例の歌が入るという計算された長廻しなんですよ。

――長廻しの間で、切ってカット・インしても違和感なく、スッといきますよね。

鈴木 『四畳半襖の裏張り』は、カット・インだらけですよね。誰か、あの映画を歴史を記述する映画とか言ってましたけど、時代の流れから言えばバラバラに使ってるんです。あのカット・インは、時代の雰囲気的なものを狙っていて、ドラマに合うところ、例えば袖子の高揚の後に万歳事件の首吊り、そして、たいこもちの首吊りをカットバックして、三月革命の歴史的な写真を入れている。最初、そういう材料をはずしといてから、モンタージュ的にうまくあうところに入れていったんですよ。

――つまりカット・インとかインサートに関しては、最初から計算されていないですよね。

鈴木 完全にはね。だから、編集が楽しいんです。

――挿入するのが、写真や、マンガだったりすれば用意できるけれども、そうではない素材をカット・インする場合は、それ用に撮ってないとだめなんですよね。

鈴木 だめですね。そこは作品が終わるまで何か考えていて、何か撮りますね。例えばクマさんが好きなのは、鳩が飛ぶカットですね。『一条さゆり〜』にも出てくるし、他の作品にも何回か出てくる。それとカモメが一羽飛んでいるというカットですね。

――困った時は海をインサートする(笑)。

鈴木 『〜玉の井〜』の時にもありましたね。ラストに「海のように広かった」って。あれは悩んだんですよね。稚拙にならないかって。いや、これは逆に傑作だよって言って入れたんだけどね。それとあの頃は、本当にフィルムが大事だったから、撮った材料は使い切っちゃおうということがあって、『四畳半襖の裏張り・しのび肌』の時にはラストに、「男と女にはアレしかない」というカットを入れたんですよ。中盤で一回、同じセリフのものを使ってるんだけど、最後にあのカットのキープ分だけが残ってて、これもここで使っちゃいましょうと。えっ、エンド・マークじゃない、いやエンド・マークの後ですよって入れたんです(笑)。

――『濡れた欲情・特出し21人』だと、芦明香が海辺を裸で走るシーンがインサートされてますよね。

鈴木 あの場合は、芝居として撮っています、エキストラ・シーンとして。それはどこに使うか分からないけど、キープしておくということでね。

――柔軟な人なんですよね、発想が。

鈴木 理屈では切りませんからね。僕もそうなんですけど、クマさんは訥弁なんですよ。必要以上のことは、あんまり喋らない。語るというよりも、フィルムを見れば分かることであって、そんなに理屈をつけて、これはこういうシーンだよとか、これはこういうカットなんだよとかお互い言わないから、「ここへあのカット入れようか」「うん、それいいね」って言うけど、そこに何のカットを入れるのかっていうのは、お互い何も言わなくても分かるんですよ。

『一条さゆり　濡れた欲情』撮影スナップ。伊佐山ひろ子、粟津號

――『嗚呼！おんなたち・猥歌』では、ジョン・レノンとオノ・ヨーコの写真をインサートしますよね。あれ、どの辺でクマさんが思いついたのかなあというのがあって。

鈴木　あれ、随分しつこくインサートしてるでしょ。しかも、頭の方からね。

――ホンに書いていないんですよね。

鈴木　あれは、ちょっと入れにくかった。『〜猥歌』は、リズムというか、芝居の流れが沈んでいて、ああいうカットが入れにくかったのを覚えてますね。

――目立つんですよね。

鈴木　だから入りきっていないんですよね。プレイ・バックも多くてね。もうちょっとツメた方がよかったかな。例によって歌が多かったからね。作曲された音楽が入ると、クマさん、嫌ってましたよね、自分の映画じゃなくなると。試写室で繋がってきたら、もう、頭の中で歌を歌いながら見てる感じでしたね。それが作曲された音楽を入れると、こんなの入れるのということになっちゃう。

――『〜猥歌』は、ホンに使う曲を書いちゃったんです。クマさんの場合、芝居がマズいと、それを落とすでしょ。落とすと話が繋がらなくなると言っても、いらないと言う。そういう価値基準がありましたよね。

鈴木　そう、この芝居は見せてくれるなというのが。

――他の監督はどうですか。芝居が悪いカットなんだけど、話の流れで繋ぐ人は、そのカットをギリギリに切って繋げるでしょ。

鈴木　そうなんです。尺数がオーバーすると切るたびに繋がりが悪くなって、芝居がうすっぺらに見えて来て困ったなってことになる。じゃあ、あっちも切れみたいな話になって、切ることだけを基準にする感じになってくるんです。しかしクマさんの場合、芝居でばっさり切るから尺数の心配は意外にないんですよ。ただ、初期は一つのシーンを長廻しで撮ってるけれども、だんだんと、芝居のオモテ・ウラを撮るようになるんです。役者が二人とかになるとその中に入っていって、あっちから、こっちからと別の角度で撮ってるんです。

僕の感じでは、この傾向は『赫い髪の女』からですね、カット数が多いですよ。それが、『もどり川』になると強烈に多くなる。あれはシーン1からラスト・カットまで押しっぱなしという感じで、しんどかった。あの映画で一番監督が苦しかったと思うのは、ラストの戻り川で、舟が回りながら川を戻っていくあたりですね。あれはセットで撮ったんだけど、カット数がやたらに多かった。舟がうまく回らないから、ちょっと回っただけですぐカットするし、舟の回るのにあわせて撮れば芝居にあわない。クマさんと時間切れまで、この舟のシーンをいじっていた。そこに入れ込み過ぎて、あの作品については若干、未整理という感じがするんですね。

それが『恋文』で、俺はメロドラマを撮るんだと言いだしてね。それで変わるのかなと思ったけど、カットの撮り方は全く変わらなかった。ただ、『恋文』では、情緒的な感じを出すために、例のフラッシュをつけてないんですよね。『恋文』の批評で、久し振りに長廻しの神代演出と書かれましたが、長廻しのシーンは殆どないんです。そう感じる様なら成功だと思いました。

『嗚呼！おんなたち　猥歌』中村れい子、角ゆり子

――だから『もどり川』に『恋文』のタッチを少し入れてくれれば、ちょうど良かったと思う。

鈴木　そうですね。『もどり川』は、最初からテンションが上がりっぱなしで観客も疲れますよね。

クマさんの最近の演出というのは、『嚙む女』の時から決まってきたのかなあと思いますね。『もどり川』のようでもなくて、『恋文』とも別の作品ですからね。

――『噛む女』は割合、普通に撮っていますよね。『噛む女』あたりから、クマさんなりに変身みたいなものを考えていたんじゃないですかね。フィルターをかけて撮ってね。

鈴木　それとクマさん、はっきりと「初期には戻れない」って言ってましたからね。ただ、作曲された音楽を入れずに、歌なんかでやった方がね。音楽を入れると男と女の部分がクマさんの場合、甘くなるんですよ。作り物めいたものになってね。

――日当たりが良くなってきちゃうんですよね。

鈴木　で、クマさんは、スーっとつないで気持ち良くみせると機嫌が悪い。気持ち良く流れるのをすごく嫌うんですよ。ちょっとギスギスさせてよって言うね。特にセットのシーンごとで繋いでいくと、話がきれいに繋がるんだけど、それがいやなんですよ。そこに「この間になんか入れるもの、ない？」とくる。

僕は関わっていないんだけど、『櫛の火』を編集ラッシュで見たんです。クマさん、傑作を撮ったなあと思っていたら、劇場では面白くないんです。会社の要請で、一五分切ったんですよ。だから切り方がね……。つまり、繋がる、繋がらない、ってことだけでやっちゃう。

このことは『かぶりつき〜』と『濡れた唇』の間で変わってきたんだけど、ロマンポルノは無駄なシーンが撮れない。そこでクマさんの作品がいいのは、屋外で人が話をしているシーンで、今、そこで話している人がポーンと屋内に入っちゃったり、そういう人の出入りとかで繋げないで、気持ちよくドラマを繋いでいくでしょ。ただ、あの当時、日活以外の会社では、あんな大胆な繋ぎ方、認めてくれなかったんですよ。

――ホンの時でも、クマさん、説明を嫌っていましたしね、もったいないって。東宝などでは従来の繋ぎ方というか、段取りで繋げてたんですよね。

鈴木　いらんものは使わない、撮ってあっても使わないって、いつも言ってましたね。それで、たまたま、こちらが余韻を残したい時に、スーっとアウトさせると、クマさんが「大船じゃないんだよ」って(笑)。

クマさん、編集ラッシュの時は、のめり込んで見ているんですよ。感情移入させて息遣いまで聞こえてくる。それで編集室に入ると、それを引きずってこない。その辺は立派でしたね、冷静になっていて。

――現場が終わって、あれだけいじる人もいないんじゃないでしょうか？

鈴木　うん、いじるんだけど、蔵さんの方がいじりますね。クマさんのいじりというのは、編集というよりは、セリフをいじるんです。クマさん、セリフを変えちゃうでしょ。だから本格的な編集はアフレコの後にやらないとセリフが変わっちゃうから、リアクションが違ってくるし、セリフが口の動きにあわない。

――シンクロ録音でも、セリフが気に入らないと、音楽をかぶせてセリフを消しちゃう。ライターとしてはウーンというね(笑)。

鈴木　録音でつらいだろうなと思うのは、クマさん、歌が好きでしょ、春歌とか。その春歌とダイアローグが重なる時に歌を沈めちゃうと、クマさん、怒るんだよね。歌も必要だし、セリフも必要だと。ドルビーだったらそれも出来るんだけど、モノラルの時は大変だったと思う。だから録音部はいつも言ってましたよ、「この歌、入れられたら、セリフが聞こえません」って。歌の歌詞はお客さんも聞いちゃうし、歌もああいう歌だし。でも、楽しそうにいじってたなあ(笑)。

仕上げのスタッフは皆、楽しかったと思いますよ。昔はムビオラで独りでしかフィルムが見れなかったけど、今はスタインベックで二人で一緒に見れるしね。だから、一番楽しかった人が亡くなっちゃったのが、哀しいですね。

（すずき あきら・編集技師／

「映画芸術」一九九五年夏号〈追悼　神代辰巳〉）

橋本文雄　音がどう生きるかが大事だった

インタビュアー＝田中千世子

――神代監督との最初の仕事は『濡れた欲情・ひらけ！チューリップ』ですか？

橋本　そうですね。クマちゃんとは助監督時代から不思議と一緒に仕事はしてないんですよ。一緒に松竹から来た蔵（蔵原惟繕）さんとか、（松尾）昭典さんとはしてるんですけどね。クマちゃんと仕事をしたのは、ロマンポルノからだったね。

――撮影に入る前に神代監督とは今回はこんな感じで行こうとか、そういう打合せはするんですか？

橋本　クマちゃんと僕がやる時は、そんなに細かく打合せはやらないですよ。まかせてくれますしね、極端に細かいことは言わない。それで、僕の場合は現場で音を録りながら、どういう音の処理の仕方をしようかとか、仕上げのファイナル・ダビングのことを考えながらクマちゃんと喋るんです。ここは、こういう風に録っとくからな、後でこうするからダビングの時はこうだから、と。あんまり細かいことはいちいちやらないですよ。

だいたい、僕は同時録音が好きなんだよね。音と絵があってるからね。出来るだけ僕はシンクロでいくんだけども。

――『～ひらけ！チューリップ』の時は、街頭で屋台を引いて走ったりするシーンがあったりするんですけど、同時録音ですか？

橋本　ああいうのは、ワイヤレスのマイクを使って同時でやる場合もある。どうしても録れないところは、バックのノイズをシンクロで録っておいて、セリフだけはアフレコでのっければ、普通のお客さんは同時で録ったように感じる。

――そういう音のデザインについて神代さんと話したりはするんですか？

橋本　あんまり言わないね、クマちゃんは（笑）。ただ、ロマンポルノの場合は、原則的にアフレコ。音楽の演奏の場合は、プレイバックで先に録って音を出してやる時もあるけど、セリフはアフレコが多かった。それにクマちゃんの場合、サイレントで撮っておいて、あとでセリフを変えたりするのが好きなほうだから。その場合はアフレコの便宜のよさがあるんだけれども。

――編集の鈴木晄さんからもお聞きしたんです。神代さんは粗編集を見て、セリフを変えちゃうと。

橋本　それで、喋っていない違うセリフを平気で言わせてるからね。セリフと口の多少のズレぐらい、あんまり気にしない方だったからね。

――橋本さんは、そういう口のズレって気にならないんですか。

橋本　それはやっぱり気になるけど、それをある程度分からんように、編集部に合わせてもらってね。クマちゃんは役者に明瞭に喋らせないからね。口を縦横に大きく開けて喋らせるという芝居をつけないでしょ。だから、後になっても誤魔化しはきくんだよ（笑）。

――神代さんの映画は、独り言をブツブツ言うシーンが多いですよね。

橋本　クマちゃんの場合は、シャイなのか照れ屋なのか知らないけれども、全般的にセリフについてははっきり聞かすことを嫌がるところがある。なんか、生理的なものなのかね。

――そういうところで神代さんと意見が衝突したりということはないんですか。

橋本　シナリオにセリフとして書いてあったら、やっぱり僕は聞かせなきゃいけない。それで、どうでもいいセリフだったら書かないでくれって。お客さんも、キチッとしたセリフでなしに、雰囲気的なものだったら聴こうとしないでしょ。セリフになってると聴こうとするから、疲れる。それでラッシュの時でも、橋本さん、あのセリフ、もっとボカしてくれ、と言われても、限度があるって僕は言うんですよ。これで劇場ではちょうどよくなるんだって。それで慣れてない録音の人が、本当にクマちゃんの言う通りボカしちゃうと、劇場でもセリフが分からなくなっちゃう。だから、このダビング・ルームでは聞き取れるけど、劇場では、ほどほどの分かり具合で入れるからねということで納得してもらう。そこが信頼関係で仕事をするところなんです。

ただ、クマちゃんの場合は、アフレコが出来る俳優さんをよく使ってた。けれども、わりと観念的な言い方で監督が指示して、それを俳優さんが理解できない場合は、こっちが具体的にクマちゃんはこういうことを言ってるんだよって、言うんですよ。息を吸って、ここで次のセリフを言って、みたいに監督の狙っている演出的な意図を、具体的な形で慣れてない俳優さんには言ってやんなきゃいけない。こういう感じでって言っても、出来る俳優さんは出来るけど、ロマンポルノは素人さんみたいな方も多かったしね。

――役者が、歌を口ずさんだりするシーンも多いですよね。

橋本　口ずさんでいる歌はシンクロで録ることもあるし、出来合いの歌は後からのっける時もある。出来合いの歌を使う時は、その歌詞を考えて、このシーンはこの歌が合うんじゃないのかって選んでゆく。例えば『赫い髪の女』で憂歌団を使った場合には憂歌団のどの曲を使うとかね。それで選んだものの中からクマちゃんと、ダビングの前に決めるんだけどね。これどうかな、面白いぞってね。

――曲調よりも歌詞で決めるんですか？

橋本　歌詞がある場合は、歌詞だね。なんとなしに聞こえる、分かるような分からないような入れ方をするには、やっぱり歌詞で選ぶ。それと、歌詞が映画でやってるお芝居の裏をいく場合だってあるでしょ。そのまま、歌を芝居にのっけて押すんじゃなしに、芝居の裏のことを歌ってるような歌詞を逆に入れたりする場合もある。だからものによるよね。

――歌を挿入するタイミングが、神代さんの映画はとてもいいと思うんですけど。

橋本　それも歌詞だね。それは選曲担当者の巧さなんですよ。歌詞が画面と合うとタイミングの良さが出る。

――神代さんに、音の狙いについては、好みみたいなものはありました？

橋本　それはあんまりなかったですね。『アフリカの光』なんかはクマちゃん的なんとちがうかな。飄々として……。

――静寂の中にポッと音が響くみたいな。

橋本　そうそう。ああいうものをクマちゃん、持ってたんと違うかなあ。僕は余分な音を録って、音を団子状にするよりも、単純な音の方が好きなんですよ。そういう単純な音で、狙いがハッキリしている音の方にクマちゃんは乗る方でしたね。つまり雑然とした音の中でも、ピッと一つの音が浮いてるとか。映画の音というのはね、演出家、監督が意図することを台本に則って、如何にこっちが取捨選択するかということでね。街の情景ひとつとったって、自動車も走ってるし、電車も走ってるし、人の歩く足音もあるしで、一気に全部の音を出したら、ただ雑然としたノイズだけになる。だから、その中で監督が意図しているのは、歩いている人なのか、遠くの方を走ってる電車の音なのか。もし監督が電車を意図していると思ったら、電車にお客さんの目が集中できるように電車の音を入れなきゃいけない。僕にとって、優秀な録音技師とは音の取捨選択が出来る人だと思う。

――神代さんが持っていた音のイメージと橋本さんが持っている音のイメージが食い違ったりする事はないんですか？

橋本　そこは監督の撮り方を考えて、僕がホンを読んで音のことを考えて、こういう撮り方をして欲しいという注文は出しますよね。つまりシーンによっては、画よりは音でいただこうというところもあるんですよ。

『濡れた欲情　ひらけ！チューリップ』芹明香、二條朱実、安達清康

それと、ロケ現場に行く時は、そこでの思いつきもかなりあるんです。撮影状況を見ていて、その時、聞こえてくる音を聞いたりして、この音を入れればセリフに感じが出るとか考えるんですよ。だから、現場でクマちゃんが気がつかなかった音をダビングの時に入れると、「橋本さん、この音どうしたの」「これ、知らないの、現場で鳴ってたじゃないか」「ええっ」って。やっぱり、本人はそこまで音のことは考えていないんです。現場では気づいていないということもあるんです。

『濡れた欲情　ひらけ！チューリップ』撮影スナップ。神代辰巳、間寛平、橋本文雄

クマちゃんと仕事をする時は、あんまり気を遣わなかったけど、どうすればクマちゃんの狙ってることが出るかということがね……絵に写っている音だけとか、ただ単なるオフの音だけじゃなしに、映画のバックに流れている音にしても、効果音ひとつにしても、それを劇の中でどういう生かし方をさせるかというのを考えるのがシンドかったですよ。

（はしもと ふみお・録音技師／「映画芸術」一九九五年夏号〈追悼　神代辰巳〉）

白鳥あかね　神代辰巳とともに
──『スクリプターはストリッパーではありません』より

聞き手＝高崎俊夫

神代辰巳の原点──『恋人たちは濡れた』

──いよいよ神代辰巳監督の話に入りたいと思います。白鳥さんにとっては、斎藤武市監督に次いで、もっとも多くついたのが神代作品ですね。もともとは神代監督はずっと斎藤組のチーフ助監督、白鳥さんはスクリプターということで、監督になる前から長い付き合いがあるんですね。

白鳥　ずっと同じ釜の飯を食べてきた仲間ですね。クマさんの監督デビュー作『かぶりつき人生』(68)のときはついていないんですが、あの映画はすごく客の入りが悪くて、評判が悪くてずっとほされていたんです。当時、会社の人が唖然としたみたいですけど、いま見るとすごくいい映画でしょ。だから、クマさんは日活がロマンポルノにならなければ、つぶれていたでしょうね。ロマンポルノが最高の天の助けだったと思います。

──白鳥さんが神代監督の作品につくのは七三年の『恋人たちは濡れた』が最初ですね。

白鳥　ロマンポルノの一作目『濡れた唇』と『一条さゆり　濡れた欲情』(いずれも72)、どちらも私はついてないんですが、伊佐山ひろ子主演の『濡れた欲情』でクマさんは絶対的な評価を受けました。伊佐山ひろ子が「キネマ旬報」の女優賞を取って、日活ロマンポルノの名を轟かせたんですから。でも次の年の『恋人たちは濡れた』は、ちょっと違いますよね。この映画はクマさんの原点なんですよ。

──二〇一二年に日活創立百周年記念特別企画で、映画評論家の蓮實重彦、山田宏一、山根貞男の三氏が三十二本のロマンポルノを選んだ特集上映〈生きつづけるロマンポルノ〉がありましたが、そのチラシに『恋人たちは濡れた』主演の中川梨絵がスキの原っぱでセックスしているシーンの写真が大きく使われていましたね。

白鳥　そう、まさにこのシーンがクマさんの原点なんです。クマさんが松竹京都の助監督時代にシナリオを書かされたときに、その脚本が入選すると一本撮らせてもらえるということで、すごくはりきって書いたわけです。蔵原惟繕さんと松尾昭典さんとクマさんの三人が同期で。その時にクマさんが書いたのが、古代九州の大草原のなかで神々がセックスするという話だったんですね。もちろん不採用になったんですが、『恋人たちは濡れた』のあのシーンはその原点なわけですよ。ずっとそのイメージを抱いていたんでしょうね。この話は、だいぶ経って蔵原さんに聞いたんですけど。

──『恋人たちは濡れた』の主役は大江徹、この映画がデビュー作ですね。

白鳥　彼はもともと俳優小劇場の役者で、絵沢萠子さんが連れてきたんです。

斎藤武市作品での記念撮影。前列に斎藤武市、白鳥あかね。
後列中央に神代辰巳

――本作の音楽のクレジットも大江徹になっていますね。

白鳥　映画でもギターを演奏してるでしょ。普段からセミプロで活動していたのね。で、彼はある意味ではクマさん自身なんです。どこから来てどこへ行くかはわからないというのはクマさん自身のさすらい願望でもあるし、また、あの大江徹じゃなくてはできなかった役でした。「みっともないっていうの、きらいじゃないよ俺は」っていう大江徹の科白がありますけど、あれもクマさんが自分を投影しているんだと思う。クマさん自身は鍋島藩の御典医、お薬を調達する家柄の出なんです。戦時中、九州帝国大学の医学部に入ったのは家の手前もあったでしょうけど、徴兵逃れもあったのかな？　あの年齢はほっとくと兵隊にひっぱられる可能性があったから。とにかく、クマさんは軍事教練がいやだったんですね。なにしろお父さんが厳しい人で、お父さんが大事にしていた金魚鉢をクマさんが割ったことがあるらしくて、正直に報告したら、すごく怒られたそうです。ジョージ・ワシントンは桜の木を切って、ちゃんと報告したから許してもらえたのに、僕は許してもらえなかったとよく言っていました(笑)。一方で、クマさんの映画をよく見ると、たとえば、谷ナオミと組んだ『悶絶!!　どんでん返し』(77)なんかには母性回帰、お母さんへのすごい思いがありましたよね。

――『恋人たちは濡れた』では、砂丘で馬跳びをする有名なシーンがありますね。

白鳥　中川梨絵は、加藤彰みたいに理屈で説明すれば自分もわかった気になるけど、クマさんは説明を一切しないから、釈然としないわけですよ。それで砂丘で馬跳びするシーンで、梨絵は裸で前張りをつけたまんまフラフラと夢遊病者みたいに彷徨《さまよ》いだしたんです。私たちは茫然としてしまって。だって女優がお芝居をストップしちゃったんですから。ただ、あの時のクマさんはすごかった。ふつうの監督だったら女優をなんとか説得しようとするけど、クマさんは近寄りもしないんですね。クマさんが石のように動かないから、誰も余計なことは一切できなくて。キャメラマンの姫田さんだって怒鳴るわけにいかないし、もうスタッフ全員祈るような気持で待っているんです。陽はどんどん落ちていくし……それがまたすばらしい夕陽が出ていたんですよ。だからほかの俳優さんも可哀そうでしたよ。でもしばらくして梨絵も自分がやんないと終わらないと気がついて、また馬跳びを再開したんです。馬跳びだから平気で前張りが映っちゃってる。ふつうはNGで、もう一回やり直すんですが、このシーンはやり直しがきかないのはわかっていたんで、そのままオーケイ。

それでラッシュで見てどうしようという時に、姫田さんが「俺がネガを削る」って言うんです。ぼかしを入れると、現像場で科学的な処理をしなきゃならないから、お金がかかるんですね。だから、キャメラマンにとっては命よりも大事なネガを一コマずつ削っていったんです。

『恋人たちは濡れた』撮影スナップ。白鳥あかね、神代辰巳、姫田真左久（撮影）。手前に中川梨絵

――大江徹の強姦シーンには、もう画面半分ぐらいに黒い四角が入っていますね。

白鳥　そうなんです。他の監督は少しでも見栄えを良くしようと思って、きれいにぼかしをかけるんだけど、クマさんはぼかしは権力に屈したことになるというので許さなくて、わざと大きく黒いものを入れて抵抗してるんですね。だから、私は後年、外国の映画祭で神代特集をやった時に、外国の記者たちに説明するのに往生しましたよ。全部、黒みについての質問が集中してくるわけですよ。また、そこで映倫というものを説明しなきゃならないから。それで編集の鈴木晄さんにあれはポジで入れたんでしょと訊いたんです。ネガは保存してあれば、復元できるから外国版は前張りがバレバレでも使うことができるじゃないですか。ところが日活はお金がもったいないからネガで黒みを入れちゃったんですって。だから復元しようがないわけですよ。その話を聞いたとき、卒倒しそうになりましたけどね。

――そういう話をうかがうとやはりもったいないという気分になります。『恋人たちは濡れた』は、ラストの撮影も大変だったようですね。

白鳥　大江徹と中川梨絵が自転車で相乗りしたまま海の中に消えていくシーンをラストシーンにするから、ちょっとは苦しいかもしれないけど、僕がオーケイと言うまでは絶対海から出てこないでね、とクマさんが主役のふたりに懇々と説明したわけですよ。ラッキーなことにすごくきれいな夕陽が出て、がんがんフィルムを回していると、わりと早くポコンと水面から頭が出ちゃって、それが大江徹の頭だったわけ。梨絵はがまんしてまだ潜っている。それでもクマさんはカットをかけなかった。あの状況であの夕陽だから二度とできないっていうことはわかっていたから、だいぶたってからカットをかけたんです。そして死にそうになって梨絵が顔を出して、みんなわーっと助けに行ったんですけど、彼女はクマさんがすぐカットをかけなかったのをすごく怒って、泣きわめいてね。その晩、宿で酒を飲んでるときにも「神代、どこだあ、殺してやる!」って暴れたんです(笑)。死にそうになるまで、がまんしていた梨絵の気持ちもわかるんだけど、スタッフたちはカラオケ歌って宴会しているし、しょうがないから、私と絵沢萠子さんで暴れまくっている梨絵にふとんをかけて静かになるまでずっと馬乗りになっていたんですよ。

――そのとき、神代監督は……?

白鳥　クマさんは身の危険を感じて、さっさと宿を移ってました(笑)。製作部にすすめられてね。でも、この後、クマさんも梨絵に悪いと思ったんでしょうね、梨絵のためにワンシーン書いてやってくれよって私に言ったわけです。私はクマさんの気持ちも梨絵の気持ちも両方わかったので、一晩考えて、堤防で三人が別れる前に長々と仁義を切るシーンを書いたんです。クマさんは気に入って、梨絵に見せたら、彼女もすごく喜んで、それであのシーンが付け加えられました。台風が来る前で波がものすごく上がっていて、撮影中止になりかけたんですが、姫田さんがすごくいい波が撮れると言うんで、みなで出かけて行ってあのシーンを撮ったんです。

　後年、神代さんの遺品を整理していたら、書斎の中から神代さんが使った『恋人たちは濡れた』の台本が出てきて、私が書いた追加シーンの原稿がはさんでありました。奥さんからこういう資料はどうしようと相談されていたんですが、結局、川崎市市民ミュージアムに全冊寄付することになって、安心しましたね。

――映画館につとめている絵沢萠子さんも良かったですね。

白鳥　クマさんは絵沢さんをすごく信頼していました。『濡れた唇』もよかったけど、この映画の絵沢さんも面白かったですよね。

　映画館の受付に「猫をゆずります」って張り紙が出ていますが、あれもシナリオに書いてあるんじゃなくて、突然クマさんが現場で言うんですよね。脚本ができたからオーケイじゃなくて、脚本は叩き台にして現場でどんどん変えて作っていくものだというのがクマさんの考え方なんです。だからいつも何かないかって考えているんです。「何かない、何かないか?」がクマさんの口癖で、当たり前のことを言うと「そんな予定調和」って怒られる。

――しかし、そういう現場はスクリプターとして非常にやりにくいのではないですか。

白鳥　もちろんそうですよ。変えない監督のほうが大歓迎ですよね。しかもシンクロなら録音テープに喋ったことが残っていますから、忘れたら、それを聴けばいいですけど、アフレコだから、スクリプターの台本しか頼りにならなくて、ものすごく神経を使いますね。また、クマさんは勝手なことばかり喋らせるのが好きで、科白をちょっとぐらい間違えても、

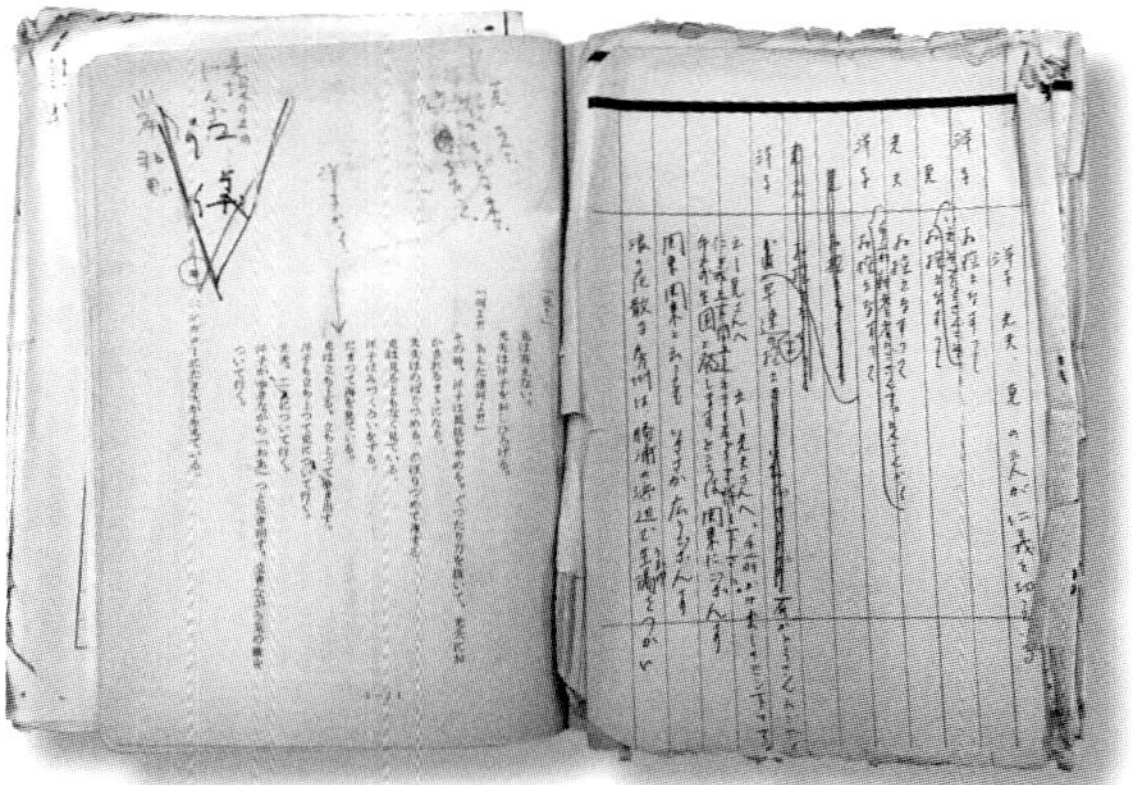

『恋人たちは濡れた』台本。白鳥あかねによる追加シーンの原稿がはさまれている

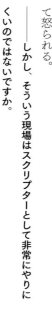

その時の役者の表情とか面白い瞬間のヒントがあればいいんです。アフレコ・ルームに入ると、また実際の現場で喋ったことと違うことを平気で言わせますからね。だから並のスクリプターだと務まらないですよね。マジメな人だったら、神経をやられちゃうと思います。私は不良のスクリプターだから（笑）、しょうがないなっていう感じでつきあっていました。だからクマさんはやりやすかったんじゃないでしょうか。そういえば、いつだったかテレビの取材で「神代さんにとって白鳥さんはどんな存在ですか」って聞かれてクマさんは「茶の間のタンスみたいなもの。あると邪魔なんだけど、ないと困る」みたいなことを言ってましたね（笑）。

人生観を変えた『濡れた欲情　特出し21人』

——『恋人たちは濡れた』の次が片桐夕子主演の『濡れた欲情　特出し21人』（74）**になりますね。**

白鳥　『特出し21人』は、私の人生観を変えた作品です。クマさんは地方ロケで映画をつくりたくてしょうがなかったんですが、どっかでお金を作ってこないと地方ロケにはいけなかった。そこでプロデューサーの三浦朗が浅草ロック座のママさんのつてを頼って、ストリッパーの映画をつくりたいんですとお願いに行ったんですね。それは『一条さゆり　濡れた欲情』のイメージがあったんでしょう。そうしたらロック座のママさんがすごい乗り気になってくれて、信州の上山田温泉にロック座の支店（信州ミカド）があるからそこを使って全面タイアップでロケができることになったんです。

　上山田温泉は映画に映っている通りの鄙びた場所でね。宿も民宿で、朝起きてカランコロンとゲタを履いてママが経営する喫茶店に行くんですね。二階が御座敷になっていて、そこでホカホカのご飯と味噌汁、干物の朝食が出るんですけど、お給仕してくれるのがストリッパーのお姉さんたちなんです。最初、彼女たちの昼の顔と夜の顔があまりに違うんでわかんなかったんですよ。

『濡れた欲情　特出し21人』完成記念

——映画はストリップ劇場が舞台で、片桐夕子、芹明香のほかに大勢の現役ストリッパーが出演しているんですね。

白鳥　毎日ご飯を食べた後は近郊にロケに行って、帰ってきたら劇場でストリップのシーンを撮影するんです。そこで踊ってくれるのは全部ロック座と契約している踊り子さんたちなんですね。それぞれがロウソクショーとか持ち芸があって。

　だんだんわかってきたのは、何人か男のスタッフがいるんですが、全員誰かのヒモなわけです。面白いのは照明さんは自分の彼女だけにライトを当てるんです。それでほかの娘《こ》の時はその娘の彼氏が照明を当てる。そして人の奥さんや恋人の〝特出し〟は見ない。それが礼儀なんですって。

——映画と大ちがいですね。映画では隣に奥さんが寝ていても他の女に手を出す（笑）。

白鳥　そりゃ違いますよ（笑）。それから、映画の中で赤ん坊が出てくるシーンがあって、その赤ん坊のお守り役の若い男の子がいて、私はてっきりストリッパーと結婚したお兄ちゃんだと思っていたんです。ところが全然赤の他人で、彼はストリッパーの子供の面倒を見る保育係としてその一座に所属していたんですね。おむつを替えたり、ミルクを飲ませたり、子供の面倒を見る、一種の運命共同体になっているんですね。

　しまいに映画の男優さんたちは宿に帰ってこないで、ストリップ小屋で雑魚寝してましたよ。もうすっかり溶け込んじゃって、映すほうも映されるほうも、全体の気持ちが家族のようになってしまって……ほんとうに生まれて初めて体験した社会でした。

――あの映画にはそういうフィクションとドキュメンタリーが渾然一体となった独特の融通無碍な雰囲気が出ていますね。

白鳥　そう、撮る人と撮られる人じゃなくてね。スタッフもキャストも神代組の常連ばかりで、芹明香は生まれたまんまの感じで演技しているからクマさんも何も言わない。もちろんロック座の踊り子さんにもね。芹明香で思い出しましたけど、私たちは夜になるとお金もないのに座敷で宴会をやっていて、だんだんお酒がなくなるわけですよ。そうしたら襖が少し空いていて隣の部屋から出張のサラリーマンたちがのぞいてるんです。そこで、「あんたたち仲間に入りたいの?」って訊いたら、「はい、入れていただきたい」(笑)。「じゃあ一升瓶一本ずつ持ってきなさい」ということで、明香がちゃぶ台に乗ってスッポンポンになって踊って、彼らは満足して帰る(笑)。そうやって酒を工面したりしてたんですけど、それを知ったプロデューサーの三浦朗が「俺はスタッフに酒も飲ませてやれない」と言って泣くんですよ。まるで旅芸人みたいですよね。だからもう映画だか実人生だかわかんない(笑)。

――主演の片桐夕子は、神代作品はこれが初めてで、唯一の出演作なんですね。

白鳥　夕子はクマさんに慣れてないから、どんどん固くなっちゃってダメ出しされて可哀そうでしたね。何年か前に、しんゆり映画祭でこの『特出し21人』を上映した時に、ゲストに夕子を呼んだんです。そして一緒に見たら、夕子は「私はあの時、ずっとクマさんに嫌われていると思ってたけど、私は下手に見えないですね。クマさんのすごさを初めてわかりました」って言ってました。

――そして、撮影終了後の打ち上げで白鳥さんのストリッパー問題が起きたそうですね(笑)。

白鳥　そうなんです。最後の打ち上げの日に、私が姫田さんと相談して、あんなにストリップの人たちが誠心誠意尽くしてくれたんだから、最後の時ぐらいは私たちが踊りましょうということになったわけ(笑)。舞台の上に薄べりを敷いてテーブルと座布団を並べて、それから打ち上げですよ。最初は姫田さんが頭にカツラをかぶって、スッポンポンになったら、踊り子のお姉さんたちが喜ぶこと、喜ぶこと。その次が神代さんだったけど、黒田節なんか歌ってカッコつけちゃって脱ぎもしないのね。それで私はムッとして脱いでやれって思って上半身を脱いで踊ったんですよ。そしたら、照明さんが喜んじゃって、照明を当てるから、ますます気持ちよくなってね(笑)。一緒に踊った外波山文明もスッポンポンになって、私も全部脱いじゃおうかなと思ったら、トバさんが「あかねさん、やめてください!」って止めるんですね。私は気持ちが良かったんですよ、あんなにお姉さんたちが泣いて喜んでくれてるしね。それで意気揚々と撮影所に帰ったら、秋山みよさんに呼ばれて、「あかねさん、スクリプターはストリッパーではありません」って叱られて(笑)。もう撮影所に私が脱いだっていう噂がバーッと伝わっていたんですね。

でも踊り子さんたちがあんなに涙を流して喜んでくれたから、私は恩返しができたと思ってね。あの時、お姉さんたちから、いつも社会的に一段低く見られていた自分たちをまったく対等に扱ってくれたのはあなた方映画のロケ隊の人たちが初めてですと言われたんですね。それを聞いた時にはほんとうに泣きそうになって。今でも思い出すと泣きそうになります。私にとって最も思い出深い神代さんの映画です。

男とおんなにゃアレしかない
――神代監督のアナーキズム

――一九七四年は一月に『濡れた欲情　特出し21人』があって、二月にはもう『四畳半襖の裏張り　しのび肌』が公開されているんですね。

白鳥　そうそう。この時期、クマさんはものすごく忙しい。『しのび肌』は傑作だという人が多いですね。絵沢萠子の子供を宮下順子が奪って、その子供が精力絶倫で女とヤリまくるっていう話ですよね。クマさんがもっていたアナーキズムがよく出た映画で。

――芹明香の「男とおんなにゃアレしかないよ、バンザイ!」という科白が有名ですね。

白鳥　あれはクマさんが考え出したんですよ。クマさんは、ロマンポルノを撮りながら〈性〉というものには国境もないし、身分の上下もないし、あらゆる垣根を取り払うものだという確信をだんだん深めていったんだと思うんですね。もともと松竹時代に書いたシナリオが独特の性に対する感じ方を持っていました。「男とおんなにゃアレしかない」というのもロマンポルノを象徴するような科白ですけど、もうひとつは軍国主義に対する反撥ですね。自分が軍事教練でいじめられたという体験もあって、反権力的な思想の持ち主でしたし。

――『しのび肌』は、まさに神代監督の脂が乗りきっている時期の作品です。

白鳥　『四畳半襖の裏張り』の続篇だから、江角英明さんと宮下順子の男と女のネチネチした関係がずーっと続くんだろうと思って見に来た人は期待を裏切られたでしょうけどね。濡れ場はいっぱいあるけど、とにかくとんでもない展開の映画だから。クマさんはとくにあの中澤洋という男の子を見つけたのがうれしかったみたい。ただ、本物の未成年を使うと法に触れるので、そこが一番悩みの種だったんですけど。

――前作に続いての宮下順子がやはり圧倒的に素晴らしいですね。

白鳥　順子はクマさんと本気で張り合っていますからね。張り合うといっても、「私が主役よ」ってイバるんじゃなくてね。普段は飄々としてるんだけど、芝居に入るとやっぱりすごいですよ。クマさんも本当に優しい人だったけど、現場で本気で向き合っていた女優は絶対に怖かったと思います。監督のおっしゃるとおりにいたしますっていうタイプだと、クマさんの映画では無理ですからね。その点、順子はクマさんを信頼しながらも、精神的にも肉体的にも本気で張り合っていたから、あれだけのいい芝居が出来たんでしょうね。

そういえば、クマさんのお葬式で、遅れてきた中川梨絵がお焼香をすましてそばに来たから、「あんた、クマさんに何言ってきたの」って聞いたら、「私は生まれ変わっても二度と神代さんの映画には出ません!」って言ってきたって(笑)。梨絵らしくて思わず笑っちゃったけど、梨絵も本気で張り合ってきた女優だからね。

鴨田好史（助監督）、神代辰巳と

――七四年の萩原健一主演『青春の蹉跌』は日活作品ではなく渡辺企画・東京映画製作で、その後も七五年に東京映画『櫛の火』、東宝で『アフリカの光』と、神代監督は日活以外での作品が続きました。『しのび肌』から三年後、七七年に『悶絶!! どんでん返し』で白鳥さんはつくことになるわけですが、神代監督の変化みたいなものは感じられたんでしょうか。

白鳥　東宝の田中收さんというプロデューサーが神代さんに惚れていて、のちの『もどり川』も彼ですよね。神代さんは当時日活の専属監督で、他社には出向という形で仕事していたんですね。でも他社だからスクリプターの私は連れていけない。二本やって戻ってきたときは「やっぱり日活が一番いい」と言ってましたけど(笑)。

――『櫛の火』の原作は古井由吉、『アフリカの光』は丸山健二で、他社でこういった作品を撮ったのも、神代監督の純文学志向が影響しているのかなとも思えますね。東宝はその頃、文芸作品の映画化が続いていましたし。

白鳥　クマさんは文芸誌を毎月読んでいるぐらい純文学が好きでしたからね。だから、クマさんは東宝ではもっと仕事が出来る、好きな世界だと思っていたんでしょうが、会社の体質が違う、というのがまずあったと思いますね。個人として田中さんとかと馬が合うけれども、東宝はやっぱりサラリーマン世界なので、それへの反撥もあっただろうし。それに『櫛の火』も『アフリカの光』もどっちかというと陰々滅々とした作品だったから、その鬱憤が、日活に戻ってきて以降、作品に、特に『悶絶!! どんでん返し』のハチャメチャさとなって出ているんじゃないかな。東宝でおとなしくしていたことの裏返しがね(笑)。

――『悶絶!! どんでん返し』は日活ロマンポルノではSMの女王として人気が

あった谷ナオミ主演です。これも神代監督のアナーキーさが出ているコメディの傑作ですね。

白鳥　クマさんが谷ナオミさんの中にSMとは別の才能を感じたんでしょうね。会社からは、たんに谷さんで何か撮ってくれといわれたのだと思いますけど、クマさんは非常に谷さんを買っていました。

――この作品の前の『黒薔薇昇天』(75)とともに谷ナオミのコメディエンヌとしての新生面が開拓された感がありました。

白鳥　SM以外の谷さんの魅力を引き出したいと思っていたみたいです。あのふたりはお互いに尊敬しあっていて不思議な関係でした。谷さんはクマさんが何か言うと、ものすごく面白がって、それを何倍にもしてみせるすごい人でしたね。だって、クマさんの映画に出るまで、誰も谷さんにあんなキャラクターがあるって気がつかなかったじゃないですか。あのアナーキーさって、谷さんの本質なんじゃないかなという気がするんですけど。本当にすごい女優だと思いましたね。それと『悶絶!! どんでん返し』でクマさんは鶴岡修のトンチンカンな可笑しさ、うまさを見抜いていたんじゃないかと思うんです。クマさんは喜劇の才能がある人だから。とにかく、クマさんも役者に「もっとやれ、もっとやれ」と煽るような、乗りに乗っていた作品でしたね。

――続く『壇の浦夜枕合戦記』(77)は、打って変わって本格的な時代劇です。

白鳥　クマさんは頭の中では「やんごとなきあたりの秘め事」をエロティックに撮りたいと思っていたんでしょうけど、あにはからんや、役者が動き回れないから、さすがのクマさんも「あかね、どうしよう」ってすごく悩んでいましたね。クマさんは渡辺とく子をすごく気に入ってました。凛としたものをもっていましたからね。彼女を建礼門院に抜擢して、相手も風間杜夫で芸達者がそろっていたんだけど、その意図がうまくいかなかった作品ですね。

――この映画では、白鳥さんは出演もされているんですね。

白鳥　これは衣装合わせの時に、クマさんから平家のおちぶれた女房のひとりとしてお前も出るかって言われたんです。私はすごくうれしがって、花柳幻舟に踊りまで習って、ボロボロの十二単《ひとえ》を着たんです。衣装部もはりきっちゃって……あの当時、時代劇を作ること自体が大変でしたからね。ほんとうに壇の浦までロケに行きましたから。日活としては、起死回生で始めたロマンポルノがヒットしてすこし余裕ができたせいかもしれませんね。

私は波打ち際で踊る狂女の役なんですけど、いざ、現場に行ったら、クマさん、私のことなんかぶっとんでしまっていて、主役のふたりに芝居をつけるのに悩んで、えんえん時間がかかってるんです。踊るシーンだったのに、クマさんから歩けと言われてその通りにしてました。水平線の向こうに陽が沈みはじめていて、私はむかーっとしていたんでしょうね(笑)、姫田さんが察して、「おい、あかね、そこで待っていろ」と言って、キャメラを担いで走ってきて、私のアップを撮ってくれたんです。あの時の姫田さんはやさしかったなあ。クマさんは姫田さんに頭が上がらないから、ほんとうは主役のふたりをもっと撮りたいのに、しぶしぶ後から走ってきました。そして、映画ができあがったら、誰かが雑誌で私のことを女優の亜湖と間違えて、「亜湖の踊りがよかった」とか書いたりして(笑)。

――たしかに似ている気がします(笑)。映画はヒットしなかったのですね。

白鳥　大コケでした。ロマンポルノの範疇を超えた珍品という言い方が合っていると思うんです。久しぶりに大型の予算をもらってはりきっていたし、高貴な人の持つエロティシズムみたいなものを狙ったんでしょうけど、クマさんはもともと高貴な人に関心がないので(笑)。

内田裕也との乱闘騒ぎ

――この後すこし間があって『少女娼婦　けものみち』(80)ですね。

白鳥　『少女娼婦　けものみち』は私にとっては内田裕也さんが印象深い映画ですね。ちょっと時代が戻るんですけど、ロマンポルノが始まってしばらくした頃に、勉強のために新宿の映画館へピンク映画を見に行ったんです。そしたら若い男がチケット売り場の前で「お姉さんも映画を見るの?」って声をかけてきたのね。それで、私が「映画をおごってくれるなら、つきあってもいいわ」とかロマンポルノの科白みたいなデタラメなことを言ったら、ほんとにチケットを買ってくれたの(笑)。逆ナンパみたいでちょっとマズったなと思ったけど、その男の子はジェントルマンで静かに見ていましたよ。

――当時のピンク映画の観客はほぼ全員、男ですよね。

白鳥　もちろんです。とにかく不思議だったのは、カサカサって上映中に音がするんですよ。ヘンだなあと思ったら、ポルノシーンが終わって、普通のシーンになると、お客さんはみな新聞をかぶって寝ちゃうのね。それでまた、ポルノシーンになって喘ぎ声がきこえると、新聞をおろして見るわけよ。それがおかしくってね。

見終わったあと、その男の子をゴールデン街の自分のなじみの店に連れてったんです。そしたら、パキさん(藤田敏八)と内田裕也さんが飲んでいて、根岸吉太郎と上垣保朗もいて、パキさんが私の顔を見て「やあ」って挨拶したから、私も「やあ」って答えたら裕也さんが「なんだ、この女は!」って急に怒り出したんです。それで私が「この女はないでしょ」って言い返したら、「生意気な女だ、俺の相手をするか」「いいわよ」みたいな険悪な感じになって、ほんとうに裕也さんが飛びかかろうとしたの(笑)。根岸と上垣が必死になって羽交い締めにして止めたんです。パキさんだけがニタニタ笑っていて、「こいつはおれの幼馴染みたいなもんだ」とか言ってて。やっと裕也さんも収まって、それからみんな仲良く飲み始めたんだけど、すっかり若い男の子のことを忘れていて、振り向いたら、もう、全然影も形もない(笑)。

――そういう乱闘騒ぎがあって、数年後に神代監督の現場で内田さんと再会したわけですね。

白鳥　俳優とスタッフの顔合わせの時に会って、裕也さんは当然その時のことを覚えてましたよ。千葉のロケの間中、裕也さんは一滴もお酒を飲まなくて、すごく禁欲的な生活を送っていましたね。裕也さんはパキさんに対してはフレンドリーなんだけど、クマさんに対しては尊敬しているから絶対服従でした。クマさんも裕也さんの竹を割ったような性格が好きだったみたいで、私もすごく仕事がやりやすかった。人間の関係って不思議ですね(笑)。裕也さんが浅草で大晦日に毎年やっているニューイヤーロックコンサートに行って、楽屋を訪ねたら、すごく喜んでくれてね。

『嗚呼!おんなたち　猥歌』撮影スナップ。特別出演した白鳥あかね

クマさんが倒れて病院に入ったのは八三年ですけど、この頃から体調が悪かったんです。でもクマさんは一種のワーカホリックで、仕事が途切れると、もう、それだけでイライラするんです。日活は一応安いけど基本給はあるから最低生活は保障されている。クマさんは娘や孫も抱えているから、収入はあったほうがいいにきまっているけど、少し休んだほうがいいと言ってはいたんですけどね。

――神代監督は、一九八〇年は『けものみち』以外に『快楽学園　禁じられた遊び』『ミスター・ミセス・ミス・ロンリー』と三本撮っていますね。白鳥さんは『快楽学園　禁じられた遊び』についています。

白鳥　私にとっては日活の最後の頃ですね。原作がひさうちみちおさんで、脚本は荒井晴彦。これは脚本を読んだ時に、ブッとびましたね。クマさんもほとんどやけくそになって撮っていたような気がします。気が狂ったんじゃないかと思いました。荒井晴彦が久しぶりにホンを書いたんで、クマさんは張り切っていたけど、どう自分のものにしていいかわかんなかったんですよね。だから相当、無理していました。

学校が舞台で、みんなが怒鳴ったり叫んだり、SMの極致みたいなことをやっているじゃないですか。北原理絵というちょっと知的で後に小説家になった女優が出ていますね。クマさんが「あかね、出るか」って言ったんで、「今度はどういう役?」って聞いたら、見世物小屋で女の子たちにカエルの飛び方を教える魔法使いの婆さんみたいな役で(笑)。クマさんは並みのことではオーケイを出さないと思ったから、やけくそで演ったのが、けっこう楽しかったですね。脚本にはまだ整合性があったんですけど、原作がヘンタイもので人気があったでしょう。クマさんは決してヘンタイではないけど、自らヘンタイに近づこうと格闘したんじゃないかという気がします。

八〇年代の神代映画
——『赤い帽子の女』から『離婚しない女』まで

——八〇年代に入ると、白鳥さんはフリーのスクリプターとして活躍の場を広げますが、ここで、八〇年代の神代映画（『赤い帽子の女』『もどり川』『恋文』『離婚しない女』）**についてうかがいます。まずは八二年の『赤い帽子の女』、これはドイツロケの大作ですね。**

白鳥　『赤い帽子の女』は私自身は楽しかったし、クマさんもミュンヘンまでロケしたので上機嫌でした。体調はちょっと前から悪かったんですけどね。この映画はヘラルド・エースの原正人さんの企画ですが、若松孝二さんがプロデューサーだし、大島渚監督の『愛のコリーダ』（76）の成功に刺激されたものだったと思いますね。

——神代監督は『愛のコリーダ』についてどう思われていたのでしょうか。

白鳥　クマさんは『赤い帽子の女』の前に、カンヌ映画祭で『愛のコリーダ』のノーカット版を見て、衝撃を受けていました。真っ青になって、「負けたと思った、ホンモノにはかなわねえよ」と言ってましたよ。『愛のコリーダ』同様の海外向けエロス大作で、気合は入っていたんですけど、主演のクリスチーナ・ファン・アイクっていう女優さんが貴族の出という触れ込みで、クマさんが日本でふだん使っている女優とはまるで違うタイプでしたからね。やはり言葉の壁とか意識のずれとかはありました。クマさんはその女優の雰囲気は気に入っていましたけど、意図が通じない、ハートの部分で理解しあえないから手も足も出なかったという感じでしたね。脚本は内田栄一さんで、この頃、クマさんも内田さんの難解な世界にあこがれていた部分があったんです。その前に内田さんはパキさんと『妹』とか『バージンブルース』をやっていて、内田さんとパキさんというのはとらえどころのない、お互いのありようがフィットした部分があると思う。でも同じとらえどころのなさでも、クマさんと内田栄一さんはまたちょっと異質で、そこでも『赤い帽子の女』に関しては、クマさんは苦しんでいましたね。

『快楽学園　禁じられた遊び』後列に白鳥あかね、北原理絵、庄司三郎。手前に丹古母鬼馬二、太田あや子

——つぎの『もどり川』（83）**は、大正時代を背景に、萩原健一が演じる天才歌人と四人の女性たちの奔放な愛欲模様を描いた作品です。**

白鳥　クマさんも『壇の浦夜枕合戦記』のような大作を撮っていますが、クマさんは大作向きではなく、純粋のロマンポルノの方が自在に才能を発揮できたと思いますね。クマさんの映画って力が抜けているところが身上じゃないですか。だから大作で成功したのってあんまりないですね。とくに『もどり川』は主演がショーケン（萩原健一）だし、力が入ってね。

——ショーケンの自伝を読むと、この時期は完全にクスリ漬けだったようですね。

白鳥　だって、撮影の時も十五分おきぐらいにトイレに行って、帰ってくるとすっきりした顔をしているのね。大丈夫なのかしらと思ってたけど。主人公が狂気の歌人ということで、ショーケンは本物の狂気と役者として作り出す狂気と混同してしまったようなところがあって、撮影がスムーズに進行しないので、クマさんはしんどかったと思いますね。だから病気が悪化しちゃったんじゃないかと私は思っているんですよ。
　クマさんのイメージするところと、ショーケンの芝居と原田美枝子、藤真利子といった女優たちとの芝居がどうもうまく噛み合わないんですね。彼女たちがショーケンを怖がってしまって。その前にクマさんが撮った『青春の蹉跌』(74)の時のショーケンは、奇妙な行動はとっていても、すごく抑制がきいていて、クマさんが伝えたいものが彼を通してちゃんと伝わってきますよね。それが『もどり川』ではあまり伝わってこないんです。映画監督というのは、やはり役者の肉体を通して表現するわけですからね。そこの断絶がすごくつらかったですね。
　それで『もどり川』のダビングの時に、クマさんが自宅で倒れたというので、病院に駆けつけたら、とにかく時間がないから、ダビングはお前がやってくれとクマさんから言われて……そうは言ってもダビングのタイミングとか好みは監督のものですから無理だと断ったんですが、どうしてもというので一日だけ私がダビングをやったんですよ。そうしたらクマさんが翌日、辛抱たまらず酸素ボンベを持って担架に乗ってやってきましたよ(笑)。やはり映画監督というのは命がけの商売だなと思いましたね。映画そのものも壮絶でしょう。

——大がかりな関東大震災のシーンもありますしね。

白鳥　セットにお金もかけているし、関東大震災で倒壊するシーンなんか、クマさんから「俺はこういうのは下手だから、お前は斎藤組に付いててモノが壊れるシーンは得意だろう、コンテを作ってきてくれ」と頼まれたんです。それで私は寝ないで、フラフラになりながら、いろいろ考えてコンテを作ってみせて、美術部の横尾嘉良さんに持って行ったんです。だから『もどり川』の遊郭の倒壊シーンは、私のコンテ通りなんです(笑)。

『もどり川』記念撮影。樋口可南子、神代辰巳と

——ショーケンは一時、神代監督の分身のようなイメージもありましたね。

白鳥　クマさんは俳優に向かってハートみたいなものは伝えるけど、細かい指示はしない人なんですね。『青春の蹉跌』のあのふらふらしてぶつぶつ言っている青年はクマさんそのもの。ただ、『もどり川』の主人公はちょっと違うような感じでした。クマさんは女性から自分のほうに来るように仕向けて、絶対、自分から行動を起こさない人だったから。たぶん『もどり川』でもショーケンはなにもしない方がよかったわね。あんまり「これは俺だ!」って主人公の気持ちが入りすぎちゃった。もっと自然体でやったほうがうまくいったと思いますね。

——この映画の公開前にショーケンが逮捕されるというトラブルもあって、映画もヒットしなかったんですね。

白鳥　だからこの映画ではクマさんは病気になるわ、ショーケンは逮捕されるわでほんとうに踏んだり蹴ったりでしたね。

——それでも、八五年にふたたびショーケン主演の『恋文』を撮ることになりますね。

白鳥　神代さんは仕事が好きな人だから、松竹とか東宝とかあまり会社にこだわらずにやっていましたけど、この『恋文』はふつうの映画にしようと思ったんです。つまり、ショーケンは『もどり川』の時に大麻でつかまって、当然それは作品の評判にも影響が出たわけでしょう。そのあと出所して更生の第一歩が『恋文』だったわけですね。それで私はクマさんにも更生しなきゃだめよと言いました。クマさんもわかった、わけのわかんない映画はつくらない、みんなが見て泣いてくれるような映画をつくると言って撮ったのが『恋文』。『恋文』は今までのクマさんの作り方と全然違うでしょ。私はショーケンにも口をすっぱくして、ふつうに、ふつうにと言っていました。あの二人がふつうにつくると、『恋文』みたいな映画になるんです(笑)。

――『恋文』は、抑制されたタッチの伝統的で良質な松竹メロドラマの系譜に連なる作品になっていたと思います。

白鳥　そうでしょう。倍賞美津子さんと高橋恵子さんもいい味を出していましたね。倍賞さんはこの映画でいっぱい賞を獲りましたけど、一番、脂が乗りきっていた時じゃないかな。ショーケンと倍賞さんの交際がマスコミで話題になりました。とにかく、この頃のショーケンのモテ方は尋常じゃなかったですからね。

――ショーケンの自伝によれば、連城三紀彦の原作は自分をモデルにして書いた小説なので、それで映画化したとありますね。

白鳥　脚本は高田純さんと神代さんで、ショーケンは最後まで高田さんを信じていたから、おつきあいをしてました。高田さんは素敵な人で、クマさんも高田さんと組んでいる時はふつうの人を描くことができるんですね(笑)。

『恋文』には、私は看護婦の役で出演しているんです。私の歳だと婦長さんだから帽子に線が三本入ってなきゃいけないとか、衣裳部とやりとりしましたね。封切り後に、劇場へ娘と娘の友達を連れて見に行ったんです。高橋恵子さんが死んで、倍賞美津子さんが駆けつけると、私が「お静かに」と言うシーンがあるんですけど、ほかのお客さんはみんな泣いているのに、娘たちだけがくすくす笑っているのね、私が出ているから。あれは具合が悪かったわね(笑)。

――八六年には『離婚しない女』があります。これも高田純さんと神代さんの脚本です。『恋文』と出演者も重なることもあって、姉妹篇のような映画ですね。

白鳥　『離婚しない女』は、倍賞千恵子さんがすごくノリノリでしたね。倍賞美津子さんとショーケンを争うという存在でしょ。すごく感動したのは撮影前に美津子さんが「お姉ちゃんをよろしく」って言ったのね。美津子さんは『恋文』で私たちと仕事をしているから気心が知れているし、今村さんの『復讐するは我にあり』(79)にも出てるから、ある程度日活スタッフの気分みたいなものはわかっているけど、千恵子さんは松竹の箱入り娘じゃないですか。『男はつらいよ』のさくら役であまりに有名だし。それで初めて神代さんと組むんで、すごく美津子さんが気を遣っていたんですね。このふたりは先天的に性格や資質が違うんですね。千恵子さんは納得しないとほとんど演技ができないタイプ、一方、美津子さんは感性で、考えるよりも先に体が動いちゃうところがあって、面白いなと思ってみていました。だけど千恵子さんは神代さんみたいな監督さんに会ったことがないから、すごく面白がっていましたね。

『恋文』記念撮影。神代辰巳、高橋恵子、倍賞美津子と

――『離婚しない女』の倍賞千恵子さんは非常に激しい女ですよね。

白鳥　神代さんは、この映画で倍賞さんの〈寅さん〉のさくらにはない別の面を出そうとしたんですね。クマさんとしては、前作の『恋文』で一応〝社会復帰〟したつもりで、ひと安心して少しハードルを上げようとしていたんです。そのために連城さんもこの原作を書下ろしで書いてくれたんですね。

『離婚しない女』はものすごい厳寒の北海道、釧路と網走を行ったり来たりして、雪の原野でロケーションをして、私の生涯のなかで経験したもっとも寒い映画のひとつです。クマさんも病み上がりでよく耐えられたと思いますね。とはいっても、クマさんは現場では上機嫌でした。この時に、私、倍賞千恵子さんから立派な皮の台本カバーを戴いたんです。さりげない心遣いが本当にうれしくて。この台本カバーは私の最後のスクリプター作品(『透光の樹』)までずっと使い続けて、今でも大事に持っていますよ。千恵子さんは、女優としてのいい意味でのエゴイズム、威厳があって、それまでの神代映画に出てきた女優さんとはだいぶ違いました。やはり松竹は女優の会社ですから、松竹を背負って立つ女優という意識があったのかもしれませんね。現場で千恵子さんに聞いた話ですけど、山田洋次監督に「そろそろ寅さんをやめさせて下さい」と言ったら、「それはダメだと断られた」と言ってました(笑)。

そういえば、以前に山田洋次監督からなにかの原稿を戴くことになって、『男はつらいよ　知床慕情』(87)を撮影している大船のセットに行ったことがあるんです。その頃すでに渥美清さんはもう体調が悪くて、いつも撮影の合間は寝ていましたけど。その時に、山田さんが「ロマンポルノはうらやましいですね」とおっしゃったんですよ。そして私が神代さんとやっていることを知っているから、ロマンポルノの現場のことを聞きたがるわけ。それで、私も正直に「クマさんはあんまり細かいことを言わないで、ニヤニヤして俳優さんのやることを見てるんですよ」なんて話したんですけどね。もう、その頃は私もフリーになっていたし、ロマンポルノも下火になっていましたけど、山田さんは神代さんに興味があったみたい。

――それはちょっと意外な気がしますね。日活ロマンポルノが始まった頃、山田洋次監督は日共系の映画評論家・山田和夫さんとの対談で、「ロマンポルノを見るような若者は真面目じゃない」みたいな発言をしていた記憶があります。

白鳥　山田洋次さんは自分がそんなことを言ったのをまったく忘れていると思うけど(笑)。だって、山田洋次さんはもしかしたら日活に入るはずだったんですよね。西河克己さんが御自身の本(『西河克己映画修業』、権藤晋との共著、ワイズ出版)で語っていましたけど、西河さんは松竹で助監督の試験官をやっていた時に試験に落ちた山田洋次さんと浦山桐郎に、西河さんが日活に移ってから、日活を受けたらどうだと手紙を書き、ふたりは受けて合格するんです。でも中平康さんたちが日活に引き抜かれたから、松竹に欠員ができて、補欠繰り上げの形で山田さんが松竹に入り、浦山が日活に入ったんですよ。

――ところで、『離婚しない女』は、白鳥さんがついた最後の神代作品になるんですね。

白鳥　ああ、そうか、最後なんだ。気がつかなかった。というのも、その頃、クマさんが私の家の近くの新百合ヶ丘に越してきたんです。それでスクリプターの仕事はしてなくても、クマさんのためにホンを書いたり、クマさんの家に通ったりしてたから、最後という意識はなかったのね。クマさんの『噛む女』(88)から遺作の『インモラル　淫らな関係』(95)までのスクリプターは本調有香さんがやっていますね。この時期、私はディレクターズ・カンパニーをつくった根岸や池田(敏春)と仕事をすることが多くなっていたんです。

――神代監督が珍しく俳優として出演した映画として竹中直人監督のデビュー作『無能の人』(91)がありますね。

白鳥　鳥男。黒い服着てカーカーって言うのね。あまりに凄い演技なんで、クマさんもう死ぬんじゃないかと思ったぐらい。なんでも竹中さんに出てもらった『ベッドタイムアイズ』(87)の頃にいつか出てくれって言われて、両方監督だから借りを返したんだと言ってましたけど。

『離婚しない女』撮影スナップ。神代辰巳と

神代辰巳の死

――神代監督が亡くなったのが九五年の二月二十四日、ちょうど白鳥さんが岩井俊二監督の『Love Letter』に参加しているときだったんですね。

白鳥　そうなんです。『Love Letter』の最終的なダビング作業でエンディングのラスト・ロールのところをテストして、本番に行こうというその時に、娘から神代さんの訃報の電話がかかってきたんです。私は倒れそうになりました。もちろん神代さんが体調が悪いことは知っていたし、その一週間前に病院にお見舞いにも行っていたんですけどね。その時に、「あかねなあ、やっと、俺、新百合ヶ丘の家のローンを払い終えられるんだ」と嬉しそうに言っていて、「よかったね」とこたえたのが、ほとんど最後の会話だったんですね。岩井さんが「神代さんは僕が大尊敬している監督さんです。もうラストテストはすんでいますから、どうぞ行ってください」と言ってくれたんで、すぐに千歳船橋の病院に車で向かったんですが、自分で運転しながらどこをどう走ったか記憶がないんですよ。

病院に着いたら、クマさんの奥さんと娘さんと孫の三人が私を待っていて、「クマさん、廊下に出されちゃった」と言うんです。今は亡くなるとすぐに病院の廊下に出されるんですね。病院は出てってくれといわんばかりで冷たくて。それでとにかく葬儀屋を呼んだんだけど、一人しか来ないから、神代さんを家にいれるときも私と葬儀屋が頭を持ち、娘さんと孫が脚をもってようやく入れました。あの時は、助監督たちと連絡がとれなくて、奥田瑛二の事務所の社長さんが全部仕切ってくれたんです。奥田はクマさんの『棒の哀しみ』(94)が出世作になったし、とてもクマさんに恩義を感じていたんですね。私にとってもクマさんの亡くなった時に、奥田一家が支えてくれたというのは、とてもありがたかったなと思います。

病院では、亡くなったクマさんの顔を見て「クマさん良かったね、楽になったね」って声をかけたんです。そのあとはお葬式やら何やらで忙しくて、しみじみする機会もなかったんだけど、何か月か経って、奥田瑛二が何かの賞をもらってパーティーをやったんですね。結局は神代監督を偲ぶ会みたいな形になったんだけど、みんなが帰って、残った人間がクマさんに所縁《ゆかり》のある人ばかりで……その時にはじめて不覚にも泣いてしまいました。

――『棒の哀しみ』の撮影現場では、酸素ボンベをした車椅子姿の神代監督が壮絶でした。

白鳥　相当無理をして撮ったおかげで賞もたくさんもらって、クマさんも嬉しかったと思いますよ。でも、そのあとVシネを撮る、と言うから、思わず「体を直して、それから挑戦したほうがいいんじゃない」って止めたんです。そしたら、「俺を粗大ゴミ扱いするのか」って怒っちゃって。だから、私もこの人はもう死ぬ気なんだな、と思ったんですね。そしたら案の定遺作になってしまった。

――『インモラル　淫らな関係』(95)ですね。このころから海外の映画祭でようやく神代作品が注目され始めたんですね。

白鳥　この年に神代さんが亡くなったというのはすごく象徴的な感じがしますよ。この後、一九九六年には、ロッテルダムとか、クマさんの映画が海外の映画祭で特集されることが多くなったし、クマさんの故郷の佐賀でも神代辰巳映画祭が開催されました。私もそのコーディネートで忙しくなって、スクリプターの仕事は一休みしたんです。だから、クマさんが亡くなって、私の映画人生も一区切りついたっていう感じですね。

(『スクリプターはストリッパーではありません』国書刊行会、二〇一四年より)

鴨田好史
監督がクマさんだったから生涯一助監督でいいと思った

インタビュアー・構成＝「映画芸術」編集部

僕が日活に入ったのは、ロマンポルノが始まる直前で、一番最初は『涙でいいの』(69 丹野雄二監督)に助監督見習いでついたんですよ。その頃は日活は社員採用をしていなくて、僕はずっと契約助監督だったんですね。後になってクマさんや姫田(真左久)さんや、三浦(朗)さんに、入社試験受けろ、受けろ、と言われてたんですが、いまさら試験なんてという感じで最後まで受けなかったんです。

『かぶりつき人生』は学生の時、映研(早稲田大学映画研究会)で見たんですよ。訳が分からなかったなあ、最後のディスコのシーンとかは覚えていたんだけどね。重い写真だと思いました。それまでストーリー主義の、普通の映画しか見ていなかったから。まだ、子供だったんですね。で、この間見直してみたんだけど、良く分かったね。その後のクマさんの写真にある、あらゆる要素が詰まっている。見ていてグッと来たね。クマさん、この映画のあと撮れなくなるんだけど、その頃どういう想いで生きていたのかな。

それで四年後に『濡れた唇』で僕は神代さんと初めて会ったんだけど、それまで撮れなかったという人というよりは、落ち着いていて、飄々としていて、安心感を与えてくれるような感じがしましたね。それと普通の監督とは違って「俺は監督だ」というのと真逆なんですよ。

『濡れた唇』谷本一、絵沢萠子

僕は『濡れた唇』から『恋人たちは濡れた』まではセカンド助監督で小道具、衣裳担当だった。で、小道具の置き方とかが普通の映画のパターンとは違うんだよね、クマさんは。役者の位置関係も含めて違う。いいセンスしてるなあって思いましたよ。『濡れた唇』の絵沢萠子と谷本一がアパートの部屋にポリバケツを置いて泡遊びするシーン。あのバケツとか泡の使い方とか画になるように置くんだよね。それとクマさん、衣裳・小道具はあまり注文はつけないけど、役者に持たせるものとかで何かないかなあって言うことがある。で、『濡れた唇』の時は谷本一が使うけん玉とか、『恋人たち〜』では大江徹が飲む正露丸とか、僕が用意したんですけど、それをクマさん、「使わされちゃったよ」と言いながらも使ってくれましたね。

助監督には僕はついてないけど、『一条さゆり・濡れた欲情』はホンを読ませてもらっていて、詩のようなシナリオだなあという感じで、絶品でしたね。けれども、なまいきに僕が口を出したらそれを採用してくれたんです。伊佐山ひろ子がトランクに隠れて、それで坂を転がっていくというシーンなんだけど。その後も度々アイディアを出して『四畳半襖の裏張り』では、線香で毛ぞろいするとか、芹明香が卵を股にはさんで修行するとか。それと、江角英明が裸でぶらさがって「オレ、なまけもの」と言うのや、芸者がお金を吸い取って封印切りするのとかね(笑)。

そういうこともあって『恋人たちは濡れた』では、一緒にシナリオを書かせてもらったんですけど苦しかったね。自分の汚点というか暗部のようなものを書かなきゃいけなくて、クマさんも自分のそれをポツポツと語ってくれました。あのホンは最初にクマさんのラフというか、ストーリー構成、人物構成が最初にあって、僕が浜辺での強姦シーンとか、冒頭の自転車でのフィルム運びのシーンとか、部分部分書き込んでいったんですよ。シナリオでは冒頭に駅のシーンがあって、大江徹がギターを股にはさんでどっちに行こうか、という芝居をやらせて撮ったんだけど、カットしたんです。「渡り鳥」シリーズみたいな懐かしいシーンで、僕はそういうプログラム・ピクチュアが好きだった人間だったけど、クマさんはプログラム・ピクチュアに飽きちゃって、別の表現を探していた人だったからすれ違うんですよね。その度にクマさんからは、バカバカバカと叩かれてばっかりいましたよ。

『青春の蹉跌』を見た時は、『恋人たち〜』でやっている意識で作られてる映画だと思ったけど、『恋人たち〜』に比べて、分かりやすいですよね。女性のキャラクターが分かりやすくなってるでしょ。だから『恋人たち〜』を一般的な映画にした形かなと思いながら見てた。

クマさんにチーフ助監督でつくのは『四畳半襖の裏張り』からですね。それまでは助監督室で監督につくローテーションがあったけど、この頃になると、もう僕が神代組のチーフであるのが自然なんだと、皆の目に定着したのか、このあたりからクマさんにつく作品が続くんだよね。僕もクマさんの下で助監督修行をしたかったし、クマさんが僕をチーフに指名したかどうかは分からないけど、三浦さんがさりげなく声をかけてくれたというのはあった。チーフはスケジュールを担当するんだけど、クマさんは芝居の流れを大事にする人だから、芝居の流れを塊としてとらえてスケジュールを立てる。それと例によって挿入カットが多いから、スケジュールに余裕を持たせないといけない。『黒薔薇昇天』の時、失敗したんですよ。谷ナオミが海に入っていく挿入カットがあったんだけど、新幹線の時間が決まってて、「このカット、やめてもらって新幹線に乗っていただけませんか」って言ったら、怒られましたね。「俺に撮らせないのか」って。『〜しのび肌』の時も千葉の東金で撮影して、九十九里に夕景を撮りに行くことになってたんだけど、スケジュールに入れてなかったんだ。あの時は死にたかったね。

『鍵』撮影スナップ。左端に鴨田好史、姫田真左久（撮影）、神代辰巳、荒砂ゆき

現場が厳しかったのは『宵待草』ですよ。これ、日活の助監督が皆応援に行って、皆怪我をしたっていう曰くつきの映画なんです。気球を上げるシーンがあるでしょ。あれで気球に引っ張られて怪我したり、斉藤(信幸)も怪我して、高橋義郎も怪我して、相米(慎二)も怪我したなあ。誰だっけなあ一人だけ怪我をしなかったのは。あっそうだ根岸(吉太郎)だ(笑)。僕も馬から降り落とされて、足を捻挫して松葉杖ついてましたよ。ロケーションも青森から大井川鉄道へと規模も大きかったし、恐らく日本映画でもそうそうないスケールの撮影ですよ。空に浮かんでる気球からパンすると汽車が走ってるなんて大変なカットですよ。風が吹いていれば気球は流されてNGになるし、汽車が走る時間も見計らって気球を上げなきゃいけない。あれは必死になって汽車が走る時間と気球を上げるタイミングを計算したんですよ。僕は何もできなかったですけど、その分つらかった。それと高岡健二と夏八木勲と高橋洋子が山越えして逃げるシーンで、長い松明行列が追いかけてくるシーンがあるでしょ。あれは相米が担当で、相米、凄いと思ったなあ。

僕がスケジュールを立ててクマさんとこへ持っていくと、最初の頃はクシャクシャにして捨てられましたよ。クマさん、助監督が長かったから本当分かってるんですよ。写る場所と人、それと芝居のできる雰囲気と状況をもっと深く考えろということなんだろうね。それに「渡り鳥」シリーズで鍛えただけあって、本当にロケ撮影はうまいですね。『アフリカの光』の時はセットがひとつだけで、あとは皆オールロケだったけど、この場所を使うなら、こういう演技をさせてこう撮るなと思っていると全然違う。ロケ地の使い方にフレキシビリティがある。技術的なこともよく知ってた。『かぶりつき〜』の後、日活の映画をテレビ放映用にする仕事をして、放映時間に合わせて切ったり、シネスコサイズの映画だったら、画面をどのように切るのが一番いいかってやってたから、編集や画角についても知っているし、助監督時代カチンコも打っているから、カメラを覗かなくても画は分かってる。ただクマさん、35ミリのスタンダードサイズでもシネスコサイズでも分かるんだけど、『棒の哀しみ』の時、16ミリが分からないって言ってましたね。

『壇の浦夜枕合戦記』の後、僕は日活からひくんですよ、フリーになってね。基本的には日活が会社方針として契約助監督はもういらないということで辞めるんだけれど、だんだん、僕自身もただのスケジュール処理だけの人間になってしまったんじゃないかという……ひとり立ちという感じでは全くなかった。クマさんには「だから、社員試験を受けていればよかったんだ」と言われましたけど。

『宵待草』撮影スナップ

その後、『離婚しない女』で三浦さんから呼ばれて、またクマさんに付いたんだけど嬉しかったですよ。前任者の助監督が出来なくなって、三浦さんが僕のことを思い出してくれてね。クマさん、以前より粘って撮るようになっていた。次の『ベッドタイムアイズ』にも付いたんだけど、この頃からクマさん、体がまいってきて、耳も聞こえにくくなってたんじゃないかな、凄い大きな声で話してた。『棒の哀しみ』になると相当体が弱っていたけど、家にいて悶々とするクマさんよりは現場にいる方がいいと思ったから、低予算であろうが何であろうが「撮ってなんぼの商売でしょ」とクマさんに言ったんです。『棒の哀しみ』だけは「俺がつくんだ」と思ったね。

『インモラル・淫らな関係』は、七日間の撮影期間でよく撮りあげましたよ。撮影はスムーズに行きましたけども、クマさん、キツそうだった。でもヘラヘラ笑っているからね。絶対、皆に心配かけさせようとしない。

クマさんが元気でやっていてくれてる間は、僕も仕事があるんだけどね（笑）。僕は生涯一助監督ですよ。悔いはないと思う。そう思うのも監督がクマさんだったからだね。一本の映画のことで悩むでしょ。そうしたら「クマさん、これどう思う」と一言、言ってみたいですよ。そうすると、「なんだお前、まだそんなことを考えてるのか」って言ってくれると、僕はパッと閃くんです。クマさんの反応で自分の答えが出てくる。だから、もうそれが出来ないんですよ。

（「映画芸術」一九九五年夏号〈追悼　神代辰巳〉）

高田 純　人間にしか興味が無い人だった

取材・構成＝河田拓也

『恋文』（'85）『離婚しない女』（'87）という、2本の神代×ショーケン作品の脚本を担当された高田純さんは、シナリオライターとしての活動以前、東映実録路線や日活ロマンポルノを中心に、70年代のアナーキーな日本映画を強力にプッシュした若手評論家でもあった。当時から一貫して神代作品を支持し、神代を「大巨匠」と呼んで敬愛する氏に、ショーケンや桃井かおり、芹明香ら常連出演陣を交え、「ケツの穴まで見せ合うような」恋愛体験談に夜を徹したシナリオ執筆時のエピソードを中心に、神代辰巳独特のシナリオへのアプローチと演出方法について伺った。

『恋人たちは濡れた』の衝撃

――最初に神代さんの映画をご覧になったのは？

高田　一番最初に観たのは、72年の夏。『恋人たちは濡れた』とパキさん（藤田敏八監督）の『八月はエロスの匂い』、あともう一本林功さんの何かと3本立て。昔は渋谷の道玄坂を上がって行った百軒店の入り口の所に映画館があって、そこでロマンポルノは封切ってたんだよね。71年にロマンポルノが始まって、約1年くらいは観てなかった。

――最初は日活の変貌に、多少の抵抗を感じられていたということでしょうか？

高田　それはあったかもしれない。その後色んな風評から「面白いんじゃないか？」ってレーダーが働いて、たまたま観に行ったのが『恋人たちは濡れた』だった。

――今考えると凄い組み合わせなんですけど、最初ご覧になった印象はいかがでしたか？

高田　もう、いきなりぶっ飛んだ。それからは毎週ロマンポルノの封切りに通うようになった。

――やはり新しかった？

高田　新しいというより、まあ、ゴダールといえばゴダールだし、クマさんとその後話をした時も、ゴダールを意識してやったって自分でも言ってたけど、たとえそうだったとしても、こんな日本映画は観たことねえぞってはっきり思った。ヌーベルバーグの気取った新しさとか、先鋭的な感じをコピーしたような映画はいろいろあったけど、そういうのとは全然違う。もっと五感に直に入ってくる感じ。頭に訴えかけてくるんじゃなくて、肉体に響くような映画だった。それは新しさと言えば新しさだったと思う。とにかく衝撃的だった。

――次にご覧になったのは、やはり『濡れた欲情』とか一連の？

高田　『濡れた唇』と『濡れた欲情』は、後追いだったけどね。その後の作品は、全部リアルタイムで観てる。デビュー作（『かぶりつき人生』）も、勿論後になってからだけど、一本も見逃してないはず。

――じゃあ、上映打ち切りになった『女地獄　森は濡れた』なんかも。

高田　あれは多分、試写室で観てると思う。初号試写に勝手にもぐり込んだりしてね（笑）

――その頃はもう、お仕事を始められてたんですか。

高田　うん。でもシナリオを書くというよりも、その頃は評論が多かった。

――中でも一番印象に強かった作品というのは？

高田　やはり最初に観た『恋人たちは濡れた』に止めを刺すかもしれない。他の作品は、これは別に貶してるんじゃなくて、何を観ても同じじゃない？当人も、自分の作品の中でこれが一番好きだって、俺にはそう言ってたけどね。

――一番付け足しが無い、純度が高いというのはあるかもしれませんね。しかし、全部同じというのか、どうしていつもああなってしまうのかというのが、ずっと好きで観続けていても、僕は未だにわからないところがあるんですよね。正直、一番好きな映画監督の一人なんですけど、実は一番わからない人でもあるんです。高田さんは、『恋文』で組まれる前というのは、神代さんと面識はあったんですか?

高田　面識はあった。勿論、そんなに仲良くって感じにはなってなかったけど、スタジオで会って挨拶したり、若手評論家としてお話を伺ったり。

――風貌だけ見ても、すでに「タダ者じゃない」って方ですけど、最初に会われた時の印象というのは?

高田　俺がどうこう思うより先に、すでにある種の伝説っていうのが聞こえてきてるんだよ。島崎雪子さんと結婚して離婚したとかさ、田園調布に住んでる旦那様だったとか、その後殿岡ハツエさんと結婚してすぐ離婚したとか。そういう華やかな伝説に彩られたオッサンで(笑)でも、当人が汚ねえむさくるしいヤツなんだってことなんかが。だから、聞いてた通りの汚ねえオヤジさんだなとか、この人がどういうふうにモテるのかなとかね。

――実際に「モテるな!」ってのは、お近くで見ていてありましたか?

高田　あったねえ、それは。女優さんはみんな吸い込まれていっちゃう(笑)

――どういう所に吸い込まれてるんでしょう?

高田　通り一遍な言い方になるけど、やはり無頼派というか、戦後のアプレゲール的な匂いを一番濃く残してる人だったから。しかも結核病みで、いつもヒューヒュー息をしてね。やっぱり女の人には放っておけない感じだったんじゃないかな。

――イメージですけど、ご本人もどこか自覚してて、今にも死んじゃいそうな顔しながら、シレっと女性の懐に潜り込んじゃうような印象があります。

高田　でも、口説くのは口説くんだけども、自分から別れたことは一回もないって言ってたけどね。

――それは本当なんですかね?

高田　本当だと思うよ(笑)

――そういうご自分の話を、普通にざっくばらんにされる方なんですか?

高田　日常的にどうかは分からないけど、俺は旅館に何ヶ月も一緒に住んだりしてたから、かなりの部分は聞いてるよ。

クマさんに、映画文法論なんて無意味

――実際に一緒に物を作られる上では当然のことかもしれないんですが、僕らからすると、いったいどんなふうに会話をする方だか、ちょっと見当が付かないようなところがあるんですよ。例えば高田さんなら、お会いする前から作品や発言なんかを見ていて、論理的で引き出しが多い人だろう、シャープで洗練された方だろうって想像して、実際にお会いしても「やはりそうか」と腑に落ちるところがあるんです。それが、神代さんの場合、ちょっと掴みどころがなくて、大袈裟に言うと半分この世の人じゃないような……

高田　俺も最初は、自分にとっては大巨匠だし、打ち合わせの時なんか色々質問されるじゃない?　監督として質問してくるわけ、「このト書きはどういう意味なんだ?」って。すると、何しろ大巨匠の質問だから、ドキドキしてまともに答えられない。駄目出しをされてるような気がしちゃって。それでもシドロモドロに一所懸命「こういうつもりでこう書いてるんだ」って説明すると、「ああ、そうか。それでわかった。だったらそう書けよ」って。「お前のはちょっと不親切だから、みんなにわかるようにそう書け。俺はそういうふうに演出するから」って言われたことがあって。その時に、ああこの人は、本当にわからないから訊いてるんだってことがわかった。何でも分かってる人だと思ってたのね、それまでは。映画のことは何でも知ってて、あらゆることが俺より上で、俺が考えることくらいは全部お見通しだろうくらいに思って尊敬してた。それがそうじゃなくて、素直にわからないことはわからないと言う人で、自分で本当に「分かった」って納得したら、ちゃんとそれを尊重して、そういうふうに演出する人だってことがわかった。そこは、みんなが妖怪のように思ってるのと違って、むしろ凄くフレキシブルな人だと思う。

――ただ、そのお話も、小さな子供が大人に向って果てしなく「何で?　何

で?」って質問するみたいに相手を追い詰めるというか、物事の曖昧な部分をどんどん削り落として、本当にこれだけはって人間の「芯」みたいなものだけにしちゃう作業って気もします。よく神代監督の演出法として言われることですが、役者にずっと「何かないか?」って訊ね続けてたってやり方が、シナリオライターに対してもそうだったという?

高田　むしろ、シナリオライターに対しての方がキツかったと思う。『恋文』の時は準備期間が長かったってこともあると思うけど、半年くらい一緒に中野の福屋旅館に寝泊りしてて、毎日毎日話すわけ。ホンの最初の箱書きはいっさい変わらなかったんだけど、一つ一つのシーンの中で、どう芝居を膨らませていくかという反芻の連続だったと思う。その作業中に、時々ショーケンが遊びに来たり、桃井かおりや芹明香が遊びに来たりしてた。そこで、マスコミには話せないようなお互いの打ち明け話をいっぱいするわけ。役者もするし監督もするし俺もする。話していく中で「それ使えるね」「それ使わせてよ」って感じで、どんどん僕も神代さんもインスパイアされて、「これで出来た!　これは素晴らしいシーンになる!」って、2人で充実しながら別れて、その後俺は一晩部屋で纏める。ところが翌朝になると、「昨日のところだけど、もっと何かねえかな?」って、まず一言目に来る(笑)昨日一日かけて話をして、もうこれ以上はない!　ってくらいに煮詰まって、お互いに感極まって涙するくらいのテンションに高まったシーンを、翌日になると全部ひっくり返す。それが一回や二回じゃなくて、毎日延々と連続する。「何かないか?　もっとないか?」が。深作さんなんかもそうみたいだけどね。ライターの持ってる良い所を全部搾り出して、さも自分が考えたように喋るという(笑)

――笠原和夫さんが怒っていらっしゃいましたね(笑)ただ、ライターや役者の手柄については、神代さんは凄くフェアな方だったと、以前ブログに書かれていたと思うんですが。

高田　まず、「お前の思うとおりに書けよ」ってスタンスだし、ライターの意図をしっかり汲み取って演出してくれていることが伝わってくるんだよ。役者に対しても、「シナリオライターが、ここを大切に思ってこう書いてるんだから、それをお前も大切にしてやれよ」ってね。話をした中で、お互いに納得したことは、ちゃんと大切にしてくれている。ある時、映画のエンドテロップで、自分の名前をさらっと流しちゃう人に俺の好きな映画を撮る人が多くて、逆に名前が大文字になって止まるような監督には、独善的な人が多いって法則を発見したんだけど、クマさんが自分の名前を止めるなんてことは考えられないよね。

――監督さんのタイプで、インタビューなどで作品のテーマや演出意図を語られるタイプの人と、そういった真面目なことを一切語らずにはぐらかしちゃうタイプの人がいて、神代さんは後者の典型だと思うんです。どちらが優れてるってことではないんだけれど、やはり自分のような言葉型の人間は、後者の人には摑みどころの無い難しさを感じることが多いんですが、例えばライターを「何かないか?」って質問攻めにしてくる前に、神代さんがまず、ご自分の意図とか見解を話されることっていうのはあるんでしょうか?

高田　いや、それはないな。まず、何も言わないでシナリオを読んで、「お前巧いな」って言われた記憶がある。「思ってたよりずっと巧いな」って言われて、凄く嬉しかった。そこから半年間の直しになるんだけど(笑)

――人物やシーンへの解釈で、見解が対立したりぶつかったりということは無かったんでしょうか?

高田　それは無かったな。これは決して褒め言葉だとは思ってないんだけど、「これだけ毎日一緒にいて話してると、最後は顔も見たくないってふうに必ずなるんだけど、お前とはならねえな」って言われたことがあって。それは俺があまりガンガン自己主張しないで、神代さんを尊敬して「ああ、そうなのか」って思ってたせいなのかもしれないけど、こっちが思ったことをぶつけた時に、「それは違う」ってふうに言われたことはない。面と向って「違う」と言うよりは、違うと思った時には「もっと何かないのか?」って一言によって駄目出しをされて、ひたすら絞りつくされるって感じでね。クマさんの方が何か主張するってことは無かったな。

――逆に、高田さんから神代さんをご覧になって、これは理解できないなとか、窺い知れない考え方だなって思われたような部分はなかったですか?

高田　それは、不思議なくらいに無かったね。むしろ、他の監督の時は「何考えてんだ？　このオヤジ」って感じることが絶対ある。それこそ数え切れないくらいあるんだけど、クマさんにはまったく無いんだよね。「世界が違う」とか、思ったことが無い。それは、噛み合ってないのか、あの人の懐が深いのかわからないけど。自分が映画青年だった頃に好きだった監督と後年仕事をすると、失望することが大半なんだよ。大抵は「何て我侭なヤツなんだろう」って思う。こっちの話を聞いてないしさ。そのくせ、おいしいところは全部自分が持っていくし。でも、神代さんはそういうところが全然なくてね。むしろどんどん聞きたがる。それが良ければ使うし、駄目だったら捨てる。例えば、田中登さんなんかは、全然人の話を聞いてないよね（笑）全部自分の中で先行して、イメージがどんどん出来上がっていってて。こっちが色々話をしていても、突然別の話が始まっちゃう。だから「この人、俺の言うことを何も聞いてねえな」って、ムカっと来たりもする（笑）

――田中登さんは、インタビュー等でも凄く饒舌だし、神代さんとはまた逆の意味でライター泣かせって感じはありますよね。芸術家肌の映像派といいますか。

高田　それに対して、神代さんは本当に「人間」なんだよ。人間にしか興味が無い。極端に言えば、映像なんてどうでもいいんだよ。彼の書くシナリオにしても、柱が立ってないもんね。場所を書いていない。まともなシナリオは、マル書いて「喫茶店」とかやるものだけど、神代さんのはいきなり誰かのセリフから入ったりする。本当に人間にしか興味がないんだよ。スタッフは大変だったと思うけどね。場所はどこだとか、昼なのか夜なのかとか、どうでもいいんだから。そんなものは美術の菊川（芳江）さんがやってくれるわ、とかさ。姫田（真左久）さんがちゃんと撮ってくれるわとかさ。そういう意味では、

テレビドラマ『死はお待ちかね』撮影スナップ

信頼できる良いスタッフが、常にそばに居たんでしょうね。勿論、使うレンズのサイズを決めたりとかはしてたと思うんだけど、田中登さんなんかとはまったく方法論が違うよね。田中登さんは、一緒に旅館に入ってホン書いてても、一人で勝手にロケハンに行って写真撮ってきて、「こんな良い場所があった。ここを使いたいから、ここを使うシーンを書いてくれ」なんて、そういう所から攻めてくるから。そういうことは、神代さんでは考えられないよね。

――神代さんから、こういう場所で撮りたいって注文が出たことはなかったんですか？

高田　一回も無かった。シナリオライターとする話じゃないって思ってたのかもしれないけど。まあ、映像がどうとか、映画的な文体がどうこうとかいうよりは、あの人は基本的にカットが割れなかったりするような人だから。そういうのは全部鈴木晄さん（編集）だったり、姫田真左久さんだったり、山崎善弘さんだったりに任せてた。自分は人間の芝居を付けるってことが全部であってね。人間にしか興味がない。

　典型的な例を言うと、『濡れた欲情』の、伊佐山ひろ子と白川和子が喧嘩をするシーンがあるんだけど、2人共役に入っちゃって本当に取っ組み合いの喧嘩になった。それで、ライトが当たってる所から外れて芝居が続いていたんだけど、神代さんは姫田さんにそのままカットをかけないでくれって思ってた。でもシンクロで撮ってたから声がかけられない。すると姫田さんは、そのままカメラを担いで、ずっと2人を追って行った。全然照明当たってないんだけど、そんなの関係なく、良い芝居をしてるからそのまま撮り続けてくれた。その連携プレイの話をしてくれたのを、よく覚えてるよ。すごく神代さんらしい話だと思うんだよね。要するに、芝居が繋がってる、感情が繋がってることが重要で、感情がカット割ってぶつ切りに

なっちゃうのが嫌だってのがあるんだな。比較的カット割ってるように見える『恋文』の時だって、ワンシーンを細かくカットに割って撮っていくんじゃなくて、長いワンシーンをあるカメラポジションから撮って、同じ芝居をポジション変えてまた撮って、またポジション変えて撮ってというのを繰り返して、あとの編集は鈴木晄さんに任せるってやり方をしてた。鈴木さんも、それが楽しかったみたいだけどね。だから、カット割りだなんだっていうのは、神代辰巳論の中で語るのは、あまり意味が無いことだという気がする。ワンシーンワンカットが当たり前なんだから。

――そこで1シーンの感情や生理の流れを大事にする分、全体としてはシナリオぶつ切りになったり、酷い時は話が追えないような場合もありますよね。

高田　そう。話が繋がってなくても別にいいじゃない、関係ないよって人だと思うんだよね。俺もそう言われた覚えがあるよ。「そこを切ると話が繋がらないじゃないですか」って言ったら、「いいじゃん、繋がらなくても」って(笑)これの典型だったのが『もどり川』だと思う。『もどり川』は、ラッシュは大傑作だったんだよ。ワンシーンずつ撮ったものを観ていくと、どのシーンを観ても大傑作で、これはどんな凄い映画が出来るんだろうって思うんだけど、全部が同じテンションだから全体を見ると平坦になっちゃう。神代さんが失敗する時のパターンは大体これだと思う。もしかすると神代さんは、映画「全体」ってことについては、余り考えてなかったのかもしれない。だから、全体の枠組みは、誰かが考えて作らなきゃいけない。

ショーケンのことは大好きだった

――何かを自分から主張して構築するよりも、他人を観察したり誰かから引き出したものと、自分も渾然一体になっちゃうようなやり方をしてた神代さんにとって、一見ないがしろにしてるようで、実はシナリオって凄く大事だったのかもしれませんね。だから凄く理解に時間もかけて。

高田　うん。シナリオは大切にしてたと思うよ。あと、役者に関してのスタンスで言うと、例えば伝説になってる、役者にでんぐり返りさせるとか、逆立ちさせるとかっていうのは、俺にとっては物凄く衝撃的だったんだけど、何であんなことを思いついたんですかって訊いたら、あれは役者が下手過ぎたからだって聞いて拍子抜けしたことがある。下手でどうしようもないから、でんぐり返しでもしながら喋れ、と。逆立ちしてその台詞を言ってみろってやってみたら、上手く行ってそれが結果的に神代節になったってところがあるらしい。

――ただ、それにしても普通だったら、やっぱり怖くてそこまで出来ないですよね。それはあんまりリアリティ無さ過ぎるんじゃないか？　とか、自然にブレーキがかかって。そういう「本当らしさ」を、どうでもいいって思ってるようなところがある気がします。でんぐり返しほど極端じゃなくても、ただ歩く時でも鼻唄うたってたり、セックスの時喋ってたり。

高田　そういうことをやる役者が好きだってのもあるんだよ。だから、ショーケンなんかは大好きだった。彼はいっぱいアイディアを出すしね。例えば『青春の蹉跌』の時、ショーケンがただあてもなく道を歩くっていうシーンで、打ち合わせも何も無いのに、いきなり道沿いの鉄柵を、指でカランカランってたどっていく。すると、途中で何も知らない通行人が来て、ショーケンは一旦避けて道を譲った後、またカランカランとやりはじめるんだけど、突然立ち止まって、通行人とすれ違った場所まで引き返して、またそこからカランカランをやり直した。それを見て「こいつは、ただ者じゃない」って思った」って、クマさん話してた。自分が思いつかないようなことを、何気なくやってくれるショーケンみたいな役者がいると、狂喜乱舞しちゃうんだね。

――割とオーソドックスなシーンの多い『恋文』でさえ、結構やってますよね。股引の股間から手を突きだしてみたりとか（笑）

高田　あれはシナリオには書いてないからね。あれは確か、彼の体験談なんだよね。モデルになった出来事があるんだよ。そういうことを、例のみんなの身の上話の場で、彼はよく喋るんだよね。おかしな話をしては「どう？どう？」って訊くんだけど、神代さんがなかなか色よい返事をしないと、「人に話させるだけ話させて、おいしいとこだけ持ってくんだもんなァ」ってボヤいたりしてた。だから、彼と神代さんの一連の映画の中には、ショーケンが実際に体験したりしたことがいっぱい詰まってるんだよ。ある意味、物凄く彼自身とくっついた等身大の芝居をしてる。

――そこまで映画と一体になるような体験をしてしまうと、その後生半な現場では充実感を持てなくなっちゃうようなことはあるかもしれないですね。

高田　逆に、これと対照的なのは黒澤さんだよね。「とにかく俺の言う通りにやればいいんだ！」だから、ショーケンみたいなタイプは合わずに煮詰まっちゃう。書き割り的な芝居が出来ないタイプだから。勝新さんなんかもそうだよね。ショーケンは一つの映画の撮影の間中、ずっとその役に入り込んじゃうからね。物凄くピュアだから。

――萩原さんもまた、凄く惹かれながらも本性が捉え難いようなところが僕にはあるんですが、高田さんが見た彼はピュアだと。

高田　それは間違いなくピュアだと思う。それを、不器用とも言えるんだけど。彼はいつも120パーセント役に入り込んでテンパってるから、スタッフ段取りが悪かったりするとキレちゃって、殴っちゃったりすることはその頃からあった。それが、風評が伝わるうちにネジくれて伝わっちゃったりね。例えば、段取りの悪いスタッフが偶々足が不自由な人だった時に、「なんでアイツはびっこなのに、他人の気持ちがわからねえんだ！」って泣いちゃったりするんだけど、そういう所は飛んじゃってね。殴ったってことだけが広まっちゃう。いつの間にか体の不自由な人を苛めたって話になってたりね。そういう間の悪いところはあるんだよね。しかも、10代の頃からテンプターズで、ずっと大スターでさ。これは本人から聞いた話なんだけど、前橋汀子さんと付き合ってた頃、彼女がバイオリンの練習をしてる時に腹が減って、出前でも取るかと思って電話帳で鰻屋を探そうと思ったら、電話帳の引き方がわからなかったって(笑)「ああ、俺、電話帳使ったことなかった」って、その時気付いたっていうさ。そういう浮世離れした生き方をしてきた大スターなんだから、一般人の感覚で測っちゃ駄目なんだよ。だから、今の日本の映画界の感覚だと、彼のスケールを受け止めるのが難しい。クマさんがいて、蔵原惟繕さんがいて、工藤栄一さんがいて、かろうじて成り立っていたのが当時の環境かもしれない。彼を分かって、面白がってくれる大人がいなくなっちゃった。

――例えば神代さんは、萩原さんのそういうテンションを、どんなふうに受け流されてたんでしょうか？

高田　これは彼自身もクマさんへの弔辞の中で語ってるけど、『青春の蹉跌』の時に「何かないか？」「もっとないか？」をずっとやられて、クマさんの方は、何がどう悪いのかも言わずに、ヤニで黒くなった歯を見せながらニヤニヤして、ティッシュで靴を磨いたりしてる。それでショーケンはキレちゃって、「靴ばっかり磨いてねえで、歯でも磨け！」って怒鳴った。するとクマさんはニッコリ笑って「おう、いい顔になってきたな。じゃあ本番行こう」って。ショーケンも一遍に笑っちゃった。

――こういうお話を伺ってると、女の人からのモテ方が、ちょっと分かる気がしてきますね(笑)

――『恋文』って、それまでの映画と、ちょっと撮り方を変えてる感じがありますよね。一番シナリオの流れに忠実で、ある意味ちゃんと劇映画になっているといいますか。

高田　「本当は俺も巧いんだぞ」ってのを、やりたかったんだと思うよ。もっと卑近な言い方をすると、メジャーになろうとしたんだと思う。甘い映画を撮って、一般受けする映画を撮って、きちんとメロドラマを撮って、ヒットさせてメジャーになろうな、なんてことを言ってた覚えがあるよ。だから良くも悪くも、今までの自分をぶっ壊したかった。あの人流の韜晦した言い方をすると、不当に高く評価されている自分を、ちょっと斜に見て壊してさ、「こういうまともな物を撮っても、俺は巧いんだよ」みたいなことを見せたかったんだろうな。その後、また変わっていったんだけどね。あと、クマさんは割と本気で、カンヌでグランプリを取りたかった人だと思うんだよね。

――『もどり川』の時に、荒井さんに「カンヌで賞を取らせてくれ」って言われてたっていいますね。

高田　いや、それはいつも言ってたよ。『恋文』の時も『離婚しない女』の時も言ってた。あの人は「良いホン書いて、カンヌで賞を取らせてくれ」っていうのが、ある種口癖だったから。冗談に紛らせながらも、「いつかは！」って、きっちり本気だったと思う。そういう思いから晩年、映画業界全体の凋落もあって、だんだん外れていくっていう淋しさはあっただろうね。体の具合も悪くなってきて。その辺を本音で話し合ったことはないけれども。

――ただ、ヴィスコンティが好きだとか、ゴダールの影響だとかをご自分でも言われてるにも関わらず、出来る映画はある意味いつも一緒で、最後まで一貫して、神代さんとしか言いようがないっていうのは不思議でもあるし、やっぱり凄いことだと思います。ただ、『恋文』っていうのは、いつもの神代さんのパターンと男女の関係が逆って気がします。大体いつもの神代さんは、強くて奔放な女がいて、それにダメ男が翻弄されるんだけど、オチが付かないまま「それでいいんだ」ってふうに底が抜けたように終わる。それが、『恋文』ではショーケンが身勝手でずうずうしいヤツだけど、そこが魅力って男をやってて、だけど最後は筋を通すっていうんじゃないけど、ある意味自分のやってきたことを引き受けて、妻子のもとを去っていく。いつもの「罪も無ければ罰もない」という神代さんらしからぬ倫理的な結末だと思ったんですが、ちょっと図式的過ぎる見方でしょうか？

高田　いや、それでいいと思うよ。あのラストをどうするかって話は、結構やった記憶があるよ。ドアの前で引き返すのか、それとも家に入るのかっていうのは。その結果、どうしてあの結論になったのかはよく覚えていない。でも「帰って来れないよな、コイツは」ってな話になってたと思う。あと、さっきから言ってるみたいに、神代さんは「俺は本当は巧いんだ」っていうのが、自分の中にはあったと思うんだよね。「俺は一番巧いのは麻雀で、二番目に巧いのは映画だ」っていつも言ってたけども。でも、あの人にとっては、蔵原惟繕って人がいつも横にいて、いわゆる映画的なテクニック、巧さに関しては、永遠に蔵原さんには敵わないと思ってたと思うんだよね、俺は。その一方で、どこかで蔵原さんのように撮ろうと思えば、俺は撮れるってプライドも持ってたと思う。でも、もしかすると、映画的なダイナミズムって点では負けるかもしれない。そう思った時に、寺山修司と山田太一みたいな関係でさ、だったら違うもので名を成してやる！　っていうのがあったと思う。そんな話をしたことは無かったけど、俺の解釈では、神代さんにとって蔵原惟繕っていうのはいつも先を進んでいて、若くしてデビューして、話題作ヒット作をいっぱい出してっていう中で、自分はずっと助監督をやってる。彼の傑作に自分もいくつか関わる中で、彼とは違うやり方をしないと自分は勝負できないってふうに、いつも思ってたんじゃないかな。それが、デビュー作の『かぶりつき人生』に見事に結実して、興業的には大失敗してる。

『恋文』撮影スナップ。神代辰巳、山崎善弘（撮影）

――まったく正反対の個性のお二人だと思うんですけど、それでも勝ち負けを意識していたと？

高田　意識してたと思う。あまり誰も言わないことだけど、俺はそういうふうに見てた。

――神代さんが監督になられた後も、お二人は親交はあったんでしょうか？

高田　ずっとあったはずだよ。毎日一緒に呑んでるとかそういうことじゃなくても、終生の親友であり、ライバルだったと思う。元々、松竹京都から一緒に日活に来て、出発点から全く一緒だったわけだから。だから、神代さんの葬式で弔辞を読んだのは、パキさんじゃなくて蔵原さんだったんだよね。（かわだ たくや・文筆業／3月20日　小田原にて）

（「映画時代」創刊準備号・二〇〇八年五月）

神代映画の縁《へり》を辿る

上野昂志

始まり、あるいは懲りない女

記録的な不入り！　とまで言われた第一作『かぶりつき人生』（一九六八）だが、いま改めて見ると、神代辰巳が、最初から、画面作りの工夫というか、手を使う人だというのがわかる。だいたい、タイトルバックからして、顔の上下なしの、両眼だけを画面の中心に写しだし、そこに、〽おとこは～おとこ、おんなは～おんな、というような奇妙な歌声がかぶさるのだから、かなり異様な感じを受ける。何を狙ったのかわからぬが、しかし、これは手のうちには入らないだろう。

それよりはっきりしているのは、殿岡ハツエの洋子が働く喫茶店に、丹羽志津の母が来て、入り口でのやりとりのあと、娘に促されて店内に入ってくるところだ。彼女が入るにつれて、それまで黒く沈んでいた店内が明るくなり、椅子の背が白く浮き上がるとともに、こちら向きに座っていた女の顔がはっきりと映し出されるのである。これがライティングによる遊びだとしたら、撮り方での拘りもある。

神代は、この映画で、向き合った二人を切り返しで見せるのを徹底して避けているようなのだ。たとえば、殿岡がヌードダンサーとして舞台に立つようになったとき、彼女を愛しているという恭ヤンなる男と喫茶店で話す場面がある。そこでは、こちら側を向いた男に対し、殿岡の後頭部が映るのだが、切り返しで彼女の顔を見せるのではなく、鏡に向かって喋る顔を見せる。すなわち、男の顔と彼女のそれとが頭を挟んで同じ平面に並ぶ、というように撮るのだ。

さらに、自動車事故で入院しているところに取材にきた芸能記者の坂本と話をするシーンでは、カーテンを使って、喋る殿岡の顔だけに視点を集中させ、逆に、対面する坂本に視点が移ると、殿岡の背中越しに、こちら向きの男を撮るのだが、このあたりはゴダールなどを意識したのだろうか。

それとは別に、わたしがオッと思ったのは、ロケーションに関わるところだ。それは、彼女が坂本に頼んで、週刊誌に書かせた初恋の相手で、堅気になったら一緒になろうと約束した若い男が、実際に訪ねてきた場面だ。二人は、屋上の物干し場のようなところで向かいあい、カメラは常に二人を横から撮っているのだが、殿岡の顔を右から撮ったショットでは、彼方の高架を走る電車が見える。それに対して逆の位置からのショットでは、下の路地の停車中の車や遊ぶ子どもたち、自転車に乗った年寄りなどが見えるのだ。これは、仕込んだものではなく、実際にあった人や物をそのまま取り入れたのだろう。そこには、映画がありのままの日常と接しながら、物語を外へと開いていくような開放感がある。

ロケーションに関わって、より些細なところでは、といいながら、実は後の作品にも度々出てくるのが、歩道橋である。ヌードダンサーとしての洋子が、恭ヤンから、演出家に乗り換え、さらに彼と別れる一場を歩道橋で演じていることである。「いくら止めても行くんだろうな、お前は生きものそのものだから」という男の言葉を背に、歩道橋を降りていく彼女を待ち受けているのが、芸能記者の坂本なのだ。とはいえ、むろん、このシーンが映画の中で特に際立っているというわけではない。そもそも歩道橋など、都会なら、どこにでも見かける、ありふれた空間でしかないのだから。かりに映画を撮り始めた新人監督であっても、男女の別れを街路で見せるとしたら、平坦な路上よりは歩道橋を選ぶぐらいはするだろう。ただ、神代の場合は、のちに触れるような独特な空間志向があり、その、きわめて平凡なアイテムの一つに歩道橋があることは、次回作の『濡れた唇』(一九七二)でも、『青春の蹉跌』(一九七四)でも見て取れるはずだ。

では、このような細部はともかくとして、『かぶりつき人生』という映画は、全体に何を描いていたのだろうか。前半は、男好きだが男を見る目がないため失敗を繰り返すストリッパーの母親と、そんな母親に反撥する娘の行動が描かれるが、殿岡が主になる中盤以降は、彼女の「生きものそのもの」としての欲望のままに、男から男へと動いていく姿が描かれる。

坂本と教会で式を挙げた洋子は、彼の伝手でピンク映画に出るようになり、一応、人気を得るのだが、それにつれて男がヒモのようになっていくのに嫌気がさす。そんな折、たまたま団地に来た布団乾燥の仕事をする若い男と知り合って意気投合した彼女は、彼に、夫殺しを持ちかけるのだが、それ自体、ほとんど行き当たりばったりの思いつきにしか見えない。それは、この場面にリアリティがない、というより、洋子は、ほとんど行き当たりばったりで男を替え、次なるステージに踏み出そうとする、そういう女なのだ、ということが示されるのである。

それが、さらに明確になるのが、先に挙げた物干し場での対面の末、洋子の冷淡な態度に怒った男が彼女を刺してからの顛末である。洋子は救急車で運ばれるのだが、刺して逃げた男は警官に追われた挙げ句、拳銃で足を撃たれる。そして、彼女の乗る救急車で一緒に運ばれることになるのだが。そんな男に向かって、彼女は、あんたがムショから出てきたら、ふたりで酒場でも開こうか、と語りかけるのだ。なんとも懲りない女であることか！　だが、懲りないのは彼女だけではない。神代映画の女たちは、『濡れた唇』の絵沢萠子にせよ、『一条さゆり　濡れた欲情』(一九七二)の伊佐山ひろ子にせよ、基本的に懲りるということを知らないのである。否、女ばかりではない。男たちもまた懲りないのだ。

『かぶりつき人生』殿岡ハツエ、丹羽志津

ロマン・ポルノから、身体を解き放つ

監督第一作とはいえ、『かぶりつき人生』に言葉を費やし過ぎたかもしれないが、それは、神代辰巳が出発点において、何をどのように描いたかを確認するためであった。すでに見たように、そこで彼は、のちの作品につながるような試みをしたことは確かだが、物語としては、欲望のままに生きる一人の女の姿を描いたのであり、その意味で、ひとつの〝人間像〟を提示したに留まる。それは、同時代の女性像のなかでは新しかったともいえるが、それ自体、田中小実昌の原作によるとも考えられるし、また、今村昌平の女性像にもつながるともいえるだろう。

だが、三年に及ぶ沈黙を強いられた後、一九七一年の日活のロマン・ポルノへの転換が、彼に新たな道を開いたのだ。そのなかで、彼の描く女たちは、ロマン・ポルノ第一作『濡れた唇』の絵沢萠子にせよ、続く『一条さゆり　濡れた欲情』の伊佐山ひろ子にせよ、『かぶりつき人生』の殿岡ハツエを引き継いでいるのは否定できない。にもかかわらず、彼女たちは、それらしい〝像〟として落ち着く位置にとどまっているわけではない。そして神代辰巳は一九七二年以降、多くの観客が期待しているような、たとえば寅さんのような人間像の提示による〝感動〟という方向から逸脱していくのである。それには、一面で、セックス・シーンを中心にした七十分の映画というロマン・ポルノの条件が作用していたとも考えられよう。単純に言って、七十分の枠のなかでセックス・シーンを除くと、登場人物の人間性をじっくり描くなどということには無理がある。だが、神代が卓越しているのは、あとで触れるように、それより尺の長い〝一般映画〟においても、概念化されるような人間像には行かずに、むしろ、身体の解放に向かうのである。

どのようにか？　むろん、男女が抱き合うセックス・シーンも、一面では、日常的な身体からの解放ではあるだろう。だが、神代は、そこに留まっていなかった。その作品を振り返ってみれば明らかなように、彼は、男女が抱き合うというセックス・シーンの基本である肉体の接触から、俳優たちを動かして、さまざまな身体表現を試みていくのである。

たとえば、三作目『恋人たちは濡れた』（一九七三）において、神代は、海辺の砂地で、裸の男女に延々と馬跳びをさせるのだ。なぜ、そこで馬跳びなのか、そこにどんな意味があるのか、むろん、わからない。やらされた俳優たちもわからなかったのだろう。だからか、中川梨絵は怒って止めてしまったというのだが、その気持ちはわからなくもない。ただ、見ているほうは、なんだ、こりゃ、と思いつつも、その、いささかだらけたような馬跳びが面白かったのだ。

神代監督が、何を思って、馬跳びをさせたのかはわからない。たんなる思い付きか、シーンの処理に困ってのことか、あるいは、話の流れに沿うようなことをやっても面白くないから、それを断ち切るようなことをさせようと思ったのか、わからないが、それを問うことにさしたる意味はない。仮に彼のなかでどんな思いがあったにせよ、そこで出てきたのが、馬跳びという身体に関わる遊戯であったところに、神代ならではの嗜好＝志向がある。通常の暮らしのなかで整序され規範化されている身体を解き放ちたいという欲望ないしは願望として。そして、それは同時に、映画において物語を語りつつ、そこから自由であろうとする欲望でもあるだろう。

『四畳半襖の裏張り』山谷初男

ところで、『濡れた唇』では、素っ裸で走った絵沢萠子が、『恋人たちは濡れた』では、男を追いかけて着物で走る。のみならず、彼女は、首吊り自殺を試みるのだ。むろん彼女は、それで死ぬわけではなく、吊った紐が伸びて足が下についてしまうのだが、神代映画では、この作品だけでなく、何故か首を吊る姿が度々出てくる。たとえば、『四畳半襖の裏張り』（一九七三）では山谷初男の幇間が、『四畳半襖の裏張り　しのび肌』では宮下順子が、『宵待草』（共に一九七四）では荻島真一が、『黒薔薇昇天』（一九七五）では谷ナオミが、『地獄』（一九七九）では、原田美枝子が崖から落ちて首吊り状態になり、『赤い帽子の女』（一九八二）では、ドイツで送金が途絶えた泉谷しげるが首吊り自殺をする……というように。ただ、首吊りがちゃんと成功して(!?)死ぬのは、荻島真一だけではあるが……。『赤線玉の井　ぬけられます』（一九七四）の中島葵は、首つりが日課になっているというのだが、ロープの輪を首にかけて屋根を滑り降りるだけで吊り下がるには到らず、また『もどり川』（一九八三）のショーケンの場合は、嘘か真か首を吊ろうとするところを、蜷川有紀の銀行頭取令嬢に抱き止められて、中途半端な格好を見せるのだが……ともあれ、何故、神代はこんなに首吊りにこだわるのだろうか。

性があれば、背中合わせに死がある。神代は、性を描きながら常にその背後の死を暗示していた、とでも言えば、いともわかりやすいのだが、わたしは、そういった解釈を好まない。それよりはむしろ、もっと単純に、神代は、人の足が地面を離れ、宙吊りになる、その形が好きだったというか、それを見たかったのではないか、と思う。それは、身体のありようとしては、馬跳びなどとは対照的な静止状態を表しているが、一方では、彼の空間に対する志向に関係するように思う。が、それについては、後に述べよう。

まずは、馬跳びに現れたような遊戯的な身体表現を追ってみよう。すなわち、這うというより、匍うという文字のほうがしっくりくるような、はう動作。あるいは、逆立ち。そして、でんぐり返しなど。ただし、これらは、ロマン・ポルノより尺の長い、いわゆる一般作品のほうにより明確に現れる。何故か、理由はわからないが、それでなくとも七十分の映画に、あれこれ詰め込む癖のある神代だから、ロマン・ポルノで、そのように遊ぶ余裕がなかっただけのことかもしれぬ。

そのことに関連して思うのは、ロマン・ポルノにあっては、男女の肉体的な接触は、セックス・シーンで繰り返されるため、それを敢えて接触という主題として意識することはないが、男同士の肉体的な接触は、いやでも目につくということだ。そして、それが際立つのは、『青春の蹉跌』や『アフリカの光』（一九七五）などの作品である。

『青春の蹉跌』の、ショーケンこと萩原健一演じる主人公を、アメリカン・フットボールの選手にしたのは、脚本の長谷川和彦自身の経験によるのだろうが、彼は、挨拶代わりに友だちと肩をぶつけ合う。肉体的な接触により、お互いの存在を確認するように。ただ、この作品は、高橋昌也扮する伯父の庇護を受け、アメフトからも学生運動からも足を洗って、司法試験に合格して社会的に上昇していこうとする青年の物語だから、『アフリカの光』のように、ショーケンが田中邦衛と体をくっつけてじゃれ合い、時に殴り合うといった男同士の接触は、さほど多くない。

そのかわり目につくのは、ショーケンの柔軟な肉体を生かした遊戯めいた身体表現である。それが端的に示されるのは、終わり近く、成城の桜並木あたりであろうか、自転車の練習をしていた檀ふみがこけると、彼女を負ぶって歩き、さらには道路に手足をついて馬になって彼女を乗せて這い歩く場面だ。転んだ女を負ぶうのは、その場のありようとして自然である。だが、お馬さんになって這うのは、明らかに過剰だ。

とはいえ、このシーンは、『宵待草』で山中をいく高橋洋子が這うのに比べれば、はるかに意味づけが可能である。これは、そのあとの、ショーケンと檀ふみの婚約披露の宴で、挨拶を終えたショーケンが、突然、膝を屈して床に這いつくばる光景につながる。いわば、それらは、家庭教師の教え子だった桃井かおりを妊娠させた挙げ句、檀ふみとの結婚の邪魔になるからと雪の山中で殺して社会的な上昇を手にした男の、権力への屈服を暗示した姿であるというように読めるのだ。だが、そのような意味より一瞬早く、目をうつのは、地べたに手足をついて馬になったショーケンの、どこか滑稽さを帯びた身体の動きである。それが、高橋洋子の、一切の意味づけを排する無償の匍匐ほど美しくはないにせよ。

話はずれるが、この映画を見ると、神代辰巳は、俳優からさまざまな可能性を引き出そうとすると同時に、過酷な試練も平然と課す監督だったのではないかと思う。たとえば、これより前のショーケンと桃井かおりが二度目の雪山行き❖で、抱き合いながら雪の斜面を滑落していくところなどは、本当に崖から落ちてしまうのじゃないかとヒヤヒヤしたくらいで、いや、この監督、役者に平気でここまでやらせるのかと思った。だから、その滑落のなかでショーケンがかおりの首を絞めたという話のほうは、後付けの理解になった。とはいえ、ショーケンが一人で汽車から降りてくるとき、一瞬、かおりを負ぶっているような幻覚を抱くショットは冴えていたけれど。

ともあれ、この作品で神代は、ショーケンの身体感覚をベースにした演技力を知ったのだろう。そこから、神代とショーケンとの、演技をめぐっての

❖…一度目の雪山行きは、歩道橋でスキー用具を背負った桃井かおりのもとに、ショーケンが、短大に合格したんだ、おめでとう、とか言いながら駆けつけ、スキー場に行くのだが、スキーをしないショーケンは、かおりの背中に負ぶさるというか、抱きつくようにして滑降して横転する。そのとき二人は、雪洞で凍死している男女の姿を見るのだが、同じ歩道橋で待ち合わせた二度目の雪山行きでは、ショーケンがかおりを負ぶう。

なお、神代が、男と女が会ったり別れたりする場として、決まったように歩道橋を登場させたことは、本稿でも書いたが、街路に架かる歩道橋でなく、宙に浮かんで見える吊り橋でもなく、ごく尋常に川にかかる橋も……欄干のない場合もあるが……そこを歩く人ともども、彼の映画には実によく映し出されるのである。

応酬がなされ、それがショーケンと再び組んだ『アフリカの光』では、男同士の肉体的な接触として前景したのだ。

この、アフリカに行くために、アフリカ行きの漁船で働こうと北の漁港にやってきた二人の男が、よそ者を敵視する漁師たちから目の敵にされ、絶えず喧嘩を仕掛けられ、袋だたきにされながらも、しつこく町に居座ろうとしながら、一人は肋膜を病んで町を去り、残った一人は、博打場の見張りなどしたために、金を巻き上げられた漁師たちからリンチを受けるという物語において、ショーケンと田中邦衛の二人は、ほとんど過剰なまでに肉体的な接触をするのである。たとえば、熱を出した田中がズボンを履こうとすると、前に回ったショーケンが、そのジッパーをあげてやったかと思うと、田中を抱きあげ、そのまま抱いて雪の中を銭湯に連れて行き、湯船の中でまた抱き合うというように。まさに、接触という主題を男同士で演じさせながら、そこに性的な匂いを感じさせないところが、神代辰巳ならではの表現といえるだろう。

女と男の接触が中心になるロマン・ポルノから拡張して、男同士の接触へと舵を切った神代は、それを『アフリカの光』で全開して見せたのだが、男女の関係が二重三重に重層化する『櫛の火』(一九七五)でも、名古屋章が女性のいるクラブに連れて行った草刈正雄を膝に乗せ、うしろから抱きしめるような格好のまま自分と女との関係などを延々と話す異様なカットがある。また『嗚呼!おんなたち　猥歌』(一九八一)では内田裕也と安岡力也が歩道橋の階段で抱き合う。さらに、テレビドラマの『傷だらけの天使』で神代が監督した第四話『港町に男涙のブルースを……』(一九七四)では、池部良がショーケンの頭を抱え込み、顔をくっつけ合うようにして喋るのだ。

ただ、わたしは、『アフリカの光』における男同士の肉体的な接触の過剰さに神代流ユーモアを感じながらも、それ以外の、おそらくは監督が自由にやらせたであろう、ショーケンのちょっとした身振り手振りには、違和感を覚えた。たとえば、煙草をくわえたショーケンがシュシュポッポといいながら駅の待合室に入るところや、藤竜也の親分から依頼された博打場の見張りで、キュッとか言いながら右手を前に出して後ろを振り返る動作を繰り返すところなど、本人は楽しんだかもしれないが、映画をいたずらに停滞させる小細工にしか見えなかった。むろん、それらを良しとするファンもいるだろうが、このあたりのバランスが難しいところだと思う。『アフリカの光』は、地元の漁師たちの敵意に囲まれながら、性懲りも無くアフリカを目指す男の話だとはいえ、高橋洋子はおろか、桃井かおりでさえも、その魅力が十分に生かされていなかったのではないか。

その点、『宵待草』は、身体的な表現を含め、はるかに充実した作品である。主人公の高岡健二が、女とことを致そうとすると、とたんに頭痛に襲われ七転八倒するというのは、キャラ設定に属することだが、彼と夏八木勲、それに元々は人質の身でありながら、何故か彼らと行動を共にする高橋洋子が、山狩りの手を逃れて山中をさまようときに、「どうでもいいじゃない」と呟いていた洋子が、山道を匍っていく姿。そして、そのうえで、港に辿り着いた一行が、それぞれが取る道を決めたところで、何故か、夏八木がでんぐり返しを始め、それが高岡、洋子と移っていく無償のアクション。それは、独りになった高橋洋子が、夕闇迫る砂浜で延々とでんぐり返しを繰り返すラストに到り、それまでの絡み合った物語を映画のゼロ地点ともいうべき空無へと解き放つのである。

ともあれ、この『宵待草』と先の『青春の蹉跌』は、神代監督の〝一般映画〟の秀作であるが、それを物語レベルで可能にしたのは、脚本を担当した長谷川和彦の一九七〇年代に対する批評であろう。『青春の蹉跌』の原作は未読なので、どこまでが原作によるものかわからないが、学園闘争から発した六〇年代の政治闘争終焉後の学生たちの屈折した処世を描きこんだのは、明らかに長谷川の功績である。そこには、すでに形骸化した政治言語を振り回す学生もいれば、内ゲバで傷つき、故郷に帰る学生もいる。上昇志向の主人公が最後に到って躓くという本筋は原作由来のものだろうが、司法試験に合格して、権力の座を目指す学生も、あの時代、いたはずである。あの映画で有名な、ショーケンのエンヤートットも、直接口にしているようには見えないので、彼の内面での呟きであろうが、そんな無意味な歌の断片を呟くことで、彼は、自身が選んだ行動を微妙な違和感とともに突き放すしかなかったのだ。

それに対して、完全なフィクションであると謳った『宵待草』は、時代を昭和初年代に遡らせ、テロリスト・グループの、それこそ蹉跌に満ちた姿を描いているのだが、彼らが銃を奪うために憲兵隊の詰所を襲撃するシーンには、一九七〇年代初めに、獄中の同志を奪還するために、交番や銃砲店を襲って拳銃を奪おうとした京浜安保共闘の影を見ることが出来よう。あるいは、グループの中心人物である青木義朗と訣別した夏八木たち三人組が、山狩りに追われるあたりには、連合赤軍が辿った行路の影を読み取ることも可能だろう。この映画が公開された一九七四年であれば、なおさらだ。だが、肝腎なのは、そのような読みを可能にするような物語を作りながら、長谷川和彦は一貫して、一つの集団が上意下達の組織原理に縛られてゆく悲劇に対して、あくまでも個人が個として立ち、行動するということを原則として差し出しているのである。長谷川の七〇年代に対する批評とは、その一点においても明確なのだ。もっとも、青木や夏八木らテロリストが、争いの場面でも意味もなく笑っているのは、脚本ではなく、監督の演出であろうが。

そして、『宵待草』の全編を彩るのは、歌である。神代映画には常に歌がつきものだが、ここでは、タイトルにある「宵待草」や「船頭小唄」等の流行歌に加え、「ダイナマイトドン」に類する民権演歌が、絶えず登場人物たちの口からこぼれ出るのである。そのなかでも、わたしが好きなのは、〽裁判官の息子が泥棒で、検事判事が伯父さんで、そのまた従兄弟が弁護士で、この裁きはどうなるか〜という、出所の定かならぬ歌なのだ。これは確か、それまでセックスが出来なかった高岡が、海辺の小屋で、なかば砂にまみれながら洋子とセックスするシーンでも、二人が声を合わせて歌っていたと思うが、神代の歌は、通常とは逆に感情移入を排するように歌われ、流れるのである。

『黒薔薇昇天』岸田森、谷ナオミ

宙吊りの身体、宙吊りの空間

すでに書いたように、神代作品には、しばしば首吊りが登場する。すなわち、宙に吊られた身体である。そのなかで、きわめて唐突に、しかもその姿を堂々と見せつけるのは、『宵待草』の荻島真一であるが、同様に、ただ無意味にというか、前後の脈絡なく首を吊るのは、『黒薔薇昇天』の谷ナオミである。彼女は、金で雇われている老人の尻をなめていたと思ったら、次の瞬間、野っ原に赤い椅子を持って現れ、木の蔓を這わせた棚に紐をかけて首を吊るのだ。足で椅子を蹴り、文字通り宙吊りになったところに、ピンク映画の監督でスケコマシの岸田森がどこからか現れて、彼女を抱き下ろす。

この映画の谷ナオミは、首吊り以外でも、身体を宙に浮かばせる姿をよく見せる。典型的なのは、遊園地の観覧車に乗ったシーンだ。歯医者で一緒になった岸田森は、探偵と偽って彼女を誘い出すのだが、彼女を待ち受けるのが、神代映画ではお約束の、といってもいい歩道橋で、ただ、そこで岸田は何故か、歩道橋の上で遊んでいた女の子を負ぶって遊びの輪に加わる。そこに現れたナオミを連れ込むのが、観覧車だ。彼女が観覧車に乗る場面は、このあとにもあるのだが、初回のそのときは、耳元で囁く男の口説き文句から逃れようとしたナオミは、空中にありながら観覧車の扉を開けて出ようと、身を乗り出すのだ。谷ナオミのあの肉体が宙に浮く。

また別の機会に、岸田森は、彼女を川縁の釣具屋に誘い出すのだが、その防波堤と釣具屋をつなぐ、梯子を横にして引っ掛けただけのような危なっかしい橋の上を歩く谷ナオミを、下から仰角で撮っているために、彼女が宙に浮いているように見えるのである。

宙に浮かぶ橋ということでいえば、山中の谷川の上にかかる吊り橋がある。たとえば、『青春の蹉跌』では、桃井かおりが、吊り橋の、欄干代わりの綱につかまったまま座り込んでいたし、『宵待草』では、気球に乗って逃れた夏八木たち三人組を追う青木義朗ら四人が、かけ声でもかけそうな勢いで吊り橋を渡っていったのだった。いずれも下から仰角で撮っているので、桃井かおりは、空中で行き惑っているかのように見え、青木義朗一派は、宙を踏んで歩いているように見えるのである。

　これは、いったいどういうことなのか。首吊りの身体から、観覧車や吊り橋に乗った身体と、何故か、神代辰巳は、宙吊りになった身体を見たい・見せたいという嗜好あるいは志向があるようなのだ。ロマン・ポルノあるいは、それ以外の一般映画でも、中心になるセックス・シーンは、基本的に地上で、それも『四畳半襖の裏張り』のあの蚊帳越しに白く浮き上がるように見える布団の上や、ベッドの上で演じられる。むろん、何かの歌にあるように、立ってする場合もあるにせよ、人間の性行為というやつは、重力の法則にそってする以外にはないのだ。そして、そのような身体のあり方と対極にあるのが、宙吊り、あるいは宙に浮かぶ身体である。

　この振幅のうちに神代映画はある、と言ってしまえばカッコいいのだが、そうは問屋が卸さない。だいたい、首吊りにしても、観覧車から身を乗り出す女や、吊り橋を渡る男にしても、一瞬、現れてはすぐに地上に戻ってしまうのだから、重力の法則に従って、布団やベッドの上で延々と繰り広げられる〝性交〟には敵うはずもないのだ。むろん、なかには『宵待草』の気球のように、かなりの時間、空中を漂うことのできるものもなくはない。だが、残念ながら、気球による遊泳は、安定しているだけに、観覧車や吊り橋のように、死と隣り合わせの危険をはらんで宙に浮かぶようには見えないのである。

　だが、にもかかわらず、神代のように、それが一瞬に過ぎなくても、宙吊り、あるいは宙に浮かぶ身体をそのフィルムに定着させてきた監督は稀有なのだ。そして、そう思ってみれば、それは、ルーティーンとしての〝性交〟の対極にあるというよりも、匍匐やでんぐり返しといった、規範化された身体を解放する運動の対極としてあったといった方がいいだろう。

　とはいえ、宙吊りの身体と地上でのでんぐり返しや馬跳びは、確かに、その位置や姿形においては対照的ではあるが、いずれも人間の立ち居振舞いといった日常的な身体のありようからの逸脱という点においては共通する。神代辰巳は、日常的な整序された動きに従う身体からの逸脱＝解放にこだわったのである。それを、神代の身体の政治学であるといったら、言い過ぎであろうか。むろん、彼に、それを論理的な問題として提示したわけではない。映画を撮る現場において、とっさの感覚的な判断で、身体を宙に吊り、馬跳びやでんぐり返しをさせたのだ。神代について、しばしば言われるアナーキズムということも、そのような感覚的判断として息づいているのであり、まさに、それ故に、論理としてのアナーキズムよりも根深いのである。『青春の蹉跌』でのショーケンと桃井かおりの雪中での滑落を、危険を承知で平然とやらせるところにも、それがあるのかもしれない。

　と同時に、首吊りにせよ、でんぐり返しや馬跳びにせよ、それが映画においては、物語の流れを不意に断ち切るように作用していたことを忘れるべきではない。何故、そこで馬跳びなのか、何故、這うのか、何故、でんぐり返しなのか、何故、荻島真一は、やぐらで首を吊っているのか……そこに、しかるべき理由はない。なぜか、そうした身体だけがあるのだ。それが、物語の流れに亀裂を入れるのである。物語を語りつつ、そこから一瞬でも逸脱していくこと。彼は、そうして、映画をも、負うべき物語から自由にさせたかったのではないか。

終わりに

　改めていうまでもないが、神代辰巳が作家としての本領を発揮するのは、一九七二年の『濡れた唇』に始まるロマン・ポルノを撮るようになってからのことである。とりわけ、七三年から七五年にかけては、すでに触れた一般映画も含め、質量ともに充実した作品を次々と作っている。しかし、本稿において、わたしは、ロマン・ポルノ作品についてほとんどまともに論じていないのである。何故か。そこには、紛れもない傑作があるのは重々承知しているのだが、それらを改めて一作ずつ論じる気にならなかったのだ。やれば、最初にそれらに接したときの興奮を、後追い的になぞるだけに終わりそうな気がしたというのが、正直なところか。幸いにして、本書には、当時、目の前に現れた神代ロマン・ポルノ作品に感動した諸氏の論考が収められているので、それで欠を補うことができるのではないか、とも考え、わたしが公開当時には触れることのなかった作品に焦点を当てたのである。そこから、神代映画の臨界点とでもいうべきところを辿れないかと思い、〝神代映画の縁を辿る〟としたのだが……神代自身は、予算や撮影日数の違いはあっても、ロマン・ポルノといわゆる一般映画とをほとんど区別することなく、自在に往還しながら撮ったのだと思う。

ただ、一九八〇年代に入ると、ロマン・ポルノ自体のエネルギーが衰退したことも合わせ、一般映画の比重が大きくなる。なかでも、わたしは、倍賞千恵子、美津子姉妹が雪の中で対決する『離婚しない女』(一九八六)が好きで、それ以前の神代作品を知らない人なら、これを普通の意味でのメロドラマの傑作と受け止めても不思議はないと思うのだが、だからといって、神代が、成長ないし成熟したということにはならないのである。神代辰巳は、鈴木清順とは違った意味で、成熟しない人なのだ。それは病篤くなりながらも、『噛む女』(一九八八)や『棒の哀しみ』(一九九四)のあとに、『インモラル　淫らな関係』(一九九五)を撮ったことにもはっきりと現れているだろう。彼もまた、『アフリカの光』の主人公以上に、懲りない男だったのである。けれども、そこにこそ、神代辰巳の、尋常には捉えきれない作家性があるのだ。

とことん行っちゃえばいいんで、そこまで行って何があるかというと、やっぱり映画は芝居だなあという気がしてるんです

神代辰巳インタビュー

山根貞男

ロマン・ポルノを代表する監督を一人あげよ、といわれたら、まちがいなく十人が十人とも、神代辰巳の名をあげるだろう。そうした監督であることにおいて、神代辰巳は、一九七〇年代の日本映画を代表する映画作家でもある。ただし、周知のように、神代辰巳のデビュー作は六八年の『かぶりつき人生』であって、それから七二年まで、短くはないブランクがあった。

「その間、シナリオを(会社へ)出しちゃあ振られ、をくりかえしてました。で、そのシナリオでセックス・シーンがあればロマン・ポルノになる、という話になって……。セックス・シーンという条件については、映画監督ってのはそういうものですから、アクション映画でも同じことで、これで何とかなるのかなと思って、やりました。いちおう自分の撮りたいものを撮れるんじゃないか、と。そういう意味では、ロマン・ポルノになったことは幸いでしたね」

こんなふうにして、神代辰巳のロマン・ポルノ第一作『濡れた唇』や村川透のデビュー作『白い指の戯れ』が、旧作シナリオをもとに生まれた。この製作事情には、ロマン・ポルノ転向による、いい意味での混沌がおもしろくうかがえる。

「現場ではいろいろあったんですが、残った人たちのこ

『赫い髪の女』撮影スナップ

とでいえば、しょうがねえ、好きなことをやろう、と……。いまのようにロマン・ポルノが安定した状態と違って、上のほうでも、いいものなら何でもいいや、ぼくらのほうでも、好きなものを撮れるなら何でもいいや、というふうで、それが熱気になったんじゃないですか」

ロマン・ポルノという舞台を得て、神代辰巳の一人活躍がはじまった。『一条さゆり・濡れた欲情』『恋人たちは濡れた』と傑作がつづき、サドの『ジュスティーヌ』を原作とした意欲作『女地獄・森は濡れた』、そして傑作『四畳半襖の裏張り』へと、魅惑あふるる神代的世界がくりひろげられる。

「おもしろかったですねえ、好きなことができるってことが……。もう一度、ああいう時期がくればいいな、やっと思いますね。たとえば『ジュスティーヌ』なんか、やっちゃったんですから。それとか『恋人たちは濡れた』とかは、こっちのやりたいものを好きなようにやって、いっぽう、わりあい商業路線で『一条さゆり・濡れた欲情』とか『四畳半襖の裏張り』を……。両方チャンポンにあって、おもしろかったんですよ」

これらの作品のうち、『一条さゆり・濡れた欲情』は、大ヒットするとともに、世間一般のロマン・ポルノに対する評価を急激に高めた。いっぽう『女地獄・森は濡れた』は、警察の圧力によって公開が三日ほどで打ち切られ、幻の映画になってしまった。そうしたなか、神代辰巳の活躍は、七四年の東宝『青春の蹉跌』以後、日活外にも広がる。

「外でやってみて、やっぱり日活はいいなあと思いましたね。作品のテーマ性というか、その点では日活のほうが上だなあ、と。たとえば日活の場合、メロドラマ的なものなどなくてもいいですからね」

しかし、ロマン・ポルノも十年を経て、初期の熱気は稀薄になったのではないか。

「ロマン・ポルノがある程度、採算ベースに乗るんじゃないかなあ、と考えられはじめた頃から、そうなったんですかね。そうはいいながらも、『赫い髪の女』みたいなものがやれた。日活だからこそで、ほかの会社じゃできませんよ。昔ほどではないが、まだ何か熱気が残ってるんじゃないですかね」

たしかに七九年の『赫い髪の女』は、ロマン・ポルノの流れのなかでこそ出現した傑作である。日本映画における性表現という点でも、一頂点をきわめたといっていい。そんなふうにして、ロマン・ポルノの十年は、性意識の変化に影響があったろうか。

「それはないと思いますね、ロマン・ポルノがあったからセックスに対する意識が変わったということは」

そういえば神代辰巳はいつか、大島渚の『愛のコリーダ』のノーカット版を外国で見てきて、うらやましがっていた。

「ええ、うらやましいです。すごいですからね。力が違うし、こっちの思い入れがまったく違うし……。とことんやっちゃって、そのあげくどうなるか、ということをやらなきゃいけないと思いますね。ただ、本番といっても、こっちだって観客の入った、やってる、という思い入れと、役者の芝居とに、別のような気がするんですよね。本番にしろ、やっぱりインチキ芝居やってるわけでしょ。そのへんがむずかしい。でも、とことん行っちゃえばいいんで、そこまで行って何があるかというと、やっぱり映画は芝居だなあという気がしてるんです」

そう言って、神代辰巳は目を輝かせた。映画は映画だとの確信をもって、である。

(『官能のプログラム・ピクチュア　ロマン・ポルノ1971-1982全映画』フィルムアート社、一九八三年)

甘美なる遁走

山田宏一

おりから公開された神代辰巳監督の新作『もどり川』(一九八三)の公開にタイミングを合わせて神代監督の旧作の二本立てを組むことになった名画座の仕事を手伝いながら、大好きな『四畳半襖の裏張り』(一九七三)と『青春の蹉跌』(一九七四)の二本を連続し見ることになった。つづけてみると、またひときわ神代辰巳ならではの魅惑の映画世界がやさしくエロチックに迫ってきて、至福の映画的時間にひたる。

『四畳半襖の裏張り』は、「美しさだけが、肉体だけが、女の瞳だけが、愛する女のきめこまかい肌の感触だけが、映画のすべてだ」というジャン・ルノワール監督の言葉を思いださずにはいられない映画だ。あの蚊帳のなかの長い、長い、いつ終わるとも知れないセックス・シーンでは、ふとんのなかに入ったら顔と口では「いや、いや」を言いながら手足を男の身体に絡ませて放さない宮下順子の官能のうねりにキャメラがみるみる感応していくのが感じられる。

女の肉体に注がれる男のエロスと恍惚の視線が映画のスタイルを決めるなどといったありきたりの評言などもどかしいくらい、神代辰巳の作品には女の肉体の存在感が圧倒的で、それは女の裸と性描写を売り物にしたロマンポルノである以上当然のことのように思われるものの、じつは四十八手しかない——それでも、ジュリエット・グレコの歌ったシャンソン「のみの歌」によれば三十六手しかないというフレンチ・スタイルをしのぐ——和風の色の道でどんなに映画的テクニックを弄しようともたかが知れているのだし、そのパターンのなかであれほど女の官能的な身振りをいきいきとフィルムに焼きつけることができたというのは、ひとえに神代辰巳監督の、女好き、好色、助平根性の所産にほかなるまい。セックス・シーンを描くときの長回しのキャメラ（撮影は『四畳半襖の裏張り』『青春の蹉跌』ともに姫田真左久）は、女の肉体を凝視する固定《フィックス・》の視線《ショット》というよりは、撫で、さすり、なめまわし、においをかぎ、ともにたかまっていくという、いわば、さわり、さわられるという至近距離の位置関係を感じさせる。なれあいのキャメラとでも言ったらいいか。

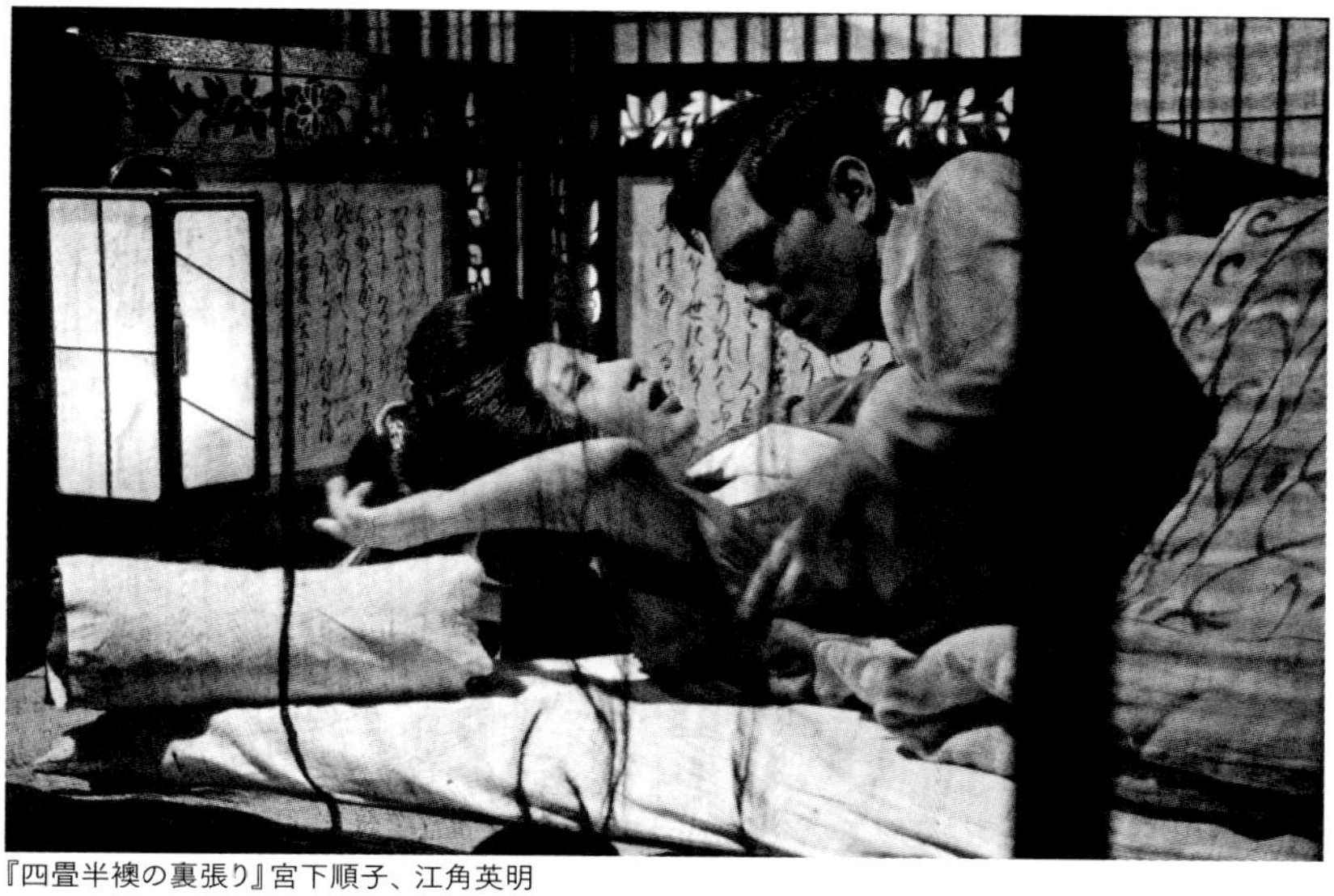
『四畳半襖の裏張り』宮下順子、江角英明

曾根中生監督の『熟れすぎた乳房　人妻』（一九七三）だったか、小沼勝監督の『昼下りの情事　古都曼陀羅』（一九七三）だったか、女の局部と見まごうばかりの腋毛を超アップでとらえたり、あるいはまた、田中登監督の『江戸川乱歩猟奇館　屋根裏の散歩者』（一九七六）のように天井の節穴から女の脱ぐ姿を凝視しつづけるという、フェティッシュな視姦者の視線は、すくなくとも神代辰巳監督の映画世界にはないかのようである。

『赤線玉の井　ぬけられます』（一九七四）のラストシーンの階段を昇っていくときの芹明香の官能的な身振りにはっきりと見られるように（彼女は久しぶりに赤線に戻って、客をとるために新しくパンティをとりかえ、「ああ、今夜はイキそう」とつぶやく）、神代辰巳による女の官能的な身振りの演出は、彼女たちの「濡れた」一瞬をとらえた映画的イメージの発現なのだ。こうした肉体的なアクションが最もエロチックな映画的画面に構築されたのが、『四畳半襖の裏張り』の、あの——フローベールの小説「ボヴァリー夫人」の馬車のシーンやその映画的発現とも言うべきマックス・オフュルス監督の『忘れじの面影』（一九四八）の遊園地の「世界旅行」のシーンを想起させる——人力車を走らせて芸者とセックスをする江角英明を、嫉妬に狂った置屋のおかみの絵沢萠子が人力車で追いかけていく、忘れがたい夜の柳並木の街路の夢のように美しく官能的な移動撮影のシーンだ。かつてスクリーンにこれほど美しく映画的な「恋の鞘当て」のイメージが現出したことがあっただろうか。

『四畳半襖の裏張り』の陸軍二等兵、粟津號は、置屋の二階で、馴染みの（たしか婚約までしていたと思う）芸者の丘奈保美と時間にせきたてられて泣きながら束の間のセックスにはげんだあと、褌の紐をきちんと結ぶ間もなく、練兵場の点呼に遅れないように、必死に街を駆けぬけ、川べりの土手を走って行く。その走る恰好がおかしくて印象的なのである。疾走ではない。さっそうたる走りっぷりからは程遠い。一所懸命に走るのだが、ドタドタ、ぐにゃぐにゃ、ハアハア、えっちらおっちら……ひどくぶざまなのである。「間に合わない、間に合わない」とつぶやきながらの必死の走りっぷりではあるのだが——。

男だけではない、半玉の芹明香も、息せききって走りに走り、昼下りの置屋に駆けこみ、江角英明に向かって、「あたしを抱いてください。旦那をとりたいんです」。彼女もまた、まるで「間に合わない、間に合わない」とつぶやきながら、あせって走って来たかのようだ。

『黒薔薇昇天』（一九七五）のエロ事師、岸田森も、8ミリ・キャメラを持って「取材」に「ロケ」に走りっぱなしだ。その場で早撮りをしなければ商売にならないという、一刻をあらそう仕事だ。逃げ足はかなり早いが、しかし女房に尻尾をつかまえられているので、結局は逃げ切れない。『濡れた欲情　特出し21人』（一九七四）の片桐夕子ときたら、オシッコがもれそうで、走りに走るが、ついに間に合わない！

もうけっして間に合わないのだ。走ったってしかた

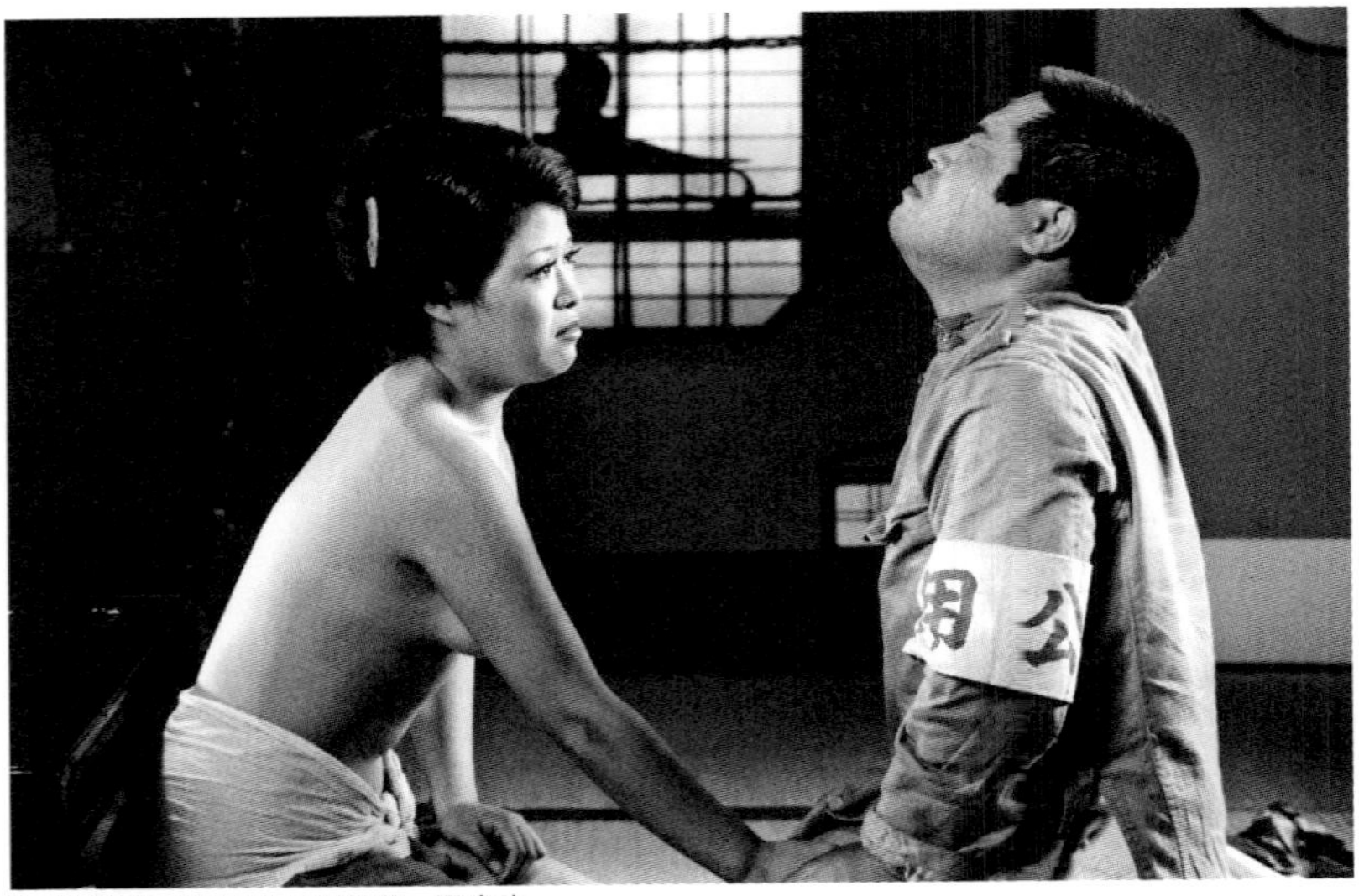

『四畳半襖の裏張り』丘奈保美、粟津號

がないのだ。『濡れた唇』(一九七二)の谷本一は走り疲れて、くしゃみをする。待ち人はついにこない――いや、もう先に来て、待ち切れずに去っていってしまったのかもしれない。間に合わなかった男の悲哀が、くしゃみとともに、ストップモーションの画面に残るのである。

『恋人たちは濡れた』(一九七三)の青年(大江徹)も、映画館から映画館へ、上映時間に間に合うように、フィルム巻を運んで自転車を走らせるのだが、いや、それ以上に何かから逃げているようなのだが、もう逃げ切れないのだと、もう間に合いっこないことを知っているかのように、こうつぶやくのだ――「追われているといえば追われているんですけどね、このざまは涙ぐましく」。

『宵待草』(一九七四)の三人の男女(高岡健二、夏八木勲、高橋洋子)も、もはや逃亡と脱出には間に合わないことを知っているのだ――だらだらと、ゴロゴロ転げ回ったりしながら、とりあえず、逃げて行くだけである(それにひきかえ、映画のなかに出てくる活動写真撮影風景だけが、ものすごい疾走のイメージだ)。

間に合わないことを知っている人間たちの悲しみ。神代辰巳の映画の人物たちは、男も女も、まるで二十歳になるまえに人生が終わってしまったことを――あたかもポール・ニザンのようになどと気取るつもりはないものの、二十歳がけっして人生の最も美しい年齢ではないことを――知ってしまった人間の悲しみを背負っているかのようだ。なにしろ、彼らはセックスばかりしているのだし、それもフェリーニの『カサノバ』(一九七六)のように命がけの悲壮な覚悟でセックスに挑むというのではない。『四畳半襖の裏張り　しのび肌』(一九七四)の芹明香のけだるい口調をまねれば、「男と女はアレしかないんよ……バンザーイ」というだけのことなのだ。

男女七歳にして愛も別れも知ってしまったような男たちと女たち。人生はもはや生きる対象ではなく、ただ男と女のアレがあるだけ。神代辰巳の映画に、人生とは何か、いかに生きるべきかなどとくまじめに問うような人物が出てきたことがあるだろうか。夢とか希望とか、理想とか野心とか、そんな生きる目的と手段を持って誇らかに生きる人物が出てきたことがあるだろうか。

『青春の蹉跌』は、そんな神代辰巳ならではの夢も希望もない甘美なる遁走に彩られた青春映画の白眉である。

セオドア・ドライサーの小説「アメリカの悲劇」の二度目の映画化であるアメリカ映画『陽のあたる場所』(ジョージ・スティーヴンス監督、一九五一)の日本版リメークをこんなかたちで見せられることに、まず快いおどろきを感じる――もっとも『陽のあたる場所』がすでに戦前のジョゼフ・フォン・スタンバーグ監督の名作『アメリカの悲劇』(一九三一)のリメークなのであったが、それよりもむしろ、石川達三の原作が要するにセオドア・ドライサーの小説を下敷きにしていただけのことなのかもしれない。

ジョージ・スティーヴンス監督『陽のあたる場所』で、モンゴメリー・クリフトの演じた役を萩原健一《ショーケン》が、シェリー・ウィンタースの演じた役を桃井かおりが、エリザベス・テイラーの演じた役を檀ふみが、それぞれ受け持つという図式になっているが、もちろんそれはあくまでも図式にすぎず、桃井かおりの存在が――いわば、最初の映画化の『アメリカの悲劇』のシルヴィア・シドニーのように！――エリザベス・テイラーのヒロインをしのいでぐんと大きくなっているところが、この日本版『陽のあたる場所』の見どころになる。

ショーケンがすばらしい。冒頭、冬の寒空の下で鼻水を垂らして、ショボくれた、しがない顔をして出てきて、海辺のホテルの屋上のレストランらしいのだが、ローラースケートですべりながら、椅子をかたづけたりする姿を見て、神代辰巳監督にそっくりなのにびっくりし、それだけですっかり感動してしまったものである。フランソワ・トリュフォー監督の映画――とくに『大人は判ってくれない』(一九五九)から『二十歳の恋』(一九六二)、『夜霧の恋人たち』(一九六八)、『家庭

(一九七〇)をへて『逃げ去る恋』(一九七九)に至る「ドワネルもの」――においてジャン=ピエール・レオーがトリュフォー監督にそっくりなのと同じように、監督と俳優が作品をとおして完全に一体となってしまっているような印象をうけたのだ。『アフリカの光』(一九七五)や『もどり川』のショーケンも、神代辰巳監督そのひとという感じだった。最近の映画では、『ルナ』(一九七九)の少年(マシュー・バリー)が監督のベルナルド・ベルトルッチにそっくりだったのがやはり感動的だったし、『カルメンという名の女』(一九八三)の女に狂った青年(ジャック・ボナフェ)が監督のジャン=リュック・ゴダールの若いころそのままというのも悲痛で鮮烈だった。映画の主人公が監督の分身であることは不思議ではないにしても、その主人公を演じる俳優の顔つきや体つきまでが監督に生き写しになるというのは――無意識のうちに監督が自分に似せようとするにせよ、俳優のほうから監督に似ようとするにせよ――やはり異様で、めまいのように感動的だ。

『青春の蹉跌』では、まず、ショーケンが大学のアメリカン・フットボール部の仲間(河原崎建三)とユニフォーム姿で肩をぶつけ合いながら、トレーニングというよりは、何やらぐにゃぐにゃにゃやるあたりから、山根貞男氏が「軟骨的文体」と名づけた神代辰巳監督独特の映画と人間のぐにゃぐにゃ、ダラダラした律動(というよりも蠕動とでも言うべきか)がはじまるのである。その頂点が、桃井かおりを背負った(あるいはひきずった)ショーケンが〽エンヤートット、エンヤートット……とボソボソつぶやきながら雪山の斜面をダラダラとすべる長いシーンだ。ショーケンは桃井かおりを殺すつもりで山に連れて来たのだが、なかなか果たせず、桃井かおりのほうもそれを知っているのかいないのか(いや、たぶん知っているにちがいないのだが)、ふたりともダラダラ、ぐずぐずしていて、おぶったり、おぶわれたりして山道を登ったりおりたりする。これほど青春というものの重荷と虚脱感を見事に空白の時間に描いた日本映画はかつてなかったのではあるまいか。

『青春の蹉跌』のショーケンもまた、もう間に合わないことを知っているので、走ることをやめてしまった青年だ。フットボールの選手なのに、走ることをやめてしまった青年――彼もまた、あの走りに走ったけれども間に合わず、夜明けの寒さにくしゃみをした『濡れた唇』の青年、谷本一の悲哀に冒されているのである。結婚式の会場では、やたらにつまづいてばかりいるという始末だ。そして桃井かおりもまた、「もう間に合わないから」夫のもとに帰って行こうとしない『赫い髪の女』(一九七九)の宮下順子のように、けっして帰ろうともせず、逃げようともしない。

『四畳半襖の裏張り』から『赤線玉の井 ぬけられます』をへて『赫い髪の女』に至る神代辰巳監督のロマンポルノ作品では、人生の目的とかテーマなどにしがみついて生きようとしている不潔な社会的、野心的人間の制度から完全に逸脱した男と女の純粋にアレだけの世界が描かれる。

セックスだけでわかり合える甘美な人間関係――そこにどっぷりひたってしまうと、もう中毒気味になって、現実に生きるのがいやになってしまうくらいだ。もう間に合わないのだから、走るのはやめよう、と。

それにしても――走る姿で思いだされるのは、『濡れた唇』で絵沢萠子が全裸で、真っ昼間に、道路のまんなかを走っていった、その、お尻まるだしの、うしろ姿の豊満な美しさだ。そしてもちろん、あの『四畳半襖の裏張り』で彼女の人力車が江角英明と芸者の人力車を追いかける夜の柳並木のシーンの美しさ。神代辰巳の映画世界で明るく、おおらかな笑いに満ちた走りっぷりを見せたのは、彼女だけだったような気がする。

(『シネ・ブラボー 小さな映画誌』
ケイブンシャ文庫、一九八四年)

神代辰巳を擁護する

蓮實重彥

それまでたった一本の作品しか撮ったことのない一人の映画作家が、四年ものあいだ仕事から遠ざけられていた一九七二年に、いきなり、二本の作品の演出を会社から依頼される。すでに四五歳にもなっていたこの新人監督は、まず、書きためていた得意の脚本を改稿し、行き違った男女の愛と意図せざる犯罪とが交錯しあう奇妙なロードムーヴィー『濡れた唇』(72)を、十日間で撮りあげる。予算は低くおさえられ、あらかじめ二本立てで公開されることを運命づけられた、上映時間は七五分という文字通りのB級映画である。にもかかわらず、危機に陥ったものたちの妙にさめきった振る舞いのうちに、その後の作風が素描されているところなど、これは無視しがたい作家が誕生したと誰もが思わずつぶやかずにはいられない出来映えを示している。だが、この新人監督の名前が世間から広く認知されることになるのは、『濡れた唇』の直後に撮られ

『一条さゆり　濡れた欲情』撮影スナップ。神代辰巳、一条さゆり

た作品によってである。当時、猥褻物陳列の容疑で告訴されていた踊り子をあえて主演に迎え、しがないストリップ劇場のバックステージを舞台に演じられる芸道上の確執を、女たちの肉体そのものを素材として描いた二本目の『一条さゆり・濡れた欲情』(72)が観客の熱狂的な支持と、一部の批評家の評価と、警視庁の注目とを同時に集めてしまったからである。

この新人の撮った『一条さゆり・濡れた欲情』の興行的な成功を無視するはずもない製作会社の日活は、たちどころに複数の企画の演出を彼に依頼することになるだろう。かつてはビッグファイヴの一つに数えられ、初期の溝口健二の活躍の場でもあった由緒正しいこの撮影所も、一九七〇年代に入って大胆な合理化を余儀なくされるほどの状況の悪化にはさからいきれず、性愛風俗を題材とした低予算の、撮影期間もごく短い中編映画を量産することで、何とかその場をしのごうとしていたのである。経験の乏しい新人監督に映画を撮る機会がめぐってきたのも、この会社が「日活ロマンポルノ」という新たな量産体制を採用したからにほかならない。とはいえ、すでに群小のプロダクションでは盛んに試みられていた性愛路線を成功させるための映画づくりを心得ていた契約監督など、この会社には一人としていなかったといってよい。

実際、彼らのほとんどは、それまでの会社の路線にしたがってアクション映画を撮っていた監督たちである。だから、『八月の濡れた砂』(71)の藤田敏八のように、アクション映画から性愛映画への転換をごく自然な表情でやってのけた作家もいないわけではないが、これを機に、困難な妥協をしいられたり、テレビに移ったりした監督たちも少なくない。『濡れた唇』の監督の場合は、そうした演出の経験を欠いていたことが、かえってさいわいだったのかもしれない。事実、『一条さゆり・濡れた欲情』は、これといった戦略もないまま発足した新体制の初期の混乱期に、描かれている舞台装置の猥雑さと、裸身を商品として生きざるをえない踊り子たちの日々の闘いを擁護するそのいくぶんかアナーキーな姿勢によって、はからずも一つの路線を定着させてしまったのである。

いうまでもなかろうが、この新人監督は、会社の方針通り、女の素肌や男女のからみの光景を撮ることに深い興味と関心とをいだいたわけではない。ただ、ひたすら脚本を書き続けていた長い助監督時代の経験からして、作品の筋立てさえしっかりしていれば、かつての会社の路線にそってアクション・シーンを脚本に書き加えたときのように、それにセックス・シーンを適宜挿入することなどいともたやすいことだと彼は考える。そんな監督に向かって、会社の宣伝部は、『濡れた唇』と、とりわけ『一条さゆり・濡れた欲情』の成功にちなんで、彼の作品の題名には、秘められた性の高揚感を想起させる「濡れた」の文字が決まって入っていることを要請する。次回作の題名として『恋人たちは濡れた』(73)が選ばれたのは、そうした理由による。これも、路線にそった七五分の中編だが、素性を明らかにしない男が、さびれた漁村の映画館を舞台にシニカルな性の葛藤を演じるという物語で、姫田真左久の特筆すべきキャメラ・ワークが監督の意図をみごとに映像化している佳作である。その直後、彼は、マルキ・ド・サドの『ジュスティーヌ』を、大胆に一九二〇年代の日本の風俗に移しかえた『女地獄・森は濡れた』(73)を撮る。「濡れた」の一語が律儀に題名を彩っているこの意欲作は、警視庁の介入によって、たった一週間で上映を打ち切られてしまうのだが、それでも、この新人監督の才能への会社の信頼は揺らぐことはないだろう。

助監督生活は充分すぎるほど長くても、監督としてはさしたる経験も持ってはいないこの映画作家は、かくして、七三年には四本、さらに七四年には六本もの作品を立て続けに撮りあげてしまう。自分でも予想しえなかったはずだが、彼は、七二年から七四年にかけての三年間に、一二本の作品を発表することになったのである。この新人監督の華麗な登場ぶりは、五〇年代の撮影所システムの最盛期ならいざ知らず、ほとんどの撮影所が閉鎖か縮小を余儀なくされていたこの時代には、まったく異例なことといってよい。唇が濡れ、欲情が濡れ、恋人たちが濡れ、森が濡れるにつれて、この監督の旺盛な活躍ぶりによって、日活が採用した新たな性愛映画の路線は、一応の成功をおさめることになるだろう。同じ時期、彼の周辺に小沼勝、曾根中生、田中登といった優れた新人が何人も監督に登用されたのはいうまでもない。こうして、負のイメージを背負って登場した「日活ロマンポルノ」が、才能ある新たな人材の供給源となるにつれて、それまでほとんど未知のものだった一つの監督の名前が、日本映画の歴史に深く刻まれることになったのである。

その監督の名前は、神代辰巳。家族の名前をかたちづくる二つの漢字から、誰もがつい「神話的な時代」を連想してしまうこの監督は、ひたすら商業監督に徹して撮ったはずのこの時期の一二本の作品のうちに、やがて彼の代表作として記憶されることになる『四畳半襖の裏張り』(73)と、その続編にあたる『四畳半襖の裏張り・しのび肌』(74)などをしたたかにまぎれこませていたのである。「日活ロマンポルノ」を代表する神代辰巳が、日本を代表する監督とみなされるのに要した時間は、七二年から七四年にかけてのたった三年間にすぎない。

神代辰巳の名前を決定的にした「濡れた」の一語を題名に含む作品のシリーズは、一九七四年の『濡れた欲情・特出し21人』と、七五年の『濡れた欲情・ひらけ!チューリップ』とをもって、ひとまず終わりを告げる。このころから、神代辰巳は、ほかの製作会社から企画を持ち込まれるほどの有名監督になっており、以後、病身ながら、いくつもの撮影所をまたにかけて多くの作品を発表し続け、名実ともに、困難な一時期の日本映画をリードする映画作家とみなされることになる。だが、一九八〇年代の後半から健康状態に翳りがみえ、作品発表のリズムも乱れがちとなり、その三五本目の作品を撮りあげたばかりの一九九五年、『棒の哀しみ』(94)で国際的な注目を集め始めたやさきに、ヴィデオで撮った『インモラル・淫らな関係』(95)を遺作として六七歳で他界しなければならない。今、彼が刺激的な作品を量産し続けていた七〇年代を振り返ろうとしてみても、壊滅状態に陥った日活の管理体制の杜撰さによって、そのうちかなりのものは、まともなネガさえ残っていない。

ほとんど何の前触れもないまま、神代辰巳が時代の寵児となった七二年、七三年、七四年といえば、七〇年に『どですかでん』を撮り上げた黒澤明が、日本での撮影の機会に恵まれぬまま、モスフィルムの資金による『デルス・ウザーラ』の製作を検討していた時期にあたっている。七二年の『夏の妹』いらい沈黙をまもっていた大島渚が七六年に発表した『愛のコリーダ』も、フランスの資金によるものであるように、そのとき、日本映画は、まぎれもなく冬の時代にさしかかっていたのである。六〇年代の後期から、徒花として東映撮影所を延命させていた「やくざ映画」の流行もすでに下火になり始めており、多くの撮影所はその活動を縮小せざるをえず、最盛期の日本映画を裏方として支えていた技術スタッフたちは、余儀なく引退するか、本社のビルで事務をとる仕事へと配属されるかの二者択一をしいられてしまう。

別の視点から、この時期の映画界に起こったことを眺めてみると、これは世界の各地で孤立した映画づくりを試みていた「ゴダール以後」の作家たちが、国際的にもようやく認知され始めた時代ともかさなりあっている。事実、テオ・アンゲロプロス、ビクトル・エリセ、ライナー・ヴェルナー・ファスビンダー、大島渚、アンドレイ・タルコフスキー、吉田喜重、ヴィム・ヴェンダースといった監督の作品が国際映画祭で注目されたのは、七二年から七四年にかけてのことなのである。彼らの集団的な登場は、作品の質をめぐる価値観と、製作のシステムとのゆるやかな、だが着実な変化が世界的に進行していたことを意味している。神代辰巳のめざましい登場ぶりは、この時期の彼の作品が『赤線玉の井・ぬけられます』(74)をわずかな例外として、ほとんど国際的な舞台に登場しなかったとはいえ、こうした変化とどこかで呼応しあっているかもしれない。

だが、この時期に国際的に認知され始めた「ゴダール以後」の作家たちと神代辰巳を隔てる、決定的な違いが存在する。それは、ほとんど新人といってよいこの監督が、質量ともに日本映画を支えることになりえたのは、彼が、崩壊しそびれた日活が窮余の一策として採用した量産体制のもとでのみかろうじて映画を撮ることのできた契約監督だったからにほかならない。一九二七年生まれだから大島渚よりも五歳も年長の彼は、ほぼ同期の鈴木清順や今村昌平らと同様に松竹で助監督としての修業をつんだのちに、戦後しばらくしてから製作を再開した日活に移籍し、脚本を書くことで監督となる機会を待つという、日本独特の撮影所システムの内部で育った監督なのである。その点で、七二年から七四年にかけての神代辰巳は、すでに、松竹を退社し、独立プロダクションに映画製作の基盤を移していた大島渚や吉田喜重より、むしろ小津安二郎や成瀬巳喜男がまだ健在であった五〇年代の商業監督たちに近い存在だったといってよい。ごく限られた撮影日数で、上映時間が八〇分を超えることのない作品を低い製作費で撮り上げることができたのは、彼が、そのために必要とされる技術を、撮影所システムの中でしっかりと教えこまれていたからなのである。

神代辰巳とほとんど同時期に、日活で監督としてデビューした曾根中生、小沼勝、田中登といった逸材は、いずれも、そうした撮影所システムの中で育った人びとである。しかも、さいわいなことに、日活の多摩川撮影所には、確かな経験を持つキャメラマンや美術監督たちが健在だった。「日活ロマンポルノ」のこの時期の作品に、量産された低予算の早撮り中編というB級映画のイメージにはふさわしからぬ高度の技術的な達成がみられるのは、撮影所に生きる真のプロフェッショナルとしての彼らの協力があったからにほかならない。かくして一九七〇年代の日活は、撮影所システムの崩壊期にその最良の伝統が奇蹟的に生き延びている理想郷のような様相を呈するにいたる。そこでは、日々、撮影の現場での技術の継承があり、新たな実験が行われる。実際、その後の日本映画を支えることになる有能なプロデューサーやキャメラマンや脚本家のかなりの部分が、この撮影所から巣立っているのである。

その意味で、神代辰巳は、撮影所システムが生みだした最後の監督だといえるかもしれない。七〇年代に彼が仕上げた作品のほとんどは傑作として記憶されている。『四畳半襖の裏張り』でさえ、大量の消費に供される娯楽映画としてプログラムに組みこまれていた作品にほかならない。だから、商業的な契約監督として休みなく撮り続けていたとき、その細部に自分なりの意義深い仕掛けをまぎれこませてゆくことの充実感を覚えてはいたろうが、たとえば、大島渚のように、みずからを客観的に「作家」として意識しながら新作を構想するという余裕など、彼にはまるでなかったろうと思う。

では、撮影所システムにつちかわれた監督としての神代辰巳の初期の作品を支えていたものは、そのことごとくが、伝統的な技術だと結論すべきだろうか。もちろん、その結論は正しくない。一九七二年から七四年にかけて登場した多くの監督たちの作品がそうであるように、彼の作品には、それ以前の日本映画には見られなかったいくつもの新しさが、いたるところに息づいているからである。その多くは、作中人物の造形にかかわるものなのだが、それは「日活ロマンポルノ」という路線の選択が製作会社に要請した新たなタイプの女優を前にした監督との共犯関係の意識に、否定しがたい変化を導入している。そして、神代辰巳は、主演女優たちとの共犯関係の確立とその維持に、なみなみならぬ才能を発揮することになるのである。

事実、『濡れた唇』の絵沢萠子、『恋人たちは濡れた』の中川梨絵、『女地獄・森は濡れた』の伊佐山ひろ子、『四畳半襖の裏張り』の宮下順子など、量産体制に入った時期に神代辰巳が主演者として迎えた女優たちは、いずれも素晴らしい存在感でスクリーンにおさまっている。出身も年齢もそれぞれ異なってはいるが、いずれも初期の「日活ロマンポルノ」を代表するこの女優たちは、裸の肉体をキャメラにさらし、ときには男優とのかなりきわどいからみを演じるという条件をあらかじめ受け入れたうえで、会社との契約を結んでいる。その意味で、それ以前の撮影所の専属女優とはいささか性格を異にしているのだが、そうした事実が想像させる金ですべてを割り切った女のイメージにもかかわらず、彼女たちは、金銭と引き換えにスクリーンに裸

『四畳半襖の裏張り』撮影スナップ。宮下順子、江角英明、神代辰巳

身をさらすというだけの商品化された存在には、到底おさまりがつかない女優なのだ。事実、そのほとんどは、映画界の老舗ともいうべき日活の作品で主役を演じることの誇りと自尊心から、脚本が納得できなければ、監督が懇願しようと演技を拒否することも辞さないだろう。「日活ロマンポルノ」の女優たちは、その点で、まぎれもなく気位の高い「映画スター」なのである。

実際、『恋人たちは濡れた』の終わり近く、裸の男女

『恋人たちは濡れた』堀弘一、中川梨絵、大江徹

が砂丘で馬跳びに興じる場面の忘れ難い長回しの撮影の途中で、主演女優の中川梨絵は、「何でこんなことしなきゃならないの?」とつぶやいたまま、不意に演技をやめてしまったのだという。監督の演出意図もつかめぬまま、ひたすら裸身を人目にさらし続けているだけの自分が、空しく思われたからだろう。夕闇が迫り、撮影は何とか再開される。だが、その夜、神代辰巳は、主演女優としての誇りがよみがえってくるような場面をスタッフに考案させ、即席の演出で撮影して、彼女に物語の流れを納得させるという心遣いを見せていたのだと、この映画のスクリプトを担当した白鳥あかねが、後になってから回想している。

　この挿話は、映画的な時間や空間の造形に関しては独特のこだわりを見せる監督だった神代辰巳が、こと女優の演出に限っては、その肉体の動きのみならず、その内面の持続によりそうかたちでキャメラを回していたという事実を証言している。もちろん、そうした演出上の配慮は、それまでも行われていたものだ。だが、「日活ロマンポルノ」の女優たちが演技からは最も遠い素肌の肉体をも監督にあずけねばならぬ脆弱な存在であることに、神代辰巳はことのほか敏感だったのである。撮ることが、すでに裸体である女優たちを、さらに裸にする行為であってはならない。むしろ、素肌を最も美しい衣装としてキャメラにおさめること。こうした配慮が、彼の作品に、性器の比喩的な露呈とは異質の官能性をおびさせることになる。

　日活での神代辰巳の作品のほとんどにかかわった三浦朗が製作を担当した『四畳半襖の裏張り』は、永井荷風が書いたとされる猥本を、監督自身が翻案したものである。会社の路線にしたがって撮られた上映時間七六分というこの作品の舞台は花街で、料亭に出入りする芸者たちの生態を描いたものだという点で、溝口健二の世界を思わせぬでもない題材である。だが、ここでは、ロシア革命の推移や、日本軍によるシベリア出兵といった歴史的なできごとが、女たちの日常にも色濃く反映している。また、続編の『四畳半襖の裏張り・しのび肌』は、中国大陸への日本の侵略が、花街での男女の秘められたいとなみにまで影を落としていることに、作者はあくまでも意識的である。こうして、神代辰巳は、両大戦間の閉ざされた世界での性の確執を、いくぶんかのシニシズムをまじえながらも生なましく描いているのだ。優れたキャメラマンの姫田真左久が薄暗がりの中に浮かびあがらせる女性の素肌の美しさは、だから決して無償の審美主義におさまることがないのである。

　『四畳半襖の裏張り』で初めて神代辰巳と仕事をした宮下順子は、彼の演出が、室内であってもロングショットの長回しであったことに緊張感も覚えはしたが、同時に、キャメラがかなり離れていることにある種の解放感を覚え、からだの動きにも余裕が出たと証言している。この監督は、脚本には書かれていないこまかな身振りにいたるまで詳しい指示を与え、彼女の作品への加担を容易ならしめていたという。その微に入り細に入る演出ぶりを「面白い」ものと受け止める宮下順子は、彼の的確な指摘に、女として思い当たることがよくあったという。「だから、よく見ているんでしょうね、女を。女をよく知っているって感じね」と彼女はつぶやく。それでも、長いテストの結果、彼女の反応が思わしくないときには、その動きにつれて演出プランを変更したことも少なくなかったと彼女は回想している。

　あらゆる映画を、かりに演出の映画と撮影の映画に分類するとすれば、神代辰巳の映画は、疑いもなく後者に属する。もちろん、彼にも計算された演出意図がないわけではないし、それを実現するために、かなりの冒険までやってのけたりしている。だが、彼は、女優たちの動きを、あらかじめ決められた構図に無理に閉じ込め、その内的な持続の発露を作品の犠牲にすることはない。『四畳半襖の裏張り』の蚊帳の中での長い交情シーンが典型的であるように、彼の映画は、もっ

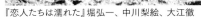

とも重要な被写体である女たちの肉体とその動きを解放するような息づかいを思わせる撮影によって、画面に豊かな陰影を漂わすことからなりたっているのである。神代辰巳は、翳りをおびた女たちの素肌とフィルムの表層とが、嘘のような自然さで触れ合う官能的な瞬間を、キャメラを通して待っているかのようだ。

だからといって、彼の映画が、運動感を欠いた静的なものだというわけではない。『四畳半襖の裏張り』で芸者とその旦那とは人力車の中で愛撫しあうし、もう一台の人力車に乗った女が、必死にそれを追ったりもする。『女地獄・森は濡れた』で乱交と殺戮を描く神代辰巳は、原作のサド侯爵にも劣らぬ過激さを発揮している。また、『宵待草』(74)には銀行強盗もあれば、軽気球による脱出行もあるし、『赫い髪の女』(79)では愛撫しあう男女を乗せた巨大なダンプカーが画面を走り抜ける。また、『恋人たちは濡れた』の馬跳びのように、女たちが思いもかけぬ大胆な仕草を演じたりすることも稀ではないのである。

にもかかわらず、神代辰巳の映画では、『赤線玉の井・ぬけられます』のように、貧しい娼婦たちが描かれていようと、一貫して女たちの美しさが謳歌されている。すでに触れたように、彼にとって、衣服を脱ぎ捨てられて露呈された素肌は、女たちがまとう最も美しい衣装でなければならない。それにくらべて、身分のほども明らかではなく、スターと呼べるほどの役者が演じることも稀な男たちは、滑稽でみじめな存在として描かれることが多い。それは、彼らのほとんどが、目に見えない権力の支配に屈した不自由な存在だからである。とはいえ、男たちのほとんどは、いささかも自由でない自分自身への深い諦念にとらえられているか、あるいは深刻な事態をも冷笑的に受け止める距離感を操っているかしており、反抗そのものが彼らの行動の原理にはなっていない。彼らは、しばしば、善悪を超えた遊戯を涼しい顔で演じうるアナーキーな存在なのであり、神代辰巳に、一九二〇年代を舞台とした映画が多いのも、そのためである。

おそらく、描かれる女と男のイメージの意図的な不均衡のうちに、一九七三年という日本映画の壊滅的な一時期——それは左翼運動の壊滅的な一時期にもあたっている——に、ときならぬ寵児として珍重された神代辰巳自身の矛盾が露呈しているといえるだろう。三年間に一二本もの映画が撮れたのだし、「日活ロマンポルノ」路線もとりあえずは成功したのだから、彼の周囲には思いもかけぬ追い風が吹いている。その勢いを全身で受け止めながら、彼は、いまの自分に不可能なことは何もないとさえ思う。とにかく、サド作品まで監督してしまったのだから、これほど自由に振る舞えた時期はまたとなかったほどだと、彼は回想している。だが、その自由な身振りは、より大きな不自由をあらかじめかかえこんだことが、その代償として享受させてくれる自由の幻影にほかなるまい。だから、こんなことがいつまでも続くわけがないとも彼は確信していたはずである。

事実、それから十年もしないうちに、日活撮影所は最後の大がかりな崩壊を体験することになるだろう。すべてが可能であるとみえたとき、あらゆる不可能がすでに確立していたのだ。その可能性と不可能性のあるかないかの隙間に花開いたつかのまの錯覚の美しさ、そしてその醜さ。それは「日活ロマンポルノ」のみならず、映画そのものの運命かもしれない。神代辰巳は、その美しさと醜さをそっくり背負いながら、三五本の映画を送りだして世を去っていった。その美しさと醜さは、彼の死後、残された彼の映画を擁護しようとするすべての者によっても共有されねばならぬ生の条件にほかならない。

(このテクストは、一九九六年にロッテルダム国際映画祭で神代辰巳特集が組まれた時、海外プレス用に書かれたテクストに若干の加筆をほどこして、一九九七年に開催された『神代辰巳　女たちの讃歌』特集のパンフレット「ビターズ・エンド」に収録されたものである。神代辰巳が登場した時代の日本の映画状況を外国人に説明するために、彼の初期作品を中心に論じたものであり、しばしば文中に不必要なまでに啓蒙的な語句が挿入されているのは、そのためである。なお、神代辰巳は一九九五年二月二四日に死去)

(はすみ　しげひこ・映画評論家／「映画崩壊前夜」青土社、二〇〇八年)

神代辰巳のどんでん返し

筒井武文

一、神代辰巳の分岐点

ひとりの映画作家が生涯に残す映画の本数が三五本というのは多いのだろうか。神代辰巳の場合、デビューした年からのキャリアは二七、八年になるわけだから、晩年の六年近いブランクは何とも残念なのだ

『悶絶!! どんでん返し』宮井えりな、谷ナオミ、鶴岡修

が、最後のオリジナル・ビデオ作品一本を加えた三五本は、六八年以降に撮り始めた世代の中では、恵まれた本数と言えなくもない。だが、そのつくり手の可能性がまだ極め尽くされていなかったとすれば……。

僕が封切りで観た最初の作品(それが最初に観た神代作品というわけではないが)は七七年の『悶絶!! どんでん返し』だった。七六年頃に日活ロマンポルノの面白さに目覚めた世代にとって、月々に封切られる新作にもまして、七一年にスタートしたロマンポルノの旧作を名画座や日活の直営館の特集上映に追いかけるのは無上の幸福だった。実際、七四、五年までのロマンポルノだったら、どれをとっても面白かった。セックス・シーンさえ入っていれば、題材は何でもありという自由。しかも、腕の立つ技術陣は残っている。低予算でも、時代劇のセットや衣裳、小道具をまかなえる撮影所の力があった。田中登の初期作品の甘美さ、小沼勝作品の色彩感覚の冴え、曾根中生の戯作趣味、そして加藤彰や白鳥信一や藤井克彦など作家的にさほど評価されていないような人々の映画を含めて、初期ロマンポルノは実験性と官能的な初々しさが入り交じった甘酸っぱい匂いを発散していた。

そんななか、神代辰巳の映画は特別の位置を占めていたと思う。ロマンポルノ以前の唯一の一般映画『かぶりつき人生』(六八)はストリッパーの母と娘の関係を主軸にしたモノクロの佳作だが、題材的に今村昌平に接近していながら、その映像センスにこのつくり手はゴダールを踏まえているに違いないと確信したことを覚えている。バーのシーンで、殿岡ハツエ演じる娘が壁一面の鏡の前で、向かい合う男ではなく自分の鏡像に視線を向けながら会話していることで、何とも奇妙な画面効果を醸し出していた。そしてロマンポルノに入ってからの『濡れた唇』(七二)に始まる神代の、あの信じられない「自由」にあふれ返った作品群。俳優の自由。撮影の自由。編集の自由。字幕の自由。そして、画面上を跳び交う唄やつぶやき声や音響の自由。この自在さにおいて、神代にかなうものは今も日本映画界にいない。『悶絶!! どんでん返し』からリアル・タイムの神代と接し得たことは、極めて貴重な映画体験ではなかったかと思えるのである。

『悶絶!! どんでん返し』は、七五年末に封切られた『濡れた欲情・ひらけ!チューリップ』(七五)で、ほとんど物語が理解できないまでの自由の極点に在って、観る者を唖然・呆然とさせた神代が一年の間をおいて、ロマンポルノのスクリーンに戻って来たフィルムだった。今度は、女として目覚める鶴岡修の怪演ぶりに唖然とさせられ、世の中の価値観を逆転させていく過激で濃密な一本なのであった。『悶絶!! どんでん返し』は神代の第一八作である。ということは三五本の作品を残した神代のキャリアの折り返し点に位置するのである。折り返し点に至るまでの七〇年代前半の神代作品の衝撃をまず伝えねばならない。

二、フィルム的悦楽

世界的な傑作と呼ぶにふさわしい『四畳半襖の裏張り』(七三)は、ロマンポルノという巨大な磁場の中心といえる。なぜなら、お義理でセックス場面を挿入するのではなく、一晩をかけたセックス・シーンを映画の軸に置いた模範的なロマンポルノといえるからである。そして、ここで神代は、『一条さゆり・濡れた欲情』(七二)の虚実とり混ぜた構成からの試行錯誤に決定的にけりをつけた。そこでいっそうはっきりしたのは、神代辰巳の映画はポルノグラフィーではないということだ。それはポルノ映画が基盤とした衣服をぬがす過程を特権化することで観客の欲望に答える姿勢が欠如しており、ポルノグラフィーを成立させる距離と視線の力学を欠いているからである。その意味では、神代辰巳はジャン・ルノワール的だという言い方が成立するかもしれない。官能的ではあっても、決して猥褻ではない。神代的エロティシズムは、フィルムの全域から立ちのぼってくる。室内では、その空間の層に織り成される照明の繊細さにより、ロケーションでは、大気の質に敏感に反応し、縦横無尽に動くキャメラの機動性による。

『四畳半襖の裏張り』で言うなら、宮下順子と江角英明が二度にわたる情交に疲れ果て寝入った夜明け前の場面を挙げよう。キャメラはフィックスで七分間、微動だにしない。変化するのは、照明のみだ。自覚めて襦袢を羽織る宮下順子の姿は枕元の行灯の照り返しで暗闇から浮き上がっていたのが、二人の蒲団の中での三度目の戦いが佳境に入るにつれ、夜明けの一刻を模した障子の明度がだんだん上がっていき、フィルムの全域を輝かすのである。何たる美しさ。そして、フィルムの魔力を示すような夜明けの太陽につながれる。続いて海岸で地引き網を引き上げる漁師たちの、まるでドキュメンタリーのような臨場感。そして、陸地から海岸へと空間の拡がりをまざまざと示すパンニングがくるのだが、このパンにつれて、歩いてくるのは、着物姿の宮下順子と江角英明ではないか。この異質な世界の越境ぶりこそが素晴らしい。

この『四畳半襖の裏張り』のスタッフ、すなわち撮影の姫田真左久、照明の直井勝正、編集の鈴木晄という名前を見るたびに、今度は何をやってくれるかと胸が高鳴ったのだが、その期待は続く『濡れた欲情・特出し21人』(七四)で最高潮に達したのである。もちろん、『四畳半襖の裏張り・しのび肌』(七四)も『黒薔薇昇天』(七五)も素晴らしいが、『特出し21人』のフィルム的官能性は比較を絶している。冒頭の舞台から路地に移って、『女囚さそり・怨み節』が口ずさまれ、再び舞台、雨の夜道、舞台の景気のよい曲が鳴り、起きる騒動も「それも今は昔の話」の字幕で分断され、「はるみ生まれは一九の……」と歌と共に田舎道のバスの中へと移ると思ったら、まな板ショーの最中にトランペットの音楽が鳴り響き、再び朝、道端で財布を拾うスケコマシが「怨み節」を歌うと、また舞台で、音楽が意表をついたグリーグ作曲「ペールギュント」からソルヴェイグのテーマとなって喘ぎ声と重唱されるのに連れ、やっとメイン・タイトルが登場するまでのこの目まぐるしい数分間だけでも天才的だ。この音響と映像の断片の戯れが全篇続くのである。神代辰巳の映画は流れとそれを断ち切るものの甘美な葛藤といえよう。ワンシーン=ワンカットの映像がかけ離れたイメージで分断され、複数の音響が常に共存する。映像と音響が複数のコード進行を引き起こすユートピア的環境が、クマシロだ。

七七年から八〇年代初頭にかけては、神代の旧作(当時、見るすべのなかった『女地獄・森は濡れた』(七三)を除いて)の恐るべき自由さに解放されながら、次々出現する新作に戸惑わされ続けていた日々だった。つまり、神代の新作は、『壇の浦夜枕合戦記』(七七)を初めとする日活作品なら池袋や新宿や立川などの小ぶりな日活封切館での三本立ての一本として観ていたわけだが、東映京都撮影所に乗り込んで撮られた『地獄』(七九)は今はなきテアトル東京のシネラマ用の湾曲した大スクリーンに映し出されたし、クローニンの「地の果てまで」が原作の『遠い明日』(七九)は浅草東宝(ついでに記録しておけば、当時の浅草東宝はロードショーとオールナイトの旧作特集上映の入れ替えがなく、だから封切り料金だけで新旧六本ぶっ続けで観れた)で、原田美枝子原案・製作による『ミスター・ミセス・ミス・ロンリー』(八〇)は新宿伊勢丹向かいの地下のATG封切館で、梶原一騎製作総指揮による三協映画製作、東宝東和配給の『もどり川』(八三)は日比谷みゆき座で(ショーケンの大麻所持という事件で公開後すぐ打ち切りになるのだが)、というふうに封切館の記憶も生々しいのだが、そんなふうに神代は一般映画に進出していき、その公開環境も変わっていった。だが、それにつれて、神代作品への違和感も深まっていく。

折り返し点を過ぎた神代映画が物語の説明に勤しんでいる様は何だ。『地獄』のちゃちな特撮、『ミスター・ミセス・ミス・ロンリー』のスタンダード画面のせせこましさ。『遠い明日』での切り返しショットの濫用はどうしたことか。といって、神代の実力がいささかも衰えたわけではないのは、『赫い髪の女』(七九)や『嗚呼!おんなたち・猥歌』(八一)が同時期の作品であることで判る。とりわけ暗澹たる気分になったのは『遠い明日』で、この不自由極まりなさは、東宝という不吉な環境のせいかと勘ぐったものだった。以前の『青春の蹉跌』(七四)や『アフリカの光』(七五)だったら、東宝といっても、撮影の姫田真左久以下メインは日活組で固め、実質、東宝マークのついた日活映画だったことを考えると、この変化は決定的ではないか。確かに前期の日活にも『鍵』(七四)のような奇妙な失敗作がありはしたが、今になって思えば、『悶絶!! どんでん返し』以降の神代は、日活ロマンポルノのユートピア的環境が長続きするわけがない以上、あらゆる題材に適応する手法を模索したに違いない。三浦友和を演技者として育てるという目的のあった『遠い明日』は、神代に不向きなミステリー的題材を極める第一歩だったのかもしれない(今では『遠い明日』を素晴らしい作品だと評価を変えていることを付け加えておきたい)。そして、その試みは時を隔て、最後期のテレビ作品『盗まれた情事』(九五)の三浦友和の素晴らしさに結実するのである。

そして前期と後期の総合は、狂おしいばかりの情熱のうねりがミステリー的仕掛けと共存する、連城三紀彦原作、荒井晴彦脚本の『もどり川』で果たされることになる。連城原作の女性映画が『恋文』(八五)『離婚しない女』(八六)と続き、さらに『ベッドタイムアイズ』(八七)『噛む女』(八八)と、よくできてはいるが、どこが神代かよく判らない普通(?)の映画が並ぶことになる。だが、折り返し点を境に、映画文体同様、その内実も変わったのだろうか。

三、神代的人物の姿勢

なんとシネマスコープの画面に収まりがいいのだろうと思わずにいられない神代辰巳の登場人物たちは、寝っころがるのが好きなのに違いない。しかも、その寝方は人さまざまである。時には、いつのまにかセックスに移行することだってあるだろう。日活ロマンポルノという絶好の口実がある以上、室内で寝てばかりいることは少しも不思議ではない。だが、二つ足歩行という人間のみに与えられた進化の賜を放棄して、四つ足で歩き出す人物に事欠かないのはどういうわけか。それも室内、野外を問わないのである。

たとえば、『恋人たちは濡れた』(七三)の大江徹演じる人物を思い出してみよう。堀弘一と中川梨絵の草むらでのセックスを覗いていた大江は、堀に痛め付けられる。次に姫田真左久の望遠レンズに捉えられた光景は、堀の運転する車が背後から近づいて来ても、四つん這いで進むのを止めない大江の姿だ。かくして海岸線の道を車と四つ足の男が併走するという珍妙な画面ができあがる。車から降りた堀に送ってやると勧められても、中川梨絵から尻を蹴飛ばされても、その姿勢を崩さないのは、大江の意地だろうか。だが、何のための? 神代のロマンポルノ第一作『濡れた唇』では、恋人の絵沢萠子が粟津號と抱き合うのを止めるすべのない谷本一は夜道で逆立ちをするしかなかった。これは四つん這いに比べれば、やや凡庸な気がする。男の気持ちが明快に翻訳されるからである。

あるいは『青春の蹉跌』の萩原健一。ここで何が感動的かといったら、終盤近く、婚約披露のパーティだったか、萩原健一がスピーチの後、いきなり四つん這いになって人波の間を這って歩き始める瞬間である。「エーンヤ、トット、エーンヤ、トット…」。周りの人々はショーケンの行為を酒に酔ったせいにしたかもしれぬ。だが、これこそ神代の人物が体で何かを語ろうとする瞬間ではないのか。この後、婚約者の檀ふみを背中に乗せて、道の真ん中で四つん這いになるシーンすらあるのだ。このリストには、『嗚呼!おんなたち・猥歌』の内田裕也や『赤い帽子の女』(八二)の永島敏行など、まだまだ加えることは可能だろう。『四畳半襖の裏張り』で、粟津號たち二等兵の訓練のシーンが、ほふく前進なのも。

だから、神代の晩年の六年間の沈黙を破った『棒の哀しみ』(九四)が公開されたとき、その四つん這いになってばかりいる奥田瑛二に、ひさびさの神代節を感じ、感無量となったのも当然のことである。

四つん這いになるのは、男ばかりではない。『宵待草』(七四)の山道を歩く途中で這い出す高橋洋子がいるし、『赤線玉の井・ぬけられます』(七四)では、舞台となる「小福」の四人の娼婦の内、三人まで、その姿勢で歩かせてもいるのだ。中島葵は首を吊るためトタン屋根の斜面を昇るときに、丘奈保美は二六人という一晩でとった客の記録を更新するため、股火鉢で股間を暖めた後、二階まで昇るときに、宮下順子は情夫の浮気を知ったときに。あるいは、恋する男の裏切りを知った女が、男の足の裏を傷つけるのはなぜかと問うてもいい(『赤線玉の井・ぬけられます』、『少女娼婦・けものみち』、『嗚呼!おんなたち・猥歌』『赤い帽子の女』)。

ここに現れているのは、直立する歩行器官としての足の希薄さである。確かに『濡れた唇』あたりでは疾走というイメージが、青春にふさわしい響きを奏でていただろう。だが、神代は二本足で人を走らすことより、

『宵待草』夏八木勲、高橋洋子、高岡健二

鈍重にも見える、ゆるやかな動きへと力点を移していく。同時に、直立するという重力の法則に逆らった進化をも無に帰そうとするように、人間の顔の位置も地面に近づいていく。これは多々インサートされる鳥の飛翔のイメージと対応するのだろうか。鳥の飛び立つ瞬間が繰り返されるし、『少女娼婦・けものみち』(八〇)ではカモメが海に撃ち落とされもするのだ。

そんなとき、『宵待草』でのヒロインたちが空を舞う気球の出現には、神代的世界にあり得ないものを観た驚きに包まれる。だが、昇ったものは落ちるのだ。ここで、神代世界に頻出する首吊りのイメージも考察すべきだろう。自分の体重によって死へと至る首吊りは、神代的な重力への誘惑でなくてなんだろう。四つん這いと首吊りは神代的存在の織りなす両極というべきなのである。四つん這いが、神代にとって「生」のイメージなのに対し、あの垂直性は不吉な「死」のイメージと化す。ただ、未遂に終わることもあるように、生死の狭間を示しているのかも知れぬ。それは『赤線玉の井・ぬけられます』で自殺常習者の中島葵が四つん這うという姿勢によって、常に首吊りに失敗して生き延びていることからも判る事実である。『四畳半襖の裏張り』では、首を絞められて死ぬ時が女の絶頂の瞬間に近いという説を述べたため、幇間の山谷初男が首を吊るす羽目に陥るから、性の高揚＝死という図式ができているのかもしれない。それはやはり頻出するトンネルが意味するものも同様だろう。人がトンネルをくぐるたびに、局面は変化するのである。

神代がとる運動性は、地面に密着したものだ。その最上の例が『宵待草』のラストの「でんぐり返り」なのは言うまでもない。夏八木勲、高橋健二、そして高橋洋子によって試みられる、でんぐり返りは人の体がこれ程丸まるかという驚きに満たされる。その自然な唐突性が何とも素晴らしい。その唐突さは、『恋人たちは濡れた』の「馬跳び」と対になるものだろう。神代晩年の二作で『恋人たちは濡れた』の裸身で馬跳びをする中川梨絵の姿が回想されるのはなぜだろうか。神代のなかの始原性を孕んだ光景だからだろうか。『嚙む女』の永島敏行は映画館で、『棒の哀しみ』の奥田瑛二はビデオの画面で、ラストの自転車で海に突っ込む大江徹と中川梨絵をただ見つめる。

こうした神代的身体性は、さらなる過激な次元に突入していくことになる。田中陽造脚本による『やくざ観音・情女仁義』(七三)で、安田のぞみが滝の上で、あげは蝶の化身だと岡崎二朗に告げる場面、彼女が両手を広げる瞬間は、神代的変身譚の始原に位置するのかもしれない。この直後に僧侶となった兄との近親相姦が繰り広げられるわけだが、彼女の長い髪の毛が水を含み、スローモーションで跳ね回る美しさはどうだろう。あるいは、『赤い帽子の女』の永島敏行は蛙のように壁に跳びつかなかったか。実際、続いて彼から漏れる「俺はハエだ」という言葉によって、蝿と化したのが分かるのだが、神代は跳びついた瞬間をストップ・モーションにして強調し、その直後、これまでつれなかったクリスチーナ・ファン・アイクの方から永島に誘いをかけてくるのだから、永島の無意味な行動が女の変化を呼んだように受け取れるのだ。小佳作『美加マドカ・指を濡らす女』(八四)で、内藤剛志がカニ歩きを始める瞬間も感動的というほかない。『四畳半襖の裏張り』で、夜中、人力車での追っかけの後(あの素晴らしい横移動のシーン!)、絵沢萠子が座敷の襖を開けると、江角英明が鴨居から片手でぶら下がり、全裸の股間を片手の扇子で覆い「ナマケモノ」に自らを譬えて、嫉妬に狂っていた絵沢を武装解除させてしまう、何とも人を食った場面を思い出してもいい。

だから、『快楽学園・禁じられた遊び』(八〇)での最後に取ってつけたような催眠術師のテントでの挿話も、こうした文脈から見直してみる必要があるだろう。ここで、持ち前の親切心から催眠術にかかった振りをする太田あや子が、白鳥に成り切って、手を羽ばたかせるのは、いたって真剣に受け止めるべき行為なのであ

『快楽学園　禁じられた遊び』丹古母鬼馬二、太田あや子

る。白鳥が服を着ているのはおかしいと指摘する酔っ払い庄司三郎の乱入によって、裸になる太田あや子が続けて、ぴょこんぴょこんと蛙跳び、そしてカンガルー跳びを演じていき、ついには舞台上で催眠術師に犯されながら、快楽に目覚めるというシチュエーションも、神代的変身譚の磁場をくぐり抜けた結果なのだ。

神代的存在はほとんど人間でなくなるのだ。というより、人間も動物の一種として見つめる姿勢というべきかもしれない。だが、実際に動物に変身した者もいる。それは、やはり田中陽造脚本の『地獄』で、一人二役を演じる原田美枝子だ。母親として頭に角のはえた地獄の獣人に、娘としては樹木へと変身を遂げるのである。

『地獄』磨臼（ひきうす）地獄

四、回転が途切れる時

再び、神代の晩年に引用された『恋人たちは濡れた』に戻ろう。このフィルムは回転する自転車の車輪のアップから始まっている。映画館のアルバイトをする大江徹がフィルム缶を運んでいるのだが、彼はフィルムを落としてしまう。缶からこぼれたフィルム・ロールがフィルムを道に残しながら、転がって行く。この回転するロールと、こぼれたフィルムの直線との対照が印象に残る。これはラストの大江徹が中川梨絵を乗せた自転車が海岸をぐるぐる廻る光景につながるだろう。キャメラは三六〇度のパンで、この円運動を捉えるのだが、大江徹は突然現れた男に刺され、二人乗りの自転車は円周の軌跡から離れ、海へとよろけながらも直線的に突っ込んで行く。生から死へ。この円運動から直線運動への転換こそ、感動的なのだが、こうした構造は神代作品に繰り返し現れることになる。

自転車ということで言えば、過去のスタンダード画面と現在のワイド画面をアクションの反復で編集した意欲作『櫛の火』（七五）で、愛人同士が口論する食卓を若い男が廻るシーン、さらに草刈正雄がジャネット八田との離婚届を公園に持参した河原崎長一郎の周りを廻るシーンが印象に残る。そこで巨木を見上げる河原崎は「こんな樹からぶら下がったら、少しも陰惨ではありませんね」と首吊りのイメージをつぶやく。自転車に乗る男たちはどちらの円周運動からも、さっと直線へと身を引き離すように別れて行く。

『地獄』の原田美枝子は正回転だと天国へ、逆に廻ると地獄に墜ちるという金輪の回転を手を血に染めながら必死に止めようとしなかったか。クライマックスを成す地獄巡りの場面で、人体を粉々に引いてしまう巨大な引き臼の回転運動が一層恐ろしさを煽る。その臼の下から血の川が流れ出る。つまり回転から直線へ。さらに、その血の川から、臼に引かれたはずの岸田今日子が復活してくるのだが、そのとき、彼女の指は原田の肌を引き裂く鋭い爪に変化しているのだ。つまり回転と直線と変身譚の合流。いまいましい駄作と思われた『地獄』だが、神代的世界の絵図として重要な位置を占める作品なのである。

神代辰巳の未映画化作品として、『芋虫』があるのは何とも象徴的なことではないか。映画化されていたら、『嗚呼！おんなたち・猥歌』の次回作となったはずだから、絶頂期の一本となったはずだ。サドの映画化である『女地獄・森は濡れた』以上に、過激なものになっただろう。シナリオは岸田理生と神代の共作で、原作はもちろん江戸川乱歩の「芋虫」だが、それに泉鏡花の「爪の涙」と「河伯令嬢」を加えてアレンジしたものである（シナリオは「映画芸術」誌360号に掲載）。ここには柿の木から同時に首を吊って心中を試みる男女の話に並行して、戦場で負傷し、両手両足を失い「芋虫」と化した夫を看病する妻の話が語られる。ごろんごろんと転がって腹這いと仰向けを繰り返す肉の塊がいささかも性的衝動を失ってはいないことを知った妻は夫のものを迎え入れる。ここに生と死の間に性が介在してくることになるのだ。夫が無理心中をほのめかす件がある。そのときの夫の意思表示が何とも神代的というほかない。「手足の名残りの四つの突起物をふるわせ、尻を中心に頭と肩で、まるでコマのように畳をまわる」とシナリオに記されているのだ。「奇怪な肉ゴマになって、ぐるぐる、ぐるぐるまわる」とも。これこそ神代的変身譚と回転運動の究極の遭遇ではないか。またしても、生と死の端境に、首吊りと回転が関わっている。
　だが、この回転こそ生命の証しなのだ。最後のロマンポルノ『美加マドカ・指を濡らす女』を思い出してみよう。美加マドカの愛するスター男優、広田行生が戻ってきて彼女と一夜を過ごす。マドカを愛する内藤剛志が翌朝、彼女から真意を打ち明けられたとき、彼のとった行動は何だったか？　まず赤ん坊をカゴに寝かし、吊り下がった玩具を回し、ベッドで寝ているマドカに近寄る。「愛してるって言ってほしい」とマドカに言われた瞬間、突発的に跳ね上がり、ベッドの周りを何周も何周も廻るのだ。ベッドの頭の側の棚まで跳び越えて。これが彼の喜びの表現なのである。なんと幸福な瞬間だろう。
　逆に『噛む女』での永島敏行の死の原因は、車のワイパーの故障ではなかったか。つまり、半円形の運動が起こらなかったことが、視界不良での死を招いたのだ。そして、神代はこの半円形の運動を、続く『棒の哀しみ』では、キャメラの運動に置き換える。当時の神代の口癖が「遺作にするから、撮らせてよ」だったと聴くのは哀しい。だが、常に映画の最後のイメージに心砕いたに違いない神代は、腹心の哀川翔とライバルの白竜に挟まれて座る奥田瑛二をゆるやかに半円の弧を描くキャメラで捉え、映画を締めくくってみせるのだ。遺作『インモラル・淫らな関係』(九五)で、柳愛里という絶好の素材を得た神代は何度も何度もキャメラを周回移動させ続ける。少なくとも、キャメラが円周を廻り続ける間、神代辰巳の生は横溢しているのである。

(「神代辰巳　女たちの讃歌」パンフレット、ビターズ・エンド、一九九七年)

神代辰巳論・序説

中条省平

今年(二〇〇五年)出た笠原和夫の『「仁義なき戦い」調査・取材録集成』を読んで、虚をつかれる思いをした。一九七二年十月の日記の一節である。このとき笠原和夫は『仁義なき戦い』第一作のシナリオを書きだす直前だった。

「午後、外出。新宿で日活のポルノ『一条さゆり引退記念――濡れた欲情』(監督・神代辰巳)と藤田敏八の『エロスの誘惑』二本。現代の下層社会の風俗を大胆に切りとっているフィーリングは新鮮で魅力的だが、制作費の切りつめで、作品に厚みがなく、ドラマとしても弱いので、感銘というものは残らない。(…中略…)話の筋はあるのだが、どういうテーマなのか、今日の二本は不明。感覚だけは分るが」

神代辰巳は『一条さゆり　濡れた欲情』(一九七二)の四年前に、同じくストリッパーを主人公にした『かぶりつき人生』(一九六八)を日活で撮っているが、笠原和夫はそのことを知らなかったらしい。藤田敏八については「藤田敏八の『エロスの誘惑』」と書いているのに、神代辰巳の名前はカッコに入れているからだ。記録魔の笠原はこの未知の人物の名前をどこかにメモでもしておいたのだろう。

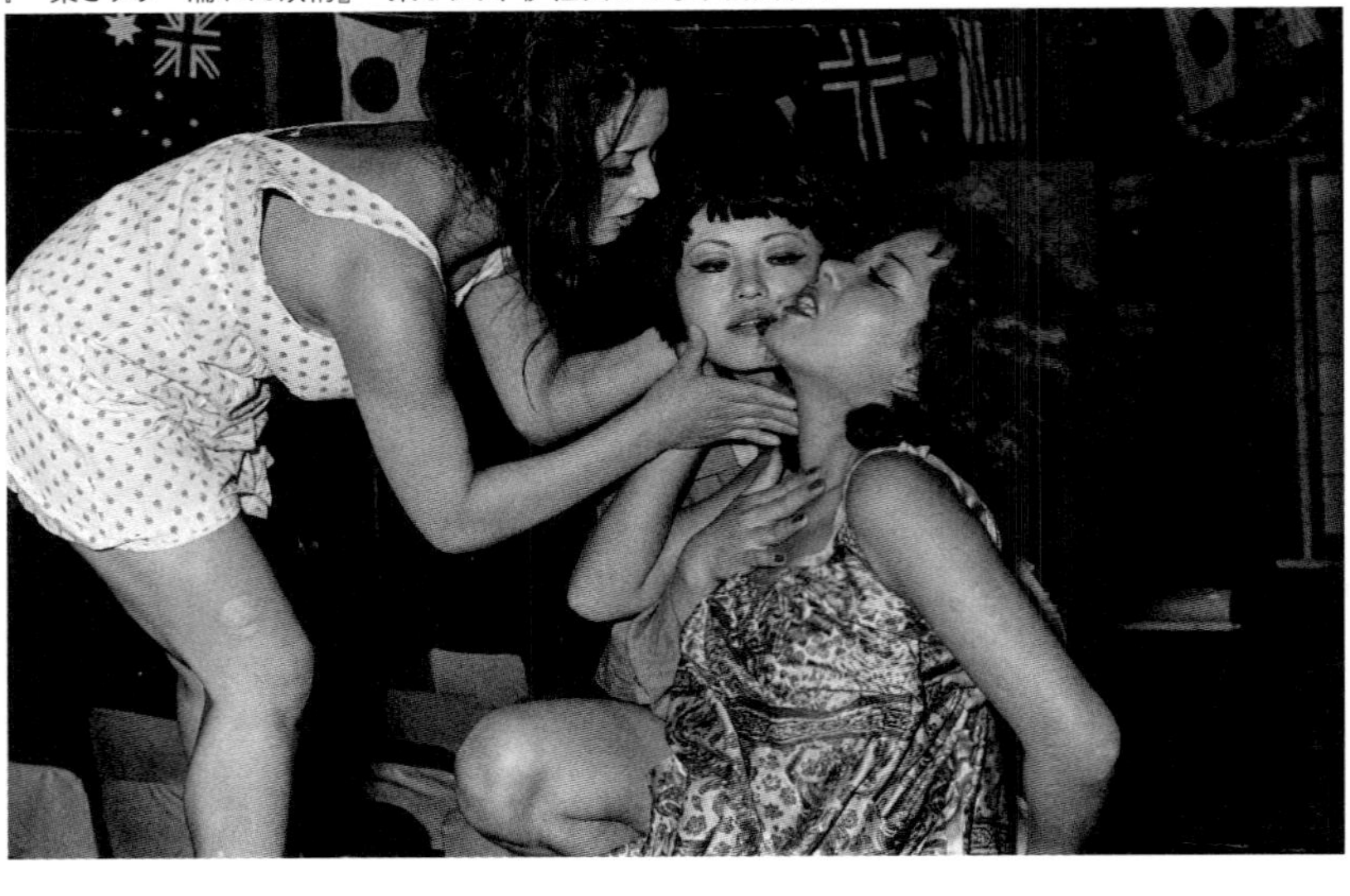
『一条さゆり　濡れた欲情』一条さゆり、伊佐山ひろ子、白川和子

　驚くのは、作品の評価があまりにもそっけないことである。笠原和夫の「破滅の美学」を読んだ人は、彼の『仁義なき戦い』(一九七三)が『濡れた欲情』の影響下で書かれたという告白を忘れられないはずだからだ。『濡れた欲情』を見た笠原は、企業内でこんな映画を撮

『少女娼婦　けものみち』吉村彩子、珠瑠美

ることができるのなら、どんな脚本を書いても構いはしないだろうという勇気を得て、荒っぽい新たなリアリズムに挑むことができたというのだ。

つまり笠原は、『濡れた欲情』を見た当初は、脚本家としてドラマの弱さが目についてしまった。しかし、時間が経つうちに、この作品の新しさが、そのドラマの脆弱さ、八方破れの、なにをやっても構わない非ドラマ的方法にこそあることが分かってきたのだ。そして、そこから受けた精神のひびが、笠原の脚本家としての殻をうち破った。

『濡れた欲情』が『仁義なき戦い』を生んだ。このこと以上に、神代辰巳の作品の力を物語る事実はない。それはたとえば、ロッセリーニの『イタリア旅行』(一九五三)を見たゴダールが、なんだ、男と女と車一台あれば映画は撮れるのか、と悟ったという話を想起させる。

ただし、ロッセリーニとゴダールは世代が違うが、笠原和夫と神代辰巳は同じ昭和二(一九二七)年生まれである。太平洋戦争の真っ只中で精神形成をおこなった世代だ。笠原は戦争に出てその醜悪さを実体験したが、神代は徴兵逃れのために九州帝大で医学生になった。行動は一八〇度相反するが、ふたりの精神の底には、ともに深いニヒリズムが刻みこまれた。戦争をくぐった人間のニヒリズムだ。何をやっても構わないというこのニヒリズムが、既成の映画を内側から縛る鎖を断ち切らせた。のらりくらりと逃げる神代流が、正面突破を図る笠原流よりも先に新しい映画の地平を開き、そこに笠原を招きいれたことが面白い。

神代辰巳の新しさとは何か?

ひとつは笠原和夫が発見した「映画はどう撮っても構わない」という方法論の具体化だ。ゴダールはそれをロッセリーニの『イタリア旅行』に発見した。映画はどう撮っても構わないという方法論は、方法論の否定にほかならない。だから、この逆説的方法論に気づいた者は、みずから方法論を発見しなければならない。そうして、笠原和夫は独自の荒っぽいリアリズムによるドラマ作法を開拓した。それは、神代の関節が外れたような物語の展開とも、柔らかく流れるがねちねちと執拗に持続するキャメラワークともなんの関係もない。ゴダールとロッセリーニの映画がなんの関係もないように。創造の影響関係とはそうしたものだろう。

神代映画の新しさとは、どんなフィクションを基に撮っても、映画はいま撮りつつある映画についてのドキュメンタリーになるという事実を過激に追求したことだ。

たとえば、『濡れた欲情』の主人公はストリッパーの一条さゆりである。劇中にはその公演の模様が何度も挿入される。その場面のためだけにエキストラを使う金銭的・時間的余裕はなかっただろうから、実際にストリップ劇場でキャメラを回したに違いない。つまり、ここには、ドキュメンタリーの画面が使われている。そこで一条さゆりは蠟燭を使いながら客にオナニーをして見せるのだが、それは演技なのか現実なのか?

ストリッパーが舞台でおこなう演技という意味ではむろんフィクションとしての性行為なのだが、画面を見るかぎり本当にオルガスムスを迎えているような興奮ぶりだ。上気した顔と体の色が、皮膚の痙攣が、きらめく汗の滴りが、この女性は本当にいっているのではないかと観客に思わせる。これが演技だとしたら、それは演技と現実の虚実皮膜の露呈であり、演技という現実がそこにある、としかいいようがない。演技という条件のもとで自分の性的興奮という現実を客に見せられる能力が彼女の演技の素晴らしさだった。

そうした重層的な演技と現実、フィクションとドキュメンタリーの関係を瞬間瞬間に反転させ、浸透させあいながら、神代辰巳はこのプロセスを画面に定着してしまった。そのめまいのような映画的興奮が、映画館の暗闇に座った観客の性的興奮というデリケートな弱点を狙って、襲いかかってきたのである。その興奮をいまでも私はまざまざと思いだす。同質の興奮は、プロのストリッパーではない片桐夕子と芹明香がレズビアンショーの舞台で延々と絡みあう『濡れた欲情　特出し21人』(一九七四)にも感じられた。そこではフィクションとドキュメンタリーの溝はいっそう深まっているが、その溝をのりこえてしまう神代の執拗なまなざしの持続に心から震撼させられた。

神代辰巳の新しさのもうひとりの証言者は大島渚である。「大島渚1968」というメモワールにも神代の名前は出てくるが、大島は、セックスがすべてだという神代映画の新しさを認めながらも、それしか描けないのが神代の弱点だとほのめかしている。つまり、俺はセックスも描いたが、それ以外の領域も描けたという自負である。それ以外というのは、おそらく政治のことである。セックスという極私的主題と政治という大問題を同時に相手にし、それを重ねて描きだすことができた。一方、神代からは政治や権力との闘争の問題は完全に抜けおちている。それが大島の目には神代の精神の弱さだと映ったのだろう。

だが、その視点にこそ、大島渚の限界があらわれている。私は日本映画の一九六〇年代は大島渚の時代であり、七〇年代は神代辰巳の時代であると考えているが、大島と神代の違い、六〇年代と七〇年代の違いは、政治と権力の位置づけをめぐって最も鮮明になる。

一九七〇年は大阪万博と七〇年安保の空騒ぎと三島由紀夫の自衛隊乱入の年だ。つまり、日本の経済至上主義が世界にむかって宣言され、左翼も右翼も革命の可能性を失った年である。続く七二年には連合赤軍の浅間山荘事件が起こり、革命幻想が仲間内のリンチ殺人に帰結することが明らかになった。政治意識は改革をめざすものとしては死滅し、権力は直接打倒できるような制度としては目に見えなくなったのだ。この七二年に『濡れた欲情』が作られたことは歴史的に重い意味をもつ。また、七〇年に大島が撮った映画が『東京战争戦後秘話』と題されていることも興味深い。

逆に、神代辰巳の映画には政治や権力が七〇年代以降まとった新たな姿が刻印されている。権力は打倒されるべき可視の制度から、不可視の関係の網の目に変わっていたのである。サルトル的な権力観が失効し、フーコー的な権力観にとって代わられたといってもいいかもしれない。そこでは、権力は主人と奴隷、強者と弱者、上と下の構造をもたない。一方的に行使される力とそれへの反逆(つまり抑圧と革命)という図式ではなく、様々なモメントにしたがって方向や強さや局面を変えながら変化してゆく関係の相互作用が問題となる。

それを端的にしめすものが、神代映画のストリッパーとヒモ(『濡れた欲情』シリーズ)、先輩と後輩(『アフリカの光』一九七五)、オカマと愛人(『悶絶!!　どんでん返し』一九七七)、親と子(『少女娼婦　けものみち』一九八〇)、教師と生徒(『快楽学園　禁じられた遊び』一九八〇)、歌手と付き人(『嗚呼!おんなたち　猥歌』一九八一)、やくざと情婦(『棒の哀しみ』一九九四)、などの奇妙にねじくれた人間関係の残酷さである。日常的に暴力をふるい、ふるわれる人物が頻出するが、身体的暴力だけが問題なのではない。そこには、どんな人間関係にも忍びこむ権力の微妙かつ残酷な作用が生々しくにじみだしているのだ。

その結果、『悶絶!!　どんでん返し』や『嗚呼!おんなたち　猥歌』の逆転劇に典型的に見られるように、人間は絶対的なアイデンティティなどもたず、関係そのものにひそむ権力の作用でいくらでも変わってゆくのだという投げやりなニヒリズムへの傾斜があらわになる。しかし同時に、『濡れた欲情』が笠原和夫に勇気をあたえたように、人間は(映画も)どうなっても構いはしないのだ、という開き直ったしたたかなリアリズムにも道が開かれる。それが神代映画の一筋縄ではいかない懐の深さなのだと思う。

(二〇一九年追記。この文章は来るべき本格的な神代映画についての論考のイントロダクションのつもりで書きました。大げさなタイトルはその気持ちを表していました)

(ちゅうじょう　しょうへい・学習院大学教授／「第14回　中世の里なみおか映画祭公式カタログ」二〇〇五年)

新しい神代辰巳

田中千世子

新しいことを言わなければならない。

新しい発見をしなければならない。と、思う。そうでなかったら神代について書く意味がない。神代だけでなくパゾリーニやゴダールについて書くときだって常に新しい発見を心がけるべし。それが批評家の仕事というものだ。特に神代についてはそう。でないと、神代さんに「いつもおんなじじゃないか。男と女の〈あはれ〉なんて、聞き飽きた」と言われそうだ。

斎藤正治《まさはる》という評論家がいた。私が駆け出しの頃、神代論(このなかで私は色好みと〈あはれ〉を神代の特色と見た)を書いたら会いたいと言って、「キネマ旬報」誌の副編集長だった酒井良雄さんを介して会った。斎藤さんと知り合った後で、斎藤さんが私を神代さんに引き合わせてくれた。昔の評論家はこんな粋なことをしてくれた。私も見習いたいと時々思う。

斎藤さんは元共同通信の文化部記者で、演劇・映画のフリーの評論家となり、寺山修司を応援し、神代をこよなく愛した人だ。斎藤さんは神代映画の「強い女と弱くなさけない男」の関係が好きだったから、よくそのことを書いた。

だが、ある時、斎藤さんのいないところで神代さんが「マチャハルは、いつもおんなじだ」と、私に言った。もっと違う褒め言葉を聞いたり、読んだりしたいのだろうか。一九八〇年ごろは神代映画と言えば、その批評を書くのは斎藤正治と決まっていた。「キネマ旬報」では時々私があいまをぬって書かせてもらっていたから、神代さんは私を発奮させるつもりで斎藤さんの批評に飽きているふりをしてみせたのかもしれない。監督というのは人の心を操るのが好きだ。

陰口を叩きながらも神代さんと斎藤さんは本当に仲がよかった。ふたりとも女たらしだったが、斎藤さんは神代さんにべたぼれだった。私も数年遅れて神代さんにべたぼれだった。神代さんは斎藤さんや私がべたぼれなのを知っていたか、どうかわからないが、私と斎藤さんでこんな会話をしたことがある。

「神代さんの映画は、映画に抱かれているみたいですね」

「ぼくなんか神代に抱かれてしまいたいくらいだよ」

これが神代映画の真髄だと思う。

「結局、男と女の〈あはれ〉を俗っぽく言いかえただけじゃないか」と、神代さんは言うかもしれない。

いえ、違います。

なぜなら映画を見ている人間と映画の関係がエロスだということを私や斎藤正治さんははっきり言っているのだから。

神代映画を見てエロスを感じるのは、そこに男女のセックスシーンが出てくるからではない。セックスシーンはきっかけにはなるが、もっと存在の本質的なところで感動して、その感動のあふれたところにエロスが沸き立つとでも言えばいいだろうか。

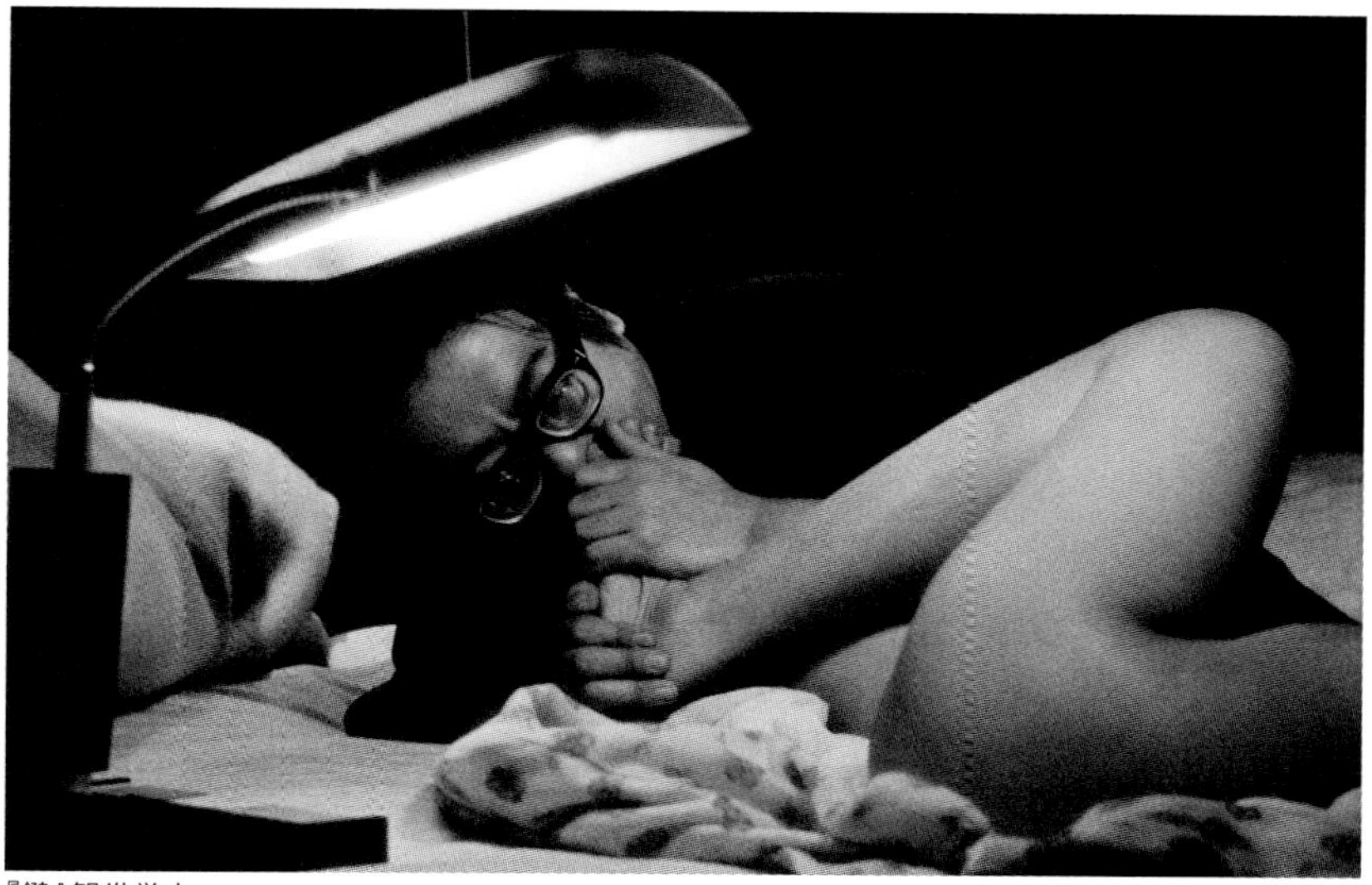

『鍵』観世栄夫

それは一九七〇年から八〇年代にかけての日活ロマンポルノの全盛のなかで起きた現象であって、存在がどうのという大袈裟なものではない——と誤解する人がいるかもしれない。たしかにロマンポルノ時代というものがあった。会社の方針とそのなかでの自由な性表現の絶妙なバランス。そこに花開いた幾多の才能。それは本当だ。

しかし、その時代環境のなかで神代映画は時代を超えて、今なお輝くのである。

斎藤正治は書く。

谷崎潤一郎の小説の映画化『鍵』(一九七四)について――。

「性愛は死に至る地獄のゲームだといっているこの作家(神代のこと)は、彼の他作品同様、女を描いて自己を語っていることには相違ないが、それ以上に彼は〝家〟を語った。女によってあぶり出される心象風景が、彼の映画ではある。(…中略…)

自己をすら批評的に見ながら、ゲームに没入していくこの初老の男(『鍵』の主人公の大学教授)は、年老いているということよりも、男であるがために、ゲームの敗北者になる。女を通して自己を対象化する、ダメ男を逆照射する神代の方法は、残忍なまでに男を追い込んでいくのであるが……」(「私説・神代辰巳」『世界の映画作家(27巻)斉藤耕一・神代辰巳』一九七五年所収)

『四畳半襖の裏張り　しのび肌』(一九七四)について――。

「この幇間少年(主人公の怪童)と芹明香(彼が妊娠させた女たちのひとりの半玉芸者)の、谷間の時代を予兆するけだるい万歳を、私は神代辰巳のまぎれもない〝私体験〟の再現とみるのである。あの苛烈だった昭和十年前後に、ひたすら幇間業を学ぶ少年は、〝正統〟『四畳半襖の下張り』(永井荷風作とされる原作小説)に託していえば、自らの志の低さにおいて孤高であろうとした戯作者の虚無的な、それゆえにこそ抵抗たり得た心情表出であったと思われる。」(同)

　神代辰巳の映画は徹底して男、つまりオスの精神と性と肉体の孤高なまでの〈個〉の表出であった。マゾヒスティックに差別語を使えば、女こどものための映画なんかでは全然なかった。それでいながら男主人公も神代自身もいつも女と子供にたじたじだったのである。そのたじたじに私はまぎれもない「愛」を見る。そこに私の〈あはれ〉論の立脚点もあるのだが、斎藤正治はそこにあるのは神代のニヒリズムだという。

　「それにしても神代は、よく自死させる。彼が愛は虚妄だとするニヒリズムは自決して確かめるしかないように、電気イスでもドスでもなく、神代の手によって殺されていく彼のドラマの登場人物たち。救済は自力で自らを殺すしかないといいたげな神代映画は、性も死も、〃それしかないんよ〃とばかり、ニヒリズムの冥府に墜落していく」(同)

　ニヒリズムが好きなのは神代さんより斎藤さんだったのではないかと思うが、神代映画の男たちは実際よく自ら死んでいく。神代作品をまとめて見ると、そのことが一層わかる。しかし、ニヒリズムではないだろう。アナーキーなのだと思う。アナーキーは愛にあふれた自由の思想だ。大杉栄にしてもバクーニンにしても名代のアナーキストは女たらしで、女によくもてる。

　神代映画の男たちの死に方はこの上なく甘ったれた死に方である。セックスするように死んでいくと言ってもいい。象徴的なのは『恋人たちは濡れた』(一九七三)の青年である。自転車に相乗りしたところをヤクザに刺され、女に抱きかかえられて自転車ごと海に入っていく。まるで近松門左衛門の浄瑠璃に登場するやさおとことおいらんの道行きだ。これはニヒリズムではない。

　ロマンポルノではないが私の好きな『もどり川』(一九八三)の詩人は、自分の芸術のために女たちをよく死なせる。そして最終的に自分で自分ののどを掻っ切る。これは女たちに対してのあと追い心中のようでもあるが、濃密なナルシシズムの果ての自死であるかもしれない。芸術にほれ込んだ詩人が芸術から愛しかえされなかったことを恨みつつ自己愛のなかで死んでいく。彼は何がくちおしいといって自分が天才でないことが自分でよくわかってしまうことなのだ。

　死にそうで死なない『赫い髪の女』(一九七九)の男女は、毎日のようにセックスするからそれが死のかわりなのだろうか。あの宮下順子は、あれは神代自身だと、最近思うようになった。そうなのだ。神代は案外女たちでもあるのだ。『一条さゆり　濡れた欲情』(一九七二)の伊佐山ひろ子や『四畳半襖の裏張り』(一九七三)の芹明香が神代自身であっても少しも不思議ではない。女こどもにたじたじとなりながらいつしか神代が女になり、こどもになっていく。それが芸術家ってものだろう。

(「第14回　中世の里なみおか映画祭公式カタログ」二〇〇五年)

「交通」と「密着」

青山真治

一、「自動車事故」ショー歌?

　いままで神代辰巳について書いておこうと考えてきたいくつかの論点のうち「なぜ交通＝事故なのか」という問題にことさら注目してきた。この問題について、ここでは後期、というのは神代監督が現在の筆者とちょうど同年輩の時期でもある、八〇年代以降の作品に特化する形で論じてみたい。それは筆者が最初に神代作品に触れた時期でもあり、同時にその頃からこの問題について考え始めた、という事情も含まれている。そしてやはり同時期(八〇年代後半)にリバイバル上映で成瀬巳喜男の後期作品に触れて以後は「交通＝事故」による神代と成瀬の呼応を考えたこともあった。

　とはいえ、実のところこの問題について明解な答えがあるとは思っていない。もちろんそれ以前の神代作品に「交通＝事故」が登場しなかったわけではない。

むしろ探せばキリがないほど出て来る気がする。『かぶりつき人生』（一九六八年）の中盤過ぎ、ストリッパーに憧れた女がそのストリッパーを車道に突き飛ばすが、この六八年のデビュー作からすでに自動車が物語の大きな契機として機能している。だがこの論考の主旨は起源を探すことではなく、また神代独自のモチーフとして指摘するためでもない。というのも、自動車と映画はその誕生から切っても切れない関係にあるというに過ぎないからだ。神代の出自の一つとして助監督としての長い経歴があることは誰もが知っているが、そこには裕次郎も小林旭の『渡り鳥』シリーズ（五九～六二年）も含まれ、その意味でも神代と自動車の関係は監督になる以前からのものと分かる。あるいはそれを言い出せば今村昌平『赤い殺意』のラスト（これと旭の「自動車ショー歌」は同じ六四年の発表だ）に辿り着くことになるやもしれないが、九〇年代以降の黒沢清に継承されたかに見える不意の交通事故の描写方法を、神代辰巳を媒介として考察することが、必ずしも神代を中心にした考察に至るとも思えない。一方、ゴダール『勝手に逃げろ／人生』（八〇年）の事故シーンの「スロー・モーション」と『かぶりつき人生』の「ストップ・モーション」との、偶然とはいえあまりに鋭いその共鳴を涼しい顔で納得することができるかどうか。

では、いまさら「神代と交通＝事故」という仮の命題の提示に、どんな意味があるか。

べつの側面から考えてみよう。いわゆるコンプライアンスによって二十一世紀の日本映画から（大仰さが売りのアクション映画を除けば）「交通＝事故」はほぼ払底したように見受けられるが、もちろん量としての邦画にとってそれが致命傷となるなどと言いたいわけではない。いや、あるいはそうかもしれないが、ここで考えたいのはその点ではない。

たしかに予算的にも、法規的にも、そしてテレビ局ならびにスポンサーとの馴れ合いによる忖度においても、現在の日本映画界は「交通＝事故」を忌避しているかもしれない。映画における自動車はたんに陸上を安全に、快適に移動する道具に成り下がっているだろう。だがそんなことは大した問題ではない。

問題は、自動車をいかに撮るか、にかかっている。

『噛む女』撮影スナップ。キャメラ右に篠田昇、神代辰巳

これは、個別私にとって神代の「最初の遺作」としての『噛む女』（八八年）における決定的な自動車事故、つまり永島敏行演じる主人公の死に直結する豪雨の朝の事故を描写するショット構成に由来する。それがキャメラマン篠田昇の発案か監督自らの演出だったかは不明だが、実に詳細に「交通＝事故」という現象について劇としての衝撃とともに描き尽くしていた。しばしばロバート・アルトマンとの比較に晒される神代だが、あの『ウエディング』（七八年）の衝撃的な事故をも凌駕する緊迫がそこにはあった。

描写の詳細は省略するが、このことを二つの側面で考えてみたい。

「交通＝事故」とは何か、ということ。当たり前の話、「交通＝事故」とは現実においてそのほとんどが「偶然」に起こる事象であるはずだが、これまた当然ながら映画において、または劇において、自動車事故にかぎらずおよそすべての事象は「偶然」には起こりえない。それらは全て劇のために「必然」として演出上導入されるものだ。その上で、分けても「交通＝事故」は最も人工的であり、スタントマン含めてかなり高度な技術がスタッフに必要とされ、ゆえに映画の嘘が最も露呈しかねない瞬間と考えられる。作劇のために実際の死傷者を出すわけにはいかないのがその最大の理由だ。

そうした性質のものであることを前提として、いくつかの例を挙げる。

『噛む女』の事故の場合、乗っているのは運転者である永島敏行一人である。『嗚呼！おんなたち 猥歌』（八一年）の事故シーンでは内田裕也が運転する車の助手席には角ゆり子が同乗している。『ミスター・ミセス・ミス・ロンリー』(八〇年)では運転する宇崎竜童、助手席には原田美枝子がそれぞれ乗り、この車が路上の原田芳雄に追突する。これら三つの事故は劇中それぞれ違う役割を担っているが、劇の終幕を用意する決定的な事故としてある『噛む女』と、劇の導入として入院した二人の間に第三の存在として看護婦中村れい子を呼び込む『猥歌』、そして『ミスター・ミセス〜』では二人とは無縁の形ですでに劇に登場していた原田芳雄が中盤で宇崎と原田美枝子に出会うための事故、といった差異ということになる。

つまりそれぞれ、終幕前の「死」、冒頭における「出会い」、展開部における「集合」と、劇における位置も役割も違っている。『ミスター・ミセス〜』で刹那(原田美枝子＋市山達己の共同筆名)とともに共同脚本として名を連ねてもいる神代は、単独脚本の『かぶりつき人生』、荒井晴彦単独の『噛む女』も含め、劇中に「交通＝事故」のヴァリエーションをそのフィルモグラフィー上に展開していたようにさえ見える。高田純との共同脚本による『離婚しない女』(八六年)の、倍賞美津子が運転する車の雪道でのスリップや、岸田理生単独脚本の『ベッドタイムアイズ』(八七年)に忍び込ませた自転車と自動車による「交通＝事故」を「すれ違い」の契機としている。

もちろん「交通＝事故」はサイレント期から五〇年代ハリウッドに至り、ダグラス・サークを頂点とするメロドラマで頻繁に活用された方法だし、前述した後期成瀬においてもまるで必須であるかのように現れ続けた事象であることは言を俟たない。つまりそれらには劇をメロドラマ的に円滑に進めると同時に、凶暴とも表現できそうな迅速な瞬間(そこにおいて可能なスペクタクル)を劇に導入する要素という側面のあることは間違いない。

阻害のための運命、露呈のための宿命、機械仕掛けの神……なんでもいいが、それがメロドラマということであれば神代の「交通＝事故」はその格好の装置と言えるだろう。

さらに単純化して考えたい。現実において「交通＝事故」とは何か。ひとまずそれを「瞬間的な接触」と言ってみよう。接触さえ起きなければ事故は起きえない、と世界のどこでも言われることだ。そして、ひどく御都合主義的に聞こえるかもしれないが、そこにハンドル操作やタイヤのパンクなども加えてみる。であるなら同じ「瞬間的な接触」として平手打ちやパンチなども並列に考えるべきか。これは『青春の蹉跌』(七四年)で萩原健一の命を奪うことになるアメフトのゲーム中のタックルも同等に考えられてしかるべきだろうが、つまり平手打ちの応酬が呼び込む『猥歌』の角ゆり子と中村れい子の連帯や、『ミスター・ミセス〜』の草野大悟の繰り出すパンチによって徐々にすれ違っていく宇崎と名古屋章の関係がそれにあたる。さらにはタイトルにも冠された余貴美子による「噛む」という性交中の行為、これがいわば劇として女たちの間で仕組まれていたことはのちに解ることだが、つまりこれこそが神代的な「瞬間的な接触」によって描写される「交通」の、ひとつの究極的な形態だった、という話だ。

初期神代作品が故意に中心を欠き、いくつかのエピソードが拡散的に連なる作劇であったことに対して、後期ではかつてのメロドラマに擬した直線的方法に変容して行く。そのとき、この「瞬間的な接触」＝「交通＝事故」が極めて高度に懇切丁寧な話法として物語の曲折点となっていることはざっとこのように見て取れる。

しかしながら神代作品が「交通」だけでできているわけでないことも、同時に誰もが知っているだろう。ロマンポルノ時代からその上映時間の多くを占め、物語の円滑な進行をあえて妨げ、映画の世界を豊穣化していたのは、いつ果てるともしれない即物的「密着」に他ならない。

二、(踊り子さんに)手を触れないでください?

とはいえ、その始まりとしての『一条さゆり　濡れた欲情』(七二年)から後期の『美加マドカ　指を濡らす女』(八四年)に至るまで連なったストリップ劇場の踊り子をメインに据えた作品群では、もちろんしばしば観客が「踊り子に手を触れる」ことはタブーであるとアナウンスされる。いわばそれらの空間内では「交通＝事故」は禁止されているわけだ。しかし同時に、それをルールとして破るかどうかに神代の劇が賭けられていたわけではないことも見ていれば解ることだろう。多くの場合、ルールはもっぱら劇場でも、『悶絶‼ どんでん返し』(七七年)冒頭のピンクサロンでもいいが、とにかくその「外」から文字通り「法」として踏み込んでくるのであり、そこからは観客も踊り子も一斉に散開という次へ向かう運動に身を任せることになる。それは神代作品も何度か晒されかけた官憲による摘発というスキャンダルとも鈍い一致を想起させるだろう。

そうしてその、逃れて散開した先で一組ないし複数の存在が「密着」を開始する。

もちろん「交通＝事故」で実際に事故を起こすわけにはいかないのと同様に、あくまで厳密な技術によって「密着」した存在たちが性交している「かのように」演出するのがロマンポルノの基本であり、いわゆる本番を売りとするアダルトビデオとの違いはそこにある。

しかし神代の戦略はそう単純でもない。神代的「密着」は素肌と素肌によるものばかりとはかぎらないのである。

一般映画への越境においてすでに七四年の『青春の蹉跌』によってあまりにも有名な、桃井かおりを萩原健一が背負うという形での着衣のままの「密着」(同じことは『ミスター・ミセス～』の終幕、宇崎と原田芳雄によって笑劇として繰り返される)を提示した神代の作劇は、では後期に至ってどのように変化したか、あるいはしなかったか。

それからほぼ十年後の八三年に同じ萩原健一主演で発表された『もどり川』にあったのは、ロマンポルノ的「密着」を一般映画の領域において実現しようとする野心であることは疑いようもないが、当時すでにアダルトビデオ、裏ビデオの現実主義的描写は世間に蔓延しており、神代が向かった「密着」のロマンは幻想としてそれらによって駆逐され、画面から立ち昇るエネルギーが高まれば高まるほど、古臭いものとして鼻白むようにしか見られなかったのも事実として認めるべきかもしれない。

だが、劇を円滑に進めることを潔しとしない神代の「密着」への野心はそこだけにとどまらなかったはずだ。例えば、万年筆が原稿用紙を削るように音を立てて文字を書く『ミスター・ミセス～』の挿入ショットがいまだに何かを喚起するとしたら、それは『もどり川』の襖への落書きのような荒くれた毛筆や帯を解く衣擦れの鋭い音を経て、萩原がマニキュアでもって団地の窓に描く『恋文』(八五年)の細密な絵画へと至るからではないか。あるいは『赤線玉の井 ぬけられます』(七四年)で宮下順子の足裏を傷つけ運動の自由を奪ったガラスの破片を思い出すなら、ほとんどアクロバットのような『離婚しない女』の電球交換シーンもその逆転としてそこに併置しえるかもしれない。『ミスター・ミセス～』の原田美枝子を電柱に拘束した手錠のありようを含めて、こうした事象を性交場面に限りなく近い「密着」の主題の亜変種と考えるなら、神代の作劇は「交通」と「密着」の往還によって動くという仮説が、不意に可能性として見いだされはしまいか。

『棒の哀しみ』哀川翔、奥田瑛二

『離婚しない女』といえば、その冒頭からクルーザーで釣りに興じる資産家の夏八木勲と向かい合うように座ってそれを手伝う萩原の、いくらか同性愛的にも見える奇妙な運動も当然「密着」の主題に連なる場面と言えるのだが、ところでこの釣りという行為は「最後の遺作」である『インモラル 淫らな関係』(九五年)でも(一人の女を共有する)兄弟の関係を強く結ぶ馴染みの娯楽として繰り返される。だとしたら『離婚しない女』のこの二人の男はその原型(あるいは、なれの果て)だったかもしれず、そしてそれは「第二の遺作」である『棒の哀しみ』(九四年)の、水槽の中の魚に間接的に繋がるかもしれない。この水槽の中の魚は、暴力団幹部である奥田瑛二とその部下の哀川翔に囲まれてただ眺められるだけで、つまりあらかじめ「交通」も「密着」も禁じられた存在としてあるのだ。

この間には『ベッドタイムアイズ』『噛む女』という二本の作品を挟んだ八年、九年の隔たりがあるのだが、この二つの作品で降り続く雨という液体もほとんど水槽の中の水の役割を担っていると考えてもよかったかもしれない。ただしそのとき、この雨＝「水」は、観客と画面の関係を示唆していたような気もする。つまりどんなにそれに触れようとしても水＝スクリーンが隔てる、というように。

おそらく「水」は、そうした映画のそもそものシステムをルーペのように拡大する機能を内在しているだろう。例えば『アタラント号』（三四年）から『ポンヌフの恋人』（九一年）に至る水中の恋人たちを永遠のようにこちら側と隔てる究極の美を演出するものであったように。

だが神代はそのキャリアの前半において、例えば『赫い髪の女』（七九年）の終幕の雨がそうであったように、この「水」をこそ俳優の全身に「密着」させてきたはずだ。果たしてあれは観客との隔たりであったろうか。むしろ観客と画面とを擬似的に、つまり視覚的な「密着」を喚起する媒体でさえあったのではないか。しかしそれを『ベッドタイムアイズ』において再現しようとしても、もはやそうした「密着」に至らなかったのはなぜか。あるいはそれ以前に『もどり川』であれほど横溢させた、心中のための川の「水」さえも、むしろ観客との距離を深める結果になったのはなぜか。

おそらくその原因を「法」（例えばそれは米兵マイケル・ライトを拘束する軍法や萩原＝岳葉に課せられる姦通罪にも通じる）に求めるのは容易だが、しかしその問題を追及してもいまさら不毛な気がするので、話をもとに戻す。

「最初の遺作」『嚙む女』から「第二の遺作」『棒の哀しみ』に至る六年間にどのような心境の変化があったかは知る由もないが、こうした作劇における変化の経緯は、後者において二度に亘って腹を刺され（これもまた「瞬間的な接触」＝「交通」の結果である）血を流しながら自ら傷を縫合する奥田のその傷を、その二度目において永島暎子がその傷を愛おしみながらほとんど性愛の対象として己の傷口を愛撫して狂おしく悶える、おそらく誰もが見たことのない、そして二度と見ることのなさそうな、性器を介さない、ただ素肌と素肌の「密着」の場面へと方向転換し、昇華するだろう。われわれ観客はただ呆然と、二人の間で貧しく滴る偽物の血に目で触れていたはずである。

『赫い髪の女』撮影スナップ

もちろん『棒の哀しみ』の二人の俳優による稀有に冒険的な野心（当然ひとは『壇の浦夜枕合戦記』（七七年）の渡辺とく子と風間杜夫の性交を、そしてまた『赤線玉の井〜』でのガラス片で足裏を傷つけた宮下順子と蟹江敬三の情交をここに透視するだろう）抜きには得ることのなかった劇だが、同時にここに六〇年代から三十年近く積み重ねられてきた神代独自の作劇の到達点がある。

そこではもはや男女の性差といった旧弊で観念的な議論は不毛であり、超越されている。むしろそうした場に立脚した上での未来的かつ原始的な理念に向けて、神代の作劇は進化した。ただ「交通」と「密着」とが圧しあいへしあいする、いわば汽水域としての運動がそれだった。ここに及んで「交通＝事故」によって導かれたはずの劇はメロドラマから遠く離れる、というより、メロドラマであることを隠す必要さえ感じることなく、しかしいつかそれをこちらの意識から忘れさせ、そこより遠く離れたどこかへと観客を連れ去ることに成功するのだ。そこがどこであるかは定かではないが、ただ呆然とその行程を眺めているしかない場所、それは最も理想的な映画館とよく似ているのではないか、という空想なら可能かもしれない。

あるいは、当時はこれが神代辰巳の演出かと驚いたものだが、九〇年代に中国で撮られたらしい「ナンパオ」のCM（だからそれはテレビの小さな画面で見ることができたに過ぎないのだが）において、赤と黒の二手に分かれた衣裳を纏った群衆が広大な丘陵地帯を勇壮に入り乱れて走り回る、ほとんど抽象的にも思えた映像＝スペクタクルこそ後期神代的映像の真の具体であったとしたらどうか。

それを思えばその最後の姿は、平らかな砂浜に横並びで座り、釣り糸を波間に伸ばして海の中の魚を、つまりはタブーを破って訪れる「交通」と「密着」を、ただ待っている「最後の遺作」『インモラル』の兄弟だと考えてもそう的外れでもない気がする。

この作品は多くの初期作品のロケ地、千葉外房に舞い戻るようにして作られている。例えば見逃されがちなテレビ作品『恐怖劇場 アンバランス・死骸を呼ぶ女』(七三年)もそうだが、これは神代作品としては例外的と言う他ない「幽体離脱」という、ここで言及し続けてきた「交通」とも「密着」とも切り離されたような、しかし逆に考えるなら個別登場人物にとってはそれらを同時に体現してしまう不可能を生きるような超常現象を主題としている。いまからすれば実に他愛ない特撮技術で表現されているが、一方でそのキャリアの掉尾に近づいても、つまり現時点から観客として見るならば、『離婚しない女』の倍賞姉妹とは「幽体離脱」のようなものだったという考えがよぎらなくもないはずだ。おそらくそれは『上海から来た女』(四七年)の鏡のトリックにもう一枚鏡を付与したようなものであり……

ともあれ、舞台と目される千葉外房の、海に面した断崖から飛び降りて海中に没し自裁したはずの弟が、何食わぬ顔で兄が竿の先から釣糸を伸ばす砂浜にふと舞い戻り、泳ぎは東京で習ったとぬけぬけと語れば、兄は兄で待ち受けていたように弟の分の釣竿を周到に用意している『インモラル』のラストシーン。弟は幽霊だったのかどうか……何も物語を仕組んでいるのは女たちばかりじゃない、ということかどうか。いや、兄を演じるのはたしかに、いかにも神代的人物に相応しい顔貌の柳ユーレイなのだが。

『インモラル 淫らな関係』[上]五十嵐光樹、柳ユーレイ
[下]柳ユーレイ

よくわからないが、神代らしい何ともユーモラスな着地ではないか。

余談。

わたくしは助監督時代に神代辰巳監督を目撃している。酸素ボンベの取り付けられた車椅子に乗り、鼻に吸入管を装着して、神代監督はダビングスタジオのロビーに現れた。わたくしは当時自分の就いていた作品の監督とともに自分らの作品の試写室が空くのを待っていた。わたくしが少し離れたロビーチェアに腰掛けたまま神代監督に目を釘付けにしていると、隣に座っていた監督から「あんまりジロジロ見るもんじゃないよ」とたしなめられた。ロビーのテレビモニターに、震災で倒壊した神戸の街が映っていたのはそのときか、その前か後か、たしかな記憶はない。

それが最後で、それから二ヶ月ほどして神代監督の訃報を新聞に見た。

あのとき、車椅子の車輪の上で神代監督はまるで巨象のように威風堂々として不動であった。周囲から空気の含んだ水分が蒸発していく音を聞いた気がした。

あの姿と音の記憶はいまもわたくしの中から消えることはない。

そしてそれらの記憶に支えられて、わたくしの現在はある。

いずれにせよ、あの車輪の上の不動が、この文章を書かせてくれた。

(あおやま しんじ・映画監督)

神代辰巳の未映画化シナリオをめぐって

高崎俊夫

神代辰巳が松竹の助監督時代に最初に書いたシナリオは、古代九州を舞台に、クライマックスでは芒《すすき》の原で神々が交情するさまを描いた作品だったという。後年の『恋人たちは濡れた』(73)の原型ともいうべきイメージが垣間見えるようだが、惜しむらくはこのシナリオは現存しないという。

神代辰巳はその六十七歳の生涯において少なからぬ数の未映画化脚本を書いているが、主だった作品からその可能性の萌芽を探ってみたい。

「映画評論」一九六四年三月号に掲載されたオリジナル・シナリオ『泥の木がじゃあめいてるんだね』は日本シナリオ作家協会シナリオ賞を受賞している。パチンコ工場に勤める二十歳の青年・十吾と洋品店に勤める恋人・道子、そしてパチンコ店のオーナーである若き未亡人・洋子との微妙に揺れ動く関係を中心に、階層化しつつある時代を背景とする鬱屈したグルーミーな若者の生態がスケッチ風に描かれている。名づけようのない閉塞感、突発的なグレン隊の暴力、刹那的なセックス……。当時、高度成長を謳歌するかのような明朗青春ものが量産されていた日活にあって、その陰の部分に光を当てたこの作品は、ヌーヴェル・ヴァーグよりも、むしろフリーシネマの『土曜の夜と日曜の朝』(60)や『蜜の味』(61)を思わせる沈鬱な青春映画の味わいがある。

残念なことに、この作品は商売にならないという理由で製作が中止に追い込まれてしまった。しかし、一人の男と二人の女をめぐる関係の劇という神代好みのモチーフは後の『離婚しない女』(86)『噛む女』(88)をはるかに先取りしていたといえよう。

江戸川乱歩原作の『芋虫』(脚本=岸田理生・神代辰巳)は佐々木史朗、荒戸源次郎、岡田裕のプロデュースで、ATGで撮る予定であったが、八一年十二月、クランク・イン直前で企画が流れてしまった。戦禍によって手足をもぎ取られ、一個の肉塊と化して帰京した元将校須永晴彦を、妻のお時が献身的に支えるふうに見せかけて性の道具にしてしまう倒錯的なおぞましさゆえに発禁となった乱歩の原作に、岸田理生のアイディアで泉鏡花の「爪の涙」と「河伯令嬢」というふたつの短篇がブレンドされている。その結果、晴彦とお時の夫婦と、「河伯令嬢」からの参入者たる小山夏吉とおゆうという二組の男女が対照されて、〈生〉への止むなき執着と〈死〉への狂おしい憧憬に引き裂かれた、妖しくも壮麗な幻想譚が生み出された。

神代は岸田理生とコンビで数多くの怪異でグロテスクな二時間ドラマの秀作を撮っているが、もしも、この『芋虫』が映画化されていれば、かなりの傑作になったことであろうと想像される。

九一年にはVシネマの企画として中上健次原作の『水の女』(脚本=神代辰巳・本調有香)を書き上げたが、実現しなかった。

『水の女』は、短篇集『水の女』収録の「鬼」を下敷にした脚本で、詳しくは本書の本調有香さんのインタビューを参照していただきたいと思う。

神代はたんに『鍵』(74)を映画化しているという理由だけでなく、終生、谷崎潤一郎に私淑していたように思われる。最晩年のインタビューで、『瘋癲老人日記』を書いた当時の谷崎の年齢に言及し、まだ頑張れると自らを鼓舞していたのはその証でもある。

神代の単独脚本による河野多恵子の『みいら採り猟奇譚』の映画化は、「これが出来れば死んでもいい」と語っていたほど切望していた企画だった。『谷崎文学と肯定の欲望』という名著もある河野多恵子は、谷崎の衣鉢を継ぎ、異常性愛、マゾヒズムを主題とした作品を発表してきたが、『みいら採り猟奇譚』は、いわば谷崎的なモチーフを極限まで追求した集大成と呼ぶべき作品なのである。

第二次大戦前夜、年の離れた医師の尾高正隆と比奈子が結婚する。マゾヒストの夫は妻をサディストへと仕立て上げ、自らを快楽死へと誘うという加虐、被虐、喜悦と残酷さに満ちた倒錯的な物語である。

原作では戦前、戦中の昭和史を彩る時代背景、世相や日常生活が克明に再現されているが、神代は、そうした時局的な事柄は一切、後景に退け、ひたすらこの夫婦の過激にエスカレートしていくSM行為のみをクローズアップし、微に入り細にわたって抽出している。神代がデビュー作以来、一貫して描いてきた過剰なまでの女性崇拝と惰弱でマゾヒスティックな男という対照がここではより一層際立っている。ちなみに仮想ではあるが、主人公の夫婦には沢田研二、荻野目慶子がキャスティングされていた。

生前、神代辰巳はノーカット版の『愛のコリーダ』を見た衝撃を繰り返し語ってやまなかったが、もし『みいら採り猟奇譚』が映画化されていれば、その豊かな反証となったのではないか。ふと、そんな夢想にふけってしまうほど、この脚本は傑作なのである。

シナリオ
泥の木がじゃあめいてるんだね

脚本＝神代辰巳

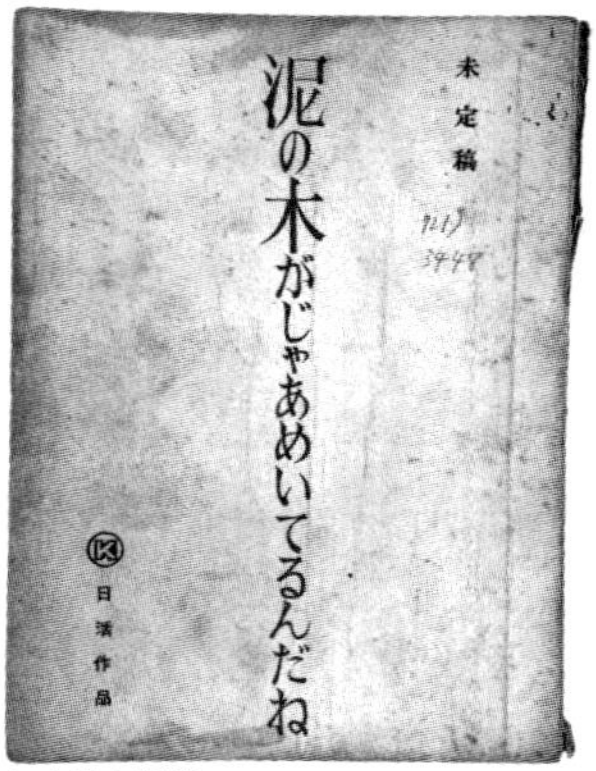

シナリオ表紙

神代君のこと

映画製作というカテゴリィから言うと、この作品は現在ストップして居ます。

理由は商売になるかどうかと言う点に焦点がしぼられて居るからです。

私が神代君と共にあえてこの作品を世に問い、そして大方の批判を仰ぎたいのも、実は佳い作品は映画にならない式の古い映画界のしきたりを破って見たいと言う欲望に他なりません。

私が今、百枚の量を持って彼を語るより、この作品をお読み戴くほうが彼を理解する上にどの位ハッキリすることか、申す迄もない事です。

今、彼は、次の作品にかかって居ます。コツコツとコタツの中で全く孤独で書いている彼の姿に、私は限りなく作家を感じます。

久保圭之介（日活プロデューサー）

パチンコ工場

十吾（二十歳）が、パチンコ台に釘を打っている。

それで、パチンコ台は出来上がりである。

クレジットタイトルが小さく始まる。

工場主の奥さんが三十人足らずの工員の一人一人に、月給袋を配って歩きはじめるのを見て、十吾は仕事をやめる。

小さな金槌や、その他の工具を一まとめにくるっとまいて、上衣のポケットにつっこむ。

見ると、奥さんがそこまで来て、とがめるように十吾を見ている。

奥さん「泥棒でもやるの？」

十吾「——」

十吾、「知ったことじゃねえや」と、どなりたいのをやめる。

終業のベルがなる。

奥さんは月給袋を渡して過ぎる。

十吾の家の階段（夜）

きちんと背広を着こんで、見違えるようになった十吾が、階段を降りながら、パチンコの工具をポケットにつっこむ。

ポケットだけが不釣合いに大きくふくらむ。

茶の間の嫂《あによめ》に声をかける。

十吾「行って来るよ」

駅ビルのプラットホーム（夜）

電車がついて、十吾降りて来る。

赤札堂洋品店の前

十吾来て、考えながら入って行く。

メインタイトル小さく出てタイトル終る。

赤札堂洋品店

店先で、威勢のいい生地のたたき売りをやっていて、客が蟻のようにたたかっている。

十吾、人混みを縫って、ぶらぶら店の中を歩きながら、だんだん道子の売場の方へ行く。

道子（二十歳）が、十吾を見つけるが知らんぷりをしている。

十吾、道子の売場へ来る。

道子「いらっしゃいませ」

十吾「話があるんだよ」

道子「何でございましょう」

十吾「ここじゃ駄目だよ」

道子「見てない？」

背中で、奥のレジにいる店の主人をさす。

道子「知らんぷりして、見てんのよ。万引捕まえるのうまいんだから」

十吾「見てないよ」

道子「感づいてんのよ」

十吾「何かいったの」

道子「いわないけど、しょっ中じゃない」

十吾「ながくいれば、余計感づかれるだろう」

道子「（負けて、あきらめて）そうね」

十吾、店の主人を気にしながら、またふらふら店の中を見廻しながら出て行く。

コーヒーショップ（夜）

十吾入って来る。

いれ違いに、でっぷりかっぷくのいい男が出て行くのに、十吾おじぎする。カウンターに腰をおろして、表を気にして見る。

バーテン「車、乗りまわしてる釘師って、いまの奴だろう」

十吾「そう」

バーテン「あんたも、もうすぐかい」

それには答えないで、十吾、表を気にして見ている。

赤札堂洋品店

道子が何喰わぬ顔で、ぶらぶら表の方へ行きながらちらっとレジの方を見る。

レジの側に店の主人が立っている。

その真上に横長の大きな鏡がとりつけてある。

鏡には、店の中が一目でわかるようにうつっている。

道子だんだん表の方へ歩いて行く。

気になって、ふと後を見る。

店の主人がすぐ後から歩いて来る。

道子仕方なしにまた用あり気に、奥の方へ引きかえす。

駅ビルの大時計が十時近くをさしている。（夜）

その下。

十吾がうらめしそうに、大時計を見ながら歩いて行く。

パチンコ店・新世界（夜）

十吾入って来て、ゆっくり店の中を見て廻る。

事務所（夜）

十吾入って来る。

店の主人にあいさつして片隅の長椅子に腰をおろす。

女店員が入って来る。

女店員「五十六番、打ちどめです」

十吾立って行って、マイクのスイッチを入れる。

十吾「ありがとうございました、ありがとうございました、只今、五十六番打ちどめでございます。ありがとうございました」

店内

十吾の声「只今、五十六番、打ちどめでございます」

軍艦マーチが調子よく鳴り出す。

事務所

マイクから十吾がもどって来るのを、店の主人が呼ぶ。

店の主人「銀の玉知ってるだろう。あんたを傭いたいらしいけどね」

十吾「やりますよ」

店の主人「明日、行くっていっとくよ、美人の後家さんだよ」

十吾「そうですか」

十吾、店の方へ行く。

新世界の店内

閉店後のがらんとした店内。

十吾、一人、奇妙な歌を歌いながら、パチンコ台にむかっている。

十吾は、ここでは、パチンコの入りを調整する釘師である。

十吾「〽泣ぐな
泣ぐな
ありゃ　風吹《かじぇ》いて
泥の木がじゃあめいてるんだね
痩《やえ》だ体こくっつけても
何も　温ぐねえじゃ
俺たちは　陽当り盗む
蝿こと同すだ
明日から　お前また
紫の袴こはいて
弁当もって
工場さ行ぐのだ
泣ぐな
泣ぐな
ありゃ　風吹いて
泥の木が　じゃあめいてるんだね」

十吾一人、パチンコ台の釘を直している。

女店員が来る。

女店員「何番?」

十吾「百三番」

女店員「サンキュウ」

十吾「余計なことだよ、あんたに礼をいわれることないぜ」

入口にぐれん隊が三人とぐろをまいている。

女店員、ぐれん隊と一緒に出て行く。

(F・O)

赤札堂洋品店

翌日の夜。

道子がたたき売りの人混みの中を、何喰わぬ顔で、抜けて行く。

「おい、おい、そこを行くおねえちゃん」

いきなり、たたき売りの男がどなる。

たたき売りの男「あんたのためなら、店の主人には、内緒にしようじゃないか」

道子、ぎくっと足をとめて、たたき売りの男を見る。

たたき売りの男「ええ、店の主人には内緒で、一米百五十円のとこ百円といこう」

道子行きかける。

たたき売りの男「たったの百円、たったの百円だぜ」

道子ふりむいて見る。

たたき売りの男「考えても見なよ。百円といやぁ、ラーメンのたったの一杯分だ」

道子、男をにらむ。

たたき売りの男「それが、これなんざ、どうだい、ダブルベッドのフトンなんかに、もってこいの一生もんだ。百円であんたの幸福が買える」

道子、歩き出す。

たたき売りの男「いいなぁ、内緒、内緒でたったの百円といこう」

道子、一気に店を抜け出す。

コーヒーショップ

十吾と道子がコーヒーをすすっている。

十吾「友だちが結婚するんだけど。そいつ嫁さんの田舎の親父さんに逢いに行くことになったんだよ」

十吾、ちらっと道子を見る。

十吾「この近くのアパートに住んでるんだけどね、二三日留守になるわけだよ」

十吾、また道子の反応をうかがう。

十吾「そいつのアパート二人で借りようよ」

道子「――(驚く)」

十吾「急に思いついたわけじゃないんだ」

道子「――」

十吾「前からそのことを考えてたんだよ」

道子「――」

十吾「うめあわせっていい方はおかしいけど」

道子「――」

十吾「なかなか会えないだろう」

道子の顔色がだんだんおかしくなって来る。

十吾「話はつけて来たんだけど」

道子「――」

十吾「そいつ、明日発つんだよ」

道子、とうとうがまん出来なくなって立上がる。

道子、だまって、ドアの方へ歩きはじめる。

十吾、慌てて、道子の後を追う。

道子、表へ出て行く。

十吾、ついてゆく。

コーヒーショップの表

道子、どんどん歩いて行く。

十吾、追いかけて来る。

十吾「怒ることはないぜ」

道子「お店を抜け出して来てんの」

十吾「――」

道子「仕事中なのよ」

十吾「――」

道子「知ってるでしょう」

十吾「知ってるよ」

道子「こんなとこ見つけられたくないわ」

十吾「――」

道子「めっかったらみっともなくってどうしようもないわ」

十吾「明日の晩、駅で待ってるよ」

道子「もう来ないでって、お願いしてるわ」

十吾「(怒って)いやならいいんだぜ」

十吾、立ちどまる。

道子、一人歩いて行く。

十吾、しょうことなしに、道子の後姿を見送っているが、憮然として、引きかえす。

パチンコ店・銀の玉の前

十吾、憮然と歩いて来る。

銀の玉

新世界と同じように、ちっちゃなパチンコ店である。

十吾、考えながら入って来る。

まばらな客の間を、ぶらぶらパチンコ台を

見て歩く。
銀の玉の若くて美しい女主人(二十一歳)が十吾を見つけて近づいて行く。
女主人「十ちゃんでしょう?」
十吾「そうです、よろしく」
女主人「よろしくね」
十吾「少し、しめ過ぎですね」
女主人「――」
十吾「結局は損ですよ」
女主人「(ちょっと頭にきて)あんた、見ただけでわかるの」
十吾「常識は四割五分の線ですよ、その線を、どれ位上廻るか、下の線にするかは、店のサービスや設備とにらみあわせて決めることになりますけどね、十人の客が来たら、四人から四人半、一人の客についていえば、二度この店へ来れば、一度弱は儲けさせて帰してやることです。ここは遊び場ですから、客に遊ばせてやるということです。あたり前のことですけどね、こちらは商売ですから、客の側からいえば、六割位の損はちゃんと意識して来ますよ。それ以上は、遊びにならないですよ、このごろの客は敏感ですから、それ位のことはすぐかぎわけてしまいます」
女主人、感心して十吾を見ている。
十吾「それと、穴のすぐ上の釘を細工するのはいい方法じゃないですよ。細工の後がわかり過ぎます。天の釘に球があたりますね。その釘の角度で、球の反射は一応きまります。そういう理くつを、二つ三つ組合わせると、球の落ちる道はある程度はきめられて来ます。フロックで入るものは勿論ありますけど、それは、勘定に入れる必要はないですよ」
女主人「――」
十吾「そういうことで、入りを加減して、大体売りあげの一割前後の儲けになるようになります」
女主人「――」
十吾「都合がありますから、二三日してから来るようにしていいですか」
女主人「仕方がないの?」
十吾「ええ」
女主人「どうしてもなの?」
十吾「ええ」
おじぎして出て行く。
(F・O)

十吾の家・十吾の部屋

翌日の朝早く。
十吾の兄貴が、べんとうを下げて、夜勤の仕事から帰って来る。
十吾が二階の窓から見ている。

十吾の家・茶の間

十吾の兄貴が新聞をひろげながら、コップの冷酒を飲んでいる。
兄貴「(台所の嫂に)もう一杯」
嫂「ないわよ」
兄貴「一晩中働いて来てんだぜ」
嫂「あんた、いくら月給もらっているつもりでいるの」
兄貴「おまえの方が知ってるだろう」
嫂「いってあげましょうか」
兄貴「酒位、けちけちするな」
嫂「私も、そういう身分になりたいわ」
兄貴「(どなる)へりくつこねずに、さっさと持ってこい!!」
嫂「ないものはないわよ!!」
十吾「お早う」
十吾、茶の間へ入って来る。
持って来たウイスキーの壜を兄貴の前にさし出す。
十吾「どうぞ」
兄貴「いい」
十吾「飲みたいもの、飲めばいいよ」
兄貴「(かあっと頭に来て)馬鹿にすんな!!」
十吾「変な風にこだわるのおかしいぜ」
十吾、壜をもって、茶の間を出る。

十吾の家の前

十吾、オートバイを引き出して来て、エンジンをかける。
十吾の家の前のかみさんの家から、ぞろぞろ学校へ行く子供たちが出て来て
十吾「誰かのっけて行ってやろうか」
一番小さいのが、十吾の方へ来ながら、気がひけるように、後をふりむく。
かみさんが、玄関口にたっている。
かみさん「遊んでなんかいないで、さっさと行きなさい!!」
小さいのは不服そうに皆の後からついて行く。
十吾、オートバイをふかして、かみさんの前を、ゆっくり通る。
十吾「ぞろぞろ産んじゃって、わざわざ貧乏とっくみあいしてるみたいだよ」
真赤になって怒ったかみさんの前をオートバイをぶうぶうふかして、十吾行く。

盛り場に再び夜が来る

駅ビルの前

十吾が待っている。
「やっぱり来ないのか」とぼんやり駅ビルの時計を見る。

駅ビルの大時計は十二時近い

駅ビルの前

十吾いらいらして来る。
向うの方から、道子がうつむき勝ちに歩いて来る。
十吾、嬉しそうに道子の方へ歩いて行く。
十吾「来ないかと思ったよ」
道子「――」
十吾「歩いて行こうか」
道子「どっちでもいいわ」
十吾「大して、遠くないんだ」
道子「――」
十吾「行こうか」
二人歩きはじめる。

街

二人歩いて来て、
十吾「まっすぐ行く?」
道子「どっちでもいいわ」
十吾「――」
道子「この間兄貴が女の人を家へ連れて来たの」
十吾「――」
道子「兄貴は早くから、その人と結婚するつもりだったけど、親爺さんが反対なのよ」
十吾「どうして?」
道子「その人、日本人じゃないからよ」
十吾「アメリカなの?」
道子「どこだって、いいじゃない」
十吾「――」
道子「生れた時から、ずっと日本で育って、全然日本人とかわらないわ」
十吾「――」
道子「おやじさんは、とうとう会おうともしな

かったわ」
十吾「――」
道子「かわいそうだったわ、その人」
十吾「――」
道子「泣いてたわ」
十吾「――」
道子「それで、兄貴は三日前家出しちゃったの」
二人歩いて行く。

友達のアパート近く

二人歩いて来る。
十吾「あそこだよ」
道子「――」
そのアパートが見えて来る。
道子「お友だち、もう帰ったの?」
十吾「昼過ぎから、いないよ」
道子「――」
十吾「鍵のあるところは聞いているよ」
二人、アパートへ入って行く。

アパート

階段を二人上って行く。
道子「さっきの話ね」
十吾「――」
道子「だから、私まで家をあけるわけにはいかないわ」
十吾「――」
道子「――」
十吾「(怒ったように)帰っちゃうの」
道子「――」
十吾「――」
道子「泊れないだけよ」
十吾「――」
道子「(怒ったように)仕方ないわ」
十吾「――」
十吾不服そうに階段を上って行く。

友達の部屋の前

十吾、来て立ち止まる。
ドアの側にぶら下がっている牛乳箱に手をつっこむ。
小さい牛乳箱なのに、十吾一生懸命かきまわしはじめる。
十吾何ともいいようのない顔で道子をふりかえる。
道子だまって、十吾を見る。
十吾、あきらめて、牛乳箱から手を出す。
十吾「あいつ、鍵を忘れやがったんだよ」
道子「――」
十吾「ばっか野郎が」
道子「開けなさいよ」
十吾「――」
道子「(怒ったように)どうしても開けなきゃいけないわ」
十吾「――」
十吾、道子の気持におされるように、ドアのノブに手をかける。
体ごと力一ぱいぶっつかる。
鍵がかかってなかったので、十吾は素っ飛ぶように部屋の中へ転がりこむ。

友達の部屋

せまい部屋一ぱいに、ふとんが敷いてある。
はずみをくらって、十吾、フトンの上に転がりこむ。
十吾の下敷きになったフトンの中から男がむっくり起きあがる。
二人、鼻っ面をつき合わせるようにむきあう。
アパートの男「やあ、お前か」
十吾「――」
アパートの男「田舎から、こいつが急に上京して来たんだよ」
男の隣りから、若い女が起きあがる。
アパートの男「お前たちが来たら、相談しようと思ってたけど、ねちまったらしい」
ドア口で道子、呆然と見ている。
アパートの男「俺たち、外へ出るよ」
十吾「――」
アパートの男「だけど一晩中ってわけにはいかないよ」
十吾「――」
アパートの男「せいぜい長くするつもりだけど、二三時間ってとこだな」
十吾「――」
アパートの男「いいな」
アパートの男、側の女を促して、ドア口の方へ歩いて行く。
道子「そんなことしていただいちゃいけないわ」
アパートの男「いいですよ、気にしなくて」
道子「気になるわ!!」
いいざま、いきなり男の顔に平手打ちをくわせる。
男きょとんとしている。
道子「(十吾、涙声で)あんたもなぐって!!」
十吾立ち上がる。
アパートの男「やるか!?」
かまえる。
さすがに、十吾やめる。
道子「どうしてなの!! 何故、なぐれないの!!」
十吾「――」
道子「私たち、もうおしまいだわ!!」
道子、廊下へ走り出す。
十吾とアパートの男にらみあっている。
十吾「ばっか野郎!!」
一気に怒りを爆発させて、一発くらわせる。
男すっとぶ。
十吾、道子の後を追う。

アパートの前

十吾来るが、道子の姿はない。
十吾走り出す。

街

十吾、走って行く。

駅ビル

十吾、探しながら、走りこむ。

改札口

十吾、走って来る。
見ると、ホームの端の方に道子が悄然と立っている。
十吾、改札口を抜ける。

ホーム

十吾、来る。
ホームの端で、道子、十吾に気づいてちらっと見る。
最終電車の到着を知らせるアナウンスが響く。
十吾走り出す。
と、突然、道子が線路に向って身を投げ出す。
がく然として、十吾走る。
道子の飛びこんだあたり、わぁっと、人だかりがする。
電車がせまって来る。
十吾「(泣きそうに)死ぬことはねえや」
十吾走って行く。

轟然と電車がホームへ滑りこむ。

十吾走る。

道子ひょいとホームへあがって来る。

十吾、呆然と立ちすくむ。

道子の前の人だかりの中から、子供を背おった奥さんが、何度も何度も、道子に頭をさげている。

道子、持ってあがった子供の帽子を奥さんにさし出す。

十吾、大きなため息をついて、近づいて行く。

電車のドアが開いて、道子乗る。

慌てて、十吾、走る。

しまって来るドアをおさえながら、十吾やっと電車にのりこむ。

■走る電車の中

十吾、道子の席へ近づいて行って、吊かわにつかまる。
十吾「自殺するのかと思ったよ」
道子「どうして、私が自殺しなきゃぁいけないの」
十吾「――」
道子、軽蔑しきったように十吾を見ている。
十吾「俺に怒るのおかしいぜ」
道子「――」
十吾「俺が悪いわけじゃないだろう」
道子「――」
十吾「ちょっとした事故にあったようなもんだよ」
道子「――」
十吾「そのために、俺たちがいがみあったりするのは意味のないことだろう」
十吾、道子の側に坐ろうとする。
道子「側へ来ないで!」
十吾、仕方なくまた吊かわにぶら下る。
道子「あの時、私、ほんとうは死んじゃおうと思ったわ、だけど生きててよかったわ、死んでしまえば、私は貴方を愛したままだったわ」
十吾「――」
道子「だけど、今は貴方の正体を見ることが出来たわ」
十吾「――」
道子「貴方にいわれると、私、いわれる通りにお店を抜け出したわ、今日だっていわれる通りに、ついて来たわ」
十吾「――」
道子「貴方にはわからないでしょうけど、お店を抜け出すんだって、今日だってとってもつらいことだったわ、でも、私は日曜日休めないもの、私たちが会えないのは、私の故だと思ってたわ」
十吾「冗談じゃないよ、俺はそんなこと思っても見ないよ」
道子「そうなのよ、貴方には、私の気持なんかわかりはしないのよ、今迄だって、今日だって、これっぽちの思いやりも見せてくれなかったわ、貴方は自分のことっきり考えてないからよ」
十吾「俺たちはそんなんじゃなかったよ、愛しあってんだぜ」
道子「そうなのよ、あの女の人と同じようになのよ、貴方とあの男と私のことをどんなに話し合ったかわかるような気がするわ、思っただけでもぞっとするわ、私が今迄、愛していた人は、こんな人だったのかと、つくづくなさけなくなって来たわ」
電車がとまる。
道子「私たちってもうおしまいね」
道子、駅の方をふりかえると、慌てて降りて行く。
十吾、気づいて追おうとするが、十吾の目の前で、ドアがピシャンとしまる。
電車が動き出す。
十吾、ドアに背をもたせて考えこむ。気づいて、見ると、十吾の前でさっきから、十吾たちの様子を見ていたらしく、黒い制服の尼さんが、じいっと十吾を見ている。
十吾にらみかえす。
尼さんは慌てて、目をそらせて、十字をきるような手つきを、口もとへもっていって、目をとじる。
十吾、右側の席を見る。
デモ帰りの男が、赤旗をひざの間にまいて、十吾を見ている。
その胸の白いタスキに黒々と「団結」と書いてある。
十吾にらみかえす。
男はさげすむように、笑いかえす。
十吾、左側を見る。
さっきの子供連れの奥さんが、おかしくってたまらぬという風に顔をふせる。
十吾、やけっぱちに、目を閉じて考えこむ。

■十吾の家

十吾、足音を殺して階段をあがって行く。

茶の間の障子があいて、嫂が顔を出す。

嫂「とまって来るんじゃなかったの?」

ますます頭にきて、十吾、階段を上って行く。

■十吾の部屋

十吾、ギターを取ってひきはじめる。
十吾、歌い出す。
〽泣ぐな
泣ぐな
ありゃ、風吹いて
泥の木がじゃあめいてるんだね
痩だ体こくっつけても
何も温ぐくねぇじゃ
俺たちは陽当り盗む
蠅こと同すだ
明日から、お前また
紫の袴こはいて
弁当もって
工場さ行ぐのだ
泣ぐな
泣ぐな
ありゃ風吹いて
泥の木がじゃあめいてるんだね
窓の下から
「うるさいわね、いま何時だと思ってんの!!」
屋台のかみさんのどなってる声が聞こえる。

■十吾の家の前

屋台のかみさんが真赤になって、十吾の部屋をにらんでいる。

かみさん「やめろ、ろくでなし!!」

十吾の歌が聞こえて来る。

■十吾の部屋

十吾、歌い続ける。

■十吾の家の前

かみさん「常識を考えろ、常識を!!」

■十吾の部屋

十吾、歌い続ける。

十吾の家の前

かみさん「(ますます怒って)やめろったら、やめろ!! ろくでなし!! やめなきゃあ、たたき殺してやるよ!!」

十吾の部屋

十吾、歌い続けながら、窓ごしに下を見る。

十吾の家の前

かみさんが気が狂ったように、表通りの方へ走って行く。

かみさん「近頃の若い者は常識もしらない、自分勝手なことばっかし!!」

かみさん走って行く。

かみさん「ぶた箱へほうりこんで!! 性根をたたきなおしてやんなきゃあ!!」

かみさん走って行く。

表通り

かみさん走って行く。

パトロールのお巡りが歩いて来る。

かみさん、パトロールのお巡りをつかまえる。

十吾の部屋

十吾が見ると、かみさんが表通りから、お巡りを引っぱって走って来る。

十吾、ギターをやめて、そっとカーテンをひく。

そのカーテンの隙間から下をうかがう。

十吾の家の前

かみさんが十吾の部屋を指しながら、一生懸命、お巡りに説明している。

十吾の部屋

十吾、ポケットからパチンコの玉をとり出して、そっと放り投げる。

十吾の家の前

かみさんの見幕におされながら、お巡りは一生懸命なぐさめている。

向かいの屋根に落ちた玉が瓦を伝ってころがり落ち、かみさんのでっかいけつにあたる。

かみさん、けつへ手をやって、何が降って来たのかと空を見上げている。

十吾の部屋

十吾おさえても、笑いがひとりでにこみあげて来る。

(F・O)

パチンコ工場

十吾がパチンコ台に、最後の仕上げの釘を打っている。

その隣りに、昨夜のアパートの男が、しきりに十吾に話しかける。

工場の奥さんが、監視して歩いている。

アパートの男「女をひっかけたら、千円よこすっていうんだよな、そいで、女にわたりをつけて、喫茶店へ行って、ああなっちまったんだよ」

十吾「——」

アパートの男「わざとやったわけじゃないんだぜ」

十吾「——」

アパートの男「そうなっちまったんだからさ」

十吾「——」

奥さんが二人に気づいて、近づいて来る。

アパートの男「お前との約束はおぼえてたよ、だけど女を連れて奴のところへ行くわけはいくまい」

十吾「——」

十吾、奥さんがとがめるように来るのに気づく。

アパートの男「俺、独り言、しゃべってるわけじゃないんだぜ」

十吾「——」

アパートの男「いいかい、今度はちゃんと、お前のいう通りにしようって、いってんだぜ」

十吾「——」

アパートの男「さっきから、あやまってんだぜ」

工場主の奥さんが来る。

アパートの男、それに気づくと、要領よく十吾と反対隣りの男に

アパートの男「ちょっと、しょんべん行って来るよ」

奥さんの前で、ぴょこんと一つおじぎをする。

アパートの男「すいません、ちょっと」

アパートの男行く。

奥さん十吾の前へ来る。

奥さん「何かいいたいことがありそうね」

十吾「——」

奥さん「遠慮なくいっていいのよ」

十吾「腕次第で、月給がもらえるなら、この工場で、一番高い金をもらえると思ってます」

奥さん「(頭にきて)あんた、変なアルバイトやってるってね」

十吾「——」

奥さん「うちで覚えた仕事でしょう」

十吾「——」

奥さん「だまって、文句もいわないで、その仕事やらせてもらえるだけでも、ありがたいと思わない」

十吾「小便行って来ます」

十吾、かあっと頭に来た奥さんの前を抜けて行く。

工場の外

十吾、出て来る。

まぶしそうに青い空を仰ぐ。

青い空に、真白な雲がぽかぽか流れている。

十吾、じいっと、その雲をながめている。

アパートの男が来る。

アパートの男「明日、釣り堀にでも行こうか」

十吾「お前とはいやだよ」

アパートの男「しつっこいぜ、まだ怒ってるのか」

十吾、だまって、じいっと白い雲を眺めている。

(F・O)

夏場のプールを利用した釣り堀

十吾とアパートの男が並んで、釣り糸をたれている。

アパートの男「パチンコって、いつまで続くもんだろうね」

十吾「わからねえな」

アパートの男「競輪とパチンコはどっちが長くもつかね」

十吾「競輪だね」

アパートの男「プロ野球とはどうだい」

十吾「野球だよ、しつこいな」

アパートの男「お前、フランスにも、パチンコがあるって話、知ってるかい」

十吾「あるんだってな」

アパートの男「パチンコも世界的なものだろう、そうかんたんにはなくならないだろうよ」

十吾「そう願いたいよ」

アパートの男「だけど、少しでもおかしくなって来たら、うちみたいな小さい工場、最先にお手あげだな」

十吾「一ぺんにぺしゃんこだよ」
アパートの男「お前、いやぁな気持になることないかい」
十吾「あるよ」
アパートの男「どうなるかな」
十吾「——」
アパートの男「考えたら、寝られない時があるよ」
十吾「——」
アパートの男「今の中に、他の仕事みつけた方がいいかな」
十吾「その時になってみなければ、わかんないさ」
アパートの男「どんな仕事がいいか、わかんないもんな」
十吾「——」
アパートの男「当てに出来るものなんてないよな」
十吾「——」
アパートの男「そうだろぅ?」
十吾「自分だけだよ」
アパートの男「来年のことだって、わかんないからな」
　十吾、立上がって、釣糸をまきはじめる。
アパートの男「どうする?」
十吾「——」
アパートの男「あがるの?」
十吾「うん」
アパートの男「気の強い彼女のとこかい?」
　十吾、答えずに行く。
アパートの男「いつでも部屋あけるぜ」
　十吾行く。
アパートの男「うまくやれよ」
　十吾、答えずに行く。

■盛り場

　十吾、雑踏の中を、背中をまるめて、さびしそうに行く。
　アドバルーンが一つ、ふらふら風に流れている。

■赤札堂洋品店の前

　十吾来て、入って行く。

■赤札堂洋品店

　店先のたたき売りの前は、相変らず蟻のように客がたかっている。
　十吾ぶらぶら入って来て、道子の売場へ近づいて行く。
　道子は十吾を見ると、ろこつに、顔をしかめる。
十吾「(かまわず)昼飯食った?」
道子「——」
十吾「まだだろう?」
道子「——」
十吾「今日は日曜日だぜ」
道子「それっ位、知ってるわ!!」
十吾「日曜位、一緒にめしくったって、いいだろう」
道子「——」
十吾「昼休み位はあるだろう」
　道子の眉がきっとひきつる。
十吾「待ってるよ」
　十吾出て行く。

■ある証券会社

　しょんぼり肩をおとして、道子入って来て見廻す。
　反対側のドア口で、守衛をやっているおやじのところへ行く。
道子「おひる、一緒にしない」
おやじ「おそめしだよ、今日は(客が出て行くのを見て)ありがとうございました」
　ドアをあけてやる。
　入れ違いに客が入って来る。
おやじ「いらっしゃいませ」
　ドアをあける。
　道子しばらく見てるが、おやじの前を通って行く。
おやじ「ありがとうございました」
　道子驚いてふりかえると、道子の後を客が出て来る。
　道子も出て行く。

■六階にレストランのあるビル

　道子まぶしそうにレストランを見上げている。
　十吾と一緒に入って行く。

■レストラン

　十吾と道子むかいあって坐っている。
　晴れがましく、豪華な雰囲気に、静かに音楽がとけこむように流れている。
十吾「(話の糸口を探すように)兄さん達どうなったの?」
道子「知らないわ」
十吾「どこの人なのお嫁さん?」
道子「朝鮮よ」
十吾「南なの」
道子「北よ」
十吾「共産党かい?」
道子「お父さん達はそうでしょう」
十吾「その人は違うの?」
道子「知らないわ。お父さん達は、引き揚げて行っちゃったからそうよ」
十吾「——」
道子「その人だけ残っちゃったの、たった一人でよ、日本中で知ってる人って、うちの兄貴だけだわ、共産党だろうと、何だろうと関係ないでしょう」
十吾「——」
道子「その人、一度は、一緒に引き揚げる決心をしたんだけど、何もかも捨てて残ることにしたのよ、兄貴だけをたよりにして」
十吾「——」
道子「うちのおやじさんは、ずっと朝鮮にいたの」
十吾「——」
道子「朝鮮人をよく思ってないわ、それに、引き揚げて来るとき、とってもひどい目にあったっていうの」
十吾「——」
道子「その人に会おうとしなかったわ」
十吾「——」
道子「とってもつらかったと思うけど」
十吾「——」
道子「でも、美しいくらい」
十吾「——」
道子「兄貴のことだけ考えて——」
十吾「——」
道子「兄貴も立派だったわ」
十吾「——」
道子「美しくって、涙がでるくらい」
　道子いいながら、急に涙ぐんで来る。
　道子の目に、見る見る涙が一ぱい溢れて、すうっと一筋頬を伝う。
　それが、ぽつんとテーブルの上のスープの皿の中へ落ちる。スープの皿の中に、きらきら小さな波紋が拡って行く。
　十吾、スープの皿と道子をじいっと見較べている。
　静かに静かに、ムードミュージックが流れている。

アイススケート場

十吾と道子がリンクへ降りて行く。

道子「十分しかないわ」
十吾「いいよ、十分でも」

二人滑りはじめる。
ワルツにのって、楽しそうに滑る。

時計が一時十分前をさしている

リンク

十吾と道子、滑って来る。

十吾「あいつ、明日、田舎へ行くっていうんだけどな」

道子の顔からさあっと笑いが消える。

十吾「夕方、コーヒーショップで逢おうよ」
道子「――」

決定的にしょぼんと沈んだ道子から目をそらせて、どうしようもなく、十吾、時計を見る。

駅ビルの大時計が一時五分前を指している

コーヒーショップ

窓にポツンポツンと雨粒があたる。
十吾入って来る。
銀の玉の若くて美しい女主人の洋子が顔をあげる。
十吾おじぎして、洋子の側に坐る。

洋子「いつから来てくれるの?」
十吾「今日からでもいいです」
洋子「早くなったのね」
十吾「――」
洋子「ね――」
十吾「――」
洋子「あら、うれしいのよ」

ザザッと激しく窓に雨があたる。
十吾憂うつそうに表を見る。

コーヒーショップの前

バーテンが出て来て、空を仰ぎながら入口の日除けをおろす。

コーヒーショップの中

洋子が、煙草の空箱で、器用に屋根つきの家をこしらえている。
十吾、憂うつそうに表を見ている。
バーテンが入って来ている。

洋子「この家の一カ所に火をつけて、みんなもえると思う?」
十吾「――」
洋子「燃えるわよ」

洋子、出来上がった家を灰皿の上におく。

洋子「どこへ、つけたらいいと思う?」
十吾「――」
洋子「ひさしよ」

洋子マッチをする。
表を見る。

洋子「日曜だっていうのに、つまらないでしょう」
十吾「――」
洋子「俄雨よ、すぐやむわ」
十吾「――」
洋子「見てごらん」

洋子、ひさしの部分に火をつける。
ちょろちょろとたよりなく、ひさしがもえはじめる。

洋子「全部燃えるなんて見えないでしょう」
十吾「そうですね」

窓にたたきつける雨足が、ザザッと大きな音をたてる。
灰皿の上の家は屋根の部分がもえつきて、消えそうになる。

洋子「消えそうでしょう」
十吾「ええ」

炎が見えなくなる。

洋子「消えないわよ」

洋子、十吾の目を追って、十吾表へ目をやる。

洋子「少し、小ぶりにならない」
十吾「そうですね」
洋子「雨のやむおまじないなのよ。これ」
十吾「――」
洋子「みんな燃えれば雨はあがるわ、ほら、ね」

消えそうな家に勢よく火がまわりはじめる。

洋子「これから一気に燃えるわ」

十吾、表を見る。
沛然と降りしきる雨を眺める。

洋子「止みそうにもないわね」

もえつきそうな家。

洋子「でも、燃えたでしょう」
十吾「ええ」
洋子「ほらね」

家が完全にもえつきる。

コーヒーショップの前

バーテンが出て来て、空を見上げる。
雨はあがっている。
十吾と洋子が出て来る。
洋子は大きなバスケットをさげている。

バーテン「チェッ」

二人を見送る。

狭い四つ角

十吾と洋子歩いて来る。
ぐれん隊が三人、二人を迎えるように立っている。
十吾と洋子、ぐれん隊の前を通り抜ける。
ぐれん隊Aが十吾と一緒に歩き出す。

ぐれん隊A「(洋子を横目でみながら)銀の玉やるんだって?」
十吾「――」
A「新世界のおやじさんに聞いたぜ」
十吾「――」
A「いつからなの」
十吾「――」
A「いずれわかるけどな」

少しおくれて、後をぐれん隊B、Cが歩いて来る。

ぐれん隊「お前よう、パチンコ屋のスケさ」

ぐれん隊三人、十吾達の後をついて歩く。

C「お前に首ったけの奴よ、一ちょ、かましたいんだろう」
B「あいつ、処女だぜ」
C「処女って、味がねえんだってば」
A「だけどよ、うちのかあちゃんはよ、商売繁昌でよ、おあしは、どんどん入って来て、生活安定だけんどよ、俺は、おあずけくらって、一人もんみたいだろう」
C「ひざこぞうかかえてよ」
B「手前のきたねえひざに、キッスでもするのかよ」
A「処女でも仕方あんめえ」
B「せっせとだし入れてよ」
C「一生懸命だし入れたらさ」
B「味がついて来てよ」
A「だけど、年増はいいよな」

B「たっぷりだもんな」
C「後家さんと来ちゃえばよ、ヒヒヒーだよな」
十吾、じいっと怒りをおさえて歩いて行く。ぐれん隊だんだん三人を追いこして先へ行く。
洋子「あんたたちとあの人たちのこと知ってるの」
十吾「――」
洋子「私達の商売じゃしょうがないわ」
十吾「――」
洋子「穴を教えてやるんでしょう、気にすることないわよ」
先の方で止ってぐれん隊待っている。
B「おれがかけあおうか」
A「待てよ、あわてることはないぜ」
C「しっぽりぬれてるとこをよ」
B「犬だって、水をかけたらよ、いやあな顔すっだろう」
A「あん時の目つきさ」
B「泣き声もな」
C「犬だってな、人間と同じだぜ」
C「お前なんか一人もんはよ、なやましくってねむれねえべ」
A「いま、あの季節だもんな」
B「わんわん、きゃんきゃん、わぁって頭にきちまってよ」
二人、ぐれん隊の前を通り過ぎる。
洋子「いってやらないの?!」
十吾「――」
洋子「いってやればいいのに」
十吾「(うなるように)一人じゃ奴等やっつけられないよ」
洋子「(驚いて)そんなことして何にもならないわ」
十吾「――」
洋子「怒っちゃぁ駄目よ」
十吾「――」
洋子「ひどい目に会うわ」
十吾「――」
洋子「お願いよ」
十吾「――」
洋子「ついて来ないわ」
十吾「――」
洋子「もうすぐよ」
十吾「――」
洋子「そこを曲るのよ」
二人、角を曲る。
洋子「もう終りよ」
十吾「――」
洋子「よかった」
二人歩いて行く。
洋子「どこか、行くところある?」
十吾「いいえ」
洋子「私について来てくれる」
二人、歩いて行く。

駅ビルのホーム

二人、電車に乗る。

電車が出る。

ある小公園

二人、歩いて来て、隅の方のベンチに腰をおろす。

洋子、バスケットの蓋をあける。

あいたバスケットから小猫が顔を出す。

「ニャー」

洋子、十吾に笑いかける。

洋子「行かない」

洋子、猫とバスケットを残して歩き出す。

十吾ついて行く。

猫が、バスケットから、這い出して、バスケットの側に、洋子が置いて来たカップブシをかじりはじめる。

十吾と洋子急いで歩いて行く。

公園の反対側の、隅のベンチに腰をおろす。

公園の隅っこの、滑り台の下で、十人位の子供が集まって、結婚式ゴッコをやっている。

男の子A「汝、×男は、いつまでも、この女を妻として、一生涯、変らぬ愛を捧げることを誓うか」

男の子B「イエス、アイ、ドウ」

男の子A「汝、×子は、いつまでも、この男を夫として、一生涯、変らぬ愛を捧げて、テイシュクを誓うか」

女の子「イエス、アイ、ドウ」

熱心に、十吾、見ている。

男の子が女の子に指わをはめてやる。

その三人のまわりの子供たちが、わあわあはやしたてる。

皆、それぞれ長い棒を持っている。

その棒を剣にみたてて、剣のトンネルをつくる。

たのしそうに、ウェディングマーチを歌い出す。

十吾じいっと見ている。

剣のトンネルの下を、夫婦になった子供二人が厳しゅくな顔をして通って行く。

十吾と洋子熱心に見ている。

十吾の家・十吾の部屋

十吾が部屋のカーテンを引く。

薄ぐらくなった部屋の隅に、洋子が十吾の動きを追っている。

十吾、洋子の側へ来て坐る。

十吾、八粍《ミリ》の映写をはじめる。

部屋の壁に、スローモーション撮影のパチンコ台がうつりはじめる。

パチンコの球が殆んど正確に天の釘にあたって、一定の流れを作り出している。

十吾「天の釘を下の方へ曲げた場合です」

洋子、十吾とスクリーンをうっとり見較べている。

洋子「すごいわ」

十吾「右目の場合です」

パチンコ台の球の流れが変わる。

十吾「左目の場合」

洋子「すごいわ」

洋子じいっと十吾を見る。

十吾、洋子の目を意識しはじめる。

十吾、洋子を見る。

十吾「もっと、あるけど、同じようなものです」

リールが終わって、スクリーンがチカチカ白くきらめきはじめる。

十吾、映写機をとめる。

十吾、立ちあがって行って、カーテンをあける。

部屋の中が明るさをとりもどす。

十吾、窓外をながめる。

どんより雲が低くたれている。

十吾「行きましょうか」

洋子「どこへ行く?」

十吾「ここにいても、息ぐるしいだけだから」

洋子「息ぐるしいって――」

十吾「 」

洋子「――」

十吾「店の方はいいですか」

洋子「大丈夫よ」

十吾「いい身分だな」

洋子「――」

十吾「変な意味じゃないよ」
洋子「いいわよぶらぶらしてるだけだもん」
十吾「いつなくなったの?」
洋子「少し前よ」
十吾「少し前って——」
洋子「——」
十吾「どんな人だったの?」
洋子「普通よ」
十吾「——」
洋子「パチンコ屋に生まれたので、パチンコ屋になって、大して悪いこともしないけど、希望もなくて」
十吾、ガラガラっと窓をあける。
十吾「もう夕方だ、日曜だっていうのに」
いらだたしそうにつぶやく十吾を、洋子じいっと見ている。
十吾「行きましょうか」
十吾、女主人の前を通って階段をおりて行く。

駅ビルの降車口

二人来る。
十吾と洋子、出口に並んで、また降り出した雨を、うらめしそうに眺める。

ショウ・ウインドウのある店先

一きわ雨が激しくなる。
十吾と洋子走って来て、日覆いの下にとび込む。
雨に煙る街。
洋子「ねえ——」
十吾「——(ふりむく)」
洋子「パチンコ屋にならない」
十吾驚いて洋子を見る。
足もとから、しぶきがはねあがる。
洋子「——」
十吾「——」
二人だまって、雨足をみつめている。
店の奥から、おやじらしいのが出て来る。
二人の側へ来て、長い棒で下から日覆いをつきあげようとして、二人を見くらべる。
おやじ「かかりますよ」
棒でつきあげる。
溜り水が、ザザアッと滝のように落ちて来る。
おやじ、店へ入って行く。
洋子「おかしいかしら」
十吾「——」
洋子「——」
十吾「おかしくないよ」
洋子「——」
十吾「——」
タクシーが盛んにワイパーを動かしながら近づいて来る。
十吾「乗りましょうか」
十吾出て行く。
横から男が走って来て、十吾とぶっつかる。
男は十吾をおしのけるようにして、タクシーの側へ行って、手を振る。
後から、若い女が、十吾をにらめつけながら走って来て、男と一緒にタクシーに乗る。
水しぶきをあげながら、タクシー出て行く。
十吾「どうしようもねえや」
洋子と並ぶ。
洋子「歩いて行けるようなところ、捕えたって行ってくれないわ」
十吾「——」
雨がますます激しい。
洋子「やむかしら」
十吾「——」
十吾、沛然と雨にけぶる街を見る。
二人の足もとは、ひざまで、ぐっしょりぬれて来る。
十吾、道の向う側の中古車売場を見ている。
十吾「あそこへ行こう」
上衣を脱いで、洋子にかぶせてやる。
十吾に引きずられるように、洋子も一緒に走り出す。

中古車売場

二、三十台の中古車が雨にうたれている。
十吾と洋子走って来る。
十吾その中の一台のドアをあけて、二人乗りこむ。
事務所の中から、男が「チェッ」と舌うちして見ている。

車の中

窓ガラスに、滝のような雨が流れている。
十吾と洋子、並んで坐っている。
洋子「昔、昔、あるところにおばあさんがいました」
十吾、不思議そうに洋子を見る。
洋子「おばあさんは夫と早く死にわかれたので一人息子をとっても可愛がって育てました。息子は大きくなって、お嫁さんを迎えることになりました。大そうきれいなお嫁さんでしたので、息子はもう夢中でした。でも、おばあさんは、大事な、大事な息子を、すっかりお嫁さんにとられてしまったような気がしました。おばあさんは、どんなにさびしかったでしょう。そして、いつの間にか、おばあさんは、お嫁さんに意地悪をするようになりました。ところが、ある日、一人息子がポックリ死んでしまいました。お嫁さんは、おばあさんと二人っきりで暮さなければならなくなったの」
十吾「——」
洋子「私ね、多分、夢を見てるわ」
十吾「——」
洋子「さっきから、気づいていたわ」
十吾「——」
洋子「でも、大きく目を見開いて、お伽話のような夢を見てんのよ」
十吾「——」
二人の熱気で、窓ガラスがくもっている。
雨の音だけ聞えて、外はぼんやり白けて見える。
窓外は沛然とふりしきる雨。
洋子「工場、面白い?」
十吾「つまんないよ」
洋子「やめたらいいのに」
十吾「やめようとは思わないよ」
洋子「何故なの?」
十吾「釘師って、要するにやくざだからな」
洋子「——」
十吾「自分じゃ、そうじゃないつもりでいても、世の中じゃみとめないよ」
洋子「人によるわ」
十吾「兄貴もね」
洋子「——」
十吾「近所のかみさんも」
洋子「——」
十吾「具体的にいえば、要するに、ぐれん隊のヒモツキだしね」
洋子「——」
十吾「手前だけじゃどうにもならないよ」
洋子「やめたいの?」
十吾「やめはしないよ」
洋子「——」

十吾「――」
洋子「パチンコ屋は――」
十吾「――」
洋子「――」
十吾「――」
洋子「ならない？」
十吾「――」
洋子「きらいなの？」
十吾「――」
洋子「私？」
十吾「好きだよ」
洋子「――」
十吾「――」

洋子、十吾の胸に体をうずめる。

十吾、唇をあわせる。

だんだん激情的に――

十吾、洋子の胸のボタンをはずして、手をいれる。

赤札堂洋品店

道子が若い女の応待をしている。
若い女「（ショウケースの下の靴下を指して）それ出して」
道子「（うんざりしながら）これでございますか」
若い女「そう」
道子しゃがみこんで、とり出す。
若い女、ショウケースの上のものと見較べて
若い女「いまのの、こっちの方、色、うすいかしら」
道子しゃがみこんで、
道子「これですか」
若い女「そのこっち」
もう一人、若い女Bが何気なくよって来る。
若い女「（じれったそうに）わかんないのね!!　こっちよ!!」
道子「（むっとして）こっち、こっちって、こっちですか」
若い女Bが、その隙に、例のショウケースから、素早く靴下をごっそり大きな買物籠に入れる。
若い女「こっちよ」
道子と顔をつきあわせるようにしゃがむ。
道子「濃い方ですよ？」
若い女「そうよ」
道子「うすい方っておっしゃいましたわ」
若い女「いわないわよ」
その隙に、もう一度、若い女Bがごっそり戴いて、すうっと去る。
道子、立上って、とり出した靴下をショウケースの上に置く。
若い女「あんた、客に向って、何て口きくの!!」
道子「――」
若い女「失礼よ!!」
道子「――」
若い女「いらないわよ、もう!!」
憤然と去って行く。
道子、頭にきて女の後をにらみつけている。
何時の間にか店の主人がすうっと女に近づいていっていて、女二人を捕える。
店の中が騒然として来るのを、道子ぼんやり見ている。
店の主人が、道子の前へ来る。
店の主人「駄目じゃないか!!」
道子「――」
店の主人「あんな手にひっかかるなんて、ちゃんと教えてあるだろう」
道子「――」
店の主人「馬鹿だよ、お前さん」
いそがしそうに奥へ行く。

駅ビルの時計が、五時をまわっている。

駅前広場

雨にぬれて、お巡りにつれられて、女A、Bが行く。

その後、道子が気が重そうに、ついて行く。

道子、さしていた傘を、二人にさしかけようとする。

女二人「（くやしそうに、にらんで）何さ!!」

道子、やめる。

警察・刑事部屋

道子が供述書にサインして、刑事のところへ持って行く。
刑事の前に、若い女、A、Bが坐らせられている。
刑事「判こは？」
道子「ないです」
刑事「拇印でいいよ」
若い女A「（道子に）いい気持なの!?」
道子「――」
若い女A「かたきがとれてさ!!」
道子、二人を見ないようにして、拇印を押して、渡す。
若い女A「今度会ったらただじゃすまないよ!!」
刑事「お前たち一年位は鑑別所だよ」
道子「帰っていいですか」
刑事「注意すんだね、あんたも」
道子「――」
刑事「いいよ、帰って」
不機嫌にいわれて道子帰って行く。
その背中へ、「馬鹿ヤロー」「覚えてろ」女たちの声が追いかける。

警察の前

道子、しょんぼり出て来る。

雨はあがっている。

コーヒー・ショップ

道子、入って来て、カウンターに腰をおろす。バーテンがカウンターの下から、週刊誌を取り出して、道子の前に置く。

道子、二、三冊くってみる。

漫画本ばかりである。

道子、バーテンの方へおしかえす。

盛り場に、そこまで夜がきている。

街

十吾と洋子、ぴったりくっついて歩いてくる。

屋台の車をひいて、十吾の家の前のかみさんが、じろじろ二人を見て通る。

道子のおやじ位の年令のよれよれの服の労働者らしい男が酔っぱらって、道の真中を、ふらふら歩いている。

四つ角へ来ると、男、突然、両手をひろげて立ちはだかって、走る自動車をとめる。

自動車が急ブレーキをかけて危うく止まる。

車の中から、若い男が顔を出す。

若い男「馬鹿ヤロー、殺されたいのか!!」

年とった男は、交通巡査のように向きをかえて
年とった男「止まれえ――」

横の道を走って来た車が、キイッと止まる。

その車の中から、年とった男と同年配の男が出て来る。

同年配の男「どけよ」

年とった男「どかねえ」

車が三台、四台とふえて、まわりは、忽ち人がたかりはじめる。

年とった男も、四五人の男にとりかこまれる。

同年配の男、年とった男をこづきながら

同年配の男「さっさとどかないと、お巡りを呼ぶぞ」

年とった男、その手を払いのける。

同年配の男、よろよろよろめくと頭にきて、年とった男をなぐる。

年とった男は、怒るでもなく、悲しそうな顔をして、弱々しい笑いを浮べる。

十吾が見ている。

その笑顔が、十吾の心にひっかかる。

タクシーの運転手「おっさん、まだ宵の口だぜ」

男A「酔っぱらいの、お時間じゃねえよ!!」

タクシーの運転手が、男をこづくようにして連れ出そうとする。

年とった男、悲しそうな顔をして、道の真中に坐りこむ。

運転手「立てよ、くたばりぞこない」

男A「ふざけんじゃねえよ」

襟首をつかんで、ひきずりあげようとするのを、年とった男は、一生懸命に坐りこもうとする。

その顔が、何かにつかれたように、奇妙に依怙地である。

その悲しそうな顔を、十吾も一緒に悲しそうに見ている。

タクシーの運転手「誰か、お巡りを呼んで来てくれ!!」

十吾、あたりを見廻す。

お巡りさんが、遠くの方から来るのを、十吾見つける。

十吾、とっさに、年とった男の側へ行く。

十吾、年とった男をかかえこむようにして、

十吾「おっさん、お巡りが来るぜ」

悲しそうに、年とった男、十吾を見る。

十吾「捕まったら、喰らいこむぜ」

悲しそうな男。

十吾「逃げんだよ」

十吾、年とった男を抱きあげる。

年とった男、余計にどうしようもない泣き出しそうな顔になる。

十吾、男をかつぎあげる。

運転手「余計なことだよ」

運転手、十吾をはがそうとする。

十吾の家の前のかみさんが、何時の間にかしゃしゃり出て来ている。

かみさん「この男も一緒に、警察へつき出しゃいいよ」

十吾「おっさん行こうぜ、早いとこ」

十吾、まわりの男たちをかきわけるように出ようとする。

かみさんはすっかり興奮している。

かみさん「このざまあ、見てごらんよ。真昼間から、冗談じゃないよ、世の中さからえば、いってもんじゃないからね!! こらしめだよ!! 二三日、一緒にくらいこませりゃいいよ!!」

男A「お前のおとっつぁんか」

あざ笑う声。

十吾「いいかい、走んだぜ」

皆が、口々にののしりながら、年とった男を、捕えようとする。

十吾「どけえ!!」

お巡りが来て、年とった男をつかまえる。

十吾、あきらめて悲しそうに男を見る。

お巡りが年とった男を引っぱって行く。

年とった男は、無抵抗にひっぱられて行く。

十吾、気が抜けたように見ている。

洋子が十吾の側へ寄って来る。

十吾、歩き出す。

気が抜けたように――。

屋上のビヤガーデン

屋上の隅の機械室の上で男が二人がかりで、アドバルーンをおろしている。

ビヤガーデンに、十吾と洋子、来て坐る。

十吾、ぼんやりしている。

洋子「どうしたの?」

十吾「――」

洋子「うちのおしゅうとめさんも、ああなのよ」

洋子、十円玉を取り出して、テーブルの上におく。

指でそっとはじく。

十円玉はすうっと、十吾の側のテーブルの端にとまる。

洋子「やらない、端に近い方が勝ちよ」

もう一枚、十円玉をとり出して、十吾に渡す。

十吾、やる気なく、十円玉をはじく。

ビヤガーデンの入口に、五十年配の女が来て、いらいらあたりを見廻わしている。

女、十吾たちを見つけて、近づいて来る。

かなり興奮した様子で、洋子の側に坐る。

女「お昼っから、ずっと探したわよ」

洋子「――」

女「圭一がいなくなったのよ」

洋子「――」

女「あんた、圭一をどうかしないわね」

洋子「――」

女「まさか、変なことをしたんじゃないわね」

洋子「――」

女「(ますます興奮して)いってごらん」

洋子「――」

女「いえないようなことしないわね!!」

洋子「(十吾に)圭一って夫の名前だったのよ」

十吾「――」

洋子「この人は、猫をもらって来て、圭一って名前をつけたの」

女「圭一を捨てたりはしないわね!!」

洋子「朝から晩まで、圭一、圭一って猫を呼ぶの」

女「捨てたりしないわね!?」

洋子「捨てました」

女「(泣き声で)まあ、あんたって人は」

洋子「朝から晩まで、圭一、圭一って、私、気が狂いそうだったわ」

女「あんた、圭一がかわいそうじゃないの」

洋子「もう終わったわ、おかあさん」

女「(気が狂ったように)どこへ捨てたの!?」

洋子「――」

女「どこなの」

洋子「――」

女「お願いだから、ね、教えて」

十吾「××公園ですよ」

洋子がさっと十吾をにらむ。

女、走って去る。

洋子「何故、教えたの!?」

十吾「あの人、一晩中探しまわるだろうな」

盛り場は、もうすっかり夜である。

コーヒーショップ(夜)

道子がさびしそうに待っている。

道子、壁の時計を見る。

時計は七時をまわっている。

バーテンが、道子のところへ来る。

バーテン「約束してたの?」

道子「――」

バーテン「銀の玉、知ってる?」
道子「――」
バーテン「そこやることになったらしいよ」
道子「そう」
バーテン「昼頃、そこの奥さんと二人で、出て行ったけどな」
道子「――」
　道子、思いきって立上がる。

ビルとビルをつないだ陸橋

　道子がさびしそうに歩いて来る。
　向うから、通行人達に、じろじろ見られながら、朝鮮服を着た女と、道子の兄貴が歩いて来る。
　朝鮮服の女、道子を見つけて、はずかしそうに近づいて来る。
道子「今日は」
朝鮮服の女「一度、着て歩けっていうのよ」
　兄貴をふりかえる。
朝鮮服の女「胸をはって歩けってわけなのよ」
道子「きれいだわ」
朝鮮服の女「ほんと?」
道子「ほんとよ」
朝鮮服の女「(弱々しく笑いながら)気が重いわよ」
道子「――」
朝鮮服の女「みんな、じろじろ見るでしょう」
道子「――」
朝鮮服の女「でも、一日だけっていうから、我慢して歩いてんの」
兄貴「さっき、おやじの会社、行こうかと思ったけどやめたよ。おやじのやつ、腰を抜かしちゃあ、大変だからな」
道子「――」
兄貴「一緒にめしでも食おうか」
道子「行きたいけど、まだ、お店があるから」
兄貴「じゃあ、またな。そのうち、行くよ」
道子「うん」
朝鮮服の女「気のきかない日曜日だわ」
　弱々しく笑いながら、おじぎして行く。
　階段をおりて、街へおりる二人を、道子はじいっと見送っている。

陸橋の下

　朝鮮服の女と兄貴歩いて行く。
　十吾が洋子と来て、朝鮮服の女を、じいっと見ている。

陸橋の上

　道子、十吾に気づく。

陸橋の下

　十吾、朝鮮服の女をふりかえりながら、洋子と並んで、陸橋の下の横断歩道を渡りはじめる。

陸橋の上

　道子、考えにしずみながら歩いて行く。

陸橋の下

　道子の歩く下を、疲れた様子で十吾と洋子、だまって歩いて行く。

陸橋の上

　道子歩いて行く。
　道子、だんだん怒りがこみあげて来る。だんだん足を早めて、小走りに走り出す。
　陸橋の窓から首を出す。

陸橋の下

　十吾と洋子、歩いて来る。

陸橋の上

　道子二人を見ながら、いらいらして来る。あたりを見廻わすが、とっさに、靴を脱いで手に持つ。

陸橋の下

　十吾と洋子、道子の下へ来る。

陸橋の上

　道子、十吾めがけて、靴をポトンと落す。

陸橋の下

　十吾の顔の前を、すうっと靴が落ちて来る。
　十吾、驚いて上を見上げる。

陸橋の上

　道子が顔を出して、十吾をにらみつけている。

陸橋の下

　十吾、じいっと道子を見ているが、落ちた靴を拾って、道子の方へさし上げる。
　洋子も呆然と道子を見ている。

陸橋の上

　道子、首をひっこめる。
　道子、泣き出しそうになりながら小走りに走って行く。

陸橋の下

　十吾、道子の靴を捧げるように持って、すたすた陸橋の階段の方へ歩きはじめる。
　呆然としていた洋子が、十吾を追いはじめる。
洋子「どこへ、行くの」
十吾「――」
洋子「好きな人なの」
十吾「――」
洋子「捨てちゃいなさい。靴なんか」
　十吾、靴を大事そうに捧げて、ますます急ぎ足で行く。
洋子「私達はどうなるの!?」
十吾「――」
洋子「これで、終りってわけ!?」
十吾「――」
洋子「日曜日のエピソードってわけ!?」
十吾「――」
洋子「いやよ、私は」
十吾「――」
洋子「絶対いやよ!!」
十吾「――」
　洋子だんだん小走りになりながら
洋子「あんたひどい目にあうわ」
十吾「――」
洋子「こんなものじゃないわ!!」
十吾「――」
洋子「私をだましたのね!!」
十吾「――」
洋子「(泣き出しながら)このままじゃすまないわ!!」
　十吾、どんどん陸橋の階段をあがって行く。洋子、立ちどまる。
　くやしくて、たまらなくて階段をあがって行く十吾をにらみつけている。

陸橋の上

　十吾、走って行く。

■駅ビルの中

くしゃくしゃな顔で道子が片っ方の靴だけで、ひょこひょこびっこを引きながら走り抜ける。

■陸橋の駅ビルへの出口

十吾、走って来て、見廻わすが道子の姿はない。

十吾、あきらめて、道子の靴をポケットにしまうと、首をうなだれて、とぼとぼ歩きはじめる。

■道子の家

しょんぼり道子が帰って来る。
道子「只今」
茶の間のおやじに声をかける。
おやじは、寝ころがって、テレビのプロレスを見ている。
二階から、たたきうりの男が降りて来る。
たたきうりの男「彼女、来てんだよ」
道子「――」
たたきうりの男「泊って貰うことにしたよ」
道子「そう」
たたきうりの男「紹介するよ」
道子「いいわ、疲れたから」
たたきうりの男「和子さん、和子さん、ちょっと降りて来いよ」
二階の障子があいて、呼ばれた女が出て来る。女は階段の途中で、ぎくっとして立止まる。
アパートの男と一緒にいた女である。
女は、うつむき勝ちに、降りて来る。
たたきうりの男「こちら、山田和子さん、こちら、下宿の、萱道子さん」
女「はじめまして」
たたきうりの男「結婚することにしたよ」
女「(意味をこめて)よろしくね」
道子、おじぎをかえす。
女は早々に、階段を上がって行く。
たたきうりの男「はずかしいんだぜ」
女を追いかけるように、階段を上がって行く。
道子、つくづく二階をながめる。

■パチンコ店・新世界・店内

閉店後。
十吾がつまらなそうに、歌を歌いながらパチンコ台の釘をなおしている。
〽泣ぐな
泣ぐな
ありゃ風　吹いて
泥の木が　じゃあめいてるんだね
痩だ体こ　くっつけても
何も　温ぐねえじゃ
俺たちは
陽当り盗む　蠅こと同ずだ
明日から　お前も　また
紫の袴こはいて
弁当もって　工場さ行ぐのだ
泣ぐな
泣ぐな
ありゃ　風吹いて
泥の木が、じゃあめいてるんだね」

■駅ビル

十吾、さびしそうに歩いて行く。

その後、ぐれん隊が三人、そっとつけて行く。

■走る電車の中

十吾、気が抜けたように坐っている。

■次の車輛

ぐれん隊が三人、かくれるようにして、前の車の十吾を見ている。
C「つら、見られたら、まずかんべ」
B「わかんないようにやんだよ、いきなり」
A「いかさず、殺さずにな」
C「だけんども、あの後家さん、よっぽど、頭に来ちまったよな」
A「年増はな、こわいんだぜ、覚えとけ」
電車、駅の構内へ入って行く。

■長い白い塀のある道

十吾、歩いて行く。

ぐれん隊がつけて行く。

長い白い塀の先で、ぐれん隊Aが、いきなり後から、短い鉄棒で、十吾の首筋へなぐりつける。

十吾、よろよろっと、くずれ落ちる。

ぐれん隊Bが、十吾の後からはがいじめにして抱きあげる。

その十吾の目へ、Cが、幅広の白いテープをはりつけると、Cが思いきり一発脇腹へくらわせる。

Bは十吾をはなす。

三人の輪の中で、十吾よろよろ踏みこたえて、テープをはごうとする。

Aが無言で一発くらわせる。

十吾、地面にたたきつけられる。

かわるがわる、面白そうになぐる。

十吾、のされても、のされても、よろよろと立ちあがる。

最後にAが、下腹へ続けさまに、ピストンのようなパンチを続ける。

口と鼻から、血を出しながら、十吾だんだんくずれるように倒れるともう動かなくなる。

三人、静かに引きあげて行く。

しばらく後。

十吾、よろよろおき上がって行く。

(F・O)

■翌日の盛り場の夜

■赤札堂・洋品店の前

アパートの男がしょんぼり入って行く

■赤札堂・洋品店

アパートの男、入って来て、道子の売場へ行く。
道子、アパートの男に気づくと、露骨にいやな顔をする。
アパートの男「この間はすみませんでした」
道子、アパートの男をにらみつける。
アパートの男「十吾が大けがしたんですよ」
道子、驚く。
アパートの男「死にはしないでしょうけどね」
道子「――」
アパートの男「とても会いたがってますよ」
道子「そんなにひどいの?」
アパートの男「ええ」
道子「どうしたの?」
アパートの男「けんからしいんですよ」
道子の心配そうな顔をたしかめて
アパートの男「じゃあ」
出て行く。

■十吾の家・十吾の部屋

二階の窓をちょこっとあけて、十吾が待ちどおしそうに、外を見ている。

十吾の嫂が買物籠をかかえて、帰って来る。

屋台のかみさんが出て来て、二人であきれ顔で、十吾の二階を見上げながら、話しあっている。

向こうから道子が歩いて来る。

十吾、道子に気づくとそっと窓をしめて、フトンの中にもぐりこむ。

■十吾の家の前

嫂が玄関の戸をあけてやる。

道子おじぎして、入って行く。

嫂「(にがりきって)死ぬかと思いましたよ」

道子、心配そうにおじぎして、入って行く。

■十吾の部屋

十吾、神妙な顔でねている。
道子が、心配そうに入って来る。
十吾「(力なく)やあ」
道子、じいっと十吾を見ている。
十吾「来てくれないかと思ってたよ」
道子「――」
十吾「嬉しいよ」
道子「――」
十吾「来てくれて」
道子「――」
十吾「ひどい目にあったよ」
道子、机の上に、道子の片っ方の靴がちょこんと乗っかってるのをじいっと見ている。
十吾、にやっとする。
(F・O)

■河原

翌日の夕方。
夕陽を背に、十吾と道子が歩いている。
道子「(思いつめたように)ねえ」
十吾「――」
道子「屋根さえついていればいいわ」
十吾「――」
道子「屋根さえついていれば、どこでもいいわ」
十吾「――」
道子「――」
十吾、道子のいう意味がわかる。
十吾「――」
道子「何を考えてるの?」
十吾「――」
道子「――」
十吾「結婚しようか」
道子「――」
十吾「――」
道子「おやじさん、何ていうかしら」
十吾「――」
道子「――」
十吾「何かいったら、とび出して来いよ」
道子「――」
十吾「――」
道子「そうしようかしら」
十吾「――」
道子「行かない?」
十吾「行こうか」
長い土手を歩いて行く。
土手の上に、十吾のオートバイがとめてある。

■盛り場

十吾のオートバイが来る。

道子が十吾の背中にしっかりつかまっている。

■コーヒー・ショップの近く

十吾のオートバイが来る。
コーヒー・ショップの入口から、洋子が出て来る。十吾、洋子に気づく。
洋子も十吾を見ている。
十吾「しっかり、つかまってろよ」
くるっとターンをきる。
子供がちょろちょろっとオートバイの前へとび出す。
十吾、あわてて、ハンドルをきる。
オートバイは歩道にのりあげて、洋装店へつっこむ。
店には、花嫁人形のマネキンが並んでいる。
十吾のオートバイはそれを一つずつなぎ倒してとまる。
道子は歩道に尻もちをついている。
子供が「わあっ」と火のついたように泣き出す。
道子、走って行って、子供を抱きあげる。
道子「よかったわ、何ともないわ」
子供は一そう泣き叫ぶ。
道子「よかったわ」
子供「わあっ――」
道子「よかったわ」
子供「わあっ――」
道子「(子供と一緒にべそをかきはじめる)何ともないのよ」
子供「わあっ――」
道子「お願い」
子供「わあっ――」
道子「泣かないで、ね」
子供「わあ――」
道子「どうかしたの?」
子供「わあ――」
道子「どっか、痛いの?」
子供「わあっ――」
道子「手がいたいの?」
子供「わあっ――」
道子「足――」
子供「わあ――」
道子「(子供と一緒に泣き出す)お腹がいたいの!?」
子供「わあ――」
道子「ね、お願い、いって、頭が痛いの!?」
子供「わあ――」
道子「ほんとに、お願い、いって、私たちこれから、やっとうまくいきそうなのよ、ね、お願い、泣かないで」
子供「わあ――」
道子「ね、わかって、やっとなのよ」
子供「わあ――」
道子「やっとなのよ」
オートバイを引っぱり出して、十吾がじいっと道子を見ている。
やじ馬がわんさとたかっている。
パトカーがサイレンを鳴らして来る。

■ネオンの輝く盛り場

そのネオンの下、洋子が歩いて行く。

テーマソングがかぶりはじめる。

雨の日の、タクシーのアベックが肩をくみあって歩いて行く。

たたきうりの男と恋人も歩いている。

人の流れ。

道子と、重そうにオートバイをうんこらと引きずって、十吾が、お巡りに連れられて歩いて行く。

道子、十吾の後にまわって、オートバイを

押す。

テーマ・ソング終わって。

（F・O）

シナリオ

みいら採り猟奇譚

脚本＝神代辰巳
原作＝河野多恵子
『みいら採り猟奇譚』（新潮社刊）

原作単行本箱表紙

キャスト

相良比奈子
尾高正隆
相良祐三
相良邦夫
尾高ハル
北野看護婦
中井看護婦
おつる
お美代
おつぎ
丹田
吹奏楽団
サイン帳・友達の声A
〃　　　　　　B
中年の女患者
比奈子の母
取調べの刑事
別荘の爺や
〃　婆や
開戦の時の電話の声（相川夫人）
松谷ひで子（声）
郵便配達夫
水風呂の子供
汽車の男達
汽車の兵隊
海水を汲む男女
製材所の女
近所の奥さん
玉村
初老の患者
蛸を売る男
洋裁店の女

1 神社の神殿

昭和十六年。若葉の盛り。

比奈子は花嫁衣裳を着替えさせられる。

美容師に化粧も落としてもらう。十八歳の素顔が現われる。

2 ホテルの廊下から部屋

女中のおつぎの案内で普通の服にもどった比奈子が別の部屋へ入って行く。小卓に白いナプキンをかけた洋盆が載っている。

おつぎ「お疲れでしょう。まず召しあがって、それからおやすみなさいまし」

比奈子はほっとベッドに腰をおろす。

おつぎ「旦那様から――正隆先生からお言伝がございまして、ゆっくりお湯にお入りになるようにと。それから旦那様が夕方電話でお起こしするとおっしゃってます」

おつぎが出て行くと、比奈子は疲れた体をベッドに横にする。

「今日は早くに朝風呂にも入ってるし、入らなくてもいいのではないかしら」

と考えて目を閉じると、ベッドに預けた背中から重たいような優しいような睡気に誘われて行く。

3 公園（夜）

野外音楽堂で小さな吹奏楽団が「マルタの序曲」を演奏している。皆ゲートルを巻き緊《し》めている。

立ち止って聴いていた正隆と比奈子が遊歩道へ移り始める。

正隆「正月にお父さんがお見えになった時、比奈子さんがひとりっ子じゃなく、僕が内科でなくて外科医であればおもしろいのですがね、比奈子さんは婿養子を取らなければいけない立場だと知っていますけど、比奈子さんに弟さんがおありだとか、僕がこれじゃなくて」

と聴診器を向ける手つきをし、
正隆「これであれば」

と今度は右から左から外科の乱切りをしてみせて、
正隆「僕は婿養子にはなれませんけど、そういう意味をこめて、お父さんに比奈ちゃんとの結婚を申し出たんだよ」

比奈子「わたしはとても自然に感じたのです。外科医じゃなくて、内科医でいらっしゃることや、年が倍違っていることも、本当に自然に感じたんです。父はこう言いました。比奈子の御主人には外科医はいかん。外科医は道楽者が多くて、駄目だ。眼の前に俺のような見本がいるから分るだろう。内科がいい。どうだ、尾高先生の息子さんのところへ嫁に行かんかって。今迄、外科医で、婿養子ときめていたのに。まるでさかさまのことを……」

比奈子は笑う。

比奈子「父は尾高先生とお姑さんのことがとても好きなのです。ドイツ人と混血の奥さんだけど、あの人は女子供の部類じゃないってほめるんです」

さわやかな〝マルタの序曲〟が聞こえている。

4 ホテル

ホテルへ戻って、部屋の燈りをつけると正隆は「ただ今ア」と、大きな声で言いながら、厚い窓掛けを閉じ、戸棚の前へ戻って上衣を脱ぐ。
正隆「さ、二人とも、歯を磨いて、お寝みだ」
ネクタイを解きかけた手を停めて、バス室のほうへ移る。スイッチを入れ、少し扉を押して比奈子に明るいバス室を示す。
正隆「――そしてね、バス・ルームから出てきたら着替えて、ベッドへ入っていなさい。僕も歯を磨いたりなんかしたいから――。分ったね？」

――そうだ、ベッドの中から呼んでおくれ、『もういいよ』って怒鳴ればよい。そうしたら、僕は出て来る」

比奈子「……」

正隆「それまでは出て来ない」

労わりの戯れなのだ、と比奈子は頷くだけ。黙って自分の鞄から要る物を取り出し、バス室へ籠る。歯を磨きはじめる。

× × ×

正隆は浴衣に着替えている。デスクとベッドの右左だけの燈りにするとベッドカバーをはいで畳みはじめる。

× × ×

比奈子はシャワーを浴びて、すっかり元通りの身じまいまでする。扉を開けるまでに大分時間がかかる。

× × ×

比奈子が出て来るのを見て、正隆は展げていた新聞をすぐさま畳む。

比奈子「お先にありがとうございました」

正隆「じゃあ、僕もちょっと……」

バス室に入って行く正隆はもう持って入るものを手にしている。正隆が消えた後は白い毛布の広さが目立つ。気がついて、比奈子は着替えを急ぐ。実に素早く着替える。

× × ×

比奈子はベッドに入るのに、なるだけ毛布を乱さないようにする。三方をしっかり挟み込んである毛布を引き出さないで、水平の機械体操でもするように、両足を入れて、次第に躰を平らにして行く。

カチッと小さくバス室の扉が鳴る。比奈子は目を閉じる。正隆が現われるのを待つ。

「もういいかい?」

と正隆の声が聞こえる。

比奈子は上気して正隆が傍へ来ると思う。が、間があり過ぎ、薄目を開けると、正隆はいない。

× × ×

正隆は扉のノブに手をのばして閉める。再びノブに手をかけカチッと開ける。

正隆「もういいかい?」

× × ×

比奈子は答えようとする。が、声が出ない。

「よし、もう一度だけやってみるんだ」

正隆の声がする。比奈子は戸惑いながら待ち受ける。

扉が鳴って、

声「もういいかい?」

比奈子は今度も答え損ねる。どうしたらいいのか――比奈子の顔に朱がさす。

声「比奈子さん」

比奈子「はい」

比奈子は僅かに答える。

声「眠っていたのですか?」

比奈子「いいえ」

声「じゃあ、比奈子さん。どうぞ、『もういいよ』と言って下さい」

せきこむように正隆の声が変っているが、「もういいよ」とは比奈子は言えない。

声「比奈子さん。早くここから出して下さいよ」

比奈子は混乱するばかりである。

声「――もう許してくださいよ。お願いします。もういいよと、言ってください。――ね、どうして、言っていただけないのですか。こんなにお願いしているのに」

声に替って、ばんばん、と扉がたたかれる。

比奈子の息が荒くなる。

× × ×

正隆はドアの前に正座している。

正隆「あなたは気持ちよいベッドに横たわっているんだ。しかし、ここはそうじゃないのです。固い床なのですよ。おまえはそこで寝ろ、と言うのですか。ああ、こうして坐っているだけでも、痛くて……」

× × ×

比奈子は狼狽して扉の叩かれる音を聞くだけ。

声「駄目なのですか。これが、最後のお願いなのです。比奈子さん、許してくださいますか?」

比奈子「はーい」

比奈子は思わず戯れみたいに大らかな答え方になる。正隆は跳んで出て来る。

正隆「ありがとう」

正隆、ベッドの際に膝をつき、白い毛布へ大きく突伏せる。比奈子、起きあがるようにして見る。正隆の耳が色づき、揉みあげの刈り跡に汗が光っている。

比奈子「どうなさったの?」

正隆の肩先へ思わず手を伸ばす。正隆は顔を上げる。自分の胸を抱くようにして、比奈子の掌《て》を捉え、しっかり自分の肩に当てさせる。

正隆「あんまりじらすから、鬼が飛び出して来たよ。比奈ちゃんは隠れん坊が上手だ。しかし、比奈子さんは鬼の方が好きかもしれないな」

比奈子「どうして?」

正隆「僕がじれても動じないから。強いから……」

正隆は動いて、比奈子に胸を重ねる。片手で掻き廻すように比奈子の髪を扱い、冗談めかして言う。

正隆「この鬼より強い人」

ふっと比奈子の耳もとに熱い囁きを吹き込むなり、唇をつける。やがて離して、胸を重ね直す。比奈子は抵抗する。

比奈子「電気が……」

正隆「何?」

比奈子「電気を……」

正隆「うんうん。あとで」

比奈子「厭!――今!」

比奈子は存分に両手に力をこめる。正隆は起き上がる。デスクの燈りを非常な勢いで消しに行く。取って返すと、比奈子の頭を上の枕と一緒に抱えあげ、

正隆「高すぎる」

と下のを抜いて床へ放つ。挟み込まれたままだった毛布の片側を引っ張りだし、自分の側の燈りを消して身を入れる。比奈子は自分の側の燈を消す。

正隆「予行演習、ほんとだから……。予行演習だから」

正隆は口走るように言いながら、前触れらしい仕向けを昂じて行く。比奈子は全身で抵抗し、抵抗するうちに正隆にしがみつくしかない。しまいには、自分が縋りついているのは正隆なのか、恐怖や羞恥と縋り合っているのか、分からなくなる。そして、男のかたちを感じた途端、羞恥と恐怖は極まり、強い痛みに見舞われる。と、不思議なことが起こる。あれほど一途であった恐怖と羞恥が転じて、比奈子は何かの役目を担おうと躰を開いている。

5 尾高医院

門の前にタクシーが来て止まる。正隆と比奈子が降りる。病院の入口から看護婦達が出て来て迎える。

「お帰りなさいまし」

「御結婚、おめでとうございます」

四人の女達がそれぞれ言う。

正隆「比奈子さん、ちょっとあちらへ。おつるさん、母屋へ何か飲み物を運んでおくれ」

正隆に蹤《つ》いて比奈子、診察室へ入る。

正隆「ああ、久し振りだ」

正隆はデスクの前に立って、内ポケットから紙入れを出し、ポチ袋を出して、四つに一枚ずつ札を入れる。

正隆「これをね、比奈子さんからと言って、あの人たちにおやり。それから、看護婦たちにここへ来るようにと。——じゃあ先に母屋へ行っててください。じきに行きます」

比奈子は四つのポチ袋をハンドバッグに納《しま》って、

比奈子「おつるさんの他の人たちの名前、教えておいていただければ……」

正隆「そうだね、書いてあげよう」

正隆はデスクのメモ用紙とペンを取って、先ず「お美代さん」と書き、更に似顔を造作もなく書く。看護婦の釣り目の北野さんと二皮目の中井さんも忽ち描かれてしまう。

比奈子「取っておきますわ。ほんとによく描けていますもの」

正隆「うまいでしょう。——さ、看護婦達に来るように言ってくれないか」

比奈子「はい」

比奈子、出て行く。

6 渡り廊下から母屋二階（夜）

病院と母屋は渡り廊下で結ばれている。その湯殿を出て、比奈子、二階へ上って行く。日本間の襖が閉め残してあって、そこから燈りが洩れている。

比奈子、襖を開けて入る。もう、床が伸べてある。

思いがけないことである。比奈子、つっ立っている。

と、正隆が入って来る。

正隆「どうしたの?」

傍を通って、縁側の椅子へ腰をおろす。

比奈子「敷いたのは、おつるさんですか?——お美代さんですか」

思いがけず強い口調になっている。

正隆「僕が敷いたのです。あの連中にはやらせない。僕が敷きます」

比奈子が答えに戸惑っていると、正隆、椅子から離れて、蒲団の上に坐る。

正隆「さ、いつまでも立ってないで……。今夜は早寝」

比奈子は部屋の隅の、衣桁の蔭で着替えはじめる。

比奈子「朝、片づける時はどうします?」

面白そうに訊いてみる。

正隆「そうだな。ま、それはその時。さあ今夜は早寝だ。消してもいいね」

正隆、蒲団に入ってスタンドの鎖を引く。

正隆「朝も僕が片づけるよ」

比奈子「……」

7 階下の比奈子の部屋

比奈子は本箱から大きさもいろいろの卒業記念のサイン帳を取り出す。次々に翻《ひるが》えして、余白続きの一冊を小机の上に置く。縦横に罫を引いて左の欄へ、1、2、3と実に楽しそうに書き入れる。独り言する。

比奈子「お気に入りの思いつき……夜の回数。2回目、3回目」

右手の欄にそれぞれの月日を書き入れる。

張合いのようなものを感じながら、別の頁をめくる。同級生の寄せ書きが現われる。それぞれの友達の声が聞こえて、

(去る者は日々に疎《うと》し)洋子。

(貴女が下さったグレタ・ガルボのプロマイドは、私の集め続けています彼女のプロマイドのなかで今でも最も素敵です。ありがとう)向井純子。

比奈子は笑い出す。

（F・O）

8 渡り廊下

正隆が比奈子の前を歩いている。その肩を比奈子は見てるうち、そのままにはしておれなくなる。

比奈子「薄くて、狭くて、角張っていて……」

比奈子は意味のないことを言って正隆の背後から両腕で逆抱きに絡《からま》っている。

比奈子「肩が好き」

9 寝室（夜）

その夜、比奈子の営みは恐怖や羞恥へのしがみついてるような感じなど、もう起こらない。それでも、比奈子が一度当惑に身を固くした途端、

正隆「じゃあ、止そう」

正隆は離れる。

正隆「——いつまでもそんなふうだといけないなあ」

正隆、燈りをつけて起きあがる。向こうむきに立ち、寝衣の共紐を結んで向き直る。比奈子が深く顔を隠すと、正隆は上掛のうえから伏して、

正隆「比奈ちゃん」

上掛の衿元から比奈子の顔だけを取り出す。

正隆「比奈ちゃんは、どうしてそう馴れるのが遅いのだろうな。何とかしないといけないなあ」

比奈子は眼を閉じる。

正隆「——何とかしようね」

比奈子は意志なしに頷く。

正隆「えらい、えらい」

正隆は頬ずりをする。

正隆「さ、眼を開けて」

比奈子は言われるままにする。正隆は近々と真上から比奈子を見詰めて、静かに言う。

正隆「早く馴れるようにする方法はあるのだよ。——ね、よくお聞き——比奈子に僕が何も出来ないように、そうしてしまえばよい」

何を言ってるのか、比奈子には分からないが、少し分かるような気もしはじめる。

正隆「——僕が何かしそうになった時にだね、僕を書斎へ閉じこめてしまうとか、何も出来ないように僕を縛ってしまうとか……。比奈子にされるなら、僕は閉じこめられてあげる。縛られてあげてもいい。試してごらん。一度か二度では、駄目かもしれないが、比奈子はもっと早く馴れたくなる。馴れたい気持ちが馴れさせてくれる。試してみようよ」

比奈子「そのうち、もっと変わるような気がします」

正隆「そうだろうか?　しかし、今は、馴れているとは、比奈子は自分でも思っていないね。何か不自由な気がするだろう。それを自由にする方法もあるのだがね」

比奈子はぼんやりと首を左右に動かす。

正隆「教えてほしいかね?」

好奇心から比奈子は頷く。

正隆「じゃあ、教えてあげる。しかし、ほんの遊

びだからね、すこしも驚くことはないのだよ」

正隆は躰を起こし、上掛をめくる。比奈子はうろたえ、前を掻き合わせる。

正隆「今から少し遊ぼう。俯伏せになっておくれ」

比奈子は言われた通りになる。目を閉じる。

正隆「遊びだからね。——両手を後ろで組んでごらん。——違うんだ。手首を重ねるようにしてごらん。——そう、そう」

正隆は比奈子の手を組み直したり、持ちあげたりする。それから突然、共紐で手首を一つに縛る。比奈子はひっくり返される。

正隆「遊び——遊び」

と囁くように言う。

正隆「——どうだね、却って自由になった気がしないかい？　比奈子は今、どうにでもしてほしくなりだしているのじゃあないのかな」

比奈子は正隆の顔を見続けている。正隆は顔の汗を払うと、比奈子の上に被《かぶさ》る。比奈子は目を閉じる。交わる。縛られた手首は腰の下にあり、胸は張りだしている。その姿勢のせいか、正隆の下で比奈子は曖昧に身動く。下肢まで固くなり損って奔放になる。スタンドの燈りがそのままなのに気づくが、「消して」とは言わない。

正隆「許しておくれ。こんなことをして、ただではすむまい。罰せられると思う。罰しておくれ」

正隆は口走り進める。

（F・O）

10　尾高医院・母屋の座敷

梅雨の季節がはじまっている。庭のあじさいが雨にうたれている。

昼の食卓が終って、比奈子が湯呑みを運んで来る。

比奈子「もう、こちらへいらっしゃって、二ヶ月以上におなりでしょうって……」

比奈子がテーブルに湯呑みを差し出しながら言う。

比奈子「町会長さんの奥さんに言われたの。こちらへ住所登録だけでもなさいましょ。事情はみんな知ってますわって、そんな顔なの。わたしの籍がまだ実家にあるのが、悪いことみたいに云われたわ」

正隆「気にすることはない。あちらで養子さえきまればすむことだから」

比奈子「みんなで仲よくいたしましょうよって二重にいやがらせ。ね、いいでしょう？　わたし、町会の会合なんか出席しなくても。あそこの夫妻は大嫌い！」

正隆「勿論いい」

正隆、立ち上って、医院の方へ行く。

比奈子「行ってらっしゃいませ」

渡り廊下まで送ると、正隆が少し歩いて戻って来る。

正隆「亡くなった邦夫さんのこともあるし、比奈子は興味の的なんだよ」

言い残すように言って正隆は背を向けて行く。その後姿を比奈子、少し呆然と見送って、「ほんとうは邦夫兄さんのことあなたが一番気になってらっしゃるのよね。たいそうなやきもち」と胸の中で呟やく。正隆とすれ違うようにして、お美代さんが来る。

美代「相良さまからお使いさんが見えておりますそうです」

比奈子「勝手口のほうへ廻るように言って頂戴」

比奈子は勝手口へ降りて戸を開けて待っているが、お美代さんが走って戻って来る。

美代「お伝えしたのですけれど、旦那さまが、あちらへいらっしゃるようにと」

比奈子、いらついて医院の方へ廻って行く。

11　医院の入口

比奈子、来る。

丹田がそこにいて、白衣の正隆と話し合ってる。

正隆「それ。お義父さんから」

正隆が敷台に置いてある包みを比奈子に指さす。

比奈子「御苦労さま。でもね、丹田さん」

比奈子は待合室から患者が見ているのを知りつつ切り出す。

比奈子「——これからも何かで来てもらうことがあるでしょうけど、ここへ入って来るのはどうかと思うわ。勝手口から来て頂戴」

正隆が遮《さえぎ》る。強い口調である。

正隆「比奈子、先刻も、何かそんなことを言いに寄越したが……。どうして、丹田君がここから出入りしてはいけないんだね？」

比奈子「普通はそうではないでしょうか」

正隆「——丹田君はあんたのお祖父さんの往診の時の車夫さんだった人なんだろう。人力車の車夫さんと言うのは、勝手口なんかへ行きやしない。そろそろ往診の必要がなくなって、先方でも本当は辞退したいのだろうというような時にだね、今日の往診はどうしましょうか、と医者の使いで患者の家へ行く車夫さんは玄関から入る。まともなお宅なら、車夫さんに差し上げるものだって、奥さまとかお嬢さまとかが玄関から人力車のところへ出てきて、ご苦労さまですと言って、お渡しになる。——丹田君もそうだったろう？」

丹田「はい」

丹田は、俯向《うつむ》いたままで答える。

正隆「そう言うこと、比奈子は知らないだろう？」

比奈子「はい」

正隆「丹田君は、これからも、ここから入って来給え」

丹田「とんでもないことでございます。全く迂闊なことを——」

正隆「いや、うちへ来てくれる以上は、僕の言う通りにしておくれ。比奈子、謝りなさい！」

強い口調で叱る。

比奈子「ごめんなさいね、丹日さん。いつごろ、ここから入ってきてください」

それから、正隆に深く頭を下げる。

比奈子「——申しわけございませんでした。これから、注意いたします」

丹田が去ると、正隆は待合室へ踏みいりながら、患者に言う。

正隆「お待たせしておりますね」

「先生」

と中年夫人の患者が言う。

夫人「奥さまはこんなにお若うございますのに、ほんとによくできていらっしゃいますね。感心いたしました」

正隆「どうも、お見苦しいところを」

比奈子は夫人に頭を下げる。

比奈子「大変に失礼いたしました。——どちら様もお大事に」

比奈子、丁寧におじぎして出て行く。

12 二階・座敷（夜）

食事が終って、比奈子は食卓を片づけながら責めるように、

比奈子「昼間は実家の車夫さんのことで随分情熱的におなりでしたのね」

正隆はぎくっとする。比奈子は嵩にかかる。

比奈子「人前で、あれほどあなたに叱られながら損をしている気はじきにしなくなったのよ」

正隆「……」

比奈子「あなた、わたしに目くばせをなさっていたのよね」

正隆の顔に朱がさして来る。比奈子は片づけものの盆を持って正隆を一瞥しながら部屋を出る。

13 渡り廊下から台所（夜）

比奈子、渡り廊下を通って医院の茶の間の前まで来る。

比奈子「はい、ごちそうさま」

と声をかける。襖が引かれて、

「ごちそうさまでございました」

食事をすませた北野さんが盆を引き取る。境いのガラス障子を開け足して、台所でおつるさんが、

「只今、お茶を」

と湯呑みにお茶を注ぐ。

14 二階座敷（夜）

正隆がすうっと出て行く。いれちがいに湯呑みを持って比奈子が戻って来る。正隆を責めるように二階へ目をやる。

15 二階座敷（夜）

比奈子は、寝衣に着替えている。階段を上る。奥の寝室の襖が少し開いていて灯りが洩れている。その襖をさっと開いて入る。部屋には蒲団が敷いてあって、間の畳に正隆が後姿でじいっと正座している。比奈子、前へ廻りこむ。

比奈子「靴下をどうしたの?」

正隆「……」

正隆の膝の前に靴下が畳まれて置いてある。

比奈子「裸足で坐らされて、痛くてたまらないと言ってるのね」

正隆「……お詫びのしるしに」

比奈子「昼間はわざとわたしを叱ったと言ってるのね?」

正隆「……」

比奈子「こんなに厳しく妻をたしなめている自分が、当のその妻から好んで苦痛を受けたがっている男とは、あなた方、全く知らないでしょうって、ほんとうはあなたそう言いたかったのでしょう?!」

正隆「……そうだ」

比奈子、打ち据えるように正隆の両肩に両手を据えると、寝衣を剝ぐようにして膚《はだ》の間に荒々しく手を差し入れる。

比奈子「わたしは丹田さんと二人の患者さんに、それに、……薬局にいた二人の看護婦にもまだお詫びしてもっと頭を下げて見せればよかったと思っているのよ」

正隆「……」

正隆の背中をなぶるように這っていた比奈子の手先がふと止まる。

比奈子「何なのこれ?」

指先ほどの幅で、そこだけ斜めに感触が違う。正隆、はじかれたように身を離して坐ると頭を垂れる。

正隆「――いつかわかると思っていた」

比奈子「わたしが気づかなければそれですむと思っていたのね?」

比奈子は嵩にかかったように責める。

正隆「ずっと恐れていた」

比奈子「恐れていた? 違う。欺していたのよ」

正隆「――恐れながら、欺していた」

比奈子「欺していたのよ」

正隆「……許してくれ。欺していた」

比奈子「裸になってその傷を見せるのよ」

正隆「許してくれ」

比奈子「誰なの?!」

正隆「誰?」

比奈子「こんなはずかしいことをもう一度、わたしに言わせようと言うの!」

正隆「――すまない」

比奈子「答えられないって言うのね? わたしが馴れるのが遅いと言って、わたしの両掌を縛ったのはあれはあなたがそうされたかったからなのよね。こんなふうに!」

比奈子は浴衣の共紐を解いて二つに折ると、それを持った右手が飛んで、共紐は正隆の体を捉える。

比奈子「見せるのよ。それから、何があったか言うのよ」

拷問に屈したように、正隆は背中を曝《さら》して伏す。右の背中に、小笹ぐらいの大きさに白い膚が茶色味がかって微かに横じわが寄っている。

比奈子「おできの痕でないことは分ってる。こんな長いおできはない」

ゆっくり弾き辿ったりしつつ、

比奈子「――そうだ、明日、相良外科医院へ行って、よく説明して、父にどういう疵なのか判断してもらって来よう」

わざと言う。

正隆「いや、それだけは勘弁してくれ。――白状するから」

正隆は抱いた枕に伏したまま、本当に白状する。

正隆「インテリだった。しかし、頭はどうもね。本気で威張りだすようになったから……。それで、お終い」

比奈子「そんな女に……こんなものを」

正隆「……」

比奈子「可哀《かあい》そうに」

その言葉に正隆が強い反応を示したのを比奈子は感じとる。指で強く喰いつくように疵をはさんで、反対の掌で愛撫するようにしながら、

比奈子「可哀《かあい》そうに」

ともう一度繰り返すと、正隆ははじかれたように起きて両手をつく。

比奈子「そんなひどい女とも知らずに、あなたは打ち据えられていたのね、可哀そうに」

比奈子は「可哀そうに」と何度か繰り返しながら、言葉と裏腹に自分も興奮して、正隆を打ち据える。正隆の反応はたかまり、急に、

正隆「許しておくれ、お前さま」

と、正隆は比奈子に被《かぶ》って絶頂に見舞われたような反応をする。そして、比奈子もまた、自分にも交わりのなされる必要も、いとまもなく「あっ」と声をあげて絶頂を感じる。

（F・O）

16 渡り廊下から薬局室

渡り廊下を正隆が行く。その後から比奈

子が小走りに追い越す。

待合室には患者が集まりかけている。比奈子、挨拶しながら薬局へ入っていく。北野さんが電話の受話器を渡す。

比奈子「もしもし、比奈子です」

「お父さんだ。元気かね?」

父の祐三の声がする。

比奈子「何ですの? こんな時間に……」

祐三「いや、それくらいは分っている。しかし、これだけは忘れぬうちに言っておこうと思ってね。嫁に行く時、結核のワクチン注射をしてやっただろう。それでだね、この夏は、注射してから最初の夏だ。強い陽に当たりすぎると、発病する場合があるのだよ」

比奈子「知ってますわ」

正隆が診察室へ来て、比奈子を見ている。

祐三「そうか。もう梅雨が明けたんでね。今年は海や登山なんかに行くな」

比奈子「行きません」

祐三「それから、ワクチン注射のことは尾高家に対して失礼になるから、正隆君にも誰にも言うな」

比奈子、正隆を気にして強い口調になる。

比奈子「言わないし、行きません」

祐三「正隆君が誘ったら、わるいけど、何とか言って……。言えるだろう?」

比奈子「ええ」

祐三「わかったね、紫外線の強いところへは行かないこと」

比奈子「行きません」

早く切りあげたくて、不機嫌になる。

正隆「ね、お盆参りのことか?」

と正隆が近づいて来て訊く。

比奈子「そうなの」

と比奈子は言ってしまう。

正隆「わたしが出る」

比奈子「ちょっとこのまま。お出になりたいそうですから」

比奈子、うろたえて電話を替わる。

正隆「御無沙汰致しております」

祐三「こちらこそ」

正隆「あの、伺わせて下さい。お坊さんの見えるのは、何日です? 同じ伺うのでしたら、その日の方がよいでしょう」

祐三もうろたえるが、

祐三「十二日ですけど。でもお気づかいなく」

正隆「いや、構いません。——まだ相談しておりませんが、十二日に二人で伺います。じゃ失礼いたします」

電話を切る。

正隆「お盆、お詣りしよう。十二日」

比奈子「はい」

17 二階座敷(夜)

二日続きの大雨である。内庭に水があふれて池になっている。その池に雨が激しくたたきつける。

階段を上って、正隆が部屋に入ってくる。

正隆「何という雨だ。台風とは思えない真っ直ぐで、梅雨の戻りとも思えない。……さっき、お父さんから電話があって、こんな大雨に出て来ちゃいかんとおっしゃったよ。お坊さんだって、お詣りは無理だろうって……じゃあ、彼岸にでも伺いましょうと言っておいたからね」

比奈子が縁先の籐椅子に坐って、雨に見入っている。

正隆「邦夫さんのお位牌もあるのだろう?」

比奈子は少しうろたえるが、躊躇なしに答えることができる。

比奈子「ええ、ちゃんと……お位牌なんて、皆ただの板切れでしょうけれどね」

正隆「永代供養はすんでいるの?」

比奈子「わたしはまだ四人が揃っている頃に、父と一度行ったきりですけれど……。北陸の永代供養寺でお骨なしでお経をあげてもらうの。お骨は、遠い、深い、谷に皆一緒に投げ込んでしまってあるそうよ」

× × ×

画面は深い谷で、死者の骨をまく儀式になる。

比奈子の声「お坊さんにあちらの方でございます、と教えられた方を向いて、掌を合わせるだけ、さっぱりしたものよ」

正隆の声「いいなあ」

× × ×

比奈子「いいなあとおっしゃったの? あなたがその次におっしゃりたいことを言っていいかしら?」

比奈子は少し意地悪そうに言う。

正隆「言ってくれ」

比奈子「谷に骨をまくなんて誰よりも、邦夫さんのためにいい」

正隆「そう……。ほんとうにそうだ。あんな亡くなり方したんだから」

と言った正隆の耳は邦夫への嫉妬のため赤く色づいていて、正隆は少し慌てて座卓の前に席を移す。比奈子はそれを面白がるように見る。

正隆「邦夫さんは比奈子を何と呼んでいたのだろう?」

比奈子「ひいちゃんと言ってたの」

と少し笑う。

正隆「いつも、ひいちゃん?」

比奈子「いえ、おまえ、って呼ばれていたわ」

正隆「比奈子は何と呼んでいた?」

比奈子「邦夫兄さん。ね、もっと邦夫兄さんのこと聞きたい?」

比奈子は正隆の前に坐り直して、

正隆「聞きたい」

比奈子「わたしは父にも母にもまともに謝まるなんてこと、したことも、させられたこともないけど、邦夫兄さんには手をついて謝まったことが二度あるわ」

正隆の嫉妬がまともに顔を出す。比奈子、それを楽しむように、

比奈子「どちらの時も父と母が口を揃えて、謝まらせたのです。わたしと邦夫兄さんは結婚するんだから、二人の間には、他人同志のような気持ちがなければいけないって」

正隆「……!」

比奈子「わたしがそう思うようになったのは、母が亡くなってからなの。何故なのか教えてあげましょうか? やきもち焼きません?」

正隆「うん」

比奈子「お願いします?」

正隆「はい、お願いします」

正隆は両掌を合わせて、こっくりと頭を下げてみせる。

比奈子「もう一遍」

正隆「どうぞ、お願いします」

再び正隆の横顔がこっくりと動いたおかしさと、これから言おうとしていることから生じる正隆の反応への期待とで、比奈子は声を立てて笑い出す。

比奈子「大したことじゃないですから、失望しないで頂戴よ。母が亡くなった時、邦夫兄さんはいろいろ慰めてくれたけど、従兄に慰めてもらっている気はしなかったの。未来の良人に慰めてもらってる気がしたものよ」

正隆「……！」

比奈子「母が息を引き取った時、邦夫兄さんは、『お母さん』とはじめての呼び方で取り縋って泣いたのよ。邦夫兄さんは父の甥で、小学校五年の時にうちへ養子に来てから一度も『お母さん』なんて呼んだこともないのに。わたしは不思議なくらい、邦夫兄さんに未来の夫だけを感じたわ」

正隆「……！」

18 相良家・病室（回想）

邦夫が比奈子の母の臨終に「お母さん！」と遺体に取り縋《すが》って号泣する。

比奈子の声が聞こえてくる。少し高ぶっている。

比奈子の声「――邦夫兄さんのあの姿は母に見せてあげたかった。霊魂というものが、あるのかないのか知りません。仮にあっても、霊魂がこの世を眺めることができるかどうか知らないけれど……」

19 元の二階の座敷

比奈子「死の直後のせめて十秒ほどでも霊魂がこの世を眺めていられるものであれば、『お母さん』と取り縋って大泣きしてる邦夫兄さんを母に見せてあげたかった」

比奈子は正隆の荒い呼吸に気がつく。

比奈子「どうなさったの」

正隆「霊魂がせめて十秒留まることが出来ればね」

正隆は狼狽したように言う。

比奈子「父に女の人がいることは知ってらっしゃるわね。母は大きな屈辱、哀しみだったと思う……」

正隆「……」

比奈子「父はとてもお人柄とはいえないけれど、わたしは二人の和やか夫婦ぶりをいくらでも思いだせます。わたしと邦夫兄さんのさきざきのために実際よりはずっとよい夫婦のふりをしていたのじゃないかしらって、先刻、ふっと思ったの。夫婦と言うのはふりしますものね」

正隆「ちょっと訂正。いや補充」

正隆は片掌を立てて言う。

正隆「夫婦はふりをし合うものだけど――、人前でふりし合うこともあるし、二人だけでふりし合うこともあると思うよ。――こっちへおいで」

正隆、少し座卓を押しやって、自分の胡座《あぐら》の膝へ比奈子を招き寄せる。にじり移った比奈子を向こうむきに膝に納める。

正隆「――それで、二人で楽しみながらふりをし合う時には、人前ではないのに、何千何万の観衆が見つめてるそれ以上に、こう……人格のような何かがはるか遠いところから二人のふりのし合いを、しっかりと頷いて見ていてくれる……」

両わきからもってきた正隆の掌が気持よく比奈子の膝を繰り返し圧《お》す。

正隆「だんだん、この子にも分るようになるよ。じきにわかるようになる」

比奈子「……」

正隆の言うことがわかったと言うように、比奈子は正隆に身を寄せる。

正隆「――ところで、邦夫さんがどうしてあんな亡くなりかたをしたか、さっぱり分からないらしいね」

比奈子は今度は落ち着かなくなる。

正隆「普通に想像すれば、それまで実はお母さんが二人の間をうまく取計っておられたのが、お母さんが亡くなったので、お父さんと邦夫さんは、ぶっつかり合うようになった」

比奈子「違う！」

正隆は比奈子を抱き直して、比奈子のお腹のところで両手を組む。

正隆「怒っちゃいけないよ。こういうことは考えられない？ 邦夫さんが比奈子を裏切るような過ちをしたので、お父さんが二人の結婚を躊躇されたとか……」

比奈子「そんなことは考えられない！ 父は邦夫兄さんが亡くなる最後まで邦夫兄さんが好きだったのよ。夏の暑い日だったの、邦夫兄さんはお父さんの部屋で話していて、たまたま邦夫兄さんを訪ねて来た人があったの」

20 相良病院・奥の廊下（回想）

邦夫がランニングシャツ姿で出て来る。その後ろから、父の祐三が、

祐三「待て。――待たないか」

自分の兵児帯をほどきつつ追って行く。

祐三「客の前にそんな恰好じゃいかん」

祐三は自分の着ていた浴衣を脱ぎ、立ち停った邦夫に「さあ」と放り投げる。

邦夫「このままでいいのに」

と、ぼやきながら投げられた浴衣を着ると、祐三は足許に落ちた帯まで拾って渡してやる。

21 元の二階座敷

比奈子、声を立てて笑いながら、

比奈子「父の様子は悲しいくらい、おかしかったけど、父はずっと邦夫兄さんを愛そうとしてたのよ」

正隆「この子はどうも邦夫さんよりお父さんの方に同情的のようだなあ。このくらいかな」

正隆は比奈子の両手を取り、人差指同士を少し不揃いに並べてみせる。

比奈子「どちらに同情するのも厭だわ。父は邦夫兄さんを大事にしすぎたのよ。あんな亡くなり方をしたのは、あの人の甘えよ。我儘よ。駄々っ子みたいなものだと思うわ。腹が立ったわ！ あんなふうに死んじゃうなんて……。しらないわ、わたし！」

比奈子の声が震える。

正隆「比奈子もやっぱり甘えん坊だな。邦夫さんに我儘言いたいらしいな」

比奈子「いけませんか?!」

正隆「少しもそんなことはない」

比奈子「あんなふうに死んじゃって、そのくらいのこと、許していただいていいでしょう。ねえ、邦夫兄さん」

唇が勝手に言ってしまう。

比奈子「ね、これくらい許して下さっていいわね」

正隆「誰に言ってる？ 邦夫さんに言ってるのか？」

比奈子「さあ、わからない」

比奈子は正隆の膝に乗ったまま、もう正隆の浴衣の左袖を押しあげる。引き寄せた一の内腕に、存分に顎を曲げて咬みつく。

「ふーうッ！」

正隆の一声が洩れて、きっかり止まる。比奈子は咬みついたまま、離さない。痛みに硬く弾みきった全身で、正隆はそこを比奈子に押しつけてくる。比奈子はどこまでも強く喰いつく。ありったけの力を集中して、喰いしばる。正隆は格別に熱く喘ぐと、「あーあ」と細く深く揺れる声を出す。比奈子はもう傷口を見たくてたまらず、口を離す。

比奈子「こんな酷いことになっちゃったわね」

比奈子は自分の浴衣の袖口で、唾気《つばき》に潤《うる》んだ咬み痕を一拭きする。

比奈子「痛かったら、舐めてもいいのよ」

正隆「うん」

正隆は黙って痕に見とれている。そこへ指先を持って行く。咬み痕は、歯裏の形が並び、十匹ほどの蚊にでも刺されたように膨んでいる。

正隆「比奈子の歯の裏はこんなのか。こっちが上、こっちが下だな」

× × ×

寝室に、二つの床が伸べてある。正隆は白麻の蚊帳を吊り終え、電気スタンドも引き込む。

比奈子「ね、さっきのところ、ちょっと見せて」

比奈子は枕に乗せたばかりの頭を起こして言う。

正隆は腕を伸ばして寄越す。比奈子は這いよって、咬み痕を見つめる。

比奈子「ぎゅうひ――お菓子の……あれの桃色のを半埋めにしたようだわ」

正隆「おいしそうだろ?」

正隆は笑う。

比奈子「ええ」

指先で縁だの真中だの押して、比奈子もはずむように言う。

比奈子「こしがある。歯ごたえもよさそうね。これ一つ、お幾らでしょう? 大丈夫、痕は残りません」

比奈子はそこをぴしゃっと叩いて、大きく枕へ戻ってしまう。

正隆「ここへ手を出しておくれ」

正隆が蒲団の境の畳をたたいて言う。

比奈子がそうすると、正隆は寝たまま手をつないで強く握りしめる。

正隆「誤解しないでほしいんだが、僕は結婚する時、比奈子がまだヴァジンであったら、そういう比奈子が僕には一番必要な人。そうでなかったら、その比奈子が僕には一番必要な人。そう思って結婚したんだよ。信じてくれるね。僕はヴァジンではなかった比奈子も知りたいくらいなんだから」

比奈子は繋ぎ合っている手に自分からも力をこめる。愛してるとつくづく思う。そして、それと裏腹に、「邦夫兄さんはどうだったろう。邦夫兄さんがまだであろうとなかろうと、最初の始めの方だけは邦夫兄さんと経験したかった」と、比奈子は心の中でつぶやいている。

正隆「邦夫さんとはこうして手ぐらい繋いだか?」

比奈子「何をおっしゃるの、小さい時からよく手を引いてもらった人なのに」

思わず声高になるが、

比奈子「……でも、大きくなってからは、あんまりなかったのじゃないかしら」

正隆「接吻は?」

比奈子「……一度じゃなかったけど、五度ではなくて。どれも、ほんの形ばかりのです」

正隆「ほんの形ばかりのです」

口真似して、正隆は笑う。手を解くと、枕を離れて来る。

正隆「ほんの形ばかりのです」

正隆は片掌を比奈子の頭の下に入れ、

正隆「こうですか?」

と、唇の真中でつき合わせるように二つ三つくりかえす。「邦夫兄さんはこんなに慌しくはなかったけれど」と比奈子は目を閉じて心でつぶやく。

正隆「ほんの形ばかりのです」

正隆はくりかえし接吻する。

22 相良家・廊下(回想)

電話のベルが鳴り響いている。比奈子、来て、電話をとる。

比奈子「もしもし、お嬢さまでございますか」

重たげな女の声が確かめ、いきなり男の声に変わる。

「別荘の爺やでございます。実は、一昨日から若先生がお見えになっていらっしゃいまして、あなたさまにこちらへお出かけになっていただきたいとおっしゃっております」

比奈子「邦夫兄さんから、かけてもらって頂戴。待ってます」

「はあ、ですが、どうもそれは難しいようで……あなたさまがお見えにならないうちは、ここから一歩もお出にならないとおっしゃるのです」

23 海の見える坂道(回想)

真夏の炎天下。しかも格別に暑い日である。

爺や「お父さまが――、大先生が明日、お見えになります」

比奈子が遮《さえぎ》って訊く。

比奈子「武蔵野の女の方と一緒に?」

爺やはためらった後で、

爺や「前からお決めになっていたことで、そうお伝えしますと、若先生はどうしても、今日中に帰るとおっしゃいまして」

24 相良家の別荘(回想)

別荘は海の見える小高いところに立っている。比奈子が玄関に踏み入ると、爺やが、

「お着きでございます!」

大声で言う。

婆やが走り出て来てピタリと坐り、

「ありがとうございます、ありがとうございます」

と平らになって続けざまにお辞儀をする。

奥の方からのんびり声がする。

「ひいちゃん。テラスの方へ廻っておいでよ」

比奈子、玄関を出て廻って行く。

邦夫「ありがとう。よく来てくれたね」

比奈子は葭簀《よしず》の廂《ひさし》のテラス際に立っている邦夫の身なりに眼を瞠《みは》る。

比奈子「どうして、そんなにきちんと」

邦夫は蝶ネクタイをして、線入りの紺のポーラの背広姿なのである。

邦夫「おまえが来てくれると言ったからね。来てくれれば、一緒にここから出て行くつもりだから、支度をして待っていたのさ。――ま、そんなところに立ってないで上りなさい。暑かっただろう」

引き込む邦夫について、比奈子は上がる。すぐ後から爺やが来て、スリッパを置くと、テラスの比奈子の靴を持って行く。

邦夫「磨いておいてやってくれ。又じきに汚すのだろうけど」

× × ×

テラスのはずれの外水道で比奈子は顔を洗い、櫛を使う。中へ入って来た比奈子を見て、

邦夫「ほんとによく来てくれた」

比奈子は藤の回転椅子に腰を下ろしてサイダーの栓を抜く。それを待つように、

邦夫「いろいろとすまなかった。ありがとう――頑張れよ」

比奈子「頑張るって、何のこと?」

邦夫「何だろうなあ」

邦夫は微笑して小頸《こくび》を傾けてみせる。視線が手提げを掠《かす》めたようなので、

比奈子「テニス？ うちでは、今頃、わたしは学校でテニスをしていると思っているわ」

邦夫「テニス？ それだけじゃ駄目だぞ。夏休みの宿題、今年は最後になって大騒ぎしないようにね」

比奈子「ええ」

邦夫「ま、饅頭おあがり」

邦夫はもう使いずみになっていたお絞りをちょっと使うと、腕時計をみる。

比奈子「何時の汽車？」

邦夫「いや、調べることもないだろう」

比奈子「そうね、乗れるのに乗ればいいんですもの」

ふと気付くと、邦夫はいつ席を移ったのか、洋間と並んだ一段高くなった日本間の、その上り口のテラス寄りに腰掛けている。

邦夫「もう一つおあがり」

比奈子「邦夫兄さんは？」

邦夫「僕はこれだけでいい」

邦夫はサイダーのコップを取りあげ、一口、二口飲む。コップを持つその指がこまかく震えているのを比奈子は気づかない。比奈子は自分だけ菓子鉢から栗饅頭を取る。

邦夫はまた時計を見る。

比奈子「じゃあ、これ頂いたら、じきに出ましょう」

邦夫「ゆっくりおあがり」

邦夫は畳へ両手を突き、芝生のほうへ顔を向ける。

海には、遠くへ泳ぎ出た人影が離れ離れに見える。

比奈子「ね、漁火は見えたの？」

邦夫「うん。昨夜は多かったぞ。それも、ずっと遠く！ 見事なくらい出ていたんだ。美しかったなあ」

比奈子は、コップの底のぬるいサイダーを飲み干す。

比奈子「お待ち遠さま」

邦夫はまた時計を見る。

邦夫「じゃあ、ゆくとしよう」

比奈子は椅子を離れる。床のズックを提げる。扇風機のスイッチも切る。

比奈子「置いて行こう」

邦夫「そいつはごめんだ」

邦夫は冗談らしく言って、急いで一口飲んでコップを置く。が起たずに、ハンカチを出す。ちょっと開いて、顔をそむけ気味にして口元を強く一拭いする。同時にバーンと音を立てて両掌が前頭を打ち、邦夫は床に転がり落ちる。床で、邦夫の軀は反り身になって踠《もが》く。眼は閉じ、顔は真赤で、両頬の筋肉が同じような形に歪んで行く。

比奈子「大変！ 早く来て——早く！」

比奈子は呼び立てながら、立ったまま凝視したかと思うと、周囲を跳びまわる。全く手を触れない。

二度三度、邦夫の軀が水平に突き上がる。

それから、全身が静かになり、大きく息をする。

比奈子「ごめんね、邦夫兄さん！」

比奈子は坐り込んで、大声で言う。

比奈子「ごめんね、邦夫兄さん」

（F・O深く）

25 尾高医院・薬局室・横の廊下

初冬。誰もいない病院中に電話が響きわたる。

看護婦の北野さんが急いで来る。

「もしもし、こちら相川でございますけど、大変なことになってしまいましたね」

北野「あの、御容態が？」

「いえ、今日、往診していただく日なのでございますが、こんなことになって、先生に来て戴けますのでしょうか」

北野「大変なことって、何があったのでしょう？」

「御存知ないのですか、さっき、戦争が始まったんですよ。アメリカとイギリス相手に」

北野「え、えっ、ちょっとお待ち下さい」

振りかえると、正隆が来ている。

北野「先生、戦争が始まったそうです。アメリカとイギリス相手に」

正隆、驚く。

正隆「そうか、とうとう」

北野「それで、相川さん、今日往診に来て戴けるかどうかとおっしゃってます」

正隆「いくと言ってくれ。それから、ラジオを聞きなさい」

正隆、急いで母屋へ戻る。

26 一階座敷

正隆、来る。

正隆「とうとう、アメリカと始まったよ」

正隆、ラジオをつける。座卓の前に坐って、比奈子を抱くと、比奈子は身震いして正隆に躰を預ける。

比奈子「どうなるの、これから?!」

ラジオは輝かしい戦果の発表をしている。

正隆「後で、おつるさんを連れて、銀行へお金をおろしに行きなさい」

とまどいながら、比奈子が訊く。

比奈子「いくらぐらいの？」

正隆「全部」

比奈子「そんなに？」

正隆「うん。何が起こるかわからないから。念のために」

比奈子、立ちくらみを覚える。

（F・O）

27 相良病院

冬。雪が降っている。

比奈子、入って行く。

28 同・病室

比奈子が入って来ると、腕に仰々しく繃帯を巻いた正隆の母のハルがベッドで躰を起こす。ハルは日本とドイツの混血である。そのことが容姿にはっきり現われている。

比奈子「あ、お姑さん、お起きにならないで下さい」

ハル「大丈夫よ。昨日は院長先生のお父さま自ら、万一のことがあってはいけないからって、この部屋に泊って戴いたりしたんですよ。ほんとに、あなたからもお礼申し上げて下さいね」

比奈子「——はい」

ハル「わたし、あの家へ行く度に、犬の鎖、もう少し短くしたらいいのにと思っていたんですよ。それがつい先日、——食糧が何も彼も不自由になってしまって、もう犬どころではない、手離すしかないのだが、捨てれば餓死するにきまっている。誰が捨てに行くのか、家族で押しつけ合っているって、あのうちの奥さんに聞いてましたでしょう。——そんなこと知らずに忠実に番犬つとめているんですもの、玄関へ行って吠えたてられても、つい、いじらしく思って見ていましたらね」

× × ×

犬がうなりながらハルに飛びかかって腰にかみつく。ハルは悲鳴をあげるが、気丈に犬を振り払う。その腕に、又犬がかみつく。ハル首輪をつかんで犬をねじ伏せる。

× × ×

ハル「矢庭に噛みつかれて、この通りなのよ。ここも……」

ハルは腰の方にも手を当てる。

比奈子「災難でしたわね」

ハル「お恥ずかしくて」

ハルは少し甘えるような、はにかみを見せて呟く。

ハル「ちょうどよい機会ですので、あなたにお話しようと思ってることがあるんですよ」

ハルは一枚の古びた写真をサイドボードから取り出す。そこには、白人の老婦人と四、五歳の幼女が写っている。

ハル「あたくしと祖母なの。尾高の一族はドイツへ留学する人が少なくなくて、そのうちの一人が偶然、祖母に会ったのよ。その時、わたし達は母が死んで、とても苦しい暮しをしていたの」

ハルは自分のことではないように話す。

ハル「わたしの父にあたる人はやはり尾高の一族でね、留学中、母にわたしを産ませたまま日本へ帰ってしまったのよ。誉められた話じゃないわね」

くったくなく笑って見せる。

ハル「そんなの尾高一族の不名誉だし、日本の恥だと言うので、わたしは日本へ連れて来られて、祖父の家でずっと育てられたの」

ドアがノックされて、正隆が扉を開けて、

「どお、お母さん」と入ろうとする。

ハル「入らないで。今二人でお話してるんですから、廊下で待っていてよ」

正隆「わかった」

ハル「悪いけど」

正隆「いいえ」

正隆、外へ出る。

ハルは写真を返して、そこに書かれているドイツ語の文章を比奈子に見せる。

ハル「主人と結婚した時にね、わたし、ドイツ語なんかわからないし、これ、何て書いてあるんですかって訊いたんです。――一日の苦労は一日にて足れり。祖母はお前に聖書のこの言葉を贈る――。一日が終ったら、何も彼も忘れて、くつろぎなさい。取り越し苦労はやめて、ゆっくり眠りなさい。そう言うことなんだろうなって主人は言ったわ。それで、――あなたは神様の御心にそってらっしゃるわって――主人にそう言うと、キリスト教徒でもないのにキリスト教徒みたいに言うって、主人は、とても不思議がったの。わたしはやはり半分はあちらの人でしょうかね」

ハルは、笑いながら言う。

ハル「正隆さんを呼んで下さい」

ドアを明けて、比奈子、正隆を呼ぶ。

比奈子「お姑さんがどうぞって」

正隆、入って来る。

正隆「相良先生がおっしゃってたけどね。犬の被害患者のあった日は、二人、三人と重なることがよくあるそうですよ。お母さんの時もすでに一人あったそうだよ。人間には感じられないけど、何か犬が気を荒立てる気象状態のようなものがあるかもしれない……。怖い話だな」

ハルは眼を閉じている。疲れて、いつの間にか眠っている。

29 尾高病院・二階座敷

朝。

正隆が蒲団をあげている。比奈子は寒そうに籐椅子に坐ってそれを見ながら、

比奈子「お姑さんには、あなたは子供のようにおなりになるのね」

正隆「そうかもしれない。おふくろには一度も叱られたことがないからね」

比奈子「一度も？」

正隆「一度もない。僕はいい子、いつだってそうだったよ」

比奈子「羨ましいわね。四十近くなって、いい子だなんて言ってられて」

正隆「おまえさまとは違うさ。おまえさまは大悪人《おおわる》だ」

比奈子「あなたは？」

正隆「一度も叱られてない。いい子だよ」

比奈子「わたしは？」

正隆「大悪人《おおわる》だ」

からかい合うように云っていたのが、それではすまなくなって、

比奈子「元からそうだったとは思えませんけどね！」

正隆、首を振る。

比奈子「でも、叱られなかったなんて、わたしの気持を引き立てずにおかないの。お姑さんのかわりに責めてあげてもいいのよ！」

比奈子は立ち上る。さっと窓をあけると、外は一面の銀世界である。

30 井戸

躰が凍えてしまいそうな冬景色。

比奈子が来てポンプを押しはじめる。井戸から筒樋が取りつけてあって、湯殿の風呂に通じている。風呂桶に水が溜って行く。正隆が来る。

正隆「――僕が自分でやるよ」

比奈子は急にかっとなる。

比奈子「自分でポンプを押す、ですって。何て言うことをおっしゃるの。こんなことぐらい、わたしがします」

正隆「ま、お待ち。毎朝でしょう。お美代さんが暇をとって、家事向きはおつるさんひとりになっちゃったし、おまえさまにはこういう仕事は似合わないから――」

比奈子「浅知恵がすぎます！」

比奈子は言い放つ。

正隆「そうかなあ」

比奈子「そうよ！」

それから、比奈子は言葉を押さえこんで、静かな言い方になる。

比奈子「水風呂なさるんですもの。ね、そうでしょ。木の蓋が蒸れていて、それを退《ど》けると、あたりが湯気で煙るような、よく沸いたお風呂。そんなお風呂のためなら、ご自分でポンプを押してくだすってもいいでしょうけれど、でも、水風呂ですわね。そのポンプを自分で……。びっくりしたわ。この寒さに、どうして自分だけは水風呂を使うしかないのか、どうして人様の前で裸になれないか、あなた、まさか、そのことをお忘れなんじゃあないでしょうね」

正隆の顔に朱がさす。ふいと去って行く。

比奈子「修業僧じゃないのよ。あなたは。苦業してるわけじゃあないのよ」

正隆には聞こえない。

31 湯殿

正隆、脱衣場で服を脱ぐ。躰一面に鞭打たれた後の傷が生々しく現れる。

風呂桶に水がそそがれる。正隆、湯殿へ来て、手桶で水をかぶる。がたがた躰が震える。

32 井戸

比奈子はポンプを押し続けている。
北野さんが来る。

北野「おかわりしますのに」
比奈子、首を振る。

北野「先生はお始めになってから、ただの一日もお休みになりませんね」

比奈子「一週間に一度もお風呂沸かせなくなったんですもの。毎日入った方が気持がいいのよ」
正隆ががたがた震えながら、水風呂につかる。

北野「銭湯なら、毎日でも温かいお風呂お入りになれますのに」

比奈子「落ちつかなくて、厭なんでしょう」
怒ったように比奈子が言うと、北野さんは去っていく。比奈子、ポンプを押し続けながら、井戸の屋根裏に目をやる。棕櫚《しゅろ》縄が巻輪になって下がっている。柱に荒々しい熊手がかかっている。それ等を見ながら、われ知らず息を荒げてポンプを押す。比奈子の耳にはどこからか、子供の泣き声が聞こえて来る。

× × ×

子供の声「毎朝僕は水風呂に入れられるんです。どんなに寒い朝でもそうなんです。許してくださいと言っても駄目なんです。よい子になるまでは駄目、と摑まえられて、引き摺られて行くんです。平手で打たれるだけじゃないんです」
画面は、中糸女に湯殿へ引き摺られて行く子供。

「平手の他に何で打たれるの？」
と比奈子の声。

声「棕櫚縄や熊手です」
子供の悲鳴が続く。

× × ×

風呂場の窓が開いて、正隆が叫ぶ。

正隆「おい、水が溢れてるぞ」
（F・O）

33 渡り廊下から座敷

比奈子が盆に持って来た湯呑みを置く。

比奈子「雪だわね」

正隆「春の雪だなあ」
正隆は読んでいた新聞を二つに折ってわきへ置く。

比奈子「それでも、火照《ほて》るのよ」
実際に比奈子は小刻みに震える。

比奈子「わたしも馬鹿だわね。意気地がないわね」

正隆「熱っぽいのかね」
正隆は比奈子の片腕を取って脈を見る。

比奈子「普通だと思うけど。――普通でしょう？ 病気じゃないのよ。一昨日から少しのぼせてしまって、この辺りが火照って仕方がないわ」
首筋へ掌を当てる。

正隆「一昨日？ 何があったんだ？」
比奈子は封書を取り出して、正隆の前に置く。正隆、読みはじめる。

比奈子「ごめんなさいね、すぐにお見せしなくて。父が回送してくれたんです。途方に暮れすぎてしまって――。当校出身者の女子挺身隊が結成されるから、独身の女性は回答しろと言うの。わたし、法律上はまだ独身ですから」
正隆は刷り物をテーブルにたたくように置く。

正隆「回答を送るのはお止し。送らなければいいんだ」
比奈子はぞっと恐怖する。

正隆「そうしなさい。普通郵便で来てるんだ。学校から何百人にも出してるわけさ。放っておいて、何か言って来たら、着いておりません、でいいのだよ」

比奈子「でも、それから先はどうなるの？」

正隆「比奈子が相良家の法定相続人だから、入籍出来ないだけの話だ。相良のお父さんも一生懸命養子を探していらっしゃる。代りの相続人が見つかればみんな解決する」

比奈子「男はどんどん戦場へ行くのよ。なかなか決まらないのよ。決まる前に、わたしが女子挺身隊へ引っ張られてしまったら？」

正隆「暫くの間、比奈子さまは女工さんだな。厭かい？」

比奈子「厭ですとも」
比奈子は泣き出しそうに言う。

正隆「じゃあ、必ずうまくゆくように、よく効くまじないをしてあげよう」
封筒を閉じて二つに折ると、

正隆「これ、破っておこうね」

比奈子「待って頂戴！」
比奈子は金切り声を上げて躰ごと手を伸ばす。

正隆「いや、駄目だ」
正隆は卓子から素早く後退って、一気に裂く。もう一度裂く。

比奈子「何をなさるの！」
比奈子は近々と迫って、声をうわずらせる。

正隆「要らないものは、取っておいても仕方がない」
残骸を両手で捻じる。

比奈子「あんまりよ、ひとの物をどうして勝手に！」

正隆「馬鹿もん！ 撲るぞ」
正隆は一喝する。

34 渡り廊下・洗面所から比奈子の部屋（夜）

比奈子が来る。「この人が養子に来てくれさえすれば、すぐ解決なのに、そんなこと思ってもみないのよね。それがわたしは好きなの」と比奈子は洗面所にいる正隆を見ながら心の中で呟く。
正隆が使っていた櫛をカタリと音を立てて置く。比奈子が通り過ぎようとすると、

正隆「お待ち。ちょっとここへ来てごらん」
正隆は廊下へ踏み出して来て、比奈子を洗面台の前に立たせると、後から抱く。比奈子の胸元で深く手首を重ねる。

正隆「見てごらん。大きいようでも小さいなあ、この人は……」
鏡の中の比奈子は正隆の口許さえも隠しきれない。

正隆「――大分ちがうね」
答える代りに、比奈子は背伸びする。

正隆「――こらこら」
比奈子は踵をおろす。

正隆「こんなに小さい。――実に不思議だ。こんな小さな人にあんなことが出来る。そう思わないか。僕には不思議でならないよ」

比奈子「おつるさんに聞こえると……」
比奈子は小声で注意する。そして、思いついて呟く。

比奈子「あの人たち、知っているの？」

正隆「知っているか、知っていないか。……知っていることにしよう。――こんな大きな僕に、こんな小さなおまえさまが――」

比奈子「じゃあ、こんな小さな僕に——」
　といきなり跼《かが》み、洗面台の陰から、

比奈子「だったら、どう？」

正隆「だめだめ、こんなに小さい人だから、たまらない……」
　正隆は不意に高くなる。

比奈子「それじゃあ、わたしも一緒に」
　比奈子も背のびする。

正隆「分った、分った、安心だ。それ以上は、比奈子はどうしても大きくなれないもの。やっぱり、小さい」
　比奈子は背のびを止め、だが踵が正隆の両足の上を踏む。

正隆「もっと、しっかりお載せ」
　正隆は両腕で比奈子の胴を抱える。生けるハイヒールを穿いた感じになる。そのまま後退り、廊下で向きを変えて、歩き出す。

正隆「足、浮かさないで。僕のにしっかり押しつけて……。そうそう、一、二。一、二」
　比奈子、笑い出す。階段の下へ来る。

比奈子「あたしの部屋まで」
　襖の前で、比奈子が手を伸ばして開ける。

比奈子「おもしろいの。とても、よい気持」
　笑い声。

正隆「一、二。一、二」
　次の襖も、比奈子、開ける。

比奈子「気に入ったわ」
　ハイヒールを脱ぎ捨てて、

比奈子「どうして、今までしてくれなかったの？」

正隆「とにかく、いずれ、後程」
　正隆は後ろへ退《さが》って座敷を越え、坐って、平伏して言うと、静かに襖を引く。正隆が去って行く気配がある。比奈子、残されて、気持の昂《たかまり》が声になる。

比奈子「男が欲しい」
　自分の呟いた言葉に驚いたように、庭へ降りて行く。

比奈子「生理が過ぎて本式に入浴したあとの気持よさは初潮の時以来知っていた筈なのに……」

35 庭（夜）

　比奈子、来る。そこから見える奥の座敷に正隆がいるのを見る。

比奈子「近頃、本式に入浴した後の一両日の気持よさがすばらしく、娘時代には味えなかったものだと気がついたの。で、わたしは大悪人《おおわる》なの……？……あなたのやり方に無性に張り合いたくなるの」
　と、正隆の声が聞こえて来る。

正隆「南の方はひどいことになってる。敵は次々に島づたいに日本に攻めあがって来る。もし南が上になった地図なら、頭を踏みつけられてる気分だろう」
　正隆、背を向けて二階へ上って行く。

比奈子「それで、わたしに、どんなことをして見せるの」

36 母屋・二階（夜）

　比奈子、階段を昇って来る。懐中電燈を持っている。座敷の襖をあけて正隆を探す。

比奈子「また、こんな所に隠れている、この人は」
　比奈子は懐中電燈の光りで、板の間の襖の蔭で向うむきに膝をついている正隆を輝らしだす。

比奈子「——隠れていたら、許してもらえると思ってるの？——ね、どうなの？」
　と光りを低くして、

比奈子「駄目！　こっちへおいで」
　衿がみを摑む。

比奈子「お立ち」
　中腰のまま、正隆は拉致される。

比奈子「お坐り、その辺に」
　襖をしめて、懐中電燈を消す。

比奈子「——両手をつくの」
　比奈子は、防空カバーのかかった電燈の真下に立つ。

比奈子「いくら隠れていたって、許してもらえないこと、分かっているわね？」
　正隆、かすかに頷く。

比奈子「この間、しっかり教えておいたのですもの。ずいぶん、熱い目に会わされたのですものね」
　手を突いたまま、正隆は両肩をすぼめて頷く。

比奈子「じゃあ、今のは何？　知っていながら隠れたの？」
　比奈子、燈りの輪から、正隆の両手の直前まで踏み出す。

比奈子「そう。じゃあ、もっと懲らしめなくてはいけないのだわ。さ、柱のところへ行って、向うむきにお立ち」
　正隆はすぐさま、そうする。

比奈子「お尻をぶつとすれば——」

正隆「お尻は女の人にあるんだよ。男はちがうよ。脚の付根だよ」
　比奈子は啞然とする。「何て奇妙なはっとするようなことを言うの」と後から抱きしめたいほど好ましくなるが、

比奈子「ふうん。じゃあ、脚の付根とやらを自分で出せるのでしょうね、この人は。この辺らしい。——たしかに、この辺らしい」
　左右の膨らみを優しく、まあるく、それぞれ撫でる。

比奈子「遠い、遠いところから、何者かが見てるのよ。さあ、ここ、とここ、をしっかり出させねば……」
　正隆がベルトのバックルを弛める。

比奈子「お待ち。勝手なことは許さないの。ね、ここ、切りたい、裂きたい！」
　左右の布地を握って、比奈子は口走る。正隆は後手に比奈子の背中を撫でる。

比奈子「——鋏は……鋏は書斎にあるわね」
　比奈子は取りに跳んで行く。戻って来る。書斎鋏は比奈子が指先で浮かせたズボンの布地をよい切れ味で刳り抜く。が、ポケットが縫いつけてある部分では、途端に切れ味が落ちて軋む。比奈子は焦り、手が汗ばむ。それから、鋏はまた軽くなる。

比奈子「ここ、とここ」
　膚《はだ》に傷痕が残っている。そこを比奈子ははじかに優しく、まあるく撫でる。

比奈子「うんと痛い思いをさせてあげる。——分っているの？」

正隆「知っている」

比奈子「それなら、もう少し退るの。——もっと。両手を柱で重ねなさい」
　頭が伏し、腰が突き出る。

正隆「平手でやられる」
　期待と催促を持ちかけて、正隆は上ずった声をあげる。

比奈子「平手ですって！——子供じゃあるまいし、この人はそんなことですむと思ってるの。すむかもしれないし」

正隆「……」

比奈子「すまないでしょうね」
　比奈子は棚に載せた鋏を取ってきて正隆の横に立つ。

比奈子「こう言うもののあることを知らないの」

鋏の把手で自分の片掌をぱんぱんと鳴らしてみせて、正隆の後ろへ移る。一打ちした時、二つの平たい孔の形が移ったが、強く、速く打つと、映えるような膚《はだ》の赤味が忽ち濁り出す。

打たれるたびに、正隆は頭を逸らしたり、沈したり、詰めた息で呻く。

比奈子「まだまだ。決して手加減しないと言ったでしょ」

比奈子は正隆の予期し得ぬ打ち替え方ばかりする。

一連の呻きがどこまでも深まり、強まる。

正隆「きつい。ほんとにきつい。燃え立つようだ」

一段と力をこめ、一段とせわしく比奈子、恍惚と続ける。

正隆の全身は満ち切って起伏を変え続ける。

（F・O）

37 路

ある秋日和。比奈子と正隆が表を歩いていると、すぐ前で赤ん坊が母親の肩越しに比奈子の顔をじいっと見ながら抱かれて行く。

比奈子「赤ちゃんていいわね」

子供を請まれたのかと正隆は思う。

正隆「そりゃあ、おとなのほうがいいよ。ずっといいさ」

思いがけない正隆の答えに比奈子のとまどいは大きい。正隆は比奈子を急がせるように足を早めて親子を追い越す。

突然、空襲警報のサイレンが響く。更に急ぎ足になりながら正隆は言う。

正隆「東京はもう日本の空じゃなくて、敵機の空になった」

38 尾高医院・防空壕

「南方海上へ退去していく一機」

ラジオが鳴っている。二人、脚は毛布にくるまって、両側から喰い違いに伸びている。

正隆「解除まではまだ大分かかるかもしれないよ。近頃じゃあ、数機で周辺をうろついているだけかと思っていると、大編隊が続々と侵入して大仕事をやることがあるしね」

比奈子「そうね。厭だわね。寒いわ」

比奈子、立ち上って、箱からオーバーを取り出す。

比奈子「――あなたも何か？」

正隆「要らない。あっちは要る」

比奈子「アルコール溶薬？」

比奈子、アルコール溶薬のビタミン剤を渡す。

正隆「もう一函出してくれ。あっちの看護婦さん達へ持って行ってやるよ」

比奈子「ま、ごゆっくり。わたしが行くわ。外の様子も見てきたいし」

比奈子、もう一本を持って短い段を上り、頭上の冠《かぶ》せ蓋を開けて、あがって行く。

庭の隅にある防空壕は雪で太って見える。

×　×　×

正隆は本当のウイスキーの小罎を手にしたように寛《くつろ》いで飲む。比奈子が梯子を降りて来てオーバーを着たまま、元の居場所で毛布を膝にする。

ラジオが鳴る。敵機は……と報じる半ばで。

正隆「あんまり入ってきてもらいたくもない。しかし、すっかり出て行ってもらいたくもない」

比奈子「どうして？」

正隆「日本が敗けてしまうのはいやだし……敗けた方がいいし……」

正隆、脚の毛布を剝ぐ。

正隆「入れておくれ」

正隆、毛布の下で比奈子と並んで脚を伸ばすと、横から比奈子の肩を抱き、片手は毛布の中の比奈子の手を握る。

正隆「先刻、おまえさまがあの段々を登ったね。姿が見えなくなって、それから、四角い蓋を嵌めた。急に怖ろしくなったんだ。本当に、もう一度ここへ帰ってきてくれるのかと」

比奈子「……?!」

正隆「考えてもごらん。あの出入口を上から何かされてしまえば、僕はそれっきりなんだぞ。足音が聞こえて来た時が、いちばん怖かった。いよいよ出られなくされるかもしれない――」

比奈子「残念なことをしたもんだわ。そんないい方法があったのに、全く気がつかないなんて、わたしも余っ程うっかりしていたのね」

正隆「ここが燃える。縄やベルトでも焼けてしまう。鎖で縛られるならここが火の海になっても焼けない。しかし、鎖も要らないかもしれないなあ。僕をここから出て行けなくするには……。聞きたいかい？」

比奈子「ええ」

昂《たかまり》の中で。正隆は比奈子の向いへ匍《は》い移る。折り衿の上衣を脱ぐ。素早く逆さにシャツも脱ぐ。上衣でシャツを包んで一緒にし、

正隆「取りあげて、持ち去ってしまえばいいんだよ」

と比奈子の方へ押して寄越す。

比奈子「……?!」

正隆「こういう珍しい膚をしていて、どうして裸体で壕から出て行ける？　絶対ここから外へは出られないんだ。鎖で縛っておかなくても……」

その傷ついた裸の上体が弱い寒色の燈りを集め、正隆は背中を向ける。

正隆「さぞかし不思議な裸体だろうね」

正隆が振り向いて言う。背中の傷痕の創り出した妖しい画が古代洞窟の壁面のように見え、そこに何かへ向かう男がいる。

比奈子「もっと不思議なものを見たのよ。蒼い壁面、何かへ向う男を見たのよ」

正隆「じゃあ、何かへ向う男と抱き合おう」

正隆は移って来て、抱きしめる。

正隆「――こんな物はお脱ぎ」

比奈子のオーバーと背の間へ深く両手を入れ、

正隆「こんな物も……」

比奈子の服のボタンをはずして脱がせ、寝床をととのえると、比奈子の肩を毛布で包み直す。

正隆「話しておくれ、壁面のどんな男を見たの？」

そう言うと、正隆はもう比奈子に頭を寄せる。

「敵一機は京浜地区を旋回中」

とラジオが報じる。

正隆は急にラジオに近づく。ダイヤルの小さなガラス窓に燈りが映ったまま、梯子段の陰に蹲んでラジオをいじる。不意にラジオがぷうんと言う微音だけになる。正隆、匍い戻る。比奈子、毛布を持ち上げるが、正隆は入らず背を向けて坐る。

「どうしたの？」

比奈子が覗き込むと、ラジオに繋がっている電線が毛布の上を這っている。

比奈子「やめて！　死んじゃう」

比奈子、思わず叫んで電線を手繰《たぐ》って奪う。

正隆「お前さまに殺されるなら。……」
比奈子「やめて！」
正隆「お前さまに殺してもらえるなら」
比奈子「やめて！」
正隆「アースで感電なんかするものか。お寄越し」
比奈子「危ないったら！　電流が捌けてゆくのに——」
正隆「地球へね、一方通行でね、地球の代りに人間の躰へ繋いでも同じ」
揉み合いながら、正隆は何度もアースの先端を握り、足の指に巻きつけ、その度にラジオの微音がうなり、
「ほら、死なない」
「まだ、死なない」
と正隆は面白がる。比奈子も笑い出して。
比奈子「地球とつながるのね。一方通行で。地球と」
二人は求め合い。
比奈子「はじめのうち、自転車に乗れない人を乗せるのは走りにくいって云ったわ。今はどう？　走りやすい？」
二人は交じわり、「どう？　走りやすい？」と比奈子はうわずった声をあげはじめる。
（F・O）

39 防空壕

防空壕の向うの夜空が赤くなりはじめている。

「みんな、出るんだ」

防空壕の蓋が開いて、正隆の声が落ちて来る。

正隆「表へ廻れ！」

比奈子達は防空壕を飛び出す。

40 尾高医院・入口

人々がせわしなく往来する。扉は開け放して、比奈子が入って来ると、燈りのついている奥の部屋から、
正隆「カルテと鞄は入ってるか？」
北野「大丈夫です」
正隆「土嚢と穴だ。防空壕の表の蓋にもだぞ。——比奈子はこっちへ来い。靴のまま、来い」
正隆は電話している。宙へ眼をあげ、
正隆「正隆です。お父さん、今夜は大きいですよ。どうか、ご自身のことを第一に。それだけです。今、代ります」
比奈子「あたし」
祐三「ああ、比奈子。ありがとう、ありがとう」
比奈子「お父さん。お気をつけて」
祐三「うん。おまえたちも。じゃあ、切るぞ」
電話は切れる。
防空壕の冠せ蓋は土のうに埋もれ、皆がバケツで水をぶっかけている。
正隆「比奈子、そっちを持って」
と正隆が呼ぶ。防火用水の四斗樽の残り少ない水を樽ごと二人で運び土のうにぶちまける。
正隆「中の薬品だけでも助かれば」
「焼夷弾落下！」
とどこかで叫ぶ。同じ方向のあちこちで続けて叫ぶのが聞こえたと思うと、通り二つを距《へだ》てたあたりで、焔が幾つも湧きあがる。忽ち連なり、火の粉はもう頭上にまで及んでいる。
消防車のサイレンが続けさまに迫って遠く。
こんなに現われたかと思うほど、多くの人々が道路を移動している。比奈子達はその流れの中にいる。
正隆が後から来て追いつく。来る人達の顔はみな赤々と映えている。どの方向にも、焔がある。坂道の上で、
正隆「さ、下まで馳け降りようぜ」
正隆たち五人は走りだす。正隆は比奈子の手を握る。連なって駈け降りながら、
正隆「今しがた、家が燃えあがったよ。僕がさよなら言っておいた」
比奈子、泣きながら走る。

41 海の見える道

二人は疲れ果てて、どちらからともなく荷物を置いて休む。右手に海がある。その崕から、海水を汲み上げている男女がいる。

比奈子「塩のかわりに海の水で間に合わせるのよ」

歩き出して、登り道へ来る。比奈子、又荷物を置く。

正隆「もうじき、もうじき」

正隆、自分も荷物を置いて、偉そうに言う。

比奈子「偉そうに」

と声をたてて笑い合うが、歩き出してすぐ先、道はきつい勾配を見せて右手へ消えている。

42 別荘

二人、入って来て、二階へあがる。階段の上から直角に、八畳と十畳続き間の縁側になっている。手摺りに添ってガラス障子が並ぶ。雨戸を開ける。

「ああ、いい景色だ」

正隆がガラス障子を開け放って言う。海と空の果てにはぼんやりと大きな島のかたちが見て取れる。

比奈子「あの島は昔は流人の島だったのよ。悪事を働いてあんな美しい島に流されて、いいところへ来たって、歓《よろこ》んだ罪人がいるわよね」

正隆は又比奈子をだきしめて接吻する。

比奈子も自ら正隆にすがって接吻する。

43 製材所のある道

比奈子が歩いて来る。製材所の大きな入口が開け放ってあって、機械は止まっている。
比奈子入って行って、声をかける。
比奈子「ごめんください」
「お屑なら、ないわよ」
ガラス戸の中から比奈子と同じ年ぐらいの女がむすっと言う。
比奈子「板がほしいのです。小さなものでよいのですけど」
女はだまって非常な勢いで表へ出て行く。
比奈子も表へ出る。女は横手へ廻って、
女「こんなのしかないけど」
と二枚の板切れを摑んで戻って来る。
比奈子「こちらをいただきます。おいくらでしょう？」
女「いらない」
比奈子は防空袋の財布から十円出して渡す。
比奈子「これで」
女は思いきりぶあいそに受け取る。
女「じゃあ、二つとも持って行けば……」
比奈子「ありがとうございます」
辞して行く。

44 別荘

台所で、
比奈子「勿体ないけど……」

比奈子、メリケン粉を固目にこねて、買って来た板切れに張りつける。

× × ×

あとの作業は庭の四阿《あずまや》で進める。比奈子は陶器のテーブルに屈みこんで、内科と横書きに冠して、ヲタカ医院、と文字が現われるように、ナイフの先で極く僅かずつ、張りつめてあるメリケン粉を切り剝して行く。

× × ×

焜炉に炭火を熾《もや》して、比奈子は芝生に据《すわ》り込む。切り剝した木肌の部分を炭火で焼いてゆく。細かい部分は焼火箸の先で焼く。

× × ×

比奈子「さ、いらっしゃい」

傍に立って眺めている正隆に言う。テラス際の外水道を放ち、看板をたわしで一面に威勢よく擦る。

比奈子「できました」

色の薄れた茶色の地から、ヲタカ医院の文字は浮き出ている。比奈子は完成した看板を正隆に手渡す。

正隆「うまいもんだ！」

正隆、打ち眺め、唇へ持って行く。それから比奈子の唇へ。

× × ×

生垣の門の傍に取りつけるのは正隆がする。緑の葉に囲まれ、素朴な看板はよく似合う。

45 海の見える庭

日本の小さな戦闘機が一機、二機と山の方から飛んで来て、岬の崕の方へ急降下して姿を消す。

比奈子がそれを眼で追っている。

「おーい」

正隆の声がする。比奈子、家へ入って行く。

46 診察室兼用の洋間

比奈子、入って行って、椅子にかける。

「実は、奥さまからも、ぜひ先生にお勧めいただきたいと思いまして」

と、玉村さんが言う。

玉村「尾高医院が罹災なさったと聞きました時、わたしどもの旦那様は先生に箱根へ移って来てもらえればと思ったようです。箱根にもかかっている医者はいますが、どうも心許なくて……。今迄見ていただいていた先生が近くへ来て下されば、ほんとに安心でございます。先生の移転先が貝波だと分かりまして、大まかに言えば、箱根の真下でございます。しかも、この地はいつアメリカが上陸して来るかもわからないと言われているところです。今のうち箱根へ疎開なさるおつもりで、お移りいただけませんでしょうか。旦那さまが医院にお使いいただけるようなお住いの心当りもおもちです。奥さま、いかがでございますか」

「駄目ですよ」

それまで黙っていた正隆が急に言う。

正隆「――僕以上に駄目ですよ。この人は」

と、どこか恩きせがましい申し出に、かなり強い調子で答える。

正隆「ここが危なくても、かまわないのです。僕らには、ここが気に入っているのです。僕以上にこの人には気に入ってますよ。――そうだろう、おまえさま？」

おまえさまと人前で呼ばれて、比奈子は驚くが、

比奈子「ええ、まあ……」

正隆「あそこに敵が上陸して来れば――南の島と同じように、まず海と空から凄まじい攻撃が始まるでしょうね」

正隆は海へ目を向ける。

正隆「僕らは逃げねばならんでしょう。山へ逃げ込みますよ。箱根を目指してゆくことにしましょうや。その時こそ、どうかよろしく。それではこれで」

正隆はさっと玉村を残して立ち上る。庭へ出る。

比奈子も玉村を残して続く。正隆の後ろ姿を距離を置いて追いながら、

比奈子「二人だけでいたいのよね……」

ふと涙ぐんで比奈子はつぶやく。それが聞こえるはずもないのに、正隆はふりかえる。

正隆「おまえさまさえいてくれれば……」

47 二階（夜）

正隆「僕には、本当にこの土地が気に入っているのだよ」

二人は防空カバーの真下の座卓の前に坐っている。

正隆「――僕以上に、比奈子の気に入ってくれておればいいんだが……」

比奈子「気に入っていますとも」

正隆「じゃあ、いいんだね。昼間、僕がああ言った通りだね」

比奈子「おまえさまさえいてくれれば……」

比奈子はすうっと立ち上って、階下へ降りて行く。

正隆は立ち上る。襖をあけて、次の十畳へ行ってこれから起ることを期待するように坐る。

と、比奈子が階段を上ってくる。縁側を三、四歩踏んで、すっと障子を引く。右の中袖をすっかり取り去った白地の妖しい浴衣姿である。

比奈子「どお？」

目を見張る間があって、正隆は言う。

正隆「どこからやって来たんだね、この人は」

比奈子、敷居を越えて入って、後ろ手に障子を閉める。黄色い兵児帯を前で結んでいる。

比奈子「見とれているわね、この人は」

比奈子は突っ立ったまま爽やかに言う。

比奈子「いくら眺めてもいいわ。今夜が最初で最後なのよ」

正隆「最初で最後？　こういう暗い燈りばかりで見て終るのは、もったいない」

比奈子「煌々とした燈りの下でも見たいの？」

正隆は答えない。

比奈子は、袖無しの右腕に何ともいえない自由がある。

比奈子「ああ、分った。月夜の磯？――日暮れの森の中？――ろうそく？――一本の……幾本もの？――かがり火？――」

正隆「……懐中電燈がいい」

正隆が見とれて言う。比奈子は棚からそれを持って来る。灯りを消す。真暗い十畳で正隆が頼んだ責め具は燈りを兼ねる。その多少重みのある責め具の棒を燈りの方を逆手に握る。短い棒は、最初は利かせにくいようだが、正隆の二の腕へ、右から、左から、打ち下ろすうちに、正隆は呻き、手応えがずっと確かになる。そのたびに、比奈子には逆照らしに自分の内腕が見える。正隆は比奈子の握りかざす逆照らしの腕と逆照らしの妖しい顔へ一瞬眼を挙げては強く瞑《つむ》る。正隆の頭ががっくり倒れて呻く。次に比奈子が打ちおろした時、正隆の姿が消

える。激しい物音と、同時だった。全くの闇の中を何かが転がって、床の間に当たる音がする。闇の中で比奈子が言う。

比奈子「中身が飛び出しちゃったわ。キャップが弛《ゆる》んだのだわ」

正隆「ああ」

放心しているかのような正隆の声である。が、擦れた声ながら、言いはじめる。

正隆「そのまま、そのまま」

一瞬静《しん》として、闇の中から声だけがする。

正隆「比奈子、そのまま」

正隆の手が来て、「あっ」と比奈子は小さな叫び声をあげる。その場に比奈子を横たえる。重なりかけて、正隆は比奈子の兵児帯に手をかけて剝ぐ。触れ合うと、左右の腕がはれて太って、「痛くて抱けない」と云いながら正隆は変な抱き方である。比奈子が思わず笑う。正隆も笑いながら一風変った妖しい交わりになってゆく。「ああ、愛してる」と比奈子はうわずって云う。

48 台所から診療室

比奈子が台所で声を出して笑いながら、がまと向い合っている。足許の敷居にがまが前脚ひとつをかけて入ろうとしている。前脚が揃って敷居の縁《へり》へ届くと、がまは台所へ入って来る。比奈子は塵取りを持って来てがまの真ん前に置く。怖る怖るほうきの柄でちょいちょいとがまをかまう。具合よくがまが塵取りに乗る。笑わずにはいられない。出口へ持って行き、追う。

比奈子「さ、戸を閉めるからね」

戸を閉める。

「何だ、おまえ。――こんなところまで、来ているのか」

と、診療室から患者のどなる声がして、

正隆「蛸、買ってくれないかって。もらっておくか」

正隆が境の襖を開けて言う。比奈子、診療室へ行く。初老の患者と挨拶して、テラスに男が蹲《しゃが》んでいるのを見る。男は風呂敷にのった小桶に手を入れて、荒ちぎりの松葉をまとった蛸をぶらさげて見せる。

比奈子「いただきますわ、それ」

比奈子は小桶から逃げようとする蛸をかまう。

比奈子「茹で方がわからないんですけど」

とまどってると、初老の患者が声をかける。

患者「なあに、造作もないこと、わたしが教えますよ」

49 台所から庭

比奈子が焜炉で、一番大きな鍋に湯を沸かす。

塩で蛸を揉んでいる。

比奈子「食卓塩だ勿体ないけど……」

と食卓塩の瓶を蛸の真上で動かして両手で揉む。蛸は怒りだしたのか、気に入ったのか、八本の足をくねらせて、比奈子の手に吸いつき、手首を巻き締めてくる足もある。比奈子は無茶苦茶に全体を揉んでから、二、三本ずつ足をしごく。しごかれてない他の足がまた吸いつきに来る。比奈子、蓋を用意する。蛸を左手でつかむ。右手で八本足を一度にすっとしごいて、蓋を持つのと同時に蛸を煮えたぎっている鍋の中に入れ、蓋を楯にする。一瞬、鳴くような音がしたようである。が、それっきりになる。蓋をとると熱湯の中で蛸はぐったり縮みだし、頭が屹立して湯から突き出たその天辺がおかしい。比奈子は長箸を使ってひっくり返す。

比奈子「ねえ、おいしそうよ。いらっしゃいよ」

正隆を呼ぶ。返事はない。比奈子、診療室から庭へ出ると、正隆はじいっと岬を見つめている。

正隆「今の患者が話していたんだがね、ここからは見えないが、あの岬の先のほうでは、海べりに幾つもの横穴が掘られはじめているらしいよ。魚雷艇が待機し、敵艦が来たら発進して体当りにゆくための横穴なのだそうだ」

比奈子はぞっとして岬を見る。

比奈子「むごいことが……死にに行くのね」

思わず体が震え、背中から腕を廻して正隆にもたれる。震え続ける。

比奈子「震えが止まらない……！」

50 海辺の岩場

春の海の揺蕩《たゆたい》。

比奈子と正隆はそれぞれ岩の上から水筒を落とす。水筒の真ん中に竿を差し込んで海中へ押し出す。中身が満ちると紐で引き寄せる。

比奈子「これから訊くことに答えないで」

正隆「――答えない」

比奈子「どんなことを云っても？」

正隆「どんなことにも」

比奈子、砂浜に立てて置いた一升壜へとくとくと海水をあける。

比奈子「近頃、この人の苦しみがたかまるとき、この人を貫く歓びが、そのままわたしの躯に噴きこんで来る……。殺しておくれとこの人が云う時……」

正隆「……答えていいか？」

正隆もとくとくと海水を移して、

比奈子「いけない。殺してもらうと言うことは、この人にはただの一度しかできないのよ」

正隆「答えていいか？」

比奈子は立ち上って、まだ海水を移している正隆に声をかける。

比奈子「殺してもらう歓びを得たら、戻って来ることは決して出来ないのよ」

51 台所

一升壜を提げて二人が海から戻って来ると、正隆はポケットから小さな貝を取り出す。

正隆「さざえだよ」

比奈子、思わず喜びの声をあげる。

比奈子「すごい。今夜は御馳走よ」

× × ×

比奈子は炭火を熾《おこ》して、網の目からやっと落っこちないだけの小さなさざえを乗せる。

× × ×

比奈子、差し過ぎないように、醬油を割箸の先で一滴垂らす。隣の部屋から正隆の声がする。

正隆「こちらまでいい匂いがする」

突然弾けるような音。「きゃあ」と呼び声を上げる。見ると、網の上にはさざえの殻だけが残って、中身はかまどの上に乗っている。

「さざえだぞと威張ってるみたいだったな」

正隆が奥の部屋から出て来ている。比奈子、「ほんとに」と大声を立てて笑いながら中身を殻へ戻して焼き足す。

52 納戸

比奈子が箪笥を探し廻る。少女時代の黄色のメリンスの兵児帯は見つかるが、

比奈子「英《イギリス》ネルの単衣が見つからないの。緑と黄色と臙脂《えんじ》が格子になって、とても気に入って

たの。少女の時のものだから肩揚げも腰揚げも取って、手足は突き出しがちに見えるけど、それをあなたに着て見せたかったのよ」

「見たいな、とても」

奥の部屋で、正隆が言う。比奈子はにわかに別のところから包みを取り出す。

比奈子「洋服、やっぱり頼むことにするわ。ちょっと行って参ります」

ある昂《たかまり》が、比奈子の心を捉えている。

53 坂道
雨の中で、柘榴《ざくろ》の樹が花をつけている。比奈子は艶やかな朱色のラッパ形のこの花が好きである。

54 駅近くの青木洋裁店
店の前を二、三度思いつめたように行き来して、比奈子は思い切って傘をすぼめて入って行く。
比奈子「お仕立てお願いできるのでしょうか？」
「はい、いたしますよ」
とミシンを踏んでいた女が答える。
店主「布地、お持ちになりました」
比奈子「ええ」
店主はひしゃげたスリッパを足許へ置いて、仕事台の前の丸椅子を、比奈子にすすめる。
比奈子「東京で罹災して、こちらへ疎開してきました」
比奈子は腰を降ろすが、これからしなければいけないことを思うと、隠すようにし続けている風呂敷包みの下で、膝が火照る。
店主「拝見いたしましょうか」
比奈子は風呂敷の結び目を解きながら指先がわななくのを覚える。布地を台に乗せる。
店主「一昨日、店の前を通りませんでした？　その二、三日前にも」
比奈子、心の中を見すかされたようにぎくっとする。
店主「おや、白絹ですね。それも、随分たくさん」
比奈子「着物の胴裏。四枚分」
店主「で、何をお作りいたしますの？」
比奈子は膝の風呂敷に俯伏せになっている二枚の紙をそろそろ店主のほうへ向けて差し出す。それに一目で異様に見えるデザインのデッサンが描いてある。
店主「あのう、これで、これを？」
驚いたように言う店主に比奈子は俯向いたまま頷く。
店主「どういう時にお召しになりますの？――普通のお洋服じゃあございませんね。――何だか舞台にでも」
比奈子「え、舞台の死装束です」
それ以上は畳みようがないところまで風呂敷を畳んでしまうと、比奈子は面を挙げる。
比奈子「わたしのじゃありません。――お友だち……以前からここへ東京から養生にきている人ですの。そういう物を着てみたいのだそうですわ。長患いして、何年も寝たり起きたりの生活をしているので、いろんなことを考えるとみえます。どうぞ、その通りに作ってあげてください」
背筋をぞっと冷汗が伝う。雨が激しくなる。

55 二階（夜）
正隆は外に面したガラス戸を動かす。
正隆「思いきり燈りを見たいものだね」
雨戸を締めかけていた比奈子が、
比奈子「ほんとうにそうね」
とほとんど暮れきった海上を眺め直す。
比奈子「ここの夕暮れが長ければよろしいんですのに」
正隆「思いきり燈りを見てから、もう何年になるのだろう」
比奈子は雨戸をしめ終わる。
正隆「燈りが欲しくなった」
正隆が八畳間の電燈へ真っ直に進んで、笠をおおった防空カバーをめくり上げる。比奈子はだまって見ている。燈りが部屋に展がって、カバーを真下へ抜きとる。ぱっと更に光りが展がり、正隆は境いの襖を左右へ一度に押し開く。十畳間の真中へ行って、垂れ紐を引っ張る。乳色の一対の丸い照明が高々と点る。二階中が嘘のように光りで溢れる。
正隆「いい二階じゃないか」
十畳間から比奈子を眺めて言う。
正隆「広々としたところで見ると、比奈子は小さいね。――これがほんとの比奈子なのかもしれないな」
正隆は片眼になって、掌を筒にして比奈子のほうへ向ける。
正隆「小っちゃい、小っちゃい」
遠眼鏡は生々している。
比奈子「ずいぶん、よく見えているようね。そんなに大きな、立派な遠眼鏡ですものね」
遠眼鏡が少し後退る。
正隆「小さくなればなるほど、この人は怖ろしい」
とまた少し後退る。比奈子は遠眼鏡へ向かって突進して言う。
比奈子「さ、その遠眼鏡を頂戴。いつまでも、じろじろ覗いていられると思ったら、まちがいよ」
正隆は右手も左手も後ろへ隠す。
比奈子「お出しになって」
正隆「出したら、どうなる？」
比奈子「さあ？――お出しになって」
正隆「出さなければ？」
比奈子「どちらでも同じこと。もちろん、決めるのは自由よ」
言い置いて、比奈子は押入れを開けて、縄を手繰る。短くまとめて、端を握って、正隆の面前に立つ。
比奈子「じゃあ、そろそろ、お決めになるお手伝いでもしましょうか。――さ、どうぞ前へ」
比奈子は正隆のポロシャツの胸を摑んで引っ張り、後ろへ廻り込む。左右の指先が後手に絡んだあたりへ、激しくまとめた縄を当てる。正隆の背中も両腕も途端に緊まる。
比奈子「どう、決まったの？――決まりません？――これでも、まだ！」
一喝しては、幾重にもなった縄を正隆の一つ処へ向けて放つ。正隆の右手が痛みに耐えきれず脇へ持ちあがる。その手首を摑んで伸ばさせる。赤く腫れ上った内腕をじいっと見て、
比奈子「遠眼鏡なんか拵《こしら》えたのは、この掌なのね」
比奈子は縄で、くるりとℓ型《リットル》を二つ作る。正隆の右手の手首を入れさせて引き緊《し》め、縁側の柱まで正隆を引っ張って行く。襖を二枚一度に引き離す。
比奈子「こんな障子なんか、あってもなくても同じだわ」
と比奈子は柱の左右の障子も押し遣る。
比奈子「燈りが洩れていたって知らないわ。二階

中にこんなにあかあかと電気をつけたりしたのは、この人よ」
正隆「分ってる」
比奈子「そのうち、怖いお方がどんどん表の戸を叩きにいらっしゃるかもしれないわね。こら、何をしてる！　非国民が！　敵の飛行機を呼び寄せる気か！」
正隆「わかってる」
比奈子「お坐り遊ばせ」
柱へ向かって正隆に腰を下ろさせる。縛ってある右手首と右の足首とを一つに縛って、内側を柱に密着させて縛りつける。今度は、後ろ手に左手首をしっかり縛って、背中に固定する。比奈子は柱を抱いて、散々な恰好の正隆を座敷の方からも眺め、縁側の方からも眺める。
正隆「そんな小さな人が――」
息の荒くなった正隆に、
比奈子「そんな大きな人が――」
比奈子も息が途切れる。
正隆「もっと酷くしておくれ。うんと酷くしておくれ。お願いだ」
不自由な恰好で見上げる。
比奈子「片足、残っちゃったわね、残してあるのよ。それで芸をしていただこうと思うんですけれど――上手に出来るかしら、出来ないかしら。……さあ、始めて」
正隆は頷く。
比奈子「――いえ、待って。ベルトを寄越しなさい」
比奈子は窮屈になっていたベルトを引き抜く。
正隆は芸をはじめる。片ほうだけ残っている足の親指を口に含もうとする。幾度かやって見るが、果たせない。次に、その足で正隆は柱に一つに縛られている足首と手首のどこでもよいからたたこうとする。僅かに届くのは、手首の横だけである。
比奈子「そんなことが芸なの?!」
正隆続ける。やっとたたけるだけなので、実にやさしくたたいているように見える。
比奈子「そんなことで許されると思う?!」
比奈子はベルトで折檻する。
正隆は発想を変えたらしい。不自由な恰好のまま、長い片脚を精いっぱい躰に引きつけておいて、威勢よく少し高い位置へ伸ばす。伸ばし切った指先が半分隠れるほどにも曲げられ、何か別の生き物になったように、揃った指が動く。
比奈子「そんな芸では認めるわけにはゆかない。許すわけにはゆかない！」
比奈子に言うたびに、正隆の後ろへ行って、ポロシャツの裾をめくり上げて、折檻する。
比奈子「ありったけのことをしないのは間違ってるって囁く声がするの。この人にも聞こえてる筈よ」
正隆「聞こえてる。ありったけのことをしないのは間違ってる」
比奈子「わたしと同じに遠くから聞こえてる?」
正隆「同じに」
比奈子「それから」
正隆「殺しておくれお前さまに殺された直後の十秒をもし見ることが出来たら、どんなにいいだろう」
比奈子は何度ベルトを使ったのだろうか。
比奈子「二人して、行けるところまで行きましょうよ。この人の歓びの半分がわたしに、わたしの歓びの半分がこの人に噴き込まれるのよ！」

×　×　×

呼ばれた気がして、比奈子は暗いなかで、眼を覚ます。静《しん》としている。そのまま、また眠ろうとすると、
「比奈子。――比奈子」
隣の床で、正隆が小さく言うのが聞こえる。
比奈子「はい。何ですの?」
正隆「すまない。起こしちゃって。起こすつもりじゃなかったのに……。ただ、呼んで見たくなっただけなのに――」
比奈子「あれから、お寝みになれなかったの?」
正隆「眠ったとも」
正隆の両手が比奈子の手を捉える。
正隆「眠って、少しまえに、眼が覚めたのだ」
比奈子は横向きになって、もう片方の手も取らせる。
正隆「そして、今夜――もう昨夜ということになるかもしれないけれど、つまり、ラストナイトのことを思ってね。ほんとにもう、何と言えばいいのか。……もう、おまえさまの名前を呟くしかなくて、それがまた実に幸福な気持にさせてくれたのだ。すまなかったね。起こしてしまって。しかし、起こしてしまってよかったのかもしれない。聞いてもらうことができたから。よく眼を覚ましてくれたと言いたくなる。ありがとう。さあ、もうお寝み」
正隆は比奈子の手を軽く叩いて、両手を引く。
比奈子「お寝みなさい」
この上なく愛が満ち、比奈子知らぬうちに涙が溢れる。

56　階下の座敷から四阿《あずまや》

幸せな朝。

二人は朝の食事を終えている。

「比奈子はほんとうに達者だね」

朝の陽ざしを浴びながら正隆が言う。

比奈子「あなただってそうでしょう」

比奈子、笑って答える。正隆も笑って、
正隆「一度も診察させてくれたことがないんだから。一度でいいから、診察させてくれないか。――僕の頼みを諾《き》いてほしい」

やはり比奈子は笑って頷く。

正隆「患者じゃない。診療室でお願いするのはすまないなあ」

と聴診器をまとめて起きあがりながら、
正隆「あそこへ行こう」

四阿を指す。

四阿の藤はもう花房がひっそりと実を結んで萎え縮み、伸びた蔓葉《つたは》が厚く緑に屋根を葺いている。

比奈子は四阿へ行くと、自分で陶器の丸椅子を据え直す。脱いで、一方へ腰かける。正隆は膝の間に比奈子の膝を入れながら、向き合いに腰をかける。聴診器を比奈子の胸に当てる。比奈子は大きく息をする。

正隆「余計なことをしなくてもよろしい」

比奈子は笑い出す。

正隆「笑うのはよろしくない。静かに、普通に」

正隆は笑いを静める。胸から、背中から、もう一度胸から心音を丹念に聴く。

正隆「仕立てに出したものはもう出来上がったの?」

正隆が突然別のことを聞く。

比奈子「あれは、取りに行くのを止めたの?　代金はすんでるし」

正隆「どうしてかな?」

比奈子「あなたにも着てもらうつもりだったけど、それもやめたから……」

さわやかに比奈子は笑う。

57 二階(夜)

防空カバーの燈りの下で、正隆は卓子《テーブル》を少し離し、胡坐の膝へ比奈子を移らせて横向きに抱く。境の襖が締め残してある。隣の部屋の雨戸も障子も一枚ずつ開けてあって、外の空気がいくらか通って来る。

比奈子は正隆の浴衣の衿元から胸毛が覗いているのに気がついて、指先で一撫でする。

比奈子「どうして、こんなところに毛があるのかしらね」

正隆「男だからさ」

比奈子は笑いながら云う。

比奈子「ね、犬でも猫でもライオンでも、動物たちは躰中毛だらけなのに、胸からお腹のあたりは一番毛が薄いでしょう。人間は背中でも肩でも毛無しなのに。どうして胸のところに生えてるの?」

正隆「それは、四本足で歩く動物たちは、胸や腹がいつも下向きになってるからさ。背中と四本足に庇われているからだ」

比奈子「じゃあ、あなたはいつも背中を下にして、仰向いていらっしゃるわけね」

一緒に声を立てて笑う。笑いながら正隆は十畳の方へ移る。そこの雨戸と障子も開け放してある。

正隆「偶にはお乗り下さい」

正隆が四つ匐《ば》いになって言う。比奈子は近づいて跨《また》がって、正隆の兵児帯の結び目を握る。四本脚の正隆が歩きはじめる。比奈子はその前脚の浴衣の両袖を手繰《たぐ》りあげて、それも一緒に握る。

正隆「まことに勝手ですが、同じそうしてくださるなら……」

正隆が停って言う。比奈子を一度降ろして、浴衣の両肌《もろはだ》を脱ぐ。比奈子はまた跨がる。浴衣の両袖は、背中に生えたようになる。比奈子はその両袖で帯の結び目を摑むようにして握る。落ちないように両脚に力を籠める。正隆の四本脚の運びが一段と元気よくなる。比奈子は背中の両袖を両手で持ちあげる。何かの感じがある。はたはたと打ち合わせる。

比奈子「馬じゃないわね。この人は。——ペガサスだわ」

と気持よさそうに左右の袖を一度に扱《しご》く。

比奈子「ペガサスならば天翔《あまか》けなければいけない。あそこから翔んで頂戴。わたしを乗せたまま。真っ直ぐにここから走って行って……」

比奈子は縁側の真向きの位置へ廻ってきているペガサスの背中でさわやかに言う。

正隆「ああ、翔ぶとも。しっかり捉《つか》まって。ほんとに、翔ぶからね」

比奈子は両手を左右の袖と一緒に帯の結び目へ摑み替える。正隆は夜空を目指して、早足になる。

「翔ぶぞ」

一声かけたと思うと、正隆は前脚を高く手摺りへかかって、背中の比奈子は夜空に向けて存分に掲げられる。突然、高くなる気分が何ともいえない。

比奈子「ほんとに爽快《さわやか》。この人はやっぱりペガサスだったんだわ」

並足になって廻って行く背中で、比奈子は言う。

比奈子「——ね、もう一度」

比奈子は早くも結び目をしっかり摑む。半周したところから、正隆は再び早足になる。そうして、今度も見事に翔ぶ。背中で身構えていて、その瞬間ぐっと背を伸ばしたので、比奈子はいっそう高々と夜空の人になる。

比奈子「このあいだよりも、今夜は何だか空が明るいような気がする」

前脚を下ろして、平らになった正隆の背中で、比奈子はさわやかに呟く。正隆は敷居を越えて入る。

比奈子「ここも、明るい。あの時はこれほどには……」

と比奈子は座敷を見廻す。正隆は荒い息の合間から歩みを停めて、洩らす。

正隆「この頃はね——多分、月が肥えたから明るいんだよ」

比奈子「月が肥える、ですって! 満ちるのよ、月は」

二人は笑い出す。背中と背中の上とが震動するのを互いに感じさせ合いながら、笑う。比奈子は正隆の裸の背に伏し、正隆は畳に伏し、比奈子の横顔が正隆の横顔に汗を感じる。

正隆「ちょっと、比奈子、僕の躰ね、天翔けてきたんだからね。今夜はもう真新なんだよ。だから……」

比奈子「だから——」

正隆「体中のどこにも傷痕はない……生まれたままだよ」

比奈子「わたしも真新《まっさら》になって、こんなに愛してる。こんなに」

比奈子は棚から二本のブーメランと、それから、思いついたように、床の間の違い棚の天袋から風鎮《ふうちん》を急いで持って来る。比奈子、打ち据える。

正隆「はじめてだな、それは」

比奈子「そうよ」

打ち据える。

「比奈子、比奈子」

とつぶやくように云う正隆の声。

「どうしたの?」

比奈子、もつぶやくように返事する。

正隆「いや、勝手に言いたいだけなんだ。言わせておいてくれ」

打ち据えられて、幾度か比奈子の名を口にする。

「比奈子」と二度きりの時もあるし、三度重ねることもある。低くて、ゆっくりした言い方である。比奈子は四肢も頭も心も凄じく動きつつ、無言である。

「比奈子、——ね、比奈子」

喘ぐ声が言う。

正隆「もう一度、馬に——いや、ペガサスにしておくれ」

正隆は、よろよろと四つ匐いになる。比奈子は無言で事を進める。麻縄を伸ばして頭が通るくらいのℓを二つ作る。喰い違いに二重に重ね、ペガサスの首にかける。跨《また》ると、上と下の火照りと汗とが、かっと籠る。

比奈子「まだ」

比奈子は言って、ペガサスの二重の首輪の具合をちょっと手直しする。手綱の両端を比奈子が着ている半袖服の共布のベルトに挟む。途中の垂《たる》みをそれぞれ一巻きした両《りょう》掌《て》で、正隆の厚い肩を捉える。頭をこごめて背中の一番上のところに口を当て、接吻してから、しっかり咬む。

比奈子は頭を起こす。それを合図のようにペガサスは脚を踏みだす。二、三歩進むと、夜空を目指して早足になる。

正隆は存分に翔ぶ。高く夜空に掲げられた瞬間、比奈子は手綱を大きく左右へ引き、正隆の首と比奈子の両手の間で、手綱は張り切る。突然、激しく音を立てて、正隆と比奈子の躰が水平になる。比奈子は正隆の背中に両蹠《りょうあし》を当て、突っ張る。水平に立ち乗りしつつ、力まかせに手綱を引く。ごとり、と音がする。手綱を投げだし、比奈子は身を起こす。縁側の敷居際に、正隆の静かな横顔がある。

――比奈子は首の麻縄も放置したまま、弱い燈りの洩れているほうへ馳け寄って境の襖を開ける。見て取れた電燈の垂れ紐を翻《ひるがえ》るように手に取る。紐を引く。

比奈子「おゆるしください。ほんの、十秒だけ」

狼火《のろし》のような煌々たる灯り。十秒だけ。

（終）

追悼・神代辰巳

（特記なきものはすべて「映画芸術」一九九五年夏号〈追悼　神代辰巳〉より）

弔辞

蔵原惟繕

死の世界
君が行って了ったあの世
祭壇の花にうまって
本当は情の人なのに
理智のまなざしで
横を向いている君の遺影に
生者の岸辺から
何を語りかければいいのだ
死者の悲しみの深さを想うと
この岸辺に立ち盡くし
口を閉じ、頭をたれ
祈るより外ないのです。

くまさん！　憶えていますか。数年前のこと、何かの拍子に「あと二〇年は頑張りたいな」と云ったことがあります。君は「うん、二〇年ね、なんとか生きてみるか」と不敵な笑顔を見せましたね。そして昨年の五月頃、現場の君の姿をかいまみたことがあります。車椅子の軌を握りしめ、酸素マスクをかけ、煙草だけは手放さず撮影を進めている様子は、本当は相当に異様なものである筈なのに、君の廻りに人々が集り、花が咲いている様でした。君は決して大げさではなく自然で、まぎれもなく映画監督のディグニティを身につけていました。私は目を見張り、強い衝撃を受けました。当分は大丈夫だ、もう私のずっと前を走っている。私は自分のデスペレートを恥じていたのです。

最初に君と会ったのは、昭和二七年の早春の京都でしたね。たしか第一次試験の合格者が集った日でした。第一次試験の論文は「日本映画の危機を救う方法について」と云う出題でした。昭和二七年の事ですからたいしたものです。

「僕は映画をそれ程多くはみてないが、ウィリアム・ワイラーがいい」と話しかけたのが君でした。彫りの深い男らしい顔と、優しい話し方が印象的だった。色が黒かったな。僕は「ロッセリーニです。」と言った後、「デ・シーカの『自転車泥棒』は二〇回見ました」と云った事を憶えている。

それから、数カ月の見習いの後、年末に一ヵ月の休暇があり、自由題でシナリオを各自書いて郵送する様にと云われ別れたのですが、再会したときは一二人が六人になっていた。くまさん、君は古代九州の草原を舞台に神々の交情と抗争を描いてましたね。一面のすすき原のうねりの描写が印象に残っています。私は幕末の利根川の橋の村を舞台に、水車小屋で官軍の兵士に母を犯された少年が、橋を渡って幕軍を追って行く兵士を橋の上から突き落として復讐を遂げる話でしたね。『蛙』と云うシナリオ集はもう手元にない。

南禅寺の君の下宿が私達の溜まり場でしたね。組織になじまない私の悪いくせで、日活が出来たのを機会に、山本嘉次郎監督、本多猪四郎監督をたよって、日活に入れて貰った。あの時、貴方を強力に誘ったのに、心優しい君は内出好吉監督のたっての留意にどうしても出てこられなかった。

くまさんが決心して日活に来たのは確か二年遅れでしたね。斎藤武市監督のチーフが長く続く訳ですね。

昭和三二年、僕は監督になって、多忙を極めローテーション監督の端くれでふり廻されている時期が丁度その頃ですね。貴方と話をする機会が殆どなかった時期です。

それから、前年亡くなった河辺和夫が自由ケ丘に住んでいた関係で、くまさんが都立大学で、藤田敏八君、私が時々加わり、議論するようになり、これも亡くなったプロデューサーの大塚和さんがこのグループに注目するようになる訳ですね。

私もだんだんと会社と衝突するわ、干されるわして、それぞれが仕事のない、無頼の徒とまではいかないのですが、会社にとってはあつかいにくい存在になってゆくのですね。亡くなった大塚和さんがよく面倒を見てくれたものです。

くまさんはこの頃、映画と正面から向かい合う勉強をしていましたね。ほとんどの映画をムビオラで分析していたのを知っています。シナリオはずっと書き続けていました。客観状況は悪かったのですが、此処でも大塚さんが頑張るわけで、『非行少年』河辺和夫、『陽の出の叫び』藤田敏八、『かぶりつき人生』神代辰巳、と新人監督の鮮烈な登場に力をふるうのです。私も大塚和さんと『執炎』、『愛の渇き』。『執炎』は、くまさんがチーフをやってくれた忘れ得ない作品です。東京オリンピックの年でしたね。

しかし、これらの作品はそろいもそろって客は入りませんでした。パキさんだけが新人監督賞をとり、注目株になっていきました。

僕は『愛の渇き』がお蔵になって、手足をもがれた恰好でしたので、貴方と二人でTV映画『九月は幻の海』を四本づつ撮りました。

その頃、くまさんは「もう九州に帰るよ」と暗い気持ちをぶつけた事がありました。しかし、君の四本の作品には後年の神代作品の素地が見事にありました。

翌年『愛と死の記録』大江健三郎の広島ノートを最後に日活を解雇される訳ですが、日活にもダイニチ映画、ニューアクション、ロマンポルノと云う大きな波があらわれ此処で神代映画の時代がくる訳ですが、くまさん……本当に長い長い道程でしたね。日本映画史に残る貴方の作品群を見て、貴方の力、貴方の意志力、人間を凝視するカメラ・アイの凄さに、今更の様に感嘆・感動性が襲って、立っていられない様な想いに捉われます。我々の先頭を走り始めた君に「なんだかんだと云っても一番長生きするのは神代だぜ」とひそかに云っていた声援も空しく、君は行って了った。

靖子さん、律、一行君！　口惜しいな！　……だけどな、くまさんは精一杯生きて、素晴らしい作品を君達に残したんだよ!!　君達がそれをいかして精一杯生きてほしい！　神代を愛したスタッフ、俳優の皆さん、先輩・後輩の皆さん、神代をあの世におくり届けてくれた連城さん、御親戚の皆様、そして最後に、たくさんの賞を彼におくってくれた皆さん。

長年の友人の一人として、衷心より感謝の念を申し上げます。

平成七年二月二十八日　　蔵原惟繕

弔辞

萩原健一

神《くま》さん、イヤ師匠、友人達はみなさん神さん、神さん、と慕い、慕われていましたね。しかし私は……私にとってたった一人の大切な、大切な師匠でした。

師匠が長い間危険な状態であることは、もちろん知っておりましたが。現実にこうして直面しますと、やはり悲しくどうしようもなく、淋しい思いでいっぱいです。

師匠が病気になったのは今から一二年前だったと思います。一緒に仕事をした映画『もどり川』でしたね。あの映画はとてもハードで、クランク・アップと同時に師匠は入院し、病気と闘うことになりました。しかし病気と闘いながらも、映画に対する意欲と情熱を燃やし続け、常に新作を作り続けました。その中には私が出演した映画『恋文』『離婚しない女』がありました。

その頃の師匠は完全とは云えませんが、確実に元気を取り戻し、日に日に快方に向かい私達は安心しておりました。ただ、タバコを少し減らせばなと心配はしておりましたが。

思えば師匠とは長いおつき合いでしたし、約二三年になりますか？　師匠と出会ったころの私は映画というものが分らず、いや、何も知らず……知らなかった！と云うのが本当でしょう。

もちろん今でも映画とは何か？と結論は出ておりません。神代師匠は、私達、若い役者にやさしく、しかも一つ一つ根気よく丁寧に教えてくれました。また、特に出来の悪い私には辛抱強く諦めず映画に対する心掛けや、人に対する思いやりを……それと役者が与えられた役に対するコダワリも、多くを師匠に私は学びました。私は迷い、詰まりながらも少しづつ、少しづつではありますが、師匠の教えが理解出来るようになってきました。すると今度は、少しレベルの高い教えがありました。

師匠は私に、ある仕事でこう言った！

「お前は遠回りするぞ、今のままでは」と。妥協しろと言うのか？と私は思った。しかし師匠はそうではなく、妥協している様で妥協しないこと。「ただマインドがなければそれはまずいということだ」。決してあいまいでなく、常に自分に厳しく、仮に条件が悪くともとことんヤリ抜く姿はとても逞しく思いました。あの細い体のどこに、あのパワーがあるのかと。

私はある時、もちろん師匠の仕事でしたが、役者として大事な役がこなせず、当然ですが悩み、苦しみ、大きな壁にぶつかった時、師匠がやってきた。私の投げやりな姿を感じ取り、しばらく見ては必ずこう言いました。

「ねェ、何かない。ねェ、何か……ショーケン！」

「ウムーどうした？」

「えェッ、ねェ萩原さん……ホラホラ何かないの」

ニッコリ笑って、真っ黒な歯をムキだしにしてタバコ吹かして、靴磨きしながら私の様子を見て、「何フテてんだ君、フテた姿を感心してるヒマないんだヨ」と言われた。

私も負けずに靴磨きもいいけど、歯ぐらい磨けと言い返すと、「オゥ、元気になったか。その調子、その調子だヨ！　萩原さんノッてきたかい！」ってニッコリ笑った。

笑った師匠のあの顔も、ボサボサのあの髪も、懐かしいあの咳も……もう聞けなくなったのかと思うと……。

私達役者は、神代師匠に学ぶことがまだまだ沢山あったのですが、とても残念でなりません。これからは少しでも師匠から学んだことを、次の若い世代の監督や役者たちに伝えることが出来るような役者になります。
神代師匠の御冥福をお祈りし、これを弔辞と致します。

……サヨウナラ。

平成七年二月二八日

萩原健一

弔辞

桃井かおり

こういうふうにマイクの前に立って、クマちゃんに何か言うなんてことを私がすると、クマちゃんが一番心配するから、嫌だって言ったんですが。クマちゃんが育てた女優たちや、クマちゃんを大好きな女たちが、クマちゃんにお別れの投げキッスをできるのはお前くらいだからやってこいと言われました。これがみんなのキス・マークです。

クマちゃんに会わなかったら、私は女優にはなれなかったし、女優になりたいとも思わなかったと思います。クマちゃんに又、会えるんだからと思って、今でも女優をやってるんだと思う。

昨夜、永島君とあかねさんと話してて思い出しました。『噛む女』が終わって、打ち上げで疲れて変に若ぶって、海が見たいなんてみんなで言い出して、そうしたらクマちゃんもどうしても行くって言うから、朝方、車にクマちゃんを掠う様に乗せて、千葉の海に行って、ビーチ・パラソルの下でクマちゃんは寝ころがって、文庫本をみんなで並んで読みながら、永島君たち元気な人たちがビーチ・バレーをやってるのを眺めてた。

「なんか『ベニスに死す』みたいだね」ってクマちゃんに言ったら、クマちゃんが「そういうの、やりたいなあ」って、「かおり、やろうよ」って。だから私は海辺でビーチ・バレーやってる方の役かと思ったら、ババアになって、向こうの海の方ではしゃいでる少年か少女を、厚化粧で見てるのをやれよって……そういうのやるって言ってました。

二〇の時にクマちゃんは三〇になったらああいうのやろうと、三〇の時には四〇になったらまたこういうのやろうとか……今月の三日のクマちゃんの受賞お鍋会の時に、四〇過ぎたんですけどって言ったら、じゃあやろうって言ってくれました。

クマちゃんは、いつもそうやって女優さんたちの、女たちの、太くなってくウエストを支えていてくれたんだと思います。

またクマちゃんに現場に呼んでもらえると思わないと、なんかグレちゃいそうな気がするから、また呼ばれるんだと思って、恥かかせないように、もうちょっと、私って女を、女優をどうにかしようと思います。もしも、そっちで映画を撮るのなら呼んで下さい。

人間としても、仕事人としても、もちろん男の人としてもクマちゃんが大好きです。

ありがとうございました。

おつかれさまでした。

平成七年二月二八日

桃井かおり

助監督の頃

松尾昭典

あの頃(昭和二七、八年)松竹京都撮影所前(右京区帷子《かたびら》ノ辻)から河原町四条までバスで約四〇分。……その時間が、今と殆ど変わらないのは道を占める車の量の所為だろう。

その、河原町四条のバス停に降り立つと、文字通り目前に「金の玉」なるパチンコ屋の入口があった。わが友、神《くま》さん(神代辰巳君を同期生はこう呼んだ)は「やる？」と眼顔で私を見る。頷いた私の肩を押して勇躍、神さんは「金の玉」へ入る。思えば、その当時からパチンコが流行っていたのだから、今更ながら、その寿命の長さに眼を瞠る。その頃のは、左手で玉を一個ずつ穴に入れては、右手の親指で一個ずつ玉を弾《はじ》く、所謂コリントゲーム方式である。長時間立ってその動作を続けるのは、一日中助監督の仕事で駆けずり廻ったあとにしては、些か困憊ものだ。パチンコにさほど執心のなかった私と、冷静だが沸々と闘志を燃やして玉を弾く神さんとでは、自らその戦果が違っていた。観たい映画の最終回に時刻が迫ってパチンコ屋を出る。その殆どといっていい位、神さんから戦利品のチョコレートのお裾分けを頂いたものだ。

映画を観終って、河原町三条から京津電車に乗り、蹴上《けあげ》で下車、インクラインに沿って南禅寺の橋の袂にある神さんの下宿に寄る(私の下宿はそこから歩いて数分の永観堂のそばにあった)。大家さんの好意で茶漬けを頂き、二階の彼の部屋へ——決して整頓されているとは云えないが、神さん独得の様式で本があちこちに積んである。隅の坐卓の上に白い原稿用紙の束——「松っちゃん、書いてる？」言葉少なに神さん。「うん、早く帰れた時には、何とか……」と私。「どんなに疲れても、一日最低一枚はやっつけてる……」と伏し眼がちに神さん。……助監督は脚本の勉強が一番大事、監督になる必須条件は先ずシナリオが書けなくては……この判りきったテーゼが、一旦、製作の仕事に入るとなかなかその実践が難しくなってくる。撮影準備の資料調べから苛酷な撮影スケジュールを円滑に推進させる心身両面の緊張の持続……たしかに疲労が激しいのだ——そんな毎日、どんなに疲れても眠くても、神さんはシナリオを書いた。書き乍ら机に凭れて眠り込み、その儘、朝を迎えたことも度々だったという。

パチンコでも、麻雀でも(神さんのこよなく愛した遊び)そうであったように神さんの生活の基盤には、何事にも冷静沈着な攻撃精神があったに違いない。それを決して剝出しにはしないモダニティも無理なく持ち合わせていた。

二人でよく南禅寺の境内を散歩したものだが、コートの襟を立てて、ポケットに両手を突込み、油っ気のない髪の毛を風に靡かせ、飄々と、好きだったマスネーの『エレジー』を口ずさみ乍ら、雪の楼内をくぐった日のことが昨日のように想い出される。

胸を病みながら撮影を続けた神さんが、永眠する一〇日程前、電話で話したのだが、その時の元気な台詞「まだまだ死ねん。やりたいことが一杯あるもン」——しつこさの極みである。合掌。

(まつお あきのり・映画監督)

こうやまきよみの頃

山口清一郎

神代辰巳監督は主語を使わないひとだった。会話でも公的な場でも主語がない。最初の入院先である久我山に駆けつけたときは、はやくもエスケープしたあとで、電話では元気な笑顔がみえたし、その後の長い闘病でも入院という響きとはまるで無縁なようで、死との綱引きなどまるで感じさせることもなく、こちらもついその気にさせられてしまう。もはや会えないという気持がいまだに稀薄なのはそれが原因かもしれない。

わたしがはじめて神代さんと仕事をしたのは、六八年のデビュー作『かぶりつき人生』で、いまは亡き三浦朗チーフ、村川透セカンド、カチンコをたたいたのがわたしだった。三〇年近くも前のことである。

完成後神代さんはただちに次回作『痴漢ブルース』の準備をはじめた。脚本の手伝いで神代宅にまぎれこんで四年、わたしがロマン・ポルノ裁判にのめりこむようになるまで続いた。脚本完成後、イメージするキャストも決めて、幾度となく企画部と話しあったが結局流れてしまい、後に『濡れた唇』となって日の目をみた。脚本こうやまきよみとあるのは、神代さんの神と巳、わたしの山と清を合成した思い出である。

先日葬儀の折の集まった人びとのなかに懐かしいひとをみつけ、すでに古い記憶となったにもかかわらず当時のことで鮮明に思い出したことがある。ポルノ体制前夜に生まれた新しい流れとそれに係わった神代さんのことだ。

ある夜、遅く帰宅した神代さんがその日の会合のことを話してくれた。社内にエルフという名の会が結成され、若い三人のプロデューサーと八人の監督が独自の創作活動をはじめるというのである。連帯とかグループを好まない神代さんが、めずらしく高揚していたのを思い出す。この動きは熊井啓監督の『地の群れ』一本で終わったようだが、もし続いていたら、あり得たかもしれないもうひとつの新しい日活の流れを予感させるたしかな手応えがあった。

神代さんにも、わきたつような思いがあったにちがいない。

デビュー作以来ポルノまでの四年間『痴漢ブルース』のほかに何本か提出した脚本や企画も異端とみなされ、会社との落差は微差にもならなかった。外出することもまれで、顔色は脱色したように変わってしまっていた。ただ、住まいが近かった河辺和夫監督とは親しく、しばしば往来していた。社内での立場にも共通したものがあった。共にゆったりとしたペースで仕事をしていた。河辺監督は七〇年安保を前に『愚連隊赤軍派』を準備していて、わたしも都内の高校に取材のお供をしたが、その河辺監督も志なかばで亡くなられた。

絶望的な状況のなかで神代さんは書き続けた。ひたすら織りなす作品の世界で「私」を生きようとしていた。その「私」が神代さんの主語であり、そのなかにのみ自分を解き放とうとしているかにみえた。その姿は強靭で、法悦すらうかがわせ、見えないものに向かって投企する凄味があった。そんな日々がポルノで一変しても、あの類をみない作品のなかで、こだわり続けた「私」として、どこを切っても神代さんが顔をのぞかせる。

(やまぐち せいいちろう・映画監督)

「おくれてきた新人」はカットが割れなかった

西村昭五郎

クマさんに最後に会ったのは、昨年の春か、一昨年の暮か? はっきりしない。

伊藤秀裕さんの事務所でだった。

鼻からビニールの管を通して、酸素ボンベにつないで、頰がこけて、目も眼窩の奥に落ち込んで、ミイラのようになった姿に驚いた。

「夜寝る時も、これつけたままじゃないと、酸欠になるから、全くうっとうしくていやになっちゃう」そう話しながら、息があがって苦しそうだった。

あのクマさんが、あれから映画を作ったと聞いて、私は全く驚いた。あの人は私などとはちがって、よほど映画を作ることに執念を持ってたのだなアと感心してしまった。

四〇年という歳月。宇宙空間の中にゆっくり廻転する地球。その時の流れにクマさんも呑まれて行ってしまった。

日活に入ったまもなくの頃、私はクマさんの下に助監のセカンドでついていた。クマさんはおとなしいチーフで、私達を叱るようなことは決してなかった。あまりおとなしすぎて、クマさんはなかなか監督になれなかった。そのクマさんが島崎雪子さんと結婚した。

当時、写真入りで週刊誌に掲載されたりした。島崎さんは当時、東宝で『若い人』のヒロインをやったりして、スターだった。

私達は代々木上原の広大な芝生の庭のある邸宅によくマージャンをしに行った。

近くの中華料理店で御馳走になったりした。因に私が当時月給一万五〇〇〇円の時に、島崎さんのギャラは六〇万だった。自家用車もデソートという外車に乗っていた。

島崎さんはクマさんのことを「旦那さん」と呼んでいた。その島崎さんともやがて別れてしまった。

私達は閑があればマージャンばかりしていた。武田靖(にっかつの元常務、当時助監督)の家に武田一成たちと徹マンがしょっちゅうだった。いつも靖が勝って、クマさんが負けていた。

クマさんが監督になったのは、私がなってから、五年もあとだった。殿岡ハツエ主演の『かぶりつき人生』。だがこの一本で又助監に舞もどった。評判が良くなかったらしい。

私はこの映画は見ていない。殿岡さんとクマさんは結婚したがすぐ別れた。

そして又五年の月日が過ぎた。その五年間、ここが私などなまけものと根本的にちがうのだが、クマさんはずっとシナリオを書いていた。映画化される可能性の全くないシナリオを書き続けていた。ところが、これがロマンポルノになって花開いた。クマさんはロマンポルノで一躍脚光を浴びる。そしてとうとう大監督になってしまった。クマさんは、長い不遇の時に、じっと力をためていたのだ。

　この間にクマさんの人間は成長していたのだ。私などは、何の苦労もなく監督になれたし、人の気も知らないで、気楽に監督ショウバイを続けていた。これはこれで、私もラッキーだったと思っているが。

　クマさんはロマンポルノを撮りはじめた頃、私に聞いたものだ。

「俺って、何処でカットを割るか分からないよ。ヒチコックの『ロープ』みたいに続けたくなっちゃうんだ。どうしてカットが割れるの?」だからクマさんはよくガラガラ廻して、逆から又同じ芝居をガラガラ廻して、あとは編集の鈴木晄さんにおまかせというのが多かった。どうしてアップなのか分からないんだという。この手法はロマンポルノで幸いした。

　ロマンポルノは経費節減のため、現場はサイレントで、小型キャメラだったから、手持ちが多用された。多分にニュースキャメラ的な所があった。これがロマンポルノ独特の映画手法となった所がある。私達はよくクマさんのことを、「おくれて来た新人」などとからかったが、やがてロマンポルノも時と共に光をうしなっていった。そして星が消えるように消えてしまった。

　それでもクマさんは映画を撮り続けたし、テレビドラマも数多く作った。クマさんの監督人生はトータルけっこうなものだと思う。

　そういう点で、クマさんはけっこう幸せな一生を過ごしたのだと思う。多分クマさんも満足していただろうと思う。

　近頃、私の知人がだんだんと死んで行くが、皆それぞれにうまいこと死んでいくなアと感心したりしている。

　神光院釈龍照。こんな名前になってはもう会えない。煙草にせき込みながら、それでもマージャンして、「俺を殺さないでよ」なんていってたのに。佐賀ナマリの「冗談じゃないよ」という口ぐせも、今はまぼろしとなってしまった。やさしい目と、ちょっと皮肉っぽい微笑、それに黒々とした髪、そんなものが、私の頭の中にチカチカと浮ぶのだが。


（にしむら しょうごろう・映画監督）

神代さんとはぐれてしまった

田中陽造

　私は評判の高い『棒の哀しみ』も見てないし、そのほかの名作と呼ばれる作品も多く見ていない。神代さんにとってあまりよいライターでないし、観客でもなかった。

　神代さんとはじめて会ったのははるか遠い、ロマンポルノが始まったころのことで、あたりの記憶はかすれているが、日活撮影所の食堂でコーヒーを飲んでいたら、色の黒い男がさっと席を移ってきて、いきなり、神代です、と前に座った。そのときすでに傑作を何本か作っていたのだろう、私はこれが有名な神代辰巳か、と緊張した。いや、緊張はすぐに消えた。あの独特の人なつこい笑いでニコニコされたから。まるで、きみの登場を一〇〇年待っていたんだよ、と告げているような、楽しい笑いだった。駆け出しのライターはころりとまいった。なにかやりませんか、と誘われて、すぐに飛びついた。神代さんがやると言えば、無条件に仕事として成立する。そういう勢いの時だった。私よりひとまわり上のウサギ年で、ウサギはスケベなんだ、といったのは神代さんだったろうか――。

　南北の『桜姫東文章』を素材にした『やくざ観音・情

『やくざ観音・情女仁義』撮影スナップ。岡崎二朗、安田のぞみ、神代辰巳

女仁義』という映画はあまり評判はよくなかったが、ライターの私には異様に魅力があった。試写はむろんだが、映画館まででかけて、つづけて三回見た。何度見ても飽きない。ずるずると引きずられるように見てしまう。なぜだろうか、と秘密をさぐるように見て、やはり映画のなかにひきずりこまれてしまう。秘密もなにもない。神代辰巳という人間が映画になっていただけなのだ。

これも昔のことだが、『陽炎座』が映画になったあと神代さんに会ったら、私が書いたホンを読んでいて、あれを俺に撮らせてたらなぁ、と心底くやしそうに言った。めったにそんなことを言う人ではないので、ちょっと驚いたが、そのとき私は、あー、俺は神代さんとはぐれてしまったんだなぁ、と悲しかった。

神代さんはどこかに魔の棲む映画をいちばん作りたかったのだろう。それを書けるライターとして目をかけられたのに、私はこたえられなかった。ほんとうに私は神代さんともっとたくさん仕事をやっているはずだった。いったいどこではぐれてしまったのだろうか。記憶はぎれぎれの断片でしかない。

東映の仕事で一緒したとき、目黒の旅館から出て、ふと足をとめ、あそこに前の女房が住んでるんだ、と線路の向こうの豪華なマンションを指さした。島崎雪子さんのことだった。銀座のクラブのママやってて、リッチなもんだよ、と言うから、神代さん捨てられちゃったの、と訊くと、俺ヒモだったからさ、と笑っていた。女優を引き連れて飲みに行き、酒場でおまえオマンコちゃんと締まるか、と訊ね、すこしは締まるわよ、と女優が答えると、じゃ試しに行こうと席を立った。いつも遊んでいる人だった。いや、年少の生真面目なライターに遊びを教えてくれていたのかも知れない。ウサギはやさしいのだ。そして肺が弱い。神代さんが最初に久我山の病院に入院した時、私は感染するのがこわくて、お見舞いに行ってもベッドの傍に近寄れなかったが、なんのことはない、そのとき私も結核だったのだ。私が入院した病室の隣でよく人が死んだ。結核は死病ではないというが、そんなことはない。両肺がつぶれたら、人は酸素を体内に取りこめずに、死ぬ。昼間、熱にうるんだ瞳でじっと私を眺めていた老人が、翌日病室から消えている。死んだのだ。神代さんの具合がよくないと聞いたとき、あの死んでゆく老人たちのうるんだ瞳が目に浮かんで、こわかった。

通夜の翌日がキネ旬の表彰式で、マイクの前でとりとめのない挨拶をしていたら、不意に言葉が途切れた。どうしたのかな、と自分でも変だった。変だな、と思いつつ、次の瞬間、神代さんの名前を口に出していた。おととい神代辰巳が死んじゃいまして、と言って、また絶句したのがわれながら情けなかった。たぶん悲しかったのだろう。そういう曖昧な感情でしか語れない距離まで、私は神代さんから離れてしまった。神代さんは気にもとめていないだろうが、私にはなにか申し訳なかったという気持ちがある。なにが申し訳ないのかよくわからないが、ずるずるとあとを引く神代映画の秘密と同じように、それがあるいは神代さんの人間操縦の術だったかも知れない。（たなかようぞう・脚本家）

映画は政治だよとボツリと言った

小沼 勝

神代さんはその名の如く、神のような存在だった。それは『四畳半襖の裏張り』という映画を観たことで決定的となった。

それは、ロマンポルノの最高傑作であるとか、日本映画としても名作であるとかいう次元を越えて、僕の中で今も光り輝いているし、フーガのように奏で続けている。

だから、この映画に多大な影響を受けたとか、目標にするとか、分析してその秘密を解き明かそうなんて考えたことはない。

抽象的に言えば、シナリオでムダをせっせと削ぎまくり、撮影ではひたすら映画的ムダを附加したみたいなせめぎ合ったエネルギーが、混沌と反射し合ってある調和を生み、最も映画らしい映画に完結したということか。

昔、小津映画を観て、逆立ちしても近づけない世界だなと感じたことがあるが、それ以来のことである。

そのくせこの映画の粗筋とか細部はほとんど思い出せないのだ。かといってビデオを借りて追体験しようとも思わない。宮下順子はじめ俳優達の芝居は再見したいのだが、フィルムのあらゆる特質を生かしきった姫田カメラの魔術をビデオで見ては申し訳ない。

とまれ、大スター宮下順子を誕生させたのも、この映画である。

当時のロマンポルノの女優達は、からみのシーンが大嫌いで、「今日は無いのよ」「えっ！ 私なんか二回もアル」「でも××カントクなら早いわョ」ナドが挨拶がわりだったが、この時の順子は来る日も来る日も朝から深夜迄からみっぱなし。夕食時間には汗ばんだ長襦袢をまいてセットから出てくるが、疲れきって口も利けないといった風情だった。

後日、ＮＨＫのディレクターがこの映画を見て、何て可愛らしくて艶っぽくて存在感もスバラシイ女優だと感動し、ＴＶ出演を乞うのだがあまり下手なので驚いたという話を聞いた。でも順子が映画に映ったように演じたことはマギレのない事実なのだから、そのディレクターも身をもって神代演出の凄さを知ったに違いない。

ある時、何かの流れで神《クマ》さんと飲んだ時、大島渚監督の『愛のコリーダ』（ノーカット版）をパリで観て、大ショックを受けたと話してくれた。

泰ちゃん（殿山泰司氏）のしなびたチンポコのｕｐが、全ての演技を越えて人間の存在（こっけいさやふてぶてしさや悲哀などの総体として）を表現しつくしている、と言う。

僕はロマンポルノは見せられない制約があるから逆に力を持つんじゃないかナド、次元の低い反論をした覚えがあるが、あの頃神さんは、映画表現の究極を真剣に模索していたのだろう。

「小沼、映画は政治だよ」ボソリと言ったのはいつ頃だったか。神さんは割とファミリー的な人で自分などは部外者だったのだが、麻雀だけは結構つき合った。女優陣にパイを持つ指が最高に色っぽいと言わしめた神さんだが、勝った姿をあまり見たことはない。その時も、撮影所から調布の雀荘へ向かうタクシーの中だった。

映画を撮るには、演出力より政治力の方がはるかに大事だと言うのだが、そのコトを実践してる人間なら言わないセリフだから、神さんほどの監督でも撮りづらくなっていた時期だったのか？　政治にうとい僕へのやさしい忠告だったのか？

神さんのカリスマ性はツトに名高いが、言葉の通じぬドイツの女優が神さんに心酔してしまった話を、若ちゃん（若松孝二氏）に聞いたことがある。独ロケした『赤い帽子の女』でプロデュースした若ちゃんは、次々と俳優陣が神さんの催眠術にかかっていく現場を体験したというわけだ。

一緒に居たパキさん（藤田敏八氏）も、神さんにメロメロになっている有名俳優達の名をあげ、その凄さを証言した。

僕なんかはこの両巨匠だって十分カリスマだと思うのだが、二人共神さんにくらべたら我々はヒヨコだと言うのだから心底驚いた。だけど撮影現場でもそうなのだろうが、やはり出来上がった映画の凄さが一等大きいのではないのかなぁ。

神さんに会った最後は、『棒の哀しみ』の衣裳合わせでにっかつに来ていた時である。食堂近くでバッタリ……だがこの時交わした言葉がどうしても思い出せない。

ムロンかんたんな立話しだったのだけど、一言も覚えていないのだ。

聞いてはいたのだけど、自ら酸素ボンベを引いて歩いて来る神さんの姿が、あまりに凄絶だった為、音声が霧消してしまったのだろう。覚えているのは、酸素吸入管の向こうに、あの美しい笑顔は健在だったこと、そして、食堂へ向かう神さんの陽炎のような後ろ姿を、僕は忘れない。

（こぬま まさる・映画監督）

一度、大スターの楽屋に入れてもらった

熊谷禄朗

神代さんと仕事をしたのは、後にも先にも一回きり。実際に会って話をしたのも、一〇回にも満たない。それも二〇年も昔の話だ。思い出せることもほんのわずか。それを枚数が少ないとは言え、原稿にするとなると、粋な小噺を詰まらない文章で水増しするようで気がひける。この特集を読む人で先を急がれる方はどうぞ、私の文章は飛ばしてくださいと最初にお断りしておきます。あまり面白いことは書けそうにありませんから。

私が神代さんと仕事をさせてもらったのは、にっかつが一般から公募したシナリオの網に、暇をもてあまして書きとばした私のホンが、引っ掛かったという次第だが、もともとが、神代さんに捧げるつもりで書いたホンだっただけに、まさか本当に憧れの監督で、自分の書いたものが映画にしてもらえるなんて、「ホンマかいな」という気持ちだった。会社に呼ばれて、おエライさんを紹介されて、皆から「天才だ」「素人とは思えない」なんておだてられて、レストランに連れて行かれて食事をおごってもらっているところへ、飄然と現れたのが神代さんだった。トレードマークのサングラスに長髪、日焼けした真っ黒な顔。わぁー、写真で見たあの監督だぁ、てなものだ。そこでなにか話したはずだけど、何も覚えていない。ただひたすら舞い上がっていただけだったように思う。

それから、打合せのために何度か神代さんの家に通った。それが二一才の時の私の秋から冬にかけての一大イベントだったわけだ。そこでなにかいろいろ話したはずだが、それもほとんど覚えていない。思えば、神代さんは私にとって大スターだったのだ。打合せと言っても、楽屋に入れてもらって親しく声をかけてもらっているようなもので、自分としては面と向かって話すのもおこがましくて背中越しに鏡を覗きながら話しているような具合だった。監督としては、随分、仕事がしにくかったろうと思う。なにを聞いても、ぽかんと口をあけて、目ばかり輝かせて、なに一つ満足な答えが返ってこないのだから。そんな頼りないシナリオライターじゃしようがない。監督も呆れるばかりだったろう。

ただ一つ覚えているのは、打合せも終わりに近づいた頃、ポツンと「自分はポルノと喜劇は一緒にならないと思っていたが、このホンならいけるかもしれない」というようなことを言われたことだ。それまで神代さんの映画は、全部喜劇だと思っていた私は、相当に驚いた。喜劇というのはすこし言いすぎかもしれないけれど、神代さんの映画の魅力は、なによりも映画全体から匂いたってくるユーモアのセンスだと思っていた。今でもそう思っている。神代さん自身は、自分の映画をそういう観点から作っていなかったのかなあ。そんなはずはないと思うけど。あの一言は今でも不思議で仕方がない。

しかし、なにはともあれ、あれからもう二〇年がたった。

愛想がなくて、人付き合いの悪い私は、軋轢のはげしい映画界からはとっととはじき飛ばされて、今ではのんびりとポルノ小説を書いている。その間にも神代さんは映画を作り続け、死力を尽くして最後の映画を作って、壮絶な最期を迎えられた。あまり深い関係があったわけではないけれど、神代さんの訃報を聞いて、なにか自分にとっても一つの時代が終わったような気がする。

話は変わるけれど、この前、私の甥っこが広島の田舎からやってきた。今度、大学に受かって、アパートを探しにきたのだという。聞いてみると、なんとかいう大学の映像学科というところに行くらしい。将来、何になるんだと聞いたら、映画監督になるんだという。うちに一晩だけ泊めてやったのだが、家には日頃、買いためているLDがあって、見たい映画があったら、どれでも観ていいぞと言ってやると、中から選びだしたのはD・リンチ監督の『ブルー・ベルベット』だった。おかげであのイザベラ・ロッセリーニとK・マクラクランの妖艶で倒錯したベッドシーンを叔父と甥が、茶の間でじっと見つめるという恐ろしく気恥ずかしい時間を過ごさなければならないはめになってしまった。

こうして二時間ばかり、ほとんど会話らしい会話もないまま、映画を観終わって、「どうだった」と甥っこに聞くと、その甥っこは、「うむ、まあ、普通……」一八、九の子供には少し、刺激が強すぎはしないかと危惧していたのだが、とにかく、その子には「まぁ、普通……」なのだそうだ。

しかし、その甥っこを見ていると、自分も同じ年頃には映画監督を目指していたのだと思い出させられる。すると妙に神代さんと会った頃のことが、思い出されて仕方がなかった。

実をいうと、神代さんの亡くなられたのを知らされたのは、その甥っこを見送った日の夕方だった。なにかの巡り合わせなのかと思わずにいられない。

『悶絶!!　どんでん返し』撮影スナップ。東郷健、熊谷禄朗（脚本）、神代辰巳

告別式に行くと、祭壇に白黒の神代さんの写真が飾られてあって、それが随分若い時の写真のように見受けられ、二〇年の空白が一気になくなって、二一の時、始めて会った時の思い出のまま、私は手を合わせ、神代さんを見送った。

しかし、逝く人もあれば来る人もいる。

凄絶に逝かれた神代さんのあとを、また誰かが続く。私ではないけれど、とにかく誰かが続くだろう。そのずっと向こうの方から、『B・ベルベット』を「ま

あ、普通……」と言いながら、また一人映画監督を目指して流れてくる者がある。

逝《ゆ》く者は斯《かく》の如きか、昼夜を舎《お》かず。

（くまがい ろくろう・作家）

ぼくは役者、クマさんは監督　それが今生の別れだった

藤田敏八

四十九日も過ぎたというに、クマさんが逝っちまったという実感がどうにも身につかない。突然の、とはやはり言えない。とうとうと言うべきか。予測はあったのだから。二月二五日朝、山田耕大から電話を受けた時も正直、え!?ではなくそうかやっぱり、だった。それ程にぼくらはクマさんの病気に何年も慣れていたのかもしれない。なんたって十年も前、久我山の病院に入院して以来の赫々たる病歴なのだ。あわてて見舞いに行ったその時は、柔和な笑顔ながら、肺の中真っ黒なんだってさとか、昔佐賀時代にも肋膜で死にかけたことだってある、でも病気には強いんだよおれ、とかひょうひょうと言った。これから病気と向き合うための斗争心をかき立てているふうにも見えた。いってみれば生来、病気の達人だったのかも知れぬ。〝病気の似合う大正一六年!〟とは、先に逝ったプロデューサー・三浦朗の、恐れ多くも大先輩に時たま投げつける憎まれ口の一つだったっけ。

滅多に会わなくなってからも噂は風に乗って流れてきた。車椅子で酸素ボンベを背負いながら撮ってるらしい、いや脚本《ホン》直しでカン詰め中の麻雀も酸素とタバコを交互に吸いながらだと……etc.

闘病をテコに頑張るクマさんの姿を実際に目にしたのは一昨年の秋、山梨県大月近くにある都留市立病院、神代組のロケ現場でだった。土曜ワイドの2Hドラマで、僕は主役三浦友和の義父で病院長の役。役者出演で、神代演出に相まみえたのである。その日は台風通過の翌日で、中央高速道が糞詰まり状態、午前一一時着の予定がなんと午後三時をまわる大遅刻。申し訳ない、と久し振りに会った神代監督はやはり車椅子で酸素ボンベ。正直一瞬気後れした。にも拘らず、現場はジョークも怒声も普通にとび交う普通の現場だった。友和との何シーンかのやりとりがあって、撮影は何とか陽のあるうちに終り、クマさんは手を差し出して、「ありがとう」と言った。事故とはいえ四時間も遅れてきた後ろめたさのぼくが小声で、「大丈夫なのか」と聞くと、ヒヒヒと笑って「大丈夫よ。見た目ほどシンどいわけじゃないさ現場は。それよりそっちはどうなってるの」と、きた。「こっちはただの糞詰まりだ、仕事も糖尿も。今朝の中央道と同じで、前にも後にも進まない、ハハ」と、かわしはしたが……。

頬のこけたクマさんの目の奥に野太い精悍があった。本人の言う通り病気にはやはり強いのかも知れぬ。ひょっとして八〇過ぎまで元気だったりして……。あれこれ自得しつつ病院をあとにした。それが今生の別れとなった。

お通夜の日、クマさんのさわやかな笑顔の遺影を見ながら、お互い助監督だった遠い日々を思った。多摩川園にあったクマさんのアパートに合宿(と称)して何本もの脚本を書き合ったり(〈蜜蜂〉とか〈スリ〉とか後年ロマンポルノになったものもある)、岡田裕とか死んだ河辺和夫とトランプ博打(主に2—8《ツー・エイト》。口張りのため、僕は河辺ちゃんに一六三〇万円也を貸したまま、あの世に先立たれてしまった)にのめりこんだり、自由が丘界隈を夜な夜な飲み歩いたり、皆で酔っ払い運転、途中までしか出来ていない高速道路をぶっとばし死にかけもした。あの夜急ブレーキが間に合わなければ、クマさんは昭和四〇年代の初めにぼくらを道連れにあの世に行っていただろう。

神代辰巳、藤田敏八

何にしても、こうした無為また無為の日々はクマさんの場合さながらヘミングウェイにおけるパリ放浪時代のようなものではなかったか。監督になる前の無為と一本撮った後も暫し続く実りのない時間に蓄積された何がしかのドロドロが、ロマンポルノをキッカケに破断層を食い破って躍り出したクマさんを途方もない挑発屋に仕立てあげた、と思いたい。その時のクマさんのイメージは何故か、後年、黒いマントを羽織ってフワリと天から降りてくる、映画『無能の人』の中の鳥《トリ》男《オトコ》にWるのである。

（ふじた としや・映画監督）

〃また連城さんを強姦しちゃったよ〃

連城三紀彦

「連城さんを強姦しちゃったよ」

神代さんがあの無邪気な笑顔でそう言ったことがある。

『恋文』が一応ヒットしたので次の映画が撮れる、だから原作を書いてくれませんかと誘惑された時の話だ。仕事が詰まっていたし、二番煎じは嫌なので何度も断ったけれど、結局二時間近い粘りの末に押し倒された。

快感はあった。小説などを書いているけどいまだに映画青年の僕が、大ファンであった映画のプロに押し倒されたのだ。

監督の方にも快感はあったはずだ。監督は、たとえば『赫い髪の女』のような文学作品を映画以外の何物でもないものに変えてしまうほど映画のプロだったけれど、同時にいつまでも文学への夢をひきずっている青年で、映画で正面切って文学をやると『赤い帽子の女』のように文学青年の顔になってしまった。そんな監督にとって、一応小説世界にいながらも自分と似た青くささをやっているセイネンを押し倒すのには、監督らしい自虐的かつ攻撃的な快感があっただろう。そう自惚れた。

いや、監督としてはただの小さな軽口のつもりだったのだろうが、なぜか一番の思い出の言葉だ。あくまで仕事上で押し倒されただけなのに、あの一言で逆に監督と原作者という立場を離れて親しくなれた気がする。

男と女を決めるのはセックス自体じゃなく、その直後だ。無口になってしまう男も喋りすぎるのも困る。監督はそのあたりの、事後の殺し文句が巧い男にちがいないと想像した。

監督の死の報せといっしょに「葬儀でお経を読んでほしい」と頼まれた。坊主といってもまだ山門の小僧と変わらない僕には無理な話である。いや、正式な葬儀ではないので——と言われたので出かけたものの、立派すぎるほどちゃんとした葬儀ではないか。

今まで生きてきてあれほど困ったことはない。大物映画関係者たちを背に、壇上での読経など、こちらが死にたいほどだ。

その緊張を予想しただけでなく、何より『ビルマの竪琴』の水島タイプを目ざして坊さんになった僕には、いくら神代監督のためといえ壇上で今の腐敗しきった仏教界の真似事をするのは大きく自分の行き方を裏切らなければならない気もしていた。

それなのに結局引き受けたのは、映画での遺作となった『棒の哀しみ』のためだ。

封切りの際にあの映画を監督の「白鳥の歌」として僕は見てしまった。ベッドシーンで奥田瑛二の裸身が仏像のように見え、一シーン永島暎子のネグリジェ姿が観音像に見え、いつもよりロウトーンで淡々と語られる映像に読経の声に似た「昇華」を感じたのだ。

死の報せを聞いた時、あの映画は監督がやっぱり自分のために読んでいったお経なのだと確信した。あんな素晴らしいお経を自分で読んでいった以上、葬儀でのお経が形だけの下手なものでもいいじゃないか、そう思った。

「こんな嫌な役を演じるんだから、監督が巧く演出してくれないと駄目だからね」

親しくなって以来の生意気な声を柩の中にかけておいたせいか、大して緊張することもなく、葬儀も終わりかけホッとした瞬間——監督のニヤニヤ声が聞こえた。

「また、連城さんを強姦しちゃったよ」

今度は後ろからの、もの凄い強姦だった。

何の快感もなく、ただ後悔と疲れだけが残ったから、一番気のおけない友人の部屋に行って飲み明かした。葬儀では皆さんが素晴らしい言葉で監督を送った。骨壺を抱いた監督の奥さんが、「この重さって生まれた赤ちゃんをお母さんが抱いた時に感じる重さね」さりげなく口にした一言など、監督の死をめぐるドラマのうちでもとりわけの名台詞だったろう。一人の男の六十七年間が全部見えた。

そんな言葉こそがお経なのだからと考えたものの、やはり監督の死に自分の下手な読経では何もできなかったという後悔が残った。生前原作者としても監督に何ができたろうか。

それでも水島型の坊主はこれからが本番なのだか

『恋文』撮影スナップ。倍賞美津子、神代辰巳

らと自分を慰め、夜明けに友人の部屋を出て、酔っぱらった目がいっぺんに覚めた。

　真っ白に雪がふっている。

　今年の冬はただでさえ疲労困憊していたから、雪を見に北の温泉にでも行きたかったのに「監督の死でダメになっちゃったよ」友人の部屋でそう文句を吐いたばかりだった。

　激しいがどっか静かな雪に、監督も好きだったベルイマンの『処女の泉』、あの乙女の強姦死体に神の慈悲の雪が美しく降りかかるシーンを反射的に思いだした。大げさでなくあれに似ていると思ったし、焼きあがった遺骨の妙に白かったのも思いだして、監督が最後に残した浮世の塵を今降らせているんだなと体で感じとった。やっと涙が出てきて、やっと後ろからの強姦が快感になった。

　二度目の強姦は生き方を考え直さなければならないほど凄かったけれど、この白い殺し文句はもっと凄かった。

「もっと何かない」で役者を探る

倍賞美津子

　『恋文』の時、初めてお会いしたんですけど、やせ細っていて、歯が抜けててね。ゴホンゴホンと咳をしながら、よく煙草を吸う人だなあと思って見てました（笑）。お会いするまでは、お名前は知っていましたけど、監督の作品は見たことがなかったんです。それで『四畳半襖の裏張り』を見て、独特の世界を持った人だなあと思いました。

　現場は、凄かったですよ。しつこくて、テストを何回も繰り返して、「もっと何かない、もっと何かない」と言う人で、「あなたは相手役に負けてる」みたいな表現で役者を奮いたたせるんです。細くやせているというイメージからは程遠くて、パワフルでした。絶対、納得いくまで手を打たないみたいなところがあって……。「もっと何かない」って言われたことが本当、印象に残っていますね。

　『離婚しない女』の時でも、監督が初めて組む役者さんには「もっと何かない」って言ってるんです。きっと神代さんの中でも、その役者さんを探ってるんですよ、「もっと何かない」って。

　そうして、役者を厳しい方へ持っていくんです。役者を演じている役にとことん追い詰めていくんですよ。これでもか、これでもかと、言葉柔らかに、皮肉まじりで。それが独特でしたね。

　それと神代さんとはテレビを一本やってるんです。『殺意の団欒』という作品で、この時は、皆でアイディアを出し合って、楽しみながらやったという感じでしたね。テレビって、あんまり徹夜の撮影とかないんですけど、朝までやってね。

　それで朝方になると神代さん、酸素ボンベを持ち出してくるんです。そうすると、みんなで監督に「それ、こっちが欲しいなあ」なんて冗談を言い合っていましたよ。私も、「お願いだから、歯、入れてよ」なんて言ってね。神代さんは煙草を歯のすき間にはさんで吸うんですよね。

　神代さん、かわいいところもあるんです。「僕、ダメなんだよ」って同情を引こうとしたりするんです。それで「知らないわよ。煙草止めなさいって言われてても、自分が好きでそうやって吸ってるんだから」ってみんなが言ってね。

　また仕事をしようという話はあったんですけど、スケジュールが合わなかったりしてね。貴重な方だったと思います。役者として、出会えて良かったですよ。御冥福をお祈り致します。（談）

（ばいしょう みつこ・女優）

「遺作にするから撮らせてよ」が口癖だった

山田耕大

あの日のことは、今もよく思い出す。神代さんに初めてお会いした日だ。今は亡きプロデューサーの三浦朗氏が、にっかつの企画部に入ったばかりの僕を摑まえて、「これからクマさんち行くから、一緒に来いよ」といきなり声をかけて来た。『赫い髪の女』の打ち合わせだと聞いたのは、神代さんの家に着いた時だった。三浦さんは、一緒に乗った電車の中でも僕を無視するみたいに勝手に本を読んでいたし、電車を降りて、当時、神代さんが住んでいた烏山の自宅に向かう間も無言の背中を見せるだけだった。が、神代家のドアを開けた途端、三浦さんは神代さんに笑顔を向けて、僕を紹介した。「クマさん、坊やを連れてきたよ」

いきなり連れてこられて、原作も読んでなかった。意見なんか言える訳もない。三浦さんは寝転がって雑誌を読み、神代さんと荒井晴彦さんが打ち合わせをすすめる間、僕は脂汗をかきながらじっと座っていた。しばらくして、神代さんが僕の方を見て、「麻雀はするか」とぽつりと言った。僕は、「麻雀ならできます」と思わず声を弾ませた。四人で卓を囲んで、初心者の荒井さんがぼろぼろに負けた。神代さんは、終始ご機嫌だった。学生の時に、神様だと思っていた人は、笑顔を絶やさない人の良さそうなおじさんだった。

神代さんの気さくな様子に、その後の打ち合わせでは、好き勝手意見を言わせて貰った。オールラッシュが終わった後、神代さんが企画部の僕のデスクまでやってきて、お茶に誘った。「何でも好きなこと言ってみろ」と神代さんはにやにやしながらオールラッシュの感想を聞いて来た。今、考えると赤面しそうな青くさい意見を僕は神代さんに話した。もっと〝芸術的〟な作品になるんじゃないかと思ってた。原作の『赫い髪〜』は、髪を赤く染めることではなくもっと象徴的な意味ではなかったのか。なんで宮下順子の髪を赤く染めたのか云々。神代さんは、コーヒーを旨そうに飲みながら僕に言った、「商売がわかってないぞ、山田」そう言った時もやはり笑顔だった。

同じメンバーで『快楽学園・禁じられた遊び』をやった時の、オールラッシュ後の神代さんは、僕の意見を聞くまでもなかったようだ。僕の顔を見るなり、髪をかきむしって、「山田、失敗しちゃったよ」と苦笑していた。僕は、その爽やかな〝失敗〟作が大好きだった。

僕がにっかつを辞めて会社を作った頃、国際放映でテレビを撮っていた神代さんと偶然お会いした。「俺も入れろよ、会社」と神代さんは何の前触れもなくそう言った。冗談だと思ってたら、しばらくして電話が来た。「本当だぞ、この間の話」。そして事務所にまで来て、さんざん笑顔を振りまいて、「俺も入れろ」の一点張りだった。その会社をやめて、「メリエス」ができた時、結局、神代さんもメンバーになった。が、正直な話、気が重かった。駆け出しの僕が、ちゃんと渡りあえるような相手じゃなかった。しばらくして、「これ読んでよ」と『ベッドタイムアイズ』の単行本を渡された。にっかつ時代に同じテーマのロマンポルノをやったこともあって、気が進まなかったが、神代さんがやりたいと言えば、やるしかなかった。それが僕の役回りだと思ってた。ATGを初め、いろんなところを回ったが、実現は絶望的だった。「遺作にするから、頼むからやらせてよ」そう言った時の神代さんは笑ってなかった。伊藤秀裕氏(現エクセレントフィルム社長)のご尽力でなんとか作品は出来上がった。封切初日に神代さんと麻雀をやった。ご機嫌だった。それ以上に僕は上機嫌で、大酒を喰らって、目一杯、ひんしゅくを買った。

にっかつが「ロッポニカ」を始めると決まった時、神代さんがにっかつに呼ばれた。第一作は神代作品という方針が社内で決まっていたらしい。にっかつからすぐに僕のところにやってきた。企画を探せという話かと思ったら、違ってた。「山田がプロデューサーやるなら、やってもいいってにっかつに言ってきたよ」と神代さんは言った。訳もわからず、ズシンと胸に来た。この人とは一生離れられないと思った。『噛む女』、ロッポニカの第一作であり、同時に、僕が神代さんとやって、世に出た最後の仕事だった。

その後すぐ、東宝から立原正秋の『舞いの家』をやらないかと声がかかった。神代さんに、「山田も、書けよ。そしたら、やるよ」と言われて、僕は神代さんと二人で脚本を書いた。第二稿まで書き上げたところで、主演女優が出演を拒んだため、流れてしまった。その後、いくつか映画の話が来て、丸内敏治さんや記録の本調有香さんなんかも巻き込んで、僕は神代さんと、都内の旅館を転々としながらシナリオを何本も作った。怪しげな話ばかりだった。僕も神代さんも半ばそれを知りながら、必死でしがみついていた。神代さんも僕も、次第に焦るようになっていった。「遺作にするから、撮らせてよ」それはもう神代さんの口癖になっていた。神様にこんなことをさせる映画界を恨み、自分が何もできない非力を嘆くばかりだった。

一昨年の秋、ふと思いついて山本周五郎の『あんちゃん』を読んで貰った。すぐに弾んだ声の電話がかかって来た。僕が神代さんに提案した企画でこれほど、のってくれたものはなかった。神代さんがどうしてもというので、のっけからシナリオを作ろうということになった。神代さんは、ひどく焦っていた。が、四苦八苦してる間に、伊藤さんと進めていた『棒の哀しみ』が動き出し、「あとは頼むよ」と言い残し、そっちの準備に取りかかった。また、伊藤さんに救われた。『あんちゃん』が実現するかどうか、僕はそんなに自信があった訳じゃなかったのだ。

『嚙む女』平田満、余貴美子

　『棒の哀しみ』は、奥田さんが部屋の掃除をしているシーンを見ただけで、目頭が熱くなった。僕の知らない神代さんを見た気がして、胸が踊った。今年の節分の日に、新宿で神代さんを囲んでお祝いをした。去年の暮にお会いした時も驚いたが、思ったよりずっと体がまいっているのは誰の目にも明らかだった。が、神代さんは終始ご機嫌だった。体はしんどかった筈なのに、子供のような無邪気な笑顔を絶やさなかった。「なんか、ないか、最近」とぽつりと言われて、「『ウェディング・バンケット』、僕は好きでしたよ」と答えると、神代さんは、慌ててコートのポケットからメモを取り出し、題名を確かめながらメモを取り、「見とくよ」と小さく頷いた。

　神代さんが帰る時、その場の全員が店を飛び出し、奥さんの運転する車を取り囲んで、お送りした。気がついたら、僕は靴も履かないで道路に飛び出していた。非力な自分は、車に乗り込んだ神代さんに、精一杯、愛想笑いを浮かべて手を振るしかなかった。満面の笑顔の神代さんを乗せて、車は走り去った。訳もなくすがすがしくて、気持ちの良い夜だった。それが、結局、お別れになるとは思ってもみなかった。覚悟はしてたが、まだ時間はあると思ってた。結局、僕は神代さんにとって、役立たずの「坊や」でしかなかった。が、最後まで「頼むよ」と言い続けてくれたのは、神代さんの思いやりだったような気がする。僕はそう言われて、いつも誇らしい気持ちになっていた。気が重かったのはたぶん、神代さんの方だったのだ。ありがとうございました。まだ終わってません。これからも一杯勉強させて頂きます。

（やまだ こうた・プロデューサー）

喜々として映画を作る妖怪

余 貴美子

　私が初めて神代監督にお会いしたのは『嚙む女』という作品です。私自身は三〇歳にして初めての映画出演ということで、それはそれは緊張していました。まわりのスタッフの事にしても、あたかも意地悪な鬼たちが、私のヘタクソな演技や頑固な肉体に鞭でもくれてやれと囁き合っているようにしか思えません。そんな中で、髪の長い歯の梳けた神代監督が、恐ろしく短い煙草を燻らせながらニッと笑って立っていました。ニッと笑っていたのでチョットは安心したものの、その姿はさながら妖怪のようでありました。あの世とこの世の間で、魔力に取りつかれた状態で喜々として映画を作る妖怪です。私は後に、監督のアナーキーな演出を好きになりましたが、それよりなにより監督ご自身のアナーキーな見た目と生き方に大変な影響を受けました。俳優という字は、人に非ず優れていると書き、役者は役の者と書きます。体裁ばかり考えていた私は、監督のおかげで少しだけ妖怪になることが出来ました。今でもまだまだ半分以上人間ですけれど……。

　その後四本の作品でご一緒させていただきましたが、監督はなんと酸素ボンベをキャリーで運び、鼻に管を通しながらも、相変らず煙草をくわえて妖怪のようにニッと笑って立っていました。

あるTVドラマの撮影の時、妖怪になりきれなかった私は、自分の出番の後「失敗シター、失敗シター」ととブツブツ悔やんでおりました。すると、川口湖畔に腰を下ろしていらした神代監督が「ぼくも、いっつもそう！」と言って、ニッと笑ってみせてくれました。それ以来私は、いかなるものごとに出会っても、悠々と煙草を燻らせ、ニッと笑う事にしています。

（よきみこ・女優）

白シャツにGパン、片手に本を三冊抱えて

伊藤 雄

湯布院映画祭にて伊藤雄、神代辰巳

ロマンポルノが誕生した年、僕はまだ二〇歳だった。セックス描写の生々しさに興奮、毎週のように通った。翌年の一九七二年、神代映画に出会った。『濡れた唇』『一条さゆり・濡れた欲情』には堕ちて行くことを楽しむように転がっていく神代映画のヒロイン、ヒーローたちに自由な風を感じた。そして熱かった。

七六年の第一回湯布院映画祭がロマンポルノ特集（『四畳半襖の裏張り』『白い指の戯れ』『㊙色情めす市場』）し、神代監督を招いたことは当然だった。町内は「エロ映画を上映する」と騒然となったが……。クマさんは、そこへ〝白のワイシャツ姿にGパン、片手に本を三冊抱えて〟颯爽と登場。「映画監督ってカッコいいなあ」と思った。シンポジウムでは、パリで『愛のコリーダ』無修正版に受けた衝撃を苦しそうに語った。ロマンポルノの限界を感じてのことだった。それでも夜のパーティーではファンの熱い視線を浴びながら、終始楽しそうに語り続けた。まさしくスターだった。席が変わっても明け方近くまで、渡辺とく子さんや河原畑寧さんらと下ネタで盛り上がり、話題が逸れると怒って見せたり「性へのあくなき追求は健在」だった。

八五年、『恋文』が第一〇回の特別試写作品に。「自分が旅費を払うから、連城さんもゲストにしてよ」とクマさん。萩原健一、倍賞美津子、三浦朗、高田純、鈴木晄、白鳥あかねの六氏も加えて空前絶後の豪華メンバーに。「死ぬまでに『ファニーとアレクサンデル』を撮りたい」と盛んに言ってたなあ。

そして九四年『棒の哀しみ』。自らを傷つけ、自らの肉体を縫い合わせる主人公は、酸素マスクを付けながらもタバコを吸い、映画を撮り続ける神代辰巳そのままだ。「伊藤ちゃんに断れた義理じゃないけど今回は勘弁してよ」。当初、マキノ監督の時のように奥方と映画仲間達に支えていただき、一緒に参加してもらうように周りから口説くつもりだった。でもシャイなクマさんには車イス、酸素マスクの姿を人前に晒すことは耐えられないかも知れない――と考え、監督不在の試写でも構わないと判断した。その後、京都東京国際映画祭に出席したことを知ったのだが、仕様が無い。

通夜の酒席でパキさんに出会い、絡んだ。

「初期のロマンポルノの監督で映画やってたのはクマさんだけだよ。そのクマさんがいなくなったんだよ。パキさん、役者やってる場合じゃないでしょう」。心優しいパキさんは、生意気な僕の絡みにニヤニヤしながらも、うなずいていたが……。深夜、布団に入っても「クマさんがいるから、俺は一生クマさんの助監督でいいと思ってたんだ。だけど神代組はもうないんだよ」。そういいながら号泣する鴨田好史さんの声が聞こえた。

神代版『ファニーとアレクサンデル』を見たかった、もう一度湯布院に招きたかった。すべてかなわぬ夢となってしまった。

神代監督ありがとう。クマさん、さようなら。

（いとう ゆう・湯布院映画祭）

ジャームッシュなんて俺が先にやっちゃってるんだよ

永岡麻理

東京に遊びに行った私は、厚かましく荒井(晴彦)さんに電話して、夜の新宿を案内してもらっていた。もう一〇年も前の事になる。

一軒目はゴールデン街で、二軒目の、当時のカフェ・バー風の店で飲んでいる時、神代さんと齋藤博さん他、二、三人が入ってこられて同じテーブルに座られた。

きちんと御挨拶もしないままに、すぐに、映画の話や業界内部の話が始まり、白熱して途中喧嘩になったりするのを、ただ感心して聞いているばかりだった。

あの神代監督を目の前にして、大好きなあの映画の事、聞きたかったあの作品について、それがだめならせめて、「神代さんのファンです」から監督と誕生日が同じなんですなんて事まで、頭の中でグルグル回っていたが、もちろん口を挟む余裕などなく、一言もお話しないままだった。

神代、荒井、齋藤さんのタクシーに誘われるままに乗り込んで着いた所は、三軒目の店ではなく、なんと神代邸だった。

一〇月の初めなのにもう炬燵があり、少し飲み疲れた私達は思い思いにくつろいで、奥様が作って下さったおうどんをいただきながら、いいムードになったなと思いきや、再び荒井さんと齋藤さんによる『恋文』批判が始まり、神代さんはうつむいて煙草を吸いながら聞いている。シロウトの私は、三人の親しさゆえの事とも分からずに、ヒドイ、今度こそ何か言わなくちゃと焦り、あげくに出た言葉は、——ショーケンが、朝のラッシュの人混みの中を歩いているシーン良かったですね——だった。

神代さんは顔をあげてにっこりと笑いながら、「うん、あれは一発で撮れたんだよ」と嬉しそうにおっしゃった。

三人とは、八月の湯布院映画祭でもお会いしたのだが、「ゲストに呼ばれるって、結構、旬の奴っていうか、評価されてるんだって?」と、やや得意気に初参加の齋藤さん。

「そうですよ、期待の若手有望ライターですよ」と答えると、あのやさしい目で本当に嬉しそうに笑う。

「いいなあ、お前」と冗談ぽく神代さん。

「神代さんは、トリだから」

「そうですよ、最終日の最終上映、大トリですよ。しかも、入りきれずに二回に分けて。初めてですよ、あんな事」

「いやあ」と照れ笑いの神代さんに、「俺はどうなるんだよ」と荒井さん。他愛のない話にみんなよく笑った。

神代さんもまだ五〇代、朝まで飲んで話して、灰皿は山盛りで、次回作の話まで飛びかっていたように思う。ニューシネマだって、ジャームッシュだって、全部俺が先にやっちゃってるんだよ、ともおっしゃった。

その神代さんも、齋藤さんも、二人共もういらっしゃらない。何という不可思議。何という無念。

トイレの帰りにのぞいた台所で、私達が食べた器を、きちんと流しにさげてくださっている神代さんの後姿を見つけた。

その日泊めていただいたのは、監督の仕事部屋で、外はもう白みかけているのに、そこだけは真っ暗で、昼間も雨戸は開けられる事はないと聞いたのが印象的だった。

直接、気持を伝える機会こそなかったけれど、それぞれの思いで監督の死を受けとめているであろう大勢の人達と共に、口の中でつぶやいてみる。神代さんの映画が好きでしたと。

病院から戻られた御遺体は、まず、あの部屋にはこびこまれたそうだ。

(ながおかまり・読者)

奥田君、化けような

奥田瑛二

僕、どれほどの歳月を待っていたことだろう。あれは八七年度作品『ベッドタイムアイズ』ロケ中のこと。

「監督、次は僕の主演も御願いします」

「ああ、何かあるの?」

「ええ、連城三紀彦さんの『少女』です」

「聞いているよ、あなたが原作、持っているってこと……」

「是非、その時は、カントク、監督してください」

神代さんは、横須賀の廃屋と化したキャバレーを利用したロケセットの西日があたる壁にもたれてプカプカ煙草をふかし、隙間だらけの黒い歯を見せて、にこりとした。以来、喫茶店、寿司屋の二階など、幾度か打ち合わせを重ねた。『少女』の原作は、わずか四〇頁ほど。それに時の流れもあり、主人公のあり方も、作り直す必要ありと結論が出た。

「カントク、すいませんね、僕たちビールを飲んで……」

「全然ですか?」

「ダメ、飲むとカーッとなって苦しくなる。気にしないでどんどん飲んで」

「すいません、僕、ビールのあと焼酎にしますけど……」

「ハハハ、大丈夫、気にしないで」

グイーッと僕はビールを干した。

「アー、飲みたい!」

うらめしそうに笑った歯が以前より隙間が多く見えた。

数カ月後、脚本もお願いした神代さんからシノプシスが送られてきた。

それは、まだ荒いものであったが時代のエッセンスが充満した毒のあるものだった。

そのころ、神代さんも関わりのあった制作会社、メリエスの小林壽夫氏(現・社長)より、『ありふれた愛に関する調査』(92)の参加要請を受けた。前後するが『少女』もメリエス制作で、当時、社長の山田耕大氏で進んでいた。しかし、実現の速度は『ありふれた〜』が倍速で進行していったのである。そして撮入、完成。『少女』は……何処へ……。

そして、また時間《とき》が過ぎた。

僕は一通の封書を神代さんに出した。

拝啓、御元気ですか、御体云々——少女はまだ死んでいません。生きています。

返書がすぐに神代さんから届いた。

御手紙、拝見し、少女は死んでいません。生きています。胸が熱くなりました。

僕はペラペラの茶封筒に青インクで書かれた字を眺めながら、少女と僕と神代監督の夢をみた。

そして昨年、運命とも呼べる作品が訪れた。それは残念ながら『少女』ではなかった。御存知、北方謙三原作、『棒の哀しみ』である。

僕は胸、踊らせ神代さんに逢いに行った。

目の前に現われたカントクが、以前の倍は小さく見えた。おまけに鼻にクダを突っ込んで片手で酸素ボンベを引いている。僕がかすかに笑うと、

「いや、しばらく」と右手を差し出し握手をしながら微笑んだ。口唇のすき間から歯はほとんど無くなっていた。

「ペットだよ。ペット……」

「エッ?」

「これ、酸素ボンベ、僕のペット」

「頑張ります」

神代さんの気に押されたのか、意味不明な言葉をいくつか発していた。

撮影日数一六日、上映時間、二時間、ゼロ号試写、東京現像所、エンディングロール、監督神代辰巳、暗闇の中、座席に体をうずめ、涙が止まらなかった。

撮影初日、神代さんが言った。

「奥田君、この映画で、化けような……」

「やりますから、ええ、絶対に……」

神代辰巳監督、本当にありがとうございました。

合掌

笑うとサラブレッドに似ていた神代監督

成田尚哉

神代監督、安らかにお休み下さい。そして少し休んで、そちらでまた映画を撮り始めて下さい。三浦さんもいるし。みんないるでしょう。

去年の一〇月六日、『棒の哀しみ』を新宿アルゴで観た。神代さんは何度も体調を崩し、それでも車椅子に乗りながら仕事を続けていると聞いていた。奥田瑛二扮する主人公のヤクザが刺されるたびに傷口を自分自身で縫っているのを観た時、神代さんもこんな風に監督自身の病んだ身体を治せないのか……と不謹慎な想像をしていた。映画を観ながらあらためて神代監督の製作現場での熾烈な闘いが見えて胸に何かが込み上げる。

センチメンタルな気分が込み上げる。主人公と神代監督の姿がダブリ始める。これは神代さん自身の姿ではないだろうか、と。満身創痍で、最終的な時間とまるで綱引きするように神代さんは闘っているのかもしれない、と。

映画はやはり神代さんらしい部分もあってほっとした。でも強靭で奥行きのあるしたたかな演出は影を潜め、毒が薄められているような気もした。

車椅子に乗っている神代さんの事を思うと辛かった。ばか、お前に辛いと思われる必要はないよ、と言われそうで、お前にそんな権利も資格もないじゃない

かとあの優しい眼で言われそうで。会いに行く勇気も無い……。僕のことなんか覚えていないのではないか。神代組の企画担当になったことはあっても監督に対していい働きをしたと思えたこともないし、自分でもその能力に欠けていたから。

日活撮影所に入社した頃、監督を見るたびにとても近づけない人だと感じていた(『～濡れた欲情』には衝撃を受け憧れてもいたから)。そして監督はいつもプロデューサーの三浦朗さんと一緒に仕事をしていた。少し古臭い「ダンディー」という言葉を思い出した。「最後の無頼」とか「セクシー」という言葉も。いつ会っても同じブルーのワイシャツ、同じコットンパンツ、ベージュのジャケット、薄い茶色のサングラス……冬はコートを羽織るだけ。もうあのような人は居ない。プロデューサーの三浦さんもシナリオライターの齋藤博もこの世にいない。監督という職業は女優さんにも男優さんにもモテる仕事だと初めて教えて貰った気がする。どうしてこうもセクシーなのか。男としてこんなにエロティックに生きる事が出来たらどんなにいいか。神代監督が笑うと馬に似ているといつも思っていた。撮影所のステージに入って来る時も食堂からコートを翻して出て行く時も、パドックを飄々と歩くサラブレッドに似ていた。実際、顔は長くて眼が優しくて馬みたいだ。今年の二月六日、『棒の哀しみ』が賞を獲って幕張の国際会議場で「日本映画批評家大賞」の授賞式が開かれた。控え室には奥田瑛二さん、伊藤秀裕さんがいたが神代さんの姿は見えなかった。監督は病気で出席できないのだと思い込んでいた。

会場に向かうために廊下に出た。そこに車椅子の神代監督がいた。隣の控え室にいらしたのだ。僕の姿を認めると「よおッ」と軽く片手を上げて僕に挨拶してくれた。本当ですか、本当に僕に挨拶してくれたのですか？ 僕の後ろの誰かじゃないですよね？

ありがとうございました、神代監督。お休みなさい。

(なりたなおや・プロデューサー)

お互いにやれるだけしましたね

吉竹洋海

〝今度は何日位で帰れますかね……、次の仕事の段取りをしないといけないので……〟

これが神代さんの今回入院時の病床での言葉だった。

思わず返事が出なかった。

飲みこんだ言葉は、

〝お互いにそれを期待するのだけれど、今回は一寸……〟。

そして出た言葉は、

〝二週間は最低みようよ〟。

流石に大丈夫とは云えなかった。

〝もっと早くは無理ですか〟

〝残った部分に肺炎を起しているからね。一定の時間はどうしても必要だから〟

〝仕方ないですね。頑張ります〟

この〝頑張ります〟という言葉ははじめてであった。

〝ハイ、判りました。仕方ないですよね〟と笑顔をみせるのが今までのパターンであった。

四回目の大きな波。この後の仕事に意欲を燃やしながら、これが締めくくりであった。

そして、私の彼の身体行動面についての監督の役も終わった。

病院受診の間隔が延びると、気になっていたが、頭をかきながら〝ドウモ〟とあやまられると、〝キチンとやらないと駄目だよ〟。

実際このような時には段階的に肺の崩壊は確実に進行していた。

〝済みません、キチンとやります〟

今度はこちらの方が、

〝仕方ないね〟を可成り繰り返した。

神代さんとの出会いは昭和五八年三月である。

最初の入院のとき、よくもここまで壊しながら頑張ったものだと驚きながらの対応だった。

幸い、現代の治療医学の力は一応火の手を鎮めることは出来た。しかし壊れた部分を引き戻すことは不可能であるし、この条件を抱えて仕事を遂行するためには、ザックバランに病状を話して理解してもらい、行動の知恵を持つようにせねばならず、その主役は本人であり、私はアドバイザーの立場である。失敗をくりかえし、よりよいものを作り上げるにはお互い無理な希望をぶっつけ合わねばならず、そのためには人間的な共通の場をもつことが必要となる。

病歴、家族歴をきいているうちに、佐賀市の中学での先輩・後輩の間柄、同じ校舎・校庭で数年間一緒に同じ空気を吸っていたことが判り、校庭の周りの枳殻《からたち》の垣根・棘・白い花・香り・実と思い出を浮べながらの会話が、単なる病人と医師という距離を一挙に縮めてくれた。

第二回目の自然気胸、その後も呼吸不全の悪化のくり返し。その都度、お互に反省を繰返しながら、徐々に禁煙の実行・嫌がっていた酸素使用への踏み切りとなった。

呼吸器の病気であるから、呼吸苦に対する不安・恐怖が出るのは当然であり、第三回の入院の時の思い出は、退院後の外来での会話、〃イヤー、あの時は苦しくて死ぬかと恐かったですよ〃との言葉であった。

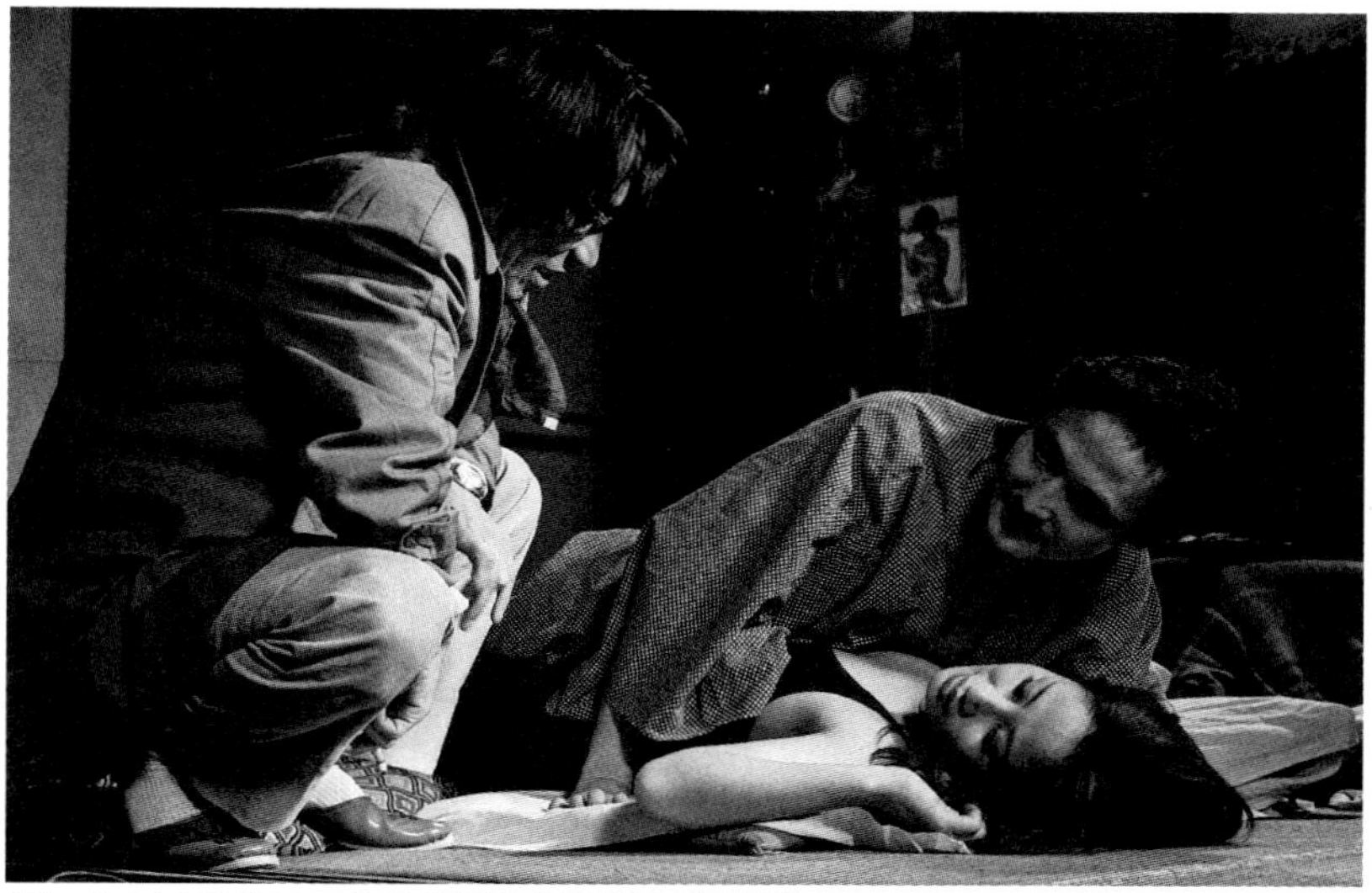

『赫い髪の女』撮影スナップ。神代辰巳、石橋蓮司、宮下順子

何かの折には触れておかねばならないと思っていた事柄であり、幸い当日の最終の受付けだったので、私自身の体験から、窒息の苦しさは極く短時間のもので、間もなく、アポモルフィン様物質の作用らしく、呼吸苦は消えてバラ色の光景の中に浸るという話をしたところ、彼は頬を紅潮させて、

〃そうですか、その話を聞いて安心しました〃と安堵感を浮べた表情をみせたし、こちらも少々肩の荷をおろした気持ちになった。

但し、最後のとき神代さんがどうであったかは知る由もないのだが。

九州帝国大学付属医学専門部に入り、実習が嫌で退学、そして映画の道へ。こんな話から病気の理解は少しはよいだろうと期待し、そう問いかけたのだが、〃全く駄目ですよ〃の宣言。こちらは〃それでも少しはマシだろう〃と言っていたのだが、どうもそれは本当だったようである。

でも話は素直に受け入れてくれていた。

但し、仕事のことになると自我を通していたらしい。これは第二次世界大戦の波をもろに受けて育った私達にとっては、意地といってよいのだろう、お互にその心情は理解出来るものであった。特攻隊で散った同級生の生きざまを思い浮かべるとき、即成の流れの中では、悲しいことだが、その行動を自分自身に納得させ意義を持たせたであろうことを思うと、私自身も同じ様に希望するだろうと彼の行動を見守り、少しでもよい助言をと考えての一二年間であった。

供に歩いた軌跡を振り返って、〃お互いにやれるだけしましたね〃というのが実感である。

神代さん。どうぞ酸素の管を外して自由になって夢をもちつづけて下さい。合掌。

（よしたけ ひろみ・有隣病院医師）

女のリアクションで男が浮かび上がる

石橋蓮司

一緒に仕事をしたのは『地獄』が最初だったんですけど、それまでも新宿のゴールデン街の飲み屋で時々、顔を合わせてたんです。一緒に京都でもよく飲んで、想像していた以上にスケベな人間であるというのが、明確に分かってね(笑)。女性はセックスの対象というよりも、どちらかというと崇めて眺める存在であるという話をして、意見が一致してね……安心しましたね(笑)。

『赫い髪の女』は最初はお断りしたんですよ。中上健次の主人公は筋肉質で、森の中の木漏れ日の中にふっと立って、武骨で、汗が似合って、背中が大きい、というイメージが浮かぶ。俺のように、東京育ちで、口笛吹いて、というのは、中上健次の主人公とは違う。

そうしたら神代さんは、そんなことはないと。一つにはプリミティブな性がやりたいと。それと、自分には体験があって、田舎では夜這いがあって、夜這いされた女に子供が生まれると、男たちが車座に座る。それで真ん中に赤ん坊を置いて、その子が這っていった奴がお父さんになる。そういう、原始的で素朴な共有関係のようなものをやりたい。だから主人公像が小説と違ってても出来るじゃないかと。それで納得して、やりましょうということになったんです。

　神代さんの性はハードで、指でネチネチいじくりまわすんじゃなくて、即、挿入して、挿入しながら考えるというような性なんです。だから非常にハードな性になって、撮影中は身体的につらかった。

　監督は演技についてはまかせきりなんです。それで自分がこうやりたいってやっていくと、自分が隠していたものが全部出ちゃうというか、引きずりだされる。そういう楽しさというのがあった。

　神代さんはでも男なんて見てない(笑)。宮下順子さんしか見てないわけで、女優に対しては一つ一つのリアクションについて、事細かに指導する。だから男というのは、女の反映であって、女のリアクションで男が浮かび上がる。女というのはこうじゃないか。そして、それに男は欲情するんじゃないか、と突き詰めていくんです。

　ただ、弱い、というか自分の境遇がそのまま出ている人間が嫌いで、境遇に則した人間なんかありえない。どんなに劣悪な境遇でも、そこで生きてた人間の持っているものは、その境遇から来るものとは違ってて、それを役者は出さないといけない。そういうダメ出しを神代さんはしてたと思う。今、ダメ出しをしてくれる演出家って少ないんですよ。神代さんは、ダメ出しが的を得ていて、なるほどなと思わせる。役者の演技が見れる人だった。

　最後に神代さんに会ったのは『盗まれた情事』の撮影で、神代さんに会えるということで行ったんですよ。この時は呼吸機をつけてたけど、相変わらずワイセツでしたね(笑)。負けないぞっていう感じでね。「少し弱くなったよ」とは言ってましたけど、演出のボルテージは全然下がってなかった、目を爛々とさせて役者を注視して、自分の体のことも忘れて作品にのめり込んでいく。それで最後にもダメ出しされましたね。不動産屋の役だったんだけど、「怪しすぎる」って。「それじゃパターンだよ。もっと素直にやれよ」って言われてね、嬉しかった。また一緒に仕事をしたいなあと思いましたよ。

　まだ、遺作(『淫らな関係・インモラル』)は見てないんですよ。どういうメッセージを残してるのかなあ。(談)

神さんの亡霊に囲まれて、本直しが進む

伊藤秀裕

　連城(三紀彦)さんの読経が最初の時と比べて、ひどく達者に聴える。百ヶ日の法要に神さんの家に集まった日のこと。鴨ちゃん(鴨田好史)は〝神さんがどんどん遠くなる〟って数日前、酒を飲みながら嘆いていたっけ。供養が終った後、ワインやビールや日本酒を胃袋の中でミキサーにかけながら、ワイワイやっていると、酔いの回りかけた白鳥あかねは〝私、神さんのお墓に一緒に入りたい〟などと本気とも冗談ともつかない言葉を呟いた。

　連城さんは聴き上手、この人の前で話すのにわざわざ言葉を選んだりする必要がないのが楽だ。みんな思い思いの神代論を語り出す。とうとう話は次回撮る予定だった映画のことに移る。神さんの遺志を継いでなどというが、その〝遺志〟ごと俺たちの勝手な思い入れで、神さんは遺志なんか持たずに、ひらき直って自分を投げ出すような生き様をしていたような気がする。

　それでも、桃井かおり流に言えば、これは神さんの一周忌に向けたお祭りのようなものだから、後ろ指さされるのが好きな俺は、この祭りの御輿担ぎを買って出る。

　神さんならこう言ったとか、神代さんならこうやったという、神さんの亡霊に囲まれて、本直しもすすめている。

　映画を造る状況は今、さらに悪化していて、その中で、神さんらしい文体を通した『棒の哀しみ』という素敵にエンターテイメントな作品の意義は大きい。

　低予算だとか、撮影スケジュールが殺人的だとか、泣き言を言わない分、同情もしないでいて欲しい。そう言えるものが、あの作品の中にあったことを俺は知っているし、そうした作品づくりをこれからも続けて行く状況に今はあるのだから……。

　それに、あの時神さんが撮った以上のいい環境では撮りたくないという意地もある。

　第一、お師匠さんより恵まれた環境でやるのって、卑怯だって思うから、変な理屈だけどそれはこだわりとして通したい。

　僕が神さんに出会ったのは、『やくざ観音・情女《いろ》仁義』という作品で、脚本が田中陽造さんだった。助監督の見舞い一本目で(もっとも三本目で二人しかいない助監督のセカンドにさせられてしまった)、右も左も分らない時だった。

キャメラはあの気難し気な安藤庄平さんだったと思う。滝壷の前の岩の上で、絡みのシーンを撮っていて、それまでリハーサルでは無事だった筈なのに、本番で芝居の最中に滝壷に二人が転落してしまった。二人は抱き合ったまま流されてゆく。俺は夢中でキャメラ前から走り出していた。驚いたことに、神さんはカットをかけていなかった。数日後、ラッシュを見たそのシーンでキャメラ前から水しぶきを上げてゆく自分の後姿を見せつけられ、恥しくて仕方がなかった。

神さんの映画では、『壇の浦〜』の入水シーンの吹き替えや、〃あの崖登れるかどうかやってみて〃などという体験で、何度か死にそうになっている。死ぬまで神さんには言わないつもりだったけど、もういいでしょ。神さんの撮影程、命賭けた作品ないんですよという訳でもないけど、あの頃が無性になつかしくなる時がある。

その頃育った撮影所は、今は殆ど活動していないけど葬式の会場に向かう途中、携帯電話で折角だから撮影所の表門を通過してゆく旨を伝えたら、製作の香西がそれなら是非中を一度通過してくれって、嬉しかったな。

神さんの遺体を乗せた車が撮影所の中に入ってゆくと、殆ど中にいるスタッフ連中が出迎えてくれた。

これってあまり格好よすぎて涙なしでは今でも話せないから、もう言わない。

鴨ちゃん、神さんが日に日に遠くじゃなくて俺は、生きることの限りある時間を毎日確実に減らしてゆくことで、もしかして、どんどん身近になってゆくような気がするんだけど。（いとう　ひでひろ・プロデューサー）

何がなんでも一緒に映画を創ろうと……

宮島秀司

神代監督、お元気ですか？　そちらの居心地はいかがですか？　きっとまた、洗いざらしのジーンズに、ベージュのコートの襟を立てて、夜更けの街を彷徨っているのでしょうね。お風呂はちゃんと入っていますか？　面倒だからって、ジーンズをはいたまま、ザブンと入ったりはしていないでしょうね。

こちらの映画界は、相変らずの淋しさです。腕のある監督や、優秀なスタッフが、声の掛かるのを待っている状態です。プロデューサーとしても、創りたい企画と、成立する企画とのギャップがどんどん拡がっていくような現状に困惑しています。映画会社が積極的に映画を製作しなくなってから、出資サイドと配給サイドの調整をしながら、尚も創りたい映画を目指すことが、本当に難しくなってきました。「あんまり悩まないでさァ、いってみようよ」。そういう監督の優しい声が響いてくるようです。

僕が神代映画にのめり込んだのは、まだ大学に入ったばかりの頃です。こんなことをお話するのは初めてですね。ちょっと照れ臭いですが聞いてください。テレビでは、今や伝説的名作『傷だらけの天使』に酔いしれていたあの頃です。監督のロマンポルノは、観る映画がすべて胸に突き刺さり、興奮と同時に心が洗われるような感動に襲われたのを覚えています。

例えば、『恋人たちは濡れた』で、中川梨絵に向かって大江徹の言う「みっともないの嫌いじゃないよ、オレ」というセリフ。『濡れた欲情・特出し21人』で、独りで殴り込みに行く庄司三郎のバックに「どーこかで、だーれかが――」上條恒彦の『木枯し紋次郎』が流れる。『四畳半襖の裏張り・しのび肌』のラストで芹明香の言うセリフ「男と女にゃ、アレしかないよ、バンザイ」。そして、『赫い髪の女』で冒頭のトンネルのシーンで、憂歌団のブルースが流れる瞬間。『青春の蹉跌』におけるショーケンの「エンヤートット……」のつぶやき。神代作品でゾクゾク震えたシーンは、あげ始めたらきりがありません。脚本を手に入れては、原稿用紙に丸写しに書いたことを覚えています。

神代辰巳は、映画界に入った僕が、どうしても一緒に仕事をしたい監督でした。松竹の製作本部でようやく製作助手になった僕は、当時、プロデューサーの使い走りとして、初めて監督にお逢いすることができました。あの時の興奮は、今でも鮮明に覚えています。松竹の大先輩、猪股プロデューサーが担当していた、半村良原作『新宿馬鹿物語』の脚本を監督が執筆していたのです。僕が熱烈な神代ファンだと知っていた猪股プロデューサーは、神楽坂の「和可奈」という旅館にカンヅメになっていた監督の所へ、原稿を取りに行くという仕事を言いつけてくれました。高鳴る胸を押さえながら、監督の部屋へ上がった僕は、緊張のあまり事務的に原稿のお礼を申し上げて、すぐ失礼しようとしました。するとすかさず、「ご飯はまだですか？　よかったら一緒にどうですか？」。あの崇拝する監督が優しく声を掛けてくれたのです。感動はそれだけではありません。食事の間に、乱歩の作品の話になり、監督は僕に向かって、乱歩の中で好きな作品は何か訊かれました。たしか『押絵と旅する男』の話をした時です。

「それは、どんな話ですか？　面白い映画になりそうですか？」。僕は夢中で話したと思います。監督はメモをとりながら、熱心に聴いてくださいました。覚えていらっしゃいますか？　もう感激の一言でした。あの時、僕は決めたのです。監督となにがなんでも一緒に映画を創ろうと――。

その想いが実を結んだのが、『ベッドタイムアイズ』。原作は、当時、ベストセラーになっていた山田詠美。脚本に劇作家の岸田理生、撮影には監督とは初めての川上皓市を推薦しました。主演には樋口可南子とロスのオーディションで決定したマイケル・ライト。そして共演に奥田瑛二、大楠道代、竹中直人、柄本明といった配役でした。音楽は、カラード・ピープル同士の恋愛には、フォービートのジャズしかないと思い、MJQのリーダー、デビッド・マシューズに音楽監督をお願いしました。こうして、神代組はスタートをした訳です。思い出話は山ほどありますが、一番の思い出は、監督と音楽の話をした時です。

音楽監督はマシューズでいきたいと相談しながら、MJQのテープを聴いていただきました。いかにMJQが日本の若い女性に人気があり、この映画の雰囲気にピッタリかと力説していた僕に向かって、監督はこうおっしゃいました。「おれさァ、音楽、よくわかんないから、宮島ちゃんがいいと思ったら、それですすめてくれていいよ」。覚えていらっしゃいますか？　僕は正直言ってびっくりしました。あんなに秀逸な音楽センスの持ち主だと信じていた監督の口から、こんな言葉を聞こうとは……。監督が気持ち良く任せてくださったので、僕は活き活きとNYへ出発し、マンハッタンのスタジオでレコーディングをしてきました。マシューズ自ら書きおろしたメイン・テーマを、彼がソロピアノで弾いてくれた時、旋律のあまりの美しさに感動して、涙が滲んだことは忘れません。そして、音楽ダビング。東京のスタジオで、マシューズをNYから招いて行いました。監督とマシューズは、とても和気あいあいといった和やかな雰囲気でしたね。ダビングを終え、エンディング・ロールが流れ終わると、マシューズは被っていたトレードマークの帽子を取り、たどたどしい日本語で「ドウモ、アリガト、ゴザイマシタ」。彼の瞳から涙が溢れていました。監督もマシューズの手を握りしめて「マシューズさん、ありがとう」。

そう力強くおっしゃいました。覚えていらっしゃいますか？

あれから八年、久し振りに『ベッドタイムアイズ』を観直しました。監督の持っている瑞々しい叙情性が画面から溢れてくる、これはまぎれもなく、一〇〇パーセント神代映画です。

神代監督、日本映画の復興を、天国から見守っていてくださいね。ニヤニヤ笑いながらで結構ですから……。

（みやじま ひでし・プロデューサー）

支離滅裂、懺悔の値打も無いけれど……

鴨田好史

神代さんの事を書かねばならないけど、そんな技《わざ》は僕は持合せていない、自分に纏わる自己中心の事しか書けません。

3月18日、新宿の街を今日も歩いている。ピカデリー3で「棒の哀しみ」を再上映している。何を今更、神代監督「この作品は化けさせようと思っているんだ」私「化けるねえ？」、でもこんな形（上映）で化けて欲しくはなかった。まして自分が言った「この作品は初期の上映より後半の動員の方が尻上りになりますよ」と、その通りになってしまった。とても複雑な気持だ。雑踏の中の人々が皆な敵に見えてくる、とんがった気持になっている自分。

「凄絶な華」、「生き急ぎなのか死に急ぎなのか」、いろいろ考えたけど何もきちっとしたものは書けません。客体化できる程自分はハードボイルドではないし、とても別れを述べる気はありません。

甘い自分には時間と現実は過酷すぎる、自身の気持とは全く係り無いにも拘ず、求められたり言われたりする、放っといてくれよ。しかしよくよく考えて見るとそこに思い上った自分が見え隠れする。

勝手な見方ですが神代監督は常時も戦っていた。決して安住することを快よしとしなかった。それは一体何なのだろうか、それが映画監督の常なる姿なのだろうか、そんな……。小津安二郎監督の時代じゃあるまいし。常に飢えた我鬼であり、飢えたヤクザなオヤジであるような気がする。だから俺みたいなチンピラですらない我鬼相手と遊んでくれたんだろうと思う。

僕とはおよそ20年の相違があるけれども、それが幸いだったかもしれない。クマさん流に言えば「てめえの戦い方を見ていろよ！　カモ」と僕の前では強気のクマさん（ごめんなさい）しか知らない。でも近年、スケジュールを見せてもお前の言う通りにやるよなんて弱気な事をここ二本程言うクマさんは厭だった。以前はスケジュールを持ってゆくと日活の食堂で、僕みたいな我鬼のスケジュールを目の前でクシャクシャに握り潰したではないですか、僕はその度にメラメラと闘争心を掻き立てられたものです。

柔和な笑顔とは裏腹なクマさん、その表情の中に隠されたクマさんの厳しさと戦いを僕は知っている。否これは不遜だ、知らない、ちょっぴり知っていると言うべきか？　その生身の闘争心とでも言うか、そのくやしさ、無念さを表に出すことはなかった。

36kg、ヘップバーン、浅丘ルリ子さん、クマさん。「インモラル」の時のクマさんの体は余りにも軽かった。そんなに軽いのに5階まで大竹と二人で運ぶ時、僕の胸は火のように熱く苦しかった。タバコ止めないと……？　自分が情け無かった。たかが36kg、もっと軽いか、それを担げないでどうする。土方の仕事はましてできやしないじゃないか。

僕は神代監督の仕事で、役に立つような事は何もできなかった。何か役に立ちたくてしょうがなかったけれど、結局はクマさんの足を引っ張っていたような気がしてなりません。そんな自分だけど監督のことを助けられる(思い上り)気の利いた助監督になりたかった。でもそれは最後までできませんでした。申し訳ありません。こういうと何処からか、いい格好するんじゃねえよと、聞こえてきそうですが、仕方ありません。

鈍感な僕には、クマさんが死に向き合って、あるいは死と隣り合せで生きているんだと切羽詰っては思ってはいませんでした。否、作品に向き合ってはいても、死とは向き合ってはいなかったと……！

作品に向って突走るクマさん、その姿しか浮びません。新宿の街を走り、大阪の通りを走るクマさん、何とよく走る人だ、そんな絵しか浮かばない。もちろん病んだクマさんを見てはいます。それでも次の作品描いているクマさん、まだまだ僕には謎ばかりだ。もう教えて下さいと言っても言葉を発してくれることはないんですよね。でも時々自分の耳にクマさんの声が生々しい、体に似つかわしくない大きな声、あれで肺を破ったんですよね。

何かクマさんの一番嫌う、ウジウジ・グチグチ・ダラダラ、言葉を連ねてしまってどうしようもないよ。二十三、四年前は良くクマさんは「腹でも切りますか」というセリフを度々使ったことを憶えています。あれは本気だったんですよね。馬鹿な僕は冗談のうまい人だな等と思ったけれど、本気だったなんて……！

もうキリが無いから止めますよ、文学を決して嫌っていなかったクマさん、僕は恥ずかしいと思っていたけど、クマさんは、文学も映画も包摂していたと思う。

次の作品、クマさん又使ってよ、そして嫌われて、もうお前のツラは見たくないって言ってくれよ、そう言われないと気が済まない……。

1995年3月20日

（「シナリオ」一九九五年五月号）

クマさん、俺、撮ることにしたよ

荒井晴彦

いつか、こういう日がくると思っていたけれど、本当にあるとは思っていなかった事に気がついた。死顔を見ても骨を拾ってもクマさんの死が飲み込めない。寄る辺ない気持になったのは集まってきた原稿を読んでいる時だった。俺にとってかけがえの無い人を喪くしてしまったんだと痛切に思う。

俺は神代映画のファンではなかった。だけど神代辰巳はポルノの巨匠だと思っていた。だから三浦さんに原作は中上健次、監督はクマゴロウと言われただけで有頂天になった。荒井に書けるのかってクマさんに言われたから責任は取りますって言っといたよと三浦さん。頼むよ、好きに書いてみてくれと神代さん。三本目の駆け出しライターの気負いはビビリに変わる。同世代の芥川賞作家と巨匠、二重苦の二ヵ月だった。麻雀のあとに読んでもらった原稿は即印刷、決定稿も準備稿の増刷りだった。その日から俺はクマさんと呼ぶようになり、クマさんも「友だち」扱いしてくれた。ヒヤヒヤビクビクだったけれど。

プロになるならと、俺は「新潮」「文学界」「群像」を「小説新潮」「オール読物」「小説現代」に換えていた。そこに『赫髪』だった。神代邸には「新潮」「文学界」「群像」「文芸」「すばる」おまけに「世界」まであった。自分を曲げなくていいんだと思った。自分の甘い転向と擬態を恥じた。やりたい企画を当然のようにやろうとしている監督に会って俺はどんなに救われたか分からない。そのかわり、この人には言い訳と出し惜しみはきかない、いつも勝負だと覚悟した。

荒井は言う事をきかなくて困るよってよく言ってたと佐治さんに聞いた。何を書いても神代映画、神代の世界、ある評論家は『快楽学園・禁じられた遊び』の完成に間に合わないので、俺のホンだけで神代の新作を論じた。だから俺はビッグネームにタメを張ろうとずっとツッパってきた。本当に困ったライターだったと思う。でも、映画五本、テレビ一本、俺のホンを一番多く撮ってくれた監督だった。

何度か、ありがとうと言ってもらった。すっと、さりげなく、かといってなおざりではなく、素敵な「ありがとう」だった。なのに俺は一度も言った事がなかった。文句ばかり言っていた。まとめて言います。クマさん、ありがとうございました。

荒井が撮る時は書いてやるよ。監督やりたいなんて言った事ないのに、ホンなんか書いてるより撮りたいのが当り前という感じで、仕事のたびに言ってくれた。荒井が撮る時は……クマさん、俺、撮ることにしたよ。

（「映画芸術」一九九五年夏号〈追悼　神代辰巳〉編集後記）

神代辰巳（1927－1995）

神代律　父、神代辰巳

聞き手＝高崎俊夫

――松竹のスター女優であった島崎雪子さんと、当時松竹の助監督だった神代辰巳さんのご長女である神代律さんに「父としての神代辰巳」についてお話をうかがいます。ご両親のなれそめなど直接本人から聞かれたりしたことはありますでしょうか。

神代　たぶん、父親の一目惚れなんですよ。母が出演した映画の撮影の時に、助監督でついて一緒だったんでしょうね。そこで母が現場で悩んでいたところに父と知り合って、そして父が母に惚れた、というような話を聞いたことがあります。その後、父のほうでトントン拍子で結婚の話を進めて行って、披露宴の用意、準備もしたんですけど、母親の中ではどうも煮え切らなかったみたいなんですよ。この結婚はうまくいかないのではという不安があったそうで……だけど一度、セッティングした以上、今みたいに、急にやめますとは言えないでしょうから。

――当時でいえば、大女優だった高峰秀子さんと無名の駆け出しのシナリオライターだった松山善三さんの結婚みたいなものですものね。

神代　うだつの上がらない旦那さんみたいな、よくある昭和の話というか（笑）、人気女優と助監督でしたからね。そういう話は父のほうからは聞いたことはなかったですけど、母から聞きました。母と父が別れたあと、両方とも再婚しましたが、どちらも再婚相手との間には子供が出来なかったんですね。だからふたりとも最後の最後まで私のことを気にかけてくれて。父も「離婚しちゃったからなあ」なんてよく言っていました。

――父親としての神代監督の記憶は何歳頃からありますか。

神代　幼少期の父の記憶はおぼろげにはあります。結局リアルタイムではなく、あとからこうだったのよ、ああだったのよっていう話を聞いた上で、自分のなかで想像するぐらいしかなかったんですね。父が松竹から日活に移る時にも、母がいろんな人に相談したそうです。こういう言い方は非常によくないでしょうけど、母はちゃんと稼いでいた人でしたが、父は松竹ではなかなか芽が出ないんで、一つの屋根の下で生活していくうえで、やはり本人のなかでは悶々としていたんではないでしょうか。

――家といえば、ご両親が一緒に住んでいた当時は、田園調布の高台にある豪邸だったそうですが、なにか記憶はありますか。

神代　うーん、犬を飼っていたことぐらいしか憶えてないですね。

――律というお名前は珍しいですが、なにか由来があるんでしょうか。

神代　ちゃんとひとりで自立していけるようにということで母がつけてくれた名前です。母は、それこそ十五、六の時から家族に頼ることをあまりせず、一人で生き抜いた人だったので、私にもそうあって欲しいと願ったんだと思います。だけど、全然、その思いに反している気がしますが。息子の名前は一行《かずゆき》で、これもひとりで生きて行けるようにということで私がつけた名前です。

――ご両親の離婚は……

神代　結婚して七年目ぐらいです。よく覚えてないんですけど、私が小学校一年生の頃だったかな。

――その後、お母さんと一緒に暮らしていたんですね。

神代　でも結局、私が十歳ぐらいの時、家出同然で母親のもとを離れて、父のところに行って住むようになりました。母からは「もう二度と会わないぐらいに思わなきゃだめよ」というふうに言われました。といっても、その後もちょくちょく会っていましたが。父は薄々勘づいていたかもしれないですけど。

――お母さんとは家を出てからもずっと連絡はとられていたんですね。

神代　なにかあると電話がかかってきました。再婚相手がいたので気をつかっていたとは思いますが。

――島崎さんは一九五九年に女優から転じてシャンソン歌手として再出発されていますね。

神代　六三年には銀座でシャンソン喫茶を始めて、六九年には銀座でクラブを開いています。その後で舞台で一度、復活していますね。それは見に行きましたけど。

――現在、島崎雪子さんは？

神代　母は五年前に亡くなりました。

――それは当時あまり報道されておらず、今も知られてない事実ですね。

神代　母は再婚して名字が変わったので……わかった人はわかったみたいですけど。話はちょっと飛びますけど、私が高校生の頃に、母と会った時には、父親が日活ロマンポルノを撮っているんだってねと顔をしかめていたんですよ。でも父親が亡くなって、しばらくして会った時には、「ほんとうに最後の最後までいい作品を撮ったよね」と言っていましたね。その頃は、国際交流基金にいた岡田秀則さんなどの尽力で、海外の映画祭で父の映画が高い評価を頂いたんですけど、母にとってもすごく嬉しかったことだと思いますね。

――神代監督が亡くなる前に、島崎雪子さんとのやりとりというのはあったんですか。

神代　たぶん、なかったんじゃないでしょうか。今みたいな携帯電話がない時代ですから、あんまり家の電話でそういう話をするわけにもいかないし、会ったりもしなかったと思うんですね。

――律さんが神代監督と住み始めたころは、殿岡ハツエさんと一緒だった時期でしょうか。

田園調布の自宅にて。神代辰巳、島崎雪子

神代　殿岡さんは、私、あまり印象がなくて。彼女が父親と一緒にいた時期は長かったかもしれないですけど、私はあんまり記憶にないですね。

――その後一九七一年に、神代監督はバーにつとめていた靖子さんと結婚されるんですね。

神代　そうですね。目黒から始まって、烏山、蘆花公園、最後の新百合ヶ丘まで、私もずっと一緒に住んでいました。

――この時期、日活ロマンポルノが始まって、神代監督は年に四本ぐらいのハイペースで映画を撮っていますが、その当時、家ではどんな感じだったんでしょうか。

神代　よくは覚えてないですけど、ただ家に全然戻ってこない、というのはなくて、遅くなっても家には帰って来てくれた記憶があります。でもこの時期は正直、しんどい思いもありました。父親がロマンポルノを撮っているということで、いじめにあったりとか……当時、私は中学生で多感な頃でしたから。

――そういういじめにあって、どう対応されるんですか。

神代　もう黙るしかないですよ。だから、父の映画も含めて、日活ロマンポルノの作品って、この歳になってもまだ一本も見てないんです。死ぬ前に一度、きちんとスクリーンで対峙しないといけないと思いますが、なかなかそこまで気持ちが整理できてなくて。

――当時は女性が一人でロマンポルノを見に行くというのも、そうとうに難しかったですからね。

神代　私もその一人でしたけど、でも未だに全く見ていないということは、そういうわだかまりが自分のなかにあるんでしょうね。父親の監督したロマンポルノのＤＶＤは家に送られてきていますが、積んだままです。

――日活ロマンポルノ以外の神代監督の作品に関してはどうですか。

神代　それは見ました（笑）。高校生の頃、ショーケンが好きな友だちと一緒に『青春の蹉跌』（七四年）を見ました。当時、父に「なんでショーケンが桃井かおりを殺さなければいけなかったのか。殺す必要はなかったんじゃないか。それが腑に落ちない」とかそんな感想を言ったことを覚えています。父がどう答えたかは覚えてないんですが。

――娘からのそういう感想、問いかけは嬉しかったのではないでしょうか。

神代　いやあ、まだまだ見方が甘いと思ったんじゃないですか（笑）。

――休日に神代監督が律さんを連れてどこかに遊びに行くというようなことはありましたか。

神代　すごく小さい頃に、恐竜が出ている外国映画を一緒に見に行って、私が途中で恐くて泣き出しちゃったので早めに帰ったことがありましたね。あと『タワーリング・インフェルノ』（七四年）を見に行ったら、その映画館に爆弾が仕掛けられたとか大騒ぎになった事件があって、ちゃんと見られなかったことを覚えてます。

――映画はよく一緒に見ていかれたんですか。

神代　たまにですね。渋谷にあった映画館の前をたまたまふたりで前を通りがかって、「お父さんの映画やってるね」と言ったら、「神代ですって言えば、きっとタダで見せてくれるよ」って（笑）。その時は用事があって見なかったんですけど、たぶん東宝の映画館だったと思います。

――神代監督は休みの日などは家でどんな風に過ごされていたんでしょうか。

神代　競馬が好きで、テレビの競馬を見ながら義母と私と三人でおこづかいを賭けたりしてましたね（笑）。

――島崎雪子さんとの結婚もそうですけど、助監督時代から女性にはほんとうにモテたみたいですね。

神代　でも女優さんにやさしくないと、ああいう映画は撮れないかもしれませんね。

――律さんからみて、そういう印象をもたれたことってありますか。

神代　モテる話とは違いますが、むかし私が可愛いなと思ってある髪留めをつけてたら、それを見て父親が激怒したんですね。これは想像ですけど、もしかしたら、父が誰か女性に同じようなものをプレゼントしたのかなと……それがたまたま私のと似ていたとか。あまり怒るような人じゃないんですけど。

――それはどのように怒られたんですか。

蘆花公園の自宅にて。神代辰巳、一行、靖子

神代　そんなの似合わないからやめなさいって。私が二十歳過ぎの頃でしたけど、ええっ！と驚いたことがある。

――しつけは厳しかったのでしょうか。

神代　〝しつけ〟というより勉強に関してはうるさかったです。それは祖母の影響かもしれません。私が習字なんかやっていると、ここはねて、とか厳しかったです。手先を止めてくれて、こう書きなさいとか言うんです。そういうところは昔の人だなあと思いましたね。あと、本は読みなさいとよく言われました。私が息子を産んだ時にも、病院に難しそうな本をいっぱい持ってきたりして。

――神代監督はいつも文芸誌を読んでいたそうですね。

神代　むずかしい文芸の雑誌ですね。四誌ぐらいあるんですけど、毎月買ってました。ソファとかに置いて読んでましたね。本の話でいうと、父はいつも新聞の新刊案内の広告を切り抜いて、机の上にポンと置くんですね。それを私が持って本屋に買いに行く、というのが習慣としてありました。とにかく家に本はいっぱいありましたね。

――神代監督が亡くなった後、蔵書はどうされたんですか。

神代　買った本は未だに父の書斎にあります。本棚はスライド式のものにびっしり入っていますけど、東日本大震災の時にずいぶん落っこちてきました。父はわりとランダムに読んでいましたけど、日本の小説家が多かったですね。外国の小説も読んでましたが、ドラマにするにしても外国の小説はお金がかかるから大変だ、とかいつも言ってました。

――神代監督が家で映画を見るということはありましたか。

神代　洋画だと『ピアノ・レッスン』(九三年)を何度かビデオで見ていましたね。テレビは正月の箱根駅伝とか野球ですね。野球はライオンズがもともと西鉄で九州が本拠地なのでそれが埼玉に移って、ずっとファンでした。

――映画関係者が家に遊びに来ることはあったんですか。

神代　ありましたよ。そのなかのひとりに根岸(吉太郎)さんがいたのは憶えています。蔵原(惟繕)さんは一回見えたことがあって、その時は白鳥あかねさんと一緒だったのかな。あかねさんは新百合ヶ丘の隣の柿生に住んでいて御近所でしたから、よく来ていました。打ち合わせ半分、様子見半分、という感じでしたね。

――律さんが学校を卒業する頃、神代監督から将来についてのアドバイスなどはあったのでしょうか。

神代　父の知り合いの人に頼んでコネで入社させてもらいましたが、私が文句ばっかり言ってたんですよ。そしたら、父が映画のスクリプターをやってみるかなんて声をかけてくれたんですね。でも行かなかったですね。

――映画業界にはあまり興味がなかったんですか。

神代　なかったです。映画もそんなに見なかったですし、ただただ大変そうだなって思っていましたから(笑)。

神代律、神代辰巳

――監督の映画の現場に遊びに行ったことなどは？

神代　『恋文』(八五年)の時に友だちと行ったことがあります。これもショーケン好きの友だちと一緒です(笑)。友だちは感動していましたね。ただやっぱり父は、自宅での父親と仕事場での父親とはっきり分けていたというか、そこは一線を劃していたんじゃないかと思いますね。

――神代監督自身が現場のことを話すことはなかったですか。

神代　あまりなかったです。そういえば、『もどり川』の時に倒れちゃって、酸素ボンベで鼻から酸素を送っていた時に、父のそばにいた人とやりとりをしたことがありまして。その人が言うには、たとえば舞台俳優が舞台の上で死ねたら本望だってよく言うけど、それは違うと。周りの大変さがわかってないと。だから、監督もそうなってほしくないと言ってました。

――監督が倒れて以降、ご家族としては体調をずっと心配される日々だったと思いますが。

神代　私よりは義母がずっと大変だったと思いますね。私も仕事が休みの日には病院に行ってましたが、義母はつきっきりですから。でも義母は「うちのお父さんは不死身だから、大丈夫よ」と言ってたんですよね。私もそこは似ていて、すぐには最悪の事態にはならないんじゃないかって思い込んでいたんです。テレビでマラソンを見ている元気があるなら大丈夫だろうと。

父はワーカホリックというか常に仕事を入れていないと不安だったんですよね。というよりも、父から仕事を取ったら、ほんとうになにも残らないというか。だから最後に亡くなる前にも、ベッドのそばに脚本を置いていて、自分では次の映画を撮るからってずっと思っていたみたいですよ。たぶん、撮れないだろうけど、ただ、そばに脚本があるだけで安心したんじゃないでしょうかね。

(二〇一九年二月十五日、新百合ヶ丘にて／構成＝高崎俊夫)

「この度、監督(父)の本を出版しようと思いました」
国書刊行会編集部樽本様から御依頼があった時、日々の生活に追われ、数えきれない程あったはずの父との思い出が、薄れてしまっていた、そんな時でした。

父は強い女性が好きでした。

それは祖母、つまり父の母の影響が大きかったのだろうと思います。

祖母は本当に華奢な人でした。

その細い体、女手一つで薬屋を切り盛りしながら、五人の子供を大学まで進学させました。

日活がロマンポルノへ路線を変更し、父が作品を撮り始めた頃、(これはあくまで私の想像にしか過ぎませんが)恐らく父の実家の周辺では「あそこの薬屋の長男は、実家も継がずにいかがわしい映画を撮っている」と噂されたことと思います。

祖母だけでなく、叔父や叔母も相当肩身の狭い思いをした事と思います。

当時は、今の若い人達に想像もつかない程古い時代で、中には御理解のある方もいらっしゃったとは思いますが、世間一般に理解を得るのはとても難しい時代だったと思います。

〝時代が移り変わる〟とはこういう事なのかなぁと改めて思います。

そんな祖母も一番下の叔父と(少し離れた町の映画館だったのでしょうか)父の作品を観に行ったと聞いた事があります。父のどの作品を観て、どんな感想を持ったのか聞いておけば良かった。

今でも悔いの残る事の一つです。

今回の本の出版のお話を頂いた平成三十年(二〇一八)という年は、父の二十三回忌に当りました。時期はズレてしまいましたが、私達残された家族で父の魂を迎えるよりも、はるかに父が喜んで帰ってこられるのではないかなと思います。

今回の出版に当り、企画・立案をして下さった国書刊行会編集部樽本様を始め編集部の皆様、

公私共に父と私達家族をサポートして下さった白鳥あかねさん、

二十年以上も昔の事なのにインタビュー・取材に応じて下さった皆様には、紙面上ではありますが、私達家族より深く、厚く御礼を申し上げたいと思います。

そしてこの本を手に取って下さった一人でも多くの方が、〝日活ロマンポルノ〟に興味を抱き(父の作品は日活だけではありませんが)一本でも多くの作品を目にしていただけると、大変嬉しく思います。

本当に有難うございました。

神代律・一行

神代辰巳 年譜

作製＝田中千世子

一九二七年（昭和二年）

四月二四日、佐賀県佐賀市水ヶ江町二六四に、父良《よし》孝《たか》（明治二八年生）、母スガ（旧姓藤井、明治三七年生）の長男として生まれる。家は薬種問屋で二〇人ほどが住み込みで働いていた。神代家の本家は川久保城主として龍造寺家と拮抗するが、最終的に和睦し、龍造寺家を滅ぼした鍋島の家老をつとめる。曾祖父は佐賀市川久保の初代村長であった。祖父良太郎は第四高等中学医学部薬学科（現金沢大学）を卒業後、佐賀県立病院薬剤部長を経て薬種問屋を興す。父良孝は熊本薬学専門学校（現熊本大学）を卒業後、家業の薬種問屋を継ぐ。母スガは佐賀の醤油屋の出である。昭和四年弟良次、同七年弟恒男、同一一年妹暢子《まさこ》、同一二年弟保宏が生まれる。

神代辰巳、生後8ヶ月

兄弟間では「たつみ兄ちゃん」、近所の子供のあいだでは「たあちゃん」と呼ばれる。本来ならば長男である辰巳が薬種問屋を継ぐ筈であるが、子供の頃より家業を継ぐ意志はなく、三人の弟が家業を継ぎ、現在佐賀と福岡でそれぞれ薬種問屋や薬品会社を経営している。

一九三四年（昭和九年）……七歳

四月、赤松小学校入学。当時の子供の遊びには投球盤というのがあり、近所でもはやっていた。辰巳は外でもよく遊び、喧嘩もした。「もともと華奢な体つきのため強くはなかったが、喧嘩をして帰ってくることもあった」（弟恒男。以下証言・補足は関係者インタビューより、神代発言は過去のインタビューより構成）。読書をよくし、講談全集を三回も読む。父方の叔母の家には菊池寛全集、三上於菟吉全集、芥川龍之介全集などがあり、早くから文学的雰囲気に親しむ。辰巳は「百人一首」が得意で叔母を負かすほどであった。「父が大切にしていた金魚鉢を兄が割ってしまったことがあります。父は怒って兄を殴ったそうです。兄は児童用の伝記でワシントンの桜の木のエピソードを読んでいました。ワシントンが木を切った時、ワシントンの父は『ケガはなかったか』と聞いたのにうちのおやじは何ておやじだ！と言ったそうです。もちろん面と向かってじゃありません。親には言い返せない時代でしたから。それにうちのおやじは柔道の強い大きい人でとても言い返せません」（弟保宏）。税務署が店に帳簿を調べにくるとやたらとえばっている。子供心に商売はつくづくいやだと思う。

一九四一年（昭和一六年）……一四歳

四月、県立佐賀中学入学。佐賀中学は陸士や海兵にごっそり合格者を出すような名門中学であった。「やっぱし昔から団体生活っていうのは苦手だったですね。陸士も海兵も受けないというと何故受けないって殴られた」（神代）。文学への関心が強まり、ドストエフスキーをはじめ外国文学をよく読み、一方で芥川龍之介に憧れる。子供の頃から映画は好きだった。なかでも『プラーグの大学生』は何遍も見た。

一九四二年（昭和一七年）……一五歳

四月、父他界。死因は腹膜炎。父が召集され、小倉の陸軍病院で薬剤師として勤務していた頃、辰巳が遊びに行くと中尉の父に対して病院のみんなが敬礼をする。それが気持ちよかったと辰巳は弟たちに語っている。父は召集解除後家に帰って来て亡くなる。「父が亡くなってから兄は喧嘩もしなくなりました。父が生きていた頃は父の存在が（精神的）後ろ楯となっていたのでしょう。それほど父の亡くなったショックは大きかった」（弟保宏）。

一九四三年(昭和一八年)……一六歳

祖父他界。祖父は死ぬ前に辰巳、良次、恒男をよび(末の弟保宏は幼いのでよばれない)、毛利元就の三本の矢の話をする。兄弟力を合わせて生きよ、と。この頃小説家になろうかなと漠然と考える。『みみずのたわごと』や『侏儒の言葉』のようなものを書きちらす。中学では映画を禁じられていたので、父のジャンパーや背広を着てこっそり見に行く。「黒澤さんの『姿三四郎』とか今井さんの『望楼の決死隊』が面白かった。『姿三四郎』ってのは本当に面白かった」(神代)。

一九四五年(昭和二〇年)……一八歳

四月、九州帝国大学附属医学専門部に入学。「本人は九大へは行きたがらなかったが、うちが薬種問屋なのでそういうことになった。医者になれというのはおふくろの考えだったのでしょう」(弟保宏)。徴兵免除の意味も幾分あったようだ。最初の解剖で自分が医者に向いていないことを悟る。血を見ると気分が悪くなるのだ。八月一五日、日本降伏。

一九四六年(昭和二一年)……一九歳

九州帝国大学附属医学専門部を中退。「この医者の学校ってのが二年半でもう医者になっちゃうわけです。軍医養成の学校ですから。二年半で戦地行って、ヨーチンとクレオソートくらいわかりゃあいいみたいなこと言ってましたけれど……」(神代)。後年映画評論家の斎藤正治に語ったところによると、医学専門部の学生だった頃、店の女中さんが神代の子を身ごもる。「酔っぱらわなきゃ言えないことです」(神代)。赤ん坊は生後まもなく死亡。医学専門部中退後、佐賀高等学校を受け直す勉強を始めるが、肋膜炎で倒れ、半年間自宅療養。まだ、パスやストマイのない時代でもっぱらカルシウムの注射ばかりうつ。店の番頭さんたちは衛生兵として軍隊に行って帰ってくると、よく自分で注射をうっていたが、神代も静脈注射をされて死ぬ思いをする。療養中にキルケゴールやニーチェを読み、大きな影響を受ける。

一九四七年(昭和二二年)……二〇歳

四月、旧制の早稲田第二高等学院入学。佐賀高校の受験に失敗したためというが、この早稲田入学によって薬種問屋を継がず、文学を志す姿勢が明確になる。神代によると父の生前に家業を継がずともよいという理解を得ていたようだが、弟たちには知らされていなかった。

一九四九年(昭和二四年)……二二歳

新制の早稲田大学文学部英文科入学。小説家になろうという気持で英文科を選ぶが、クラブ活動や同人雑誌に関わることもない。グループというものが好きではなかったためという。

一九五二年(昭和二七年)……二五歳

早稲田大学卒業。友だちが北海道の釧路・江南高校に教師として就職が決まり、教職課程をとっていなかった神代を何とかなりそうだからと誘うが、松竹京都撮影所助監督部の試験に合格したので松竹を選ぶ。「生来怠け者ですし、助監督になると監督になれそうな軌道がありそうな気がしまして……。小説、書いてると、いつまでも一人前になれないような……。万年芥川賞候補で終わったんじゃないかという、そんな予感があったものですから」(神代)。ただしこの時の松竹の試験は六人採用のところを一二人合格させ、見習いの後、六人を正式採用するというものだった。「半年間実習みたいなことやりました。あとの何ヶ月かでシナリオ書かされました。これはいやだったですよ。ほんとにいやだったですよ。チーフとかセカンドが採点するわけでしょ。そうするとその人たちに何でもハイハイでしょ。一つの組に三人見習いがつくわけですよ。一番目立つ仕事した方がね。おしらすなんかの撮影ではホウキの目を立てるわけですよね。そうするとパーッと三人行って、一つしかないホウキの奪いあいをしたりね」(神代)。

一九五三年(昭和二八年)……二六歳

三月、松竹京都撮影所助監督部に正式採用される。同期に蔵原惟繕、松尾昭典、長谷和夫らがいた。蔵原とは見習い期間中から下宿を訪ねあい、「クマさん」「クラさん」と親しく呼びあう仲だった。この頃神代は南禅寺の静かな下宿屋の二階に住む。見習い期間中に提出した六人のシナリオを同人誌『蛙』に載せるが、これは一号のみで廃刊。この時神代が提出したシナリオは阿蘇を舞台に神代《かみよ》の時代の男女の世界を描いたものという。「もうこの同人誌は誰も持っていないでしょうね。同人誌は続けるつもりだったんですが、助監督がシナリオなんか書いてる暇ないだろうというような松竹京都の雰囲気でしたから」(蔵原)。松竹京都では、内出好吉監督の下について、もっぱら高田浩吉主演の時代劇の仕事をする。

一九五四年(昭和二九年)……二七歳

製作を再開した日活に蔵原が移籍。日活からもうひとり助監督をという話があった時、蔵原は神代を誘うが、神代は彼をかわいがってくれたチーフ助監督がSP（中編映画）を撮ることになり、「俺を捨てて、お前、日活へ行くのか」と言われ、すぐには日活へ行けない。蔵原は同じグループの松尾昭典を日活に連れていく。「当時の日活っていうのは僕らにとって非常に魅力的でした。内田吐夢さんだとか。こっちは明けても暮れても高田浩吉の時代劇でもういやんなってましたから。京都は京都なりに活気があったんでしょうけれどもつまんないんですよね、シャシンがね。どうしてもつまんなかったですね。何か劣等感みたいなのありました、僕らに。大船から中村登さんが来たりすると、ついてみたかったり、木下恵介さんのシャシン見たりすると、ああいいなって思ったり……」（神代）。

一九五五年（昭和三〇年）……二八歳

日活助監督部に移籍。松竹京都のスター女優島崎雪子と結婚。松竹では第四助監督でカチンコを叩いていたが、日活に移ると二本目でチーフ助監督になる。チーフ第一回作品は滝沢英輔監督の『江戸一寸の虫』。それから森永健次郎監督などの下で仕事をした後、斎藤武市監督のチーフとなり小林旭主演の〝渡り鳥〟シリーズを手がける。「斎藤さんのテクニックは勉強になりました」（神代）。蔵原がすぐ監督に昇進したのと反対に神代は一九六八年の『かぶりつき人生』まで長い助監督時代を送る。最初に日活に移った監督や助監督はそれまでいた会社を捨ててきたという共通の意識があったようだ。「スタートラインが同じだった。既成の監督でも僕らでも——。ところがクマさんは遅れて入ってきた。遅いんだよ、と大げさだけど僕は無念さがあった。クマさんも感じていたみたいだ。それでクマさんは（映画から）ちょっとひいて島崎さんとの生活の方へ入っていったわけだけど、それは仮りの姿だよといったクマさんらしいテレのようなものもあった」（蔵原）。

一九五八年（昭和三三年）……三一歳

長女律《りつ》誕生。島崎雪子との結婚生活は田園調布の島崎の豪邸で続くが、助監督の神代の給料は島崎のお抱え運転手の給料より安かったという。〝渡り鳥〟シリーズで地方ロケに行くと、神代は斎藤監督とキャバレーに飲みに行き、そこでよくもてた。「監督がこれは島崎雪子のだんなだというと、それからもて出すという、いやなもて方なんですよね」（神代）。なかなか監督に昇進しないことは神代にもこたえたようだ。「監督になることをあきらめた時期もありましたね。会社がどういう規準で助監督を監督に昇進させるのかがわからなくなって……。多分、子供のときから団体生活が嫌いだったんで、そのせいで昇進できなかったんじゃないか、と自分で理屈をつけて自分を納得させるしかなかったですね」（神代）。

一九六四年（昭和三九年）……三七歳

オリジナル・シナリオ『泥の木がじゃあめいてるんだね』で日本シナリオ作家協会シナリオ賞受賞。これは製作寸前までいくが、商売にならないという理由で中止となる。『泥の木〜』の前にも習作シナリオを書いていたようだと蔵原は言う。神代は蔵原が監督した『何か面白いことないか』『執炎』などの助監督もしており、一時蔵原の父が所有する田園調布の借家に仮住まいしたこともある。「その頃彼はそれまでの自分を総括したかったんじゃないのかな。自分は何をしたいのかと問いつめたかったんじゃないか。それでシナリオを書き始める。松竹の見習い時代に書いたあの世界につながっていくんじゃないかな。ひょっとしたら小説を書いていたかもしれない」（蔵原）。

一九六八年（昭和四三年）……四一歳

『かぶりつき人生』で監督デビュー。大阪のストリップ劇場を借りて撮影が行われる。この時組んだカメラマンの姫田真左久とは助監督時代に一緒に仕事をしたことはなかったが、最初から気があった。主演の日劇ダンサー殿岡ハツエとの結婚生活が始まる。『ネオン太平記』と二本立てになった『かぶりつき人生』は不入りで興行的には失敗。以後、会社から敬遠され、辛い日々を送る。一時は九州に帰ろうかと思うと冗談とも本気ともとれるような話を蔵原にしている。佐賀の実家では弟たちが薬局をやっており、神代を案ずる母がいた。「おばあちゃんはいつも父のことを気にしていたようです。小学六年の時に佐賀に行きましたが、小さいけれどもあったかい町ですね」（娘律）。当時蔵原も映画が撮りにくい境遇にあり、テレビの仕事に神代を誘う。〝火曜日の女〟シリーズ。

一九七一年（昭和四六年）……四四歳

日活がロマンポルノ路線を開始。山口清一郎の『恋の狩人《ラブハンター》』と村川透の『白い指の戯れ』の共同脚本を書き、後者でキネマ旬報脚本賞受賞。殿岡との結婚生活にピリオドがうたれた後、神代は自由が丘のバーやクラブで藤田敏八らとよく飲むようになり、その頃知りあったデザイナー志望の靖子と二月に結婚。ロマンポルノに切りかわるので日活をやめる人も多く神代も迷っていたそうだ。「私はいいんじゃないと言ったんですが、本人は気にしていたみたいですね。どうしようかな、と」(靖子)。目黒の平町で新婚生活を始めた二人は以後、烏山、蘆花公園、新百合ヶ丘に移り住み、神代の死まで共に暮らす。

一九七二年(昭和四七年)……四五歳

『濡れた唇』、『一条さゆり・濡れた欲情』が公開され評判となる。後者で伊佐山ひろ子はキネマ旬報主演女優賞受賞。「一条さゆりには悲愴感があったなァ。安保のあと、日活も映倫と対決し、警察にも挙げられちゃうみたいな、時代の雰囲気を背負ってましたよ」(神代)

一九七三年(昭和四八年)……四六歳

『恋人たちは濡れた』、『女地獄・森は濡れた』、『やくざ観音・情女《いろ》仁義』、『四畳半襖の裏張り』があいついで公開される。神代がロマンポルノによって自己の才能を開花させた輝ける時代の到来である。企画・製作の三浦朗をはじめプロデューサーやシナリオライターが神代家に集まっては打ち合わせをするようになる。「うちにはつねにプロデューサーやスタッフ、ライターの方が来てましたね。最初は打ち合わせのために集まるんですが、その内マージャンをやろうという話になってあとひとり呼べば――なんてね。マージャンも体力が落ちると弱くなりましたが……」(靖子)。

神代靖子

一九七四年(昭和四九年)……四七歳

『濡れた欲情・特出し21人』、『四畳半襖の裏張り・しのび肌』、『鍵』、『青春の蹉跌』(東京映画＝渡辺企画)、『赤線玉の井・ぬけられます』、『宵待草』の六本が公開される。「『濡れた欲情』を見て、こういう人とやりたいと思っていました」(『青春の蹉跌』を製作した田中收)。

一九七五年(昭和五〇年)……四八歳

『櫛の火』(東京映画)、『アフリカの光』(東宝映画＝渡辺企画)、『黒薔薇昇天』、『濡れた欲情・ひらけ！チューリップ』が公開される。

三月、親しかった映画評論家斎藤正治の監修で展覧会「現代の映画作家　神代辰巳・深作欣二・藤田敏八の世界展」が西武百貨店池袋店にて開催。宮下順子、ジャネット八田とトークショーを行う。

『世界の映画作家27　斉藤耕一　神代辰巳』(キネマ旬報社)が刊行される。自作を語るインタビューや未映画化シナリオ「泥の木がじゃあめいてるんだね」などを掲載。

一九七六年(昭和五一年)……四九歳

六月、パリで「現代日本映画パリ・シンポジウム」が開催され、黒木和雄監督、白井佳夫、河原畑寧とともに招聘される。『四畳半襖の裏張り』上映後、〈日本映画と性と暴力〉がテーマのシンポに参加。『四畳半』について「自分では、これほどズタズタに切られるんなら、もう上映は望まないと言ったんですが、会社側が見まして、当たると思ったんでしょうか、『神さん、頼むよ。出さないと日活はつぶれるから』と言われまして、出したようなわけで……僕はそういう言い方には弱いんで」(神代)このときノーカット版『愛のコリーダ』を観てショックを受ける。

一九七七年(昭和五二年)……五〇歳

『悶絶!!　どんでん返し』、『壇の浦夜枕合戦記』が公開される。ひところに較べて作品数は減るが、神代組の現場はあいかわらず活気があり、新人の助監督は競って神代組につこうとする。「ついたのは『悶絶!!　どんでん返し』一本きりですが、こんな楽しい現場はない。全くの素人の女の子がアッというまに素晴らしい芝居をするようになるんですから。演出のマジックをまの

シンポジウムにて神代辰巳、ユミ・ゴヴァース（司会・通訳）

あたりに見た思いですね。神代さんは大したこと言ってないんですけどね。『何かないかなあ』と言うだけで、みんなをその気にさせるんですね」(すずきじゅんいち)。

一九七八年(昭和五三年) 五一歳

東映京都で大作『地獄』をつくる(公開は翌年の『赫い髪の女』の後となった)。「地獄のシーンは一〇シーンだけなんだけど、なかなかイメージが固まらなくてね。でもね、女の情念と怨念の世界。それに、日本人が一〇〇〇年以上かかって作った〝地獄〟を描きだしますよ」(神代)。

一九七九年(昭和五四年) 五二歳

孫一行《かずゆき》誕生。日活が〝にっかつ〟に表記変更。『赫い髪の女』を撮る。『地獄』に続いて東宝映画『遠い明日』も公開される。予算をかけた『地獄』の評価は芳しくなかったが、『赫い髪の女』は代表作のひとつに数えられる完成度を示す。同作でブルーリボン賞作品賞、監督賞受賞。この頃、坂口安吾原作の『夜長姫と耳男』を撮りたいと周囲に話している。

一九八〇年(昭和五五年) 五三歳

にっかつの組織がえでフリーとなる。『少女娼婦・けものみち』、『快楽学園・禁じられた遊び』、ATGで『ミスター・ミセス・ミス・ロンリー』を撮る。八〇年代に入ってから〝土曜ワイド劇場〟などテレビの仕事を再び手がけるようになる。一〇月〜一二月、ニューヨークのジャパン・ソサエティに於いて一〇人の監督特集が催され、神代の二作品が上映される。

一九八一年(昭和五六年) 五四歳

『嗚呼！おんなたち・猥歌』が公開される。一二月に江戸川乱歩原作の『芋虫』を撮る予定だったが、企画が流れる。

一九八二年(昭和五七年) 五五歳

西独ロケした『赤い帽子の女』が公開される。日本人スタッフ一〇人とミュンヘンのホテルに宿泊しての映画づくりは新鮮な喜びをもたらしたようだ。日活時代からの仲間姫田真左久、スクリプターの白鳥あかねも一緒だった。「その日の仕事が終わって帰ってくると、クマさんはよくホテルの前のビアガーデンでビールを飲んで、とても嬉しそうだった」(白鳥)。

一九八三年(昭和五八年) 五六歳

『もどり川』の仕上げ中に倒れ、入院。肺気胸と診断された。同郷の佐賀県人である医師を「葉隠」精神で説得、スタッフともども完全禁煙状態で映画を完成させる。『もどり川』はこの年のカンヌ国際映画祭でコンペティション部門のコンペ対象外作品として特別上映される。この時日本映画は大島渚の『戦場のメリークリスマス』と今村昌平の『楢山節考』(グランプリ受賞)が正式招待作品として注目され、『もどり川』は最初のプログラムには入っておらず、映画祭期間中に急きょ上映が決まる。

『神代辰巳オリジナルシナリオ集』(ダヴィッド社)が刊行される(収録作品は『濡れた唇』『白い指の戯れ』『一条さゆり 濡れた欲情』『恋人たちは濡れた』『女地獄 森は濡れた』『四畳半襖の裏張り』『濡れた欲情 特出し21人』『濡れた欲情 ひらけ！チューリップ』『少女娼婦 けものみち』『ミスター・ミセス・ミス・ロンリー』『嗚呼！おんなたち 猥歌』)。

一九八四年(昭和五九年) 五七歳

一年間の療養生活後に手がけたにっかつのゴールデンウィーク作品『美加マドカ・指を濡らす女』が公開される。ねばり強く病気と闘いながらテレビの仕事も続けていくが、入退院をくり返すようになる。「(療養中)一番考えたのはね、俺が死んだら家族はどうなるだろうとか、良くなったら俺が死んでもいいようにしとかなきゃいけねえとか、そんなことばかりですよ」(神代)。六月、イタリアのペサロ市で開かれた〈ヌオヴォ・チネマ〉映画祭のアジア映画特集の日本映画部門で『四畳半襖の裏張り』が上映される。九月、パリの〈シネマテーク・フランセーズ〉で『赤線玉の井・ぬけられます』『女地獄・森は濡れた』『四畳半襖の裏張り』が上映される。

一九八五年(昭和六〇年) 五八歳

『恋文』が公開される。「今度はメロドラマをやるんだ」と意欲を見せていた作品で、観客の反応を気にしていたことが周囲の目にも明らかだった。

一九八六年(昭和六一年) 五九歳

『離婚しない女』が公開される。『ベッドタイムアイズ』の編集作業中に「苦しくて動けない」と言い、入院。肺気腫という肺の膜に穴があいて呼吸が苦しくなる病気である。

一九八七年(昭和六二年) 六〇歳

『ベッドタイムアイズ』が公開される。暮れに入院。「御見舞に行ったのはいつ頃かなあ。年中入ったり出てきたりしてたから。根岸と行った時は神代さんもベッドから起きてきて隠してあるタバコを出して窓際で吸っていた。見張ってろと言って。枕もとにはいつも『群像』とか『新潮』が置いてあった。映画にしようと思って読んでたんだと思う」（荒井）。神代は本でも音楽でも人が面白がっているものには興味を示したという。「推理小説を私が読んでいると、それ面白い?ってよくききましたね」（律）。この頃、バリ・ウッド原作『殺したくないのに』を映画化しようとするが、実現せず。

一九八八年（昭和六三年）……六一歳

〝ロッポニカ〟に切りかえ、ロマンポルノやロマンXから一般映画に復帰したにっかつ作品『噛む女』を手がける。「（ロマンポルノが）始まった時はいい時代だなあって思って、だんだんどうしようもねえなあと終わりになるにつれて思いましたね。ロマンポルノは終わるべくして終わったんじゃないかなあ」（神代）。この年は一月下旬に退院、二月にテレビ作品『カフェ・オリエンタル』でフィリピン・ロケ。簡易の酸素ボンベを持つようになる。『噛む女』の後、一〇月に川端康成原作『浅草紅団』の舞台演出。一一月に入院、暮れに退院。一一月、立原正秋原作『舞いの家』の脚本を山田耕大と共同執筆するが、映画としては成立せず。

一九八九年（平成元年）……六二歳

昭和から平成に年号が変わった頃、テレビ作品『となりの窓』の撮影をしていたが、地方ロケ中に発熱、地方の病院にかつぎ込まれる。六月、『Mの悲劇』映画版の脚本を丸内敏治、本調有香と共同執筆するが、映画としては成立せず。

一九九〇年（平成二年）……六三歳

テレビ作品の監督二本、脚本一本を手がけた後、竹中直人の『無能の人』に鳥男の役で出演。

一九九一年（平成三年）……六四歳

Vシネマの企画で中上健次原作の『水の女』を本調有香と共同で書くが、成立せず。神代は日活時代にスクリプターの白鳥あかねのアイデアをよくとりあげ、脚本を書く時も白鳥を家によんで協力してもらっていたが、八〇年代後半からは主にテレビ作品でスクリプターをつとめた本調が脚本に協力するようになる。河野多惠子原作『みいら採り猟奇譚』の企画は根気強く進めるが、実現せず。「この映画ができれば死んでもいいよ」（神代）。脚本は書かなかったが、大江健三郎原作『河馬に噛まれる』がやれたらいいなあと神代は周囲に語っている。一〇月、川崎市市民ミュージアムで〈プロデューサー三浦朗の軌跡〉と題する特集が組まれ、『恋人たちは濡れた』と『赫い髪の女』が上映される。

一九九二年（平成四年）……六五歳

伊藤秀裕のテレビ作品『さまよえる脳髄』に出演、長いセリフを覚えるのに苦労する。オリジナル脚本による『ハンガリアン・ダンス』、山本周五郎原作『あんちゃん』、ささきのえり原作『道化』（プロットの題は『ぷっつん』。明石家さんま主演のコメディ）などこの年から翌年にかけて映画の企画が実現しないケースが続く。

一九九三年（平成五年）……六六歳

テレビ作品『盗まれた情事』で久しぶりに演出をする。常時酸素ボンベをつけるようになる。

一九九四年（平成六年）……六七歳

『棒の哀しみ』が東京国際映画祭（京都で開催）のインターナショナル・コンペティション部門で正式上映され、神代も京都に行く。撮影中は酸素ボンベをつけ、時には車椅子に乗ってのハード作業だった。映画祭後『棒の哀しみ』は一般公開され、毎日映画コンクール監督賞、報知映画賞最優秀監督賞、キネマ旬報主演男優賞（奥田瑛二）など映画賞を総ナメにする。暮れにVシネマ『インモラル・淫らな関係』を撮りあげる。酸素ボンベをつけ、車椅子に坐りっぱなしの作業だった。

一九九五年（平成七年）

『インモラル・淫らな関係』の編集と平行して筒井康隆原作『男たちのかいた絵』の脚本を本調と共同で書き進める（翌年伊藤秀裕監督で映画化）。

二月二四日、急性肺炎のため世田谷の病院で死去。最期は苦しまず、肺と心臓が同時にとまったという。享年六七。

「映画芸術」〈特集＝追悼　神代辰巳〉一九九五年夏号が刊行される。

一九九六年（平成八年）

一月、第二五回ロッテルダム映画祭にて〈神代辰巳レトロスペクティブ〉が開催、全九本が上映される。ゲストとして白鳥あかね、荒井晴彦が招かれる。『一条さゆり　濡れた欲情』が一番観客の反応がよく、一方『赫い髪の女』は不評。ただし、フランスの配給会社やテレビ局からオファーが殺到する。〈神代辰巳レトロスペクティブ〉はその後ロシアのソチ映画祭、イタリアのリミニ映画祭でも開催される。

一九九七年（平成九年）

九月、ビターズ・エンド、ユーロスペース共同企画で〈神代辰巳　女たちの讃歌〉が開催、劇場公開作三四本が上映される。

二〇〇一年（平成一三年）

一月、ジャパン・ソサエティー主催で全米初の〈神代辰巳レトロスペクティブ〉が開催。ゲストに白鳥あかね、田中千世子が招かれる。

二〇一二年（平成二四年）

五月、日活創立一〇〇年周年記念特別企画〈蓮實重彦 山田宏一 山根貞男が選ぶ愛の革命　生き続けるロマンポルノ〉が開催。全三二本中、最多となる七本の神代作品が上映される（『濡れた唇』『一条さゆり　濡れた欲情』『恋人たちは濡れた』『四畳半襖の裏張り』『四畳半襖の裏張り　しのび肌』『赤線玉の井　ぬけられます』『赫い髪の女』）。

二〇一九年（令和元年）

十月、『映画監督 神代辰巳』（本書）が刊行。その記念特集上映〈甦る神代辰巳〉がシネマヴェーラ渋谷にて開催、『傷だらけの天使』『死角関係』などテレビ作品を含めた二四本が上映される。

（「映画芸術」一九九五年夏号〈追悼　神代辰巳〉掲載のものに加筆）

ジャパン・ソサエティー
〈神代辰巳レトロスペクティブ〉リーフレット表紙

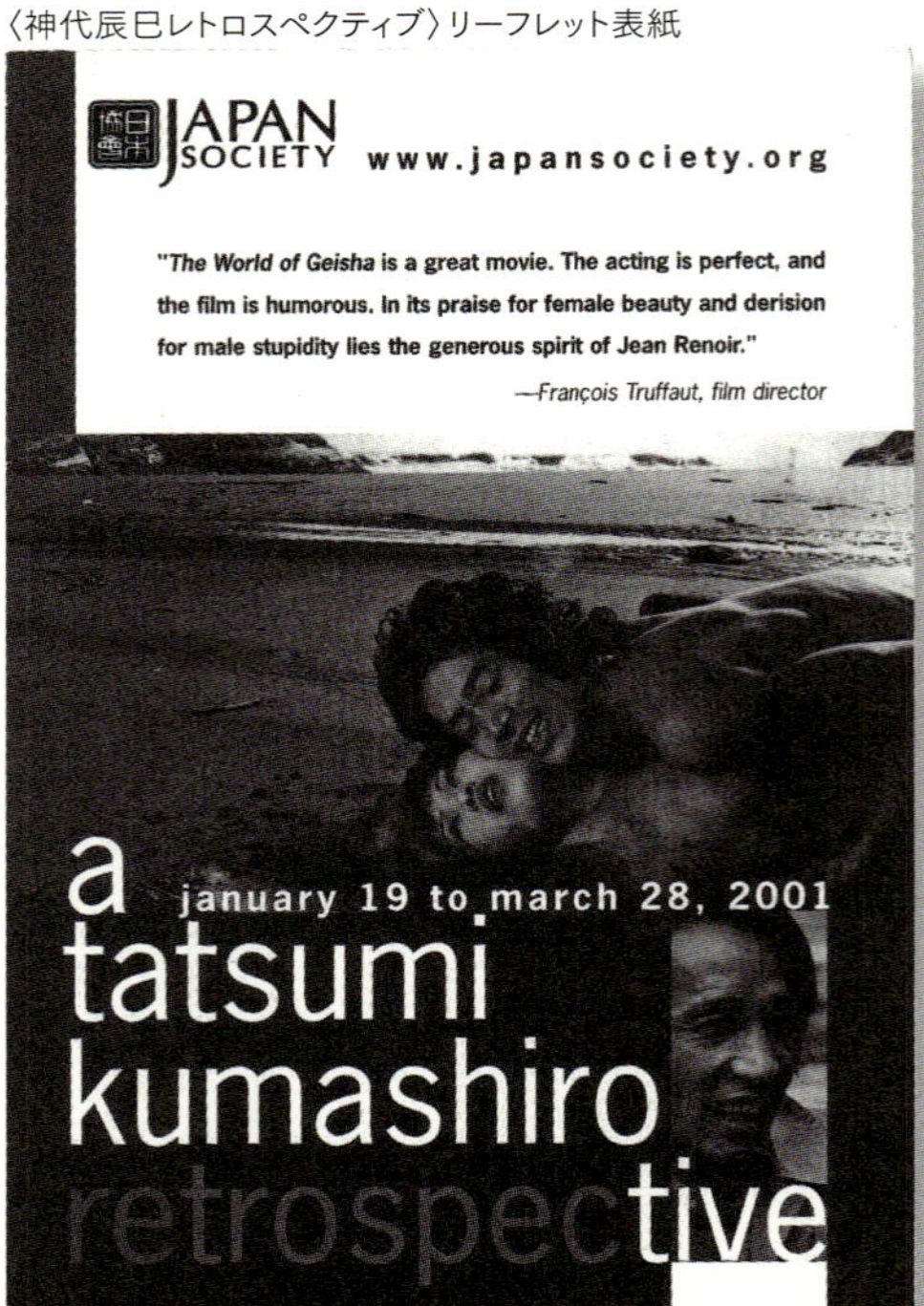

索引

（映画・テレビ作品題名／人名）

映画・テレビ作品題名

⊙太字は神代映画作品、太字数字は作品データ頁を示す

あ行

か行

た行

な行

は行

ま行

や行

ら行

わ行

人名

あ行

か行

さ行

た行

な行

は行

ま行

や行

ら行

わ行

編集後記

本書のベースとなっているのは「映画芸術」一九九五年夏号〈追悼　神代辰巳〉である。神代全三十五作解説のほかテレビ・CM作品リスト、神代組インタビュー・座談会、追悼文などが揃った完璧な内容で、今まで神代辰巳に関する本がなかったのは、この雑誌特集があったからと推測する。かくいう私もそう考えていた一人だが、二〇一七年、「映画芸術」神代追悼号の編集に関わった編集者高橋賢さんにお会いした時に、神代辰巳の本は作りたいけれどあの特集があるから、と言ったところ、あれは雑誌だし今は手に入らないし、出したほうがいいんじゃないですか、という明快極まりない答えが返ってきた。「映画芸術」神代特集を超えるのは無理なので特集をまるごと収録して、さらに新しい資料を加える……そうした考えで本書は制作された。高橋さん、そして特集の書籍化にご快諾くださった「映画芸術」編集長荒井晴彦さんに感謝したい。

私事になるが本書の成立についてもう一言。学生時代、京都みなみ会館という名画座で日本のカルト映画を特集したオールナイトがあった。上映されたのは『徳川いれずみ師　責め地獄』(監督＝石井輝男)『天使の欲望』(監督＝関本郁夫)『夢野久作の少女地獄』(監督＝小沼勝)そして神代辰巳『悶絶!! どんでん返し』の四本。朝四時、『悶絶!!』怒濤のラストシーンに足をバタバタさせながら笑い転げたときに、私は映画というものの面白さ・凄さ・馬鹿馬鹿しさ・美しさに目覚めた。本書が『悶絶!! どんでん返し』と神代全作品から受けた全衝撃へのささやかな恩返しになればと願う。

神代作品についての評論・インタビュー・座談会などは本書に収録した以外にも厖大にあり、神代監督自身の文章も含めて、すべての収録はできず、厳選したものであることをご承知願いたい。また、掲載した記事・資料の中で連絡のとれない著作権者の方がおられた。お心あたりの方は国書刊行会編集部までお知らせいただければ幸いである。

本書の刊行に際して、インタビューに応じてくださった神代組の方々、再録・執筆をご快諾、ご協力くださった著者、著作権継承者、関係者の方々に深くお礼申し上げたい。またスチール写真掲載のほか、あらゆる面で協力してくださった日活株式会社に感謝申し上げたい。最後に神代律さんに最大の感謝を捧げる。

(国書刊行会編集部　樽本周馬)

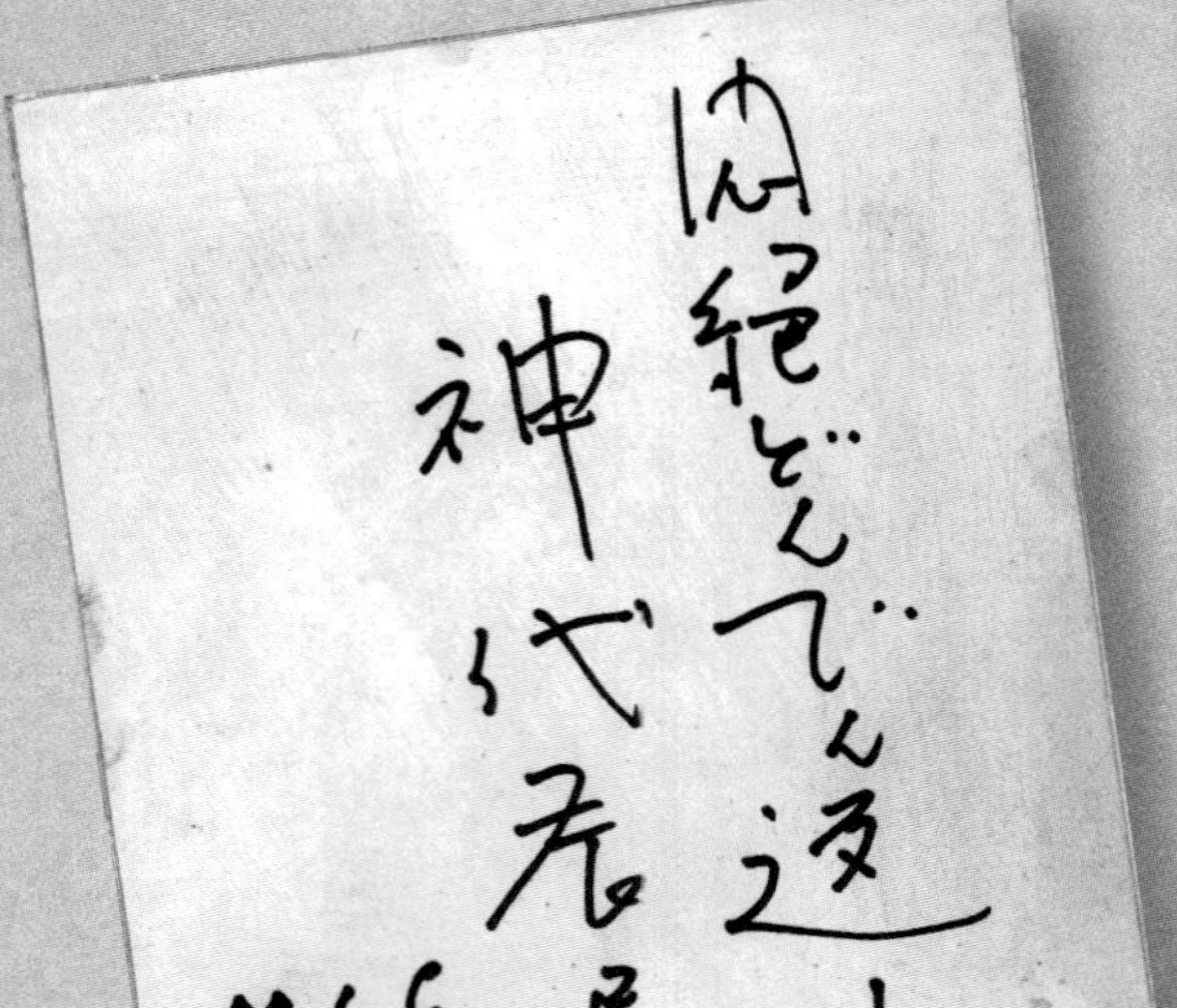

神代辰巳筆による色紙
(資料提供＝高木希世江)

【特別協力】……日活株式会社
川崎市市民ミュージアム

【協力(順不同・敬称略)】……三浦順子　田中開　加藤千恵　藏原惟二
笠原眞喜子　長谷川恭次　菊川秀男
姫田祐子　姫田伸也　松田晃　小川光彦
橋本宣典　齋藤たまい　鈴木早苗
松尾祥子　鴨田すみ子　西村成子
藤田雅子　水田洋子　水田公師　尾関栄作
石山夕佳(内田裕也オフィス)
宗方駿(理生さんを偲ぶ会)
宇都宮カズ　国井静子　田中美奈子
南登志子(M.M.P)　石飛徳樹
杉山蔵人　安岡卓治　伊沢暁子
土田環　中村大吾　小山内照太郎
ディミトリ・イアンニ　山口剛
青木肇(講談社)　高橋賢
笹沼真理子(国立映画アーカイブ)

日本文藝家協会　日本映画監督協会
日本シナリオ作家協会　日本脚本家協会
キネマ旬報社　マルヨンプロダクション
ダゲレオ出版　ワイズ出版
ビターズ・エンド　近代映画協会
若松プロダクション　CTB
北方謙三事務所　電通　スタッフ・アップ
フロム・ファーストプロダクション
オスカープロモーション　オフィス・ロータス
プラムクリークス　ロータス・ルーツ
レディバード　ユマニテ
オフィス・ロータス　アルファエージェンシー
ゼロ・ピクチュアズ

【写真提供】……日活株式会社／林淳一郎　本調有香／
神代律

【編集協力】……佐久間聖司　芝田文乃
高木希世江(日活株式会社)
谷口公浩(日活株式会社)
内藤由美子(シネマヴェーラ渋谷)
浜野蟹／伊藤彰彦　高崎俊夫　山根貞男

【主要参考文献】……『日活1954-1971　映像を創造する侍たち』
野沢一馬編(ワイズ出版、2000年)
『日活1971-1988　撮影所が育んだ才能たち』
ワイズ出版編集部編(ワイズ出版、2017年)

【ブックデザイン】……鈴木一誌＋下田麻亜也＋吉見友希

映画監督 神代辰巳

2019年10月25日初版第1刷発行

著者……**神代辰巳**

発行者……**佐藤今朝夫**

発行所……株式会社**国書刊行会**
〒174-0056　東京都板橋区志村1-13-15
TEL:03-5970-7421
FAX:03-5970-7427
https://www.kokusho.co.jp

印刷・製本所……**中央精版印刷株式会社**

ISBN978-4-336-06538-4
落丁・乱丁本はお取り替えいたします。

『宵待草』撮影スナップ

「赤い髪の女」撮影スナップ、宮下順子、石橋蓮司